민주화 이후

국정운영

Governing from the Center in Korea

제2판
Second Edition

남궁 근 저
Keun Namkoong

法 文 社

제2판 머리말

제2판의 가장 큰 변화는 제6장 역대정부의 정책조정 비교분석을 추가한 것이다. 넓은 의미에서 정책조정 메커니즘에는 제4장 계층적 권위에 의한 조정, 제5장 수평적 정책조정에 관한 내용은 물론 제7장 정부혁신(특히 조직, 인사, 재정 및 공공기관 혁신), 그리고 제9장 정부업무평가와 국정과제의 성과관리도 포함된다. 제6장에서는 역대정부별로 넓은 의미에서의 정책조정수단 활용의 특징을 종합하여 기술하고 전문가 델파이조사를 통하여 정책조정역량을 측정하고자 하였다. 또한 한국 정책조정역량의 역사적 변동패턴을 해외 7개 국가의 연구사례 즉, 영국형(영국, 뉴질랜드, 네덜란드, 스웨덴), 프랑스형(프랑스, 벨기에), 그리고 미국형(미국)과 비교하였다. 제6장 이외에도 초판에서 미진한 부분을 전반적으로 보완하였다. 제2판의 분량이 늘어나 부득이하게 초판 제2장 국정운영의 행위자와 제3장 국정운영의 정책도구는 제외하였다(필요한 경우 저자의 「정책학」, 제4판 해당 부분을 참고하기 바란다). 한편 초판 제3부 정부핵심부의 정책조정을 제2부로 앞에 배치하였다.

역대정부의 부처조직 전문화와 정책조정역량 수준을 측정하기 위하여 전문가 델파이조사를 실시하였는데 이 기회에 조사에 참여한 전문가들에게 감사드린다. 2022년 한국행정학회 동계학술대회 “역대정부의 정책조정 비교분석” 세션의 사회자 박천오 교수님(명지대), 패널토론자 강제상(경희대), 김상묵(서울과기대), 문명재(연세대), 서원석(세종대), 안영훈(생각연구소), 이송호(경찰대), 조경호(국민대), 최영출(충북대) 교수님께도 감사드린다. 한국행정연구원 우하린 박사가 델파이조사 결과 분석 및 해당 부분 원고를 공동으로 작성하였기에 고마움을 표한다. 법문사 편집부의 배은영 과장과 전산실 이선미 님께도 깊이 감사드린다. 초판에 이어 표지 디자인을 선물한 조태상 대표에게도 고마움을 전한다.

2023년 3월 1일

저자 남궁 근 씀

Governing from the Center in Korea

Preface

This book deals with the governing of the core executive in Korea after the democratic transition in 1987. The core executive or center of government refers to the group of institutions and individuals at the top of the executive branch of government who are responsible for making and implementing key decisions and policies. This typically includes the head of government such as the Prime Minister or President, key members of their Cabinet, and senior officials in key government departments and agencies. The author believes that Korea's core executive should (1) set policy priorities, convert election pledges into public policies and programs, (2) resolve policy conflicts and coordinate public policies among different ministries, (3) design and implement administrative reforms, (4) monitor and evaluate the performance of major policy tasks, and (5) secure public trust through various kinds of communicative activities.

The 1987 Constitution provided for the direct election of the president for a single five-year term. Excluding the transition period of the Roh Tae-woo administration (1988-1993), six former presidents served as the head of the Korean state, beginning with President Kim Young-sam (1993-1998), followed by President Kim Dae Jung (1998-2003), President Roh Moo Hyun (2003-2008), President Lee Myung Bak (2008-2013), President Park Geun Hye (2013-2017), and President Moon Jae In (2017-2022).

This book attempts to examine how the core executive of Korea has managed governing affairs during the past thirty years after the 1987 democratic transition. This book is divided into four parts examining the subjects of policy paradigms and policy tasks, policy coordination, administrative reforms, and performance management and evaluation. For each of the four subjects, after describing activities performed by each of six former administrations, this book attempts to compare the activities and performances of former administrations from a historical perspective.

Since governing can never be the subject of experiments, the new Yoon Suk Yeol administration of Korea should govern the Korean state while reducing trial and error based on governing experiences over the past thirty years.

Acknowledgement

There are many people who deserve special thanks. First and foremost, I would like to express my heartfelt gratitude to my teachers at Seoul National University and the University of Pittsburgh. Among others, I would like to thank Professor B.G. Peters at the University of Pittsburgh for giving me his books and articles related to the center of government and policy coordination around the world. In Korea, special thanks go to Professor Shin-Taek Kang and Professor Wan-Ki Baek for their continued encouragement. I would like to express my deep gratitude to former Ambassador to Russia Wi Sung-rac, honorary professor Park Cheon-oh of Myeongji University, professor Yoon Tae-beom of KNOU, director Ra Young-jae at the Office for Government Policy Coordination, and Dr. Woo Ha-rin of the Korea Institute of Public Administration for reading full or part of the manuscript. Professor Emeritus Kim Byung-seop of Seoul National University provided me with valuable advice based on his experiences as chairman of the Government Innovation and Decentralization Committee of the Roh Moo-hyun administration, and Professor Emeritus Song Hee-jun of Ewha Womans University also gave me valuable advice as chairman of the Government 3.0 Committee of the Park Geun-hye administration. I am extremely grateful to Professor Kim and Professor Song.

March 1, 2023

Keun Namkoong

초판 서 문

이 책의 관심사는 우리나라에서 민주화 이후 대통령을 중심으로 하는 정부핵심부의 국정운영(governing)에 관한 것이다. 학술적으로 정부핵심부(center of government 또는 core executive)란 국민이 선출한 행정수반을 중심으로 보좌기구(비서실 조직)와 정무직 공무원(총리 및 장·차관 포함)들로 이루어지는 조직과 구조의 네트워크를 말한다. 정부핵심부는 대통령 임기 동안 행정부 소속 경력직 공무원들과 공공기관 직원들을 지휘하면서 국정을 이끌어 간다.

최근 국정운영에서 정부핵심부의 역할에 관한 학자들의 관심이 대폭 증가하였고, 그 핵심 기능에 관한 다양한 논의가 이루어져 왔다. 이 책에서 저자는 우리나라의 정부핵심부가 (1) 정책 우선순위 설정과 선거공약의 정부 정책 및 프로그램으로의 전환, (2) 정부혁신의 설계와 집행, (3) 다부처 관련 정책문제에 관한 부처간 갈등 및 정책조정 (4) 국정과제를 포함한 주요 정책과제의 성과 모니터링과 평가, (5) 대국민 소통과 신뢰 확보 등의 기능을 수행하여야 한다고 보았다.

우리나라에서는 1987년 민주화 이후 5년 단임의 직선 대통령을 중심으로 국정이 운영된다. 과도기인 노태우 정부를 제외한다면, 김영삼 대통령부터 김대중 대통령, 노무현 대통령, 이명박 대통령, 박근혜 대통령, 문재인 대통령에 이르기까지 여섯 명의 대통령이 국정을 운영하여왔다. 2022년 3월 9일 차기 대통령이 선출되면 민주화 이후 일곱 번째 정부가 새로운 방향으로 국정을 운영하게 될 것이다. 새 정부의 국정운영 핵심부는 공정, 정의, 형평, 혁신, 성장, 신뢰와 같은 시대적 가치를 중심으로 국정기조를 설정하고, 역사상 유례를 찾기 어려운 COVID-19 팬데믹 대처, 기후위기에 대응한 2050 탄소중립국가 실현, 본격적인 4차 산업혁명시대에서의 국가성장동력 확보, 청년문제를 포함한 세대갈등, 빈부격차 및 지역격차 해소 등 중차대한 시대적 과제를 슬기롭게 풀어가야 할 것이다. 정부핵심부는 2021년 기준 113만여 명의 행정부 소속 공무원(국가직 및 지방직 포함)과 41만여 명의 중앙부처 소속 공공기관 직원들을 이끌어 가는 한편, 시민사회와 시장의 행위자들과 끊임없이 소통하고 협력하면서 국민의 신뢰를 확보하여야 한다.

이 책에서는 민주화 이후 우리나라의 정부핵심부가 국정을 어떻게 운영하여왔는지 고찰하고, 그에 따른 시사점을 찾아보고자 하였다. 국정운영은 결코 실험의 대상이 될 수 없으므로 새 정부는 민주화 이후 지난 30여 년간 국정운영의 경험을 바탕으로 시행착오를 줄이면서 국정을 이끌어가야 한다. 이 책은 4부로 구성되었는데 제1부에서는 국정운영 핵심부 연구의 기초에 관한 내용을 다루었다. 제2부는 역대정부의 정책기조 및 정책과제, 그리고 정부혁신을 위한 노력과 성과를 살펴보았다. 제3부에서는 역대정부에서 활용한 부처간 갈등 및 정책의 조정 메커니즘을 고찰하였다. 제4부는 역대정부의 국정과제 및 정부업무의 성과관리제도와 운영실태를 다루었다. 이 책에서는 역대정부 별로 정부핵심부가 역점을 두고 추진한 국정기조와 국정과제, 정부혁신, 정책조정, 성과관리 등을 살펴본 후, 이를 세부주제 별로 종합하여 역대정부의 노력과 성과를 비교하면서 고찰하는 형식을 취하였다. 주제별 비교고찰 부분은 이미 살펴본 내용이 기초이므로 불가피하게 중복된다는 점에 양해를 구하고자 한다. 시간이 부족한 독자는 비교고찰에 해당되는 부분을 먼저 읽어도 좋을 것이다.

이 책 집필에 활용된 역대정부의 국정운영에 관한 자료는 주로 대통령직인수위원회 백서, 정부 임기 말 간행된 국정백서 등 정부간행물이다. COVID-19 팬데믹으로 도서관 이용에 제약을 받는 상황임에도 인터넷을 통하여 국회도서관, 대통령기록관, 해당부처(국무조정실, 행정안전부 등)에서 구축한 전자문서 형태의 자료를 얻을 수 있어 집필에 큰 도움이 되었다. 김영삼 정부 시기의 자료는 전자문서 형태로 구축되지 않았기 때문에 깊이 있게 다루지 못하여 아쉽게 생각한다.

이 책의 이론 부분 2개 장(제2장 국정운영의 행위자 및 제3장 국정운영의 정책도구)은 저자의 책인 「정책학」, 제4판(2021)을 기초로 하였으며, 그 밖에도 저자가 이미 출간한 저서, 연구보고서 또는 논문을 토대로 집필한 내용은 대부분 해당 부분에 각주 형태로 출처를 표기하였다.

이 책이 국정운영을 연구하는 연구자와 국정운영을 담당하는 정부핵심부의 관계자들에게 조금이나마 도움이 되기를 기대한다.

2022년 1월 14일

저자 남궁 근 씀

감사의 글

저자의 오래된 꿈인 우리나라의 국정운영에 관한 책을 내면서 특별히 감사드려야 할 분들이 많다. 먼저 국내외 은사님들께 감사드린다. 미국 피츠버그대 박사과정 재학시절 은사인 B.G. Peters 교수님은 국정운영 핵심부의 역할, 특히 정책조정에 관심을 가지고 꾸준히 연구하시면서 관련 자료를 소개해 주셨기에 감사드린다. 국내에서는 강신택 교수님과 백완기 교수님께서 필자에게 「행정학 분야 학문연구의 동향과 쟁점」(대한민국학술원, 2020) 집필진으로 참여할 기회를 주시는 등 격려해 주신 데 특별히 감사드린다. 이 책의 원고 전체 또는 일부를 미리 읽고 조언해 준 위성락 전 주러시아 대사, 박천오 명예교수(명지대), 윤태범 교수(방송대), 라영재 국장(국무조정실), 우하린 박사(한국행정연구원)에게 깊이 감사드린다. 오랜 친구인 김병섭 명예교수(서울대)는 노무현 정부의 정부혁신지방분권위원회 위원장 당시의 경험, 송희준 명예교수(이화여대)는 박근혜 정부의 정부3.0추진위원회 위원장 당시의 경험에 관하여 귀중한 조언을 해 주었기에 고마움을 표한다.

저자가 2018년부터 국무총리와 공동으로 정부업무평가위원회 민간위원장을 맡아 중앙부처가 추진하는 국정과제 및 주요정책과제 평가를 포함한 국무총리의 중앙부처 대상 특정평가를 관찰하게 된 것이 이 책 집필에 큰 도움이 되었다. 위원회의 정부측 위원장으로 틈틈이 자신의 국정운영 경험을 저자에게 전해 주신 이낙연 전총리, 정세균 전총리, 김부겸 총리에게 감사드린다. 위원회의 당연직 정부위원인 국무조정실장, 기획재정부 장관, 행정안전부 장관 및 회의에 출석한 해당 부처 간부들과 소통하고 토론한 내용도 집필에 큰 도움이 되었다. 위원회 운영과정에서 도움을 주신 국무조정실 백일현 정부업무평가실장, 남형기 전 국장, 한경필 국장, 라영재 국장, 양홍석 전 국장, 정병규 국장(전 총괄과장), 이성도 총괄과장에게 감사드린다. 각종 자료수집에 애써준 국무조정실 주민규 서기관, 이승훈 사무관, 서현우 사무관을 포함한 관계자들에게도 고마운 마음을 전한다. 기획재정부 유형철 국장, 행정안전부 한창섭 실장, 교육부 유정기 국장, 과학기술정보통신부 장병주 과장, 인사혁신처 김우호 처장이 해당 부처의 관련 자료수집에 도움을 주었기에 감사드린다.

이 책에 포함된 많은 그림과 표를 편집하느라 애써 주신 법문사 편집부 예상현 과장님과 전산실 이선미 님께도 깊이 감사드린다. 촉박한 일정에도 불구하고 교정작업과 색인작업에 수고한 우하린 박사에게 감사드린다. 바쁜 시간을 쪼개어 표지 디자인을 선물한 조태상 대표에게도 고마움을 표한다. 여러분들의 배려와 도움에도 불구하고 여전히 부족한 부분은 전적으로 저자의 책임이다.

차 례

제 1 부 정부핵심부와 국정기조설정

제1장 정부핵심부의 기능과 행위자

제 4 장 계층적 권위에 의한 조정

제 5 장 수평적 정책조정

제 6 장 역대정부의 정책조정 비교분석

제 3 부 정부핵심부의 정부혁신

제 7 장 역대정부의 정부혁신

Contents

제 1 부

정부핵심부와 국정기조설정

Core Executive and Policy Paradigms

정부핵심부의 기능과 행위자
The Functions of Core Executive

Ⅰ. 정부핵심부의 개념

2020년 상반기에 역사상 유례를 찾기 어려운 COVID-19 팬데믹이 전 세계를 휩쓸고 있는 상황에서 이를 극복하고 일반 국민의 삶을 일상으로 되돌리는 것이 초미의 관심사가 되었다. 팬데믹 발생 초기에는 방역이 주된 이슈였으나, 2021년 상반기부터는 백신 개발, 확보 및 접종을 통한 집단면역 확보가 더욱 중요한 과제가 되었다. COVID-19 팬데믹에 대응하는 과정에서 방역과 집단면역 확보의 성과는 국가별로 상당히 달랐다. 국가별로 성과의 차이가 나타난 데에는 여러 가지 이유가 있겠지만 한 가지 분명한 것은 행정수반을 포함한 국정운영의 핵심부가 이에 어떻게 대응했는지가 중요한 변수로 작용했다는 것이다.

국정운영의 핵심부를 제대로 파악하려면 핵심부의 구조 및 제도적 측면과 동시에 핵심부가 행사하는 주요 기능을 종합적으로 살펴보아야 한다. 오늘날 국정운영(governing)의 연구에서 관심의 초점이 되고 있는 국정운영의 핵심부에 관한 연구에는 두 가지 흐름이 공존한다. 첫째는 정치학을 바탕으로 영국의 핵심행정부(core executive)와 미국의 대통령 중심부의 권력관계를 이해하는 데 초점을 둔 연구의 흐름이다. 또 다른 접근방법은 행정학의 영향을 더 많이 받았는데 국정운영 핵심부의 주요 기능이 무엇인지 관찰하고, 처방적이고 규범적인 입장에서 더 나은 거버넌스를 위해 어떤 차원의 기능이 보완되어야 하는지 분석한다.

정부핵심부에 관한 논의는 영국에서 실제로 통치하는 권력을 누가 행사하는지에 대한 역사적 논쟁에 초점을 맞춘 Dunleavy & Rhodes(1990)의 기념비적인 연구가 기반이 되었다. 이들은 국정운영의 핵심부에 관한 토론의 준거가 된 표현인 '핵심행정부'(Core Executive)라는 새로운 개념을 제안하였는데, 이는 집행부에 관한 후속연구에서 중요한 개념으로 대두하였다(Elgie, 2011). 영국 정부의 정책결정에 관한 기존 학자들의 논의에서는 총리(prime minister)와 내각(cabinet) 가운데 누가 더 핵심적인 행위자인지에 초점이 맞추어져 있었다. 그런데 Dunleavy & Rhodes는 핵심적 행위자가 누구인지 질문하는 대신, 정부의 가장 중심이 되는 또는 핵심적인 기능이 무엇인지 질문하였다. 예를 들어, 영국 집행부의 핵심 기능은 중앙정부의 정책을 통합하는 것과 여러 정부기관들 사이에 나타나는 갈등의 최종 조정자(final arbiter) 역할을 하는 것이다(Rhodes & Tiernan, 2015). 이러한 핵심 기능은 총리와 내각뿐만 아니라 정무직인 부처 장관, 그리고 행정수반을 지원하는 보좌기관과 정책조정기능을 담당하는 핵심행정부처의 고위 직업관료들이 일정 부분 수행할 수도 있다.

핵심행정부란 중앙정부의 정점(summit), 즉 중앙정부의 심장부에 자리잡은 일련의 제도들 및 행위자들의 복합체를 의미하는 용어이다. Dunleavy & Rhodes(1990: 4)는 '핵심행정부'(core executive)를 보다 구체적으로 정의하여 "행정수반과 보좌기구, 내각, 부처, 위원회와 같이 최고 의사결정을 내리는 조직과 절차를 의미하며, 정부 정책을 보다 포괄적으로 통합·조정하고, 정부 구성요소 간의 갈등에 대해 최종 결정자(final arbiter)로서의 역할을 수행하는 일련의 제도, 네트워크, 행위자 또는 조직과 구조"라고 보았다.

대통령제 국가에서는 의원내각제 국가의 핵심행정부에 대응하는 용어로 '정부중심부'(center of government)라는 용어를 사용하기도 한다(Peters, 2005; 2008; 2015). 의원내각제 국가와는 달리 미국과 같은 대통령제 국가에서는 상황이 상당히 더 복잡하다. 대통령과 더불어 의회도 또한 정책에 관한 실질적인 영향력을 행사하는 또 하나의 중심부이기 때문이다. 그러나 미국에서도 의회는 그 자체에 수많은 위원회와 소위원회가 작동하는 분산된 제도이므로 정부중심부로서 조정기능을 행사하기는 어렵다.

대통령제 국가에서 '정부중심부'란 정부 전체의 활동을 조율하는 조종간 역할을 하는 행정부의 최고위층과 이에 대한 지원 구조(support structure)인 보좌기구와 핵심행정부처(central agencies)를 포함한다. 정부중심부는 우선순위가 높은 목표를 일관성 있게 추진해야 할 책임이 있다. 정부중심부는 계선부처 및 여타 기관과는 달리 행정서비스를 직접 전달하지는 않으며, 특정 정책 영역에 초점을 두고 업무를 수행하지도 않는다. 그 대신 정부 전체에 대한 모니터링 및 조정기능을 수행하며 모든 정부 업무를 촉진하는 역할을 담당한다.

이 책에서는 정부핵심부라는 용어를 주로 사용하는데 의원내각제 국가에서 사용되기 시작한 핵심행정부와 대통령제의 정부중심부라는 용어와 상호교환적으로 사용할 수 있다. 이 책에서는 정부핵심부를 "국민이 선출한 행정수반 및 그 보좌기구, 핵심행정부처들과 정무직 고위공무원들로 이루어진 네트워크"라고 정의하겠다. 정부핵심부는 정부 전체에 관련된 정책의 우선순위 설정, 부처간 갈등 및 정책조정, 정부혁신의 설계, 주요정책의 모니터링과 평가, 위기관리, 대국민 소통기능을 포함하여 국정운영의 핵심 기능을 수행한다.

Ⅱ. 정부핵심부의 주요기능

정부핵심부의 주요 기능에 관한 논의는 주로 행정학 분야에서 이루어져 왔다. 대의민주주의 정치체제에서 정부가 추진하여야 할 정책의 방향은 선출직 공직자를 중심으로 하는 정부핵심부가 설정하여야 한다. 선출직 공직자를 중심으로 결정한 정책을 신분이 보장된 직업공무원들이 정치적 중립성과 전문성을 바탕으로 실행한다는 것이다(남궁근, 2021: 191－192).

정부핵심부가 수행하여야 할 기능에 관한 학자들의 논의는 다양하다. OECD 사무국에서는 2014년에 이어 2017년에 회원국가를 대상으로 정부중심부(center of government)[1]가 어떠한 기능을 수행하는지 조사하였다(OECD, 2018). 회원국가들의 헌법 및 행정체제의 차이점, 조직구조의 다양성 및 규모의 차이에도 불구하고 대부분 국가에서 행정수반 보좌기구에 대한 기대는 유사하였다.

2017년 37개 회원국가 대상의 서베이조사 결과 정부중심부에서 담당하여야 할 과제의 우선순위는 다음과 같았다(OECD, 2018: 11－12). (1) 정부수반과 내각의 의

1 OECD 조사에서 정부중심부(center of government)란 행정부 최고위수준의 대통령 또는 총리 등 행정수반의 보좌기구를 의미한다(OECD, 2018: 11). 이 책에서 사용하는 정부핵심부 개념에는 행정수반 보좌기구를 포함하여 재정담당부처 등 핵심행정부처까지 포함되므로 그 범위가 더 넓다. 그럼에도 불구하고 주요기능은 유사한 것으로 볼 수 있다.

사결정 지원(정치적 조언 및 정책자문), (2) 정책 우선순위 설정을 포함하는 정부부처간 정책조정, (3) 정부 전체에 대한 전략적 계획, (4) 정부 메시지의 대국민 소통, (5) 정부 정책 집행의 모니터링, (6) 정부 프로그램의 준비, (7) 의회와의 관계, (8) 행정개혁의 설계와 실행 등이었다. 정부핵심부는 정부전체적 관점에서 재무담당 부처를 포함한 핵심행정부처와 협력하에 계선부처에 대한 조정기능을 수행한다.

이 책에서는 정부핵심부가 대체로 다음과 같은 기능을 수행하여야 한다고 본다. 즉, (1) 정책 우선순위 설정과 선거공약의 정부 정책 및 프로그램으로 전환, (2) 다부처 관련 정책문제에 관한 부처간 정책조정, (3) 정부혁신의 설계와 집행, (4) 국정과제를 포함한 주요 정책 성과의 모니터링과 평가, (5) 대국민 소통과 신뢰 확보 등이다.

1. 정책 우선순위 설정

정부핵심부는 무엇보다도 정부 전체적으로 추진하여야 할 정책들의 우선순위를 설정하여 제시한다. 정부핵심부의 추진 우선순위가 높은 정책들은 행정수반을 선출하는 선거에서 승리한 직후 선거공약을 검토하여 정부정책과 정부 프로그램으로 전환시킨 국정과제의 형태로 나타난다. 우리나라에서 국정과제(National Agenda)는 대통령이 국정 전반에 걸쳐 자신의 임기 중에 반드시 성취해야 할 중요한 과제 및 업무를 통칭한다(김선혁 외, 2013: 12; 강정석 외, 2019). 미국의 경우 대통령의제(Presidential Agenda: PA)는 대통령이 국내 정치 및 외교 차원에서 정책 우선순위를 설정하는 기준인 정치적 의제이며, 대통령관리의제(Presidential Management Agenda: PMA)는 행정부 차원의 국정평가시스템의 과제이므로, 우리나라의 국정과제는 대통령관리의제(PMA)에 해당한다.[2] 국정과제 선정의 초기 단계에서는 여러 사회적 사건과 다양한 집단의 의사표시를 통해 사회적 이슈가 도출되고, 주요 선거 때 후보자들이 선거공약의 형태로 각자 예비적인 국정과제 목록을 제시한다. 선거에서 승

2 트럼프 행정부의 Presidential Agenda는 (1) 미국우선 에너지 정책, (2) 미국우선 외교 정책, (3) 일자리와 성장의 복원, (4) 강한 군대 재건, (5) 법질서 회복, (6) 모든 미국인을 위한 무역협정이다. 한편 바이든 행정부의 최우선 정책분야(priorities)는 COVID−19, 기후(Climate), 인종간 형평성(Racial Equity), 보건의료(Health Care), 이민(Immigrant), 미국의 국제지위 회복(Restoring America's Global Standing)이다(https://www.whitehouse.gov/priorities, 2021년 4월 12일 검색). PMA는 연방정부중점목표(CAP)−기관우선목표(APG) 등으로 체계를 갖추어 관리하며 대통령부 소속 관리예산처(Office of Management and Budget: OMB)가 관장한다(강정석 외, 2019).

리하여 등장한 새로운 정부핵심부가 선거공약 중 일부를 국정과제로 수립하고 확정한다(김선혁 외, 2013). 이 과정에서 이전 정부 국정과제의 상당 부분이 새로운 과제로 수렴되면서 강화되기도 한다(방민석, 2017).[3] 한편 정부핵심부는 집권기간 중에 발생한 국내외적인 상황 변화에 따라 기존 국정과제를 수정하기도 하고, 새로운 과제를 추가하기도 한다.

2. 부처간 갈등 및 정책조정

정부핵심부의 또 하나의 중요한 기능은 부처간 갈등을 해결하고 정책조정이 원활하게 이루어질 수 있도록 하는 것이다. 국정이 갈수록 전문화되고 복잡해짐에 따라 부처간 정책갈등의 폐해를 최소화하기 위한 정책조정 메커니즘의 구축과 운영은 어느 나라에서나 초미의 관심사가 되고 있다(이송호, 2008: 12). 부처간 갈등은 결정해야 할 정책문제가 여러 부처에 걸쳐 있을 경우에 발생한다. 예를 들어, 지속가능발전이 주요 이슈로 등장한 환경문제를 둘러싸고, 이산화탄소를 배출하는 에너지원의 억제, 과학기술을 활용한 신재생에너지 생산, 저소득층에게 저렴한 에너지 공급의 필요성 등이 대두되어 환경부처, 에너지부처, 과학기술부처, 복지정책부처 등의 협력과 조정이 필요하다. 일반적으로 각 부처는 자율성(autonomy)을 가지고 운영되므로 타 부처의 정책문제에 자신의 부처가 관련이 없을 경우에는 타 부처의 관할권을 중시하여 원칙적으로 개입하지 않는다. 그런데 각 부처들이 자율적으로 운영되는 과정에서 부처할거주의가 작동하며, 여기에 부처별로 형성된 상이한 정책 지지집단과 수혜집단이 존재하므로, 부처간 정책갈등이 발생할 경우 자율적으로 조정하기가 어렵다.

신공공관리 개혁을 추진하면서 자율성을 강조하는 책임운영기관(agency)을 다수 설치한 영국, 호주, 뉴질랜드 등에서 횡적 조화와 협조가 미흡하여 다부처 관련 문제의 해결 역량이 더욱 약화되었다. 즉, 부처별 목표와 책임을 강조하면서 수직적 능률성은 크게 향상되었으나, 부처간 칸막이 현상(siloization)이 공고화되어 부처간 조정이 더욱 어려워진 것이다(Bouckaert, Peters & Verhoest, 2010). 이들 국가에서는 새로운 국정운영의 방향으로 연계형정부(joined−up government) 또는 총체형 정부(whole−of−government)를 강조하고 있는데 이는 정책영역별로 부처간 모순과 갈등

---

3 방민석(2017)은 문재인 정부에서 ‘4차 산업혁명’ 과제를 채택하면서 박근혜 정부의 기존과제를 문재인 정부의 국정기조와 이념에 맞게 정책의 재설계와 전환이 이루어졌다고 보았다.

을 조정하기 위한 네트워크와 정책조정기능이 강화되어야 한다는 것이다(Christensen & Lægreid, 2007).

정책조정(policy coordination)은 정책의 내용을 둘러싼 부처간 갈등과 입장을 조율하는 것이다. 학술적 의미에서 정책조정은 정책 및 결정이 이루어지는 과정(process), 그리고 그 과정의 결과(outcome)라는 두 가지 관점에서 논의되어 왔다(Alexander, 1995; Peters, 2013). 조정을 과정의 관점에서 정의한 Hall과 공저자(1977: 459)는 조정을 "하나의 조직이 자신의 활동에서 다른 조직의 활동을 고려하려고 노력하는 정도"라고 본다. 유사하게 Hayward & Wright(2002: 20)도 결과보다는 절차를 강조한다. 이들은 과정으로서 조정은 정책행위자들의 상호의존관계 맥락에서 통합이 필요한 갈등이 예상되거나 실제로 발생할 때 합의에 도달하지는 못하더라도 그 갈등을 관리하려는 노력이라고 본다. 한편 결과를 강조하는 관점에서 Lindblom(1965: 154)은 일련의 결정에서 "하나의 결정이 다른 결정에 미치는 부정적 결과를 어느 정도 회피, 감소, 상쇄, 또는 억제하는 조절(adjustments)이 이루어졌다면, 조정이 이루어진 것"이라고 보았다. 이러한 맥락에서 Peters(1998: 296)는 조정을 "정부의 정책과 프로그램에 중복성(redundancy), 비일관성(incoherence) 및 빈틈(lacunas)이 최소화된 최종 상태(end state)"라고 정의한다.

여기에서는 정부핵심부의 정책조정을 "정부 전체의 관점에서 공동의 목표를 달성하기 위하여 관련 부처의 정책결정 및 집행활동을 통합하려는 상호작용의 과정과 그 결과"라고 보겠다. 여기에서 통합이란 정책의 목표와 수단에 관한 관련 부처의 입장을 조율하고 조정하여 정책을 재구성하는 것을 의미한다. 유사한 맥락에서 이송호(2019: 44)는 정책조정을 "관련 정책입장들을 통합하거나 조화롭게 하기 위해 정책입장들의 구성요소를 재구성하는 작업"이라고 정의한다. 여기에서 관심의 대상은 정부 전체에 걸친 부처간 정책조정이며 정부핵심부가 주도하는 상호작용의 과정에 관련부처와 기관들이 참여할 수 있다.

3. 정부혁신의 설계와 실행

정부핵심부가 설정한 국정기조와 국정과제를 추진하는데 정부와 공공기관을 포함하는 공공부문은 가장 중요한 실행 도구이다. 그러므로 정부핵심부의 주요기능 가운데 하나가 정부와 공공기관의 개혁을 설계하고 이를 실행하는 것이다. 앞에서 소개한 OECD의 정부중심부 주요기능에 대한 서베이조사에서도 응답자의 3/4, 즉

75%가 행정개혁의 설계와 집행이 정부중심부가 수행하여야 할 4대 책임에 포함된다고 보았다(OECD, 2018: 32－33). 또한 응답자의 75%는 정부중심부가 디지털정부 전환, 규제혁신, 정책의 품질 개선, 인적자원 역량강화 등의 측면에서 행정개혁의 설계와 집행에 실제로 관여하고 있다고 응답하였다. 우리나라에서도 정권교체가 이루어질 때마다 역대정부는 자신들이 설정한 국정기조와 국정과제에 부합하는 방향으로 국정을 운영하기 위하여 정부와 공공기관의 개혁을 추진하여왔다. 공공부문의 혁신에는 정부조직개편 및 운영시스템 개혁, 인사혁신, 재정혁신, 전자정부혁신, 규제혁신, 반부패혁신, 공공기관 혁신 등이 포함된다.

4. 주요정책의 모니터링과 평가

정부핵심부는 우선순위가 높은 과제와 국정과제로 선정된 정책들이 추진되도록 인적, 물적 자원을 배분하고, 그 진행과정을 모니터링하며, 성과를 평가한다. 또한 평가결과를 피드백하여 필요한 경우 학습을 통하여 정책을 수정하도록 하여야 한다. 국정과제의 점검 및 평가단계에서는 국정과제의 총괄관리기관이 국정과제 추진의 성과를 점검・평가하고 그 결과를 국정과제시스템 과정으로 환류시켜 개선한다.

우리나라에서 대통령 당선자가 국정과제를 임기 초에 선정하여 추진한 것은 김대중 정부에서 시작하여 노무현 정부에서 제도화된 것으로 본다(방민석, 2017: 50). 한편 노무현 정부는 통합 국정평가제도인 정부업무평가제도를 도입하였는데, 박근혜 정부가 이를 활용한 국정과제의 성과평가를 시작하였다. 문재인 정부는 2017년 8월 100대 국정과제를 확정하고, 정부업무평가제도를 통한 국정과제의 성과점검 및 성과평가를 제도화하였다.

5. 대국민 소통과 정부신뢰 확보

정부핵심부는 정책대상집단과 일반 국민과 끊임없이 소통하여 정부에 대한 국민의 신뢰를 확보하여야 한다. 국내외 연구에서 국민들의 대통령과 정부핵심부에 대한 신뢰, 리더십 또는 국정운영에 대한 평가가 정부가 하는 일에 대한 국민들의 믿음을 지속시키는 데 영향을 미치는 것으로 밝혀졌다(Citrin & Green, 1986; 이숙종・유희정, 2015). 우리나라에서도 대통령에 대한 일반적인 지지도와 구체적인 정책에 대한 평가 사이에는 상관관계가 높다. 일반적으로 대통령 취임 초기에는 대통령에 대한 지지도가 상대적으로 높은 편이며 그에 따라 대통령이 추진하는 구체적인 정책, 예를 들면, 행정개혁과 전자정부 개혁에 관하여도 긍정적으로 평가한다. 그러나 집권 후반기에 또는 대통령과 관련된 권력형 스캔들이 발생하여 대통령에 대한 지지도가 하락하면 똑같은 정책에 대한 평가도 부정적으로 변화한다. 그러므로 정부핵심부는 다양한 채널을 통하여 국민과 소통하고 정부에 대한 신뢰가 유지되도록 노력하여야 한다.

Ⅲ. 정부핵심부의 제도와 행위자

중앙정부의 정점에 위치하고 있는 대통령 또는 총리가 앞에서 살펴본 정부핵심부의 기능을 제대로 수행하려면 관련 제도와 행위자들의 도움이 필요하다. COVID－19 팬데믹에서 보듯이 모든 국가에서 급변하는 대내외적 환경에 대처하는데 국정운영의 최고책임자인 대통령 또는 총리에 대한 기대와 요구가 크게 증가하고 있다. 국정운영의 최고책임자로서 대통령이나 총리의 개인적인 능력과 역량에 비하여 국정운영의 여건이 훨씬 복잡다단하고 개입해야 할 사안이 많다. 행정수반의 역할 수행의 성패에 영향을 미칠 수 있는 주요 정책 이슈들이 점점 더 복잡해져, 대통령이나 총리의 지식과 경험만으로 처리할 수 있는 정책 이슈들은 많지 않다. 그러므로 국정운영의 최고책임자인 대통령 또는 총리는 공식적인 보좌기구의 지원을 받으며, 대국민 서비스를 제공하는 계선부처에 인적·물적 자원을 배분하는 부처를 직접 관장하는 한편, 행정부처를 지휘하는 정무직 공무원들을 활용한다.

1. 행정수반과 보좌기구

오늘날 모든 국가에서 국정운영 과정의 최고책임자인 대통령 또는 총리에게 조언과 지원을 상시적으로 전담하는 공식적인 보좌기구를 두고 있다(Peters, Rhodes & Wright, 2000 참조).[4] 대통령 또는 총리가 직면하게 되는 국가 주요문제가 전문화되고 복잡해지는 사회에서 행정수반 혼자서 모든 정책을 직접 관할할 수는 없으므로, 보다 효율적인 국정운영을 위해 대통령을 조직적으로 보좌해 줄 수 있는 유능하고 책임감 있는 참모와 보좌기구가 필요하게 되었다(함성득, 2002: 18). 대통령 또

4 대통령에게 조언 및 지원을 제공하더라도 상시적이 아니라 자신들의 고유 업무와 관련하여 부차적으로 조언하거나, 지원하는 집권당, 장관 및 관료 등은 보좌기구가 아니며, 흔히 말하는 비선조직이나 지인들로 구성된 집단도 보좌기구는 아니다.

는 총리가 개인으로서 발휘하는 역량을 개인적 리더십이라고 한다면, 이들이 보좌관과 상호작용에 의하여 발휘하는 역량을 집단적 리더십이라고 부를 수 있다(이송호, 2002: 13－15).

미국의 경우 대통령 보좌기구는 백악관 비서실과 대통령부로 이원화되어 있다(이송호, 2002: 42). 대통령을 중심으로 보면 백악관 비서실이 내부서클이며, 대통령부는 외부서클에 해당한다. 대통령부(Executive Office of the President: EOP)는 수천 명의 직원이 근무하고 있으며(Dickinson, 2006), 이들이 정부 전체의 활동을 모니터링하는 한편 정부관료제에서 일하는 공무원들에게 정책이 나가야 할 방향을 제시한다(Peters, 2015). 그러나 대부분 국가의 행정수반은 미국과 같은 수준의 제도적 지원을 받지는 못한다. 예를 들어, 영국의 총리실에는 150여명, 내각사무처에는 1,500명 정도 직원들이 근무하고 있으며 독일 연방정부 총리실의 직원 규모는 500명 정도이다(이송호, 2002).

대통령 및 총리의 국정운영에는 참모와 보좌기구의 규모뿐만 아니라 그들의 전문성의 정도와 정치와 대조되는 의미에서 정책에 초점을 맞추는 정도가 영향을 미친다. 일부 국가에서는 보좌기구가 현직 대통령 또는 총리에게 공공 정책을 분석하고 관리하는 독립적인 역량을 제공하기보다는 정치적 지지를 제공하거나 내부살림 유지(house－keeping) 정도에 그치기도 한다. 이러한 유형의 보좌기구는 행정수반이 결정한 정책이 정부 전체 차원에서 집행되도록 하는 데 효과적일 수 있지만 그러한 정책을 형성하는 데에는 거의 도움이 되지 않는다.

이원집정부제를 채택하고 있는 프랑스의 경우 비서실과 국정총괄처 등 유사한 기능을 수행하는 대통령 보좌기구와 총리보좌기구가 중첩되어 있다.[5] 우리나라의 경우에도 내각제적 요소가 가미되어 대통령 보좌기구와 총리보좌기구가 제도적으로 분리되어 발전하여 왔다(유현종 · 이윤호, 2010). 우리나라의 대통령비서실에는 대통령비서실장 밑에 비서관 · 선임행정관 및 행정관을 두며, 직원규모는 1960년대 중반 100명 내외에서 꾸준히 증가하여 2010년대 후반에는 500명에 이르고 있다.[6]

---

5 대통령 보좌기구로 비서실, 국정총괄처, 특별참모부(군사문제 담당)가 있고, 총리 보좌기구로 비서실, 군사비서실, 행정총괄처, 국방총괄처, 유럽총괄처가 있다. 단독정부에서는 국정이 대통령제적으로 운영되어 대통령이 대통령 보좌기구뿐 아니라 총리보좌기구의 도움을 받을 수 있다. 동거정부로 전환되면 총리가 의원내각제적 총리로서 실질적인 국정운영자가 되고 대통령은 행정부 활동에 직접 개입하지 않는다(이송호, 2002).

6 비서실장과 수석비서관은 정무직이며, 비서관 및 선임행정관은 고위공무원단에 속하는 일반직

또한 대통령의 국정수행을 보좌하거나 자문에 응하기 위하여 특별보좌관과 자문위원을 둘 수 있다. 이들은 물리적 거리와 의사소통의 관점에서 대통령과 가장 가까운 지점에서 근무하기 때문에 장관이나 청장급 공직자와 비교하여 비공식적인 영향력은 큰 것으로 여겨지고 있다.

행정수반의 보좌기구와 관련하여 대통령 소속 위원회의 역할도 중요하다. 대통령 소속 위원회는 대부분 민간부문의 전문가들과 정부부처 정무직이 함께 참여하는 민관합동위원회의 형태로 구성되는데, 여기에서 민간전문가들이 사안별로 조언할 수 있다. 대통령 소속위원회를 얼마나 활용하는지는 대통령의 개인 스타일에 따라 달라지며 노무현 대통령이 가장 적극적으로 활용하였다.

2. 핵심행정부처

핵심행정부처(central agency)란 예산, 정책, 그리고 인사관리를 담당하면서 행정수반에게 직접 보고하는 부처, 그리고 정책조정에 관한 책임을 부여받은 부처를 말한다(Savoie, 1999; Peters, 2015: 78). 영국을 포함한 다수 국가에서 재무부 등이 그 사례이다. 전형적인 대통령제 국가인 미국의 경우, 백악관 비서실, 관리예산처(Office of Management and Budget) 및 인사관리처(Office of Personnel Management)가 핵심행정기관에 해당된다(Peters, 2015: 19). 그 가운데 예산기능과 조직관리기능을 담당하는 관리예산처가 대통령부(Executive Office of the President)에 소속되어 있다는 것이 특징이다. 우리나라에서는 대통령비서실과 더불어 총리실(정책조정 및 정책평가기능), 기획재정부(예산기능), 행정안전부(조직기능), 인사혁신처(인사기능)가 주요 핵심행정기관에 해당한다. 우리나라에서 국무총리는 대통령을 보좌하여 정책조정기능을 담당하는 핵심행정부처이며 보좌기구로는 비서실, 국무조정실을 두고 있다.

예산은 전통적으로 주요 통제 수단으로 활용되어왔기 때문에 재정담당 부처는 행정부를 통제하는 과정에서 결정적인 역할을 담당한다. 또한 성과관리가 공공부문 관리의 중심 요소로 자리잡게 되면서 재정부처는 계선부처에 대한 통제와 책무성을 확보하는 과정에서 중요성이 더욱 커지게 되었다.

핵심행정부처는 각자 재량적으로 활용할 수 있는 잠재적인 수단을 보유하고 있

(별정직) 공무원으로, 행정관은 3급－5급 일반직 또는 3급－5급 상당 별정직 공무원으로 보한다. 2020년 1월 현재 대통령비서실 443명, 국가안보실 43명으로 구성되었다(행정자치부. 2016. 정부기구도표. 1－2쪽).

지만, 행정수반의 강력한 지지를 받아야 이들을 효과적으로 활용할 수 있다(Peters, 2015). 공공부문에서 공공서비스 전달기능을 담당하는 계선부처 장관이 재정담당부처가 설정한 예산상 우선순위에 반대하여 저항할 경우 핵심행정부처가 설정한 방향을 진지하게 받아들이도록 하려면 행정수반의 신뢰와 강력한 지지를 받아야 한다. 일반적으로 핵심행정부처는 정부의 중심부에 위치하고 있으며, 정부가 전체적으로 무엇을 하고 있는지에 대해 매우 넓은 관점을 가지고 있으므로 타부처에 대해 통제기능도 행사하지만 부처들 사이의 정책조정 및 협력을 촉진하는 데도 도움이 될 수 있다.

오늘날 분권화와 분산화라는 시대정신에도 불구하고 대부분의 국가에서 핵심행정부처의 역할은 강화되고 있다. 대부분의 프로그램이 분권화되면서 전통적 형태의 정치적 통제방식의 효용이 약화되었기 때문에 이같이 명백하게 모순되는 패턴이 나타난 것이다(Peters, 2015).

3. 정무직 공무원

중앙정부의 정무직 공무원이란 담당업무의 성격이 정치적 판단이나 정책결정을 필요로 하는 직위의 공무원으로서 행정수반이 정치적인 기준에 따라 임명하는 공무원을 말한다. 국민이 선출한 대통령이 임명하는 정무직 공무원은 정부 부처의 상층부에서 경력직 공무원을 지휘한다. 경력직 공무원은 실적과 자격에 의하여 임용되고 그 신분이 보장되며, 평생토록 공무원으로 근무할 것이 예정된 공무원들이다. 정무직 공무원은 전통적 의미의 공무원 집단을 지칭하는 좁은 의미에서의 정부관료제의 개념에는 포함되지 않는다(박천오, 2020: 28).

우리나라의 경우, 정무직 공무원은 실정법상의 개념, 그리고 학문상의 개념으로 구분할 수 있다(이진수, 2021: 28-30). 법률상의 정무직 공무원은 경력직이 아닌 특수경력직 공무원 가운데 선거로 취임하거나 임명할 때 국회의 동의가 필요한 공무원 또는 고도의 정책결정 업무를 담당하거나 이러한 업무를 보조하는 공무원으로서 법률이나 대통령령(대통령비서실 및 국가안보실의 조직에 관한 대통령령만 해당)에서 정무직으로 지정하는 공무원을 말한다(국가공무원법 제2조 제3항 제1호).[7] 한편

7 우리나라에서 법률상 정무직 공무원의 예로는 '선거로 취임하거나 임명할 때 국회의 동의가 필요한 공무원'으로 대통령, 국회의원, 지방자치단체장, 지방의회의원, 교육감 등이 있고, '임명시 국회의 동의를 얻어야 하는 공무원'으로 국무총리, 감사원장, 대법원장, 대법관, 헌법재판소

학문적 개념으로는 법률상의 분류와 관계없이 "정치적으로 임용되고 정책결정업무를 담당하는 고위직 공무원"을 의미하는 개념으로 사용된다. 미국의 'political appointee' 또는 'presidential appointee'와 유사한 개념인데 미국 대통령 당선자는 연방정부에서 약 4,000명 정도의 정무직을 임명하며, 이 가운데 1,100명은 상원의 인준을 받는다(Ross, 2017). 그러므로 선발과정은 매우 엄격하다. 정무직 공무원의 평균 재임기간은 20－30개월 정도이므로 대통령이 8년 재임할 경우에도 교체 폭이 상당히 큰 편이다. 이들이 정무직으로 임명되면 약 7,000명의 고위공무원단(senior executive service) 및 중하위직 공무원들과 함께 일하게 된다.

학문적 개념의 정무직 공무원에는 실정법상 정무직 공무원 이외에도 법률상 특정직 공무원이지만 대통령이 정치적으로 임용하고, 해당기관의 장의 지위에서 중요한 정책결정기능을 수행하는 고위공직자범죄수사처장, 검찰총장, 경찰청장, 합동참모의장 등도 포함될 수 있다(이진수, 2021: 31). 또한 청와대에 근무하는 비서관이나 선임행정관 중 일반직 공무원이 아닌 공무원들은 실정법률상 '별정직 공무원'에 해당하지만, 그 임용 방법이나 임무, 역할 등을 살펴보면 정치적으로 임용되고 정책결정업무를 담당하는 학문적 개념의 정무직 공무원에 포함시킬 수 있다.

정무직 공무원들은 소관부처의 주요 정책결정과 소관기관의 운영을 책임지지만, 그들의 권위와 지위, 재임기간, 영향력 등은 모두 자신들을 임명한 선출직 공직자들로부터 나온다. 그러므로 정무직 공무원은 대통령과 같은 선출직 공직자가 행정기관들을 지휘하고 통제할 수 있는 주된 수단의 하나이다(박천오, 2020: 29).

정무직 공무원들은 선출직 공직자들과 직업관료들의 중간에 위치한 관계로 딜레마에 처하는 경우도 적지 않다(박천오, 2020: 31). 예를 들면, 직업관료들의 선호, 지식, 경험을 무시한다면 업무추진이 교착상태에 빠지기 쉽고, 반대로 직업관료의 관점과 관례를 상당부문 수용할 경우에는 선출직 공직자의 신뢰를 상실할 수 있다.

장 등이 있다. 또한, '고도의 정책결정 업무를 담당하거나 이러한 업무를 보조하는 공무원으로 법률이나 대통령령에서 정무직으로 지정하는 공무원'으로는 행정부에서 국무위원, 대통령비서실장, 국가안보실장, 대통령경호처장, 국무조정실장·차장, 국무총리비서실장, 국가보훈처 처장·차장, 인사혁신처장, 법제처장, 식품의약품안전처장, 행정각부 장관 및 차관, 국세청장, 관세청장, 조달청장, 통계청장, 과학기술정보통신부 과학기술혁신본부장, 병무청장, 방위사업청장, 행정안전부 재난안전관리본부장, 문화재청장, 농촌진흥청장, 산림청장, 산업통상자원부 통상교섭본부장, 특허청장, 질병관리청장, 기상청장, 이북5도 도지사, 대통령비서실 정책실장, 보좌관 및 수석비서관, 국가안보실 제1, 제2 차장, 국민권익위원회 위원장, 부위원장, 금융위원회 위원장, 부위원장, 공정거래위원회 위원장, 부위원장, 방송통신위원회 위원장, 상임위원 등이 있다.

정무직 공무원들에게 직업관료들의 조언과 지지는 필수적이며, 이들의 협조없이는 행정기관을 이끌기 어렵고 정책변화를 가져오기도 어렵다. 반면에 선출직 공직자들의 신임을 잃게 되면 업무수행에 대한 정치적 지원을 기대할 수 없는 것은 물론, 자신의 신분마저 위협받을 수 있다.

Ⅳ. 정부핵심부 행위자간 권력관계 유형

위에서 살펴본 바와 같이 정부핵심부의 주도적 행위자에 관한 기존 논의에서는 총리와 내각 가운데 누가 주도하는지가 쟁점이었으나, Dunleavy & Rhodes(1990)는 주도적 행위자에 정치인 개인으로서 장관과 고위관료를 포함시켜야 한다고 보았다. 그러므로 정부핵심부의 행위자들 가운데 중요한 행위자는 행정수반인 대통령 또는 총리, 집단적인 의사결정 기구로서의 내각, 부처 장관, 그리고 경력직 고위관료 등 네 가지 그룹으로 구분할 수 있다. 핵심행정부의 개념을 최초로 제시한 Dunleavy & Rhodes(1990)는 이들 행위자 가운데 누가 정책결정에 주도적인 영향력을 행사하는 지에 관하여 총리주도형(prime ministerial government), 내각주도형(cabinet government), 장관주도형(ministerial government), 분할정부형(segmented government), 관료조정형(bureaucratic coordination)으로 유형화를 시도하였다. 전통적인 논의에서 강조되었던 총리주도형과 내각주도형과 더불어 장관주도형, 분할정부형, 관료조정형을 추가한 것이다.

Elgie(1997, 2011)는 이들의 유형화를 토대로 비교연구를 위하여 대통령제와 이원집정부제에도 적용할 수 있는 행위자들 사이의 권력관계 유형을 행정수반주도형(monocratic government), 집단주도형(collective government), 장관주도형(ministerial government), 관료주도형(bureaucratic government), 공유정부형(shared government), 분할정부형(segmented government) 등 여섯 가지로 구분하였다. 앞의 네 가지 유형은 순수 모형이며, 마지막 두 가지, 즉 공유정부형과 분할정부형은 혼합모형이다. 더 나아가 행정수반주도형은 총리주도형과 대통령주도형의 두 가지 하위유형이 있으며, 분할정부형은 10가지 하위유형이 있다.

1. 행정수반주도형

행정수반주도형이란 정부핵심부의 주요 정책을 행정수반인 대통령 또는 총리

개인이 주로 결정한다고 보는 유형이다. 여기에서는 국민이 선출한 행정수반이 모든 분야에서 정책결정을 총괄하는 것으로 본다. 행정수반주도형에는 총리주도형과 대통령주도형이라는 두 가지 하위모형이 있다. 한편 Elgie(1997)는 프랑스와 같은 이원집정부제에서는 대통령과 의회다수당이 일치할 경우 대통령이 결정권한을 행사하지만 그렇지 않은 분점정부에서는 그 권한을 총리가 행사하는데, 어느 경우에나 하나의 행위자가 주도권을 행사하므로 행정수반주도형에 해당한다고 보았다.

이 모형에서는 모든 정책영역에서 내각의 역할은 미미하며, 일반적으로 장관은 각자 행정수반이 가지고 있는 의도의 대리인이며, 관료의 역할은 정책을 결정하기보다는 정책을 집행하는데 국한된다(Elgie, 1997). 일반적으로는 현대 국가에서의 정책결정 및 행정의 복잡성 때문에 이 모형이 적실성이 있다고 보기는 어렵다. 한편 영국과 같은 의원내각제 국가에서 마가렛 대처 총리집권 이후 총리가 국민과 직접 접촉하는 일이 잦아지고 총리에게 정책결정권한이 집중되는 현상을 총리의 대통령화(presidentialization)로 보는 견해도 있다(Foley, 1993, 2000). 그런데 의원내각제 국가에서 총리는 정당지도자이며 이를 통하여 의회에도 영향력을 미치므로 영국의 총리는 항상 미국의 대통령보다 강력한 권한을 행사해왔다는 반론도 제기되었다(Dowding, 2013).

우리나라에서 권위주의 시대의 박정희 대통령은 장기집권으로 국정운영 전반에 걸쳐 잘 알고 있으며, 견제세력도 취약한 상태에서 대통령이 많은 정책영역에서 직접 결정을 주도하였다고 볼 수 있다.

2. 집단주도형

집단주도형이란 하나의 행위자가 주도적으로 결정하는 것이 아니라 대면관계를 유지하는 소규모집단이 결정의 주도권을 행사하는 유형이다. 이 모형에서는 어느 하나의 행위자도 결정과정을 총괄하는 지위에 있지 않으며, 모든 행위자가 거의 동등한 영향력을 행사한다. 일반적으로 내각(cabinet)을 구성하는 행위자들이 합의를 통하여 주요 정책을 결정하는 내각정부모형을 생각할 수 있다. 예를 들면, 오스트리아, 영국, 아일랜드의 내각정부 또는 위원들의 집단리더십이 발휘되는 스위스 연방위원회(Federal Council) 등이 이에 해당된다. 그런데 집단주도형이 반드시 모든 내각 구성원이 참여하는 회의체에서 주요정책이 결정되는 것만 의미하는 것은 아니다. 영국의 경우 집합적 결정이 내각의 소위원회에서 내려질 수 있으며, 그러한 위원회도 전체가 참여하는 내각의 연장선상에서 보아야 한다.

3. 장관주도형

장관주도형은 개별 부처의 장관들이 각자 소관 분야의 주요 정책을 결정하는 모형이다. 이러한 관점에서는 부처 장관들이 소관 부처의 업무에 관하여는 행정수반의 역할을 담당하는 것으로 본다. 이 모형에서는 소관부처의 정책을 장관이 주도적으로 결정하고 그 책임도 장관이 지는 이른바 '장관책임원칙'(ministerial responsibility principle)이 적용된다. Dunleavy & Rhodes(1990)는 영국에서 장관주도형이 작동하는 법적 이유와 정치적 이유가 있다고 보았다. 첫째, 장관은 소관부처의 업무에 관하여 법적 책임을 진다. 예를 들면, 부처의 행정처분이 유효하려면 장관의 서명이 있어야 할 경우가 있으며, 그에 따라 결정에 법적 책임을 져야 한다. 둘째, 부처 장관은 또한 정치적 책임도 져야 한다. 정치인으로서의 경력관리에서 장관 재직시 성공적인 업적을 쌓게 되면 보다 높은 위치로 올라갈 수 있지만, 실패할 경우에는 정치적 위상이 격하될 수 있다.

4. 관료주도형

관료주도형은 정부 부처의 관료들이 정책을 집행할 뿐 아니라 대부분의 정책을 결정한다고 보는 모형이다. 이러한 현상은 관료들이 정보를 보유하고 있으며, 이들이 정책결정과정에서 전략적으로 중요한 위치를 차지하고 있기 때문에 발생한다고 본다. 행정부에서 민주적으로 책임을 지는 대표자는 '정책 아마추어'이며, 짧은 기간 동안 대통령, 총리, 장관직을 맡을 뿐이다. 이와 대조적으로 관료는 '정책 전문가'이며, 영속적인 행정부의 일부로서 상당히 오랜 기간 지위를 유지한다. 이런 방식으로 관료들은 정치인에게 자신들의 정책선호를 전달하고 그들의 정책주장이 받아들여질 수 있도록 하는데 유리한 위치에 자리잡고 있다. 이 모델은 민주주의 이론에도 상당한 의미를 함축한다. 이 모형은 관료들이 수행하는 역할과 그들이 정치적 과정에서 해야 할 역할이 무엇인지에 관한 기술적 판단과 규범적 판단을 함께 내리도록 한다. 이러한 판단이 무엇이든 간에, 이 모형에서는 국가 정책결정에서 행정수반, 내각, 그리고 부처 장관들의 역할은 미미한 것으로 본다.

5. 공유정부형

공유정부형은 일종의 혼합모형으로 행정부 내의 매우 제한된 수의 사람들이 "전반적인 국정운영에 관하여 공식적이고 효과적으로 그리고 지속적으로 공유"하는 모형이다. 여기에서는 두 명 또는 세 명의 개별 행위자가 의사결정의 책임을 공동으로, 그리고 동등하게 분담한다. 이는 프랑스 이원집정부제 유형에서 볼 수 있듯이 대통령과 총리 사이에 발생할 수 있고, 의원내각제에서 총리와 부총리 사이에 일어날 수 있다. 이 같은 상황은 대통령, 총리, 재무장관 등 고위 장관 사이에, 대통령 또는 총리, 재무장관, 외교장관으로 구성된 '트로이카' 사이에도 형성될 수 있다. 이 모형이 형성될 때, 두세 사람이 모든 분야에서 모든 중요한 정책결정을 내리는 데 공동으로 책임지는 일반화된 권력공유의 형태를 취한다. 다른 모든 정치행위자들의 주요 임무는 이러한 결정을 이행하고 공개적으로 옹호하는 것이다.

6. 분할정부형

분할정부형은 또 하나의 혼합모형으로 집행부 내의 행위자들 사이에 부문별 분업이 존재하고, 부문 간에는 간섭이 거의 없거나 전혀 없는 유형이다. 분할정부형은 Dunleavy & Rhodes(1990)가 제안한 분할의사결정모형(segmented decision-making model)과 동등한데, 영국과 아일랜드뿐만 아니라 프랑스에서도 두 가지 변형이 확인되었다(Elgie, 1997). 이 모형에서는 기능적 또는 부문별로 권력의 배분이 달라지는 반면, 공유정부형에서는 모든 분야에 걸쳐 일반적으로 권력을 공유한다는 점에서 차별화된다. 분할정부형은 행위자들이 특정 정책 분야에 대한 개인적인 관심, 집착 또는 선호, 그리고 시간 제약이나 헌법 및 제도적 인센티브 때문에 다른 모든 것을 희생시키면서 특정 분야에 관심을 기울이기 때문에 발생할 수 있다. 원인이 무엇이든 간에, 분할정부형에는 10가지 하위모형이 있는데, 이는 정부핵심부 내에서 네 유형의 행위자들이 조합을 이루어 기능적으로 권력이 분배될 수 있는 모든 가능한 방법에 해당한다(<표 1−1> 참조).

예를 들어, 6번 하위모형은 행정수반인 총리가 외교 및 국방정책 문제와 헌법 문제에 깊은 관심을 가지고 있는 상황을 나타낼 수 있다. 이러한 분야에서는 총리가 의사결정을 담당한다. 그러나 다른 모든 분야에서는 의사결정 책임을 개별 장관들에게 맡긴다. 내각의 역할은 미미하고, 관료들은 단지 정책결정을 이행하는 것

표 1-1 분할정부의 하위모형

1. 행정수반/내각/장관/관료 주도형	6. 행정수반/장관 주도형
2. 행정수반/내각/장관 주도형	7. 행정수반/관료 주도형
3. 행정수반/내각/관료 주도형	8. 내각/장관 주도형
4. 행정수반/장관/관료 주도형	9. 내각/관료 주도형
5. 행정수반/내각 주도형	10. 장관/관료 주도형

에 불과하다.

V. 정부핵심부 기능의 역사적 변천

1. 중앙정부의 공동화와 탈중앙화

1) 중앙집권적 정부관료제의 실패

공공부문을 연구하는 학자들은 1960년대까지도 공공부문이 비정치적이고 계층제적으로 조직되고, 실적에 따른 충원과 승진체제에 따를 때 가장 효율적으로 작동한다고 가정하였다. 그러나 서구국가에서는 1970년대에 접어들면서 이미 전통적인 공공부문의 구조는 국가가 담당하게 된 새로운 과제에 적합하지 않다고 여기게 되었다(Kjær, 2004).

국가의 역할은 주로 법과 질서를 유지하고 기본적 인프라를 제공하는 질서유지국가에서 2차 대전 이후 그 영역이 교육, 보건, 연금, 실업보험 등 사회복지 분야로 크게 확대되었다. 그런데 공공부문은 표준화된 절차와 관료제적 규칙으로 인해 그 구조와 기능이 경직되었으며, 따라서 고객의 요구에 민감하게 반응하고 효율적으로 전달해야 하는 서비스 제공에는 적절하지 않다는 것이다. 1970년대에 영국과 같은 국가에서는 국민의 기대수준은 크게 높아진 반면, 정부의 역량은 오히려 감소하여 정부에 과부하가 걸린 상태로 통치불능(ungovernability)의 문제가 대두되었다(King, 1975). Mayntz(1993)에 따르면 독일을 비롯한 서구 국가가 질서유지, 복지국가, 발전이라는 서로 관련된 세 분야에서 그 기능 수행에 실패하였다는 논의가 1970년대 이후 이루어져 왔다. 질서유지 문제와 통치불능의 이슈는 정치적 리더십에 대한 수용도 저하와 순응수준의 하락 등의 문제와 관련된다.

핵심적인 문제는 전통적으로 사용되어온 정부관료제 중심의 정책수단에 내재하는 한계 때문에 국가가 이러한 경제적·사회적 문제를 해결하는 데 실패하였다는 것이다. 결과적으로 국가가 원하는 방향으로 사회를 발전시킬 수 없었기 때문에 중앙정부에 대한 기대수준을 낮출 수밖에 없으며 대안적인 수단이 모색되어야 하는데, 그 대안은 통치실패의 원인을 제거하거나 완화할 수 있는 것이어야 한다고 본다.

2) 국정운영의 탈중앙화 경향

정부핵심부의 규모, 기능, 그리고 영향력의 정도는 환경의 변화에 따라 축소되기도 하고 확장되기도 한다(Peters, Rhodes & Wright, 2000 참조). 사회경제적 환경의 변화에 따라 정부핵심부의 기능도 변화를 경험하여 왔다. Peters(2005, 2008)는 1970년대 이후 정부핵심부의 변화를 기술하기 위하여 '탈중앙화'(decentering)라는 개념을 도입하였다. 탈중앙화는 실질적으로나 이데올로기적으로 강력한 정부핵심부를 바람직하지 않은 것으로 만들려는 다양한 압력을 의미한다. 그러한 변화가 통치의 여러 가지 측면에 영향을 미쳤지만, 대통령과 수상이 가장 크게 영향을 받았다.

신공공관리(New Public Management: NPM)는 공공부문의 탈중앙화를 주도한 동인 가운데 하나이다. 신공공관리(NPM)는 공공프로그램의 관리뿐 아니라 거버넌스에 관한 여러 가지 아이디어를 포함한다. 이러한 아이디어 가운데 하나는 공공관리자가 정치지도자보다 효과적이고 능률적으로 통치할 수 있다는 것이다. 더 나아가 공공부문의 독점적인 성격이 경쟁하도록 하는 압력으로부터 공공부문을 보호하여 능률성을 약화시킨다고 보았다. 그러므로 만약 프로그램을 완전히 민영화시키지 못할 경우에도, 프로그램을 몇 개의 집행기관 또는 다른 형태의 자율적 조직으로 분리시킬 경우에는 최소한 서비스 생산의 진정한 비용을 확인할 수 있다는 것이다.

참여모형(Peters, 2001)으로 불리는 공공부문 개혁의 흐름도 또한 거버넌스 과정을 탈중앙화시키는 데 기여하였다. 공공부문에서 참여모형의 논리는 정부가 너무 계층적이어서 일반 대중은 물론이고 다수의 공공조직 구성원들도 정책형성과 집행에 관하여 의견을 개진할 기회가 거의 없다는 것이다. 참여모형에서는 만약 더 많은 사람들이 그 과정에 관여할 수 있으면, 그들이 제공하는 정보가 공공결정의 질을 향상시킨다고 가정한다. 더 나아가 공공조직에서 하위계층 직원들의 참여는 그들이 성과를 더욱 향상시킬 수 있는 동기를 유발한다고 본다.

참여형 거버넌스의 주요 전략 가운데 하나가 정책결정 및 관리에 네트워크를 활용하는 것이다. 네트워크 구조는 다양한 사회 행위자들을 거버넌스 과정에 참여시키고, 정책에 관하여 그들 스스로 결정할 수 있도록 실질적 권한을 위임하며, 정부를 위하여 정책을 집행하도록 하기도 한다. 네트워크를 활용할 경우 관료적이라고 인식되는 정부보다도 정당성이 한층 더 확보되고, 따라서 효과성도 제고될 수 있다는 것이다.

마지막으로, 중앙정부는 다양한 활동을 분권화하여 지방정부에 정책결정 및 집행책임을 위임하여 왔다. 그러한 변화는 능률성 및 민주성을 동시에 제고한다는 관점에서 정당화되어 왔다. 한편으로는 공공서비스 전달을 소규모 단위로 분할할 경우, 보다 근접한 위치에서 서비스 전달을 감독할 수 있으며, 이에 따라 공공서비스도 향상된다고 본다. 이와 더불어, 프로그램을 소규모 단위로 분할할 때 일반대중이 더 큰 영향력을 행사할 수 있다고 여겨졌다. 이러한 가정들이 대부분 검증되지 않았지만 분권화를 추진하는 주요 요인으로 작용하여 왔다.

3) 중앙정부의 공동화와 새로운 거버넌스의 확산방향

서구국가에서는 2차 대전 이후 복지국가화와 더불어 비대해지고 집권화된 중앙정부의 영역에서 전통적 거버넌스의 실패가 나타났다. 이에 따라 새로운 거버넌스에서는 중앙정부의 역할이 크게 약화되는 경향이 나타나고 있다. 중앙정부의 역할이 축소되면서 수직적으로는 초국가기구와 지방정부 등 다른 수준의 거버넌스로 이전되는 한편 수평적으로는 시장과 시민사회 조직과 협력하는 방향으로 변화하였다(Nye Jr., 2002: 4－5).

20세기 중반까지의 거버넌스에서 중앙정부를 중심으로 하는 구심력이 지배적이었다면 1980년 이후의 거버넌스 활동은 중앙정부에서 분리되는 원심력이 더욱 크게 작용하는 방향으로 변화하였다. 대부분의 국가에서 분권화를 통하여 지방정부 기능이 크게 강화되었으며, 지방정부가 독자적으로 국제교류를 추진하는 등 지방수준의 거버넌스가 활발해지고 있다. 한편 국제기구의 역할과 초국적 기업의 활동도 경제활동의 세계화와 정보시대의 도래에 따라 크게 강화되었다. 또한 국내에서 활동하는 기업은 물론이고 시민사회 조직의 역량도 두드러지게 성장하였다(김선혁, 2003).

[그림 1-1]은 중앙정부의 활동이 이전되는 가능한 모든 방향을 나타내고 있는데, 그 구체적인 양상은 국가에 따라 정책영역에 따라 다양한 형태로 나타날 것이다. 많은 국가에서 1970년대 이후 이러한 변화가 나타나고 있다. Nye Jr.(2002: 4-5)에 따르면 미국에서는 1962년부터 1995년 사이에 연방정부 공무원은 15% 증가에 그친 반면 주정부와 지방정부 공무원은 150% 증가하였다. 민영화를 통하여 공공부문의 많은 기능이 이전되었고, 비영리기관의 역할이 점점 증가하여 모든 유급근로자의 7%를 차지하고 있다. 국제비정부기구도 지난 20년간 약 10배 증가하였다.

그림 1-1 21세기 거버넌스 확산 방향

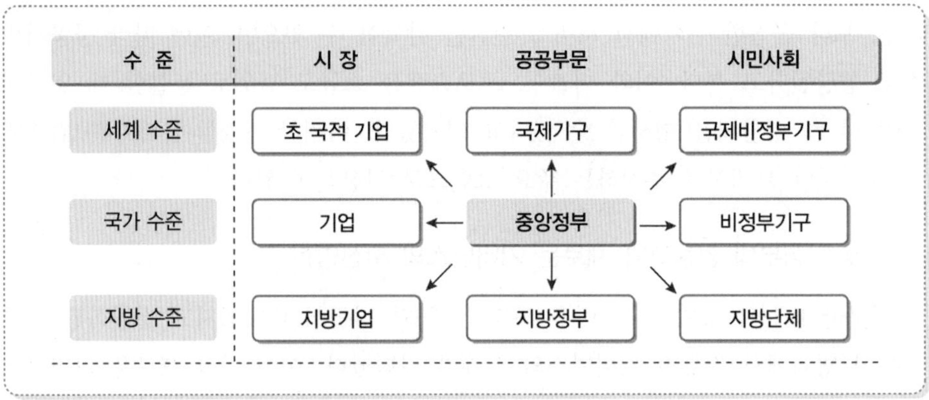

영국의 경우 중앙정부 역할의 축소경향은 1980년대 이후 보수당 대처정부가 신자유주의적 개혁을 추진하여 더욱 뚜렷하게 나타났다. Rhodes(1996; 1997: 5장)는 영국에서 중앙정부의 역할과 기능이 크게 축소되는 현상을 '국가의 공동화'(hollowing out the state) 또는 '정부 없는 통치'(governing without government)로 표현하였다. 구체적인 변화는 (1) 민영화와 공공개입의 범위와 형태 축소, (2) 중앙 및 지방정부 부처의 상당한 기능이 책임운영기관(agencies)과 같은 대안적 전달시스템으로 이관, (3) 영국정부의 기능 일부를 유럽연합 기구로 이전, (4) 신공공관리를 통한 공무원 재량권의 한계 설정, 특히 관리적 책임의 강조 및 정책과 관리의 구별을 통한 정치적 통제의 강화 등이다. 이러한 개혁을 통하여 국가가 공동화되었고 공공부문이 분절화되었으며, 특히 경력직 공무원집단의 역할이 축소되었다.

한국의 경우에도 서구국가와 비교하면 국가발전의 정도와 중앙정부의 상대적인 역할은 크게 다르지만 중앙정부 규모 축소라는 면에서 유사한 방향으로 변화하는 패턴을 찾아볼 수 있다. 제3공화국에서 김대중 정부 시기까지 공공부문의 변화에 관한 연구(안병영 외, 2007)에 의하면 한국의 중앙정부는 1960년대 국가 주도의 산업화가 시작되면서 조직, 인력, 재정 면에서 본격적으로 증가하기 시작하여 1980년대 초에 그 정점을 이루게 된다. 예를 들면, 국가공무원 중 일반직 공무원은 1970년대에 그 규모가 절정이 이른 후 지속적으로 안정화가 이루어진 반면, 지방공무원과 교육 및 공안 등 기능 분야에서 공무원 수가 꾸준히 증가하였다. 중앙정부만을 대상으로 볼 경우 1960년대 초부터 약 20년간 급격하게 성장하여 1980년대 초 정점에 도달했다가 제5공화국 정부에서부터 상대적으로 축소하는 경향이 나타났다.

4) 정부핵심부 약화의 문제점

위에서 언급한 대부분 개혁의 분명한 의도는 정부핵심부의 통치역량을 축소시키는 것이다(Peters, 2005). 개혁가들은 대부분의 국가에서 개혁 이전에 직면했던 통치 문제의 핵심은 중앙집권적이고 하향적이며 독점적인 성격의 국정운영이라고 보았다. 더 분권화되고 탈집중화된 정부가 더 능률적이고 더 민주적일 수 있으며 현대 정부가 직면한 많은 도전에 더 유연하게 대응할 수 있다는 것이다. 통치에 관한 이러한 접근방식은 정책 문제에 대하여 중앙정부의 조정된 대응이 가져오는 가치보다는 지리적 영역 또는 경제적 이익에 기초한 개별적 요구에 민감하게 대응할 수 있는 유연하고 기업가적인 대응의 가치를 더 높게 평가한다. 그런데 분산화된 형태의 통치를 경험하면서 가장 적절한 형태의 통치가 무엇인지 다시 검토하는 계기가 되었다. 그 이유는 다음과 같이 다양하다(Peters, 2005).

첫째, 국정운영의 분권화에 대한 재검토가 요청되는 이유의 하나는 글로벌화된 세계에서 정부가 단일한 목소리로 말할 수 있어야 하고 통치 패턴에서 더 일관성을 가져야 했기 때문이다. 강력한 총리와 대통령을 보유하는 것을 포함한 전통적 형태의 통치의 미덕 중 하나는 결정이 거의 항상 가능하다는 것이었다. 그런데 지난 수십 년 동안 진행되어온 분권화된 간접적인 형태의 지배구조는 국가의 중요한 결정을 예측하기 어렵고 확신하기 어렵게 하는 경향이 있었다. 글로벌화된 세계에서 효과적인 국정운영은 신공공관리(NPM) 개혁에서 나온 분산화된 통치 방식보다는 '정부 전체적'(whole of government) 접근방식이 필요하다. 정부의 통치패턴에서 일관성을 필요로 하는 경향은 COVID-19 팬데믹 이후 더욱 강화되었다.

둘째, 신공공관리(NPM)와 참여개혁에서 비롯된 통치방식은 국정운영에서 정치지도자와 시민 모두가 기대하는 수준의 정책조정과 정책통합을 이루어내지 못하였다. 공공부문의 탈중앙화는 국정운영에서 정책조정의 문제를 한층 악화시켰다. 과거에도 정부기구는 제공하는 기능 또는 봉사하는 고객을 기반으로 어느 정도 전문화가 이루어진 상태로 운영되었다. 그런데 분권화 개혁에 따른 다수의 자율적 조직의 창설, 공공 관리자에 대한 권한 부여, 그리고 서비스를 제공하기 위한 자율적인 네트워크의 활용은 모두 효과적인 조정을 더욱 어렵게 만들었다. 또한, 신공공관리(NPM) 개혁의 주요 구성 요소인 성과지표를 과도하게 사용하여 공공 관리자가 정부의 전반적인 성과보다는 자신의 특정 프로그램 성과에 집중하게 되었다.

셋째, 가장 중요한 문제는 서비스 전달을 위해 개발된 분권화의 형태는 국정운영의 책무성(accountability)을 약화시키는 결과를 초래하였다. 신공공관리, 참여형 거버넌스, 그리고 분권화 개혁이 거의 동시에 진행되었다. 이러한 개혁 때문에 정부핵심부가 아닌 다른 행위자들의 힘을 실어주는 결과가 나타났는데, 이는 민주적 거버넌스와 책무성에 상당한 도전이 되었다. 예를 들어, 정책집행을 집행기관에 이관시키면 총리 또는 개별 장관이 이러한 활동들을 통제할 수 있는 권한이 약화된다. 이러한 통제의 난관은 집행기관이 이사회 또는 다른 거버넌스 구조에 의하여 자율적으로 통제될 때 더욱 악화된다. 더 나아가 이들 집행기관의 지도층은 일반적으로 장관의 요구에 대응하기보다는 자신의 조직에 책임지는 자율적인 관리자가 되어야 한다는 기준에 따라 채용되어왔다.

이같이 공공서비스 전달 장치의 주요 구성 요소로 자율적 기관을 신설하거나 민간부문 행위자를 활용한다는 기본 아이디어는 그들을 장관의 직접 통제에서 벗어나게 하고 정치적 가치보다는 효율성 가치에 근거하여 행동할 수 있게 하자는 것이다. 그러한 가치도 중요하지만, 그러한 기관에게 책임을 묻기 위해 정치적 메커니즘을 사용하는 능력, 그리고 집행 중에 이루어진 선택에 영향을 미칠 수 있는 선출직 공무원의 역량도 민주주의의 핵심적인 요소이다. 일반적으로 통치에 책임을 져야 하는 정부핵심부는 정책에 관한 민주적 통제를 확보할 수 있어야 한다. 그런데 문제는 다수의 조직과 그들의 자율성이 그러한 조직에 대한 통제력을 발휘할 수 있는 정치적 메커니즘의 역량을 감소시킨다는 것이다. 정치지도자들은 때때로 그러한 조직의 행동에 영향을 미칠 실질적인 권한이 없음에도 불구하고 프로그램에 대하여 정치적 책임을 지는 위치에 있다. 예를 들어, 영국에서 철도 운송업무의 대부분을 민영화하여 소관부처 장관이 직접 통제할 수 있는 영역이 거의 없음에도 철도재해가 발생할 때 장관이 정치적으로 큰 책임을 져야 한다는 것이다.

2. 정부핵심부 거버넌스 역량 강화

20세기 후반기 수십년 동안 국가 거버넌스에서 중앙정부 핵심부를 약화시키고 분권화 체제로 운영해 온 결과 여러 가지 문제점이 드러나면서 정부핵심부의 거버넌스 역량을 다시 강화시켜야 한다는 주장이 대두되었다. 학자들뿐만 아니라 많은 정치인들이 그러한 방향 전환의 필요성을 강하게 인식하고 있다. 정부핵심부를 다시 강화해야 한다는 주장은 공공부문에서 '재집권화'(recentering, Peters, 2015), 권한 재부여(re-empowerment) 또는 재발견(rediscovery, Andeweg, Elgie, Helms, Kaarbo & Müller-Rommel, 2020)으로 표현되기도 한다. 이에 수십 년 동안 분권화 시기를 경험한 이후, 정부핵심부는 국정운영에서 그 주된 역할을 다시 찾기 시작했고, 사회에 더 일관성 있는 방향을 제공하는 수단을 찾으려는 시도가 이루어지고 있다.

서유럽 10개 민주국가에서 '탈중앙화'(decentering)와 '재집권화'(recentering)의 경향을 비교관점에서 관찰한 바(Dalström, Peters & Pierre, 2011)에 따르면, 이러한 경향은 국가별로 차이가 있었다. 아주 일반적으로 말하면, 재집권화 전략은 영미권 국가에서 가장 강하게 나타났는데, 이들 국가는 과거에 정부핵심부의 권력을 가장 급격하게 이관한 국가들이다. 한편 스칸디나비아 국가는 재집권화 전략의 추진이 그렇게 강력하지는 않았고, 독일과 프랑스 등 유럽대륙 국가들에서 가장 약한 편이다.

정부핵심부의 강화 또는 복원이 이전에 도입된 분권화로의 개혁을 원상태로 되돌리지 않으면서 추진되어야 한다는 점이 중요하다(Peters, 2005; 1008). 이미 지적한 바와 같이 분권화 개혁은 정부 서비스 제공의 효율성을 제고하는 데 효과적이었다. 분권화는 또한 공공기관을 민주화하고 조직관리에서 공공기관의 직원들이 더 큰 역할을 하도록 허용함으로써 상당한 정치적 편익을 가져왔다. 이러한 개혁으로 정부 내외에서 이해관계자들과 긴밀한 정치적 유대가 형성되었다는 점에서 정부가 원한다고 해도 이를 되돌리기가 어려울 수 있다.

3. 정부핵심부 역할 강화의 형태

많은 국가의 국정운영과정에서 정부핵심부의 역할을 강화하려고 시도하였는데,

이는 과거로 회귀하여 웨버식의 계층제적 국가의 중앙집권적 명령과 통제 방법으로의 회귀가 아니라 다음과 같은 형태로 나타났다.

1) 보좌기구의 강화

가장 일반적이고 효과적인 대응방안은 정부핵심부의 정책역량(policy capacity)을 강화하기 위하여 국정운영과정에서 행정수반을 지원하는 참모와 보좌기구를 강화한 것이다(Peters, Rhodes & Wright, 2000; Hayward & Wright, 2003 참조). 행정수반을 지원하기 위한 보좌기구의 개편과 강화는 대통령제 국가와 의원내각제 국가에서 공통적으로 나타나고 있다. 예를 들면, 영국의 노동당 블레어 총리는 1997년 집권 직후에 총리실의 정책국(Policy Directorate) 직원을 존 메이저 전임총리 재직시에 비하여 두 배 정도 증원하였다. 정책국의 역할은 정책의 결정이 아니라 각 부처가 블레어 정부의 의제를 인식하고 있는지, 그리고 총리의 의도대로 정책이 집행되고 있는지 확인하는 것이었다(Smith, 2011: 173). 국정운영과정에서 대통령과 총리의 입지가 강화되는 경향은 국제 문제의 중요성이 국내 정책에도 영향을 미치는데 따른 것이기도 하다. 유럽국가의 경우 유럽 정상회의, G-7 회의와 같은 행사들이 개최되면서 보좌기구의 역할이 강화되었다.

2) 정부핵심부 정치화 수준의 증가

정부핵심부의 통제력을 확보하고자 하는 시도의 하나는 정부핵심부의 정치화 수준을 높이는 것이었다(Dalström, Peters & Pierre, 2011: 265-266). 서유럽과 북미의 많은 국가들에서 정치지도자들이 정부핵심부에 정치적 임명직의 숫자를 늘려서 그들의 통제력을 다시 확립하려고 노력하였다(Peters & Pierre, 2004). 미국 대통령의 정치적 임명직의 숫자는 다른 나라 행정수반보다 훨씬 많다. 오바마 대통령은 제1기 취임 직후 수개월 동안 4,500명의 정무직 공무원을 연방정부 직위에 임명하였다(Peters, 2011: 135). 이 가운데 일부는 대통령실에 근무하며, 나머지는 연방정부 부처 전반에 걸쳐 직위를 차지하고 있다. 미국에서 엽관제도(spoils system)는 앤드류 잭슨 행정부까지 거슬러 올라간다. 오늘날에는 닉슨 대통령 이후 후임 대통령들이 정치적 임명직의 숫자를 점차 늘려왔다. 역대 대통령들이 해당 분야에서 자격(competency)을 갖춘 전문가들을 임명해 왔지만, 부시(George W. Bush) 대통령은 시계를 거꾸로 돌려 과거의 엽관제도로 돌아가 몇 개의 중요한 직위에 충성심

(royalty)을 기준으로 자격이 불충분한 인사들을 정실로 임명하였다(Peters, 2011: 136). 부적합한 인사를 정실로 임명한 가장 유명한 사례가 허리케인 카트리나 발생 시에 연방위기관리청(FEMA)장으로 재직한 Michael Brown이다. 이같은 부적격 인사의 임명은 대통령의 정책통제 역량을 약화시킨다. George W. Bush 행정부에서 연방정부조직 상층부의 정치화가 최고조에 달한 이후, 오바마 대통령은 관례대로 임명자의 역량과 적격성을 중시하여왔다. 한편 오바마 대통령은 취임 초기 의료보험 개혁, 재정위기 대처, 식품안전성 제고 등과 같은 핵심정책을 추진하기 위하여 여러 정부부처가 연계된 정책에 대한 조정권한을 지닌 여러 명의 특별정책조정관(Czar)을 임명하였다.

과거에 정치직 임명직의 숫자가 많지 않았던 국가인 영국과 스웨덴에서 정치적 임명직의 숫자가 상당히 증가하였는데, 이는 전문관료제에 대한 불신 때문이 아니라 정치적 조정의 필요성이 더 커졌기 때문이다. 영국에서는 정치적으로 임명되는 보좌관의 숫자가 많아졌고, 중요성도 더욱 커졌다. 영국 노동당 블레어 정부는 총리가 상당수의 외부 전문가를 특별보좌관으로 임명하여 각 부처에서 일하도록 하였다. 정치적 임명직인 특별보좌관에게 비공식적으로 약품담당차르(Drug Tsar), 보건담당차르(Health Tsar), 교통담당차르(Transport Tsar), 암퇴치담당차르(Anti-Cancer Tsar), 아동담당차르(Children Tsar)와 같은 직함을 주어 해당분야에서 일하게 했는데 그 숫자는 전임 존 메이저 정부와 대비하여 두 배 이상 증가하였다.

한편 스웨덴에서도 정책조정을 강화하기 위하여 정치적 임명직의 숫자가 상당히 증가하였다(Dahlström & Pierre, 2011: 195).[8] 한편 정치적 임명직의 숫자가 당초부터 적지 않았던 프랑스와 독일의 경우에는 그 숫자는 크게 증가하지는 않아서, 영미권 국가와 스칸디나비아 국가들과는 대조된다(Dalström, Peters & Pierre, 2011: 265-266).

3) 수평적 정책조정역량의 강화

정부핵심부의 역할을 강화하려는 시도는 보좌기구를 강화하는데에만 국한되지 않으며, 직접 통제하기보다는 조정을 촉진하는 프로세스를 구축하는 것을 포함한

---

8 스웨덴 정부의 정무직 숫자는 1981년 86명에서 1992년 117명, 그리고 2008년에는 173명으로 증가하였는데, 정부부처의 직원수(외교부 제외)는 1982년 2,002명에서 2008년 3,109명 증가에 그쳤다(Dahlström & Pierre, 2011, 195, Table 9.1 참조).

다. 특히 정부 전반에 걸쳐 공통의 목표를 달성하기 위해 다소 '소프트'(soft)한 메커니즘을 활용하는 추세가 나타나고 있다. 정책의 우선순위를 설정하는 과정에서도 명령과 통제보다는 '소프트'한 방법을 활용하는 것이 전략적 목표를 달성하는데 장기적으로는 더욱 효과적인 방법으로 알려져 있다.

정책영역별로 부처간 갈등을 조정하기 위한 네트워크와 정책조정기능이 강화되어야 한다는 의미에서 영국에서는 '연계형 정부'(joined-up government), 호주에서는 '총체형 정부'(whole-of-government)라는 개념이 대두되었다(Smith, 2011; Halligan, 2011; Peters, 2005; Christensen & Laegreid, 2007). 이는 과도하게 전문화된 '연통형 기관'(stovepipe)들로 정부구조가 짜여 있었기 때문에 조정이 어려워졌다는 반성의 결과이다.

그런데 정부핵심부의 정책조정과 통제 역량을 구축하는 과정에서 장관급 기관의 자체 정책결정 역량과 책임이 축소되는 결과가 나타난다. '연계형 정부'를 위해 더 강력한 역량을 창출하는 과정에서 행정수반, 재정담당 부처, 그리고 외교 부처와 같은 핵심행정부처에 계선부처 장관들이 그들의 권한 일부를 양보할 수밖에 없다. 그러므로 핵심행정부의 복원과정에서 계선부처 장관들의 역할이 상대적으로 약화되었다. 총리로의 권한 집중은 특히 영국식 의원내각제 국가들에서 두드러지게 나타나는 것으로 보이며, 총리가 대통령화되고 있다고 보거나(Foley, 1993), 총리가 내각의 지배적 행위자가 되었다는 견해도 있다(Savoie, 2003 참조). 반면에 독일, 그리고 스칸디나비아의 통치 시스템은 부처의 주요 의사결정 역량을 보조하게 하므로 영국의 웨스트민스터 시스템처럼 계선부처의 역할이 크게 약화되지는 않았다(Peters, 2005; Dalström, Peters & Pierre, 2011).

Peters(2005)는 정부의 거시적 구조에서 한편으로는 대통령 또는 총리, 핵심행정부처(central agencies, 계선부처와 대조 의미에서) 등 최고위급 기관, 다른 한편으로는 책임운영기관과 준정부기관의 권한이 동시에 강화되었지만 계선부처와 그 장관들은 과거보다 통치에서의 우선순위가 다소 떨어진 것으로 보고 있다.

4) 성과중심 국정관리 강화

정부핵심부 복원 전략에는 성과중심적 국정관리를 강화하려는 시도가 포함된다. 거의 모든 나라에서 정부핵심부가 정부부처에 대한 성과관리 및 업무평가를 강조하고 있는데, 이 또한 영미권 국가들이 주도하고 있다. 중앙부처와 각급 기관의 성과관리는 이를 관장하는 핵심행정기관이 정부 각 부처를 대상으로 하는 수직적 정책조정의 메커니즘으로 볼 수도 있다.

미국에서는 1993년 민주당 클린턴 대통령 취임 이후 '정부성과결과법'(Government Performance and Result Act: GPRA)이 제정되면서 체계적 성과관리제도의 기본 틀이 마련되었다. GPRA 하에서 대통령부 소속 관리예산처(OMB)가 제공하는 가이드라인에 따라 각 부처는 전략계획, 성과기획, 성과측정 및 성과보고 단계에 이르기까지 성과관리의 전 과정을 수행하게 되었다. 클린턴 행정부의 GPRA가 연방정부기관단위의 성과관리에 초점을 두었다면, 공화당 소속 부시(Bush) 대통령은 2002년 대통령관리과제(Presidential Management Agenda)를 도입하여 개별 부처와 기관들 간의 협력을 필요로 하는 범정부적 과제에 대한 관리를 시도하였다. 또한 부시 행정부는 사업성과평가도구(Program Assessment and Rating Tool: PART)를 도입함으로써 개별사업단위의 성과분석을 실시하였다. 2009년 민주당 소속 오바마(Obama) 대통령이 집권한 이후 정부성과결과현대화법(GPRA Modernization Act of 2010: GPRAMA)을 제·개정하여 기존의 사업단위 중심의 평가를 확대시키고, 이를 연방정부기관들의 성과에 연계시키고자 하였다. GPRAMA는 GPRA의 운영경험을 바탕으로 연방정부기관의 계획, 사업, 성과정보 간의 연계성을 높임으로써 범정부적인 통합성과관리제도 구축을 시도한 것이다(공동성 외, 2013; 이광훈, 2017).

영국에서 1997년 노동당 블레어 정부가 도입한 성과관리도구인 공공서비스협약(Public Service Agreement: PSA) 제도는 정부핵심부를 강화하려는 관점에서 각 부처에 대한 통제를 강화하고 통일성을 확보하고자 한 것이다. 이는 1980년 이후 대처와 메이저 보수당 정부가 추진해 온 책임운영기관 설치 및 민영화 등 신공공관리 개혁으로 정부핵심부 구심력이 약화된 데 따른 것이다. 공공서비스협약(PSA)은 재무부, 내각사무처, 각 부처가 협의를 거쳐 운영한다. PSA에 근거하여 모든 부처들이 향후 3년간에 걸쳐 추진할 상위목표(aims), 목표(objectives) 및 성과목표(target), 그리고 책임주체를 제시하도록 하였다. 여기에 성과목표가 어떻게 측정되는지에 관한 기술적 설명과 서비스 전달계획이 포함된다. PSA의 목적은 성과중심의 관리체계의 강화와 기존의 부처 자율적 평가체계에서 정부핵심부와의 협약을 통한 통제강화와 통일성 확보라고 볼 수 있다(이창길, 2017: 105). 한편 토니 블레어 총리 2기인 2002년에 신설된 총리실 서비스전달팀(the Prime Minister's Delivery Unit: PMDU)도 정부핵심부를 강화한다는 관점에서 보면 또 하나의 중요한 개혁이다(Smith, 2011:

175-177). 서비스전달팀은 PSA의 성과목표 활용을 통하여 정부핵심부의 정책결정과 전달과정에 대한 통제력을 되찾으려고 시도하였다. 총리실 서비스전달팀은 설립초기에 보건, 교육, 범죄 및 교통 등 네 가지 정책영역에서 공공서비스협약(PSA)에서 설정된 성과목표의 결과를 분석하고 서비스 전달 역량을 개선하기 위하여 개별부처와 공동으로 업무를 수행하였다. 서비스전달팀은 각 부처가 수집한 성과 데이터 및 국립통계청(Office of the National Statistics)에서 나온 정보를 광범위하게 활용하였으며, 점차 공공서비스협약의 성과목표 설정에도 관여하게 되었다. 오늘날 총리실 서비스전달팀은 재무부 내의 조직으로 기능이 이관되었다(공동성 편, 2013: 71). 2010년 캐머런 보수당 정부가 집권한 이후 Business Plan이 PSA를 대체하여 핵심행정부의 부처에 관한 통제는 완화되었다. 과거 PSA의 운영주체는 재무부와 총리실 산하 서비스전달팀(Delivery Unit)과 전략팀(Strategy Unit)이었으나, Business Plan에서는 각 부처가 개별부처의 성격과 특성에 맞추어 자율적으로 평가하도록 하였고, 국민들이 직접 해당 부처의 업무를 평가할 수 있도록 하였다(이창길, 2017: 107).

영연방 국가인 캐나다에서는 2000년대 이후 정부조직의 성과향상 및 책임성 확보를 위한 성과관리를 강화해 왔다. 캐나다에서 성과관리는 예산당국인 재정위원회 사무처(Treasury Board of Canada Secretariat, 이하 TBS)의 주도하에 이루어지고 있다(이하 공동성 편, 2013: 79-108; 도명록, 2017: 209-261). 1년 단위로 이루어지는 부처평가는 TBS가 2003년에 공표한 '관리책무성모형'(MAF)을 바탕으로 진행되는데, TBS는 평가기준과 원칙을 제시하고, 실제 평가는 각 부처의 자체평가 형식으로 이루어진다. TBS는 MAF를 바탕으로 진행되는 부처 자체평가에 대하여 5년 단위의 메타평가를 실시하여 부처평가의 효과성, 신뢰성 및 타당성을 점검한다.

영연방국가인 호주의 연방정부 차원에서는 1988년 이후 재정부가 중심이 되어 전반적인 성과관리제도 운영과 관리를 주관하면서 평가전략을 수립·운영하고 있다(공동성 편, 2013: 109-110). 각 부처는 3년 단위의 '평가계획'을 작성하여 재정부에 제출하여야 하고, 부처내의 모든 사업을 3-5년 단위로 평가하여야 한다. 1996년도 보수연합정당 집권과 1997년 '재정관리책임법'(Financial Management and Accountability Act) 제정을 계기로 기존 재정부 중심의 중앙집권적 관리시스템에서 부처별 자율평가시스템으로 전환되었다. 그러나 2007년 노동당 정부가 다시 집권하면서 성과관리의 중앙집권적 평가시스템이 재도입되어 다시 범정부 차원에서의 평가전략이 강화되고 각 부처의 자율성은 약화되었다. 2013년 호주는 다수의 법에 산재하던 성과관리제도를 '공공거버넌스, 성과 및 책임법'(Public Governance, Performance and Accountability Act 2013, 이하 PGPA 2013)이라는 단일체제로 통합했다(서재호, 2017: 268-269). PGPA 2013의 제정을 통하여 (1) 호주 연방정부를 구성하는 모든 기관에 성과관리의 의무가 부여되었고, (2) 재무적 성과뿐 아니라 규제개혁 성과관리 시스템도 구축하도록 하였고, (3) 연방부처, 청, 공기업 등 모든 연방기관이 동일한 형태의 성과관리 시스템의 적용을 받도록 하였다.

요약하면, 미국, 영국, 캐나다, 호주 등 영미권 국가들은 정도의 차이는 있지만 정부핵심부가 주관하는 각 부처에 대한 성과관리 및 정부업무평가제도가 작동하고 있다.

한편 스웨덴과 노르웨이 등 스칸디나비아 국가들도 평가활동에서 비교적 높은 점수를 받고 있다. 스웨덴의 정부업무 성과관리는 각 부처에 의해 자율적으로 시행되며, 평가는 국가 행정사무처에서 독립적으로 이루어지고 있다(홍희정, 2016: 156-159). 각 부처의 장은 정부업무 성과관리에 있어 상당한 자율성을 부여받지만 그 대신 결과에 대한 엄격한 책임을 요구받기 때문에 각 사업에 대한 목표는 반드시 달성될 수 있도록 하고 있다(남궁근, 2021: 553). 한편 유럽대륙국가인 프랑스의 정부업무평가와 성과관리제도는 대통령의 교체나 정부의 이념적 성향에 따라 변하기 보다는 역사적으로 제도의 비중과 중요성이 꾸준하고 지속적으로 증대되는 방향으로 발전되었다(손영우, 2016: 81-90). 프랑스에서는 2001년도에 재정된 '재정법에 관한 조직법'(LOLF)이 2006년부터 적용되면서 성과관리에 근거하여 재정을 관리하는 새로운 공공관리방법을 시행하고 있다. 또한 2008년에는 그 핵심내용이 헌법에 명시되면서 평가제도가 국가운영의 기본원리로 자리 잡았다.

위에서 살펴본 바와 같이 영미권 국가들뿐 아니라, 스칸디나비아 국가, 그리고 프랑스 등 유럽대륙 국가들에서도 핵심부의 기능을 복원하는 전략의 하나로 정부핵심부가 주관하는 중앙부처에 대한 성과관리와 업무평가를 활용하고 있다.

Ⅵ. 한국 정부핵심부의 국정운영 연구와 이 책의 구성

이 책에서는 1987년 한국의 민주화 이후 대통령을 중심으로 하는 정부핵심부의 국정운영에서 국정기조와 국정과제, 정책조정, 정부혁신, 그리고 성과관리를 연구하였다. 이 책은 4부로 구성되었다.

제1부 '정부핵심부와 국정기조설정'은 2개 장으로 구성된다. 제1장에서는 정부핵심부의 개념과 주요기능을 고찰하고, 정부핵심부의 제도와 행위자, 그리고 핵심부 기능의 역사적 변천에 관하여 살펴보았다. 제2장에서는 1987년 민주화 이후 김영삼 정부 시기부터 문재인 정부 시기에 이르기까지 역대정부의 국정기조 및 국정과제 설정과정 및 국정과제 체계의 특징을 살펴보겠다.

제2부 '정부핵심부의 정책조정'은 4개 장으로 구성되었다. 제3장에서는 학술적인 관점에서 정책조정의 개념과 메커니즘을 살펴본 후, 역대정부의 정책조정 분석범주를 설정하였다. 제4장에서 역대정부가 계층적 권위에 의한 정책조정을 어떻게 활용하였는지 살펴보았다. 제5장에서는 역대정부의 수평적 정책조정 메커니즘의 활용에 관하여 고찰하였다. 제6장에서는 민주화 이후 역대정부의 정책조정 메커니즘과 성과를 비교분석하였다. 민주화 이후 시기와 비교하기 위하여 민주화 이전인 제4공화국 전두환 정부의 정책조정을 비교기준으로 설정하여 먼저 살펴보겠다. 비교분석의 기초자료는 제4장 및 제5장, 그리고 제7장 역대정부의 정부혁신 및 제9장 역대정부의 성과관리에 관한 고찰이다.

제3부 '정부핵심부의 정부혁신'은 2개 장으로 이루어졌다. 제7장에서는 김영삼 정부 시기부터 문재인 정부 시기에 이르기까지 역대정부의 정부혁신을 살펴본다. 여기에서 관심사는 역대정부에서 국정운영의 도구인 정부를 어떻게 혁신하면서 운영하였는지 고찰하는 것이다. 구체적으로는 정부혁신의 패러다임과 목표, 추진체계, 분야별 혁신(정부조직 및 운영시스템 개편, 인사혁신, 재정혁신, 전자정부혁신, 규제혁신, 반부패혁신, 공공기관 혁신)에 관하여 살펴본다. 제8장에서는 제7장의 고찰을 토대로 분야별로 역대정부의 정부혁신을 비교한 후 중장기적 성과를 고찰한다.

제4부 '정부핵심부의 성과관리'는 2개 장으로 구성되었다. 제9장에서는 민주화 이후 역대정부의 정부업무와 국정과제의 성과관리에 관하여 고찰하였다. 제10장에서는 제9장의 내용을 기초로 역대정부의 성과관리를 비교분석한 후 시사점을 제시하였다.

역대정부의 국정기조와 국정과제

Policy Paradigms and Policy Tasks

Ⅰ. 서 론

이 장에서는 국정운영의 방향이 되는 국정기조와 국정과제의 의미를 살펴본 후, 1987년 민주화 이후 집권한 제14대 김영삼 정부에서 시작하여 역대정부의 국정기조와 국정과제를 살펴보기로 한다. 대통령중심제 하에서 새 정부의 국정기조는 대체로 대통령 취임 초기에 설정된다. 대통령 당선인은 그의 보좌조직을 당선을 위한 '선거운동' 중심에서 취임 이후 '국정운영'을 준비하기 위한 조직으로 전환하여 국정운영의 방향을 설정하여야 한다(Neustatd, 1990; 박정택, 2007: 2; 김병섭 외, 2017). 새 정부는 대통령직인수위원회를 중심으로 선거운동 기간에 제시한 선거공약을 기초로 새 정부에 거는 다양한 국민의 요구와 기대를 집약하여 국정기조를 설정하고 국정과제(안)을 마련한다.

Ⅱ절에서는 국정기조와 국정과제의 개념과 특징을 살펴본 후, 역대정부의 국정기조와 국정과제의 분석범주를 설정하겠다. 분석범주는 1) 국정기조와 국정과제의 설정과정, 2) 국정기조에서는 당시 시대상황 인식 및 국정기조의 특징, 3) 국정과제에서는 국정과제 체계의 특징과 국정과제의 점검과 관리 주체로 구분하여 살펴본다. 이러한 분석범주를 적용하여 Ⅲ절부터 Ⅷ절까지는 제14대 김영삼 정부 이후 문재인 정부에 이르기까지 역대정부의 국정기조와 국정과제의 내용과 특징을 살펴보기로 하겠다. Ⅸ절에서는 분석범주별로 역대정부의 국정기조와 국정과제의 특징

을 비교하겠다. X절에서는 역대정부의 국정기조와 국정과제를 검토한 결과에서 나타난 시사점을 살펴보기로 하겠다.

분석에 필요한 자료는 역대정부의 대통령직인수위원회 백서 등 정부가 공식으로 발간한 자료를 토대로, 관련 학술자료, 언론보도자료, 기타 관련자료를 보완적으로 활용하였다. 김영삼 대통령 당선인의 대통령직인수위원회는 백서를 발간하지 않았으므로, 당시 공보처 발간 자료 등을 통하여 파악하기로 한다. 한편 문재인 대통령의 경우 당선 다음 날 취임하였으므로 인수위가 구성되지 않았다. 그 대신 국정기획자문위원회에서 국정과제를 설정하였으므로 국정기획자문위원회 백서와 관련자료를 중심으로 살펴보겠다.

Ⅱ. 국정기조와 국정과제의 개념과 분석범주

1. 국정기조의 의미와 특성

1) 국정기조의 의미

역대정부의 국정운영 기본방향에 관한 논의에서 국정비전, 국정이념, 국정지표, 국정기조, 국정목표, 국정전략 등 다양한 용어들이 사용되었다. 이러한 용어들이 동의어로 사용되기도 하며 계층구조를 이루고 있는 것으로 표현되기도 하였다. 일반적으로 비전(vision)이란 조직이 장기적으로 지향하는 목표, 가치관, 이념 등을 통칭한다. 그러므로 국정비전 또는 국가비전은 국정을 운영하는 정부핵심부가 설정한 최상위층의 목표, 가치관, 이념을 통칭하는 것으로 볼 수 있다. 국정비전을 국정이념으로 부르기도 한다. 국정비전의 설정은 정부핵심부의 국정철학은 물론 설정 당시의 시대적 요구, 또는 시대정신을 담고 있어야 한다. 시대정신(spirit of the times, Zeitgeist)이란 어떤 시대에 살고 있는 사람들의 보편적인 정신자세나 태도를 말하는데, 고정적인 것이 아니라 가변적이다. 최상층부의 국정비전 아래 국정목표 또는 국정지표가 자리잡고 있으며, 이를 토대로 국정전략을 선택한다. 여기에서는 국정비전 또는 국정이념, 국정목표 또는 국정지표, 그리고 국정전략을 포함하는 국정운영의 기본방향을 포괄적으로 국정기조라고 보기로 한다.

국정기조 또는 정책기조는 언론과 일상생활에서도 비교적 많이 사용되어온 용어이다. 「대통령직 인수에 관한 법률」에서 인수위원회의 주요 임무의 하나로 "새 정부의 정책기조 설정"을 규정하여 정책기조는 법률용어로도 쓰이게 되었다.[1] 정책기조라는 용어는 행정학 분야의 학술용어로 정착된 것으로 볼 수 있다. 예를 들면, 박정택(2018: 35)은 정책기조를 '정책을 지배하는 인식의 기본틀과 방향'으로 정의하며, 서구에서 전개된 논의인 정책 패러다임(policy paradigm)이라는 용어와 같은 의미를 가지는 것으로 보았다. 정책기조를 개인적으로 제안할 수는 있지만 그것이 패러다임의 지위를 획득하고 제도화되기 위해서는 시대정신에 부합되면서 해당 공동체 구성원이 널리 공유하고 공감하여야 한다. 정책 패러다임이 사적인 아이디어에 그치지 않으려면 상당히 많은 행위자들의 공유와 공감대 형성이 중요하다(박정택, 2018: 52).

여기에서는 학술적으로 사용되는 국정기조 또는 정책 패러다임이라는 용어를 현실 세계에서 집권에 성공한 대통령과 새 정부가 제시하는 국정과제 체계에서 국정운영의 방향을 제시하는 국정전략, 이념, 목표, 전략 등 국정과제 체계의 상층부의 구조를 통칭하는 것으로 이해하기로 하겠다.

2) 국정기조의 특성

국정기조가 갖추어야 할 특성은 학술적으로 정책 패러다임이 갖추어야 할 개념적 특성으로부터 유추할 수 있다. 정책기조의 특성은 특정 정책기조 또는 정책 패러다임이 다른 대안적 정책 패러다임 또는 정책패러다임 후보와 경쟁하는 상황에서 더욱 뚜렷하게 드러날 수 있다. 박정택(2018: 66−91)은 정책기조의 개념적 특성을 (1) 정책의 기본 기반성, (2) 정책의 기본 방향성, (3) 정책의 유전자적 포괄지배성, (4) 간명한 논리적 기호성 등 네 가지로 구분한다.

정권교체가 이루어진 후 새 정부가 제시하는 국정기조를 국정과제 체계에서 국정운영의 방향을 제시하는 국정전략, 이념, 목표, 전략 등 상층부의 구조를 통칭하는 것으로 본다면 가장 중요한 특성은 새 정부 출범 당시의 시대정신 또는 시대적

---

1 제13대 노태우 대통령 취임 초 대통령취임준비위원회가 출범하였고, 이후 「대통령직인수위원회 설치령(1992.12.28. 제정)」, 「대통령직 인수에 관한 법률(2003.2.4. 제정)」이 제정되면서 대통령직 인수·인계가 제도화되었다. 초기에 대통령직인수위원회의 핵심적인 임무는 "대통령 취임과 새 정부의 정책기조를 설정하기 위한 준비"가 위주였으나, 2017년 인수위원회법을 개정하여 "국무총리 및 국무위원 후보자에 대한 검증"이 추가되었다. 그러므로 인수위원회는 대통령 재임기간 중에 국정운영 전반에 걸쳐 적용할 국정운영의 방향과 지표, 각 분야의 정책 방향 및 추진과제와 전략·방법 등을 면밀하게 검토하고 설계하는 한편 핵심 공직자, 즉 국무총리와 행정각부 장관 후보자 검증을 병행하여야 한다.

요구를 반영하여야 한다는 점이다. 국정기조는 해당 정부의 성격을 규정하는 정치적 상징성을 가진다. 한편 국정기조는 다음에 살펴볼 국정과제 체계의 하층부를 구성하는 국정과제 및 실천과제, 즉 개별정책과의 관계에서 개별정책의 기반이 되며, 개별정책의 기본방향을 제시한다.

(1) 시대정신의 반영

국정비전 또는 국정이념의 설정은 정부핵심부의 국정철학은 물론 설정 당시의 시대적 요구, 또는 시대정신을 담고 있어야 한다. 한 시대의 시대정신은 당시 전세계적으로 유행하는 정책 이데올로기의 영향을 받는 한편, 당시 국가가 처한 현실을 반영한다.

서구 선진국을 중심으로 제2차 세계대전 이후 1960년대 말까지 모든 국민의 기본적인 삶을 국가가 책임져야 한다는 복지국가 이데올로기가 지배적이었다. 1970년대 초부터 복지국가의 비대화와 방만한 운영에 대한 비판을 바탕으로 영미권 국가들을 중심으로 신공공관리론(New Public Management)이 지배적인 이데올로기의 위치를 차지하였는데, 작은 정부, 민영화, 경쟁 등이 그 핵심적인 요소였다. 한편 1990년대 이후 시민과 전문가의 국정참여를 중시하는 새로운 거버넌스(new governance)가 새로운 이념으로 등장하였다. 오늘날에는 신공공관리론과 새로운 거버넌스의 부작용에 대한 반성, 4차 산업혁명과 COVID-19 팬데믹의 영향에 따른 빈부격차 심화로 정부핵심부와 국가 역할의 강화가 요청되고 있다.

국정기조에는 이와 같은 전세계적인 시대조류가 반영되는 한편 당시 국가가 처한 독특한 시대적 상황이 반영되어야 한다. 예를 들어, 국가가 개발도상국의 위치에 있던 시기에는 경제성장에 관한 비전이 우선적으로 고려되어야 한다. 또한 권위주의 정권하에서 국민의 민주화에 대한 열망이 매우 높았다면 민주화에 관련된 비전이 시대정신을 반영한 것으로 볼 수 있다. 한편 선진국에 진입하여 경제수준이 향상되고 민주화가 확고하게 정착된 시기에는 공정과 배분적 정의라는 가치가 더욱 중시되어야 할 것이다. 한국의 경우 권위적인 국가 주도의 개발시대를 거쳐 경제성장과 더불어 민주정치치제가 정착된 이후 성장과 함께 환경보호, 공정, 배분적 정의라는 가치가 더욱 중시되고 있다.[2] 그런데 정부 출범 시점에서 시대정신 또

---

2 유엔무역개발회의(UNCTAD)가 2021년 7월 2일 한국의 지위를 개발도상국에서 선진국 그룹으로 변경했다. 1964년 UNCTAD가 설립된 이래 개도국 그룹에서 선진국 그룹으로 이동한 사례는 한

는 시대적 요구를 대통령과 집권세력이 어떻게 인식하느냐에 따라 국정비전이 달라질 수 있다.

(2) 정치적 상징성

국정과제 체계는 특정 정치주체에 의하여 설정되므로 고도의 정치적 상징성을 가진다. 대통령 당선자를 중심으로 정부핵심부에 의하여 결정되는 국정과제체계, 특히 상층부의 국정기조는 해당 정부의 성격을 규정한다(방민석, 2016). 1987년 민주화 이후 진보정당과 보수정당이 경쟁하는 상황에서 국정기조는 대통령 당선자 인수위 활동기간에 선거공약을 중심으로 발굴되고 확정되기 때문에 정치적 논리가 필연적으로 내재될 수밖에 없다. 국정과제 체계에서 추상성이 높은 국정목표, 국정이념, 국정전략 및 국정과제에는 집권세력의 이념성향이 반영된 용어가 사용된다.

그러므로 국정기조는 국정과제의 핵심 내용을 설득력 있고, 간명하게 전달할 수 있는 용어로 표현되어야 한다. 기본적으로 국정기조 또는 정책 패러다임의 아이디어적인 틀도 중요하지만 상징과 수사법(symbols and rhetoric)의 선택도 중요하다는 것이다(박정택, 2018). 국정기조가 다수의 추종세력을 끌어들이려면 그 메시지가 매력이 있어야 한다. 정책 아이디어의 유인가(valence)는 당시 일반국민의 정서와 잘 부합될 때, 다수의 추종세력을 끌어들일 수 있다(Béland & Cox, 2011). 그러므로 노련한 정치지도자는 정책쟁점의 틀을 짜고 정책제안이 다수의 지지를 얻을 수 있도록 높은 유인가(high valence)를 갖는 정책 아이디어를 활용하여야 한다. 예를 들면, 유인가 개념의 유용성을 나타내는 대표적 사례가 '지속가능성'(sustainability) 개념이다. 지속가능성 개념이 처음에는 환경정책 분야에서 사용되기 시작했는데, 그 유인가가 계속 증가함에 따라 이제 연금개혁, 공공재정, 노동시장, 에너지안보 등 다양한 분야에서 문제의 틀을 짜고 개혁의 방향과 방법에 관한 논의를 주도하는 개념으로 확대되어 사용되고 있다(Cox & Béland, 2013: 박정택, 2018: 91에서 재인용).

국이 처음이다. 물론 한국은 오래전 사실상 개도국을 졸업했다. 1995년 세계은행 원조 대상국에서 빠졌고 1996년에는 선진국 클럽이라는 경제협력개발기구(OECD)에 가입했다. 2009년에는 OECD 내 개발원조위원회 회원국이 되면서 '원조를 받는 나라'에서 '원조를 주는 나라'가 됐다. 1987년에는 대외경제협력기금(EDCF)을 설치해 공적개발원조도 지속적으로 늘려 왔다. 그럼에도 유엔이 선진국 편입을 공식화한 것은 한국 현대사에 큰 획을 그은 사건인 것은 물론 국제무역사에도 기념비적인 일이다. 출처: 한국경제 2021년 7월 4일자 사설.

(3) 개별 국정과제의 기반

국정기조는 개별 국정과제 및 세부실천과제, 즉 개별정책들의 밑바탕 또는 기반이라는 특성을 갖는다. 국정기조는 개별 국정과제를 형성하는 인식상의 기본적인 틀이라는 의미를 내포한다(박정택, 2018). 국정기조는 개별국정과제, 즉 개별 정책들의 기반(foundation) 또는 틀(framework)을 형성하므로 개별정책은 그 틀 내에서 의미를 가지게 된다.

국정기조는 전체 국정과제 체계에서 상위 차원 또는 수준의 정책이므로 개별 국정과제와는 상하 위계적·계층적인 연결 관계를 맺고 있다. 그러므로 국정기조는 국정과제 체계에서 수직적 가치체계로 연결된 개별 국정과제들을 포괄할 수 있어야 한다.

(4) 국정과제의 기본방향 제시

국정기조는 개별 국정과제의 정책목표와 밀접하게 관련된 규범적 방향성을 제시한다(박정택, 2018). 개별 국정과제는 그것이 실현하고자 하는 자체 '목표'를 지니고 있다. 그런데 그런 개별정책의 목표는 그 목표를 실현하고자 하는 그보다 더 높은 차원(수준, 단계)의 목적을 달성하기 위한 수단이다. 정책의 기본방향으로서의 국정기조, 즉 상위목적에는 기본적인 가치가 포함되어 있다. 국정기조에 포함된 기본적 가치는 가치의 서열구조(가치체계)로 볼 때 구체적인 개별 국정과제의 가치보다 '상위에 놓여 있는 가치'라고 할 수 있다.

2. 국정과제의 개념과 특징

1) 국정과제의 개념

제1장에서 살펴본 바와 같이 국정과제는 대통령이 자신의 임기 중에 성취하고자 하는 국정 전반의 중요한 과제 및 업무를 말한다.

한국에서는 정권이 교체될 때마다 새 정부가 새로운 국정과제를 발표하였다. 즉, 대통령 선거시 주요 후보자들과 정당이 선거공약의 형태로 국정과제 예비 목록을 제시하고, 당선한 후보자와 정당이 선거공약을 토대로 국정과제를 선정하여 발표해 온 것이다. 정권교체는 정책의 창(policy window)이 열리는 가장 현저하고 광범위한 영향을 미치는 정치흐름의 변화이다(Kingdon, 1995: 168-169: 남궁근,

2021: 373). 한국에서 정권교체가 이루어지면 대통령직인수위원회가 조직되고 그 위원회에서 정치, 사회, 경제, 문화, 교육, 과학기술 등 모든 정책영역에 있어서 새로운 정책의제를 발굴하며, 이들 가운데에서 국정과제를 선정하여 왔다.

2) 국정과제의 특징

국정과제는 일반적으로 다음과 같은 특징이 있으므로 국정과제 점검 및 성과평가과정에서 고려할 필요가 있다(방민석, 2016: 34−35; 홍형득, 2018; 남궁근, 2021a).[3]

(1) 체계성과 종합성

국정과제는 전체 국정운영시스템 속에 유기적으로 연계되어 있으며(홍형득, 2018), 국정기조와 국정비전을 바탕으로 체계적이고 종합적으로 추진된다(방민석, 2016). 국정운영 시스템 속에서 선거공약을 토대로 한 국정과제로의 전환, 국정과제의 확정, 추진 및 집행, 성과평가 등이 이루어진다(홍형득, 2018). 국정과제 시스템은 다양한 정책영역의 과제들 사이의 관계가 구축·형성하는 정책생태계(policy ecosystem)의 모습을 보여주는 것이다(홍형득, 2018).

하나의 국정과제를 살펴볼 때 여기에는 다양한 세부사업과 입법안, 관련 계획이 포함되어 있으며 국정과제 전반에 유기적인 형태로 연계되어 있다(방민석, 2016). 따라서 국정과제를 채택, 집행할 때 여타의 정책과제와의 관계를 필수적으로 고려해야 한다. 이광희 외(2014)는 박근혜 정부의 국정과제간 상호연관성을 분석하여, 관련성이 높은 과제들을 확인한 바 있다.

(2) 파급성

국정과제는 1차적으로 중앙부처를 통하여 추진하는 정책을 의미하지만 이러한 정책이 공기업·공공기관, 자치단체 등을 통하여 집행되므로 공공부문 전체로 파급되며, 결과적으로 국민 생활 전반에 영향을 미치게 된다.

(3) 추진기간의 한시성

국정과제는 5년 단임인 대통령 재임기간에 집행되는 것을 전제로 한다(홍형득, 2018). 5년마다 교체되는 정권에 따라 많은 정책이 중단되거나 폐지되므로, 이로

3 이 부분은 남궁근(2021a)을 요약한 것이다.

인한 국정혼란과 국력낭비가 초래될 수 있다. 그러므로 국가발전에 필요한 과제의 경우 연속성이 확보될 필요가 있다. 즉, 정권교체 이후에도 정치적 상징성이 반영되는 국정목표와 전략은 달라지더라도 국가발전과 관련된 대다수 정책과제와 실천과제는 지속성을 가지고 추진되는 것이 바람직하다. 실제로 4차 산업혁명과제에서 살펴본 바와 같이(방민석, 2017), 상당한 숫자의 과제가 지속성을 유지하기도 한다.[4]

(4) 추상성과 구체화

국정과제 체계에서 국정목표와 국정전략은 물론 국정과제 수준까지도 다소 추상적 용어로 표현되므로 추진노력과 성과를 측정하기 어렵다. 그러므로 이를 측정하려면 실천과제 수준의 과제별로 구체적(specific), 측정가능한(measurable), 달성가능한(achievable), 적실성있는(relevant), 적시성을 갖춘(timely) 지표들, 즉 SMART 원칙(공동성, 2013: 67)에 따른 성과지표들을 구성하여야 한다.

3. 역대정부의 국정기조와 국정과제 분석범주

김영삼 정부 이후 문재인 정부에 이르기까지 역대정부의 국정과제 체계를 고찰하기로 하겠다. 국정과제 체계의 분석에서 사용하고자 하는 분석범주는 다음 <표 2-1>과 같다.

1) 국정기조 및 국정과제 설정과정

새 정부는 대통령직인수위원회를 중심으로 선거운동 기간에 제시한 선거공약을 기초로 국정기조를 설정하고 국정과제(안)를 선정한다. 역대정부에서 국정기조는 인수위를 중심으로 논의과정을 거쳐 설정되었으며, 정권 출범 후 상황변화를 반영하여 추가되거나 보완되기도 하였다. 대통령직인수위원회 활동이 체계화되면서 인수위원회가 국정기조는 물론 국정과제(안)까지 선정하여 발표하였는데, 역대정부별로 그 과정을 간략하게 고찰하겠다.

---

4 방민석(2017)은 문재인 정부에서 '4차 산업혁명' 과제를 채택하면서 박근혜 정부의 기존과제를 문재인 정부의 국정기조와 이념에 부합되는 방향으로 정책의 재설계와 전환이 이루어졌다고 보았다.

2) 국정기조

(1) 시대상황 인식

역대정부에서 국정기조는 집권 당시의 시대상황을 어떻게 인식하고 있었는지를 반영하여 설정된다. 그러므로 역대정부 집권 초기의 시대상황 인식을 살펴보기로 하겠다.

(2) 국정기조의 특징

역대정부가 사용한 용어는 일치되지 않지만 국정과제 체계의 상층부의 구조인 국정기조는 최상위 단계에서 각 정부의 특징을 간략하게 표현하는 상징인 슬로건(예: 문민정부 및 신한국 창조, 국민의 정부, 참여정부 등)을 포함하여 국정비전, 국정목표, 국정지표, 국정전략 등의 특징을 살펴보기로 한다.

표 2-1 역대정부 국정기조와 국정과제의 분석범주

분석 범주		내용
국정기조 및 국정과제 설정과정		대통령직인수위원회의 국정과제 설정과정 및 정부 출범후 국정과제 확정 및 수정 과정
국정기조	시대상황 인식	정부 출범 초기의 시대상황 인식 고찰
	국정기조의 특징	국정과제 체계의 상층부의 구조인 국정비전, 국정목표, 국정지표, 국정전략 등의 특징
국정과제	국정과제 체계의 특징	정책에 관한 국정과제 및 실천과제 체계의 특징
	관리와 점검	국정과제와 실천과제의 관리 및 점검 주체 및 관리·점검 실태

3) 국정과제

(1) 국정과제체계

국정과제(또는 실천계획)와 더불어 실천과제(세부실천계획)을 포함한 국정과제 체계를 살펴보고 그 특징을 고찰하기로 하겠다. 국정과제는 구체적으로 정책을 다루는 정책국정과제와 관리를 다루는 관리국정과제로 구분되기도 한다. 일반적으로 국정과제는 정책국정과제를 의미하며 경제정책, 보건복지정책, 환경정책 등과 같이 실질적인 정책분야에 관한 내용을 다룬다. 반면에 관리국정과제는 규제혁신, 정부혁신, 정책소통 등과 같이 정책을 추진하는 집행부처의 일하는 방식과 관련된 국정

과제를 말한다. 여기에서는 정책국정과제를 위주로 국정과제를 살펴보기로 하겠다.

(2) 국정과제의 관리와 점검

역대정부가 설정한 국정과제와 실천과제의 집행과정에서 추동력을 얻기 위하여 어느 기관에서 관리 및 점검을 담당하도록 하였는지, 점검과 평가는 어떻게 이루어졌는지 간략하게 고찰하기로 하겠다. 점검 및 평가의 구체적인 결과는 제4부 제9장에서 살펴보기로 하겠다.[5]

Ⅲ. 김영삼 정부의 국정기조와 국정과제

1. 국정기조 및 국정과제 설정과정

김영삼 대통령은 1987년 민주화 이후 직선제로 선출된 최초의 민간출신 대통령이라는 상징성을 가진다. 대외적으로는 동서냉전 체제 종식과 세계무역기구(WTO) 출범 등으로 세계가 무한경쟁체제에 진입하는 시기에 집권하였다. 김영삼 대통령 당선인의 인수위원회[6]는 헌정사상 처음으로 종전처럼 취임 준비에만 머물지 않고 '대통령직 인수'라는 표현에 합당한 대통령직 인수방침을 정하여 인수활동을 시작하였다(박정택, 2007). 김영삼 당선인은 대통령비서실을 포함한 33개 부처의 주요시책과 당면 현안과제에 대하여 인수위가 분석 · 검토한 결과를 분과별로 일괄하여 보고받았다. 또한 대통령취임 1백일의 일정계획, 대통령비서실의 기구개편, 대통령 직속위원회 운영방안, 경제활성화 대책, 부정방지대책 등의 특별대책[7]을 검토하도록 지시하고 보고를 받아 그 후 국정운영에 반영하였다(박재완, 2002: 35−39).

---

5 국정과제 점검 및 평가의 구체적 내용에 관하여 제4부 제9장에서 비교적 상세하게 기술하고 있으므로, 관심이 있는 독자들은 이 장에 뒤이어 제9장의 내용을 살펴보기 바란다.

6 인수위의 주요보직은 다음과 같다. 위원장: 정원식, 위원: 김한규, 남재희, 박관용, 서정화, 신경식, 양창식, 유경현, 이재환, 이민섭, 이해구, 이환의, 장영철, 최병렬, 최창윤, 행정실장: 김무성.

7 경제활성화를 위한 당면대책으로 1) 범국민 10% 절약운동 전개, 2) 중소기업지원 대책 마련, 3) 휴무일 축소조정, 4) 행정규제 완화, 5) 활기찬 농촌건설, 6) UR협상 대책, 7) 강력한 과학기술정책 추진, 8) 공정거래질서 확립을 통한 경제력 집중 완화, 9) 사회간접자본 확충, 10) 도시교통난 해소 등 10가지 중점시책을 제안했고, 부정방지대책으로는 1) 윗물맑기운동 전개, 2) 정치권 정화, 3) 부정방지위원회 설치, 4) 금융실명제 실시 및 고위공직자 재산공개 등을 제시했다. 이중 부정방지위원회 설치문제는 새로운 기구가 사정기구의 옥상옥이 되어서는 안된다는 차기 대통령의 지시에 따라 민자당 정책위에서 신중히 재검토키로 결정했다(제15대 대통령직인수위원회 백서, 1998: 418 참조).

김영삼 대통령 당선인은 '문민정부'와 '신한국창조'라는 국정전반의 정책기조를 제시함으로써, 과거 정부와 차별화되는 민주화와 문민화를 지향하였다(박재완, 2002: 39). 그러나 역대 인수위가 중시한 국정이념 또는 국정지표에 관한 심도깊은 논의는 부족하였다.[8] 따라서 김영삼 정부는 국정운영 방향 및 이의 수행에 대한 치밀한 준비없이 대통령 업무를 시작했으며, 취임 후 큰 방향없이 국정을 수행함으로써, 국가 주요정책들의 통제 및 조정이 부적절하여 국정을 임기응변식으로 운영했다는 비판을 받기도 하였다(함성득, 1999: 241; 박정택, 2007). 김영삼 정부의 국정운영을 위한 비전과 목표는 인수위원회에서 논의하여 정리된 것이 아니라 대통령 취임사에서 윤곽이 드러났다(이남국, 2014: 37). 취임 이후 1993년 3월 11일 국무회의 심의를 거쳐 신한국창조를 위한 4대 국정지표가 발표되었다(공보처, 1997: 405). 이후 취임 3년차인 1995년 세계화가 국정지표에 추가되었고, 이에 따른 국정과제도 추가되었다(세계화추진위원회, 1998).

2. 국정기조

1) 시대상황 인식

1993년 김영삼 대통령의 문민정부 출범은 한국 민주화의 새로운 지평을 여는 것이라고 보았다(이하 공보처, 1997: 11－12). 1987년 민주화 이후 노태우 대통령 시기는 본질적으로 군부 권위주의 체제로부터 문민 민주주의 체제로 이양되어 가는 과정의 과도기적 정부일 수 밖에 없었으며, 군사문화는 그대로 유지되었고 실질적 민주화는 아직 발아되지 못했다는 것이다. 따라서 권위주의 체제가 남긴 부정적 유산의 본격적인 청산과 새로운 민주화 시대를 열기 위한 '변화와 개혁'의 추진이 필요하다고 보았다.

1993년 김영삼 대통령의 문민정부 출범은 지난 수십년간 민주화투쟁을 주도해 온 세력이 국정의 주도세력으로 등장하였다는 것을 의미한다. 문민정부는 민주질

---

8 인수위는 1월 6일 전체회의를 통해 인수위 활동과 관련, 1) 인수위 범위를 너무 넓히지 않고, 2) 정부 각 부처의 업무현황과 문제점을 파악해 차기대통령에게 보고하고 취임식 행사의 기본방향과 원칙을 정하며, 3) 대선공약은 당 정책위에서 다루고 당면현안은 인수위가 다루되 정책위와 긴밀한 협의를 가지며, 4) 인사문제에 대해서도 차기대통령의 요청이 없는 한 다루지 않는다는 기본원칙을 정했다(제15대 대통령직인수위원회 백서, 1998: 417－418). 그러므로 인수위가 경제활성화를 위한 당면대책과 부정방지대책 이외의 국정과제를 폭넓게 논의한 것으로 보기 어렵다.

서의 정착이란 역사적 과제와 함께 새로운 시대를 맞이하기 위한 '변화와 개혁'을 주도해야 한다는 높은 국민적 기대를 안고 출범하였다고 인식한 것이다.

김영삼 대통령은 20세기 말 한국사회가 직면하고 있는 모든 부정적 유산을 '한국병'으로 규정하였다(공보처, 1997: 17−19). '한국병'이란 지난 30여년간 개발독재 시대를 거치면서 우리 사회에 누적되어 온 비정상적 유산과 부정부패, 부조리는 물론 잘못된 관행과 의식, 그리고 집단 이기주의, 지역 이기주의 등을 통칭하는 개념이다. 한국병은 어느 한 부분, 어느 한 영역에 국한된 문제가 아니라 하나의 보편적인 문화처럼 우리 사회의 모든 부문에 뿌리깊게 자리잡고 있었다는 것이다.

그러므로 변화와 개혁 없이는 우리 사회에 수십년간 누적되어 온 한국병이란 적폐에서 벗어날 수 없으며, 변화와 개혁 없이는 21세기의 조류에 적응하기 위한 창조적 사회의 창출도 성취할 수 없다고 본 것이다.

2) 국정비전과 국정지표

이러한 시대상황 인식을 토대로 김영삼 대통령은 취임사에서 '변화와 개혁을 통한 신한국 창조'를 비전으로 설정하고, 위로부터의 개혁을 통한 부정부패 척결, 경제의 부활, 국가기강 확립을 세 가지 주요과제로 제시하였다. 김영삼 정부의 국정기조는 정부가 출범한 이후 1993년 3월 11일 국무회의에서 결정하여 발표한 '깨끗한 정부', '튼튼한 경제', '건강한 사회', '통일된 조국' 등 '4대 국정지표'이다. 한편 1994년 11월 호주 시드니에서 세계화 구상을 밝힌 후 취임 3년 차에 해당하는 1995년 1월 25일 '세계화'를 주요 국정목표로 추가하여 5대 국정지표 체제로 국정을 운영하였다(이남국, 2014: 37−38; 금창호, 2014: 137−138).

취임 2년 차인 1994년 시점에서 정리된 자료(공보처, 1994)에 따르면, 김영삼 정부의 국정운영의 비전인 '신한국 창조'를 위한 4대 국정목표, 10대 과제, 그리고 77대 세부실천계획은 다음 <표 2−2>와 같다. <표 2−2>에서 10대 과제를 국정목표(지표)별로 살펴보면 첫째, 깨끗한 정부 분야의 (1) 깨끗한 정치 · 강력한 정부; 둘째, 튼튼한 경제 분야의 (2) 과학기술도약 · 경제활성화, (3) 선진농업 및 농어촌 건설, (4) 중소기업 진흥; 셋째, 건강한 사회 분야의 (5) 더불어 잘사는 건강한 사회, (6) 입시개혁과 인간중심교육, (7) 근로자우대 사회조성, (8) 여성존중 평등사회 구현, (9) 국민문화예술 창달; 그리고 마지막으로 통일된 조국 분야의 (10) 통일실현과 세계 속의 신한국 등이다. 이러한 10대 과제는 후속하여 집권한 정부들의 국정과제 체계와 비교하면 추상성의 정도가 높아 국정전략의 수준에 해당되는 것으로 볼 수 있다.

표 2-2 김영삼 정부 4대 국정목표, 10대 과제 및 77대 세부실천계획

국정지표	10대 과제	77대 세부실천계획	
깨끗한 정부	1. 깨끗한 정치, 강력한 정부	1. 깨끗한 정치구현	2. 지역 · 계층갈등 해소
		3. 민생치안 확립과 인권보호	4. 지방화시대 개막
		5. 행정쇄신	6. 긍지와 보람의 공직사회 구축
튼튼한 경제	2. 과학기술도약, 경제활성화	7. 물가안정	8. 흑자경제구현
		9. 증권시장 활성화	10. 과학기술개발 촉진
		11. 과학기술투자 확대	12. 정보화사회 촉진
		13. 도로, 항만시설 확충	14. 에너지 자원 안정공급기반 구축
		15. 수도기능분산과 지방이전촉진	16. 지역균형개발
		17. 금융자율화	18. 세제개편 및 재정개혁
		19. 토지관계법 정비	20. 경제 행정규제개혁
		21. 금융실명제 실시	22. 부동산투기근절
		23. 경제력집중완화	24. 농어촌발전위원회
	3. 선진농업 및 농어촌 건설	25. 농어촌전원도시화	26. 농지거래규제완화
		27. 수출농업지향	28. 농어업 경영인 육성
		29. 기르는 어업 본격화	30. 농축산물 생산 및 가격안정
	4. 중소기업 진흥	31. 농산물 유통구조 개선	32. 쌀수입 개방불가
		33. 농어민 생활안정	34. 중소기업 창업육성
		35. 중소기업 구조조정 촉진	36. 중소기업 금융지원
		37. 중소기업 세금경감	38. 지방중소기업육성
건강한 사회	5. 더불어 잘사는 건강한 사회	39. 맑은 물 · 공기 공급	40. 폐기물관리체계 확립
		41. 대도시 교통난 해소	42. 주택난 해결
		43. 달동네 환경개선	44. 노인복지 확충
		45. 장애인복지	46. 국민건강보장
	6. 입시개혁과 인간중심교육	47. 식품 · 의약품 관리	48. 국가유공자 예우 및 민족정기 선양
		49. 관광사업 재도약	50. 인간교육 강화
		51. 입시지옥 해소	52. 교육환경 개선
	7. 근로자우대 사회조성	53. 대학교육의 질 확충	54. 평생교육체계 확충
		55. 교원지위 향상	56. 건전사학 육성
		57. 노사관계 정착	58. 근로자 복지증진
		59. 근로자 내집마련 지원	60. 취업알선
	8. 여성존중 평등사회 구현	61. 직업병 예방	62. 여성차별제도 개선
		63. 여성인력개발 · 고용촉진	64. 여성복지내실화
		65. 여성의 사회참여 확대	66. 남녀평등 의식교육 강화
		67. 보육시설 확충	68. 여성에 대한 폭력 철폐
	9. 국민문화예술 창달	69. 새로운 가족문화	70. 문화예술창작활동
		71. 지방문화 활성화	72. 선진방송기반 구축
		73. 생활체육진흥	74. 밝고 활기찬 청소년육성
통일된 조국	10. 통일실현과 세계 속의 신한국	75. 통일실현	76. 통일대비 국방태세
		77. 경제 · 통일외교	

출처: 공보처, 1994.

3. 국정과제

1) 10대 과제 및 77대 세부실천계획과 세계화 과제

<표 2-2>의 김영삼 정부 77대 세부실천계획은 과제별로 추상성의 정도가 상당히 높은 편이며 후속되는 정부의 국정과제 체계와 비교하면 국정과제 수준에 해당되는 것으로 볼 수 있다. 77대 세부실천계획 가운데 21번 과제인 '금융실명제'는 1993년 전격적으로 실시되었고(김병문, 2014), 4번 과제인 '지방화시대 개막'의 세부과제인 '지방자치제'도 1995년 전면적으로 실시(한표환, 2014)된 것은 속전속결이라는 김영삼 대통령의 리더십 스타일을 잘 나타내는 사례라고 볼 수 있다.

한편 1995년에 5대 국정지표의 하나로 추가된 '세계화'를 본격적으로 추진하기 위하여 대통령 직속으로 '세계화추진위원회'를 발족시켜 1995년 8월 '세계화의 비전과 전략'을 제시하고 53개의 세계화 과제에 대한 개선방안을 마련하여 추진하였다(세계화추진위원회, 2008; 금창호, 2014). 김영삼 정부의 세계화 정책은 세계무역기구(WTO) 출범 등 세계화에 대응하는 핵심전략으로 추진되었다. 세계화의 비전에 해당되는 21세기 국가비전과 목표를 '통일된 세계중심국가'로 설정하였고, 21세기에 바람직한 국가 모습으로 첫째, 국제사회에서 다른 나라의 모범이 되는 나라, 둘째, 국민 개개인의 삶이 풍요롭고 살기 편한 나라, 셋째, 열린 사회, 열린 나라, 넷째, 인류의 협력과 공영에 이바지하는 나라라고 보았다(세계화추진위원회, 1998: 26-27). 김영삼 정부는 행정, 외교·통일, 경제, 사회, 교육·문화, 정치의 6개 분야에서 53건의 세계화 과제를 선정하여 추진하였다(<표 2-3> 참조).

김영삼 정부의 세계화 정책은 <표 2-3>의 추진과제 목록에서 알 수 있듯이 세계화의 흐름에 우리나라를 적극적으로 개방하자는 취지의 정책이라기보다는 우리나라의 행정, 외교·통일, 경제, 사회, 교육·문화, 정치 분야의 주요 제도와 정책들을 국제기준(global standard)에 부합되도록 재정비하자는 취지의 과제들을 망라하고 있다. 구체적으로는 당시에 전세계에 확산되는 추세인 영미식의 신자유주의 또는 신보수주의적인 정책들을 모방하는 방향으로 추진되었다(금창호, 2014: 137). 김영삼 정부의 세계화 정책 추진은 글로벌화, 민주화, 지방화, 분권화가 급격하게 진행되는 상황에서 과거 개발연대에 경제성장을 가능하게 했던 성공전략이 더 이상 유효하지 않다는 판단 아래 경제뿐 아니라 정치·행정, 사회, 문화 등에서 국제기준에 부합되는 방향으로 개혁을 추진했다는 점에서 타당한 방향설정으로 평

표 2-3 김영삼 정부 세계화 추진전략과 과제

분야	추진전략	과제
행정	세계화 시대의 행정개혁	· 세계화를 위한 공무원 교육훈련제도 개선방안 · 고급공무원 임용 및 육성의 세계화방안 · 정부정책집행에 대한 평가기능 강화방안 · 민원행정의 세계화 방안 · 자동차 민원행정의 세계화 방안 · 조세행정개선방안
외교·통일	통일된 세계중심국가	· 국가이미지 개선방안 · 아시아·태평양시대 주역으로서 우리 외교의 추진방향 · 우리 국민의 국제기구진출 확대방안 · 재외동포사회 활성화 지원방안 · 한·일간 올바른 역사인식 확립방안 · 통일정책연구 및 논의의 활성화방안
경제	경제의 세계화	· 21세기에 대비한 신해양정책방향 · 한반도의 동북아 국제물류중심화전략 · WTO체제에 부응하는 산업지원체제 개편방안 · 세계화촉진을 위한 규제개혁방안 · 경쟁촉진을 위한 공정거래제도 개선방안 · 통신사업의 경쟁력 강화방안 · 디자인산업 세계화방안 · 벤처기업 활성화를 위한 종합추진방안 · 21세기 에너지절약형 사회구조 구축전략 · 수출농업의 활로개척방안 · 지방자치시대의 지역발전전략
	과학기술 발전기반의 확충	· 기술개발제원제도의 실효성 제고방안 · 외국우수과학기술인력 활용방안
	지식정보 일류국가의 건설	· 세계화를 위한 정보화 촉진방안 · 공공부문 정보화 추진계획 · 정보화촉진 기본계획 추진방향 · 서울의 동북아지역정보 및 연구중심지화 방안 · 외국문화에 대한 이해증진과 지역전문가 육성방안 · 국가통계의 발전방안
사회	환경모범국가의 건설	· 21세기 환경비전 · 환경비전21: 21세기 환경개선 종합대책 · 접경지역 보전관리를 위한 기본구상
	'삶의 질'의 세계화	· '삶의 질' 세계화를 위한 국민복지 기본구상 · '삶의 질' 세계화를 위한 노인·장애인 복지종합대책 · 사회취약계층 복지증진대책 · 식품·의약품 안전관리전담기구 설치계획 · 여성역할과 지위의 세계화 추진방향 · 여성의 사회참여 확대방안 · 세계화시대의 청소년상 정립방안 · 여가문화의 향상방안
	법질서의 선진화	· 법률서비스 및 법학교육의 세계화 방안 · 법률서비스 및 법조인 양성제도의 세계화방안

		· 치안서비스 선진화방안 · 세계화시대를 살아가기 위한 사회교육방안
교육·문화	신교육체제의 구축	· 세계화 추진을 위한 외국어교육 강화방안
	문화대국 건설	· 세계화시대에 부응한 문화와 관광의 연계방안 · 문화산업의 발전방안 · 국민 문화예술의 생활화 방안 · 세계촌 추진계획
정치	지구정치시대의 국가운영	· 세계화시대의 사회통합 · 경제정책결정체계의 개선방안

출처: 세계화추진위원회, 1998, 41－42.

가된다(금창호, 2014: 161－162). 그러나 세계화 추진의 한계점으로 다음과 같은 점이 지적된다(공보처, 1997: 352－355). 첫째, 현실적 제약을 충분히 고려하지 않은 목표와 비전 설정; 둘째, 개혁 추진과정에서 개혁의 어려움을 극복하기 위한 구체적 방안 제시 미흡; 셋째, 세계화 과제 선정에서 국민적 공감대 형성 미흡; 넷째, 개혁의 어려움을 극복하려는 정치적 의지 미흡 등이다.

김영삼 정부의 세계화는 '성급하고 준비 안된', 그리고 '본질 추구보다는 수단적' 성격이 강했다. 시기적으로 1980년대 이래 서구의 신자유주의 보다 훨씬 뒤떨어졌다는 점에서 '후발' 신자유주의일 뿐만 아니라 사회보장이 매우 취약한 상태에서 추진되었다는 점을 감안하면 '의제' 신자유주의라고 해야 한다는 비판이 제기된 바 있다(금창호, 2014: 164).

2) 국정과제의 관리와 점검

김영삼 정부의 국정과제와 실천과제에 관한 점검의 주체가 분명하지 않은 가운데 점검과 평가가 체계적으로 이루어졌는지도 확인하기 어렵다. 대통령비서실 정책기획수석비서관(교육, 정책1, 정책2, 정책3 비서관 포함)이 국정과제의 정책조정에서 핵심적인 역할을 담당했을 것이라고 추정된다(전영한, 2020: 427). 문민정부 5년 동안의 개혁 성과를 종합하여 정리한 「문민정부 5년 개혁백서」(공보처, 1997), 「신한국 4년: 변화와 개혁」(공보처, 1997a), 「변화와 개혁: 김영삼정부 국정5년 자료집」(공보처, 1997b)에서도 개혁성과를 국정목표, 10대 과제와 실천계획과 관련하여 종합적으로 정리하지는 않았다.

「신한국 4년: 변화와 개혁」(공보처, 1997b: 220－222)에서는 문민정부의 변화와 개혁을 총평하면서 다음과 같이 기술하였다. 1) 집권 1기는 개혁정책의 집중기로서, 임기초반 핵심적 조치가 단행되어야 한다는 전략적 판단하에 성역없는 사정을 통한 부정부패 척결, 고위공직자 재산공개 등 '윗물맑기 운동'을 통한 사회도덕성 제고, 금융실명제를 통한 경제정의기반 확립, 군내 사조직 숙정 등을 통한 군 역할의 정상화, 안기부·기무사의 제자리 잡기 등 일련의 개혁조치를 전격적이고 집중적으로 추진하였다. 2) 집권 2기는 세계화를 통한 국가비전과 전략을 마련한 시기이며, 문민정부 1년의 대내적 개혁성과를 바탕으로 대외적·미래지향적 개혁인 '세계화 개혁'으로 승화시켰다. 3) 집권 3기는 '역사 바로세우기' 개혁시기이며, 대내외 개혁 2년의 성과가 '역사 바로세우기'로 통합되면서 신한국 건설의 토대를 마련하였다. 4) 집권 4기는 생활개혁·민생개혁 중점추진 시기이며, 국민생활과 직결된 교육·환경·사법·의료 등 민생개혁으로 발전시켜 나갔다고 기술하였다.

한편 세계화 과제에 관하여는 세계화추진위원회에서 1995년 이후 매년 추진상황 보고서를 발간하였고, 백서를 발간하였다(세계화추진위원회, 1995, 1996, 1998). 김영삼 정부는 1995년 29개 과제, 1996년 15개 과제, 1997년 9개 과제를 세계화추진위원회에서 확정하여 부처에서 집행하였고, 집행과정에서 169개의 법령(법률: 72개, 시행령 47개, 시행규칙 등 50개)을 제정 또는 개정하였다고 밝혔다(세계화추진위원회, 1998: 40).

4. 요 약

김영삼 대통령은 1987년 민주화 이후 직선제로 선출된 최초의 민간출신 대통령이라는 상징성을 가진다. 대외적으로는 동서냉전 체제 종식과 세계무역기구(WTO) 출범 등으로 세계가 무한경쟁체제에 진입하는 시기에 집권하였다. 김영삼 정부 출범 초 시대상황 인식의 핵심은 권위주의 체제가 남긴 부정적 유산의 본격적인 청산과 새로운 민주화 시대를 열기 위한 '변화와 개혁'의 추진이 필요하다는 것이다. 김영삼 정부의 국정비전은 취임사에서 선언한 '변화와 개혁을 통한 신한국 창조'이다. 김영삼 정부 인수위원회에서는 역대 인수위가 중시한 국정이념 또는 국정지표에 관한 심도깊은 논의는 부족하였다. 김영삼 정부의 대통령직인수위원회에서는 대통령 당선인의 요청에 따라 특별과제로 10대 경제활성화 당면대책과 4개 부정방지대책을 제안하였다. 이 가운데 부정방지를 위한 금융실명제의 실시와 고위공직자 재산공개 등은 문민정부 출범 이후 곧바로 채택·시행된 긍정적인 중요 개혁정책으로 평가되고 있다(박재완, 2002: 52-53).

김영삼 정부의 초기의 국정기조와 국정과제는 대통령 취임 후 국무회의의 심의를 거쳐 발표한 4대 국정목표(깨끗한 정부, 튼튼한 경제, 건강한 사회, 통일된 조국), 10대 과제, 그리고 77대 세부실천계획이다. 취임 3년차인 1995년에 국정목표로 세계화가 추가되었고 53개 세계화 과제가 선정되었다. 1995년에 추가한 '세계화'라는 국정기조가 당시 한국의 시대적 상황을 반영한 과제라고 볼 수는 있지만, 후발 신자유주의적 과제들 위주로 구성되었으며 성급하게 세계화를 추진함으로써 1998년 외환위기의 단초가 되었다는 비판을 받기도 하였다.

한편 김영삼 정부의 실제 국정운영이 깨끗한 정부, 튼튼한 경제, 건강한 사회, 통일된 조국, 세계화라는 5대 국정목표와 그에 따른 추진과제를 중심으로 체계적으로 운영되었다고 보기는 어렵다. 김영삼 정부 국정운영과 개혁에 대한 비판의 핵심은 전격적인 개혁실시에 따른 국민불안과 충분한 여론수렴의 부재이며, 하향식의 전격적인 개혁전략은 대통령의 통치행태와 결합되어 신권위주의라는 비판을 받기도 하였다(공보처, 1997a: 222).

김영삼 정부의 국정과제와 실천과제에 관한 점검의 주체가 분명하지 않지만 대통령비서실 정책기획수석비서관이 정책조정 역할을 담당했을 것이라고 추정된다. 세계화 과제에 관하여는 세계화추진위원회에서 1995년 29개 과제, 1996년 15개 과제, 1997년 9개 과제를 확정하여 부처에서 집행하였고, 집행과정에서 169개의 법령(법률: 72개, 시행령 47개, 시행규칙 등 50개)을 제정 또는 개정하였다고 밝혔다.

Ⅳ. 김대중 정부의 국정기조와 국정과제

1. 국정기조 및 국정과제 설정과정

제15대 김대중 정부는 헌정사상 최초로 야당에서 여당으로 수평적 정권교체를 이루었고, IMF 외환위기라는 비상시국에 대처하여야 하는 상황에서 출범하였다. 이에 따라 제15대 인수위원회[9]의 중점활동은 두 가지 분야, 즉 긴급현안 과제 해결분야와 '100대 국정과제' 선정분야로 구분하여 이루어졌다(이하 제15대 대통령직인수위원회, 1993: 38－130).[10] 인수위원회는 '정책분과위원회'를 두고 정책의 총괄·기

9 대통령직인수위원회는 이종찬 위원장, 정책분과: 이해찬(간사), 신건(사회·문화분과 겸임), 이양희(경제Ⅰ분과 겸임), 함석재; 통일·외교·안보분과: 김현욱(간사), 유효일, 임복진, 이동복; 정무분과: 김정길(간사), 김덕규, 이건개, 조찬형, 추미애; 경제Ⅰ분과: 조부영(간사), 박정훈, 박태영, 정우택; 경제Ⅱ분과: 최명헌(간사), 박찬주, 지대섭, 한호선; 사회·문화분과: 최재욱(간사), 김종학, 박지원, 김한길(대변인 겸임); 라종일 행정실장으로 구성되었다.

획 · 정책입안 및 긴급현안처리를 담당하게 하였다. 동 위원회는 차기 정부가 출범하기 이전에 긴급하게 결정 · 추진해야 할 현안과제를 관리하는 일도 맡았다. 인수위원회는 외환위기 극복(단기외채의 상환기간 연장, IMF협정 후속조치 이행 등 대외신인도 제고, 기업 운영자금지원) 등 새 정부가 출범하기 이전에 긴급하게 결정 · 추진하여야 할 22개 현안과제를 선정하여 추진방향을 확정한 후, 그 추진실적을 매주 단위로 점검하였다.

인수위원회는 '국정운영의 기본방향을 수립'하기 위하여, 인수위 위원장과 학계, 국책연구기관의 전문가 등 15인으로 '국정지표심의위원회'를 구성 · 운영하였다. 동 위원회는 6차례의 심의회의를 통하여 '국민의 정부 국정지표와 국정운영의 기본방향'에 관한 최종보고서를 확정하고, 제15대 대통령 취임식 직후 대통령에게 보고하였다(제15대 백서, 1998: 27, 34－35). 인수위는 정부 부처와 국책연구기관의 의견 및 공동정부를 구성한 새정치국민회의와 자유민주연합의 공약집 등을 토대로 '국민의 정부 품질혁신을 위한 100대 국정과제'를 선정하였다. 이같이 제15대 인수위원회 활동에서 정책기조형성은 제14대에 비하여 진일보하였다(박정택, 2007). 그러나 "새정치국민회의와 자유민주연합의 대통령선거공약을 가용재원 및 실현가능성 등에 따라 면밀하게 재검토하여 걸러내지 못하고, 대부분 차기정부의 100대 과제로 수용하면서 백화점식 방식으로 망라하였다. 대통령 당선인이 수행할 잠재적인 정책목록을 제공하였지만, 정책의 우선순위에 대해서는 구체적으로 논의하지 못하여 대통령에게 큰 도움이 되지 못하였다. "차기정부가 중점적으로 추진할 정책과제를 선정할 원칙과 기준에 대한 준비가 부족했다고 판단된다"(박재완, 2002: 57－58)는 지적도 있다. 김대중 정부 출범 이후 정부는 1998년 6월 23일 국무회의를 통하여 '국민의 정부' 국정과제를 확정하였다.

한편 1998년 8 · 15 경축사에서 김대중 대통령은 "국난에 처한 나라를 구하고 그 운명을 개척하려는 시대적 결단이자 선택"으로 제2의 건국을 선언하였다. 제2건국위원회는 인수위가 작성한 100대 국정과제에서 우선순위가 높은 과제로 7대 분야에서 21개 과제를 선택하였다. 그러므로 김영삼 정부의 세계화추진위원회가 국정과제를 전반적으로 재조정한 것과 같이 제2건국위원회가 우선순위설정의 형태로 국정기조와 정책과제체계를 재조정한 것으로 볼 수 있다.

---

10 인수위원회는 국정지표심의위원회와 취임사준비위원회의 두 개의 특별위원회를 구성하였다.

2. 국정기조

1) 시대상황 인식

1998년 2월 김대중 대통령은 취임사에서 시대적 상황을 "이 땅에서 처음으로 민주적 정권교체가 실현되는 자랑스러운 날 … 민주주의와 경제를 동시에 발전시키려는 정부가 마침내 탄생한 역사적인 날"이라고 규정하였다. 1987년 6월 민주항쟁으로 군사독재, 권위주의 체제로부터 민주화 이행이 시작되었지만 노태우 정부는 군사정권의 연장이었고, 김영삼 정부는 집권여당과 3당 합당으로 집권했기 때문에 진정한 민주정부라고 평가받지 못했다고 본 것이다(김성재, 2014: 11). 이러한 인식을 토대로 김대중 대통령은 취임사에서 "국민이 주인 대접을 받고 주인 역할을 하는 참여민주주의 실현 … '국민에 의한 정치', '국민이 주인이 되는 정치'를 국민과 함께 반드시 이루어내겠다"고 약속하였다.

김대중 대통령은 21세기의 개막을 인류가 이제 새로운 혁명의 시대로 들어서고 있는 것으로 보았다. 특히 유형의 자원이 경제발전의 요소였던 산업사회로부터, 무형의 지식과 정보가 경제발전의 원동력이 되는 지식정보사회로 나아가고 있다는 것이다. 이러한 문명사적인 대전환기에 6.25 이후 최대 국난이라고 할 수 있는 외환위기가 닥쳐와 '국민의 정부'가 당면한 최대의 과제는 우리의 경제적 난국을 극복하고 우리 경제를 재도약시키는 일이라고 보았다. 김대중 대통령은 이러한 위기를 민주주의와 시장경제를 병행하여 실천함으로써 극복할 수 있다고 보았다. 민주주의와 시장경제가 조화를 이루면서 함께 발전하게 되면 정경유착이나 관치금융, 그리고 부정부패는 일어날 수 없다고 본 것이다.

2) 국정이념과 국정전략

이러한 시대 상황 인식을 토대로 "대통령 당선자의 국정이념인 '국민이 함께 하는 정치', '민주주의와 경제발전의 병행', '21세기 정보화사회의 준비'를 구현하는데 역점을 두고 선정하였고, 고객인 국민에게 질좋은 행정서비스를 제공하기 위해 중앙정부 · 지방자치단체 등 공공부문의 품질을 혁신하는데 중점을 두고 공급자보다 수요자 입장에서 과제를 개발했다(15대 대통령직인수위원회, 1998: 49)"고 밝히고 있다. 과제의 제목을 '국민의 정부 품질혁신을 위한 100대 국정과제'로 정한 것도 정부가 기업마인드를 가지고 국민을 고객으로 생각하자는 의지가 반영된 것이라는 것이다. 이같은 기업마인드의 강조는 당시 IMF 경제위기에서 벗어나는 것이 가장 시급한 현안이었던 상황에서 신자유주의 또는 신공공관리론의 영향이 강하게 작용하였기 때문인 것으로 보인다. 그러나 인수위가 국정이념과 100대 과제의 연결관계를 명확하게 제시한 것은 아니다. 다음에 살펴볼 100대 과제는 경제분야 40개 과제, 통일 · 외교 · 국방분야 20개 과제, 교육 · 문화 · 복지 · 환경 분야 20개 과제, 정무 · 법무 · 행정분야 20개 과제로 구분할 뿐 중간 연결고리가 분명하지 않은 편이다.

김대중 정부 출범 이후 정부는 1998년 6월 23일 국무회의를 통하여 '국민의 정부' 국정과제를 확정하였다. 여기에서 확정된 국정과제 체계에서도 인수위원회에서 준비한 국정이념인 '국민이 함께 하는 정치', '민주주의와 경제발전의 병행', '21세기 정보화사회의 준비'는 국정이념으로 설정되었다. 한편 100대 국정과제 선정에는 '대통령 취임사, 대통령 지시사항', '대통령직인수위원회 100대 과제'를 토대로 정부기관과 각종 연구소, 학계, 기업들에 종사하는 수많은 전문가들이 참여하였다(기획예산위원회 · 정부간행물 제작소, 1998: 국민의 정부 국정과제 발간사 참조).

100대 국정과제는 4대 부문(경제부문, 정부부문, 사회부문, 미래부문)과 10대 전략으로 구분된다. 10대 전략으로는 경제부문에서 신속한 구조조정, 재도약 기반구축, 그리고 산업활력 회복; 정부부문에서 고객중심 기업형 행정으로 전환, 국민을 지켜주는 정부; 사회부문에서 더불어 사는 사회와 건강하고 안전한 생활보장, 쾌적한 환경에 여유있는 문화창조; 미래부문에서 21세기형 인프라 구축과 통일기반 조성이 포함된다.

한편 취임 첫해인 1998년 8 · 15 경축사에서 김대중 대통령은 제2의 건국을 선언하였다. 1998년 하반기에 출범한 제2건국위원회는 제2의 건국운동의 기본이념을 "민주주의와 시장경제의 병행발전 및 생산적 복지의 실현"으로 설정(제2건국범국민추진위원회, 2000: 46)하고, 인수위가 작성한 100대 국정과제 가운데 우선순위가 높은 7대 국정과제를 선정하였다.[11] 1998년 상반기에 각고의 노력으로 IMF 경제위기에서 어느 정도 벗어난 상태에서, '민주주의와 시장경제의 병행발전'과 더불어 국정

11 제2의 건국운동은 제도개혁, 의식 및 생활개혁을 병행추진하는 방법을 선택하였다. 의식 및 생활개혁은 모든 국민이 동참하지 않으면 성공할 수 없다는 인식에 따라 국민운동으로 추진한다고 강조하였다. 의식 및 생활개혁 1차 중점추진과제로는 부정부패 추방운동, 국민화합 운동, 신지식인 운동, 한마음 공동체 운동, 21세기 문화시민 운동의 5가지를 제안하였다(제2의 건국운동백서, 2000: 46).

의 기본이념에 '생산적 복지의 실현'을 추가한 것이다. 외환위기에 따른 구조조정은 서민들의 엄청난 희생을 전제로 하였으므로, 사회적 안전망 구축이 시급한 상황이었다. 이런 맥락에서 김대중 정부는 "중산층 육성과 서민생활의 향상을 목표로, 인간개발 중심"의 복지정책인 생산적 복지를 국정이념으로 추가한 것이다.

한편 제2건국위원회가 설정한 7대 국정과제는 '참여민주주의 실현,' '자율적 시장경제 완성', '사회정의 실현', '보편적 세계주의 구현', '창조적 지식기반 국가건설', '신노사문화 창출', '남북간 화해와 교류협력시대 개막' 등이다. 이같은 7대 국정과제는 재조정된 국정이념인 "민주주의와 시장경제의 병행발전 및 생산적 복지의 실현"과 100대 국정과제를 연결하는 중간단계의 국정전략을 제시한 것으로 볼 수 있다.

3. 국정과제

1) 100대 국정과제와 제2건국위 기획과제

김대중 정부 국정비전과 목표실현을 위한 구체적 과제를 살펴보기로 하겠다. 인수위는 1998년 2월 12일 '국민의 정부 품질혁신을 위한 100대 국정과제'를 발표하였는데, 과제 선정은 "새 정부가 집권기간 동안 체계적이고 효율적으로 국정운영을 할 수 있도록 돕기 위해서"(15대 대통령직인수위원회 백서, 1998, 48)라고 밝히고 있다(부록 1: 김대중 대통령 당선인 인수위원회 100대 국정과제 참조).

인수위의 100대 국정과제는 경제분야 40개 과제, 통일·외교·국방분야 20개 과제, 교육·문화·복지·환경 분야 20개 과제, 정무·법무·행정분야 20개 과제로 구성되어 있다. 경제분야가 40개 과제로 과제수가 가장 많으며, 당면한 외환위기 극복을 위해 경제구조 개혁과 신성장동력 창출에 관한 내용이 중심이다. 통일·외교 분야에서는 평화통일과 국익중심 외교, 튼튼한 국방과 신뢰받는 군대에 관한 내용을 제시하였다. 교육·문화·복지·환경 분야의 국정과제는 교육·문화·복지·환경 분야에서 국민의 삶의 질 향상에 관련된 내용이 중심이 되고 있으며, 정무·법무·행정 분야의 국정과제는 남녀평등, 인권, 품질좋은 행정서비스에 관한 내용이 중시되고 있다.

김대중 정부 출범 이후 1998년 6월 23일 국무회의에서 확정된 국정과제는 4대 부문, 즉 경제부문, 정부부문, 사회부문, 미래부문에서 10대 전략, 100대 국정과제,

표 2-4 국민의 정부 국정과제 부문별 추진시기별 실천과제 계획

부문별 전략	합계	1998	1999	2000-2002	계속
1. 경제부문	338	172	35	31	100
- 구조조정을 신속히	97	70	6	4	17
- 재도약의 기반구축	118	57	17	4	40
- 산업의 활력 회복	123	45	12	23	43
2. 정부부문	205	90	26	6	83
- 고객중심 기업형 행정으로 전환	69	41	13	–	68
- 국민을 지켜주는 정부	136	49	13	6	68
3. 사회부문	216	47	28	39	102
- 더불어 사는 사회	71	19	6	17	29
- 건강하고 안전한 생활보장	56	11	5	10	30
- 쾌적한 환경에 여유있는 문화창조	89	17	17	12	43
4. 미래부문	151	47	20	16	68
- 21세기형 인프라 구축	123	36	19	16	52
- 통일기반 조성	28	11	1	–	16

출처: 기획예산위원회, 1998, 국민의 정부 국정과제, 14.

910개 세부실천과제가 포함되었다(부록 2: 국민의 정부 100대 국정과제 참조), 100대 국정과제는 인수위원회가 선정한 과제를 바탕으로 하지만 일치하는 것은 아니다. <표 2-4>에서 보듯이 경제 부문이 가장 먼저 제시되었고, 실천과제도 가장 많으며(910개 가운데 338개) 부문별 전략도 신속한 구조조정, 재도약기반 구축, 산업 활력 제고 등으로 IMF 경제위기 탈출을 가장 시급한 과제로 인식하고 있음을 알 수 있다.

제2건국위에서는 6월 국무회의에서 확정한 100대 과제 가운데 7대 분야의 21개 국정과제를 우선순위가 높은 기획과제로 선정하였다. <표 2-5>는 제2건국위원회가 우선순위가 높은 것으로 판단한 21개 과제를 7대 분야별로 우선순위에 따라 제시한 것이다.[12] 첫째, 참여민주주의 분야에서는 정부혁신이 1단계 중점추진과제이며, 이어서 시민참여 확대와 지역갈등 극복이 각각 2, 3단계의 기획과제이다. 둘째, 자율적 시장경제 분야에서는 경제살리기(100만 일자리 창출 포함)가 최우선과제

12 제2건국운동은 제도개혁뿐 아니라 의식 및 생활개혁을 병행하는 방법을 선택하고 있다. 제도개혁은 국민운동으로 하지 않아도 제도권에서 할 수 있기 때문에 오히려 의식 및 생활개혁을 절대적으로 강조하고 있다. 의식 및 생활개혁 1차 중점추진과제는 부정부패 추방운동, 국민화합운동, 신지식인 운동, 한마음공동체운동, 21세기 문화시민운동이다(제2건국범국민추진위원위, 2000: 89–116).

표 2-5 제2건국위원회 7대 국정과제와 21대 기획과제

7대 국정과제	21대 기획과제		
	1단계 (중점추진과제)	2단계	3단계
Ⅰ. 참여민주주의 실현	정부혁신	시민참여 확대	지역갈등 극복
Ⅱ. 자율적 시장경제 완성	경제살리기	신용경제 구축	경쟁환경조성
Ⅲ. 사회정의 실현	부정부패 추방	인권국가 확립	안전사회 건설
Ⅳ. 보편적 세계주의 구현	세계기준(G.S)에 상응한 기업·금융 시스템 선진화	국제 교류협력 증진	세계 시민교육과 문화한국 건설
Ⅴ. 창조적 지식기반 국가 건설	창의적 인적자원 개발	정보인프라 구축과 정보생활화	과학기술 미디어 산업의 진흥·개혁
Ⅵ. 신노사문화 창출	노사협력과 신뢰 구축	생산적 복지체제의 확립	사회안전망의 구축
Ⅶ. 남북간 화해와 교류 협력시대 개막	남북간 화해환경 조성	남북 교류협력강화	포괄적 안보체제 구축

출처: 제2의 건국범국민추진위원회, 2000, 제2의 건국운동백서, 57.

이며 금융부문 활성화를 위한 신용경제 구축, 공정거래 제도화를 위한 경쟁환경조성이 역점과제로 선정되었다. 셋째, 사회정의 실현분야에서는 부정부패 추방이 1단계 과제이며, 이어서 인권국가 확립, 그리고 안전사회 건설이 중점과제로 선정되었다. 넷째, 보편적 세계주의 구현은 세계화의 도전에 능동적으로 대응하기 위하여, 세계기준(global standard)에 상응한 기업, 금융시스템 선진화, 국제 교류협력 증진, 그리고 세계 시민교육과 문화한국 건설이 핵심과제로 선정됐다. 다섯째, 창조적 지식기반 구축 분야에서는 창의적 인적자원 개발, 정보인프라 구축과 정보생활화, 그리고 과학기술 미디어 산업의 진흥·개혁이라는 3개 과제가 우선순위가 높았다. 여섯째, 신노사문화 창출 분야에서는 노사협력과 신뢰구축, 생산적 복지체제의 확립, 사회안전망 구축이 중점과제로 선정되었다. 마지막으로 일곱째, 남북간 화해와 화해환경 조성 분야에서는 남북간 화해환경 조성, 남북 교류협력강화, 포괄적 안보체제 구축 과제가 우선순위가 높은 것으로 설정하였다.

제2건국위원회에서는 교수, 전문가, 시민사회인사들이 참여하여 국정과제의 내용을 정리하였는데, 이는 우선순위 설정과정에서 참여민주주의 방식이 적용된 것으로 볼 수 있다.

2) 국정과제의 관리와 점검

실천과제를 추진시기별로 구분한 것은 실천과제의 실행여부를 점검하겠다는 의지를 반영한 것이다. 매년 정책평가위원회가 주관하여 국무조정실 및 관계부처 합동으로 중앙부처 및 지방자치단체 등에 대한 점검을 실시하여 국정과제의 추진을 점검하고 독려하고, 실천계획을 보완하였는데, 완료과제는 제외시키고 수정과제와 추가과제를 포함시켜 보완하였다(국무조정실 · 정책평가위원회, 1999; 기획예산처 · 국무조정실 · 관계부처 합동, 2000).

4. 요 약

제15대 김대중 정부는 헌정사상 최초로 야당에서 여당으로 수평적 정권교체를 이루었고, IMF 외환위기라는 비상시국에 대처하여야 하는 상황에서 출범하였다. 김대중 정부 출범 초 사대상황 인식의 핵심은 6.25 이후 최대 국난인 외환위기를 민주주의와 시장경제를 병행하여 실천함으로써 극복할 수 있다는 것이다.

대통령직인수위원회는 IMF 경제위기 극복이라는 비상 상황에서 새 정부 출범 이전에 긴급하게 결정 · 추진해야 할 22개 현안과제를 점검하는 한편, 새 정부에서 추진해야 할 주요 국정과제를 선정하는 두 가지 작업을 병행하였다. 인수위원회는 '국민의 정부 품질혁신을 위한 100대 국정과제'를 발표하였다. 인수위에서 설정한 김대중 정부의 국정이념은 '국민이 함께 하는 정치', '민주주의와 경제발전의 병행', '21세기 정보화사회의 준비'이며, 이는 새 정부 출범 이후 확정된 국민의 정부 국정과제에서도 그대로 유지되었다. 인수위원회의 국정과제는 경제분야 과제가 40개로 압도적으로 많았으며 당면한 외환위기 극복을 위한 경제구조 개혁과 신성장동력 창출에 관한 내용이 핵심을 이루었다. 인수위가 대통령 당선인이 수행할 잠재적인 정책목록을 제공하였지만 새 정부가 중점적으로 추진할 정책과제를 선정할 원칙과 기준에 대한 준비가 부족했다고 지적된다.

김대중 정부 출범 이후 1998년 6월 23일 국무회의에서 '국민의 정부 국정과제'로 4대 분야 10대 부문별 전략과 100대 국정과제, 910개 세부실천과제를 선정하여 국정과제 체계를 공식적으로 구축하였다.

1998년 하반기에 출범한 제2건국위원회에서는 제2건국 운동의 기본이념을 "민주주의와 시장경제의 병행발전 및 생산적 복지의 실현"으로 설정하였다. 1998년 상반기에 각고의 노력으로 IMF 경제위기에서 어느 정도 벗어난 상태에서, '민주주의와 시장경제의 병행발전'과 더불어 국정의 기본이념에 '생산적 복지의 실현'을 추가한 것이다. 외환위기에서 벗어나기 위한 혹독한 구조조정은 서민들의 엄청난 희생을 전제로 하였으므로 서민들을 위한 사회적 안전망 구축이 시급한 상황이었다. 이런 맥락에서 김대중 정부는 "중산층 육성과 서민생활의 향상을 목표로, 인간개발 중심"의 복지정책인 생산적 복지를 국정이념으로 추가하였다.

제2건국위원회가 설정한 7대 국정과제는 '참여민주주의 실현,' '자율적 시장경제 완성', '사회정의 실현', '보편적 세계주의 구현', '창조적 지식기반 국가건설', '신노사문화 창출', '남북간 화해와 교류협력시대 개막' 등이다. 이같은 7대 국정과제는 국정의 기본이념인 "민주주의와 시장경제의 병행발전 및 생산적 복지의 실현"과 100대 국정과제를 연결하는 중간단계의 국정전략을 제시한 것으로 볼 수 있다. 또한 7대 분야별로 각각 3개씩 우선순위가 높은 21개 기획과제를 제시하였다. 그러므로 100대 과제 가운데 21개 과제에 해당하지 않은 과제는 우선순위가 높지 않은 것으로 판단할 수 있다.

김대중 정부는 정책평가위원회가 주관하여 국무조정실 및 관계부처 합동으로 각 부처별로 담당하는 국정과제의 실천상황을 매년 점검하여 그 결과를 환류하였다.

V. 노무현 정부의 국정기조와 국정과제

1. 국정기조 및 국정과제 설정과정

제16대 노무현 대통령은 국민의 자발적이고 능동적인 참여의 힘으로 당선되어 소위 '3김 시대의 원로정치'를 마감하고 21세기 최초의 대통령이 되었다. 노무현 당선인은 역대정부의 인수위원회와는 달리 정치인 위주가 아니라 대선과정에서 정책을 자문했던 정책자문단 교수와 전문가 중심의 정책형 인수위를 구성하였다(제16대 대통령직인수위원회, 2003: 20; 김병준, 2016: 4, 7−8).[13]

---

13 위원장 임채정(새천년민주당 정책위의장), 부위원장 김진표(당시 국무조정실장), 위원은 이병완(기획조정분과 간사), 김병준(정무분과 간사), 윤영관(외교통일안보분과 간사), 이정우(경제 I 분과 간사), 김대환(경제 II분과 간사), 권기홍(사회문화여성분과 간사), 정순균(대변인), 성경륭(기획조정분과), 윤성식(정무분과), 이은영(정무분과), 박범계(정무분과), 서동만(외교통일안보분과), 이종석(외교통일안보분과), 서주석(외교통일안보분과), 허성관(경제 I 분과), 이동걸(경제 I 분과), 정태인(경제 I 분과), 박준경(경제II분과), 박기영(경제II분과), 정명채(경제II분과), 김

인수위원회는 2003년 1월 9일 인수위 기조분과 내에 국정비전팀을 구성하고, 이들을 중심으로 자문단회의를 개최하였고, 학계 인사들과 국정이념에 관하여 토론하는 등 다양한 외부인사들의 의견을 취합하였다. 또한 국정보고 및 전국순회 토론회, 새천년민주당·인수위원회 간 정책협의회를 거쳐 2003년 2월 10일 당선인 주재 제5차 전체회의에서 정부명칭·국정목표·국정원리를 최종 확정하고, 2월 18일 당선인 주재 제6차 전체회의에서 12대 국정과제를 확정하였다(16대 대통령직인수위원회 백서, 2003: 226-232). 대통령 당선인은 인수활동을 지휘하여 국정 전반의 정책기조를 정립하고, 정부 각부처 업무보고 청취, 이를 토대로 대통령당선인이 취임 전에 마무리짓거나 취임 직후 처리해야 할 긴급현안과제를 확정하는데 적극 참여하였다.

16대 인수위원회 활동의 특징을 '정책중심의 인수위원회', '국민참여의 인수위원회', '국정토론회를 통한 국정과제 선정', '정부정책에 대한 진단과 평가' 라고 스스로 평가하였다(16대 대통령직인수위원회 백서, 2003: 20-24). 첫째, 정책중심의 인수에 관련하여 제16대 대통령직인수위원회는 노무현 당선인의 지시에 따라 처음부터 정부의 정책진단과 평가, 새로운 정부의 국정비전과 철학, 그리고 정책과제를 제시하는 것을 활동목표로 설정했다. 둘째, 인수위의 국민참여는 장관에 대한 인사제안, 다양한 정책제안 접수, 새 정부의 명칭 공모의 세 가지로 이루어졌다. 이러한 과정을 거쳐 인수위는 새 정부의 명칭을 '참여정부'로 결정했다. 셋째, 국정토론회를 통한 국정과제 선정과 관련하여 관련부처 장관들과 인수위원들의 토론을 토대로 12개의 국정과제 주제가 선정되었고 12개의 국정토론 태스크포스가 구성되었다. 또한 국정과제 설정에 지방순회 국정토론회, 공청회, 각종 현안에 대한 간담회, 국민 제안 접수 등을 통하여 일반시민, 시민단체, 학계, 외부 전문가 등 사회 각계각층의 의견을 광범위하게 수렴하는 과정을 거쳤다(제16대 대통령직인수위원회 백서, 2003: 9). 넷째, 정부정책에 대한 진단과 평가를 거쳐 핵심공약과제를 선정하였다.

노무현 대통령 당선인과 인수위원회가 확정한 12대 국정과제는 역대정부의 국정과제와는 다른 특별한 의미를 가진다. 당선인과 인수위원회는 '분권형 국정운영'에 대한 구상을 가다듬었는데, 대통령은 대통령이 아니면 수행하지 못할 국가적으로 중요한 과제를 수행하며, 일상적 국정운영은 국무총리를 중심으로 한 내각에

영대(사회문화여성분과), 정영애(사회문화여성분과), 박부권(사회문화여성분과), 이종오(국민참여센터 본부장), 정만호(행정실장), 박종문(국민참여센터 부본부장)이다.

일임한다는 것이다(김병준, 2016: 18). 이 구상 아래 대통령이 직접 챙겨나갈 '대통령과제'(presidential agenda)로서 12대 국정과제를 확정한 것이다.

2. 국정기조

1) 시대상황 인식

제16대 대통령직인수위원회(2003: 233)는 우리 현대사가 건국의 단계 · 산업화의 단계 · 절차적 민주화의 단계를 거쳐 이제 실질적 민주화의 단계에 접어들었다고 보았다. 특히 새로운 힘이 분출된 2002년은 봄의 민주당 경선, 여름의 월드컵, 겨울의 대선에 이르기까지 국민의 힘이 세상을 움직이기 시작했다는 것을 입증했던 시기였으며, 이제 모든 힘의 중심에 국민이 있다는 것을 역설적으로 표현했던 시대라고 본 것이다. 이러한 맥락에서 노무현 정부는 국민의 자발적이고 능동적인 참여의 힘으로 탄생한 정부라고 인식하였다(국정홍보처, 2008: 19). 따라서 향후의 국정운영에서도 국민의 참여가 핵심적인 역할을 할 것으로 보았다.

제16대 대통령직인수위원회(2003: 235)는 우리나라가 통합되고 균형잡힌 성숙한 사회로 발전해야 할 과제를 안고 있다고 보았다. 우리 사회는 불균형과 그로 인한 갈등이 심각하기 때문에 극한적인 대결과 투쟁의 문화를 지니고 있다는 것이다. 그러므로 집중 · 집권사회를 분산 · 분권사회로 만들어야 진정한 국민통합이 가능하다고 보았다. 경제성장과 분배의 선순환, 수도권과 지방, 도시와 농어촌의 균형발전, 노사간 새로운 협력체제, 교육 · 문화 · 복지의 공공성 확대, 경제와 환경이 상생하는 지속가능한 발전, 빈부격차의 해소와 양성평등을 포함한 각종 차별의 시정은 21세기 대한민국의 새로운 도약을 위한 필수조건이라고 인식하였다.

노무현 대통령은 취임사에서 "우리의 미래는 한반도에 갇혀 있을 수 없으며, 동북아에 '번영의 공동체'를 이룩하고 '평화의 공동체'로 발전해 나가야 한다"고 주장하였다. 우리가 21세기 평화와 번영의 동북아시대를 주도하여야 한다는 것이다(제16대 대통령직인수위원회, 2003: 235−236). 한반도 평화체제 형성과 동북아 경제 중심국가 건설, 그리고 우리의 의식과 문화수준의 질적 고양이 새로운 동북아시대를 주도하기 위한 필수조건이라고 인식하였다.

2) 국정목표와 국정전략

노무현 정부 인수위원회가 확정한 국정과제 체계에서 상층부를 구성하는 정부 명칭, 3대 국정목표, 4대 국정원리, 그리고 12대 국정과제가 국정기조에 해당하는 것으로 볼 수 있다. 인수위원회가 확정한 정부명칭은 '참여정부'이다. 참여정부란 국민의 참여를 바탕으로 국정을 운영하겠다는 기본정신을 나타낸다(국정홍보처, 2008: 19). 또한 국민의 폭넓은 참여를 기반으로 개혁과 통합, 나아가 선진국으로의 도약과 지속가능한 발전을 추진한다는 의미를 담고 있다.

3대 국정목표는 '국민과 함께하는 민주주의', '더불어 사는 균형발전 사회', '평화와 번영의 동북아 시대'로 설정하였다(제16대 대통령직인수위원회, 2003: 234-236). 국민과 함께 하는 민주주의란 동원되는 국민이 아닌 참여하는 국민, 국민이 책임과 권리를 적극적으로 행사하는 성숙한 민주주의를 지향한다는 것이다. 과거에는 정치권과 정부가 특권세력화하여 국민 위에 군림하고, 국민을 각종 정치과정, 정책과정에서 배제하여 왔지만, 앞으로는 국민이 국정과정에 자발·창의적으로 참여할 수 있는 의식과 제도를 마련하고, 국민과 함께 하는 국정운영이 필요하다는 것이다. 더불어 사는 균형발전사회란 시대상황 인식에서 살펴 본 '통합되고 균형잡힌 성숙한 사회'로 발전해야 할 과제를 해결하겠다는 지향점을 목표로 제시한 것이다. 한편 '평화와 번영의 동북아 시대'란 한반도 평화체제 건설과 동북아 시대를 주도하겠다는 목표를 제시한 것이다.

노무현 정부가 추구하는 가치이자 국가운영의 기본방침으로 '원칙과 신뢰', '공정과 투명', '대화와 타협', '분권과 자율'을 4대 국정원리로 설정하였다(제16대 대통령직인수위원회, 2003: 236-238).

노무현 정부 인수위원회는 12대 국정과제로는 4대 분야에서 12개 과제를 확정하였다(제16대 대통령직인수위원회, 2003: 239-271). 첫째, 외교·통일·국방분야에서 (1) 한반도 평화체제 구축; 둘째, 정치·행정 분야에서 (2) 부패없는 사회·봉사하는 행정, (3) 지방분권과 국가균형발전, (4) 참여와 통합의 정치개혁; 셋째, 경제분야에서 (5) 자유롭고 공정한 시장질서 확립, (6) 동북아경제중심국가 건설, (7) 과학기술중심사회 구축; 그리고 넷째, 사회·문화·여성 분야에서 (8) 미래를 열어가는 농어촌, (9) 참여복지와 삶의 질 향상, (10) 국민통합과 양성평등의 구현, (11) 교육개혁과 지식문화강국 실현, (12) 사회통합적 노사관계 구축이다.

인수위원회 백서에서 12대 과제별로 기본구상과 더불어 추진과제를 보고서 형태로 제시(제16대 대통령직인수위원회, 2003: 239-271)하였다. 12대 과제는 각 과제별로 기본구상과 다양한 추진과제를 기술하고 있다. 이들은 추상성의 정도가 상당히 높고 대통령이 직접 챙겨나가기로 한 과제들이므로 역대정부의 국정과제 체계에서 국정전략에 해당되는 것으로 볼 수 있다.

3. 국정과제

노무현 정부의 국정과제에 해당되는 내용은 핵심공약과제로 선정되어 각 정부부처가 추진하여야 할 정부과제와 대통령소속 국정과제위원회에서 작성한 로드맵에 따라 추진하는 로드맵과제로 이원화되었다. 핵심공약과제는 인수위원회에서 대통령선거공약 가운데 핵심공약으로 선정하여 각 부처에서 추진하는 것으로 지정한 과제이다. 한편 국정과제위원회의 로드맵과제는 정부출범 이후 국정과제위원회가 별도의 논의를 거쳐 수립한 로드맵을 기초로 한다는 점에서 구분된다.

1) 핵심공약과제

(1) 핵심공약과제의 내용

제16대 대통령직인수위원회는 현 정부의 정책을 네 가지 범주, 즉 (1) 종료하거나 중단돼야 할 정책, (2) 수정·보완돼야 할 정책, (3) 지속·강화돼야 할 정책, (4) 새롭게 추진돼야할 정책으로 평가하는 과정을 거쳤다. 이러한 과정을 거쳐 대통령직 인수위는 대선공약을 핵심공약 181개, 중점공약 553개, 일반공약 602개 등 총 1,336개로 재분류하였다(이하 국정홍보처, 2008: 28-38). 181개 핵심공약은 대통령비서실과 국무조정실에서, 중점 및 일반공약 1,170개는 소관부처별로 정책과제화하여 관리하도록 하였다.

제16대 대통령직인수위원회가 국정과제별로 제안한 핵심공약과제가 역대정부의 국정과제와 유사한 수준의 과제라고 할 수 있다. 이러한 핵심공약과제는 인수위원회가 당초 181개로 확정하였으나, 2003년 7월 청와대 주관회의를 통해 177개의 핵심공약으로 재조정하였다(국정홍보처, 2008: 28-38). 공약명을 현실에 맞게 재조정하고, 공약추진내용이 유사한 것은 통합관리하고, 기존공약을 세분화 또는 추가하였다. 또한 추진동력이 약화되는 것을 말고 이행상황을 점검하기 위해 매년 3월 추진상황을 점검하고 보완해 나갔다.

표 2-6 노무현 정부 인수위원회 12대 국정과제와 주요정책과제

분야	12대 국정과제	주요추진과제	
외교 통일 국방	한반도 평화체제 구축	· 남북관계 개선을 통한 평화의 제도화 · 한반도 평화정착을 위한 국제환경 조성 · 확고한 평화보장을 위한 국방태세 확립	
정치 행정	부패없는 사회·봉사하는 행정	· 부정부패 척결 · 국민과 성과중심의 행정개혁 추진 · 국민생명과 재산보호를 위한 시스템 구축	· 공정하고 투명한 인사시스템 확립 · 투명한 성과중심의 예산개혁
	지방분권과 국가균형발전	· 지방분권의 획기적 추진 · 지방대학 및 지방문화 육성	· 국가균형 및 지역별 특성화 발전 · 행정중심복합도시 건설
	참여와 통합의 정치개혁	· 국민참여정치 · 투명한 청정정치 · 디지털 정치	· 국민통합정치 · 수평적 협력정치
경제	자유롭고 공정한 시장질서 확립	· 기업하기 좋은 환경 조성 · 선진적 금융인프라 구축	· 투명하고 공정한 경제시스템 구축 · 재정·세제 개혁
	동북아경제 중심국가 건설	· 국토의 균형발전과 산업발전 전략의 병행 · 경제자유구역의 조성 및 금융 국제화 · 동북아 물류중심기지 구축 · IT 등 첨단산업·비즈니스 허브화 · 남북 경제교류협력 촉진 및 대외환경 조성	
	과학기술 중심사회 구축	· 국가과학기술 시스템의 혁신 · 지역혁신 역량 강화 · 지식정보기반으로 산업고도화 추진 · 과학문화 확산을 통한 원칙과 신뢰사회 구축 · 지식기반사회에 부응한 일자리 창출	· 미래성장동력 확보를 위한 기반강화 · 세계 일류 IT산업 육성
	미래를 열어가는 농어촌	· 공익적 기능과 시장을 지향하는 농·어업 · 개방화시대의 농·어업인 소득안정 · 신해양시대의 어업기반 구축	· 농·어촌 복지증진 및 지역개발
사회 문화 여성	참여복지와 삶의 질 향상	· 전 국민을 위한 참여복지의 실현 · 보육문제 해결과 여성의 사회참여 확대 · 문화적 가치의 확산을 통한 질높은 삶 구현 · 주택가격 안정과 주거의 질 개선	· 전 국민 평생건강 보장체계의 실현 · 지속가능한 발전과 쾌적한 환경조성 · 도시교통난 해소 및 교통약자 보호
	국민통합과 양성평등의 구현	· 빈부격차 완화를 통한 계층통합 · 5대 차별해소를 통한 평등사회 구현 · 양성평등사회 구현	
	교육개혁과 지식문화강국 실현	· 참여와 자치를 통한 교육공동체 구축 · 과학기술교육의 질적 고도화 · 문화적 창의성을 기반으로 문화산업 육성 · 지식정보사회의 전면화 추진	· 공교육 내실화와 교육복지 확대 · 창조적 문화역량 강화
	사회통합적 노사관계 구축	· 국제기준에 부합하는 노사관계 구축 · 자율과 책임의 노사자치주의 확립 · 노동행정 서비스의 역량 확충	· 중층적 구조의 사회파트너십 형성 · 근로생활의 질 향상 · 일자리 창출과 고용안정

출처: 제16대 대통령직인수위원회 백서, 2003, 239－271.

핵심공약과제 가운데 주요정책과제가 <표 2-6>에 제시되었다. 예를 들어, '과학기술중심사회 구축'이라는 국정과제 범주의 주요 추진과제로는 (1) 국가과학기술 시스템의 혁신, (2) 미래성장동력 확보를 위한 기반강화, (3) 지역혁신 역량강화, (4) 세계 일류 IT산업 육성, (5) 지식정보기반으로 산업고도화 추진, (6) 과학문화 확산을 통한 원칙과 신뢰사회 구축, (7) 지식기반사회에 부응한 일자리 창출 등인데, 이러한 과제는 역대정부의 국정과제 수준의 과제라고 할 수 있다.

(2) 핵심공약과제 추진상황 점검 및 관리

청와대와 국무조정실이 핵심공약과제의 추진상황 검점 및 관리를 담당하였다. 2008년 참여정부의 임기 말 점검결과(국정홍보처, 2008: 28-38)에 따르면(제9장 <표 9-28> 참조), 177개 핵심공약과제 가운데 완료되거나 정상추진된 과제가 각각 78건과 83건으로 91%의 공약이 대부분 차질없이 진행된 것으로 자평하였다.

2) 국정과제위원회와 100대 로드맵과제

(1) 국정과제위원회 설치와 역할

참여정부 출범과 함께 도입된 국정과제위원회는 정책결정과 운영에 있어서 참여와 분권화를 추구하기 위한 국정운영시스템이다(이하, 국정홍보처, 2008: 63-64). 참여정부의 국정과제위원회는 민간전문가를 정책형성과정에 참여시켜서 국정운영의 효율화를 도모한 기구이다. 특히 정책결정에 대한 접근이 제한되었던 여성, 시민단체, 지역인사에게도 그 참여가 확대되었다. 한 부처에서 감당하기 어려운 국정과제를 범부처 차원에서 직접 기획하고 제도화한다는 취지는 이전 정부와는 다른 참여정부 국정과제위원회의 특징이다. 국정과제위원회의 설치로 참여정부의 국정운영 시스템은 '대통령-국정과제위원회-부처'의 삼각구도를 이룰 수 있었다. 대통령이 국정방향을 제시하면 국정과제위원회에서 중장기 계획을 수립하고, 각 관련부처가 단기과제와 정책현안을 검토하고, 집행하는 시스템을 구축하였다.

앞에서 살펴본 12개 대통령과제 수행을 위한 대통령 자문기구로서 국정과제위원회가 순차적으로 설치되었다(이하 국정홍보처, 2008: 66-67; 김병준, 2016: 20). 정부출범 직후 2003년 4월 정부혁신지방분권위원회, 국가균형발전위원회, 동북아경제중심추진위원회(2004년 6월 동북아시대위원회로 변경)를 설치하였다. 이어 농어업농어촌특별위원회, 신행정수도추진위원회(2005년 행정중심복합도시건설추진위원회로 개편),

고령화 및 미래사회위원회, 지속가능발전위원회, 빈부격차・차별시정위원회, 교육혁신위원회, 사람입국신경쟁력특별위원회, 과학기술중심사회추진단, 문화중심도시조성위원회를 설치하였다. 아울러 이미 설치되어 있던 정책기획위원회를 강화하고, 국정과제위원회 위원장들과 위원 상당수를 그 위원으로 위촉하였다. 정책기획위원회를 중심으로 모든 국정과제위원회가 대통령과제 수행을 위한 '로드맵'을 작성하고, 평가하는 일종의 거대한 정책네트워크를 이루었다. 특히 로드맵을 작성하는 집권 초기에는 대통령이 국정과제위원회와 로드맵 작성에 각별한 관심을 가졌다.

(2) 100대 로드맵과제와 점검 및 관리

참여정부 출범 이후 국정과제위원회를 중심으로 소관위원회의 주요 과제에 관한 중장기실행계획인 로드맵을 작성하도록 하였다. 정부 출범 초기에 로드맵과제 수는 253개로 상당히 많았으나, 2004년 3월에 이들을 재정리하여 100대 로드맵과제로 압축・조정하였다(부록 3: 노무현 정부 100대 국정로드맵 현황 참조). 국정과제위원회가 순차적으로 신설 또는 통폐합되면서 국정과제위원회별 과제수에 변동이 있었으나, 과제 수는 100대 로드맵과제로 유지되었다. 핵심공약과제와는 달리 로드맵과제의 점검 및 관리는 국정기획위원회와 해당 국정과제위원회가 담당하도록 하였다.

4. 요 약

2003년 2월 제16대 노무현 대통령은 소위 '3김 시대의 원로정치'를 마감하고 21세기 최초의 대통령으로 취임하였다. 노무현 정부 출범초기 시대상황 인식은 대통령이 국민의 자발적이고 능동적인 참여의 힘으로 당선되었고, 국민이 힘의 중심에 있다고 본 것이다. 제16대 인수위는 공모를 통하여 새 정부의 명칭를 '참여정부'라고 정하였다. 참여정부란 국민의 참여를 바탕으로 국정을 운영하겠다는 기본정신을 나타낸다. 또한 국민의 폭넓은 참여를 기반으로 개혁과 통합, 나아가 선진국으로의 도약과 지속가능한 발전을 추진한다는 의미를 담고 있다.

인수위는 3대 국정목표를 '국민과 함께하는 민주주의', '더불어 사는 균형발전사회', '평화와 번영의 동북아 시대'로 설정하였다. 노무현 정부가 국민이 책임과 권리를 적극적으로 행사하는 민주주의, 통합되고 균형잡힌 성숙한 사회, 한반도 평화체제 건설과 동북아 시대를 주도하겠다는 지향점을 제시한 것이다. 인수위원회는

4대 분야에서 12개 국정과제를 확정하였다. 첫째, 외교 · 통일 · 국방분야에서 (1) 한반도 평화체제 구축; 둘째, 정치 · 행정 분야에서 (2) 부패없는 사회 · 봉사하는 행정, (3) 지방분권과 국가균형발전, (4) 참여와 통합의 정치개혁; 셋째, 경제분야에서 (5) 자유롭고 공정한 시장질서 확립, (6) 동북아경제중심국가 건설, (7) 과학기술중심사회 구축; 그리고 넷째, 사회 · 문화 · 여성 분야에서 (8) 미래를 열어가는 농어촌, (9) 참여복지와 삶의 질 향상, (10) 국민통합과 양성평등의 구현, (11) 교육개혁과 지식문화강국 실현, (12) 사회통합적 노사관계 구축이다.

12대 국정과제는 역대정부의 국정과제와는 달리 대통령이 직접 챙겨나갈 '대통령과제'(presidential agenda)로서 위상을 가지는 것으로 설정되었다. 이에 따라 노무현 정부의 국정과제는 각 정부부처가 추진하여야 할 핵심공약과제와 대통령소속 국정과제위원회에서 작성한 로드맵에 따라 추진하는 로드맵과제로 이원화되었다. 핵심공약과제는 대통령선거공약 가운데 핵심공약를 선정한 후 각 부처에서 추진하는 것으로 지정한 과제이다. 한편 국정과제위원회의 로드맵과제는 정부출범 이후 국정과제위원회가 별도의 논의를 거쳐 수립한 로드맵을 기초로 한다.

각 부처가 추진해야 할 핵심공약과제는 인수위원회가 당초 181개로 확정하였으나, 2003년 7월 청와대 주관회의를 통해 177개의 핵심공약으로 재조정하였다. 2008년 참여정부의 임기말 점검결과에 따르면, 177개 핵심공약과제 가운데 완료되거나 정상추진된 과제가 각각 78건과 83건으로 91%의 공약이 대부분 차질없이 진행된 것으로 자평하였다.

국정과제위원회는 한 부처에서 감당하기 어려운 국정과제를 범부처 차원에서 직접 기획하고 제도화한다는 취지에서 도입되었다. 대통령이 국정방향을 제시하면 국정과제위원회에서 중장기 계획을 수립하고, 각 관련부처가 단기과제와 정책현안을 검토하고, 집행하는 시스템을 구축하였다. 국정과제위원회가 순차적으로 신설 또는 통폐합되면서 12개 국정과제위원회에서 100대 중장기 로드맵과제가 작성되어 추진되었고, 추진상황의 점검도 담당하도록 하였다. 이같이 노무현 정부가 국정과제를 부처 추진과제와 국정과제위원회 로드맵과제로 이원화하여 추진한 것은 일종의 실험적 국정운영이라고 볼 수 있다.

Ⅵ. 이명박 정부의 국정기조와 국정과제

1. 국정기조 및 국정과제 설정과정

제17대 이명박 대통령은 한국이 중진국 대열에 진입한 이후 경제성장이 정체된 상황에서 '경제를 살리는 경제대통령'의 이미지를 통해 여야간 정권교체를 이루고 당선되었다. 이명박 당선인 인수위원회는 위원장 1인(이경숙), 부위원장 1인(김형오) 및 24인의 위원으로 구성되었고, 6개 분과위원회(기획조정, 정무, 외교통일안보, 법무행정, 경제Ⅰ, 경제Ⅱ, 사회교육문화) 및 국가경쟁력강화 특별위원회, 국민성공정책제안센터를 설치했다(제17대 대통령직인수위원회, 2008b: 25). 기획조정분과위원회(간사 맹형규)가 국정목표수립, 운영기획, 총괄조정, 국정과제설정, 실천계획 등을 담당하였다.[14]

국정과제의 선정과정은 다음과 같다(제17대 대통령직인수위원회, 2008a: 50-51; 2008b: 55-56).[15] 새 정부의 국정철학과 비전을 구체화하기 위해 부처별 업무보고에서 나타난 주요 정책현안과 당선인 공약 등을 종합 검토·수렴해 새 정부에서 직접 챙겨야 할 국정과제를 선정하였다. 국정과제는 각 분과에서 제시된 과제(안)를 기초로 하여 기획조정분과에서 과제의 적절성, 공약 내용 중 누락여부, 분과별 과제 숫자의 적정성 등에 대한 1차적 검토를 거친 후 전문위원회회의, 간사단회의, 당선인 보고 등을 거쳐 2008년 2월 5일에 5대 국정지표, 21대 전략목표, 193개 국정과제를 최종적으로 확정하여 새 정부에 인계하였다.[16]

한편 인수위원회는 10가지 쟁점정책으로 1) 국토발전의 새로운 틀, 5+2 창조적 광역발전전략, 2) 7% 성장과 300만개 일자리 창출, 3) 지분형 분양주택제도, 4) 방송·통신기구 통합 및 방송통신위원회 설립, 5) 영어 공교육 완성방안, 6) 전략적 외국인투자 유치를 위한 방안, 7) 정부기능과 조직개편, 8) 대운하 프로젝트 추진

---

14 이명박 당선인의 대통령직인수위원회 백서는 두 권으로 발간되었는데, 1권은 국정지표, 전략, 국정과제를 소개하고 있으며, 인수위원회 구성과 중점활동 등은 제2권에서 다루고 있다.

15 기획조정분과위원회는 인수위원 3명, 전문위원 10명, 실무위원 9명과 자문위원 및 정책연구위원 등으로 구성되었다.

16 당선인 보고는 2008년 1월 13일 1차 국정과제 보고를 통해 인수위 중간활동 결과를 점검하고 경제분야 52개 등을 포함해 155개 국정과제(초안)를 당선인에게 보고했다. 2008년 1월 18일 인수위 회의에 참석한 당선인에게 조속 추진과제 중 보완이 이뤄진 과제와 새롭게 발굴한 과제를 보고했다. 이후 계속적인 논의를 거쳐 2008년 2월 5일에 5대 국정지표, 21대 전략목표, 193개 국정과제를 최종적으로 확정했다.

을 위한 준비와 쟁점 대응, 9) 새만금 토지이용계획 변경과 환경대책, 10) 글로벌 과학연구 거점조성을 검토하고, 구체화방안을 마련하였다(제17대 대통령직인수위원회, 2008b: 147-237).

이명박 정부 출범 직후 정책환경에 적지 않은 변화와 도전이 발생하였다. 국내외의 급격한 변화와 도전에 대응하여 국가발전 비전으로 '저탄소 녹색성장'을 추가하는 등 국정지표 및 국정전략별 국정과제의 범위와 수준을 균형있게 조정하였다. 이명박 정부는 2008년 10월 7일 국무회의에서 대통령직인수위원회가 마련한 국정과제 193개를 새 정부가 출범한 이후 정책여건에 맞도록 능동적으로 수정·보완한 이명박 정부의 20대 국정전략과 100대 국정과제를 확정하였다.

2. 국정기조

1) 시대상황 인식

이명박 정부는 그동안 대한민국이 '건국 → 산업화 → 민주화'의 격동기를 숨가쁘게 헤쳐 왔지만, '선진국 진입 장벽'이라는 새로운 도전에 직면하고 있다고 보았다(제17대 대통령직인수위원회, 2008a: 29). 건국은 했으나 통일과 국민화합은 이루지 못하고 있으며, 산업화는 했으나 시장의 힘은 미약하고, 민주화는 됐으나 자율과 책임의식은 성숙하지 못한 것이 우리의 현실이라는 것이다. 기존 국가발전 패러다임의 한계 때문에 경제성장률이 4%대로 둔화되는 등 선진경제 진입이 정체되고 있으며, 인적자본 축적 시스템이 미흡하고 핵심인재 양성체계 역시 낙후되어 있어 미래대비가 늦어지고 있으며, 국민들이 체감하는 삶의 질은 크게 하락하고 중산층 이하의 소득 정체현상으로 양극화가 심화되며, 사회적 자본 수준은 지속적으로 약화되고 국가 거버넌스가 후진성을 벗어나지 못하고 있으며, 세계 13위의 경제대국에 걸맞지 않게 국격(國格)의 수준은 낮다는 것이다(제17대 대통령직인수위원회, 2008a: 30-32).

제17대 대통령직인수위원회(2008a: 33)는 17대 대선을 통해 건국·산업화·민주화 에너지를 발전적으로 계승함과 동시에 대한민국을 세계 일류국가로 선진화시키고자 하는 시대적 요구가 표출되었다고 인식하였다. 17대 대선에서 '통합'과 '발전'이라는 시대정신에 입각한 국가 경영 패러다임에 대한 요구로 나타났다고 본 것이다. 민주화 단계에서 나타난 실종에 대응해 '경제살리기'를, 그리고 분야별로 노정된 이념적 · 지역적 · 경제적 갈등에 대응해 '국민통합'을 요구했다고 보았다.

이러한 인식을 토대로 이명박 대통령은 취임사에서 "2008년을 대한민국 선진화의 원년으로 선포"하고, "경제 살리기가 무엇보다 시급"하며, "신성장 동력을 확보하여 더 활기차게 성장하고 더 많은 일자리"가 만들어져야 한다고 주장하였다.

2) 국가비전과 실천전략

이명박 정부의 국정운영의 비전, 국정지표, 그리고 전략목표가 여기에서 살펴볼 국정기조에 해당된다. 제17대 대통령직인수위원회(2008a: 36)는 대통령 당선인의 평소 국가운영의 철학을 기초로 '선진 일류국가의 건설'을 국정운영의 비전으로 설정하였다. 세계 일류국가란 일류의 시민의식과 문화, 일류의 과학기술과 산업을 통해 경제발전과 사회통합이 실현되는 나라로서, 구체적으로는 '대다수 국민이 잘 사는 나라', '차가운 시장경제를 녹여줄 따뜻한 사회', '고품격의 소프트파워가 강한 나라'라는 세 가지를 요소로 한다.

[그림 2-1]에 나타난 바와 같이 제17대 대통령직인수위원회(2008a: 40)에서는 대선공약들을 정리하여 5대 국정지표를 '섬기는 정부', '활기찬 시장경제,' '능동적 복지', '인재대국', '성숙한 세계국가'로 설정하였다. 전략목표는 '예산절감과 공공기관 혁신' 등 5대 국정지표별로 21개 전략목표가 설정되었다. 당시 인수위원으로 핵심적 역할을 담당한 위원의 회고에 따르면 이명박 정부 인수위원회의 국정비전 · 목표 · 전략목표에는 당선인의 개인적 경험과 리더십 스타일이 고스란히 녹아 있다고 보았다(박재완, 2016: 46).

그런데 이명박 정부 출범 직후 대내외적으로 급격한 환경변화가 발생하여 국정과제 체계를 수정할 필요성이 대두되었다. 미국을 방문한 이명박 대통령이 미국산 쇠고기 수입에 합의하자 격렬한 미국산 쇠고기 수입반대 시위에서 나타났듯이 국민의 먹거리에 대한 안전 욕구가 강력하게 표출되었다. 또한 정부는 취약계층보호, 재난 · 재해대응, 안전한 일터 마련 등에 대한 국민의 관심이 급격하게 증가한 것으로 파악하였다(대한민국정부, 2013: 262-263). 국정과제에 포함된 한반도 대운하 건설에 관한 격렬한 반대의견도 제시되었다. 이러한 국민적 요구를 반영하는 한편 2018년 '건국 60주년 광복절 경축사(8.15)', '대통령과의 대화(9.9)' 등을 통해 밝힌 국정운영의 조정 내용을 국정과제 체계에 반영하기 위하여, 2008년 10월 7일 국무회의에서 대통령직인수위원회가 마련한 국정과제를 새 정부가 출범한 이후 정책여

그림 2-1 이명박 정부 인수위원회의 국가비전, 5대 국정지표, 21대 전략목표

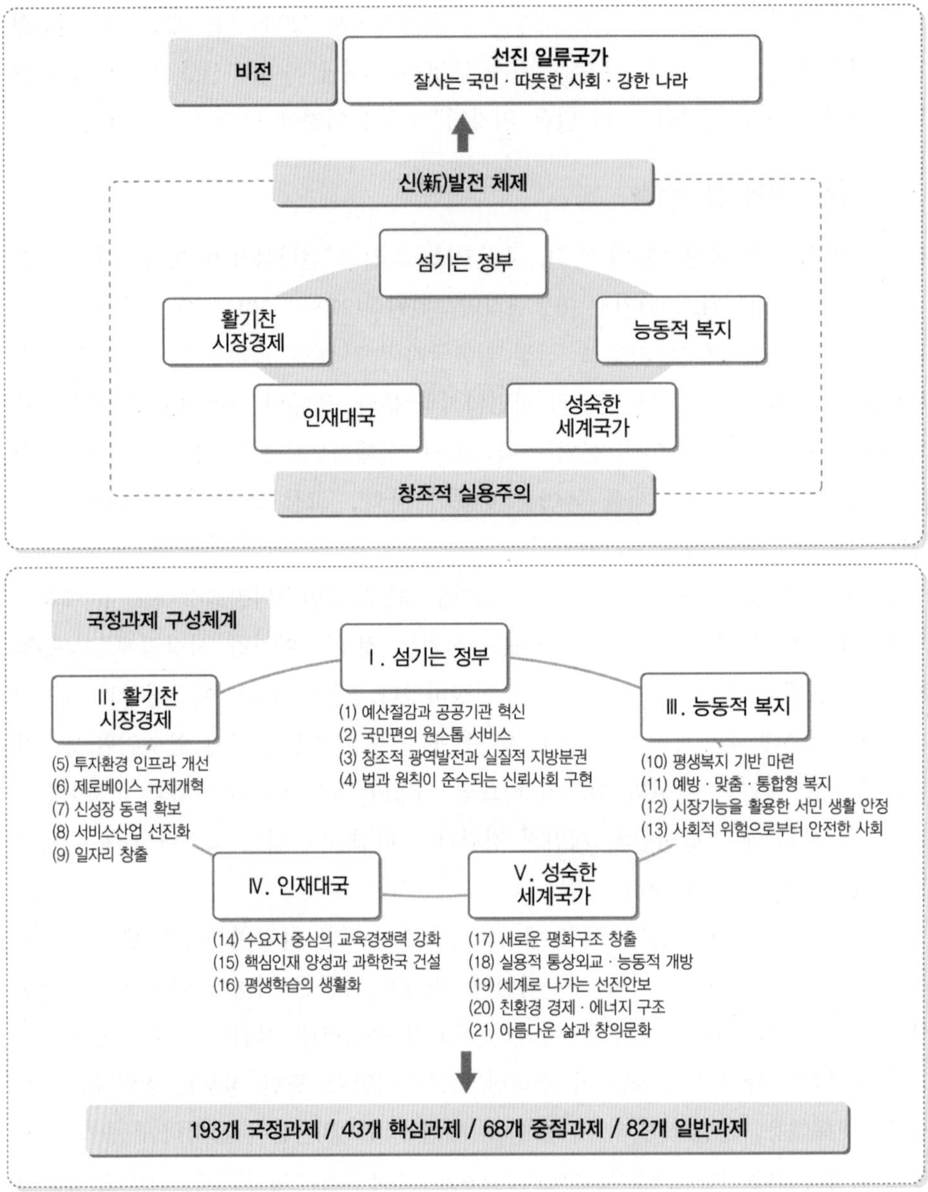

출처: 제17대 대통령직인수위원회, 2008a, 35, 40.

건에 맞도록 능동적으로 수정 보완한 이명박 정부의 20대 국정전략과 100대 국정과제를 확정하였다(대한민국정부, 2008; 대한민국정부, 2013: 263−264). [그림 2−2]의 이명박 정부 출범 이후 국정과제 기본틀에서 보듯이 목표, 5대 국정지표는 변

그림 2-2 이명박 정부 출범 이후 국정과제 기본틀

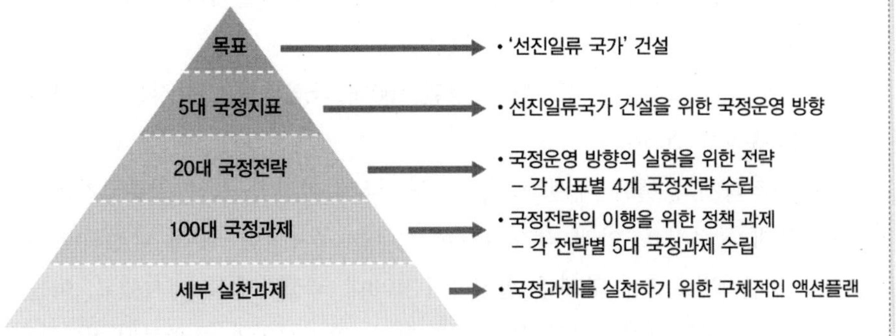

출처: 대한민국정부, 2013, 264.

표 2-7 이명박 정부 5대 국정지표와 20대 국정전략

국정지표	국정전략
섬기는 정부	1. 알뜰하고 유능한 정부로 바꾸겠습니다 2. 지방분권을 확대하고 지역경제를 살리겠습니다 3. 법과 원칙을 지키는 신뢰사회를 구현하겠습니다 4. 안심하며 살 수 있는 안전한 나라를 만들겠습니다
활기찬 시장경제	5. 투자환경을 획기적으로 개선하겠습니다 6. 규제를 대폭 줄이겠습니다 7. 녹색성장으로 새로운 일자리를 만들겠습니다 8. 신성장동력과 서비스산업을 키우겠습니다
능동적 복지	9. 모든 국민을 위한 평생복지기반을 마련하겠습니다 10. 맞춤형 복지를 실현하겠습니다 11. 서민생활과 주거를 안정시키겠습니다 12. 국민 모두가 일을 통해 보람을 느낄 수 있도록 하겠습니다
인재대국	13. 학교교육의 자율성과 다양성을 확보하겠습니다 14. 전략복지를 확대하겠습니다 15. 세계 수준의 우수한 인재를 육성하겠습니다 16. 미래를 이끌 과학기술 발전에 힘쓰겠습니다
성숙한 세계국가	17. 한반도의 새로운 평화구조를 만들겠습니다 18. 국익을 우선하면서 세계에 기여하는 실용외교를 펼치겠습니다 19. 굳건한 선진안보체계를 구축하겠습니다 20. 품격있고 존중받는 국가를 만들겠습니다

출처: 대한민국정부, 2008, 이명박정부 100대 국정과제.

함이 없으며, 21대 전략을 20대 전략으로 조정하였다.

<표 2-7>에 이명박 정부가 2008년 하반기에 확정한 5대 국정지표와 20대 국정전략이 제시되었다. <표 2-7>에서 보듯이 20대 국정전략은 물론 100대 국정

과제의 경우에도 국민들이 정책을 쉽게 이해하고 공감할 수 있도록 정책목표를 실수요자인 국민의 입장에서 설정하여 이명박 정부가 국민들에게 드리는 '약속' 형태로 기술하였다.

당시 정부의 보도자료에 따르면 확정된 100대 국정과제의 특징은 네 가지로 압축된다(국무총리실, 2008).

첫째, 국정과제의 틀을 체계화하였다. 즉, 국가 비전인 선진 일류국가를 달성하기 위한 '5개 국정지표' 아래 각각 4개씩 전략을 구체화한 '20대 국정전략'을 마련하고, 다시 전략별로 5개 과제를 설정하여 '100대 국정과제'를 제시했고, 이를 실천하기 위한 900여개 세부실천과제를 두는 한편, 추진시한과 주관부처 및 협조부처를 일부 조정하였다.

둘째, 국정과제의 목표를 알기 쉽게 표현하였다. 국민들이 정책을 쉽게 이해하고 공감할 수 있도록 정책목표를 실수요자인 국민의 입장에서 설정하여 이명박 정부가 국민들에게 드리는 '약속' 형태로 기술하였다.[17]

셋째, 이명박 정부의 국정과제를 포괄하였다. 각 부처의 업무보고를 비롯해 국회 개원연설, 8.15 경축사, 대통령과의 대화 등에서 새롭게 제시한 과제들을 100대 국정과제에 포함시켰다. 특히, 식품안전, 기초생활안전, 녹색성장, 교육복지 확대, 서민 및 취약계층의 생활안정 지원책 등이 강조되었으며, 지방행정 구역개편도 새로운 국정과제로 포함시켰다.

넷째, 일부 국정과제를 조정하였다. 특히 새로운 정책환경의 변화를 반영하여 한반도 대운하 건설을 국정과제에서 제외하였다.[18] 한반도 대운하 건설은 인수위원회가 선정한 핵심과제에 포함되었으나, 이에 대한 거센 반발로 국론분열이 심각한 수준에 이르렀다. 이명박 대통령은 2008년 6월 9일 특별기자회견에서 국민이 반대한다면 추진하지 않겠다고 선언한 바 있다. 한편 이 보도자료에서 정부는 100대 국정과제를 최선을 다해 추진할 것이며, 모든 국정과제가 성공적으로 완료될 경우 '7% 성장과 300만개 일자리 창출'이 이루어질 것으로 희망적으로 전망하였다.

---

17 예를 들면, ① 농어업 경쟁력 강화⇒돈 버는 농림수산업을 만들겠습니다. ② 맞춤형 장학제도 구축⇒가난해서 학교를 못 다니는 일은 없도록 하겠습니다.

18 인수위원회 국정과제에서 한반도대운하 건설 추진은 '성숙한 세계국가 분야'의 '전략 20: 친환경경제·에너지구조'의 국정과제 5-20-3. "친환경·친문화적 한반도대운하 건설추진"이라는 제목으로 포함되었다(제17대 대통령직인수위원회, 2008a: 210-212).

3. 국정과제

1) 국정과제와 세부실천과제

이명박 정부의 국정과제와 세부실천과제가 여기에서 살펴볼 국정과제에 해당된다. 인수위원회에서 193개 국정과제를 확정하였는데, 193개 국정과제는 중요도에 따라 43개 핵심과제, 68개 중점과제, 82개 일반과제로 분류했다.

대통령 취임 이후 여건변화를 반영하여 인수위원회에서 설정한 193개 과제를 보완하여 2008년 10월 7일 확정 · 발표된 '이명박 정부 100대 국정과제'는 950여개의 세부 실천과제를 담고 있었다(부록 4: 이명박 정부 국정지표, 20대 국정전략과 100대 국정과제 참조).

2008년 950여개의 세부실천과제로 구성된 100대 국정과제는 2008년 글로벌 경제위기, 녹색성장 등 국내외 환경변화에 따라 과제를 보완하고 새로운 과제를 추가함에 따라 2010년말에는 세부 실천과제가 누계 기준으로 1,169개로 증가하였다(대한민국정부, 2013: 272). 2011년 초 1,169개의 세부실천과제를 793개로 통폐합한 이후 2011년 8.15 경축사에서 제시된 15개 과제가 추가되어 2011년말 총 세부 실천과제는 808개이다(대한민국정부, 2013: 277). 한편 2012년 신년 경축사에서 18개, 부처별 업무보고에 제시된 4개 등 총 22개 과제가 추가되어 2012년말 총 세부실천과제수는 830개가 되었다.

2) 국정과제의 관리와 점검

이명박 정부는 100대 국정과제를 확정할 시점에서 각 부처가 매월 소관과제를 점검하며, 국무총리실이 분기별로 추진상황을 점검하여 '국정과제점검협의회'에 상정하며, 최소 1년에 1회 이상 대통령이 주재하는 '국정과제보고회'를 열어 국정과제 추진을 독려하고 국민들에게 그 성과를 알리겠다고 밝혔다(국무총리실, 2008). 국정과제점검협의회는 대통령실 국정기획수석이 주재하고 각 비서관과 총리실 및 각 부처의 기획조정실장이 참석하는 합동점검협의체이다. 그러므로 국정과제 점검의 주체는 대통령실의 국정기획수석이며 국무총리실이 실무적으로 뒷받침했다고 볼 수 있다.

4. 요 약

제17대 이명박 대통령은 한국이 중진국 대열에 진입한 이후 경제성장이 정체된 상황에서 '경제를 살리는 경제대통령'의 이미지를 통해 여야간 정권교체를 이루고 당선되었다. 이명박 정부는 17대 대선을 통해 건국·산업화·민주화 에너지를 발전적으로 계승함과 동시에 대한민국을 세계 일류국가로 선진화시키고자 하는 시대적 요구가 표출되었다고 인식하였다. 이러한 인식을 토대로 이명박 대통령은 취임사에서 "2008년을 대한민국 선진화의 원년으로 선포"하고, "경제 살리기가 무엇보다 시급"하며, "신성장 동력을 확보하여 더 활기차게 성장하고 더 많은 일자리"가 만들어져야 한다고 주장하였다.

대통령직인수위원회는 대통령 당선인의 평소 국가운영의 철학을 기초로 '선진 일류국가의 건설'을 국정운영의 비전으로 설정하였다. 세계 일류국가란 일류의 시민의식과 문화, 일류의 과학기술과 산업을 통해 경제발전과 사회통합이 실현되는 나라로서, 구체적으로는 '잘 사는 나라', '따뜻한 사회', '강한 나라'가 세 요소이다. 인수위는 5대 국정지표를 '섬기는 정부', '활기찬 시장경제,' '능동적 복지', '인재대국', '성숙한 세계국가'로 설정하고, 21개 전략목표를 설정하였다.

이명박 정부 출범 직후 미국산 쇠고기 수입반대 시위, 한반도 대운하 건설반대, 기후변화 녹색성장 요구 등 대내외적으로 급격한 환경변화가 발생하여 국정과제 체계를 상당히 수정할 필요성이 대두되었다. 이에 2008년 10월 7일 국무회의에서 새 정부 출범 이후 정책여건에 맞도록 능동적으로 수정·보완한 이명박 정부의 20대 국정전략과 100대 국정과제를 확정하였다. 국정목표, 5대 국정지표는 변함이 없으며, 21대 전략을 20대 전략으로 조정하였다. 인수위원회에서 확정한 193개 국정과제를 보완하여 100대 국정과제로 통폐합하였다. 100대 국정과제에는 식품안전, 기초생활안전, 녹색성장, 교육복지 확대, 서민 및 취약계층의 생활안정 지원책 등이 포함되었으며, 한반도 대운하 건설은 국정과제에서 제외하였다. 이명박 정부는 모든 국정과제가 성공적으로 완료될 경우 '7% 성장과 300만개 일자리 창출'이 이루어질 것으로 전망하였다.

2008년 10월 이명박 정부가 확정한 100대 국정과제는 950여개의 세부실천과제를 담고 있었다. 세부실천과제는 2008년 글로벌 경제위기, 녹생성장 등 국내외 환경변화에 따라 과제를 보완하고 새로운 과제를 추가함에 따라 2010년말에는 누계

기준으로 1,169개로 증가하였다. 2011년초 1,169개의 세부실천과제를 793개로 통폐합한 이후, 2011년말 808개, 2012년말 830개로 증가하였다.

이명박 정부는 대통령실 국정기획수석이 주재하고 각 비서관과 총리실 및 각 부처의 기획조정실장이 참석하는 합동점검협의체인 '국정과제점검협의회'가 주관하여 국무총리실이 분기별로 추진상황을 점검하도록 하였다. 이명박 정부 임기만료 직전인 2012년 12월말 기준 830개 세부 실천과제의 추진현황을 점검한 결과, 실천과제의 95.4%인 791개 과제를 완료한 것으로 파악하였다.

이명박 정부는 경제 살리기가 무엇보다 시급하다는 인식 아래 7% 성장 300만개 일자리 창출이라는 높은 목표를 설정하였으나, 지나치게 무리한 목표를 달성하는 데는 실패하였다.

Ⅶ. 박근혜 정부의 국정기조와 국정과제

1. 국정기조 및 국정과제 설정과정

제18대 박근혜 대통령은 예상보다 훨씬 높은 투표율을 기록한 치열한 선거에서 당선되어 한국 최초의 여성 대통령, 최초의 부녀 대통령이 되었다. 박근혜 정부 인수위는 위원장 1인, 부위원장 1인, 인수위원 23인(최초 24인에서 1인 사퇴)으로 운영되었다.[19] 당선인의 작고 효율적인 인수위 구성방침에 따라 17대 인수위보다 규모를 줄였으며, 새 정부의 국정기조를 마련하는 인수위의 기본기능을 충실하게 수행하고자 하였다(제18대 대통령직인수위원회, 2013: 219). 분과위원회 가운데 국정기획조정분과위원회가 국정비전, 국정목표설정, 국정과제 수립 등을 담당하였다. 당시 국정기획조정분과위원장에 따르면, 인수위는 활동원칙을 성실하고 조용한 인수위, 낮은 자세의 인수위, 겸손한 인수위를 지향하면서 차분하고도 내실있게 운영하였다(제18대 대통령직인수위원회, 2013: 241). 즉, 전임 이명박 정부와의 불필요한 갈등을 피하고 인수위 본연의 역할인 정권인수 작업에 전념할 것임을 인수위 출범 초

19 김용준 인수위원장, 진영 부위원장 및 24인의 위원으로 구성, 하부조직으로 국정기획조정(간사: 유민봉), 정무(간사: 박효종), 외교국방통일(간사: 김장수), 경제 1(간사: 류성걸), 경제2(간사: 이현재), 법질서사회안전(간사: 이혜진), 교육과학(간사: 곽병선), 고용복지(간사: 최성재), 여성문화(간사: 모철민) 등 9개 분과위원회와 대변인실 및 행정실을 두고, 산하조직으로 국민대통합위원회와 청년특별위원회를 설치하였다. 국정기획조정분과위원회가 위원회 운영기획, 총괄조정, 국정비전·국정목표설정, 국정과제 수립 등을 담당하였다.

기부터 강조함으로써 군림하는 이미지를 탈피하고자 노력하였다(김병섭 외, 2017: 9). 당선자부터 인수위원까지 전체적으로 소극적인 인수활동을 전개한 것으로 평가되기도 하였지만, 과도한 의욕을 보였던 제17대 인수위의 기저효과 때문에 제18대 인수위가 지나치게 많은 일을 하려고 하지 않았다는 점이 오히려 긍정적으로 평가되기도 하였다(김병섭 외, 2017: 9－10).

국정과제 선정에서 국정기획조정위원회를 중심으로 전체회의, 간사회의, 전문가 초청 간담회 등 다양한 논의과정을 거치는 한편 당선인이 직접 주재하는 9차례 인수위 분과별 국정과제 토론회를 통해 국정현안을 점검하고, 새 정부의 정책추진 방향에 대해 심도있는 논의를 진행한 결과를 반영하였다(제18대 대통령직인수위원회, 2013: 240). 이러한 과정을 거쳐 인수위원회는 국정비전, 5대 국정목표, 21대 추진전략과 140대 국정과제에 대한 추진계획을 마련하여 새 정부 출범 이후 모든 부처가 국정전반의 로드맵에 따라 일관성있고 유기적으로 정책을 추진할 수 있도록 준비하였다(제18대 대통령직인수위원회 백서, 2013: 234).

정부 출범 이후 박근혜 대통령은 인수위원회가 발표한 국정과제(안)에 대한 구체적 이행계획 수립을 지시했다. 이에 따라 대통령비서실과 국무조정실을 중심으로 전 부처가 협업하여 4대 국정기조, 14대 전략, 140개 국정과제를 마련하고 2008년 5월 28일 대통령 주재로 개최된 국무회의에서 이를 확정하였다(대한민국정부, 2017: 87). 확정된 국정과제는 당초 인수위 안과 비교할 때 다음과 같은 차이가 있다. 첫째, 재원소요, 부처 업무보고, 입법계획을 각 과제별 세부내용에 반영하였다. 둘째, 창조경제, 문화융성, 정부3.0 등 주요 분야의 추진계획을 보강하였다. 셋째, 국정기조, 추진전략, 국정과제간 정합성을 정밀하게 가다듬었다. 요약하면 국정기조를 5개에서 4개로, 추진전략을 21개에서 14개로 축소하였고, 전체 과제 건수는 140개로 동일하지만 문화분야 과제를 3개 추가한 반면, 경제분야에서는 관련성이 높은 과제를 하나로 묶는 방식으로 3개 과제를 줄였다.

2. 국정기조

1) 시대상황 인식

제18대 대통령직인수위원회는 박근혜 정부의 시대적 소명을 지금까지의 국가중심 발전모델에서 벗어나, 국민행복과 국가발전이 선순환하고, 사회공동체 구성원이

화합하여 안정된 삶을 영위하는 사회를 만들어 나가는 것이라고 보았다(제18대 대통령직인수위원회, 2013: 35). 아울러 대내외 도전과 위기를 슬기롭게 극복하여 한반도 행복시대, 나아가 지구촌 행복시대에 기여하는 모범국가를 만들어가는 것도 중요한 소명이라고 보았다.

박근혜 정부는 지속가능한 발전과 사회대통합으로 행복한 국민, 신뢰받는 모범국가를 만들어 나가기 위해서는 국정운영의 기조를 전환해야 한다고 보았다(제18대 대통령직인수위원회, 2013: 36−37). 기존의 양적 성장 중심의 단선적 · 분절적 국정운영 패러다임으로는 박근혜 정부가 시대적 소명으로 본 국민행복시대를 달성하는데 한계가 있다고 보았기 때문이다. 그러므로 <표 2−8>에서 보듯이 국정운영의 중심을 국가에서 국민 개개인으로 전환해야 한다는 것이다.

경제성장 모델에서는 국가 전체의 총량적 성장에서 국민 중심의 성장으로 지향점을 전환하여야 한다고 보았다. 구체적으로는 선진국 추격형 성장에서 세계시장 선도형 성장으로 전환하여야 하며, 노동 · 자본 등 투입 중심의 양적 성장에서 생산상 중심의 질적 발전으로 전환하여야 한다. 수출산업 · 내수산업, 제조업 · 서비스업, 대기업 · 중소기업간의 균형성장을 지향하여야 하며, 자본주의 시장경제 질서를 바로 세워야 한다는 것이다.

사회발전 패러다임에서는 단선형 · 분절형 발전에서 순환형 · 통합형 발전으로 방향을 바꾸어야 한다고 보았다. 지금까지는 경제성장이 이루어지면 소득분배가 개선되고 복지수준도 높아진다는 단선적 인식이 지배하고 있었다면, 앞으로는 성장과 분배 사이의 순환관계를 새롭게 인식할 필요가 있다고 본 것이다. 또한 물리적 자본뿐 아니라 사회적 자본도 중시해야 하며, 후진국형 안전불감증에서 벗어나 국민안전 제일주의를 확립하여야 한다고 보았다.

정부운영 방식에 있어서는 국민과 소통하는 성과중심 행정문화를 정착시켜야 한다고 보았다. 정부가 주도하고 민간은 순응하는 것을 당연하게 여기는 풍토를 불식하고, 민 · 관 협치와 소통을 강화하여야 한다고 본 것이다. 정책을 집행하는 것보다 정책을 평가하여 개선하는데 더 많은 노력을 기울여야 하며, 부처간 칸막이를 털어내고 협력을 강화해야 한다는 것이다.

표 2-8 박근혜 정부의 국가발전 패러다임 전환 모형

구분	현재	미래
국정중심	국가	국민 개개인
경제운영 모델	선진국 추격형	세계시장 선도형
	투입 중심 양적 성장(경제성장률)	생산성 중심 질적 성장(고용률)
	수출 · 제조업 · 대기업 중심 불균형 성장	내수 · 서비스업 · 중소기업 균형성장
	원칙이 무너진 자본주의	원칙이 바로 선 자본주의
사회발전 패러다임	(성장 → 복지)단선적 인과관계	(성장 → 복지)순환관계 인식
	물리적 자본 중시(사회 기반시설)	사회적 자본 중시(신뢰 공동체)
	안전 불감증	안전 제일
정부운영 방식	정부 주도 · 민간 순응	민관협치 · 소통
	정책집행 중심	정책평가 중심
	부처 간 칸막이	부처 간 협력

출처: 제18대 대통령직인수위원회, 2013, 37.

2) 국정비전, 국정기조 및 추진전략

박근혜 정부 인수위원회는 이러한 패러다임 전환을 기반으로 국정비전을 '국민행복, 희망의 새 시대'로 설정하고, 이를 달성하기 위하여 경제 · 과학, 고용 · 복지, 교육 · 문화, 사회, 외교 · 국방 · 통일 등 5대 분야별로 추진해야 할 국정목표와 추진전략을 설정하고, 국정비전 및 국정목표를 실천할 정부 운영시스템 혁신방향도 제시하였다(제18대 대통령직인수위원회, 2013: 38). 5대 국정 목표를 '일자리 중심의 창조경제', '맞춤형 고용 · 복지', '창의교육과 문화가 있는 삶', '안전과 통합의 사회', '행복한 통일시대의 기반구축'으로 설정하였고, 그 하위단계에 21대 추진전략을 설정하였다. 이러한 5대 국정목표의 달성을 뒷받침하기 위한 정부운영시스템의 혁신방향으로는 '신뢰받는 정부'(개방 · 공유 · 협력을 통한 '정부3.0' 달성/깨끗하고 유능한 정부 구현)을 설정하였다.

박근혜 정부가 출범한 이후 2008년 5월 28일 국무회의에서 보완 · 확정한 국정과제 체계는 당초 인수위원회의 안을 상당 부분 조정한 것이다. 최상위 단계의 국정비전을 '희망의 새시대'(국민행복과 국가발전이 선순환하는 새로운 패러다임의 시대)로 조정하였고, 4대 국정기조를 '경제부흥', '국민행복', '문화융성', '평화통일 기반구축'으로 변경하였다([그림 2-3] 참조). 당초 인수위원회의 안과 비교할 때 추상화

그림 2-3 박근혜 정부 국정과제 체계

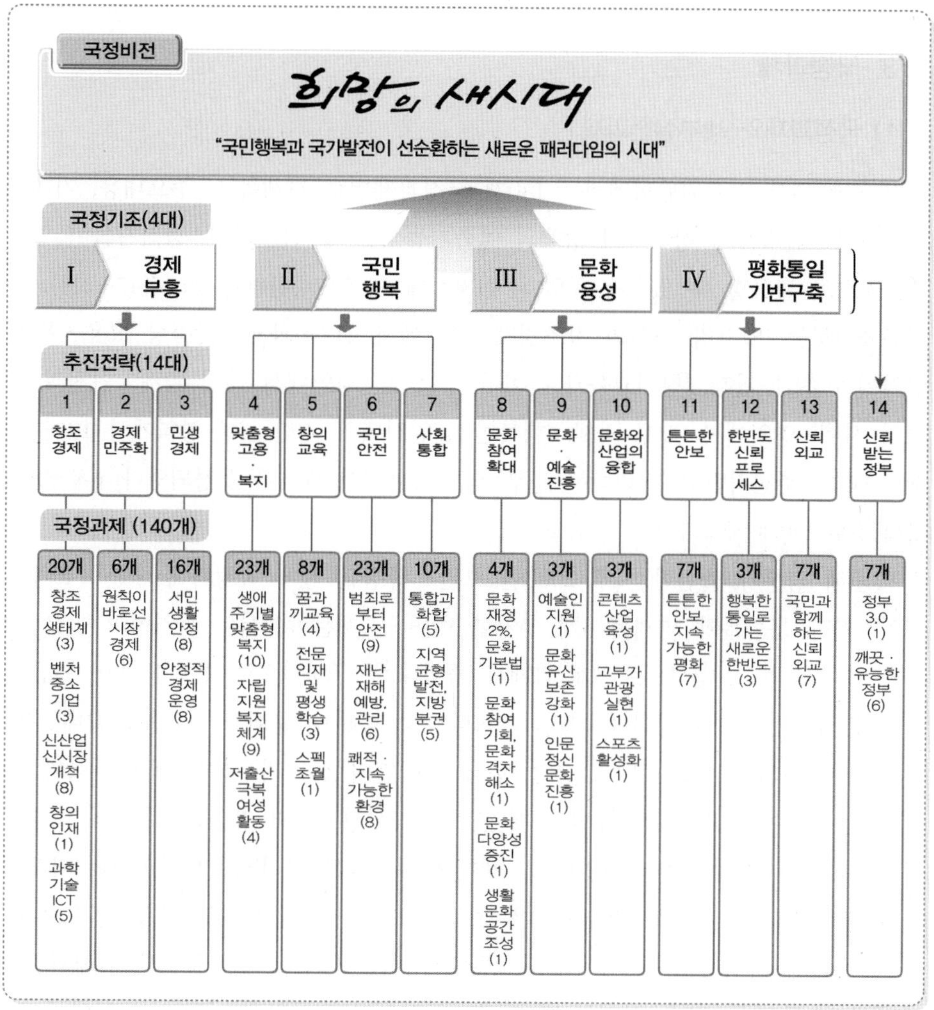

출처: 국무조정실, 2017, 정부업무평가백서(2013–2016), 46, <표 2–1–6>.

된 용어인 '국민행복'과 '문화융성'이라는 개념을 사용한 것이 특기할 만하다. 이들을 뒷받침하는 국정전략은 21개에서 14개로 재조정하였다. 14대 추진전략은 창조경제, 경제민주화, 민생경제, 맞춤형 고용·복지, 창의교육, 국민안전, 사회통합, 문화참여 확대, 문화·예술 진흥, 튼튼한 안보, 한반도 신뢰프로세스, 신뢰외교 등이다. 특기할 것은 경제부흥의 3대 전략의 하나로 '경제민주화'를 추가하여 경제민주화의 추진의지를 밝힌 것이다. 한편 정부운영의 기반인 '신뢰받는 정부'는 인수위의 당초안을 유지하였다.

3. 국정과제

1) 국정과제와 세부실천과제

박근혜 정부 인수위원회에서는 140개 국정과제별로 과제목표, 주요내용, 기대효과 순서로 간략하게 정리하여 정책의 예측가능성을 높이는 한편, 공직자들이 업무 참고자료로 활용할 수 있도록 하였다(제18대 대통령직인수위원회, 2013: 47-211). 국정목표별로는 '일자리 중심의 창조경제' 영역에서 41개 과제, '맞춤형 고용・복지' 영역에서 27개 과제, '창의교육과 문화가 있는 삶' 영역에서 14개 과제, '안전과 통합의 사회' 영역에서 32개 과제, '행복한 통일시대의 기반구축' 영역에서 19개 과제, 그리고 추진기반인 '신뢰받는 정부' 영역에서 7개 과제가 설정되었다(부록 5: 박근혜 정부 140개 국정과제 목록 참조).

박근혜 정부가 출범한 이후 2008년 보완・확정된 전체 국정과제 수는 140개로 동일하지만 문화분야 과제를 3개 추가한 반면, 경제분야에서는 관련성이 높은 과제를 하나로 묶는 방식으로 3개 과제를 줄였다.[20] 구체적으로 '문화융성'이 박근혜 정부의 국정기조로 부상함에 따라 '문화다양성 증진과 문화교류・협력 확대', '인문・정신문화의 진흥', '콘텐츠 산업, 한국 스타일의 창조'가 국정과제에 새롭게 포함됐다.[21] 인수위 단계에서 개별 과제였던 '해양신성장동력 창출'과 '수산의 미래산업화'는 '해양수산업의 미래산업화 및 체계적 해양영토 관리'로, '보건산업의 미래성장산업 육성'과 '고령친화산업 육성'은 '보건・고령친화산업을 미래성장산업으로 육성'으로 각각 통합됐다. '물류 해양 교통체계 선진화'와 '건설・원전산업 해외진출 지원'도 '교통체계・해운 선진화 및 건설・원전산업 해외진출 지원'으로 묶였다. 박근혜 정부의 140개 국정과제는 619개 실천과제를 포함하고 있다.

[그림 2-3]에 나타난 바와 같이 국정과제 숫자가 많은 추진전략 분야는 살펴보면 창조경제 추진전략 분야 20개 과제(창조경제생태계 3개, 벤처중소기업 3개, 신산업

20 2013년 5월 28일자 연합뉴스 기사.

21 문화융성이 박근혜 정부의 4대 국정기조의 하나로 대두한 직후 대통령소속 문화융성위원회가 신설(2013.7.25.)되었고(제5장 <표 5-13> 참조), 문화예술계에 대한 정부지원도 대폭 확대되었다. 그 과정에서 정부지원에서 배제해야 할 단체와 인사들의 목록인 소위 '문화예술계 블랙리스트 사태'가 발생하여 비서실장, 문체부 장관 등이 사법처리되고, 대통령 탄핵사유의 하나가 되었다. 문화예술계 블랙리스트의 실행과 작동에 관하여는 김미도(2021) 참조.

신시장 개척 8개, 창의인재 1개, 과학기술ICT 5개 포함), 맞춤형 고용・복지 전략분야 23개 과제(생애주기별 맞춤형 복지 10개, 자립지원복지체계 9개, 저출산극복 여성활동 4개 포함), 국민안전 전략분야 23개 과제(범죄로부터 안전 9개, 재난재해예방・관리 6개, 쾌적・지속가능한 환경 8개) 등이다.

140개 국정과제의 부처별 소관과제 현황은 다음 <표 2-9>와 같다. 국정과제의 숫자가 많은 부서는 복지부(단독 12, 공동 2), 교육부(단독 10, 공동 2), 고용부(단독 10, 공동 1), 문체부(단독 9, 공동 1), 미래부(단독 8, 공동 1) 등이다.

표 2-9 박근혜 정부 국정과제 부처별 소관과제 현황

부처명	단독	공동	부처명	단독	공동	부처명	단독	공동
기재부	6	3	법무부	3	2	산업부	6	5
교육부	10	2	국방부	5	1	복지부	12	2
미래부	8	1	행자부	4	2	환경부	4	0
외교부	5	0	문체부	9	1	고용부	10	1
통일부	3	0	농식품부	5	0	여가부	5	1
국토부	4	5	금융위	3	2	보훈처	1	0
해수부	2	2	권익위	1	1	식약처	1	0
국조실	3	3	원안위	1	0	경찰청	1	1
방통위	0	1	안전처	1	0	중기청	3	2
공정위	5	0	인사처	1	1	특허청	0	1

출처: 대한민국 정부, 2017, 98.

2) 국정과제의 관리와 점검

박근혜 정부는 역대정부 최초로 전체 국정과제를 정부업무평가제도 하에서 국무총리가 각 부처를 평가하는 특정평가의 핵심이 되도록 조치하였다(남궁근, 2019: 48, 2021: 24; 국무조정실, 2017: 44-49). 즉, 국정과제 전체를 대상으로 부처별 국정과제 이행노력과 성과를 국무총리실이 평가하고, 환류를 통해 정책 추동력을 확보하는 한편 국정성과 창출을 유도하고자 하였다. 박근혜 정부의 국정과제가 선정된 첫 해인 2013년에는 특정평가에서 국정과제 평가 비중이 60%였다. 그 비중이 이후 50%로 소폭 감소하였지만 가장 큰 비중을 차지해 왔다. 박근혜 정부 첫 해인 2013년에는 140개 국정과제를 대상으로 각각 우수, 보통, 미흡의 세 등급을 부여

하여 평가결과를 발표하였다. 우수 29개, 보통 84개, 미흡 27개로 대략 20%, 60%, 20% 비중으로 등급을 구분하였다(국무조정실, 2017: 52). 그런데 2014년부터 개별과제보다는 이를 종합한 기관성과가 대표성·책임성 측면에서 중요하다고 판단하여, 부처별로 우수－보통－미흡의 3등급으로 결과를 발표하기 시작하였다(국무조정실, 2017: 65). 우수기관과 보통, 미흡기관은 각각 30%, 50%, 20%의 비중을 부여하였다. 이같이 140개 국정과제는 619개 세부과제별로 국무조정실에서 추진상황을 지속 점검하였다.

4. 요 약

제18대 박근혜 대통령은 예상보다 훨씬 높은 투표율을 기록한 치열한 선거에서 당선되어 한국 최초의 여성 대통령, 최초의 부녀 대통령이 되었다. 박근혜 정부는 시대적 소명을 지금까지의 국가중심 발전모델에서 벗어나, 국민행복과 국가발전이 선순환하는 사회를 만들어 나가는 것이라고 보았다.

박근혜 정부 인수위원회는 국정비전을 ‘국민행복, 희망의 새 시대’로, 5대 국정목표를 ‘일자리 중심의 창조경제’, ‘맞춤형 고용·복지’, ‘창의교육과 문화가 있는 삶’, ‘안전과 통합의 사회’, ‘행복한 통일시대의 기반구축’으로, 정부운영시스템의 혁신방향으로 ‘신뢰받는 정부’를 설정하였다.

박근혜 정부가 출범한 이후 보완·확정한 국정과제 체계는 당초 인수위원회의 안을 상당 부분 조정하여 최상위 단계의 국정비전을 ‘희망의 새시대’(국민행복과 국가발전이 선순환하는 새로운 패러다임의 시대), 4대 국정기조를 ‘경제부흥’, ‘국민행복’, ‘문화융성’, ‘평화통일 기반구축’으로 변경하였다. 국정기조에 추상화된 용어인 ‘국민행복’과 ‘문화융성’이라는 개념을 사용한 것이 특기할 만하다. 14대 추진전략은 창조경제, 경제민주화, 민생경제, 맞춤형 고용·복지, 창의교육, 국민안전, 사회통합, 문화참여 확대, 문화·예술 진흥, 튼튼한 안보, 한반도 신뢰프로세스, 신뢰외교 등이다. 경제부흥의 3대 전략의 하나로 ‘경제민주화’를 추가하여 경제민주화의 추진의지를 밝혔다. 한편 ‘문화융성’이 박근혜 정부의 국정기조로 부상함에 따라 ‘문화다양성 증진과 문화교류·협력 확대’, ‘인문·정신문화의 진흥’, ‘콘텐츠 산업, 한국스타일의 창조’가 국정과제에 새롭게 포함됐다.

박근혜 정부의 140개 국정과제는 619개 실천과제를 포함하고 있다. 국정과제 숫자가 많은 추진전략 분야는 살펴보면 창조경제 추진전략 분야 20개 과제(창조경제

생태계 3개, 벤처중소기업 3개, 신산업신시장 개척 8개, 창의인재 1개, 과학기술ICT 5개 포함), 맞춤형 고용 · 복지 전략분야 23개 과제(생애주기별 맞춤형 복지 10개, 자립지원복지체계 9개, 저출산극복 여성활동 4개 포함), 국민안전 전략분야 23개 과제(범죄로부터 안전 9개, 재난재해예방 · 관리 6개, 쾌적 · 지속가능한 환경 8개) 등이다.

박근혜 정부는 역대정부 최초로 전체 국정과제를 정부업무평가제도 하에서 국무총리가 각 부처를 평가하는 특정평가의 핵심이 되도록 조치하였다. 국정과제 전체를 대상으로 부처별 국정과제 이행노력과 성과를 국무총리실이 평가하고, 환류를 통해 정책 추동력을 확보하는 한편 국정성과 창출을 유도하고자 하였다. 박근혜 정부 첫 해인 2013년에는 140개 국정과제를 대상으로 각각 우수, 보통, 미흡의 세 등급을 부여하여 평가결과를 발표하였다. 2014년부터 개별과제보다는 이를 종합한 기관성과가 대표성 · 책임성 측면에서 중요하다고 판단하여, 부처별로 우수(30%) – 보통(50%) – 미흡(20%)의 3등급으로 결과를 발표하기 시작하였다.

박근혜 정부의 4대 국정기조에는 문화융성과 같은 매우 추상적인 용어가 사용되었으나, 문화융성 영역의 담당부서인 문체부 산하기관 인사와 관련재단에 비선실세의 개입이 드러나는 등의 사유로 탄핵되어 임기를 채우지 못하는 대통령이 되었다.

Ⅷ. 문재인 정부의 국정기조와 국정과제

1. 국정기조 및 국정과제 설정과정

문재인 대통령은 대한민국 헌정사상 최초로 전임 대통령이 탄핵으로 물러난 이후 2017년 5월 9일 선거에서 대통령에 당선되었다. 헌정 사상 초유의 대통령 탄핵에 따라 실시된 조기대선에서 선출된 제19대 대통령은 임기를 채우지 못한 전임 박근혜 정부의 국정공백을 메우기 위해 국정운영을 준비할 시간이 부족한 상황에서 당선 다음 날 임기를 시작하였다. 이에 따라 대통령직인수위원회의 기능과 역할을 대신 수행할 국정기획자문위원회(이하 국정기획자문위)를 대통령령인 「국정기획자문위원회의 설치 및 운영에 관한 규정」을 제정(2017.5.16)하여 설치 · 운영하였다(이하 국정기획자문위원회, 2017: 240 – 241).

국정기획위는 위원장(김진표), 부위원장, 위원 30명 등 총 34명으로 구성되었으며, 당 · 정 · 청 관계자와 각 분야의 민간전문가들로 구성하였다. 국정운영 방향과 국정과제를 신속하게 설정하고 추진을 지원해야 하는 상황을 반영하여 부위원장을 3인으로 확대하고 당 · 정 · 청 주요관계자(대통령비서실 정책실장 장하성, 더불어민주당 정책위 의장 김태년, 국무조정실장 홍남기)를 위촉하여 당 · 정 · 청 간 협의 · 조정 역할을 담당하도록 하였다. 국정기획자문위의 기구는 기획, 경제1, 경제2, 사회, 정치 · 행정, 외교 · 안보 등 6개 분과위원회와 대변인실 및 행정실을 두었다. 기획분과위원회(위원장: 윤호중)가 국정비전 및 국정기조 수립, 국정과제 수립 총괄업무를 맡았다.

국정기획자문위는 대선과정에서 국민에게 약속한 공약을 기초로 국민제안 내용과 정책현안 등을 종합적으로 고려하여 100대 국정과제를 선정하였다(이하 국정기획자문위원회, 2017: 50－51). 국정과제 선정과정은 다음과 같다. 먼저 공약의 내용, 정책 포괄범위 · 유사성, 실천방안 등을 검토하여 국정과제를 단위별로 재구성하였다. 201개 공약을 892개 세부공약으로 재분류하고 각 세부공약별로 부처업무 보고, 전문가 간담회, 현장방문, 심층토론을 통해 실천방안을 마련하였다. 또한 국민인수위원회에 설치된 '광화문 1번가'를 통해 제안된 국민 정책건의 중 공약과 관련이 높거나 정책화가 필요한 사항은 국정과제에 포함시켰고, 공약 외에 시급한 민생과제, 각종 제도개선 필요사항, 기타 국정현안 사항 중 정부가 역점을 두고 추진해야 할 정책도 국정과제에 추가하였다. 국정기획자문위는 종합된 국정과제안들을 국정기획위 검토, 관계기관 등의 의견수렴을 거쳐 이행가능성, 과제간 정합성 등을 검증한 뒤 국정목표, 국정전략 등을 고려하여 100대 국정과제를 최종 확정하였다고 밝혔다(국정기획자문위원회, 2017: 51).

한편 국정기획자문위는 100대 국정과제와는 별도로 4대 복합 · 혁신과제를 선정하여 추진하기로 하였다(국정기획자문위원회, 2017: 179－199). 복합 · 혁신과제는 핵심공약과 문재인 정부 국가비전을 선명하게 부각시킬 수 있는 과제, 예산 · 인력 등 정책집행 자원을 최우선적으로 투입해 추진해야 할 과제, 다수 부처가 연관된 대형 · 복합과제 중에서 4개를 선정하였다. 4대 복합 · 혁신과제는 1) 불평등 완화와 소득주도성장을 위한 일자리 경제, 2) 4차산업을 선도하는 혁신 창업국가, 3) 교육 · 노동 · 복지 체계 혁신으로 인구절벽 해소, 4) 국가의 고른 발전을 위한 자치분권과 균형발전이다. 4대 복합 · 혁신과제를 성공적으로 추진하기 위해 과제별로 각각 일자리위원회(운영중), 4차산업혁명위원회(신설), 저출산 · 고령사회위원회(기존), 지방분권균형발전협의회(신설)가 종합적으로 관리하도록 하였다.

역대정부에서는 대통령직인수위원회가 대통령 취임 이전에 국정기조와 국정과제(안)을 마련하고, 새 정부 출범 후 이를 토대로 국무회의 심의 등 별도의 절차를 거쳐 국정과제를 확정하였다. 이와 대조적으로 문재인 정부에서는 정부출범 이후 청와대 정책실장, 국무총리실 국무조정실장 등 정부관계자가 참여한 국정기획자문위가 국정과제와 4대 복합·혁신과제를 확정하였으므로 별도의 절차를 거치지 않고 정부안으로 확정되어 추진하게 되었다.

2. 국정기조

1) 시대상황 인식

국정기획자문위(2017: 31)는 문재인 정부가 대내적으로는 무너진 국가·사회체계를 정의롭게 재정립하고 일자리와 미래 성장 동력을 창출하며, 불평등과 차별해소, 분권과 균형발전을 이뤄 내야 하는 임무를 부여받은 것으로 인식하였다. 문재인 정부는 전임 대통령의 탄핵을 이끌어 낸 2016년 촛불시민혁명을 국민이 나라의 주인이자 정치의 실질적 주체로 등장하는 '국민의 시대' 도래를 예고한 것이며, 본격적인 '국민의 시대'를 요구하는 시대적 과제에 따라 문재인 정부가 탄생한 것으로 보았다(국정기획자문위, 2017: 41).

그림 2-4 문재인 정부가 본 민주화 시대 30년의 정부와 시대규정 변화

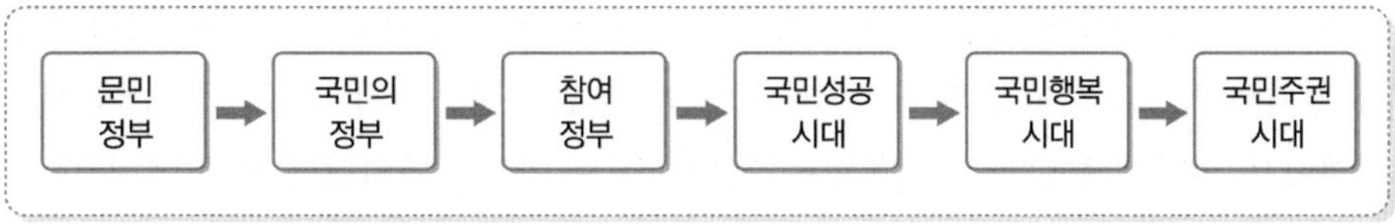

출처: 국정기획자문위원회, 2017, 40.

[그림 2-4]에 제시된 바와 같이 1987년 민주화 이후, 문민정부, 국민의 정부, 참여정부를 거친 후, 이명박 정부가 국민성공시대, 박근혜 정부가 국민행복시대를 내걸었지만, 사실상 엘리트 중심의 정치와 국가 중심의 국정운영이라는 한계를 드러냈다고 보았다. 이제는 국민중심의 민주주의로의 이행이 필요한 시점이며, 현재의 민주주의 위기를 극복하는 방안도 정부와 정치의 본래 목적인 국민 중심의 민주주의가 실현되는 국정운영의 회복에 달려있다고 본 것이다. 국민 중심의 민주주의는 선거나 대표자 위임에 국한되지 않고, "나로부터 행사되고, 어디에나 행사되

며, 늘 행사되도록 하는" 국민주권의 실질적 행사가 이루어지는 '주권자 민주주의'의 실현을 의미한다고 보았다(국정기획자문위원회, 2017: 42).

국정기획자문위에 따르면 국가 중심의 민주주의와 국민 중심의 민주주의를 비교하면 그 특징은 다음 <표 2-10>과 같다.

표 2-10 국가중심의 민주주의와 국민 중심의 민주주의 특징 비교

구 분	국가 중심의 민주주의	국민 중심의 민주주의
국민의 성격	근대적 국민	주권자 국민
국민 – 국가 관계	국가 구성원으로서 국민	국가를 형성하는 국민
국민주권의 특성	대표되는 국민주권	개개인의 국민주권
권력의 성격	위임된 권력	생성적 권력
참여방식	제도화된 국민참여	일상적인 국민주권 행사
주권 실현방식	참정권, 투표권	국민제안, 국민숙의, 국민결정
역사적 사건	1987년 6월 항쟁	2016년 촛불집회
사건의 의미	국민주권의 통로 · 제도 구축	아래로부터의 국민주권 표출
민주주의 형태	제도 민주주의	일상 민주주의
정치 – 시민 관계	제도정치와 시민사회의 괴리	제도정치와 시민사회의 연계
시민참여 기반	조직화된 시민사회 기반	자발적 개인들의 네트워크

출처: 국정기획자문위원회, 2017, 40–41.

이러한 시대상황에 대한 인식을 토대로 문재인 정부의 과제는 (1) 시대정신으로서 정의실현, (2) 특권층의 시대에서 국민의 시대로 전환, (3) 불안과 분노의 사회경제에서 희망과 통합의 사회경제로 전환하는 것으로 파악하였다(국정기획자문위원회, 2017: 42). 첫째, 산업화와 민주화 이후 오늘날 시대정신은 '정의(justice)'라고 보았다. 문재인 정부의 가장 중요한 과제는 정의의 기반위에 '나라다운 나라'를 만드는데 있다는 것이다. 둘째, 문재인 정부는 국민위에 군림하고 권력을 사유화하는 특권 정치를 철폐하여, 국민의 뜻을 국정에 실현하고 국민의 의지가 정치를 이끌 수 있도록 국정운영을 전환해야 하는 과제를 안고 있다고 인식하였다. 셋째, 문재인 정부의 가장 큰 당면과제는 저성장과 경제적 불확실성의 심화, 사회적 불평등의 증대, 불공정 경제구조로 인한 국민들의 고통과 불안을 해소할 수 있는 공정과 혁신의 경제모델을 구축해야 하는 과제라고 보았다.

2) 국가비전과 국정목표, 국정전략

위와 같은 시대상황 인식을 토대로, 문재인 정부의 국가비전을 '국민의 나라 정의로운 대한민국'으로 설정하였다(<표 2-11> 참조). 문재인 정부가 지향하는 '국민의 나라'는 국민이 나라의 주인임을 확인했던 촛불정신을 구현하며, 국민주권의 헌법정신을 국정운영 기반으로 삼는 새로운 정부의 실현을 의미하는 것으로 보았다. 한편 '정의로운 대한민국'은 특권과 반칙을 일소하고, 원칙과 상식이 존중되며, 누구에게나 공정한 기회가 보장되고, 차별과 격차를 해소하는 새로운 대한민국의 실현을 의미한다는 것이다. '평등한 기회, 공정한 과정, 정의로운 결과'를 강조하는 문재인 대통령의 국정철학이 반영된 것이기도 하다.

5대 국정목표는 '국민이 주인인 정부', '더불어 잘사는 경제', '내 삶을 책임지는 국가', '고르게 발전하는 지역', '평화와 번영의 한반도'로 설정하였다(국정기획자문위, 2017: 45-47).

첫째, 국민이 주인인 정부는 제도와 일상에서 국민주권을 실현하기 위한 새로운 정부시스템을 추구한다. 국민 위에 군림하는 대통령의 특권을 내려 놓고 국가권력

표 2-11 문재인 정부 국정과제 체계

국가비전	국민의 나라 정의로운 대한민국				
5대 국정목표	국민이 주인인 정부	더불어 잘사는 경제	내 삶을 책임지는 국가	고르게 발전하는 지역	평화와 번영의 한반도
20대 국정전략	1. 국민주권의 촛불 민주주의 실현 2. 소통으로 통합하는 광화문 대통령 3. 투명하고 유능한 정부 4. 권력기관의 민주적 개혁	1. 소득 주도 성장을 위한 일자리경제 2. 활력이 넘치는 공정경제 3. 서민과 중산층을 위한 민생경제 4. 과학기술 발전이 선도하는 4차 산업혁명 5. 중소벤처가 주도하는 창업과 혁신성장	1. 모두가 누리는 포용적 복지국가 2. 국가가 책임지는 보육과 교육 3. 국민 안전과 생명을 지키는 안심사회 4. 노동존중·성평등을 포함한 차별 없는 공정사회 5. 자유와 창의가 넘치는 문화국가	1. 풀뿌리 민주주의를 실현하는 자치분권 2. 골고루 잘사는 균형발전 3. 사람이 돌아오는 농산어촌	1. 강한 안보와 책임국방 2. 남북 간 화해협력과 한반도 비핵화 3. 국제협력을 주도하는 당당한 외교
100대 국정과제 (487개 실천과제)	15개 과제 (71개 실천과제)	26개 과제 (129개 실천과제)	32개 과제 (163개 실천과제)	11개 과제 (53개 실천과제)	16개 과제 (71개 실천과제)

출처: 국정기획자문위원회, 2017, 49.

의 사유화로 인해 붕괴된 국정운영을 개편하며 권력기관의 민주적 개혁을 추진함으로써, 권력자 한 사람의 정부가 아니라 국민 모두의 정부를 추구하는 동시에, 청와대의 특권을 버리고 국민과 소통하며 이를 통해 통합하는 광화문 대통령의 모습을 실천한다는 것이다. 이와 더불어 국민 모두가 정부와 함께 국정 전 과정에 참여하고 공론과 합의에 기초하여 정책을 입안하고 결정하는 정부혁신을 추진해 나간다는 것이다. 이 목표 아래 (1) 국민주권의 촛불 민주주의 실현, (2) 소통으로 통합하는 광화문 대통령, (3) 투명하고 유능한 정부, (4) 권력기관의 민주적 개혁이라는 4가지 국정전략이 포함된다.

둘째, 더불어 잘사는 경제는 경제의 중심을 국가와 기업에서 국민 개인과 가계로 바꾸고, 성장의 과실이 국민에게 골고루 돌아가는 경제를 지향한다. 가계의 소득이 늘면 소비가 살아나고 투자와 생산이 증가되는 국민경제의 선순환 복원을 추구하며, 특히 일자리는 성장을 촉진하는 최고의 복지라는 점에서 일자리 창출은 더불어 잘 사는 경제의 핵심과제라고 보았다. 이와 함께 대기업은 세계시장에서 경쟁하고, 중소기업은 중견기업으로 성장하며, 골목상권에서는 소상공인과 자영업자의 창의력이 발휘되는 경제를 모색한다. 또 4차 산업혁명을 선도하기 위해 과학기술의 발전과 미래 성장산업을 적극 지원하고, 역동적인 벤처 생태계를 만들어 창의적 벤처기업과 혁신적 창업자를 육성한다는 것이다. 이러한 국정목표 아래 (1) 소득 주도 성장을 위한 일자리경제, (2) 활력이 넘치는 공정경제, (3) 서민과 중산층을 위한 민생경제, (4) 과학기술 발전이 선도하는 4차 산업혁명, (5) 중소벤처가 주도하는 창업과 혁신성장 등 5가지 전략이 추구된다.

셋째, 내 삶을 책임지는 국가는 시장 만능주의의 확산이 불평등과 격차 확대, 공공성 약화 현상을 초래한 것으로 보고, 사회·경제적 불평등을 해소하고, 국민의 품위있는 삶을 유지하며, 사회구성원의 유대를 강화하기 위해 적극적 행위자로서 국가의 역할이 필요하다는 인식에서 설정되었다. 복지·보육·교육·안전·환경 등에서 국가의 책임성을 강화하고, 이를 통해 국민의 '삶의 질' 제고를 도모해야 한다. 이와 함께 노동이 존중되고 성평등이 실현되는 것을 포함하여 각 영역에서 차별없는 공정사회를 추구하는 한편 무한경쟁과 각자도생의 논리를 탈피하여 국민 모두가 공존하고 번영하는 질 높은 사회통합을 실현해 나간다는 것이다. 급속도로 진행되는 지식정보사회의 발전에 발 빠르게 대응해 개인의 자유가 보장되고 창의성이 발휘되며 국민 모두의 행복이 보장되는 문화국가를 모색한다는 것이다. 이 국정목표 아래 (1) 모두가 누리는 포용적 복지국가, (2) 국가가 책임지는 보육과 교육, (3) 국민 안전과 생명을 지키는 안심사회, (4) 노동존중·성평등을 포함한 차별 없는 공정사회, (5) 자유와 창의가 넘치는 문화국가 등 5가지 전략이 포함되었다.

넷째, 고르게 발전하는 지역은 전국 모든 지역이 고르게 발전하기 위해 우선적으로 추진되어야 할 과제가 자치분권과 균형발전이라고 보았다. 자치분권을 이루기 위해 중앙정부 권한의 지방이양과 지방재정 확충을 통해 지방분권을 추진하고, 주민자치 확대를 통해 지역 현장에서의 풀뿌리 민주주의를 구현한다. 균형발전을 이루기 위해 지역이 가진 잠재력을 극대화하여 자립적 성장기반을 마련함으로써 중앙 대 지방, 지방 대 지방 간의 경제·사회적 격차를 해소해 나간다는 것이다. 이 목표 아래 (1) 풀뿌리 민주주의를 실현하는 자치분권, (2) 골고루 잘사는 균형발전, (3) 사람이 돌아오는 농산어촌 등 3가지 국정전략이 배치되었다.

다섯째, 평화와 번영의 한반도는 우리 사회가 놓인 대외적 상황을 고려할 때 국제관계에서 추구하여야 할 가장 중요한 가치라고 생각하였다. 이를 위해 국토를 지키고 국민을 안심시킬 수 있는 강력하고 유능한 안보와 책임국방을 최우선적으로 구축해 나간다는 것이다. 이와 더불어 남북 간 교류협력을 추진하며 함께 번영하는 길을 도모하고 제재부터 협상까지 다양한 수단을 동원하여 한반도 비핵화를 모색해야 한다는 것이다. 이와 함께 국익을 증진시키고 평화로운 한반도를 실현할 수 있는 당당한 국제협력외교를 추진해 나간다는 것이다. 이 목표 아래 (1) 강한 안보와 책임국방, (2) 남북 간 화해협력과 한반도 비핵화, (3) 국제협력을 주도하는 당당한 외교 등 3가지 전략이 포함되었다.

3. 국정과제

1) 국정과제와 세부실천과제 개요

(1) 국정과제와 세부실천과제 수 변화

국정기획자문위원회는 100개의 개별 국정과제별로 과제목표, 주요내용, 기대효과를 기술하고 있다(부록 6: 문재인 정부 100대 국정과제 참조). 또한 과제별로 5개 내외의 세부실천과제를 선정하여 2017년 문재인 정부 출범 시점에서 세부실천과제는 487개 과제였다. 문재인 정부의 국정과제는 출범초에 설정된 100대 과제의 체계를 유지하고 있다. 그런데 정부출범 후 상황변화를 반영하기 위하여 실천과제를 추가하였다. 출범 초 487개에서 상황변화를 반영하여 2021년 현재 524개 과제로 늘어난 것이다(남궁근, 2021a: 9). 즉, 코로나19 대응과 같은 국내외 환경변화를 반영하여 실천과제 37개를 추가하였다. 국정목표별로 살펴보면 '더불어 사는 경제' 분야가 129개 실천과제에서 151개로 22개 과제가 대폭 추가되었으며, '내 삶을 책임지는 국가' 영역에서 6개, '평화와 번영의 한반도' 목표에서 5개, 고르게 발전하는 지역에서 3개, 그리고 '국민이 주인인 정부' 영역에서 1개가 추가되었다.

(2) 국정과제 3단계 이행계획

국정과제의 체계적 이행과 성과창출을 위해 문재인 정부 5년을 3단계로 구분하여 이행목표·계획을 설정하고 단계별 중점 추진방안을 마련하였다(국정기획자문위원회, 2017: 57).

1단계는 혁신기(2017.5~2018)으로 과감한 개혁과제 이행과 정책추진기반을 구축하는 단계로 보았다. 특히 적폐청산, 반부패·권력기관 개혁, 경제민주화 등 핵심개혁 과제를 흔들림없이 이행하고 개헌과 정치개혁을 추진하고자 하였다.

2단계는 도약기(2019~2020)로 국민 지지를 통한 과제별 체감 성과를 본격 창출한다는 계획이다. 각계의 참여와 사회적 합의를 통해 일자리, 4차산업 혁명, 사회적 경제, 국민안전, 자치분권, 조세·재정개혁, 국방개혁 등 새 정부 대표정책의 성과를 본격 창출한다는 것이다. 광역자치경찰제 전면실시, 5G 조기상용화, 준자율주행차 조기상용화, 지진 대응체제 완비, 한국형 구제역 백신 생산, 연대 보증제 폐지 등이 이에 해당한다. 2단계에서 국정과제 추진과정에 대한 지속적인 공개와 소통을 통해 국민의 지지를 확보하는데 중점을 둔다. 아울러 북핵·남북관계, 글로벌 경제여건, 안전사고, 공직비리 등과 같은 대내외 위험요인에 대한 철저한 리스크 관리로 국정운영 동력을 강화한다는 것이다.

3단계는 안정기(2021~2022.5)로 과제 완수와 지속가능한 혁신체제를 구축한다. 특히 공공기관 일자리 81만개 창출, 한국형 실업부조 시행, 공공기관 비정규직 폐지, 노후 화력발전소 폐쇄 등과 같은 개혁 및 공약이행을 완수하고 주요정책의 입법을 완료한다는 계획이다.

2) 국정과제의 관리와 점검

(1) 국정과제 관리체계

문재인 정부의 국정과제 관리체계를 보면 대통령 직속으로 정책기획위원회가 설치되어 청와대 정책실과 함께 100대 국정과제의 추진을 총괄하도록 했다(방민석, 2017, 57; 남궁근, 2021a: 12-13). [그림 2-5]에 나타난 바와 같이 정책기획위원회와 정책실은 국정과제 관련 위원회인 대통령직속 일자리위원회, 4차산업혁명위원회, 저출산·고령사회위원회, 그리고 지방분권·균형발전위원회를 총괄하며, 위원회 산하에 자문위원회들간의 협의·조정을 맡는 국정과제협의회와 업무 지원을 위한 사무처를 두고 정책실이 이를 운영하도록 하였다.

그림 2-5 문재인 정부의 국정과제 관리체계

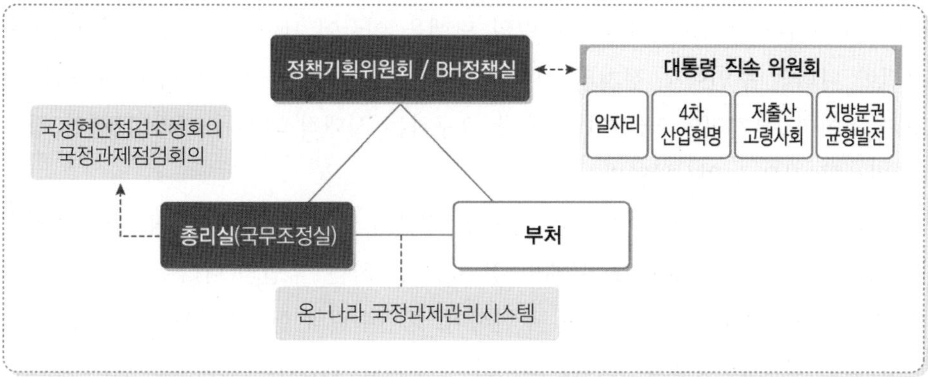

출처: 국무조정실·법제처, 2017, 2; 방민석, 2017, 57, [그림 2]에서 재인용.

국무조정실은 국정과제 이행상황을 종합적으로 점검·조정하고 그에 대한 평가를 주관하는 한편 온나라 국정과제관리시스템의 구축 및 운영업무를 담당한다. 국정과제 추진과정에서 나타나는 문제점과 장애요인에 대해서는 국정현안점검조정회의(국무총리 주재)와 국정과제점검회의(국무조정실장 주재)를 통해서 개선해 나아가도록 하였다.

(2) 국무총리실의 특정과제평가에 의한 관리와 점검

문재인 정부 출범 이후 100대 국정과제 점검과 평가는 박근혜 정부에서 도입한 국무총리의 중앙행정기관에 대한 특정평가를 활용하고 있다. 국무조정실과 정부업무평가위원회는 국정과제 이행상황을 종합적으로 점검·조정하고 그에 대한 평가를 주관한다. 문재인 정부에서는 특정평가에서 국정과제(일자리 포함) 평가의 비중이 65%를 차지하여 피평가기관인 각 부처의 입장에서는 국정과제에 더 큰 관심을 가지게 되었다(남궁근, 2019: 48). 국정과제 평가는 정책평가의 형태로 진행되고 있지만, 그 결과는 부처별로 합산되어 매년 부처평가 형태로 등급이 발표되고 있다. 이에 관한 구체적인 논의는 별도의 장(국정과제의 점검과 평가)에서 다루기로 하겠다.

4. 요 약

문재인 대통령은 대한민국 헌정사상 최초로 전임 대통령이 탄핵으로 물러난 이후 2017년 5월 9일 선거에서 대통령에 당선되었다. 문재인 대통령은 전임 박근혜 정부의 국정공백을 메우기 위해 당선 다음 날 임기를 시작하였다. 이에 따라 대통령직인수위원회의 기능과 역할을 대신 수행할 국정기획자문위원회를 설치·운영하였다. 국정기획자문위는 전임 대통령의 탄핵을 이끌어 낸 2016년 촛불시민혁명을 국민이 나라의 주인이자 정치의 실질적 주체로 등장하는 '국민의 시대' 도래를 예고한 것이며, 본격적인 '국민의 시대'를 요구하는 시대적 과제에 따라 문재인 정부가 탄생한 것으로 인식하였다.

이러한 시대상황 인식을 토대로, 문재인 정부의 국가비전을 '국민의 나라 정의로운 대한민국'으로 설정하였다. 문재인 정부가 지향하는 '국민의 나라'는 국민이 나라의 주인임을 확인했던 촛불정신을 구현하며, 국민주권의 헌법정신을 국정운영 기반으로 삼는 새로운 정부의 실현을 의미하는 것으로 보았다. 한편 '정의로운 대한민국'은 특권과 반칙을 일소하고, 원칙과 상식이 존중되며, 누구에게나 공정한 기회가 보장되고. 차별과 격차를 해소하는 새로운 대한민국의 실현을 의미한다는 것이다.

5대 국정목표는 '국민이 주인인 정부', '더불어 잘사는 경제', '내 삶을 책임지는 국가', '고르게 발전하는 지역', '평화와 번영의 한반도'로 설정하였다. 국민이 주인인 정부는 제도와 일상에서 국민주권을 실현하기 위한 새로운 정부시스템을 추구한다. 더불어 잘사는 경제는 경제의 중심을 국가와 기업에서 국민 개인과 가계로 바꾸고, 성장의 과실이 국민에게 골고루 돌아가는 경제를 지향한다. 내 삶을 책임지는 국가는 시장 만능의 확신이 불평등과 격차 확대, 공공성 약화 현상을 초래한 것으로 보고, 사회·경제적 불평등을 해소하고, 국민의 품위있는 삶을 유지하며, 사회구성원의 유대를 강화하기 위해 적극적 행위자로서 국가의 역할이 필요하다는 인식에서 설정되었다. 고르게 발전하는 지역은 전국 모든 지역이 고르게 발전하기 위해 우선적으로 추진되어야 할 과제가 자치분권과 균형발전이라고 보았다. 평화와 번영의 한반도는 우리 사회가 놓인 대외적 상황을 고려할 때 국제관계에서 추구하여야 할 가장 중요한 가치라고 생각하였다. 이러한 5가지 목표의 달성을 뒷받침하기 위해 20대 전략과 100대 국정과제가 선정되었다. 한편 국정기획자문위는 100대 국정과제와는 별도로 4대 복합・혁신과제를 선정하여 추진하기로 하였다.

문재인 정부에서는 정부출범 이후 청와대 정책실장, 국무총리실 국무조정실장 등 정부관계자가 참여한 국정기획자문위가 국정과제와 4대 복합・혁신과제를 확정하였으므로 별도의 절차를 거치지 않고 정부안으로 확정되어 추진하게 되었다.

정부출범 후 상황변화를 반영하기 위하여 실천과제를 조정하였다. 출범 초 487개에서 상황변화를 반영하여 2021년 현재 524개 과제로 늘어난 것이다. 즉, 코로나19 대응과 같은 국내외 환경변화를 반영하여 실천과제 37개를 추가하였다.

문재인 정부의 국정과제 관리체계를 보면 대통령 직속으로 정책기획위원회가 설치되어 청와대 정책실과 함께 100대 국정과제의 추진을 총괄하도록 했다. 문재인 정부 출범 이후 100대 국정과제의 점검과 평가는 박근혜 정부에서 도입한 국무총리실의 중앙행정기관에 대한 특정평가를 활용하고 있다. 국무조정실과 정부업무평가위원회는 국정과제 이행상황을 종합적으로 점검・조정하고 그에 대한 평가를 주관한다.

Ⅸ. 정부별 국정기조와 국정과제 설정의 비교분석

본 장에서는 김영삼, 김대중, 노무현, 이명박, 박근혜, 문재인 정부를 대상으로 역대정부의 국정운영에서 국정기조와 국정과제설정과정, 시대상황 인식과 국정기조, 국정과제 체계와 국정과제 관리 및 점검의 네 가지 측면에서 살펴보았다. 여기에서는 네 가지 측면의 변화과정을 간략하게 비교분석하기로 한다.

1. 역대정부의 국정기조와 국정과제 설정과정 비교

<표 2-12>에 김영삼 정부, 김대중 정부, 노무현 정부, 이명박 정부, 박근혜 정부, 그리고 문재인 정부의 국정기조와 국정과제 설정과정이 간략하게 요약되었다.

제14대 김영삼 대통령은 1987년 민주화 이후 직선제로 선출된 최초의 민간출신

표 2-12 역대정부의 국정기조와 국정과제 설정과정 비교

정부	국정기조와 국정과제 설정과정
김영삼 정부	· 1987 민주화 이후 직선제로 선출된 최초 민간 출신 대통령 · 역대 최초 대통령직 인수방침에 따라 인수활동 전개 · 대통령 취임사에서 '변화와 창조를 통한 신한국 창조'를 국정비전으로 설정 · 취임 후 93년 3월 11일 국무회의에서 4대 국정지표 제시 · 취임 3년차 세계화를 국정지표로 추가하고 관련과제 추가지정
김대중 정부	· 헌정사상 최초 수평적 정권교체, IMF 외환위기 비상상황 · 인수위는 긴급현안과제 해결 분야와 국정과제 선정 분야로 구분 활동 · 인수위 국민의 정부 품질 혁신을 위한 100대 국정과제 마련 · 1998년 6월 23일 국무회의 100대 국정과제 보완 · 확정 · 1998년 하반기 제2건국위, 7대 분야 21개 우선순위가 높은 과제 확정
노무현 정부	· 21세기 최초의 대통령, 3김 원로정치시대 마감 · 대통령직인수위는 국정방향 및 국정과제 정립에 초점을 두고 활동 · 인수위가 3대 국정목표, 4대 국정원리, 12대 대통령과제 확정 · 인수위 선정 181개 핵심공약과제를 2003년 7월 정부 177개로 재조정 · 12대 대통령과제는 대통령 국정과제위원회 신설하여 추진
이명박 정부	· 경제대통령 이미지로 여야간 정권교체를 이룸 · 인수위가 5대 국정지표, 21대 전략목표, 193개 국정과제 선정 · 정부출범 후 쇠고기 수입반대, 한반도 대운하 반대 등 변화와 도전 · 2008년 10월 국무회의, 20대 국정전략과 100대 국정과제 조정 · 확정 · 국가발전 비전으로 녹색성장, 과제로 경제민주화, 식품안전 등 추가
박근혜 정부	· 한국 최초의 여성대통령, 부녀대통령으로 당선 · 인수위 국정비전, 5대 국정목표, 21대 추진전략, 140대 국정과제 마련 · 정부출범 후 5월 4대 국정기조, 14대 추진전략, 140대 과제로 재조정 · 국정기조에 국민행복, 문화융성 등 추상적인 용어 사용 · 문화융성에 3개 과제 추가, 경제분야 3개 통폐합하여 조정
문재인 정부	· 헌정사상 최초 전임 대통령 탄핵으로 당선 다음날 임기 개시 · 국정기획자문위원회가 인수위 역할과 기능 대행 · 국정기획자문위 100대 국정과제 선정 · 100대 국정과제와는 별도의 4대 복합 · 혁신과제 선정 · 당 · 정 · 청 고위인사 참여한 국정기획위의 결정을 정부안으로 확정

대통령이라는 상징성을 가진다. 김영삼 대통령 당선인의 인수위원회는 헌정사상 처음으로 '대통령직 인수'라는 표현에 합당한 대통령직 인수방침을 정하여 인수활동을 시작하였다. 김영삼 대통령 당선인과 인수위원회는 '문민정부'와 '신한국창조'라는 국정정반의 정책기조를 제시함으로써, 과거 정부와 차별화되는 민주화와 문민화를 지향하였다. 그러나 역대 인수위가 중시한 국정이념 또는 국정지표에 관한 심도깊은 논의는 부족하였다. 김영삼 정부의 국정운영을 위한 비전과 목표는 대통령 취임사에서 윤곽이 드러났다. 취임 이후 1993년 3월 11일 국무회의 심의를 거

쳐 신한국창조를 위한 4대 국정지표가 발표되었다. 취임 3년차인 1995년에 세계화가 국정지표에 추가되었고, 이에 따른 국정과제도 추가되었다.

제15대 김대중 정부는 헌정사상 최초로 야당에서 여당으로 수평적 정권교체를 이루었고, IMF 외환위기라는 비상시국에 대처해야 하는 상황에서 출범하였다. 제15대 인수위원회의 중점활동은 두 가지 분야, 즉 긴급현안 과제 해결 분야와 '100대 국정과제' 선정분야로 구분하여 이루어졌다. 인수위는 정부 부처와 국책연구기관의 의견 및 공동정부를 구성한 새정치국민회의와 자유민주연합의 공약집 등을 토대로 '국민의 정부 품질혁신을 위한 100대 국정과제'를 마련하였고, 취임 후 1998년 6월 23일 국무회의에서 보완·확정하였다. 대통령 취임 후인 1998년 8·15 경축사에서 김대중 대통령은 제2의 건국을 선언하였다. 제2건국위원회는 인수위가 작성한 100대 국정과제에서 우선순위가 높은 과제로 7대 분야에서 21개 과제를 선택하였다. 제2건국위원회가 우선순위설정의 형태로 국정기조와 정책과제체계를 재조정하였다.

제16대 노무현 대통령은 국민의 자발적이고 능동적인 참여의 힘으로 당선되어 소위 '3김 시대의 원로정치'를 마감하고 21세기 최초의 대통령이 되었다. 대통령직 인수위원회는 국정방향 및 국정과제 정립에 초점을 두고 활동하였고, 인수위원회 활동의 특징을 '정책중심의 인수위원회', '국민참여의 인수위원회', '국정토론회를 통한 국정과제 선정', '정부정책에 대한 진단과 평가'라고 스스로 평가하였다. 대통령 당선인은 인수활동을 지휘하여 국정 전반의 정책기조를 정립하고, 정부 각부처 업무보고 청취, 이를 토대로 대통령당선인이 취임 전에 마무리짓거나 취임 직후 처리해야 할 긴급현안과제를 확정하는데 적극 참여하였다. 노무현 대통령 당선인과 인수위원회는 일상적 국정운영은 국무총리를 중심으로 한 내각에 일임한다는 구상 아래 대통령이 직접 챙겨나갈 '대통령과제'로서 12대 국정과제를 확정하였다.

제17대 이명박 대통령은 한국이 중진국 대열에 진입한 이후 경제성장이 정체된 상황에서 '경제를 살리는 경제대통령'의 이미지를 통해 여야간 정권교체를 이루고 당선되었다. 이명박 당선인 인수위원회는 새 정부의 국정철학과 비전을 구체화하기 위해 부처별 업무보고에서 나타난 주요 정책현안과 당선인 공약 등을 종합 검토·수렴해 2008년 2월 5일에 5대 국정지표, 21대 전략목표, 193개 국정과제를 최종적으로 확정하여 새 정부에 인계하였다. 이명박 정부 출범 직후 정책환경에 적지 않은 변화와 도전이 발생하였다. 이명박 정부는 2008년 10월 7일 국무회의에서 국내외의 급격한 변화와 도전에 대응하여 국가발전 비전으로 '저탄소 녹색성장'을 추가하는 등 인수위원회가 마련한 국정과제 193개를 새 정부가 출범한 이후 정책여건에 맞도록 능동적으로 보완·수정한 20대 국정전략과 100대 국정과제를 확정하였다.

제18대 박근혜 대통령은 한국 최초의 여성 대통령, 최초의 부녀 대통령으로 당선되었다. 인수위원회는 전체회의, 간사회의, 전문가 초청 간담회 등 다양한 논의과정을 거치는 한편 당선인이 직접 주재하는 국정과제 토론회를 통해 국정현안을 점검하고, 새 정부의 정책추진 방향에 대해 심도있는 논의를 진행한 결과를 반영하여, 국정비전, 5대 국정목표, 21대 추진전략과 140대 국정과제에 대한 추진계획을 마련하였다. 정부 출범 이후 대통령비서실과 국무조정실을 중심으로 전 부처가 협업하여 4대 국정기조, 14대 전략, 140개 국정과제를 마련하고 2008년 5월 28일 국무회의에서 확정하였다. 국정기조를 5개에서 4개로, 추진전략을 21개에서 14개로 축소하였고, 전체 과제 건수는 140개로 동일하지만 문화분야 과제를 3개 추가한 반면, 경제분야에서는 관련성이 높은 과제를 하나로 묶는 방식으로 3개 과제를 줄였다.

문재인 대통령은 대한민국 헌정사상 최초로 전임 대통령이 탄핵으로 물러난 이후 2017년 5월 9일 선거에서 대통령에 당선되었다. 대통령직인수위원회의 기능과 역할을 대신 수행한 국정기획자문위원회는 대선과정에서 국민에게 약속한 공약을 기초로 국민제안 내용과 정책현안 등을 종합적으로 고려하여 100대 국정과제를 선정하였다. 국정기획자문위는 100대 국정과제와는 별도로, 불평등 완화와 소득주도 성장을 위한 일자리 경제, 4차 산업을 선도하는 혁신 창업국가, 교육·노동·복지 체계 혁신으로 인구절벽 해소, 국가의 고른 발전을 위한 자치분권과 균형발전 등 4대 복합·혁신과제를 선정하고 국정과제위원회에서 종합적으로 관리하도록 하였다. 정부출범 이후 청와대 정책실장, 국무조정실장 등 정부관계자가 참여한 국정기획자문위가 결정한 국정과제와 4대 복합·혁신과제를 별도 절차없이 정부안으로 확정하였다.

2. 시대상황 인식과 국정기조

1) 시대상황 인식

<표 2-13>에 역대정부의 출범 초 시대상황 인식이 간략하게 요약되었다.

표 2-13 역대정부의 시대상황 인식

정부	시대상황 인식
김영삼 정부	· 권위주의 체제가 남긴 부정적 유산의 본격적인 청산 · 새로운 민주화 시대를 열기 위한 '변화와 개혁'의 추진 필요
김대중 정부	· 국민이 주인 대접을 받고 주인 역할을 하는 참여민주주의 실현 · 6.25 이후 최대 국난인 IMF 경제위기 극복
노무현 정부	· 국민의 자발적이고 능동적인 참여의 힘으로 탄생한 정부 · 균형발전과 21세기 평화와 번영의 동북아 시대 주도
이명박 정부	· 선진국 진입장벽이라는 새로운 도전에 직면 · 대한민국을 세계 일류국가로 선진화시키려는 국민적 욕구 표출
박근혜 정부	· 시대적 소명은 국민행복과 국가발전이 선순환하는 사회 · 국정운영의 기조를 국가에서 국민 개개인으로 전환
문재인 정부	· '국민의 시대'를 요구하는 시대적 과제에 따라 탄생한 정부 · 국가 · 사회체계를 정의롭게 재정립하고 일자리 · 성장동력 창출

1993년 출범한 김영삼 대통령의 문민정부는 권위주의 체제가 남긴 부정적 유산의 본격적인 청산과 새로운 민주화 시대를 열기 위한 '변화와 개혁'의 추진이 필요하다고 보았다. 김영삼 대통령은 20세기 말 한국사회가 직면하고 있는 모든 부정적 유산을 '한국병'으로 규정하고, 변화와 개혁을 통하여 한국병이란 적폐에서 벗어야 한다고 본 것이다.

1998년 출범한 김대중 대통령의 국민의 정부는 처음으로 민주적 정권교체가 실현된 정부로서 국민이 주인 대접을 받고 주인 역할을 하는 참여민주주의를 실현해야 한다고 보았다. 6.25 이후 최대 국난인 IMF 외환위기를 탈출하기 위하여 민주주의와 시장경제를 병행하여 실천함으로써 극복할 수 있다고 보았다.

2003년 출범한 노무현 정부는 스스로 국민의 자발적이고 능동적인 참여의 힘으로 탄생한 정부라고 인식하였다. 집중 · 집권사회를 분산 · 분권사회로 만들고, 각종 차별의 시정이 21세기 대한민국의 새로운 도약을 위한 필수조건이며, 우리가 21세기 평화와 번영의 동북아시대를 주도하여야 한다고 보았다.

2008년 출범한 이명박 정부는 선진국 진입장벽이라는 새로운 도전에 직면한 상황에서 대한민국을 세계 일류국가로 선진화시키려는 국민적 욕구가 표출된 것으로 인식하였다. 경제 살리기가 무엇보다 시급하며, 신성장 동력을 확보하여 더 활기차게 성장하고 더 많은 일자리가 만들어져야 한다고 보았다.

2013년 출범한 박근혜 정부는 시대적 소명을 지금까지의 국가중심 발전모델에서 벗어나, 국민행복과 국가발전이 선순환하고, 사회공동체 구성원이 화합하여 안정된 삶을 영위하는 사회를 만들어 나가는 것이라고 보았다. 행복한 국민, 신뢰받는 모범국가를 만들어나가기 위해서는 국정운영의 기조를 국가에서 국민 개개인으로 전환해야 한다고 보았다.

2017년 출범한 문재인 정부는 '국민의 시대'를 요구하는 시대적 과제에 따라 탄생한 정부라고 인식하였다. 대내적으로는 무너진 국가 · 사회체계를 정의롭게 재정립하고 일자리와 미래 성장 동력을 창출하며, 불평등과 차별해소, 분권과 균형발전을 이뤄내야 하는 임무를 부여받은 것으로 인식하였다.

2) 국정비전과 국정목표 및 국정전략

<표 2-14>에 역대정부의 국정비전, 국정목표 및 국정전략이 간략하게 요약되었다. 김영삼 정부의 국정비전은 인수위가 설정한 문민정부와 신한국창조이다. 정부출범 초에 제시한 4대 국정지표는 깨끗한 정부, 튼튼한 경제, 건강한 사회, 통일된 조국이다. 1995년 세계화 선언에서 세계화가 국정지표에 포함되고 5대 국정지표가 되었다. 국정전략으로는 출범초에 10대 과제로 제시한 1) 깨끗한 정치 · 강력한 정부, 2) 과학기술도약 · 경제활성화, 3) 선진농업 · 농어촌 건설, 4) 중소기업 진흥, 5) 더불어 잘사는 건강한 사회, 6) 입시개혁과 인간중심교육, 7) 근로자우대 사회조성, 8) 여성존중 평등사회 구현, 9) 국민문화예술 창달, 10) 통일실현 · 세계 속의 신한

표 2-14 역대정부의 국정기조

국정비전	국정목표	국정전략
김영삼 정부	4대 국정지표	10대 과제
문민정부 신한국창조	· 깨끗한 정부 · 튼튼한 경제 · 건강한 사회 · 통일된 조국 · 세계화 추가('95년)	1. 깨끗한 정치 · 강력한 정부 2. 과학기술도약 · 경제활성화 3. 선진농업 · 농어촌 건설 4. 중소기업 진흥 5. 더불어 잘사는 건강한 사회 6. 입시개혁과 인간중심교육 7. 근로자우대 사회조성 8. 여성존중 평등사회 구현 9. 국민문화예술 창달 10. 통일실현 · 세계 속의 신한국
김대중 정부	국정이념	10대 전략
국민의 정부	· 국민이 함께하는 정치 · 민주주의 · 경제발전 병행 · 21세기 정보화사회 준비 · 생산적 복지 추가('98년 하반기 제2건국위)	1. 신속한 구조조정 2. 재도약 기반구축 3. 산업활력 회복 4. 고객중심 기업형 행정으로 전환 5. 국민을 지켜주는 정부 6. 더불어 사는 사회 7. 건강하고 안전한 생활보장 8. 쾌적한 환경에 여유있는 문화창조 9. 21세기형 인프라 구축 10. 통일기반 조성

노무현 정부	3대 국정목표	12대 과제	
참여정부	· 국민과 함께하는 민주주의 · 더불어 사는 균형발전 사회 · 평화와 번영의 동북아 시대	1. 한반도 평화체제 구축 2. 부패없는 사회 · 봉사하는 행정 3. 지방분권과 국가균형발전 4. 참여와 통합의 정치개혁 5. 자유롭고 공정한 시장질서 확립 6. 동북아경제중심국가 건설	7. 과학기술중심사회 구축 8. 미래를 열어가는 농어촌 9. 참여복지와 삶의 질 향상 10. 국민통합과 양성평등 구현 11. 교육개혁과 지식문화강국 실현 12. 사회통합적 노사관계 구축
이명박 정부	5대 국정지표	20대 국정전략	
선진 일류국가의 건설	· 섬기는 정부 · 활기찬 시장경제 · 능동적 복지 · 인재대국 · 성숙한 세계국가	1. 알뜰하고 유능한 정부 2. 지방분권 확대 · 지역경제 회생 3. 법과 원칙을 지키는 신뢰사회 구축 4. 안심하는 안전한 나라 5. 투자환경 획기적 개선 6. 규제 대폭 축소 7. 녹색성장 · 일자리 창출 8. 신성장동력과 서비스 산업 육성 9. 모든 국민의 평생복지기반 마련	10. 맞춤형 복지실현 11. 서민생활과 주거안정 12. 국민의 일을 통한 보람 체감 노력 13. 학교교육의 자율성과 다양성 확보 14. 전략복지 확대 15. 세계 수준의 인재 육성 16. 미래를 이끌 과학기술발전 17. 한반도 평화구조 정착 18. 국익우선 실용외교 19. 선진 안보체계 구축 20. 품격있고 존중받는 국가
박근혜 정부	4대 국정기조	14대 국정전략	
희망의 새시대	· 경제부흥 · 국민행복 · 문화융성 · 평화통일 기반구축	1. 창조경제 2. 경제민주화 3. 민생경제 4. 맞춤형 고용 · 복지 5. 창의교육 6. 국민안전 7. 사회통합	8. 문화참여 확대 9. 문화 · 예술 진흥 10. 문화와 산업의 융화 11. 튼튼한 안보 12. 한반도 신뢰프로세스 13. 신뢰외교 14. 신뢰받는 정부
문재인 정부	5대 국정목표	20대 국정전략	
국민의 나라 정의로운 대한민국	· 국민이 주인인 정부 · 더불어 잘사는 경제 · 내 삶을 책임지는 국가 · 고르게 발전하는 지역 · 평화와 번영의 한반도	1. 국민주권의 촛불 민주주의 실현 2. 소통으로 통합하는 광화문 대통령 3. 투명하고 유능한 정부 4. 권력기관의 민주적 개혁 5. 소득 주도 성장을 위한 일자리경제 6. 활력이 넘치는 공정경제 7. 서민과 중산층을 위한 민생경제 8. 과학기술 발전이 선도하는 4차 산업혁명 9. 중소벤처가 주도하는 창업과 혁신성장 10. 모두가 누리는 포용적 복지국가	11. 국가가 책임지는 보육과 교육 12. 국민 안전과 생명을 지키는 안심사회 13. 노동존중 · 성평등을 포함한 차별 없는 공정사회 14. 자유와 창의가 넘치는 문화국가 15. 풀뿌리 민주주의를 실현하는 자치분권 16. 골고루 잘사는 균형발전 17. 사람이 돌아오는 농산어촌 18. 강한 안보와 책임국방 19. 남북 간 화해협력과 한반도 비핵화 20. 국제협력을 주도하는 당당한 외교

국 등이다.

김대중 정부는 국정비전을 별도로 설정하지는 않았지만, 정부 명칭으로 정한 '국민의 정부'를 비전으로 볼 수 있다. 국정목표는 인수위에서 국정이념으로 제시한 국민이 함께하는 정치, 민주주의와 경제발전 병행, 21세기 정보화사회 준비이다. 정부출범 이후 확정한 100대 과제에서 10대 전략으로는 경제부문에서 신속한 구조조정, 재도약 기반구축, 그리고 산업활력 회복; 정부부문에서 고객중심 기업형 행정으로 전환, 국민을 지켜주는 정부; 사회부문에서 더불어 사는 사회와 건강하고 안전한 생활보장, 쾌적한 환경에 여유있는 문화창조; 미래부문에서 21세기형 인프라 구축과 통일기반 조성이다. 한편 1998년 하반기 제2건국위에서 제2건국 이념으로 추가한 생산적 복지를 국정목표에 추가할 수 있다.[22]

노무현 정부도 국정비전을 별도로 제시하지 않았지만, 정부 명칭인 '참여정부'를 국정비전으로 볼 수 있다. 인수위에서 설정한 3대 국정목표는 국민과 함께하는 민주주의, 더불어 사는 균형발전 사회, 평화와 번영의 동북아 시대이다. 한편 인수위에서 설정한 12대 과제를 국정전략으로 볼 수 있다. 12대 과제는 1) 한반도 평화체제 구축, 2) 부패없는 사회 · 봉사하는 행정, 3) 지방분권과 국가균형발전, 4) 참여와 통합의 정치개혁, 5) 자유롭고 공정한 시장질서 확립, 6) 동북아경제중심국가 건설, 7) 과학기술중심사회 구축, 8) 미래를 열어가는 농어촌, 9) 참여복지와 삶의 질 향상, 10) 국민통합과 양성평등 구현, 11) 교육개혁과 지식문화강국 실현, 12) 사회통합적 노사관계 구축 등이다.

이명박 정부는 인수위에서 국정비전을 '선진 일류국가의 건설'로 설정하고, 5대 국정지표로 섬기는 정부, 활기찬 시장경제, 능동적 복지, 인재대국, 성숙한 세계국가로 설정하였다. 인수위에서 선정한 21대 국정전략을 정부 출범 이후 여건변화를 반영하여 20대 국정전략으로 수정하였다. 20대 전략은 1) 알뜰하고 유능한 정부, 2) 지방분권 확대 · 지역경제 회생, 3) 법과 원칙을 지키는 신뢰사회 구축, 4) 안심하는 안전한 나라, 5) 투자환경 획기적 개선, 6) 규제 대폭 축소, 7) 녹색성장 · 일자리 창출, 8) 신성장동력과 서비스 산업 육성, 9) 모든 국민의 평생복지기반 마련, 10) 맞춤형 복지실현, 11) 서민생활과 주거안정, 12) 국민의 일을 통한 보람 체감

22 제2건국위 7대 국정과제로 제시된 1) 참여민주주의 실현, 2) 자율적 시장경제 완성, 3) 사회정의 실현, 4) 보편적 세계주의 구현, 5) 창조적 지식기반 국가건설, 6) 신노사문화 창출, 7) 남북간 화해와 교류협력시대 개막을 국정전략으로 추가한 것으로 볼 수 있다.

노력, 13) 학교교육의 자율성과 다양성 확보, 14) 전략복지 확대, 15) 세계 수준의 인재 육성, 16) 미래를 이끌 과학기술발전, 17) 한반도 평화구조 정착, 18) 국익우선 실용외교, 19) 선진 안보체계 구축, 20) 품격있고 존중받는 국가 등이다.

박근혜 정부는 인수위가 설정한 국정비전을 '희망의 새시대'(국민행복과 국가발전이 선순환하는 새로운 패러다임의 시대)로 조정하였고, 5대 국정기조를 '경제부흥', '국민행복', '문화융성', '평화통일 기반구축' 등 4대 국정기조로 변경하였다. 이들을 뒷받침하는 국정전략은 인수위의 21개에서 14개로 재조정하였다. 14대 추진전략은 창조경제, 경제민주화, 민생경제, 맞춤형 고용·복지, 창의교육, 국민안전, 사회통합, 문화참여 확대, 문화·예술 진흥, 튼튼한 안보, 한반도 신뢰프로세스, 신뢰외교, 신뢰받는 정부이다.

문재인 정부는 국정기획자문위에서 국가비전을 '국민의 나라 정의로운 대한민국'으로 설정하였다. 5대 국정목표는 '국민이 주인인 정부', '더불어 잘사는 경제', '내 삶을 책임지는 국가', '고르게 발전하는 지역', '평화와 번영의 한반도'로 설정하였다. 20대 국정전략은 1) 국민주권의 촛불 민주주의 실현, 2) 소통으로 통합하는 광화문 대통령, 3) 투명하고 유능한 정부, 4) 권력기관의 민주적 개혁, 5) 소득 주도 성장을 위한 일자리경제, 6) 활력이 넘치는 공정경제, 7) 서민과 중산층을 위한 민생경제, 8) 과학기술 발전이 선도하는 4차 산업혁명, 9) 중소벤처가 주도하는 창업과 혁신성장, 10) 모두가 누리는 포용적 복지국가, 11) 국가가 책임지는 보육과 교육, 12) 국민 안전과 생명을 지키는 안심사회, 13) 노동존중·성평등을 포함한 차별 없는 공정사회, 14) 자유와 창의가 넘치는 문화국가 15) 풀뿌리 민주주의를 실현하는 자치분권, 16) 골고루 잘사는 균형발전, 17) 사람이 돌아오는 농산어촌 18) 강한 안보와 책임국방, 19) 남북 간 화해협력과 한반도 비핵화, 20) 국제협력을 주도하는 당당한 외교 등이다.

3. 국정과제와 관리·점검체계 비교

<표 2-15>에 역대정부의 국정과제와 관리·점검체계를 간략하게 요약하였다.

김영삼 정부가 출범 초에 선정한 77대 세부실천계획은 과제별로 추상성의 정도가 상당히 높은 편이며 후속되는 정부의 국정과제 체계와 비교하면 국정과제 수준에 해당되는 것으로 볼 수 있다. 한편 1995년에 5대 국정지표의 하나로 추가된 '세계화'를 본격적으로 추진하기 위하여 김영삼 정부는 행정, 외교·통일, 경제, 사회, 교

표 2-15 역대정부의 국정과제와 관리 · 점검체계 비교

정부	국정과제와 실천과제	관리·점검체계
김영삼 정부	· 정부출범시 10대 과제 77대 세부실천계획 · 세계화 과제(1995년) 6개 분야에서 53건 세계화 과제 추진	· 10대 과제 77대 세부실천계획 관리 · 점검 주체 분명하지 않음 · 세계화 과제(1995년) 세계화위원회에서 연차별로 관리
김대중 정부	· 인수위 100대 국정과제 발표 · 정부출범 후 100대 과제 확정 4대 부문(경제, 정부, 사회, 미래) 100대 국정과제, 910개 세부실천과제	· 정책평가위 주관 매년 국무조정실과 관계 부처 합동 점검 · 2000년 점검결과 91.6% 정상추진, 8.6% 부진
노무현 정부	· 인수위 181개 핵심공약과제 선정 정부출범 후 177개로 재조정 · 12개 국정과제위원회 100대 로드맵과제 수립	· 177개 핵심공약과제는 대통령비서실과 국무조정실이 관리 · 100대 로드맵과제는 국정과제위원회 중심으로 추진 상황 점검
이명박 정부	· 인수위 193개 국정과제 선정 · 정부출범 후(2008.10.7) 100대 과제 950개 세부실천과제 확정 · 2012년말 세부실천과제 830개	· 각 부처가 매월 소관과제 점검 · 국무조정실 점검 · 국정과제 점검 협의회(국정기획수석 주재) 상정
박근혜 정부	· 인수위 140개 국정과제 선정 · 정부 출범 이후 과제 내용조정 140개 국정과제 619개 세부과제 문화융성 분야 3개 과제 추가	· 국정과제 평가를 정부업무평가제도의 특정 평가에서 맡도록 조치 · 2013년 과제별 등급부여 · 2014년 이후 부처별 기관등급부여
문재인 정부	· 국정기획자문위 100대 과제 확정 2017년 487개 세부실천과제 2021년 환경변화 반영 37개 추가 · 3단계 이행계획 수립	· 국정과제 총괄관리 정책기획위원회와 청와대 정책실 · 국무조정실 이행상황 종합점검 · 국조실 · 정부업무평가위 부처평가

육 · 문화, 정치의 6개 분야에서 53건의 세계화 과제를 선정하여 추진하였다. 김영삼 정부의 국정과제와 실천과제에 관한 점검의 주체가 분명하지 않지만 대통령비서실 정책기획수석이 국정과제의 정책조정에서 핵심적 역할을 담당했을 것으로 추정된다. 세계화 과제에 관하여는 세계화추진위원회에서 연차별로 과제 집행을 관리하였다.

김대중 정부 인수위원회에서는 '국민의 정부 품질혁신을 위한 100대 국정과제'를 발표하였다. 새 정부 출범 후 국무회의(1998년 6월 23일)에서 '국민의 정부 국정과제'를 확정하였다. 국정과제는 4대 부문(경제부문, 정부부문, 사회부문, 미래부문) 10대 전략, 100대 국정과제, 910개 세부실천과제가 포함되었다. 제2건국위에서는 6월 국무회의에서 확정한 100대 과제 가운데 7대 분야의 21개 국정과제를 우선순위가 높은 기획과제로 선정하였다. 매년 정책평가위원회가 주관하여 국무조정실 및 관계부처 합동으로 중앙부처 및 지방자치단체 등에 대한 점검을 실시하였다.

2000년도 국정과제 실천과제의 추진실태를 점검한 결과, 91.4%의 과제가 차질없이 추진되고 있으며, 8.6%는 추진상황이 다소 부진한 것으로 파악되었다.

노무현 정부의 국정과제는 핵심공약과제로 선정되어 각 정부부처가 추진하여야 할 정부과제와 대통령소속 국정과제위원회에서 작성한 로드맵에 따라 추진하는 로드맵과제로 이원화되었다. 인수위원회에서 선정한 181개 핵심공약과제는 2003년 7월 청와대 주관회의를 통해 177개로 재조정하였다. 핵심공약과제는 대통령비서실과 국무조정실에서 관리하도록 하였는데, 2008년 참여정부의 임기 말 점검결과 91%의 과제가 대부분 차질없이 진행된 것으로 자평하였다. 참여정부의 12개 국정과제위원회가 수립한 100대 로드맵과제는 해당 국정과제위원회를 중심으로 추진상황을 점검하도록 하였는데 2007년 상반기 추진상황 점검에 따르면 96개가 정상 추진되고 있었다.

이명박 정부의 인수위원회에서 193개 국정과제를 선정하였다. 정부출범 이후 대내외 여건변화를 반영하여 2008년 10월 7일 확정·발표된 '이명박 정부 100대 국정과제'는 950여개의 세부실천과제를 담고 있었다. 세부실천과제는 상황변화에 따라 추가되거나 통폐합되어 2012년말 총 세부실천과제 수는 830개가 되었다. 이명박 정부는 국무총리실이 추진상황을 점검하고, 대통령실 국정기획수석이 주재하는 '국정과제점검협의회'에 상정하도록 하였다. 국정과제 점검의 주체는 대통령실의 국정기획수석이며 국무총리실이 실무적으로 뒷받침했다고 볼 수 있다.

박근혜 정부 인수위원회에서는 140개 국정과제를 선정하였다. 박근혜 정부 출범 이후 보완·확정된 전체 국정과제 수는 140개로 동일하지만 문화분야 과제를 3개 추가한 반면, 경제분야에서는 관련성이 높은 과제를 하나로 묶는 방식으로 3개 과제를 줄였다. 140대 과제는 619개 세부과제를 포함한다. 박근혜 정부는 역대정부 최초로 전체 국정과제를 정부업무평가제도 하에서 국무총리가 각 부처를 평가하는 특정평가의 핵심이 되도록 조치하였다. 박근혜 정부 첫 해인 2013년에는 140개 국정과제를 대상으로 각각 우수, 보통, 미흡의 세 등급을 부여하였다. 2014년부터 이를 종합하여, 부처별로 등급을 부여하였다. 이같이 140개 국정과제는 619개 세부과제별로 국무조정실의 특정평가에서 추진상황을 지속 점검하였다.

문재인 정부 국정기획자문위원회는 100대 국정과제와 487개 세부실천과제를 선정하였다. 정부출범 이후 상황변화를 반영하기 위하여 실천과제를 추가하여, 2021년 현재 524개 과제로 늘어났다. 문재인 정부는 국정과제의 체계적 이행과 성과창출을 위해 문재인 정부 5년을 3단계로 구분하여 이행목표·계획을 설정하고 단계별 중점 추진방안을 마련하였다. 문재인 정부는 국정과제 관리체계로 대통령 직속으로 정책기획위원회를 설치하여 청와대 정책실과 함께 100대 국정과제의 추진을 총괄하도록 했다. 국무조정실은 국정과제 이행상황을 종합적으로 점검·조정하고 그에 대한 평가를 주관한다. 문재인 정부 출범 이후 100대 국정과제 점검과 평가는 박근혜 정부에서 도입한 국무총리의 중앙행정기관에 대한 특정평가를 활용하고 있다.

X. 차기정부 국정기조와 국정과제 설정 시 시사점

역대정부의 국정기조와 국정과제의 설정과정, 정부출범 당시 시대상황 인식 및 이를 반영한 국정기조의 특징, 국정과제 체계의 특징과 국정과제의 점검과 관리 주체로 구분하여 살펴보았다. 본 장에서의 역사적 고찰을 토대로 차기정부 국정기조와 국정과제 설정에서 참고할 수 있는 몇 가지 시사점을 도출할 수 있을 것이다.

1. 국정기조와 국정과제 설정과정의 시사점

김영삼 정부 출범시부터 대통령직인수위원회가 국정기조와 국정과제의 설정에서 핵심적인 역할을 담당하여 왔다. 김영삼 정부 인수위는 인수위가 제도화되지 않은 상황에서 운영되어 국정이념 및 국정전략에 관한 심도깊은 논의는 부족하였다. 김대중 정부의 인수위는 정권교체기에 대처해야 했던 외환위기라는 시대적인 상황에서 벗어나기 위한 긴급 현안처리와 새 정부 운영의 기본방향 설정을 병행하였는데, 새 정부 정책의 우선순위에 관한 구체적 준비는 미흡하였다. 노무현 정부 인수위는 상대적으로 안정적인 상황에서 활동을 전개하였고, 인수위 활동도 국정방향 및 국정과제 정립에 초점을 두고 12대 대통령과제를 확정하였다. 이명박 정부 인수위는 당선인이 실질적인 의사결정에 관여하면서 정부출범 이전에 5대 국정지표, 21대 전략목표와 193개 국정과제를 확정하였다. 박근혜 정부의 인수위원회도 새 정부의 국정기조를 마련하는 인수위의 기본기능을 충실하게 수행하고자 노력하였고, 국정비전, 5대 국정목표, 21대 추진전략, 140대 국정과제에 대한 추진계획을 마련하였다. 한편 문재인 정부는 정부가 공식 출범한 이후 국정기획자문위원회에서 국정기조와 국정과제를 확정하였다.

인수위원회에서 설정한 국정기조와 국정과제(안)는 새 정부 출범 이후 국무회의 등 권위있는 기관에서 심의하여 공식 국정기조와 국정과제로 확정하는 절차를 거쳤다. 김영삼 정부에서는 정부 출범 직후 3월 초 국무회의에서 4대 국정지표, 10대 과제 및 77대 세부실천계획이 발표되었고, 취임 3년차인 1995년에는 세계화 지표와 관련과제가 추가되었다. 김대중 정부에서는 취임 첫해 상반기인 6월 하순에 국무회의에서 100대 국정과제를 보완·확정하였으며, 1998년 하반기에 제2건국위원회에서 우선순위가 높은 7대 분야 21개 과제를 확정하였다. 노무현 정부의 국정기조에 해당하는 3대 국정목표, 4대 국정원리, 12대 대통령과제는 인수위에서 확정되었지만 국정과제는 핵심공약과제(7월 재조정)와 대통령 국정과제위원회 로드맵 100대 과제로 이원화되어 추진되었다. 이명박 정부의 인수위가 설정한 국정과제 체계는 취임 첫해 미국산 쇠고기 수입반대 파동과 한반도 대운하 반대 등 국민적 저항을 겪으면서 인수위가 마련한 과제체계를 상당히 수정한 국정과제 체계를 하반기인 10월에 국무회의에서 확정하였다. 박근혜 정부의 인수위가 설정한 국정과제 체계의 경우에도 5월 국무회의에서 국정기조와 추진전략을 전편 개편하였고, 국정과제도 부분적으로 수정하여 확정하였다. 문재인 정부의 국정과제 체계는 정부 출범 후에 확정되어 융통성있게 수정할 수 있는 절차를 거칠 수 없는 상황이 되었다.

이상에서 살펴본 바와 같이 인수위원회에서 설정한 국정과제 체계는 정부출범 후에 국무회의와 같은 공식 논의기구를 거쳐 다듬어진 후에 최종 확정되었다. 대통령 선거공약을 기초로 인수위원회에서 여러 가지 절차를 거쳐 확인·검증한 결과를 토대로 국정기조와 국정과제(안)을 마련하지만 국무회의 등 공식기구에서 확정하는 절차를 거침으로써 국정과제 체계를 수정·보완할 기회를 가질 수 있다. 그러나 정부출범 이후 최종 확정 절차가 지나치게 늦어져서는 곤란하며 취임 이후 4개월 이내에 확정하는 것이 바람직하다.

2. 시대상황 인식과 국정기조 설정의 시사점

정부출범 초에 국민의 눈높이에서 국민 대다수가 요구하는 시대정신이 무엇인지 파악하는 것이 매우 중요하다. 이러한 시대정신을 반영하여 국정비전 또는 국정목표를 설정하는데, 시대정신을 간명하게 상징할 수 있는 용어를 선택하여야 한다. 김영삼 정부, 김대중 정부, 그리고 노무현 정부는 각각 문민정부, 국민의 정부, 참여정부라는 정부명칭을 채택하였는데 이는 민주화가 확고하게 정착되지 않은 상황에서 민주화와 참여민주주의 내실화를 시대적 과제로 인식하였다는 것을 상징적으로 나타낸다. 민주화와 더불어 김영삼 정부는 '신한국 건설', 김대중 정부는 '시장경제의 병행발전', 노무현 정부는 '균형발전'이 시대적 과제라는 의미로 국정비전과 국정이념을 설정하였다. '선진 일류국가 건설'을 국가비전으로 설정한 이명박 정부는 정부명칭을 공식적으로 선정하지는 않았지만 '실용정부'라는 명칭을 쓰기도 하였다. 박근혜 정부는 국가비전으로 '희망의 새 시대, 국민행복과 국가발전의 선순환'이라는 다소 추상적인 용어를 사용하였는데, 국정기조에도 문화융성이라는 다소 생소한 용어를 사용하였다. 문재인 정부는 국정비전을 '국민의 나라, 정의로운 대한민국'으로 설정하였다. '국민'과 '정의'라는 용어는 비선 실세의 국정농단과 특혜의혹 때문에 국민의 촛불시위로 전임 대통령을 탄핵으로 이끌어 낸 직후 실시된 대통령 선거 당시 시대 상황을 반영한 것이다.

국정목표와 국정전략은 국민들에게 미래에 달성하고자 하는 지향점을 제시하여야 한다. 그러므로 국정목표를 정치부문, 경제부문, 사회부문 등과 같은 중립적인 용어를 사용하여 표현하는 것은 바람직하지 않다. 정부출범 초기에는 과거청산 또는 적폐청산과 같은 목표를 국민이 어느 정도까지는 수용하겠지만 중반기 이후에는 국민이 체감하는 삶의 질 향상이 더욱 중요하므로 국정목표와 전략 가운데 과거청산보다는 미래 지향적인 전략에 더욱 집중하여야 한다.

3. 국정과제 체계 변동의 시사점

국정과제 체계가 확정된 이후에도 김영삼 정부 3년차의 세계화 지표 및 세계화 과제 추가, 김대중 정부의 제2건국위원회를 활용한 국정과제의 우선순위 설정 등과 같이 취임 이후 나타난 국내외 환경변화를 반영하여 국정과제 체계에 변화를 가져올 수도 있다. 그러나 박근혜 정부의 사례에서 보듯이 특별한 상황변화가 없음에도 불구하고 인수위에서 설정한 국정기조와 국정전략을 전면 개편하는 것은 바람직하지 못한 것으로 보인다. 이는 대통령 선거운동 기간과 인수위의 활동과정에서 정부핵심부의 심도깊은 논의가 충분히 이루어지지 않았다는 점을 반증하는 것이다.

대통령 선거에서 승리한 후보자가 제시한 모든 공약을 유권자가 일괄하여 국정과제로 인정한 것은 아니다. 예를 들면, 한반도 대운하 건설과 같이 국정과제로 선정된 이후에도 국민의 의견이 첨예하게 대립되는 과제는 별도로 공론조사와 같은 국민의견수렴 절차를 거쳐 추진여부를 확정하는 것이 바람직하다. 문재인 정부에서 원전건설 계속 여부를 둘러싸고 국론이 극심하게 분열되자 공론조사 결과를 조건없이 받아들임으로써 문제가 깨끗하게 해결된 사례를 참고할 수 있다. 돌이켜보면 건설 중인 원전의 공사계속 여부를 포함하여 임기말까지 논란이 끊이지 않았던 탈원전정책 자체를 공론조사의 대상으로 국민의견 수렴절차를 거치는 것이 더욱 바람직했을 것으로 보인다.

4. 국정과제 관리 및 점검체계의 시사점

확정된 국정과제는 계선 집행부처에서 분담하여 추진한다. 계선 집행부처가 담당하는 국정과제와 세부실천과제의 추진상황을 핵심 부처가 주기적으로 점검하고 관리하여야 한다. 김영삼 정부에서는 대통령비서실 정책기획수석이 국정과제의 정책조정에서 핵심적 역할을 담당했을 것으로 추정되지만 국무총리실과 같은 핵심행정부에서의 국정과제와 실천과제에 관한 점검의 주체가 분명하지 않았다. 이에 따라 임기초에 설정된 국정과제가 임기말까지 체계적으로 점검되고 관리되었는지 확인할 수 없었다. 김대중 정부는 매년 정책평가위원회가 주관하여 국무조정실, 기획예산위원회(기획예산처) 및 관계부처 합동으로 중앙부처 및 지방자치단체 등에 대한 점검을 실시하였다. 노무현 정부의 핵심공약과제는 대통령비서실과 국무조정실에서 관리하였고, 12개 국정과제위원회가 수립한 100대 로드맵과제는 해당 국정과제위원회를 중심으로 추진상황을 점검하였다. 이명박 정부의 국정과제 점검의 주체는 대통령실의 국정기획수석이며 국무총리실이 실무적으로 뒷받침하였다. 이명박 정부 출범 2년차부터 국무총리실의 특정평가 부문에 핵심과제, 일자리과제, 녹색성장과제 부문에서 국정과제를 관리하도록 하였다. 한편 박근혜 정부는 역대정부 최초로 전체 국정과제를 정부업무평가제도 하에서 국무총리가 각 부처를 평가하는 특정평가의 핵심이 되도록 조치하였다. 박근혜 정부의 140개 국정과제는 619개 세부과제별로 국무조정실의 특정평가에서 추진상황을 지속적으로 점검하도록 한 것이다. 문재인 정부는 국정과제 관리체계로 대통령 직속으로 정책기획위원회가 설치되어 청와대 정책실과 함께 100대 국정과제의 추진을 총괄하도록 했다. 문재인 정부 출범 이후 100대 국정과제 점검과 평가는 박근혜 정부에서 도입한 국무총리의 중앙행정기관에 대한 특정평가를 활용하고 있다.

이러한 역사적인 발전과정에서 보듯이 부처별로 분담하게 된 국정과제를 점검하고 평가하는 체제가 필요하다. 이에 관하여는 제9장 정부업무와 국정과제의 성과관리라는 별도의 장에서 보다 상세하게 검토하기로 하겠다.

부록 1: 김대중 대통령당선인 인수위원회 100대 국정과제

분야	영역	품질혁신을 위한 100대 과제	
경제	경제안정과 재도약 토대 마련	1. 대통령주재 '무역·투자촉진 전략회의' 설치·운영 3. 금융기관의 경쟁촉진과 건전성 감독 강화 5. 중장기 위주로 외채구조 개선, 투기성 자금 대응 노력 강화 7. 재정지출의 효율성 제고 위한 재정제도 개혁	2. 경쟁촉진과 유통구조 획기적 개선으로 물가안정기반 구축 4. 기업 구조조정 촉진으로 강한 기업 유도 6. 조세의 투명성·효율성 제고 및 납세자 편의 증진 8. 민영화와 경쟁촉진으로 공기업 경영혁신 유도
	21세기 정보화사회 준비	9. 정보화 촉진으로 1인 1PC 유도 11. 다채널화시대 개막 및 디지털TV방송 시행	10. 정보통신인력 양성 및 전략적 핵심기술 개발
	과학기술 진흥과 산업체질 개선	12. 국가과학기술연구사업의 효율성 제고 14. 중소기업 및 벤처기업을 경제발전 주역으로 육성 16. 기술혁신을 통한 성장잠재력 확충	13. 기초과학 진흥과 과학기술인 우대정책 강화 15. 지식집약산업 육성과 전통산업 고부가가치화 유도 17. 기후변화협약 적극 대처 및 에너지 절약시책 강화
	공정한 경쟁틀 마련해 경제정의 실현	18. 시장구조를 경쟁형으로 개편 20. 공정한 거래질서 확립과 소비자보호	19. 전문화되고 신뢰받는 대기업상 유도
	농업생산자와 소비자가 혜택을 받는 농정개혁	21. 주곡 안정적 공급과 양곡관리제도 개선 23. 농림수산 관련 조직축소·조정으로 효율성 제고 25. 농업 생산성제고를 위한 구조개편 추진	22. 농산물 유통구조 획기적 개선 24. 농업정책금융 통합으로 자금운영 효율성 제고 26. 농어가 부담경감 등 농어업인 복지 증진 지원
	해양자원 활용으로 해양부국 실현	27. 해양관리강화와 해양자원 적극 개발 29. 해운·항만산업의 경쟁력 강화	28. 해양환경 보전과 해양안전 확보 30. 수산업의 구조조정과 어촌 체계적 개발
	노사정이 함께 협력하는 사회	31. 실업자 지원 강화와 직업훈련 내실화 33. 근로자복지 강화와 산재·고용보험 제도 정비	32. 노동시장 유연성 제고 34. 노사정이 상호신뢰하는 새로운 틀 마련
	국토의 효율적 이용과 교통정책 선진화	35. 지역균형개발과 토지공급확대 37. 수자원개발 확대로 물 부족 대비 39. 개발제한구역의 합리적 개선	36. 기간교통시설 확충 및 대중교통 활성화 38. 주택보급률 100% 달성으로 국민주거생활안정 40. 대형국책사업의 효율적 관리
통일·외교	평화통일로 가는 기반조성	41. 남북기본합의서 이행으로 남북관계 개선기반 마련 43. 민족 동질성 회복을 위한 사회문화 교류협력 활성화 45. 남북한 주도의 한반도 평화체제 구축	42. 정경분리 원칙으로 남북경제협력 적극추진 44. 이산가족 재회 및 편지왕래의 조속 실현 46. 대북 경수로사업의 원활한 추진

분야	영역	품질혁신을 위한 100대 과제
		47. 국민적 합의와 지지를 바탕으로 한 통일정책 추진
	국익의 극대화를 위한 능동적 외교활동 전개	48. IMF위기극복 위한 경제·통상외교 강화 49. 주변4국과의 미래지향적 우호협력 관계 정립 50. 외교부문의 효율성 제고 51. 세계화 대비 범국민적 외교역량 확대 52. 재외동포의 지도적 역할과 자조적 지원노력
	튼튼한 국방: 신뢰받는 군대 확립	53. 확고한 한·미 안보협력 유지 및 다자간 안보협력체제 발전 54. 국가 위기관리 능력강화 위한 체제 정비 55. 군 인사 공정성제고 및 사기와 복지 증진 56. 군 구조개편으로 전투태세 강화 57. 투명하고 합리적인 방위력 개선 및 군수조달 추진 58. 사회지도층이 앞장서는 공정한 병역제도 마련 59. 국민편익 증진 및 권익보호로 '국민의 군대상' 확립 60. 보훈가족과 참전·제대군인에 대한 명예선양 및 복지지원 강화
교육·문화복지·환경	학생·교원·학부모 만족의 교육서비스 제공	61. 학생위주 교육으로 자기주도적 학습능력 및 다양성 제고 62. 학부모 사교육비 경감 추진 63. 교원 근무여건 개선 및 인사제도 개선 통한 우수교원 확보 64. 교육부문 효율성 제고 및 교육자치 기반조성 65. 산업수요에 맞는 산업교육체제 구축
	국민의 문화욕구 충족	66. 문화예술 창작활동 활성화와 향수기회 확대 67. 문화와 관광산업을 21세기 유망산업으로 육성 68. 국민 생활체육진흥과 국제경기대회의 성공적 개최 69. 청소년이 꿈과 희망을 이루는 건강한 사회 건설 70. 세계화시대에 부응한 선진방송체계 구축
	삶의 질을 높이는 복지행정 개선	71. 저소득층·노인·장애인 등 사회 취약계층에 대한 복지확대 72. 국민건강보장을 위한 의료보험제도 개선 73. 노후생활 보장을 위한 국민연금제도 개선 74. 사전예방적 건강관리체제 강화와 식품의약품 안정성 확보 75. 건전한 가정의례 및 음식문화 정착
	맑고 깨끗한 환경보전	76. 맑은 물 공급을 위한 상수원수질 개선 77. 친환경적 생산체제 확립 및 첨단환경기술 개발지원 78. 개발과 보전을 조화시킨 지속가능한 사회기반 구축 79. 대도시 공기오염 개선 80. 폐기물 관리체계의 합리화
정무·법무행정	남녀가 평등하게 일하는 사회	81. 남녀평등사회 구축과 실현을 위한 차별적 제도·관행 개선 82. 여성의 고용촉진 및 지위향상
	인권이 존중되는 법치사회	83. 인권보장 및 사법서비스 획기적 개선 84. 검찰·경찰의 정치적 중립보장 85. 자치경찰제 도입 등 치안능력 강화 86. 학교폭력 및 민생침해 범죄 적극 대처 87. 생명을 중시하는 사고방지체계 구축

분야	영역	품질혁신을 위한 100대 과제	
	지역주민에게 품질좋은 행정서비스 제공	88. 지방자치단체의 자율성과 주민의 직접참정제도 확대 90. 지역간 분쟁조정기능 강화 92. 지방소재 기업의 경쟁력 강화지원 94. 민간운동의 체계적 추진과 지원 강화	89. 지방행정계층 구조개편과 조직축소 추진 91. 지방재정 확충과 지방세제 면적 개편 93. 재난관리체계의 획기적 개선
	중앙정부의 경쟁력 강화	95. 불합리한 행정규제의 과감한 철폐 97. 정부기능의 민간·지방이양 확대 및 일선기관 정비 99. 정책실명제와 행정정보 공개 확대로 열린 정부 구현	96. 정부조직 및 인사관리에 기업경영방식 도입 98. 경쟁과 인센티브제 도입 등으로 공직사회의 생산성 제고 100. 감사중점을 예방과 적극적 행정으로 조장하는 방향으로 전환

출처: 제15대 대통령직인수위원회, 1998, 48－130.

부록 2: 국민의 정부 100대 국정과제

부문별 전략	100대 국정과제	
1. 경제부문		
· 구조조정을 신속히	1. 부실금융기관 정리를 신속히 2. 자율성 · 책임성 확립 관치금융 청산 3. 기업을 투명하고 건강한 체질로 4. 외국인 투자유치로 우리 경제에 힘을	5. 구조구정 재원의 확실한 조달 6. 실업자 지원과 취업기회를 확대 7. 노 · 사 · 정은 상호신뢰해야 8. 고용형태를 유연하게
· 재도약의 기반구축	9. 물가안정은 재도약의 디딤돌 10. 국제수지 흑자는 유지해야 11. 외환보유고 늘려 외환시장 안정을 12. 행정규제는 곧 국민의 비용 13. 세제는 투명하고 공평해야 14. 인력공급은 산업수요에 맞게	15. 기업은 기술개발로 승부를 16. 벤처기업을 산업의 꽃으로 17. 교통망 확충으로 물류비용 감축 18. 대형건설사업을 효율적 방법으로 19. 토지는 공급 늘리고 이용도 편리하게 20. 에너지 공급능력 확대 덜 쓰는 체제로
· 산업의 활력 회복	21. 공정경쟁을 산업의 철칙으로 22. 소비자 주권을 실질적으로 23. 복잡한 유통구조는 대폭 축소해야 24. 주력산업은 외형보다 부가가치를 25. 앞을 내다보는 지식집약산업으로 26. 개방화시대 농업도 경쟁력 확보 27. 쌀 자급 유지, 양곡유통은 시장중심	28. 문화 · 관광산업을 미래유망산업으로 29. 건설업 활성화는 규제완화와 외자유치로 30. 중소기업경쟁략은 구조개선으로 31. 지역경제 활성화로 수도권 집중해소 32. 균형있는 국토개발로 골고루 혜택을
2. 정부부문		
· 고객중심 기업형 행정으로 전환	33. 공직사회에도 경쟁을 34. 국민이 참여하는 열린 정부로 35. 공기업과 산하단체에 경영마인드를 36. 지방자치는 주민중심으로	37. 지방재정을 지방화시대에 걸맞게 38. 민간과 지방중심으로 행정구조 개편 39. 재정지출은 반드시 성과를 얻도록 40. 감사를 예방과 창의력 조장 중심으로
· 국민을 지켜 주는 정부	41. 사법제도는 인권보장에 최우선을 42. 법질서 정착은 부정부패 척결부터 43. 학교폭력과 민생침해 범죄 대처 철저 44. 도와주는 경찰, 해결해 주는 경찰로 45. 외교의 중점을 세일즈에 46. 주변국과는 친근한 이웃이 되어야 47. 지방도 민간도 외교역량이 필요	48. 재외동포는 우리의 국력 49. 군 구조를 기술 · 정보집약형으로 50. 공정한 인사로 군의 사기를 드높게 51. 한미 · 다자간 안보체제는 국방의 필수 52. 군시설물 위치는 국민에게 편리하게 53. 병역의무는 누구나 공평하게
3. 사회부문		
· 더불어 사는 사회	54. 저소득층 · 노인 · 장애인을 돌보는 사회로 55. 공공주택은 서민중심으로 56. 보훈가족에게 명예와 자립을 57. 남녀는 같이 일하고 같이 대우받게	58. 생활여건 개선으로 가고 싶은 농어촌 59. 의료보험은 적정부담 적정급여 체계로 60. 국민연금 재정은 내실있게 61. 의료 · 고용 · 산재보험과 국민연금은 통합관리되어야
· 건강하고 안전한 생활보장	62. 청소년 활동, 밝고 건강하게 63. 나와 주변부터 생활개혁을 64. 도시교통은 대중중심으로 65. 질병은 치료보다 예방이 우선	66. 식품 · 의약품은 안전성이 먼저 67. 사회건강은 생활체육에서 68. 일터 안전은 근로자복지의 기본 69. 재해 · 재난의 예방과 관리에 정성을
· 쾌적한 환경	70. 산림자원 육성으로 쾌적한 공기를	76. 개발할 때는 보전도 생각해야

부문별 전략	100대 국정과제	
에 여유있는 문화창조	71. 대도시 공기오염 원인부터 차단 72. 정수기가 필요없는 맑은 물로 73. 깨끗한 바다는 생명의 근원 74. 쓰레기는 처음부터 줄여야 75. 산업구조를 환경친화적 형태로	77. 창조적 문화예술은 21세기 경쟁력바탕 78. 문화유산 보존·계승은 우리세대 의무 79. 우리 문화를 세계의 문화로 80. 보다 유익한 방송으로
4. 미래부문		
·21세기형 인프라 구축	81. 기초과학 진흥으로 기술력의 저변을 82. 과학기술 두뇌는 수립을 해서라도 83. 국가 연구개발사업, 더 많은 성과를 84. 바다를 제2의 국토로 개발 85. 수자원 관리효율화로 물 부족 대비 86. 정보화 물결대비는 정보유통망 건설 87. 정보통신 산업을 경제의 중추신경으로	88. 정보화 교육으로 컴퓨터를 친구로 89. 학생과 학부모는 과외에서 해방 90. 초·중등교육은 창의력이 배양되도록 91. 대학교육은 양보다 질이 우선 92. 교직사회는 실력과 신뢰로 93. 교육행정과 재정은 학생 중심으로
·통일기반 조성	94. 남북기본합의서 이행으로 평화의 초석을 95. 경수로 건설사업을 계획대로 96. 남북경협은 정경분리 원칙으로	97. 남북간 만남은 사회문화 교류로 98. 이산가족 재회는 가능하면 빨리 99. 북한 이탈주민의 정착을 원활하게 100. 통일정책은 국민 합의 바탕위에

출처: 기획예산위원회, 1998.

부록 3: 노무현 정부 100대 국정로드맵과제

위원회	로드맵과제
동북아시대 위원회 (13개)	· 전략기획 1. 동북아시대 실현을 위한 중장기 대외전략 2. 동북아구상 실현을 위한 대내외 인적네트워크 구축 · 평화구축 3. 남북평화체제 구축을 위한 협력전략 4. 남북평화체제 구축을 위한 국내 역량강화 5. 제주도와 동북아 평화거점화 대책 · 번영(경쟁력 강화) 6. 금융관련 제도개혁 및 인프라구축 7. 금융분야 동북아 역내 리더십 구축 8. 공항만 확충 및 배후단지 개발 9. 물류체계 개선 및 물류기업 · 인력 육성 10. 외국인투자 유치활동 강화 · 공동체 형성 11. 동북아 에너지 · 환경협력 12. 동북아 경제협력 13. 동북아 사회문화 협력
정부혁신 지방분권위원회 (23개)	· 행정개혁 14. 정부기능과 조직재설계 및 성과중심 행정시스템 구축 15. 행정서비스 전달체계 강화 및 민원제도 개선 16. 행정의 개방성 및 투명성 강화 17. 시민사회와 협치기제 강화 및 공익활동지원 18. 공직부패에 대한 체계적 대응 및 공직윤리의식 함양 19. 국가인사기능 통합과 자율 · 분권화 20. 자율적 혁신체계 구축 지원 · 인사개혁 21. 차별없는 균형적 인재등용 및 공직경쟁력 강화를 위한 임용제도 다양화 22. 투명 · 공정한 선발시스템과 전문성강화를 위한 경력개발체제 구축 23. 보수합리화와 공무원 삶의 질 향상 · 전자정부 24. 전자적 업무처리의 정착 25. 대 국민 서비스 고도화 26. 대 기업 서비스 고도화 27. 정보자원 통합관리 및 전자정부 관련법제정비 · 지방분권 28. 중앙권한의 지방이양 및 사무구분체계 개선 29. 교육자치제도 개선 및 자치경찰제도 도입 30. 특별지방행정기관 정비 31. 지방자치권 강화 및 지방정부의 책임성 확보 32. 지방의정활동기반 정비 · 강화 33. 중앙－지방, 지방정부간 협력체제 강화 · 재정세제 34. 세제개편 35. 지방재정운영의 자율성 확대 및 교부세제도 개선 36. 국가재정운영계획 수립 및 총액배분자율편성 도입

위원회	로드맵과제
국가균형발전 위원회 (16개)	· 지역혁신체계 구축과 혁신역량 강화 37. 지역혁신체계 구축 및 운영지원 38. 지방대학 육성 및 지역인적자원 개발 39. 신산업협력 모델의 정립 및 확산 40. 대덕 R&D 특구 육성 41. 국가산업단지 혁신클러스터화 추진 · 자립형 지방화를 위한 지역산업육성 42. 지역전략산업의 진흥 43. 문화 · 관광자원을 활용한 자립형 지역개발 44. 낙후지역 개발방안 수립 · 국가균형발전을 위한 제도적 기반수립 45. 국가균형발전 5개년계획 수립 46. 균형발전특별회계 운영 및 제도개선 47. 국가균형발전사업 평가체제 확립 48. 지역특화 발전특구 추진 · 국토 및 수도권의 계획적 관리 49. 신국토구상 수립 · 추진 50. 수도권의 계획적 관리방안 수립 51. 공공기관의 지방이전 52. 수도권 기업의 지방이전
고령화 및 미래사회위원회 (9개)	53. 고령화사회대비 기본대책 54. 출산력제고와 가정과 직장의 양립환경 조성 55. 인구자질 향상정책 추진 56. 고용제도 및 관행 개선 57. 고용기회확대 및 이민대책 58. 전국민 건강보장체계 구축방안 59. 교육 · 여가 · 문화향상, 주거환경 개선 60. 안정적인 노후생활 보장체계 구축 61. 고령친화산업 육성 및 일자리 창출방안 마련
지속가능 발전위원회 (6개)	62. 갈등관리시스템 구축 63. 대안적 갈등관리 프로세스 적용 64. 지속가능한 에너지 및 산업정책 수립 65. 지속가능한 물관리 정책 수립 · 추진 66. 지속가능한 국토 및 자연관리체계 구축 67. 지속가능발전전략 수립
빈부격차 · 차별시정위원회 (10개)	68. 주거복지정책 추진지원 69. 자영사업자 소득파악 강화 70. 사회보험 형평성 제고 71. 사회적 일자리 창출제고 72. 자활지원사업 활성화 73. 우리사주제도 제도화 74. 5대 차별시정 로드맵 추진 75. 적극적 고용평등 프로그램 도입 76. 저소득층 아동 · 청소년 지원 77. 기초생활보장 내실화 등 취약계층 보호 지원 강화
교육혁신위원회 (4개)	78. 학교교육체제 혁신 79. 직업교육체제 혁신

위원회	로드맵과제
	80. 대학입학 제도개혁 및 대학교육력 제고 81. 지역교육력 강화
농어업농어촌 특별대책위원회 (5개)	82. 농업인력 정예화 83. 농지제도 개선 84. 쌀산업 대책 85. 직접지불제 확충 86. 농촌복지 인프라 확충
국가과학기술 자문회의(3개)	87. 기술혁신확산 및 신기술 산업화 추진 88. 이공계 공직진출 확대 및 지식기술기반 공공서비스 제고 89. 차세대 성장동력 기술 개발
사람입국신경쟁력 특별위원회(2개)	90. 직장내 평생학습체계 구축 및 여가 및 문화생활 혁신 91. 근로자 과로해소를 위한 근무시스템 개편
국민경제자문회의 (7개)	92. 금융관련 제도개혁 및 인프라 구축 93. 금융분야에서의 동북아 역내 리더십 구축 94. 공항만 확충 및 배후단지 개발 95. 국내물류체계 개선 96. 외국인투자 유치활동 강화 97. 부동산 보유과세 개편 98. 부동산 시장안정기조 유지
문화중심도시 조성위원회(2개)	99. 아시아 문화중심도시 조성기반 추진 100. 국립아시아 문화전당 건립

출처: 정책기획위원회, 2004; 정충식, 2021, 163－168에서 재인용.

부록 4: 이명박 정부 국정지표, 20대 국정전략과 100대 국정과제

국정지표	국정전략	국정과제
섬기는 정부	1. 알뜰하고 유능한 정부로 바꾸겠습니다	1. 작지만 일 잘하는 정부를 만들겠습니다 2. 나라살림을 알뜰하게 꾸려가겠습니다 3. 공공부문의 성과를 높이겠습니다 4. 내실있는 감사로 투명한 정부를 만들겠습니다 5. 글로벌 경쟁력을 갖춘 공무원을 양성하겠습니다
	2. 지방분권을 확대하고 지역경제를 살리겠습니다	6. 지방행정 체제를 개편하겠습니다 7. 지방정부의 권한을 늘리겠습니다 8. 광역경제권을 구축하겠습니다 9. 지방재원을 확충하겠습니다 10. 자치경찰제를 도입하겠습니다
	3. 법과 원칙을 지키는 신뢰사회를 구현하겠습니다	11. 법질서가 예외없이 지켜지도록 하겠습니다 12. 공직자의 부정부패를 척결하겠습니다 13. 언론의 공공성을 강화할 수 있도록 지원하겠습니다 14. 사회갈등 해소와 소통에 힘쓰겠습니다 15. 지적 재산권을 보호하고 공정거래 질서를 확립하겠습니다
	4. 안심하며 살 수 있는 안전한 나라를 만들겠습니다	16. 재난관리체계를 통합하겠습니다 17. 깨끗한 물과 공기, 안전한 먹을거리를 보장하겠습니다 18. 마음놓고 일할 수 있는 안전한 일터를 조성하겠습니다 19. 여성과 어린이가 걱정없이 다닐 수 있는 나라로 만들겠습니다 20. 교통사고를 선진국수준으로 낮추겠습니다
활기찬 시장경제	5. 투자환경을 획기적으로 개선하겠습니다.	21. 성장의 밑바탕인 경제안정을 이루겠습니다 22. 세금을 줄여 투자와 소비를 활성화하겠습니다 23. 상생하는 노사문화를 창조하겠습니다 24. 외국인이 투자하고 싶은 나라로 만들겠습니다 25. 경쟁력있는 중소기업을 늘리겠습니다
	6. 규제를 대폭 줄이겠습니다	26. 규제제도와 법령을 선진화하겠습니다 27. 금융규제 개혁으로 선진금융산업을 육성하겠습니다 28. 방송·통신 산업에 대한 규제를 풀겠습니다 29. 독과점 폐해를 막아 경제활력을 높이겠습니다 30. 지방과 수도권이 상생발전하도록 규제를 줄이겠습니다
	7. 녹색성장으로 새로운 일자리를 만들겠습니다	31. 친환경산업과 에너지 절감의 핵심인프라를 조성하겠습니다 32. 기후변화에 적극 대응해 신산업을 개척하겠습니다 33. 에너지 자주개발률을 높이겠습니다, 34. 신재생에너지와 청정에너지를 개발하겠습니다 35. 녹색 한반도를 만들겠습니다
	8. 신성장동력과 서비스산업을 키우겠습니다	36. 돈 버는 농수산업을 만들겠습니다 37. 고부가가치 서비스산업을 확실하게 키우겠습니다 38. 방송통신융합을 촉진하고 문화콘텐츠를 키우겠습니다 39. 미래전략산업을 육성하겠습니다 40. 국토를 개방형으로 재창조하겠습니다
능동적 복지	9. 모든 국민을 위한 평생복지기반을	41. 지속가능하면서도 도움이 되는 연금체계로 바꾸겠습니다 42. 건강보험의 재정을 안정화시키겠습니다

국정지표	국정전략	국정과제
	마련하겠습니다	43. 필수의료 서비스에 대한 국가의 책임을 강화하겠습니다 44. 아프기 전에 국민건강을 미리 지켜드리겠습니다 45. 체감할 수 있는 복지서비스와 기초안전망을 구현하겠습니다
	10. 맞춤형 복지를 실현하겠습니다	46. 믿고 맡길 수 있는 보육환경을 조성하겠습니다 47. 청소년의 건강한 성장을 뒷받침하겠습니다 48. 도움이 필요한 가족에 대한 지원을 늘리겠습니다 49. 편안한 노후생활을 보장해 나가겠습니다 50. 국가유공자가 존중받고, 장애인이 행복한 사회를 만들겠습니다
능동적 복지	11. 서민생활과 주거를 안정시키겠습니다	51. 서민생활의 부담을 줄이겠습니다 52. 주거안정을 도모하겠습니다 53. 취약계층의 경제활동을 지원하고 재출발을 돕겠습니다 54. 사회서비스를 확충하겠습니다 55. 농어가 소득을 늘리고, 농어촌의 거주여건을 개선하겠습니다
	12. 국민 모두가 일을 통해 보람을 느낄 수 있도록 하겠습니다	56. 고용지원서비스를 강화하겠습니다 57. 직업능력 개발시스템을 수요자 중심으로 바꾸겠습니다 58. 여성과 고용취약계층을 위한 일자리를 만들겠습니다 59. 비정규직 근로자의 보호와 능력개발 확대에 힘쓰겠습니다 60. 사회적 기업을 육성하겠습니다
인재대국	13. 학교교육의 자율성과 다양성을 확보하겠습니다	61. 학생과 학부모가 원하는 다양한 학교를 많이 만들겠습니다 62. 학교의 자율성과 책임감을 높이겠습니다 63. 교원의 전문성을 높이겠습니다 64. 교육과정과 교과서를 알차고 흥미있게 만들겠습니다 65. 학교와 지역사회의 협력을 강화하겠습니다
	14. 전략복지를 확대하겠습니다	66. 가난해서 학교를 못 다니는 일이 없도록 하겠습니다 67. 학력을 높이고 교육격차는 줄이겠습니다 68. 학생들의 건강과 안전을 책임지겠습니다 69. 유아교육과 특수교육을 내실화하겠습니다 70. 평생 공부할 수 있는 환경을 마련하겠습니다
	15. 세계 수준의 우수한 인재를 육성하겠습니다	71. 대학의 자율을 확대하겠습니다 72. 대학과 연구기관의 교육과 연구역량을 강화하겠습니다 73. 연구자가 중심이 되는 환경과 여건을 조성하겠습니다 74. 글로벌 청년리더 10만명을 양성하겠습니다 75. 체계적인 영재육성 시스템을 마련하겠습니다
	16. 미래를 이끌 과학기술 발전에 힘쓰겠습니다	76. 과학기술투자를 전략적으로 확대해 나가겠습니다 77. R&D 시스템을 민간전문가 주도로 바꾸겠습니다 78. 기초원천 연구를 진흥시키겠습니다 79. 녹색기술을 발전시키겠습니다 80. 과학문화의 생활화에 앞장서겠습니다
성숙한 세계국가	17. 한반도의 새로운 평화구조를 만들겠습니다	81. 북핵 폐기를 신속하게 추진하겠습니다 82. 비핵·개방·3000 구상(나들섬 구상 포함)을 추진하겠습니다 83. 한·미 관계를 새로운 환경에 맞추어 발전시키겠습니다 84. 남북간 인도적 문제를 해결하겠습니다 85. 신아시아 협력외교를 강화하겠습니다
	18. 국익을 우선하면서	86. 에너지 협력외교를 강화하겠습니다

국정지표	국정전략	국정과제
	세계에 기여하는 실용외교를 펼치겠습니다	87. FTA 체결대상국가를 다변화하겠습니다 88. 지구촌 문제의 해결에 적극 기여하겠습니다 89. 인권외교와 문화외교에 힘쓰겠습니다 90. 재외국민을 보호하고 재외동포 네트워크를 구축하겠습니다
	19. 굳건한 선진안보체계를 구축하겠습니다.	91. 국방개혁 2020을 보완하여 내실있게 추진하겠습니다 92. 전시작전통제권 전환의 적정성을 평가하고 보완하겠습니다 93. 남북간 군사적 신뢰를 구축하고 군비통제를 추진하겠습니다 94. 군사시설보호구역을 조성해 국민부담을 덜어드리겠습니다 95. 방위산업을 신경제성장의 동력으로 육성하겠습니다
	20. 품격있고 존중받는 국가를 만들겠습니다	96. 세계적인 국가브랜드 가치를 창출하겠습니다 97. 누구나 쉽게 문화·체육생활을 누리는 환경을 만들겠습니다 98. 전통과 현대가 어우러진 문화국가로 발돋움하겠습니다 99. 외국인들과 함께하는 열린 사회를 만들겠습니다 100. 선진국 수준의 양성평등을 이루겠습니다

출처: 대한민국정부, 2008, 이명박 정부 100대 국정과제.

부록 5: 박근혜 정부 140개 국정과제

국정기조	추진전략	국정과제	주관부처
경제부흥	창조경제	1. 가능성에 투자하는 금융환경 조성	금융위, 중기청
		2. 지식재산의 창출・보호・활용 체계 선진화	미래부, 문체부, 특허청
		3. 재도전이 가능한 창업안전망 구축	중기청
		4. 중소기업 성장 희망사다리 구축	중기청
		5. 중소・중견기업의 수출경쟁력 강화	산업부
		6. 동반성장 등 협력적 기업생태계 조성	산업부
		7. IT・SW 융합을 통한 주력산업 구조 고도화	산업부
		8. 과학기술을 통한 창조경제 기반조성	미래부
		9. 보건・고령친화산업을 미래성장산업으로 육성	복지부
		10. 교통체계・해운 선진화 및 건설・원전산업 해외진출 지원	국토부, 산업부
		11. 해양수산업의 미래산업화 및 체계적 해양영토 관리	해수부
		12. 농림축산업의 미래성장산업화	농식품부
		13. 우주기술 자립으로 우주강국 실현	미래부
		14. 서비스산업 전략적 육성기반 구축	기재부
		15. 청년 취업・창업 활성화 및 해외진출 지원	고용부, 중기청
		16. 국가 과학기술 혁신역량 강화	미래부
		17. 산・학・연・지역 연계를 통한 신산업 창출기능 강화	미래부
		18. 국제과학비즈니스벨트를 국가 신성장 거점으로 육성	미래부
		19. 세계 최고의 인터넷 생태계 조성	미래부
		20. 정보통신 최강국 건설	미래부
	경제 민주화	21. 경제적 약자의 권익보호	공정위
		22. 소비자 권익보호	공정위
		23. 실질적 피해구제를 위한 공정거래법 집행체계 개선	공정위
		24. 대기업집단 지배주주의 사익편취행위 근절	공정위
		25. 기업지배구조 개선	금융위
		26. 금융서비스의 공정경쟁 기반 구축	
	민생경제	27. 주거안정 대책 강화	국토부
		28. 서민 금융부담 완화	금융위
		29. 교육비 부담 경감	교육부
		30. 통신비 부담 낮추기	미래부
		31. 농어가 소득 증대	농식품부
		32. 농축수산물 유통구조 개선	농식품부
		33. 소상공인・자영업자 및 전통시장의 활력 회복	중기청
		34. 영세 운송업 등 선진화	국토부
		35. 대외 위험요인에 대한 경제의 안전판 강화	기재부
		36. 금융시장 불안에 선제적 대응	금융위
		37. 부동산 시장 안정화	국토부
		38. 물가의 구조적 안정화	기재부
		39. 안정적 식량수급체계 구축	농식품부
		40. 안정적 세입기반 확충	기재부
		41. 건전재정 기조 정착	기재부
		42. 공공부문 부채 및 국유재산 관리 효율화	기재부
국민행복	맞춤형 고용・	43. 저소득층을 위한 생활영역별 맞춤형 급여체계 구축	복지부
		44. 국민중심의 맞춤형 복지전달체계 개편	복지부

국정기조	추진전략	국정과제	주관부처
국민행복	복지	45. 건강한 가정 만들기	여가부
		46. 청소년역량개발 및 건강한 성장지원	여가부
		47. 편안하고 활력있는 노후생활 보장	복지부
		48. 의료 보장성 강화 및 지속가능성 제고	복지부
		49. 건강의 질을 높이는 보건의료서비스체계 구축	복지부
		50. 장애인의 권익보호 및 편의증진	복지부
		51. 다문화가족 적응지원 강화	여가부
		52. 누구나 살고 싶어하는 복지 농어촌 건설	농식품부
		53. 일자리 중심 국정운영 및 고용영향평가체계 강화	고용부
		54. 비정규직 차별해소 및 근로자 생활보장	고용부
		55. 장시간근로 개선 및 정년연장으로 함께 일하기	고용부
		56. 경기변동 대비 고용안정 노력 및 지원 강화	고용부
		57. 일을 통한 빈곤탈출 지원	복지부
		58. 맞춤형 취업지원 및 고용서비스망 강화	고용부
		59. 복지 일자리 확충 및 처우개선	복지부
		60. 고부가가치 사회서비스 일자리 확충	복지부
		61. 협동조합 및 사회적기업 활성화로 따뜻한 성장 도모	기재부, 고용부
		62. 행복한 임신과 출산	복지부
		63. 안심하고 양육할 수 있는 여건 조성	복지부
		64. 무상보육 및 무상교육 확대(0~5세)	복지부, 교육부
		65. 여성 경제활동 확대 및 양성평등 확산	여가부
	창의교육	66. 학교교육 정상화 추진	교육부
		67. 대입부담 경감을 위한 대학입시 간소화	교육부
		68. 대학 특성화 및 재정지원 확대	교육부
		69. 교원의 교육전념 여건 조성	교육부
		70. 전문인재 양성을 위한 직업교육 강화	교육부
		71. 전문대학을 고등직업교육 중심기관으로 집중 육성	교육부
		72. 100세 시대 국가평생학습체제 구축	교육부
		73. 학벌이 아닌 능력중심 사회 만들기	교육부
	국민안전	74. 성폭력으로부터 안전한 사회	여가부, 법무부
		75. 가정폭력 방지 및 피해자 보호 강화	여가부
		76. 학교폭력 및 학생위험 제로 환경 조성	교육부
		77. 먹을거리 관리로 식품안전 강국 구현	식약처
		78. 아동인권 보호 및 건강한 성장 발달 지원	복지부, 국조실
		79. 범죄피해자 보호 및 지원 강화	법무부
		80. 법과 질서를 존중하는 문화 구현 법무부	법무부
		81. 민생치안 역량강화 기반 조성	경찰청
		82. 생활안전 관련 공익신고 범위 확대 및 신고자 보호 강화	국민권익위
		83. 총체적인 국가재난관리체계 강화	안행부
		84. 항공, 해양 등 교통안전 선진화	국토부
		85. 환경유해물질 관리 및 환경 피해구제 강화	환경부
		86. 원자력 안전관리체계 구축	원안위
		87. 에너지공급 시설의 안전관리 강화	산업부
		88. 안전하고 쾌적한 일터 조성 및 근로자 건강증진	고용부
		89. 온실가스 감축 등 기후변화 대응	국조실
		90. 기상이변 등 기후변화 적응	환경부
		91. 안정적인 에너지수급 및 산업구조 선진화	산업부
		92. 신재생에너지 보급 확대 및 산업 육성	산업부

국정기조	추진전략	국정과제	주관부처
		93. 환경서비스 품질수준 제고	환경부
		94. 환경과 조화되는 국토개발	국토부
		95. 해양환경 보전과 개발의 조화	해수부
		96. 자원·에너지가 선순환하는 자원순환사회 실현	환경부
	사회통합	97. 과거와의 화해를 위한 과거사 명예회복	안행부
		98. 공직임용의 기회균등과 공평한 대우	안행부
		99. 대화와 상생의 노사문화 구축	고용부
		100. 공공갈등 관리시스템 강화	국조실
		101. 사회통합적 인권 보호체계 구축	법무부
		102. 국민대통합을 위한 지역균형발전	국토부
		103. 지방대학 지원 확대	교육부
		104. 지방재정 확충 및 건전성 강화	안행부
		105. 지방분권 강화 및 시민사회·지역공동체 활성화	안행부
		106. 지역경제와 산업의 활력 제고	산업부
문화융성	문화참여 확대	107. 문화재청 2% 달성 및 문화기본법 제정	문체부
		108. 문화참여 기회 확대와 문화격차 해소	문체부
		109. 문화다양성 증진과 문화교류·협력 확대	문체부
		110. 생태휴식공간 확대 등 행복한 생활문화공간 조성	국토부
	문화예술 진흥	111. 예술인 창작안전망 구축 및 지원 강화	문체부
		112. 문화유산 보존 강화 및 활용 확대	문체부
		113. 인문·정신문화의 진흥	문체부
	문화와 산업의 융화	114. 콘텐츠 산업, '한국 스타일'의 창조	문체부
		115. 고부가가치 융·복합 한국관광 실현	문체부
		116. 스포츠 활성화로 건강한 삶 구현	문체부
평화통일 기반구축	튼튼한 안보	117. 국민이 신뢰하는 확고한 국방태세 확립 118. 전략환경 변화에 부합하는 미래지향적 방위역량 강화 119. 한미군사동맹의 지속적 발전 및 주변국 국방협력 강화 120. 혁신적 국방경영 및 국방과학기술 발전 121. 보람 있는 군복무 및 국민 존중의 국방정책 추진 122. 명예로운 보훈 123. 북핵 문제 진전을 위한 동력 강화	국방부 국방부 국방부 국방부 국방부 국방부 보훈처 외교부
	한반도신뢰 프로세스	124. 한반도 신뢰프로세스를 통한 남북관계 정상화	통일부
		125. 작은 통일에서 시작하여 큰 통일을 지향	통일부
		126. 통일 대비 역량강화를 통한 실질적 통일준비	통일부
	신뢰외교	127. 동북아 평화협력 구상과 유라시아 협력 확대 128. 한미동맹과 한중 동반자 관계의 조화·발전 및 한일관계 안정화 129. 신흥시장 진출확대를 위한 산업자원협력 강화 130. 세계평화와 발전에 기여하는 책임 있는 중견국 실현 131. 재외국민 안전·권익 보호와 공공외교·일자리 외교 확대 132. FTA 네트워크 등 경제협력 역량 강화 133. ODA 지속확대 및 모범적·통합적 개발협력 추진	외교부 외교부 산업부 외교부 산업부 국조실
추진기반	신뢰받는 정부	134. 국민 중심 서비스 정부3.0 구현	안행부
		135. 세종시 조기 정착을 통한 정부효율 극대화	국조실, 안행부

국정기조	추진전략	국정과제	주관부처
		136. 공공기관 책임경영 강화 등 합리화 137. 부적절한 규제의 사전적 예방 및 규제 합리화 138. 청렴하고 깨끗한 정부 구현 139. 공권력에 대한 국민적 신뢰 회복 140. 지하경제 양성화 등 조세정의 확립	기재부 국조실 국조실 법무부, 경찰청 기재부

출처: 국무조정실, 2017, 정부업무평가백서(2013－2016), 47－49, <표 2－1－7>.

부록 6: 문재인 정부 100대 국정과제

목표	전략	국정과제(주관부처)
주인인 정부 (15개)	국민주권의 촛불민주주의 실현	1. 적폐의 철저하고 완전한 청산 (법무부) 2. 반부패 개혁으로 청렴한국 실현 (권익위 · 법무부) 3. 국민 눈높이에 맞는 과거사 문제 해결 (행안부) 4. 표현의 자유와 언론의 독립성 신장 (방통위)
	소통으로 통합하는 광화문 대통령	5. 365일 국민과 소통하는 광화문 대통령 (행안부) 6. 국민 인권을 우선하는 민주주의 회복과 강화 (법무부 · 행안부 · 인권위) 7. 국민주권적 개헌 및 국민참여 정치개혁 (국조실)
	투명하고 유능한 정부	8. 열린 혁신 정부, 서비스하는 행정 (행안부) 9. 적재적소, 공정한 인사로 신뢰받는 공직사회 구현 (인사처) 10. 해외 체류 국민 보호 강화 및 재외동포 지원 확대 (외교부) 11. 국가를 위한 헌신을 잊지 않고 보답하는 나라 (보훈처) 12. 사회적 가치 실현을 선도하는 공공기관 (기재부)
	권력기관의 민주적 개혁	13. 국민의, 국민을 위한 권력기관 개혁 (법무부 · 경찰청 · 감사원 · 국정원) 14. 민생치안 역량 강화 및 사회적 약자 보호 (경찰청) 15. 과세형평 제고 및 납세자 친화적 세무행정 구축 (기재부)
더불어 잘 사는 경제 (26개)	소득주도성장을 위한 일자리경제	16. 국민의 눈높이에 맞는 좋은 일자리 창출 (고용부) 17. 사회서비스 공공인프라 구축과 일자리 확충 (복지부) 18. 성별, 연령별 맞춤형 일자리 지원 강화 (고용부) 19. 실직과 은퇴에 대비하는 일자리 안전망 강화 (고용부) 20. 좋은 일자리 창출을 위한 서비스 산업 혁신 (기재부) 21. 소득 주도 성장을 위한 가계부채 위험 해소 (금융위) 22. 금융산업 구조 선진화 (금융위)
	활력이 넘치는 공정경제	23. 공정한 시장질서 확립 (공정위) 24. 재벌 총수 일가 전횡 방지 및 소유 · 지배구조 개선 (공정위) 25. 공정거래 감시 역량 및 소비자 피해 구제 강화 (공정위) 26. 사회적경제 활성화 (기재부) 27. 더불어 발전하는 대 · 중소기업 상생 협력 (중기부)
	서민과 중산층을 위한 민생경제	28. 소상공인 · 자영업자 역량 강화 (중기부) 29. 서민 재산형성 및 금융지원 강화 (금융위) 30. 민생과 혁신을 위한 규제 재설계 (국조실) 31. 교통 · 통신비 절감으로 국민 생활비 경감 (국토부 · 과기정통부) 32. 국가기간교통망 공공성 강화 및 국토교통산업 경쟁력 강화 (국토부)
	과학기술 발전이 선도하는 4차 산업혁명	33. 소프트웨어 강국, ICT 르네상스로 4차 산업혁명 선도 기반 구축 (과기정통부) 34. 고부가가치 창출 미래형 신산업 발굴 · 육성 (산업부 · 과기정통부 · 국토부 · 복지부) 35. 자율과 책임의 과학기술 혁신 생태계 조성 (과기정통부)

목표	전략	국정과제(주관부처)
		36. 청년과학자와 기초연구 지원으로 과학기술 미래역량 확충 (과기정통부) 37. 친환경 미래 에너지 발굴 · 육성 (산업부) 38. 주력산업 경쟁력 제고로 산업경제의 활력 회복 (산업부)
	중소벤처가 주도하는 창업과 혁신성장	39. 혁신을 응원하는 창업국가 조성 (중기부) 40. 중소기업의 튼튼한 성장 환경 구축 (중기부) 41. 대 · 중소기업 임금 격차 축소 등을 통한 중소기업 인력난 해소 (중기부)
내 삶을 책임지는 국가 (32개)	모두가 누리는 포용적 복지국가	42. 국민의 기본생활을 보장하는 맞춤형 사회보장 (복지부) 43. 고령사회 대비, 건강하고 품위 있는 노후생활 보장 (복지부) 44. 건강보험 보장성 강화 및 예방 중심 건강관리 지원 (복지부) 45. 의료공공성 확보 및 환자 중심 의료서비스 제공 (복지부) 46. 서민이 안심하고 사는 주거 환경 조성 (국토부) 47. 청년과 신혼부부 주거 부담 경감 (국토부)
	국가가 책임지는 보육과 교육	48. 미래세대 투자를 통한 저출산 극복 (복지부) 49. 유아에서 대학까지 교육의 공공성 강화 (교육부) 50. 교실혁명을 통한 공교육 혁신 (교육부) 51. 교육의 희망사다리 복원 (교육부) 52. 고등교육의 질 제고 및 평생 · 직업교육 혁신 (교육부) 53. 아동 · 청소년의 안전하고 건강한 성장 지원 (여가부) 54. 미래 교육 환경 조성 및 안전한 학교 구현 (교육부)
	국민안전과 생명을 지키는 안심사회	55. 안전사고 예방 및 재난 안전관리의 국가책임체제 구축 (행안부) 56. 통합적 재난관리체계 구축 및 현장 즉시대응 역량 강화 (행안부) 57. 국민 건강을 지키는 생활안전 강화 (환경부 · 식약처) 58. 미세먼지 걱정 없는 쾌적한 대기환경 조성 (환경부) 59. 지속가능한 국토환경 조성 (환경부) 60. 탈원전 정책으로 안전하고 깨끗한 에너지로 전환 (산업부 · 원안위) 61. 신기후체제에 대한 견실한 이행체계 구축 (환경부) 62. 해양영토 수호와 해양안전 강화 (해수부)
	노동존중, 성평등을 포함한 차별 없는 공정사회	63. 노동존중 사회 실현 (고용부) 64. 차별 없는 좋은 일터 만들기 (고용부) 65. 다양한 가족의 안정적인 삶 지원 및 사회적 차별 해소 (여가부) 66. 실질적 성평등 사회 실현 (여가부)
	자유와 창의가 넘치는 문화국가	67. 지역과 일상에서 문화를 누리는 생활문화 시대 (문체부) 68. 창작 환경 개선과 복지 강화로 예술인의 창작권 보장 (문체부) 69. 공정한 문화산업 생태계 조성 및 세계 속 한류 확산 (문체부) 70. 미디어의 건강한 발전 (방통위) 71. 휴식 있는 삶을 위한 일 · 생활의 균형 실현 (고용부) 72. 모든 국민이 스포츠를 즐기는 활기찬 나라 (문체부) 73. 관광복지 확대와 관광산업 활성화 (문체부)

목표	전략	국정과제(주관부처)
고르게 발전하는 지역 (11개)	풀뿌리 민주주의를 실현하는 자치분권	74. 획기적인 자치분권 추진과 주민 참여의 실질화 (행안부)
		75. 지방재정 자립을 위한 강력한 재정분권 (행안부 · 기재부)
		76. 교육 민주주의 회복 및 교육자치 강화 (교육부)
		77. 세종특별시 및 제주특별자치도 분권모델의 완성 (행안부)
	골고루 잘사는 균형발전	78. 전 지역이 고르게 잘사는 국가균형발전 (산업부 · 국토부 · 행안부)
		79. 도시경쟁력 강화 및 삶의 질 개선을 위한 도시재생뉴딜 추진 (국토부)
		80. 해운 · 조선 상생을 통한 해운강국 건설 (해수부)
	사람이 돌아오는 농산어촌	81. 누구나 살고 싶은 복지 농산어촌 조성 (농식품부)
		82. 농어업인 소득안전망의 촘촘한 확충 (농식품부)
		83. 지속가능한 농식품 산업 기반 조성 (농식품부)
		84. 깨끗한 바다, 풍요로운 어장 (해수부)
평화와 번영의 한반도 (16개)	강한 안보와 책임국방	85. 북핵 등 비대칭 위협 대응능력 강화 (국방부)
		86. 굳건한 한미동맹 기반 위에 전작권 조기 전환 (국방부)
		87. 국방개혁 및 국방 문민화의 강력한 추진 (국방부)
		88. 방산비리 척결과 4차 산업혁명시대에 걸맞은 방위산업 육성 (국방부)
		89. 장병 인권 보장 및 복무 여건의 획기적 개선 (국방부)
	남북간 화해협력과 한반도 비핵화	90. 한반도 신경제지도 구상 및 경제통일 구현 (통일부)
		91. 남북기본협정 체결 및 남북관계 재정립 (통일부)
		92. 북한인권 개선과 이산가족 등 인도적 문제 해결 (통일부)
		93. 남북교류 활성화를 통한 남북관계 발전 (통일부)
		94. 통일 공감대 확산과 통일국민협약 추진 (통일부)
		95. 북핵문제의 평화적 해결 및 평화체제 구축 (외교부)
	국제협력을 주도하는 당당한 외교	96. 국민외교 및 공공외교를 통한 국익 증진 (외교부)
		97. 주변 4국과의 당당한 협력외교 추진 (외교부)
		98. 동북아플러스 책임공동체 형성 (외교부)
		99. 국익을 증진하는 경제외교 및 개발협력 강화 (외교부)
		100. 보호무역주의 대응 및 전략적 경제협력 강화 (산업부)

출처: 대한민국정부, 2017e, 100대 국정과제.

제 2 부

정부핵심부의 정책조정

Policy Coordination

정책조정의 개념과 분석범주

Analytic Framework for Policy Coordination

Ⅰ. 정책조정의 개념과 목적

1. 정책조정의 개념

이 책에서 관심을 가지는 정책조정(policy coordination)은 정책의 내용을 둘러싼 부처간 갈등과 입장을 조율하는 것이다. 학술적으로 조정(coordination)에 관한 논의는 정부부처 간뿐만 아니라 공공부문과 민간부문을 막론하고 조직간 관계(inter-organizational relation)의 연구에서 중요한 주제로 다루어져 왔다. 조정의 필요성은 조직간 대립 또는 갈등 해소를 넘어 협력을 강화하기 위해서도 필요하다고 본 것이다. 조정의 개념은 정책 및 결정이 이루어지는 과정(process), 그리고 그 과정의 결과(outcome)라는 두 가지 관점에서 논의되어 왔다(Alexander, 1995; Peters, 2013).

1) 과정의 관점

조정을 과정의 관점에서 정의한 Hall과 공저자(1977: 459)는 조정을 "하나의 조직이 자신의 활동에서 다른 조직의 활동을 고려하려고 노력하는 정도"라고 본다. 한편 Comfort(2007: 194)는 조정을 "공유하는 목표를 달성하기 위해 하나의 조직에 소속한 행위자의 행동을 관련된 다른 행위자 및 조직의 행동과 일치하도록 조절하는 것"이라고 정의한다. Cejudo & Michel(2017: 752)은 조정을 "서로 다른 조직의 구성원들이 공공 문제를 해결하기 위해 자신들이 선택한 정책과 프로그램을 더 효율적으로 집행하기 위하여 과제를 정의하고 책임을 분담하며 정보를 공유하는 과정"이라고 주장한다. 유사하게 Hayward & Wright(2002: 20)도 결과보다는 절차를 강조한다. 이들은 과정으로서 조정은 정책행위자들의 상호의존관계 맥락에서 통합이 필요한 갈등이 예상되거나 실제로 발생할 때 합의에 도달하지는 못하더라도 그 갈등을 관리하려는 노력이라고 본다.

과정의 관점에서 볼 때, 조직간 정책조정에서 규칙과 책임의 존재는 필수적인 속성이다(Christensen & Lægreid, 2008). 조직과 구성원들이 준수하여야 할 책임을 명확하게 규정함으로써 조직구성원들이 공유하는 목적을 달성하기 위해 수행해야 할 기능과 활동, 예컨대 정보공유, 위원회 참석, 특정 주제 또는 제도에 대한 결정 등을 인식할 수 있도록 한다(Cejudo & Mitchel, 2017). 즉 조정이 이루어지려면 행위자들이 어떻게 협력해야 하는지 명시하는 규칙이나 절차를 설정할 필요가 있다. 또한 조정이 이루어지려면 조직간 정보공유도 필요하다. 조직간 정보 및 지식 공유가 제한될 경우, 구성원들이 문제에 대한 조정된 해결책을 개발하기 어렵다. 관련 조직들이 서로의 행동, 정책, 자원에 대해 더 많은 정보를 가질수록, 문제를 더 신속하고 효과적으로 식별하고 이에 대응하는데 필요한 결정을 내릴 수 있다(Reschenthaler & Thompson, 1996). 그러므로 조정에 관련된 행위자들이 준수해야 할 규칙과 책임, 그리고 행위자들 사이의 정보공유(information sharing)의 절차가 분명하게 규정되어야 한다.

요약하면, 과정의 관점에서 조정이란 조직간 상호의존관계 맥락에서 공유하는 목표를 달성하기 위해 행위자의 행동을 다른 행위자와 일치하도록 조절하는 노력으로 볼 수 있으며, 이에 필요한 규정과 책임, 그리고 정보공유 절차가 필요하다.

2) 결과의 관점

결과를 강조하는 관점에서 Lindblom(1965: 154)은 일련의 결정에서 "하나의 결정이 다른 결정에 미치는 부정적 결과를 어느 정도 회피, 감소, 상쇄, 또는 억제하는 조절(adjustments)이 이루어졌다면, 조정이 이루어진 것"이라고 보았다. 이러한 맥락에서 Peters(1998: 296)는 조정을 "정부의 정책과 프로그램에 중복성(redundancy), 비일관성(incoherence) 및 빈틈(lacunas)이 최소화된 최종 상태(end state)"라고 정의한다. 결과의 관점에서 조정을 정의할 경우, 조정 활동의 결과 다음에 살펴볼 조정의 목적이 어느 정도 달성되었는지 살펴볼 필요가 있다.

3) 종합

이 책에서는 부처간 정책조정을 “공동의 목표를 달성하기 위하여 관련 부처의 정책결정 및 집행활동을 통합하려는 상호작용의 과정과 그 결과”라고 보겠다. 상호작용의 과정에는 법적 근거와 규칙에 따라 관련 부처와 중재기관이 참여할 수 있다. 여기에서 결과란 부정적 결과의 회피뿐만 아니라 적극적으로 시너지를 창출하는 것까지 포함한다.

4) 정책조정과 유사개념

정책조정과 유사한 개념을 비교함으로써 조정 개념을 더욱 분명하게 이해할 수 있다. 학자들 사이에 조정과 관련된 현상을 기술하는 데 사용되는 다른 개념으로는 ‘협력(collaboration)’, ‘통합(integration)’ 등이 있다.

협력과 조정의 관계에 관한 학자들의 견해를 살펴보겠다. 조직간 협력에는 상호작용과 헌신이 필요하므로 협력이 조정보다 더 높은 수준의 집단행동이라고 이해되기도 한다(Thomson & Perry, 2006; Bryson, Crosby & Stone, 2006). 한편 협력을 조정의 하위 개념으로 이해하기도 하는데, 협력에서는 자발성이 강조되는 데 비하여 조정은 때때로 강요에 따라 추진되기 때문이다(Boukaert et al., 2010). 이 책에서는 조직간 협력을 조정이 진행되는 과정의 한 부분으로 조정의 하위 요소라고 보기로 한다.

조정과 통합의 관계에 대한 인식도 연구자들마다 상이하다. 일부 연구자들은 통합을 조정과 별개의 개념으로 간주하지 않고 그 하위 요소로 간주한다(예: Bouckaert et al., 2010: 18). 통합은 종종 “조정의 실행 또는 집행의 실제 산물”로 간주된다(Perri 6, 2004: 106). 이송호(2019: 44)는 통합을 조정의 하위 개념으로 보면서, 정책통합을 여러 부처의 정책입장의 구성요소들을 재구성하여 하나의 정책 입장을 만드는 것으로 보았다. 이 책에서는 정책통합을 정책조정이 이루어진 결과의 하나로 여러 부처의 정책들을 재구성하여 통합한 것으로 보겠다.

2. 정책조정의 목적

다수의 부처가 관련된 복잡한 정책문제를 대상으로 하는 정책조정을 통하여 얻고자 하는 결과, 즉 정책조정의 목적은 무엇인가? 정책을 추진하는 과정에서 인력,

예산, 지식과 정보, 시간 등 막대한 자원이 투입된다. 정부가 투입할 수 있는 자원에는 한계가 있으므로 국정운영을 총괄하는 정부핵심부와 일반국민의 관점에서 본다면, 부처별 칸막이 현상의 공고화에 따른 부처간 정책 갈등과 중복 및 중첩은 최소화하고 정부 전체의 관점에서 합의된 정책을 응집력과 일관성을 가지고 추구하여 시너지 효과가 발생할 수 있어야 한다.

일찍이 Painter(1981)는 정책 조정의 주요 목표를 (1) 중복과 중첩의 회피 또는 최소화, (2) 정책 불일치의 회피, (3) 관료적 및 정치적 측면의 갈등 최소화, (4) 일관성과 응집력 추구 및 합의된 우선순위 추구, 그리고 (5) 좁은 범위의, 특수한, 또는 분야별 관점을 옹호하는 것과 대비되는 의미에서 종합적 또는 '전정부적' 관점의 촉진이라고 보았다(Craft, 2015: 19). 한편 Pollitt(2003: 35)은 정책조정의 이점을 다음과 같이 네 가지로 보았다. 첫째, 다른 정책들이 서로에게 해를 끼치는 상황은 제거할 수 있다. 둘째, 부족한 자원을 더 잘 활용할 수 있다. 셋째, 특정 정책분야 또는 네트워크에서 주요 이해관계자들이 함께 협력하여 시너지가 창출될 수 있다. 넷째, 시민들에게 관련된 일련의 서비스를 분산적으로 접근하도록 하기보다는 원활하게 제공하는 것이 가능해진다.

Painter(1981)와 Pollitt(2003)의 논의에서 알 수 있듯이 정책조정의 목적은 정책의 중복 및 중첩 회피, 정책불일치 회피, 갈등 최소화 등과 같이 부정적 결과를 최소화하는 한편, 긍정적인 관점에서 합의된 정책 우선순위를 추구하고 시너지를 창출하고자 하는 것이다.

1) 정책의 중복과 비일관성 방지

정책의 중복방지는 내용이 유사한 정책들을 여러 부처들에서 중복하여 추진하지 못하도록 조율하는 것이다. 각 부처가 유사한 정책들을 경쟁적으로 추진하면 국가 전체적으로 자원 낭비를 초래하고, 국민들의 부담을 가중시킬 수 있다. 배분정책의 경우 유사한 정책들을 중복하여 추진하면 해당 분야에 필요 이상의 자원을 과잉투입하여 자원의 낭비를 초래한다. 예를 들어, 대학과 산업체 사이에 산학협력을 활성화하기 위하여 교육부, 중소기업부, 산업통상자원부가 유사한 재정지원 사업을 추진할 수 있고, 대학생의 인턴 활동을 장려하기 위하여 교육부와 노동부가 유사한 재정지원사업을 추진할 수 있다. 예산부처를 포함한 정부핵심부는 정책조정을 통하여 이러한 사업들이 중복되지 않고 일관성을 가질 수 있도록 하여야 한다. 규제정책의 경우 유사한 정책의 중복추진은 국민들을 중복 규제하게 되어 국민들에게 불편과 부담을 가중시킨다. 따라서 이러한 불합리를 줄이기 위하여 정책입장들 간 중복을 제거하는 정책조정이 필요하다(이송호, 2019: 62).

2) 정책갈등의 최소화

특정 분야의 현안 정책문제를 해결하기 위한 정책의 목표와 수단을 둘러싸고 부처간 정책갈등이 발생할 수 있다. 갈등 당사자들은 상호간에 서로 다른 정책입장에 관한 비판과 방어를 하게 되는데, 부처별로 정책문제를 보는 입장이 다를 수 있으며, 각각 상이한 정책 지지집단과 수혜집단이 존재하므로, 부처간 정책갈등이 발생할 경우 자율적으로 조정하기가 어렵다. 정부핵심부의 행위자가 개입하여 이러한 갈등을 조정하는 과정에서 각자가 제시한 것보다 좀 더 창의적이고 혁신적인 정책으로 통합시킬 수도 있다.

3) 합의된 정책 우선순위 추구

우선순위 설정이란 정책들의 중요성이나 시급성에 따라 순서를 매기는 것이다. 정책들 중에는 당시의 상황에 따라 좀 더 중요한 정책이 있고 덜 중요한 정책이 있으며, 좀 더 시급한 정책이 있고 덜 시급한 정책이 있다. 정책에 투입할 수 있는 자원은 한정되어 있다. 한정된 자원을 효율적으로 사용하려면 균등배분이 아니라 선택과 집중이 필요하다. 즉 여러 정책들을 국가목표나 주어진 상황에 맞게 우선순위를 설정하여 순위가 높은 정책에 자원과 노력을 집중 투입하면 정책들의 효율성을 향상시킬 수 있다. 따라서 정책입장 간 우선순위 설정을 위한 정책조정이 필요하다.

4) 시너지 창출

시너지 창출이란 정책들이 시너지를 창출할 수 있도록 정책간 보완관계를 구축하는 것이다. 시너지란 지식정보, 시스템, 기술, 시설 등을 원래 목적뿐만 아니라 다방면으로 공유할 때 발생하는 기대 이상의 성과 향상이나 비용절감을 말한다. 정책들도 잘 연계하여 추진하면 시너지 효과가 발생하는 경우가 많다. 특정 정책의 목표, 수단, 적용대상, 집행시기 등에 수정을 가하여 타 유관정책과 연계시키면 유관정책의 효과를 제고하거나 비용을 줄이는데 도움을 줄 수 있다. 예를 들어, 저소득층 지원 정책과 재래시장 활성화 정책을 추진할 경우, 전자의 주요내용은 저소득층의 생활수준 향상을 위해 공공요금 할인과 생필품 구입 쿠폰을 제공하는 것이고, 후자의 주요내용은 재래시장 고객유치를 위해 인접지역내 백화점 진입규제와 시장현대화 자금 저리융자 등이다. 두 정책은 서로 관련이 없어 보인다. 그러나 저소득층에게 제공되는 쿠폰을 재래시장에서만 사용할 수 있도록 하면, 저소득층 지원정책이 재래시장 활성화 정책에 상당한 기여를 할 수 있다. 정책들을 연계하여 추진하면 그 총효과는 독자적으로 추진했을 때 발생하는 총효과보다 더 크게 된다. 따라서 시너지 창출을 위해 정책들을 연계시키는 정책조정이 필요하다.

Ⅱ. 정책조정 성공의 판단기준

1. 정책조정의 척도

정책조정의 성공 여부는 성공 또는 실패라는 이분법이 아니라 하나의 연속선상에서 특정 상태에 도달한 정도로 판단해야 한다. 조직 내에서 또는 조직 간에 규칙과 책임이 정의되는 정도 또는 정보교환의 양에 따라 조정의 수준이 달라진다.

1) Metcalfe의 조정역량척도

Metcalfe(1994: 280-284)는 조정의 과정과 결과를 포함하는 조정역량(coordination capacities)의 척도를 (1) 부처에 의한 독립적 결정, (2) 타 부처와의 의사소통(정보

표 3-1 Metcalfe의 정책조정 척도

척도	의미
9	전정부적 전략 설정
8	정부 전체의 우선순위 설정
7	부처의 행위에 한계 설정
6	부처간 정책 차이의 집권중재
5	부처간 합의 모색
4	부처간 입장 차이의 해소
3	타부처와 협의(피드백)
2	타 부처와의 의사소통(정보교환)
1	부처에 의한 독립적 결정

출처: Metcalfe, 1994.

교환), (3) 타부처와 협의(피드백), (4) 부처간 입장 차이의 해소, (5) 부처간 합의 모색, (6) 부처간 정책 차이의 중재, (7) 부처의 행위에 한계 설정, (8) 정부전체의 우선순위 설정, (9) 전정부적 전략 설정 등 아홉 단계로 구분한다(<표 3-1> 참조).

가장 낮은 단계인 부처의 독립적 결정은 사실상 조정의 부재 상태를 말하며, 가장 높은 수준에서 정부의 모든 영역을 포괄하는 전정부적인 전략은 모든 부처의 정책과 프로그램이 반드시 따라야 하는 전략적 결정을 말한다. 이러한 정책조정척도에서 특정의 정책과 프로그램이 일정 척도수준의 조정역량에 도달할 경우에도 더 높은 척도수준의 조정역량에는 도달하지 못할 수 있다.[1]

2) Cejudo & Michel의 조정척도

Cejudo & Michel(2017: 752-753)은 Metcalfe(1994)와 Candel & Biesbroek(2016)을 바탕으로 조정척도를 세 가지 단계로 제시한다. 첫째 단계인 최소 수준에서는 자신의 목표를 더 효율적으로 달성하기 위하여 조직 간 규칙적인 정보교환이 이루어질 경우 조정이 존재한다고 본다. 이 수준에서 조직은 공식적으로 또는 비공식적으로 정보를 공유하지만 각 조직은 자신의 목표와 우선순위에 관한 결정을 위해 공유정보를 사용한다.

둘째 단계의 조정은 서로 다른 조직의 행위자들이 공식적인 정보교환 과정을 유지하는 한편, 공유하는 목표의 달성에 기여할 것을 기대하면서 자신들의 보유자원(사람, 재정, 프로그램)에 관한 결정을 각자 내리는 경우를 말한다.

마지막으로, 가장 높은 수준의 조정은 공유하는 목표를 달성하기 위해 보유자원(사람, 재원 및 프로그램)에 관하여 조직들이 공동으로 결정하도록, 공식적으로 특정 행위자들에게 의무적인 정보교환을 공식화한 상황에서 발생한다. 이전 수준의 조정과 달리, 이 수준에서는 공동목표의 달성을 위해 조직구성원을 포함한 기존 자원을 공동으로 활용한다.

---

1 Metcalfe(1994: 281-282)는 자신의 정책조정척도를 거트만 척도의 일종이라고 주장하는데 거트만 척도란 척도상의 값들이 단일차원(uni-dimensional)에 배열되고, 누적적인 특징을 갖는다. 예를 들어 어떠한 정책조정이 정책조정척도에서 (6) 단계인 '부처간 정책 차이의 중재'에 도달했다면 그 이전 단계까지도 당연히 도달한 상태이지만, (8)과 (9)단계에는 이르지 못했다는 것이다. 거트만 척도에 관하여는 남궁근, 2017, 행정조사방법론, 452-454 참조.

2. 판단기준의 적용

앞에서 살펴본 Metcalfe의 9단계 조정역량척도와 Cejudo & Michel의 3단계 척도에서 알 수 있듯이 정책조정의 성공 여부는 성공 또는 실패라는 이분법이 아닌 연속선상에서 판단하여야 한다. 이러한 척도에서 조정이 필요한 조직들이 서로 무엇을 하는지 모르는 상태에서 벗어나 최소한 정보교환 또는 정보공유가 이루어질 경우, 낮은 단계의 성공으로 간주된다. 그러므로 관련조직들 사이에 정보공유를 통하여 입장의 차이를 해소하고 협의가 이루어질 수 있도록 정례회의 개최 등 절차와 규정을 제도화하는 것이 중요하다. 이러한 절차를 거쳐야만 결과적으로 정책조정의 궁극적인 목적인 정책의 중복 및 비일관성 방지에서 시너지 창출에 이르기까지 더 높은 수준의 성공에 도달할 수 있다.

정책조정이 성공했는지 그 정도를 판단하기 위하여 정책조정 척도를 실제 연구에 적용하고자 할 때, 구체적인 정책사례를 대상으로 적용할지, 아니면 반부패정책분야와 같은 특정 영역 또는 국정운영 전반의 정책조정 성과를 대상으로 할지 선택하여야 한다. 어느 경우에나 정책조정의 성공 정도를 판단하려면 이와 관련된 충분한 자료가 수집되어야 한다. 이 책 제6장에서는 민주화 이전의 제4공화국 전두환 정부와 민주화 이후 김영삼 정부에서부터 문재인 정부에 이르기까지 역대정부의 정책조정역량(정책조정 노력 및 성과를 포함하는 개념)을 파악하고, 그 변동패턴을 영국, 프랑스, 미국 등 해외 7개 국가 연구사례와 비교하고자 한다.[2]

Ⅲ. 정책조정의 유형

1. 수직적 정책조정과 수평적 정책조정

여러 공공기관 사이의 상호작용이나 상호작용 부재와 관련된 정책 조정의 여러 차원(Boukaert et al., 2010: 19－25; Peters, 2015: 9－19) 가운데 수직적 조정과 수평적 조정에 관한 논의가 중요하다.

---

2 역대정부에서 전반적인 정책조정의 노력과 성과, 즉 정책조정역량을 파악하기 위한 전문가 델파이조사 등 자료 수집에 관하여는 제6장 관련부분을 참조하기 바란다.

1) 수직적 조정

수직적 조정은 계층적 단계의 상위단위와 하위단위 사이의 조정을 의미한다. 여기에는 정부차원 사이의 수직적 정책조정과 하나의 정부수준 내에서의 수직적 조정이 포함된다. 정부차원 간에는 중앙정부가 여러 지자체의 활동을 조정할 수 있다. 한 수준의 정부 내에서는 상위부서가 여러 하위 부서들의 활동을 조정할 수 있다. 한편 '다수준 거버넌스'(multi－level governance)가 일반화되면서 정부수준 간 수직적 조정이 더욱 중요해지고 있다(Bouckaert et al., 2010: 24). 연방정부에서 연방정부와 주정부간의 조정문제는 수직적 조정에 관한 것이며, 우리나라에서 중앙정부와 지방자치단체간의 조정문제도 수적적인 조정에 관한 것이다.

2) 수평적 조정

수평적 조정은 동일 계층의 조직 또는 단위들 간의 조정 형태를 말한다. 수평적 조정은 자발적인 성격을 가지는데 이는 어떤 조직도 다른 조직에게 권위에 의존하여 결정을 강요할 수 없기 때문이다. 정부에서 수평적 조정의 문제는 장관급 부처 사이의 경계 때문에 효과적인 정부 정책수립과 집행이 저해되는 '부처할거주의'(departmentalism) 문제라고 부르기도 한다(James & Nakamura, 2015: 395). 정부 부처는 각기 다른 장관들이 지휘하며 재정자원은 정책 영역이 아니라 각 부처에 할당된다(Heclo & Wildavsky, 1981). 각 부처는 고유한 업무 문화가 있고, 각각 공공부문, 시민사회 및 민간기업의 이해관계자들과 광범위한 연결고리를 가지고 있기 때문에 각 부처에 특유한 의제설정 및 업무수행방법을 가지고 있다. 그런데 정책 문제는 때때로 부처의 경계를 넘어 확장되며 이러한 문제에 효과적으로 대처하고 부처가 서로 영향을 미치는 '외부효과'의 부작용을 해결하기 위해서는 다부처간 조정이 필요하다.

이 책에서는 한국 중앙정부 차원의 수직적 정책조정과 수평적 정책조정에 초점을 맞추어 정책조정을 살펴보겠다.

2. 조정 주체에 따른 분류

정책조정은 조정주체에 따라 당사자 조정과 제3자 조정으로 구분된다(이송호, 2019: 56－57).

1) 당사자 조정

당사자 조정은 이견이 있는 당사자들끼리 스스로 조정하는 것이다. 당사자 조정은 다시 당사자의 숫자에 따라 양자 조정과 다자 조정이 있다. 전자는 쟁점정책과 관련된 2개 기관들 간의 조정이고, 후자는 3개 이상 기관들 사이의 조정이다. 일반적으로 양자간 조정에는 대체로 밀고 당기는 논리(push and pull)가 작용하고, 다자간 조정에는 합의형성(consensus) 논리가 작용한다.

2) 제3자 조정

제3자 조정은 제3자가 당사자들 사이에 개입하여 조정하는 것이다. 제3자 조정도 제3자의 역할에 따라 세분할 수 있다. 즉, 제3자가 중립적인 위치에서 당사자들의 입장을 조정하는 중립조정(mediation)과 제3자가 당사자들의 입장을 청취한 후 최종조정안을 마련하여 통보하는 집권조정(arbitration)으로 구분할 수 있다.

3. 소극적 조정과 적극적 조정

정책조정을 추구하는 목적에 따라 소극적 조정과 적극적 조정으로 구분할 수 있다(이송호, 2019; Lim, 2019; Peters, 2015). 소극적 조정은 합의를 통하여 정책갈등을 최소화하기 위한 조정인데 비하여, 적극적 조정은 정책의 응집성을 강화하여 시너지를 창출하기 위한 조정이다.

1) 소극적 조정

소극적 조정에는 행위자들이 최소한 서로 다른 행위자의 프로그램 또는 운영에 해를 끼치지 않을 것이라는 합의가 존재한다(Peters, 2015: 9−10). 이러한 소극적 개념이 제한적으로 보일 수 있지만, 목표에 도달하려고 할 때 프로그램들이 종종 서로 부딪치는 상황에서는 소극적 조정이 국정운영에 크게 기여할 수 있다. 특히 소극적 조정은 행위자들이 서로에게 부정적인 영향을 미치지 않는 방법을 찾기 위해 양자 협상을 진행하는 당사자 간의 수평적 조정에서 매우 중요하다(Scharpf, 1997: 39).

2) 적극적 조정

적극적 조정은 조정 당사자 사이의 갈등을 최소화하기보다는 일관성을 창출할 수 있는 통합된 정책을 마련하는 것이다. 적극적인 조정은 소극적인 조정보다 훨씬 어렵다. 적극적인 조정에서는 정부의 전반적인 성과를 높이기 위해 관련 행위자들이 정책목표의 일부 또는 그러한 목표를 달성하기 위해 선호하는 수단들 가운데 일부를 포기하여야 하기 때문이다.

4. 정책형성단계 조정과 집행단계 조정

정책조정에서 가장 근본적인 이슈 중 하나는 정책형성단계의 조정에 집중해야 하는지 아니면 정책집행단계의 조정에 집중해야 하는지에 관한 전략적 문제이다. 이 논쟁은 정책집행론 연구에서 하향식 대 상향식 집행에 관한 이슈와 유사하다 (Peters, 2015: 13-14). 집행론 연구문헌에서 근본적인 문제는 현장에서 원하는 결과를 산출하기 위해 최고위층에서 정책을 충분히 잘 설계해야 하느냐, 아니면 실행 가능한 프로그램을 만들고 현장에서 조정이 이루어질 수 있도록 정책 입안자가 일선 집행자들의 지식에 더 의존할 필요가 있느냐 하는 것이다.

1) 정책형성단계의 조정

정책형성단계의 조정이 중요하다는 관점은 최상위층에서 설계한 기본 정책이 일관성이 있다면 그 정책의 집행은 어느 지역에서나 유사할 것이라고 가정하는 것이다. 정책형성단계의 조정 관점을 지지하는 주장은 정책의 일관성이 있다면 그 정책은 정상적으로 집행될 수 있으며 일관성이 있는 결과를 산출할 수 있다는 것이다. 더 나아가, 이러한 조정 스타일은 지역에서의 협상에 의존하는 스타일보다 더 효율적일 가능성이 높다. 특히 현장에서 집행의 균일성에 대한 강한 욕구가 있다면 더욱 효율적이다. 현장에서의 조정에 의존한다는 것은 지역별로 수많은 협상이 있다는 것이고 따라서 집행된 정책에 광범위한 차이가 있을 가능성이 크다는 것을 의미한다.

2) 정책집행단계의 조정

정책집행단계의 조정을 중시하는 관점은 정부핵심부와 일선 현장의 직원들 사이의 정책에 관한 소통에서 여러 가지 측면에서 잘못될 수 있고, 중앙에서는 일관성있는 것으로 보이는 정책들조차도 일선에서 집행된 후에는 지역별로 상당히 달라질 수 있다고 본다. 사회적 난제를 해결하기 위한 정책의 집행단계에서 여전히 해결되어야 할 부분이 남아있을 때 정책 입안단계에서의 정치적 노력과 시간 투자는 일관성을 창출하는 효율적인 수단이 아닐 수 있다. 이러한 관점에서 볼 때, 정부의 최일선 기관과 행정과정에서의 조정에 초점을 더 맞출 때 정책이 올바로 집행될 가능성이 높다는 것이다.

Ⅳ. 정책조정의 저해요인

공공부문에서 정책조정의 유용성이 충분히 인정되는데도 불구하고 왜 조정이 잘 이루어지지 않을까? 공공부문에서 조정의 문제는 루틴화되고, 경직되고, 보수적인 관료제의 문제이기도 하다. 합리적 관점에서 본다면 조직 또는 개인이 다른 행위자와 조정의 경로를 선택하는데 따른 인센티브가 너무 적기 때문일 수 있다. 공공부문에서 정치인과 관료에게 주어지는 대부분의 보상은 다른 행위자와 창조적인 연계방법을 창출하고 발견하는 것보다는 특정한 정책의 칸막이에서 일하는 데에서 나온다. 공공부문 내의 대부분의 조직은 일련의 아이디어로 운영되며, 그러한 아이디어는 조직이나 그 안에 있는 개인의 자기이익을 정당화하는 데 사용될 수 있다.[3] 정부 내에서 칸막이를 유지하는 경향은 또한 공공부문 내에서 전문화의 중요성과 긍정적인 기여를 강조하는데, 이는 조정을 과도하게 강조하면 훼손될 수 있는 가치이다(Bouchaert, Peters & Verhoest, 2010).

1. 무 관 심

대다수의 부처 공무원들은 타부처와의 정책조정에 아예 관심이 없다. 조직의 지도자들이 혁신적이고 조정된 스타일의 정책 수립과 관리에 관심을 가질 경우에도, 그러한 변화에 저항하는 루턴을 확립한 조직구성원들과 부딪힐 수 있다. 만약 조직의 하위층에서 쉽게 조정이 이루어질 경우, 이러한 일선 관료들의 혁신적인 행동이 리더십의 권위와 조직의 통합성을 훼손하는 것으로 인식될 수 있다.

3 여기에서 정책조정의 저해요인은 Peters(2015: 26-44)를 기초로 정리한 것이다.

역사적 제도주의의 관점에서 보면, 확립된 경로를 고집하는 가장 단순한 논리는 그것이 과거에 효과가 있었다는 것이고, 긍정적인 피드백으로 그러한 행태가 강화되었다는 것이다. 조직의 지도자들은 앞서가는 조직을 만드는 것보다, 자신의 경력유지에 관심을 더 가질 수도 있다. 조정에 위험이 수반될 경우, 조정에 자원을 투입하는 것이 현명한 것이 아니라고 보는 것이다.

2. 무지와 정보부족

무지는 효과적인 조정을 저해하는 주요 문제 중 하나이다. 정보는 효과적인 조정을 위한 가장 중요한 전제조건일 수 있다. 서로가 무엇을 하고 있는지 알지 못하면 조직들이 함께 일하는 것은 어렵다. 다른 부처에 대한 정보는 널리 이용가능하지 않고 널리 찾고자 하지도 않는다. 조직은 자연스럽게 자체의 우선순위를 먼저 생각하는 경향이 있고, 정보를 공유함으로써 협조하지 않을 특별한 이유가 없다고 인식하더라도 다른 조직으로 정보를 자연스럽게 확산시키지는 않는다. 같은 이유로, 정부 부처들은 비록 유사한 기능을 수행하고 있는 부처라고 하더라도, 타부처의 프로그램에 대해 알아내는 데 많은 시간과 노력을 투자하지 않는다.

부처와 소속 공무원의 정보공유에 대한 무관심은 부처의 자율성을 갖기 위한 노력을 반영하는 것이기도 하다. 조직은 다른 조직과 너무 얽히고 싶지 않을 수도 있고, 자신의 임무를 완수하기 위해 타 조직에 너무 의존하고 싶지 않을 수도 있다. 협업의 논리도 강력하지만, 자율성의 논리와 조직이 자신의 의제와 활동을 통제하려는 욕구도 강력하다. 만약 자율성이 조직의 성공에 결정적인 역할을 한다고 인식한다면, 다른 조직에 대한 정보를 찾지 않으려 할 것이다.

요약하면, 정부 부처의 대다수 구성원들은 타 부처의 프로그램에 대해 대체로 알지 못하고 있다. 그러한 무지는 정부에서 일어나는 일에 대한 단순한 호기심 부족의 결과일 수도 있지만, 무지는 또한 다른 행위자들의 너무 많은 관여로부터 자신을 보호하기 위한 합리적인 전략을 나타낼 수도 있다. 그러나 시민들에게 더 좋고 덜 비싼 서비스를 제공한다는 측면에서, 타 부처가 하는 일을 무시하는 것은 합리적이지 않다.

3. 비밀주의와 정보보호

정부 조직에는 비밀 유지에 대한 강력한 인센티브가 존재한다. 정보는 조직의 힘이며, 조직은 다른 조직이나 정치 지도자와 협상 지위를 잃게 되기 때문에 정보 공유를 꺼리는 경우가 많다. 비밀주의에 따른 조정의 실패가 미국에서 2001년 9.11사태 당시 나타났다. 미국의 3대 정보기관은 미국에 위협이 되는 부분적인 스토리를 각각 알고 있었지만, 그들이 가진 정보를 다른 기관과 공유하는 것이 바람직하다고 생각하지는 않았다(Posner, 2007; Peters, 2015: 29). 그 사건 이후에 밝혀진 증거들로 이 세 기관이 여러 면에서 경쟁자였다는 것이 드러났다. 결국에는 조정 실패로 모든 기관이 대중들에게 심각한 부정적인 평가를 받았다.

데이터 보호와 정부의 프라이버시 보호정책의 영향으로 비밀유지에 따른 부정적인 결과가 나타날 수도 있다. 예를 들어, 경찰과 사회봉사기관이 부모나 보호자에 의한 잠재적 학대 대상인 어린이 등 취약계층에 관한 정보를 공유할 수 없는 경우가 많다. 정보공유를 토대로 정부 프로그램을 더 효율적으로 수행하게 할 수 있고, 세금과 지출 데이터를 연관시키는 것이 탈세를 줄이는 데 도움이 됨에도 불구하고 정보공유를 금지하는 국가도 있다.

우리나라에서는 2000년 전후 개인정보보호가 중요한 정책의제로 부상하게 되어 2011년「개인정보보호법」이 제정되었다. 법 제정 이후 9년 만인 2020년에 개인정보의 통합 감독기구로 장관급 행정위원회인 개인정보보호위원회가 출범하였다. 개인정보보호위원회는 국민의 개인정보를 보호하는 한편, 안전한 데이터 활용을 지원하는 기능을 담당한다. 예를 들면, 코로나19 팬데믹에 대처하기 위하여 방역체계를 유지하면서 국민의 개인정보 최소수집 원칙은 철저히 준수하도록 전자출입명부(QR 코드) 활용 등 보호조치를 도입하였다. 한편 제7장에서 살펴보겠지만 우리나라에서는 노무현 정부에서 행정정보공유시스템을 구축한 이후 이를 계속 확대하여 여러 부처의 행정정보공유를 통하여 국민에게 편의를 제공하고 있다. 이같이 우리나라는 개인정보보호의 강화와 안전한 데이터 활용 및 행정정보공유 확대 정책을 병행하고 있지만, 이들 사이에 균형을 유지하기는 쉽지 않다.

4. 관리와 신공공관리

정책조정의 장애요인 중 하나는 지난 수십 년 동안 지방 분권화, 조직 자율성 및 공공부문 관리자를 위한 더 큰 독립성의 가치를 강조한 성공적인 행정개혁이다. 신공공관리(NPM)는 공공부문의 효율성을 크게 향상시켰지만 정책결정체계 전반의 성과보다는 개별 프로그램의 효율성에 초점을 맞추고 있다. 예를 들어, NPM 접근법에서 도입된 핵심 프로그램 중 하나는 자율적이고 준자율적인 조직의 창설, 그리고 그러한 조직들이 정부핵심부, 심지어 소관 부처의 정치 리더십으로부터 최소한의 통제만 받으며 활동하게 되었다는 것이다.

성과관리는 NPM의 또 다른 핵심 요소로서 개별 프로그램의 능률성과 효과성을 강조한다. 개별 프로그램의 성과 측정에 대한 강조는 그러한 프로그램의 관리자가 공동목표를 달성하기 위해 다른 프로그램과 협력하기 위해 희소한 시간과 자원을 활용할 동기를 거의 갖지 못한다는 것을 의미한다. 정부 차원의 성과 목표를 개발하려는 시도도 있었지만 개별 프로그램을 위해 수립된 목표보다 영향력이 떨어지는 경향이 있다. 정부가 개별 프로그램을 보다 효율적으로 만들 수 있다면 정부 전체가 더 잘 작동할 수 있다는 가정은 현실에서 지속가능하지 않을 수도 있다. 오히려 공공 프로그램의 지속적인 분권화는 충분한 통제를 위해 핵심행정부처를 강화시켜야하는 문제를 야기했다.

공공부문의 분산화와 NPM 조정 문제에 대한 책임을 신공공관리(NPM)에 묻는 것이 편리할 수도 있지만, 일반적으로 조직관리를 강화하면 조직의 협력 의지를 줄이는 경향이 있다. 관리자가 강력한 내부 응집력과 통합된 조직 문화를 만드는데 성공하게 되면 그 조직과 그 참여자들은 다른 사람들과 협력하는 것에 관심을 덜 가질 수 있다.

5. 위험 회피성향

관료에 대한 전형적인 견해는 그들이 위험을 회피한다는 것이다. 이것은 반복되는 부정적인 인식이지만, 또한 진실을 포함하고 있다. 공공조직에서 흔히 관찰하기 쉬운 위험회피는 개인적인 실패나 성격상의 결함이라기보다는 공공부문의 근본적 성격과 관리 방식의 영향이라고 볼 수 있다.

다른 조직과 협력하고 조정하려는 시도는 그 조직에 어느 정도의 위험을 수반한다. 어떤 조직이든 예산절차와 정책수립에서 다른 조직의 침입으로부터 보호하고자 하는 정책 '심장부'를 가지고 있다. 다른 조직 및 프로그램과의 협력은 그 심장부를 위태롭게 하고 원치 않는 변화에 조직을 개방할 수 있다. 따라서 조직의 자기이익은 적어도 단기적으로는 낮은 비용과 더 나은 공공서비스 제공이라는 공익과 쉽게 충돌할 수 있다.

공공부문 내의 공식 규칙은 위험 회피성향을 악화시키는 경향이 있다. 공공부문을 보다 유연하게 만들려는 시도에도 불구하고, 공공조직 구성원들의 행동을 구조화하는 데 규칙은 여전히 중요하다. 대부분의 조직에서 구성원의 행동을 안내하기 위해 나타나는 규칙은 다른 조직과의 외부 관계보다는 내부관리에 거의 전적으로 관심이 있다. 따라서 개별 관리자는 위험을 회피하는 범위 내에서 명확한 지침이 있는 영역에서 행동하고 지침이 없는 불확실한 영역을 회피한다.

6. 영역지키기

조직의 영역지키기는 조직수준 정치의 기초이다. 영역(turf)은 돈, 공간, 시간 등 조직이 소중히 여기는 것들을 말하며 조직구성원들은 자신들의 영역이 다른 조직에 의해 위협받는 것으로 인식할 수 있다(Bardach, 1996). "당신의 입장은 당신이 어디에 앉아 있느냐에 달려있다."라고 하는 마일즈의 법칙(Mile's Law)은 조직에 기반을 둔 정치의 중요성과 그 기반을 최대한의 노력으로 방어해야 할 필요성을 규정하는 데 자주 인용되는 격언이다. 조정에는 개별 조직이 어렵게 얻은 예산 자원 중 일부를 더 큰 공동목표를 달성하기 위해 다른 조직에 양도하는 것이 포함될 수 있다. 마찬가지로 조정에는 고객을 공유하는 것은 물론 자신의 조직과 프로그램이 고객의 요구를 충족시키는 유일한 수단이 아니라는 사실을 기꺼이 받아들이는 것이 포함될 수 있다.

조직 정치에 내재된 영역지키기 싸움은 고객의 선호 때문에 강화될 수 있다. 고객은 보다 일관성 있고 조정된 방식으로 공공서비스를 제공받을 때 더 나은 봉사를 받을 수도 있지만 한 조직과의 기존 관계가 변경되는 것을 꺼릴 수 있다. 대부분 고객집단은 정부 내에서 자신의 조직이 유지되기를 원하며, 더 나아가 그 조직은 특정 이익집단의 지원에 정치적으로 크게 의존해야 한다. 예를 들어, 카터 행정부에서 대통령은 당시 재향군인에 관한 교육프로그램을 보훈처에서 교육부로 이관하고, 주택사업을 주택도시개발부로, 건강관련 업무를 보건인적자원부로 이관한다면 정부가 더 잘 작동하게 될 것으로 생각했다. 재향군인단체는 카터 행정부의 조직개편 때문에 그들의 권력과 조직을 잃지 말아야 한다고 생각하여 정치적 기반을 동원하였다. 이에 대통령은 재빨리 마음을 바꿨다.

부처들의 영역지키기 싸움은 정부조직개편 또는 부처간 기능조정을 시도할 때 가장 적나라하게 나타난다. [Box 3−1]에 인사기능통합을 둘러싸고 2004년 당시 행정자치부와 중앙인사위원회 사이에 치열하게 펼쳐진 영역 다툼의 사례가 소개되었다.

Box 3-1: 인사기능통합을 둘러싼 행정자치부와 중앙인사위의 영역다툼 사례

노무현 대통령은 2003년 3월 31일 인사혁신을 강력하게 추진할 수 있도록 "인사기능을 중앙인사위원회로 일원화하는 방향으로 기능을 정비"하는 방안을 수립하여 보고하도록 지시하였다. 정부혁신지방분권위원회(이하 '정부혁신위원회')는 대통령 지시에 따라 행정개혁전문위원회와 인사개혁전문위원회의 합동 TF를 구성하여 수차례 논의를 거듭하였으나 행정자치부와 중앙인사위원회 사이의 견해 차이가 너무 크기 때문에 합의에 이를 수 없었다. 인사기능은 물론 조직기능까지 통합을 원하는 중앙인사위원회와 최소한의 인사기능만을 이관하고자 하는 행정자치부의 견해가 대립되었기 때문이다. 합동 TF의 논의를 거쳐 정부혁신위원회에서는 인사와 조직기능을 모두 중앙인사위원회로 이관하자는 제1안과 인사기능만을 이관하자는 제2안 등 두 개의 대안을 마련하여 대통령에게 보고하기로 하였다.

2003년 6월 18일 대통령 주재 하에 행정자치부장관 및 기획실장, 중앙인사위원장 및 사무처장, 정부혁신위원장, 행정개혁간사, 그리고 인사개혁간사인 내가 참석한 가운데 조정을 위한 회의가 열렸다, 부처간 기능조정과 관련된 회의에서 부처를 대변하는 직책을 맡았을 경우 양보하기 어렵다. 내가 관찰한 바에 따르면 행정자치부와 인사위원회가 모두 개인의 견해가 아니라 기관의 입장을 강조하면서 평행선을 달렸기 때문에 회의 분위기는 매우 무거웠다.

기록을 살펴보니 노무현 대통령은 그 회의에서 1) 국정개혁을 추진하기 위한 인사개혁 추진체제를 정비하기 위하여 인사기관은 반드시 통합되어야 하고, 2) 제2안(중앙인사위원회로 인사기능만 이관)이 적합한 것으로 보이며, 3) 통합에 대한 결심은 확고하므로 이에 대하여 더 이상 논의하지 말고, 4) 인사기능이 이관되더라도 행자부 조직에 영향이 없도록 새로운 기능을 발굴하여 조직을 정비하는 방안을 마련하여 보고하고, 5) 인사기능 통합은 행정자치부 조직정비안을 마련한 후에 추진하는 것 등을 지시하였다(「참여정부의 인사개혁」, 39쪽, 정부혁신지방분권위원회 백서 3, 2005.12.31). 4번 항과 관련하여 행자부는 인사기능을 중앙인사위원회에 이관하는 대신 전자정부기능을 인수받게 되었다.

이같은 대통령의 조정과 정부혁신위원회의 결정에도 불구하고 행정자치부와 중앙인사위원회 사이에 실무차원의 협의과정도 어렵게 진행되어 2013년 9월에 최종협의안이 도출되었고, 이에 근거한 「정부조직법」 개정안은 2014년 3월 2일 국회 본회의를 통과되어, 2004년 6월 12일에 통합 중앙인사관장기관인 중앙인사위원회가 출범하게 되었다.

출처: 남궁근, 2018a, 정책연구와 실천, 198－199.

[Box 3-1]의 사례에서 보듯이 정권교체기에 정부조직개편 또는 부처간 기능조정이 이루어질 때, 각 부처는 정부 전체적 관점에서의 조정보다는 자기부처의 영역을 지키기 위하여 자원을 총동원하여 투쟁한다.

7. 집단중심정치

집단중심정치는 이익집단과 다른 사회 행위자, 그리고 공공기관 간 연계의 중요성을 알려준다. 이러한 연계는 양방향으로 흐르는 경향이 있는데, 사회적 행위자들은 정부에 영향을 미치려고 시도하는 반면 정부는 사회적 행위자들에게 영향을 미치고 활용하려고 시도한다.

이익집단과 정부조직의 연계는 조직이 정치적 지원을 위해 단일집단, 또는 제한된 수의 집단에 직접 의존할 때 조정에 큰 어려움을 초래한다. 다원주의 정치체에서, 정부조직과 이익집단 사이에 공생관계가 존재하며 정부조직은 정치적 지원을 위해 그 집단에 의존한다. 그 결과, 그 집단들은 그들의 정부조직에 직접적으로 접근하고 서비스를 요구하는 경향이 있다. 그러한 상호의존은 정부조직을 좁은 범위의 관심사에 집중시키는 경향이 있으며 다른 프로그램과의 협력을 어렵게 한다.

8. 신념과 전문성 추구

자신들의 관심 분야에서 무엇이 좋은 정책을 구성하는지에 대한 개인과 조직의 신념과 헌신은 효과적인 조정에서 극복하기 어려운 장벽 중 하나이다. 조직의 구성원은 정책에 대한 이데올로기를 가지고 있으며, 그러한 이데올로기가 정책에 대한 접근방식에 영향을 미친다. 조직 이데올로기는 정책문제를 정의하는 데 있어 광범위한 사회경제적 문제의 여러 차원 가운데 하나의 차원에만 더 큰 중요성을 부여하도록 한다. 사람들은 왜 가난할까? 건강이 좋지 않아서일까, 교육이 불충분해서일까, 아니면 문화의 취약점 때문일까? 빈곤의 해결방안이 무엇인지에 관하여 조직들은 각자 다른 답변을 하는 경향이 있다. 이데올로기는 그 이데올로기를 바탕으로 적절한 대응방안이 무엇인지 정의하도록 한다. 각자 자신의 프로그램이 문제를 완화하기 위해 최선을 다한다고 믿기 때문에 조정이 쉽게 이루어지지 않는다.

공공부문 조직에서 핵심 신념의 한 가지 원천은 전문직 교육훈련이다. 전문직 교육훈련의 특징 가운데 하나는 교육 수혜자에게 정책 상황을 정의하는 데 도움이 되는 일련의 개념과 신념을 제공하고 식별된 문제에 대해 허용가능한 해결방안을 제시하는 것이다. 우리나라에서는 인사혁신처 소관의 국가인재개발원 이외에도 중앙교육연수원, 청렴연수원, 농식품공무원연수원, 국립환경인력개발원, 국토교통인재개발원, 해양수산인재개발원 등 주요부처별로 소속 공무원들의 교육훈련을 담당하는 연수원을 운영하고 있다. 부처소속 공무원에 대한 교육훈련을 실시하는 과정에서 소속 공무원들이 부처 고유의 독특한 신념체계와 정책문제 해결방안에 관한 입장이 강화되어 부처간 정책조정이 더 어려워질 수 있다.

V. 정책조정 메커니즘의 유형

거버넌스 유형의 구분과 유사하게 정책조정의 기본적 메커니즘은 일반적으로 계층제, 시장, 그리고 네트워크로 구분된다(Bouckaert et al., 2010: 35).

1. 계층제에 기반을 둔 조정

계층적 조정메커니즘은 정부중심부에서 나오는 위계적 권위와 권력에 기초하고 있으며 공공부문에서는 가장 친숙한 유형이다. 권위는 정당성을 내포하고 있기 때문에 권위있는 정부는 큰 저항 없이 통치할 수 있다. 만약 정부가 권위를 가지고 있지 않다면, 그 목적을 달성하기 위해 강제력에 의존해야 할 수도 있다(Bouckaert et al., 2010: 37).

공공부문에서는 두 가지 측면의 계층제 활용이 구분된다(Peters, 2015: 47). 첫 번째 측면은 계층제에 관한 정치적 개념에 기초한다. 이 개념에 따르면 공공부문 조직은 정치지도자에 의해 관리되고 있거나 최소한 통제되어야만 한다. 두 번째 측면은 관료제에 관한 막스 베버의 개념에 기초한다. 즉, 민주정치체제의 궁극적인 권위는 선출된 정치지도자들로부터 나오며, 관료제는 공공정책을 만들고 실행하는 데 있어 선출직 공직자의 지휘에 따를 것이 기대된다.

이론적으로 정부핵심부의 정치행위자는 예산도구, 조직개편, 그리고 입법에 대한 영향력과 같은 다양한 수단을 활용할 수 있다. 그런데 실제로 대통령과 국무총리가 사용할 수 있는 계층적 통제 수단은 생각하는 것보다 적다. 그러므로 가장 중요한 계층적 통제의 요소는 정치지도자와 행정부처 고위공무원 사이의 접촉점(interface)이다. 이러한 접촉점이 부처간 정책조정에서 결정적인 역할을 담당한다. 계층제에서 나오는 공식 권력과 권위가 때때로 다른 기초에서 나오는 권력과 충돌할 때 조정이 어렵다. 즉, 정부부처와 고위 공무원들은 보유한 정보가 많으며 고객집단과의 밀접한 관계 및 입법부와의 직접적 관계에서 나오는 다른 유형의 권위를 가지고 있다. 관료제적 계층적 통제는 공공조직이 규칙과 내부 권위에 의하여 통제되는 관료제라는 가정에 기초를 둔다(Bouchaert et al., 2010: 37). 막스 베버는 계층제적 관료제가 조정의 원천이라고 주장하지만, 이러한 낙관적인 인식이 공공관료제의 실제 운영에서는 입증되지 않았다. 오히려 정부에서 조정문제의 주요 원천은 전문화이기 때문에 관료제적 조직구조는 대체로 효과적인 부처간 조정활동을 저해한다(Peters, 2015: 47).

요약하면 계층제에 기초한 행정부의 조정수단은 정부핵심부의 행위자, 즉 대통령, 국무총리와 그 참모들의 권위와 권력에 의존한다. 계선기관을 감독하고 지원하는 조직을 의미하는 핵심행정기관이 조정을 가능하게 하는 가장 보편적인 메커니즘이다(Peters, 2018: 7).

2. 시장에 기반을 둔 조정

경쟁과 인센티브는 시장에서 참여조직의 행태를 통제하는 기본 메커니즘이다. 시장형 조정에는 상위 목적을 달성하기 위한 참여조직들의 자원과 정보의 자발적 교환이 포함된다(Peters, 1998: 298). 공공선택이론(Niskanen, 1971)에 따르면 공공부문 내에도 시장과 유사한 메커니즘이 만들어질 수 있다. 이러한 이론적 관점에서는 공공부문 조직을 효율적으로 관리하는 수단으로 경쟁, 결과지향적 계약, 그리고 성과관련 인센티브의 중요성을 강조한다(Bouckaert et al., 2010: 42). 공공부문 내에서는 계약의 활용이 시장에 기반을 둔 정책조정의 핵심 요소로 간주된다. 계약 내에서 자금을 성과에 연결하여 조직성과를 높이는 인센티브가 중요하다. 예를 들어, 시장형 정책조정의 구체적 수단으로 조직의 자금이 조직의 예상성과 또는 과거성과와 연결되는 결과지향적 성과관리 시스템을 생각할 수 있다(Bouckaert et al., 2010: 43; Talbot, 2010; Lim, 2019 참조).

3. 네트워크에 기반을 둔 조정

정부행위자들 사이에 존재하는 네트워크가 조정의 메커니즘으로 활용될 수 있다. 네트워크란 구체적 정책 이슈를 둘러싸고 상호 의존적인 행위자들 사에에 형성된 안정적인 패턴의 상호작용을 의미한다(Klijn & Koppenjan, 2000; Bouckaert et al., 2010: 44). 네트워크에 기반을 둔 조정은 일반적으로 참여조직들 사이에 상호의존성과 신뢰에 의존한다. 특히 직업공무원들 사이에 개인적인 네트워크가 중요한 조정의 통로이다(Peters, 2018). 네트워크에 기반을 둔 조정의 관점은 시민사회 행위자들의 역할에 보다 개방적이라는 장점도 가진다(Peters, 1998: 299). 자문위원회, 협의체 및 심의기구의 형태로 공무원과 시민사회 행위자를 포함하는 네트워크는 보충적인 정책조정의 수단으로 활용될 수 있다. 여러 부처와 관계를 맺고 있는 시민사회 행위자는 정부부처들 사이에 모순과 빈틈을 찾아낼 수 있고, 보다 나은 정책조정을 위하여 귀중한 정보를 제공할 수도 있다.

4. 종　　합

이상에서 계층제, 시장, 네트워크라는 세 가지 기본적인 조정 메커니즘을 살펴보았다. 그런데 앞으로 살펴보게 될 대다수의 구체적 조정수단은 세 가지 메커니즘 가운데 하나에만 분명하게 해당된다고 보기 어렵다. 대부분의 조정수단은 어느 정도까지는 하이브리드이며 상이한 메커니즘을 결합한 것이다(Alexander, 1995; Bouckaert et al., 2010: 56). 더 나아가 맥락에 따라 조정전략은 다른 방식으로 사용될 수 있다. 예를 들면, 전략적 기획과정은 하향식 과제 배분의 방법으로 사용될 수 있지만, 다른 한편으로는 공동 전략을 수립하는 양방향 과정으로 활용될 수 있다.

Ⅵ. 정책조정 도구의 유형

앞에서 살펴본 세 가지 정책조정 메커니즘은 일반적이고 추상적인 수준의 논의이다. 조정도구는 권위(계층제), 경쟁(시장) 또는 협력(네트워크)을 활용한 구체적인 수단을 말한다. 조직 및 관리이론에서는 조직 내에서 조정 및 통합을 위해 활용되는 도구에 관한 논의는 물론 조직간 협력을 위한 도구에 관한 논의를 발전시켜 왔다. 여기에서는 이들의 논의를 바탕으로 정부부문에서 부처간 조정도구를 유형화한 Bouckaert, Peters & Verhoest(2010: 50－65)의 논의를 바탕으로 정책조정의 도구를 살펴보겠다. 이들은 조정도구들을 구조(structures) 형태와 관리체계(management systems) 형태로 구분하고 각 도구들과 세 가지 조정 메커니즘과의 관계를 고찰하였다.

1. 구조 형태의 조정도구

구조 형태의 도구란 정부 내에서 새로운 구조를 만들거나 기존 구조를 변경하는 것을 의미한다. 새로운 환경에 대응한 조직개편은 가장 잘 알려진 전략이다. 그 밖에 구조 형태의 조정도구는 명령계통 변경, 조정전담조직, 시장구조(regulated markets) 도입, 자문 및 협의체 신설, 집합적 결정체, 체인형 관리구조(chain management structures) 등이다.

1) 조직구조 개편

조직을 신설, 통합하거나, 조직을 분할함으로써 조정기능을 강화하는 것이다. 이러한 조정도구는 권위와 권력에 의존하므로 계층적 메커니즘 활용과 관련된다. 여러 부처를 통합하여 거대부처를 창설할 경우 기존의 부처간 조정노력은 내부화된다.

2) 명령계통 변경

명령계통(line of control)의 변경도 계층제 유형의 도구이다. 정무직 공직자와 고위관리자는 명령계통을 통하여 하급기관을 통솔한다. 예를 들어 부총리의 신설을 통하여 소수의 관련 부처를 지휘하게 하여 정책조정을 꾀할 수 있다.

3) 조정전담조직

조정전담장관과 같이 조정만을 전담하는 조직을 신설하여 조정기능을 강화할 수 있다. 이러한 경우 조정을 담당하는 조직과 조정대상기관의 관계는 계층적일 경우가 많으므로 계층제 유형의 도구로 분류된다.

4) 시장구조 도입

공공기관의 적절한 행동을 유도하기 위하여 자극과 제재를 도입하여 공공부문에 '시장구조(regulated market)'를 만들 수 있다. 이는 서로 다른 공공기관들의 업무와 활동을 가격과 경쟁, 공급과 수요의 메커니즘을 통해 조정하도록 하는 것이다. 공급자는 주로 고객과 구매자에 대한 판매를 통해 자금을 조달하며, 그들의 수요가 공급자의 활동을 결정한다. 이러한 시장이 정부에 의해 도입될 수 있으며 구매자와 공급자의 종류와 수에 따라 내부시장,[4] 바우처 시장 또는 외부 시장이 될

---

4 내부시장화(internal market)이란 정부기관 간 경쟁을 통해 서비스 공급권을 부여하는 공공서

수 있다. 자금과 인센티브가 매우 중요하므로 시장형 조정메커니즘으로 분류된다.

5) 자문 및 협의체 신설

복수의 기관들이 참여하는 자문 또는 협의체를 신설할 수 있다. 자문 및 협의체에서 기관의 대표자들이 양방향 정보교환은 물론이고 논의결과를 토대로 협의하거나 공동전략을 개발할 수 있다. 이러한 협의체로서 여러 가지 유형의 위원회를 생각할 수 있다. 대통령 또는 국무총리 소속 자문위원회, 관계장관회의의 자료를 준비하는 실무자 회의체 또는 부처간 태스크 포스도 여기에 해당된다.

6) 집합적 결정체 신설

부처간 협의체로서 구속력이 있는 결정을 내릴 수 있다. 대부분의 국가에서 내각회의는 집합적 결정체이며 우리나라의 국무회의도 여기에 해당된다. 다수의 국가에서 활용되는 관계장관회의도 집합적 결정체라고 볼 수 있다.

7) 체인형 관리구조

체인형 관리구조(chain-management structures)란 재화, 서비스, 또는 정책의 생산에서 연속되는 단계에 관련된 상이한 조직들을 조정하는데 활용되는 구조적 장치를 말한다. 그러한 체인 상의 조직들은 상호의존적이며, 그들의 행위는 순차적이고, 최종 산출물이 나오기까지 각 단계에서는 부가가치가 추가된다. 공공부문 내에서는 정책 체인 대 집행 체인과 같은 유형(정책결정기관과 집행기관의 분리)을 생각할 수 있다. 또는 군수조달 체인(국방 분야), 정보 또는 지식 체인(사회보장 분야) 등과 같이 산출하고자 하는 재화 및 서비스와 관련하여 체인을 구분할 수도 있고, 지역에서의 사회정책에서와 같이 개인에게 초점을 둔 체인을 고려할 수 있다.

2. 관리체계 형태의 도구

관리체계 형태의 도구란 인적 및 물적 자원의 활용을 계획하고, 모니터하며, 평

비스의 제공 방식을 말한다. 이는 영국의 대처(Margaret Thatcher) 수상 정부가 추진한 일련의 개혁 조치 가운데 하나로, '시장성 시험(market-testing)' 결과 정부 내에서 제공하는 것이 효과적인 서비스라 할지라도 정부기관 간의 경쟁을 통해 서비스 공급권을 부여하게 하는 것을 말한다. 시장성 시험 결과 서비스 제공자를 민간 부문에서 찾는 것이 효과적이라고 판명된 경우, 외부계약(contracting out)에 의해 서비스를 제공받도록 한다(이종수, 2009: 147).

가하거나 정책의 집행에 관련된 도구와 절차들로 이해된다.

1) 전략적 관리도구

전략적 관리(strategic management) 도구란 계획, 목표 및 하위목표들의 상호연관된 수준(예: 내각, 부처, 집행기관)의 체계에 따라 공공조직의 활동을 배열하는 것을 의미한다. 개별 부처들에게 범위가 넓은 전 정부적 목표의 틀 내에서 분명한 목표를 제시함으로써 부처간 조정을 촉진한다. 제4부에 살펴보게 될 국정기조－국정목표－국정과제의 성과관리체계도 여기에 해당한다. 계획이 수립되면 이에 따라 점검과 평가가 이루어지고 그 결과는 목표수정과 미세조정에 반영된다. 전략적 관리에서 상위수준과 하위수준의 목표설정이 상향적 또는 상호작용 과정을 거쳐 이루어질 수도 있고(네트워크적 조정 메커니즘), 하향적 또는 일방적으로 이루어질 수 있다(계층적 조정 메커니즘).

2) 재무관리체계 도구

예산, 회계, 감사의 과정 및 수단을 아우르는 재무관리체계(financial management system)는 여러 가지 방식의 조정수단으로 활용될 수 있다. 이러한 조정도구의 효과성은 예산 및 재정담당 부처의 역할과 역량, 그리고 계선부처와의 관계에 결정적으로 의존한다. 예산 및 재정관리체계의 여러 차원이 조정 효과를 가져 올 수 있다. 첫째, 재정관리시스템의 초점 및 내용이 상이한 행위자의 업무와 노력을 정렬시킬 수 있다. 이는 개별 기관에게 목표와 수단을 부여하거나, 개별 기관을 공통의 범부처 목표 또는 결과지향적 목표에 연결시킴으로서 이루어질 수 있다. 더 나아가 예산주기의 시간범위 때문에 장기에 걸쳐 조정기능을 할 수 있다. 다년도 예산제도는 서로 다른 시점 사이의 지출(그리고 때로는 정책)을 조정한다. 예산 및 재정관리제도에 통합 기법과 포맷이 포함됨으로써 여러 부처와 정책분야에 걸친 정보를 집적할 수 있다. 재무관리체계의 도구는 다음과 같은 세 가지 하위유형으로 구분할 수 있다.

(1) 투입 중심의 예산관리

전통적 예산관리 방식인 투입 중심의 예산관리는 자원이 어디에 투입되어야 할지 구체적으로 규정한다. 예산이 확정되면 개별기관에게 자율성은 거의 없다. 예산을 절약해야할 경우 재정당국에서 일방적으로 요구하고 모든 기관이 이에 순응해야 한다. 예산을 통하여 정책 우선순위가 결정되고 이를 하향적으로 전달한다.

(2) 결과중심의 예산관리

결과중심의 예산관리에서 초점은 성과를 향상시킨 조직단위에 인센티브를 부여하는 것이다. 예산이 조직의 과거 성과 또는 기대성과에 연계하여 편성되며 성과가 낮은 조직에게는 재정정 제재가 부과된다. 이러한 예산편성은 시장에 준하는 구조 도입의 전제조건이 된다. 이러한 체계에서 예산, 회계 및 감사는 개별기관의 성과관리에 적합하도록 맞추어지며, 성과는 누적된다. 이러한 체계에서는 전달된 서비스와 재정자원의 교환에 관한 협상, 공공조직 간 경쟁과 벤치마킹이 중요한 요소이다.

(3) 예산의 통합관리

재무관리체계는 공공기관들 사이의 공동활동(joined-up work) 또는 협력을 촉진하는데 활용될 수 있다. 이러한 관점에서 재무관리체계의 초점은 여러 조직 및 정책분야에서의 재정 및 성과정보를 통합하는데 있다. 만약 공동활동의 성과를 기초로 조직 또는 개인에 인센티브를 부여할 경우에 협력이 촉진될 수 있다. 이같은 협력지향적 예산체계에서는 다년도 예산편성과 더불어 조직간 또는 연도간 예산이 이월될 수 있도록 신축성을 부여할 수 있다.

3) 인적자원의 통합관리

정부가 보유한 인적자원은 조정을 촉진하기 위한 중요한 도구로 활용될 수 있다. 인적자원의 통합관리에는 비전, 가치관, 규범 및 지식의 범부처적인 공유를 촉진하는 모든 활동이 포함된다. 인적자원의 통합관리 도구에는 부처간 장벽을 허물 수 있도록 촉진하는 공동 교육(예를 들면, 프랑스 국립행정학교, ENA: Ecole Nationale d'Administration), 교육훈련, 부처간 인사교류 등이 포함된다. 캐나다, 미국, 뉴질랜드, 영국, 네덜란드, 그리고 한국에서 도입한 고위공무원단 제도도 여기에 해당된다. 공무원 행동강령 또는 윤리강령 도입도 그러한 공통가치와 규범을 창출하는 도구이다.

4) 의무적 자문 및 심의절차 도입

부처가 제안하는 정책, 입법초안 또는 계획을 확정하기 전에 의무적으로 자문 또는 심의를 받도록 하는 절차를 도입하는 것도 조정도구로 활용된다. 우리 정부에서도 환경영향평가, 규제영향분석, 부패영향분석, 교통영향평가, 재해영향평가, 예비타당성조사 등 다양한 사전 심의절차제도를 도입하고 있다.

<표 3-2>에 정책조정 수단별로 그 내용과 정책조정 메커니즘의 주된 성격이 요약되었다.

표 3-2 정책조정의 도구 요약

형태	내용	주된 성격
Ⅰ. 구조 형태의 조정도구		
1. 조직구조 개편	조직 신설, 통합 또는 분할	계층제
2. 명령계통 변경	부총리 신설·폐지 등 조직의 명령계통 변경	계층제
3. 조정전담조직	조정을 전담하는 조직 신설 또는 폐지	계층제
4. 시장구조 도입	공공부문에 내부시장, 바우처시장 등 도입	시장
5. 자문 및 협의체	자문 및 협의체 신설 또는 폐지	네트워크
6. 집합적 결정체	구속적 결정을 내리는 집합결정체 신설 또는 폐지	네트워크
7. 체인형 관리구조	연속되는 정책단계 담당조직의 관리구조	네트워크
Ⅱ. 관리체계 형태의 도구		
1. 전략적 관리도구	계획, 목표 및 하위목표의 체계에 따른 조정	네트워크·계층제
2. 재무관리체계 도구	예산, 회계, 감사의 과정 및 수단 통한 조정	
1) 투입중심예산관리	전통적 투입중심의 예산관리	계층제
2) 결과중심예산관리	조직의 성과에 초점을 둔 예산관리	시장
3) 예산의 통합관리	다부처 공통활동의 성과에 기초한 예산관리	네트워크
3. 인적자원 통합관리	정부 인적자원의 범부처 통합관리	네트워크·시장
4. 의무적 자문·심의절차	정책·입법초안·계획 확정 이전 의무적 자문·심의	계층제·네트워크

Ⅶ. 역대정부 정책조정의 분석범주

1. 정책조정의 주체와 대상

1) 중앙정부 차원의 정책조정 주체

한국의 중앙정부 차원에서 정책조정의 주체는 대통령, 총리, 장관 등 정무직 공직자들이다. 또한 정무직 공직자를 보좌하는 대통령비서실, 총리 소속 국무조정실, 그리고 계선부처(line ministries)와 공공기관에 대하여 권한을 행사하는 예산, 조직관리, 인사관리 등을 담당하는 핵심행정부처(central agencies)에 소속된 정치적 임

명직 및 직업공무원들도 정책조정의 주체라고 볼 수 있다.[5]

2) 정책조정의 대상

중앙정부의 계선부처(line ministries)가 정책조정의 직접적인 정책조정의 대상이다. 제7장에서 살펴보게 될 역대정부의 정부기구도에서 알 수 있듯이 한국 중앙정부의 부처조직은 부, 처, 청, 또는 위원회 등으로 구성된다. 장관급 부처는 각각 담당업무 분야에서 정부의 정책을 수립하고 집행하는 역할을 담당한다. 차관급 부처인 청단위 기관은 업무범위가 비교적 좁고 구체적인 기능을 담당한다.

공기업과 공공기관은 공공재와 공공서비스를 제공하기 위해 정부가 설립하고 운영한다. 한국에서 공공기관은 공공서비스를 생산하고 제공하는 기본적인 역할을 수행하면서 정부가 사회문제를 해결하고 시장에 개입하는 도구로 활용되어 왔다(Choi, Kwack & Ra, 2019). 공공기관은 수도, 전기, 가스, 도로 등 공공기관이 제공하는 다양한 서비스는 국민의 삶 전반에 영향을 미치므로 이들 기관을 관리・조정하는 것도 정부의 중요한 책무 중 하나이다.

2. 정책조정의 분석범주

한국에서 중앙정부의 부처간 정책조정 메커니즘으로는 대통령과 보좌관, 국무총리(실), 국무회의, 관계장관회의, 부총리제, 거대부처, 조정전담장관제, 그리고 차관회의 등 다양한 메커니즘이 시도되어 왔다(이송호, 2008: 17－27; 김상묵, 2017; 정정길, 2010: 264－277 참조). 이 책에서는 민주화 이후 한국의 중앙정부에서 활용되는 정책조정 수단들을 계층적 권위에 의한 조정(구조유형의 수단)과 수평적 정책조정(구조유형의 수단), 관리체계 유형의 조정으로 구분하기로 한다(<표 3－3> 참조).

첫째, 제2부 제4장의 계층적 권위에 의한 조정에서는 대통령과 비서실, 국무총리와 보좌조직, 부총리, 조정전담장관제도, 핵심행정부처, 그리고 거대부처를 살펴보겠다. 이들은 앞에서 살펴본 구조유형의 수단 활용에 관한 것인데 제3부 제7장 역대정부의 정부조직개편에서 살펴보게 될 내용이 포함된다. 일부 중복되는 부분은 간략하게 소개하겠다.

둘째, 제2부 제5장에서 다루게 될 수평적 정책조정에서는 국무회의, 관계장관회

---

5 대통령비서실 등에 근무하면서 임기가 보장되지 않은 정치적 임명직 공무원은 '어공'으로, 직업 공무원은 '늘공'으로 표현된다.

의, 그리고 대통령 및 국무총리 소속위원회에 의한 정책조정을 고찰하겠다. 이들은 앞에서 살펴본 구조유형의 수단 활용의 일부라고 볼 수 있다.

셋째, 관리체계 유형의 조정 가운데 역대정부의 전략적 성과관리 도구에 관한 내용은 제4부 제9장 역대정부의 정부업무와 국정과제 성과관리에서 살펴보겠다. 한편 역대정부의 조직관리, 재정관리, 인사관리 도구 등의 활용에 관하여는 제3부 제7장 역대정부의 정부혁신에서 살펴보게 될 내용이므로 여기에서는 생략하기로 하겠다.

제2부 제6장에서는 한국의 중앙정부에서 이러한 정책조정 메커니즘의 활용이 어떻게 변동되어왔는지 역대정부 별로 종합하여 비교하고자 한다. 분석대상은 민주화 이후 6개 정부, 즉 김영삼 정부, 김대중 정부, 노무현 정부, 이명박 정부, 박근혜 정부에 이어 문재인 정부까지이다. 민주화 이후 시기와 비교하기 위하여 민주화 이전인 제4공화국 전두환 정부의 정책조정을 비교기준으로 설정하여 먼저 살펴보겠다.

표 3-3 역대정부 정책조정의 분석범주

구분	내용	비고
계층적 권위에 의한 조정 (구조유형의 조정수단)	대통령과 비서실의 정책조정 국무총리와 보좌조직의 정책조정 부총리의 정책조정 조정전담장관제도 핵심행정부처 거대부처	제2부 제4장 제3부 제7장
수평적 정책조정 (구조유형의 조정수단)	국무회의에 의한 조정 관계장관 회의에 의한 조정 위원회에 의한 조정	제2부 제5장
관리체계 유형의 조정수단	전략적 성과관리 도구 조직관리 도구 재정관리 도구 인사관리 도구	제4부 제9장 제3부 제7장
역대정부 정책조정의 비교분석	전두환 정부의 정책조정 김영삼 정부의 정책조정 김대중 정부의 정책조정 노무현 정부의 정책조정 이명박 정부의 정책조정 박근혜 정부의 정책조정 문재인 정부의 정책조정 정책조정 메커니즘 변동 분석	제2부 제6장

계층적 권위에 의한 조정
Hierarchical Policy Coordination

이 장에서는 민주화 이후 역대정부에서 계층적 권위에 의한 정책조정의 방법인 대통령과 비서실의 정책조정, 총리와 보좌기구에 의한 정책조정, 부총리제도, 조정전담장관제도, 핵심행정부처, 그리고 거대부처를 어떻게 활용하여 왔는지 살펴보기로 하겠다.

Ⅰ. 대통령과 비서실의 정책조정

1. 분석기준

민주화 이후 역대정부에서 대통령의 정책조정 스타일을 개관하고, 비서실장 인선의 특징과 비서실의 규모와 기능의 변천을 고찰하고자 한다.

1) 대통령의 정책조정 및 직무수행평가 개관

(1) 대통령의 정책조정 스타일

한국에서 대통령은 부처간 정책갈등의 해결과 정책조정에 대한 궁극적인 책임을 진다. 대통령은 행정부의 최고책임자로서 정부부처 사이에 발생하는 정책갈등을 조정할 수 있는 공식적인 권위를 가지고 있으므로, 대통령이 관여할 경우 상대적으로 신속하고 효율적으로 부처간 갈등을 조정할 수 있다(정정길, 2010: 267). 대통령의 스타일에 따라 어떠한 정책조정 메커니즘을 중시하고, 이들을 어떻게 활용하였는지가 상당히 다르다. 여기에서는 대통령의 정책조정 스타일, 즉 대통령의 국정운영에서 정책갈등을 해결하고 정책조정을 이루어가는 과정에서 국무총리와의 관계설정, 관계장관회의 및 대통령 소속 위원회 등 정책조정 메커니즘을 어떻게 구축하고 활용하였는지 개괄적으로 살펴보기로 한다. 세부 내용은 앞으로 국무총리, 관계장관회의, 위원회 활용 등의 항목에서 고찰하겠다.

(2) 대통령 직무수행평가 변화추이

대통령의 정책갈등 해결 및 정책조정의 성과를 평가하는 기준에는 여러 가지가 있지만 여기에서는 한국갤럽이 조사하여 발표해 온 대통령 직무수행평가 결과를 기준으로 살펴보겠다. 대통령의 직무수행에 관한 일반국민의 평가는 대통령이 정책갈등 해결 및 정책조정에서 어느 정도 성과를 거두었는지 측정하는 대리지표(proxy indicator)로 활용될 수 있다. 뿐만 아니라 대통령의 직무수행에 대한 지지도는 정부가 새로운 정책을 추진할 수 있는 동력이 어느 정도인지 예측할 수 있는 지표이기도 하다. 국정운영을 이끌어가는 대통령을 포함한 정부핵심부에 대한 신뢰와 지지도가 낮은 경우에 일반국민은 정부가 추진하는 정책에 순응하지 않으려는 경향이 나타나고, 정책대상집단은 특히 자신들에게 불이익을 주는 정책에 불응하는 경향이 크다(남궁근, 2021: 497). 그러므로 대통령의 직무수행평가가 부정적일 경우에는 첨예한 정책갈등 해결 및 정책조정에 실패할 가능성이 높다.

한국갤럽은 1988년 이후 대통령 직무수행을 동일한 질문방식으로 평가하여 그 결과를 발표하여 왔다. 그러므로 역대 대통령 재임기간 내의 직무수행평가 변화추이를 살펴볼 수 있을 뿐 아니라, 여러 대통령의 재임기간 중 직무평가 결과를 비교할 수 있다.[1] 여기에서는 역대 대통령 재임기간 중 직무수행평가에서 긍정적 응답자의 분기별 평균을 살펴보기로 하겠다.

---

1 한국갤럽은 조사원이 직접 인터뷰하여 응답받는 방식으로 조사하며, "잘하고 있다", "잘못하고 있다", "의견 유보(어느 쪽도 아니다, 모름 · 응답 거절)"로 응답을 분류한다. 다음과 같이 질문과 재질문을 통하여 "의견유보"를 최소화하고 있다.
질문: 귀하는 ○○○ 대통령이 대통령으로서의 직무를 잘 수행하고 있다고 보십니까, 혹은 잘못 수행하고 있다고 보십니까? (긍정/부정을 답하지 않은 경우 재질문) 굳이 말씀하신다면 "잘하고 있다"와 "잘못하고 있다" 중 어느 쪽입니까?
출처: https://www.gallup.co.kr/gallupdb/columnContents.asp?seqNo=114, 2019.10.10.

2) 대통령비서실의 정책조정

국정을 총괄하는 대통령의 시간, 정보와 관심은 한정되어 있으므로 대통령이 주도하는 정책조정에도 한계가 있다. 그러므로 대통령의 국정운영이 성공할 수 있으려면 대통령을 효율적으로 보좌할 수 있는 참모조직, 즉 대통령비서실이 필요하며 대통령비서실에서 국정전반에 대한 조정이 효과적으로 이루어질 수 있어야 한다. 대통령비서실은 공식적인 기구로서 대통령에게 조언과 지원을 상시적으로 전담하는 보좌기구이다. 보좌기구는 대외적으로 자신들의 독자적인 입장을 표명하지 않는 것을 원칙으로 한다. 이들은 대통령이 공식적인 입장을 결정하는 과정에서 다양한 의견을 개진할 수 있으나 일단 대통령의 입장이 정해지면 그와 다른 입장을 표명할 수 없다(이송호, 2002: 13－14). 대통령비서실의 정책참모들은 대통령의 국정운영 방향에 부합되는 정책개발을 주도하거나 부처들이 추진하는 정책들이 대통령의 국정기조와 일치될 수 있도록 부처간 이견을 조정하는 등 정책조정에 직・간접으로 개입한다(이송호, 2008: 24). 특히 정책 이슈가 국가발전이나 대통령의 정치적 입장에서 볼 때 중요할 경우 정책보좌관들이 개입한다. 그러나 갈등 당사자인 부처들이 정책보좌관의 정책조정이 공평하지 않다고 생각하면 부처간 합의에 시간이 소요되고 갈등이 합리성보다는 정치적 타협에 의하여 타결될 가능성이 높다.

여기에서는 역대정부의 비서실장 인선의 특징, 비서실의 규모, 기능변천을 살펴보겠다.

(1) 비서실장 인선의 특징

역대정부 비서실장 인선의 특징, 즉 연령, 재임기간, 주요 경력배경(정치인, 법조인, 관료, 학자)에 관하여 살펴보겠다.

(2) 비서실의 규모

우리나라 대통령비서실은 60년대 중반까지 100명 미만에서 2018년 500명(대통령비서실 443명, 국가안보실 43명)으로 지속적으로 인력을 늘려왔다. 그러나 이 수치는 2011년 4,000명 이상의 직원을 고용한 미국의 대통령 행정실보다 훨씬 적은 수이다(Peters, 2015: 77). 역대정부에서 비서실 규모가 어떻게 변천했는지 살펴보기로 한다.

(3) 비서실의 기능 분화

한국에서 대통령비서실은 박정희 정부, 전두환 정부, 노태우 정부에서 제도화가 이루어졌다(유현종 · 이윤호, 2010; 김정해, 2003). 비서실의 기능적 분화와 전문화는 김영삼 정부에서부터 본격적으로 이루어졌다. 여기에서는 대통령비서실의 보좌기능을 관리보좌(총무, 의전, 민정, 인사 등), 소통보좌(대언론, 국민, 국회 · 정당, 시민사회 등), 분야별 정책보좌(경제, 외교안보, 교육 · 문화, 사회복지 · 노동 등 부처별 정책), 정책기획 및 조정 분야로 구분하기로 한다. 역대정부에서 이러한 기능이 어떻게 변화되어왔는지 살펴보겠다.

2. 김영삼 정부의 대통령과 비서실

1) 대통령의 정책조정 및 직무수행평가 추이

(1) 정책조정 스타일 개관

김영삼 대통령은 국무총리, 관계장관회의, 대통령 소속 위원회 등 정책조정 메커니즘을 적극적으로 활용하지 않았다. 김영삼 대통령은 국무총리에게 정책조정 업무를 위임하지 않은 편이며, 국무총리에게 정책조정에 필요한 자원을 제대로 제공하지 않았다고 평가된다(양현모, 2004; 양홍석, 2015). 김영삼 대통령은 경제부총리와 더불어 직전 노태우 대통령이 신설한 통일부총리를 두었다. 경제부총리는 경제정책에 관한 정책조정업무를 수행하였지만, 통일부총리는 통일정책 관련 조정기능을 수행하기 어려웠고 통일원 장관에 대한 예우 차원에 그쳤다. 김영삼 대통령은 조정전담장관인 정무장관을 활용하여 정무관련 조정업무를 수행하도록 하였다. 김영삼 대통령은 분야별 정책조정을 담당하는 관계장관회의인 국가안전보장회의와 통일관계 장관회의, 경제장관회의와 과학기술장관회의를 활용하였다. 한편 대통령 소속 위원회인 행정쇄신위원회, 세계화추진위원회를 신설하여 관련 정책조정을 담당하도록 하였다. 이와 같이 다양한 정책조정 메커니즘이 있었으나 주요 정책, 예를 들면 군부 사조직인 하나회 해산, "금융실명제 및 비밀보장에 관한 긴급명령"을 통한 금융실명제 도입 등의 경우 관련된 정책조정 메커니즘을 거치지 않고, 대통령 단독으로 전격적으로 결정하였다.

(2) 대통령 직무수행평가 추이

김영삼 대통령 재임기간 중 한국갤럽이 조사하여 발표한 직무수행평가 결과 긍정적 응답의 비율 추이가 <표 4-1>에 제시되었다.

표 4-1 김영삼 대통령 직무수행평가* 추이

구분	1년차 (93.3-94.2)	2년차 (94.3-95.2)	3년차 (95.3-96.2)	4년차 (96.3-97.2)	5년차 (97.3-98.2)
1분기(3월-5월)	71%	55%	37%	41%	14%
2분기(6월-8월)	83%	55%	28%	41%	7%
3분기(9월-11월)	83%	44%	29%	34%	8%
4분기(12월-2월)	59%	36%	32%	28%	6%

* 한국갤럽 대통령 직무수행평가에서 긍정평가 비율

<표 4-1>에 제시된 바와 같이 김영삼 대통령 집권 초기에 군부정권 시기의 권위주의적 제도 청산을 위한 개혁과 부패일신 정책을 추진하여 국민의 높은 지지율을 확보하였다. 취임 1년차인 1993년 1분기(3월부터 5월까지)의 긍정평가 비율은 71%이며 2분기와 3분기는 모두 83.0%의 높은 지지율을 보였다. 그러나 집권 중반기에 접어든 3년차 직무수행 긍정평가 비율은 30% 내외에 머물렀다. 집권후반기인 1997년 2월에는 차남 김현철이 뇌물수수 및 권력남용 혐의로 체포되었으며, 대한민국이 외환위기를 겪으면서 1997년 12월 5일에는 국제통화기금(IMF)에 자금지원을 신청하여 집권후반기 경제정책은 실패로 판명되었다. 1998년 2월 퇴임시 대통령 직무수행 지지율은 6%로 한 자리 숫자를 기록하였다.

2) 비서실의 정책조정

(1) 비서실장

<표 4-2>에 제시된 바와 같이 김영삼 정부 초대 비서실장은 박관용 실장(93.2-94.12)으로 부산에서 4선 의원을 역임한 중견 정치인 출신이며 1년 10개월 동안 재직하였다. 제2대 비서실장인 한승수 실장(94.12-95.12)은 경제학 교수 출신으로 1988년 정계에 진출하여 상공부 장관과 주미대사를 역임하였는데, 실무형 비서실장으로 재임하였다(함성득, 2002: 235).

제3대 김광일 실장(95.12-97.2)은 법조인 출신으로 장관급인 국민고충처리위원

장을 거쳐 비서실장직을 수행하였다. 제4대 비서실장인 김용태 실장(97.2−98.2)은 조선일보 기자와 편집국장을 거쳐 1981년에 정계에 입문하여 4선 의원을 역임한 정치인 출신으로 김영삼 정부의 마무리 단계에서 비서실장을 맡았다.

표 4-2 김영삼 정부의 대통령비서실장

성명	재직기간	재임기간	임용연령	출신지	대학(전공)	주경력
박관용	93.2.25.−94.12.24	1년 10개월	55세	부산	동아대(정치)	정치인(4선의원)
한승수	94.12.24.−95.12.30	1년	58세	강원 춘천	연세대(정외)	학자, 정치인, 주미대사
김광일	95.12.21.−97.2.28	1년 2개월	56세	경남 합천	서울대(법학)	법조인, 고충처리위원장
김용태	97.2.28.−98.2.25	1년	61세	경북 안동	서울대(법학)	정치인(4선의원)

출처: 함성득, 2002, 243, <표 3−9>에서 재구성.

김영삼 대통령을 보좌한 네 명의 비서실장 가운데 정치인은 박관용, 한승수, 김용태 실장이며, 김광일 실장은 법조인 출신이다. 비서실장 임용시 연령은 55세에서 61세까지로 비교적 젊은 편에 해당한다.

(2) 비서실 조직

김영삼 대통령은 집권 초기 '작은 정부'를 주장하면서 비서실 기능과 조직을 축소하는 쪽으로 개편하고자 하였다. 김영삼 정부의 대통령비서실은 1실장(장관급) 9수석(차관급 8: 정무, 경제, 외교안보, 행정, 민정, 공보, 총무, 사회문화수석; 1급 1: 의전수석), 49비서관 직제로 구성하여, 노태우 정부 임기말 장관급 5명(비서실장, 정무수석, 경제수석, 민정수석, 외교안보수석)을 1명(비서실장)으로 축소하였다. 또한 경호실장의 직급을 장관급에서 차관급으로 하향 조정하였다(함성득, 2002: 229). 권위주의 시대의 산물인 사정수정실을 폐지하는 대신 사회문화수석실(1993년 4월 교육문화수석실로 개명)을 신설하였다. 김영삼 정부 비서실 인원은 1993년 5월 기능직 인원을 7명 줄여 총 377명이 되었다. 이러한 축소는 김영삼 정부의 정부인력감축계획에 따라 이루어졌지만 형식적인 정원조정이었다고 볼 수 있다(함성득, 2002: 231).

김영삼 대통령의 작은 정부 구현을 위한 축소지향의 비서실 직제도 시간이 흐르면서 수석비서관실의 추가 신설, 일부 비서관 직급의 상향조정, 실세들의 강한 권한 행사 등으로 통해 실질적인 면에서 '작은 비서실'의 의미는 희석되었다. 대통령비서실 직제는 5년 임기 동안 8회에 걸쳐 개정되었다.[2] 김영삼 정부의 비서실은 출범시

1실장(장관급), 9수석(차관급 8, 1급 비서관 1), 49비서관에서 1실장(장관급), 1정치특보, 11수석(장관급 2, 차관급 9), 47비서관 직위 체제로 임기를 마쳤다(1997년 7월 18일 기준). 비서실 인력규모는 출범초 377명에서 임기말 375명으로 증가하지는 않았다.

(3) 비서실의 기능분화

김영삼 대통령의 비서실을 기능별로 구분하면 관리보좌기능(민정수석, 총무수석, 의전수석), 소통보좌기능(정무수석, 공보수석), 분야별 정책보좌기능(경제수석, 외교안보수석, 행정수석, 농수산수석), 정책기획 및 조정기능(정책기획수석)으로 나눌 수 있다.

그림 4-1 김영삼 정부의 대통령비서실 직제(1994.12.23.개편)

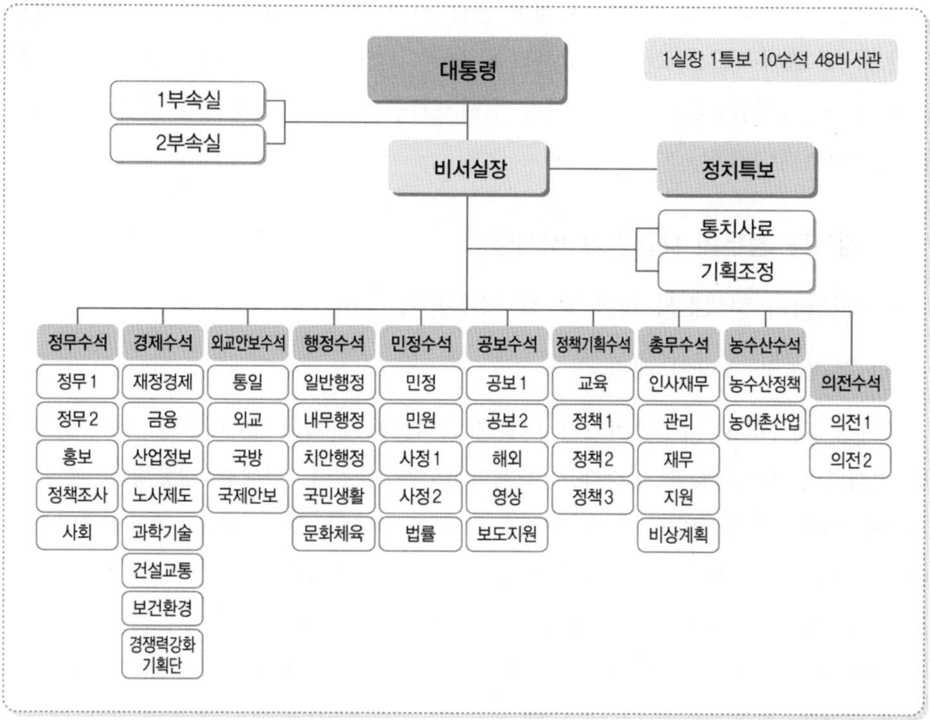

출처: 행정안전부 국가기록원 대통령기록관.
https://www.pa.go.kr/research/contents/organ/index010405.jsp?pname=kys&orgdate=941223&gubun=bs

---

2 1993년 2월 25일 제정된 <대통령비서실직제>에 의해 설치된 김영삼 대통령비서실은 1998년 2월 24일까지 존속하였다. ① '93.03.13/1실장 9수석 49비서관, ② '93.05.22/1실장 9수석 49비서관, ③ '94.01.12/1실장 10수석 51비서관, ④ '94.06.16/1실장 10수석 51비서관, ⑤ '94.12.23/1실장 1특보 10수석 48비서관, ⑥ '95.12.22/1실장 11수석 48비서관, ⑦ '96.05.14/1실장 11수석 51비서관, ⑧ '96.08.08/1실장 11수석 51비서관, ⑨ '97.07.18/1실장 1특보 11수석 47비서관.

관리보좌기능은 가장 전통적인 비서실의 기능이다. 또한 주요 부처를 담당하는 분야별 정책비서관은 박정희 정부이래 각 부처가 추진하는 정책을 조정하고 감독하는 기능을 수행하여 왔다(김정해, 2003: 239). 김영삼 정부에서 경제수석실의 조직이 확대되어 재정경제, 금융, 산업정보, 노사제도, 과학기술, 건설교통, 보건행정비서관과 경쟁력강화기획단을 두었다. 한편 우루과이라운드(UR) 타결 및 세계무역기구(WTO) 가입을 계기로 농수산 수석이 신설되어 임기말까지 운영되었다. 정책분야별로 조직화된 비서관은 부처간 정책조정과 통합 기능을 담당하지는 않았다. 김영삼 정부 비서실에서는 정책기획수석(1994년 12월 23일 4차 개편에서 신설)이 정책조정과 통합기능을 담당하였다. [그림 4-1]에서와 같이 1994년 신설된 정책기획수석실에서 국정과제로 추가된 세계화 총괄 지휘 역할에 역점을 두고 중장기 정책개발과 그 효과적인 추진을 총괄하도록 하였다(함성득, 2002: 230; 유현종·이윤호, 2010: 123). 김영삼 정부 임기 말까지 정책기획수석이 정책조정에서 핵심적인 역할을 담당하였다(전영한, 2020).[3]

3. 김대중 정부의 대통령과 비서실

1) 대통령의 정책조정 개관 및 직무수행평가 추이

(1) 정책조정 스타일 개관

김대중 대통령은 국무총리와의 역할분담, 관계장관회의 및 대통령 소속 위원회 등 정책조정 메커니즘을 나름대로 체계화하고자 하였다. 김대중 대통령은 집권 초기부터 새정치국민회의(후에 새천년민주당)와 자민련의 공동정부를 구성·운영하였다. 대통령이 자민련 소속 총리와 주례회동을 정례화하여 실질적으로 주요 정책을 조율하였다. 김대중 대통령은 정부 출범 초에 경제부총리와 통일부총리를 모두 폐지하였으나, 제3차 조직개편(2001.1)에서 경제부총리와 인적자원부총리를 부활하여 해당 분야의 정책조정을 담당하도록 하였다. 김대중 대통령은 초유의 외환·금융위기에 효율적으로 대응하고(이송호, 2003), 화해와 협력의 대북정책, 인적자원개발, 사회복지정책 분야의 정책조정을 위하여 경제정책조정회의, 국가안보회의, 인적자원개발회의, 사회관계장관회의 등 4대 정책분야별 장관회의를 중시하였다. 김대중

---

3 대통령비서실의 정책기획 및 정책조정기능은 노태우 정부에서 정책보좌관실에서 담당하다가 김영삼 정부에서 정책기획수석실로 확대·개편되었다(김정해, 2003: 239).

대통령은 대통령 소속 위원회에 시민사회 인사들을 참여하도록 하여 관련 정책을 조정하고자 규제개혁위원회, 정책평가위원회, 정부혁신추진위원회, 전자정부특별위원회 등 대통령 위원회를 신설하여 활용하였다(김성재, 2014).

(2) 대통령 직무수행평가 추이

표 4-3 김대중 대통령 직무수행평가 추이

구분	1년차 (98.3–99.2)	2년차 (99.3–00.2)	3년차 (00.3–01.2)	4년차 (01.3–02.2)	5년차 (02.3–03.2)
1분기(3월–5월)	71%	60%	49%	27%	33%
2분기(6월–8월)	62%	52%	38%	29%	26%
3분기(9월–11월)	56%	46%	54%	28%	28%
4분기(12월–2월)	63%	50%	30%	31%	24%

* 한국갤럽 조사 대통령 직무수행평가에서 긍정평가 비율

<표 4–3>에 제시된 바와 같이 김대중 대통령 집권 직후 1998년 1분기에 71%의 높은 지지율로 임기를 시작하였다. 취임 직후 금융, 기업, 노동, 공공 등 4대 분야에서 일대 개혁을 단행하고 단기간에 외환위기를 극복하여 집권 1년차와 2년차에는 긍정평가의 비율이 대체로 50%를 넘었다. 그러나 김대중 대통령과 국정철학이 달랐던 자민련과 햇볕 정책을 둘러싼 정책갈등이 표출되고 연합정부가 해체되면서 집권 3년차 4분기 이후 30% 내외의 지지율을 기록하였다. 집권 후반기에는 대통령 아들(차남 홍업, 3남 홍걸)의 뇌물수수 혐의 구속 등으로 국민의 신뢰를 잃게 되어 급격한 레임덕 현상을 맞이하였고, 2002년말 24%의 지지율로 임기를 마쳤다.

2) 비서실의 정책조정

(1) 비서실장

<표 4–4>에 제시된 바와 같이 김대중 정부 초대 비서실장은 김중권 실장(98.2–99.11)으로 1년 9개월 동안 재직하였다. 김중권 실장은 경북 울진 출생으로 민정당 3선 의원이며 노태우 대통령 재임시 정무수석을 역임하였다. 그의 발탁 이유는 김대중 대통령의 영호남의 지역감정 극복의지와 청와대 국정경험이라고 알려졌다(함성득, 2002: 258). 제2대 비서실장인 한광옥 실장(99.11–01.9)은 김대중 계파의 4선 의원 출신으로 1년 10개월 비서실장으로 재임하였다. 제3대 이상주 실장

(01.9-02.2)은 교육학 교수 출신으로 17년 동안 3개 대학의 총장을 역임하였는데, 정치권 경력은 없으며 4개월간 재직한 이후 교육부 장관으로 임명되었다. 제4대 전윤철 실장(02.1-02.4)은 정통경제관료 출신으로 비서실장직을 수행하다가 2002년 4월 개각에서 자신의 전문성을 발휘할 수 있는 재정경제부 부총리에 임명되면서 4개월만에 물러났다. 제5대 비서실장인 박지원 실장(04.4-03.2)은 김대중 대통령의 측근 정치인으로 김대중 정부에서 공보수석, 문광부 장관, 정책수석을 거쳐 김대중 정부의 마무리 단계에서 비서실장을 맡았다.

표 4-4 김대중 정부의 대통령비서실장

성명	재직기간	재임기간	임용연령	출신지	대학(전공)	주경력
김중권	98.2.26.-99.11.22	1년 9개월	59세	경북 울진	고려대(법학)	정치인(4선의원)
한광옥	99.11.23.-01.9.9	1년 10개월	59세	전북 전주	서울대(영문)	정치인(4선의원)
이상주	01.9.10.-02.1.28	4개월	64세	경북 경주	서울대(교육학)	학자, 대학총장
전윤철	02.1.29.-02.4.14	3개월	63세	전남 목포	서울대(법학)	관료, 기획예산처장관
박지원	02.4.15-03.2.25	10개월	60세	전남 진도	단국대(경영)	정치인, 정무수석

출처: 함성득, 2002, 285, <표 3-10>에서 재구성.

김대중 정부의 비서실장 가운데 김중권, 한광옥, 박지원 실장은 정치인 출신이며, 이상주 실장은 학자, 전윤철 실장은 관료(기획예산처 장관) 출신이다. 이상주 실장과 전윤철 실장이 각각 4개월 및 3개월의 짧은 기간만 재임하였으므로, 김대중 대통령은 대부분 정치인 출신 비서실장이 보좌하였다. 임용당시의 연령은 59세에서 64세까지였다.

(2) 비서실 조직

IMF 외환 위기의 와중에 출범한 김대중 정부는 집권 초기 내각 중심의 국정운영을 강조하며 대통령비서실의 조직을 1실장 6수석 35비서관 체제로 김영삼 정부 임기말과 비교하여 대폭 축소하였다. [그림 4-2]와 같이 차관급 수석으로 정책기획, 정무, 경제, 외교안보, 사회복지, 공보 수석을 두었고, 비서실장 직속으로 총무, 의전, 민정, 법무, 행사기획, 상황실 업무를 담당하는 비서관을 배치하였다. 김대중 정부 비서실 조직은 출범 이후 9차례의 개편을 거쳤다.[4] 1999년 3월과 6월의 비서

4 개편 일시와 내용은 다음과 같다. ① '98.02.25/1실장 6수석 35비서관, ② '98.06.03/1실장 6수

실 개편에서 교육문화와 민정분야의 수석실이 신설되어 비서실의 규모가 확대되었다. 김대중 정부 임기초 대통령비서실 직제는 1실장 6수석 35비서관 체제에서 임기말(2002년 4월 15일 기준)에는 1실장, 2특보, 8수석, 39비서관 체제였다. 김대중 정부 출범 초기 비서실 인력규모는 378명에서 임기말에는 405명으로 확대되었다(김정해, 2003: 232).

그림 4-2 김대중 정부의 대통령비서실 조직(2002.2.25)

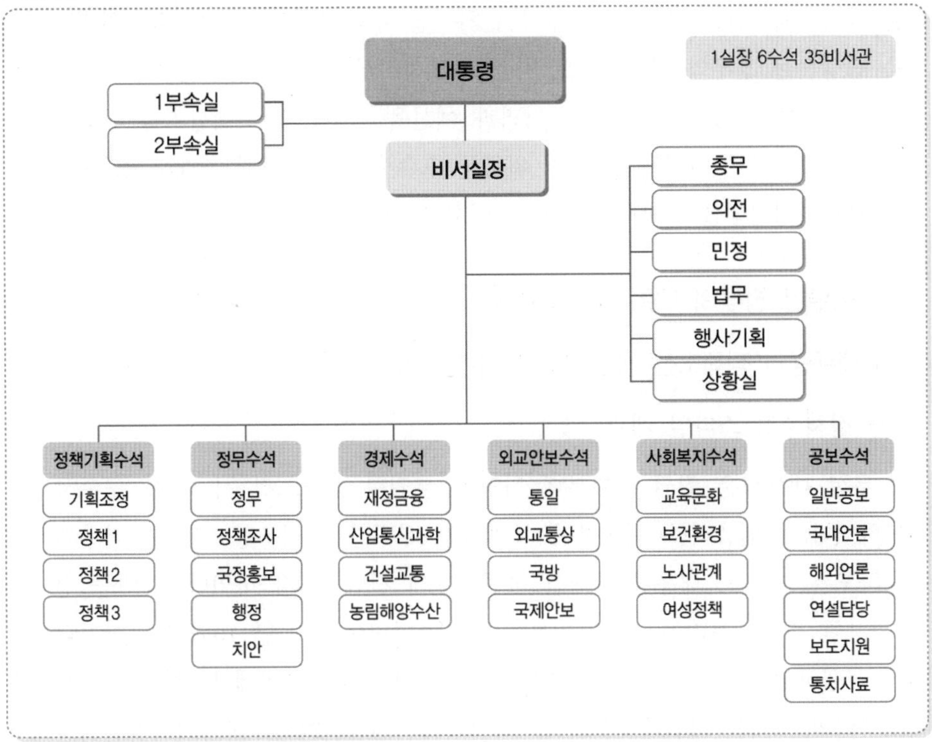

출처: 행정안전부 국가기록원 대통령기록관.
https://www.pa.go.kr/research/contents/organ/index0105.jsp?pname=kdj&orgdate=980225&gubun=bs

석 33비서관, ③ '98.06.05/1실장 6수석 36비서관, ④ '98.09.26/1실장 6수석 37비서관, ⑤ '99.03.10/1실장 7수석 40비서관, ⑥ '99.06.25/1실장 8수석 41비서관, ⑦ '00.01.12/1실장 8수석 41비서관, ⑧ '00.08.01/1실장 8수석 41비서관, ⑨ '02.01.18/1실장 2특보 8수석 39비서관, ⑩ '02.04.15/1실장 2특보 8수석 39비서관.

(3) 비서실의 기능분화

김대중 대통령의 비서실을 기능별로 구분하면 관리보좌(총무, 의전, 민정, 법무, 행사기획), 소통보좌(정무수석, 공보수석), 분야별 정책보좌(경제수석, 외교안보수석, 사회복지수석), 정책기획 및 조정보좌(정책기획수석)로 나눌 수 있다. 김영삼 정부와 비교하면 관리보좌기능을 담당하는 부서를 수석비서관급에서 비서관급으로 하향 조정하여 비서실장 직속으로 배치한 것이 특징이다. 분야별 정책보좌기능을 담당하는 경제, 외교안보, 사회복지 분야는 차관급 수석비서관 직위를 유지하였다. 소통을 담당하는 정무와 공보분야도 차관급 수석비서관 직위였다. 정책기획 및 정책조정을 담당하는 정책기획수석은 기획과 예산을 다루는 기획예산처를 관장하면서 실질적으로 비서실 내 선임 수석의 위치를 고수하였다. 이처럼 김대중 정부에서 정책기획과 조정업무를 담당하는 조직의 역할은 보다 강화되었다(김정해, 2003: 239).

4. 노무현 정부의 대통령과 비서실

1) 대통령의 정책조정 개관 및 직무수행평가 추이

(1) 정책조정 스타일 개관

노무현 대통령은 집권 초기부터 다양한 분권형 정책조정 시스템을 구축하고자 시도하였다. 책임총리를 지향하여 통상적인 부처간 정책조정 업무를 국무총리가 수행하도록 하였고, 대통령은 핵심 국정과제에 전념하고자 하였다. 김대중 정부에서 활용한 경제부총리와 인적자원부총리에 추가하여 2004년 10월에 과학기술부총리를 신설하였다. 3부총리제도와 더불어 5대 정책분야별 관계장관회의, 즉 경제정책조정회의, 사회문화관계장관회의, 과학기술관계장관회의, 국가인적자원위원회와 통일외교안보장관회의를 정례화하여 분야별 정책조정 업무를 담당하도록 하였다. 또한 국무총리가 주재하는 '국정현안정책조정회의'를 2003년 중반에 신설하여 사회갈등을 조정하고 주요정책을 조정하는 내각의 국정조정시스템으로 확고하게 자리잡도록 하였다. 한편 정부혁신지방분권위원회와 국가균형발전위원회 등 12개 대통령 직속 국정과제위원회를 신설하여 대통령 의제의 정책화와 정책조정업무를 담당하도록 하였는데, 여기에 관련부처 장관과 민간전문가들이 참여하도록 하였고, 위원장은 민간위원이 맡도록 하였다.

(2) 대통령 직무수행평가 추이

<표 4-5>에서 보는 바와 같이 노무현 대통령은 취임 직후인 1년차 1분기(2003.3.-5.)에 직무수행평가에서 60%의 긍정평가를 받았으며, 2분기에 40%의 긍정평가를 받았다. 그 이후에는 임기 말까지 긍정평가의 비율이 10-30% 내외로 비교적 낮은 편이었다. 이같이 긍정평가 비율이 낮았던 것은 신행정수도 및 공공기관 지방이전, 대북정책, 한미FTA협상, 그리고 소위 '4대 개혁입법', 즉 국가보안법, 사립학교법, 과거사진상규명법, 언론관계법 개정을 둘러싸고 기득권층과 시민사회 세력 간 갈등과 더불어 여야 정파간 갈등이 끊임없이 표출되었기 때문이다. 또한 여당인 새천년민주당에서 열린우리당이 분당하였고, 한미FTA협상 등을 둘러싸고 지지세력 내에서 분열이 발생하였기 때문이다. 특히 4년차 4분기에는 긍정평가 비율이 12%까지 하락하였으나, 5년 차에는 약간 회복하였고, 임기말인 5년차 4분기에는 27%의 긍정평가 비율을 기록하면서 퇴임하였다.

표 4-5 노무현 대통령 직무수행평가 추이

구분	1년차 (03.3-04.2)	2년차 (04.3-05.2)	3년차 (05.3-06.2)	4년차 (06.3-07.2)	5년차 (07.3-08.2)
1분기(3월-5월)	60%	25%	33%	27%	16%
2분기(6월-8월)	40%	34%	34%	20%	24%
3분기(9월-11월)	29%	23%	28%	16%	27%
4분기(12월-2월)	22%	27%	23%	12%	27%

* 한국갤럽 조사 대통령 직무수행평가에서 긍정평가 비율

2) 비서실의 정책조정

(1) 비서실장

<표 4-6>에 제시된 바와 같이 노무현 정부 초대 비서실장은 문희상 실장(03.2-04.2)으로 김대중 정부 정무수석을 지냈으며, 경기 의정부에서 국회의원으로 선출된 정치인 출신이다. 1년 재직한 후 사임하고 국회의원으로 재선되었다. 제2대 비서실장인 김우식 실장(04.2-05.8)은 연세대 총장을 역임한 교수 출신으로 1년 6개월간 재임하였다. 제3대 이병완 실장(05.8-07.2)은 기자 출신으로 노무현 대통령 홍보특보를 역임하였다. 제4대 비서실장인 문재인 실장(07.3-08.2)은 대통령의 정

치적 동지로 민정수석과 시민사회 수석을 역임하였고, 노무현 정부의 마무리 단계에서 비서실장을 맡았다.

표 4-6 노무현 정부의 대통령비서실장

성명	재직기간	재임기간	임용연령	출신지	대학(전공)	주경력
문희상	03.2.25.–04.2.13	1년	57세	경기 양주	서울대(법학)	정치인, 정무수석
김우식	04.2.23.–05.8.19	1년 6개월	64세	충남 공주	연세대(화학)	교수, 연세대총장
이병완	05.8.25.–07.3.9	1년 6개월	50세	전남 장성	고려대(신방)	기자, 홍보특보
문재인	07.3.2.–08.2.24	1년	54세	경남 거제	경희대(법학)	민정, 시민사회수석

노무현 정부의 비서실장 가운데 문희상, 문재인 실장은 정치인 출신이며, 김우식 실장은 학자, 이병완 실장은 언론인 출신으로 출신배경이 다양하다. 임용초기 연령은 54세에서 64세까지의 분포이다.

(2) 비서실 조직

2003년 2월 노무현 정부의 출범과 함께 개편된 비서실 조직은 2실장(비서실장, 정책실장), 5수석(정책, 정무, 민정, 홍보, 시민참여), 6보좌관(국가안보, 외교, 국방, 인사, 경제, 정보과학기술), 49비서관 직제로 시작되었다. 대통령비서실장과 마찬가지로 정책실장 직책을 장관급으로 두어 정책조정의 역할이 원활하게 이루어질 수 있도록 하였다. 정책실은 "정부정책과 국정과제 관련 기획관리 및 주요현안을 해결하는 기능을 수행"하기 위한 것으로 이른바 대통령과제(presidential agenda)를 중심으로 하는 정책조정의 역할이 담당하였다(전영한, 2020: 427–429). 정책실장 아래 정책수석보좌관이 동북아중심국가건설, 정부혁신지방분권 등 국정과제위원회를 담당하였다. 한편 국가안보보좌관도 장관급으로 격상시켰으며, 그 외 수석과 보좌관은 차관급으로 10명이었다(류석진, 2014: 27).

노무현 정부의 비서실 조직은 15회의 매우 잦은 조직개편이 이루어졌는데, 변화하는 상황에 맞추어 적응하는 과정에서 적지 않은 진통이 있었음을 시사한다(전영한, 2020).[5] 노무현 정부 출범시 비서실 조직은 2실장, 5수석, 6보좌관, 49비서관 직

---

5 노무현 정부의 비서실 개편내용은 다음과 같다. ① '03.02.25/2실장 5수석 6보좌관 49비서관, ② '03.05.07/2실장 5수석 6보좌관 44비서관, ③ '03.08.25/2실장 5수석 6보좌관 41비서관, ④ '03.09.19/2실장 5수석 6보좌관 41비서관, ⑤ '03.12.22/2실장 6수석 5보좌관 40비서관,

제에서 임기말에는 3실장, 8수석, 2보좌관, 53비서관 체제가 되었다. 대통령비서실의 정원은 초기에 498명으로 대폭 증가하였고, 2006년에는 다시 531명으로 증가하였다.

(3) 비서실의 기능분화

관리보좌기능과 소통보좌기능을 담당하는 정무수석, 민정수석, 홍보수석, 국민참여수석은 비서실장이 지휘하도록 하였다. 특이하게도 관리보좌기능에 해당되는 인사분야의 경우에는 차관급 보좌관이 담당하도록 하였다. 인재발굴 및 검증기능을 분리하여 인사보좌관이 정무직 공무원을 추천하면, 민정수석이 이를 검증하는 등 상호견제와 균형의 원리를 도입하였다. 한편 분야별 정책보좌기능은 분야별로 편성된 보좌관, 즉 국가안보보좌관, 외교보좌관, 국방보좌관, 경제보좌관, 정보과학기술보좌관실에서 담당하도록 하였다.

비서실 조직에 비교적 큰 변화가 이루어진 2006년 초의 개편에서 안보정책실장이 신설되어, 3실장 8수석, 2보좌관, 53비서관 체제가 구축되었다([그림 4-3] 참조). 비서실장 아래에는 기획조정실, 총무팀, 행사의전팀, 국정상황팀, 기록관리 담당부서가 별도로 위치하였으며, 시민사회수석, 민정수석, 홍보수석, 인사수석을 두어 관리보좌와 소통보좌를 담당하도록 하였다. 정책실장 아래 경제정책수석, 사회정책수석, 혁신관리수석을 두어 정책실장 직속의 정책조정실과 협업을 통하여 정책조정이 이루어질 수 있도록 하였다. 새롭게 신설된 안보정책실에는 안보실장과 안보수석, 그 아래 4개의 비서관을 신설하였다. 안보정책실은 국내정책과 구분되는 대외정책를 조정한다는 의미를 가진다. 집권 후반기인 2006년 8월 개편에서는 안보정책실장의 명칭을 통일외교안보정책실장으로 변경하였다.

⑥ '04.05.17/2실장 6수석 5보좌관 48비서관, ⑦ '04.12.24/2실장 6수석 5보좌관 47비서관, ⑧ '05.01.06/2실장 6수석 5보좌관 48비서관, ⑨ '05.02.25/2실장 6수석 5보좌관 48비서관, ⑩ '05.04.08/2실장 7수석 4보좌관 49비서관, ⑪ '05.07.11/2실장 7수석 4보좌관 49비서관, ⑫ '05.11.04/2실장 7수석 4보좌관 49비서관, ⑬ '06.01.27/3실장 8수석 2보좌관 53비서관, ⑭ '06.05.04/3실장 8수석 2보좌관 52비서관, ⑮ '06.08.25/3실장 8수석 2보좌관 53비서관, ⑯ '07.04.20/3실장 8수석 2보좌관 53비서관.

그림 4-3 노무현 정부의 비서실 조직(2016.1.27.)

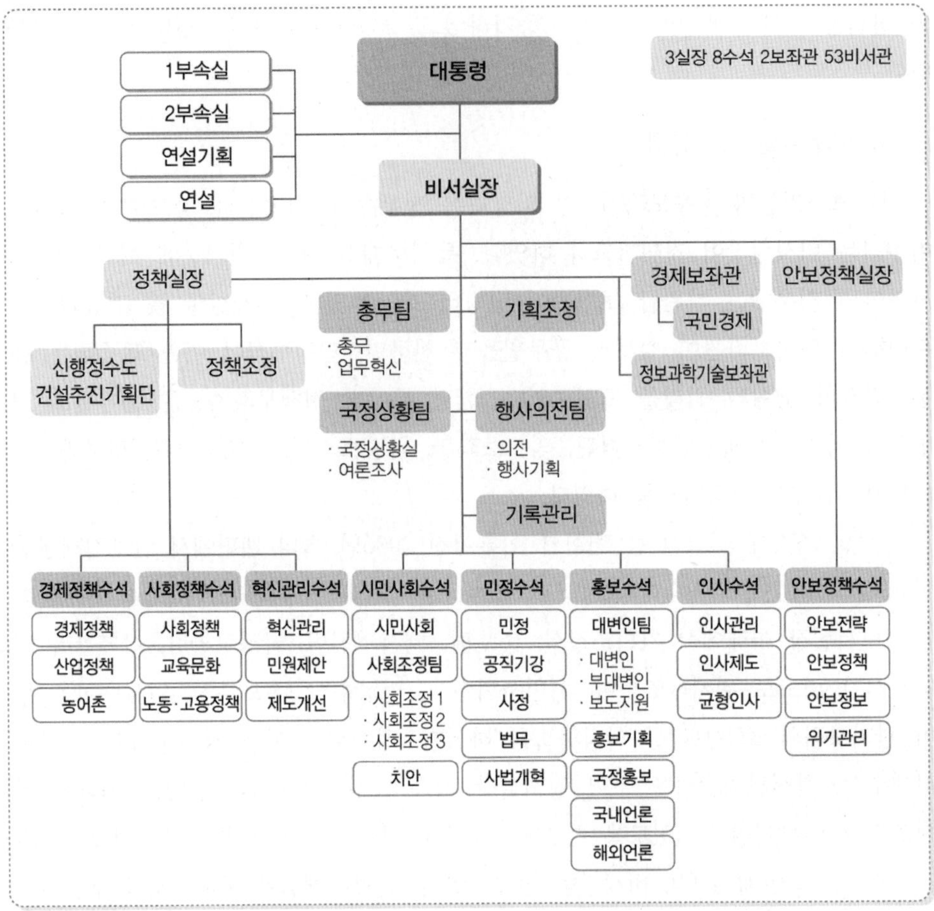

출처: 행정안전부 국가기록원 대통령기록관.
https://www.pa.go.kr/research/contents/organ/index010613.jsp?pname=rmh&orgdate=060127&gubun=bs

5. 이명박 정부의 대통령과 대통령실

1) 대통령의 정책조정 개관 및 직무수행평가 추이

(1) 정책조정 스타일 개관

이명박 대통령은 전임 대통령이 구축하고자 시도하였던 분권형 정책조정시스템을 대부분 해체하고자 하였다. 집권 초기에 국무총리의 정책조정기능을 현저하게 약화시키고 국무총리가 자원외교 등 대외적 역할을 담당하도록 하였다. 총리의 정책조정을 뒷받침하는 국무조정실을 비서실과 통합하여 그 명칭을 국무총리실로 변경하였다. 직전 정부의 3인 부총리제도는 모두 폐지하였고, 정무와 관련된 조정전담장관으로 특임장관을 두도록 하였다. 관련 부처간 정책조정은 거대부처에서 담당하도록 대대적으로 정부조직을 통폐합하는 개편을 단행하였다. 분야별 관계장관회의는 국내정책을 관장하는 경제정책조정회의와 대외정책분야의 외교안보정책조정회의만을 두었다. 한편 직전 정부에서 제도화한 국무총리 주관 '국정현안정책조정회의'도 폐지하였다가 그 필요성을 인식하여 '국가정책조정회의'로 명칭을 변경한 후 부활시켜 국정 현안에 관한 정책조정기구로 활용하였다. 대통령 직속위원회로는 국가경쟁력강화위원회, 미래기획위원회, 국가브랜드위원회, 녹생성장위원회 등을 신설하여 국정과제를 추진하고자 하였다.

(2) **대통령 직무수행평가 추이**

이명박 대통령은 집권 1년차 1분기에 52%의 긍정평가 비율로 출발하였다(<표 4-7> 참조). 그러나 긍정평가의 비율은 2분기에 21%, 3분기에 24%로 낮아졌다. 이는 한미FTA 개정을 통한 미국산 쇠고기 수입 문제와 한반도 대운하 추진을 둘러싸고 정책갈등과 대립이 격화되었기 때문이다. 이명박 대통령이 두 가지 쟁점에 대한 자신의 입장을 철회한 후 친서민 중도실용 정책으로 전환하면서 2년차부터 4년차까지 30-40% 내외의 긍정평가 비율을 유지하였다. 집권 마지막 해에는 20% 초반의 긍정평가 비율을 보였다.

표 4-7 이명박 대통령 직무수행평가 추이

구분	1년차 (08.3-09.2)	2년차 (09.3-10.2)	3년차 (10.3-11.2)	4년차 (11.3-12.2)	5년차 (12.3-13.2)
1분기(3월-5월)	52%	34%	44%	43%	24%
2분기(6월-8월)	21%	27%	49%	39%	25%
3분기(9월-11월)	24%	36%	44%	37%	23%
4분기(12월-2월)	32%	47%	47%	32%	23%

* 한국갤럽 조사 대통령 직무수행평가에서 긍정평가 비율

2) 대통령실의 정책조정

(1) 대통령실장

2008년 출범한 이명박 정부에서는 청와대 조직 직제상 분리되어 있던 대통령비서실과 대통령경호실을 대통령실로 통합하였다. <표 4-8>에 제시된 바와 같이 이명박 정부 초대 대통령실장은 류우익 실장(08.2-08.6)으로 서울대 지리학과 교수 출신으로 이명박 대통령이 기획한 한반도 대운하 프로젝트의 실질적 입안자이기에 초기에 국정운영을 위해 비서실장으로 입각했다고 알려졌다. 류우익 실장이 6개월 만에 사직한 이후 제2대 대통령실장은 행정학 교수 출신인 정정길 실장(08.6-10.6)으로 2년간 재임하였다. 제3대 임태희 실장(10.7-11.11)은 관료 출신 정치인으로 고용노동부 장관을 역임하였다. 제4대 비서실장인 하금열 실장(11.12-13.2)은 방송기자 출신으로 SBS사장을 역임하였으며, 이명박 정부의 마무리 단계에서 대통령실장을 맡았다.

표 4-8 이명박 정부의 대통령실장

성명	재직기간	재임기간	임용연령	출신지	대학(전공)	주경력
류우익	08.2.25.-08.6.10	6개월	66세	경북 상주	서울대(지리학)	교수
정정길	08.6.10.-10.6.3	2년	66세	경남 함안	서울대(법학)	교수, 울산대 총장
임태희	10.7.16.-11.11.30	1년 4개월	54세	경기 광주	서울대(경영)	정치인, 장관
하금열	11.12.12.-13.2.24	1년 2개월	57세	경남 거제	고려대(독문학)	기자, SBS사장

이명박 정부의 대통령실장 가운데 초대와 제2대 류우익, 정정길 실장은 학자 출신이며, 임태희 실장은 정치인, 하금열 실장은 언론인 출신으로 출신배경이 다양하다. 임용 당시 연령은 54세에서 66세까지의 분포이다.

(2) 대통령실 조직

대통령 보좌조직 체계는 기존의 비서실과 경호처가 대통령실로 통합함에 따라 1실장(대통령실장), 1처장(경호처장), 7수석(국정기획, 정무, 민정, 외교안보, 경제, 사회정책, 교육문화), 42비서관으로 개편되었다. 한편 대통령실장 직속으로 총무, 제1부속실, 제2부속실, 연설기록, 의전, 기획조정, 인사 담당부서와 특별감찰관 및 대변인실을 두었다. 경호처 정원을 제외한 대통령실 정원은 총 533명에서 427명으로 106명 감축하였다(배정훈, 2008: 54).

이명박 정부의 대통령실 직제는 13차례에 걸쳐 개편되었다.[6] 대통령실 인력규모는 임기초 427명(경호처 제외)에서 시작하여 이명박 정부 임기말 대통령실 인력규모는 456명(경호처 524명 제외)으로 노무현 정부 임기말 531명보다 75명 감소되었다.

(3) 대통령실의 기능분화

기능별로 구분하면 관리보좌기능 가운데 민정분야만 수석비서관 직위를 부여하였고 총무, 의전, 인사, 기획조정 기능은 대통령실장 밑의 부서에서 담당하도록 하였다. 소통보좌기능은 정무수석실과 대통령 직속의 대변인실이 담당하도록 하였다. 한편 분야별 정책보좌기능은 외교안보수석, 경제수석, 사회정책수석, 교육과학문화수석이 담당하도록 하였다. 정책조정기능은 국책과제를 담당하는 국정기획수석이 담당하였는데, 김대중 정부에서와 같이 선임 수석의 위치를 차지하였다.

2008년 6월에는 홍보기획관과 특별보좌관(경제, 과학기술, 국민통합, 언론문화) 직책이 추가되었고, 같은 해 7월에는 금강산 관광 피격사건 등이 발생하여 이에 대응하기 위해 국가위기상황센터를 신설하였다. 2009년에는 출범 초 폐지된 정책실장 직책을 신설하여 2실장 체제로 전환하였고, 두 명의 기획관(인사, 메시지)을 직제에 추가하고, 특별보좌관의 임무를 조정하여 6특보(경제, 국민통합, 언론문화, 과학기술, 정무, IT) 체제로 개편하였다(2009년 8월 31일 직제개편). 이명박 정부의 초기 비서실 편제상 노무현 정부와 비교해 관심을 덜 받았던 정책조정 업무가 중기로 접어들면서 다시 강조된 것은 정책실장 직책 부활로 확인할 수 있는데, 해당 조직개편의 목적이 정책분야의 통합과 조정기능 강화로 명시되었다(배정훈, 2009).

2010년에는 정책실장 아래 국제경제보좌관과 정책기획관을 신설하였고, 동시에

---

6 ① '08.03.03/1실장 1처장 7수석 42비서관, ② '08.06.24/1실장 1처장 7수석 1기획관 4특보 46비서관, ③ '08.07.25/1실장 1처장 7수석 1기획관 4특보 46비서관, ④ '09.01.01/1실장 1처장 7수석 1기획관 4특보 43비서관, ⑤ '09.02.10/1실장 1처장 7수석 1기획관 4특보 43비서관, ⑥ '09.08.31/2실장 1처장 8수석 2기획관 6특보 44비서관, ⑦ '09.09.23/2실장 1처장 8수석 3기획관 6특보 43비서관, ⑧ '10.05.28/2실장 1처장 8수석 3기획관 6특보 43비서관, ⑨ '10.07.07/2실장 1처장 8수석 4기획관 44비서관, ⑩ '10.12.30/2실장 1처장 9수석 3기획관 47비서관, ⑪ '11.09.07/2실장 1처장 9수석 4기획관 45비서관, ⑫ '11.12.12/2실장 1처장 9수석 3기획관 47비서관, ⑬ '12.01.13/2실장 1처장 9수석 4기획관 47비서관, ⑭ '12.08.08/2실장 1처장 9수석 5기획관 46비서관.

그림 4-4 이명박 정부 대통령실 조직(2010.12.30)

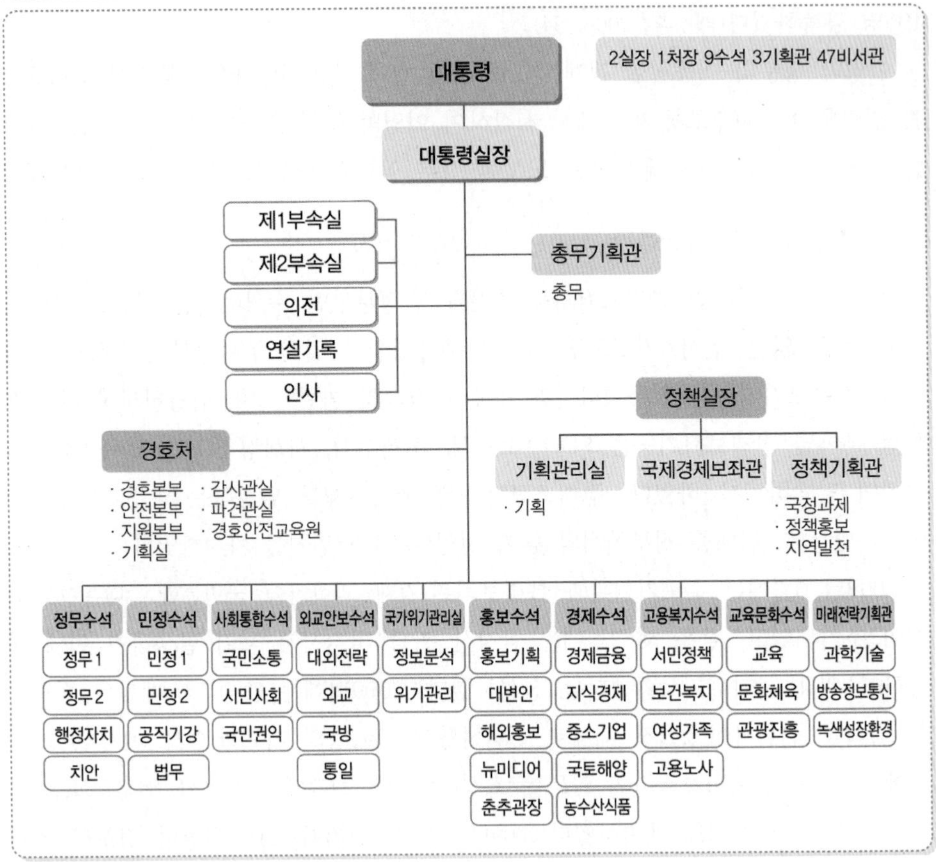

출처: 행정안전부 국가기록원 대통령기록관.
https://www.pa.go.kr/research/contents/organ/index010706.jsp?pname=lmb&orgdate=090831&gubun=bs

특보제를 폐지하였다(2010.7.7). [그림 4-4]에서 보듯이 2010년 12월에는 정책실장 산하 직제를 기획관리실, 정책기획관으로 개편하였다. 2011년에 이루어진 10번째 개편에서는 정책실장 산하조직이 확대되어 이명박 정부 대통령 의제의 하나였던 녹색성장을 담당하는 기획관을 신설하였다. 집권 중기 이후에는 정책실장과 비서실장의 업무분장에 관한 개편이 이루어졌는데, 경제, 고용복지, 교육문화수석, 미래전략기획관, 녹색성장기획관이 정책실장 산하로 자리잡았고, 정무, 민정, 사회통합, 외교안보수석과 국가위기관리실은 대통령실장 아래로 편입되었다. 이전에 정책실장 아래에 있던 정책기획관의 업무는 기획관리실로 통합되어 대통령실장 직속으로 두었다(2011.12.12). 이외에도 2012년에 두 번의 개편이 더 이루어졌는데 대외전략기획관이 신설되고, 기후환경비서관이 신설된 것이 그 내용이었다. 정책실장이 신설된 이후 2실장 체제는 2009년부터 집권 후기까지 지속되었다. 다만 정책실장이 대통령실장과 동급으로 있었던 것은 아니고 대통령실장 아래 다른 수석들과는 독립된 직제로 둔 것에 해당한다. 이명박 정부 임기말(2012년 8월 8일 기준) 대통령실 직제는 2실장, 1처장, 9수석, 5기획관, 46비서관 체제였다. 정책실장 밑에 국제경제보좌관, 경제수석, 고용복지수석, 교육문화수석, 미래전략기획관, 녹색성장기획관을 두어 분야별 정책보좌기능을 총괄하게 하였고, 대통령실장 아래 기획관리실에서 정책조정기능을 담당하도록 기획, 국정과제1, 국정과제2 비서관을 두었다. 관리보좌기능과 소통보좌기능을 수행하는 수석실과 기획관 및 팀들도 대통령실장이 담당하도록 하였다.

6. 박근혜 정부의 대통령과 비서실

1) 대통령의 정책조정 개관 및 직무수행평가 추이

(1) 정책조정 스타일 개관

박근혜 대통령은 이명박 대통령이 해체하고자 하였던 정책조정 시스템을 대부분 원상태로 되돌리고자 하였다. 이명박 정부가 통폐합한 국무총리실을 국무조정실과 비서실로 분리하였다. 그러나 초대 총리부터 총리 후보자가 인사청문회를 통과하지 못하는 등 총리가 제대로 정책조정 역할을 수행하기 어려웠다. 이명박 정부가 폐지한 부총리를 부활하여 경제부총리와 사회부총리를 두었고, 조정전담장관인 특임장관은 폐지하였다. 이명박 정부가 통폐합하여 설치한 거대부처도 대부분 원상태로 되돌렸다. 분야별 관계장관회의로 경제장관회의, 국가안보회의 상임위원회, 사회관계장관회의를 상설화하였고, 국무총리가 주관하는 '국가정책조정회의'도 계속 유지하였다. 박근혜 대통령의 국정과제를 추진하고 조정하는 대통령 직속위원회로 문화융성위원회, 청년위원회, 통일준비위원회 등을 신설하여 운영하였다.

(2) 대통령 직무수행평가 추이

박근혜 대통령의 집권 1년차에는 대통령의 직무수행평가에서 대체로 50% 이상의 지지율을 기록하였다(<표 4-9> 참조). 2년차인 2014년에도 대체로 40% 이상의 긍정평가를 받았다. 그러나 2014년 4월 세월호 사건과 2015년 메르스 사태에 제대로 대응하지 못한 채 이를 둘러싼 정책갈등이 심화되면서 긍정평가의 비율이 낮아지기 시작하였다. 2016년 하반기에 비선 실세인 최순실의 국정농단이 드러나면서 집권 4년차 4분기에 긍정평가 비율은 5%에 불과하였다. 결국 헌정사상 최초의 대통령 탄핵이 이루어져 박근혜 대통령이 중도 하차하게 되었다.

표 4-9 박근혜 대통령 직무수행평가 추이

구분	1년차 (13.3–14.2)	2년차 (14.3–15.2)	3년차 (15.3–16.2)	4년차 (16.3–17.2)	5년차 (17.3–17.5)
1분기(3월–5월)	48%	53%	38%	36%	–
2분기(6월–8월)	58%	44%	34%	32%	
3분기(9월–11월)	58%	46%	45%	18%	
4분기(12월–2월)	54%	35%	42%	5%*	

* 한국갤럽 조사 대통령 직무수행평가에서 긍정평가 비율
* 2016년 12월 1주 및 2주차 조사결과 평균

2) 비서실의 정책조정

(1) 대통령비서실장

2013년 박근혜 정부가 출범하면서 대통령비서실과 대통령경호처는 다시 분리되었다. <표 4–10>에 제시된 바와 같이 박근혜 정부 초대 비서실장인 허태열 실장(13.2–13.8)은 내무관료 출신으로 관선 충북지사를 지낸 후, 부산에서 3선 의원을 역임한 정치인이며 5개월간 재임하였다.[7] 제2대 김기춘 실장(13.8–15.2)은 권위주의 시대에 검찰총장과 법무부 장관을 역임한 검찰 출신 정치인이며 73세의 고령에 비서실장직을 맡았다. 재임 중 2014년 4월 16일 발생한 세월호 침몰사고 당시 대통령의 행적 해명에 어려움을 겪었다. 제3대 이병기 실장(15.3–16.5)은 국가정보원장을 역임한 바 있었다. 제4대 이원종 실장(16.5–16.10)과 제5대 한광옥 실장(16.11–17.5)은 각각 74세의 고령으로 비서실장을 맡았다. 한광옥 실장은 김대중 정부 비서실장을 역임한 바 있으며, 대통령 탄핵사태에 대처하기 위한 야당 인사의 영입으로 볼 수 있다.

7 허태열 실장은 집권 초인 2013년 5월 대통령 방미 중 당시 윤창중 청와대 대변인의 불미스러운 성희롱 사건의 책임을 지고 6개월 만에 사임한 것으로 알려졌다.

표 4-10 박근혜 정부의 대통령비서실장

성명	재직기간	재임기간	임용연령	출신지	대학(전공)	주경력
허태열	13.2.25.－13.8.4	5개월	67세	경남 고성	성균관대(법학)	관료, 정치인
김기춘	13.8.5.－15.2.22	1년 6개월	73세	경남 거제	서울대(법학)	검사, 법무장관, 정치인
이병기	15.3.1.－16.5.15	1년 2개월	68세	충남 홍성	서울대(외교)	외무관료, 국가정보원장
이원종	16.5.16.－16.10.30	5개월	74세	충북 제천	성균관대(행정)	관료, 충북지사
한광옥	16.11.3－17.5.19	7개월	74세	전북 전주	서울대(영문)	정치인, 비서실장

출처: 함성득, 2002, 285, <표 3－10>에서 재구성.

박근혜 정부의 비서실장 가운데 허태열과 이원종은 관료 출신 정치인이며 김기춘은 검사, 법무장관을 거친 정치인이다. 이병기는 외무관료를 거친 국가정보원장 출신이다. 한광옥은 정치인이며 김대중 정부의 비서실장을 지낸 바 있다. 박근혜 대통령비서실장들의 임용 당시 연령은 67세에서 74세까지 분포하여 역대 대통령비서실장들 가운데 연령대가 가장 높은 편이다.

(2) 비서실 조직

대통령비서실은 1실(비서실장), 9수석(국정기획, 정무, 민정, 외교안보, 홍보, 경제, 미래전략, 교육문화, 고용복지) 36비서관 1팀(인사지원팀) 체제로 시작하였다. 비서실장 아래 독립적으로 5비서관(총무, 제1·2 부속, 의전, 연설기록)과 인사지원팀을 두었다. 한편 비서실과는 분리되는 별도조직으로 국가안보실(장관급)을 두고, 차장은 외교안보수석이 겸직하였고, 직속으로 국제협력비서관, 정보융합비서관, 위기관리센터를 두었다(안전행정부, 2013: 2).

출범초기 인력규모는 비서실 443명, 국가안보실 13명, 합계 456명으로 이명박 정부 임기말과 동일하였다. 박근혜 정부에서 대통령비서실의 직제는 과거정부에서만큼 큰 직제개편은 없었고 총 5회 개편을 겪었다.[8] 박근혜 정부 임기말(2015년 1월 23일 기준) 대통령비서실 직제는 1실장(장관급), 10수석(차관급), 5기획관, 40비서관 체제였으며, 국가안보실은 1실장(장관급 1), 2차장(차관급 1, 2차장은 겸직), 4비서관, 1센터장 체제였다. 임기 말에는 비서실 443명, 국가안보실 22명, 합계 임

8 ① '13.03.23/1실 9수석 36비서관 1팀, ② '13.04.15/1실 9수석 38비서관, ③ '14.07.02/1실 9수석 39비서관, ④ '14.07.18/1실 10수석 40비서관, ⑤ '14.11.09/1실 10수석 41비서관, ⑥ '15.01.23/1실 10수석 40비서관.

그림 4-5 박근혜 정부 비서실 조직(2014.7.18.)

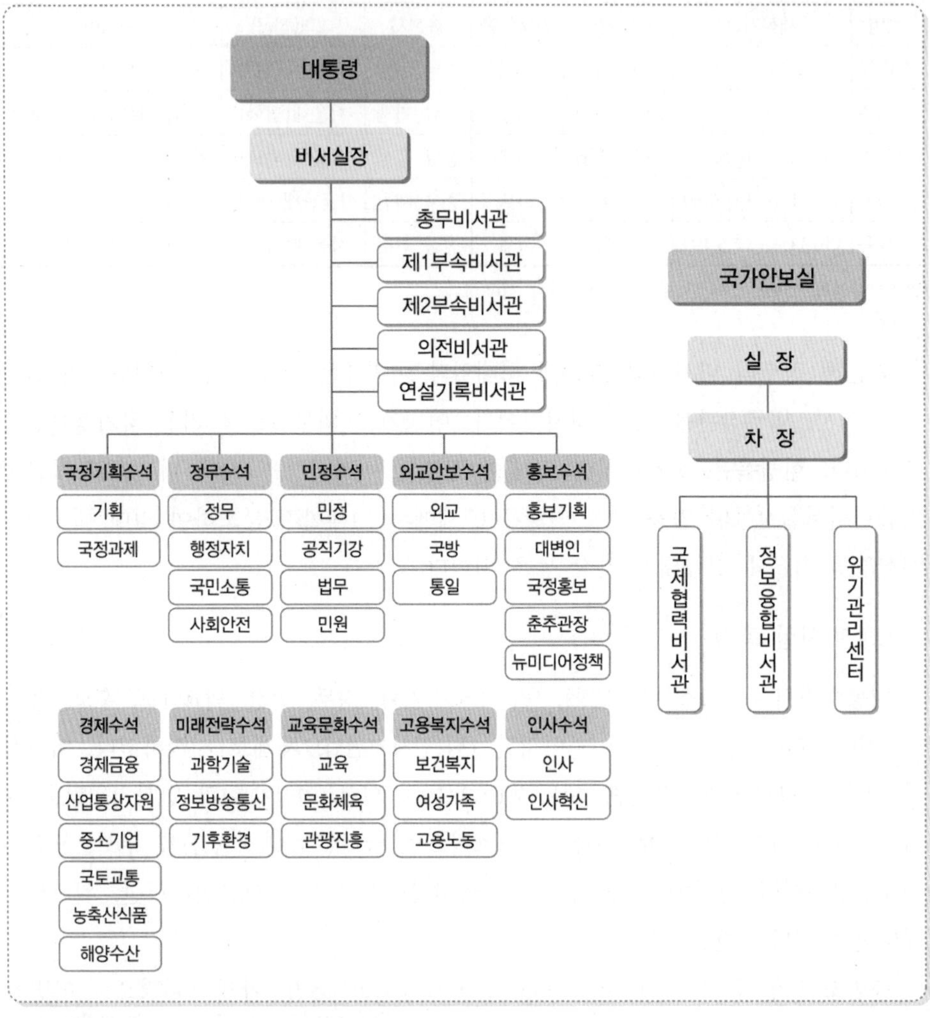

출처: 행정안전부 국가기록원 대통령기록관.
https://www.pa.go.kr/research/contents/organ/index011104.jsp?pname=pgh&orgdate=140718&gubun=bs
국가안보실 직제는 안전행정부, 2013, 2013정부기구도표, p. 2, 국가안보실 차장은 비서실의 외교안보수석 겸직.

기 초보다 465명으로 소폭 증가하였다(행정자치부, 2017: 1-2).

(3) 기능분화

기능별로 살펴보면 관리보좌기능은 민정수석과 총무비서관, 의전비서관, 연설기록비서관, 인사지원팀이 담당하도록 하였다. 2014년 7월에 관리보좌기능 가운데 하나인 인사를 담당하던 인사지원팀을 승격시켜 인사수석비서관을 두어 10수석 체제로 개편하였다. 소통보좌기능은 정무수석, 홍보수석이 담당하도록 하였다. 분야별 정책보좌는 외교안보수석, 경제수석, 미래전략수석, 교육문화수석, 고용복지수석이 담당하도록 하였다. 외교안보분야는 비서실에서 독립된 국가안보실(장관급)에서 맡도록 하였고, 외교안보수석이 국가안보실 차장을 겸직하였다. 국정기획과 국정과제를 포함한 정책조정은 선임수석의 위치를 차지한 국정기획수석이 담당하였다. 한편 노무현 정부와 이명박 정부에서 신설과 폐지를 반복하였던 정책실은 폐지하였다.

7. 문재인 정부의 대통령과 비서실

1) 대통령의 정책조정 개관 및 직무수행평가 추이

(1) 정책조정 스타일 개관

문재인 대통령의 정책조정시스템은 노무현 정부 시기의 정책조정시스템이 모델이었다. 대통령과 총리의 주례회동을 내실있게 운영하였고, 국무조정실의 조정기능을 강화하였다. 직전 정부의 경제부총리와 사회부총리를 유지하였고, 2019년 7월 사회부총리의 조정기능을 뒷받침하는 차관보 직제를 신설하였다. 분야별 관계장관회의로 직전 정부의 경제장관회의, 사회관계장관회의, 국가안보회의 사무처를 존치시키는 한편 2018년 10월 과학기술관계장관회의를 부활시켰다. 집권 초기에는 총리 주재의 '국정현안점검조정회의'(직전 정부의 '국가정책조정회의'에서 명칭변경)를 내실있게 운영하였는데, 2020년 초부터 총리 주재 '코로나19 대응 관계부처장관회의'를 구성한 후 이를 상시적으로 운영하면서 '국정현안점검조정회의'의 중요성이 약화되었다. 노무현 정부 시기와는 달리 대통령 소속 국정과제위원회를 대대적으로 설치하지는 않았지만, 일자리위원회, 4차산업혁명위원회, 국가교육회의 등 국정과제위원회를 신설하여 운영하였다.

(2) 대통령 직무수행평가 추이

문재인 대통령은 취임 1년차 내내 직무수행 긍정평가 비율이 70% 정도로 높은 편이었다(<표 4-11> 참조). 그 이유는 전임 박근혜 대통령이 탄핵으로 물러난 이후 문재인 정부가 내세운 공정한 기회 보장과 차별과 격차 해소를 바라는 국민의 기대감이 표출된 것으로 보인다. 집권 3년차인 2019년 8월부터 12월까지 조국 법무부 장관 임명을 둘러싼 진영간 갈등이 격화되면서 2019년 9월부터 11월까지 3개월간 긍정평가 비율은 43%로 하락하였다. 2020년초 COVID－19 전염병이 발생한 이후 과학적 근거에 기반을 두고 상황을 안정적으로 관리하여 2020년 3월부터 5월까지 3개월간 긍정평가 비율이 59%까지 올라갔다. 임기말인 2020년 3월부터 5월 첫주까지 2개월간 긍정평가 비율은 44%였으며, 5년 임기 내내 긍정평가비율이 30% 이상을 유지하였다.

표 4-11 문재인 대통령 직무수행평가 추이

구분	1년차 (17.6–18.5)	2년차 (18.5–19.5)	3년차 (19.6–20.5)	4년차 (20.6–21.5)	5년차 (21.6–22.5)
1분기(6월－8월)	79%	65%	47%	49%	39%
2분기(9월－11월)	72%	57%	43%	44%	37%
3분기(12월－2월)	68%	47%	45%	39%	40%
4분기(3월－5월)	74%	45%	59%	34%	44%*

* 한국갤럽 조사 대통령 직무수행평가에서 긍정평가 비율
* 22년 5월 1주차 조사결과까지 포함

2) 비서실의 정책조정

(1) 대통령비서실장

＜표 4－12＞에 제시된 바와 같이 문재인 정부 초대 비서실장인 임종석 실장(17.5－19.1)은 학생운동권 출신의 정치인이며 2017년 문재인 대통령 후보 캠프의 비서실장으로 대선을 안정적으로 이끌었던 바 있다. 제2대 노영민 비서실장(19.1－20.12)은 충북 청주가 고향인 3선 의원 출신이며, 문재인 정부 초대 중국주재대사를 지냈다. 제3대 윤영민 비서실장(21.1－22.5)은 LG CNS 부사장을 지낸 엔지니어 출신으로 문재인 정부의 과학기술정보통신부 장관을 역임하였다.

표 4-12 문재인 정부의 대통령비서실장

성명	재직기간	재임기간	임용연령	출신지	대학(전공)	주경력
임종석	17.5.10.－19.1.8	1년 8개월	51세	서울	한양대(공학)	정치인(2선의원), 서울부시장
노영민	19.1.9.－20.12.31	2년	61세	충북 청주	연세대(경영)	정치인(3선의원), 주중대사
유영민	21.1.1.－22.5.9	1년 4개월	69세	부산	부산대(수학)	기업, 과기정통부장관

문재인 정부의 임종석, 노영민 비서실장은 정치인 출신이며, 유영민 실장은 민간기업인 LG CNS 부사장 출신이다. 임용 당시 연령은 51세에서 69세의 분포이다. 초대 임종석 실장은 임용 당시 51세로 민주화 이후 노무현 정부의 이병완 실장(50세)에 이어 역대 두 번째 최연소 비서실장이다.

(2) 비서실 조직

문재인 정부의 대통령 보좌기구는 대통령비서실과 국가안보실을 분리하여, 대통령비서실은 2실장(비서실장, 정책실장), 8수석(정무, 민정, 사회혁신, 국민소통, 인사, 일자리, 경제, 사회), 2보좌관(경제, 과학기술), 41비서관의 직제를 두고, 국가안보실은 1실장, 2차장(1차장, 2차장), 7비서관 직제로 구성하였다(행정안전부, 2017: 1-2). 비서실장 직속으로 총무, 의전, 행사기획, 국정기록비서관과 재정기획관, 제1부속, 제2부속, 연설비서관과 국정상황실을 두었다. 정책실장 직속으로 정책기획과 통상비서관을 두었다. 국가안보실 분리는 박근혜 정부 시기의 대통령 보좌기구를 이어받은 것이며 직속으로 국가위기관리센터를 둔 것도 동일하다. 국가안보실 제1차장이 NSC사무처장을 겸직하도록 하였다. 문재인 정부 출범초인 2017년 인력규모는 대통령비서실 443명, 국가안보실 43명, 합계 486명이며, 2020년 현재 비서실과 국가안보실 인력규모는 모두 출범 초기와 동일하다.

(3) 기능분화

기능별로 살펴보면 관리보좌기능을 담당하는 부서는 비서실장 밑에 인사수석, 민정수석, 총무, 의전, 행사기획, 국정기록비서관, 재정기획관, 연설비서관, 국정상황실이다. 소통보좌기능을 담당하는 부서는 비서실장 소속의 정무, 사회혁신(2018년 시민사회 수석으로 명칭변경), 국민소통수석실이다. 분야별 정책보좌기능은 정책실장 소속의 일자리, 경제, 사회수석과 경제보좌관 및 과학기술보좌관이 담당한다. 정책기획 및 조정기능 가운데 정책기획기능은 정책실장 소속의 정책기획비서관이 담당하고, 정책조정기능은 담당부서가 분명하지 않다. 한편 안보·외교·통일 분야의 분야별 정책보좌와 조정기능은 국가안보실에서 담당하는 것으로 정리되었다.

비서실 직제개편에서 사회혁신수석은 사민사회수석으로 명칭이 변경되었고, 정무수석실에 청년비서관 신설이 되었다.

그림 4-6 문재인 정부의 비서실 직제(2017.7.)

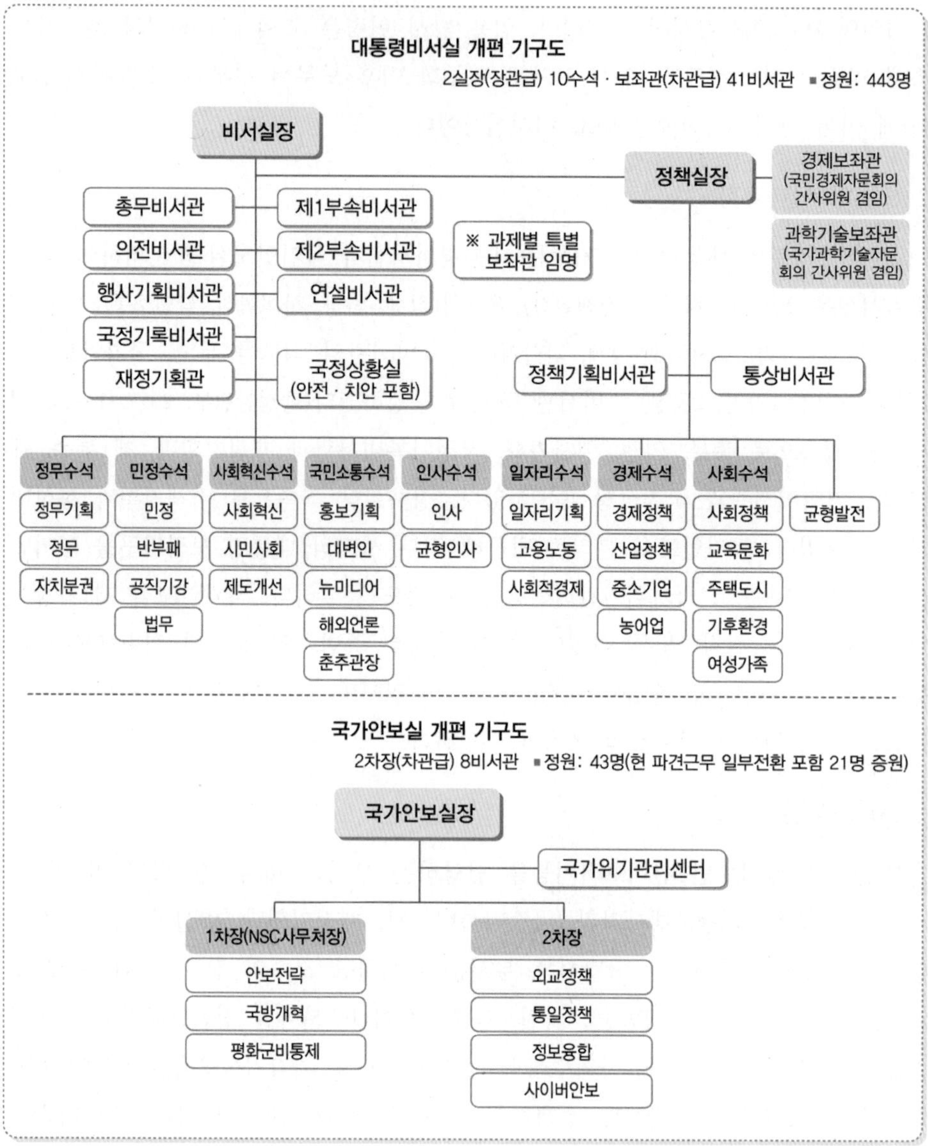

8. 종합 및 시사점

1) 역대 대통령 정책조정 스타일과 직무수행평가 추이

(1) 정책조정스타일 비교분석

김영삼 대통령은 국무총리, 관계장관회의, 대통령소속 위원회 등 정책조정 메커니즘을 적극적으로 활용하지 않았다. 국무총리에게 정책조정 업무를 위임하지 않았고, 정책조정에 필요한 자원을 제대로 제공하지도 않았다. 경제부총리는 경제정책에 관한 정책조정업무를 수행하였지만, 통일부총리는 장관에 대한 예우 차원에 그쳤다. 조정전담장관인 정무장관을 활용하여 정무관련 조정업무를 수행하도록 하였다. 그 밖에도 분야별 관계장관회의와 대통령소속 위원회와 같은 정책조정 메커니즘이 있었으나 주요 정책은 관련 정책조정 메커니즘을 거치지 않고, 대통령 단독으로 전격적으로 결정하였다.

김대중 대통령은 국무총리와의 역할분담, 관계장관회의 및 대통령 소속 위원회 등 정책조정 메커니즘을 나름대로 체계화하고자 하였다. 총리와 주례회동을 정례화하여 실질적으로 주요 정책을 조율하였다. 정부 출범초 경제부총리와 통일부총리를 모두 폐지하였으나, 제3차 조직개편(2001.1)에서 경제부총리와 인적자원부총리를 부활하여 해당 분야의 정책조정을 담당하도록 하였다. 분야별 정책조정을 위하여 경제정책조정회의, 국가안보회의, 인적자원개발회의, 사회관계장관회의 등 4대 정책분야별 장관회의를 중시하였다. 규제개혁위원회 등 대통령소속 위원회에 시민사회 인사들을 참여하도록 하여 관련 정책을 조정하였다.

노무현 대통령은 집권 초기부터 다양한 분권형 정책조정 시스템을 구축하고자 시도하였다. 통상적인 부처간 정책조정 업무를 국무총리가 수행하도록 하였고, 대통령은 핵심 국정과제에 전념하고자 하였다. 경제부총리, 인적자원부총리, 과학기술부총리 등 3인 부총리와 더불어 5대 정책분야별 관계장관회의, 즉 경제정책조정회의, 사회문화관계장관회의, 과학기술관계장관회의, 국가인적자원위원회와 통일외교안보장관회의를 정례화하였다. 또한 국무총리 주재 '국정현안정책조정회의'가 정책조정 시스템이 되도록 하였다. 12개 대통령 직속 국정과제위원회를 신설하여 대통령 의제의 정책화와 정책조정업무를 담당하도록 하였다.

이명박 대통령은 전임 대통령이 구축한 분권형 정책조정시스템을 대부분 해체하고자 하였다. 집권 초기에 국무총리의 정책조정기능을 약화시키고, 3인 부총리제도는 폐지하였다. 정무관련 조정전담장관으로 특임장관을 두었다. 관련 부처간 정책조정을 거대부처에서 담당하도록 대대적으로 정부조직을 통폐합하였다. 분야별 관계장관회의는 국내정책을 관장하는 경제정책조정회의와 대외정책분야의 외교안보정책조정회의만을 두었다. 국정 현안에 관한 총리 주재 '현안정책조정회의' 폐지 이후 '국가정책조정회의'로 부활하여 활용하였다. 대통령 직속위원회로 국가경쟁력강화위원회 등을 신설하여 국정과제를 추진하고자 하였다.

박근혜 대통령은 이명박 대통령이 해체하고자 하였던 정책조정 시스템을 대부분 원상태로 되돌리고자 하였다. 이명박 정부가 통폐합한 국무총리실을 국무조정실과 비서실로 분리하였고, 경제부총리와 사회부총리를 두었다. 거대부처도 대부분 원상태로 되돌렸다. 분야별 관계장관회의로 경제장관회의, 국가안보회의 상임위원회, 사회관계장관회의를 상설화하였고, 국무총리가 주관하는 '국가정책조정회의'도 계속 유지하였다. 박근혜 대통령의 국정과제를 추진하고 조정하는 대통령 직속위원회로 문화융성위원회, 청년위원회, 통일준비위원회 등을 신설하여 운영하였다.

문재인 대통령의 정책조정시스템은 노무현 정부의 정책조정시스템이 모델이었다. 총리와 주례회동을 내실있게 운영하고, 총리의 조정기능을 강화하였다. 경제부총리와 사회부총리를 유지하였고, 사회부총리의 조정기능을 보강하였다. 분야별 관계장관회의로 경제장관회의, 사회관계장관회의, 국가안보회의 사무처를 존치시키는 한편 과학기술관계장관회의를 부활시켰다. 집권 초부터 총리 주재의 '국정현안점검조정회의'를 운영하였고, 2020년 초부터 총리 주재 '코로나19 대응 관계부처장관회의'를 상시적으로 운영하였다. 일자리위원회, 4차산업혁명위원회, 국가교육회의 등 국정과제위원회를 신설하여 운영하였다.

(2) 대통령 직무수행평가 추이 비교분석

대통령의 직무수행에 관한 일반국민의 평가를 대통령이 정책갈등 해결 및 정책조정에서 어느 정도 성과를 거두었는지 측정하는 대리지표(proxy indicator)로 보고, 한국갤럽이 조사하여 발표한 역대 대통령 재임기간 내의 직무수행평가 변화추이를 살펴보았다.

[그림 4-7]에 나타난 바와 같이 대통령의 재임 기간 중 직무수행 지지율 추이는 1년차에 가장 높은 편(이명박 대통령만 예외적으로 낮음)이었고, 점차 낮아지는 추세를 보였다. 추임 직후 3개월간 긍정평가비율이 가장 높았던 대통령은 문재인

그림 4-7 역대 대통령의 직무수행평가 추이

(단위: %, 긍정평가 비율)

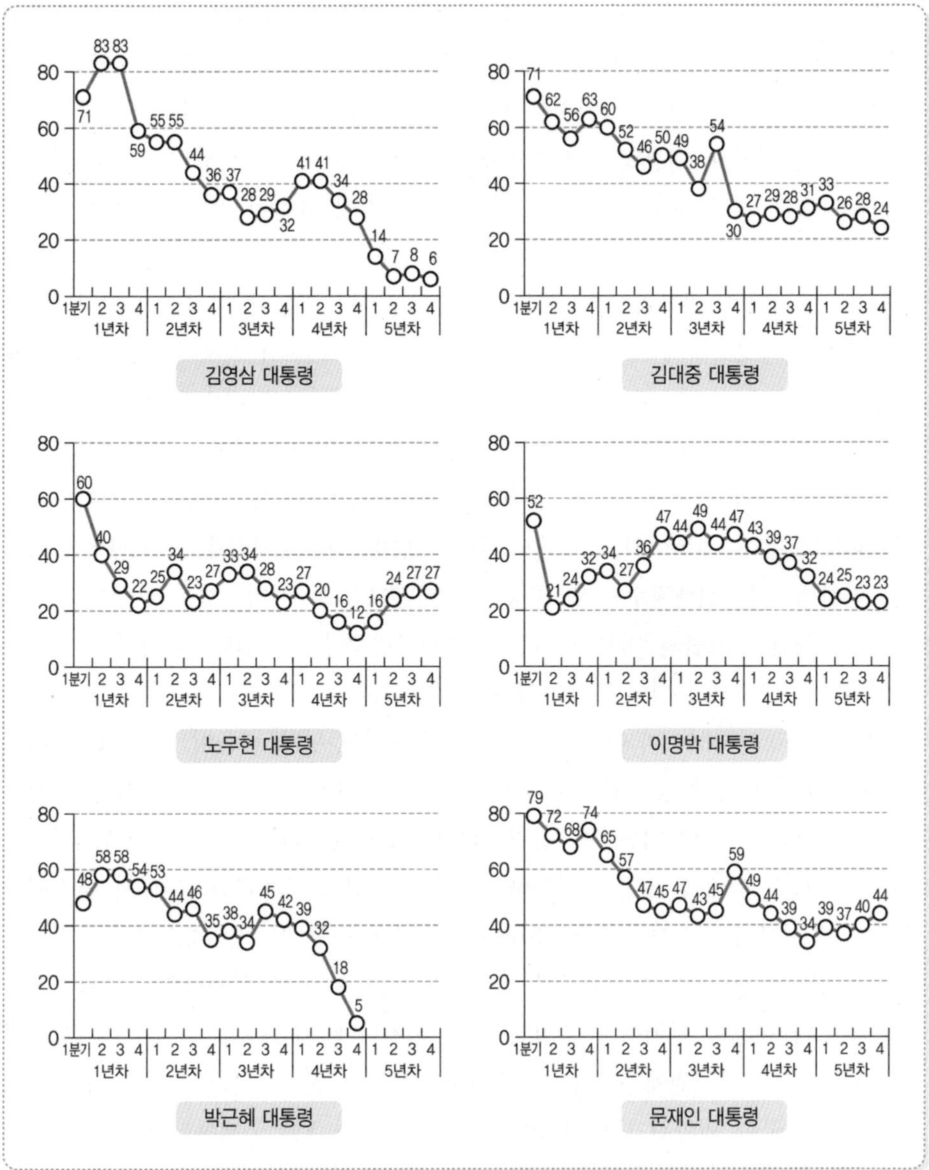

* 역대 대통령 평가에는 모두 동일 질문방식 사용

** 김영삼, 김대중, 노무현, 이명박, 박근혜 대통령 2월 25일 취임

- 1분기(3−5월), 2분기(6−8월), 3분기(9−11월), 4분기(12−2월)
- 박근혜 대통령 4년차 4분기는 2016년 12월 1주 및 2주차 조사결과 평균

*** 문재인 대통령 2017년 5월 10일 취임, 5월 30일 조사시작

- 1분기(6−8월), 2분기(9−11월), 3분기(12−2월), 4분기(2−5월)
- 5년차 4분기는 5월 1주차 조사결과까지 포함

자료: 한국갤럽

(79%), 김영삼(71%), 김대중 대통령(71%)이었다. 취임 1년차를 기준으로 보면 김영삼, 문재인, 김대중 대통령의 직무수행 긍정평가 비율이 높았다. 김영삼 대통령은 집권초기에 군부정권 시기의 권위주의적 제도 청산을 위한 개혁과 부패일신 정책을 추진하여 국민의 높은 지지율을 확보하였다. 문재인 대통령의 높은 긍정평가 비율은 전임 박근혜 대통령이 탄핵으로 물러난 이후 정부가 내세운 공정한 기회 보장과 차별과 격차 해소를 바라는 국민의 기대감이 표출된 것으로 보인다. 한편 김대중 대통령은 취임 직후 금융, 기업, 노동, 공공 등 4대 분야에서 일대 개혁을 단행하고 단기간에 외환위기를 극복하여 긍정평가의 비율이 대체로 높았다. 이같이 대통령 취임 1년차에 각종 개혁을 추진하는 한편 특별한 정책갈등이 없었던 경우에는 긍정평가 비율이 높았다. 이와는 대조적으로 이명박 대통령의 경우 취임 1년차 긍정평가 비율이 상대적으로 낮았는데, 이는 한미FTA 개정을 통한 미국산 쇠고기 수입 문제와 한반도 대운하 추진을 둘러싸고 정책갈등과 대립이 격화되었기 때문이다. 노무현 대통령의 경우에도 취임 1년차 직무수행평가 지지율이 비교적 낮은 편인데 이는 신행정수도 및 공공기관 지방이전 등 개혁정책을 추진하는 과정에서의 정책갈등 표출과 더불어 여당인 새천년민주당에서 열린우리당이 분당하는 등 지지세력 내에서 분열이 발생하였기 때문이다.

역대 대통령의 재임 마지막 해에는 직무수행 긍정평가 비율이 가장 낮은 편이다. 재임 마지막 해에 긍정평가 비율이 가장 낮은 대통령은 박근혜 대통령과 김영삼 대통령이다. 박근혜 대통령은 집권 2년차인 2014년 4월 세월호 사건과 3년차인 2015년 메르스 사태에 제대로 대응하지 못한 채 정책갈등이 심화되면서 긍정평가의 비율이 낮아지기 시작하였다. 2016년 하반기에 비선 실세인 최순실의 국정농단이 드러나면서 집권 4년차 4분기에 긍정평가 비율은 5%에 불과하였고, 결국 헌정사상 최초의 대통령 탄핵이 이루어져 중도 하차하게 되었다. 김영삼 대통령은 집권 4년차인 1997년 2월에는 차남 김현철이 뇌물수수 및 권력남용 혐의로 체포되었으며, 대한민국이 외환위기를 겪으면서 1997년 12월 5일 국제통화기금(IMF)에 자금지원을 신청하여, 집권후반기 경제정책은 실패로 판명되었다. 이에 따라 1998년 2월 퇴임시 대통령 직무수행 지지율은 6%로 한 자리 숫자를 기록하였다. 김대중 대통령의 경우에도 집권 후반기에는 대통령 아들(차남 홍업, 3남 홍걸)의 뇌물수수 혐의 구속 등으로 국민의 신뢰를 잃게 되어 급격한 레임덕 현상을 맞이하였고, 2002년말 24%의 지지율로 임기를 마쳤다. 노무현 대통령은 임기 내내 개혁정책을 둘러싸고 기득권층과 시민사회 세력 간 갈등과 더불어 여야 정파간 갈등이 끊임없이 표출되었기 때문에 긍정평가 비율이 낮은 편이었다. 4년차 4분기에는 긍정평가 비율이 12%까지 하락하였으나, 임기말인 5년차 4분기에는 27%의 긍정평가 비율을 기록하면서 퇴임하였다.

이명박 대통령은 미국산 쇠고기 수입, 한반도 대운하건설에 관한 자신의 입장을 철회한 후 친서민 중도실용 정책으로 전환하면서 2년차부터 4년차까지 30−40% 내외의 긍정평가 비율을 유지하였다. 집권 마지막 해 4분기에는 23%의 긍정평가 비율을 보였다. 문재인 대통령은 집권 3년차인 2019년 8월부터 12월까지 조국 법무부 장관 임명을 둘러싼 진영간 갈등이 격화되면서 2019년 2분기 긍정평가 비율은 43%로 하락하였다. 2020년초 COVID−19 전염병이 발생한 이후 과학적 근거에 기반을 두고 상황을 안정적으로 관리하여 2020년 1분기 긍정평가 비율이 59%까지 올라갔다. 임기말인 2020년 3월부터 5월까지 2개월간 긍정평가 비율은 44%로 역대 대통령 가운데 가장 높았다.

2) 역대정부 비서실장 인선의 특징

역대정부의 비서실장의 출신 배경을 살펴보면 정치인 출신이 압도적으로 많았다. 김영삼 대통령을 보좌한 4명의 비서실장 가운데 3명, 즉 박관용, 한승수, 김용태 실장이 정치인 출신이다. 김대중 정부의 경우에도 5명 중 3명, 즉 김중권, 한광옥, 박지원 실장이 정치인 출신이다. 노무현 정부의 4명의 비서실장 가운데 2명, 문희상, 문재인 실장이 정치인 출신이다. 이명박 정부에서는 4명 가운데 1명, 즉 임태희 실장이 정치인 출신이다. 박근혜 정부에서도 5명 가운데 4명, 즉 허태열, 김기춘, 이원종, 한광옥 실장이 정치인 출신이다. 문재인 정부에서는 3명 가운데 2명, 즉 임종석, 노영민 실장이 정치인 출신이다. 이같이 정치인 출신이 압도적인 다수를 차지한 것은 대통령의 업무수행과정에서 국회와 정치권과의 관계가 매우 중요하기 때문인 것으로 보인다. 학자 출신으로는 김대중 정부의 이상주 실장, 노무현 정부의 김우식 실장, 이명박 정부의 류우익, 정정길 실장 등 4명이 있다. 관료(장관) 출신으로는 김영삼 정부의 김광일 실장(전 국민고충처리위원장), 김대중 정부의 전윤철 실장(전 기획예산처 장관), 박근혜 정부의 이병기 실장(전 국정원장) 등 3명이다. 언론계 출신으로는 노무현 정부의 이병완 실장, 이명박 정부의 하금열 실장이 해당된다. 민간기업인 출신으로는 문재인 정부의 유영민 실장이 유일하다.

비서실장과 정책실장의 영역을 구분한다면 대외소통기능 보좌가 주요업무인 비서실장은 정치인 출신이 맡고, 정책기능 보좌를 담당하는 정책실장은 학자나 관료 등 정책 전문성을 가진 인사로 충원하는 것이 바람직하다.

비서실장 임용 당시의 연령은 대다수가 50대 후반에서 60대 초반까지이다. 임용 당시 최연소 비서실장은 노무현 정부의 이병완 실장(50세), 문재인 정부의 임종석 실장(51세), 이명박 정부의 임태희 실장(54세), 노무현 정부의 문재인 실장(54세)의 순서이며, 최고령자는 박근혜 정부의 이원종(74세), 한광옥(74세), 김기춘(73세) 실장으로 나타났다.

3) 조직 및 인력규모의 변천

<표 4-13>에 민주화 이후 역대정부 출범초기와 임기말의 비서실 직제와 인력규모가 제시되었다. 역대정부에서 인력규모의 확대와 축소가 반복되었지만 전체적으로 김영삼 정부 출범 초 인력규모 377명에서 문재인 정부 출범 초에는 486명으로 약 28.9% 증가하였다. 이는 동기간 전체 공무원수 증가율 16.5%보다는 많지만 2020년 12월 현재 공무원수 증가율 27.7%와 비교하면 큰 차이는 없다.[9] 한편

표 4-13 역대정부 대통령비서실 직제와 인력규모 변동

정부	출범 초기		임기말	
	직제	정원	직제	정원
김영삼 정부	1실장－9수석－49비서관	377	1실장－11수석－1정치특보－47비서관	375
김대중 정부	1실장－6수석－35비서관	378	1실장－2특보－8수석－39비서관	405
노무현 정부	2실장－5수석－6보좌관－49비서관	498	3실장－8수석－2보좌관－53비서관	531
이명박 정부	1실장－7수석－42비서관	427	2실장－9수석－5기획관－46비서관	456
박근혜 정부	비서실: 1실장－9수석－36비서관－1팀장 국가안보실: 1실장－1차장－2비서관－1센터장	비서실: 443 안보실: 13 합계: 456	비서실: 1실장－10수석－5기획관－40비서관 국가안보실: 1실장－2차장－4비서관－1센터장	비서실: 443 안보실: 22 합계: 465
문재인 정부	비서실: 2실장－8수석－2보좌관－41비서관 국가안보실: 1실장－2차장－7비서관－1센터장	비서실: 443 안보실: 43 합계: 486		

9 김영삼 정부 출범초 한국 전체 공무원수는 886,179명(1992.12.31 기준)이며 문재인 정부 출범

비서관의 숫자를 처리하여야 할 세부 기능으로 본다면 김영삼 정부시기의 47-49 비서관 직제와 문재인 정부 48비서관(국가안보실 포함) 직제의 숫자에는 큰 변화는 없으므로 비서관 숫자는 안정화된 것으로 볼 수 있다.

민주화 이후 집권한 6개 정부 가운데 김대중 정부가 수석비서관 및 비서관 숫자를 기준으로 판단하면 비서실 기능을 가장 축소하여 운영하였다. 이는 김대중 대통령이 비서실 위주가 아닌 내각 위주로 국정을 운영하여야 한다는 평소 소신이 반영된 것으로 볼 수 있다. 그러나 수석비서관의 숫자가 적다고 반드시 비서실의 실제 영향력이 축소되었다고 보기는 어렵다. 비서실장을 비롯한 수석비서관 또는 특별보좌관이 실제 행사하는 영향력의 범위는 대통령의 신임정도, 비서실장 및 수석비서관이 실세인지 여부, 그리고 그 임기가 얼마나 유지되는지에 따라 달라지므로 일률적으로 판단하기는 어렵다.[10]

비서실 인력규모로 판단하면 김영삼 정부에서 임기초 인력규모가 가장 작았고 임기말 인력규모가 출범초기보다 오히려 2명 적었다. 김대중 정부, 노무현 정부, 박근혜 정부에서는 규모의 차이는 있지만 출범초보다 임기말에 인력규모가 증가하였다. 노무현 정부는 수석 및 비서관의 숫자와 인력규모를 기준으로 판단할 때 가장 큰 규모의 비서실을 운영하였다. 대통령과제를 포함하여 추진하고자 하는 과제가 가장 많았던 것으로 판단된다. 비서실을 관리보좌와 소통보좌 기능을 담당하는 대통령실장과 분야별 정책과 정책기획 및 정책조정을 담당하는 정책실장의 투톱(two top)체제로 운영하고, 여기에 외교·안보·통일 분야를 별도로 분리하여 3실장 체제로 운영한 것도 특징적이다.

이명박 정부 출범 초기에 대통령 보좌기구를 대통령실장의 원톱 체제에 경호실까지 포함시키는 계층제 조직으로 구성하는 한편 수석 및 비서관 숫자와 인력규모를 대폭 감축하였다. 임기 중반에 정책영역을 담당하는 정책실장을 분리하여 대통령실장에게 과도하게 집중된 업무를 분담하도록 하였다. 그러나 정책실장을 장관

초 공무원수는 1,032,331명(2017. 5. 9)이며, 2020년 12월 현재 공무원수는 1,131,796명이다. 그러므로 문재인 정부 출범초 공무원수는 김영삼 정부 출범초와 비교하면 16.5% 증가했지만, 2020년 12월 현재를 기준으로 하면 공무원수는 27.7% 증가하였다.

출처: 정부조직관리시스템 https://www.org.go.kr/psncpa/pbsvnt/selectIrds.do 역대공무원 증감현황. 2021년 10월 9일 접근.

10 예를 들어, 김대중 대통령 재임시 박지원은 공보수석(1998.2-1999.5), 문광부 장관(1999.5-2000.9), 정책기획수석(2001.3-2001.11), 정책특보(2002.1-2002.4), 비서실장(2002.4-2003.2)으로 재직하면서, 정권의 실세로서 영향력을 행사한 것으로 알려졌다(함성득, 2002: 254-286).

급인 비서실장과는 달리 차관급 직위를 부여하여 비서실장 우위체제를 여전히 유지하였다. 박근혜 정부에서는 출범 초기부터 비서실과 국가안보실을 분리하여 운영하였다. 정책실장을 별도로 두지는 않았지만 국정기획수석을 선임수석으로 두어 정책조정 및 정책보좌기능을 살리도록 하였다.

문재인 정부 대통령 보좌기구는 출범초부터 비서실과 국가안보실을 분리하고, 비서실장 이외에 정책실장을 두어 장관급 3실장 체제로 운영하였다. 이는 노무현 정부가 임기말에 제도화한 체제를 이명박 정부와 박근혜 정부에서의 실험을 거쳐 복원한 것으로 볼 수 있다.

4) 관리보좌기능의 변천

대통령비서실의 관리보좌기능은 총무, 의전, 민정, 인사 등 비서실 내부와 정부 전체의 관리기능을 의미한다. 권위주의 시기인 전두환 정부에서는 총무, 의전, 사정, 법무 등 관리 기능을 수석비서관이 담당하였고, 노태우 정부에서도 사정, 의전, 총무수석을 둔 바 있었다. 민주화 이후 김영삼 정부에서는 사정수석실을 폐지하였고, 의전수석은 차관급에서 1급으로 하향조정하였으며, 인사행정을 포함하는 총무수석과 민정수석은 존치시켰다. 김대중 정부에서는 관리기능을 보좌하는 총무, 의전, 민정, 법무, 행사기획 부서를 모두 수석비서관이 아닌 비서실장 직속의 비서관이 담당하도록 하였다.

노무현 정부에서는 총무, 의전, 국정기록 등 관리기능은 비서실장 직속의 비서관이 담당하도록 하되 정무직 공무원을 추천하는 인사보좌관실과 이들의 검증을 담당하는 민정수석을 분리하여 상호견제와 균형의 원리를 도입하였다. 관리보좌기능 가운데 총무, 의전, 연설, 국정기록 등은 일상적인 업무이므로 차기정부에서도 정무직인 차관급이 담당하지 않아도 될 것이다. 인사추천기능과 검증기능의 분리는 후속 정부에서도 계속되고 있다. 국무총리 및 장관급 공직자의 국회 인사청문절차가 도입되면서 적합한 인사의 추천기능과 이의 검증기능의 중요성은 더욱 커지고 있다. 헌법 제89조 제16항에 따르면 검찰총장·합동참모의장·각군참모총장·국립대학교총장·대사 기타 법률이 정한 공무원과 국영기업체관리자의 임명은 국무회의 심의사항 가운데 하나이다. 인사청문회를 거치지 않는 직위의 경우에도 이같이 대통령이 임명하는 직위에는 모두 인사검증이 필요하다.

역대정부에서 정무직 인사검증과 관련하여 논란이 많았기 때문에 문재인 정부에서는 2017년 11월 22일 [Box 4-1]에서와 같은 7대 비리 관련 인사검증 기준을 발표하고 7대 비리 가운데 어느 하나라도 해당할 경우 임용을 배제한다는 방침을 밝혔다.

[Box 4-1]의 기준을 엄격하게 적용할 경우에도 검증실패의 문제가 제기되는 경우가 매우 많아졌으므로 차기 정부에서는 이에 관련 특단의 대책을 마련하여야

Box 4-1: 7대 비리 관련 인사검증 기준

첫째, 병역기피는 본인 또는 직계비속이 도망, 신체손상, 입영기피 등 병역법 위반으로 처벌을 받은 경우, 본인 또는 직계비속이 병역회피 목적으로 외국국적을 취득하거나 우리 국적을 포기한 경우, 본인 또는 직계비속이 고의적 또는 불법적으로 병역을 면제받거나 보직 등 복무와 관련하여 특혜를 받은 경우 등이다.

둘째, 세금탈루는 본인 또는 배우자가 부정한 방법으로 조세를 포탈하거나 조세의 환급, 공제를 받아 조세범 처벌법 위반으로 처벌을 받은 경우, 본인 또는 배우자가 국세기본법 및 지방세기본법에 따라 고액·상습 체납자로 명단이 공개된 경우 등이다.

셋째, 불법적 재산증식은 본인 또는 배우자가 공직자윤리법 및 자본시장과 금융투자업에 관한 법률 등을 위반해 부동산 및 주식·금융거래와 관련하여 미공개 중요 정보를 이용하거나 타인이 이용하게 한 경우 등이다.

넷째, 위장전입은 인사청문제도가 장관급까지 확대된 2005년 7월 이후 부동산 투기 또는 자녀의 선호학교 배정 등을 위한 목적으로 2회 이상 위장전입을 한 경우이다.

다섯째, 연구 부정행위는 연구윤리 확보를 위한 지침이 제정된 2007년 2월 이후 학위논문(박사), 주요 학술지 논문(해외: SCI 및 SSCI급, 국내: 등재지 이상), 공개출판 학술저서에 대해 연구 당시 연구자가 소속된 기관에서 표절·중복게재 또는 부당 저자 표시 등 연구 부정행위가 있었다고 판정한 경우, 2007년 2월 이후 연구부정행위 또는 연구비 부정사용으로 처벌된 사실이 있는 경우 등이다.

여섯째, 음주운전은 최근 10년 이내에 음주 운전을 2회 이상 한 경우, 최근 10년 이내 음주 운전을 1회 한 경우라도 신분 허위진술을 한 경우 등이다.

일곱번째, 성 관련 범죄 등은 국가 등의 성희롱 예방 의무가 법제화된 1996년 7월 이후 성 관련 범죄로 처벌받은 사실이 있는 등 중대한 성 비위 사실이 확인된 경우, 위의 기준에 미달하더라도 각각의 비리와 관련하여 고의성, 상습성, 중대성 등이 있는 경우 임용 배제, 임용예정 직무와 관련된 비리와 관련해서는 엄격한 기준 적용 등이다.

한다. 여야 합의로 인사청문회기준을 변경하는 것도 추진하여야 한다. 이는 어느 진영이 정권을 담당하더라도 정권담당자에게 지나친 부담이 될 것이다. 앞으로 대통령비서실의 인사추천 기능과 검증기능은 더욱 강화되어야 한다.

5) 소통보좌기능의 변천

비서실의 소통보좌기능은 대통령이 대언론, 국민, 국회·정당, 시민사회 등과의 소통을 보좌하는 기능을 말한다. 권위주의 시대에는 국회 및 여·야 정당 등 정치권과의 소통을 담당하는 정무수석실, 그리고 언론과 소통이 주된 업무이던 공보수석실이 주된 소통의 통로가 되었다. 민주화 이후에도 정치권 및 언론과 소통의 중요성은 여전히 계속되고 있다. 공보수석이라는 명칭은 김영삼 정부와 김대중 정부까지 사용하다가, 노무현 정부, 이명박 정부, 박근혜 정부에서는 홍보수석으로 명칭을 바꾸었으며, 문재인 정부에서 국민소통수석으로 다시 변경하였다.

대통령의 소통 대상이 정치권과 언론에서 시민사회로 확대되면서, 노무현 정부에서는 시민사회수석실을 신설하였다. 이명박 정부에서는 사회통합수석실로 명칭을 변경하여 시민사회와의 소통기능을 유지하였다. 박근혜 정부에서는 정무수석실에 국민소통비서관을 두고 이를 계승하였다. 문재인 정부에서는 출범 초기에 사회혁신수석실에서 이를 담당하였으나, 시민사회수석실로 명칭을 변경하고 여기에 시민참여, 사회통합, 제도개혁비서관을 두고 있다. 또한 정무수석실에 청년비서관을 신설하여 소위 MZ세대와의 소통 통로를 마련하였다. 차기 정부에서도 정무수석, 소통수석 이외에 여러 계층의 시민사회 집단과의 소통 통로를 다원화하여야 할 것이다.

6) 정책분야별 보좌기능 변천

대통령비서실의 경제, 외교안보, 교육·문화, 사회복지·노동 등 분야별 정책비서관은 박정희 정부이래 각 부처가 추진하는 정책을 조정하고 감독하는 기능을 수행하여 왔다. 그러나 정책분야별로 조직화된 비서관은 부처와의 수직적 계층구조를 강화하는 역할을 수행하였고, 비서실 내에서도 각 부처를 담당하는 보좌조직들 사이에 횡적인 소통이 거의 없기 때문에 정책조정이 이루어지기 어려운 상황에서 유지되었다.

노무현 정부에서 국내정책을 담당하는 정책실과 대외정책을 담당하는 안보정책실을 분리한 이후 이명박 정부에서 통합적으로 관리되다가 박근혜 정부에서 국내 정책분야와 분리되는 국가안보실을 신설하여 대외정책 분야를 독립시켰다. 문재인 정부에서도 안보정책실을 분리하였고, 소속 비서관의 숫자와 인력규모를 확대시켰다. 국내정책과 대외정책의 메커니즘이 상당히 다르기 때문에 차기정부에서도 이를 분리시키는 것이 바람직한 것으로 보인다.

7) 정책기획 및 정책조정기능 변천

대통령비서실의 분야별 정책보좌기능이 지나치게 강조될 경우 부처별 갈등을 해소하고 정책을 조정하는 기능이 약화될 수밖에 없다. 수평적으로 조직화된 분야별 정책수석간의 갈등과 이견을 조정하기 어렵기 때문이다. 노무현 정부와 이명박 정부에서는 정책실장이 중장기 정책개발은 물론 정책분야간 갈등 및 정책조정을 담당하도록 하였다. 박근혜 정부에서는 정책기획 수석을 선임수석으로 두고 정책기획수석이 국정과제를 담당하도록 하여, 정책조정 업무까지 추진할 수 있도록 하였다. 문재인 정부에서는 정책실장 소속으로 일자리수석, 경제수석, 사회수석과 경제보좌관, 과학기술보좌관을 두고 있지만, 중장기정책개발과 정책조정을 명시적으로 담당하는 비서관이 불확실하였다.

차기정부에서는 대통령비서실의 정책기획 및 조정기능이 매우 더욱 강화되어야 할 것이다.

Ⅱ. 국무총리와 보좌기구의 정책조정

1. 분석기준

내각제적 요소가 절충된 대통령중심제 국가인 우리나라에서 국무총리는 대통령의 명을 받아 부처간 정책조정업무를 수행한다. 국무총리(실)의 모든 업무는 정책조정과 직·간접으로 긴밀하게 연관되어 있다. 국무총리(실)의 정책조정 권한은 국무총리의 '행정각부의 통할권'(헌법 제86조)과 국무회의 부의장(헌법 제88조)으로서 '국정의 기본계획 및 정부의 주요 정책' 및 '행정 각부의 주요한 정책의 수립 및 조정' 등을 심의하는 권한(헌법 제89조) 등에 근거한다. 국무총리의 정책조정은 각 부처에 대한 자료제출 요구, 보고청취 및 의견수렴, 실무조정협의체로부터 상급 조정협의체까지 다양한 형태의 협의체, 국무조정실장이 위원장인 각종 위원회와 차관회의, 국무총리가 위원장인 각종 위원회와 국무회의 등 다양한 형식과 방법으로 수행되고 있다(권용식, 2016).

국무총리실의 정책조정 사례에 대한 실증분석 결과, 그 동안 국무총리실의 정책조정은 상당히 효과적이었다고 평가되기도 한다(권용식, 2016; 유종상 · 하민철, 2010; 하민철, 2013). 한편 국무총리의 정책조정이 형식적이고 실효성이 약하다는 비판도 끊임없이 제기되어 왔다. 그 이유로는 첫째, 국무총리에게는 예산, 조직, 인사, 감사에 관한 권한 등 독자적으로 행사할 수 있는 수단이 부족하다는 점, 국무총리가 국무조정실을 통하여 수행하는 정책조정이 청와대의 정책조정과 중복되며 그 범위가 분명하지 않다는 점, 국무조정실의 전문성이 취약하다는 점이 지적된다(정정길, 2010: 271).

여기에서는 민주화 이후 역대정부별로 국무총리의 출신배경과 역할, 국무총리 보좌기구의 변천에 관하여 살펴보기로 한다.

1) 국무총리의 출신배경과 역할

국무총리는 대통령이 지명한 후 국회의 동의를 얻어 임명된다. 국무총리 임명에는 재적의원 과반수 출석과 출석의원 과반수 찬성이 필요하다. 2000년 6월 김대중 정부에서 국무총리 인사청문회법 도입 이후 국무총리 지명동의안을 처리하기 이전에 인사청문회를 거쳐야 한다. 정책조정과정에서 국무총리의 실질적인 영향력은 제도운영과정에서 대통령이 국무총리를 얼마나 신임하고 권한을 위임하느냐에 달려 있다. 정책조정에서 국무총리의 실질적인 역할은 임명권자인 대통령과의 관계에 따라 달라진다. 여기에서는 역대정부에서 대통령이 지명한 국무총리의 출신배경을 살펴보고 대통령이 국무총리에게 어떠한 역할을 기대하였고, 이를 어떻게 수행했는지 간략하게 고찰하기로 하겠다.

2) 국무총리 보좌기구

국무총리 보좌기구의 시초인 국무총리 비서실은 1960년 최초로 설치되었다. 그러나 정책조정 역할을 수행하는 제도적 기반으로서 총리보좌기구는 1973년 박정희 정부에서 설치된 행정조정실이다(국무조정실, 2003; 전영한, 2020: 433). 국무총리의 정책조정기능은 1998년 김대중 정부에서 행정조정실을 장관급의 국무조정실로 격상시키면서 한층 강화되었다. 민주화 이후 역대정부의 국무총리 행정조정실과 국무조정실을 중심으로 보좌조직과 그 기능의 변천을 간략하게 살펴보기로 하겠다.

2. 김영삼 정부의 국무총리와 보좌조직

1) 국무총리의 출신배경과 역할

김영삼 정부에서는 모두 6명의 총리가 재임하였으며(<표 4-14> 참조) 이들 총리의 역할은 김영삼 대통령의 내각에 대한 관리 의지, 총리에 대한 신임도, 정치·사회적인 환경, 총리 자신의 개성에 따라 조금씩 달랐다(양현모, 2004: 84). 김영삼 정부에서도 권위주의 시대에서와 유사하게 대통령의 국정운영에 대한 책임을 국무총리에게 정치적으로 전가하고 국면 전환용으로 총리를 교체하였다. 김영삼 정부의 초대 총리인 황인성 총리(93.2-93.12)는 호남 출신 민정당 계파 정치인이라는 지역적·정치적 배려에서 임명되었으나, 우루과이라운드 파동의 책임을 지고 10개월 만에 물러났다. 두 번째 이회창 총리(93.12-94.4)는 대법관과 감사원장을 역임한 법조인 출신인데 취임 이후 5개월 만에 대통령의 통치권에 대한 침범행위 논란으로 전격 퇴임하였다. 이회창 총리의 퇴임은 김영삼 정부 시기 대통령과 국무총리의 관계를 단적으로 보여준다. 1994년 4월 당시 이회창 총리는 "정부조직법 제23조2의 제3항에 통일원장관은 통일 및 남북대화 등에 관하여 국무총리의 명을 받아 관계 각부를 통할·조정한다."는 규정을 근거로 '통일정책조정회의' 안건에 대하여 총리가 사전·사후 보고를 받는 것이 당연한 권한이라고 주장하였다. 반면 김영삼 대통령은 외교·안보 분야는 대통령의 고유권한이라고 주장하는 과정에서 양측의 갈등이 깊어져 결국 퇴임하게 되었다(양현모, 2004: 85).

그 후 교육학 교수 출신으로 부총리 겸 통일원 장관이던 이영덕 총리(94.4-94.12)

표 4-14 김영삼 정부의 국무총리

성명	재직기간	재임기간	임용연령	출신지	대학(전공)	주경력
황인성	93.2.25.-93.12.16	10개월	67세	전북 무주	육사	전북지사, 장관, 국회의원
이회창	93.12.17.-94.4.22	4개월	58세	황해 서흥	서울대(법학)	대법관, 감사원장
이영덕	94.4.29.-94.12.16	8개월	68세	평남 강서	서울대	교육학 교수, 명지대 총장
이홍구	94.12.17.-95.12.17	1년	60세	경기 고양	서울대	교수, 통일원장관
이수성	95.12.18-97.3.4	1년 2개월	58세	함남 함흥	서울대(법학)	교수, 서울대총장
고건	97.3.5-98.3.3	1년	59세	서울	서울대(정치)	서울시장, 내무부장관

가 취임하였으나, 성수대교 붕괴사건과 관련하여 책임을 지고 8개월 만에 사임하였다. 후임으로 임명된 정치학자 출신의 이홍구 총리(94.12-95.12)는 재임 1년 만에 삼풍백화점 붕괴사고 등으로 어수선한 가운데 퇴임하였다(양홍석, 2015: 94). 법학교수 출신으로 서울대 총장을 역임한 이수성 총리(95.12-97.3)는 1년 2개월간 재임한 후 노동관계법 국회단독처리 사건(96.12.20) 및 '한보부정'사건의 여파로 물러났다. 내무관료 출신으로 서울시장과 내무부장관을 역임한 고건 국무총리(97.3-98.3)가 마지막으로 1년간 재임하였다.

이같이 김영삼 정부의 국무총리 출신배경은 정치인, 법조인, 교수, 관료 등으로 다양하다. 정치인 출신은 초대 황인성 총리가 유일하며, 이회창 총리는 법조인 출신, 이영덕, 이홍구, 이수성 총리는 교수 출신이다. 마지막 총리인 고건 총리는 관료 출신이다. 김영삼 정부 시기의 국무총리는 소위 의전총리, 방탄총리 등 대통령의 정치적 방패나 속죄양으로 이용되었다고 평가된다(양현모, 2004: 84). 김영삼 대통령의 국무총리와 내각에 대한 업무위임 정도는 크지 않았으며 전임 노태우 정부와 비교하여 국무총리가 정책조정에 필요한 자원도 빈약하였고(양홍석, 2015: 95), 적극적인 정책조정 역할을 수행하기도 어려웠다.

2) 국무총리 보좌조직

김영삼 정부에서 국무총리의 보좌조직은 1973년 설치된 행정조정실이다. 김영삼 정부에서 행정조정실장에게 수석 차관 직위를 부여하여 행정조정실장이 차관회의를 주재하도록 하여 국정 핵심부서로서 역할이 정립되었다(국무조정실, 2003: 11, 양현모, 2004: 86). 행정조정실장 아래 제1행정조정관부터 제4행정조정관까지 조정관실에서 국무총리의 정부업무 조정을 보좌하였다([그림 4-8] 참조). 한편 노태우 정부의 제5행정조정관실은 폐지하였다.

김영삼 정부 출범 초기 제1행정조정관은 외교안보, 교육문화, 일반행정부처와 관계된 정책들의 조정 및 지휘역할을 맡았다. 제2행정조정관은 경제관련업무, 국무총리 소속기관에 대한 조정을 맡았다. 제3행정조정관은 내무행정과 사회복지와 관련된 정책들을 담당하였다. 제4행정조정관은 사정업무, 민원처리와 국민운동지원업무를 담당하였다.

그림 4-8 김영삼 정부의 총리보좌조직

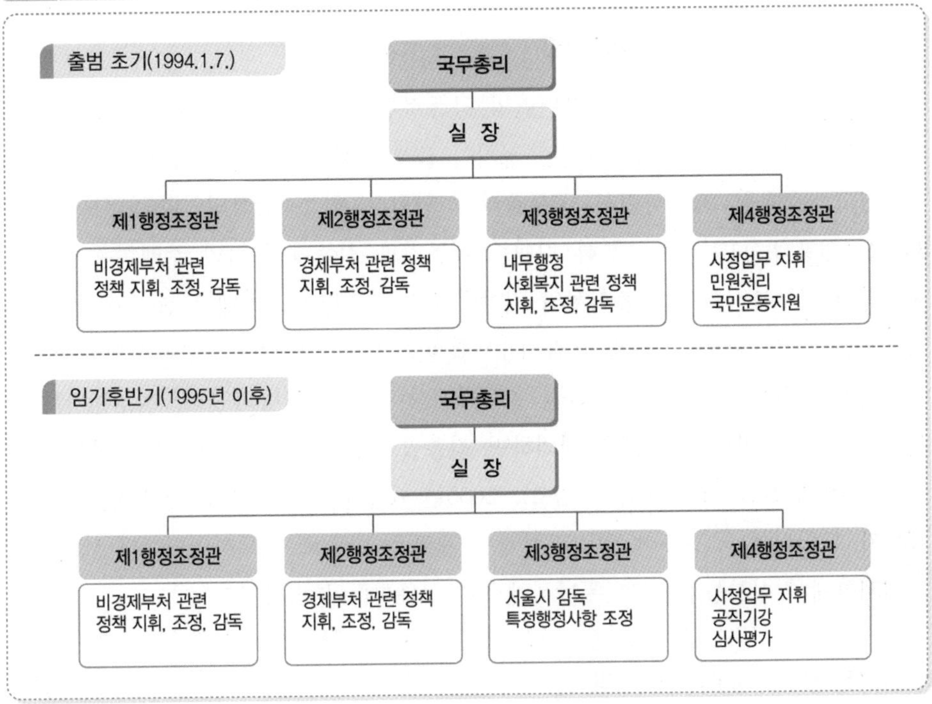

※ 정원 규모: 임기초(1993) 115명, 임기말(1997) 140명
출처: 출범초기, 전영한, 2020, 434, [그림 12]; 임기후반기, 양홍석, 2015, 95, <표 4-9>에서 재구성.

김영삼 정부 행정조정실 정원은 1993년 115명으로 출발하였다. 1994년 12월 경제기획원의 심사분석 기능 이관에 따라 제4행정조정관실에서 사정업무 지휘·감독과 공직기강 확립 업무 이외에도 심사평가기능을 2개 심의관이 담당하였다. 한편 제3행정조정관실에서 서울특별시의 일반행정과 수도권 광역행정 운영에 관한 부분도 담당하였다. 김영삼 정부 임기말인 1997년에 물관리정책의 최고 의사결정기구로서 국무총리를 위원장으로 하는 "물관리정책조정위원회"가 설치되면서 10개 부처에서 분산 관리되어 온 수질개선·수자원확보와 관련된 정책을 총괄·조정하기 위해 수질개선기획단이 행정조정실에 설치되었다(국무조정실, 2003; 양현모, 2004: 86).

행정조정실 정원은 심사평가기능 이관에 따른 정원 이체로 132명으로 증가하였고, 1995년 10월 9일 재난관리법 시행에 따라 재해 대비 안전관리 보강을 위해 정원이 140명으로 증가하였다(양홍석, 2015: 95).

3. 김대중 정부의 국무총리와 보좌조직

1) 국무총리의 출신배경과 역할

김대중 정부는 국민회의와 자민련의 공동정부로 출범하였으므로 출범 초기 김종필 국무총리(98.3−00.1)는 자민련 정치인 출신 장관 6명의 실질적인 인사권을 행사하였고, 22개월 재직하면서 국무총리의 역할은 한층 강화되었다(양현모, 2004: 88−89; 양홍석, 113−115). 특히 김대중 대통령과 김종필 총리의 주례회동이 정례화되면서 국무총리와 국무총리실의 역할이 커지게 되었다. 박태준 총리(00.1−00.5)와 이한동 총리(00.5−02.7)도 소위 'DJP 협정'에 따른 국민회의와 자민련의 공동정부 구성 합의에 따라 모두 자민련 총재직에서 총리로 임명되었고, 부동산 문제로 불명예 퇴진한 박태준 총리를 제외하면 김종필, 이한동 총리는 약 2년 정도 총리직을 수행하였다(<표 4−15> 참조). 2000년 6월에 국무총리의 국회 인사청문회 제도가 도입되어 국무총리 임명과정에서 새로운 변수로 대두하였다. 자민련과 공조체제하에서 이한동 총리는 무난하게 인사청문회를 통과하였다.

표 4-15 김대중 정부의 국무총리

성명	재직기간	재임기간	임용연령	출신지	대학(전공)	주경력
김종필	98.3.3.−00.1.12	1년 10개월	72세	충남 부여	육사	정치인, 자민련 총재
박태준	00.1.13.−00.5.23	4개월	73세	경남 양산	육사	포철사장, 자민련 총재
이헌재(대행)	00.5.19.−00.5.23	0개월	56세	중국 상해	서울대	관료, 경제부총리
이한동	00.5.23.−02.7.10	2년 2개월	66세	경기 포천	서울대	정치인, 자민련 총재
장상(서리)	02.7.11−02.7.31	1개월	63세	평북 용천	이화여대	교수, 이화여대 총장
전윤철(대행)	02.8.1−02.8.8	0개월	61세	전남 목포	서울대	관료, 경제부총리
장대환(서리)	02.8.9−02.8.28	1개월	50세	대구	서울대	매일경제신문 사장
전윤철(대행)	02.8.29−02.9.9	0개월	61세	전남 목포	서울대	관료, 경제부총리
김석수	02.9.10−03.2.26	6개월	70세	경남 하동	연세대	법조인, 대법관

※ 김종필, 이한동, 김석수 총리는 서리 재직기간 포함.

공동정부가 해체된 이후 장상 총리서리(02.7−02.7)와 장대환 총리서리(02.8−02.8)는 국회 동의를 받지 못하여 각각 서리로 1개월 미만 재임에 그쳤다. 마지막 총리인 김석수 총리(02.9−03.2)는 국회에서 임명동의를 받아 정권말기 대선관리용 총리로 6개월간 재임하였다(양현모, 2004: 89). 김대중 정부 임기 마지막 해에 공동정부가 해체되고 대통령의 친정체제가 구축된 후 대통령비서실의 기능은 강화되고 상대적으로 국무총리의 역할은 약화되었다. 특히 대통령 측근인 박지원이 정책기획수석, 정책수석, 비서실장을 맡게 되면서 국무총리의 위상은 더욱 약화되었다(양현모, 2004: 89).

김대중 정부에서는 공동정부의 파트너인 자민련 출신 정치인 3명(김종필, 박태준, 이한동)이 국무총리로 총 4년 5개월 재임하였으며, 짧은 기간 직무대행과 서리를 제외하면 법조인 출신인 김석수 총리가 임기 마지막 6개월간 재임하였다. 김대중 정부에서 공동정부 운영에 따른 합의에 기초하여 대통령과 총리의 주례회동이 정례화되었고, 국무총리의 행정 각부 통할권이 상당한 정도 인정되었으며, 이에 따라 국무총리의 실질적인 권한 행사와 정책조정 역할이 상당히 강화되었다.

2) 국무총리 보좌조직

김대중 정부 출범과 함께 1998년 3월 제1차 조직개편에 따라 국무총리 행정조정실은 기존의 차관급 조직에서 장관급인 국무조정실로 격상되었고, 기능도 확대·개편되었다(양홍석, 2015: 115). [그림 4-9]에서 보듯이 종전에 사정기능 위주로 운영되면 제4조정관을 심사평가 기능을 위주로 하는 심사평가조정관으로 개편하였다. 또한 전정부적인 규제개혁 추진을 위해 규제개혁조정관을 신설하였다. 이에 따라 총 5개 조정관에 14개 심의관 체제로 김영삼 정부와 비교하여 1조정관 2심의관이 확대되었다. 또한 범정부적인 국정과제를 종합적으로 추진할 필요에 따라 관련 부처를 참여시킨 복수의 Task Force를 운영하였다. 1997년 김영삼 정부에서 설치된 수질개선기획단 이외에도 실업대책기획평가단, 부패방지기획단, 안전관리개선기획단, 제주국제자유도시추진기획단, 수해방지대책기획단 등이 설치된 것이다.

국무조정실 정원은 김영삼 정부의 139명에서 158명으로 총 19명이 늘어났다. 이같이 김대중 정부에서는 보좌기구가 장관급으로 격상되고 조직 및 인원이 확대되는 등 공동정부 운영에 따른 국무총리의 보좌조직 확충에 따른 정책조정기능의 강화가 이루어졌다.

그림 4-9 김대중 정부의 국무총리 보좌조직

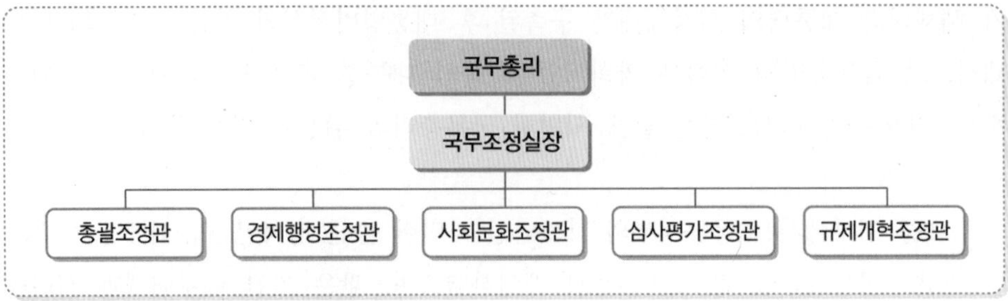

출처: 전영한, 2020, 435, [그림 13].

4. 노무현 정부의 국무총리와 보좌조직

1) 국무총리의 출신배경과 역할

노무현 정부에서는 대행을 제외하면 모두 4명의 총리가 재임하였다. 노무현 대통령은 대선과정에서 책임총리를 공약으로 내세웠고, 대통령 취임 이후 국무총리실의 조직·정원 확대와 국무총리의 통합 및 조정기능 강화, 국무회의 운영방식 변화를 추구하여 책임총리 공약을 실현시키고자 노력하였다(양현모, 2004; 양홍석, 2015: 145).

노무현 정부의 초대 총리는 김영삼 정부에서 총리를 역임한 바 있는 고건 총리(03.2–04.5)이며 2004년 노무현 대통령 탄핵사태 직후에는 대통령 권한대행직까지 무사히 수행하여 관료로서 본인의 정무적 능력을 상당하게 보여준 것으로 평가받았다. 대통령은 제1기 내각 구성에 앞서 고건 국무총리와 2차례 이상 공식적으로 협의하였고, 이 과정에서 국무총리의 각료 임명제청권을 적극 행사하도록 유도한 것으로 알려졌다.[11]

2대 이해찬 총리(04.6–06.3)가 취임한 이후 1년 10개월간 재임하면서 국무총리 중심의 국정운영시스템이 본격적으로 구축되어 국무총리의 역할이 크게 강화되었다. 제3대 한명숙 총리(06.4–07.3)는 여성 총리로서 11개월 재임하였다. 마지막으로 한덕수 총리(07.4–08.2)는 대통령 임기말까지 10개월간 재직하였다.

노무현 정부의 국무총리는 정치인 출신 2명(이해찬, 한명숙), 관료 출신 2명(고건,

11 고건 국무총리는 농림부 장관 임명과정에서 대통령 대신 인사위원회를 주재하며 청와대에 의해 낙점된 민병채 전 양평군수 대신 허상만 순천대 교수를 농림부 장관에 추천하는 실질적인 임명제청권을 행사했다. 또한 고건 총리는 장관 임명에 대한 총리제청권을 건국 이래 처음으로 서면으로 행사하여 강화된 국무총리의 위상을 보여 주었다(양현모, 2004: 97, 주 55).

표 4-16 노무현 정부의 국무총리

성명	재직기간	재임기간	임용연령	출신지	대학(전공)	주경력
고건	03.2.27.－04.5.24	1년 2개월	65세	서울	서울대	서울시장, 총리
이헌재(대행)	04.5.24.－04.6.29	1개월	60세	중국 상해	서울대	관료, 경제부총리
이해찬	04.6.30.－06.3.15	1년 10개월	52세	충남 청양	서울대	정치인, 교육부장관
한덕수(대행)	06.3.16.－06.4.19	1개월	57세	전북 전주	서울대	관료, 경제부총리
한명숙	06.4.20－07.3.7	11개월	62세	평남 평양	이화여대	정치인, 환경부장관
권오규(대행)	07.3.7－07.4.2	1개월	54세	강원 강릉	서울대	관료, 경제부총리
한덕수	07.4.3－08.2.29	10개월	58세	전북 전주	서울대	관료, 경제부총리

한덕수)이다. 노무현 대통령은 취임 초부터 자신은 국가 장기비전을 실현할 수 있는 국가전략 수립, 지방분권과 균형발전, 정부혁신 업무 등 핵심 국정과제에 전념하고, 통상적인 국정업무와 부서간 정책조정 업무는 국무총리가 수행하도록 하겠다고 여러 차례 공언하였다. 특히 22개월 재임한 이해찬 총리는 책임총리로서 대통령 중심의 국정운영 틀을 혁신적으로 전환하였다(양현모, 2004: 98－103; 양홍석, 2015: 145－146).

2) 국무총리 보좌조직

노무현 정부의 총리보좌조직은 김대중 정부에서 구축한 국무조정실 중심체제를 유지하면서 꾸준히 강화되는 경향이 나타났다(전영한, 2020: 435). [그림 4－10] 위쪽에 나타난 바와 같이 출범 초기 국무조정실에 차관급 직제로 기획수석조정관과 사회수석조정관 2자리가 신설되었고, 경제조정관, 심사평가조정관, 규제개혁조정관을 포함하여 5조정관(차관급 2명 포함) 체제를 유지하였다. 또한 정책관리심의관, 노동・여성심의관이 추가되었고 주한미국대책기획단(1급), 복권위원회사무처(1급)가 신설되었다. 노무현 정부 초대 고건 총리 재임시 국무조정실 정원은 김대중 정부 임기말 158명에서 189명으로 증가하였다.

이해찬 총리 취임 이후 국무총리 보좌기구의 조직 및 인력보강이 이루어졌다. 국무조정실의 경우 수질기획단(1급)이 폐지되고, 복권위원회 사무처 직제를 축소(1급→2급)하는 대신 정책상황실(1급), 인적자원・연구개발기획단(1급), 규제개혁기획단(1급, 규제개혁조정관 겸임) 등 3개 기구가 신설되었다.

2005년 3월에는 [그림 4-10] 아래쪽과 같이 기획차장(차관급)과 정책차장(차관급)을 두고 기획차장은 기획관리조정관 · 심사평가조정관 · 정책상황실장 소관업무에 관하여 실장을 보좌하도록 하고, 정책차장은 경제조정관, 사회문화조정관 · 규제개혁조정관 · 복권위원회 사무처 소관업무에 관하여 실장을 보조하도록 하였다(2005. 3.24., 대통령령 제18747호).

2006년에는 「정부업무평가기본법」 제정에 따라 평가업무 전문성 강화를 위한 정원증가가 이루어졌다. 2006년도에는 이외에도 제주도가 특별자치도로 지정되면서 행정 및 재정자주권 이양 업무가 필요하여 제주특별자치도지원위원회가 한시적으로 설치되었다. 노무현 정부 임기말 국무조정실의 정원은 215명으로 증가하여

그림 4-10 노무현 정부의 국무총리 보좌조직

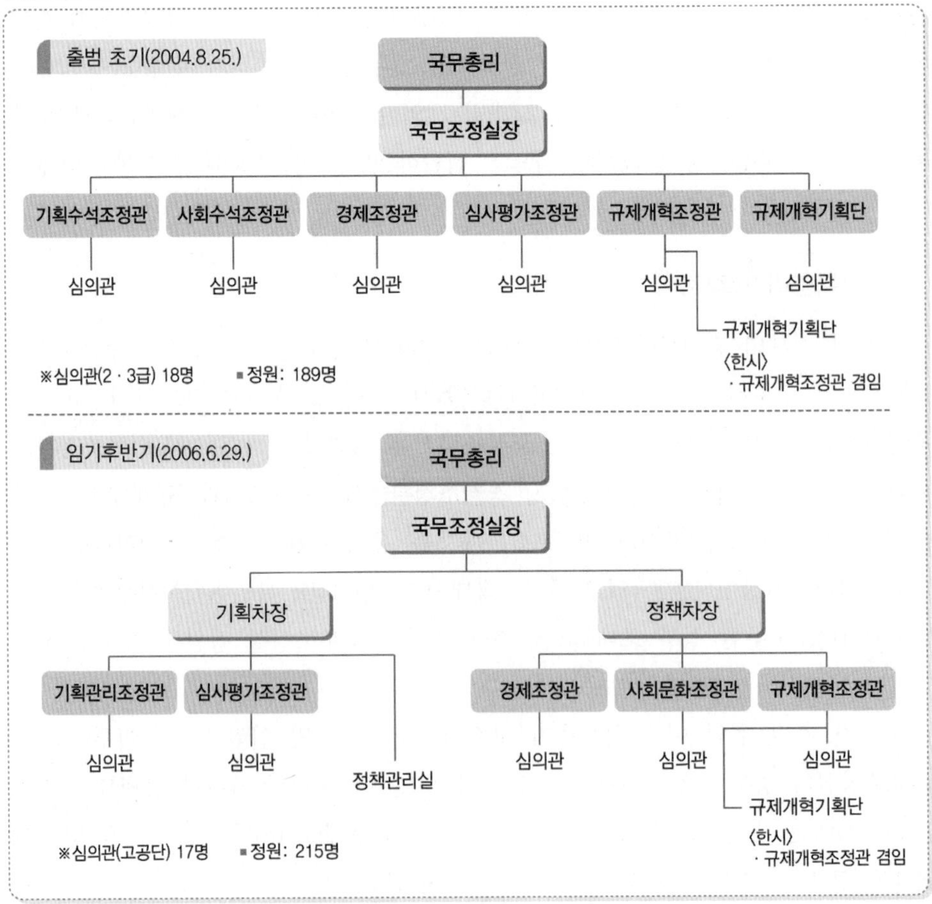

출처: 전영한, 2020, 435, [그림 14] 및 436, [그림 15].

김대중 정부 임기말 158명보다 57명 증가하였다.

5. 이명박 정부의 국무총리와 보좌조직

1) 국무총리의 출신배경과 역할

이명박 정부에서는 한승수 총리(2008.2－2009.9), 정운찬 총리(2009.9－2010.8), 김황식 총리(2010.10－2013.2) 등 윤증현 총리권한 대행(2010.8－2010.9)을 제외하면 3명의 총리가 재임하였다. 이명박 대통령은 초대 총리인 한승수 총리에게 자원외교 등 대외적 역할을 기대하고 임명하였다. 이명박 대통령은 국내외의 복잡한 현안은 자신이 담당하고 한승수 총리가 해외자원개발의 총괄지휘를 맡도록 한 것이다(양홍석, 2015: 182). 초대 국무조정실장은 외교부 차관 출신의 조중표 실장이 임명되었다. 한편 2009년 1월 이명박 대통령의 측근으로 소위 왕차관으로 불린 박영준 국무조정실 차장이 자원외교는 물론 국무총리실의 전반적 운영에 깊이 관여한 것으로 알려졌다.[12] 2대 정운찬 총리의 주된 임무는 행정기관의 세종시 이전과 관련한 원안 폐기를 주도하는 것이었다. 박근혜 의원의 강경한 반대로 세종시 수정안이 2010년 6월 29일 국회본회의에서 부결되면서 국무총리직에서 물러났다(박천오, 2014: 19). 그러므로 초대와 2대 총리 재직시에 행정 각부를 통할하는 국무총리의 모습을 찾기는 어려웠다.

표 4-17 이명박 정부의 국무총리

성명	재직기간	재임기간	임용연령	출신지	대학(전공)	주경력
한승수	08.2.29.－09.9.28	1년 7개월	72세	강원 춘천	연세대	장관, 비서실장
정운찬	09.9.29.－10.8.10	10개월	62세	충남 공주	서울대	교수, 서울대총장
윤증현(직대)	10.8.10.－10.9.30	2개월	64세	경남 마산	서울대	관료, 기재부장관
김황식	10.10.1.－13.2.26	2년 6개월	62세	전남 장성	서울대(법학)	법조인, 대법관

제3대 김황식 총리가 임명된 후 30개월간 재직하면서 국무총리실의 국정통할기능을 어느 정도 수행하였다. 김황식 총리는 임명당시만 하더라도 "또 한명의 의전총리 또는 대독총리가 될 것"이라는 우려가 많았지만, 퇴임을 앞두고 '명재상'이라는 평가를 받기도 하였다(박천오, 2014: 19).

12 박영준 국무차장은 2010년 8월 자원외교를 담당하는 지식경제부 제2차관으로 자리를 옮겼다.

이명박 정부의 국무총리는 학자 출신 관료 1명(한승수), 학자출신 1명(정운찬), 법조인 출신 1명(김황식)이다. 다른 대통령과는 달리 정치인을 한 사람도 총리로 임명하지 않았다. 이명박 대통령은 취임 초기 자신이 국내외 현안조정은 스스로 담당하고 초대 총리에게는 자원외교 분야를 분장하도록 하고, 제2대 총리에게는 세종시 수정안을 관철할 것을 기대하는 등, 국무총리의 정책조정 역할을 기대하지 않았다. 그러므로 이명박 정부 출범 초기에 국무총리를 중심으로 하는 정책조정은 이루어질 수 없었다. 제3대 김황식 총리 재임시에 국무총리 본연의 역할을 회복한 것으로 볼 수 있다.

2) 국무총리 보좌조직

이명박 정부 출범과 함께 단행된 정부조직 개편에서 정부조직에 대한 대대적인 개편이 이루어졌는데, 국무총리 보좌조직에 대한 대대적인 개편도 함께 이루어졌다. 이명박 정부는 국무총리 직접 보좌기관인 국무조정실과 국무총리 비서실을 통합하여 국무총리실을 설치하였다(2008.2.29., 대통령령 제20724호). [그림 4−11]에서와 같이 국무총리실에 국무차장과 사무차장을 두었는데, 국무차장은 과거 국무조정실, 사무차장은 과거 비서실 업무를 관장하였다. 이같이 기존 국무조정실 산하 2개 차관(정책차장과 기획차장) 직위를 국무차장 하나로 줄였다. 국무차장 소속으로 국정운영실 · 사회위험갈등관리실[13] · 규제개혁실 및 정책분석평가실을 두도록 하였다. 복권위원회 및 경제정책조정기능을 기획재정부로 이관하였고, 국무조정실에 설치되었던 각종 한시조직(12개)은 원칙적으로 부처에 이관하도록 하거나 폐지하였다(양홍석, 2015: 182−183). 이같이 국무조정실과 국무총리 비서실을 통합한 국무총리실 총정원은 276명이며, 기존 국무조정실의 업무를 담당하는 국무차장 소속 정원은 208명으로 추산된다.[14] 그러므로 노무현 정부 임기말 국무조정실 정원 215명에서 7명이 감축되었지만 부처에서 파견된 공무원이 대폭 정리되어 국무총리실 공무원들은 국무총리실 인원이 파견 포함 총 624명의 조직에서 324명이 줄어들어 300명 규모의 소규모 조직이 되었다고 보았다(양홍석, 2015: 183).

---

13 사회위험갈등관리실은 그 명칭이 부정적이고 소극적이라는 비판의견에 따라 2008년 6월 25일 직제개편(대통령령 제20861호)으로 사회통합정책실로 명칭이 변경되었다.

14 국무총리실 총정원은 276명이었으나, 이를 구분하면 국무차장 소속(과거 국무조정실) 208명과 사무차장실 소속(과거 비서실) 68명으로 추정된다. 추정자료를 제공한 국무조정실 관계자에게 감사드린다.

그림 4-11 이명박 정부의 국무총리 보좌조직

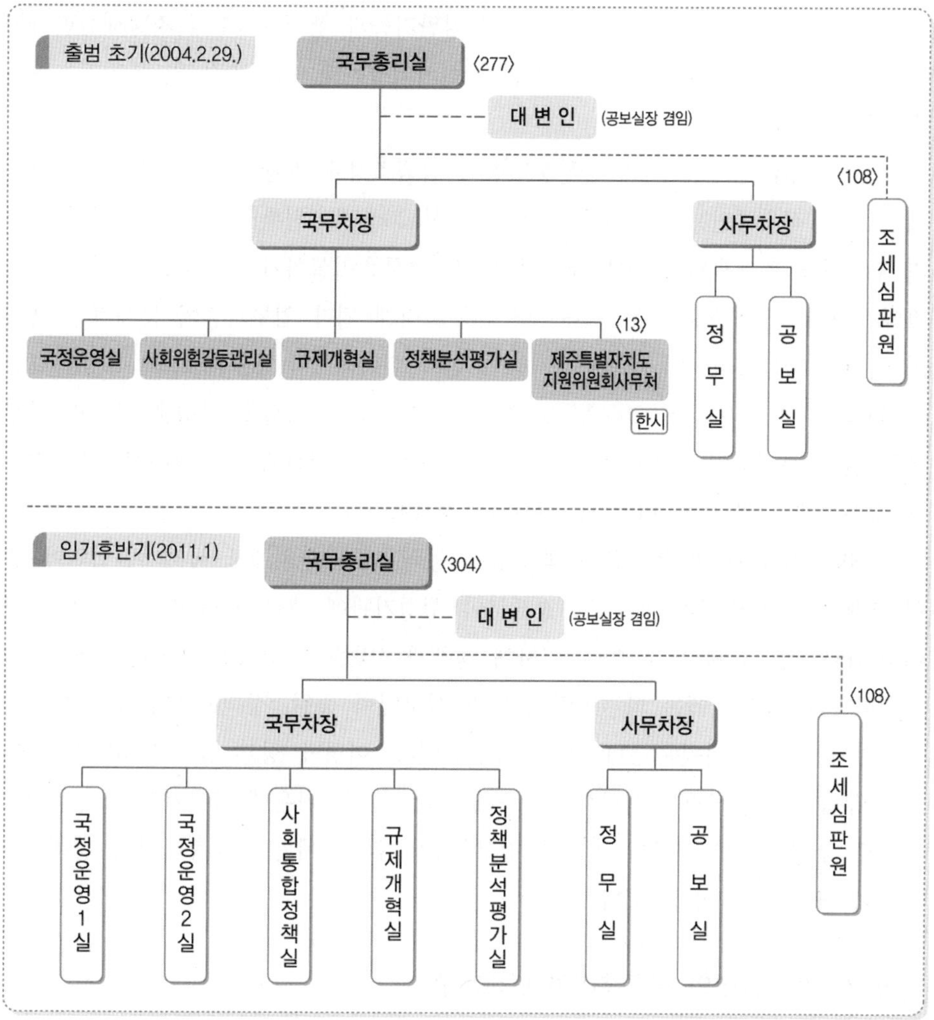

출처: 출범초기, 행정안전부, 2008, 정부기구도표 2008, 6; 임기후반기, 행정안전부, 정부기구도표, 2011, 6.

[그림 4－11]에서 알 수 있듯이 과거 행정조정실 시기와 국무조정실 시기에 직제에 사용하던 '조정관'이라는 명칭을 모두 없애고 '실장'이라는 명칭을 사용하도록 하여 국무총리 보좌기구가 행정 각부의 조정기능을 담당한다는 의미를 찾기 어렵게 되었다.[15] 그러므로 이명박 정부 출범 초기 국무총리의 역할이 통합 또는 조정

15 '조정'이라는 명칭이 직제에서 사라지고 총괄조정관은 국정운영실장, 사회문화조정관은 사회위험관리실장, 규제개혁조정관은 규제개혁실장, 심사평가조정관은 정책분석평가실장으로 명칭이

의 역할보다는 특정분야 전담의 형태로 변경되었다. [그림 4-11]에 나타난 바와 같이 종전 기획재정부에 설치되었던 국세심판기능과 행정자치부의 지방세심판가능이 국무총리실로 이관되어 조세심판원이 설치되었는데, 정책조정 및 통합기능과는 무관한 업무였다.

이명박 정부 출범 초기의 국무총리실의 정책조정에 관한 입장은 이후 정책환경의 변동에 적응하면서 변화하게 되었다. 특히 2008년 5월부터 시작된 미국산 쇠고기 수입반대 촛불시위 발생에 대응과정에서 국무총리실의 1차 대응을 통한 완충효과의 부재로 정책조정 업무가 대통령실로 몰리게 되자 업무과중의 문제가 발생하게 되면서 국무총리실의 정책조정기능이 점차 회복되었다(양홍석, 2015: 183). [그림 4-11]의 아래편과 같이 2009년 말에는 종전의 국정운영실을 국정운영1실과 국정운영2실로 분리하여 국정운영2실에서 기획재정부로 이관되었던 경제정책조정기능을 수행하게 되었다(2009.12.29., 대통령령, 제21910호).

이러한 조직개편의 목적은 정책조정 기능의 회복 이외에도 국제개발협력에 관한 정책의 종합적 수립과 추진, 경제분야 행정기관에 대한 지휘 감독기능의 보강이었다(전영한, 2020: 437). 이를 위하여 정책관 3명을 신설하고, 정원을 303명으로 증원하였다. 2011년에는 파견인력 감축과 실무인력 증원, 정책홍보에 대한 협의를 강화하기 위하여 정원을 311명으로 증원하였다. 이명박 정부 임기말(2012년 12월)에 국무총리실 총정원은 314명으로 증가하였는데, 이 가운데 국무차장 소속은 232명으로 추정된다.[16] 이같이 이명박 정부 임기 후반기에는 국무총리실의 정책조정기능이 어느 정도 회복되었다.

6. 박근혜 정부의 국무총리와 보좌기구

1) 국무총리의 출신배경과 역할

박근혜 정부 시기에 국무총리는 정홍원 총리(2013.2-2015.2), 이완구 총리(2015.2-2015.4), 황교안 총리(2015.6-2017.5)이다(<표 4-18> 참조). 그러나 초대 총리부터 총리후보자가 낙마하는 등 총리후보자의 수난사가 계속되었다. 2013년 1월 말 박근혜 정부 대통령직인수위원장으로 초대 총리 후보로 지명됐던 김용준 전 헌

변경되었다.

16 국무총리실 총정원은 314명 가운데 국무차장 소속(과거 국무조정실) 232명과 사무차장실 소속(과거 비서실) 82명으로 추정된다.

법재판소장은 도덕성 논란 속에 불과 닷새 만에 낙마했다.[17] 초대 총리로 취임한 정홍원 총리는 2014년 4월 16일 발생한 세월호 참사의 대응 미숙에 책임을 지고 스스로 사의를 표명했으나, 이후 5월 22일 지명한 안대희 전 대법관과 6월 10일 지명한 문창극 후보자가 잇달아 청문회도 거치지 못하고 물러났다.[18] 이 때문에 사의를 표명한 정 총리가 자리에서 물러나지 못하는 상황이 상당 기간 지속되어 다음 해인 2015년 2월에야 퇴임하게 되었다. 그 후임으로 우여곡절을 거쳐 청문회를 통과하여 임명된 이완구 총리는 소위 '성완종 파문'에 연루되면서 야당은 물론 여당 내부에서도 사퇴 압력을 받았고, 결국 총리직에서 스스로 물러나게 됐다. 이완구 총리의 재임기간은 63일에 불과해, 헌정사상 최단명 총리로 기록되었다. 이같이 국회 인사청문회 절차가 어려워짐에 따라 역설적으로 국무총리 재임기간이 장기화되는 경향이 나타났다. 2015년 5월 취임한 황교안 총리는 박근혜 대통령이 탄핵으로 물러나자 국무총리 겸 대통령 권한대행으로 임기를 마쳤다.

표 4-18 박근혜 정부의 국무총리

성명	재직기간	재임기간	임용연령	출신지	대학(전공)	주경력
정홍원	13.2.26 – 15.2.16	2년	68세	경남 하동	성균관대	검사, 법조인
이완구	15.2.17. – 15.4.27	2개월	64세	충남 청양	성균관대	경찰공무원, 정치인
최경환(대행)	15.4.27. – 15.6.17	2개월	60세	경북 경산	연세대	정치인, 기재부 장관
황교안	15.6.18. – 17.5.11	2년	58세	서울	성균관대	법조인, 법무부장관

박근혜 정부의 국무총리는 법조인 출신 2명(정홍원, 황교안), 정치인 출신 1명(이완구)이다. 이완구 총리의 재직기간이 2개월밖에 되지 않으므로 박근혜 대통령 재임기간 대부분 법조인 출신이 총리를 맡았다. 초대 총리로 지명된 김용준 후보와 제2대 총리로 지명된 후 낙마한 안대희 후보자도 법조인 출신이었으므로 박근혜

17 김 후보자는 헌법재판소장 퇴임 닷새 만에 법무법인으로 옮기는 전관예우 특혜뿐만 아니라 자신과 가족이 소유했거나 소유한 부동산 10여 곳 대부분이 투기성이 짙다는 의혹을 받은 끝에 물러났다.

18 안대희 후보자는 '국민검사'라는 칭호가 무색하게 2013년 변호사 생활 5개월간 16억원의 수입을 얻은 사실이 밝혀지며 법조계 전관예우 논란에서 벗어나지 못했고, 결국 청문회 자리에 앉아보기도 전에 낙마했다. 이후 문창극 후보자가 첫 기자 출신 총리 후보로 발탁됐지만 자신의 역사인식 논란을 수습하지 못하고, 결국 부정적 여론에 밀려 청문회장 문턱을 넘기도 전에 안 후보자에 이어 연쇄 낙마했다. 연합뉴스, 2015.4.1.일자.

대통령은 유난히 법조인 출신을 총리로 고려한 셈이다. 박근혜 대통령 출범 2년차인 2014년 4월 세월호 참사 이후 국정이 불안한 상태로 운영되었으므로 국무총리가 정책조정기능을 제대로 수행하기가 어려운 여건이었다.

2) 국무총리 보좌조직

박근혜 정부에서는 국무총리 보좌조직을 국무조정실과 비서실로 분리하여 국무조정실이 부활하였다. [그림 4-12]과 같이 국무조정실장 아래 국무 1차장과 2차장을 두었으며, 국무 1차장이 국정운영실, 정부업무평가실, 규제개혁조정실을 관장하고, 국무2차장이 경제 및 사회정책에 관한 조정업무를 관할하였다. 국정운영실장은 정책의제 발굴과 함께 공공기관 갈등의 관리, 중장기 정책과 국제개발협력 정책의 조정을 비롯한 업무를 맡았다.

그림 4-12 박근혜 정부의 국무총리 보좌조직

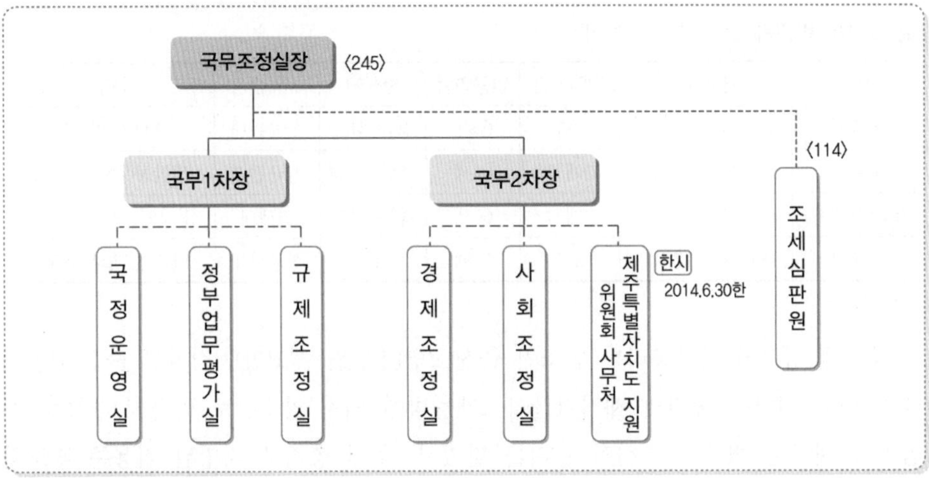

출처: 안전행정부, 2013, 2013정부기구도표(2013.3).

국무조정실은 2014년도에는 규제조정실에 민관합동 규제개선추진단을 설치하고, 영유아보육교육통합추진단, 정부합동부패척결추진단을 설치하면서 적극적인 정책조정자 역할 확대를 지향하였다(전영한, 2020: 438). 박근혜 정부 국무조정실 정원은 출범초 245명에서 임기 말 251명으로 증가(증가율 2.4%)하였다.

7. 문재인 정부의 국무총리와 보좌조직

1) 국무총리 출신배경과 역할

문재인 정부에서는 이낙연 총리(2017.5－2020.2), 정세균 총리(2020.1－2021.4), 김부겸 총리(2021.5－2022.5) 등 유일호 권한대행(2017.5)과 홍남기 권한대행(2021.4)을 제외하면 3명의 총리가 재임하였다. 초대 총리인 이낙연 총리는 2년 8개월간 재임함으로써 민주화 이후 최장수 총리가 되었다. 정세균 총리는 1년 2개월 재임한 이후 차기 대통령선거 출마를 위해 사직하였다. 문재인 정부 초대와 2대 총리 모두 차기 대통령 선거 민주당 후보로 당내 경선을 치렀으나 두 사람 모두 후보로 선출되지는 못하였다. 김부겸 총리는 문재인 정부 마지막 총리로 재직하였다.

표 4-19 문재인 정부의 국무총리

성명	재직기간	재임기간	임용연령	출신지	대학(전공)	주경력
유일호(대행)	17.5.11－17.5.31	1개월	62세	서울	서울대	정치인, 기재부 장관
이낙연	17.5.31.－20.2.3	2년 8개월	65세	전남 영광	서울대	기자, 정치인
정세균	20.1.14.－21.4.16	1년 3개월	69세	전북 진안	고려대	정치인, 장관
홍남기(대행)	21.4.26.－21.5.13	1개월	60세	강원 춘천	한양대	기재부 장관
김부겸	21.5.14.－22.5.9	1년	63세	경북 상주	서울대	국회의원, 장관

문재인 정부에서 재임한 세 명의 국무총리는 모두 중견 정치인 출신이다. 이낙연 총리와 정세균 총리는 대통령보다 더욱 정치 경력이 많다. 문재인 정부에서는 김대중 대통령 재임시 제도화된 대통령과 총리의 주례회동이 실질적으로 작동되면서 국무총리와 국무조정실의 정책조정도 활발하게 이루어지고 있는 편이다.

2) 국무총리 보좌조직

문재인 정부의 국무총리 보좌조직은 박근혜 정부에서의 국무총리 보좌조직 기본틀을 유지하였다. [그림 4－13] 위편과 같이 국무조정실장 아래 국무 1 · 2차장을 두었으며, 국무 1차장이 국정운영실, 정부업무평가실, 규제개혁조정실을 관장하고, 국무2차장이 경제 및 사회정책에 관한 조정업무를 관할하였다. 문재인 정부 출범 당시 국무조정실 정원은 251명이었다.

문재인 정부 출범 이후, 2018년 「미세먼지 특별법」이 제정됨에 따라 국무 2차장 산하에 미세먼지 저감·관리 정책의 컨트롤타워로서 '미세먼지 특별대책위원회'와 이를 지원할 '미세먼지 개선기획단'이 신설되었다. 한편 2020년 1월 청년기본법이 제정되면서, 국무조정실에 청년정책조정위원회와 청년정책추진단이 신설되어 청년정책을 조정하는 기능을 담당하게 되었다. 이같이 국무조정실에서 경제정책 및 사회정책 조정을 물론 다부처 관련업무인 미세먼지와 청년문제에 관한 종합조정기능도 활발하게 수행하였다. 2020년 5월 현재 문재인 정부 국무조정실 정원은

그림 4-13 문재인 정부 국무총리 보좌조직

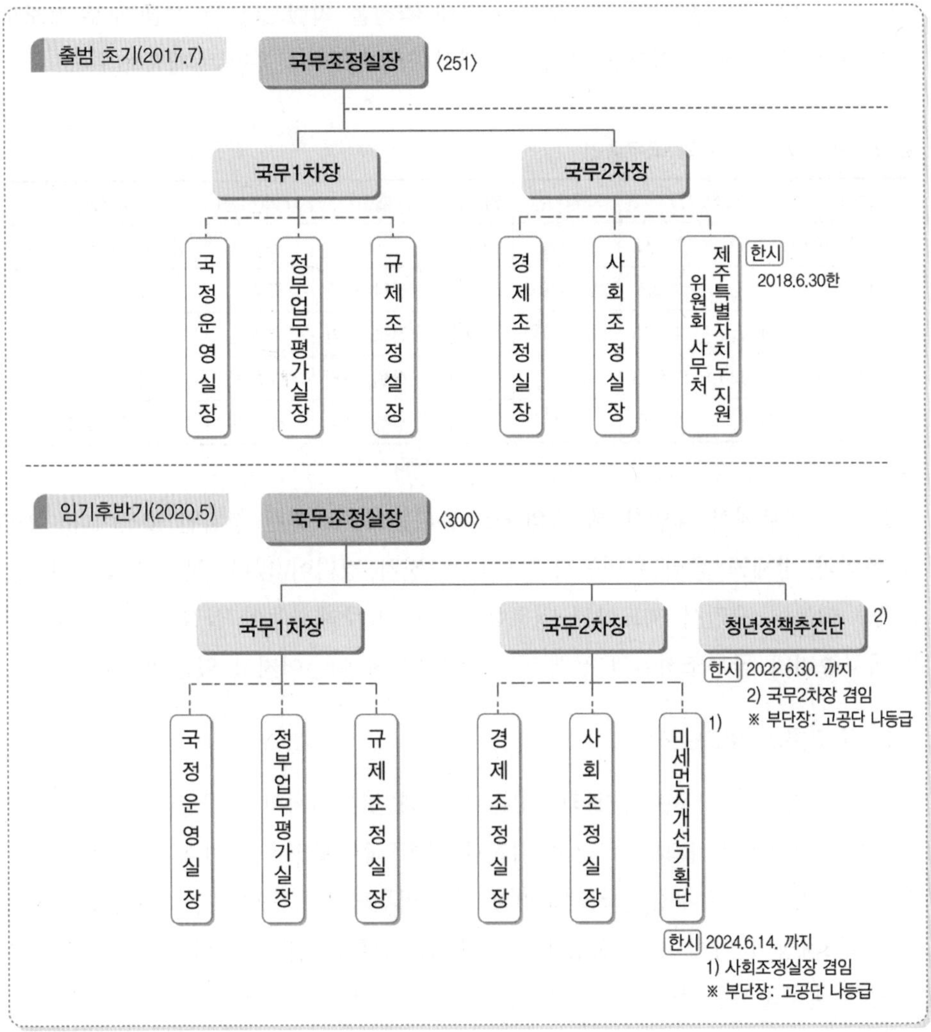

출처: 출범초기, 행정안전부, 2017 정부기구도표, 9.

300명으로 출범 초와 비교하여 49명 증가하였다.

8. 종합 및 시사점

1) 역대정부의 국무총리 인선의 특징

민주화 이후 역대정부에서 국무총리의 출신배경은 대통령에 따라 상당히 다르다. 김영삼 정부의 국무총리 출신배경은 정치인, 법조인, 교수, 관료 등으로 다양하였다. 정치인 출신은 초대 황인성 총리가 유일하며, 이회창 총리는 법조인, 이영덕, 이홍구, 이수성 총리는 교수, 마지막 총리인 고건 총리는 관료 출신이다. 김대중 정부에서는 공동정부의 파트너인 자민련 출신 정치인 3명(김종필, 박태준, 이한동)이 국무총리로 총 4년 5개월 재임하였으며, 짧은 기간 직무대행과 서리를 제외하면 법조인 출신인 김석수 총리가 임기 마지막 6개월간 재임하였다. 노무현 정부의 국무총리는 정치인 출신 2명(이해찬, 한명숙), 관료 출신 2명(고건, 한덕수)이다. 고건 총리는 관료 출신이지만 대통령 권한대행직까지 무사히 수행하여 관료로서 본인의 정무적 능력을 상당하게 보여준 것으로 평가받았다. 제2대 이해찬 총리는 실세 총리로 강력한 조정역할을 수행한 것으로 알려져 있다. 이명박 정부의 국무총리는 학자 출신 관료 1명(한승수), 학자출신 1명(정운찬), 법조인 출신 1명(김황식)이다. 다른 대통령과는 달리 정치인을 한 사람도 총리로 임명하지 않았다는 것이 특징이다. 박근혜 정부의 국무총리는 법조인 출신 2명(정홍원, 황교안), 정치인 출신 1명(이완구)이다. 초대 총리로 지명된 김용준 후보와 제2대 총리로 지명된 후 낙마한 안대희 후보자도 법조인 출신이었으므로 박근혜 대통령은 유난히 법조인 출신을 총리로 고려하였다. 문재인 정부에서 재임한 세 명의 국무총리는 모두 중견 정치인 출신이다. 이낙연 총리와 정세균 총리, 그리고 김부겸 총리는 대통령보다 정치 경력이 많은 편이다.

2) 역대정부의 국무총리 역할

김영삼 정부 시기의 국무총리는 소위 의전총리, 방탄총리 등 대통령의 정치적 방패나 속죄양으로 이용되었다고 평가된다. 김영삼 대통령의 국무총리와 내각에 대한 업무위임 정도는 크지 않았으며 전임 노태우 정부와 비교하여 국무총리가 정책조정에 필요한 자원도 빈약하였고, 적극적인 정책조정 역할을 수행하기도 어려웠다. 김대중 정부에서 국무총리는 공동정부 운영에 따른 합의에 기초하여 대통령과 총리의 주례회동이 정례화되었고, 행정 각부 통할권이 상당한 정도 인정되었으며, 이에 따라 국무총리의 실질적인 권한 행사와 정책조정 역할이 상당히 강화되었다. 노무현 대통령은 취임 초부터 자신은 국가 장기비전을 실현할 수 있는 핵심 국정과제에 전념하고, 통상적인 국정업무와 부서간 정책조정 업무는 국무총리가 수행하도록 하겠다고 공언하고 이를 실행하였다. 특히 22개월 재임한 이해찬 총리는 책임총리로서 대통령 중심의 국정운영 틀을 혁신적으로 전환하였다. 이명박 대통령은 취임 초기 자신이 국내외 현안조정은 스스로 담당하고 초대 총리에게는 자원외교 분야를 분장하도록 하고, 제2대 총리에게는 세종시 수정안을 관철할 것을 기대하는 등 국무총리의 정책조정 역할을 크게 기대하지 않았다. 그러므로 이명박 정부 출범 초기에 국무총리를 중심으로 하는 정책조정은 이루어질 수 없었다. 제3대 김황식 총리 재임시에 국무총리 본연의 역할을 회복한 것으로 볼 수 있다. 박근혜 대통령 출범 2년차인 2014년 4월 세월호 참사 이후 국정이 불안한 상태로 운영되었으므로 국무총리가 정책조정기능을 제대로 수행하기가 어려운 여건이었다. 문재인 정부에서는 김대중 대통령 재임시 제도화된 대통령과 총리의 주례회동이 실질적으로 작동되면서 국무총리와 국무조정실의 정책조정도 활발하게 이루어지고 있는 편이다.

3) 역대정부의 국무총리 보좌기구 변천

김영삼 정부의 국무총리 보좌기구는 1963년에 설치된 행정조정실이다. <표 4-20>에 민주화 이후 역대정부 출범초기와 임기말의 국무총리 보좌조직 직제와 인력규모가 제시되었다. 김영삼 정부는 행정조정실장에게 수석 차관 직위를 부여하여 행정조정실장이 차관회의를 주재하도록 하여 국정 핵심부서로서 역할이 정립되었다. 행정조정실장 아래 제1행정조정관부터 제4행정조정관까지 조정관실에서 국무총리의 정부업무 조정을 보좌하였으며, 노태우 정부 시기의 제5행정조정관실은 폐지하였다. 김영삼 정부 행정조정실 정원은 1993년 115명으로 출발하였는데, 1994년 12월 경제기획원의 심사분석 기능 이관, 수질개선기획단이 설치, 재해대비 안전관리 보강으로 임기말 정원은 140명(증가율 21.7%)으로 증가하였다.

김대중 정부 출범과 함께 국무총리 행정조정실은 기존의 차관급 조직에서 장관급인 국무조정실로 격상되었고, 규제개혁 추진을 위해 규제개혁조정관을 신설하여, 총 5개 조정관에 14개 심의관 체제로 김영삼 정부와 비교하여 1조정관 2심의관이

표 4-20 역대정부 국무총리 보좌조직(비서실 제외) 직제와 인력규모 변동

정부	출범 초기		임기말		
	직제	정원	직제	정원	임기초대비 증가율
김영삼 정부	1실장(차관급) – 4조정관	115	1실장(차관급) – 4조정관 – 13심의관 – 수질기획단 등	140	21.7%
김대중 정부	1실장(장관급) – 5조정관 – 14심의관	139	1실장(장관급) – 5조정관 – 14심의관 – 실업대책기획단 등	158	13.7%
노무현 정부	1실장(장관급) – 2수석조정관(차관급) – 3조정관 – 18심의관	189	1실장 – 2차장 – 5조정관 – 18심의관	215	13.8%
이명박 정부※	1실장 – 1차장 – 4실장 – 15심의관(비서실 제외)	208 (비서실 포함 276)	1실장 – 1차장 – 4실장 – 18심의관(비서실 제외)	232 (비서실 포함 314)	11.5%
박근혜 정부	1실장 – 2차장 – 5실장 – 20고공단(나급)※※	245	1실장 – 2차장 – 5실장 – 20고공단(나급)	251	2.4%
문재인 정부	1실장 – 2차장 – 5실장 – 20고공단(나급)	251	1실장 – 2차장 – 5실장 – 19고공단(나급) – 미세먼지개선기획단 · 청년정책추진단	300	19.5%

※ 이명박 정부의 보좌조직 정원은 국무총리실 총정원에서 구 비서실에 해당하는 사무차장 소속 정원을 제외한 추정치임.

※※ 고공단(고위공무원단) 나급은 심의관(국장급) 직위에 해당함.

확대되었다. 또한 복수의 Task Force를 운영하여 1997년 김영삼 정부에서 설치된 수질개선기획단 이외에도 실업대책기획평가단, 부패방지기획단, 안전관리개선기획단, 제주국제자유도시추진기획단, 수해방지대책기획단 등이 설치되었다. 국무조정실 정원은 김영삼 정부의 139명에서 158명(증가율 13.7%)으로 총 19명이 늘어났다.

노무현 정부의 총리보좌조직은 김대중 정부에서 구축한 국무조정실 중심체제를 유지하면서 꾸준히 강화되었다. 출범 초기 국무조정실에 차관급 직제로 기획수석조정관과 사회수석조정관 2자리가 신설되었고, 경제조정관, 심사평가조정관, 규제개혁조정관을 포함하여 5조정관(차관급 2명 포함) 체제를 유지하였다. 또한 정책관리심의관, 노동 · 여성심의관이 추가되었고 주한미국대책기획단(1급), 복권위원회사무처(1급)가 신설되었다. 노무현 정부 임기말 국무조정실 정원은 215명으로 증가(증가율 13.8%)하였다.

이명박 정부는 국무총리 직접 보좌기관인 국무조정실과 국무총리 비서실을 통합하여 국무총리실을 설치하였다. 기존 국무조정실 산하 2개 차관(정책차장과 기획

차장) 직위를 국무차장 하나로 줄였다. 국무차장 소속으로 국정운영실·사회위험갈등관리실·규제재혁실 및 정책분석평가실을 두도록 하였다. 복권위원회 및 경제정책조정기능을 기획재정부로 이관하였고, 국무조정실에 설치되었던 각종 한시조직(12개)은 원칙적으로 부처에 이관하도록 하거나 폐지하였다. 이같이 국무조정실과 국무총리 비서실을 통합한 국무총리실 총정원은 276명으로 정하였다. 국무조정실 직제에 사용하던 '조정관'이라는 명칭을 모두 없애고 '실장'이라는 명칭을 사용하도록 하여 국무총리 보좌기구가 행정 각부의 조정기능을 담당한다는 의미를 찾기 어렵게 되었고, 이명박 정부 출범 초기 국무총리의 역할이 통합 또는 조정의 역할보다는 특정분야 전담의 형태로 변경되었다. 이명박 정부의 출범 초기 입장은 이후 정책환경의 변동에 적응하면서 변화되어 2009년 말에는 종전의 국정운영실을 국정운영1실과 국정운영2실로 분리하여 국정운영2실에서 기획재정부로 이관되었던 경제정책조정기능을 수행하게 되었다. 임기말 국무총리실 정원은 314명(증가율 13.8%)이었다.

박근혜 정부에서는 국무총리 보좌조직을 국무조정실과 비서실로 분리하여 국무조정실이 부활하였다. 국무조정실장 아래 국무 1차장과 2차장을 두었으며, 국무 1차장이 국정운영실, 정부업무평가실, 규제개혁조정실을 관장하고, 국무2차장이 경제 및 사회정책에 관한 조정업무를 관할하였다. 국정운영실장은 정책의제 발굴과 함께 공공기관 갈등의 관리, 중장기 정책과 국제개발협력 정책의 조정을 비롯한 업무를 맡았다. 박근혜 정부 출범 이후 민관합동 규제개선추진단 설치, 영유아보육교육통합추진단, 정부합동부패척결추진단 설치 등 적극적인 정책조정자 역할 확대를 지향하였다. 박근혜 정부 국무조정실 정원은 출범초 245명에서 임기말 251명으로 증가(증가율 2.4%)하였다.

문재인 정부 출범초 국무총리 보좌조직은 박근혜 정부에서의 국무총리 보좌조직 기본틀을 유지하였다. 문재인 정부 출범 이후 국무조정실에 '미세먼지 개선기획단' 신설, 청년정책추진단 신설 등으로 경제정책 및 사회정책 조정을 물론 다부처 관련업무인 미세먼지와 청년문제에 관한 종합조정기능도 활발하게 수행하였다. 2020년 5월 현재 문재인 정부 국무조정실 정원은 300명으로 출범 초와 비교하여 49명 증가(19.5%)하였다.

4) 국무총리 보좌기구에 의한 정책조정의 시사점

민주화 이후 정책조정을 지원하는 국무총리 보좌기구는 김영삼 정부에서 차관급 기구인 행정조정실장에서 김대중 정부에서 장관급의 국무조정실로 격상되었다. 노무현 정부에서 차관급 2개 직위가 신설된 이후 오늘날까지 이어지고 있다. 국무조정실 인력규모는 앞 <표 4-20>에서 보았듯이 김영삼 정부 출범 초 행정조정실 정원 115명에서 문재인 정부 임기 마지막 단계인 2020년 5월 국무조정실 정원 300명으로 160.9% 증가하였다. 이를 동기간 공무원수 증가율(김영삼 정부 출범초 88만 6천명에서 2020년 12월 현재 113만명) 27.7%, 대통령비서실 인력규모(김영삼 정부 출범초 377명에서 문재인 정부 출범 초 486명) 증가율 28.9%와 비교하면 엄청나게 높은 수치이다.

정책조정의 수요에 대한 직접적이고 객관적인 지표가 부재한 상태에서 정책조정을 담당하는 총리 보좌조직의 인력규모는 좋은 대리지표라고 할 수 있다(전영한, 2020: 438). 이같이 총리보좌조직인 국무조정실의 정원 증가율이 매우 높다는 것은 국무총리 보좌조직에 의한 정책조정 수요가 훨씬 빠른 속도로 증가하고 있음을 의미한다.

대통령비서실을 통한 정책조정과 국무조정실을 통한 정책조정의 업무범위가 명확하게 구분되지 않고 중첩되어 있다는 문제가 지적되기도 하였다. 이러한 문제를 심각하게 인식한 이명박 정부는 출범 초기에 국무총리실의 정책조정 기능을 축소시켜 해결하고자 하였으나, 임기 중반에 이를 되돌린 바 있다. 이러한 상황은 대통령비서실의 정책조정과 국무조정실의 정책조정 담당업무의 성격이 다를 수 있다는 점을 시사한다. 즉, 대통령과 대통령비서실에서는 정치적 성격이 강한 정책갈등에 관한 조정을 담당하고, 국무총리와 국무조정실에서는 정치적 성격은 약하지만 부처 단독으로는 해결하기 어려운 다부처 관련 정책문제에 관한 갈등관리와 정책조정을 담당하는 것이다.

역대정부에서 국무총리 보좌조직은 일반행정부처, 경제정책부처, 사회정책부처와 같이 업무관련성이 높은 행정부처들을 묶어서 정책영역별 정책조정을 담당하여 왔다. 또한 규제개혁, 정부업무평가 등과 같이 정부조직 전체에 적용되어야 할 정책의 조정기능을 수행하여 왔다. 그 밖에도 특정시기에 정책현안으로 대두한 주요 정책현안에 대처하기 위한 한시 조직을 꾸준히 운영하여 왔다. 예를 들면, 1997년 김영삼 정부에서 설치된 수질개선기획단, 김대중 정부에서 설치된 실업대책기획평가단, 부패방지기획단, 안전관리개선기획단, 제주국제자유도시추진기획단, 수해방지대책기획단, 노무현 정부에서 설치된 주한미군대책기획단, 제주특별자치도지원위원회, 박근혜 정부가 설치한 민관합동 규제개선추진단, 영유아보육교육통합추진단, 정부합동부패척결추진단, 문재인 정부가 설치한 미세먼지 개선기획단, 청년정책추진단 등이다. 이러한 정책문제들은 대통령비서실이 주관하여 정치적으로 해결하기보다는 행정적으로 조정하여야 할 다부처 관련 정책문제들이므로 담당조직이 국무조정실에 설치된 것이다.

이같이 국무총리 보좌조직에 의한 정책조정은 업무범위의 모호성과 중첩성이라는 문제점을 가지고 있지만 대통령과 국무총리를 병치시킨 현행 헌법체계의 제약하에서 나름대로 성공적으로 적응한 정책조정 메커니즘으로 볼 수 있다(전영한, 2020: 428－439). 그러므로 차기 정부의 정책조정에서도 국무조정실의 역할은 커질 것으로 예상된다.

Ⅲ. 부총리제도

1. 부총리의 의의와 분석범주

1) 부총리제도의 의의

부총리제는 부처간 갈등을 계층제적으로 해결하려는 제도이다. 즉, 업무상 관련성이 크기 때문에 갈등이 많은 부처들 가운데 그 업무분야 주무부처 장관을 부총리로 격상시켜 그로 하여금 부처간 갈등 이슈들을 해결하도록 하는 제도이다(이송호, 2008: 18－20). 부총리제도는 부처 수가 많은 공산주의 국가들에서 활성화된 적이 있으며, 우리나라에서도 활용되어 왔다. 우리나라에서 부총리제도는 1963년 12월에 신설되었는데 제도 신설과 동시에 경제기획원장관이 겸임하도록 하였다. 경제기획원장관에게 경제정책조정의 지위와 권한을 부여한 것이다. 「정부조직법」에 따르면 부총리는 국무총리가 특별히 위임하는 사무를 처리하기 위하여 설치된 중앙행정기관이며, 국무위원으로 보하되 해당부처 장관이 겸임한다.[19] 부총리는 필수기관이 아닌 임의기관이므로 폐지되기도 하였고 3인까지 늘어나기도 하였다.

19 「정부조직법」 제19조 참조.

2) 부총리제도와 관계장관회의의 관계

부총리제도는 업무상 관련성이 큰 부처의 주무장관이 부총리를 겸임하여 관계장관회의를 이끌어 가면서 정책갈등을 조정하도록 한 것이므로, 다음 장에서 살펴보게 될 관계장관회의와 밀접하게 관련된다. 그런데 관계장관회의 의장을 격상시켜 부총리를 겸임하도록 한 경우도 있지만, 동일한 직급인 국무위원급 장관들 가운데 관계장관회의 의장을 맡도록 하기도 하였다.

3) 부총리의 정책조정 수단

학자들은 부총리가 조정력을 발휘할 수 있으려면, 부총리가 대통령의 입장을 대변할 수 있을 만큼 신임과 위임을 받거나 정치적 역량을 갖추어야 하고, 관련 부처를 통할할 수 있는 최소한의 메커니즘과 수단(예산배분권 또는 기획통제권)이 갖추어져야 한다고 본다. 우리나라의 경우에는 예산편성권을 가진 경제부총리의 경우에는 위의 두 조건을 어느 정도 갖추고 있어 상당한 조정력을 발휘할 수 있다고 본다. 그러나 김대중 정부와 노무현 정부에서 경제부총리 부처와 예산부처가 분리된 경우도 있었으며, 이명박 정부에서는 경제부총리를 폐지한 바도 있었다. 한편 우리나라에서 활용되어온 교육부총리, 통일부총리, 과학기술부총리 등은 이러한 조건을 충분히 갖추고 있지 않아 조정력을 발휘하기 어려웠다고 평가된다.

4) 분석범주

이 책에서는 부총리제도를 경제부총리와 기타 부총리로 구분하여 살펴보기로 하겠다.

(1) 경제부총리

역대정부에서 경제정책조정을 담당하는 경제부총리와 담당부처의 변천, 그리고 부총리의 이름과 재직기간을 살펴보겠다.

(2) 기타 부총리

역대정부에서 설치와 폐지가 반복된 통일부총리, 교육부총리(사회부총리) 및 과학기술부총리와 담당부처, 그리고 재직자의 이름과 재직기간을 살펴보겠다.

2. 역대정부의 부총리제도

1) 김영삼 정부의 부총리제도

(1) 경제부총리

김영삼 정부 출범초기에는 1963년 부총리제도 신설 이후 계속 유지된 부처인 경제기획원 장관이 부총리 직책을 겸임하였다. 1994년 조직개편으로 경제기획원과 재무부가 거대부처인 재정경제원으로 통합되면서 재정경제원 장관이 경제부총리 직책을 겸임하였다. <표 4−21>에 김영삼 정부에서 재임한 경제부총리의 이름과 재임기간이 제시되었다. 경제부총리로는 총 7명이 재임하였는데 중앙부처의 예산 편성권을 가진 경제기획원과 재정경제원 장관이 겸임함으로써 예산배정을 기반으로 정책조정기능을 수행하였다.

표 4-21 김영삼 정부의 부총리

경제부총리			통일부총리		
명칭	이름	임기	명칭	이름	임기
부총리 겸 경제기획원 장관	이경식	93.2−93.12	부총리 겸 통일원 장관	한완상	93.2−93.12
	정재석	93.12−94.10		이영덕	93.12−94.4
	홍재형	94.10−94.12		이홍구	94.4−94.12
부총리 겸 재정경제원 장관	홍재형	94.12−95.12		송영대(직대)	94.12−94.12
	나웅배	95.12−96.8		김덕	94.12−95.2
	한승수	96.8−97.8		나웅배	95.2−95.12
	강경식	97.3−97.11		권오기	95.12−98.3
	임창렬	97.11−98.2			

출처: 최진욱, 2014, 18−19.

(2) 통일부총리

통일부총리 직제는 노태우 정부에서 신설되었는데, 김영삼 정부의 통일부총리로는 직무대리를 제외하면 6명이 재임하였다(<표 4−21> 참조). 통일부총리는 사실상 정책조정권을 행사할 수 있는 수단이 별로 없는 상황이므로 정책조정기능을 제대로 수행하기는 어려웠다. 통일부총리는 통일원 장관에 대한 예우 차원으로 볼 수 있으며, 실제로 통일부총리로 재임했던 이영덕 장관과 이홍구 장관은 국무총리로 임명되었고, 나웅배 통일부총리는 경제부총리로 임명되었다.

2) 김대중 정부의 부총리제도

(1) 경제부총리

김대중 정부는 1998년 출범 초기에 경제부총리와 통일부총리를 모두 폐지하였다. 경제정책을 총괄했던 재정경제원과 그 장관이 겸직한 경제부총리에게 IMF 외환·금융위기 상황을 초래한 제도적 책임을 물은 성격도 있었다(전영한, 2020: 440). 즉, 1997년말 발생한 외환위기의 책임이 재정경제원으로의 권한 집중에 있다는 비판에 따라 재정경제원을 재정경제부, 금융감독위원회, 기획예산위원회와 예산청으로 분리하였고, 경제부총리 자체를 폐지한 것이다. 그러나 다수 부처의 업무가 서로 복잡하게 연결된 경제정책 분야의 현실적 필요에 따라 김대중 정부에서도 곧 경제정책조정 업무 담당조직이 부활하였다. 1999년 재정경제부 개편에서 경제정책에 대한 조정기능을 강화하기 위하여 경제정책국 아래에 정책조정과를 신설하였다(전영한, 2020: 440). 2001년 1월 김대중 정부 제3차 조직개편에서는 부처간 정책조정기능을 강화하기 위하여 경제정책조정을 담당하는 재정경제부 장관과 인적자원개발기능을 담당하는 교육부 장관을 부총리급으로 격상하였다(서원석, 2014: 242-243).

이에 따라 경제정책조정회의(제5장 참조) 의장으로 경제정책조정을 담당하는 재정경제부와 핵심행정부처로서 예산기능을 담당하는 기획예산처가 별도 부서로 병존하게 되었다.

표 4-22 김대중 정부의 부총리

경제부총리			교육부총리		
명칭	이름	임기	명칭	이름	임기
부총리 겸 재정경제부 장관	진념	01.1-02.4	부총리 겸 교육인적자원부 장관	한완상	01.1-02.1
	전윤철	02.4-03.2		이상주	02.1-03.3

※ 초대 진념 경제부총리는 2000년 8월부터 재정경제부 장관으로 재임 중 부총리 직책을 맡음.
출처: 김성재, 2014, 21.

<표 4-22>에 김대중 정부에서 재임한 경제부총리의 이름과 재임기간이 제시되었다. 부총리제도가 김대중 정부 임기 후반기에 도입되었기 때문에 재임한 부총

리는 각각 2명에 그쳤다. 경제부총리로는 경제관료 출신인 진념과 전윤철이 재직하였다.

(2) 교육인적자원 부총리

2001년 1월 제3차 조직개편에서 교육부 명칭을 교육인적자원부로 변경하고 장관이 교육인적자원 개발기능을 총괄하는 부총리를 겸임하도록 하였다. 초대 교육인적자원부 장관 겸 부총리는 김영삼 정부에서 통일부총리를 역임한 한완상이며, 제2대 이상주 부총리는 김대중 대통령비서실장을 역임한 바 있다(<표 4-22 참조). 교육인적자원부총리는 다음 장에서 살펴볼 인적자원개발회의 의장을 담당하였다.

3) 노무현 정부의 부총리제도

노무현 정부는 역대정부 가운데 부총리제를 가장 적극적으로 활용한 정부이다. 노무현 정부에서는 재정경제부 장관과 교육인적자원부 장관이 겸직했던 경제부총리, 교육인적자원부총리에 추가하여 2004년 10월에는 과학기술부 장관이 겸임하는 과학기술부총리를 신설하였다.

(1) 경제부총리

<표 4-23>에 노무현 정부에서 재임한 경제부총리의 이름과 재임 기간이 제시되었다. 경제부총리에는 김진표, 이헌재, 한덕수, 권오규 등 4명의 부총리가 재임하였는데, 모두 경제관료 출신들이다. 한편 김대중 정부에서와 같이 경제부총리와는 별도로 예산기능은 기획예산처가 담당하였다.

(2) 교육인적자원부총리

교육인적부총리에는 윤덕홍, 안병영, 이기준, 김진표, 김병준, 김신일 등 6명의 부총리가 재임하였는데, 경제관료 출신으로 초대 경제부총리를 역임한 김진표를 제외하면 모두 학자 출신이다(<표 4-23> 참조).

(3) 과학기술부총리

2004년 10월에 도입된 과학기술부총리로는 오명, 김우식 등 2명의 부총리가 재임하였다. 오명은 이전 정부에서 여러 부처의 장관을 역임하였고, 김우식은 학자출신으로 노무현 대통령비서실장을 역임한 바 있다(<표 4-23> 참조).

표 4-23 노무현 정부의 부총리

경제부총리			통일부총리		
명칭	이름	임기	명칭	이름	임기
부총리 겸 재정경제부 장관	김진표	03.2－04.2	부총리 겸 교육인적자원부 장관	윤덕홍	03.2－03.12
	이헌재	04.2－05.3		안병영	03.12－05.1
	한덕수	05.3－06.7		이기준	05.1－05.1
	권오규	06.7－08.2		김진표	05.1－06.7
부총리 겸 과학기술부 장관	오명	04.10－06.2		김병준	06.7－06.8
	김우식	06.2－08.2		김신일	06.9－08.2

※ 초대 오명 과학기술부총리는 2003년 12월부터 과학기술부 장관으로 재임하였음.
출처: 류석진, 2014, 22－23.

(4) 노무현 정부의 부총리와 관계장관회의 의장

노무현 정부의 부총리제도 활용에서 특기할 사항은 부총리가 총괄 및 조정을 맡은 정책분야에 해당하지 않은 부처들에 대하여는 통일부 장관과 보건복지부 장관이 각각 관계부처들의 조정주무장관 역할을 수행하도록 했다는 점이다(전영한, 2020: 440). 정책분야 별로 이견의 조정이 필요한 경우 5대 정책분야, 즉, 경제정책분야(재정경제부 장관), 인적자원개발 분야(교육인적자원부 장관), 과학기술혁신정책분야(과학기술부 장관), 통일 · 외교 · 안보정책 분야(통일부 장관), 사회 · 문화정책분야(보건복지부 장관)별로 나누어 부총리와 이른바 책임장관으로 하여금 분야별 장관회의에서 정책조정을 맡도록 하였다(장지호, 2014: 242－243; 전영한, 2020: 440). 노무현 정부의 이러한 정책조정방식은 실질적으로 부총리제를 전 정책분야로 확대한 것으로 볼 수 있다. 이는 경제부총리제의 원형과는 그 성격이 다르며 뒤에 살펴볼 관계장관회의를 통한 정책조정과 관련성이 더욱 크다.

4) 이명박 정부의 부총리제도 폐지

2008년 출범한 이명박 정부는 집권초기 대대적인 정부조직 개편을 실시하였고, 부총리제도를 폐지하였다. 정책조정의 관점에서 이명박 정부의 정부조직개편을 요약하면 다음과 같다(전영한, 2020: 441; 박정수, 2014: 274－279). 첫째, 부총리제를 모두 폐지하였다. 둘째, 재정경제부와 기획예산처를 통합한 기획재정부를 신설하여 정책조정 역할을 담당하도록 하였다. 재정경제부와 기획예산처가 통합됨으로써 김대중 정부와 노무현 정부에서 분리되어 존재하던 경제정책조정 부처와 예산부처가 통합되었다. 셋째, 부처간 정책조정 수요를 감소하기 위하여 거대부처제를 도입하였다.[20] 넷째, 특임장관제도를 도입하여 대통령과 국무총리가 지정하는 사무를 담당하도록 하였다. 이명박 정부는 경제부총리제를 폐지하면서 예산편성권을 가진 기획재정부 장관이 실효성있는 정책조정 기능을 담당할 수 있을 것으로 예상하였다. 기획재정부 장관이 경제부처장관회의 의장이므로 부총리 폐지에 따른 경제정책조정 공백을 메울 것으로 본 것이다.

5) 박근혜 정부의 부총리제도

(1) 경제부총리

2013년에 출범한 박근혜 정부는 경제정책 분야에서 부총리제를 통한 정책조정 방식을 복원하였다. 박근혜 정부 출범과 더불어 기획재정부 장관이 경제정책에 관하여 국무총리의 명을 받아 관계 중앙행정기관을 총괄·조정하도록 하였다. <표 4-24>에 제시된 바와 같이 경제부총리로는 현오석, 최경환, 유일호 등 3명이 재임하였다. 임명 당시 현오석 부총리는 경제관료 출신이며, 최경환은 경제관료 출신 정치인, 그리고 유일호는 KDI 연구위원 출신 정치인이었다.

표 4-24 박근혜 정부의 부총리

경제부총리			사회부총리		
명칭	이름	임기	명칭	이름	임기
부총리 겸 기획재정부 장관	현오석	13.3−14.7	사회부총리 겸 교육부 장관	황우여	14.11−16.1
	최경환	14.7−16.2		이준식	16.1−17.7
	유일호	16.1−17.6			

※ 교육부 장관은 2014년 11월부터 사회부총리 겸임.

20 이명박 정부 출범 초기에 부처 통폐합으로 탄생한 거대부처는 다음과 같다. 기획재정부(재정경제부와 기획예산처 통합), 지식경제부(산업자원부, 정보통신부 일부, 과학기술부 일부 통합), 농림수산식품부(농림부와 해양수산부 일부 통합), 문화체육관광부(문화관광부와 정보통신부 일부, 국정홍보처 통합), 국토해양부(건설교통부와 해양수산부 일부 통합), 교육과학기술부(교육인적자원부와 과학기술부 일부 통합), 보건복지가족부(보건복지부와 여성가족부의 가족 부분), 여성부(여성가족부 명칭 변경, 가족부분 제외), 행정안전부(행정자치부와 중앙인사위 통합).

(2) 사회부총리

2014년에는 비경제부문, 즉, 교육 · 사회 · 문화분야 컨트롤타워의 필요성에 따라 사회부총리를 신설하고 교육부 장관이 겸하게 하였다. 집권 2년차인 2014년 11월 개편된 「정부조직법」 제19조 제5항에 따라 교육부장관은 교육 · 사회 및 문화 정책에 관하여 국무총리의 명을 받아 관계 중앙행정기관을 총괄 · 조정(2014년 11월 19일 「정부조직법」 개정으로 신설)하도록 하였다.

<표 4−24>에 제시된 바와 같이 초대 사회부총리는 중견 정치인 출신 황우여 장관이며, 제2대 사회부총리는 기계공학 교수 출신 이준식 장관이다. 박근혜 정부는 사회부총리 직위를 신설하고, 교육부에 사회관계 장관회의를 지원할 조직으로 사회정책협력관(고공단 나급)을 신설(행정자치부, 2015: 31)하였으나, 충분한 인력을 갖추지 못한 상태에서 사회부총리로서 조정기능은 제대로 작동하지 않았고, 사회부총리 직제가 당시 5선 중견 정치인이며 여당 대표를 역임한 황우여 장관에 대한 예우 차원이라는 평가도 있었다.

6) 문재인 정부의 부총리제도

(1) 경제부총리

문재인 정부에서는 전임 박근혜 정부에 이어 기획재정부 장관이 경제부총리를 맡도록 하였고, 교육부 장관이 사회부총리를 맡도록 하였다. <표 4−25>에 제시된 바와 같이 문재인 정부의 경제부총리는 김동연, 홍남기이며, 모두 경제관료 출신이다.

표 4-25 문재인 정부의 부총리

경제부총리			사회부총리		
명칭	이름	임기	명칭	이름	임기
부총리 겸 기획재정부 장관	김동연	17.6 − 18.12	사회부총리 겸 교육부 장관	김상곤	17.7 − 18.10
	홍남기	18.12 −		유은혜	18.10 − 22.5

경제부총리 겸 기획재정부 장관의 경제정책조정 총괄기능은 역대정부에서와 같이 계속되었다. 경제부총리의 경제정책조정 기능을 지원하기 위하여 예산편성권한

행사뿐 아니라 기획재정부 차관보 및 정책조정국 소속의 혁신성장정책관(고공단 나급)과 정책조정총괄과, 산업경제과, 신성장정책과, 서비스경제과, 지역경제과, 기업환경과 등 6개 과가 뒷받침하였다.

(2) 사회부총리

사회부총리인 교육부 장관을 뒷받침하기 위하여 2019년 8월 교육부에 차관보 직위를 신설하여 사회정책 분야, 평생·미래교육, 사람투자·인재양성에 관한 사항을 중심으로 부처간 협력을 주도하도록 하였다.[21] 또한 박근혜 정부에서 신설한 사회정책협력관실에 사회정책총괄담당관과 사회정책분석팀을 보강하였다(행정안전부, 2020: 31). 사회부총리 겸 교육부 장관은 교수 출신 김상곤에 이어 정치인 출신 유은혜 장관이 재임하였다(<표 4-25> 참조).

3. 종합 및 시사점

민주화 이후 역대정부의 부총리제도 활용에는 변화가 많았다. 김영삼 정부에서는 노태우 정부의 제도를 이어받아 경제부총리와 통일부총리를 두었다. 김대중 정부 출범초에는 부총리제도를 모두 폐지하였으나 집권 4년차인 2001년에 재정경제부 장관이 겸직하는 경제부총리와 교육인적자원부 장관이 겸직하는 교육인적자원부총리 제도를 두었다. 노무현 정부은 경제부총리와 교육인적자원부총리와 더불어 집권 2년차인 2004년에 과학기술부 장관이 겸직하는 과학기술부총리를 신설하여 역대정부 최초로 부총리 3명을 활용하였다. 이명박 정부는 부총리제를 모두 폐지한 상태로 임기를 마쳤다. 박근혜 정부는 출범과 더불어 경제부총리를 부활시켰으며, 집권 2년차인 2014년에 사회부총리를 신설하여 교육부 장관이 겸임하도록 하였다. 문재인 정부에서도 경제부총리와 사회부총리를 두었다. 이같이 역대정부에서 활용한 부총리제도는 경제부총리, 통일부총리, 교육인적자원부총리, 과학기술부총리, 사회부총리 등이다. 그 가운데 경제부총리에 의한 정책조정 기능 수행은 개발연대 시대부터 이어져 왔으며, 김대중 정부 전반기와 이명박 정부 시기에 폐지되기도 하였지만 가장 많이 활용된 부총리제도이다.

경제부총리에 의한 정책조정이 비교적 원활하게 이루어진 것은 예산편성권한이 뒷받침되기도 했지만, 부처간 조정을 담당하는 내부조직을 갖추고 있었기 때문이

21 전자신문, 2019.7.28.

다. 역대정부의 경제부총리 부서에는 조정을 담당하는 차관보와 더불어 경제정책 조정을 뒷받침하는 정책조정국에 상당히 많은 과단위 조직을 거느리고 있었다. 반면에 통일부총리, 교육인적자원부총리, 과학기술부총리, 사회부총리의 정책조정이 제대로 이루어지지 않은 데에는 예산배분권한과 같은 정책수단이 없을 뿐 아니라 조정업무를 뒷받침하는 해당 부처 내부 조직도 제대로 갖추고 있지 못했기 때문이라고 볼 수 있다. 노무현 정부에서는 이러한 문제를 해결하기 위하여 과학기술부총리에게 R&D 예산의 배분권한을 부여하기도 하였다. 부총리에게 관련부처 예산배분권한이 주어지지 않을 경우 부총리는 다음에 살펴볼 해당 분야 관계장관회의 의장으로서 조정권한을 행사하는 것으로 볼 수 있다. 학자들은 효과적인 정책조정을 위해 필요한 것은 부총리라는 직급보다는 명확한 권한위임과 효과적인 통제수단의 확보라고 본다(전영한, 2020).

Ⅳ. 조정전담장관제도

1. 조정전담장관제도의 의미

조정전담장관(coordinating minister) 제도는 장관들 가운데 한두 명을 조정전담장관으로 임명하여 이들로 하여금 중립적인 입장에서 갈등 당사자 부처 사이를 오가면서 갈등을 중재 또는 조정하도록 하는 제도이다. 조정전담장관은 관할하는 부처 조직이 없으며, 소규모 지원스탭만 거느린다. 조정전담장관은 갈등 당사자의 입장을 충분히 청취한 후 양보나 합의를 유도하거나 제3의 중재안을 제시하여 수용하게 하는 방식으로 갈등을 조정한다. 과거 우리나라에서 둔 적이 있는 무임소장관, 정무장관 또는 특임장관을 조정전담장관으로 볼 수 있다. 조정전담장관제는 매우 신축적으로 운영될 수 있으나, 대통령이나 총리가 이를 어떻게 활용하느냐에 따라 성과가 달라진다.

2. 김영삼 정부의 정무장관

김영삼 정부는 노태우 정부에서 운영하였던 정무장관 제도를 그대로 이어받아 국무총리 소속으로 제1정무장관과 제2정무장관으로 구분하여 운영하였다. 제1정무장관은 정무 관련 조정업무를 수행하였다. 제2정무장관은 여성관련 업무를 수행하도록 하였으므로 여기에서는 논의하지 않기로 하겠다. 김영삼 정부에서 제1정무장관은 특정부처의 장관이 아닌 국무위원이며, 대통령과 국무총리가 지정하는 업무를 수행하도록 정부조직법에 규정되었다. 그러므로 무임소장관(minister without portfolio) 또는 조정전담장관으로 볼 수 있다.

김영삼 정부시기에 제1정무 장관을 지낸 사람은 김덕룡(초대 장관과 6대 장관 역임), 서청원, 김윤환, 김영구, 주돈식, 신경식, 홍사덕 등 모두 7명이다(<표 4-26> 참조). 이들 가운데 6명은 중견 정치인 출신이며, 정무수석과 문화체육부 장관을 역임한 주돈식 장관만 언론인(조선일보 편집국장) 출신이다.

표 4-26 김영삼 정부의 제1정무장관

성명	기간	성명	기간
김덕룡	93.2－93.12	주돈식	95.12－96.5
서청원	93.12－94.12	김덕룡	96.5－96.12
김윤환	94.12－95.7	신경식	96.12－97.8
김영구	95.7－95.12	홍사덕	97.8－98.2

김영삼 정부에서 제1정무장관의 기본적인 업무는 정부와 국회, 정부와 정당 사이의 가교역할을 수행하는 것이었다(권용수, 2010). 제1정무장관실의 정원은 40명 내외였을 것으로 추정된다.[22] 정무장관제도는 김대중 정부에서 폐지되었다.

3. 이명박 정부의 특임장관

이명박 정부가 출범하면서 대통령직인수위원회는 특임장관직을 신설하도록 하였다. 당시 대통령직인수위원회가 제안한 정부조직개편안에서 대대적인 부처 통·폐합으로 장관급 부처가 13개밖에 되지 않았으므로 15인 이상 국무위원을 두어야 한다는 헌법 규정을 준수하기 위하여 2명의 특임장관을 두도록 한 것이다. 정부조직개편안에 관한 여당과 야당의 협상과정에서 통일부와 여성부가 존치되면서 장관급 부처가 15개가 되었다. 특임장관은 대통령이 특별히 지정하는 사무 또는 대통령의 명을 받아 국무총리가 특히 지정하는 사무를 수행하도록 정부조직법에 규정되었다.

22 1993년 3월 1일 현재 정무장관실(제1, 제2 포함)의 정원은 81명(총무처, 1993: 143)인데, 여성부의 전신인 제2정무장관실의 정원이 40명(권용수, 2010: 135)으로 파악되므로 제1정무장관실은 41명으로 추정된다.

특임장관실 직제는 2008년 2월 29일 대통령령으로 제정되었으나, 1년 7개월간 공석 상태에 있다가 2009년 9월 특임장관이 임명되었다. 특임장관실은 장관, 차관, 특임실장, 그리고 조정관 3명을 포함한 정원 41명의 소규모 조직이다(행정안전부, 2011: 7).

표 4-27 이명박 정부의 특임장관

성명	기간	성명	기간
주호영	09.9－10.8	김기룡(직대)	12.1－12.2
이재오	10.8－11.9	고흥길	12.2－13.3
김해진(직대)	11.9－12.1		

<표 4－27>에 제시된 바와 같이 이명박 정부에서 특임장관을 지낸 사람(직무대행 제외)은 주호영, 이재오, 고흥길 등 3명이며 모두 정치인 출신이다. 특임장관실은 김영삼 정부의 제1정무장관실이 모델이며, 정부와 여당과의 당정협의, 정부와 야당과의 협의, 그리고 대통령 또는 국무총리가 특별히 지정하는 사안에 관한 부처간 정책조정을 담당하였다.

그러나 여 · 야 정당과의 협의에 관하여는 대통령 정무수석실과의 업무중복 문제가 제기되었고, 당정협의와 부처간 정책조정의 경우에는 국무총리실의 정책조정과 중복문제가 대두되었다. 이러한 문제점 때문에 특임장관제도는 이명박 정부의 임기가 만료된 후 2013년 3월 23일 폐지되었고, 소관업무는 국무총리비서실로 이관되었다.

4. 종합 및 논의

민주화 이후 조정전담장관제도는 김영삼 정부와 이명박 정부에서만 운영하였다. 김영삼 정부는 직전 노태우 정부에서 운영하였던 제도를 이어 받은 것이었다. 한편 이명박 정부의 에서는 대통령직인수위원회의 정부조직개편 초안에 대대적인 조직통폐합으로 장관급 부처가 13개밖에 되지 않았으므로 15인 이상 국무위원을 두어야 한다는 헌법 규정을 준수하기 위하여 2명의 특임장관을 두도록 하였다. 그러나 정무장관 또는 특임장관은 대통령 정무수석실 및 국무총리실의 정책조정과 중복문제가 대두되어 이명박 정부 이후 폐지되었다.

Ⅴ. 핵심행정부처

1. 핵심행정부처의 개념과 분석기준

1) 핵심행정부처의 개념

핵심행정부처(central agency)란 모든 부처의 예산, 조직관리, 그리고 인사관리를 지원하면서 행정수반에게 직접 보고하는 부처와 정책조정에 관한 책임을 부여받은 부처이다. 정책조정에 관한 책임을 부여받은 부처에 해당되는 국무총리, 부총리 및 조정전담장관에 관하여는 이미 살펴보았다. 예산, 조직관리, 그리고 인사관리를 지원하는 핵심행정부처는 소관 업무분야에서 계선부처(line ministry)에 대한 지원과 통제기능을 수행한다.

2) 참모부처로서의 핵심행정부처

참모부처(staff ministries)란 일반국민과 직접 접촉하여 공공서비스를 제공하는 계선부처와는 달리 계선부처의 관리 능력을 강화하고 관리기능의 전문화를 지원하는 부처이다. 참모부처가 수행하는 관리기능 또는 관리보조기능의 영역은 기획, 자원조달, 통제, 인사, 조직설계, 조직개혁의 촉진, 전문적 정보제공, 자료수집과 분석 등이다(이종수, 2008: 194; 오석홍, 2003: 396-397). 그러므로 핵심행정부처로 분류되는 예산담당부처, 조직 및 인사관리 기능 담당부처와 더불어 법제처, 통계청과 같은 부처도 참모부처에 해당된다.

3) 정책조정기제로서의 핵심행정부처 역할

대통령을 포함한 정부핵심부가 계선부처들을 조정하는데 핵심행정부처를 활용할 수 있다. 오늘날 분권화와 탈중앙화라는 시대정신에도 불구하고 모든 국가에서 핵심행정부처의 역할은 강화되고 있다(Peters, 2015: 79). 대부분의 공공 프로그램이 분권화되면서 전통적인 정치적 통제메커니즘은 약화되었고, 예산과 성과관리(performance management)가 정부핵심부가 계선부처를 통제하고 조정하는 과정에서 결정적인 역할을 하게 된 것이다. 신공공관리 관점 또는 새로운 거버넌스 관점 등 정부핵심부가 추구하는 개혁의 패러다임을 실현하는 방법으로 예산배분 및 성과관리가 중요한 구성요소가 됨에 따라 핵심행정부처가 계선부처에 대한 통제 및 책임 프로세스의 중심이 되었다. 이같이 핵심행정부처가 정부핵심부의 조정수단으로 활용될 수 있지만, 다른 한편으로는 계선부처와 상당한 갈등을 일으킬 수 있다.[23] 계선부처에서는 핵심행정부처가 국민에게 직접 서비스를 제공하지도 않고 프로그램에 대한 지식도 없는 상태에서 통제권한을 행사한다고 생각할 수 있다. 반면에 핵심행정부처는 계선부처가 정책에 대하여 매우 편협한 견해를 가지고 있고, 넓은 관점에서 정부 전반의 우선순위에 대한 이해가 부족하다고 볼 수 있다. 그러므로 핵심행정부처를 통한 정책조정이 효과적으로 작동하려면 행정수반의 강력한 지원을 받아야 한다(Savoie, 2008; Peters, 2015 참조).

4) 핵심행정부처의 분석기준

예산, 정부조직관리 및 인사관리기능은 제4장에서 다룬 정부혁신의 핵심범주에 해당하므로 그 구체적 내용은 이미 살펴보았다. 여기에서는 역대정부에서 예산, 정부조직관리와 인사관리 기능을 담당한 부처의 변천과 이들 부처가 도입한 운영체계 또는 성과관리 방법에 관하여 간략하게 살펴보겠다.

(1) 예산부처

예산부처는 정부부처간 예산 배분뿐만 아니라, 공기업과 공공기관에 대한 자원배분도 담당한다. 정부의 모든 부처에 적용되는 새로운 예산절차의 도입 또는 재정인센티브를 활용한 공공기관의 성과관리는 정부핵심부가 공공부문을 통제하고 조정하는 주요수단이므로 역대정부가 이를 어떻게 활용하였는지 살펴보겠다.

(2) 조직관리부처

조직관리부처는 정부조직 개편과 정부 운영체계 개선을 통하여 정부핵심부의 정책조정기능을 지원하므로 역대정부가 이를 어떻게 활용하였는지 살펴보겠다.

(3) 인사관리부처

인사기능 담당부처는 인사정책 기능을 수행하면서 정부핵심부의 정책조정기능을 지원하므로 역대정부가 이를 어떻게 활용하였는지 살펴보겠다.

---

23 참모부서와 계선부서 사이의 갈등은 공공조직은 물론 민간조직에서도 나타나는 공통적인 현상으로 널리 알려져 있다(오석홍, 2003: 398 참조).

2. 역대정부의 핵심행정부처

1) 김영삼 정부

(1) 예산부처

김영삼 정부에서 예산기능은 경제기획원에서 담당하다가 재무부와 통합된 재정경제원에서 담당하였다. 경제기획원과 재정경제원 장관은 모두 경제부총리를 겸임하였다. 부총리 겸직 부처인 경제기획원과 재정경제원은 재정혁신과 더불어 공기업 민영화도 추진하여 임기중 16개 기업의 민영화를 완료하였다(이 책 제7장 김영삼 정부의 공공기관 혁신 참조). 이는 김영삼 정부가 당시 세계적으로 유행하였던 신공공관리론의 영향을 받아 공공부문의 개혁을 추진했다는 것을 의미한다.

(2) 조직관리부처

김영삼 정부에서 조직과 인사기능을 담당한 총무처는 1948년 정부수립과 더불어 발족하였다가 1963년 제3공화국에서 내각사무처를 개편하여 재발족하였다. 김영삼 정부에서는 정부운영체계 혁신과 관련하여 「행정절차법」과 「정보공개법」을 제정하였다.

(3) 인사관리부처

인사기능을 담당한 총무처는 대통령 소속위원회인 행정쇄신위원회와 세계화추진위원회와 함께 여성채용목표제 도입, 공무원 교육훈련제도 개선을 추진하였다.

2) 김대중 정부

(1) 예산부처

김대중 정부에서 예산기능은 김영삼 정부의 재정경제원을 분할하여 신설한 기획예산위원회(후에 기획예산위원회와 예산청을 통합하여 기획예산처가 됨)에서 담당하였다. 기획예산처는 1999년에 '예비타당성조사제도'를 도입하여 대규모 공공투자사업에 대한 신규 투자를 투명하고 공정하게 결정하고 대형투자사업에 투입되는 재원의 효율적 배분을 기하고자 하였다. 기획예산처는 또한 폭넓은 공기업 민영화계획을 추진하였고, 산하기관 개혁도 추진하였다(이 책 제7장 김대중 정부의 공공기관 혁신 참조). 당시 IMF 경제위기를 탈출하기 위하여 공기업과 공공기관 분야에서 신공공관리 관점에서의 개혁을 가장 강력하게 추진하였다.

(2) 조직관리부처

김대중 정부에서 조직과 인사기능을 담당한 부처는 정부 출범과 더불어 제1차 조직개편에서 총무처와 내무부를 통합하여 발족한 행정자치부이다. 행정자치부는 정부조직의 제2차 개편과 제3차 개편을 주도하였는데, 1차 개편에서 '정부역할 축소, 시장 기능 확대'의 기조하에 폐지한 부총리제도와 국정홍보처가 부활되었고, 여성부 신설도 이루어졌다. 김대중 정부는 정부개혁 기능을 이례적으로 경제부처인 기획예산위원회(후에 기획예산처)에서 담당하도록 하였는데, 1999년 정부운영시스템 개편에 해당하는 책임운영기관제도를 도입하였다.

(3) 인사관리부처

김대중 정부에서 인사기능은 통합부처인 행정자치부에서 담당하다가 1999년 제2차 조직개편에서 신설된 장관급 기관인 중앙인사위원회와 행정자치부 인사국이 분담하였다. 중앙인사위원회에서는 개방형직위제도 도입과 더불어 공무원에 대한 성과상여금제(과장급 이하)와 성과연봉제(국장급 이상)로 이루진 성과중심 보수제도를 도입하였다.

3) 노무현 정부

(1) 예산부처

예산부처인 기획예산처는 국가재정운용계획, 총액배분자율편성예산제도, 재정사업 성과관리제도, 디지털예산회계시스템(dBrain) 등 전체 계선부처의 예산배분에 커다란 영향을 미치는 개혁조치를 도입하였다. 또한 기획예산처는 공기업 및 공공기관의 경영혁신을 위하여 2007년 「공공기관의 운영에 관한 법률」을 제정하여 공공기관 전체가 경영평가를 받도록 하는 한편, 공기업 민영화는 중단하였다.

(2) 조직관리부처

노무현 정부에서 행정자치부가 조직기능을 담당하였고, 1차 조직개편에서 김대중 정부 시기에 기획예산처가 담당하였던 정부개혁기능도 행정자치부로 이관되었다. 노무현 정부는 '작은 정부'가 아니라 '적정규모의 정부'를 추진하여 행정기관 하부조직의 숫자와 공무원수가 상당히 증가하였다(이 책 제7장 노무현 정부의 정부조직 및 운영체계 개편 참조). 정부조직의 운영체계 개편의 방향을 '분권형 조직설계'로 설정하여 팀제도입, 책임운영기관제도 확대, 총액인건비제도 도입 등 개혁을 추진하였다.

(3) 인사관리부처

노무현 정부에서는 중앙인사위원회와 행정자치부 인사국으로 이원화된 인사기능을 중앙인사위원회로 통합하였다. 중앙인사위원회에서는 고위공무원단제도 도입, 전보제한제도와 보직경로제도 도입, 여성·장애인·지방출신 임용우대를 내용으로 하는 사회형평적 인재등용을 추진하였다.

4) 이명박 정부

(1) 예산부처

이명박 정부에서 예산기능은 기획예산처와 재정경제부를 통합한 기획재정부에서 담당하였다. 기획재정부는 재정건전성을 중시하였다. 공공기관개혁의 방향으로 '작은 정부, 큰 시장'을 지향하면서 공공기관 민영화와 지분매각, 공공기관 통폐합을 추진하였다(이 책 제7장 이명박 정부의 공공기관 혁신 참조).

(2) 조직관리부처

이명박 정부에서 조직기능은 행정자치부와 중앙인사위원회를 통합한 행정안전부가 담당하였다. 운영체계의 개편으로 서울대학교를 비롯한 6개 정부기관의 법인화와 위원회 정비를 추진하였다.

(3) 인사관리부처

이명박 정부에서 인사기능은 통합부처인 행정안전부에서 담당하였다. 인사기능 전담부처 부재로 새로운 인사제도 도입은 거의 없었다.

5) 박근혜 정부

(1) 예산부처

박근혜 정부에서 예산기능은 부총리 부처로 격상된 기획재정부에서 담당하였다. 박근혜 정부는 출범 3년차인 2015년부터 부처 전체의 유사 중복사업 통폐합 및 국고보조금 사업 평가제도를 강화하였다. 공공기관을 대상으로 방만경영개선을 추진하여 부채비율 감소, 복리후생비 감축을 실현하였고, 임금피크제를 전공공기관에 도입하는 등 성과중심 임금체계로 개편하였다.

(2) 조직관리부처

박근혜 정부에서 조직관리기능은 안전행정부(기존 행정안전부의 명칭 변경, 이후 2차 조직개편에서 행정자치부로 변경)가 담당하였다.

(3) 인사관리부처

박근혜 정부는 2014년 하반기 조직개편에서 인사혁신처를 설치하여 인사혁신 전담부서를 복원하였다. 인사혁신처에서 공무원연금개혁, 일반직위와 전문직위의 투 트랙 보직관리, 전문직 공무원제도 등 새로운 인사제도를 도입하였다.

6) 문재인 정부

(1) 예산부처

문재인 정부에서 예산기능은 기획재정부에서 담당하였다. 재정분야의 개혁으로 김대중 정부에서 1999년 도입한 예비타당성조사제도를 개편하여 비수도권지역 사업의 경우 경제성 평가의 비중을 줄이고 지역균형발전의 비중을 강화하였다. 또한 재정을 통한 사회적 가치실현을 위하여 사회적 가치 핵심재정사업 선정, 재정운용 기준에 사회적 가치원리 강화, 사회적 가치 공공조달 강화를 추진하였다. 공공기관을 대상으로 공공기관의 일자리 창출을 늘리고, 공공기관 평가지표에 사회적 가치 반영 비율을 대폭 늘렸다.

(2) 조직관리부처

문재인 정부에서 조직기능은 행정안전부(기존 국민안전처와 행정자치부 통합)가 담당하였다. 제1차 조직개편의 초점은 박근혜 정부 2차 개편에서 신설된 국민안전처를 폐지하고 소방청과 해양경찰청을 복원한 것이다. 중소기업청을 중소기업벤처부로 격상하여 신설하였다.

(3) 인사관리부처

인사혁신처에서 추진한 인사분야의 혁신으로는 과장급 및 고위공무원의 여성비율 확대 및 장애인 채용확대, 지역인재 채용확대 등 균형인사를 강조한 것이다. 또한 개방형 직위 민간임용 확대 및 전문직 공무원 확대, 적극행정 강화 정책을 추진하였다.

3. 종합 및 논의

1) 담당부처의 변동과 논의

김영삼 정부 이래 역대정부의 조직개편과정에서 핵심행정부처에 해당하는 예산, 조직관리, 인사기능을 담당하는 부처의 잦은 변동이 이루어졌다. 역대정부에서 예산, 조직관리, 인사기능 담당부처 변동이 심한 가운데, 이들 기능이 조직통폐합으로 거대부처의 일부로 존재한 경우와 작지만 독립된 부처로 존재한 경우를 대비할 수 있다. 예산조직의 경우 기획예산처(김대중 정부와 노무현 정부), 인사기능의 경우 중앙인사위원회(김대중 정부 후반기와 노무현 정부)와 인사혁신처(박근혜 정부 중기 이후와 문재인 정부)가 작지만 독립적인 부처로 존재한 경우에 해당한다. 예산부처와 인사부처 모두 독립된 부처로 존재했던 시기에 전문성을 발휘하여 해당 분야의 개혁을 강력하게 추진하였음을 알 수 있다. 다시 말하면 행정수반이 예산, 조직관리, 인사관리를 조정과 개혁의 도구로 확실하게 활용하려면 규모가 작더라도 독립된 부서로 존속시키는 것이 바람직하다고 볼 수 있다.

2) 정책조정의 방향에 관한 논의

서구선진국에서는 1980년대 이후 신공공관리 관점의 개혁이 본격적으로 추진되면서 핵심행정부처의 정책조정기능이 강화되었다. 우리나라에서도 김영삼 정부가 본격적으로 신공공관리 관점의 개혁을 추진하면서 작은 정부를 지향한 부처개편과 인력감축, 그리고 공기업 민영화가 추진되었다. 신공공관리 관점의 개혁은 IMF 경제위기 극복을 최우선과제로 둔 김대중 정부에서 더욱 심화되어 “예비타당성조사제도”, 폭넓은 공기업 민영화, 책임운영기관제도, 개방형 직위제도, 성과중심 보수제도를 도입하였다. 노무현 정부에서 공기업 민영화 중단 등 개혁의 방향을 신공공관리에서 새로운 거버넌스 관점으로 전환하였지만, 예산절차, 조직관리 및 인사관리(고위공무원단제도 도입 등)에서 다양한 개혁조치를 도입하였고, 공공기관에 대한 경영평가를 제도화하였다. 이명박 정부와 박근혜 정부에서는 신공공관리 관점에서 공기업 및 공공기관의 민영화와 방만경영 개선을 추진하였다. 한편 문재인 정부에서는 공공가치 거버넌스 또는 사회적 가치 거버넌스의 관점에서 정부부처와 공공기관을 통한 일자리 창출을 추진하여 공무원과 공공기관 종사자의 규모가 상당히 늘었다.

그러므로 차기 정부에서도 대통령을 포함한 정부핵심부의 개혁방향을 구체화하기 위하여 핵심행정부처인 예산, 조직관리, 인사관리 부처를 적극적으로 활용하여야 할 것이다.

Ⅵ. 거대부처

1. 거대부처의 의미

거대부처(super-department 또는 super-ministry)는 협력의 필요성과 갈등의 여지가 많은 2-3개 부처를 통합한 부처를 말한다. 거대부처를 만드는 이유는 기관 대 기관으로서 협의 조정하는 것이 쉽지 않아 단일부처를 만들어 부처 내부에서 계층제적으로 조정문제를 해결하고자 하는 것이다. 거대부처는 정책조정의 측면에서는 유리한 것으로 보이지만, 분야별 정책전문성과 자율성이 약화되고, 내부 비효율이 나타날 가능성이 크다.[24] 이러한 현실을 반영하여 역대정부에서 거대부처로의 부처통폐합과 그 반작용으로 거대부처 해체를 반복하여 왔다. 역대정부의 조직개편 전반에 관하여는 제7장에서 살펴보게 되므로 여기에서는 거대부처에 관한 내용만 간략하게 살펴보겠다.

2. 역대정부의 거대부처 신설과 해체

1) 김영삼 정부의 거대부처 활용

김영삼 정부는 대대적인 부처통폐합으로 여러 거대부처를 신설하였다. 제1차 개편에서 문화체육부(문화부와 체육청소년부 통합)와 상공자원부(상공부와 동력자원부 통합) 신설, 제2차 조직개편에서 재정경제원(경제기획원과 재무부 통합)과 건설교통

24 단일부처 내에 가능한 한 많은 유사 프로그램을 배치하는 것이 논리적으로 보일 수 있지만 부처를 통합한 구조개편의 성과가 기대보다 낮을 가능성도 크다(Peters, 2015: 86). 첫째, 부처의 하부구조가 수직적 및 수평적 조정에서 난관이 될 수 있다. 또한, 장관이 내부부서가 너무 많은 대규모 부처를 관리해야 할 경우, 조정해야 할 장관의 숫자가 많은 총리가 경험하는 조정의 어려움과 비슷한 문제에 직면할 수 있다. 마지막으로, 명백하게 관련된 모든 프로그램들을 단일 부처에 배치할 경우 문제가 실제로 지속되는 데도 문제가 해결된 것으로 안일하게 가정할 수 있다.

부(건설부와 교통부 통합) 신설로 거대부처가 탄생하였다. 그러나 김영삼 정부가 단행한 부처통합의 목적은 부처간 정책갈등 해소와 정책조정이라기보다는 '작은 정부'를 지향한 정부조직 축소개편이자 경제부처의 권한을 약화시키는 것이었다(이 책 제4장 김영삼 정부 조직개편 참조). 김영삼 정부는 산업화와 경제개발연대(1960-1980년대)에 분화와 팽창을 거듭한 경제부처의 통합과 경제관료의 권한을 통제하고자 하였다.

2) 김대중 정부의 거대부처 해체

김대중 정부는 김영삼 정부에서 거대부처로 개편한 재정경제원을 4개 부처(재정경제부, 금융감독위원회, 기획예산위원회, 예산청)로 분할하였으므로 김영삼 정부가 신설한 거대부처인 재정경제원을 해체한 것으로 보아야 할 것이다.

3) 노무현 정부의 전문부처주의

노무현 정부는 대대적인 정부조직 개편보다는 부처간 기능조정을 추진하였다. 예를 들면, 행정자치부 소관사무에 전자정부를 추가하고 인사기능을 중앙인사위원회에 이관하며, 기획예산처 행정개혁업무를 행정자치부로 이관하는 등 소규모 기능조정을 추진하였고, 청소년위원회와 방위사업청을 신설하는 등 각 부처가 전문성에 기초를 두고 소관 기능을 담당하는 '전문부처주의'를 지향하였다.

4) 이명박 정부의 거대부처 신설

이명박 정부는 국무총리실의 정책조정기능을 축소하고 부총리제를 폐지한 반면 거대부처를 통하여 부처간 정책갈등을 해결하고 정책조정을 도모하여 역대정부 가운데 거대부처를 가장 많이 탄생시켰다. 제1차 조직개편에서 행정안전부(행정자치부와 중앙인사위원회 통합), 기획재정부(기획예산처와 재정경제부 통합), 교육과학기술부(교육부와 과학기술부 통합), 문화체육관광부(문화부와 국정홍보처 통합), 농림수산식품부(농림부, 해상부산부 수산사무 통합), 지식경제부(산업자원부와 과학기술부 산업기술연구개발 사무 통합), 국토해양부(건설교통부와 해양수산부 해양, 항만, 해운물류 사무 통합), 국민권익위원회(국민고충처리위원회, 국가청렴위원회, 행정심판위원회 통합) 등 거대부처가 탄생하였다. 한편 대통령비서실과 경호실을 통합하여 대통령실이 신설되었고, 국무총리비서실과 국무조정실을 통합하여 국무총리실을 신설하였다.

이명박 정부는 이같이 거대부처를 도입하면 정책조정 수요가 대폭 감소할 것으로 예상하였다. 그러나 현실적으로 거대부처는 부처간 정책조정 수요를 부처내 정책조정 수요로 대치할 뿐이며 정치적 갈등을 관료적 갈등으로 전환시킨 것에 불과하였다(전영한, 2020: 441). 민주주의 정부에서 정책조정은 서로 다른 가치관과 이해관계의 대립을 해결하는 정치적인 문제임에도 이를 관료조직내 계층적 권위에 의한 기술적 해결로 접근하는 잘못을 범한 것이라고 보는 견해가 있다(전영한, 2020: 441).

5) 박근혜 정부의 거대부처 해체와 신설

박근혜 정부 출범과 더불어 단행된 제1차 조직개편의 초점은 이명박 정부에서 대대적으로 신설된 거대부처의 문제점을 해소하는 것이었다. 이러한 방향에서 경제부총리 부활, 교육과학기술부를 해체하여 교육부와 미래창조과학부로 분리, 해양수산부 부활, 대통령실의 비서실과 경호실 분리, 국무총리실을 국무총리비서실과 국무조정실로 분리 등이 이루어졌다. 그러나 2014년 제2차 조직개편에서는 세월호 참사에 대한 대응 실패에 대한 문책성 조직개편으로 하반기에 소방방재청 및 해양경찰청을 폐지하고 거대부처의 하나인 국민안전처를 설치하였다.

6) 문재인 정부의 거대부처 해체

문재인 정부 출범 초 정부조직개편은 박근혜 정부 제2차 조직개편으로 탄생한 거대부처인 국민안전처를 해체하여 행정안전부와 소방청, 해양수산부로 분리한 것이다. 그 밖에 부처통폐합에 관련한 개편은 없었다.

3. 종합 및 논의

김영삼 정부 이래 역대정부에서는 거대부처의 신설과 해체를 반복하여 왔다. 즉, 거대부처화와 전문부처화 사이의 대립이 반복된 것이다. 거대부처화는 정책조정의 관점에서 유리한 것으로 보이지만, 통합으로 인하여 분야별 정책전문성과 자율성이 약화되고, 내부 비효율이 나타날 가능성이 크다. 또한 정책조정의 측면에서도 반드시 바람직한 것은 아니다. 거대부처는 부처간 정책조정 수요를 부처내 정책조정 수요로 대치한 것에 불과하며, 내부갈등이 지속됨에도 불구하고 갈등이 해소된 것으로 보이게 할 수 있다.

그러므로 정책조정의 측면에서는 무리한 부처통폐합으로 거대부처화를 추진하기보다는 적정규모의 부처들이 전문성을 살려 일할 수 있도록 하고, 부처간 정책갈등은 다음에 살펴볼 관계장관회의 등 수평적 정책조정 메커니즘을 통하여 조정하도록 하는 것이 바람직할 것이다.

수평적 정책조정
Horizontal Policy Coordination

이 장에서는 민주화 이후 역대정부에서 수평적 정책조정의 방법인 국무회의, 관계장관회의, 대통령 및 국무총리 소속 위원회를 어떻게 활용하여 왔는지 살펴보기로 하겠다.

Ⅰ. 국무회의에 의한 조정

1. 국무회의 구성

국무회의는 정부의 권한에 속하는 중요한 정책을 심의하는 기구로 대통령이 의장이 되고, 국무총리를 부의장으로 하여 15인 이상 30인 이하의 국무위원으로 구성된다(헌법 제88조). 국무위원은 중앙정부의 행정 각부를 담당하는 장관들인데, 그 수는 행정기구 개편에 따라 달라진다. 김영삼 정부의 정무장관과 이명박 정부의 특임장관은 특정 부처를 담당하지는 않지만 무임소 장관인 국무위원이다. 장관이 출석하지 못할 때에는 차관이 대리 출석한다.[1] 국무회의에는 배석자들이 참석한다. 2022년 현재 국무회의 배석자는 대통령비서실장, 국가안보실장, 대통령비서실 정책실장, 국무조정실장, 국가보훈처장, 인사혁신처장, 법제처장, 식품의약품안전처장, 공정거래위원회위원장, 금융위원회위원장, 과학기술혁신본부장, 통상교섭본부장 및 서울특별시장이다. 의장이 필요하다고 인정하는 경우에는 중요 직위에 있는 공무

1 대리출석한 차관은 발언할 수는 있으나 표결에 참가할 수 없다(국무회의 규정 제7조).

원을 배석하게 할 수 있다(국무회의 규정 제8조 제1항). 또한 의장이 필요하다고 인정할 때에는 중앙행정기관인 청(廳)의 장으로 하여금 소관 사무와 관련하여 국무회의에 출석하여 발언하게 하거나 관계 전문가를 참석하게 하여 의견을 들을 수 있다(국무회의 규정 제8조 제2항). 국무회의 의장은 대통령이지만 대통령의 스타일에 따라 직접 주재하거나 부의장인 총리로 하여금 주재하도록 위임한다.

2. 국무회의의 역할

우리나라 헌법은 대통령이 국가 원수이자 행정부 수반으로서 해야 하는 일의 대부분에 대해 국무회의 심의를 반드시 거치도록 명확히 규정(헌법 제89조)하고 있다. 국무회의의 2대 역할은 주요 국정이슈에 대한 심의조정과 부처간 정보공유이다(이송호, 2008: 43-44).

국무회의는 범정부 차원에서 국정전반을 논의하는 헌법상 최고이자 최종 심의조정기구이다. 국정의 기본계획과 정부의 일반정책 등 국정의 기본 사항은 국무회의의 심의를 거쳐야 한다. 대한민국 헌법 제89조에 따르면 국무회의 심의사항은 다음과 같다.

1. 국정의 기본계획과 정부의 일반정책
2. 선전 · 강화 기타 중요한 대외정책
3. 헌법개정안 · 국민투표안조약안 · 법률안 및 대통령령안
4. 예산안 · 결산 · 국유재산처분의 기본계획 · 국가의 부담이 될 계약 기타 재정에 관한 중요사항
5. 대통령의 긴급명령 · 긴급재정경제처분 및 명령 또는 계엄과 그 해제
6. 군사에 관한 중요사항
7. 국회의 임시회 집회의 요구
8. 영전수여
9. 사면 · 감형과 복권
10. 행정각부간의 권한의 획정
11. 정부안의 권한의 위임 또는 배정에 관한 기본계획
12. 국정처리상황의 평가 · 분석
13. 행정각부의 중요한 정책의 수립과 조정
14. 정당해산의 제소
15. 정부에 제출 또는 회부된 정부의 정책에 관계되는 청원의 심사
16. 검찰총장 · 합동참모의장 · 각군참모총장 · 국립대학교총장 · 대사 기타 법률이 정한 공

무원과 국영기업체관리자의 임명

17. 기타 대통령 · 국무총리 또는 국무위원이 제출한 사항

한편 국가의 주요정책에 관계되는 사항은 국무회의에 수시로 보고하여야 한다. 국무회의 규정 제3조 제6항에 따르면 다음 각 호의 어느 하나에 해당하는 사항으로서 중요 정책에 관계되는 사항은 국무회의에 수시로 보고하여야 한다.

1. 국내외 중요 정보의 분석 상황
2. 정부의 역점사업 추진 현황
3. 국민생활에 영향을 미치는 중요 시책의 추진 현황
4. 대국민 홍보를 적극적으로 하여야 할 중요 사항
5. 부 · 처 간의 협조가 필요한 사항
6. 대통령 및 국무총리의 지시사항

이같이 관련 부처들로부터 주요정책에 관련되는 사항을 보고받아 국정운영의 진행상황에 관한 정보를 부처간에 공유할 수 있다.

3. 국무회의 사전절차로서 차관회의

국무회의에 제출된 의안은 먼저 차관회의의 심의를 거쳐야 한다(국무회의 규정 제5조). 그러므로 우리나라에서 차관회의는 국무회의 안건의 사전 심의기구이다. 차관회의는 국무조정실장이 의장이며 행정 각부 차관들로 구성된다.[2] 국무회의는 국정 주요 이슈들을 모두 심의 · 의결하여야 하기 때문에 각 쟁점 이슈마다 충분한 시간을 할당할 수 없다. 이를 해결하기 위하여 차관회의에서 장시간이 소요되는 쟁점 이슈들을 사전에 집중적으로 조정하여 왔다. 그 결과 차관회의가 상당기간 동안 국정에 관한 실질적 조정기능을 담당하여 왔다(이송호, 2008: 50). 차관회의에서 실질적인 정책조정이 이루어지는 점을 고려할 때, 국무회의의 정책조정 기능은 차관회의에 의해 보완되고 있다. 그러나 국정 이슈들이 복잡해지고 정부 부처의 수도 늘어나 부처간 이견이 빈번해지고 첨예하여 짐에 따라 차관회의도 국무회의와 같이 실질적 조정자로서의 역할에 한계를 노출하게 되었다. 국무회의에 상정할 의안으로서 2개 이상의 부 · 처에 관련되는 의안은 사전에 관계 부 · 처 간의 합의를 얻어서 제출하여야 하지만, 합의를 얻지 못한 경우에는 그 사유를 분명히 밝혀 국무회의에 상정할 수 있다(국무회의 규정 제4조).

---

2 1994년 이전에는 경제기획원 차관이 차관회의 의장이었다.

행정안전부장관은 차관회의의 심의를 거친 의안을 국무회의 개최일 2일 전까지 의사일정과 함께 대통령, 국무총리, 국무위원 및 제8조에 따른 배석자에게 배부(국무회의 규정 제3조 제4항)하도록 되어 있다.

4. 역대정부의 국무회의 운영

국무회의 개최는 정례국무회의와 임시국무회의로 구분되며 정례회의는 매주 1회 개최된다. 임시국무회의는 필요에 따라 수시로 소집된다. 회의는 원격 영상회의 방식으로 진행될 수 있다. <표 5-1>에 역대정부의 연도별 국무회의 개최횟수, 의안처리수 및 분류별 의안처리수가 제시되었다. 연도별 개최횟수를 살펴보면 가장 많이 개최된 해는 2020년 63회이며 가장 적게 개최된 해는 53회(1995, 1999, 2000년)이다. 개최횟수를 역대정부별로 비교하면 이명박 정부에서 평균 55.0회로 가장 적었고, 문재인 정부에서 평균 57.4회로 가장 많았지만 큰 차이가 없었다.

국무회의에서 처리하는 안건은 법령공포안건, 법률 제·개정안건, 대통령령 안건, 일반안건, 보고안건으로 구분된다. 국무회의 1회당 평균 의안처리 건수는 김영삼 정부 17.9건, 김대중 정부 21.6건, 노무현 정부 25.4건, 이명박 정부 34.9건, 박근혜 정부 37.3건, 문재인 정부 39.2건으로 점차 증가하였다. 현재 정례 국무회의는 화요일 오전에 개최되며 대체로 2시간 이내로 진행된다. 그러므로 안건당 소요시간은 2분 정도에 불과하므로 개별안건에 관한 실질적 토론이 사실상 불가능하다. 법령공포안건, 법률안, 대통령령안건은 증가하는 추세인 반면 일반안건과 보고안건은 오히려 감소하는 경향이 나타나고 있다. 일반안건은 김영삼 정부와 김대중 정부에서 각각 연평균 269건과 253건에서 박근혜 정부와 문재인 정부에서 각각 연평균 188건과 221건이며, 보고안건의 경우에는 김영삼 정부와 김대중 정부에서 각각 연평균 23건과 17건에서 박근혜 정부와 문재인 정부에서 각각 연평균 9건과 14건으로 감소하였다. 특이한 사항은 2018년도에 국무회의에서 한차례 헌법개정안을 심의하여 국회로 보낸 것이다.

표 5-1 역대정부 국무회의 운영

정부	연도	개최횟수	의안처리수		의안분류					
			총계	평균	헌법	공포안	법률안	대통령령안	일반안건	보고안건
김영삼 정부	1993	61	973	15	–	199	191	283	272	28
	1994	58	1,083	18	–	205	175	419	265	19
	1995	53	1,082	20	–	206	177	394	280	25
	1996	55	935	17	–	104	177	366	266	22
	1997	58	1,020	18	–	241	146	353	261	19
	평균	57.0	1,019	17.9		191	173	363	269	23
김대중 정부	1998	61	1,254	21	–	133	312	487	297	25
	1999	53	1,584	30	–	475	208	609	266	26
	2000	53	1,130	21	–	238	210	424	242	16
	2001	56	1,033	18	–	251	140	386	247	9
	2002	55	998	18	–	263	114	400	213	8
	평균	55.6	1,200	21.6		272	197	461	253	17
노무현 정부	2003	57	945	17	–	207	160	344	222	12
	2004	57	1,198	21	–	271	217	457	245	8
	2005	54	1,629	30	–	517	254	600	251	7
	2006	57	1,520	27	–	387	331	572	221	9
	2007	56	1,840	33	–	608	318	711	194	9
	평균	56.2	1,426	25.4		398	256	537	227	9
이명박 정부	2008	54	2,013	37	–	505	584	735	181	8
	2009	56	1,917	34	–	566	400	716	229	6
	2010	55	1,789	33	–	515	417	652	195	8
	2011	56	2,120	38	–	720	337	873	180	10
	2012	54	1,761	33	–	456	299	807	193	6
	평균	55.0	1,920	34.9		552	407	757	196	8
박근혜 정부	2013	55	1,868	34	–	603	272	796	189	8
	2014	56	2,276	41	–	800	316	976	177	7
	2015	57	2,049	36	–	753	246	849	192	9
	2016	57	2,217	39	–	770	351	892	194	10
	평균	56.3	2,123	37.3		732	296	878	188	9
문재인 정부	2017	57	2,173	38	–	818	332	829	182	12
	2018	55	2,251	41	1	877	229	915	216	13
	2019	55	1,959	36	–	644	211	875	215	14
	2020	63	2,685	43	–	1,024	323	1,037	287	14
	2021	57	2,153	38	–	835	151	945	203	19
	평균	57.4	2,244	39.2		840	249	920	221	14

출처: 1993–2010 자료는 행정안전부, 2012, 2012행정안전통계연보, 357, <8–3–4> 국무회의 운영, 2011–2021 자료는 행정안전부, 2022, 2022행정안전통계연보(2021.12.31기준), 86, <2–1–20–1> 국무회의 운영.

5. 정책조정 관점에서의 논의와 시사점

국무회의의 거의 모든 안건이 이미 차관회의와 각종 관계장관회의 심의절차를 거쳐 사전 합의된 상태이기 때문에 최종 조율 메커니즘인 국무회의는 사실상 무의미해지고 의례적이고 형식적인 절차에 불과하게 되었다. 국무회의는 부처간 정책조정기구로서 실질적인 역할은 미흡하고 이미 조정되고 결정된 정책들을 사후에 최종 확정하여 정부정책으로서 정당성을 부여하는 기구로 성격이 변화하였다(이송호, 2008: 17－18; 전영한, 2012). 그 이유는 국무회의의 규모가 너무 확대되어 쟁점 이슈들을 실질적으로 토론하고 조정하기 어려워졌다는 점, 부처간 쟁점 이슈들이 복잡해 짐에 따라 그 심의와 조정에 상당한 정보와 전문지식이 필요한데 모든 장관들이 참여하는 국무회의에서 논의하기에는 비효율적이라는 점, 부처간 정책조정을 필요로 하는 쟁점 이슈들이 크게 증가하여 국무회의에서 적시에 처리하기 어려워졌다는 점, 국무회의 참석자들은 항상 시간부족에 시달리고 있다는 점 등이다. 그러므로 실질적인 정책조정기구로서 국무회의의 위상은 상실하였고, 정부정책의 정당성을 부여하는 기구로 변모되었다.

Ⅱ. 관계장관회의에 의한 조정

1. 관계장관회의의 개념과 유형

1) 관계장관회의의 개념

관계장관회의는 유사한 정책 이슈들을 깊이 있고 효율적으로 논의하기 위해 소수의 관련부처 장관들로 구성된 회의체이다(이송호, 2008).[3] 관계장관회의는 논의할 정책이슈와 직접 관련된 장관들로 구성되어 부처 간 합의를 이끌어내는 정책조정 기제로 활용된다. 관계장관회의는 효율적인 토론이 가능하도록 통상 10명 이내의 장관들로 구성된다.

관계장관회의는 다른 정책조정기제에 비하여 상대적으로 전문성이 뒷받침된 정책조정이 이루어지며 효율성이 높다는 장점이 있다(정정길 외, 2010: 275). 직접 관련된 소수의 관계장관들이 모여 정책사안에 대한 합의를 도출하기 때문에 국무회

3 미국은 관계장관회의(Council), 영국은 내각위원회(Cabinet Committee), 프랑스에서는 관계장관회의(Conseil Interministêriel)이라는 명칭을 사용한다.

의에서 나타나는 논의의 비효율성을 방지할 수 있고, 충분한 전문지식을 소유한 정책갈등 당사자 부처들이 핵심 역할을 맡기 때문에 심층적 논의가 가능하다.

우리나라에서 관계장관회의 시스템이 체계적으로 구축되기 시작한 것은 1960년대 초 당시 국정 현안인 경제개발의 추진과 북한 남침의 억제에 필요한 정책들을 심의 조정하기 위하여 경제장관회의와 국가안전보장회의를 설치하면서부터이다(이송호, 2008: 39). 그 이후 부처간 정책조정의 필요가 대두될 때마다 법률, 대통령령, 총리훈령 등을 근거로 다양한 형태의 관계장관회의가 설치 · 운영되어 왔다.

수평적 정책조정의 대표적 방식인 관계장관회의는 다수 국가에서 폭넓게 활용되어 왔다. 우리나라에서는 시대적 요구와 국내외 환경 변화에 따라 관계장관회의의 유형과 상대적 중요성도 변화되었다(전영한, 2020: 445－446).

2) 관계장관회의의 유형

관계장관회의체는 상설여부에 따라 상설기구, 한시기구 또는 임시 기구로 분류할 수 있고, 업무의 범위에 따라 총괄 기구와 정책분야별 기구로 분류할 수 있다. 가장 대표적인 형태는 정책분야별 관계장관회의이며, 우리나라에서 가장 긴 역사를 가진 경제관계장관회의, 국가안전보장회의 등이 여기에 해당한다. 경제관계장관회의는 정부의 경제정책을 총괄 조정하는 기구이다.[4] 국가안전보장회의는 국가안전보장에 관련되는 대외정책 · 군사정책과 국내정책의 수립에 관하여 국무회의의 심의에 앞서 대통령의 자문에 응하기 위하여 1960년대에 설치된 기구이다.[5]

한편 노무현 정부에서 도입된 국정현안점검조정회의는 국무총리가 주재하여 국정 현안 가운데 시급한 해결을 요하는 갈등이슈들을 논의하고 조정하는 관계장관회의 기구이다. 이 기구는 갈등당사자간 원활한 소통과 담론의 장을 제시하는 수평적 조정기제이자, 동시에 위계적 · 강제적인 조정수단의 활용을 통해 갈등을 권위적으로 조정 · 완화하는 수직적 조정기제로서의 의미도 가진다(권용식, 2016).

여기에서는 상설관계장관회의를 중심으로 김영삼 정부 이후 문재인 정부에 이르기까지 정책조정기제로서 관계장관회의를 어떻게 활용했는지 살펴보겠다.

---

4 2013년 박근혜 정부가 들어서면서 개편된 정부조직법에 따라 과거 '경제정책조정회의'가 '경제관계장관회의'로 명칭이 변경되었다.

5 헌법에 명시된 헌법기관이었지만 대통령이 자문을 거치지 않고 바로 국무회의의 심의에 붙인 경우에도 효력에는 영향이 없어 오랫동안 사실상 사문화됐던 것을 국민의 정부 출범 후인 1998년에 상설화하였다.

2. 김영삼 정부의 관계장관회의 활용

김영삼 정부는 노태우 정부로부터 물려받은 관계장관회의 시스템을 다음과 같이 개편하였다(이송호, 2008: 159−168; 전영한, 2020: 447−448).

1) 국가안전보장회의와 통일관계장관회의

김영삼 정부 출범 당시 남북 및 북방관련 관계장관회의로는 국가안전보장회의(이하 국가안보회의), 통일관계장관회의, 남북 및 북방교류협력조정위원회, 대외협력위원회 등 4개의 장관회의가 영역이 중복된 채 운영되는 상태였다. 김영삼 정부는 1994년 통일안보정책조정회의를 설치하여 국가안보회의, 통일관계장관회의, 남북 및 북방교류협력조정위원회 등 3개 관계장관회의를 하나의 실질적 조정기구로 통합하였다(이송호, 2008: 159). 통일안보정책조정회의는 통일부총리 주재하에 6인[6]이 참석하여 국가안보, 남북대화, 북방교류, 남북교류 등을 실질적으로 총괄 조정하는 기구가 되었다.

그러나 법률에 의하여 설치된 국가안전보장회의와 통일관계장관회의가 존치된 상태에서 통일안보정책조정회가 중복하여 운영된다는 비판을 받게 되자, 1996년부터 국가안보회의와 통일관계장관회의를 중심으로 안보와 남북관계 의제를 다루도록 하였다.

2) 경제장관회의

경제장관회의는 1963년도에 설치되어 경제개발초기부터 선진국 문턱에 이르기까지 우리나라 경제정책을 총괄 심의·조정해 온 관계장관회의였다. 김영삼 정부에서는 경제장관회의를 계속하여 유지하였다. 경제장관회의 의장은 출범 초기에는 부총리 겸 경제기획원 장관(1993.2−1994.12)이 맡았으며 후반기에는 경제기획원과 재무부가 통합된 부총리 겸 재정경제원 장관(1994.12−1998.2)이 맡았다.

3) 과학기술장관회의

김영삼 정부는 지금까지 선진국의 기술을 모방하여 선진국 문턱에 도달하였으나 독자적인 신기술이 없이는 선진국 진입에 필요한 경제성장이 불가능하다는 판

6 6인은 통일부총리, 외무부 장관, 국방부 장관, 국가안전기획부장, 대통령비서실장, 외교안보수석이다.

단에 따라 과학기술정책을 보다 강력하게 추진하기 위하여 1996년 3월 기존의 차관급 과학기술연구조정위원회를 장관급 과학기술장관회의로 격상시켰다(이송호, 2008: 160-161). 과학기술장관회의는 국가경제의 발전과 국민의 삶의 질 향상에 이바지할 과학기술 관련 주요정책과 연구개발사업들에 관한 부처간 정책조정, 과학기술 관련 예산의 효율적 집행에 필요한 심의·조정을 담당하는 기구이었다.

4) 논의

김영삼 정부는 그 밖에도 경쟁력 강화를 위해 대통령위원회인 세계화추진위원회(1994.12), 정보화추진위원회(1995.8) 등을 신설하고 복수 부처의 장관들과 민간위원들이 참여하도록 하였다. 그러나 김영삼 정부의 국정운영에서 이른바 '비선조직'으로 불리는 비공식조직이 정책조정에 개입하는 일이 잦았기 때문에 전반적으로 관계장관회의의 중요성이 강화되었다고 보기 어렵다는 평가도 있다(이송호, 2008: 158; 전영한, 2020: 448).

3. 김대중 정부의 관계장관회의 활용

김대중 정부에서는 경제정책조정회의, 국가안보회의, 인적자원개발회의, 사회관계장관회의 등 4대 정책분야별 관계장관회의가 중시되었다. 이는 초유의 외환, 금융위기에 직면하여 국무회의 형식화에 따른 약점을 극복하고 행정문제의 복잡화와 전문화, 급증하는 정책갈등에 대응하려는 시도라고 볼 수 있다(이송호, 2003).

1) 경제정책조정회의

김대중 정부에서는 외환위기 극복대책을 논의하고 결정하기 위하여 비공식적인 회의기구인 경제대책조정회의를 설치하여 직접 주재하면서 금융개혁, 재벌개혁 등 경제개혁을 추진하고 조정하였다. 경제대책조정회의 참석자는 재정경제부 장관, 기획예산처 장관, 금융감독위원장, 공정거래위원장, 경제수석 비서관 등이었다. 경제대책조정회의가 가동됨에 따라 1998년 4월에 경제장관회의는 폐지되었다.[7] 외환위기가 어느 정도 극복되자 대통령이 의장인 경제대책조정회의를 폐지하고 1999년 6월 재정경제부 장관을 의장으로 하는 경제정책조정회의[8]를 부활시켰다(이송호, 2008:

7 경제장관회의의 폐지 이후 1998년 6월 경제장관간담회를 신설하였으나 이는 2005년 3월 폐지되었다.
8 경제정책조정회의는 의장인 재정경제부 장관을 비롯하여 산자부, 정통부, 건교부, 농림부, 해수

171). 정례회의는 월 1회에서 2001년부터 격주 1회로 변경되었고 필요에 따라 수시회의를 개최하였다. 본회의를 지원하는 차관급회의로서 실무조정회의를 두었으며, 본회의에서 다룰 안건을 미리 심의하였다.

2) 국가안보회의와 상임위원회

김대중 대통령은 집권 첫 해에 외환위기 극복을 위해 노력하면서 동시에 자신의 주요관심사인 대북정책의 정책추진 및 조정시스템을 정비했다. 김대중 정부는 김영삼 정부에서 유명무실했던 국가안보회의를 활성화시키고 하부기구와 지원기구를 확대·강화시켰다. 즉, 산하에 상임위원회, 남북경제협력추진위원회, 실무조정회의, 정세평가회의 등을 신설하고 사무처를 확대 부활시켰다(이송호, 2008: 173). 국가안보회의 상임위원회 위원은 통일부장관(의장), 외통부장관, 국방부장관, 국정원장, 외교안보수석이었고, 비법정 멤버로서 국무조정실장이 참석하였다. 국가안보회의 사무처 차장이 배석하였다(이송호, 2003: 5).

3) 인적자원개발회의

김대중 정부에서는 2000년 2월 인적자원개발회의[9]를 신설하였는데, 이는 국가경쟁력 강화와 사회복지 차원에서 인적 자원의 중요성을 인식하고 교육정책, 산업정책, 고용정책 등과 연계하여 인적자원개발정책을 추진하기 위한 것이다. 인적자원개발의 주요대상은 성장 동력으로서 국가전략사업 분야인 IT(Information Technology), BT(Bio Technology), NT(Nano Technology), ST(Space Technology), ET(Environment Technology), CT(Culture Technology)의 고급인력, 경쟁력이 취약한 금융·투자·컨설팅 등 서비스산업분야의 고급인력, 여성과 저소득층 등 사회적 취약계층의 직업인력, 청소년들의 진취적이고 창의적인 인력 등이다(이송호, 2008: 172). 교육인적자원차관보를 의장으로 하는 실무조정회의를 두었고, 전문위원회를 두었다.

부, 노동부, 과기부, 복지부, 환경부, 문화부, 행자부 장관, 기획예산처 장관, 공정거래위원장, 금융감독위원장, 통상교섭본부장, 정책기획수석, 경제수석, 국무조정실장이 참여하였다. 19명을 기본 참여구성원으로 두었고, 이 외 전문적 지식의 필요성이 있을 때 추가 참여자를 두도록 하였다.

9 인적자원개발회의는 의장인 교육인적자원부 장관을 포함하여 과학기술부, 문화관광부, 산업자원부 장관 등 10개 장관, 기획예산처장관, 중앙인사위원회 위원장, 국무조정실장, 청와대 수석 등으로 구성되었다.

4) 사회관계장관회의

행정자치부 장관이 의장을 맡은 사회관계장관회[10]의 역할은 사회・복지・문화정책 추진과 관련하여 관련부처들의 입장을 사전에 협의・조정하고 정책집행을 위해 관련 지자체 및 행정기관간 협조체제를 구축하고 지원하는 것이었다. 그러나 실제로는 치안, 인권, 노동, 지자체, 정치 등과 관련된 현안들에 관하여 해당부처에서 마련한 대책을 검토하고 협조방안을 논의하였다(이송호, 2003: 9). 사전협의 조정을 위하여 행자부 차관이 주재하는 실무조정회의를 두었으나, 활성화되지는 않았다. 그 이유는 공식적으로 제기된 부처간 갈등이슈들이 부처간 비공식적 상호조정을 거치거나 국무조정실에서 미리 조정되었기 때문이다.

5) 논의

4대 분야 관계장관회의로 불리웠던 인적자원개발회의, 국가안보상임위원회, 경제장관회의, 사회관계장관회의 이외에도 김대중 정부는 19개의 관계장관회의를 신설・개편하였고, 이 중 15개에 실무위원회를 설치하였다(이송호, 2003). 관계장관회의 의장을 대통령, 국무총리, 부총리가 맡았으나, 행정자치부 장관이 사회관계장관회의 의장을 맡도록 한 것도 주목할 만하다.

4. 노무현 정부의 관계장관회의 활용

노무현 정부에서는 정책조정기구와 절차를 체계화하고자 「정부업무조정 등에 관한 규정」(총리훈령 2003년 10월)을 제정하였다. 정책조정기구는 '5대 분야별 장관회의', '부총리 및 책임장관회의', '국정현안정책조정회의' 등으로 체계화되었다(국무조정실, 2007e: 12－13). 이들에 관하여 각각 살펴보겠다.

1) 5대 정책분야별 관계장관회의

노무현 정부의 5대 정책분야별 관계장관회의는 경제정책조정회의, 인적자원개발회의, 과학기술관계장관회의, 통일외교안보장관회의, 그리고 사회문화정책장관회의 등 5가지로 구분된다. 경제정책조정회의, 통일외교안보장관회의, 인적자원개발회의

---

10 행자부 장관을 의장으로 법무부, 문광부, 보건복지부, 환경부, 노동부, 여성부 장관, 청와대 정책기획, 정무, 민정, 복지노동 수석, 기획예산처장관, 국무조정실장, 국정홍보처장, 그리고 안건 관련부처 장이 참여하였다.

는 김대중 정부의 관계장관회의를 계승하였고, 과학기술관계장관회의는 김영삼 정부의 회의체를 복원한 것으로 볼 수 있다. 한편 사회문화정책관계장관회의는 김대중 정부의 사회관계장관회의를 대체한 것이다. 분야별 관계장관회의의 의장은 3인의 부총리인 재정경제부 장관, 교육인적자원부장관, 과학기술부 장관과 함께 분야별 책임장관인 통일부 장관과 보건복지부 장관이 맡도록 하였다. 분야별 관계장관회의의 지원업무는 재정경제부, 교육인적자원부, 과학기술부, 보건복지부 등 의장을 맡고 있는 부처에서 담당하였고, 통일외교안보장관회의를 지원하는 국가안보회의 사무처는 별도로 설치되었다.

(1) 경제정책조정회의

부총리 겸 재정경제부 장관을 의장으로 하는 경제정책조정회의와 하위기구인 실무조정회의는 김대중 정부를 계승하여 큰 변화없이 운영하였다.

(2) 사회문화관계장관회의

2004년 「사회문화정책관계장관회의 규정」에 근거하여 설치되었다.[11] '책임장관'인 보건복지부 장관이 주재하였으며, 회의를 지원하기 위한 실무조정회의를 두었다. 실무조정회의는 차관급 회의로서 의장은 보건복지부 차관이 맡았다. 이후 2006년에는 규정을 개정하여 국무조정실장, 국가청소년위원장이 참여자로 추가되었다. 이 관계장관회의는 2008년에 폐지되었다.

(3) 과학기술관계장관회의

2004년 11월부터 「과학기술관계장관회의 규정」에 의거 운영되었다. 과학기술부 장관을 의장으로 재정경제부, 교육인적자원부, 과학기술부, 국방부, 농림부, 산업자원부, 정보통신부, 보건복지부, 환경부, 건설교통부, 해양수산부, 기획예산처 장관이 참석하였고, 국무조정실장, 대통령비서실의 정책기획수석, 정보과학기술보좌관, 과학기술혁신본부장이 참석하였다. 2006년에는 문화관광부 장관이 참여자로 추가되었다. 과학기술계장관회의는 정례회의가 규정되지는 않았고 필요시에만 소집되는 것으로 하였다.

---

11 회의참여자는 문화관광부, 보건복지부, 환경부, 노동부, 여성부, 기획예산처 장관이 참여하였고, 대통령비서실 인사 중에는 사회정책수석비서관과 시민사회수석비서관이 참여하였다.

(4) 인적자원개발회의와 국가인적자원위원회

인적자원개발회의는 김대중 정부 중반인 2000년에 설치되었는데, 노무현 정부에서 더욱 강화된 형태로 법령과 지원조직이 보강되었다.[12] 부총리인 교육인적자원부 장관이 의장으로 회의를 주재하였다.[13] 월 1회 정기회의가 있었으며, 필요시 수시회의를 개최할 수 있었다. 과거 김대중 정부와는 달리 지원기구인 실무조정회의(의장 교육인적자원부 차관보)가 구성되었으며, 교육인적자원부 장관이 '기관간 협의에 중요한 사항'을 회의에 보고하도록 하여 회의의 규모와 중요성을 확대시켰다. 실무조정회의 이외에도 전문위원회를 설치하여 20인 이내에서 전문지식이 풍부한 인재의 도움을 받고자 하였다.

2007년 4월 국가인적자원개발정책 총괄·조정의 실효성 확보와 민간부문 의견수렴 확대를 위해 「인적자원개발기본법」을 개정(2007.4.27)하여 대통령이 위원장인 국가인적자원위원회를 설치하였고, 대통령 주재 회의를 3회 개최(2007.7.27, 10.11, 12.13)한 바 있다.

(5) 통일외교안보장관회의

통일외교안보장관회의는 통일부장관이 의장이며 외교통상부, 국방부 장관 등이 참여하였다. 통일부 장관은 NSC 상임위원장을 겸직하였다. 국가안전보장회의 상임위원회 위원은 통일부 장관, 외교통상부 장관, 국방부 장관, 국가정보원장 및 사무처장(국가안보보좌관 겸임)이었다.[14] 상임위원회 정기회의는 원칙적으로 주 1회 소집하였다. 상임위원회에 대통령비서실의 외교업무를 보좌하는 보좌관 및 국방업무를 보좌하는 보좌관이 배석할 수 있었다.

---

12 인적자원개발회의는 김대중 정부 시기인 2000년에 대통령 훈령에 근거하던 것이 노무현 정부에서는 새롭게 제정된 인적자원개발기본법 제정(법률 제6713호, 2002.8.26. 제정, 시행 2003.2.27.)으로 격상되어 운영되었다.

13 인적자원개발회의의 위원은 교육인적자원부 장관, 재정경제부 장관, 행정자치부 장관, 과학기술부 장관, 문화관광부 장관, 산업자원부 장관, 정보통신부 장관, 보건복지부 장관, 노동부 장관, 여성부 장관, 기획예산처 장관, 중앙인사위원회위원장, 국무조정실장 및 국정홍보처장으로 하였다.

14 당시 상임위원회 위원장은 안보회의의 의장인 대통령이 상임위원회의 위원 중에 임명하도록 규정되어 있었다. 2003년과 2004년도에는 대통령비서실 국가안보보좌관이, 2004년부터는 통일부 장관이 상임위원장으로 임명되었다(이송호, 2008: 68).

2) 부총리 · 책임장관회의

부총리 및 책임장관회의는 대통령은 장기적 국가전략과제에 집중하고 일상적 국정운영은 국무총리가 총괄하는 분권형 국정운영시스템이 구축됨에 따라 이를 뒷받침하기 위해 도입되었다. 총리주재로 재경, 교육, 과기부총리 및 통일부, 복지부장관 등 5대 분야 책임장관들과 매월 1회 부총리 · 책임장관회의를 개최하여 주요 국정현안을 점검 · 조정하고 국정운영방향을 논의하였다(국무조정실, 2007e: 12). 예를 들어, 2006년 5월에는 한 · 미 FTA추진, 저출산문제, 남북, 북미관계 대책, 불법 공무원단체에 대한 대응, 저출산 · 고령사회 대책, 고유가 및 환율하락 대책 등을 다루었다.[15]

3) 국정현안정책조정회의

노무현 정부의 '국정현안정책조정회의'는 집권 초인 2003년 각종 사회적 갈등이슈들에 효율적으로 대응하기 위하여 국무총리 주재로 관련부처 장관들과 청와대 수석비서관들이 참여하는 일종의 비공식간담회로 출발하였다(이송호, 2008: 59－63).

노무현 정부에서 조정회의를 설치한 이유는 국정현안을 둘러싼 이해관계집단들간의 갈등으로 사회불안이 가중되었음에도 불구하고 부처간 책임회피와 이견 때문에 효율적으로 대처하지 못하였기 때문이다. 예를 들어, 2003년 초 두 차례에 걸친 화물연대 파업으로 물류가 마비되면서 산업생산이 일대 타격을 받고 심지어 포항지역이 마비되는 상황이 발생했음에도 불구하고, 관계부처인 행정자치부와 건설교통부 등 부처간 이견으로 문제를 해결할 수 없었다(김병준, 2016).

조정회의에는 당시 국무총리를 의장으로 현안 이슈와 관련된 부처장관들, 청와대 시민사회수석, 민정수석, 사회정책수석, 국무총리 비서실장과 국무조정실 차장들이 참석하였고, 2003년에는 주 2회, 2004년부터는 주 1회 개최되어 사회적 갈등이슈들에 관한 정책을 조정하였다. 국무총리 주재의 국정현안정책조정회의에 대통령비서실의 수석 등 대통령 참모들이 대거 참석하기 때문에 실질적으로 대통령비서실 주도의 회의와 다름없다는 비판도 있었지만, 이 회의는 사회갈등을 해결하고 주요정책을 조정하는 내각의 국정조정시스템으로 확고하게 자리잡았다(양현모, 2004: 106). 뒤에서 살펴보겠지만 노무현 정부에서 도입된 국정현안정책조정회의는

15 2006.5.11.(목) 국무조정실 보도자료.

명칭만 변경되었을 뿐 문재인 정부에 이르기까지 효과적인 정책조정기제로 작동하고 있다.

4) 논의

노무현 정부에서 정책분야별 장관회의는 추가적인 정책조정을 이루어내기가 역부족이었다는 평가를 받았는데, 주된 이유로는 예산편성권을 가진 경제부총리를 제외한 여타 부총리와 '책임장관'의 경우에는 해당 분야 부처간 정책갈등을 해소하고 합의도출을 유도할 수 있는 조정권한이 약하다는 점이 지적된다(전영한, 2009; 2020: 450-451). 국무총리가 주재하는 부총리 · 책임장관회의는 분권형 국정운영의 방식으로 도입되었으나 후임 정부에서 단절되었다. 노무현 정부가 도입한 국정현안정책조정회의는 문재인 정부에 이르기까지 효과적인 정책조정기제로 작동하고 있다. 국정현안정책조정회의의 실제 조정력은 5대 정책분야별(경제정책, 인적자원개발, 과학기술혁신, 통일 · 외교 · 안보, 사회 · 문화) 부총리 및 책임장관제보다 더 큰 것으로 평가되었다(장지호, 2014: 243).

5. 이명박 정부의 관계장관회의 활용

1) 정책분야별 관계장관회의

이명박 정부에서는 노무현 정부에서 운영하였던 관계장관회의 중에서 과학기술관계장관회의, 인적자원개발회의(국가인적자원위원회), 사회문화관계장관회의, 그리고 통일외교안보관계장관회의를 폐지하였다. 교육부의 인적자원개발정책의 총괄 · 조정권한은 이명박 정부 출범 직후「정부조직법」개정으로 폐지되었고, 국가인적자원위원회는 법정기구임에도 불구하고 회의체를 구성하지 않아 사문화되었다.[16] 직전 정부의 관계장관회의 가운데 유일하게 경제정책조정회의만 유지하였고, 집권 2년차인 2009년 외교안보정책조정회의를 신설하였다.

---

16 2008년 2월 29일 정부조직법 개편 이전에는「정부조직법」제28조에 "교육인적자원부 장관은 인적자원개발정책의 수립 · 총괄 · 조정, 학교교육, … 관한 사무를 관장한다."라고 규정되었으나, 개편 이후에는 "교육부장관은 인적자원 개발 정책, 학교교육, … 관한 사무를 관장한다."라고 규정하여 인적자원정책 총괄 · 조정 권한이 삭제되었다. 한편 대통령이 의장인 국가인적자원위원회는 2007년 7월부터 2008년 2월까지 운영되었으나, 이명박 정부 이래 현재까지 미구성된 상태이다.

(1) 경제정책조정회의

경제정책조정회의 의장은 기획재정부 장관이 맡았고,[17] 경제부총리는 폐지하였다. 부총리제도가 폐지되었음에도 불구하고 경제정책조정회의는 관례에 따라 경제정책 조정업무를 원활하게 수행하였다. <표 5-2>의 연도별 개최횟수 및 안건수에서 알 수 있듯이 출범 1년차와 2년차인 2008년과 2009년에는 개최횟수와 안건수가 상대적으로 적었으나, 임기 후반기에 개최횟수와 처리안건수가 증가하였다. 이명박 정부 5년 동안 147회에 걸쳐 348개의 안건을 처리하였다. 그러므로 역대정부의 경제정책조정회의가 원활하게 운영된 것은 부총리제도가 아니라 사무국 기능 및 예산편성권의 뒷받침 때문이라는 주장이 설득력이 있는 것으로 보인다.

표 5-2 이명박 정부의 경제정책조정회의 연도별 개최횟수 및 안건수

연도	개최횟수	처리안건수	1회당 평균안건수
2008	11	15	1.4
2009	27	50	1.9
2010	35	80	2.3
2011	37	101	2.7
2012	37	102	2.8
합계	147	348	2.4
평균	29.4	69.6	2.4

출처: 기획재정부 내부자료.

(2) 외교안보정책조정회의

외교안보분야에서 이명박 정부는 2008년 2월 국가안전보장회의 사무처와 상임위를 폐지하고, 임시조직인 위기정보상황팀으로 대체했다.[18] 그러나 2009년 외교통

17 위원으로는 기획재정부 장관, 교육과학기술부 장관, 행정안전부 장관, 문화관광체육부 장관, 농림수산식품부 장관, 지식경제부 장관, 보건복지가족부 장관, 환경부 장관, 노동부 장관, 여성부 장관, 국토해양부 장관, 국무총리실장, 금융위원회위원장, 공정거래위원회위원장, 통상교섭본부장 및 대통령실경제수석이 참여하였다.

18 국가안전보장회의 운영규정 전부개정[대통령령 제20702호, 2008.2.29.]으로 사무처와 상임위를 폐지하였다. 사무처가 폐지됨에 따라 당시 사무처 3·4급 1명은 통일부, 14인(고위공무원 3명, 3·4급 2명, 4·5급 5명, 연구사 1명, 기능직 3명)은 중앙인사관장기관 소속 공무원으로 보아 각각 해당기관으로 이체하였다.

상부 장관이 의장인 외교안보정책조정회의[19]를 국가안전보장회의의 하부기구로 신설하여 대외정책조정을 담당하도록 하였다(전봉근, 2013: 9). 매주 정기적으로 회의를 개최하였다.

2) 국가정책조정회의

이명박 정부가 출범하면서 국무총리실의 정책조정 기능의 폐지와 함께 국정현안정책조정회의도 폐지되었다가 2008년 7월 「국가정책조정회의 운영에 관한 규정」(대통령훈령 221호)을 제정하여 상설기구화하였다. 이는 국무총리가 주재하여 중앙행정기관 사이의 정부 정책에 대한 이견과 주요 국정 현안 등을 협의하고 조정하는 회의체이다.[20] 회의는 매주 목요일 개최하는 것을 원칙으로 하되, 필요에 따라 시기를 조정하였다. 회의를 지원하기 위한 실무회의 차원에서 국가정책조정실무회의와 국가정책조정차관회의를 두었다. 본회의와 실무회의는 관계기관이나 단체 등에 대하여 안건을 검토하는 데 필요한 사항과 관련 자료를 요청할 수 있으며, 해당 기관 등은 특별한 사유가 없는 한 이에 응하여야 한다.

이명박 정부 시기에 개별부처를 넘어서서 다수 부처가 관계된 사안들의 정책조정이 이 회의기구를 통하여 이루어졌다(전영한, 2020: 451). <표 5-3>에서 보듯이 초창기인 2009년 국가정책조정회의 안건수가 85건이었으나 2012년에는 105건

표 5-3 이명박 정부의 연도별 국가정책조정회의

연도	개최횟수	안건수	평균	주요내용
2008	13	40	3.1	사회갈등예방, 국방·안보, 국민안전관리 등
2009	30	85	2.8	주요 경제정책에 대한 조정(자영업자, 청년실업)
2010	28	78	2.8	경제활력, 일자리창출, 친서민정책
2011	31	93	3.0	기업간 양극화, 비정규직 문제, 공정경쟁, 녹색성장
2012	31	105	3.4	일하는 정부, 공정한 사회, 일자리 창출, 부처이견조정
합계	133	401	3.0	

출처: 국무총리실 정책자료집, 2013; 전영한, 2020, 451, <표 8>에서 재인용.

19 신설된 외교안보정책조정회의는 외교통상부 장관이 의장이며, 외교통상부, 통일부, 국방부 장관이 참여하고, 국가정보원장, 국무총리실장, 대통령 외교안보 수석비서관이 참석하였다.

20 국무총리를 의장으로 하고, 기획재정부, 행정안전부, 문화체육관광부 장관과 국무총리실장, 대통령실 정무수석비서관, 국정기획수석비서관을 비롯하여 협의 및 조정 대상인 안건과 관련된 중앙행정기관장 그리고 대통령실 수석비서관이 참여한다.

으로 증가하였다. 여기서 다루어진 정책조정 사안의 예를 들면, 2008년에는 독도관련 한일갈등, 제주해군기지 문제, 쌀직불금 제도, FTA 국회비준 대책, 주한미군기지 이전 등이 있었고, 2009년에는 미국의 금융위기 사태에서 비롯된 경제침체 영향으로 경제정책에 대한 정책조정 사안들이 다루어졌다.

2010년에도 이러한 경제정책 중심의 조정이 이루어졌다. 2011년도에는 대기업과 중소기업간 양극화, 비정규직문제 등이 주요이슈로 다루어졌으며, 2012년도에는 국정기조인 친서민정책, 일자리 창출 등이 주요정책조정 사안이었다.

3) 논의

이명박 정부에서는 노무현 정부의 3인의 부총리제도와 5대 정책분야별 관계장관회의를 폐지하고 경제정책조정회의만 유지하였다. 국가안보회의 상임위원회와 사무처도 폐지하였고, 대신 외교안보정책조정회의를 신설하였다. 국무총리실의 정책조정 기능의 폐지와 함께 국정현안정책조정회의도 폐지하였다가 2008년 7월 국가정책조정회의를 상설기구화하여 정책조정기구로 활용하였는데, 지난 정부에서 제도화시킨 정책조정기제를 폐지한 후 부활시키는 불필요한 시행착오를 겪었다.

6. 박근혜 정부의 관계장관회의 활용

1) 정책분야별 관계장관회의

(1) 경제관계장관회의

박근혜 정부에서는 경제정책조정기구의 경제정책조정회의에서 경제관계장관회의[21]로 변경하였다. 또한 의장인 기획재정부 장관을 부총리로 격상하였다. <표 5-4>에 경제관계장관회의 연도별 개최횟수와 안건수가 제시되었다. 박근혜 정부의 경우에는 집권 1년차와 2년차에 개최횟수와 처리안건수가 상대적으로 많았다. 박근혜 정부 시기에 경제관계장관회의는 총 124회 개최되었고 428건의 안건을 처리하여, 탄핵으로 인하여 재임기간이 9개월 짧았음에도 불구하고 이명박 정부 시기의 348건보다 많았다.

---

21 「경제관계장관회의 규정」에 따르면 위원으로는 기획재정부 장관, 미래창조과학부 장관, 교육부 장관, 안전행정부 장관, 문화체육관광부 장관, 농림축산식품부 장관, 산업통상자원부 장관, 보건복지부 장관, 환경부 장관, 고용노동부 장관, 여성가족부 장관, 국토교통부 장관, 해양수산부 장관, 국무조정실장, 금융위원회위원장, 공정거래위원회위원장 및 대통령비서실의 경제정책을 보좌하는 수석비서관이 참여하였다.

표 5-4 박근혜 정부의 경제관계장관회의 연도별 개최횟수 및 안건수

연도	개최횟수	처리안건수	1회당 평균안건수
2013	34	121	3.6
2014	40	126	3.2
2015	24	90	3.8
2016	22	84	3.8
2017.5.10까지	4	17	4.3
합계	124	438	3.5
평균(2013－2016)	30.0	105.3	3.5

출처: 기획재정부 내부자료.

(2) 국가안보회의 상임위원회

외교안보 분야에서 박근혜 정부는 이명박 정부에서 폐지된 국가안전보장회의 사무처와 상임위원회를 2014년 1월 재설치하였다.[22] 이는 이명박 정부 시기인 2010년 3월 천안함 피격과 11월 연평도 포격 사건 등으로 국가안보 관련 통합, 조정 기능의 허점이 드러나면서 국가안전보장회의의 강화 필요성이 제기된 데 따른 것이다. 상임위원회는 국가안보실장이 위원장이며 6명의 위원으로 구성하였다.[23] 상임위원회의 운영을 효율적으로 지원하기 위하여 상임위원회에 사무처장이 의장인 실무조정회의를 두었다. 이같이 박근혜 정부에서는 이명박 정부가 폐지한 상임위원회와 사무처의 역할을 원상으로 회복시켰다.

(3) 사회관계장관회의

박근혜 정부는 2014년 11월 「정부조직법」 개정 및 2015년 2월 「교육 · 사회 및 문화 관계장관회의 규정(대통령령)」을 제정하여 세월호 침몰사고(2014.4.16) 이후 행정부 정책결정의 효율성과 책임성을 높이고자 교육 · 사회 · 문화를 총괄하는 사회부총리제도를 도입하였다. 2015년 2월 제정된 「교육 · 사회 및 문화 관계장관회의 규정」[대통령령 제26100호, 2015.2.16, 제정] 제2조 1항에 따르면 “주요 교육 · 사회 및 문화 정책을 종합적인 관점에서 일관성 있게 수립 · 추진하고, 교육 · 사회 및

22 국가안전보장회의 운영규정 일부개정 [대통령령 제25075호, 2014.1.10., 일부개정].

23 위원장은 국가안보실장, 위원은 외교부 장관, 통일부 장관, 국방부 장관, 국가정보원장, 사무처장 및 대통령비서실의 외교안보 정책을 보좌하는 수석비서관이었다.

문화 정책과 관련하여 정부부처 간의 협의가 필요한 현안사항 및 주요 정책 또는 관련 중장기계획에 관한 사항을 효율적으로 협의·조정하여 교육·사회 및 문화 분야의 발전을 뒷받침하기 위하여 교육·사회 및 문화 관계장관회의(이하 "회의"라 한다)를 둔다"고 규정하였다.[24] 부총리 겸 교육부장관이 교육·사회 및 문화 정책에 관하여 관계 중앙행정기관을 총괄·조정하며, 종합적 관점에서 일관성 있게 관련 정책을 수립하기 위해 사회관계장관회의를 신설한 것이다. 회의의 간사는 교육부 사회정책협력관이 담당한다. 사회관계장관회의는 월 1회 개최를 원칙으로 하였으며, 2015년 1월부터 2017년 3월까지 31회 회의를 개최하여 총 72건의 안건, 회의당 2.3건을 처리하였다.[25] 회의당 안건처리 건수 2.3건은 경제관계장관회의 회의당 처리건수인 3.6건보다는 적은 수치이다.

2) 국가정책조정회의

박근혜 정부에서도 국가정책조정회의 중심의 정책조정체제에는 큰 변화가 없었다. 조정회의 안건은 국가정책조정차관회의를 별도로 두어 심의 후 본회의 안건으로 상정하도록 하였다. 이명박 정부에서의 국가정책조정회의 체제와 비교해 보면 회의 참여대상을 확대하였다[26](전영한, 2020: 451－452). 이명박 정부에서 국무총리 이외에 장관급으로 기획재정부, 안전행정부, 문화부 장관이 참석하던 것과 다르게, 8개 부처의 장관이 참석하는 것으로 확대되었고, 이외에도 대통령 보좌기관의 구성원이 대거 참여자로 포함되었다. 이명박 정부에서는 정무수석만이 참석했던 반면, 국무조정실장과 국정기획수석, 기타 관련 안건의 수석이 참여하는 것으로 변경되었다. 이러한 참여자 확대에도 불구하고 실제로는 장관참석률이 2014년의 경우 55.4%로 나타나 이 회의기구의 실효성에 대한 비판이 제기되기도 하였다(전영한, 2020: 451－452).

---

24 당시 사회관계장관회의 규정에 따르면 회의구성원은 기획재정부 장관, 교육부 장관, 미래창조과학부 장관, 행정자치부 장관, 문화체육관광부 장관, 보건복지부 장관, 환경부 장관, 고용노동부 장관, 여성가족부 장관, 국무조정실장 및 대통령비서실의 교육·사회 및 문화 정책을 보좌하는 수석비서관으로 구성한다(교육·사회 및 문화 관계장관회의 규정 제5조 제1항).

25 교육부 내부자료.

26 박근혜 정부 시기 국가정책조정회의의 구성원은 의장인 국무총리 이외에 기획재정부, 미래창조과학부, 교육부, 안전행정부(행정자치부, 2014.11.19부터), 문화체육관광부, 산업통상자원부, 보건복지부, 국토교통부의 부처장관, 협의와 조정대상인 행정기관의 장, 국무조정실장, 대통령비서실의 국정기획·정무담당 수석비서관, 해당 안건의 관련된 업무를 담당하는 수석비서관이 참여하였다.

3) 논의

이명박 정부에서 폐지한 경제부총리를 부활시켜 경제관계장관회의 의장으로 경제분야 정책조정을 담당하도록 하였고, 통일외교안보분야의 관계장관회의체인 국가안전보장회의 상임위원회와 사무국을 부활시켰다. 세월호 참사 이후 사회관계장관회의를 신설하여 부총리 겸 교육부 장관이 담당하도록 하였다. 국무총리가 의장인 국가정책조정회의 참여자를 확대하여 정책조정의 기제로 계속 활용하였다.

7. 문재인 정부의 관계장관회의 활용

1) 정책분야별 관계장관회의

문재인 정부에서는 경제부총리와 사회부총리가 의장인 경제관계장관회의와 사회관계장관회의를 유지하는 한편, 국가안보회의 상임위원회와 사무처를 존치시켰다. 한편 2018년 4월 노무현 정부 시기에 운영되었던 과학기술관계장관회의를 부활시켰다.

(1) 경제관계장관회의

경제관계장관회의 의장은 부총리인 기획재정부 장관이다.[27] <표 5-5>에 문재인 정부 경제관계장관회의 연도별 개최횟수와 안건수가 제시되었다. 문재인 정부

표 5-5 문재인 정부의 경제관계장관회의 연도별 개최횟수 및 안건수

연도	개최횟수	처리안건수	1회당 평균안건수
2017.5 이후	12	42	3.5
2018	23	85	3.7
2019	30	99	3.3
2020	46	170	3.7
2021.10까지	23	121	5.3
합계	134	517	3.9
평균(2018−2020)	33.0	118.0	3.6

출처: 기획재정부 내부자료.

27 위원은 기획재정부 장관, 교육부 장관, 과학기술정보통신부 장관, 행정안전부 장관, 문화체육관광부 장관, 농림축산식품부 장관, 산업통상자원부 장관, 보건복지부 장관, 환경부 장관, 고용노동부 장관, 여성가족부 장관, 국토교통부 장관, 해양수산부 장관, 중소벤처기업부 장관, 국무조정실장, 금융위원회위원장, 공정거래위원회위원장 및 대통령비서실의 경제정책을 보좌하는 수석비서관으로 구성한다.

에서는 집권 3년차인 2019년 이후 개최횟수와 처리안건수가 급격하게 증가하였다. 2020년도의 경우 연간개최횟수가 46회이며 총 안건수는 170건, 1회당 평균 3.7건을 처리하였다. 2017년 5월부터 2021년 11월까지 총 134회 개최되어 516개 안건을 다루어 박근혜 정부시기의 438건보다 증가하였다. 이같이 안건이 많아진 것은 경제정책분야에 조정수요가 상당히 증가하였음을 의미한다.

(2) 사회관계장관회의

문재인 정부에서 사회관계장관회의는 월 1회 개최하다가 2019년 4월 이후 월 2회로 개최횟수를 늘렸다. <표 5-6>에서 보듯이 2018년도에는 13회 개최, 35개 안건 처리에서 2020년에는 22회 개최에 56개 안건 처리로 증가하였다. 2021년도에는 10월까지 19회 개최에 56건의 안건을 처리하였다. 사회관계장관회의의 안건은 포용(취약계층돌봄, 사회적기본권 보장, 가족 지원), 안전(아동청소년보호, 폭력근절, 생활환경안전), 혁신(인재양성, 비대면사회 선도), 통합(공정사회 구현, 소수집단 지원) 등으로 구분하는데, 하나의 부처만으로는 해결하기 어려운 다부처과제들로서 안건수가 증가하는 추세이다. 2019년 7월 사회부총리를 보좌하는 차관보 직제가 신설되어 기존의 사회정책협력관을 관장하는 등 사회관계장관회의 지원부서의 위상도 강화되었다.

표 5-6 문재인 정부의 사회관계장관회의 연도별 개최횟수 및 안건수

연도	개최횟수	처리안건수	1회당 평균안건수
2017.5 이후	7	17	2.4
2018	13	35	2.7
2019	18	45	2.5
2020	22	56	2.5
2021.10까지	19	57	3.0
합계	79	210	2.7
평균(2018-2020)	17.7	45.3	2.6

출처: 교육부 내부자료.

(3) 국가안전보장회의 상임위원회

외교안보분야에서는 국가안전보장회의의 상임위원회는 위원장인 국가안보실장과 7명의 위원으로 구성한다.[28] 국무조정실장은 상임위원회에 출석하여 발언할 수 있

다. 문재인 정부 출범 이후 2021년 10월까지(2017.5~2021.10) NSC 개최횟수는 총 132회이며, 2017년 15회, 2018년 16회, 2019년 36회, 2020년 43회, 2021년 22회로 2019년 이후 개최횟수가 크게 증가하였다.[29]

(4) 과학기술관계장관회의

문재인 정부는 2018년 10월 15일 「과학기술관계장관회의 운영규정」(대통령 훈령)을 제정하여 과학기술관계장관회의를 설치하였다. 이는 대통령의 국가 R&D 혁신의 이행력 확보를 위해 참여정부의 과학기술관계장관회의의 복원의지를 반영한 것이다. 의장은 국무총리, 부의장은 과학기술정보통신부 장관이며, 위원은 과학기술혁신 관련 12개 부처 장관이다.[30] 국무조정실장, BH과학기술보좌관, 과학기술혁신본부장(간사위원)도 참여한다. 매월 1회 개최를 원칙으로 하되 필요시 수시회의를 개최할 수 있다. 과학기술혁신본부장(차관급)이 의장인 실무조정회의를 운영하도록 하였다.

<표 5-7>에 제시된 바와 같이 2018년 10월 과학기술관계장관회의가 복원된 이후 2021년 말까지 20차례의 회의가 개최되어, 67개의 안건을 다루었고, 1회 평균 안건수는 3.4건이었다. 2018년도 첫 번째 회의에서 국가 R&D 혁신방안 등을 다루었고, 2019년에는 재난안전, 미세플라스틱, 소・부・장 분야의 R&D를 다루었

표 5-7 문재인 정부의 연도별 과학기술관계장관회의

연도	개최횟수	안건수	평균	주요내용
2018.10 이후	1	4	4	국가R&D 혁신방안, 치매R&D, 과기・ICT 인재양성 등
2019	9	27	3	재난안전R&D, 미세플라스틱R&D, 소부장R&D, 드론규제 등
2020	4	15	3.8	포스트 코로나 R&D 방향, 6G, AI반도체, R&D 범부처 이어달리기 등
2021	6	21	3.5	탄소중립 R&D, 뇌연구, 국가필수전략기술 선정・보호・육성방안 등
합계	20	67	3.4	

출처: 과학기술정보통신부 내부자료.

28 위원은 외교부 장관, 통일부 장관, 국방부 장관, 국가정보원장, 대통령비서실장, 사무처장 및 국가안보실의 제2차장이다.

29 청와대 홈페이지에서 정리.

30 위원은 기획재정부, 교육부, 국방부, 행정안전부, 문화체육관광부, 농림축산식품부, 산업통상자원부, 보건복지부, 환경부, 국토교통부, 해양수산부, 중소기업벤처기업부 장관 등이다.

다. 2020년에는 포스트 코로나 R&D 방향 등이 주요 안건이었으며, 2021년에는 탄소중립 R&D 등을 다루어 매년 초점이 달라져 왔음을 알 수 있다.

2) 국정현안점검조정회의

문재인 정부는 지난 정부의 국가정책조정회의를 2017년 6월 「국정현안점검조정회의 규정」(대통령령 제28211호)으로 재정비하고 조정활동을 강화하였다.[31] 의장은 필요하다고 인정하는 경우 회의의 구성원이 아닌 사람을 회의에 참석하여 발언하게 하거나 배석하게 할 수 있다. 문재인 정부 출범 이후 매주 목요일 주 1회 개최를 원칙으로 운영되었으나, 코로나19 사태 발생 이후 격주 개최하여 국정현안을 처리하여 왔다. 코로나19 발생 이후 국무총리가 주재하는 대책회의가 매일 열리기 때문에 격주 개최로 변경한 것이다.

<표 5-8>에 보듯이 문재인 정부 출범 이후 2017년 6월 22일부터 2021년 8월 19일까지 131회에 걸쳐 회의가 개최되었으며, 처리안건은 253건이었다. 2019년부터 격주 개최 원칙으로 운영되어 개최횟수와 처리안건수가 감소하였다. 특히 [Box 8-1]에 제시된 바와 같이 2020년 2월말부터 코로나19 대응 관계장관회의인 중앙재난안전대책본부 회의가 거의 매일 개최되면서 국정현안점검회의 개최횟수와 처리안건 수가 대폭 감소하였다.

표 5-8 문재인 정부 국정현안점검조정회 연도별 개최횟수 및 안건수

연도	개최횟수	처리안건수	1회당 평균안건수
2017.5 이후	22	37	1.7
2018	40	73	1.8
2019	36	62	1.7
2020	22	56	2.5
2021.8.19까지	11	25	2.3
합계	131	253	1.9
평균(2018－2020)	33.0	63.7	1.9

출처: 국무조정실 내부자료.

31 조정회의는 국무총리를 의장으로 기획재정부 장관, 교육부 장관, 과학기술정보통신부 장관, 행정안전부 장관, 문화체육관광부 장관, 산업통상자원부 장관, 보건복지부 장관, 고용노동부 장관, 국토교통부 장관 및 심의·조정 대상 안건 관련 중앙행정기관의 장, 국무조정실장, 대통령비서실의 정무를 보좌하는 수석비서관 및 심의·조정 대상 안건 관련 수석비서관으로 구성한다.

Box 5-1: 코로나19 대응 관계부처장관회의 구성 및 운영

1. 코로나19 대응 관계부처장관회의 구성

코로나19 감염병은 2019년 12월 최초로 중국에서 발생한 것으로 보고된 이후, 2020년 1월 20일 국내 첫 확진자가 발생하였다. 2월 중순부터 신천지대구교회 관련 대규모 집단발생을 중심으로 대구·경북지역 유행이 진행되었다. 이에 2020년 2월 23일 대통령이 주재한 코로나19 범정부 대책회의에서 국무총리를 본부장으로 하는 중앙재난안전대책본부(이하 중대본)를 구성하여 운영하기로 결정하였다. 총리 주재 중대본은 코로나19 상황에 따라 탄력적으로 운영(주 3~7회)하며, 총리 주재가 불가할 경우 중대본 1·2차장(복지부·행안부 장관)이 직무대행을 담당한다. 중대본 조직도는 다음 그림과 같다.

중앙재난안전대책본부(중대본) 조직도

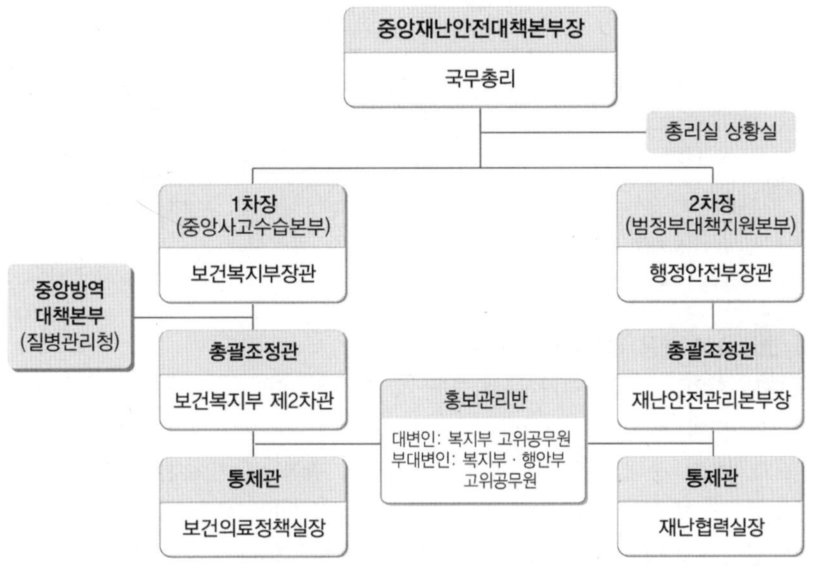

보건복지부 장관이 본부장(중대본 1차장)인 중앙사고수습본부(중수본)는 사회적 거리두기 등 방역기준 마련, 확진자 입원·치료, 생활지원, 피해보상, 심리지원 업무 등을 담당하였다. 행정안전부 장관(중대본 2차장)이 본부장인 범정부대책지원본부는 중수본 업무를 지원하며, 부처-지자체간 업무조정, 지역대책본부장(지자체장) 지휘, 자가격리 등 지자체 차원의 대응 지원 등을 담당하였다. 질병관리청장이 본부장인 중앙방역대책본부(방대본)는 역학조사 실시 및 방역 등 현장조치를 지원하고, 24시간 종합상황실 운영 및 대국민 소통, 검역 강화 등을 통한 해외유입 방지 등의 업무를 수행하였다.

한편 총리실 상황실 조직도는 다음과 같다. 국무조정실장이 상황실장이며, 그 밑에 상황실 차장(국무2차장), 총괄조정관(사회조정실장), 총괄반(사회복지정책관), 지원반(안전환경정책관), 현안관리반(현안관리반장)을 두었다.

총리실 상황실 조직도

2. 코로나19 대응 관계장관회의 운영

중대본 회의는 국무총리가 주재(불가 시 복지부·행안부 장관 직무대행)하고 관계부처와 17개 시·도가 참여한다. 한편 기초자치단체장은 회의상황을 청취할 수 있다. 그러므로 중대본 회의는 중앙부처는 물론 광역 및 기초자치단체장도 참여하는 매머드급 회의이다. 중대본 회의는 2020년 2월 25일 이후 거의 매일 개최되어 2020년말까지 299회 개최되었고, 2021년에는 연초부터 11월 8일까지 223회 개최되어 총 522회 개최되었다. 대구·경북지역에 코로나19 초기 유행이 진행된 2020년 3월 초에는 국무총리가 대구에 상주하면서 중대본 회의를 주재하기도 하였다. 회의 개최시간은 대부분 공식 업무시간 이전인 8:00–8:40에 시작되었다.

이같이 코로나19 대응 중대본은 단일 이슈로는 역사상 최초로 2년 동안 522회 이상의 관계장관회의가 열린 회의로 기록될 것이다.

3) 논의

문재인 정부는 박근혜 정부의 경제관계장관회의, 통일외교안보분야의 국가안보회의 상임위원회, 그리고 사회관계장관회의를 유지하면서 교육부 차관보를 신설하여 사회관계장관회의 지원부서의 위상을 강화하였다. 2018년 10월 국가 R&D 혁신의 이행력 확보를 위해 참여정부의 과학기술관계장관회의를 복원하였다. 국가정책조정회의를 국정현안점검조정회의로 재정비하고 조정활동을 강화하였다. 한편 2020년 2월말부터 코로나19 대응 관계장관회의인 중앙재난안전대책본부(중대본)은 단일 이슈로는 역사상 최초로 2년 동안 522회 이상의 관계장관회의가 열렸다.

8. 종합 및 시사점

1) 역대정부의 정책분야별 관계장관회의 활용과 시사점

(1) 경제분야관계장관회의

경제장관회의는 1963년도에 설치되어 경제개발초기부터 우리나라 경제정책을 총괄 심의・조정해 온 관계장관회의였다. 김영삼 정부에서 경제장관회의 의장은 출범 초기에는 부총리 겸 경제기획원 장관(1993.2－1994.12)이 맡았으며 후반기에는 경제기획원과 재무부가 통합된 부총리 겸 재정경제원 장관(1994.12－1998.2)이 담당하였다.

김대중 정부는 외환위기 극복대책을 논의하고 결정하기 위하여 비공식적인 회의기구인 경제대책조정회의를 대통령이 직접 주재하면서, 1998년 4월에 경제장관회의는 폐지하였으나, 외환위기가 극복되자 경제대책조정회의를 폐지하고 1999년 6월 재정경제부 장관(당시 부총리 폐지)을 의장으로 하는 경제정책조정회의를 부활시켰다. 2001년 1월 부총리를 부활하여 재정경제부 장관이 겸직하면서 의장을 맡았다.

노무현 정부는 경제정책조정회의를 유지하면서 부총리 겸 재정경제부 장관이 의장을 맡았다.

이명박 정부는 경제정책조정회의를 유지하였으나 부총리제도는 폐지하고, 기획재정부장관이 의장을 맡았다. 부총리제도가 폐지되었음에도 불구하고 경제정책조정회의는 경제정책조정업무를 원활하게 수행하여, 역대정부의 경제정책조정회의가 원활하게 운영된 것은 부총리제도가 아니라 사무국 기능 및 예산편성권의 뒷받침 때문이라는 주장이 설득력이 있는 것으로 보인다.

박근혜 정부에서는 경제정책조정기구의 명칭을 경제관계장관회의로 변경하였고, 의장인 기획재정부 장관을 부총리로 격상하였다. 박근혜 정부 시기의 경제관계장관회의에서 428건의 안건을 처리하여, 탄핵으로 인하여 재임기간이 9개월 짧았음에도 불구하고 이명박 정부 시기의 348건보다 많았다.

문재인 정부에서 경제관계장관회의는 부총리인 기획재정부 장관이 의장이며, 2017년 5월부터 2021년 11월까지 총 134회 개최되어 516개 안건을 다루어 박근혜 정부시기의 438건보다 증가하였다. 이같이 안건이 많아진 것은 경제정책분야에 조정수요가 상당히 증가하였음을 의미한다.

요약하면 김대중 정부 초기와 이명박 정부시기에 부총리제도가 폐지되었음에도 불구하고 경제분야장관회의는 경제정책에 관련된 조정기능을 원활하게 수행하였다. 이는 경제정책 조정에 관한 수요가 끊임없이 많았을 뿐 아니라 조정회의를 뒷받침하는 하부구조가 뒷받침되었기 때문으로 볼 수 있다. 2021년 10월 현재에도 경제부총리의 경제정책조정 기능을 지원하기 위하여 예산편성권한 행사뿐 아니라 기획재정부 차관보 및 정책조정국 소속의 혁신성장정책관(고공단 나급)과 정책조정총괄과, 산업경제과, 신성장정책과, 서비스경제과, 지역경제과, 기업환경과 등 6개 과가 뒷받침하고 있다.

(2) 통일외교안보분야 장관회의

통일외교안보분야를 관장하는 국가안전보장회의는 대한민국 헌법에 규정된 기구로서 1963년 설치된 이래 오늘날까지 유지되어 왔다.[32] 국가안전보장회의(이하 국가안보회의)는 국가안전보장에 관련되는 대외정책·군사정책과 국내정책의 수립에 관하여 국무회의의 심의에 앞서 대통령의 자문에 응하기 위하여 설치된 기구이다. 그러나 국가안보회의 역할의 일부를 담당하는 관계장관회의체가 별도로 설치되어 운영되기도 하였다.

김영삼 정부는 국가안보회의를 활용하지 않고, 1994년 통일안보정책조정회의를

32 대한민국 헌법 제91조 ① 국가안전보장에 관련되는 대외정책·군사정책과 국내정책의 수립에 관하여 국무회의의 심의에 앞서 대통령의 자문에 응하기 위하여 국가안전보장회의를 둔다. ② 국가안전보장회의는 대통령이 주재한다. ③ 국가안전보장회의의 조직·직무범위 기타 필요한 사항은 법률로 정한다.

설치하여 국가안보회의, 통일관계장관회의, 남북 및 북방교류협력조정위원회 등 3개 관계장관회의를 하나의 실질적 조정기구로 통합하였다. 통일안보정책조정회의는 통일부총리 주재하에 외무부 장관, 국방부 장관, 국가안전기획부장, 대통령비서실장, 외교안보수석 등 6인이 참석하여 국가안보, 남북대화, 북방교류, 남북교류 등을 실질적으로 총괄 조정하는 기구가 되었다.

김대중 정부는 김영삼 정부에서 유명무실했던 국가안보회의를 활성화시키고 하부기구와 지원기구를 확대·강화시켰다. 산하에 상임위원회, 남북경제협력추진위원회, 실무조정회의, 정세평가회의 등을 신설하고 사무처를 확대 부활시켰다. 국가안보회의 상임위원회 위원은 통일부 장관(의장), 외통부 장관, 국방부 장관, 국정원장, 외교안보수석이었고, 비법정 멤버로서 국무조정실장이 참석하였다.

노무현 정부에서는 통일부 장관이 NSC 상임위원장을 겸직하면서 통일외교안보장관회의는 통일부 장관이 의장을 맡았고 외교통상부, 국방부 장관 등이 참여하였다.[33] 한편 국가안전보장회의 상임위원회 위원은 통일부 장관, 외교통상부 장관, 국방부 장관, 국가정보원장 및 사무처장이었다.

이명박 정부는 2008년 2월 국가안전보장회의 사무처와 상임위를 폐지하고, 임시조직인 위기정보상황팀으로 대체했다. 그러나 2009년 외교통상부 장관이 의장인 외교안보정책조정회의[34]를 국가안전보장회의의 하부기구로 신설하여 대외정책조정을 담당하도록 하였다.

박근혜 정부는 이명박 정부에서 폐지된 국가안보회의 사무처와 상임위원회를 2014년 1월 재설치하였다. 상임위원회의는 위원장 1명과 6명의 위원으로 구성하며, 위원장은 국가안보실장, 위원은 외교부 장관, 통일부 장관, 국방부 장관, 국가정보원장, 사무처장 및 대통령비서실의 외교안보 정책을 보좌하는 수석비서관이었다.

문재인 정부에서 국가안전보장회의의 상임위원회 위원장은 국가안보실장이며, 위원은 외교부 장관, 통일부 장관, 국방부 장관, 국가정보원장, 대통령비서실장, 사무처장 및 국가안보실의 제2차장이다.

요약하면 김대중 정부가 외교·국방·통일 정책을 총체적이고 통합적으로 운영하기 위한 정책조정기구로 국가안보회의 상임위원회를 설치한 이래, 이명박 정부

---

33 2003년과 2004년에는 대통령비서실 국가안보보보좌관이 상임위원장을 맡았다.

34 신설된 외교안보정책조정회의는 외교통상부 장관이 의장이며, 외교통상부, 통일부, 국방부 장관이 참여하고, 국가정보원장, 국무총리실장, 대통령 외교안보 수석비서관이 참석하였다.

에서 폐지한 일부 기간을 제외하고는 통일외교안보관계장관회의의 기능을 수행하여 왔다. 그러나 경제장관회의와는 달리 의장직을 담당한 부서의 변동이 심하였다. 김영삼 정부, 김대중 정부, 그리고 노무현 정부 후반기에는 통일부 장관이 맡았고, 이명박 정부에서는 외교통상부 장관이 담당하였다. 박근혜 정부와 문재인 정부에서는 국가안보실장이 담당하였다. 한편 사무국 기능은 국가안보회의 사무처에서 담당하였다. 안보관계의 특성상 사안이 발생할 때마다 신속한 대처가 필요하고 국가안보회의 의장인 대통령과 지근거리에서 일하는 국가안보실장과 사무처에 실무조정회의를 뒷받침하도록 하는 것이 타당한 것으로 보인다.

(3) 사회관계장관회의

김대중 정부의 사회관계장관회의는 행자부 장관을 의장으로 운영되었고 실제 역할은 치안, 인권, 노동, 지자체, 정치 등과 관련된 현안들에 대하여 해당부처에서 마련한 대책을 검토하고 협조방안을 논의한 것이다. 노무현 정부의 사회문화관계장관회의는 '책임장관'인 보건복지부 장관이 주재하였으며, 회의를 지원하기 위한 실무조정회의를 두었다. 한편 김대중 정부와 노무현 정부에서는 당시 부총리 겸 교육인적자원부 장관이 의장인 인적개발회의를 운영한 바 있었지만 이명박 정부에서 사문화되어 현재에 이르고 있다.

이같이 사회관계장관회의는 설치와 폐지를 반복하다가 박근혜 정부 중반기에 다시 설치되어 부총리 겸 교육부장관을 의장으로 문재인 정부에서도 운영되어 왔다. 2019년 7월 사회부총리를 보좌하는 차관보 직제가 신설되어 기존의 사회정책협력관을 관장하는 등 사회관계장관회의 지원부서의 위상도 강화되었다. 앞으로는 현재 사문화된 국가인적자원위원회의 기능을 흡수하는 방향으로 재편되어야 할 것이다.

(4) 과학기술관계장관회의

과학기술관계장관회의는 김영삼 정부시기에 설치되었다가, 김대중 정부 시기에 폐지되었으며, 노무현 정부 시기에 다시 설치되었다. 노무현 정부시기에는 과학기술부 장관을 부총리로 격상하여 의장을 맡도록 하여 5대 분야별 장관회의의 하나로 운영하였다. 이명박 정부와 박근혜 정부에서 폐지되었다가 문재인 정부에서 2018년 10월에 다시 설치하였다. 국무총리가 의장이며 과학기술부 장관이 부의장인 이 회의는 국가 과학기술 관련 R&D혁신의 이행력 확보를 위한 것이므로 다른 분야의 정책조정과는 성격이 다르다. 과학기술혁신본부장(차관급)이 의장인 실무조정회의를 운영하도록 하였다.

2) 역대정부의 국정현안점검회의의 활용과 시사점

'국정현안정책조정회의'는 노무현 정부에서 2003년 각종 사회적 갈등이슈들에 효율적으로 대응하기 위하여 국무총리 주재로 관련부처 장관들과 청와대 수석비서관들이 참여하는 일종의 비공식간담회로 출발하였다. 국무총리 주재의 국정현안정책조정회의에 대통령비서실의 수석 등 대통령 참모들이 대거 참석하기 때문에 실질적으로 대통령비서실 주도의 회의와 다름없다는 비판도 있었지만, 이 회의는 사회갈등을 해결하고 주요정책을 조정하는 내각의 국정조정시스템으로 확고하게 자리잡았다.

이명박 정부가 출범하면서 국무총리실의 정책조정 기능의 폐지와 함께 국정현안정책조정회의도 폐지되었다가 2008년 7월「국가정책조정회의 운영에 관한 규정」(대통령훈령 221호)을 제정하여 상설기구화하였다. 이명박 정부 시기에 개별부처를 넘어서서 다수 부처가 관계된 사안들의 정책조정이 이 회의기구를 통하여 이루어졌다. 초창기인 2009년 국가정책조정회의 안건수가 85건이었으나 2012년에는 105건으로 증가하였다.

박근혜 정부에서도 국가정책조정회의 중심의 정책조정체제에는 큰 변화가 없었다. 박근혜 정부에서는 국가정책조정회의의 참여인원을 확대하였다. 참여자 확대에도 불구하고 실제로는 장관참석률이 2014년의 경우 55.4%로 나타나 이 회의기구의 실효성에 대한 비판이 제기되기도 하였다.

문재인 정부는 국가정책조정회의를 국정현안점검조정회의로 명칭을 변경하고 운영하였다. 문재인 정부 출범 이후 2017년 6월 22일부터 2021년 8월 19일까지 131회에 걸쳐 회의가 개최되었으며, 처리안건은 253건이었다. 코로나19 발생 이후 2019년부터 격주 개최 원칙으로 운영되어 개최횟수와 처리안건수는 감소하였다. 코로나19 발생 이후 국무총리가 주재하는 대책회의가 매일 열리기 때문에 격주 개최로 변경한 것이다.

이같이 분야별 관계장관회의가 운영됨에도 불구하고 국정현안정책점검회의가 활발하게 운영된 것은 분야별 경계를 넘어서는 다수부처가 관련된 정책문제가 계속 발생하여 이에 대한 대처가 필요하기 때문으로 보인다. 앞으로도 이러한 추세는 계속될 것으로 예상되므로 국무총리가 의장인 국정현안점검회의의 역할은 더욱 강화될 것으로 보인다.

Ⅲ. 위원회에 의한 조정

1. 위원회의 개념 및 유형

1) 위원회의 개념

위원회는 단독제와 대조되는 개념으로서 여러 사람이 정책결정에 대등한 입장에서 참여하면서 합의적으로 결정을 내리는 제도를 말한다(백완기, 2006: 208). 즉, 계층적 조직구조가 아니라 합의제적 조직구조이다. 합의제의 기본특징은 여러 사람이 대등한 입장이라는 점에서 상관이 하급자에게 권한을 위임하거나 참여를 권장함으로써 이루어지는 합의적 결정과는 다르다.

행정활동이 양적으로 팽창하고 질적으로 변화하면서 행정수요가 다양화·전문화됨에 따라 행정의 효과성과 민주성 증진을 위해 위원회 제도가 널리 이용되고 있다. 위원회는 중요한 결정에 국민을 참여시키지 않으면 정책실패가 유발될 수 있다는 입장에서 국민참여와 의사소통이 이루어질 수 있는 담론공간을 제공함으로써 새로운 국정관리 양식인 참여거버넌스 구현에 기여할 수 있다(우윤석, 2020: 377).

위원회는 국정운영에서 계층제적인 관료조직과는 달리 참여자의 구성과 회의개최 빈도, 운영방식을 유연성있게 활용할 수 있다. 위원회에는 민간부문과 공공부문에서 복수의 행위자를 포함시킴으로써 민간참여는 물론 부처간 갈등을 실질적인 조정하는 기능을 수행하게 할 수도 있다.

2) 위원회의 유형

위원회는 여러 가지 기준에 따라 분류할 수 있다. 학술적으로 위원회를 자문위원회, 행정위원회, 독립규제위원회로 구분하기도 한다(박동서, 1997: 357－360). 독립규제위원회는 준사법적, 준입법적 업무를 수행하는 합의제 행정기관으로 미국에서 독특하게 활용되는 위원회 형태이다. 여기에서는 자문위원회, 조정위원회, 그리고 행정위원회로 구분하여 살펴보겠다.

(1) 자문위원회

자문위원회는 조직 전체의 자문에 응할 목적으로 설치된 참모조직이다. 자문위원회의 기본목적은 행정관료들에게 전문적 지식을 제공함으로써 그들의 판단력을 보충하고, 독선화되고 특권화되기 쉬운 관료제에 민주성을 보완하는데 있다.

(2) 조정위원회

각 기관간 의견을 조정하기 위하여 설치된 위원회이다(백완기, 2006: 210). 이때 위원회가 내린 결정의 효과는 단순히 건의하는데 불과할 수도 있고, 법적 구속력을 가질 수도 있다. 복수의 행정부처가 참여하는 각종 위원회는 주요 목적이 부처간 의견조정인 조정위원회의 사례이다. 앞에서 살펴본 차관회의나 관계장관회의도 조정위원회의 일종이라고 할 수 있다.

(3) 행정위원회

행정위원회는 합의제 성격을 띤 행정기관을 말하며 이의 결정은 법적 구속력을 가짐과 동시에 하부 보좌기구를 갖게 된다. 한국에서 합의제적 성격을 가지는 장관급 행정위원회로는 방송통신위원회, 국민권익위원회, 금융위원회, 공정거래위원회, 개인정보보호위원회 등이 있다.

2. 역대정부의 행정기관위원회 활용

1) 행정기관위원회의 개념

이명박 정부는 출범 첫해인 2008년 5월 27일 정부위원회 정비계획을 수립한 뒤 위원회 정비를 추진하였다. 정부는 2008년 12월 「행정기관소속위원회의 설치·운영에 관한 법률」(약칭 행정기관위원회법)을 제정하여 오늘날까지 행정기관 소속위원회를 주기적으로 정비하고 관리하여 왔다. 이 법에 따르면 위원회는 위원회, 심의회, 협의회 등 명칭을 불문하고 행정기관의 소관사무에 관하여 자문에 응하거나 조정, 협의, 심의 또는 의결 등을 하기 위한 복수의 구성원으로 이루어진 합의제 기관을 말한다(법 제2조).

2) 행정기관위원회의 분류

(1) 설치근거별 분류

행정안전부가 관리하는 행정기관소속위원회의 설치근거는 법률 또는 대통령령이다. 2021년 현재 법률에 근거한 위원회는 558개이며, 대통령령에 근거한 위원회는 64개로서 법률에 근거한 위원회의 수가 압도적으로 많다. 법률에 근거한 위원회는 법률개정에 의할 때만 폐지될 수 있으므로 사실상 폐지하기 어렵다. 그러므로 법률에 따라 존속은 되지만 실제로는 구성되지 않은 사문화된 위원회(예: 대통령 소속 국가인적자원위원회)도 상당수이다.

(2) 행정위원회와 자문위원회의 구분

행정기관소속위원회 현황 실태조사자료에는 행정위원회와 자문위원회가 구분된다(행정안전부, 2021: 3-6). 행정위원회는 행정기관 소관사무의 일부를 독립하여 수행할 필요가 있을 때 법률이 정하는 바에 따라 설치되는 합의제 행정기관(정부조직법 제5조, 「행정기관의 조직과 정원에 관한 통칙」 제21조)을 말한다. 행정위원회는 국가의사를 대외적으로 표시할 권한이 있고, 통상 사무국 등 하부조직을 설치할 수 있다. 법률이 정하는 바에 따라 규칙을 제정할 수 있는 준입법적 기능 및 이의의 결정 등 재결을 행할 수 있는 준사법적 기능을 가지기도 한다.

자문위원회는 행정위원회를 제외한 위원회로 행정기관의 자문에 응하여 행정기관에 전문적인 의견을 제공하거나, 자문을 구하는 사항에 관하여 심의·조정·협의하는 등 행정기관의 의사결정에 도움을 주는 위원회로, 그 의사결정은 일반적으로 위원회가 소속된 행정청이 집행한다. 대부분 비상설 위원회로 구성되며, 원칙적으로 사무기구를 둘 수 없다. 자문위원회는 업무 내용이 전문적 지식이나 경험이 있는 자의 의견을 들어 결정할 필요가 있거나 업무의 성질상 특히 신중한 절차를 거쳐 처리할 필요가 있는 경우 설치하며, 법령에서 규정된 위원회의 기능과 성격에 따라 다음과 같이 구분 가능하다. 그 결정이 행정기관을 법적으로 기속하는 위원회에는 최저임금위원회, 중앙징계위원회 등이 있다. 한편 그 결정이 행정기관을 법적으로 기속하지 않는 위원회에는 공공기관운영위원회, 책임운영기관운영위원회 등이 있다.

(3) 소속별 위원회 분류

행정기관위원회의 소속은 (1) 대통령, (2) 국무총리, (3) 중앙행정기관 소속으로 구분된다. 여기에서 헌법에 따라 설치되는 위원회 및 중앙행정기관으로 설치되는 위원회에 대하여는 이 법이 적용되지 않는다(법 제3조 제2항). 다만, 중앙행정기관으로 설치되는 위원회 내에 위원회를 설치·운영하는 경우에는 이 법에 해당된다.

대통령 소속 및 국무총리 소속 자문위원회는 민간참여는 물론 각 부처도 정부위원으로 참여하므로 부처간 정책조정위원회의 성격이 큰 반면, 부처내 소속위원회는 민간위원의 전문성을 확보하기 위한 자문위원회의 성격이 크다고 볼 수 있다.

3) 역대정부의 행정기관위원회 활용 개관

(1) 역대정부의 행정기관위원회 수 변화

<표 5-9>에 역대정부의 행정기관위원회 활용 현황을 소속별(대통령, 국무총리, 중앙행정기관), 기능별(행정위원회, 자문위원회)로 구분하여 제시되었다.[35] 정부는 여건 변화 등에 따라 필요성이 감소된 위원회 등을 지속적으로 정비하고 있으나, 위원회 수는 꾸준히 증가하는 추세이다. 이는 매년 정비를 통해 폐지되는 위원회보다 행정수요나 환경변화 등에 따라 신설되는 위원회가 많기 때문이다(행정안전부, 2021: 10).

역대정부별로 연평균 위원회 총수를 살펴보면 김영삼 정부 시기 380개에서 시작하여 김대중 정부 356.8개, 노무현 정부 385.2개, 이명박 정부 495.0개, 박근혜 정부 546.4개, 문재인 정부 584.8개로 증가하였다. 문재인 정부의 위원회 총수는 김영삼 정부와 대비하여 53.9% 증가하였다.

---

35 행정기관위원회 수에 있어서 위원회 관리기준의 변화, 정비 추진 등에 따라 연도별로 다소의 증감이 있다. '98~'00년 사이에 위원회수가 대폭 감소한 것은 국민의 정부 출범에 따라 실시된 대대적인 위원회 정비에 기인한 것이다. '03~'04년 위원회 수가 감소한 것은 참여정부 출범후 '03년도에 실시된 위원회 정비에 기인하였다. '05~'07년 위원회 수가 증가한 것은 정책 수립·시행시 학계, 시민사회 등 사회각계의 의견을 수렴하기 위한 각종 위원회 신설에 기인하였다. '08년 위원회 수가 급격히 증가한 것은 '07년 4월 실태조사 이후 신설된 위원회와 종전에 위원회로 관리되지 않았던 협의회·심의회 등 유사위원회를 추가 발굴하였기 때문이다. 정부는 '08.5.27 정부위원회 정비계획을 수립한 뒤 위원회 정비를 추진하고 있다. '09년 8월 기준 461개로 참여정부 말(579개) 대비 118개 위원회가 감소하였다.

표 5-9 역대정부 행정기관 위원회 변동현황(1997-2021)

	연도	총계	소속			기능	
			대통령	국무총리	각부처	행정위원회	자문위원회
김영삼 정부	1997	380	10	23	347	23	357
김대중 정부	1998	383	13	26	344	29	354
	1999	319	16	28	275	29	290
	2000	352	18	31	303	32	320
	2001	366	18	32	316	33	333
	2002	364	18	34	312	35	329
	평균	356.8	16.6	30.2	310.0	31.6	325.2
노무현 정부	2003	368	17	35	316	35	333
	2004	358	23	44	291	42	316
	2005	381	25	47	309	42	339
	2006	403	28	52	332	44	372
	2007	416	28	52	336	44	372
	평균	385.2	24.2	46.0	316.8	41.4	346.4
이명박 정부	2008	579	30	69	480	44	535
	2009	461	25	57	379	42	419
	2010	431	20	53	358	40	391
	2011	499	18	56	425	34	465
	2012	505	20	55	430	36	469
	평균	495.0	22.6	58.0	414.4	39.2	455.8
박근혜 정부	2013	536	17	60	459	37	499
	2014	537	17	65	455	38	499
	2015	549	17	65	467	37	512
	2016	554	17	62	475	36	518
	2017	556	18	59	479	38	518
	평균	546.4	17.2	62.2	467.0	37.2	509.2
문재인 정부	2018	558	19	56	483	37	521
	2019	574	22	56	496	40	534
	2020	585	23	59	503	43	542
	2021	622	22	60	540	42	580
	평균	584.8	21.5	57.8	505.5	40.5	544.3

통계 대상은 법률과 대통령령에 근거, 정부 내에 설치 및 운영중인 위원회임.

- 기본법에 따라 각(다수) 부처에 공통적으로 설치되는 위원회, 설치근거가 부령 이하인 위원회, 본 위원회에 소속된 위원회(전문위, 분과위 등)는 관리대상에서 제외됨.

※ 1997-2007년도는 연도말 기준.
2008년도 5월, 2009년도 8월, 2010년 이후는 6월 기준.
2017년도는 6월 기준이므로 박근혜 정부시기로 계산함.

출처: 행정안전부, 2021, 2021행정기관위원회 현황, 10, <표 8>.

(2) 소속별 위원회수 변화

소속별로 살펴보면 대통령 소속위원회(임기말 기준)는 김영삼 정부 10개, 김대중 정부 18개에서 문재인 22개로 증가하였다. 국무총리 소속위원회는 김영삼 정부 23개, 김대중 정부 34개에서 문재인 정부 60개로 증가하였다. 한편 각 부처소속위원회는 김영삼 정부 347개, 김대중 정부 312개에서 문재인 정부 540개로 증가하였다. 소속별 위원회의 증가 속도를 비교하면 국무총리 소속위원회가 가장 높다.

대통령 소속위원회의 숫자(임기말 기준)는 노무현 정부에서 평균 28개로 가장 많았으며, 그 이후 이명박 정부 20개, 박근혜 정부 18개, 문재인 정부에서 22개로 감소하였다. 반면에 국무총리 소속위원회 수(임기말 기준)는 박근혜 정부(2016년)에서 62개로 가장 많았고, 이명박 정부에서 58개, 문재인 정부 60개 순서로 많았다.

(3) 기능별 위원회수 변화

기능별로 살펴보면 행정위원회(임기말 기준)는 김영삼 정부 23개, 김대중 정부 35개에서 문재인 정부 42개로 증가하였다. 자문위원회(임기말 기준)는 김영삼 정부 357개, 김대중 정부 329개에서 문재인 정부 580개로 증가하였다.

3. 역대정부의 대통령 소속위원회 활용

김영삼 정부에서는 행정쇄신위원회, 세계화추진위원회 등의 대통령 소속위원회가 활용되었으나 대통령 소속위원회 전반에 관한 자료를 찾기 어려웠다. 여기에서는 대통령 소속위원회에 관한 자료를 찾을 수 있는 김대중 정부 시기부터 대통령 소속위원회 활용에 관하여 살펴보기로 하겠다.

1) 김대중 정부의 대통령위원회 활용

김대중 정부는 시민사회를 국정에 참여시키는 정책을 국정운영의 기본으로 삼았기 때문에, 민관이 협력하는 자문기구를 많이 두었다(김성재, 2014: 33). 김영삼 정부 임기말(1997) 대통령 소속위원회는 비교적 소수인 10개였으나, 김대중 정부 임기말(2002) 대통령 소속위원회는 18개로 증가하였다. <표 5-10>에 제시된 위원회 가운데 국가과학기술자문회의는 노태우 정부에서 1991년 설립되었고, 정책기획위원회는 김영삼 정부에서 1995년 설립되었다.

표 5-10 김대중 정부의 대통령 소속 위원회

구분	명칭	설치목적	위원회 구성일
행정위	규제개혁위원회	불필요한 행정규제 폐지 및 행정규제 신설억제	1998.4.18
	부패방지위원회 (전신 반부패특별위원회)	부패방지에 필요한 법령, 제도 등의 개선과 정책의 수립·시행	2001.7.24
자문위	노사정위원회	노동정책 및 이와 관련된 경제·사회정책 협의 등	1998.1.15
	정책평가위원회	부처 및 기관별 업무수행능력과 정책실효성 심사평가	1998.4
	행정개혁위원회	중앙정부 기구개편 및 공무원제도 개선 방안 자문	1998.4–2000.7
	지방이양추진위원회	중앙정부 통치권과 행정권 일부의 지방이양	1999
	새교육공동체위원회	현장중심의 교육개혁 추진	1998.7.24
	제2건국 범국민추진위원회	제2의 건국이념을 바탕으로 민주주의와 시장경제를 완성하기 위한 국정 전반의 개혁과 범국민운동의 효율적인 추진 및 지원에 관하여 대통령 자문	1998.10–2003.2
	반부패특별위원회	부패방지를 위한 제도적 개선사항 자문 등	1999.10
	교육인적자원정책위원회	21세기 지식정보화사회에 부응하는 인재육성을 위한 교육·인적자원개발의 추진전략 및 관련 정책의 개발 등에 관한 대통령 자문	2000.9.30
	사법개혁추진위원회	사법제도 개혁 방안 수립	1999.5
	정부혁신추진위원회	정부혁신 추진방안 자문	2000.8–2002.10
	전자정부특별위원회	전자정부의 구축을 위한 자문	2001.1.30
	지속가능발전위원회	국가지속가능발전 기본전략 수립·변경	2000.8.5
	농어업·농어촌특별대책위	농어업과 농어촌 발전 중장기 정책방향 등 자문	2002.3.6
	정책기획위원회	국가 중장기발전전략에 대해 자문	1995.6.16
	국가과학기술자문회의	과학기술 기본정책의 발전방향에 관한 자문 등	1991.5.31

출처: 김성재, 2014, 33 등에서 재구성.

김대중 정부에서는 1998년 불필요한 행정규제를 폐지하고 행정규제 신설억제를 위해 행정위원회인 규제개혁위원회를 발족시켰다. 자문위원회로는 노사정위원회(1998.1)를 설치하여 노사정 합의를 추구하였다. 1998년에는 제2건국 범국민추진위원회를 구성하여 국정과제 추진의 주체로 활용하였다(제2부 제3장 참조). 또한 정책평가위원회(1998.4), 행정개혁위원회(1998.4), 지방이양추진위원회(1999), 정부혁신추진위원회(2000.8), 반부패특별위원회(1999.10), 전자정부특별위원회(2001.1) 등을 통하여 정책평가, 행정개혁, 지방이양, 정부혁신, 부패방지, 전자정부 등 광의의 정부

개혁을 위한 추진체로 삼았다. 반부패특별위원회는 부패방지를 위한 제도적 개선사항 자문 등을 위해 자문위원회로 출범하였는데, 2001년 7월 24일 부패방지에 필요한 법령, 제도 등의 개선과 정책의 수립·시행하는 행정위원회인 부패방지위원회로 개편되었다. 새교육공동체위원회(1998.7)와 교육인적자원정책위원회(2000.9)를 통하여 교육개혁 및 인적자원정책을 추진하였고, 사법개혁추진위원회(1999.5)를 설치하여 사법개혁을 추진하였다. 그 밖에도 지속가능발전위원회(2000.8)와 농어업·농어촌특별대책위원회(2002.1)도 구성하였다.

이같이 김대중 정부는 각종 개혁을 추진하는데 교수를 포함한 민간전문가와 시민단체 지도자들의 대거 참여하는 대통령 소속 민관합동 위원회를 적극 활용하기 시작하였다.

2) 노무현 정부의 대통령위원회 활용

노무현 정부는 역대정부 가운데 대통령위원회를 가장 많이 활용하였다. 노무현 대통령은 취임 초부터 통상적인 국정업무는 국무총리와 내각에 위임하고 대통령은 국가 장기비전을 실현할 수 있는 국가전략 수립, 지방분권과 균형발전, 정부혁신 업무 등 대통령과제에 전념하겠다고 공언하였다. 노무현 정부는 이전 정부에서 설립한 위원회로 운영되어 온 규제개혁위원회, 노사정위원회, 국가과학기술자문회의, 지속가능발전위원회, 정책기획위원회, 지방이양추진위원회, 농어업농어촌특별위원회 등을 계속 유지하는 한편, 노무현 정부의 대통령과제 추진조직으로서 대통령 직속 국정과제위원회를 신규로 설립하여 이를 적극 활용하였다.

<표 5-11>에 나타난 바와 같이 정부 출범 직후 2003년 4월 정부혁신지방분권위원회, 국가균형발전위원회, 동북아경제중심추진위원회(2004년 6월 동북아시대위원회로 변경)를 설치하였다.[36] 뒤이어 신행정수도추진위원회(2005년 행정중심복합도시건설추진위원회로 개편), 고령화 및 미래사회위원회(2007년 저출산고령화사회위원회로 개편), 빈부격차·차별시정위원회, 교육혁신위원회, 사람입국·일자리위원회, 국가과학기술자문회의 내 과학기술중심사회추진단, 아시아문화중심도시조성위원회를 설치하였다. 빈부격차·차별시정위원회와 사람입국·일자리위원회는 2007년 양극

36 2003년 4월 16일 대통령이 참석한 대통령정책실의 국정과제 태스크포스 워크샵 자료에 따르면 정부혁신·지방분권위원회, 국가균형발전위원회, 동북아경제중심추진위원회, 빈부격차·차별시정기획단, 신행정수도건설추진기획단, 농어촌 대책 T/F, 노동개혁 T/F가 설치된 상황에서 각 위원회별로 활동계획을 보고하고 이에 관한 토론이 있었다.

표 5-11 노무현 정부의 대통령 소속 위원회

구분	명칭	설치목적	위원회 구성일
행정위	규제개혁위원회	불필요한 행정규제 폐지 및 행정규제 신설억제	1998.4.18
자문위	※정부혁신지방분권위원회	정부혁신과 지방분권에 관한 사항의 종합적 · 체계적 심의	2003.4.7
	※국가균형발전위원회	국가균형발전의 효율적 추진을 위한 중요정책에 관한 자문	2003.4.7
	※동북아시대위원회	평화와 번영의 동북아시대 장기 비전과 실천 전략 수립 등	2003.4.29
	※행정중심복합도시건설추진위	복합행정도시 건설의 효율적으로 추진	2005.4.7
	신행정수도건설추진위원회	신행정수도건설 추진	2003.4.14
	※양극화 · 민생대책위원회	양극화 정책의 효율성 제고를 위해 빈부격차 · 차별시정위원회와 사람입국 · 일자리위원회 통합	2007.7.19
	빈부격차 · 차별시정위원회	사회안전망 확충을 통해 빈부격차 해소, 사회적 차별 시정	2003.5.6
	사람입국 · 일자리위원회	사람입국일자리 정책에 관하여 대통령 자문	2005.5.26
	※교육혁신위원회	교육혁신의 방향정립에 관한 자문	2003.7.3
	※아시아문화중심도시조성위원회	아시아문화중심도시 조성에 관한 중요사항 심의	2004.3.11
	※저출산 · 고령사회위원회	저출산 · 고령사회정책에 관한 중요사항 심의 · 평가	2005.9
	고령화 및 미래사회위원회	급격한 고령화에 따른 종합대책 추진	2004.2.9
	※농어업 · 농어촌특별대책위원회	농어업과 농어촌 발전 중장기 정책방향 등 자문	2002.3.6
	※지속가능발전위원회	국가지속가능발전 기본전략 수립 · 변경	2000.8.5
	※국민경제자문회의	국민경제 발전전략 및 주요정책 방향 수립 등 자문	1991.8.31
	※과학기술자문회의	과학기술 기본정책의 발전방향에 관한 자문 등	1991.5.31
	정책기획위원회	국가 중장기발전전략에 대해 자문	1995.6.16
	건설기술 · 건축문화선진화위	생활공간 향상과 건축문화 접촉기회 확대 등 자문	2005.12.21
	경제사회발전노사정위원회	노동정책 및 이와 관련된 경제 · 사회정책 협의 등	1998.1.15
	국가생명윤리심의위원회	국가의 생명윤리 및 안전에 관한 기본정책 수립 등	2005.4.7
	도서관정보정책위원회	도서관정책에 관한 주요사항의 수립 · 심의 · 조정 등	2007.6.12
	사법제도개혁추진위원회	대법원의 기능과 구성, 법조인 양성 및 선발, 법조일원화, 법관임용방식의 개선, 국민의 사법참여, 사법서비스, 형사사법제도 등에 대한 개혁안 마련	2005.1.18
	지방이양추진위원회	중앙정부 통치권과 행정권 일부의 지방이양	1999
	한미FTA체결지원위원회	한미FTA체결 지원업무	2006
	FTA국내대책위원회	한미FTA체결에 따른 국내대책 수립	2007

※ 노무현 정부 임기말 대통령과제 수행을 위한 12개 대통령 자문 국정과제위원회이며, 100대 국정과제 로드맵 작성에 참여. 양극화민생대책위원회는 빈부격차 · 차별시정위원회와 사람입국일자리위원회를 통합한 것임.

출처: 국정홍보처, 2008, 참여정부 국정운영백서 8권: 일지/자료, 129－198 등에서 재구성.

화민생대책위원회로 통합되었다. 아울러 이미 설치되어 있던 정책기획위원회를 강화하고, 국정과제위원회 위원장들과 위원 상당수를 그 위원으로 위촉하였다. 정책기획위원회를 중심으로 모든 국정과제위원회가 대통령과제 수행을 위한 '로드맵'을 작성하고, 평가하는 일종의 거대한 정책네트워크를 이루었다.

노무현 정부의 대통령 직속 국정과제위원회는 다음과 같은 특징을 가지고 있었다.

첫째, 대다수 국정과제위원회 위원장으로 민간부문의 전문가를 위촉하였고, 위원으로는 전국의 대학교수를 포함한 해당 분야의 전문가를 다수 위촉하였다.

둘째, 당연직 정부위원으로 재정경제부 장관, 행정자치부 장관 등 관련 분야 장관이 포함되었고, 대통령비서실의 정책실장, 사회수석비서관 등도 주요 국정과제위원회에 당연직 위원으로 포함시켰다.

셋째, 국정과제위원회는 행정위원회가 아닌 자문위원회임에도 불구하고 하부기구로 사무국을 설치하였고, 상당수의 공무원과 연구인력이 배치되었다. 국정과제위원회의 사무국을 대통령비서실의 정책실과 연계시켜 필요한 지원을 받도록 하였다. 국정과제위원회별로 매월 정기회의, 분과회의 등을 통하여 로드맵을 작성하고, 정책과제별 실행방안을 마련하도록 인력과 예산을 지원하였다.

넷째, 대통령이 국정과제위원회와 국정과제 회의에 지대한 관심을 보임으로써 실행력을 확보하고자 하였다. 대통령이 국정과제위원회 위원장 및 위원 위촉장을 청와대에서 직접 수여하였다. 또한 대통령이 국정과제위원회별로 국정과제 로드맵 확정을 위한 국정과제위원회 등에 직접 참석하였다.[37] 대통령이 참석하는 국정과제 회의에는 해당 국정과제위원회 위원들과 관련부처 장관이 참석하여 토론형식으로 진행되면서 해당 부처 장관들이 국정과제에 관한 이해도를 높이고 국정과제를 실행하도록 독려하는 기능을 수행하였다. 국정과제 로드맵이 확정된 이후에도 주요 국정과제의 경우에는 대통령이 직접 참석하는 국정과제 회의에서 개별 국정과제의 실행방안에 관한 논의가 이루어졌다. 노무현 정부의 임기말(2008년 2월 1일)에는 정책기획위원회 주관으로 '참여정부 국정과제의 성과와 전망'이라는 국정과제보고회를 개최하여 분야별 국정과제 성과와 전망에 대한 발표가 있었다.[38] 이같이 노무현

37 노무현 대통령의 주요 재임일지에 따르면 대통령이 2003년 3월 31일 참여정부 인사시스템 개혁 로드맵 발표, 4월 16일 국정과제 태스크포스 워크숍, 4월 24일 국정과제회의, 5월 9일 국정과제회의, 5월 22일 국정과제회의에 참석하였다. 예를 들면, 대통령이 직접 참석한 2003년 5월 22일 제5회 국정과제회의에서는 정부혁신지방분권위원회의 행정개혁의 비전과 추진방향, 지방분권의 비전과 추진방향, 재정세제개혁의 비전과 추진방향이 발표되고 논의가 이루어졌다.

대통령은 재임시 수석·보좌관 회의, 국무회의와 더불어 국정과제회의를 중요하게 활용하였다.

노무현 정부 임기말 12개 국정과제위원회와 100개 국정과제의 위원회별 과제 수는 다음과 같았다. 즉, 동북아시대위원회 8과제, 정부혁신지방분권위원회 23과제, 국가균형발전위원회 16과제, 행정중심복합도시위원회 5과제, 저출산고령화사회위원회 6과제, 지속가능발전위원회 6과제, 양극화민생대책위원회 15과제, 교육혁신위 4과제, 농어업농어촌특별위 5과제, 국가과학기술회의 과학기술중심사회추진단 3과제, 국민경제자문회의 7과제, 문화중심도시조성위 2과제 등이다.

이같이 노무현 정부는 이전 정부에서 법제화된 기존 대통령 소속위원회를 계속 운영하면서, 대통령과제 추진을 위한 12개의 국정과제위원회를 활용하여 로드맵을 작성하고 로드맵과제를 추진하였다. 국정과제위원회에는 민간위원과 함께 관련부처 장관, 대통령 정책실장 및 관련분야 수석비서관을 당연직으로 참여시키는 한편, 하부기구로 사무국을 설치하여 지원하였고, 대통령 자신이 직접 참여하여 국정과제 추진의 실행력을 확보하고자 하였다. 요약하면 노무현 정부는 대통령과제를 추진하는데 교수를 포함한 민간전문가와 시민단체 지도자들의 대거 참여하는 대통령 소속위원회를 적극 활용하였다.

3) 이명박 정부의 대통령위원회 활용

이명박 정부는 출범하면서 정비하여야 할 필요성이 있는 39개 위원회를 정비하기 위하여 33개 법률 개정안을 국회에 제출하고 6개 대통령령 개정안을 추진했다(박천오, 2014: 34). 특히 대통령령에 법적 근거를 둔 노무현 정부의 대통령 소속 국정과제위원회, 즉 정부혁신지방분권위원회, 동북아시대위원회, 양극화민생책위원회 등을 모두 폐지하였고, 김영삼 정부에서부터 유지되어온 정책기획위원회도 폐지하였다. 행정중심복합도시건설위원회와 한미FTA국내대책위원회 등은 소관부처로 소속을 조정하였다. 한편 2008년 12월 「행정기관 소속위원회의 설치·운영에 관한 법률」(약칭 행정기관위원회법)을 제정하여 오늘날까지 행정기관 소속위원회를 정비하고 관리하여 왔다.

---

38 정책기획위원회 주관 '참여정부 국정과제의 성과와 전망' 보고회에서 정치분야, 정부혁신분야, 통일외교안보분야, 경제분야, 사회·교육분야, 균형발전 분야에 관한 발제 이후 만찬으로 이어졌다. 정책기획위원회, 국정과제보고회자료집(2008.2.1.) 참조.

<표 5-12>에 나타난 바와 같이 이명박 정부는 국가경쟁력강화위원회, 미래기획위원회, 지방분권촉진위원회, 국가브랜드위원회, 녹색성장위원회, 사회통합위원회, 국가정보화전략위원회, 국가건축정책위원회, 국가지식재산위원회, G20준비위원회, 지방행정체제개편추진위원회 등 다수의 대통령 소속 자문위원회를 신규로 설치하였다. 한편 법정위원회인 노무현 정부의 국가균형발전위원회를 지역발전위원회로 개편하였다.

국가경쟁력강화위원회는 이명박 정부 대통령직인수위원회의 경쟁력강화특별위원회를 바탕으로 국가경쟁력을 강화하여 경제를 활성화하기 위해 2008년 3월초 이명박 정부에서 첫 번째로 설치된 자문위원회이다. 미래기획위원회는 구 정책기획위원회를 개편한 것으로 미래사회 전망과 미래생활과 관련된 총체적 국가비전 및 전략의 수립에 관한 자문 등을 위해 2008년 5월 14일 설치된 대통령 자문위원회이다. 위원장을 포함해 28명의 민간위원(임기 2년)과 기획재정부 장관, 대통령실 국정기획수석(간사)이 당연직 위원으로 참여하며, 민간위원은 탁월하고 창의적인 능력을 지닌 학계·업계·문화계 등 각계 전문가로 구성되었다.

지방분권촉진위원회는 중앙행정권한의 지방 일괄이양 및 특별지방행정기관 정비 등 정부의 지방분권 정책을 총괄하는 대통령 소속위원회[39]인데, 2008년 6월 1일 폐지된 정부혁신지방분권위원회의 분권기능과 9월 1일 없어진 지방이양추진위원회의 중앙권한 지방이양기능을 통합했다. 국가브랜드위원회는 국가적 차원에서의 체계적이고 종합적인 전략을 통해 대내외적 국가 위상과 품격을 높이고 국가브랜드 가치를 제고하기 위해 2009년 1월 22일 출범하여 2013년 3월 23일 폐지되었다.[40] 녹색성장위원회는 2009년 2월 16일 정식 출범하였다. 저탄소녹색성장기본법 제14조

39 지방분권촉진위원회의 위원은 대통령 위촉 2명, 국회의장 추천 2명, 지방 4대 협의체장 추천 4명, 당연직 정부위원 2명(기획재정부 장관, 행정안전부 장관)등 총 10명으로 구성된다.

40 국가브랜드위원회 위원장은 민간인으로 위촉하였고, 정부측 당연직 위원은 기획재정부 장관, 교육과학기술부 장관, 외교통상부 장관, 법무부 장관, 행정안전부 장관, 문화체육관광부 장관, 지식경제부 장관, 국토해양부 장관, 방송통신위원장, 서울특별시장, 대통령실 비서관 등 12명이며, 민간위원 30명 등 총 42명의 위원으로 구성되었다. 2008년 이명박 대통령이 광복절 경축사에서 국가 품격 고취 등을 골자로 위원회 설립을 언급하면서 구체화됐다. 국가브랜드위원회는 우선 추진 10대 실천과제로 △ 국외봉사단 통합 브랜딩 △ 따뜻한 다문화 사회 만들기 △ 세계 학생 교류 △ 대한민국 명품 브랜드 발굴 및 홍보 △ 한국과 함께하는 경제발전 △ 디지털로 소통하는 대한민국 만들기 △ 한국어 국외보급, 태권도 명품화 △ 글로벌 시민문화 확산 △ 재외동포 통합네트워크 구축 △ 국가브랜드지수 개발 운영 등을 내걸고 활동을 본격화하고 있다. 민간위원 회의는 한 달에 3~4회, 성과와 추진현황 관련 대통령 보고는 3개월에 한 번 있었다. 출처: 네이버 지식백과.

표 5-12 이명박 정부의 대통령 소속 위원회

구분	명칭	설치목적	위원회 구성일
행정위	규제개혁위원회	불필요한 행정규제 폐지 및 행정규제 신설억제	1998.4.18
자문위	※국가경쟁력강화위원회	국가 경쟁력 강화와 관련된 정책에 대한 자문 등	2008.3.13
	※미래기획위원회	미래사회 전망과 미래생활과 관련된 총체적 국가비전 및 전략의 수립에 관한 자문 등(정책기획위원회 개편)	2008.5.14
	※지방분권촉진위원회	지방분권 방향설정 및 분권 촉진과제 선정 · 추진	2008.12.2
	※국가브랜드위원회	국가 브랜드 관련 범정부적 컨트롤타워 기능 수행	2009.1.22
	※녹색성장위원회	저탄소녹색성장기본법 제15조에 따른 기능수행	2009.2.26
	※사회통합위원회	사회 각계각층의 화합과 통합 증진을 위한 정책과 사업의 효과적 추진	2009.12
	※국가정보화전략위원회	미래 정보사회를 선도하기 위한 국가정보화의 비전 및 어젠다 제시 등	2009.11.10
	※국가건축정책위원회	건축분야의 주요 정책을 심의, 부처의 건축정책 조정업무 수행 등	2008.12.1
	※G20준비위원회	G－20 정상회의의 효율적 추진 등	2009.
	※지방행정체제개편추진위	지방행정 체제 개편에 관한 정책자문	2011.2.26
	※지역발전위원회	지역발전을 위한 기획, 평가, 교육, 컨설팅 지원 (구 국가균형발전위원회 개편)	2003.4.7
	※국가지식재산위원회	지식재산 관련 주요정책의 심의 · 조정 · 점검 등	2011.7.28
	국가교육과학기술자문회의	교육과학기술에 대한 선진적 제안을 통한 글로벌 창의시대 선도 등	1991.3.9
	국가에너지위원회	주요 에너지정책 및 에너지관련 계획 심의 등	2006.11.28
	도서관정보정책위원회	도서관정책에 관한 주요사항의 수립 · 심의 · 조정 등	2007.6.12
	아시아문화중심도시조성위	아시아문화중심도시 조성에 관한 중요사항 심의	2004.3.11
	경제사회발전노사정위원회	노동정책 및 이와 관련된 경제 · 사회정책 협의 등	1998.1.15
	지속가능발전위원회	국가지속가능발전 기본전략 수립 · 변경	2000.8

※ 이명박 정부에서 신설 또는 대폭 개편된 위원회.
출처: 박천오, 2014, 35, <표 1－1－20> 등에서 재구성.

에 따라 위원장 2명(총리 · 민간위원장)을 포함한 50명 이내의 위원으로 구성된다.[41]

국가정보화전략위원회는 국가정보화 비전을 제시하고 이를 달성하기 위한 계획

41 녹색성장위원회의 당연직 정부위원은 기획재정부, 교육부, 과학기술정보통신부, 외교부, 행정안전부, 농림축산식품부 장관 등 대통령령이 정하는 공무원이며, 민간위원은 기후변화, 에너지 · 자원, 녹색기술 · 녹색산업, 지속가능발전 분야 등 저탄소 녹색성장에 관한 학식과 경험이 풍부한 사람 중에서 대통령이 위촉한다.

의 수립·추진·점검을 수행하기 위해 설립된 대통령 소속 자문위원회이다. 국무총리와 공동민간위원장에 정보화 관련 중앙행정기관장 등 당연직 정부위원 15인과 정보화 분야 민간전문가 14인 등 총 31인으로 구성되었다.[42] 사회통합위원회는 사회 각계각층의 화합과 통합 증진을 위한 정책과 사업을 효과적으로 추진하기 위하여 설립하였다. 장관급인 위원장의 임기는 1년이며 2009년 12월 고건 전 국무총리가 초대 위원장으로 임명되면서 업무를 개시하였다.[43] 2013년 박근혜 정부가 출범하며 해산되었고, 그 대신 국민대통합위원회가 신설되었다.

한편 지방행정체제개편추진위원회는 2011년 2월 16일 출범하였으며 민간위원으로 대통령 추천 6명, 국회의장 추천 10명, 지방 4대 협의체 추천 8명의 민간위원과 기획재정부 장관, 행정안전부 장관, 국무조정실장 등 3명이 정부위원으로 구성하였다. 국가지식재산위원회는 2011년 5월 19일 「지식재산기본법」이 제정·공포됨에 따라 2011년 7월 28일 설립됐다.[44]

이같이 이명박 정부는 전임 정부의 대통령위원회 등 행정부 소속위원회를 대대적으로 정비하였다. 한편 이명박 정부의 특징을 드러내는 다수의 대통령위원회를 신설하여 국정과제를 추진하였다. 국가경쟁력위원회, 국가브랜드위원회, 녹색성장위원회, 미래기획위원회, 사회통합위원회, 지방분권촉진위원회, 지방행정체제개편추진위원회 등이 여기에 해당된다. 이들 위원회들은 민관합동위원회로 구성하였고, 국가경쟁력위원회, 국가브랜드위원회, 사회통합위원회 등에는 정부측 당연직 위원으

---

42 2009년 5월 22일 「정보화촉진기본법」이 「국가정보화기본법」으로 개정됨에 따라 2009년 11월 10일 국가정보화전략위원회가 출범하였다.

43 사회통합위원회의 당연직 정부위원은 기획재정부 장관, 교육과학기술부 장관, 법무부 장관, 행정안전부 장관, 문화체육관광부 장관, 농림수산식품부 장관, 보건복지부 장관, 환경부 장관, 고용노동부 장관, 여성가족부 장관, 국토해양부 장관, 특임장관, 국무총리실장, 국민권익위원회 위원장, 법제처장 등 15인, 대통령의 정무업무를 보좌하는 특별보좌관, 대통령실 정무 담당 수석비서관 및 사회통합 담당 수석비서관 등 3인이다. 민간위원은 사회통합에 관한 학식과 경험이 풍부한 사람 중 대통령이 위촉하는 35명 이내의 민간인이다.

44 국가지식재산위원회는 국가지식재산 기본계획 및 시행계획의 수립·변경에 관한 사항, 기본계획 및 시행계획의 추진상황에 대한 점검·평가, 지식재산 관련 재원의 배분 방향과 운용에 관한 사항, 지식재산의 창출·보호 및 활용 촉진과 그 기반 조성을 위한 시책 등의 주요 정책을 심의·조정·점검하는 역할을 담당한다. 위원회는 국무총리 및 민간 위원장과 12명의 정부위원, 18명의 민간위원으로 구성되며, 미래창조과학부 장관이 간사위원의 역할을 담당한다. 위원회는 산하에 분야별 5개 전문위원회(창출·보호·활용·기반·신지식재산)를 두고 있으며, 중요 사안에 대한 전문적 검토를 위해 한시 조직인 특별전문위원회를, 위원회 안건의 사전검토 및 부처 간 이견 조정을 위해 고위공무원으로 구성된 실무운영위원회를 구성·운영하였다. 출처: 네이버 지식백과.

로 관계부처 장관은 물론 대통령 수석비서관이 참여하도록 하였다.

이명박 정부에서는 대통령 소속으로 행정개혁 관련 위원회를 설치하지 않았는데, 이는 행정쇄신위원회(김영삼 정부), 행정개혁위원회, 정부혁신위원회, 전자정부특별위원회(김대중 정부), 정부혁신 · 지방분권위원회(노무현 정부) 등 행정개혁(또는 정부개혁) 관련 위원회를 설치하였던 이전 정부와는 대조된다.

4) 박근혜 정부의 대통령위원회 활용

박근혜 정부는 이명박 정부의 특징을 드러내는 다수의 대통령위원회를 폐지하였다. 즉, 국가경쟁력위원회, 국가브랜드위원회, 녹색성장위원회, 미래기획위원회, 사회통합위원회, 지방분권촉진위원회, 지방행정체제개편추진위원회 등을 폐지한 것이다. 사회통합위원회는 국민대통합위원회로 명칭을 변경하였으며, 지방분권촉진위원회와 지방행정체제개편추진위원회는 지방자치발전위원회로 통합하였다.

<표 5-13>에서 박근혜 정부의 대통령위원회로 신설된 위원회는 문화융성위원회, 청년위원회, 통일준비위원회 등 3개이며, 지방자치발전위원회와 국민대통합위원회는 기존의 위원회를 개편한 것이다. 출범 첫해에 문화융성위원회와 청년위원회를 신설하였으며, 2년차에 통일준비위원회를 신설하였다.

문화융성위원회는 박근혜 정부의 4대 국정기조인 경제부흥, 국민행복, 문화융성, 평화통일 기반 구축 중 문화융성을 담당한 자문 위원회로 2013년 7월 5일 출범하였다.[45] 국민의 문화적 권리를 보장하고 문화의 가치와 위상을 제고한다는 설치목적에 따라 문화융성을 위한 국가전략과 정책 수립, 범정부적 협력, 국민의 공감대 형성 등에서 대통령에게 자문하는 일을 담당하였다. 위원장(위촉직)과 문화 관련 전문가인 23명의 민간위원과 당연직 정부위원, 즉 교육부 장관, 행정자치부 장관, 국토교통부 장관, 미래창조과학부 장관, 문화체육관광부 장관(간사위원)으로 구성되었다. 2015년 11억 5천만원의 예산이 편성되었고, 2014년 7월부터 2015년 6월까지 회의개최 실적은 본회의 출석 3회 및 서면 1회, 분과회의 출석 31회로 분과회의 위주로 진행되었다(행정자치부, 2015: 74). 민간위원들이 영화감독, 방송작가 등으로 국가전략 및 정책수립에 관한 자문기능보다는 매달 마지막 수요일을 문화가 있는 날로 지정하여 영화관, 공연장, 미술관 등 문화시설 입장 할인 또는 무료관람 등 문화활동 참여확산에 주력한 것으로 보인다.

---

45 문화융성위원회 홈페이지 http://18pcce.pa.go.kr/01_info/01_intro.html, 2021년 10월 31일 접근.

표 5-13 박근혜 정부의 대통령 소속 위원회(2015년 6월말 기준)

구분	명칭	설치목적	위원회 구성일
행정위	규제개혁위원회	불필요한 행정규제 폐지 및 행정규제 신설억제	1998.4.18
	개인정보보호위원회	개인정보 보호에 관한 사항 심의의결	2011.9.30
자문위	※문화융성위원회	국민 개개인의 문화적 권리보장, 문화의 가치와 위상 제고 및 문화진흥	2013.7.25
	※청년위원회	미래 인재 양성, 청년과의 소통 및 청년관련정책·사업의 기획·조정·평가 등에 관하여 자문	2013.7.16
	※통일준비위원회	한반도 평화통일에 대한 국민적 공감대 확산, 통일 추진의 구체적 방향제시, 민·관협력을 통한 통일 준비	2014.7.15
	※국민대통합위원회	우리 사회에 내재된 상처와 갈등치유, 공존과 상생의 문화정착, 새로운 대한민국 가치도출을 위한 정책과 사업 등에 관하여 자문	2013.7.8
	※지방자치발전위원회	지방분권 및 지방행정체제 개편 추진	2013.9.13
	경제사회발전노사정위원회	노사정 간 노동정책과 경제·사회정책 등 협의	1998.1.15
	국가건축정책위원회	도시건축분야의 중요정책 심의 및 부처 건축정책 조정	2008.12.1
	국가생명윤리심의위원회	생명윤리 및 안전에 관한 사항 심의	2005.4.7
	국가우주회의	우주개발진흥기본계획 수립 등 우주개발 주요사항 심의	2006.12.11
	국가인적자원위원회	주요 인적자원개발정책 조정(미구성)	2007.7.27
	국가지식재산위원회	지식재산 관련 주요정책의 심의·조정·점검 등	2011.7.28
	도서관정보정책위원회	도서관정책에 관한 주요사항의 수립·심의·조정 등	2007.6.12
	아시아문화중심도시조성위	아시아문화중심도시 조성에 관한 중요사항 심의	2004.3.11
	저출산고령사회위원회	저출산·고령사회정책에 관한 중요사항 심의·평가	2010.7.5
	지역발전위원회	지역발전의 효율적 추진을 위한 관련 정책에 대한 대통령 자문(노무현 정부의 국가균형발전위원회에서 출발)	2003.4.7

※ 박근혜 정부에서 신설 또는 대폭 개편된 위원회.
출처: 행정자치부, 2015, 2015행정기관위원회 현황, 6, 69－77에서 재구성.

박근혜 정부의 대통령 소속 청년위원회는 청년 일자리 창출, 미래 인재양성, 청년과 소통 및 청년정책 기획·조정·평가 등에 관한 대통령의 자문에 응하기 위한 목적으로 2013년 7월 16일 출범하였다.[46] 청년위원회는 위원장 1명을 포함한 40명

46 청년위원회 설립 추진경과를 살펴보면 다음과 같다. 대통령 선거 이전인 2012년 12월 15일 박근혜 새누리당 대선 후보는 서울 삼성동 코엑스몰에서 열린 거점유세에서 “청년특별위원회를

이내의 위원으로 구성되며, 위원장은 청년과 관련된 제도, 정책, 소통 등의 분야에서 사회적 대표성과 전문성을 보유한 사람 중에서 대통령이 위촉한다.[47] 위원회의 위원은 청년 관련 정책 수립에 관한 학식과 경험이 풍부한 사람 또는 관계 공무원 중에서 성별을 고려하여 대통령이 위촉하거나 임명한다. 2015년 당시 청년위원회 위원은 당연직 5명, 위촉직 18명으로 총 23명이었으며, 예산총액은 48.65억원, 회의 개최실적(2014년 7월–2015년 6월)은 본회의 출석 4회, 분과회의 출석 15회로 분과회의 위주로 진행되었다(행정자치부, 2015: 76). 청년위원회는 대통령 직속 위원회임에도 불구하고 정부측 위원을 장관급이 아니라 관계부처 공무원 중에서 대통령이 임명하도록 하였다. 또한 주관부처를 청년정책을 관장하는 교육부, 고용노동부, 보건복지부 또는 여성가족부가 아닌 기획재정부가 맡게 된 것도 상당히 이례적이었다.

박근혜 정부 통일준비위원회는 집권 2년차인 2014년 7월 15일 출범하였다. 박근혜 대통령은 2014년 1월 6일 신년기자회견에서 평화통일 구축방안에 관한 질문에 대한 답변에서 "통일은 대박이다."라고 답변한 바 있다.[48] "대한민국이 세계적으로 한 단계 더 도약하기 위해서는 한반도 통일 시대를 열어가고 준비에 들어가야 한다."는 것이다. 이러한 신년구상에 따라 통일준비위원회의 설치 및 운영에 관한 규정(2014.3.21)을 제정하고, 통일 준비를 위한 기본방향, 통일 준비관련 과제 발굴·연구, 세대간 인식통합 등 사회적 합의촉진, 통일 준비에 관하여 대통령이 위원회에 자문할 필요가 있다고 인정하는 사항 등을 심의·의결하는 통일준비위원회가 7월 15일 구성되었다. 위원회는 위원장 1명과 부위원장 2명을 포함하여 50명 이내의 위원으로 구성하였다.[49] 위원장은 대통령이 되고, 부위원장은 통일부 장관 및 민간위원 중에서 대통령이 지명한다.[50] 통일준비위원회는 2014년 7월 출범 이

만들어 청년들과 소통하겠다"고 밝혔다. 2012년 12월 27일 박근혜 대통령 당선인의 대통령직 인수위원회 안에 청년특별위원회를 설치하였다. 이에 따라 2013년 3월 22일 기획재정부는 대통령에게 청년정책을 자문하는 청년위원회를 설치하는 내용의 '청년위원회 규정 제정안'을 입법 예고하였다. 이에 따라 2013년 7월 대통령 직속 청년위원회 초대 남민우 위원장(벤처기업협회장)으로 출범하였다.

47 청년위원회 설치 및 운영에 관한 규정(대통령령 제24523호, 2013.5.6., 제정) 제3조 참조.

48 헤럴드생생뉴스, 2014.01.06.일자.

49 통일준비위원회의 설치 및 운영에 관한 규정(대통령령 제25265호, 2014.3.21., 제정) 제3조 참조.

50 당연직 위원은 기획재정부 장관, 외교부 장관, 통일부 장관, 국방부 장관 등 통일 준비와 관계된 중앙행정기관 및 이에 준하는 기관 중 위원장이 지정하는 기관의 장, 대통령비서실 및 국가안보실의 외교·안보·통일 관련 업무를 보좌하는 정무직공무원 중 위원장이 지명하는 사람이다. 민간위원은 통일에 관한 학식과 경험이 풍부한 사람 중에서 위원장이 위촉한다.

래 2017년 4월까지 2년 8개월여 기간 동안 6회의 대통령 주재 위원회 회의와 각 분과별 회의 등 총 503회의 회의와 35회의 통일공감대 확산 활동, 13회의 통일 공공외교 활동 등 다양한 활동을 통해 통일준비 과제들을 정책화하고, 한반도 통일에 대한 국내외의 공감대 형성을 위해 노력하였다.[51] 그러나 당시 북한의 연이은 핵실험으로 촉발된 국제사회의 강력한 대북제재와 경색된 남북관계가 통일준비위원회의 활동을 제약하는 요인으로 작용하였다.

지방자치발전위원회는 기존의 지방분권촉진위원회와 지방행정체제 개편추진위원회를 하나로 통합시켜 2013년 9월 출범하였다. 위촉직 위원장 1명과 부위원장 2명을 포함한 27명 이내의 위원으로 구성하며, 당연직 위원과 위촉 위원으로 구성한다.[52] 2015년 예산 총액은 24.15억원이었으며, 회의개최실적은 본회의 출석 8회, 분과회의 출석 36회로 비교적 활발하게 운영되었다.

국민대통합위원회의 전신은 이명박 정부의 사회통합위원회이며, 2013년 7월 출범하였고, 문재인 정부 출범 직후인 2017년 6월 30일 해산되었다.

이상에서 살펴본 바와 같이 박근혜 정부가 신설한 대통령위원회는 문화융성위원회, 청년위원회, 통일준비위원회 등 3개에 불과하며 국민대통합위원회는 지난 정부의 사회통합위원회를 개편한 위원회이며, 지방자치발전위원회는 기존의 지방분권촉진위원회와 지방행정체제 개편추진위원회를 하나로 통합시킨 것이다. 신설된 3개 위원회가 담당하는 문화융성, 청년, 통일 분야는 모두 대통령 소속위원회로서는 범위가 상당히 좁은 편이다. 문화융성위원회의 활동은 정책 자문보다는 문화향유 등 일선 현장의 집행 문제를 주로 다루었다. 청년위원회는 대통령 소속위원회임에도 불구하고 당연직 위원이 해당 부처 장관이 아닌 관계 공무원이며 주관부처도 기획재정부로서 청년정책을 관장하는 부처가 아니라는 점에서 추진체계 구성이 바람직하지 않은 것으로 판단된다. 통일준비위원회는 대통령이 위원장이므로 민간위원들의 전문성과 창의성을 발휘할 여지가 축소된 것으로 생각된다. 이같이 박근혜 정부가 신설한 대통령위원회는 정책자문활동보다는 집행문제를 다루었으며, 좁은 범위의 정책분야에 관한 위원회로서 큰 성과를 거두기 어려웠다.

51 통일부, 2007, 통일준비백서.

52 당연직 위원은 기획재정부 장관, 행정안전부 장관, 국무조정실장이며, 위촉직 위원은 24명은 대통령 추천 위원(6인), 국회의장 추천 위원(10인), 전국시도지사협의회장 추천 위원(2인), 전국시도의회의장협의회장 추천 위원(2인), 전국시장군수구청장협의회장 추천 위원(2인), 전국시군자치구의회의장협의회장 추천 위원(2인) 등으로 다소 복잡하게 구성되었다.

5) 문재인 정부의 대통령위원회 활용

문재인 정부에서 2021년 6월말 기준 대통령 소속위원회는 총 22개이며, 군사망사고진상규명위원회 등 2개 행정위원회와 일자리위원회 등 20개 자문위원회가 있다. <표 5-14>에서 보듯이 행정위원회인 군사망사고진상규명위원회와 일자리위원회 등 10개 자문위원회를 신설하거나 개편하였다. 문재인 정부에서 신설한 위원회는 대부분 존속기한을 5년 한시로 규정하였다.

문재인 정부 출범 첫해인 2017년 국정과제를 추진하기 위하여 신설된 자문위원회는 4차산업혁명위원회, 북방경제협력위원회, 국가교육회의, 일자리위원회, 정책기획위원회 등 5개 위원회이다. 2018년에 행정위원회로 군사망사고진상규명위원회가 신설되었고, 자치분권위원회가 개편되었다. 2019년에는 국가물관리위원회가 신설되었다. 2020년에는 일본의 대 한국 반도체 소재·부품 수출규제에 대응하여 소재·부품·장비경쟁력강화위원회가 장관 소속에서 대통령 소속위원회로 격상되었다. 2021년에는 2050탄소중립위원회가 신설되었다. 여기에서는 2017년 신설된 5개 위원회를 설립 순서에 따라 살펴본 후, 행정위원회인 군사망사고진상규명위원회와 2021년 신설된 2050탄소중립위원회에 관하여 살펴보기로 하겠다.

일자리위원회는 2017년 5월 16일, 「일자리위원회의 설치 및 운영에 관한 규정」이 대통령령으로 공포·시행됨으로서 설립되었으며, 정부의 일자리 정책을 기획·심의·조정 및 정책 시행을 점검·평가한다.[53] 위원장은 대통령이 당연직으로 맡으

53 제19대 대통령 선거에서 더불어민주당은 일자리 100일 플랜의 목적으로 대통령 직속 일자리위원회의 설치를 공약하였으며, 선거 직후인 2017년 5월 10일, 문재인 대통령은 취임식 이후 일자리 위원회의 설치를 1호 업무지시로 하달하였다. 일자리위원회는 위원장 1명과 부위원장 1명을 포함하여 30명 이내의 위원으로 구성한다. 당연직 위원은 기획재정부 장관, 교육부 장관, 과학기술정보통신부 장관, 행정안전부 장관, 산업통상자원부 장관, 보건복지부 장관, 고용노동부 장관, 여성가족부 장관, 중소벤처기업부 장관, 국무조정실장과 공정거래위원회 위원장, 그리고 대통령비서실내 일자리 정책을 맡는 수석비서관이다. 또한 노사 대표 및 일자리 정책에 관련된 전문가들 중 대통령이 위원을 성별을 고려하여 위촉할 수 있다. 위원장은 대통령이 당연직으로 맡으며, 부위원장은 위촉위원 중에서 대통령이 지명한다. 그리고 산하에 위원회의 운영 및 사무를 지원하는 일자리기획단이 있으며, 단장은 일자리 관련 업무를 맡는 대통령비서실의 비서관이 맡는다. 또한 분야별 업무를 전문적으로 수행하는 전문위원회, 특정 현안을 논의하는 특별위원회, 지역 단위의 일자리 상황과 정책 수렴을 위한 광역자치단체 단위에 지역위원회를 설치할 수 있다. 지역위원회는 위원장 1명을 포함하여 30명 이내의 위원으로 구성하며, 위원은 지역별 인적자원개발위원회나 노사민정협의회의 위원 또는 관련 전문가들 중에서 성별을 고려하여 대통령이 위촉한다.

표 5-14 문재인 정부 대통령 소속 위원회 현황(2021년 6월말 기준)

구분	위원회명	설치목적	위원회 구성일
행정위원회(2)	※군사망사고진상규명위원회	군 사망사고에 관한 진상규명	2018.9.14
	규제개혁위원회	불필요한 행정규제 폐지 및 행정규제 신설억제	1998.4.18
자문위원회(20)	※일자리위원회	일자리창출과 일자리 질 개선을 통한 국민의 삶의 질 향상과 국민경제의 발전도모(위원장: 대통령)	2017.5.16
	※4차산업혁명위원회	4차 산업혁명 대응 종합대책 등 주요정책의 심의·조정	2017.8.22
	※북방경제협력위원회	동북아를 포함한 유라시아 지역 국가와의 연계성 강화, 경제의 미래성장동력 창출 및 통일기반 구축	2017.8.25
	※정책기획위원회	국정과제의 효율적 추진과 국가 중장기 발전전략 수립지원	2017.9.5
	※국가교육회의	교육혁신, 학술진흥, 인적자원개발 및 인재양성과 관련된 주요정책 등에 관한 사항 심의 및 조정	2017.12.12
	※자치분권위원회	성숙한 지방자치구현, 지방의 발전과 국가의 경쟁력 도모, 국민의 삶의 질 제고 위한 자치분권과 지방행정체제 개편(구 지방자치발전위원회 개편)	2018.3.20
	※국가균형발전위원회	국가균형발전추진 중요정책 대통령 자문 (구 지역발전위원회 명칭변경)	2003.4.7
	※저출산고령사회위원회	저출산·고령사회정책에 관한 중요사항 심의·평가	2005.9.1
	※농어업농촌특별위원회	농어업과 농어촌의 발전 및 농어업인의 복지증진	2019.4.25
	※국가물관리위원회	물관리에 관한 중요사항 심의·의결	2019.6.13
	※소재·부품·장비경쟁력강화위원회	소재·부품·장비산업 경쟁력강화를 위한 주요 정책 등에 관한 사항을 효율적으로 심의·조정 (구 소재·부품발전위원회 대통령 위원회로 격상)	2001.4.1
	※2050탄소중립위원회	탄소중립사회로의 전환 도모	2021.5.29
	도서관정보정책위원회	도서관 주요정책의 수립·심의·조정	2007.6.12
	경제사회노동위원회	노사정간 노동정책과 경제·사회정책 등 협의	1998.1.15
	국가건축정책위원회	도시건축분야의 중요정책 심의 및 관계 부처 건축정책 조정	2008.12.10
	아시아문화중심도시위원회	아시아문화중심도시 조성에 관한 중요사항 심의	2004.3.11
	국가생명윤리심의위원회	생명윤리 및 안전에 관한 사항 심의	2005.4.7
	국가우주위원회	우주개발진흥기본계획 수립 등 우주개발 주요사항 심의	2006.12.11
	국가인적자원위원회	주요 인적자원개발정책 조정(미구성)	2007.7.27
	국가지식재산위원회	지식재산 관련 주요정책의 심의·조정·점검 등	2011.7.28

※ 문재인 정부에서 신설하거나 개편한 위원회.
출처: 행정안전부, 2021, 7, <표 6> 및 103-113에서 재구성.

며, 부위원장은 위촉위원 중에서 대통령이 지명한다.

4차산업혁명위원회는 4차 산업혁명 시대를 맞아 국가전략과 정책을 점검하고 정부부처 간 정책을 조정하는 대통령 직속기구로, 2017년 8월 「4차산업혁명위원회 설치 및 운영에 관한 규정」이 국무회의에서 의결되면서 그해 8월 22일 출범하였다. 위원회는 위원장 2명(총리 · 민간위원장)을 포함하여 40명 이내의 위원으로 성별을 고려하여 구성한다.[54]

북방경제협력위원회는 동북아시아를 포함한 유라시아지역 국가와의 연계성 강화를 통하여 우리 경제의 미래 성장 동력을 창출하고 남 · 북한 통일의 기반을 구축하기 위하여 설치하였다.[55] 문재인 정부는 이 위원회를 통해 러시아 · 몽골 · 카자흐스탄 등 북방 국가들과 농업 분야를 포함한 협력을 강화하는 신북방정책을 추진하고 있다.

정책기획위원회는 문재인 정부 100대 국정과제의 효율적 추진과 국가 중 · 장기 발전전략 수립에 관한 대통령의 자문에 응하기 위하여 설치하였다.[56] 위원회는 위원장 1명을 포함하여 100명 이내의 위원으로 성별을 고려하여 구성한다.[57] 정책기획위원회는 김영삼 정부와 노무현 정부에서 활발하게 운영되었던 위원회인데, 2017년 문재인 정부 출범 이후 정책기획위원회가 다시 설치되었다.[58] 2021년 현재

---

54 4차산업혁명위원회 당연직 위원은 기획재정부 장관, 교육부 장관, 과학기술정보통신부 장관, 행정안전부 장관, 산업통상자원부 장관, 보건복지부 장관, 고용노동부 장관, 국토교통부 장관, 중소벤처기업부 장관, 국무조정실장, 금융위원회 위원장 및 개인정보보호위원회 위원장, 대통령비서실의 과학기술에 관한 업무를 담당하는 보좌관이며 민간위원은 4차 산업혁명 관련 기술 · 경제 · 사회 등의 분야에 전문적 지식이나 경험이 풍부한 사람으로서 대통령이 위촉한다. 위원회 산하에는 특별위원회에서는 데이터(총괄분과, 생산 · 개방 분과, 유통 · 거래 분과, 보호 · 활용 분과, 마이데이터 분과), 스마트시티(스마트도시 추진 전력 논의, 국가 시범도시 기본구상 및 시행계획 마련), 디지털 헬스케어(개인의 의료데이터 주권을 확립하고 국민 건강 향상을 위한 종합적인 추진전략 수집) 등을 담당한다.

55 위원회는 위원장 1명을 포함하여 30명 이내의 위원으로 성별을 고려하여 구성한다. 위원장은 민간위원 가운데 대통령이 위촉한다. 당연직 위원은 기획재정부 장관, 외교부 장관, 통일부 장관 및 산업통상자원부 장관, 대통령비서실의 경제정책에 관한 업무를 담당하는 보좌관이다. 민간위원은 북방경제협력 관련 분야에 전문적 지식이나 경험이 풍부한 사람으로서 대통령이 위촉한다. 위원회 간사는 대통령비서실 경제보좌관이다.

56 정책기획위원회의 설치 및 운영에 관한 규정(대통령령 제28269호, 2017.9.5.) 제2조 참조.

57 위원장은 위원 중에서 대통령이 임명하거나 위촉한다. 위원은 대통령이 국정과제 추진 및 국가 중장기 발전전략 수립에 관한 학식과 경험이 풍부한 사람, 국정과제의 추진과 관련된 대통령 소속 자문위원회(이하 "국정과제위원회"라 한다)의 위원 중에서 위촉한다.

58 정책기획위원회의 전신은 노태우 정부에서 1989년 대통령령 제12720호에 의해 설치된 21세기 위원회로서 국가의 중장기 국가 발전목표를 설정하고 이에 대해 대통령에게 건의 및 자문하는

위원회는 국민주권, 국민성장, 포용사회, 지속가능, 분권발전, 평화번영 등 6개 분과가 구성되었다. 정책기획위원회에 국정과제위원회 간 협의·조정을 통하여 국정과제를 효율적으로 추진할 수 있도록 국정과제협의회를 두도록 하였으며, 협의회는 의장 1명(정책기획위원장 겸직)을 포함하여 국정과제위원회의 위원장 또는 위원장이 지정하는 위원으로 구성한다. 2021년 현재 국정과제협의회는 정책기획위원회, 일자리위원회, 4차산업혁명위원회, 저출산고령화위원회, 자치분권위원회, 국가균형발전위원회, 국가교육회의, 북방경제협력위원회, 농어업·농어촌특별위원회로 구성되었다([그림 5−1] 참조).

그림 5-1 문재인 정부의 국정과제협의회

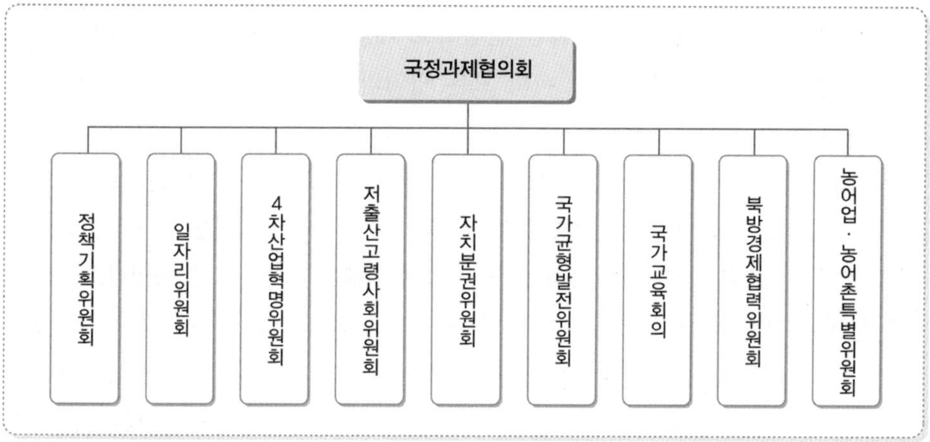

출처: 정책기획위원회 홈페이지http://pcpp.go.kr/nationaltask/nationaltask_01Page.do 2021.10.31 접근.

국가교육회의는 문재인 정부의 100대 국정과제 중 하나로 설치가 추진되었으며, 2017년 9월 5일, 국가교육회의 설치 및 운영에 관한 규정이 반포와 동시에 발효됨으로서 설치되었다.[59] 국가교육회의에는 중·장기적 교육혁신 계획과 주요 정책을

위원회이다. 김영삼 정부에서 1995년, 정책기획위원회로의 명칭 변경과 더불어 현안 정책연구 및 정책평가에 대한 사항에 대한 자문까지 기능이 확대되었고, 이후 노무현 정부에서 2004년 국정과제의 종합·관리, 조정 및 국정과제회의 운영, 정책연구 등의 기능이 추가되었다. 2008년 이명박 정부 출범 이후 정책기획위원회는 폐지되고, 대신 미래기획위원회가 설치되어 미래사회의 전망, 기회요인과 위험요인의 분석에 관한 사항 등의 일부 기능을 수행하였으나, 2013년 박근혜 정부에서 미래기획위원회 또한 폐지되었다.

59 의장 1명을 포함한 21명 이내의 위원으로 구성되며, 위원은 당연직위원과 위촉위원으로 구성된다. 당연직 위원으로는 교육부, 기획재정부, 보건복지부, 고용노동부, 여성가족부 장관, 대통령

심의·조정하는 역할이 부여되었고, 국가 교육정책에 대한 사회적 합의를 끌어내는 역할을 기대하였다.

문재인 정부 출범 2년차에 발족된 행정위원회인 군사망사고진상규명위원회는 군에서 발생한 사망사고 가운데 의문이 제기된 사건의 진상을 명확히 규명하고 관련자 피해와 명예를 회복하기 위한 등의 목적에서 설치된 대통령 소속위원회로서 2018년 9월 시행된 「군 사망사고 진상규명에 관한 특별법」(군사망사고진상규명법)에 그 근거를 두고 구성되어 활동하고 있다.[60]

가장 최근에 설립된 2050탄소중립위원회는 산업·경제·사회 모든 영역에서 탄소중립 사회로의 전환을 도모하기 위한 추진체계로서 2021년 5월 29일 출범하였다[61](설치근거: 「2050 탄소중립위원회의 설치 및 운영에 관한 규정」(2021.5.4. 시행)). 탄소중립위원회는 ESG경영이 세계적인 관심사로 대두하면서 2050년 탄소중립 달성을 위해 향후 30년간 우리 경제·사회 모든 영역의 대전환을 주도하기 위한 '최상위 컨트롤타워'이다.

이상에서 살펴본 바와 같이 문재인 정부는 출범 초에 국정과제위원회로 일자리위원회, 4차산업혁명위원회, 북방경제협력위원회 및 국가교육회의를 신설하였고, 정책기획위원회를 부활시켜 이들 국정과제위원회 협의체를 주관하도록 하였다. 2021년 현재 국정과제위원회에는 위의 4개 이외에 자치분권위원회, 국가균형발전위원회, 저출산·고령화위원회, 농어업·농촌특별위원회가 추가되어 8개가 되었다. 위원회 구성에서도 노무현 정부 시기의 국정과제위원회와 유사하게 민간위원, 당연직 정부위원, 그리고 대통령비서실의 관련 수석비서관도 당연직으로 참여한다. 그러나 노무현 정부 시기와 비교하면 국정과제위원회의 실행력이 약한 편이다. 대통령이 어느 정도 관심을 보이는가도 중요하지만, 2019년 초부터 전세계가 COVID-19 팬데믹의

비서실 사회수석비서관, 전국 시도교육감협의회 회장, 한국대학교육협의회 회장 및 한국전문대학교육협의회 회장이 참여한다. 위촉 위원은 교육, 학술진흥, 인재양성 등 관련 분야의 전문가들 중에서 대통령이 위촉하며, 대통령이 위촉위원 중 1명을 지명하여 의장으로 지명한다.

60 군사망사고진상규명위원회는 "'진상규명'으로 의결한 452건 가운데 진정 접수 전 '순직'으로 결정된 88건을 제외한 366건에 대해 국방부·경찰청·법무부 등에 사망 구분 변경 재심사를 권고했다"며 "그 결과, 현재까지 재심의가 종결된 231건 중에서 218건(94.7%)이 인용돼 위원회의 심의가 진정인의 명예회복에 중요한 역할을 했다"고 밝혔다. 파이낸셜뉴스, 2021년 10월 14일자.

61 위원회는 위원장 2명을 포함하여 50명 이상 100명 이하의 위원으로 구성하며, 위원장은 국무총리와 민간위원 중 대통령이 지명한다. 정부측 위원은 모든 국무위원이 당연직으로 포함되며, 민간위원은 탄소중립 사회로의 전환에 관하여 전문적인 지식이나 경험이 풍부한 사람으로서 대통령이 위촉한다. 위원회의 간사위원은 국무조정실장인 매머드 위원회이다.

비상 사태에 진입하면서 실행력을 확보하기 어려웠다. 또한 2020년 일본의 대 한국 반도체 소재 · 부품 수출규제에 대한 대책 및 세계 각국에서 추진되고 있는 2050탄소중립달성의 대책 마련을 위한 대통령위원회가 신설되어 운영되고 있다.

6) 종합 및 시사점

김대중 정부에서부터 문재인 정부에 이르기까지 대통령위원회를 어떻게 활용하였는지 살펴보았다. 김대중 정부는 IMF위기에서 벗어나기 위하여 정부운영체제를 개혁하여야 한다는 시대적 요구를 반영하여 규제개혁, 행정개혁, 정부혁신, 지방이양, 부패방지, 전자정부 등 광의의 정부개혁을 추진하기 위한 추진체로서 대통령위원회를 적극 활용하였다. 노무현 정부는 광의의 정부혁신뿐 아니라 국가균형발전, 행정중심복합도시건설(신행정수도건설), 저출산고령화, 지속가능발전, 양극화민생대책, 과학기술중심사회, 농어업 · 농어촌 등의 분야에서 국정과제위원회를 활용하여 상당한 성과를 거두었다. 이명박 정부는 국가경쟁력강화, 국가브랜드, 녹생성장, 사회통합을 위해 국정과제위원회를 활용하였는데, 그 성과 달성여부는 확실하지 않았다. 박근혜 정부는 문화융성, 청년, 통일준비 분야에 대통령 자문위원회를 신설하여 과제추동력을 얻고자 하였는데, 범위가 지나치게 한정되었다. 문화융성 분야는 비선실세인 최순실이 개입할 여지를 두어 박근혜 대통령 탄핵의 빌미를 제공하였고, 통일준비분야는 북한 핵실험 등 남북관계가 악화되어 소기의 성과를 거두기 어려웠다. 문재인 정부는 일자리, 4차산업혁명, 북방경제협력, 교육분야에서 대통령위원회를 신설하여 국정과제를 추진하였다. 그러나 COVID-19 팬데믹으로 국정과제가 정상적으로 추진되기 어려운 상황이 지속되었다.

역대정부의 대통령 자문위원회 활용에 관한 검토를 통하여 차기정부에 주는 시사점은 다음과 같다. 대통령 소속 자문위원회를 대통령과제의 추진체계로 활용할 수 있다. 대통령과제를 성공적으로 추진하려면 무엇보다도 필요한 영역에 국정과제위원회가 구성되어야 한다. 국정과제위원회는 국정과제 가운데 다부처가 관련된 과제로서 부처간 정책조정이 필요하며 민간부문에서 전문가의 도움이 절실한 분야에서 설치되어야 한다. 국정과제위원회에 민간전문가와 함께 해당부처 장관이 당연직으로 참여하여야 한다. 또한 대통령비서실의 해당 분야 정책수석 또는 정책실장도 당연직으로 참여하는 것이 바람직하다. 국정과제위원회가 성공하려면 대통령의 지속적인 관심과 더불어 사무국의 역할이 매우 중요하다.

4. 국무총리 소속위원회의 활용

1) 국무총리 소속 행정위원회

행정위원회는 법률에 의하여 행정기관 소관사무의 일부를 부여받아 독자적으로 그 권한을 행사한다. <표 5-15>에 제시된 바와 같이 2021년 10월 현재 국무총리 소속 10개 행정위원회 가운데 6개가 과거사 관련기능을 수행하는 위원회이다. 1987년 민주화 이후 1996년부터 2013년까지 거창사건, 노근리사건, 민주화운동, 동의대사건, 부마항쟁, 제주 4.3 사건 등 과거사 관련 희생자 명예회복 및 보상업무를 담당하는 6개의 행정위원회가 설치되었다. 사행산업감독위원회는 사행산업 부작용을 최소화하고 사행산업이 건전한 여가 및 레저산업으로 발전을 도모하기 위한 종합계획 수립 및 시행, 도박중독 예방·치유 대책 수립 및 시행업무를 담당한다.

표 5-15 국무총리 소속 행정위원회 현황(2021년 6월말 현재)

위원회명	설치목적	주관	위원회 구성일
※공무원재해보상연금위원회	공무원 재해보상법상 급여에 관한 결정 등	인사처	2018.11.30
※포항지진진상조사위원회	포항지진의 발생원인과 책임소재 규명 등	국조실	2020.4.1
※포항지진피해자구제심의위원회	포항지진 피해자 구제 및 지원 업무	국조실	2020.5.29
거창사건등관련자명예회복심사위원회	거창사건 등의 희생자 및 그 유족결정과 명예회복	행안부	1996.4.6
노근리사건희생자심사및명예회복위원회	노근리사건 희생자 및 그 유족결정과 명예회복	행안부	2004.6.6
민주화운동관련자명예회복 및 보상심의위원회	민주화운동 관련자 명예회복 및 보상실시	행안부	2000.1.12
동의대사건희생자명예회복 및 보상심의위원회	동의대사간 희생자 명예회복 및 보상(미설치)	경찰청	2012.9.28
부마민주항쟁진상규명및관련자명예회복심의위원회	부마민주항쟁 진상규명 및 관련자 명예회복 및 보상	행안부	2013.12.25
제주4.3사건진상규명및희생자명예회복위원회	제주 4.3사건 진상규명 및 관련자 명예회복	행안부	2000.8.28
사행산업통합감독위원회	사행산업 부작용 최소화 및 건전화	문체부	2007.9.17

출처: 행정안전부, 2021, 8-9, <표 7> 및 114-143에서 정리.

문재인 정부 출범 이후 공무원재해연금보상위원회가 발족(2018.11)하였고, 포항지진진상조사위원회(2020.4) 및 포항지진피해자구제심의위원회(2020.5)가 신설되었다.

2) 국무총리 소속 자문위원회

국무총리 소속 자문위원회는 여러 부처가 관련되어 중립적인 입장에서 조정이 필요한 경우 설치된다. <표 5-16>에서 보듯이 2021년 6월 현재 공공데이터 전략위원회 등 50개 자문위원회가 설치·운영되고 있다. 50개 자문위원회 가운데 문재인 정부 출범 이후 국가산학협력위원회(2018), 공직인사혁신위원회(2018), 군공항이전사업지원위원회(2019), 미세먼지특별대책위원회(2019), 자살예방정책위원회(2019), 시민사회위원회(2020), 청년정책조정위원회(2020), 기반시설관리위원회(2020), 수소경제위원회(2021), 2023 새만금 세계스카우트잼버리정부지원위원회(2021) 등 10개 자문위원회가 신설되었다. 신설된 대다수의 위원회는 의원발의 입법에 의하여 설치되었다. 한편 문재인 정부 출범 후 폐지된 국무총리 소속위원회는 정부3.0 추진위원회, 6.25전쟁납북피해진상규명 및 납북피해자 명예회복위원회(활동종료), 2018평창동계올림픽 및 동계패럴림픽대회위원회, 보육정책조정위원회 등 4개 위원회이다.

표 5-16 국무총리 소속 자문위원회 현황

위원회명	설치목적	주관	구성일
※수소경제위원회위원회	수소경제 주요정책 심의·의결	산업부	2021.2.5
※2023새만금 세계스카우트잼버리정부지원위원회	세계잼버리 관련 주요정책 심의·조정	여가부	2021.4.7
※시민사회위원회	시민사회 활성화와 공익활동 증진 기여	총리비서실	2020.7.3
※청년정책조정위원회	청년정책에 관한 주요 사항 심의·조정	국조실	2020.9.18
※기반시설관리위원회	국가 기반시설관리 관련 주요정책 심의	국토부	2020.4.29
※미세먼지특별대책위원회	미세먼지 저감 및 관리의 효율적 추진	국조실	2019.2.15
※군공항이전사업지원위원회	군공항 이전주변지역 지원 중요사항 심의	국방부	2019.7.12
※자살예방정책위원회	자살예방정책의 중요사항 심의	복지부	2019.9.9
※공직인사혁신위원회	인사혁신을 통한 공직 경쟁력 강화	인사처	2018.6.25
※국가산학협력위원회	산업교육 및 산학연협력 주요정책·계획 심의	교육부	2018.10.11
4.16세월호참사배상및보상심의위원회	세월호 참사관련 배상 및 보상 심의·의결	해수부	2015.2.23
4.16세월호참사피해자지원및희생자추모위원회	세월호 피해자 신속 피해구제 및 추모사업 추진	국조실	2015.3.23
5.18민주화운동관련자보상지원위원회	5.18민주화운동 관련자 보상 등에 관한 지원	행안부	1990.8.25

공공데이터전략위원회	공공데이터에 관한 주요정책 심의 · 조정 등	행안부	2013.10.31
국가기록관리위원회	기록물 관리에 관한 기본정책 등 심의	행안부	2007.4.5
녹색성장위원회	국가의 저탄소 녹색성장 관련 주요정책 심의	국조실	2009.2.16
다문화가족정책위원회	다문화가족 관련 중요사항 심의 · 조정	여가부	2009.12.17
독도지속가능이용위원회	독도의 지속가능한 이용 관련 중요사항 심의	해수부	2006.1.2
국제경기대회지원위원회	대회개최 관련 주요 정책 심의 · 조정	문체부	2012.7.25
새만금위원회	새만금 사업 효율적 개발, 관리 및 환경보전 심의	국조실	2009.1.14
소비자정책위원회	소비자 권익증진 및 소비생활 기본정책 심의의결	공정위	1980.1.4
아동정책조정위원회	범부처 차원의 주요 아동정책 심의 · 조정	복지부	2013.5.13
외국인정책위원회	외국인 정책에 관한 주요사항 심의 · 조정	법무부	2007.7.18
원자력진흥위원회	원자력 이용에 관한 중요사항 심의 · 의결	과기부	2011.10.26
장애인정책조정위원회	장애인 종합정책 수립	복지부	2000.1.1
정보통신기반보호위원회	주요정보통신 기반시설의 보호사항 심의 · 의결	국조실	2001.9.27
정부업무평가위원회	정부업무평가 실시와 평가기반 구축 추진	국조실	2006.6.16
중앙안전관리위원회	안전관리에 관한 중요정책 심의 및 총괄조정	행안부	2004.6.1
중저준위방사선폐기물처분시설유치지역위원회	중저준위방사선폐기물처분시설 유치지역 지원 중요사항 심의	산업부	2007.4.18
국가보훈위원회	국가보훈에 관한 주요시책 심의	보훈처	2005.12.1
국제개발협력위원회	국제개발협력 관련 정부 주요정책 심의 · 의결	국조실	2010.7.26
국토정책위원회	국토정책에 관한 효율적 의사결정	국토부	2012.5.31
농어업인삶의질향상및농어촌지역개발위원회	농어업인 삶의 질향상 및 농어촌지역개발정책 조정	농림부	2004.12.8
도시재생특별위원회	도시재생정책 종합적 · 효율적 추진	국토부	2013.12.5
디앤에이신원확인정보데이터베이스관리위원회	DNA데이터베이스 관리 · 운영 사항 심의	검찰 · 경찰	2010.10.28
사회보장위원회	사회보장정책에 관한 주요사항 심의 · 조정	복지부	2013.5.1
세종특별자치시지원위원회	세종시의 지방자치 정착과 지역발전	국조실	2011.3.31
식품안전정책위원회	식품안전에 관한 사항 종합 조정	국조실	2008.12.14
양성평등위원회	양성평등정책에 관한 중요사항 심의 · 조정	여가부	2015.7.22
용산공원조성추진위원회	용산공원정비구역에 관한 중요사항 심의	국토부	2008.5.22
유아교육보육위원회	유아교육 및 보육에 관한 기본계획 심의(미구성)	교육부	2005.1.30
자원봉사진흥위원회	자원봉사활동에 관한 주요정책 심의	행안부	2006.2.5

정보공개위원회	정보공개정책수립 및 제도개선 사항 심의	행안부	2004.8.18
정보통신전략위원회	정보통신진흥 및 융합 활성화 정책 심의 · 의결	과기부	2014.5.8
제주특별자치도지원위원회	제주특별자치도 지방분권 보장 및 중앙권한 이양	국조실	2006.8.1
중앙징계위원회	5급 이상 국가직 공무원 공정한 징계운영 도모	인사처	1964.3.31
지방재정부담심의위원회	지방재정 부담에 관한 주요안건 심의	행안부	2012.6.11
콘텐츠산업진흥위원회	콘텐츠산업 진흥 사항 심의	문체부	2011.4.13
학교폭력대책위원회	학교폭력 예방 및 대책 기본계획 수립 심의	교육부	2012.5.1
행정협의조정위원회	중앙행정기관과 지방자치단체간 이견 협의 · 조정	행안부	2000.5.13

출처: 행정안전부, 2021, 8−9, <표 7> 및 114−143에서 정리.

3) 종합 및 시사점

정부의 지속적인 정비에도 불구하고 위원회는 계속 증가하는 추세이며, 그 가운데 국무총리 소속위원회의 증가 속도가 대통령 소속 및 각 부처 소속위원회보다 훨씬 빠른 편이다. 이는 사회문제가 복잡 · 다양화되면서 부처간 이해관계의 조정이나 전문가 의견 수렴의 필요성이 증가하고, 행정의 민주성, 투명성, 공정성에 대한 국민의 요구가 높아지면서 정책 현장과의 소통의 중요성이 날로 커지고 있기 때문이다(행정안전부, 2021: 14). 이에 따라 전문가와 각계 각층의 참여를 통해 다양한 의견을 반영하고 부처간 이해관계를 원만하게 조정하기 위한 국무총리 소속의 다양한 위원회 활용의 증가는 불가피한 측면이 있다.

역대정부의 정책조정 비교분석

Historical Comparison of Policy Coordination

Ⅰ. 서 론

이 장에서는 역대정부의 정책조정 노력과 성과를 종합적으로 비교하겠다.[1] 앞의 제3장에서 정책조정의 개념 정의에 이어 제4장에서는 계층적 권위에 의한 조정, 제5장에서는 수평적 정책조정에 관하여 이미 살펴본 바 있다. 앞으로 제7장에서 살펴보게 될 정부혁신(특히 조직, 인사, 재정 및 공공기관 혁신), 그리고 제9장에서 살펴보게 될 정부업무평가와 국정과제의 성과관리도 넓은 의미에서 정책조정 메커니즘에 포함된다. 민주화 이후 역대정부가 정책 갈등을 해소하고 국정의 관리와 부처간 정책조정을 강화하기 위하여 어떠한 정책조정 메커니즘(계층제, 네트워크, 시장메커니즘)을 추가하고 활용하였는지, 그리고 그 성과는 어떠한지 종합적으로 살펴보기로 하겠다. 민주화 이후 역대정부의 정책조정 메커니즘 및 성과와 대조하기 위하여 민주화 이전인 제4공화국 전두환 정부의 정책조정을 비교기준으로 설정하

1 이 장의 초고는 「2022 한국행정학회 동계학술대회」(2022년 12월 10일 제9회의 14:20－15:40, 세종대학교 광개토관)의 Round Table 세션 '역대정부의 정책조정 비교분석', 사회: 박천오(명지대), 발제: 남궁근(서울과기대)·우하린(한국행정연구원), 패널: 강제상(경희대), 김상묵(서울과기대), 문명재(연세대), 서원석(세종대), 안영훈(생각연구소), 이송호(경찰대), 조경호(국민대), 최영출(충북대)에서 발제하였다. 이 기회에 귀중한 조언을 해 주신 사회자와 패널토론자에게 감사드린다. 이 장의 일부는 남궁근·우하린, '역대정부의 정책조정 비교분석: 조직전문화, 정책조정메커니즘, 조정역량의 변동패턴을 중심으로'라는 제목으로 학술지(한국행정연구, 2023, 3월호)에 게재 예정이다.

여 먼저 살펴보겠다.

1. 연구질문

이 장에서 다루게 될 구체적인 연구질문은 다섯 가지이다. 첫째, 역대정부의 정부구조와 국정운영에서 부처조직 전문화 및 자율성의 수준은 어느 정도인가? 부처조직별 전문화 및 자율성의 수준이 높을수록 부처 간 정책조정의 수요와 필요성이 증가하기 때문에 정책조정 노력과 성과를 살펴보기 이전에 부처조직 전문화 및 자율성의 수준을 파악하고자 한다. 둘째, 정책조정도구들을 계층제, 네트워크 또는 시장 메커니즘으로 구분할 때, 역대정부는 어떠한 메커니즘의 도구들에 주로 의존하였는가? 셋째, 역대정부의 정책조정 노력과 성과는 전반적으로 어느 정도라고 평가할 수 있는가? 넷째, 역대정부에서 부처조직 전문화의 수준과 정책조정역량 수준은 어떻게 변동되어왔는가? 다섯째, 한국 정부의 부처조직 전문화와 정책조정역량 수준의 변동패턴은 서구국가와는 어떻게 다른가?

2. 분석대상과 방법

1) 분석대상

분석대상은 민주화 이후 김영삼 정부에서 시작하여 문재인 정부에 이르기까지 6개 정부의 중앙정부이다. 민주화 이후 역대정부의 정책조정 노력과 성과와 대비하기 위하여 민주화 이전 제4공화국의 전두환 정부를 기저선(baseline)의 비교대상으로 포함하였다. 제4장과 제5장에서 살펴본 바와 같이 행정부와 입법부와의 관계는 제외하였고, 지방정부에 관한 내용도 포함하지 않았다.

2) 연구방법

연구질문에 대한 답변을 얻기 위하여 다음과 같은 절차를 거쳐 수집한 자료를 분석하였다. 첫째, 역대정부의 정책조정의 메커니즘과 정책조정도구에 관한 분석 범주를 설정한다. 둘째, 분석대상이 되는 역대정부에서 활용된 정책도구의 실태를 범주별로 정리하는데 이 책 제4장, 제5장에서 살펴본 내용과 제7장 및 제9장에서 살펴보게 될 내용들을 기초로 하였다. 셋째, 역대정부의 정책조정 노력을 살펴보고 조정활동의 성과를 간접적으로 나타낸다고 볼 수 있는 두 가지 대리지표(proxy indicator), 즉 대통령 직무수행평가 추이와 주요정책 및 국정과제 만족도를 살펴보기로 하겠다.[2] 넷째, 전문가 델파이조사를 통하여 전문가들이 역대정부의 조직전문화 및 자율성의 정도와 더불어 정책조정 노력과 성과, 즉 정책조정역량을 종합적으로 평가하도록 한다. 다섯째, 외국에서의 조직전문화의 정도와 정책조정의 성과에 관한 서구 7개국 비교사례연구(Bouckaert, Peters & Verhoest, 2010)에서 나타난 영국형(영국, 뉴질랜드, 네덜란드, 스웨덴), 프랑스형(프랑스, 벨기에), 그리고 미국형(미국)과 한국의 변동패턴을 비교한다.

3) 이 장의 구성

Ⅱ절에서 정책조정수단 활용 노력 및 성과의 분석범주를 설정하였다. Ⅲ절에서는 비교의 기저선으로 설정한 전두환 정부, Ⅳ~Ⅸ절에서는 민주화 이후 김영삼 정부에서 문재인 정부에 이르기까지 역대정부별로 정책조정도구 활용의 특징, 정책조정 노력과 그 성과에 관하여 기술하겠다.[3] Ⅹ절에서 전문가 패널의 판단을 토대로 한국의 부처조직 전문화와 정책조정역량의 변동패턴을 살펴본 후, 해외사례와 비교하여 시사점을 도출한다.

Ⅱ. 정책조정수단 활용 및 성과의 분석범주

1. 정부구조와 구성요소

[그림 6-1] 기본구조 도표[4]에 예시된 바와 같이 중앙정부 차원의 공공부문에서 정무직, 부처, 공기업 및 공공기관 등 세 가지 수준을 구분한다.

① 정무직 수준(L1으로 표기). 대통령, 국무총리, 국무회의, 부총리, 장관, 차관급 정무직 기관장들을 포함한다. 이러한 정무직 차원의 공직자들은 중앙정부 차원에서의 정책조정 주체이다.

② 부처 수준(L2로 표기). 정무직인 장관 및 차관급 청장의 직접 지휘를 받는 부·처·청 조직을 의미한다. 부처수준의 조직은 핵심행정부처(central agencies)와

2 대통령 직무수행평가 추이는 제4장, 주요정책 및 국정과제 만족도는 제9장에 제시된 내용이다.
3 Ⅲ절 전두환 정부에 관한 내용은 새롭게 작성하였다. Ⅳ~Ⅸ절 김영삼 정부에서 문재인 정부에 이르기까지 역대정부별로 정책조정도구 활용의 특징은 이 책 제4장, 제5장, 제7장, 그리고 제9장의 내용을 범주별로 요약하였다.
4 [그림 6-1] 정부의 기본구조와 정책조정수단 및 <표 6-1>의 범주별 정책조정수단은 Bouckaert et al.(2010: 75)의 분석틀을 토대로 필자가 재구성하였다.

계선행정부처(line ministries)을 포함한다. 핵심행정부처는 재정, 예산, 조직관리, 인사를 다루는 부처와 대통령과 국무총리가 역할을 수행할 수 있도록 지원하는 보좌기구를 포함한다. 핵심행정부처에 소속된 정치적 임명직 및 직업공무원들도 정책조정의 주체인 반면 계선행정부처는 정책조정의 대상이다.

③ 공기업과 공공기관 수준(L3로 표기). 중앙부처 업무의 집행기능을 담당하는 공기업, 공공기관 등이 포함된다. 정부가 설립하고 운영하는 공기업과 공공기관은 정책조정의 대상이다.

그림 6-1 정부의 기본구조와 정책조정수단

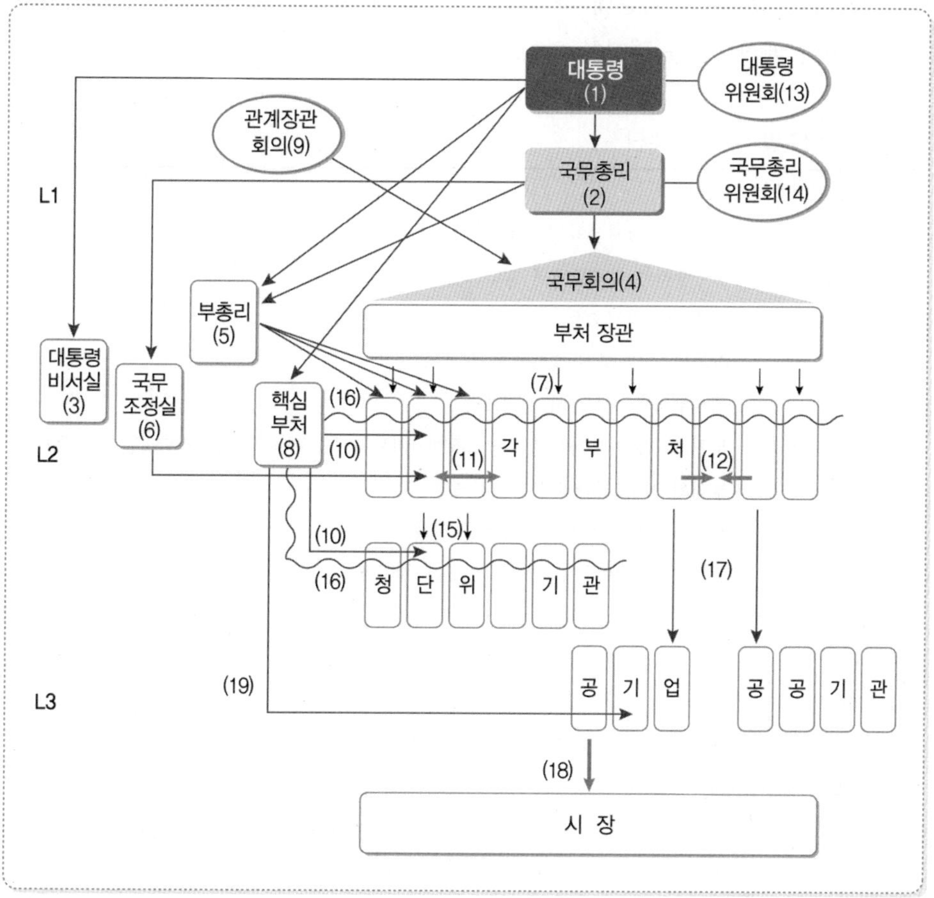

2. 범주별 정책조정수단 활용

역대정부의 중앙정부 수준에서 활용된 상이한 조정수단을 확인한다. [그림 6−1] 및 <표 6−1>에서와 같이 정책조정수단을 계층적 권위에 의한 조정, 수평적 정책조정, 관리유형의 도구에 의한 조정의 세 가지 범주로 구분하여 역대정부별로 강조하거나 새롭게 도입하여 활용한 정책도구가 무엇인지 간략하게 살펴보겠다.

여기에서는 조정도구들을 구조(structures) 형태와 관리체계(management systems) 형태로 구분하고 세 가지 조정 메커니즘으로 범주화하였다. 정책도구별 주요내용과 주된 성격에 관하여는 제3장 <표 3−2>에 요약되었다. 그러나 구체적 조정수단은 세 가지 메커니즘 가운데 하나에만 분명하게 해당하지는 않으며 어느 정도까지는 상이한 메커니즘을 결합한 하이브리드 도구이다.

표 6-1 범주별 정책조정수단

1) 계층적 권위에 의한 조정	
(1),(3)	대통령과 비서실의 정책조정
(2),(6)	국무총리와 보좌조직의 정책조정
(5)	부총리의 정책조정
(7)	장관의 소관 부처 정책조정
(8)	핵심부처의 계선부처 정책조정
(11),(12)	부처조직개편(부처신설, 분리, 통합, 기능조정, 부총리와 조정전담장관제도 등)
(15)	부처의 산하 청단위기관 정책조정
(17)	부처의 산하 공기업 · 공공기관 정책조정
(18)	공기업 · 공공기관 구조개혁(민영화, 체인형 관리구조 도입 등)
2) 수평적 정책조정	
(4)	집합적 정책결정체로서의 국무회의
(9)	분야별 관계장관회의의 정책조정
(13),(14)	대통령 및 국무총리 소속위원회(민관합동)에 의한 조정
3) 관리체계 개혁에 의한 조정	
(6)	전략적 성과관리 체계에 의한 조정(국무조정실의 정부업무평가 등)
(16)	예산부처의 부처 예산 및 재정관리체계에 의한 조정
(10)	조직관리 · 인적자원의 통합관리에 의한 조정
(10)	범부처 업무처리 절차(자문 · 협의 포함)에 의한 조정
(19)	공공기관 전략적 성과관리체계에 의한 조정(공공기관 경영평가 등)

3. 정책조정의 성과

1) 조직 전문화 및 자율성

조직 전문화란 하나의 단위조직이 얼마나 동질적인 업무를 수행하는지, 그리고 단위조직과 공직 구성원들이 얼마나 전문성을 갖추고 있는지를 의미한다. 그러므로 조직 전문화란 한편으로는 공공부문에서 부처를 포함한 기관의 숫자와 관련되며, 다른 한편으로는 공무원들의 전문성과 관련되어 있다. 역대정부의 잦은 조직개편으로 거대부처화와 전문부처화를 반복하여 기관의 숫자로 나타나는 조직 전문성의 변동이 상당히 크다. 또한 한국의 공무원제도는 직위분류제가 아닌 계급제에 기초하고 있으며, 부처 내에서 잦은 순환보직의 관행 때문에 공무원의 전문성의 수준이 낮은 상태가 지속되어 왔다. 역대정부에서 공무원의 전문성을 제고하기 위하여 인적 자원정책을 포함한 관리체계 개혁도구를 적극적으로 활용하는 경우가 있었고, 그렇지 않은 경우가 있었기 때문에 또한 변동성이 있는 것으로 보아야 한다.

자율성이란 단위조직과 공직자들이 업무수행 과정에서 누리는 자율성의 정도를 말한다. 한국은 대통령을 포함한 계층적 권위에 의한 통제가 강력하게 작용하고 있으므로 기관의 자율성도 낮은 상황에서 출발하였다. 그럼에도 불구하고 정부에 따라 분권형 국정운영을 통하여 부처 자율성을 제고시키려는 노력에 상당한 차이가 있었으므로 조직 자율성의 정도에도 변동이 있었다.

역대정부에서 조직전문화 및 자율성의 정도를 종합적으로 판단할 수 있는 간편한 측정척도가 구비된 것은 아니며, 계량적으로 측정가능한 자료가 충분한 것도 아니다. 종합적으로 판단할 수 있는 계량적인 측정도구가 부재하기 때문에 몇 가지 하위차원을 고려하여 전문가 대상의 델파이조사를 통하여 질적으로 추정하기로 하겠다.

2) 정책조정 메커니즘 활용 평가

한국 정부의 정책조정 메커니즘은 권위주의 시대에 중시된 계층적 권위에 의한 정책조정도구들을 주로 사용하였다. 그러나 신공공관리와 새로운 거버넌스 관점의 정부개혁으로 네트워크형 조정도구와 시장형 조정도구들도 상당하게 활용되었다. 역대정부에서 어떠한 유형의 조정도구들이 새롭게 추가되었는지 살펴보겠다.

3) 정책조정의 노력과 성과

제3장에서 정책조정의 목적으로 제시한 정책의 중복과 비일관성 방지, 정책갈등의 최소화, 합의된 정책 우선순위 추구, 시너지 창출이라는 목표를 달성하기 위하여 얼마나 '노력'하였는지('과정'의 측면), 어느 정도 '성과'를 창출하였는지('결과'의 측면)에 관하여 살펴보겠다. 정책조정 노력과 성과는 하나의 정책 내에서 정책단계 사이(정책결정기관과 집행담당기관 사이)의 조정과 더불어 각 부처 정책간 조정 또는 정책영역 간 통합의 정도를 살펴볼 수 있다. 역대정부의 정책조정 노력과 성과를 정책 전반에 걸쳐 평가할 수도 있고, 반부패정책 영역과 같이 정책영역별로 평가할 수 있다.

여기에서는 역대정부에서 정책조정을 위한 전반적인 노력(절차 및 제도와 그 운영)을 살펴보고, 그 성과를 간접적으로 나타낸다고 볼 수 있는 대리지표(proxy indicator)로 대통령 직무수행평가 추이와 주요정책 및 국정과제 만족도(노무현 정부에서 조사가 시작되었음)를 살펴보기로 하겠다. 전문가 델파이조사에서 이러한 자료를 토대로 종합하겠다.

(1) 대통령 직무수행평가 추이

대통령의 정책갈등 해결 및 정책조정의 성과를 평가하는 대리지표의 하나로 제4장에서 고찰한 대통령 직무수행평가 결과를 살펴보겠다. 역대 대통령 재임기간 중 직무수행평가에서 긍정적 응답자의 분기별 평균을 활용하기로 하겠다.[5]

(2) 주요정책 및 국정과제 만족도

제9장에서 구체적으로 살펴보게 되는 바와 같이 김대중 정부에서는 매년 민원서비스에 대한 종합만족도를 조사하였고(100점 만점의 척도 사용), 노무현 정부에서부터 일반국민, 전문가 및 내부고객을 대상으로 주요정책 또는 국정과제 만족도 조사를 매년 실시하고 있다. 역대정부의 민원서비스 종합만족도(김대중 정부)와 주요 정책과제(또는 국정과제) 종합만족도(노무현 정부에서 문재인 정부까지)는 국민의

---

5 김영삼, 김대중, 노무현, 이명박, 박근혜 대통령은 2월 25일 취임하였으므로 1분기(3－5월), 2분기(6－8월), 3분기(9－11월), 4분기(12－2월) 평가자료이다. 박근혜 대통령 4년차 4분기는 2016년 12월 1주 및 2주차 조사결과 평균이다. 한편 문재인 대통령은 2017년 5월 10일 취임하여 5월 30일에 조사를 시작하였다. 1분기(6－8월), 2분기(9－11월), 3분기(12－2월), 4분기(2－5월)이며 5년차 4분기는 5월 1주차 조사 결과까지 포함하였다.

관점에서 정부의 정책갈등 해결 및 정책조정의 성과를 평가하는 대리지표라고 보겠다.

(3) 전문가 델파이조사에 의한 평가

이러한 대리지표들은 정책조정 성과를 나타내는 간접적인 측정도구에 불과하므로 역대정부의 정책조정 노력과 성과를 이러한 자료를 토대로 전문가 대상의 델파이조사를 통하여 질적으로 추정하기로 하겠다.

(4) 단기적 관점의 평가와 장기적 관점의 평가

정책조정 성과의 대리지표로 살펴보게 될 대통령 직무수행 평가는 매주 이루어지며 주요정책 및 국정과제 만족도는 매년 평가되므로 역대정부의 정책조정 성과를 동시대에 단기적 관점에서 평가한 자료라고 볼 수 있다. 이와 대조적으로 역대정부의 정책조정 노력과 성과에 관한 전문가 대상의 델파이조사는 상당한 기간이 경과된 이후인 조사 시점에서 전문가들이 회고적으로 평가한 것이므로 장기적 관점에서 평가한 자료이다. 이 책에서는 전문가 대상 델파이조사에서 평가한 정책조정 노력과 성과를 종합하여 역대정부의 정책조정역량(policy coordination capacity)에 관한 평가라고 보겠다. 동시대의 단기적 관점에서의 정책조정 성과의 평가와 장기적 관점에서 전문가들이 회고적으로 평가한 정책조정역량의 수준은 일치하지 않을 수도 있다.

Ⅲ. 전두환 정부의 정책조정 활동과 성과

1. 전두환 정부의 정책조정 활동

1) 계층적 권위에 의한 조정

(1) 대통령과 비서실의 정책조정

박정희 대통령이 1979년 10월 26일 당시 김재규 중앙정보부장의 총격으로 사망하여 제4공화국 유신정권은 종말을 맞이하였고, 정치적 혼란기에 보안사령관 전두환 장군 중심의 신군부 세력이 1979년 12·12 군사 구데타를 일으켜 실권을 장악하였다. 제5공화국 헌법에 따라 선거인단의 간접선거에서 전두환이 7년 단임의 대통령에 당선되어 1981년 2월 제5공화국 정부가 출범하였다.

전두환 대통령의 리더십 스타일은 진두지휘형으로 문제의 세밀한 사항을 파악하고, 가능하면 현장을 방문하여 점검하고 지시를 내리는 타입이었다(함성득, 2002: 153).[6] 특히 자신이 잘 안다고 생각한 정치와 군사분야는 소신대로 자신의 부관 출신들인 허화평, 허삼수, 이학봉, 권정달, 장세동과 함께 직접 관장하였다. 한편 자신이 경제에는 문외한이라고 자인하여 경제정책 조정은 민간출신의 경제관료에게 전적으로 위임하였다.[7]

전두환 대통령의 비서실은 박정희 대통령 당시 비서실의 기본틀을 유지하였는데, 그 주된 이유는 그 당시 비서실 체제가 이미 현대적 대통령비서실로서의 진용을 갖추고 있었기 때문이다. 그러나 비서실의 영향력과 위상에는 상당한 변화가 있었다. 전두환 대통령은 권위주의적 리더십이 확고한 인물이어서 측근이나 부하들의 권력행사를 용납하지 않았다(함성득, 1999: 119). 특히 박대통령 시절과 같이 비서실장이 제2인자로서 행세하는 것을 용납하지 않았고, 비서실장의 영향력을 대폭 축소하였다. 그러나 분야별 수석비서관의 역할까지도 축소한 것은 아니다. 정책조정과 관련하여 가장 주목해야 할 분야가 경제정책 조정을 관장하는 경제수석비서관이다. 경제수석 산하에 경제, 산업, 자원, 국토개발, 과학기술 비서관을 두었는데 경제수석이 경제정책조정의 전권을 위임받아 행사하였다. 초대 경제정책 수석은 UC Berkeley에서 경제학 박사를 받은 김재익이다. 김재익은 전두환 대통령의 경제가정교사 역할을 했고, 전두환 대통령은 경제정책에 관한 한 김재익에 일임해 소신대로 경제정책을 밀고 나가게 해 주었다. 전두환 대통령은 "경제에 관하여는 당신이 대통령이야"라고 하면서, 김재익에게 경제정책 전반에 대한 절대적인 권한을 부여했다고 알려졌다. 경제기술관료 김재익은 경제자율화, 시장자유화, 개방화, 안정화 조치를 추진하였다. 김재익 순직[8] 이후 전두환의 경제가정교사는 사공일 박

---

6 대통령의 리더십 스타일을 ① 참모의존형: 모든 정책결정을 참모에게 의존, ② 지도형: 큰 방향을 설정해 주고, 이론적 뒷받침을 해 주면서도 실제 집행은 아래에 맡김, ③ 진두지휘형: 일선에서 지휘하고 챙기는 유형으로 구분할 때, 전두환 대통령은 세 번째 진두지휘형이라는 것이다. 전두환 대통령은 중간보스가 있어서는 안된다고 판단했으며, 대통령과 장관 사이에 대통령 보좌관이 사이에 끼어들어 월권을 행사해서는 곤란하다는 인식을 가지고 있었다고 한다(김충남, 1998). 그는 군대에서 참모 역할보다는 지휘관 역할을 더 많이 했던 경력 때문에 참모보다는 직속부하를 직접 장악하여 지휘하는 유형이었다고 한다.

7 그는 취임과 동시에 매일 새벽 2−3시간씩 경제전문가로부터 경제 전반을 성실하게 배웠고, 배운대로 정책화했으며, 배운 지식을 바탕으로 진두지휘한 것으로 알려져 있다(이송호, 2008: 136, 각주 141).

8 김재익 수석은 1983년 미얀마 랭군의 아웅산 국립묘지에서 북한의 테러에 의한 폭발로 순직하

사(경제수석 1983.10-1987.7, 재무부 장관 1987.5-1988.2)로 교체되었고, 김재익의 자유화, 안정화, 산업구조 개편정책을 이어받아 지속적으로 추진하였다.

전두환 대통령은 박대통령 시기의 특별보좌관제를 전면 폐지하였고, 사정담당 특별보좌관을 사정수석비서관으로 변경하였다. 사정수석실의 신설은 대통령이 취임사에서 밝힌 '정의사회 구현'이라는 국정지표를 실현하기 위한 것으로 당시 구정치인들의 부정부패에 혐오를 느낀 전 대통령의 부정적인 정치관이 반영된 것이다. 사정수석실은 신설된 사회정화위원회를 통하여 악명높았던 삼청교육대 운영 등 사회정화운동을 진두지휘하였다. 그러나 전두환은 역설적으로 퇴임시에 천문학적인 액수의 정치자금을 받아 군사구데타를 일으킨 범죄와 함께 사법부의 심판을 받았다.

(2) 국무총리와 보좌기구의 정책조정

전두환 정부에서는 유창순, 김상협, 진의종, 노신영, 이한기, 김정렬이 총리를 맡았다. 제3공화국, 제4공화국(유신체제)에 이어 제5공화국에서도 국무총리는 헌법상의 기구임에도 불구하고 헌법이 부여한 권한을 제대로 행사하지 못했다. 국무총리는 제왕적 대통령의 방패막이가 되어주는 '방탄총리', '대독총리'의 역할을 수행하는 위치로 전락하였다. 대통령 책임제하에서 총리는 권한은 없이 대통령의 과오를 대신 '책임'지는 '책임총리'가 되었다.

국무총리의 보좌조직으로는 비서실 이외에도 행정조정실과 기획조정실이 있었으나, 1981년말 정부조직개편으로 기획조정실은 폐지되었고 그 기능 가운데 심사분석기능은 경제기획원으로 이관되었다. 그러므로 행정조정실(실장: 차관급)만으로 총리의 정책조정을 뒷받침하도록 하여 보좌기구가 상당히 약화되었다.[9]

(3) 부총리의 정책조정

전두환 정부는 박정희 정부에서 물려받은 경제부총리를 두었는데, 경제기획원장관이 겸임하였다. 경제기획원은 예산편성권뿐만 아니라 「경제개발 5개년계획」을 수립하고 관장하였으며, 각 부처의 기획과 심사분석을 관장하는 부총리 부처였기

였다.

9 1981년 4월 「정부조직법」 제19조(기획조정실) ① 각 중앙행정기관의 기획의 조정 및 심사분석에 관하여 국무총리를 보좌하게 하기 위하여 국무총리밑에 기획조정실을 둔다. 제20조(행정조정실) 각 중앙행정기관 및 서울특별시에 대한 행정의 지휘·조정·감독에 관한 사항에 관하여 국무총리를 보좌하게 하기 위하여 국무총리밑에 행정조정실을 둔다. 한편 1981년 12월 31일 개정된 「정부조직법」에서 기획조정실을 폐지하였고, 심사분석기능을 경제기획원으로 이관하였다.

때문에 강력한 조정권한을 행사할 수 있었다.[10] 전두환 정부는 제5차 경제・사회개발 5개년계획(1982–1986)을 수립하여 집행하였고, 제6차 경제사회개발 5개년계획(1987–1992)도 수립하였다. 이같이 부총리 부처인 경제기획원은 대통령비서실 경제수석의 지휘를 받으면서 경제정책분야에서 강력한 정책조정권한을 행사하였다.

(4) 조직개편과 정부역할 재정립

전두환 정부의 행정개혁의 목표는 '간소한 정부'와 '깨끗한 정부'를 구현하여 정부역할을 재정립하는 것이었다(총무처, 1982: 37; 김현준, 2014: 230에서 재인용). 이는 외부적으로는 1980년대 초반 영국의 대처(Thatcher) 정부와 미국 레이건(Reagan) 정부가 작은 정부를 지향하여 선도한 신자유주의적 개혁의 영향을 받았다. 내부적으로는 1970년대 경제・사회분야에 대한 과도한 국가개입을 축소하고자 한 것이었다(홍성걸, 2014: 249). 실제로 1981년 전두환 정부는 정부조직법 개정으로 2개의 장관급 직위와 5개의 차관급 직위를 감축하였고, 중앙부처 차관보를 비롯하여 국장, 담당관 등 간부급 직위 367개를 감축했다(홍성걸, 2014). 이를 통해 4급 이상 공무원의 11.8%가 감축되었다. 동시에 기관의 폐지도 수반되어 국무총리 기획조정실, 국가안전보장회의 사무국, 국방부 산하 3개 기관 등 다수의 기관이 폐지되었다.

그러나 집권 초기의 정부조직 축소개편 기조에도 불구하고 전두환 정부 임기 말까지 부처 조직의 숫자는 꾸준히 증가하였다. 1979년 12월에는 환경청이 보사부 독립 외청으로 신설되었고, 1980년 10월에는 사회정화위원회가, 1982년에는 체육부가 장관급 독립부처로 신설되었다. 사회정화위원회는 국무총리 산하 차관급 행정위원회로서 사정수석실의 지휘를 받아 삼청교육대 운영 등 사회악 정화정책 집행을 위한 범부처 조직이다(박치성, 2014). 체육부는 1986년 서울아시아경기대회와 1988년 서울올림픽대회 행사준비를 전담하였다(임태성, 2014). 결과적으로 1981년 10・15 행정개혁을 통해 2원 15부 4처 4청 4외국의 체제를 갖추었던 중앙정부 조직이 전두환 정부 말기인 1987년에는 1부 9청이 순증하여 2원 16부 4처 13청 3외국이 됨으로써 당초 내걸었던 작고 효율적인 정부가 퇴색되는 결과가 되었다.

---

10 1981년 12월 개정된 「정부조직법」 제23조(경제기획원)는 ① 국가의 경제사회발전을 위한 종합계획의 수립・운용과 그 재원조달을 위한 계획의 조정, 예산의 편성 및 그 집행의 관리, 각 중앙행정기관의 기획과 심사분석에 관한 사무를 관장하기 위하여 국무총리 소속하에 경제기획원을 둔다고 규정하였다.

(5) 공기업 · 공공기관 구조개혁

전두환 정부는 과거 정부기업 형태로 정부가 제공하던 일부 서비스를 공사화하였다. 체신부의 통신사업부문을 한국전기통신공사(1981)로 분리 · 독립시키고, 대한재보험공사, 대한석유공사, 대한준설공사 등도 정부조직에서 공사형태로 독립하였다. 반면 주식회사 형태로 운영되던 한국전력주식회사는 공적 역할의 중요성을 고려하여 역으로 다시 정부가 지분을 전량 매입하여 공사로 전환시켰고, 한국가스공사 신설(1983), 농수산물유통공사 신설(1987) 등으로 공기업 숫자는 오히려 증가하였다(홍성걸, 2014: 276).

한편 1980년대 초반부터 정부가 공기업 형태로 운영해 왔던 금융공기업, 즉 한일은행(1981), 제일은행(1982), 서울신탁은행(1982), 조흥은행(1983) 등을 민영화하였다. 전두환 정부에서 기획되어 1987년 이후 노태우 정부에서 본격 추진된 민영화에서는 한국전력, 한국통신(현재 KT), 포항제철(현재 POSCO)을 비롯한 11개 우량공기업이 민영화되었다. 금융기관의 민영화를 비롯한 전두환 정부의 민영화정책은 이후 산업정책 전반의 정책수단을 전반적으로 변화시키면서 시장중심의 경제운용을 가능하게 하는 기반이 되었다.

2) 수평적 정책조정

(1) 국무회의에 의한 조정

전두환 대통령은 비서실보다는 내각 중심의 국정운영을 강조하였고(함성득, 1999: 120), 팀워크를 중시하여 국무회의 또는 장관회의를 통하여 주요정책을 결정하고자 노력한 것으로 알려졌다(이송호, 2008: 138).

(2) 분야별 관계장관회의의 정책조정

전두환 정부는 대체로 박정희 정부가 구축한 관계장관회의 시스템의 골격을 유지하면서, 국내외 새로운 여건변화에 따라 일부 분야에서 관계장관회의들을 재정비하였다(이송호, 2008: 139-147). 즉, 국가안보 및 국민안전 분야 관계장관회의 보강, 산업정책 분야 관계장관회의의 정비, 공업화정책 피해보상을 위한 관계장관회의의 신설 등이 이루어졌다. 전두환 정부의 관계장관회의 시스템의 평가에 따르면(이송호, 2008: 146), 정책의 추진과 조정기구로서 관계장관회의의 역할과 영향력이 강화되었는데, 이는 대통령비서실에서 내각업무에 간섭하지 못하게 하면서 관계장관회의에 대통령 수석비서관들의 참석을 억제했기 때문이다. 또한 관계장관회의의 운영 시에 주무부처가 간사 역할을 담당하도록 하여 주무부처의 영향력이 강화되었다.

(3) 위원회에 의한 조정

전두환 대통령은 관계장관회의의 정책조정 기능을 강화시킨 반면, 민간전문가가 주도하는 위원회 형태의 정책조정기능은 약화시킨 것으로 평가된다. 임혁백(2014: 33)은 전두환 대통령은 박정희 대통령이 계속해 왔던 국가와 민간부문 간의 '심의적'(deliberative) 정책조정을 거의 단절시켰다고 본다. 월간 경제동향회의를 일년에 한두 번, 무역진흥회의는 1985년에 3번, 1986－1987년에는 한번도 개최하지 않았다는 것이다.

3) 관리체계 개혁에 의한 조정

(1) 전략적 성과관리체계에 의한 조정

전두환 정부는 영국 대처정부와 미국 레이건 정부의 신공공관리 관점의 작은 정부론을 받아들였으나, 전정부적인 성과관리제도에 의한 조정이라는 개념까지는 생각이 없었던 것으로 평가된다.

(2) 예산 및 재정관리체계에 의한 조정

기존의 예산회계법에 따른 예산 및 재정관리체계가 이루어지는 가운데 김재익 경제수석은 재정건전성을 감안하여 모든 예산을 원점에서 검토하는 제로베이스 예산제도를 도입하여 정부지출을 감축하고자 하였다.

(3) 인적자원의 통합관리에 의한 조정

전두환 대통령 임기초에 고위직 공무원 11.8% 감축을 포함하여 중앙부처 공무원을 감축하였고, 공무원의 계급 구분을 종전의 1급～5급(갑, 을)에서 1급～9급으로 변경하여 오늘날의 계급체계가 확정되었다. 당시 공직사회는 전문가보다는 일반행정가를 우대하는 분위기가 지배적이었다. 예를 들면, 행정고시 합격자는 오늘날과 같이 직렬별 모집이 아니었으므로 모든 부처에 임용될 수 있었다. 그러나 공직자의 전문성을 획기적으로 개선하는 방안을 추진하지는 못하였다. 오히려 공직 전문성 강화와는 거리가 먼 "사관 특채 사무관제도"를 임기 말까지 유지하였다.[11]

(4) 범부처 업무처리 절차 도입에 의한 조정

전두환 정부는 1981년 역대정부 가운데 처음으로 「공직자윤리법」을 제정하여, 3급 이상 공무원(세무공무원은 5급 이상)을 재산등록대상으로 규정했고, 등록된 재산은 비공개를 원칙으로 하였다. 한편 1980년 10월 28일 공식 출범한 사회정화위원회가 반부패정책을 추진하였지만 구정치인들의 활동을 통제하고 신군부인사들을 중심으로 한 새로운 정치질서를 창출하기 위한 수단으로 활용되었다. 사회정화위원회와 사회정화운동은 후임 노태우 정부에서 폐지되어 지속성을 갖지 못하였다.

2. 전두환 정부의 정책조정 성과

1) 조직 전문화 및 자율성

전두환 정부는 조직 통폐합 등 과격한 조직개편을 추진하지는 않았지만 정부부처 하부조직을 상당수 폐지하였다. 임기 중에 체육부, 환경청 등 전문부처를 신설하기도 하였으나 부처 전문성을 전반적으로 제고하려는 특별한 노력은 없었으며 부처 전문성과 자율성의 수준이 매우 낮은 상태에서 국정이 운영되었다.

2) 정책조정 메커니즘 활용 평가

전두환 정부의 정책조정 메커니즘은 군부조직 운영의 특성이 반영된 계층적 권위에 의한 정책조정도구들이 주로 사용되었다. 정치와 군사 분야는 대통령이 직접 관계부처와 접촉하면서 조정하였고, 경제분야는 경제수석과 부총리 부처인 경제기획원을 중심으로 강력한 조정기능이 수행되었다. 반면 국무총리와 보좌조직의 역할은 매우 취약하였다. 대통령의 관심을 반영하여 관계장관회의의 활용도는 높아졌지만, 민간인사가 참여하는 각종 위원회는 거의 활용되지 않았다.

3) 단기적 관점에서의 정책조정 성과의 평가

전두환 정부 시기에 사회갈등과 이에 따른 부처간 정책갈등은 사정수석실과 억압적인 사정기구를 통하여 최대한 억제되었다. 한편 군사구데타로 집권한 태생적

---

11 "사관 특채 사무관" 제도는 1977년 박정희 정부가 유신체제 하에서 도입한 것으로 소위 '유신사무관'으로 불렸다. 사관학교를 졸업한 대위를 사무관으로 특채하였고 도입 초기 5년은 100명씩 선발하였고, 1982년부터는 50명씩 선발하였다. 유신사무관은 군사독재의 주요상징으로 척결대상에 꼽혔으며 노태우 정부가 출범과 더불어 제도를 폐지하였다.

한계 때문에 낮은 민주적 정통성을 상쇄하기 위하여 노력한 결과 경제정책조정의 성과는 매우 높은 것으로 평가되었다. 전두환 대통령은 경제분야에서 권한위임형 리더십을 발휘함으로써 박정희 말기부터 심화된 경제위기를 극복하였고, 국제수지를 흑자로 돌아서게 했으며, 물가를 안정시켰다. 신자유주의적 경제안정화 정책은 1983년부터 낮은 인플레이션하의 고도성장이라는 결실을 맺을 수 있었다. 결론적으로 이같이 경제정책조정의 성과가 높았던 것은 사회갈등 및 부처간 정책갈등은 억압적 기구를 통하여 최대한 억제하는 한편, 대통령과 경제수석, 부총리를 포함한 계층적 조정 메커니즘이 원활하게 작동했기 때문이라고 볼 수 있다.

Ⅳ. 김영삼 정부의 정책조정 활동과 성과

1. 김영삼 정부의 정책조정 활동

1) 계층적 권위에 의한 조정

(1) 대통령과 비서실의 정책조정

김영삼 대통령은 다양한 정책조정 메커니즘을 적극적으로 활용하지 않았고, 권위주의 시대와 유사하게 대통령의 권위를 활용하여 주요 정책을 결정하였다. 예를 들면 군부 사조직인 하나회 해산, 금융실명제 도입 등의 경우 관련된 정책조정 메커니즘을 거치지 않고, 대통령 단독으로 전격적으로 결정하였다.

김영삼 대통령은 집권 초기 '작은 정부'를 주장하면서 비서실 기능과 조직을 축소하는 쪽으로 개편하고자 하였다. 비서실을 기능별로 구분하면 관리보좌(민정수석, 총무수석, 의전수석), 소통보좌(정무수석, 공보수석), 분야별 정책보좌(경제수석, 외교안보수석, 행정수석, 농수산수석), 정책기획 및 조정기능(정책기획수석)으로 구분할 수 있다. 1994년 신설된 정책기획수석이 국정과제로 추가된 세계화 총괄 지휘 역할에 역점을 두고 정책기획과 조정기능을 담당하였다.

(2) 국무총리와 보좌기구의 정책조정

김영삼 정부에서는 모두 6명의 총리가 재임하였으며, 총리의 역할은 김영삼 대통령의 내각에 대한 관리 의지, 총리에 대한 신임도, 정치·사회적인 환경, 총리 자신의 개성에 따라 조금씩 달랐다. 김영삼 대통령의 국무총리와 내각에 대한 정책조정에 관한 업무위임 정도는 크지 않았다. 전임 노태우 정부와 비교하여 국무총리가 정책조정에 필요한 자원도 빈약하였고, 적극적인 정책조정 역할을 수행하기도 어려웠다. 국무총리의 보좌조직은 1973년 설치된 행정조정실이다. 김영삼 정부에서 행정조정실장에게 차관회의를 주재하는 수석 차관 직위를 부여하여 국정 핵심부서로서 역할이 정립되었다.

(3) 부총리의 정책조정

김영삼 정부는 전임 노태우 정부에서 물려받은 바와 같이 경제부총리와 통일부총리를 두었다. 경제부총리는 중앙부처의 예산편성권을 가진 부처의 장관이 겸임함으로써 예산배정을 기반으로 정책조정기능을 수행하였다. 통일부총리는 대외정책분야를 관장하였는데 사실상 정책조정권을 행사할 수 있는 수단이 별로 없는 상황이므로 정책조정기능을 제대로 수행하기는 어려웠다.

(4) 조정전담장관으로서 제1정무장관

무임소 조정전담장관에 해당하는 제1정무장관이 정부와 국회, 정부와 정당 사이의 가교역할을 담당하였는데, 정무수석과의 역할 중복문제가 제기되었다.

(5) 조직개편과 거대부처 신설

김영삼 정부는 4차에 걸친 조직개편을 통하여 부처를 통·폐합하였다. 직전 노태우 정부 임기말과 비교하여 중앙행정기구 숫자는 2부, 1처, 2외국이 축소되었다. 김영삼 정부의 정부조직 개편에서 문화체육부(문화부와 체육청소년부 통합), 상공자원부(상공부와 동력자원부 통합), 재정경제원(경제기획원과 재무부 통합), 건설교통부(건설부와 교통부를 건설교통부)와 같은 거대부처가 탄생하였다. 이같이 4개 부가 축소되었으나, 환경처의 환경부 승격, 해양수산부 신설이 이루어졌다. 이같이 장관급 부처의 대대적인 통폐합이 이루어졌는데, 초점은 정책조정 기능의 강화라기보다는 비대한 경제부처 권한의 축소에 있었다.

(6) 공기업·공공기관 구조개혁

공기업의 독점적 지위에 따른 미진한 경영효율화 노력을 부각시키며 공기업민영화 계획을 수립하였다. 이는 김영삼 정부가 당시 세계적으로 유행하였던 신공공관리론의 영향을 받아 공공부문의 개혁을 추진했다는 것을 의미한다. 데이콤 민영화(1993), SK텔레콤 민영화(1994) 등 일정 부분 성과가 있었고, 철도민영화 기반을 구축하였다. 당초 131개 공기업 중 61개 민영화를 계획하였으나 실제 임기 중 민영화 완료기업은 16개에 그쳤다.

2) 수평적 정책조정

(1) 국무회의에 의한 조정

국무회의는 부처간 정책조정도구로서 실질적 역할은 미흡하고 이미 조정되고 결정된 정책을 사후에 최종 확정하는 기구로 성격이 변화하였다.

(2) 분야별 관계장관회의의 정책조정

김영삼 정부는 노태우 정부로부터 물려받은 관계장관회의 시스템을 다음과 같이 개편하였다. 대외정책분야에서는 1996년부터 국가안보회의와 통일관계장관회의를 중심으로 안보와 남북관계 의제를 다루도록 하였고, 경제분야에서는 1963년부터 경제정책을 총괄 심의·조정해 온 경제장관회의를 계속하여 유지하였다. 한편 과학기술정책을 보다 강력하게 추진하기 위하여 1996년 3월 장관급 과학기술장관회의를 신설하였다. 그러나 김영삼 정부의 국정운영에서 이른바 '비선조직'으로 불리는 비공식조직이 정책조정에 개입하는 일이 잦았기 때문에 전반적으로 관계장관회의의 중요성이 강화되었다고 보기 어렵다.

(3) 대통령 소속 위원회에 의한 조정

김영삼 정부에서는 정책기획위원회,[12] 행정쇄신위원회, 세계화추진위원회 등 정부개혁 분야에서 대통령 소속위원회가 활용되었으나, 그 숫자는 많지 않았으며 본격적으로 활용되지도 않았다.

---

12 정책기획위원회의 전신은 1989년 6월 1일 대통령령(제12720호)에 따라 대통령 소속 자문기관으로 설립된 21세기위원회이다. 김영삼 정부에서 1995년 6월 16일 정책기획위원회로 명칭을 바꾸는 한편, 현안 정책연구 및 정책평가에 대해서도 자문할 수 있도록 기능을 확대했다. 노무현 정부에서 2003년 4월 22일 50명 이내인 위원정수를 100인 이내로 확대했다. 2008년 2월 이명박 정부가 출범하면서 해체됐으며, 같은 해 5월 14일 미래기획위원회가 설치되어 국가 중장기 정책 수립에 관한 대통령 자문기구 역할을 맡았다. 문재인 정부에서 2017년 12월 15일 정책기획위원회가 다시 설립되어 분야별 국가 정책 및 현안 과제를 연구하는 역할을 수행한다.

3) 관리체계 개혁에 의한 조정

(1) 전략적 성과관리체계에 의한 조정

김영삼 정부는 경제기획원의 심사분석제도와 국무총리실의 정책평가제도로 이원화되어 운영되어온 정부업무성과관리제도를 1994년말 국무총리실 심사평가제도로 일원화하였다(제9장 참조). 그러나 김영삼 정부의 성과관리제도는 체계화되지 못한 채 과도기 단계에서 운영되었다.

(2) 예산 및 재정관리체계에 의한 조정

예산 및 재정관리체계에서 괄목할 만한 개혁 조치는 도입되지 않았다. 따라서 재정당국의 각 부처 예산에 대한 통제는 전통적인 예산절차에 의한 투입 중심의 관리를 답습하였다.

(3) 인적자원의 통합관리에 의한 조정

행정쇄신위원회를 중심으로 개방형 전문직위제도 도입, 여성공무원 채용목표제, 지방고등고시 도입하고, 세계화를 위한 공무원 교육훈련 개선방안을 추진하였다.

(4) 범부처 업무처리 절차 도입에 의한 조정

김영삼 정부는 1993년에는 그간 형식적으로 운영되어온 「공직자윤리법」을 개정하여 공직자 및 공직 후보자에 대하여 보유재산을 등록하고 공개하도록 하였고, 같은 해에 금융실명제를 전격적으로 실시하여 공직자의 부정한 재산축적행위를 감시하도록 하였다. 한편 「행정규제 및 민원사무기본법」(1994)에 근거하여 옴부즈만제도를 국민고충처리위원회라는 이름으로 발족하여 국민의 권리구제에 기여하였다. 김영삼 정부에서 정부운영체계 혁신과 관련된 「행정절차법」과 「정보공개법」이 제정(1996.12.31.)되었는데, 오늘날까지 정책결정의 민주화와 국민의 권리구제에 크게 기여해 왔다. 「행정규제기본법」(1997)의 법제화를 통하여 '규제개혁위원회' 설치 근거를 마련하여 후임 김대중 정부가 동 위원회를 설치할 수 있도록 하였다.

2. 김영삼 정부의 정책조정 성과

1) 조직 전문화 및 자율성

개발연대에 형성된 부처조직 전문화와 자율성의 수준이 낮은 상황을 물려받은 김영삼 정부가 부처 전문성 제고를 위해 개방형 전문직위제도 도입과 개방형 임용 활성화를 추진하였으나, 전문성 제고에는 역부족이었다고 평가된다. 김영삼 정부에서 도입한 공직자 재산등록제도, 금융실명제 및 옴부즈만 제도, 그리고 「행정절차법」과 「정보공개법」 제정 등 부처업무에 대한 절차적 통제 제도들은 정부운영의 투명성 제고와 국민의 권리구제에 기여하였지만, 부처의 전문성 제고에 큰 영향을 미쳤다고 보기는 어렵다.

2) 정책조정 메커니즘 활용 평가

김영삼 정부의 정책조정 메커니즘은 권위주의 시대에 중시된 계층적 권위에 의한 정책조정도구들을 주로 사용하였다. 대통령과 정책기획 수석을 중심으로 비서실의 역할이 강력하였으며 국무총리와 보좌조직의 역할은 상대적으로 취약하였다. 4차례에 걸친 대대적인 조직개편을 통하여 공무원 집단을 통제하고자 하였다. 수평적 정책조정의 도구인 관계장관회의의 활용과 대통령 소속위원회를 활용한 정책조정도 본격적으로 이루어지지는 않았다. 공기업민영화 등 신공공관리개혁을 추진하였으나, 신공공관리 관점의 관리체계 개혁, 즉 전략적 성과관리, 결과중심적 예산통제 등 1980년대에 영미권 국가에서 광범위하게 활용된 신공공관리기법은 도입하지 않았다.

3) 단기적 관점에서의 정책조정 성과의 평가

[그림 6-2]에서 보듯이 김영삼 대통령의 직무수행에 관한 일반국민의 평가는 집권 첫해에 금융실명제 도입, 하나회 해산 등 개혁정책을 전격적으로 추진하여 80%를 상회하는 이례적으로 높은 긍정평가 비율을 기록하였다. 그러나 대통령이 주로 계층적 조정 메커니즘에 의존하는 독선적인 국정운영을 계속하면서 집권 중반기에 접어든 3년 차와 4년 차 긍정평가 비율은 30-40% 수준에 머물렀다. 특히 집권 3년 차인 1995년에 5대 국정지표의 하나로 추가된 '세계화 정책'(제2장 참조)을 성급하고 무리하게 추진하면서 경제분야에서 정책조정의 실패가 누적되어 마지

그림 6-2 김영삼 정부 정책조정 성과 대리지표(직무수행 긍정평가) 추이

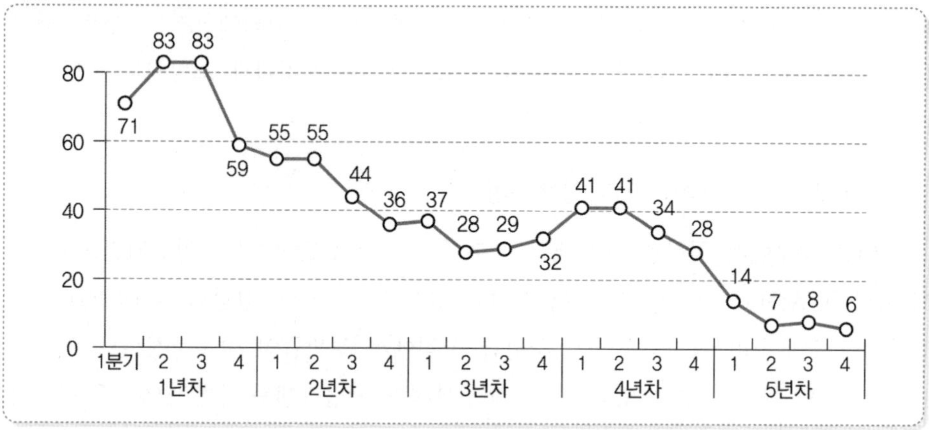

막 5년 차에는 IMF 경제위기를 초래하였다. 이에 따라 긍정평가 비율은 10% 이하로 급격하게 하락하였다.

요약하면 정책조정 성과의 대리지표인 직무수행 긍정평가 비율을 살펴보면 김영삼 대통령은 임기 초반 국민의 압도적인 지지를 받았지만, 임기 전반에 걸쳐 다양한 정책조정 메커니즘과 도구들을 적절하게 활용하는 데 실패하였기 때문에 임기말에는 대다수 국민이 정책조정 성과가 지극히 저조한 것으로 인식하였다.

Ⅴ. 김대중 정부의 정책조정

1. 김대중 정부의 정책조정 활동

1) 계층적 권위에 의한 조정

(1) 대통령과 비서실의 정책조정

김대중 대통령은 국무총리와의 역할분담, 관계장관회의 및 대통령 소속 위원회 등 정책조정 메커니즘을 나름대로 체계화하였고, 대통령이 이러한 메커니즘이 적절하게 운영되도록 적극적으로 뒷받침하였다. IMF 외환 위기의 와중에 출범한 김대중 정부는 집권 초기에 내각 중심의 국정운영을 강조하면서 대통령비서실의 조직을 김영삼 정부 임기말과 비교하여 대폭 축소하였다. 비서실을 기능별로 구분하면 관리보좌(총무, 의전, 민정, 법무, 행사기획), 소통보좌(정무수석, 공보수석), 분야별

정책보좌(경제수석, 외교안보수석, 사회복지수석), 정책기획 및 조정보좌(정책기획수석)로 나눌 수 있다. 정책기획수석은 기획과 예산을 다루는 기획예산처를 관장하면서 실질적으로 비서실내 선임 수석의 위치를 고수하여 정책기획과 조정업무를 담당하는 조직의 역할은 보다 강화되었다.

(2) 국무총리와 보좌조직의 정책조정

김대중 정부에서 국무총리의 행정 각부 통할권이 상당한 정도 인정되었으며, 이에 따라 국무총리의 실질적인 권한 행사와 정책조정 역할이 상당히 강화되었다. 보좌기구인 국무총리 행정조정실은 차관급 조직에서 장관급인 국무조정실로 격상되었고, 기능도 확대·개편되었다. 또한 범정부적인 국정과제를 종합적으로 추진하기 위하여 복수의 Task Force(수질개선기획단, 실업대책기획평가단, 부패방지기획단, 안전관리개선기획단, 제주국제자유도시추진기획단, 수해방지대책기획단)가 운영되었다. 국무조정실 정원도 증가하여 보좌조직 확충에 따른 정책조정기능의 강화가 이루어졌다.

(3) 부총리의 정책조정

김대중 정부는 1998년 출범 초기에 경제부총리와 통일부총리를 모두 폐지하였다. 그러나 다수 부처의 업무가 서로 복잡하게 연결된 경제정책분야의 현실적 필요에 따라 김대중 정부에서도 곧 경제정책조정 업무 담당조직이 부활하였다. 2001년 1월 부처간 정책조정기능을 강화하기 위하여 경제정책조정을 담당하는 재정경제부 장관과 인적자원 개발기능을 담당하는 교육부 장관을 부총리급으로 격상하였다. 경제부총리의 경우 정책조정기능이 원활하게 이루어졌으나, 인적자원부총리의 조정기능은 취약한 것으로 평가된다.

(4) 조직개편과 부처 전문화

김대중 정부는 김영삼 정부에서 거대부처로 개편한 재정경제원을 4개 부처(재정경제부, 금융감독원, 기획예산위원회, 예산청)로 분할하였다. 조정전담장관인 정무장관은 폐지하였지만 여성부, 중앙인사위원회, 금융감독위원회, 식품의약품안전청 등을 설치하는 등 부처의 전문화를 추구하여 중앙행정기관 숫자가 늘어났다.

한편 정부운영시스템의 개편방안의 하나로 책임운영기관제도를 도입하였다. 1999년 정부기관 중 집행적 성격의 기관을 책임운영기관(executive agency)으로 지정하여, 특별회계로 운영하고 예산편성과 집행에 재량권을 부여하였다. 2000년에 국립의료원 등 10개, 2001년에는 국립식물검역소 등 13개 기관이 지정되었다. 그러나 영국과 비교하면 그 숫자가 많지 않았고, 기관 자율성과 재량권에도 제약이 있었다.

(5) 공기업 · 공공기관 구조개혁

IMF위기 탈출에 필요한 재정수입 확보와 국가재정 건전화를 위하여 폭넓은 공기업 민영화계획을 수립하여 추진하였다. 포항제철, 한국중공업, 한국전기통신공사 등 민영화가 이루어진 후 공기업은 자회사 포함 98개에서 35개로 감축하여 숫적으로 78%가 감축되었다. 역대 최초로 정부산하기관 현황을 파악하여 경영혁신 이행실적을 종합적으로 평가하기 시작하였다. 정부출연연구기관과 주무부처와의 소속관계를 해소하고 5개 연합이사회를 설립하도록 하여 국무조정실의 평가를 받도록 하였다. 이같이 김대중 정부는 공기업 · 공공기관들을 대상으로 가장 강력한 구조조정을 실시하였다.

2) 수평적 정책조정

(1) 국무회의에 의한 조정

국무회의는 이전과 마찬가지로 이미 조정되고 결정된 정책을 사후에 최종 확정하는 역할을 담당하였다.

(2) 분야별 관계장관회의의 정책조정

김대중 정부는 관계장관회의의 체계화를 추진하여 경제정책조정회의, 국가안보회의와 상임위원회, 인적자원개발회의, 사회관계장관회의 등 4대 정책분야별 관계장관회의를 중시하였다. 국무회의의 형식화에 따른 약점을 극복하고 행정문제의 전문화에 대응하려는 시도라고 볼 수 있다. 초기 외환위기 극복대책을 논의하고 결정하기 위하여 대통령이 직접 주재하는 비공식 회의기구인 경제대책조정회의를 통하여 경제정책을 조정하였다. 외환위기 극복 이후 재경부 장관이 의장인 경제정책조정회의, 대외정책을 조정하는 국가안보회의와 상임위원회(의장: 통일부장관), 인적자원개발정책을 추진하는 인적자원개발회의(의장: 교육인적자원부 장관), 사회 · 복지 · 문화 정책분야의 조정을 담당하는 사회관계장관회의(의장: 행자부 장관)를 운영하였다. 이들 관계장관회의에는 실무위원회를 설치하여 정책조정을 뒷받침하도록 하였다.

(3) 대통령 소속위원회에 의한 조정

김대중 정부는 시민사회를 국정에 참여시키는 정책을 국정운영의 기본으로 삼았으므로 민관이 협력하는 자문기구를 많이 두었다. 김영삼 정부 임기말 대통령 소속위원회는 비교적 소수인 10개였으나, 김대중 정부 임기말에는 18개로 증가하였다. 규제개혁위원회, 노사정위원회, 정책평가위원회, 행정개혁위원회, 제2건국 범국민추진위원회, 반부패특별위원회, 전자정부추진위원회 등 그 숫자도 많아졌고, 본격적으로 활용되기 시작하였다.

3) 관리체계 개혁에 의한 조정

(1) 전략적 성과관리체계에 의한 조정

김대중 정부는 집권과 더불어 기존 성과관리제도의 대대적인 개편을 시도하였다(제9장 참조). 1998년 각계 민간전문가로 구성된 국무총리 자문기구인 정책평가위원회를 구성·운영하기 시작하였고, 2001년 「정부업무평가기본법(이하 평가기본법)」을 제정하여 '기관평가제도'를 법제화하였다. 기관평가제도는 부처간 경쟁을 통한 행정의 효율성 제고와 책임성 확보를 위하여 기존의 단편적 정책과제 위주 평가에서 기관의 포괄적 역량까지 평가하도록 하였다. 정책평가위원회는 심의기구화하였고, 동 법에서 중앙행정기관에 대한 기관평가와 더불어 각 부처의 자체평가기능을 강화하였다. 광역 및 기초자치단체까지도 평가위원회를 구성하도록 제도화하였다. 또한 공기업과 정부산하기관에도 경영평가시스템도 도입하여 공공부문 전반에 걸쳐 성과관리와 성과평가의 기본체제가 구축되었다.

(2) 예산 및 재정관리체계에 의한 조정

김대중 정부는 1999년에 '예비타당성조사제도'를 도입하여 대규모 공공투자사업에 대한 신규 투자를 투명하고 공정하게 결정하고 대형투자사업에 투입되는 재원의 효율적 배분을 기하고자 하였다. 이 제도는 오늘날까지 존속되면서 재원의 효율적 배분에 기여하고 있다. 또한 기금도 예산과 마찬가지로 국회의 심사를 받도록 제도화하고, 기금운용에 대한 점검·평가를 강화하였다.

(3) 인적자원의 통합관리에 의한 조정

김대중 정부에서 1999년 11월에 도입한 개방형 직위제도는 국장급 이상 직위

가운데 38개 부처 129개 직위를 민간전문가와 부처 내외의 지원자들에 개방하여 고위공직의 전문성과 개방성을 제고하고자 하였다(남궁근 외, 2000). 과장급 이하 성과상여금제와 국장급 이상 성과연봉제를 도입하여 공무원의 보수체계를 성과중심으로 전환하였다.

(4) 범부처 업무처리 절차 도입에 의한 조정

김대중 정부는 1998년 6월부터 규제영향분석제도를 도입하여, 행정기관들이 규제 신설과 강화에 신중하게 대처하도록 하였다. 2001년 「부패방지법」을 제정하고 대통령 소속 행정위원회인 부패방지위원회를 설립하여 부패방지정책을 총괄하도록 하였다. 「부패방지법」과 더불어 우리나라 최초의 자금세탁방지법인 「범죄수익은닉규제 · 처벌법」과 「특정금융거래정보 보고 및 이용등에 관한 법률」을 제정하여 금융거래의 투명화에 기여하였다.

2. 김대중 정부의 정책조정 성과

1) 조직 전문화 및 자율성

김대중 정부의 전문부처화 관점에서의 조직개편, 책임운영기관제도 도입, 부처자체평가제도 강화, 개방형 직위제도 도입 등은 공무원과 부처의 전문성 제고를 위한 획기적인 제도이며 부처 전문성 제고에 어느 정도 기여한 것으로 볼 수 있다.

2) 정책조정 메커니즘 활용 평가

김대중 정부는 계층적 권위에 의한 조정도구들과 함께 수평적 조정도구와 관리체계 개혁에 의한 도구들을 도입하였다. 대통령과 비서실의 역할과 더불어 국무총리와 보좌조직의 역할도 강화되었다. 전임 김영삼 정부와는 달리 거대부처보다는 전문부처주의 관점에서 정부조직개편이 이루어졌다. 수평적 정책조정의 도구인 4대 정책분야별 관계장관회의의 체계화를 시도하였고, 민관이 협력하는 대통령 소속위원회를 통한 정책조정도 활용되기 시작하였다. 공기업민영화 등 신공공관리관점의 개혁도 강력하게 추진하였다. 관리체계의 개혁, 즉 책임운영기관제, 개방형 직위제, 성과연봉 · 상여금제, 예산절약인센티브제도, 민간위탁, 행정서비스 헌장, 규제영향분석, 기관평가제 도입 등 영미권 국가에서 1980년대에 활용된 신공공관리 관점의 기법들이 광범위하게 도입되었다. 그러므로 계층적 권위에 의한 조정메커니즘이 유지되는 가운데, 네트워크형 조정메커니즘(수평적 정책조정)과 시장형 정책조정 메커니즘(신공공관리 관점의 관리체계 개혁)이 추가된 것으로 보아야 할 것이다.

3) 단기적 관점에서의 정책조정 성과의 평가

김대중 대통령은 임기초 경제대책조정회의를 설치하여 대통령이 직접 주재하면서 금융개혁, 재벌개혁 등 경제개혁을 추진하고 조정하는 등 수평적 정책조정 도구인 4대 분야별 장관회의를 체계적으로 운영하였다. 또한 공기업민영화 등 신공공관리 관점의 개혁도구 활용을 토대로 IMF 경제위기에서 비교적 빠른 시기에 탈출하는 등 정책조정에서 가시적인 성과를 거두었기 때문에 [그림 6-3]에 나타나듯이 김대중 대통령의 직무수행에 관한 일반국민의 평가는 취임 첫해 71%에서 3년 차 중반까지 50%를 상회하였다. 그러나 집권 4년 차와 5년 차의 긍정평가 비율은 20-30% 대에 머물렀다. 김대중 정부는 기관평가제도를 도입하여 부처간 경쟁을 통하여 IMF 경제위기에 벗어나고자 하였는데 기관평가제도의 일부로 행정수혜자의 민원서비스에 대한 고객만족도를 조사하기 시작하였다(제9장 참조). [그림 6-3]에서 보듯이 각 부처의 민원서비스 만족도를 합산한 종합만족도는 취임 첫해인 1998년 54.9점(100점 만점)에서 2001년 65.5점으로 증가추세를 보였으며 임기말인 2002년에는 63.7점을 기록하여 상당히 개선되었다.

그림 6-3 김대중 정부 정책조정 성과 대리지표 추이

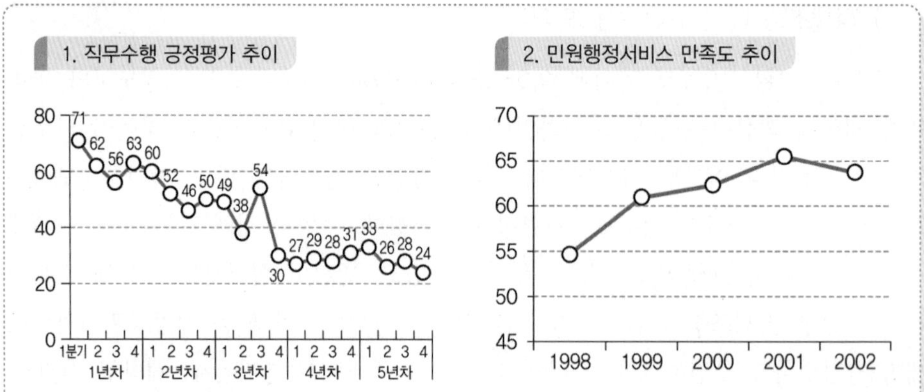

※ 김대중 정부 시기에는 민원행정서비스에 대한 종합만족도가 조사됨

요약하면 대리지표인 대통령 직무수행평가와 민원서비스 만족도로 살펴본 김대중 정부의 정책조정성과는 대통령이 임기 전반에 걸쳐 네트워크형 정책도구와 시장형 조정도구들을 적절하게 보완·활용하여 IMF위기를 탈출하는 등 3년 차까지는 상당한 성과를 거두었으나 집권 말기에는 성과가 다소 낮아진 것으로 인식되었다.

Ⅵ. 노무현 정부의 정책조정

1. 노무현 정부의 정책조정 활동

1) 계층적 권위에 의한 조정

(1) 대통령과 비서실의 정책조정

노무현 대통령은 집권 초기부터 다양한 분권형 정책조정 시스템을 구축하였고, 새로운 조정시스템이 정착될 수 있도록 대통령이 직접 점검하였고 대통령비서실에 신설된 정책실에서 적극적으로 뒷받침하였다. 비서실 조직은 2실장 체제로 출발하였는데 비서실장과 더불어 정책실장 직책을 장관급으로 두어 정책조정이 원활하게 이루어질 수 있도록 하였다. 정책실은 “정부정책과 국정과제 관련 기획관리 및 주요 현안을 해결하는 기능을 수행”하기 위한 것으로 정책실장 아래 정책수석보좌관이 국정과제위원회를 담당하였다. 임기 중반에는 안보정책실장이 신설되어 국내정책과 구분되는 대외정책을 조정하도록 하였다. 노무현 정부 비서실 인력규모는 큰 폭으로 증가하여 확대되었다.

(2) 국무총리와 보좌조직의 정책조정

노무현 정부에서 대통령은 국무총리가 통상적인 국정업무와 부처간 정책조정업무를 수행하도록 하였다. 특히 22개월 재임한 이해찬 총리는 책임총리로서 대통령 중심의 국정운영을 총리가 분담하는 국정운영의 틀로 혁신적으로 전환하였다. 보좌기구인 국무조정실은 꾸준히 강화되었다. 차관급 직제로 기획수석조정관과 사회수석조정관 2자리가 신설되었다. 2006년 「정부업무평가기본법」 제정에 따라 평가업무 전문성 강화를 위한 정원증가가 이루어지는 등 국무총리 보좌기구의 정책조정기능을 뒷받침하는 조직 및 인력보강이 꾸준히 이루어졌다.

(3) 부총리의 정책조정

노무현 정부는 역대정부 가운데 부총리제를 가장 적극적으로 활용한 정부이다. 기존 경제부총리, 인적자원부총리에 추가하여 2004년 10월에는 과학기술부 장관이 겸임하는 과학기술부총리를 신설하였다. 노무현 정부는 부총리가 다음에 살펴볼 분야별 관계장관회의 의장으로서 관련부처들의 정책조정을 담당하도록 하였다.

(4) 조직개편과 부처간 기능조정

노무현 정부는 거대부처가 정책조정의 수단으로 적합하지 않다고 보았으며, 대대적인 정부조직 개편보다는 부처간 기능조정을 추진하였다. 예를 들면, 행정자치부 소관사무에 전자정부를 추가하고 인사기능을 중앙인사위원회에 이관하며, 기획예산처 행정개혁업무를 행정자치부로 이관하는 등 소규모 기능조정을 추진하였고, 청소년위원회와 방위사업청을 신설하는 등 각 부처가 전문성에 기초를 두고 소관기능을 담당하는 '전문부처주의'를 지향하였다.

(5) 공기업 · 공공기관 구조개혁

노무현 정부는 정부기업인 철도청을 폐지하고 공사화하여 철도공사를 신설하였는데, 이는 김영삼 정부 시기인 1995년 제정된 「국유철도운영에 따른 특례법」에 의거한 것이다. 철도청의 경우 단계적 민영화 대신 한국철도공사와 한국철도시설공단으로 분리하여 공사로 전환하였다. 김대중 정부에서 논의해왔던 한국전력공사, 한국가스공사의 민영화는 중단하였다. 한국전력공사의 전력생산(발전)과 송 · 배전기능을 분할하여, 전력분야에서 소위 '체인형 관리체계'(chain management system)가 구축되었고, 일종의 내부시장이 형성되었다.

2) 수평적 정책조정

(1) 국무회의에 의한 조정

국무회의는 이전과 마찬가지로 이미 조정되고 결정된 정책을 사후에 최종 확정하는 역할을 담당하였다.

(2) 분야별 관계장관회의의 정책조정

노무현 정부의 분야별 정책조정기구는 '5대 분야별 관계장관회의', '부총리 및 책임장관회의', '국정현안정책조정회의' 등으로 체계화되었다. 5대 분야별 관계장관회의는 경제정책조정회의, 인적자원개발회의, 과학기술계장관회의, 통일외교안보장관회의, 그리고 사회문화정책장관회의 등이다. 앞의 세 기구는 3인의 부총리가 의장으로 회의체를 운영하였다. 한편 사회문화정책장관회의는 책임장관인 보건복지부 장관이 주재하였으며, 통일외교안보장관회의는 통일부 장관이 의장과 NSC 상임위원장을 겸직하였다. '국정현안정책조정회의'는 2003년대 초 화물연대 파업을 계기로 국무총리를 의장으로 현안이슈와 관련부처 장관들, 청와대 수석들이 참여한 회의체로 출발하였다. 이 회의체는 사회갈등을 해결하고 주요정책을 조정하는 내각의 국정조정시스템으로 확고하게 자리잡았다. 한편 부총리·책임장관회의는 일상적 국정운영을 국무총리가 총괄하는 분권형 국정운영시스템이 구축됨에 따라 이를 뒷받침하기 위해 도입되었다. 총리 주재로 3인의 부총리(재정경제부, 교육인적자원부, 과기부 장관)와 2인의 책임장관(보건복지부, 통일부 장관)들이 매월 1회 국정현안을 점검·조정하고 국정운영방향을 논의하였다. 그러나 경제부총리를 제외한 여타 부총리와 책임장관의 경우 조정권한이 미미했다는 평가를 받았다. 국정현안정책조정회의의 실제 조정력은 5대 정책분야별 부처장관회의보다 더 큰 것으로 평가되었다. 부총리·책임장관 회의는 후임정부에서 단절되었다.

(3) 대통령 소속 위원회에 의한 조정

노무현 정부는 역대정부 가운데 대통령위원회를 가장 많이 활용하였다. 노무현 정부는 이전 정부에서 법제화된 기존의 대통령 소속 위원회를 계속 운영하면서, 대통령과제 추진을 위한 12개 국정과제위원회를 활용하여 로드맵을 작성하고, 로드맵 과제를 추진하였다. 국정과제위원회에는 민간위원과 함께 관련부처 장관, 대통령 정책실장 및 관련분야 수석비서관을 당연직으로 참여시키는 한편 하부기구로 사무국을 설치하여 지원하였다, 무엇보다도 대통령 자신이 직접 참여하여 국정과제 추진의 실행력을 확보하였다.

3) 관리체계 개혁에 의한 조정

(1) 전략적 성과관리체계에 의한 조정

노무현 정부는 「정부업무평가기본법」을 제정(2006.3)하여 통합적 정부업무평가 및 성과관리제도를 체계화하였다(제9장 참조). 정부업무평가는 평가대상을 기준으로 중앙행정기관평가, 지방자치단체평가, 공공기관평가로 구분되며, 중앙행정기관 평가의 경우 평가주체를 자체평가(기관장 책임으로 자체평가위원회에서 평가)와 특정평가(국무총리가 다수부처 관련사항, 주요현안 등 평가)로 구분된다.

또한 노무현 정부는 「공공기관운영에 관한 법률」을 제정(2007.4)하여 기존에 분산 관리되었던 공기업과 정부산하기관을 하나의 법률로 묶었으며 공기업과 공공기관에 대한 경영평가체제를 구축하였고, 강력한 성과인센티브를 조정수단으로 활용하는 성과중심의 경영체제(연봉제, 팀제, 성과급)가 정착되었다.

(2) 예산 및 재정관리체계에 의한 조정

노무현 정부는 소위 4대 재정혁신으로 불리는 국가재정운용계획, 총액배분자율편성예산제도, 재정사업 성과관리제도, 디지털예산회계시스템을 도입하여 재정관리체계를 혁신하였다(제7장 참조).

(3) 인적자원의 통합관리에 의한 조정

노무현 정부가 2006년 도입한 고위공무원단제도(김대중 정부가 도입한 개방형 직위제도가 기반이 되었음)는 1-3급 공무원을 전정부적 관점에서 통합적으로 관리하고 이들에 대한 엄정한 성과관리를 적용하여 고위공직의 전문성과 개방성 제고를 통한 정책조정에 기여하게 되었다. 한편 전략적 인사관리를 통하여 정부 인적자원의 전문성 제고가 필요하다는 인식하에 전보제한제도(과장급 1년 6개월, 5급 이하 2년)와 보직경로제도를 도입하였다.

(4) 범부처 업무처리 절차 도입에 의한 조정

노무현 정부는 대통령비서실의 'e-지원 시스템'을 기반으로 온나라시스템으로 불리는 정부업무관리시스템을 도입하고 민원처리에 행정정보공유시스템을 도입하였다. 부패방지정책 분야에서 반부패관련기관 협의회를 설치하고 부패방지에 대한 구심체 역할을 수행하도록 하였는데, 특히 매년 공공기관의 청렴도를 평가하는 부패방지평가를 도입하고, 부패영향평가(법률 · 대통령령 등 모든 법령을 대상으로 부패유발요인을 사전에 평가)를 제도화하였다.

2. 노무현 정부의 정책조정 성과

1) 조직 전문화 및 자율성

노무현 정부의 분권형 국정운영, 전문부처주의에 따른 정부기구 개편과 기능조정, 총액배분자율편성예산제도, 고위공무원단제도와 전보제한 및 보직경로제 등은 공무원과 부처의 전문성 제고 강화를 도모하는 획기적인 제도이며 부처 전문성 제고에 크게 기여한 것으로 볼 수 있다.

2) 정책조정 메커니즘 활용 평가

노무현 정부는 분권형 국정운영을 추구하여 국무총리와 부총리·책임장관들에게 조정권한을 위임하는 등 계층적 권위에 의한 조정도구들의 활용방식의 변화를 가져왔다. 수평적 정책조정도구에 해당되는 5대 정책분야별 관계장관회의를 체계화하였고, 국무총리 주재 국정현안정책조정회의가 내각의 정책조정시스템으로 확고하게 자리잡았으며, 대통령 소속 국정과제위원회를 적극적으로 활용하였다. 관리체계의 개혁, 즉 계층제적 조정의 특징이 강한 정부업무 성과관리제도와 시장형 조정의 특징이 강한 공기업·공공기관 평가제도가 정착되었다. 그러므로 계층적 권위에 의한 조정메커니즘이 약화되는 가운데, 네트워크형 조정메커니즘(수평적 정책조정)과 시장형 정책조정 메커니즘(신공공관리 관점의 관리체계 개혁)이 보완된 것으로 보아야 할 것이다.

3) 단기적 관점에서의 정책조정 성과의 평가

[그림 6-4]에서 보듯이 노무현 대통령의 직무수행에 관한 긍정평가 비율은 취임초기 60%에서 출발하였으나 그 이후 임기 전반에 걸쳐 긍정평가 비율은 20-40%대에 머물렀다. 이같이 직무수행 긍정평가가 낮았던 것은 신행정수도 및 공공기관 지방 이전, 대북정책, 한미FTA협상, 그리고 '4대 개혁' 입법을 둘러싼 갈등이 끊임없이 표출되었기 때문이다. 한편 노무현 정부는 중앙행정기관 평가의 일부로 부처별 2-3개의 주요정책에 대한 만족도[13]를 조사하였다(제9장 참조). [그림 6-4]에서 5년간 주요정책과제 만족도 추이를 살펴보면 단기적으로 증감을 반복하나 시계열

13 노무현 정부는 각 중앙행정기관의 핵심정책(부단위기관 3개, 청단위기관 2개)을 기관별로 선정하여 총 115개 내외의 정책목표에 대하여 일반국민(4,940명), 전문가(2,250명), 내부고객(1,350명)의 정책만족도를 조사하였다.

로는 전반적인 상승추세를 보였으며, 7점 척도상에서 2002년 4.19에서 2007년 4.56으로 상당히 상승하였다.

그림 6-4 노무현 정부 정책조정 성과 대리지표 추이

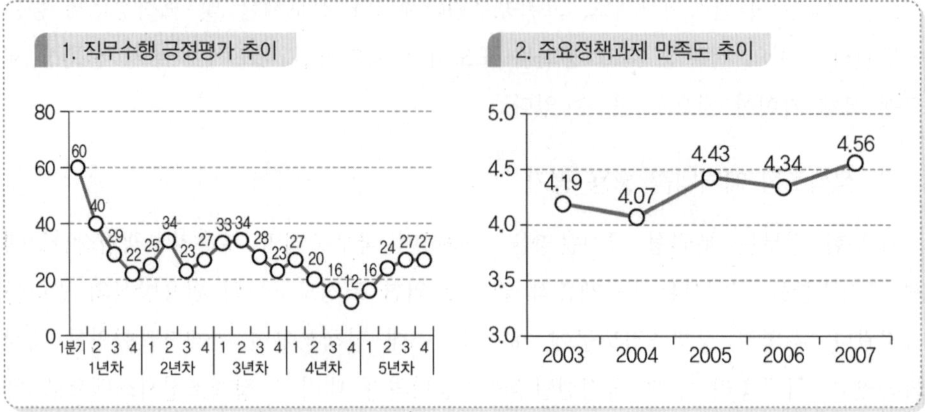

요약하면 대리지표의 하나인 대통령 직무수행평가에서는 임기 내내 각종 정책을 둘러싼 갈등이 끊임없이 표출되었기 때문에 성과가 낮은 것으로 인식되었다. 이와는 대조적으로 또 하나의 대리지표인 주요정책과제(115개 내외, 부처별 2−3개 핵심과제)에 대한 종합만족도 추이는 임기 내내 전반적인 상승추세를 보여 국민들이 노무현 정부가 선정하여 추진한 115개 내외의 핵심정책과제 추진의 성과를 긍정적으로 인식하고 있음을 알 수 있다.

Ⅶ. 이명박 정부의 정책조정

1. 이명박 정부의 정책조정 활동

1) 계층적 권위에 의한 조정

(1) 대통령과 비서실의 정책조정

이명박 대통령은 전임 대통령이 구축한 분권형 정책조정시스템을 대부분 해체하고, 대통령과 보좌기구가 직접 정책조정을 담당하고자 하였다. 청와대 조직 직제상 분리되어 있던 대통령비서실과 대통령경호실을 대통령실로 통합하였다. 정책조정기능은 국책과제를 담당하는 국정기획수석이 담당하였는데, 김대중 정부에서와 같이 선임 수석의 위치를 차지하였다. 집권 2년차인 2009년에는 출범초 폐지된 정책실장 직책을 신설하여 2실장 체제로 전환하였는데, 해당 조직개편의 목적이 정책분야의 통합과 조정기능 강화로 명시되어 정책조정의 중요성을 인식한 것으로 볼 수 있다. 대외정책분야의 정책조정은 대통령실장 밑의 외교안보수석과 국가위기관리실이 담당하였다.

(2) 국무총리와 보좌조직의 정책조정

이명박 대통령은 취임 초기 자신이 국내외 현안조정은 스스로 담당하고 초대 총리에게는 자원외교 분야를 분장하도록 하고, 제2대 총리에게는 세종시 수정안을 관철할 것을 기대하는 등 국무총리의 정책조정 역할을 크게 기대하지 않았다. 그러므로 이명박 정부 출범 초기에 국무총리를 중심으로 하는 정책조정이 제대로 이루어질 수 없었다. 제3대 김황식 총리 재임시에 국무총리 본연의 역할을 회복한 것으로 볼 수 있다.

이명박 정부는 국무총리 직접 보좌기관인 국무조정실과 국무총리 비서실을 통합하여 국무총리실을 설치하였다. 기존 국무조정실 산하 2개 차관(정책차장과 기획차장) 직위를 국무차장 하나로 줄였다. 국무조정실 직제에 사용하던 '조정관'이라는 명칭을 모두 없애고 '실장'이라는 명칭을 사용하도록 하여 국무총리 보좌기구가 행정 각부의 조정기능을 담당한다는 의미를 찾기 어렵게 되었고, 이명박 정부 출범 초기 국무총리의 역할이 통합 또는 조정의 역할보다는 특정분야 전담의 형태로 변경되었다. 이명박 정부의 출범 초기 입장은 이후 정책환경의 변동에 적응하면서 변화되어 2009년 말에는 종전의 국정운영실을 국정운영1실과 국정운영2실로 분리하여 국정운영2실에서 기획재정부로 이관되었던 경제정책조정기능을 수행하게 되었다.

(3) 부총리의 정책조정

이명박 정부는 집권초기 대대적인 조직개편을 실시하면서 부총리제도를 모두 폐지하였다. 김대중 정부가 임기 중에 부총리를 부활한 것과는 달리 임기말까지 부총리를 부활시키지 않았다.

(4) 조직개편과 거대부처 신설

이명박 정부는 거대부처를 통하여 부처간 정책갈등을 해결하고 정책조정을 도모하여 역대정부 가운데 거대부처를 가장 많이 탄생시켰다. 제1차 조직개편에서 행정안전부(행정자치부와 중앙인사위원회 통합), 기획재정부(기획예산처와 재정경제부 통합), 교육과학기술부(교육부와 과학기술부 통합), 문화체육관광부(문화부와 국정홍보처 통합), 농림수산식품부(농림부, 해양수산부 수산사무 통합), 지식경제부(산업자원부와 과학기술부 산업기술연구개발 사무 통합), 국토해양부(건설교통부와 해양수산부 해양, 항만, 해운물류 사무 통합), 국민권익위원회(국민고충처리위원회, 국가청렴위원회, 행정심판위원회 통합) 등 거대부처가 탄생하였다. 이명박 정부는 이같이 거대부처를 도입하면 정책조정 수요가 대폭 감소할 것으로 예상하였지만 현실적으로는 부처간 정책조정 수요를 부처내 정책조정 수요로 대치하였고, 정치적 갈등을 관료적 갈등으로 전환시킨 것이다.

(5) 공기업 · 공공기관 구조개혁

이명박 정부에서 정부기관의 법인화가 추진되었는데 주요사례는 서울대학교, 운전면허시험관리공단, 국립의료원 등 6개 기관이었다. 또한 이명박 정부는 공공기관 선진화 계획을 단계적으로 추진하였는데, 제1차-제3차 추진계획은 민영화와 통폐합에 주력하였고, 제4차 계획은 경영효율화, 제5차 계획은 출자회사 정리, 제6차 계획은 60개 기관의 정원 감축 및 재무건전성 개선에 초점이 있었다. 공공기관 하드웨어 개혁의 추진실적으로는 7개 공기업의 민영화, 36개 기관을 16개로 통합(대표사례: 한국토지공사와 대한주택공사가 토지주택공사, 즉 LH로 통합), 한국노동교육원 등 5개 기관 폐지, 20개 공공기관의 기능조정, 모든 공공기관 10% 정원 감축, 131개 출자회사 정리 등이다. 이러한 공공기관 개혁으로 효율성은 강화되었지만 공공성이 약화되었다는 비판을 받았다.

2) 수평적 정책조정

(1) 국무회의에 의한 조정

국무회의는 이전과 마찬가지로 이미 조정되고 결정된 정책을 사후에 최종 확정하는 역할을 담당하였다.

(2) 분야별 관계장관회의의 정책조정

이명박 정부는 노무현 정부의 5대 분야별 관계장관회의 가운데 경제정책조정회의와 외교안보정책조정회의만 존치시켰다. 경제정책조정회의는 부총리가 폐지되었음에도 불구하고 원활하게 운영된 것으로 평가된다. 그러므로 역대정부의 경제정책조정회의가 원활하게 운영된 것은 부총리제도가 아니라 사무국 기능과 예산편성권의 뒷받침 때문이라는 주장이 설득력이 있다. 한편 국가안전보장회의의 상임위원회와 사무처를 폐지하였고, 그 대신 하부기구로 외교안보정책조정회의를 신설하여 대외정책 조정을 담당하도록 하였다.

한편 이명박 정부가 출범하면서 국무조정실의 정책조정기능 약화와 함께 국정현안정책조정회의도 폐지되었다가 2008년 7월 국가정책조정회의로 부활하여 상설기구화하였는데, 지난 정부에서 제도화시킨 정책조정기제를 폐지한 후 부활시키는 불필요한 시행착오를 겪었다. 이명박 정부시기에 개별부처를 넘어서서 다수 부처가 관계된 사안들의 정책조정이 이 회의기구를 통하여 이루어졌다. 초창기인 2009년 국가정책조정회의 안건 수는 85건이었으나 2012년에는 105건으로 증가하였다.

(3) 대통령 소속 위원회에 의한 조정

이명박 정부는 국정과제위원회로 국가경쟁력강화위원회, 미래기획위원회(전신은 정책기획위원회), 국가브랜드위원회, 녹색성장위원회, 사회통합위원회 등 이명박 정부가 역점을 두고 추진하는 정책과 관련된 위원회를 신설하였다. 한편 이명박 정부에서는 대통령 직속으로 행정개혁 관련위원회를 설치하지 않았는데 이는 이러한 위원회를 설치하여 활용한 김영삼 정부(행정쇄신위원회), 김대중 정부(행정개혁위원회, 정부혁신위원회, 전자정부특별위원회), 노무현 정부(정부혁신 · 지방분권위원회)와는 대조된다.

3) 관리체계 개혁에 의한 조정

(1) 전략적 성과관리체계에 의한 조정

이명박 정부는 노무현 정부가 체계화한 정부업무평가제도를 계속 운영하면서 큰 변화는 없었고, 공기업 · 공공기관 평가도 계속하면서 경영공시 투명성 강화 및 경영평가에 노사관계 지수 포함 등 노사관계 선진화와 공공기관 성과연봉제 시행 등 공공기관 보수체계를 개편하였다.

(2) 예산 및 재정관리체계에 의한 조정

직전 정부가 도입한 4대 재정혁신 가운데 총액배분자율편성예산제도(소위 top-down 예산제도)를 사문화시켰지만, 국가재정운용계획 수립, 재정사업 성과관리제도, 디지털예산회계시스템(dBrain)은 계속 활용하였다.

(3) 인적자원의 통합관리에 의한 조정

고위공무원단제도 폐지방안을 검토하기도 하였으나 이를 유지하면서 고위공무원단 직무등급을 기존 5개 등급에서 2개 등급으로 축소 조정하였고, 타부처 공직자들이 지원가능한 공무직위의 비중도 기존 30%에서 15%로 감축하였다. 그 밖에 인적자원관리시스템에 획기적인 제도개혁을 추진하지는 않았다.

(4) 범부처 업무처리 절차 도입에 의한 조정

이명박 정부가 내세운 최고의 국정과제는 규제개혁이었다. 구체적으로 경제력집중억제 규제완화, 금산분리 규제완화, 수도권 규제완화, 군사보호구역 규제완화, 방송・통신・미디어 규제완화 등을 추진하였다. 이명박 정부가 추진한 규제개혁방식의 가장 큰 특징은 한시적 규제유예제도 활용이다. 또한 이명박 정부는 이전까지 추진이 미미하였던 규제일몰제를 확대(2009년)하여 적용하였다. 이명박 정부의 규제개혁은 대통령위원회인 국가경쟁력강화위원회 주도로 초기에는 강력하게 추진되었으나, 집권 후반기에는 규제개혁의 추진력이 약화되었다.

2. 이명박 정부의 정책조정 성과

1) 조직 전문화 및 자율성

이명박 정부의 대대적인 부처통・폐합으로 부처 전문성은 오히려 상당히 후퇴하였다. 인적자원관리의 전문성을 추진하여야 할 중앙인사기구인 중앙인사위원회가 폐지되고 그 기능을 신설된 행정안전부가 수행하게 되면서 인사혁신 기능이 현저하게 약화되었고 공무원과 부처의 전문성 제고를 위한 조치는 거의 없었다.

2) 정책조정 메커니즘 활용 평가

이명박 정부는 노무현 정부가 구축한 분권형 국정운영 체제를 상당부분 해체하여 대통령의 조정권한을 확대하는 전통적인 조정방식으로 회귀하였다. 국무총리의 정책조정 역할은 축소되었고, 보좌조직의 조정기능도 약화되었다. 수평적 정책조정 도구(네트워크형 조정메커니즘)에 해당되는 정책분야별 관계장관회의와 대통령 국정과제위원회 활용 분야와 활동 정도도 약화되었다. 집권 초기인 2008년도 정부업무평가의 특정평가(국무총리에 의한 부처평가) 평가부문을 축소하고 기관서열화의 원칙적 폐지 방침을 정하였으나 2009년부터 평가부문을 계속 확대하였고, 기관등급도 3등급에서 4등급으로 오히려 확대하였다. 한편 공공기관 성과연봉제를 강화하는 등 시장형 조정의 특징이 강한 공기업·공공기관 평가제도를 강화하였다. 그러므로 계층적 권위와 더불어 시장형 조정메커니즘은 강화되는 가운데, 네트워크형 조정메커니즘(수평적 정책조정)은 약화된 것으로 보아야 할 것이다.

3) 단기적 관점에서의 정책조정 성과의 평가

[그림 6－5]에서 이명박 대통령의 직무수행에 관한 긍정평가 비율은 집권 1년차 1분기에 52%로 출발하였으나 2분기 21%, 3분기 24%로 낮아졌다. 이는 한미FTA 개정을 통한 미국산 쇠고기 수입 문제와 한반도 대운하 추진을 둘러싸고 정책갈등과 대립이 격화되었기 때문이다. 이명박 대통령이 두 가지 쟁점에 대한 자신의 입장을 철회한 후 친서민 중도실용 정책으로 전환하면서 2년 차부터 4년 차까지 30－40% 내외의 긍정평가 비율을 유지하였다. 집권 마지막 해에는 20% 초반의 긍정평가 비율을 보였다. 한편 주요정책에 관한 국민만족도 추이를 살펴보면 2008년

그림 6-5 이명박 정부 정책조정 성과 대리지표 추이

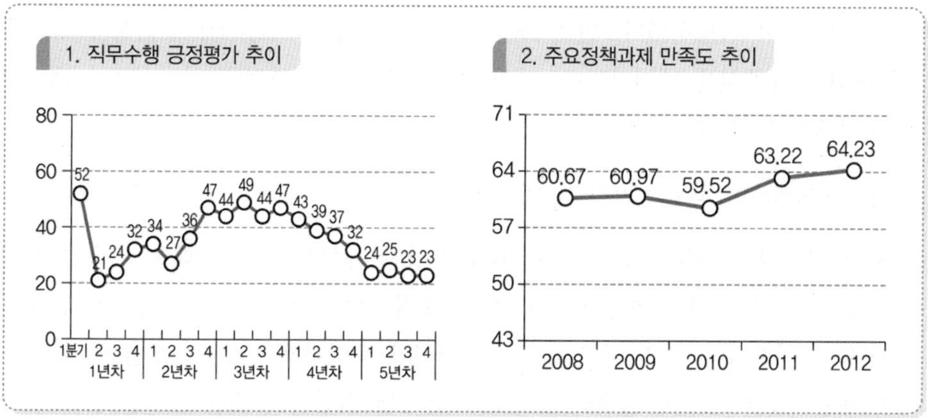

60.67(100점 만점, 7점 척도 환산 4.24)에서 출발하여 2010년 59.52점으로 하락하다가 2012년에는 64.23(7점 척도 환산 4.42)으로 완만하게 상승하였다. 출범 초기 쇠고기 수입 반대와 한반도 대운하 반대 등으로 만족도가 낮은 수준에서 출발하여 점차 회복한 것으로 보인다.

요약하면 대리지표인 대통령 직무수행평가와 주요정책과제 만족도 추이를 살펴보면 임기 전반기에는 쇠고기 수입, 한반도 대운하를 둘러싼 정책갈등 때문에 정책조정성과가 비교적 낮은 편으로 인식되었으나 임기 후반기에는 성과가 어느 정도 상승한 것으로 인식되었다.

Ⅷ. 박근혜 정부의 정책조정

1. 박근혜 정부의 정책조정 활동

1) 계층적 권위에 의한 조정

(1) 대통령과 비서실의 정책조정

박근혜 대통령은 이명박 대통령이 해체하였던 정책조정 시스템을 대부분 원상태로 되돌리고자 하였다. 통합된 대통령실을 대통령비서실과 대통령경호실로 분리하였다. 대통령비서실은 1실(비서실장), 9수석(국정기획, 정무, 민정, 외교안보, 홍보, 경제, 미래전략, 교육문화, 고용복지) 체제로 시작하였다. 외교안보분야는 비서실에서 독립된 국가안보실(장관급)에서 맡도록 하였고, 외교안보수석이 국가안보실 차장을 겸직하였다. 국정기획과 국정과제를 포함한 정책조정은 선임수석의 위치를 차지한 국정기획수석이 담당하였다. 한편 노무현 정부와 이명박 정부에서 신설과 폐지를 반복하였던 정책실은 폐지하였다. 그러나 대통령의 정책조정에 비선실세가 개입하여 공식조직의 역할이 취약하게 되었다.

(2) 국무총리와 보좌조직의 정책조정

초대 정홍원 총리는 2014년 4월 16일 발생한 세월호 참사의 대응 미숙에 책임을 지고 스스로 사의를 표명했으나, 후임 총리 후보자가 청문회를 통과하지 못하는 상황이 지속되어 다음 해인 2015년 2월에야 퇴임하게 되었다. 후임 이완구 총리의 재임기간은 63일에 불과하였고, 2015년 5월 취임한 황교안 총리는 박근혜 대통령이 탄핵으로 물러나자 국무총리 겸 대통령 권한대행으로 임기를 마쳤다. 박근혜 대통령 출범 2년차인 2014년 4월 세월호 참사 이후 국정이 불안한 상태로 운영되었으므로 국무총리가 정책조정기능을 제대로 수행하기가 어려운 여건이었다.

국무총리 보좌조직을 국무조정실과 비서실로 분리하여 국무조정실이 부활하였다. 국무조정실은 기존 정책조정기능을 담당하는 부서에 추가하여 2014년도에 규제조정실에 민관합동 규제개선추진단을 설치하고, 영유아보육교육통합추진단, 정부합동부채척결추진단을 설치하면서 적극적인 정책조정자 역할 확대를 지향하였다.

(3) 부총리의 정책조정

박근혜 정부는 출범 초부터 기획재정부 장관이 부총리를 겸임하게 하여 경제부총리를 부활하였다. 2014년에는 비경제부문, 즉 교육·사회·문화분야 컨트롤타워의 필요성에 따라 사회부총리를 신설하고 교육부 장관이 겸하게 하였다.

(4) 조직개편과 거대부처 해체

박근혜 정부 출범과 더불어 단행된 제1차 조직개편의 초점은 이명박 정부에서 대대적으로 신설된 거대부처의 문제점을 해소하는 것이었다. 이러한 방향에서 교육과학기술부를 해체하여 교육부와 미래창조과학부로 분리, 해양수산부 부활, 대통령실의 비서실과 경호실 분리, 국무총리실을 국무총리비서실과 국무조정실로 분리 등이 이루어졌다. 그러나 2014년 제2차 조직개편에서는 세월호 참사에 대한 대응 실패에 대한 문책성 조직개편으로 하반기에 소방방재청 및 해양경찰청을 폐지하고 거대부처의 하나인 국민안전처를 설치하였다.

(5) 공기업·공공기관 구조개혁

박근혜 정부에서 공기업 및 공공기관의 통폐합, 민영화와 같은 구조개혁에 관한 획기적인 조치는 거의 없었다.

2) 수평적 정책조정

(1) 국무회의에 의한 조정

국무회의는 이전과 마찬가지로 이미 조정되고 결정된 정책을 사후에 최종 확정하는 역할을 담당하였다.

(2) 분야별 관계장관회의의 정책조정

박근혜 정부는 이명박 정부가 운영하였던 경제관계장관회의(경제정책조정회의에서 명칭 변경)와 국가안보회의 상임위원회(외교안보정책조정회의에서 명칭변경)이외에도 사회관계장관회의(의장: 교육부 장관)를 추가하였다. 회의 간사는 교육부 사회정책협력관이 담당하였는데 차관보가 뒷받침하는 경제분야 관계장관회의와 비교할 때 지원기능이 취약하였다. 한편 '국가정책조정회의'에 참여하는 부처 장관을 확대하고, 대통령 보좌기관의 구성원이 대거 참여하도록 하였다. 그러나 장관참석률이 2014년의 경우 55.4%로 낮아 이 회의기구의 실효성에 대한 비판도 제기되었다.

(3) 대통령 소속 위원회에 의한 조정

박근혜 정부는 국정과제위원회로 문화융성위원회, 청년위원회, 통일준비위원회를 설치하였다. 문화융성위원회는 4대 국정기조의 하나인 문화융성을 담당한 위원회로 출범하였는데, 정책조정기능보다는 문화활동 참여확산에 주력하였다. 청년위원회는 대통령 직속위원회임에도 불구하고 정부측 위원을 장관급이 아니라 관계부처 장관 중 대통령이 임명하도록 하였고, 주관부처를 청년정책 관장부처가 아니라 기획재정부가 담당한 것도 이례적이다. 통일준비위원회는 집권 2년차에 출범하였는데, 북한의 연이은 핵실험으로 촉발된 강력한 대북제재와 경색된 남북관계 때문에 조정기능을 발휘하기 어려웠다.

3) 관리체계 개혁에 의한 조정

(1) 전략적 성과관리체계에 의한 조정

박근혜 정부는 집권과 더불어 국정과제 전체를 특정평가(국무총리에 의한 부처평가)의 대상에 포함시키고 국민만족도를 국정과제 평가의 하위영역으로 설정하였다(제9장 참조). 공기업 · 공공기관 평가에서 부채감축, 방만경영개선, 성과연봉제 확대 등을 중점과제로 평가하였다.

(2) 예산 및 재정관리체계에 의한 조정

박근혜 정부는 공무원연금개혁을 4대 공공기관개혁의 하나로 설정하여 연금개혁을 추진하였고, 2015년 5월 국회본회의에서 공무원연금 개혁합의안이 의결되었다. 공무원 개인 입장에서는 기여금 인상, 총연금액 지급율 인하 등으로 공무원연금과 국민연금 간의 실질적 차이가 없어졌지만, 국가 차원에서는 연금재정의 안정화 기반이 마련되었다.

(3) 인적자원의 통합관리에 의한 조정

2014년 제2차 정부조직개편에서 인사기능을 담당하는 인사혁신처가 신설되어 인사개혁 기능이 강화되었다. 인사혁신처에서 직위유형별 보직관리지침을 제정하여 일반직위는 순환근무형으로, 전문직위는 장기근무형으로 운영하는 투트랙 보직관리제도를 도입하였다. 한편 2016년 하나의 전문분야 내에서 평생근무하는 전문직공무원트랙을 신설하여 공직의 전문성 강화를 추진하였다.

(4) 범부처 업무처리 절차 도입에 의한 조정

박근혜 정부는 규제정책개선을 위해 규제비용관리제도를 도입하고, 실적이 미미한 규제일몰제를 대폭 정비하였다. 부패방지 분야에서는 특별감찰관제를 도입하고 이석수 변호사가 첫 특별감찰관으로 임명되었으나 사직한 후 후임이 임명되지 않아 유명무실하게 되었다. 2016년 「청탁금지법」(소위 김영란법)을 제정하여 청탁 접대의 관행이 부정부패로 이어지는 악순환의 연결고리를 차단하고자 하였다.

2. 박근혜 정부의 정책조정 성과

1) 조직 전문화 및 자율성

박근혜 정부는 거대부처를 해체하여 부처통·폐합으로 약화된 부처 전문성을 회복시켰다. 신설된 인사혁신처에서 장기근무형의 전문직위를 지정하고, 전문직 공무원 트랙을 신설하여 공직 전문성 강화를 추진하여 공무원과 부처의 전문성이 상당히 제고되었다.

2) 정책조정 메커니즘 활용 평가

박근혜 정부는 이명박 정부가 지나치게 강화한 대통령의 조정권한을 국무총리와 부총리에게 분담시키고자 하였다. 수평적 정책조정도구에 해당되는 정책분야별 관계장관회의와 국무총리 주재 국가정책조정회의 역할도 어느 정도까지는 강화되었다. 그러나 문화융성위원회, 청년위원회, 통일준비위원회 등 대통령 위원회의 역할은 미미하였다. 한편 시장형 조정의 특징이 강한 공공기관 평가제도를 방만경영

개선 등의 도구로 활용하였다.

3) 단기적 관점에서의 정책조정 성과의 평가

[그림 6-6]에 나타났듯이 박근혜 대통령의 집권 1년 차에는 직무수행평가에서 대체로 50% 이상의 긍정평가 비율을 기록하였다. 그러나 2014년 4월 세월호 사건과 2015년 메르스 사태에 제대로 대응하지 못한 채 이를 둘러싼 정책갈등이 심화되면서 긍정평가의 비율이 낮아지기 시작하였다. 2016년 하반기에 비선 실세인 최순실의 국정농단이 드러나면서 집권 4년 차 4분기에 긍정평가 비율은 5%에 불과하였다. 박근혜 정부 국정과제에 대한 전반적인 만족도는 2013년 4.52(7점 척도, 이명박 정부 임기말 2012년 7점 척도 환산 4.42)로 최고치를 기록한 이후 하락을 거듭하여 4년 차에 3.72로 최저치를 기록하였다. 이는 전임 노무현 정부 및 이명박 정부와 후임 문재인 정부에서 임기말 주요정책과제 만족도가 상승세로 마친 것과는 대조적이다.

그림 6-6 박근혜 정부 정책조정 성과 대리지표 추이

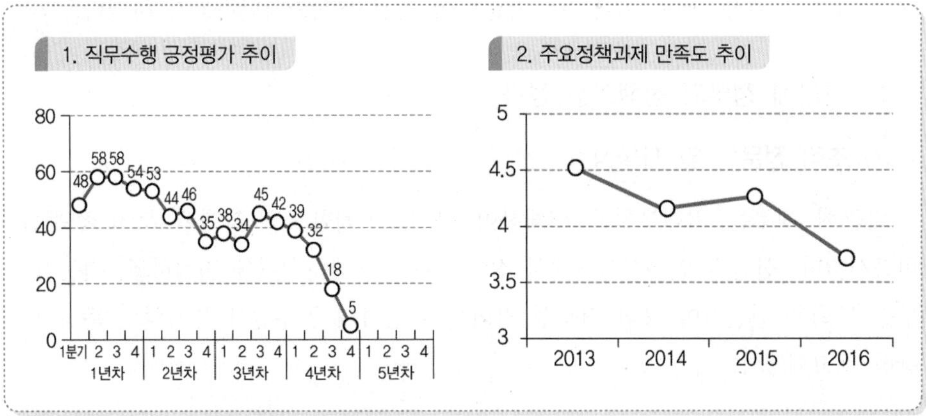

요약하면 박근혜 정부는 중앙정부 정책조정성과의 대리지표인 대통령 직무수행평가와 주요정책과제 만족도에서 모두 첫해 최고치를 기록한 후 2년 차부터 지속적으로 하락하였는데, 이는 박근혜 정부의 정책갈등 해소 및 정책조정 성과에 관한 국민들이 인식이 계속 악화되었음을 의미한다. 결국 헌정사상 최초의 대통령 탄핵이 이루어져 박근혜 대통령이 중도 하차하게 되었다.

Ⅸ. 문재인 정부의 정책조정

1. 문재인 정부의 정책조정 활동

1) 계층적 권위에 의한 조정

(1) 대통령과 비서실의 정책조정

문재인 대통령의 정책조정시스템은 노무현 정부 시기의 정책조정시스템이 모델이었다. 그러나 문재인 대통령은 노무현 대통령과 비교하여 신중한 성격으로 정책조정에 적극적으로 개입하지 않았고 중요한 정책조정 안건에 관한 결정을 위임하였다는 비판이 있었다. 대통령 보좌기구는 대통령비서실과 국가안보실을 분리하여, 대통령비서실은 2실장(비서실장, 정책실장), 8수석(정무, 민정, 사회혁신, 국민소통, 인사, 일자리, 경제, 사회), 2보좌관(경제, 과학기술) 직제를 두고, 국가안보실은 1실장, 2차장(1차장, 2차장) 직제로 구성하였다. 국가안보실 분리는 박근혜 정부 시기의 대통령 보좌기구를 이어받은 것이며 직속으로 국가위기관리센터를 둔 것도 동일하다. 국가안보실 제1차장이 NSC사무처장을 겸직하도록 하였다. 정책기획 및 조정기능 가운데 정책기획기능은 정책실장 소속의 정책기획비서관이 담당하고, 국내정책의 조정기능은 담당부서가 분명하지 않아 혼선이 나타나기도 하였다. 한편 안보·외교·통일 분야의 분야별 정책보좌와 조정기능은 국가안보실에서 담당하였다.

(2) 국무총리와 보좌조직의 정책조정

문재인 정부에서 재임한 세 명의 국무총리(이낙연, 정세균, 김부겸)는 모두 중견 정치인 출신이다. 문재인 정부에서는 김대중 대통령 재임시 제도화된 대통령과 총리의 주례회동이 실질적으로 작동되면서 국무총리와 국무조정실의 정책조정도 활발하게 이루어졌다. 국무조정실에서 경제정책 및 사회정책 조정을 물론 다부처 관련업무인 미세먼지와 청년문제에 관한 종합조정기능도 활발하게 수행하였다.

(3) 부총리의 정책조정

문재인 정부에서는 전임 박근혜 정부에 이어 기획재정부 장관이 경제부총리를 맡도록 하였고, 교육부 장관이 사회부총리를 맡도록 하였다. 경제부총리의 경제정책조정 기능을 지원하기 위하여 예산편성권한 행사뿐 아니라 기획재정부 차관보 및 정책조정국 소속의 혁신성장정책관(고공단 나급)과 정책조정총괄과, 산업경제과, 신성장정책과, 서비스경제과, 지역경제과, 기업환경과 등 6개 과가 뒷받침하였다. 사회부총리인 교육부 장관을 뒷받침하기 위하여 2019년 8월 교육부에 차관보 직위를 신설하여 부처간 협력을 주도하도록 하였다.

(4) 조직개편과 거대부처 해체

문재인 정부 출범 초 정부조직개편은 박근혜 정부 제2차 조직개편으로 탄생한 거대부처인 국민안전처를 해체하여 행정안전부와 소방청, 해양수산부로 분리한 것이다. 그 밖의 부처통폐합에 관련한 개편은 없었다.

(5) 공기업 · 공공기관 구조개혁

문재인 정부에서 공공기관의 통폐합과 구조개혁에 관한 조치는 거의 없었다.

2) 수평적 정책조정

(1) 국무회의에 의한 조정

국무회의는 이전과 마찬가지로 이미 조정되고 결정된 정책을 사후에 최종 확정하는 역할을 담당하였다.

(2) 분야별 관계장관회의의 정책조정

문재인 정부는 박근혜 정부의 경제관계장관회의, 통일외교안보분야의 국가안보회의 상임위원회, 그리고 사회관계장관회의를 유지하면서 교육부 차관보를 신설하여 사회관계장관회의 지원부서의 위상을 강화하였다. 2018년 10월 국가 R&D 혁신의 이행력 확보를 위해 참여정부의 과학기술관계장관회의를 복원하였다. 국가정책조정회의를 국정현안점검조정회의로 재정비하고 조정활동을 강화하였다. 한편 2020년 2월말부터 코로나19 대응 관계장관회의인 중앙재난안전대책본부(중대본)는 단일 이슈로는 역사상 최초로 2년 동안 522회 이상의 관계장관회의가 열렸다.

(3) 대통령 소속 위원회에 의한 조정

문재인 정부의 국정과제위원회는 4차산업혁명위원회, 북방경제협력위원회, 국가교육회의, 일자리위원회, 정책기획위원회 등 5개 위원회이다. 2019년에는 국가물관리위원회가 신설되었다. 2020년에는 일본의 대 한국 반도체 소재 · 부품 수출규제에 대응하여 소재·부품·장비경쟁력강화위원회가 장관 소속에서 대통령 소속위원회로 격상되었다. 2021년에는 2050탄소중립위원회가 신설되었다. 그러나 노무현 정부 시기와 비교하면 국정과제위원회의 실행력이 약한 편이다. 대통령이 어느 정도 관심을 보이는가도 중요하지만, 2019년 초부터 전세계가 COVID-19 팬데믹의 비상 사태에 진입하면서 실행력을 확보하기 어려웠다.

3) 관리체계 개혁에 의한 조정

(1) 전략적 성과관리체계에 의한 조정

문재인 정부는 박근혜 정부에 이어 국정과제 전체를 특정평가(국무총리에 의한 부처평가)의 대상에 포함시키고 특정평가에서 기관종합평가도 계속하였다. 공기업·공공기관 평가에서 공공기관을 통한 일자리 창출을 포함한 사회적 가치 비중을 강화하였다.

(2) 예산 및 재정관리체계에 의한 조정

문재인 정부는 김대중 정부가 도입한 예비타당성조사제도를 개편하였다. 비수도권에는 균형발전평가 비중을 늘리고 경제성의 비중은 축소하였으며, 정책성 평가의 주요 항목으로 다양한 사회적 가치를 분석할 수 있도록 '정책효과' 항목을 신설하였고, 복지·소득이전 사업 평가방식을 개편하여 적극적인 대안 제시에 중점을 두도록 하였다.

(3) 인적자원의 통합관리에 의한 조정

직전 정부에서 도입한 일반직위와 전문직위의 투트랙 보직관리와 전문직공무원제도를 본격적으로 운영하였다. 개방형 직위의 민간임용을 확대하였다. 또한 적극행정 강화를 위하여 적극적 의사결정 지원, 적극행정 면책 확대, 적극행정 공무원 보호, 적극행정 공무원 우대 등의 시책을 추진하였다.

(4) 범부처 업무처리 절차 도입에 의한 조정

반부패 정책분야에서 「공직자의 이해충돌방지법」을 제정하여 가족채용, 퇴직공직자 전관예우 등 연구에 따른 사익추구에 대한 실효적 통제가 가능하게 되었다. 규제샌드박스 제도를 도입하여 신신업·신기술에 대한 규제를 일정 조건에서 유예하는 한편, 주요 신산업 분야의 규제이슈를 미리 발굴하여 정비하도록 하였다.

2. 문재인 정부의 정책조정 성과

1) 조직 전문화 및 자율성

문재인 정부는 조직개편에서 부처 통폐합보다는 부처의 전문성 유지에 초점을 맞추고 직전 정부에서 폐지된 소방청과 해양경찰청을 부활시켰다. 인사혁신처에서는 공직 전문성 강화를 위한 일반직위와 전문직위의 투트랙 보직관리와 전문직공무원 제도를 본격적으로 운영하고, 개방형 직위의 민간임용을 확대하여 공무원과 부처의 전문성을 제고하였다.

2) 정책조정 메커니즘 활용 평가

문재인 정부는 대통령의 조정권한을 국무총리와 부총리에게 분담시키고, 수평적 정책조정도구인 정책분야별 관계장관회의와 국무총리 주재 국정현안점검조정회의(기존 국가정책조정회의를 재정비)의 조정역할을 뒷받침하는 사무국 기능을 강화하였다. 코로나19 대응 관계부처장관회의는 역사상 최초로 2년 동안 매주 4－5 차례 개최되어 코로나19 감염병에 효율적으로 대처하였다. 대통령 소속위원회는 노무현 정부 시기의 국정과제위원회와 유사하게 민간위원, 당연직 정부 위원, 그리고 대통령비서실의 관련 수석비서관도 당연직으로 참여하였으나 노무현 정부 시기와 비교하면 국정과제위원회의 실행력이 약한 편이다. 한편 공공기관 평가제도를 사회적 가치 실현의 도구로 활용하였다.

3) 단기적 관점에서의 정책조정 성과의 평가

[그림 6－7]에서 보듯이 문재인 대통령은 취임 1년 차 내내 직무수행 긍정평가 비율이 70% 정도로 높은 편이었다. 집권 3년 차인 2019년 8월부터 12월까지 조국 법무부 장관 임명을 둘러싼 진영간 갈등이 격화되면서 2019년 9월부터 11월까지 3개월간 긍정평가 비율은 43%로 하락하였다. 2020년초 코로나19 전염병이 발생한 이후 과학적 근거에 기반을 두고 상황을 안정적으로 관리하여 2020년 3월부터 5월까지 3개월간 긍정평가 비율이 59%까지 올라갔다. 문재인 정부 국정과제에 대한 전반적인 만족도는 2017년 4.60(7점 척도)에서 시작하여 2021년 4.66으로 역대정부에서 가장 높은 수치를 기록하였다.

요약하면 문재인 대통령은 역대 대통령 가운데 임기 전반에 걸친 긍정평가 비율이 가장 높았고, 국정과제 및 주요정책과제 추진에 관한 전반적인 만족도 또한

그림 6-7 문재인 정부 정책조정 성과 대리지표 추이

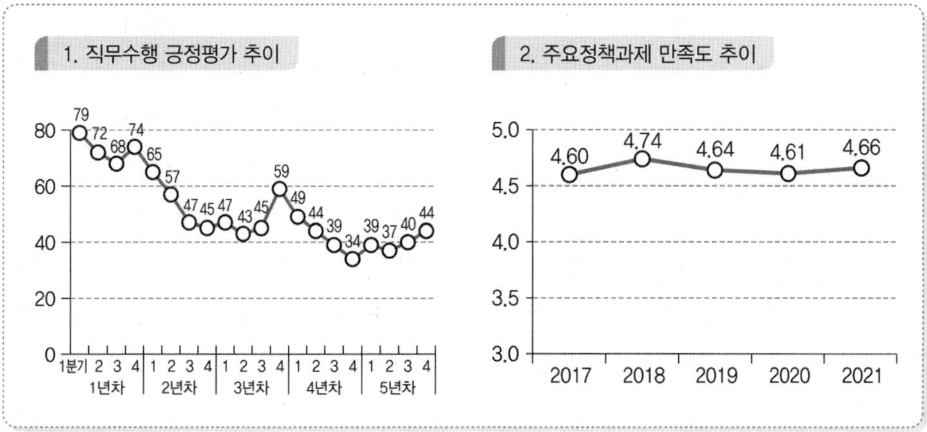

임기 내내 높은 수준을 유지하였다. 이는 문재인 대통령 재임 당시 대다수 국민이 국정과제 추진과 정책조정에서 소기의 성과를 거두었다고 인식하였다는 증거이다.

X. 정책조정역량의 변동패턴 분석

1. 정책조정역량 변동패턴의 분석기준

민주화 이후 역대정부의 국정운영에서 신공공관리 관점 및 새로운 거버넌스 관점의 개혁조치 도입에 따라 정부부처의 전문화 수준과 더불어 정책조정의 성과가 어떻게 변동되어왔는지 종합적으로 분석하겠다. 서구 선진국에서는 1980년대 이후 신공공관리 관점의 개혁에 따라 공공부문의 전문화와 자율성 수준이 크게 증가되었고, 이에 따라 관리와 정책이 분산되면서 정책조정과 통합의 수준이 낮아졌다고 여겨졌다. 이에 대한 반작용으로 새로운 정책조정 메커니즘이 도입되면서 정책조정의 수준이 향상되었고, 새로운 정책조정 메커니즘은 엄격한 계층제가 아닌 네트워크형 또는 시장형 메커니즘에 기반을 두고 있다고 가정되었다.

실제로 각국에서 개혁조치의 도입으로 인한 지나치게 높은 수준의 전문화와 분산화의 부작용을 해결하기 위해 새로운 조정메커니즘(네트워크형 또는 시장형 메커니즘)을 도입하여 정책조정의 성과가 제고되었는가? 한국에서의 변동패턴을 확인하기 이전에 1980년대 이후 서구 선진국가의 정책조정 활동과 성과의 변동패턴에 관한 연구사례를 소개하겠다. Bouckaert, Peters & Verhoest(2010)는 서구 7개 국가

(영국, 뉴질랜드, 네덜란드, 스웨덴, 프랑스, 벨기에, 미국)에서의 조직 전문화의 정도와 정책조정 성과의 변동패턴을 [그림 6−8]의 기준을 활용하여 분석하였다.

[그림 6−8]은 가로축에 부처조직 전문화의 정도, 세로축에 정책조정 성과의 수준이라는 두 차원을 요약하여 나타내고 있다. 조직 전문화란 하나의 단위조직과 공직 구성원들이 얼마나 전문성과 자율성을 보유하고 있는지를 말한다. 그러므로 조직 전문화란 한편으로는 공공부문에서 부처를 포함한 기관의 숫자와 관련되며, 다른 한편으로는 공무원들의 전문성 및 자율성의 수준과 관련된다. 세로축의 정책조정 성과란 정책조정의 목적인 정책의 중복과 비일관성 방지, 정책갈등의 최소화, 합의된 정책 우선순위 추구, 시너지 창출이라는 목표를 어느 정도 달성하였는지에 관한 것이다. 정책조정의 성과는 각 부처 간 정책조정 또는 정책영역 간 통합의 수준을 측정하여 살펴볼 수 있다.

그림 6-8 조직 전문화와 정책조정 수준 분석기준 및 변동예시

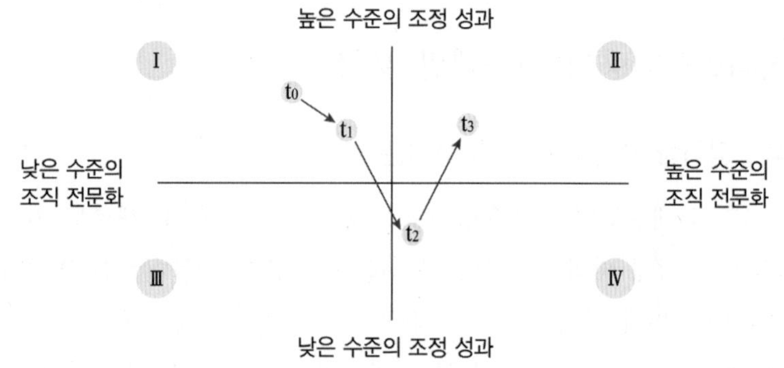

[그림 6−8]에서 일정 시점(t_0)에서 조직 전문화와 조정성과 수준의 좌표가 표기된 후에 일정 시간이 경과한 후 즉, t_1, t_2, t_3 시점에서 각각 그 좌표를 표기하여 연결하면 시간의 흐름에 따른 변동을 파악할 수 있다.

[그림 6−8]의 제1사분면(Ⅰ)은 조직의 전문화의 수준은 낮은 편이고, 부처조직 간 정책조정 수준은 비교적 높은 편임을 나타낸다. 이와 대조적으로 제4사분면(Ⅳ)은 정반대로 조직 전문화의 수준은 매우 높지만, 부처 간 정책조정은 잘 이루어지지 않으며, 조직들이 분리(decoupling)되기까지 하게 된 상황이다. 제2사분면(Ⅱ)은 조직 전문화가 이루어지고, 부처간 정책조정도 원활한 상태이다. 제3사분면(Ⅲ)은

조직전문화의 수준도 낮으며, 부처간 정책조정도 원활하지 않은 상태를 나타낸다. Bouckaert, Peters & Verhoest(2010)는 1980－2005년까지 25년간 서구 7개 국가의 경험에 관한 자료를 분석한 결과, 7개 국가들을 영국형(영국, 뉴질랜드, 네덜란드, 스웨덴), 프랑스형(프랑스, 벨기에), 그리고 미국형(미국)의 클러스터로 분류하였다. 그런데 특정 시점에서 해당 국가의 세로축과 가로축에서의 위치(position), 즉 좌표는 계량적으로 측정되는 것이 아니라 질적으로 판단한다.[14] 측정과 척도화의 문제 때문에 [그림 6－8]에서 가장 중요한 요소인 전반적인 변동 궤적은 위치의 정확한 변동이라기보다는 변화의 상대적인 방향을 보여주는 것으로 이해하여야 한다. 여기에서는 각 클러스터를 대표하는 영국, 프랑스, 미국에서 정책조정의 변동사례를 소개하겠다.

2. 영국 정책조정의 역사적 변동

영국에서 정책조정의 변동궤적(trajectory)은 [그림 6－9]에서 보듯이 뚜렷한 경향을 나타낸다. 즉, 1979년 이전까지 정책조정 수준이 높았지만 1980년대에 부처조직 전문성이 증가하면서 부처조직 간 정책조정 수준이 낮아졌고, 1990년대 후반부터 그에 대한 반작용으로 정책조정 수준이 회복되는 U자형 변동패턴을 보여주고 있다.[15]

1) 1979년 이전 상황

1979년 이전 영국 중앙정부 국정운영의 특징은 여러 층위의 기관들이 비교적 집권화되고 통합되었으며, 조직전문화의 정도는 약한 상태라는 것이다. 영국의 중앙정부를 이해하는 데에는 핵심행정부(core executive)라는 개념이 중요하다. 이 개념에는 수상 및 보좌기구, 내각기구(내각, 관계장관회의 및 내각사무처), 정부부처라는 세 가지 구성요소가 포함된다. 수상과 그 수행원이 정부 내에서 중요한 조정기능을 수행한다. 내각사무처(Cabinet Office)와 재무부(Treasury)가 또한 공공서비스

14 간편한 측정척도가 구비된 것은 아니며, 계량적으로 측정가능한 자료가 충분한 것도 아니다. 계량적인 측정도구가 부재하기 때문에 상대적 위치는 몇 가지 하위차원을 고려하고 전문가의 판단에 따라 질적으로 추정할 수 밖에 없다. 전문가들을 대상으로 포커스 그룹 인터뷰나 델파이 기법을 활용할 수 있다.

15 영국사례에 관하여는 Bouckaert, Peters & Verhoest(2010) pp. 114－131 및 239－241을 토대로 국내외문헌을 참고하여 보완하였다.

조정에서 중요한 역할을 담당한다. 핵심행정부의 주요 행위자인 재무부는 공공지출의 배분을 조정한다. 내각사무처는 관계장관회의(Cabinet Committee)의 면밀한 검토가 필요한 부처간 이슈의 조사를 담당한다. 주제별로 구성원이 다양한 관계장관회의도 정부정책의 조정에서 중요한 역할을 담당한다. 행정적으로는 고위직 공무원들 사이에 형성된 'Oxbridge 문화'[16]가 부처간 정책조정에 기여하였다. 그러나 당시 영국 중앙정부에 '부처할거주의' 문제가 전혀 없었다는 것은 아니다. 더 나아가 그 당시에도 수많은 비부처공공법인(non-departmental public bodies: NDPDs)[17]이 존재하는 상황이었다. 이러한 상황에서 수상과 내각사무처를 보좌하는 중앙정책평가팀(Central Policy Review Staff, CPRS)[18]과 같은 싱크탱크가 부처할거주의를 완화하고, 부처의 목표보다는 정부의 목표에 초점을 맞출 수 있도록 정부정책의 기획과 조정역량의 개발을 지원하였다. 1980년까지 전반적으로 부처간 정책조정 수준은 상당히 높은 편이었다.

2) Thatcher(1979-90)와 Major(1990-1997) 보수당 정부시기

1980년대 초반부터 영국 행정에서는 1979년 집권한 보수당 정부의 영향으로 관리주의(managerialism)로의 전환 경향이 뚜렷하게 나타났다. 대처가 집권하면서 관리주의 원칙의 집행에 초점을 맞춘 일련의 개혁조치가 도입되었다. 이러한 접근방법은 민간부문 경영에서 나온 아이디어에 관한 확고한 신념과 이를 행정 상황에 적용하려는 데에서 출발하였다.

능률성 점검(Efficiency Scrutinies)은 신보수주의적 원리에 따라 대처 수상이 취임 이후 1979년에 가장 먼저 착수한 프로그램이다. 능률성 점검의 목적은 각 부처가 수행하는 기능 중 낭비적인 사업을 발굴하고, 이러한 기능 수행에 관련된 절차나 제도 가운데 비능률적인 요인을 찾아내어 이를 개선함으로써, 비용을 절감하고 효

---

16 영국의 행정고시에 해당하는 속진임용제(Fast Stream) 합격자의 2/3를 옥스퍼드와 캠브리지대학 출신, 즉 Oxbridge 출신이 독점하였으며, 고위공무원의 대부분을 차지하였다. 이들은 지배엘리트층을 형성하고 응집력이 강한 독특한 문화를 가지고 있었다.

17 공공법인(public bodies)이란 정부부처는 아니지만 정부의 예산지원을 받아 정부와 관련된 공적기능을 수행하는 모든 기관을 통칭한다. 비부처 공공법인은 일반적으로 Quango(QUasi-Autonomous Non-Governmental Organization)라는 이름으로 잘 알려져 있다. 1988년에는 1,600여 개였으나 점차 감소하여 2004년에는 803개였다(서필언, 2005: 119-121).

18 1971년 Heath 수상이 내각사무처 내에 설치한 싱크탱크로 공공정책의 제안, 평가 등에 관하여 수상과 내각장관들에게 권고하고 정책결정을 보좌하는 역할을 담당하였다.

그림 6-9 영국의 정책조정 성과의 변동패턴(1980-)

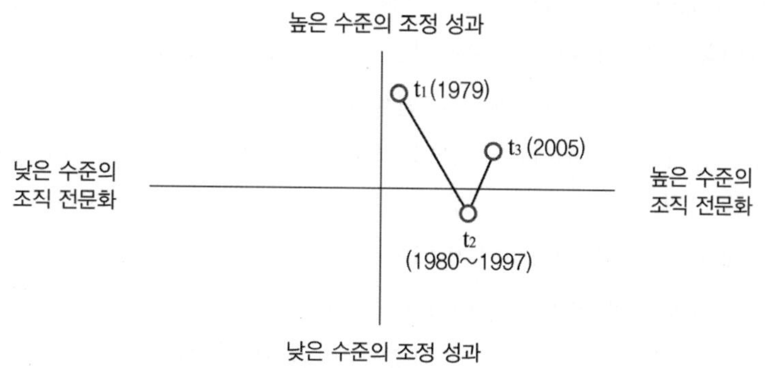

출처: Bouckaert, Peters & Verhoest(2010), p. 240, Fig. 12.2

율성을 증진하려는 것이다. 대처 수상은 내각사무처에 능률진단팀(Efficiency Unit)을 설치하고, 백화점 사장인 레이너(Derek Rayner)를 능률고문으로 임명하여 이 작업을 담당하도록 하였다(김상묵 · 최영출, 2018: 357; 서필언, 2005: 425－427). 레이너가 재임한 초기 3년 동안 총 130건의 능률성 점검을 통하여 16,000개의 직위를 감축하고 2억 9백만 파운드의 비용이 절약되었다. 레이너의 뒤를 이은 입스(Robert Ibbs)는 2년간 300건에 달하는 점검을 통하여 10,000여개의 직위를 감축하였고, 7억 5천만 파운드의 비용을 절감하였다. 이러한 비용절감은 주로 직위의 감축 또는 재설계와 절차 간소화를 통하여 이루어졌다.

1980년대 전반부에 정책조정을 뒷받침하는 다수의 제도적 행위자가 분할 또는 폐지되어 조정역량이 약화되었다(Bouckaert, Peters & Verhoest, 2010: 117). 예를 들면, 1981년 공무원부(Civil Service Department)가 폐지되고 그 기능이 재무부와 내각사무처로 분할되었다. Thatcher 수상은 1983년 7월 수상과 내각사무처를 보좌하는 싱크탱크인 중앙정책평가팀(CPRS)을 폐지하였다.

1982년에는 재정관리개혁(Financial Management Initiative)이 도입되었다. 이 개혁은 각 부처의 사업목표를 명확히 하여 이를 예산편성에 반영하고, 예산편성과 관리방식을 개편하여 예산집행에 대한 책임을 강화하고자 한 것이다(김상묵 · 최영출, 2018: 357－358; 서필언, 2005: 427－429). 1982년 재무부에 재정관리팀(Financial Management Unit)이 설치되어 각 부처와 연계하여 작업이 추진되었다. 재무부는 각 부처가 자원을 최적으로 사용할 수 있는 절차를 수립하고 이를 공표하도록 하였으며, 개인의 업무에 대한 비용의 효과성을 감안하여 산출을 측정하도록 하는 기준을 제시하였다. 각 부처가 절감한 예산은 다음 연도에 사용할 수 있도록 이월이 허용되었다. 또한 각 부처는 총운영경비(total running cost)와 인원의 범위 내에서 항목이 아닌 사업 단위로 예산을 편성하도록 하고, 하부 조직의 관리책임자에게 운영과 예산에 대한 권한과 아울러 책임도 부여하도록 하였다. 조직구조는 업무상 필요에 따라 재구성되고, 공무원들은 성취해야 할 명확한 목표를 갖게 되었으며, 성과에 대한 보상 개념이 도입되었다.

대처 정부는 일련의 공기업 민영화를 추진하였다. 민영화의 구체적인 형태는 일괄 또는 단계적 주식매각, 공개시장 매각, 경영권 분리이양 등 당해 공공기업의 성격에 따라 다양하다. 민영화 이전 공공분야의 공무원으로 고용되었던 사람들은 민영화된 기업의 고용인으로 신분이 전환되었으며, 이 과정에서 민영화된 기업의 대부분은 인력규모를 축소하였다(서필언, 2005: 456－458). 대처 정부는 1979년 정유회사(British Petroleum)를 시작으로 재임기간 중에만 영국통신, 영국철강, 영국항공을 포함하여 40여개 주요 공기업을 매각하였다. 이러한 매각과정을 통하여 영국의 공기업은 약 60% 감축되었으며, 공공부문에서 민간부문으로 이관된 인력은 60만명 이상이다. 그러나 민영화가 정부부처의 역할의 축소를 의미하는 것은 아니다. 정부는 민영화된 독점기업들을 여전히 통제하며 이에 따라 규제기관의 역할이 한층 중요해졌다(Bouckaert, Peters & Verhoest, 2010: 118).

더 나아가 정책과 집행을 분리하려는 Next Steps 개혁이 추진되었다. 1988년 당시 수상의 능률고문인 Ibbs의 「Improving Management in Government: The Next Steps」 보고서(일명 Ibbs Report)가 발간되었다. 이 보고서에서 중앙정부의 기능을 정책수립기능과 집행기능으로 분리하고, 집행적 성격의 기능은 책임운영기관을 새롭게 설치하여 이로 하여금 독립적으로 수행하도록 하며, 집행기능을 분리한 중앙부처는 정책적인 업무와 핵심 목표의 관리에 집중하게 하자고 제안하였다(Bouckaert, Peters & Verhoest, 2010: 118－119; 김상묵 · 최영출, 2018: 358; 서필언, 2005: 429－433). 1989년에는 또 다른 백서인 「Financing and Accountability of Next Steps Agencies」에서 책임운영기관의 주기적 점검과 여기에 활용될 사전대안분석(Prior Options Analysis)제도가 제안되었다. 사전대안분석이란 책임운영기관의 설치 여부를 판단하고 기능수행체계를 재검토하는데 활용된 정부기능에 대한 일종의 정밀진단기법이다. 이러한 분석을 통하여 정부기능을 민영화하거나 폐지할 필요가 있는지, 현행 방식으로 기존 조직에서 계속 수행할 것인지, 아니면 책임운영기관으로 전환할 것인지 결정하게 되었다. 정부기능의 재검토과정을 통하여 정부부처는 정책수립업무를 수행하는 본부와 집행적인 기능을 수행하는 책임운영기관으로 분리되었다. 1988년 8월 차량검사국(Vehicle Inspectorate Agency)이 최초의 책임운영기관으로 설치된 이래 책임운영기관의 숫자는 140개가 넘으며, 모든 공무원의 70% 정도가 책임운영기관에서 근무하고 있다(Bouckaert, Peters & Verhoest, 2010: 118). 책임운영기관화 과정이 진행된 결과, 정부의 구조는 정책과 집행기능을 포괄하는 하나의 내부지향적인 부처 패턴에서 소규모 정책부처와 더불어 서비스 전달을 개선하기 위하여 그 집행활동을 단일목적의 책임운영기관이 담당하는 패턴으로 변화되었다.

1990년 집권한 보수당 메이저 정부도 전임 대처 정부의 개혁조치를 계승하여 부처와 책임운영기관 수준에서 동시에 민간위탁과 시장화를 추진하였다. 메이저 정부가 도입한 두 가지 주요개혁 조치는 시민헌장제도와 시장성 테스트 제도이다.

시민헌장제도는 1990년 10월 메이저 수상이 도입한 개혁조치로서 공공기관이 제공할 서비스에 대한 기준을 명시한 '서비스 헌장'을 제정하고 이를 준수해 나가도록 하는 제도이다(김상묵 · 최영출, 2018: 360－361; 서필언, 2005: 433－438). 이 제도는 일부 지방자치단체에서 시행중인 유사한 제도를 기초로 1991년 「Citizen's Charter: Raising the Standard)」 백서에서 시작되었다. 1992년 정부의 모든 부처가 이 헌장을 수행하도록 독려하기 위하여 내각사무처에 공공서비스과학청(Office of Public Service and Science)을 신설하고, 시민헌장을 다루는 부서인 시민헌장팀(Citizen's Charter Unit)을 설치하였다. 1992년에는 서비스가 탁월한 기관에 수여하는 헌장마크상(Charter Mark Awards)도 제정되었다. 시민헌장제도는 국가 행정기관뿐 아니라 지방자치단체, 국영기업체, 그리고 공공서비스를 제공하는 민영화된 기관도 그 대상이 되며, 제공하는 서비스의 종류와 성격에 따라 시민헌장은 다양한 모습을 보였다. 1996년의 정부보고서에 따르면 당시 국가차원의 헌장은 42개가 제정되었고, 개별기관의 시민헌장은 책임운영기관과 자치단체를 포함하여 10,000개 이상이 존재하는 것으로 파악되었다.

시장성 테스트(Market Testing)는 1991년 발표된 「Competing for Quality」라는 정책백서에 의하여 도입된 것으로 정부에서 제공하고 있는 일정한 공공서비스를 대상으로 민간시장에서 더 나은 서비스를 제공하거나 돈의 가치를 향상시킬 다른 대안적 공급자가 있는지를 검토하는 것이며, 공공서비스의 품질향상에 그 목적이 있었다(서필언, 2005: 445－448). 1992～3년에 걸쳐 총 389건의 업무에 대한 시장성 테스트가 진행되었는데, 테스트 결과 약 50%의 업무는 민간에서 제공하도록 외부계약(contracting out)이 체결되었고, 행정내부에서 계속 수행하도록 한 것은 약 38%였다. 이후 1995년까지 3단계의 시장성 테스트를 시행한 결과 시장성테스트를 거친 전체 업무 가운데 약 30% 가량은 공무원이 계속 서비스를 제공하고 있으며, 내부경쟁입찰에 공무원이 참가하여 이긴 경우는 약 71%로 나타났다. 시장성 테스트의 영향으로 정부기능에 대한 민영화도 급격하게 진행되었다. 특히 책임운영기관이 시장성 테스트 결과에 따라 민영화된 경우가 있으며, 일부는 민간에 위탁되기도 하였다.

요약하면 보수당의 마거릿 대처와 존 메이저 수상의 18년 재임기간 동안 지속적으로 신공공관리 관점의 개혁을 추진한 결과 1990년대 중반까지 정부부처로부터 책임운영기관 분리에 따른 조직 분화, 개별기관과 공공관리자들에게 시장지향적 가치와 더불어 분명한 목표와 성과목표를 지나치게 강조하여 중앙정부가 다부처 관련 이슈와 사회적 난제(wicked problems)에 대처하는 역량은 현저하게 약화되었다(Bouckaert, Peters & Verhoest, 2010: 240－241).

3) 블레어(1997-2007) 노동당 정부 이후

1990년대 후반부터 노동당 블레어 정부는 중앙정부 수준과 그 하위정부 수준 행위자들 사이의 연계(joined up)를 강조하기 시작하였다. 연계형 정부(joined up government)란 부처별·기관별로 분화되어 있는 정부기능을 하나로 연계하여, 종합적으로 관리하고 여러 기관이 함께 공동의 목표하에 일하도록 함으로써, 정부전체의 효율성과 정부목표의 달성에 기여하도록 하자는 것이다. 통합적 정보시스템을 구축하거나 전정부적인 종합지출점검제도(Comprehensive Spending Review)를 도입하는 개혁은 더욱 통합되고 전체적인 접근방법의 필요성을 재인식하도록 하였다. 1997년 이후 '연계형' 개혁과 조직간 네트워크형 협력구조를 통한 조직간 협력이 대폭 강조되었다. 합동예산(joint budgets)과 같은 새로운 재무관리도구, 공공서비스 협약(Public Service Agreements, PSA)과 같은 전략적 성과관리를 통하여 조직의 책무성과 협력에 대한 인센티브를 조화시키고자 노력하였다.

한편 고위공무원단(Senior Civil Service: SCS)제도가 1996년도에 도입되어 고위공무원들 사이의 부처간 벽을 허물고 업무의 연계성과 통합성을 제고하는 한편, 행정의 효율성과 전문성을 확보하고자 하였는데 블레어 정부에서 본격적으로 운영되기 시작하여 부처간 정책조정에 기여하게 되었다.[19]

이 기간 중에 정부핵심부, 특히 수상의 조정권한은 내각사무처 내에 범부처 이슈에 초점을 둔 성과 · 혁신팀(Performance and Innovation Unit)과 조정기구를 창설하면서 더욱 강화되었다. 더 나아가 전달 · 개혁팀(Delivery and Reform Team)의 신설 등 조정 역할을 담당하는 기구들이 중앙정부기관들 사이의 정책조정에 한층 더 관심을 가지도록 하였다. 또한 정부는 공공, 민간, 그리고 자발적 섹터들을 연계하는데 있어 계선부처의 전략적 역할을 강화시켰다. 부처 외부에 비부처공공법인(NDPBs) 신설에는 신중해졌지만 넥스트스텝 기관은 꾸준히 늘어나고 있다. 다양한 유형의 공공기관이 계속 존치되고 있는 가운데 공공서비스의 통합에 우선순위가 높아졌고, 다부처 성과를 강조하는 방향으로 변화되었다. 노동당 블레어 정부는 외부 전문가를 정치적 임명직인 특별정책조정관(czar)으로 임명하여 약품, 보건, 교통, 암퇴치, 아동 등의 분야에서 정책조정을 담당하도록 하였는데 그 숫자는 전임 존 메이저 정부와 대비하여 두 배 이상 증가하였다.

요약하면 영국에서는 1980년대 이후 조직분화에 따른 전문성과 자율성 수준이 증가하면서 1990년대 전반에 부처조직 간 정책조정이 약화되었는데, 이에 대한 반작용으로 1990년대 후반 블레어 정부에서 시작하여 수상과 내각사무처의 정책조정을 강화하는 U자형 변동패턴이 나타났다.

4) 뉴질랜드, 네덜란드 및 스웨덴의 변동패턴

[그림 6-10]에서 보듯이 영국에서와 같은 U자형 변동패턴이 뉴질랜드, 네덜란드, 스웨덴에서도 나타났다. 뉴질랜드에서는 최초 위치(1980년 전후)에서 조직분화가 급속하게 진행된 반면 정책조정 수준은 급격하게 하락(1990년 전후)하다가, 2000년대에는 핵심행정부의 정책조정 수준이 매우 높아진 상태가 되었다. 네덜란

19 고위공무원단 제도는 보수당 정부에서 1994년과 1995년 각각 의회에 제출된 2개의 행정개혁백서인 “The Civil Service: Continuity & Change”와 “The Civil Service: Taking Forward Continuity & Change”에 바탕을 두고 설치되었다. 이 제도는 기존 14개 Grade 가운데 상위직인 Grade 5(본부 과장급에 해당) 이상의 5개 등급에 해당하는 4,000명 내외의 고위공무원들을 하나의 관리계층으로 통합하여 관리하며, 기존의 부처별 관리에서 고위공무원 전체를 대상으로 풀 제로 관리함에 따라 부처이기주의를 극복하고 부처간의 정책공조와 협력이 증진될 수 있게 되었다(서필언, 2005: 493).

그림 6-10 뉴질랜드, 네덜란드, 스웨덴의 정책조정 변동패턴

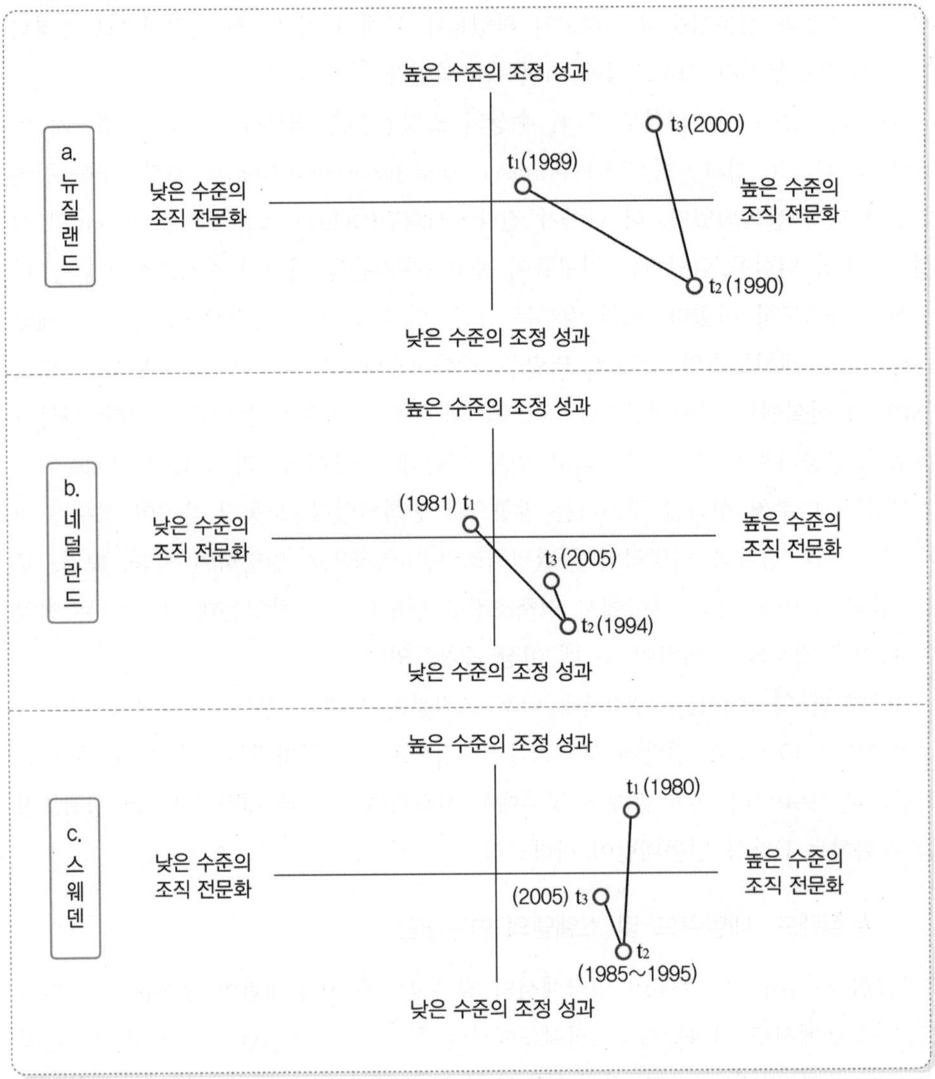

출처: 뉴질랜드: Bouckaert, Peters & Verhoest(2010), p. 243, Fig. 12.3; 네덜란드: 같은 책, p. 246, Fig. 12.5 스웨덴: 같은 책, p. 245, Fig. 12.4

드의 경우에도 유사한 패턴이 나타났지만 변동 폭은 그리 크지 않았으며 2005년경에도 여전히 정책조정 수준이 낮은 제4사분면(Ⅳ)에 머물고 있다. 스웨덴은 1980년경에 조직 전문화는 이루어지고, 부처간 정책조정도 원활한 상태인 제2사분면(Ⅱ)에서 출발하였으나, 1995년까지 정책조정 수준이 급격하게 하락하였고, 그 이후 정책조정 수준이 회복되어 가고 있으나 여전히 정책조정 수준이 낮은 제4사분면(Ⅳ)

에 머물고 있다.

3. 프랑스 정책조정의 역사적 변동

프랑스는 [그림 6－11]에서 보듯이 영국형과는 다른 궤도를 밟았다. 즉, 1980년대부터 정책조정의 수준이 상당히 높은 상태를 유지하면서 조직 전문화가 지속적으로 개선되는 패턴을 보이고 있다.[20]

1) 1981년 이전 상황

1981년 이전 프랑스의 국가구조는 강력하게 통제되는 엄격한 계층제적 구조이다. 강력한 정치인들과 국가 관료들이 통제하는 계층제 구조는 정책과정의 일관성을 확보하도록 하였다. 이원집정부제 국가인 프랑스의 정책조정에서 핵심적 행위자는 계층적 위치의 대통령, 총리, 그리고 재무장관이다(Hayward & Wright, 2002: 59－60). 재무장관은 부처예산지출의 조정을 담당하며, 총리는 일상적인 정부업무의 정책조정을 담당한다. 대통령(동거정부가 아닐 경우)은 최종적인 결정권한을 행사한다.[21] 정책조정은 계층적 위치의 대통령과 총리가 주재하는 프랑스형 관계장관회의(Comités Interministériels) 시스템을 통하여 이루어진다.[22] 프랑스의 대통령과 총리의 역할 분담에 관하여 제5공화국 초창기에는 대통령이 총리를 압도하는 것으로 생각했지만, 총리와 보좌기구가 동거정부 여부와 관계없이 핵심행정부의 정책조정에 관하여는 더욱 핵심적 역할을 담당한다는 것이 분명해졌다(Hayward & Wright, 2002: 66). 대통령이 국가체계에서 계층제의 정점에 존재하지만, 총리가 관계장관회의 등 전체적인 정책조정을 확보할 수 있는 행정부의 자원을 통제하기 때문에 대통령은 주춧돌(cornerstone)이라기보다는 첨탑(spire)에 해당한다는 것이다

20 프랑스 사례는 Bouckaert, Peters & Verhoest(2010), pp. 170－186 및 247－288을 토대로 국내외문헌을 참고하여 보완하였다. 프랑스 사례에 관한 원고를 검토하고 최근 상황에 관하여 귀중한 조언을 해주신 안영훈 박사에게 감사드린다.

21 공식적으로는 대통령이 계층제의 최상위층이고, 뒤이어 총리와 재무장관의 순서이지만 실제로 이들의 상대적 위치는 상당히 복잡하다. 1958년 헌법 제5조 ①은 "대통령은 그의 중재에 의하여 공권력의 정상적 기능과 국가의 영속성을 보장한다."라고 규정한다. 여기에서 '중재'(arbitration)가 핵심 개념이다. 대통령의 중재권한은 총리와 재무장관, 장관들에게 위임되어 있다. 총리와 보좌기구가 연간 2,000건에서 3,000건의 일상적 안건을 중재한다. 대통령은 위기 상황 또는 중요안건을 '중재'한다(Hayward & Wright, 2002: 60). 대통령과 총리는 '중재'하기 이전에 관계장관회의를 거친다.

22 프랑스의 관계장관회의에 관하여는 이송호(2008), 「관계장관회의」 참조.

(Hayward & Wright, 2002: 674). 이는 다양하고 복잡한 국내정책 영역에서 설득력이 더욱 높다. 부처간 갈등을 해결할 수 있는 대부분의 중재가 총리와 보좌진들에 의해 이루어지며, 대통령은 예외적인 경우에 개입한다. 관계장관회의는 주로 총리가 주재하며 특정 주제에 관하여 이해관계가 있는 부처의 장관들이 참석한다. 이 회의는 국무회의(conseil des ministries)에 상정되는 안건을 최종 결정하기 이전에 장관들의 견해를 조정하여 사실상 그 내용을 결정하는 기능을 담당한다. 한편 관계부처실무회의(réunion interministériels)는 총리가 소집하며 총리실의 정부위원(장관급) 또는 총리 비서실장이 주재하는 고위공무원 회의이다. 각 부처 장관의 핵심참모나 공무원들이 상호 의견 교환을 통하여 부처간 이해관계를 조정한다. 행정적 수준에서의 부처간 정책조정은 행정엘리트 양성기관인 국립행정학교(ENA) 등에서 교육을 함께 받은 동질적 고위공무원 집단인 고위공무원단(Grand Corps)[23]의 문화가 뒷받침하였다.

그림 6-11 프랑스의 정책조정 성과의 변동패턴(1980–)

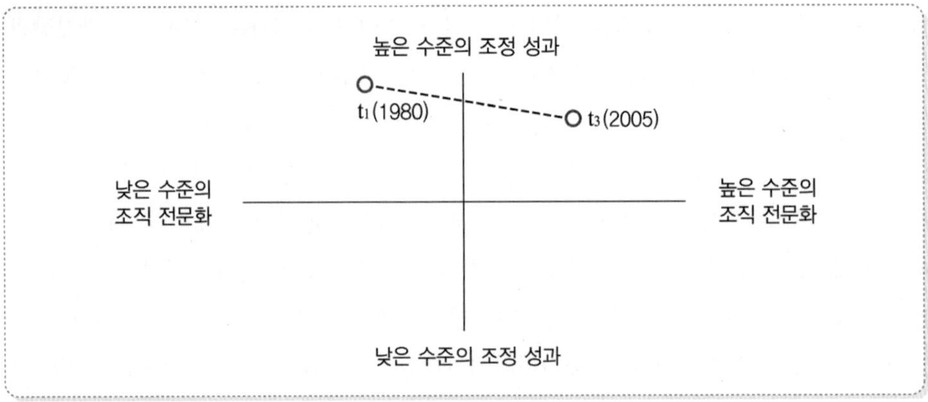

출처: Bouckaert, Peters & Verhoest(2010), p. 249, Fig. 12.6

23 프랑스의 국가공무원들은 공직 유형별 직종군(corps)으로 나뉘어 조직되어 있고, 각 공직 유형별 직종군은 직무 수준에 따라서 A, B, C 등급으로 구분하고 있다. 고위공무원단(grand corps, 고위공직 직종군)은 최고 엘리트 공무원집단으로 최고 권위를 가진 기관인 국사원(Consel d'Etat, 최고행정법원 겸 정책결정최고자문기관), 감사원(Cour de Comptes), 재정감사관(Inspection des finances)과 이에 준하는 지방 및 기술계통 공무원단을 말한다. 고위공무원단에 진입하려면 국립행정학교(ENA)와 같은 grandes écoles을 졸업하여야 한다(서성원 · 변해옥, 2018; 오시영 편저, 2008 참조). ENA는 2021년 4월 폐지되면서, 2022년 공공서비스국립학교(INSP, l'institut national du service public)로 개편되었다.

2) 미테랑 대통령 제1기와 제2기(1981–1994)

1981년 대통령에 당선된 미테랑은 1982년 3월 지방자치단체의 자치권을 획기적으로 강화하는 지방자치법을 제정하였다. [그림 6–12]에 제시된 바와 같이 프랑스는 1982년 지방자치법 제정으로 기존의 중앙집권적 단일국가체제에서 전국적으로 국가행정계층과 자치행정계층으로 이원화된 지방행정체제를 가지게 되었다. 지방자치단체 중심의 3개 자치계층은 기초자치단체인 꼬뮨(commune: 해외영토 포함 총 34,955개), 도 자치단체인 데파르뜨망(départment, 해외영토 포함 총 101개), 광역자치단체인 레지옹(région, 해외영토 포함 총 18개)이 중심이 되어 자치분권(décentralization) 체제로 운영된다(안영훈, 2008).[24] 레지옹, 데파르뜨망, 꼬뮨 등 각 자치계층에는 의회를 두고 의회에서 선출되는 의장은 의회의장인 동시에 집행기관장이다. 중앙정

그림 6-12 프랑스 국가 · 지방자치행정체제와 행정구역

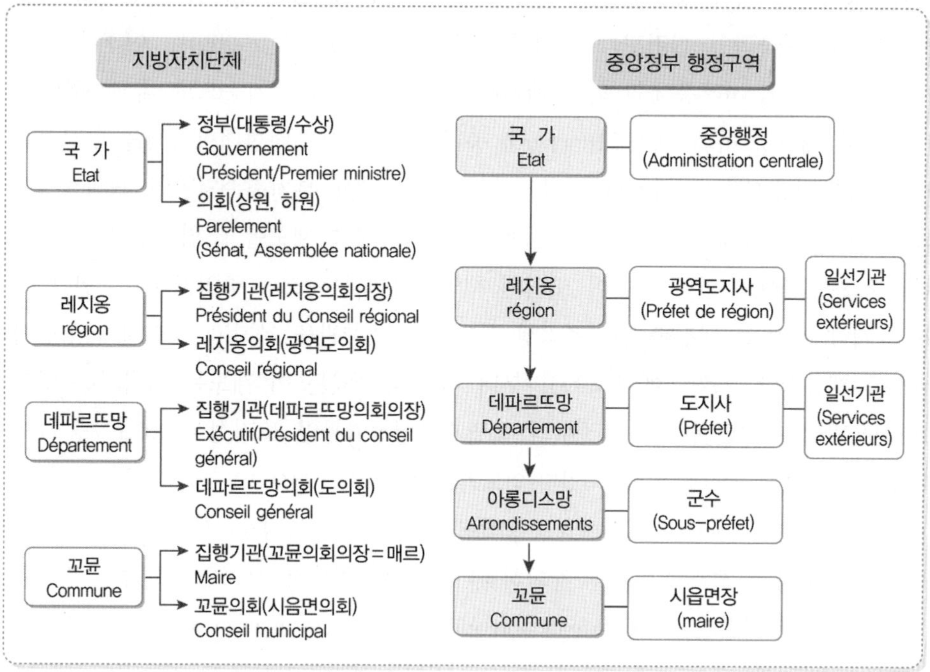

출처: 서성원 · 변해옥, 2018, p. 425, 그림 6–10.

24 통계숫자는 2022년 1월 기준, Les collectivités locales en chiffres, Direction générales des collectivités locales, 2022.

부의 행정계층은 국가기관인 도(道) 행정체제(préfecture system)을 근간으로 하는 행정적 분권(déconcentration) 체제로 운영되며, 국가의 지방행정구역은 레지옹, 데파르뜨망, 아롱디스망, 꼬뮨으로 구성되어있다.

미테랑 정부는 1981년부터 1985년까지 중앙정부의 권한을 조심스럽고 복잡한 방식으로 지방에 이전하였는데, 강력한 임명직 도지사(préfect)가 예산과 운영에 관한 통제권은 유지하도록 하였다. 즉, 도(départment) 및 광역수준(région)의 지방자치단체에 다수의 독자적인 행정집행기구를 신설하도록 허용하고, 개별적 심사에 따라 배분되던 각종 국가보조금을 포괄적으로 배분하도록 허용하면서도 국가에서 임명하는 도지사의 지방자치단체에 대한 사전감독권을 사후통제권으로 변경하여 도지사의 조정권한은 유지하도록 하였다(임도빈, 2002: 292). 1982년 지방자치법 제정으로 중앙에서 임명되는 도지사에게 각 중앙부처가 지방에 설치한 직속기관, 산하기관 등을 통합하여 지휘할 수 있는 통합지휘권을 부여하였다. 한편 1992년 7월 국가행정기관에 대한 행정분권 규정(Charte de la déconcentration)을 공표하고 지방자치단체와 적극적인 협력관계 유지를 천명하였다. 동시에 2000년대 이후부터 국가임명 도지사의 사후통제권 역시 폐지하고 재정운영 감시 기능으로 대체하였다.

미테랑 대통령 하의 로카르(Rochard) 총리는 1988년 행정현대화정책을 추진하면서 영국의 넥스트스텝 개혁의 책임운영기관과 유사한 부처소속기관인 책임행정센터(centres de responsibilité)를 설치하였고, 서비스계약 제도를 도입하였다. 영국의 넥스트스텝 개혁의 영향을 받아 도입된 책임행정센터는 소속 중앙부처와 3년간 목표치 계약을 맺고, 재정과 인사조직상 광범위한 재량권을 가지고 국민에게 행정서비스를 제공한다. 프랑스에서 1993년부터 시행되고 있는 이 제도는 영국과는 달리 그 적용범위가 제한적이며 건설부의 특별지방행정기관인 도건설국(D.D.E) 등 130여개의 특별행정기관에 머물고 있다(임도빈, 2002: 280－283).

한편 1990년 로카르 정부는 '공공정책평가에 관한 시행령'을 제정하여 정책평가제도를 통하여 정책조정기능을 강화하였다. 정부차원에서 부처연계정책을 평가하기 위하여 범부처평가협의회(Comité interminstériel de l'évaluation: CIE), 평가과학위원회(Conseil scientifique de l'évaluation: CSE),[25] 국가평가발전기금(Fonds national de dévelopment l'évaluation: FNDE) 등을 설치했다. CIE[26]는 CSE의 권고에 따라 하

25 전문가와 연구자들이 임용되어 평가방법 · 지표 등을 연구하였다.

26 CIE는 총리 또는 권한 대행이 의장을 맡고, 재정경제부 장관, 행정개혁 장관, 내부무 장관, 예

나 또는 다수 부처가 집행한 사업평가를 결정하고 진행한다.[27] 한편 지방자치단체 수준에서도 공공정책의 평가가 시행되었는데, 1994−1998년 동안 국가−지역 계약 프로젝트에 대한 평가를 의무화하여 지방정부의 공공정책평가를 체계화하였다.

3) 시락 대통령(1994–1997)

1994년 집권한 시락 대통령은 지방분권과 행정적 분권의 균형을 꾀하고자 하였다. 국가기능의 행정분권화를 진행하면서 인적자원관리와 국가소속 공공기관에 관한 재정통제권의 지방이양이 이루어졌다.

4) 조스팽 총리(1997–2005)

시락 대통령과 조스팽 총리의 동거정부 시기인 1998년 11월 조스팽 정부는 총리실 내의 국가기획원 산하에 자문기구로 국립평가위원회(Conseil national de l'évaluation: CNE)를 설치하여 기존의 CIE와 CSE를 통합하였다. 평가전문기관인 국립평가위원회(CNE)는 국가, 지자체, 공공기관에서 집행한 공공정책에 관한 평가를 담당하였다.[28] 국립평가위원회는 평가전문기관으로서 3년 임기의 14명의 평가위원(평가관련전문가 6인, 국사원 1인, 감사원 1인, 경제사회위원회 3인, 시장, 광역도의회의원, 도의회의원 대표 각 1인)으로 구성됐다. 2001년 '재정법에 관한 조직법(이하 LOLF)'이 공포되고 2006년부터 시행되었다. 이 법에는 재정법을 근거로 하여 정부정책평가와 성과관리에 관한 내용이 포함되었다. 1958년 법률명령을 통해 시행되었던 평가제도가 1990년 총리령을 통해 공고화되고, 2001년 재정관련 조직법이 제정되고, 2006년부터 시행되면서 오늘날의 기본틀이 형성되었다. 프랑스는 2006년 1월부터 시행된 재정법(LOLF)에 따라 국가재정운영과 정부정책의 성과관리가 연결된다. 성과관리를 참고하여 국가재정을 운영하고 예산이 반영된다. 성과관리는 재무적 관점에서만 이루어지는 것이 아니라 시민 관점, 납세자 관점, 이용자 관점에서 종합적으로 이루어진다. LOLF는 재무분야의 헌법으로 여겨지고 있으며, 임무, 프로그램 및 활동의 논리에 따라 개혁의 통합성(coherence)을 보장하는 것을 목표로 하였다.

산담당 장관, 계획담당 장관, 그리고 당일 의제관련 장관이 참석했다.

27 실제 CIE의 회의 준비와 집행은 총리실 내 국가기획원(Commissariat général du Plan)에서 담당했다. 국가기획원은 총리 전문자문기관으로 2006년 3월 6일 시행령으로 경제분석위원회(Conseil d'analyse économique: CAE)와 함께 통합돼 전략분석센터(CAS)로 변경되었다가, 2013년 4월 다시 프랑스전략기획원(France Stratégie)으로 전환되었다.

28 국립평가위원회는 2008년 공공정책평가단(Mission d'évaluation)으로 계승된다.

5) 사르코지 대통령(2007–2012) 이후

2008년에는 헌법을 개정하여 공공정책평가를 헌법에 명시하였다. 공공정책평가가 법률로 정해지고 헌법에 명시된다는 것은 평가가 국가운영에 필수적인 사항이고, 필요에 따라 한시적으로 진행되는 것이 아니라 좌우이념을 떠나 지속적으로 확대·강화된다는 것이다. 그러므로 2007년 당선된 사르코지 대통령, 2012년 당선된 올랑드 대통령(2012–2017), 그리고 2017년 당선된 마크롱 대통령도 공공정책평가를 국정운영의 중요한 축으로 삼고 있다. 이러한 맥락에서 2013년 정부령으로 미래전략기획원(Commissariat général à la stratégie et à la prospective)이 설치되면서,[29] 프랑스 공공정책평가는 새로운 국면을 맞이하였다. 프랑스 정부업무평가는 공공사업(공공정책)을 중심으로 진행된다. 개인 또는 기관이 평가대상이 아니라 미션과 프로그램이 대상이다. 미션을 중심으로 평가가 진행됨에 따라 다부처 미션의 경우 부처간 협력이 필수적이다. 국가사업의 책임자는 프로그램의 목표, 이의 실현 정도를 확인하는 성과지표를 통해 프로그램 실행주체들과 프로그램에 참여하는 이해관계자 간의 교류와 대화가 활성화된다.

6) 종합

1980년대 이후 프랑스 국가개혁의 방향은 중앙집권적 국가행정에서 지방분권적 자치행정으로의 변화인데, 국가행정의 자치분권화(décentralization)와 행정적 분권화(déconcentration)가 동시에 진행되었다. 행정적 분권화는 중앙부처의 업무를 가능한 범위에서 축소하고 각 부처의 지방소재 하부기관인 일선기관(services extérieurs)에 이양하는 것이다(서성원·변해옥, 2018: 447). 자연히 중앙부처의 본부조직은 소관분야에 대한 전문적인 연구기능, 미래전망기능, 조정기능, 평가기능을 포함한 전략적 역할을 담당하는 방향으로 전환되고 있다. 중앙정부 수준에서는 책임행정센터를 제외하고는 기관 숫자가 증가하지 않았다. 그러나 중앙부처의 행정적 분권화에 따라 지방에서 중앙부처 일선행정기관의 숫자는 상당히 늘어났다. 중앙부처의 조정기능 강화는 주로 광역도와 도의 지역수준에서 이루어졌다. 프랑스의 공공기관(특수공법인, établissement public)의 숫자는 거의 변동이 없었다. 프랑스에서 공공

---

29 프랑스 전략기획원(France Stratégie)으로 알려졌으며 정부와 국회 간 통합적 협력기관의 일종으로 2013년 정부령으로 설치되었다(Décret n° 2013–333 du 22 avril 2013 portant création du Commissariat général à la stratégie et à la prospective) (www.strategie.gouv.fr).

서비스(service public)는 국가 또는 지방자치단체(일반 공법인)가 직접 제공하는 경우, 특정 공공서비스를 제공하기 위해 설립된 특수공법인이 제공하는 경우, 민간부문에 위탁하는 경우 등 세 가지 방식으로 전달된다. 두 번째 범주인 '특수공법인'은 '영조물법인'이라고 번역되기도 하는데 우리나라의 공공기관(공기업 포함)에 해당한다. 프랑스에는 8,000여 개의 특수공법인이 존재(국가소속만 1,000여 개)하는데, 그 목적에 따라 행정업무 관련, 상공업무 관련(우리나라의 공기업에 해당), 과학문화업무 관련 범주로 구분된다(임도빈, 2002: 195-206; 서성원 · 변해옥, 2018: 398-399).

요약하면 프랑스는 1981년 이후 비교적 소수의 잘 조정되는 조직으로부터 지방수준(régions과 départments)에서 중앙부처의 일선기관과 지방자치단체의 숫자가 대폭 늘어나 보다 분산화된 체계로 이동하였다. 중앙정부 차원에서 통합 · 조정은 관계장관회의와 정책평가를 통하여 담보되었고, 지방 수준에서는 임명직 도지사, 지역협의체, 전략적 계획 및 재정적 조정을 포함한 종합적 조정 능력을 갖추어 통합 및 조정 수준은 항상 안전하게 보장되었다. 그러므로 프랑스의 정책조정 수준은 [그림 6-11]에서와 같이 제1사분면(I)에서 제2사분면(II)으로 완만한 기울기로 이동하였다.

7) 벨기에 정책조정 성과 변동패턴

[그림 6-13]에서 보듯이 벨기에의 정책조정성과 변동패턴은 프랑스의 사례와 유사하다. 벨기에는 1980년대 계층적 메커니즘을 통한 정책조정 수준은 높은 편이고 부처조직 전문화의 수준이 낮아 프랑스와 유사하였다. 1980년 이후 부처조직

그림 6-13 벨기에 정책조정 성과의 변동패턴(1980-)

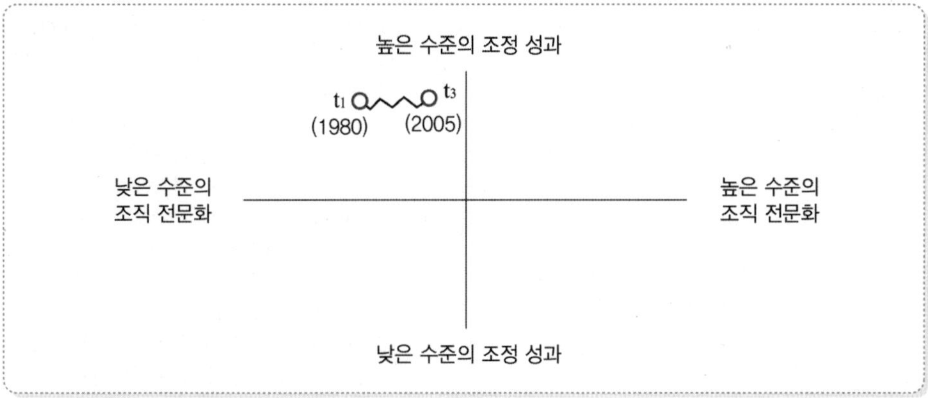

출처: Bouckaert, Peters & Verhoest(2010), p. 250, Fig. 12.7

전문화의 수준이 어느 정도 진행되었지만 프랑스보다 더디게 진행되어 2005년 경에도 여전히 제1사분면(I)에 머무른 상태이다.

4. 미국 정책조정의 역사적 변동

미국은 조직 전문화와 정책조정 수준의 변동에서 독특한 패턴의 세 번째 클러스터를 형성하였다.[30] 미국은 연구 대상기간 중 조정과 전문화의 수준에 변동이 가장 적었다. [그림 6-14]에서 보듯이 미국은 높은 수준의 조직 전문화 및 자율성의 수준이 유지되는 가운데 정책조정 활동과 그 성과는 약간 향상되는 패턴이 나타났다.

1) 1980년 이전

1980년 이전의 미국 연방 행정부는 수십년에 걸쳐 정부 기관과 여타 기관이 엄청나게 증가하였으며, 각 기관이 누리는 자율성의 수준은 매우 높은 상황이었다(하태권 · 문명재, 2018: 78-81 참조).[31] 이러한 상황에서 대부분의 정책조정 메커니즘은 대통령부(Executive Office of the President, EOP) 또는 대통령과 긴밀하게 연결되었다. 정책조정에는 대통령부의 관리예산처(Office of Management and Budget, 이하 OMB), 국가안전보장회의(National Security Council, 이하 NSC), 그리고 국내정책조정(domestic policy coordination) 기구 등 세 조직이 특히 중요하였다. NSC(대통령 국가안보보좌관, 국무장관, 국방장관으로 구성된 관계장관회의)는 1947년에 신설되

30 이하 미국 사례에 관한 기술은 Bouckaert, Peters & Verhoest(2010) pp. 208-234 및 251-252를 중심으로 국내외문헌을 토대로 보완하였다.

31 미국의 연방관료제는 15개의 정부부처(Executive Departments), 250여개의 정부부처 하부기관(Executive Department Sub-Agencies and Bureaus), 66개 독립기관(independent agencies), 43개 위원회(Boards, Commissions, and Committees), 11개 준정부기관(Quasis-Official Agencies)로 구성된다. 출처: https://www.usa.gov/branches-of-government#item-214500, 2022.12.24. 접근. 15개 정부부처 장관은 내각의 구성멤버이다. 부처 소속으로 250여 개가 넘는 하부기관(Agencies, Offices, Bureaus, Administration and Services)들이 있다. 하부기관들은 기능, 지역, 고객 등을 기준으로 구성된다. 독립기관들은 정부의 운영, 경제, 규제감독 등의 업무를 수행하는데, 내각 구성원은 아니고 대통령부에 소속된 것도 아니다. 여기에는 중앙정보부(CIA), 항공우주국(NASA), 총무처(General Service Administration), 국립과학재단(NSF), 환경보호청(EPA) 등 대통령을 포함한 외부 압력으로부터 기능적 자율성을 보장받는 기관들; 수출입은행, 우정청(US Postal Service), 테네시계곡개발청(TVA) 등 민간기업의 조직형태와 조직원리를 도입한 정부기업; 연방통신위원회(FCC), 연방선거관리위원회(FEC) 등 대통령으로부터 독립된 독립규제위원회 등이 포함된다. 43개 위원회는 풀브라이트해외장학위원회와 같이 의회 또는 대통령이 특별 과제와 영역을 관리하기 위하여 설립한 소규모 기관이다. 준정부기관은 스미소니언재단과 같이 연방행정부의 일부는 아니지만 그 활동을 연방관보에 보고해야 하는 기관이다.

어 대통령에게 외교 및 국방정책에 관하여 조언하고 국무부와 국방부의 정책을 조정한다. OMB는 예산부처이며 Nixon 대통령이 1972년에 관리 책임을 추가하였다. OMB는 예산지출에 관한 대통령의 우선순위를 반영하고, 행정부의 입법과 규제정책을 검토하는 역할을 담당한다. 대통령부에서 정책조정에 미치는 영향이 큰 세 번째 조직은 국내정책조정(domestic policy coordination) 담당 기구인데 미국 역대 정부에서 명칭은 다양하게 사용되어 왔다. 이는 외교와 안보분야에서 NSC와 유사하게 국내정책의 조정을 담당하는 관계장관회의인데 관계장관들의 숫자와 독립부서들이 많아서 NSC보다는 참여조직이 복잡하다. 이같이 정치적인 수준의 정책조정에는 OMB, 그리고 NSC와 국내정책조정기구라는 두 개의 관계장관회의가 핵심적인 조정기구로 자리매김하였다. 한편 부처간 정책조정을 행정적으로 뒷받침할 수 있는 고위공무원단(Senior Executive Service: SES)제도가 1978년 Carter 행정부에서 도입되었다.[32] SES 제도 도입 이전에는 연방정부 고위공무원이 한 부처 내에서만 근무하였는데, 고위공무원단 제도 도입 이후 인사이동의 폭이 매우 넓어 타 부처에 임용될 수 있으며, 전 정부적인 시각에서 광범위한 지식을 획득할 수 있게 되어 부처간 정책조정에 행정적으로 도움이 되었다(Bouckaert, Peters & Verhoest, 2010: 219).

2) 공화당 레이건 행정부(1981–1989)와 부시 행정부(1989–1993) 시기

레이건 행정부 시기에 관계장관회의 시스템을 대대적으로 개편하였다. 집권 1기에 국가안보회의(NSC) 시스템을 재정비하고 경제 및 국내 분야에 7개 관계장관회의(Cabinet Council)를 설치하였다(Bouckaert, Peters & Verhoest, 2010: 222–223; 이송호, 2008: 304–318).[33] 각 관계장관회의는 관련부처 장관 4–5명으로 구성하며,

32 미국의 고위공무원단(SES)제도는 1978년 공무원제도개혁법(Civil Service Reform Act)에 의해 창설되었으며 GS16–GS18에 속하는 고위 경력직 공무원을 대상으로 한다. 2006년 9월 현재 6,880명의 공무원이 SES에 속한다. SES에는 경력직 공무원과 비경력직 공무원(10% 이내)이 임용될 수 있다. 경력직 공무원은 GS 16–18 공무원 가운데 일정한 자격을 갖춘 자들 등에서 경쟁과정을 거쳐 임용되며 신분이 보장된다. 비경력직 임용자는 SES 전체의 10%를 넘을 수 없도록 규정되어 있으며 신분이 보장되지 않는다.

33 레이건 대통령이 설치한 7개 관계장관회의는 경제정책장관회의(Cabinet Council on Economic Affairs), 통상정책장관회의(Cabinet Council on Commerce and Trade), 인적자원장관회의(Cabinet Council on Human Resources), 자원 · 환경장관회의(Cabinet Council on Natural Resources and the Environment), 식품 · 농업장관회의(Cabinet Council on Food and Agriculture), 사법정책장관회의(Cabinet Council on Legal Policy), 관리 · 행정장관회의(Cabinet

대통령의 고위보좌관도 참석시켰다. 레이건 대통령 제2기에는 집권 1기에 구축한 다기화된 장관회의를 재정비하여 국가안보회의(National Security Council), 경제정책회의(Economic Policy Council), 국내정책회의(Domestic Policy Council)라는 3대 분야별 관계장관회의 시스템으로 재편하였다.

그림 6-14 미국의 정책조정 성과의 변동패턴(1980–)

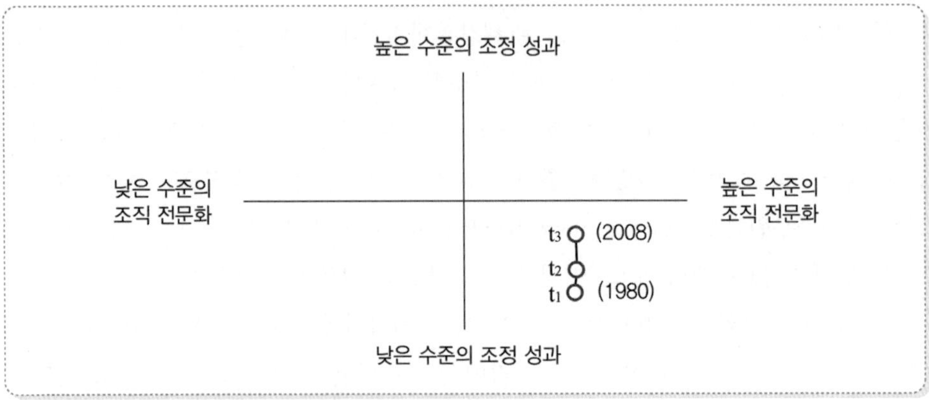

출처: Bouckaert, Peters & Verhoest(2010), p. 249, Fig. 12.8

레이건의 뒤를 이어 집권한 부시대통령은 물려받은 3대 분야별 관계장관회의 시스템을 그대로 유지하면서, 하부기구를 장관급 위원회, 차관급 위원회, 차관보급 실무작업반으로 표준화하였다(이송호, 2008: 319). 또한 부시 대통령은 미국경제의 경쟁력 강화와 미국민의 삶의 질 향상에 과학기술의 중요성을 강조하면서 처음으로 과학기술분야의 관계장관회의인 연방과학기술회의(Federal Coordinating Council for Science, Engineering and Technology, 1989)를 설치하였고, 동시에 국가우주개발회의(National Space Council)를 부활시켰다.

3) 민주당 클린턴 행정부(1993–2001) 시기

클린턴 행정부는 기존 3대 관계장관회의와 더불어 연방과학기술회의와 국가우주개발회의를 통합하여 확대한 국가과학기술회의(National Science and Technology Council)를 포함하여 4개의 분야별 관계 장관회의 시스템을 정착시켰다. 4대 분야별 관계장관회의에는 팀워크를 위해 내각장관들과 함께 대통령비서실 보좌관들을

Council on Management and Administration)이다.

참석시켰고 비서실 보좌관들은 정책목표를, 관계장관들은 구체적인 정책대안을 마련하도록 하였다(이송호, 2008: 328). 한편 클린턴 행정부 출범과 더불어 '정부성과결과법'(Government Performance and Results Act, 이하 GPRA)을 제정·시행하여 전략적 성과관리가 이루어질 수 있도록 하였다. GPRA 하에서 각 부처는 관리예산처(OMB)가 제공한 가이드라인에 따라 전략기획 단계로부터 성과기획, 성과측정 및 성과보고의 과정을 수행하도록 하였다. 이에 대하여 회계감사원(GAO)이 신뢰성 제고를 위해 점검·감독을 실시하여 그 결과를 의회에 보고하도록 하였다.

4) 공화당 조지 W. 부시 행정부(2001–2009) 시기

부시 행정부는 전략적 성과관리체계에 대통령관리과제(President Management Agenda, PMA)를 도입함으로써, 범정부적 관리과제에 초점을 두고 기관간 협력을 강조하였다.[34] 부시행정부는 PMA의 다섯 번째 원칙인 예산과 성과의 통합을 실현하기 위하여 사업성과평가도구(The Program Assessment Rating Tool, PART)를 활용하여, 개별사업단위 중심의 성과분석을 실시하였다. PART는 2002년 OMB에 의해서 개발된 질문지 형식의 측정도구로서, 연방정부 프로그램들의 성과정보를 관리하도록 설계되었다.[35] 부시행정부 시기에 PART를 통한 정부업무평가 도입으로 부처조직의 자율성은 약간 증가하였다.

부시 행정부 시기에 2001년 9·11 테러공격 사태를 계기로 국가안보분야에 책임이 있는 다양한 조직들의 활동을 원활하게 조정한다는 목적으로 거대부처인 국토안보부(Department of Homeland Security, DHS)가 신설되었다(Box 6–1 참조). 국토안보부(DHS)는 20개 이상의 조직과 프로그램을 한 군데 모아 창설하였다. 이와 더불어 정보담당 짜르(intelligence czar)를 임명하여 정보수집과 분석을 보다 원활하게 통합하고자 하였다. 그러나 국토안보부와 신설된 정보담당 짜르와의 연계는 원활하지 않았다.

---

34 PMA는 GPRA와는 달리 별도의 독립된 법률을 근거로 하지는 않았고, 부시 대통령의 정부개혁안에 근거를 두었다.

35 부시 행정부의 PART를 통한 정부업무평가는 사업단위에서 사업성과와 예산간의 연계, 분기별 각 기관의 사업 진행과정 보고 의무화, 평가결과의 적극 공개 등을 특징으로 하였다.

Box 6-1: 거대부처 국토안보부(Department of Homeland Security, 이하 DHS) 신설

거대부처(super-ministry) 활용의 기본논리는 바람직한 결과를 산출하기 위해 협력해야 하는 모든 기관과 프로그램을 하나의 구조에 포함하는 것이다. 미국에서는 뉴욕과 워싱턴에 대한 2001년 9·11 테러공격이 발생한 후 이러한 전략을 채택하여 국토안보부(DHS)를 신설하였다. 부시 대통령은 이러한 접근방법이 테러공격 성공의 원인이 된 조직 분절을 극복할 수 있는 수단이라고 보았다. 9·11사태 이후 설치된 "테러공격에 관한 전국위원회"(National Commission on Terrorist Attacks)의 조사보고서는 극단적으로 분권화된 미국의 국정운영 구조가 하이재커들이 비교적 쉽게 적발되지 않고 그들의 계획을 실행하는데 매우 큰 몫을 했다고 지적하였다(National Commission, 2004; Peters, 2015: 105에서 재인용). George W. Bush 대통령의 첫 번째 반응은 국토안보청(Office of Homeland Security)에 국토안보담당 짜르(homeland security czar)를 임명한 것이다(Executive Order, 2001.10.8). 이는 대통령과 직접 접촉할 수 있는 백악관에 위치한 소규모 조직이다. 당시 펜실배니아 주지사 Tom Ridge가 주지사직을 사임하고 연방정부의 대테러 프로그램을 지휘하게 되었다. 그러나 Ridge는 대통령의 신임과 뒷받침을 토대로 설득하는 것 외에는 국토안보에 관련된 다수의 조직과 프로그램을 통합할 수 있는 법적 권한이 없었으므로 업무수행이 지극히 어려웠다. 2003년 3월 1일 국토안보부(DHS)가 이미 존재하던 22개 기관을 통합하여 신설되었다. 이 기관들은 재무부, 법무부, 교통부, 농업부, 에너지부, 국방부, 보건·인적서비스부, 총무처 등 8개 장관급 부처와 하나의 독립기관(Federal Emergency Management Agency, FEMA)으로부터 차출되었다. 신설된 DHS 소속 직원은 대략 175,000명(연방정부 민간직원의 약 12%에 해당)으로 국방부와 보훈부에 이어 세 번째로 규모가 큰 부처이다.

대규모 부처인 국토안보부의 신설은 오늘날 미국 정부에서 국토안보의 중요성뿐만 아니라 하나의 정책 영역에 모든 이슈와 행위자를 내부화시킬 수 있는 구조의 설계가 어렵다는 것을 분명히 드러나게 하였다. 대규모의 부처일지라도 연방정부 내의 다른 조직들과 함께 일해야 할 필요성은 계속 대두되며, 다른 층위의 정부와의 조정 이슈도 여전히 존재한다. 예를 들면, 미국의 모든 주정부는 테러리즘과 자연재해 위협을 다루는 자체 조직이 있는데, 국토안보부는 위협을 인지할 때마다 그들과 함께 일해야 한다. 국토안보부 내부의 조정 이슈는 더욱 심각하다. 부처 내에 다양한 목적을 가진 다양한 조직이 포함되어 있기 때문에 내부적으로 상당한 불일치가 발생하므로 상당히 복잡한 내부갈등 상황을 적절하게 관리해야 한다. 국토안보부가 직면한 가장 기본적인 대외적 조정 문제, 특히 FBI 등 정보기관과의 조정

문제가 의미있는 방식으로 해결되지 않은 상태가 여전히 지속되고 있다.

현재까지 국토안보부가 미국에서 국내 테러를 예방하는 주요 임무 수행에 실패했다고 보기는 어렵다. 그러나 불법이민에 대한 국경보호와 자연재해에 대한 효과적인 대응과 같은 다른 업무에서의 성과는 논쟁의 여지가 많고, 정치적으로 더 복잡하다. 국토안보부의 사례는 정책조정을 확보하기 위해 거대부처를 활용하는 전략이 대외적으로 부처간 정책조정의 이슈를 완벽하게 해결하지 못할 뿐 아니라 부처 내부갈등 조정의 문제가 심각하다는 것을 보여준다. 그러한 문제가 여전히 제기되고 있지만 2001년 신설된 미국의 국토안보부가 오늘날까지 존속한다는 것 자체가 신설 조직의 목표 달성에 어느 정도 성공했다는 증거라고 볼 수 있다. 이는 박근혜 정부에서 세월호 참사를 계기로 2014년 신설된 국민안전처(행정안전부의 재난·안전 총괄조정, 소방방재청의 소방·방재, 해양경찰청의 해양경비·안전·오염방제 등 통합)가 문재인 정부 출범 이후 2017년 폐지되어 단명에 그친 것과 대조된다.

출처: Guy B. Peters, 2015. *Pursuing Horizontal Management*, 104－112에서 요약.

5) 민주당 오바마 행정부(2009-2017) 시기

오바마 행정부에서는 정부성과결과현대화법(GPRA Modernization Act of 2010, GPRAMA)을 제정하여 성과평가제도를 개편하고, 범부처우선순위목표(Cross－Agency Priority Goals)에 대한 성과관리를 강화하였다. 즉, 각 기관이 개별적으로 수행하는 사업에 대해 범정부적 차원의 공통 목표달성을 위해 협업 체계를 강화함과 동시에, 개별 사업에 대한 평가보다는 각 사업의 연계성을 강조하고 범정부적인 성과 목표를 달성하는 방향으로 성과관리체계를 연계하도록 한 것이다.[36]

또한 오바마 대통령은 대통령실의 특별정책조정관(policy czar)을 통해서 분야별

---

36 GPRAMA는 특정 연방정부기관이 기관 자체 목표뿐만 아니라 관련된 연방정부 우선순위 목표를 달성하기 위하여 어떻게 기여할 수 있는지 그리고 다른 기관과 어떻게 협력하는지를 기관전략계획서에 반드시 포함하도록 규정하고 있다. GPRAMA에서는 성과관리 단계 중 특별히 성과평가 결과의 공개를 확대하고 평가결과의 활용 및 환류를 강조하고 있다. 또한 관련 전문가, 이해관계자 및 의회와의 협의를 통한 성과관리를 시도함으로써 시민에 대한 책무성을 강조하면서, 범부처우선순위목표와 기관우선순위목표, 기관전략계획, 기관성과계획, 기관성과보고 등에 대한 정보를 웹사이트에 게시하고, 의회와의 협의사항에 대한 반영 정도를 공개하고 있다. GPRA에서는 5년 단위의 전략계획을 중심으로 연간성과계획과 연간성과보고가 이루어지도록 하였으나, 오바마 대통령은 GPRAMA에서 전략계획 수립의 주기가 대통령 임기와 조율되도록 4년 주기로 변경하였다. 일관성을 지녀야 할 부처의 중장기목표가 대통령의 국정방향에 따라 자주 변경되는 현상을 방지하기 위해 대통령 임기에 맞추어 부처의 전략목표를 설정하는 것은 물론이고 성과측정 및 보고에서도 일관성을 유지하도록 한 것이다.

정책조정을 시도하였는데, 기존의 마약정책특별조정관(drug czar) 이외에도 2008년 경제위기 이후 소비자금융 분야 등에서 정책조정을 위하여 다수의 특별정책조정관을 추가로 임명하였다(Peters, 2015: 77). 특별정책조정관은 해당 분야에서 대통령의 직접 집행 권한을 강화하고, 정책조정의 수준을 높일 수 있도록 하였다(Box 6–2 참조).

Box 6-2: 미국의 특별정책조정관, Czar 제도 소개

짜르(Czar 또는 Tsar)는 일반적으로 미국과 영국의 고위 관리들 가운데 특정 정책문제를 조정할 수 있는 폭넓은 권한이 부여된 공직자를 지칭하는 비공식적인 타이틀이다. 미국 역대 연방정부의 특별정책조정관(policy czars)을 체계적으로 연구한 Vaughn & Villalobos(2015: 2)는 czars를 "행정부의 구성원으로서 행정부가 해결하거나 최소한 상징적으로 해결하고자 하는 특정 정책문제에 대한 조정 책임을 수행하는 공직자"라고 정의한다. 미국에서 Czar는 대통령이 연방정부의 행정부 공무원으로 임명하지만, 외부의 민간인이 임명될 수도 있다. Czar에는 상원의 인준을 받아야 하는 직위가 있으며, 그렇지 않은 직위도 있다. 영국에서 Czar라는 용어는 더 느슨하게 사용된다. 미국 대통령이 거대한 연방정부의 모든 이질적인 기능과 기관을 개인적으로 조정할 수는 없다. 그런데 조정이 제대로 되지 않아 정책이 실패하면 대통령이 책임을 져야 한다. 따라서 정부기구의 복잡성이 커지면서 행정부의 정책조정을 돕기 위해 대통령이 특별보좌관 또는 'czar'를 임명한다. 미국에서 czar의 기원은 프랭클린 루스벨트 행정부(1933–1945)에서 제2차대전 당시 전쟁 수행에 필요한 자원 조달이라는 난제를 해결하기 위하여 만들었던 11개 직책인데 언론에서 이들을 수송 czar, 인력 czar, 생산 czar, 선박 czar, 합성고무 czar라고 묘사하였다. 닉슨 대통령이 연방 에너지청장인 W. E. Simon에게 비공식적으로 czar라는 타이틀을 부여하면서 에너지 수급의 전권을 부여하였다. 당시 아랍의 석유금수조치가 한창일 때 Simon은 명시적인 휘발유 배급에 의존하지 않고 의무적인 연료 할당 프로그램을 성공적으로 시행하고 에너지 부족에 대한 대중의 두려움을 진정시켰다. Bill Clinton 대통령(1993–2001)이 8개 직위를 czar로 지정하여 11명을 임명(상원인준 4명)하였고, George W. Bush 대통령(2001–2009)이 그 숫자를 크게 늘려 33개 직위 지정, 49명 임명(상원 인준 21명), Barack Obama 대통령(2009–2017)이 38개 직위 지정, 50명 임명(상원 인준 11명)하였다.[37] 예를 들면, 국가마약통제청장(Office of National Drug Control Policy)을 "마약담당 czar", 테러 정책에 대한 대통령 자문관을 "테러담당 czar", 컴퓨터 보안 및 정보 보안에 대한 최고위 공직자를

37 https://en.wikipedia.org/wiki/List_of_U.S._executive_branch_czars, 2022. 12.29일 접근.

"사이버보안담당 czar", 이라크와 아프가니스탄의 전쟁을 감독하기 위한 "전쟁담당 czar" 등으로 임명하였다.

czar형 직위 창설의 이론적 근거는 특별한 문제에 대하여 공식적인 경로에서 벗어나, 창의적인 해결책을 찾을 수 있는 능력, 그리고 거대 이슈에 관한 의사결정에 많은 정부 관계자를 참여시킬 수 있는 능력, 궁극적으로는 거대한 관료제가 함께 새로운 방향으로 나아갈 수 있게 한다는 것이다. 그러나 모든 당사자들을 협력하게 하고 경쟁하는 권력 중추들을 관리하는 과정에서 문제가 발생할 수도 있다. 그렇다면 대통령들은 왜 czar를 활용하는가? Vaughn & Villalobos (2015)는 대통령이 실용적인 정치를 하려면 czar 의존도가 높아져야 한다고 지적한다. 특히 대통령이 무엇을 할 수 있고 무엇을 해야 하는지에 대한 국민들의 기대는 행정수반에게 부여된 헌법상의 권한을 훨씬 능가한다. 간단히 말해서, 대통령이 관리할 것이 더 많고, czars는 그렇게 하는 데 유용한 도구일 수 있다는 것이다. 더 나아가, czar가 문제를 해결할 수 없다고 하더라도, 대중에게는 대통령이 가능한 모든 것을 하고 있다는 인상을 줄 수 있다는 것이다.

그러나 [Box 6-1]에서의 국토안보담당 czar의 사례에서 보듯이 czar가 항상 관련정책을 조정하는 데 성공하는 것은 아니다. Vaughn & Villalobos(2015)는 czar의 성공에 도움이 되는 요소의 일반적인 모델을 제시하였는데, 이는 정책학 분야에서 제시된 성공적인 정책집행의 모형과 매우 유사하다. 다섯 가지 핵심 성공요소는 목표의 명확성, 주제에 관한 전문성, 정책문제의 철저한 사전 분석, 대통령에 대한 충분한 접근성, 우호적인 정치적 분위기이다(Vaughn & Villalobos, 2015: 166-172). 저자들은 짜르영역(czardom)의 역동성을 드러내기 위해 논쟁의 여지가 있는 미국의 대표적인 사례들을 깊이 조사하였는데, 저자들의 사례 연구 결과는 모델을 뒷받침하였다.

출처: Vaughn & Villalobos, 2015. *Czars in the White House*를 중심으로 요약.

6) 종합

미국의 정책조정 변동패턴을 요약하면 다음과 같다. 1980년대 이전 미국 연방행정부는 엄청나게 많은 정부 기관과 여타 기관들이 누리는 자율성의 수준이 매우 높은 상태였다. 정책조정은 대통령부의 OMB, 관계장관회의(NSC와 국내정책조정 담당기구)를 중심으로 이루어졌으며, 행정적으로는 1978년 도입된 고위공무원단(SES)이 뒷받침하였지만 정책조정 수준은 상대적으로 낮은 편이었다. 레이건 행정부 2기에서 관계장관회의가 국가안보회의, 경제정책회의, 국내정책회의라는 3대 분야별 관계장관회의 시스템으로 재편되었고, 부시행정부에서 연방과학기술회의와 국가우주개발회의가 설치되었다. 클린턴 행정부에서 관계장관회의가 국가안보회의, 경제정책회의, 국내정책회의 및 국가과학기술회의를 포함하여 4개의 분야별 관계장관회의 시스템을 정착시켰다. 한편 클린턴 행정부에서 GPRA를 제정 · 시행하여 전략적 성과관리가 이루어질 수 있도록 하였다. 부시 행정부는 PMA를 도입함으로써, 범정부적 관리과제에 초점을 두고 기관간 협력을 강조하였고, 9 · 11 테러공격 사태를 계기로 국가안보 분야에서 거대 부처인 국토안보부(DHS)를 신설하였다. 오바마 행정부는 GPRAMA를 제정하여 범부처 우선순위 목표에 대한 성과관리를 강화하였고, 다수의 대통령실 특별정책조정관(policy czar)을 임명하여 분야별 정책조정을 시도하였다.

이러한 노력을 통하여 정책조정 수준은 꾸준히 향상되었지만, 그 정도는 크지 않아 1980년대와 마찬가지로 [그림 6－14]에서 보듯이 2000년대 중반 이후에도 조직전문화와 정책조정수준은 제3사분면(Ⅲ)에 머물고 있다.

5. 민주화 이후 한국의 정책조정역량의 변동패턴

여기에서는 이 장 서두에서 제시한 구체적인 연구질문에 대한 답변을 찾기 위하여 실시한 전문가 델파이조사 결과를 살펴보겠다. 구체적인 연구질문은 다음과 같다. (1) 역대정부의 정부구조와 국정운영에서 부처조직 전문화 및 자율성의 수준은 어느 정도인가? (2) 역대정부는 계층제, 네트워크 또는 시장 메커니즘 가운데 어떠한 조정메커니즘의 도구들에 주로 의존하였는가? (3) 역대정부의 정책조정 노력과 성과는 전반적으로 어느 정도라고 평가할 수 있는가? (4) 역대정부에서 부처조직 전문화의 수준과 정책조정역량 수준은 어떻게 변화되어왔는가? (5) 한국 정부의 부처조직 전문화와 정책조정역량 수준의 변동패턴은 서구국가와는 어떻게 다른가?

1) 전문가 델파이조사 개요

(1) 조사대상

전문가 17명: 중견행정학자 11명, 핵심 행정부처 전 · 현직 공무원 5명(전 인사혁신처장, 전 특임장관실 차관, 전 행정안전부 차관, 현 국무조정실 실장, 현 국무조정실 국장), 연구위원 2명(조세재정연구원 1, 행정연구원 1).

(2) 조사내용

역대정부의 조직 전문화 및 자율성 수준(9점 척도, −4∼+4), 정책조정 메커니즘 및 정책조정 도구 활용의 특징(개방형 질문), 정책조정을 위한 노력(9점 척도), 정책조정의 전반적 성과(9점 척도), 정책조정에 관한 전반적 논평(개방형 질문).

(3) 조사기간

① 1라운드 이메일 조사: 2022.11.24. − 11.29

② 2라운드 이메일 조사: 2022.12.1. − 12.5

1라운드 조사가 종료된 후, 응답결과의 요약수치(최소값, 최대값, 평균, 표준편차)와 함께 개방형 질문에 대한 응답 내용을 정리하여 응답자에게 알려준 후 2라운드 조사를 실시하였다.

③ 3라운드 보완조사: 2022.12.5. − 12.8

민주화 이후 정책조정 성과와 비교하기 위한 기저선(baseline)으로 민주화 이전인 제5공화국 전두환 정부 시기의 정책조정 성과에 관한 조사가 필요하다고 판단하여 보완조사를 추가하여 실시하였다.

2) 조사결과 요약

(1) 조직 전문화와 자율성의 정도

<표 6−2>에 역대정부의 조직 전문화와 자율성의 정도에 관한 전문가 델파이 조사 결과가 제시되었다.[38]

전문가들은 민주화 이전 비교기준으로 설정한 전두환 정부 시기의 부처조직 전문화 및 자율성의 정도를 9점(−4∼+4) 척도에서 평균 −1.71로 평가하여 매우 낮은 수준이라고 보았다. 일부 전문가는 [민간경제관료들을 경제부처 장관으로 등용하고 장관에게 부처 운영권한을 대폭 위임하여 부처 전문성이 강화]되었다고 높게 평가(+2)하기도 하였으나, 대부분 전문가들이 거의 모든 부처가 경제기획원의 통제를 받았다는 점, 일반사회부처의 경우에는 [군 출신과 실세들을 장관에 임용하여 정책전문성이 부족]했다는 점에서 부처 전문성 및 자율성이 대체로 낮은 것으로 평가하였다. 또

38 질문: “발제문에서 기술한 역대정부에서 활용한 정책조정 도구에 관하여 살펴보신 후 전반적으로 당시 조직의 전문화 및 자율성의 수준은 어느 정도라고 평가되는지 답변해 주시기 바랍니다.” 이 질문에 9점 척도(−4∼+4)에서 응답하도록 요청하였다.

표 6-2 역대정부 조직전문화 수준 기술통계(N=17)

	1라운드 답변요약				2라운드 답변요약			
	최소값	최대값	평균	표준편차	최소값	최대값	평균	표준편차
전두환 정부					−3	2	−1.71	1.53
김영삼 정부	−3	2	−.53	1.70	−3	2	−.47	1.63
김대중 정부	1	3	1.94	.75	1	3	1.82	.73
노무현 정부	2	4	2.88	.49	2	4	2.88	.48
이명박 정부	−3	3	−.29	2.05	−3	2	−.24	1.75
박근혜 정부	−3	2	.47	1.41	−3	2	.29	1.31
문재인 정부	0	3	1.35	.86	0	3	1.29	.92

9점 척도(−4∼+4)에서 응답
출처: 남궁근 · 우하린, 2023, 역대정부의 정책조정 비교분석, <표 1>.

한 공무원의 전문성을 제고하려는 뚜렷한 노력이 없었을 뿐 아니라, [전문화 축적을 통한 체계적 성과관리를 기반으로 성과를 창출해야 한다는 장기적 · 통합적 시각을 갖지 못했고], 제4공화국에 이어 사관학교 출신 [유신사무관의 대거 유입은 이후에도 여러 측면에서 역기능을 초래함. 특히 권위주의, 형식주의로 대변되는 부정적인 공직문화를 고착화하고, 공직사회의 전문성 약화 등 정부의 경쟁력 저하를 초래]하였다고 논평하였다.

김영삼 정부시기에 부처 전문성 및 자율성 수준은 평균 −.47로 전두환 정부 시기와 비교하여 상당히 개선되었으나 여전히 낮은 수준에 머물렀다. 전문가들은 거대부처화에 따른 전문성 저하, 대통령과 청와대 중심의 집권적 정책결정에 따른 부처 자율성 약화 등을 지적하였다. 특히 [거대부처화한 재정경제원 간부회의에서 논의되고 결정된 사안이 전 부처를 좌지우지하고, 주요 부처의 차관 자리도 재정경제원 출신이 점령하여 '견제와 균형' 역할을 상실함으로써 IMF 위기 초래], 엘리트 공무원들이 [미래지향적 교육훈련 시스템 부재 및 전문적 관료역량 부족으로 비전 제시와 정책시스템 개편을 주도하지 못하였다.]라고 논평하였다. 한편 행정쇄신위원회를 중심으로 세계화를 위한 교육훈련 개선방안 마련, 개방형 전문직위 지정은 전문성 확보에 긍정적 요인이라고 보았다.

김대중 정부시기에 부처 전문성 및 자율성은 델파이조사 결과 평균 1.82로 나타나 대폭 향상된 것으로 평가되었다. 김대중 정부의 거대부처 해체 및 전문부처주의, 인사정책의 총괄기구인 중앙인사위원회를 설치하고 개방형직위제도를 도입하는 등 공직사회 전문성 제고 노력, 그리고 대통령 소속 및 부처 소속 다양한 위원회에 전문가의 참여 확대를 높게 평가하였다. [김대중 정부와 노무현 정부는 상대적으로 부처의 전문성을 보장하고자 했으며, 이에 따라 조정의 필요성도 늘어났다.]라는 논평이 있었다.

노무현 정부시기에 부처 전문성 및 자율성 수준은 델파이조사에서 평균 2.88로 더욱 향상된 것으로 평가되었다. 부처조직 전문화 수준 측면에서 볼 때, [노무현 정부가 위원회조직을 활용한 외부전문가집단의 광범위한 활용, 국가재정관리체계 혁신, 고위공무원단제도 도입, 성과관리체계 강화, 온나라 정부업무관리시스템 도입 등 가장 성과가 있었다.]라는 논평이 있었다. 그 밖에도 전문부처주의 유지, 중앙인사위원회의 전보제한 및 보직경로제 등 인사제도가 부처 전문성 제고에 기여한 것으로 보았다.

이명박 정부시기의 부처 전문성 및 자율성 수준은 델파이조사에서 평균 −.24로 대폭 후퇴한 것으로 평가되었다. 무엇보다도 거대부처화를 단행하여 부처 전문성을 약화시켰고, 중앙인사기구인 중앙인사위원회를 폐지하여 공무원의 전문성 제고 노력을 중단시킨 점이 후퇴요인으로 지적되었다.

박근혜 정부시기에는 부처 전문성 및 자율성 수준이 어느 정도 개선되어 델파이조사에서 평균 .29로 평가되었다. 이는 이명박 정부시기에 탄생한 거대부처를 원상회복하고, 인사행정 전담기구인 인사혁신처를 설치하여 전문직 공무원 트랙 신설 등의 노력으로 공무원의 전문성 강화가 상당히 이루어졌다고 평가되었기 때문이다.

문재인 정부시기에 부처 전문성 및 자율성 수준은 1.29로 상당히 개선되었다. 이는 박근혜 정부의 전문부처주의를 계승하였고, 인사혁신처의 투트랙 보직관리와 전문직 공무원제도의 본격 운영, 개방형 직위의 민간임용 확대 등이 평가된 것이다. 그러나 김대중 정부와 노무현 정부시기의 평균 수준인 1.82와 2.88에는 미치지 못하였다.

부처 전문성 및 자율성의 수준 변동에 관한 전문가 델파이조사를 요약하면 다음과 같다. 각 부처의 전문성과 자율성은 민주화 이전 전두환 정부에서 −1.71의 낮은 수준에서 시작하였는데 김영삼, 김대중, 노무현 정부에서 계속 향상하여 2.88까지 제고된 것으로 평가되었다. 이명박 정부에서 −.24로 대폭 후퇴하였다가 다시 회복되는 추세를 보여 문재인 정부에서 1.29로 향상된 것으로 평가되었다. 델파이

조사 참여 전문가들이 이명박 정부에서 부처 전문성이 대폭 감소했다고 본 것은 대통령 보좌기구 및 국무총리 보좌기구 통합과 더불어 5개의 거대부처를 탄생시키고, 중앙인사기구를 폐지하였기 때문이다. 한편 김대중 정부의 개방형 임용제도, 노무현 정부의 고위공무원단제도가 정착되었고, 중앙인사위원회(김대중, 노무현 정부)와 인사혁신처(박근혜, 문재인 정부)가 공무원의 전문성을 제고할 수 있는 보직경로제, 순환보직 억제, 전문직 공무원트랙을 신설·운영하여 공무원의 전문성은 지속적으로 증가하였다. 또한 노무현 정부에서 도입하여 정착한 정부업무평가제도와 공공기관경영평가제도를 통하여 부처조직과 공공기관(공기업 포함)들이 자체적으로 성과관리계획을 수립하고 이에 따라 매년 자체평가를 실시하였으며, 부처조직의 경우에는 국무총리실의 점검 및 평가, 공공기관의 경우에는 예산부처인 기획재정부의 점검 및 평가를 받으면서 조직의 전문성 수준이 향상되었다. 델파이조사 참여 전문가는 [부처조직의 전문성은 인사제도의 변화 등에 힘입어 기본적으로 점차 제고되어온 것으로 판단할 수 있으나 정책문제의 복잡화와 사회의 다양한 집단(민간기업, 싱크탱크, 다양한 전문가 그룹)의 전문성이 높아진 것과 비교할 때 부처조직과 공무원의 상대적인 전문성은 크게 높아지지 않음], [정부부처의 자율성은 주기적 정권교체 과정에서 관료의 정치화가 강화되어 실질적인 전문성 향상에 비해 자율성 향상은 높아지지 않음]이라고 논평하였다.

(2) 정책조정 메커니즘과 조정도구 활용의 특징

델파이조사에 참여한 전문가들에게 역대정부가 활용한 정책조정 메커니즘과 정책조정 도구 활용의 특징에 관하여 질문하였다.[39] <표 6-3>에 전문가들의 응답결과가 요약되었다.

민주화 이전 제4공화국 전두환 정부는 대통령 중심의 계층형 정책조정에 압도적으로 의존하면서 시장형 및 네트워크형 조정 메커니즘이 보완적으로 활용되었다. 경제분야는 경제수석과 경제부총리 겸 경제기획원 장관이 정책조정권한을 행사하였고, 일반행정과 국방분야는 대통령중심의 정책조정이 이루어졌는데, 조직개편과 인사권을 부처 통제 및 조정수단으로 활용하였다. 한국 정부수립 후 최초로 '간소

39 질문: "역대정부에서 새롭게 추가한 정책조정 수단은 무엇이며, 계층제, 네트워크 또는 시장 메커니즘으로 구분한다면 새롭게 추가한 조정수단은 이 가운데 주로 어떠한 전략에 해당된다고 보십니까? 자유롭게 기술해 주시기 바랍니다. 예시: 공공기관경영평가(시장형), 관계장관회의(네트워크형), 거대부처화(계층제) 등."

표 6-3 역대정부 정책조정도구와 메커니즘의 특징

	특징	계층형	시장형	네트워크형
전두환	대통령 중심의 계층형 조정에 시장형, 네트워크형 보완	– 권력에 기반한 계층제 조정 방식(인사권 통제, 대통령 중심적 조정) – 경제수석과 경제부총리에 의한 조정	– 정부조직 공사화 – 금융공기업 민영화 – 공기업 신설	– 관계장관회의 재정비
김영삼	계층형 조정 위주로 시장형 메커니즘 보완	– 대통령의 계층적 조정 (금융실명제, 하나회해산) – 비서실 정책기획수석 세계화 정책총괄 및 조정 – 거대부처화(문화체육부, 상공자원부, 재정경제원, 건설교통부) – 정무장관(조정전담) – 정보공개법, 행정절차법 제정, 규제개혁위 설치 등 과정과 절차 개선	– 공기업 민영화 등 공공기관구조개혁 – 심사평가제도	– 과학기술장관회의 신설 – 행정쇄신위원회, 세계화추진위원회
김대중	관리체계 개혁을 통한 조정능력 제고, 시장형과 네트워크형 기제 활용	– 대통령과 국무총리 역할분담 – 국무조정실 장관급 격상 – 경제부총리 폐지 및 부활 – 중앙인사위원회 설치 – 2001 평가기본법 제정, 기관평가제도입	– 예비타당성조사제도 – 행정서비스헌장 – 규제영향분석 – 공기업 민영화 – 책임운영기관 – 성과연봉·상여금 – 예산절약인센티브	– 4대 정책분야 관계장관회의와 실무위원회 – 대통령위원회에 시민사회 인사와 전문가 참여 – 개방형직위제도 도입
노무현	계층형 조정도구의 분권형 설계, 네트워크형 도구 활용 강화	– 대통령비서실 정책실장, 안보정책실장 신설 – 책임총리제 – 3부총리제 – 부총리·책임장관회의 – 고위공무원단제도 도입 – 정부업무평가제도 도입 (2006 정부업무평가법) – 관리체계 혁신(4대 재정혁신,정부업무관리시스템, 행정정보공유시스템 등)	– 공공기관 경영평가체계 구축(2007 공공기관운영에 관한 법률)	– 5대 분야 관계장관회의 – 국정현안정책조정회의 – 대통령 소속 12개 국정과제위원회 설치
이명박	대통령 중심의 계층형 조정에 시장형 조정 기제 활용	– 대통령과 대통령실의 권위적 조정 – 부총리제 폐지 – 8개 거대부처 설치 – 특임장관제(조정전담)	– 공기업 민영화 – 정부기관 법인화 – 공공기관 보수체계 개편	– 경제정책조정회의와 외교안보정책회의 존치 – 국가정책조정회의 부활 – 대통령 소속 경쟁력강화위, 국가브랜드위, 녹색성장위, 사회통합위 설치
박근혜	계층형 및 네트워크형 기제 혼합활용	– 대통령비시설 분리 국내정책 국정기획 수석, 외교안보 국가안보실 담당 – 경제, 사회부총리 도입 – 국무조정실 부활 – 거대부처 해체 – 인사혁신처 신설 전문직공무원트랙 신설 – 국정과제의 정부업무평가 시스템 편입	공공기관경영평가 강화	– 3대 분야 관계장관회의 (경제, 국가안보, 사회) – 국가정책조정회의 참여자 확대 – 대통령 소속 문화융성위, 청년위, 통일준비위 설치
문재인	노무현 정부의 정책조정 메커니즘 복원 시도, 네트워크형 조정 기제 강화	– 청와대 (정책실 등) 중심의 조정체계 – 대통령비서실 및 국무조정실 등 보좌기구 전문성 강화 – 국정과제 평가 계속	– 사회적 가치중심 공공기관 경영평가	– 4대 분야 관계장관회의 – 코로나19 해결을 위한 중대본 회의 상시 개최 – 국무총리주재 국정현안 점검회의 – 4차산업혁명위 등 5개국정과제위원회 신설

출처: 남궁근·우하린, 2023, 역대정부의 정책조정 비교분석, <표 2>.

한 정부' 즉, 작은 정부를 지향하여 집권초 2개 장관급 직위와 5개 차관급 직위를 포함한 4급 이상 공무원 11.8% 감축과 더불어 다수의 정부기관 폐지를 단행하였다. 당시 한국의 여건이 영국 및 미국과는 현저하게 다름에도 불구하고 신자유의주의적 개혁의 영향을 받아 공무원 인력감축을 단행한 것이다. 한편 관계장관회의를 재정비하고 이 회의체에 청와대 수석의 참여를 억제하여 네트워크형 정책조정이 보완적으로 이루어졌다. 경제수석을 중심으로 추진된 경제자율화 및 시장자유화정책을 반영하여 체신부 통신사업부문의 한국전기통신공사(1981) 분리·독립 등 정부기업의 공사화, 한일은행(1981) 등 금융공기업 민영화, 한국가스공사 등 공사신설 등은 신공공관리 관점에 따른 시장형 메커니즘을 적극 활용한 것으로 평가된다. 그러나 신공공관리론의 관점 가운데 구조개편 방식만을 활용하였고, 1980년대 초반부터 영국에서 본격적으로 활용된 관리체계 개혁에 의한 정책조정도구는 활용되지 않았다. 전문가들의 논평에는 [대통령의 계층제적 권위적인 리더십에 의해 정부부처의 운영이 경직적이며, 위계적인 특성을 나타냄, 청와대 참모진의 역할이 매우 강력하게 경제사회 전반에 작동됨(구조조정, 사회정화 등), 공무원 사회의 자율성은 위축됨. 국무총리는 형식상 대독형/대국민 유화용 등 실질적인 국무조정을 못함, 군대식의 명령체계 상명하복의 분위기에서 국정이 운영됨] 그리고 [관련 부처의 현안에 대한 수석비서관의 통보나 조정이 대통령의 '뜻'으로 간주되어 막강한 조정 권한 행사, 사정수석비서실의 공직사회에 대한 통제가 막강해서 BH의 뜻에 따르지 않을 경우 기강 확립 차원에서 문제를 삼았고, 전임 사정수석이 현직 장관일지라도 예외를 두지 않은 실정이었음] 등이 있었다.

김영삼 정부에서는 민주화가 이루어졌음에도 불구하고 대통령 개인의 스타일과 권위주의 정부의 유산 때문에 계층제 정책조정 메커니즘이 주로 활용되었고, 시장형 메커니즘과 네트워크형 메커니즘이 보완적으로 활용되었다. 금융실명제 도입, 군부 사조직인 하나회 해산 등은 대통령의 독단적 결정에 따른 것이었고, 1994년 대통령비서실에 신설된 정책기획수석이 국정과제로 대두된 세계화 정책 총괄지휘 등 정책조정기능을 담당하였다(계층형). 네트워크형 조정메커니즘으로 신설한 과학기술관계장관회의, 행정쇄신위원회 및 세계화추진위원회를 보완적으로 활용하였다. 행정쇄신위원회의 건의에 따라 「정보공개법」, 「행정절차법」 제정, 규제개혁위 설치 등 행정과정과 절차 개선이 이루어졌다. 한편 시장형 메커니즘으로 과도기적으로 운영된 심사평가제도 일원화, SK텔레콤 민영화(1994) 등 공기업과 공공기관의 구조조정이 이루어졌는데 그 규모는 크지 않았다. 전문가들의 논평에는 김영삼 정부는

[최초의 문민정부를 표방했음에도 불구하고, 군사정권 하에서 익숙해졌던 계층적 권위에 의한 조정을 주로 사용], [대통령의 결단과 대통령비서실 위주의 정책조정체계를 지속함. 부처 또는 국무총리에 의한 조정기능은 크지 않음(계층제)], [행정쇄신위원회가 다양한 민원 및 공공정책 문제에 관한 국민제안을 민간위원 중심의 위원회 심의과정을 통해 조정하고 의결함. 부처의 의견 개진기회 제공과 관계부처 기획실장 등이 참여하는 실무위원회 심의를 거쳐 정책과 민원 등에 있어서 정부와 국민간 그리고 부처간 이해관계를 조정하였으나, 정부의 거대목표, 비전 제시는 결여] 등이 있었다.

김대중 정부에서는 대통령과 총리의 역할 분담을 통한 분권형 정책조정과 더불어 신공공관리 관점의 시장메커니즘이 본격적으로 도입되었고, 관계장관회의 체계화와 전문가 활용 등 네트워크형 조정메커니즘도 활용하기 시작하였다. 이는 IMF 위기 극복을 위하여 국정전반에 걸쳐 과감한 구조조정이 필요하였고 김종필 총리의 자유민주연합과의 연합정부라는 환경요인도 어느 정도 반영된 것이다. 2001년에는 평가기본법을 제정하여 도입한 기관평가를 국무총리가 총괄하였는데 이는 미국에서 1993년 도입한 GPRA의 영향을 받았다. 중앙인사기구인 중앙인사위원회를 신설하였고, 고위공무원 개방형 직위제도를 도입하여 부처간 정책조정을 행정적으로 뒷받침하였다. 시장형 조정메커니즘에 해당되는 신공공관리 관점의 관리체계 개혁도구인 예비타당성조사제도, 행정서비스 헌장, 책임운영기관, 규제영향분석, 성과연봉·상여금, 예산절약 인센티브제도가 도입되었다. 대대적으로 단행된 공기업 민영화도 시장형 정책조정도구 활용에 해당한다. 네트워크형 정책조정 메커니즘으로는 4대 분야별 관계장관회의를 체계화하고 각각 실무위원회를 설치하여 정책조정이 원활하게 이루어지도록 지원하였다. 다수의 대통령 소속 위원회를 설치하였고 시민사회 인사와 민간전문가 활용을 확대하였다. 개방형직위제도 도입은 민간전문가의 정부유입이라는 관점에서 볼 때 네트워크형으로 볼 수 있다. 전문가들의 논평에는 [자민련과의 연합정권으로 출발하여 국무총리가 실권을 갖고 정책조정을 주도하였고, IMF극복을 위한 다양한 관리체계 개혁을 통해 정부내 조정능력제고에도 적극 노력(시장형+네트워크형)], [동거정부(김대중/김종필) 역할분담형, 이후에 대통령의 계층적 권위 작동, 다양한 위원회의 역할이 점차 활성화됨(전문가 등장)], [DJ의 리더십 아래 IMF 위기극복을 위해 수시로 관계장관회의 개최, 부처 간 현안이 있을 경우 청와대(대통령비서실)에서 관계부처 국장급 회의를 소집하여 사전 조율], [IMF극복을 위해 공공부문 구조조정을 통해 시장형 정책조정 메커니즘을 처음 도입했다고 볼 수 있으며, 4대 정책분야별 관계장관회의나 시민사회단체 참여하는 각종 위원회 활동을 중시하여 노무현 정부까지 이어졌음] 등이 있었다.

노무현 정부에서는 계층형 정책조정을 분권형으로 정교하게 재설계하였고, 네트워크형 조정도구 활용을 대폭 강화하였으며, 시장형 메커니즘을 보완적으로 활용하였다. 대통령비서실에 장관급 비서실장과 동급인 장관급의 정책실장을 신설하여 국내정책조정을 총괄하게 하였고, 안보정책실장을 신설하여 대외정책을 조정하도록 하였다. 책임총리제를 표방하여 국무총리가 일상적인 정책조정을 할 수 있도록 국무조정실에 차관급 2자리를 신설하였다. 역대정부 최초로 3부총리를 두었는데, 총리가 3부총리를 포함한 부총리·책임장관회의를 주재하도록 하였다. 이같이 계층형 조정메커니즘을 분권형으로 재설계하였는데, 부총리·책임장관회의는 관계장관회의와 연결되어 네트워크형 도구의 성격도 가진 하이브리드 형태로 볼 수 있다. 노무현 정부는 관리체계 개혁에 의한 정책조정도구를 다수 도입하였는데, 4대 재정혁신 시스템, 그리고 정부업무관리시스템(e－지원), 행정정보공유시스템이 구축되어 대부분 오늘날까지 활용되고 있다. 네트워크형의 조정도구로는 3부총리와 2책임장관이 주재하는 5대 정책분야별 관계장관회의, 신설된 총리주재 국정현안정책조정회의, 대통령 소속으로 시민사회 인사들과 민간전문가들이 대거 참여한 12개 국정과제위원회를 통한 정책기획 및 정책조정 시스템이 대표적이다. 그 밖에도 「정부업무평가기본법」을 제정하여 평가제도를 재설계하였는데 이는 국무총리 주관하에 민간위원장과 민간위원들이 실질적으로 운영하도록 하여 네트워크형과 계층제의 하이브리드형으로 볼 수 있다. 또한 중앙인사위원회가 미국과 영국의 고위공무원단을 벤치마킹하여 도입한 고위공무원단제도는 부처간 정책조정을 행정적으로 뒷받침하는 하이브리드형 도구이다. 한편 노무현 정부는 공공기관 경영평가체제(2007년 공공기관운영에 관한 기본법에 근거)를 정착시켰는데 정부업무평가와는 달리 강력한 성과인센티브를 조정수단으로 활용하는 시장형 메커니즘으로 볼 수 있다. 전문가들 논평에는 [가장 큰 특징은 국정과제위원회 등 위원회를 활용한 정책조정 및 추진동력을 확보함. 정부 및 공공부문 성과관리시스템, 디지털예산회계시스템 구축, 고위공무원단 도입 등 정부관리체계 혁신을 통한 조정에 기여함. 이와 함께 책임총리, 책임장관제 등 분권형 국정운영을 통한 계층적 조정메커니즘을 체계화함], [경제, 사회, 교육문화 등 관계 장관회의를 그룹핑하여 현안을 논의하도록 하였으나 이질적 업무 때문에 다른 장관들이 논의에 참여하지 못하고, 장관의 정치적 파워에 따라 주도 부처가 결정됨으로써 실효성을 거두지 못함. BH 중심(비서실장, 수석, 비서관)의 관계부처 실·국장 회의를 수시 개최하여 사전에 현안을 조율하려는 노력을 기울임], [고위공무원단제도 도입으로 부처간 인사교류 확대와 직위공모를 통해 관계 부처간 정책 이해도를 높이고 정책 조정을 촉진함] 등이 있었다.

이명박 정부는 대통령과 대통령실(기존 대통령비서실과 경호처 통합)의 정책조정 권한을 대폭 강화하면서 전임 노무현 정부가 구축한 분권형 정책조정시스템과 네트워크형 정책조정 메커니즘을 대부분 해체하였고, 계층적 메커니즘과 시장 메커니즘에 주로 의존하였다. 대통령실에서 국내정책조정은 선임수석인 정책기획수석이 담당하다가 집권 2년차에 부활시킨 정책실장이 맡도록 하였다. 대외정책조정은 외교안보수석이 담당하였다. 집권초기 국무총리에게 정책조정기능보다는 자원외교 또는 세종시 수정안 관철 등의 임무를 맡겼다. 국무총리비서실과 국무조정실을 통합한 국무총리실을 축소하여 정책조정기능을 뒷받침하기 어려웠다. 한편 3인 부총리를 모두 폐지하였다. 정부조직개편으로 8개의 거대부처(행정안전부, 기획재정부, 교육과학기술부, 문화체육관광부, 농림수산식품부, 지식경제부, 국토해양부, 국민권익위원회)를 설치하였지만 부처간 정책조정 수요를 부처내 정책조정 수요로 대치하였고, 정치적 갈등을 관료적 갈등으로 전환시키는 결과가 되었다. 조정전담장관인 특임장관이 정부와 여·야당관계, 그리고 대통령 또는 총리가 지정하는 사안에 관한 정책조정을 담당하였다. 네트워트형 조정메커니즘으로 전임정부가 구축한 5대 분야 관계장관회의 가운데 경제정책조정회의와 외교안보정책조정회의만 존치시켰다. 국정현안정책조정회의도 일시 폐지한 후 국가정책조정회의로 부활하여 상설기구화하였다. 대통령소속 경쟁력강화위원회를 신설하여 규제개혁을 추진하였다. 시장형 정책조정도구로 정부기관의 법인화, 공기업 민영화 및 통·폐합, 공공기관 정원감축 및 경영평가 강화를 폭넓게 활용하였다. 전문가 논평에는 [위원회 다수 폐지, 대통령의 권위적 리더십 작동], [특임장관실 신설(계층제+네트워크형): 조직구조 면에서 보면 계층적 조정 메커니즘이지만 당정청 관계, 대국회 및 여야 관계 그리고 시민단체 등과의 소통과 협력을 추구하는 특임장관실의 기능과 역할 차원에서 보면 네트워크형 성격도 가짐], [거대부처화와 대국 대과제도 시행을 통해 대통령실과 각 부 장관위주의 조정제도 운영을 추구함. 국무조정실과 비서실의 통합, 국무총리 자원외교집중으로 국무총리의 조정메커니즘이 상당부분 약화됨(시장형+계층제)] 등의 지적이 있었다.

박근혜 정부는 이명박 정부가 통합한 대통령 및 국무총리 보좌기구와 네트워크형 메커니즘(관계장관회의 등)을 일부 복원하였다. 대통령비서실을 경호처와 분리하였고, 비서실 내에서 국내정책은 정책기획 수석(전임 정부의 정책실장은 폐지), 외교안보는 외교안보실이 담당하도록 하였다. 국무총리 보좌조직인 국무조정실을 부활하여 국무총리의 정책조정을 뒷받침하도록 하였으나 세월호 참사 이후 국무총리의 정책조정기능이 제대로 수행되기 어려운 여건이었다. 경제부총리를 부활하였고, 비경제분야의 사회부총리를 신설하여 계층제 조정도구로 활용하였다. 전임정부의 거대부처를 대부분 해체하였고, 인사혁신처를 신설하여 전문직 공무원트랙을 신설하였다. 국정과제 전체를 정부업무평가 시스템 속에 포함시켜 국정과제의 추진동력을 얻고자 하였다(계층제와 네트워크형의 하이브리드형 메커니즘). 네트워크형 조정도구인 3대 관계장관회의(경제, 국가안보, 사회)와 참여자를 확대한 국가정책조정회의를 활용하였고, 대통령 소속 문화융성위원회, 청년위원회, 통일준비위원회를 설치하여 운영하였다. 전문가들의 논평에는 [대통령과 각 부처의 보고통로가 BH 비서실에 의해 막히고 통제되어 측근정치의 폐해가 심각. 비서실장과 일부 수석의 국정 농단과 대통령 탄핵으로 이어짐], [국무총리 주도 정책조정, 정책분야별 관계장관회의 등 정책조정 시스템이 이용됨. 세월호 사건 등으로 제대로 된 국정운영 동력을 확보하기 어려웠으나, 공무원연금 개혁을 추진하여 재정안정화 기반 마련, 인사혁신처를 신설하여 공직전문성을 향상시킨 점이 특징. 국무조정실 부활, 사회부총리 신설 등을 통한 조정 효율화를 추진하였으나, 성과는 크지 않았다는 평가] 등이 있었다.

문재인 정부는 노무현 정부 시기의 정책조정 메커니즘을 모델로 대부분 복원하고자 하였다. 대통령 보좌기구는 대통령비서실과 국가안보실을 분리하여 비서실에는 2실장(비서실장과 정책실장)과 국가안보실장을 두었는데, 정책실장이 국내정책조정, 국가안보실장이 외교안보정책 조정을 담당하였다. 중견정치인 출신인 세 명의 국무총리에게 정책조정권한을 상당히 위임하였고 대통령과 총리의 주례회동도 내실있게 운영하였다. 전임정부에 이어 경제부총리와 사회부총리를 유지하였다. 네트워크형 정책조정도구인 과학기술관계장관회의를 신설하여 4대 분야관계장관회의(경제, 안보, 사회, 과학기술)를 활용하였다. 국정현안정책조정회의를 재정비하였으며, 상시 개최된 코로나19 대응 관계장관회의를 임기말까지 운영하였다. 국정과제를 추진하기 위하여 신설된 대통령 소속위원회는 4차산업혁명위 등 5개이지만 노무현 정부 시기보다는 실행력이 약하였다. 시장형 정책조정도구는 특별하게 추가되지 않았다. 한편 박근혜 정부에 이어 국정과제 전체를 정부업무평가 시스템에서 평가하도록 하였고, 김대중 정부가 도입한 예비타당성조사제도를 개편하여 비수도권에는 '균형발전평가' 비중을 상향 조정시켰다. 전문가의 논평에는 [대통령의 역할과 위원회 역할 미미(정책조정 약화)], [주요 국정 현안에 대해 대통령이 최종 결단을 미루고 방치함으로써 국정운영의 난맥상 초래. 수석들이 눈치를 보면서 현안 논의를 기피하는 파행 초래], [노무현 정부 수준으로 내각의 정책조정을 국무총리와 각종 국정과제위원회를 통해 추진하려고 노력하였음. 다만 실질적인 작동에는 다소 한계(약한 네트워크형)], [공식적으로는 국무총리와 국무조정실, 관계장관회의, 일부 대통령 소속위원회 등에 의해 정책조정이 이루어진 것으로 평가되나, 언론에서는 대통령비서실로 권력이 집중되어 실제로는 청와대 참모들에 의해 정책이 조정된다는 식의 보도가 많았음] 등이 있었다.

역대정부에서 정책조정 메커니즘과 조정도구 활용의 변동을 요약하면 다음과 같다. 김영삼 정부는 민주화가 이루어졌음에도 불구하고 권위주의 시기의 계층적 조정메커니즘의 유산을 그대로 활용하였다. IMF 외환위기를 극복하고자 노력한 김대중 정부는 시장형과 네트워크형 정책조정 메커니즘을 정교하게 설계하였고, 노무현 정부는 분권형 정책조정 메커니즘을 더욱 체계화하였다. 이명박 정부는 분권형 정책조정 메커니즘을 해체하여 계층형과 시장형에 의존하였다. 박근혜 정부는 정책조정 메커니즘을 상당한 정도 복원하였으나, 비선실세의 개입으로 그 성과를 거두지 못하였다. 문재인 정부는 노무현 정부 시기를 모델로 정책조정 메커니즘을 구축하고자 하였으나 그 성과는 크게 높지 않았다. 델파이조사 참여 전문가는 [김대중 정부에서부터 사실상 '민간전문성을 활용한 네트워크 기반의 정책조정 메커니즘'이 활용되기 시작하였고, 노무현 정부에서 그 기반을 닦았으며, 이명박/박근혜 정부에서는 제한적으로 (민주적 전문성 기반의) 네트워크 활용 정책조정이 이행되었으나, 문재인 정부에서 전문적으로 그리고 적극적으로 활용되었다고 판단됨], 그리고 [민주화 이후 점차 대통령실 중심의 정책조정 일변도에서 다양한 정책조정 메커니즘이 도입, 실험되어왔으나 여전히 대통령실의 정책조정 의지와 현안의 위기성 정도에 따라서 정책조정의 과정, 강도, 성과 달라지는 것으로 판단됨]이라고 논평하였다.

(3) 정책조정을 위한 전반적 노력

<표 6-4>에 역대정부의 정책조정을 위한 전반적인 노력의 정도에 관한 전문가 델파이조사 결과가 제시되었다.[40] 즉 역대정부가 정책조정의 목적으로 제시한

40 질문: "역대정부의 정책조정을 위한 노력을 평가할 때 전반적으로 어느 정도라고 생각하십니

정책의 중복과 비일관성 방지, 정책갈등의 최소화, 합의된 정책 우선순위 추구, 시너지 창출이라는 목표를 달성하기 위하여 얼마나 '노력'하였는지('과정'의 측면)를 전반적으로 평가하고자 하였다.

델파이조사 참여전문가들은 민주화 이전 전두환 권위주의 정부에서는 정책조정을 위한 특별한 노력이 없었던 것으로 평가하였다(전문가 델파이조사 평균 0). 전문가들의 논평에는 [부처 간 전문화 수준에 따른 자율적 정책조정보다는 청와대 중심의 일방적 조정활동이 많았다.], [경제정책 분야의 경우 경제기획원의 조정 역할은 강화되었으나 국무총리 행정조정실의 기능과 역할은 제한적이었음], [시스템에 의한 정책조정보다는 대통령의 신임 정도와 장관들 간의 네트워크가 영향을 주는 경우가 적지 않았음], [권위주의 정부로서 조정메커니즘을 정립하여 활용하려는 노력은 미약함], [강압적 분위기에서의 사회 갈등 및 부처 간 정책 갈등 억제를 정책조정 활동이라고 보기에는 무리가 있다고 할 수 있음] 등의 지적이 있었다.

표 6-4 역대정부의 정책조정노력 기술통계(N=17)

	1라운드 답변요약				2라운드 답변요약			
	최소값	최대값	평균	표준편차	최소값	최대값	평균	표준편차
전두환 정부					3	−3	0.00	1.65
김영삼 정부	−2	3	.06	1.29	−1	3	.24	1.09
김대중 정부	0	4	2.12	1.11	0	4	2.24	.97
노무현 정부	2	4	3.00	.70	2	4	2.94	.65
이명박 정부	−3	3	.18	1.77	−2	2	.24	1.25
박근혜 정부	−3	2	.12	1.31	−3	2	.18	1.28
문재인 정부	−1	3	1.29	1.04	−1	3	1.12	1.05

9점 척도(−4~+4)에서 응답
출처: 남궁근 · 우하린, 2023, 역대정부의 정책조정 비교분석, <표 3>.

민주화 이후 시기인 김영삼 정부에서도 권위주의 시대의 계층적 조정에 의존하였고, 정책조정을 위한 추가적인 노력은 없었던 것으로 평가되었다(전문가 델파이조사 평균 .24). 전문가의 논평 중에는 [대통령이 직접 관심을 가진 사항은 대통령 자신에 의한 계층적 메커니즘(예: 하나회 해산 등)에 의존하였고, 대통령의 관심이 덜 한 중요 국

까?" 이 질문에 9점 척도(−4~+4)에서 응답하도록 요청하였다.

가정책은 대통령비서실 중심의 계층제적 메커니즘으로 조정]한 것으로 보았다. 한편 [차남 김현철을 중심으로 소위 '비선조직'으로 불리는 비공식조직이 정책조정에 개입하는 일이 잦았다.]는 지적이 있었다.

김대중 정부에서는 총리와 주례회동 정례화, 4대 분야별 장관회의, 국무조정실 장관급 격상, 책임운영기관제도 도입, 공기업민영화, 예비타당성제도 도입 등 다양한 정책조정 도구들의 활용을 높이 평가하였다(전문가 델파이조사 평균 2.24). 이는 [IMF 극복, 자민련과의 공동정부 운영 등으로 정책조정 수요가 크게 증가하였고, 이에 대응하려는 시도가 이루어졌기 때문]이라는 논평이 있었다.

노무현 정부에서는 김대중 정부에서 도입한 정책조정도구들을 적극적으로 활용하는 한편, 대통령과 총리의 역할분담, 3부총리와 5대 분야별 관계장관회의 체계화, 국정현안정책조정회의 도입, 국정과제위원회 등 위원회제도를 활용한 정책조정 및 추진동력 확보, 정부업무평가, 공기업·공공기관 평가 등 각종 정책조정도구 활용이 더욱 높게 평가되었다(전문가 델파이조사 평균 2.94). 전문가의 논평에는 [통상적인 국정과 정책조정은 책임총리가 맡도록 하여 국무총리의 정책조정 역할이 극도로 강화되었으며, 국정과제위원회가 대통령 agenda를 담당하도록 하였고, 관계장관회의를 적극적으로 활용(네트워크형)]했다는 지적이 있었다.

이명박 정부에서는 '대통령의 권위적 리더십이 작동'하면서 위원회가 다수 폐지되는 등 노무현 정부가 구축한 정책조정 메커니즘이 대부분 해체되었다. 전반적으로 거대부처화를 통한 정책조정 노력을 제외하고는 새로운 시도가 없었다는 점에서 평가가 낮았다(전문가 델파이조사 평균 .24). 델파이조사에 참여한 전문가는 [대통령이 직접 관계부처 장·차관을 불러 현안을 들으려는 노력을 기울였지만 큰 결론에는 이르지 못함. 일부 수석들이 정책조정에 의욕을 보였지만 실무현장을 잘 알지 못해 겉도는 인상. 일부 장·차관들이 순전히 정치적으로 임명되어 관계부처 회의나 행사 시 핵심을 파악하지 못함. 관계부처 간 조율 미숙으로 차관회의 논의 후 국무회의에서 안건을 재조정하는 해프닝도 있었음]이라고 논평하였다. 그러나 [조정전담장관인 특임장관실의 도입을 높게 평가(+2)]하는 전문가도 있었다.

박근혜 정부에서는 부총리 부활, 분야별 장관회의 확대, 정부업무평가에서 기관평가 부활 등의 노력이 높게 평가되었으나, 각 [부처의 보고통로가 BH비서실에 의하여 막히고 통제되는 등 측근정치의 폐해가 심각]하였고, [비서실장과 일부 수석의 국정농단이 있었다.]라는 논평과 함께 델파이조사 참여 전문가들의 평가 수준은 더욱 낮아졌다(델파이조사 평균 .18).

문재인 정부에서는 대통령과 총리의 주례 회동, 국무조정실의 정책조정 기능 강화, 관계부처 장관회의 운영, 정부업무평가제 활동 등이 긍정적으로 평가받아 전문가 델파이조사 평균이 1.12로 개선되었다.

(4) 정책조정의 성과

<표 6−5>에 역대정부에서의 정책조정의 전반적인 성과의 정도에 관한 전문가 델파이조사결과가 제시되었다.[41] 여기에서는 역대정부의 정책조정 노력을 통하여 어느 정도 '성과'를 창출하였는지('결과'의 측면)에 관한 전반적인 성과를 측정하고자 하였다.

표 6-5 역대정부의 정책조정성과 기술통계

	1라운드 답변요약				2라운드 답변요약			
	최소값	최대값	평균	표준편차	최소값	최대값	평균	표준편차
전두환 정부					−3	3	.29	1.82
김영삼 정부	−3	2	.00	1.58	−3	2	.06	1.43
김대중 정부	0	3	1.94	1.08	0	3	1.88	.99
노무현 정부	1	4	2.65	.78	1	4	2.47	.87
이명박 정부	−3	3	.35	1.76	−3	3	.24	1.39
박근혜 정부	−3	2	−.12	1.31	−3	2	−.29	1.10
문재인 정부	−1	3	1.12	1.21	−1	3	.94	1.02

9점 척도(−4∼+4)에서 응답
출처: 남궁근 · 우하린, 2023, 역대정부의 정책조정 비교분석, <표 4>.

전두환 정부의 정책조성 성과에 대한 전문가평가는 평균 .29로 낮았다. [형식이 중요한 시기였음으로 실질적인 성과보다 보여주기식의 성과만 창출된 시기였음], [권위주의적 통치구조하에서 일사불란하게 정책조정 및 결정이 이루어졌음. 그 결과 정책조정은 신속하고 일사불란하게 정부방침이 정해지는 등 신속성은 있었으나, 정책조정의 효과성은 다소 의문이 있으며, 자유로운 의견개진이 없는 억압적 상황에서의 정책조정이었다고 생각함] 등의 논평이 있었다.[42]

41 질문: "역대정부의 정책조정활동의 성과를 판단할 때 전반적으로 어느 정도라고 생각하십니까?" 이 질문에 9점 척도(−4∼+4)에서 응답하도록 요청하였다.

김영삼 정부의 정책조정성과는 델파이조사에서 전임 전두환 정부보다 더 낮아진 것으로 평가되었다(전문가 델파이조사 평균 .06). [김영삼 정부가 비공식 밀실조정과 거대부처를 통한 조정을 시도했으나 시스템이 아닌 실세의 의한 조정(인치)], [공룡부처의 횡포와 내부 관료정치 등의 문제점과 비판에 직면] 등의 논평이 있었다. 김영삼 정부의 정책조정 성과의 평가가 낮아진 것은 김영삼 정부 말에 IMF 경제위기를 초래한 것이 결정적인 이유인 것으로 보인다.

김대중 정부의 정책조정성과는 상당히 높은 것으로 평가되었다(전문가 델파이조사 평균 1.88). 관계장관회의 시스템 정비, 기획예산처 설치, 예비타당성제도 도입 등을 통하여 IMF 경제위기를 벗어난 것이 높이 평가받았다. 한편 [김대중 정부의 경우에 외환위기를 극복하는 과정에서 다양한 정책조정이 필요하고 정책조정 결과에 대한 수용성이 높아서 정책조정의 빈도나 성과가 나타난 것으로 해석할 수 있음]이라는 전문가의 논평이 있었다.

노무현 정부의 정책조정성과는 전문가조사에서 더 높아진 것으로 나타났다(전문가 델파이조사 평균 2.47). 이는 노무현 정부가 김대중 정부가 도입한 관계장관회의 시스템 등을 더욱 체계화하고 신거버넌스 개념과 시민사회의 정치와 행정참여를 활성화하려는 노력과 성과를 높이 평가했기 때문이다. 노무현 정부의 정책조정성과가 높이 평가된 것은 노 대통령의 재임당시 상대적으로 낮았던 대통령 직무수행 긍정평가와는 대조된다.

이명박 정부의 정책조정성과는 전문가조사에서 매우 후퇴한 것으로 평가되었다(전문가 델파이조사 평균 0.24). 이같이 낮은 평가는 이명박 대통령 재임시 노무현 대통령과 비교하여 상대적으로 높은 직무수행 긍정평가와 대조된다.

박근혜 정부의 정책조정성과는 전문가조사에서 가장 낮은 수준으로 하락하였다(전문가 델파이조사 평균 −0.29). 이는 박근혜 정부가 비선실세의 국정농단으로 탄핵으로 물러난 것이 결정적으로 작용하였다.

문재인 정부의 정책조정성과는 전문가조사에서 .94 수준으로 개선되었다. 문재

42 그 밖에도 "경제 살리기 차원에서 전 공직자를 대상(부인 포함)으로 매년 경제교육을 실시하였고, 시도 단위 지방 중견관리자 이상에 대한 순회교육(경제부처 차관보급 강사)과 일선기관별 직장교육 실시로 정부의 경제정책에 대한 일체감과 공감대 조성에 노력을 기울임", "육군 대령(정훈장교)을 청와대 정신교육비서관으로 임명하고, 전 공직자에 대한 정신교육을 주관(각급 공무원교육원의 정신교육과정 운영)하게 함으로써 대통령비서실 중심의 국정운영에 동참하도록 분위기 유도" 등의 논평이 있었는데, 제5공화국 당시 군사정부의 국정운영 상황을 잘 알려주는 지적으로 보인다.

인 정부는 노무현 정부를 모델로 삼아 정책조정을 추진했으나 그 성과는 김대중 정부와 노무현 정부의 수준에 미치지 못하였다.

(5) 우리나라 부처조직 전문화와 정책조정역량 수준의 역사적 변동패턴

[그림 6−15]에 우리나라 부처조직 전문화와 정책조정역량 수준의 역사적 패턴이 제시되었다. 가로 축의 조직전문화는 <표 6−2>에 제시된 제2라운드 역대정부 조직전문화 수준 조사 결과의 평균값이다. 세로 축의 정책조정역량 수준은 제2라운드 조사의 정책조정 노력과 성과를 종합하여 나타낸 것이다.[43]

이 책에서는 전문가 델파이조사로 파악된 역대정부의 정책노력과 성과를 종합하여 역대정부의 정책조정역량(policy coordination capacity)이라고 보겠다. 이는 전문가들이 역대정부의 정책조정역량을 장기적 관점에서 회고적으로 평가한 것이므

그림 6-15 우리나라 조직 전문화와 정책조정역량 수준의 역사적 변동(1981−2021)

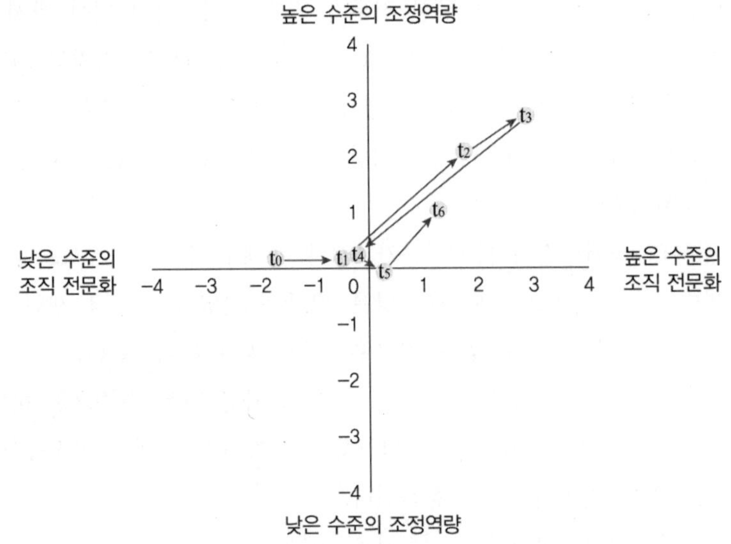

t_0 전두환 −1.71, 0.15; t_1 김영삼 −0.47, 0.15; t_2 김대중 1.82, 2.06; t_3 노무현 2.88, 2.71; t_4 이명박 −0.24, 0.24; t_5 박근혜 0.29, −0.06; t_6 문재인 1.29, 1.03

출처: 남궁근 · 우하린, 2023, 역대정부의 정책조정 비교분석, <그림 2>.

43 <표 6−4> 정책조정 노력의 수준과 <표 6−5> 정책조정의 전반적 성과의 제2라운드 조사 결과를 합산하여 둘로 나눈 것이다. 즉, 과정 측면인 정책조정노력 50%, 결과 측면인 정책조정 성과 50%를 각각 반영하였다.

로 역대정부가 집권했던 당시 대통령 직무수행평가 또는 정책만족도라는 대리지표로 파악한 정책조정 성과에 관한 동시대의 단기적 평가 결과와는 일치하지 않을 수 있다고 앞에서 언급하였다.

민주화 이전 전두환 정부 시기(1981-1987)는 조직전문화 수준과 정책조정역량 수준이 모두 낮은 제1사분면(Ⅰ)에서 출발하였다(t_0: -1.71, 0.15). 김영삼 정부 시기(1993-1998)에 조직전문화 수준은 개선되었으나 정책조정역량 수준은 거의 유지되는 상태인 원점 부근(t_1: -0.47, 0.15)으로 이동하였다. 김대중 정부 시기(1998-2003)에는 조직전문화와 정책조정역량 수준이 모두 우상향하여 제2사분면(Ⅱ)으로 이동하였다(t_2: 1.82, 2.06). 노무현 정부시기(2003-2008)에는 제2사분면(Ⅱ)에서 더욱 우상향하였다(t_3: 2.88, 2.71). 이명박 정부 시기(2008-2013)에는 조직전문화와 정책조정역량 수준이 모두 후퇴하여 원점 부근으로 이동하였다(t_4: -0.24, 0.24). 박근혜 정부 시기(2013-2017)에는 부처 전문성은 일부 상향하였으나, 정책조정역량 수준은 더욱 악화되었다(t_5: 0.29, -0.06). 문재인 정부에서는 부처 전문성과 정책조정역량 수준이 모두 상향이동하여 제2사분면(Ⅱ)으로 이동하였다(t_6: 1.29, 1.03). 그러나 김대중 정부와 노무현 정부 시기의 부처 전문성과 정책조정역량 수준에는 도달하지 못하였다.

6. 한국과 외국의 정책조정 변동패턴 비교 및 시사점

1) 정책조정 변동패턴 비교

한국 정책조정의 역사적 변동패턴은 서구국가에서 나타난 세 가지 유형, 즉 영국의 유턴형(↺), 프랑스의 수평이동형(→), 미국의 수직이동형(↑)과는 다른 독특한 지그재그(⤳)패턴을 나타냈다. 한국의 변동패턴을 서구 7개 국가의 변동패턴과 비교하면 다음과 같은 특징을 찾을 수 있다.

첫째, 한국의 경우에는 부처 전문성과 정책조정역량 수준이 동시에 상승(김대중, 노무현, 문재인 정부)하거나 동시에 하락(이명박, 박근혜 정부)하는 패턴이 나타나 외국 사례와는 대조적이다. 영국의 경우에는 전문성이 증가하면서 정책조정 수준이 낮아져, 이에 대한 대응으로 다시 반등하는 유턴 패턴을 보였고, 프랑스는 높은 정책조정 수준을 유지하면서 전문성의 수준이 꾸준히 증가하였고, 미국의 경우에는 높은 전문성의 수준을 유지하면서 정책조정 수준이 상향하는 패턴이었다. 한국의 동반 상승 또는 동반 하락 패턴은 전임정부가 구축한 부처 전문화 및 정책조정 메커니즘을 후임 정부가 계승하지 않아 그 운영경험이 축적되지 않기 때문에 발생한다. 특히 이명박 정부에서는 역대정부에서 역사적으로 축적한 정책조정 메커니즘(대통령 보좌조직, 국무총리 보좌조직, 부총리제도, 관계장관회의)을 상당부분 해체하고 무리하게 거대부처를 탄생시켰기 때문에 정책조정역량은 물론 부처 전문성의 수준까지 동시에 하락하는 상황이 발생하였다.

서구 7개 국가의 정책조정 성과의 패턴에서 나타난 변동 폭보다도 우리나라에서 변동 폭이 유달리 큰 것은 평가방법의 차이가 반영된 것일 수도 있다.[44] 그러므로 우리나라의 경우 변동의 크기보다는 변동의 방향, 즉 변동의 패턴 자체에 초점을 맞추어 이해하여야 할 것이다.

둘째, 한국은 대통령과 집권세력의 성향에 따라 정책조정역량의 변동이 매우 심하였다. 델파이조사 참여전문가는 [역대정부의 정책조정 활동과 성과를 살펴볼 때 정책조정 도구나 메커니즘보다는 최고정책결정권자인 대통령의 리더십과 정책 전반에 대한 식견이 더 중요하다고 생각됨], 또는 [제도나 시스템보다는 대통령 개인의 성향이나 특성에 의해 정책조정의 방향이 결정되는 특징을 보임. 즉, 제도적 장치보다는 개인의 선호에 의해 좌우되는 경향이 강함. 정권이 바뀌게 되면 이전 정부에서 효과적으로 활용되던 정책조정 방식도 갑자기 폐지되거나 변경되어, 제도의 개선과 발전보다는 폐지와 부활이 반복되는 경향을 보임], 그리고 [정책조정은 학습을 통하여 국민들이 어떻게 생각하는지 경험한 후에 이루어져야 하는데 우리나라는 정부별로 선호하는 조정기제가 다르고 계승이 되지 않아 학습이 잘 안되고 있음]이라고 논평하였다. 이와는 대조적으로 영국, 프랑스, 미국과 같은 서구국가에서는 보수정부와 진보정부 사이의 정권교체가 이루어짐에도 이미 구축된 정책조정 시스템을 토대로 이를 수정하여 발전시켜 온 것이다.

셋째, 한국에서 정치적 수준의 정책조정을 뒷받침하는 행정적 수준의 조정도구들은 꾸준히 정착되고 활용되었다는 점에서 서구국가의 경험과 유사한 측면이 있다. 인사제도 측면에서 개방형 임용제도와 고위공무원단 제도, 정책평가제도 측면

44 서구 7개국의 부처 전문성 및 정책조정 수준의 평가는 각국 전문가인 소수 학자들의 질적 판단을 토대로 이루어졌다. 그에 반해 본 연구에서는 평가항목을 우리나라 역대 정부의 부처 전문화와 자율성 수준, 정책조정 노력과 성과 등 세부적으로 구분하였고, 이에 대한 평가는 중견 행정학자와 전·현직 고위관료 등 전문가를 대상으로 한 델파이조사 방법을 채택하였다. 델파이조사는 대면논의를 통한 동시간적 합의가 아닌 익명성과 비동시성을 바탕으로 전문가들의 솔직한 의견을 이끌어내는 방법이기 때문에 우리나라와 서구 국가의 정책조정 변동 폭이 다소 달라진 것으로 유추해볼 수 있다.

에서 정부업무평가와 공공기관경영평가와 같이 법률로 제정된 행정적 조정도구들은 역대정부에서 꾸준히 활용되었다. 영국, 프랑스, 미국 등 해외사례에서도 고위공무원단(SCS, Grands Corps, SES 등)과 각종 정책평가제도 활용은 공통으로 나타나고 있다. 이같이 우리나라에서 정권교체에도 불구하고 행정적 도구를 지속적으로 활용한 것은 정치적 수준의 정책조정 메커니즘과 정책조정 도구활용에 변동이 많았던 것과는 대비된다.

넷째, 한국에서는 역대정부의 정책조정 성과에 관한 단기적 관점의 평가와 장기적 관점의 평가 결과가 전적으로 일치하지는 않았다. 이 책에서는 전반적인 정책조정성과의 대리지표로 대통령 재임당시 직무수행지지도, 주요정책과제(국정과제 포함) 국민만족도를 살펴보았다. 이러한 지표를 단기적 관점의 평가라고 간주하고, 전문가 델파이조사 결과를 장기적 관점의 평가라고 볼 때, 전문가 패널에서 높은 평가를 받은 김대중, 노무현 정부의 경우, 재임당시 직무수행 지지도를 가지고 판단하면 긍정평가 비율이 상대적으로 높지는 않았다. 이와 대조적으로 재임기간 긍정평가 비중이 가장 높았던 문재인 정부의 정책조정역량에 관한 전문가 패널의 평가는 크게 높은 편은 아니었다. 문재인 정부의 정책조정시스템은 비교적 정교하게 구축되었으나, 대통령이 그 운영에는 소극적이었다. 노무현 대통령의 경우 국정과제위원회에 직접 참석하였고 정책실장을 포함한 해당 수석비서관과 보좌관들이 위원회를 뒷받침하였으나, 문재인 대통령은 이러한 측면에서 적극성이 부족하였다. 그러므로 정책조정 시스템 구축뿐 아니라 이를 실제로 누가, 어느 정도 의지를 가지고, 어떻게 운영하는지도 중요하다.

2) 시사점

한국과 해외국가의 정책조정 변동패턴의 비교분석 결과에서 다음과 같은 시사점을 얻을 수 있다.

첫째, 전세계적으로 기후변화, 공급망 붕괴와 같은 사회적 난제들이 계속 대두되고 있으며, 한국의 출산율 저하 및 인구고령화 등 난제들에 슬기롭게 대처하려면 관련 부처의 전문성 확보와 더불어 정부핵심부가 관련부처들 간 정책갈등을 조정할 수 있는 역량을 갖추어야 한다. 이러한 맥락에서 지난 수십년 동안 외국에서도 부처 전문성 제고와 더불어 정책조정 역량을 향상하기 위한 시스템과 도구들을 설계하여 운영하고 있다. 한국의 정부핵심부도 부처 전문성 제고와 정책조정 역량을 향상시킬 수 있는 정교한 시스템을 설계하고 그 운영 경험을 축적하여야 한다.

둘째, 정책조정시스템과 도구들이 다양화되고 있다. 해외사례에서 살펴보았듯이 전통적인 계층형 조정시스템과 더불어 관계장관회의와 같은 네트워크형, 평가제도를 활용한 인센티브 제공 및 경쟁과 같은 시장형 시스템이 보완적으로 활용되고 있다. 따라서 델파이조사 참여 전문가의 지적과 같이 [한국에서도 정책조정에 대한 대통령, 국무총리, 장관, 회의체 간의 역할 분담에 대한 보다 실효성 있는 제도적 장치를 마련할 필요]가 있다.

셋째, 정치적 수준의 정책조정도구들뿐만 아니라 이를 행정적으로 뒷받침하는 시스템도 중요하다. 관계장관회의를 뒷받침하는 부처 고위공무원들의 실무회의체와 관계장관회의의 사무처 조직이 중요한 역할을 담당한다. 한편 고위공무원 계층의 동질적인 문화와 교류제도(영국 Oxbridge 문화 및 고위공무원단 SCS; 프랑스 그랑제꼴 및 고위공무원단 Grand Corps; 미국 고위공무원단 SES 등)도 중요한 요소이다. 한국에서도 관계장관회의 실무회의체와 이미 정착된 개방형 임용제도 및 고위공무원단제도 등을 적극 활용하여 고위공무원들이 정부 전체적인 시각을 갖출 수 있도록 끊임없이 노력하여야 한다.

넷째, 정권의 교체에도 불구하고 경험으로 축적된 정책조정 시스템은 계승하여야 한다. 대통령과 총리보좌조직의 설계, 정책평가제도 등 각종 제도는 제도설계뿐 아니라 운영과정에서 축적된 경험의 활용이 매우 중요하다. 해외사례 고찰에서 살펴보았듯이 보수정부와 진보정부 사이의 정권교체가 이루어지고 있는 영국, 프랑스, 미국에서도 이미 구축된 정책조정 시스템을 토대로 이를 계승하면서 발전시켜 왔다. 프랑스의 경우 정책평가제도를 헌법조문에 삽입하여 좌·우 정권교체에도 영향을 받지 않고 운영되고 있다. 세 나라 모두 나름대로 구축된 관계장관회의 시스템이 오랜 역사를 가지고 있으며 원활하게 작동하고 있다. 우리의 경우에도 민주화 이후 30년 넘게 축적된 경험을 살려서 정책조정시스템을 운영하여야 한다.

다섯째, 한국의 사례에서는 대통령의 개인 스타일이 정책조정 시스템 설계와 운영에 큰 영향을 미쳤다. 한국의 변동패턴에서 정책조정역량과 부처 전문화의 수준이 향상된 정부는 모두 대통령이 직접 제도 설계에 큰 관심을 가졌고, 제대로 작동하는지 직·간접으로 점검했다는 사실을 교훈으로 삼아야 한다. 그러므로 정책조정시스템의 설계와 운영에는 대통령을 포함한 정부의 핵심 행위자들이 특별히 관심을 가져야 한다.

여섯째, 정책조정 메커니즘은 장기적 관점에서 설계하고 운영하여야 한다. 역사적 제도주의자들의 주장과 같이 정책조정 메커니즘의 효과는 시차를 두고 장기적으로 나타난다는 점에 주목하여야 한다. 그러므로 단기간의 성과를 토대로 대통령 비서실과 같은 정책조정시스템을 급격하게 변경하거나 폐지하는 것은 바람직하지 못하다.

일곱째, 우리나라에도 미국과 영국의 다양한 분야에서 활용되고 있는 특별정책조정관, 즉 정책 czar의 사례([Box 6-2] 참조)를 벤치마킹하여 제도 도입방안을 찾아보는 것이 바람직하다. 최근 사회문제로 대두되고 있는 마약통제 대책, 감염병 대책, 아동・청소년 정책분야 등에서 해당 분야의 정책조정을 위해 폭넓은 권한을 가진 특별정책조정관을 활용할 수 있을 것이다.

제3부

정부핵심부의 정부혁신

Administrative Reforms

역대정부의 정부혁신
Administrative Reforms

이 책에서는 행정수반을 정점으로 하는 정부핵심부가 정부 전체적으로 추진하는 정책의 우선순위를 설정하고, 부처간 갈등 및 정책 조정, 정부혁신의 설계와 집행, 주요 정책의 모니터링과 평가, 대국민 소통 기능을 수행하는 것으로 보았다. 이 장에서는 역대정부의 정부혁신에 관하여 살펴보겠다.

Ⅰ절에서는 정부와 준정부부문에 관하여 살펴본 다음, 역대정부를 대상으로 정부와 준정부부문의 혁신노력과 성과를 분석하기 위한 범주를 설정하겠다. 이어서 Ⅱ절부터 Ⅶ절까지는 김영삼 정부에서 문재인 정부에 이르기까지 역대정부의 정부혁신 노력과 성과를 분석 범주에 따라 살펴보겠다.[1]

Ⅰ. 정부와 정부혁신의 범주

1. 정부의 개념

오늘날 정부는 과거와 비교하여 훨씬 복잡하고 다양하다. 가장 넓은 의미에서 정부에는 입법기능, 사법기능, 집행기능을 수행하는 모든 국가기구가 포함된다. 여기에서는 주로 집행기능을 수행하는 행정부를 중심으로 정부의 범위와 규모를 살펴보기로 한다. 현대 복지국가에서 정책의 결정과 정책집행은 하나의 단일 체제

1 이 장은 남궁근, 2018, '역대정부의 정부혁신 비교분석', 강정석 외, 「사회적 가치실현을 위한 정부혁신 방안연구」, 경제인문사회연구회 협동연구총서 18-07-01, 45-92를 중심으로 대폭 보완한 것이다.

인 전통적 정부조직이 모두 담당할 수 없다(Lane, 2000). 넓은 의미에서 정부의 범위에는 중앙부처와 지방자치단체를 포함하는 일반정부와 준정부부문인 공공기관이 포함된다.[2]

1) 일반정부

(1) 일반정부의 규모

일반적으로 정부는 조직을 기준으로 정의하며, 행정부 수반을 정점으로 정부의 주요기능을 수행하는 부처 조직들이 정부를 구성한다고 본다(안병영 외, 2006). 정부기구에는 중앙정부조직과 지방정부조직이 포함된다. 정부조직은 국민의 대표기관인 의회(중앙 · 지방 포함)에 책임을 지며, 국가예산으로 보수를 받는 공무원으로 구성된 조직이다. 국가간 비교에서는 일반정부(general government)에 중앙정부와 지방정부, 그리고 사회보장기구가 포함된다. <표 7-1>에 2021년말 기준 우리나라 기관유형별 공무원 정원이 제시되었다. 공무원 총정원은 1,156,952명이며 행정부 국가공무원은 64.9%인 750,824명, 행정부 지방공무원은 32.9%인 380,819명, 입법부 0.4%(4,176명), 사법부 1.5%(17,859명), 헌법재판소 0.03%(337명), 선거관리위원회 0.3%(2,937명)로 구성되었다. 행정부 국가공무원과 지방공무원을 합하면 1,131,643

표 7-1 우리나라 기관 유형별 공무원 정원, 2021

구분	공무원 정원(명)	비율(%)	구분	공무원 정원(명)	비율(%)
공무원 총정원	1,156,952	100.0	행정부(지방)	380,819	32.9
행정부(국가)	750,824	64.9	시도	58,906	5.1
일반행정분야	110,887	9.6	시군구	249,486	21.6
교육분야	367,227	31.7	지방교육행정기관	72,427	6.2
공공안전분야	239,545	20.7	**입법부**	4,176	0.4
법무	23.361	2.0	**사법부**	17,859	1.5
경찰	140,629	12.2	**헌법재판소**	337	0.03
소방	64,783	5.6	**선거관리위원회**	2,937	0.3
검찰	10,772	0.9	–	–	–
현업분야(우정)	33,165	2.9			

출처: 행정안전부, 2022, 「2022행정안전통계연보」, [그림 5-2].

2 이 부분은 남궁근, 2021, 정책학, 제4판, 법문사, 30-38을 중심으로 보완하였다.

명으로 전체 공무원 정원의 97.8%를 차지하여 행정부의 비중이 압도적으로 높은 편이다.

(2) 중앙정부와 지방정부의 기능분담

중앙정부와 지방정부 간 기능분담관계는 국가이념, 세원배분체계, 중앙·지방정부간 역할분담체계, 정부간 재원이전체계 등을 기준으로 집권모형, 통합모형, 경쟁적 분권모형 등으로 구분해 볼 수 있다(최영출, 2007).

첫째, 집권모형은 기본적으로 중앙정부 중심의 집권화된 방식으로서 아시아 개발도상국에서 그 사례를 찾아볼 수 있는데, 소규모 지방자치단체가 많이 존재하고 기능분리는 되어 있으나 대부분의 정책을 중앙정부가 결정하고 중앙정부 일선행정기관에 의하여 서비스가 공급된다.

둘째, 통합모형은 다시 지방분권과 재정분권의 수준에 따라 행정적 분권모형과 협조적 분권모형으로 구분할 수 있다. '행정적 분권' 모형은 정부간 재정관계에서 중앙·지방정부간 역할분담체계가 명확하지 않고, 재정분권화도 낮은 수준에 머무르고 있는 가운데 지방재정이 운영된다. 일본과 독일에서 그 사례를 찾을 수 있는데 중앙·지방정부의 사무가 중복되며 중앙정부는 보조금을 통하여 지방정부에 대한 행정통제가 이루어진다. '협조적 분권' 모형은 국가통합과 다양성이 조화하는 가운데 지방재정의 책임성 확보와 재정분권화를 강조하는 지방재정 운영시스템을 지칭한다. 캐나다와 서구국가에서 그 사례를 찾을 수 있는데 중앙·지방정부 사무는 중복되지만 중앙정부는 포괄보조금을 지방정부에 교부하며 입법통제에 의거하여 중앙정부의 개입은 최소화된다.

셋째, 경쟁적 분권모형은 전통적 재정연방주의(fiscal federalism)에 기초하여 중앙정부와 지방정부간 경쟁과 차별화 원리에 따라 기능 및 사무배분, 재원배분체계를 설계하고 있는 지방재정 운영시스템이 해당된다. 미국식 정부간 재정관계는 이러한 경쟁적 분권모형에 기초하고 있다.

이러한 정부간 관계의 세 가지 모형에 비추어 볼 때 현재 우리나라는 집권모형과 행정적 분권모형이 혼합되어 지방행정시스템이 설계되어있는 것으로 평가할 수 있다(최영출, 2007). 우리나라의 일반정부는 중앙정부와 일반지방자치단체 243개(광역 17, 기초 226), 교육자치단체 17개로 구성되어 있다. 그런데 최근 특별지방행정기관을 지방자치단체에 이관하는 등 지방분권과 지방재정시스템을 현재의 '행정적 분권' 모형에서 '협조적 분권' 모형으로 전환을 지향하고 있다. 즉 지방자치와 관련한 새로운 거버넌스의 방향은 주민과 가까운 지방자치단체의 서비스를 강화하는 것이다(정정길 외, 2007: 305－306). 이러한 맥락에서 지방자치에서 교육자치와 일반행정의 통합이 추구되고, 특별지방행정기관과 지방자치단체 중복업무에 대하여는 지방자치단체에 이관이 추진되고 있다. 2021년에는 오랫동안 논의되어 왔던 자치경찰제도가 도입되었다.

2) 준정부부문

현대 국가의 주요 특징 중의 하나는 정부 기능의 확대와 더불어 다양한 존재양식을 갖는 공공부문이 확대된 것이다(안병영 외, 2007: 129, 133). 정부의 활동이 증가하면서 정부 부처 수준의 조직 아래 정부의 정책형성 및 정책집행 기능을 도와주는 각종 공공조직들이 만들어졌다. 이러한 조직들을 서구에서는 준정부조직(quasi－governmental organizations) 또는 준비정부조직(quasi non－governmental organizations: QUANGOS)이라고 부른다. 2차 대전 이후 서구 자본주의 국가들이 적극적인 국가개입을 통하여 경제를 관리하는 케인지안 복지국가를 지향하면서 공공부문이 급속도로 확대된 것이다. 전후 공공부문의 성장은 정부부문에만 국한된 것이 아니라 정부조직 밖에서 정부와는 일정한 정도의 독립성을 가지면서 다양한 양식으로 정부기능을 수행하고 공공서비스를 제공하는 준정부부문도 크게 성장하였다. 또한 1980년대 이후 신공공관리론의 영향으로 정부부문에 대한 구조조정이 이루어지면서 서구 자본주의국가에서 다양한 준정부기관이 추가되었다.

우리나라의 경우 1960년대 이후 국가주도 산업화가 본격적으로 추진되면서 중앙정부뿐만 아니라 준정부부문도 급속하게 성장하였다. 1960년대 이후 경제개발과 함께 본격적으로 설립되기 시작한 정부산하기관은 그동안 고도 경제성장을 위해 필요한 도로, 철도, 항만, 수자원 등 핵심 인프라를 확충하고, 기술개발 · 인력양성 등 산업경쟁력 제고에 기여해 왔다(기획예산처, 2007: 9). 한국에서는 권위주의 체제에 의해 산업화가 추진되었기 때문에 준정부부문에 해당하는 정부산하기관들이 더욱 쉽게 설립될 수 있었다(안병영 외, 2007: 134). 또한 1970년대 이후에는 고용보험 · 산업안전 · 국민연금 등 국민들의 안전과 복지 증진을 담당하는 기관들도 추가되었다.

그러나 IMF 외환위기 이후 준정부기관의 경영부실 등의 문제가 제기되면서 김대중 정부와 노무현 정부에서는 공공부문 개혁의 핵심과제의 하나로 정부산하기관의 파악과 운영시스템의 혁신이 주요과제가 되었다(기획예산처, 2007).

이에 따라 「공공기관 운영에 관한 법률」(2007.4.1 시행)이 제정되었고 정부 산하의 '공공기관'을 종합적으로 관리하게 되었다. 동 법에 의하면 공공기관이란 정부의 투자 · 출자 또는 정부의 재정지원 등으로 설립 · 운영되는 기관으로서 「공공기관의 운영에 관한 법률」에 의거 기획재정부 장관이 지정한 기관을 의미한다. 「공공기관의 운영에 관한 법률」에 따라 공공기관은 공기업(시장형, 준시장형), 준정부기관(기금관리형, 위탁집행형), 그리고 기타 공공기관으로 분류된다.

표 7-2 우리나라 공공기관 현원 및 기관수(2021.12)

	전체	공기업			준정부기관			기타공공기관
		소계	시장형	준시장형	소계	기금관리형	위탁집행형	
현원	415,478	145,042	65,193	79,849	120,986	28,996	91,990	149,449
기관수	350	36	16	20	94	13	81	220

※ 공공기관의 임원, 정규직의 현원, 2021년 4분기 기준.
공기업: 직원 정원 50명, 총수입액 30억원, 자산규모 10억원 이상, 총수입액중 자체수입비중 50% 이상인 공공기관, 시장형은 자산규모 2조원 이상, 총수입액중 자체수입 85% 이상. 준정부기관: 총수입액 30억원, 자산규모 10억원 이상, 총수입액중 자체수입비중 50% 이하인 공공기관.
출처: 공공기관 경영정보공개시스템(www.alio.go.kr), 2022년 12월 11일 접근.

<표 7-2>에 제시된 바와 같이 2021년 4분기 기준 350개 기관이 「공공기관의 운영에 관한 법률」에 따라 공공기관으로 지정되어 전기, 가스, 도로, 의료, 사회복지 서비스, 4대 보험, 안전과 관련한 공적인 검사, R&D 등 국민의 일상생활에 필요한 기본적인 재화 및 서비스를 제공하고 있다.[3] 공공기관의 현원은 2021년 4분기 현재 41만 5,478명이다.

2. 정부혁신의 개념과 패러다임의 변화

1) 정부혁신의 개념

표준국어대사전에 따르면 혁신이란 묵은 관습, 조직, 방법 따위를 완전히 바꾸어 새롭게 함을 말한다. 혁신은 개혁과 동의어로 쓰이는데 개혁이란 제도나 기구

3 지정된 공공기관의 수는 2007년 298개로 시작한 이후 2013년 295개로 그 수에 큰 변동이 없었으나, 2014년 304개, 2015년 316개, 2016년 321개, 2017년 332개, 2020년 350개로 증가하였다. https://www.alio.go.kr, 각 년도 공공기관 현황 자료.

따위를 새롭게 뜯어 고친다는 의미이다. 정부와 혁신의 합성어인 정부혁신은 넓은 의미의 정부와 공공기관을 대상으로 기존 제도와 관습 및 운영의 방법을 새롭게 고치는 것을 의미한다. 전통적 의미의 행정개혁은 행정부 내부개혁에 초점을 두고 행정을 현재보다 더 나은 상태로 개선하기 위해 새로운 방법을 고안해 적용하려는 의식적·인위적인 노력을 말한다(박동서, 1997: 678). 정부혁신은 전통적 행정개혁보다 광의의 개념으로 정부조직의 관리 측면에서 내부관리 혁신, 행정서비스의 맞춤형 설계 및 전달체계의 개편(예: 민영화, 민간위탁)을 포함하는 행정서비스 혁신, 시민사회와의 협업을 포함하는 정책결정 및 집행 관련 거버넌스 혁신을 포함한다. 이 장에서 정부혁신은 정부와 공공기관의 조직관리, 인사행정, 재무행정, 정보화, 규제, 부패방지 등의 분야에서 기존 제도와 관행 및 운영방식을 새롭게 바꾸는 것을 의미하는 것으로 보겠다.

2) 정부혁신 패러다임의 변화

(1) 전통적 행정 패러다임

전통적 행정 패러다임의 이론적 기초는 베버의 계층제적 관료제, 윌슨의 정치행정이원론, 테일러의 과학적 관리가 결합된 것이다. 전통적 행정 패러다임에서 이상적인 정부조직의 구조는 계층제와 중앙집권적인 구조이다. 한편 정치행정이원론에서는 행정이 정치와는 엄격하게 분리되는 독립적, 가치중립적, 전문직업적, 비정치적 활동이라고 보았다. 과학적 관리론에서는 전문화, 표준화, 단순화의 원칙을 적용한 능률성이 중시되었다.

(2) 신공공관리(NPM) 패러다임

신공공관리(New Public Management: NPM) 패러다임은 전통적 행정 패러다임에 대한 반발로 대두하였다(Miller, 1994: Barzelay, 2001). 즉, 1970년대 말 서구 유럽국가의 과도한 복지지출에 의한 재정위기를 계기로 이를 해결하기 위해 비대화된 정부규모를 대폭 축소하고 정부관료제의 비효율성을 개혁하여야 한다고 본 것이다. 1980년대와 1990년대에 영국, 호주, 뉴질랜드, 미국 등 영미계 국가에서의 공공부문 개혁조치들이 NPM의 주요내용을 구성한다. NPM에서 강조하는 정부혁신의 방식은 작은 정부, 인센티브 제공에 의한 생산성 향상, 민간관리기법의 도입과 경쟁 유도를 통한 효율성 제고, 분권화된 조직 만들기 등이다. Christorper Pollitt(1993)은 유럽적 맥락에서 NPM의 특징을 시장메커니즘 활용, 분권화, 서비스품질 제고, 고객만족 등 네 가지 범주로 분류하였다. 1990년대 후반부터 NPM의 분권화, 경쟁, 능률, 고객만족의 지나친 강조에 따른 비판을 배경으로 Post-NPM 패러다임이 대두하였다. Post-NPM 패러다임은 뉴거버넌스(New Governance: NG), 신공공서비스(New Public Service: NPS), 공공가치 거버넌스(Public Value Management: PVM) 등 여러 갈래로 전개되었다.

(3) 뉴거버넌스(New Governance) 패러다임

뉴거버넌스는 정부-시장-시민사회의 협력적 거버넌스, 즉 정부혁신의 방향으로 정부와 시장과 시민사회와의 협력 및 조정·타협과 연계를 강조한다. NPM과 NG(New Governance)의 차이점을 대비하면 다음과 같다(Peters & Pierre, 1998; 권기헌, 2007에서 재인용).

첫째, NPM은 서비스 전달망을 개선하려는 미시적, 실용적 접근인데 비하여 NG는 네트워크, 파트너십, 공사협력, 신뢰 강조와 같은 거시적 민주적 정체에 관한 논의이다. 둘째, NPM은 행정개혁의 결과를 강조하는데, NG는 개혁의 절차와 과정을 중시한다. 셋째, NPM은 행정개혁 내부프로그램 개편에 관심을 가지는데, NG는 정부와 사회조직간의 연결 및 네트워크를 중시한다. 넷째, NPM은 공공부문의 변혁(public sector transformation)에 관심을 가지는 반면, NG는 민주적 통치역량(democratic governance) 강화에 관심을 가진다. 다섯째, NPM은 공공부문의 무능, 부패, 비효율성 타파라는 이데올로기가 주도하며 NG는 신뢰, 협동, 조정, 공사협력의 가치를 강조한다.

(4) 신공공서비스(New Public Service) 패러다임

신공공서비스론은 NPM의 효과성에 대한 의문을 가지고 그 부작용을 지적하면서 등장하였다. Denhart & Denhart(2000, 2003)는 신공공서비스론에서 공공서비스의 존엄성과 가치를 확인하고, 행정의 최고가치가 민주주의, 시민권, 공익이라고 주장하였다. 신공공서비스론은 행정서비스의 수혜자가 고객이 아닌 시민이며 시민참여(citizen involvement)를 강조하였다. 신공공서비스론에서 강조하는 정부혁신의 방식은 리더십 공유, 협업적 조직구조, 공무원 개인의 발전과 창의성 증진을 위한 조직운영, 정부·시장·비영리기관간 협력체제 구축 등이다.

(5) 공공가치 거버넌스와 사회적 가치 거버넌스 패러다임

Moore(1995)의 저서 *Creating Public Value* 출간 이후 신공공관리(NPM)의 대안으로 공공가치관리(Public Value Management) 또는 공공가치 거버넌스론이 대두하였다(Moore, 1995: Bennington & Moore, 2011: Bozeman & Johnson, 2014: Bozeman, 2007: Jørgensen & Bozeman, 2007: Bryson, Crosby & Blomberg, 2015). 공공가치 거버넌스에서는 다양한 국민이 숙의과정에 참여하여 이들이 가장 중요하게 생각하는 문제를 합의에 따라 도출하고, 이 문제를 효과적으로 해결함으로써 공공가치를 달성할 수 있다고 본다. 문재인 정부가 강조하는 사회적 가치 거버넌스(social value governance)는 공공가치 거버넌스와 유사한 개념으로 볼 수 있다.

무엇이 공공가치를 구성하는지에 대한 합의된 개념 정의는 없으며, 공공가치가 어떠한 속성을 가져야 하는지에 대한 다양한 논의가 이루어져 왔다. 여기에서는 대표적인 학자인 Moore(1995)와 Bozeman(2007)의 견해를 소개하겠다. Moore(1995)는 공공가치가 공무원과 시민이 집합적 메커니즘을 통해 결정되는 것이며 개별 시민이 아닌 집합적으로 소비되는 가치라고 보았다. Moore는 '공공가치 창출'을 민간영역에서의 '주주가치 창출'에 대비되는 것으로 보았고, 공공부문 관리자들이 공공(public)의 이익을 증진하기 위하여 관리적 관점에서 해야 할 일에 초점을 두고 공공가치를 논하였다. 한편 Bozeman(2007)은 공공가치의 개념을 "어떤 시민들에게 권리, 혜택, 특혜를 주어야 하고, 어떤 시민들에게는 주지 말아야 하는지에 관한 규범적 합의"(consensus)라고 정의하였다. Bozeman은 시장실패(market failure)[4]와 공공가치 실패를 연계하여 논의하였는데, '공공가치 실패'란 공공가치를 형성하는데 필요한 상품, 서비스, 제도를 시장과 공공영역 어느 쪽에서도 제공하지 못할 때 발생하는 것으로 보았다. 공공가치 연구자들의 논의를 종합한 Bryson, Crosby & Blomberg(2015)는 공공가치를 "시민과 대중이 가치있는 것으로 합의한 규범"이라고 정의한다.[5] 대표적인 학자들의 논의를 요약하면 공공가치는 시장실패 영역에 정

4 시장실패란 시장에 의한 자원배분이 Pareto 효율, 즉 다른 경제주체의 후생을 손상시키지 않고서는 한 경제주체의 후생을 증가시킬 수 없는 상태를 달성할 수 없는 상태를 의미한다. 즉, 시장 스스로가 자원배분을 잘 수행할 수 없는 경우가 있으며, 이 때 시장실패가 발생한다. 시장실패는 일반적으로 네 가지 유형, 즉 (1) 공공재, (2) 외부효과, (3) 독점, 그리고 (4) 정보부족 또는 정보비대칭 상황에서 발생한다. 시장실패가 존재하고 그 대책이 필요하다는 주장은 민간부문에 대한 정부개입의 기본논리가 되었다. 자세한 내용은, 남궁근, 2021, 정책학, 제4판, 47-59 참조.

부가 개입하여 시민이 당연히 누려야 할 권리를 보장하되, 정부와 시민사회를 포함한 다양한 영역의 행위자가 집합적으로 이에 대하여 합의하고 결정하며, 그 결과를 동시대의 사회가 가치있는 것으로 수용하여야 한다는 것이다. 공공가치 거버넌스에서 강조하는 정부혁신의 방식은 정부와 다양한 이해관계자가 참여하는 네트워크 거버넌스 구조를 형성하고, 필요한 공공서비스를 정부와 민간부문이 결합된 다양한 조합의 수단을 활용하여 제공하는 것이다.

3. 역대정부 정부혁신의 분석 범주

이 장에서 살펴보게 될 역대정부의 정부혁신에 관한 분석에서 분석대상은 민주화 이후 6개 정부, 즉 김영삼 정부, 김대중 정부, 노무현 정부, 이명박 정부, 박근혜 정부, 문재인 정부이다. 역대정부에서 광의의 정부, 즉 정부와 공공기관을 대상으로 추진한 혁신노력과 혁신성과를 살펴보겠다. 정부혁신의 분석범주는 다음과 같다.

1) 정부혁신의 배경과 시대적 맥락

역대정부가 출범한 시점을 전후하여 정부혁신을 추진하게된 역사적 배경과 시대적 맥락을 간략하게 고찰한다.

2) 정부혁신의 주도적 패러다임과 목표

역대정부에서 정부혁신 추진세력이 정부혁신의 이데올로기로 삼은 정부혁신의 주도적인 패러다임과 정부혁신을 통하여 달성하고자 하는 목표를 고찰한다.

5 이들은 공공가치 거버넌스 연구의 분석틀로 공공가치 거버넌스 삼각구조(Public Value Governance Triangle: PVGT)를 제안하였는데, 여기에는 합법성(legitimacy)과 권위(authority), 공공가치 창출역량(capabilities), 공공가치 창출의 실행도구가 포함된다. 합법성과 권위란 공공가치가 모든 영역의 합법적 의사결정기구(정부, 기업, 비영리부문 및 교차부문의 기구), 광범위한 이해당사자, 그리고 시민과 여타 개인들의 지지를 통하여 보장받을 수 있어야 한다는 것이다. 공공가치의 창출역량은 여러 유형의 집합체(예: 정부, 기업, 비영리 결사체, 복수 부문 협력체, 시민 등)에 내재된 역량과 과업수행관계, 개인역량, 절차적 정당성과 절차적 정의, 절차적 및 실질적 합리성을 통하여 확보하여야 한다. 공공가치 창출의 실행도구는 여섯 가지, 즉 정책분석・설계・평가, 리더십, 대화와 숙의, 영역간 협업의 설계와 집행을 포함한 제도 및 조직의 설계, 공식적・비공식적 민주주의 절차, 성과관리 레짐을 포함한 전략적 관리 등으로 구분된다.

3) 정부혁신의 추진체계

역대정부에서 정부혁신을 담당한 추진체계, 즉 정부혁신을 추진하기 위하여 설립된 위원회와 정부혁신의 추진기능을 담당하는 행정부처 등을 고찰한다.

4) 정부혁신의 주요내용

역대정부에서 추진한 정부혁신의 주요내용을 <표 7-3>과 같이 (1) 정부조직 및 운영체계 혁신, (2) 인사혁신, (3) 재정혁신, (4) 전자정부 혁신, (5) 규제혁신, (6) 반부패혁신, (7) 공공기관 혁신의 일곱 가지 부문으로 구분하여 고찰한다.

표 7-3 정부혁신 분석범주와 주요내용

분석범주	주요내용
정부조직 및 운영체계 혁신	– 정부부처의 신설, 개편, 분리, 통폐합 등 부처 수준의 개편과 부처간 일부기능 이관 등, 조직법정주의에 따라 관련 법률 제·개정 필요 – 정부조직 운영에 영향을 미치는 법률 및 제도 도입
인사혁신	– 인사행정의 주요기능인 모집, 선발 및 채용, 유지 관리 및 활용, 그리고 평가 및 보상에 관련된 주요 혁신
재정혁신	– 예산과정, 재정지출 및 세제 관련 주요 개혁
전자정부 혁신	– 인터넷의 등장과 확산을 배경으로 다양한 정부기능 수행과 그 변화를 위한 정보기술을 활용한 혁신
규제혁신	– 새로운 규제의 도입 및 규제완화에 관한 정부 정책의 혁신
반부패혁신	– 부패방지를 위한 제도와 정책 혁신
공공기관 혁신	– 정부기업의 공기업화 및 공기업 민영화, 공기업 및 공공기관 평가의 개혁

① 정부조직 및 운영체계 혁신: 정부조직 개편은 정부가 수행하는 기능의 기관간 재편성 및 배분을 중심으로 정부 부처의 분리, 신설, 폐지, 통합 등이 주된 내용이다. 그 밖에도 부처에 소속된 산하기관의 변경, 기관명칭의 변경, 특정 부처에서 수행하는 하위기능과 역할의 부처간 재편성 형태로 나타나기도 한다. 정부조직 개편은 부처가 수행하는 기능 및 역할과 그 수행방식의 변화는 물론 부처의 인력과 예산 등의 조정과 재편이 이루어지므로, 범정부적으로는 물론 사회적으로도 매우 광범위한 파급효과를 미치게 된다(한국행정연구원, 2017: 56).

<표 7-4>에 정부조직 개편의 목적을 정치적 측면과 행정적 측면으로 구분하

여 제시하였다. 정치적 관점에서는 집권세력을 중심으로 정치인들이 정치체제나 행정운영에 개혁과 변화를 구현할 수 있는 강력한 수단으로 활용하여 왔다. 집권세력은 정부조직 개편을 자신들이 추구하고 의도하는 국정운영의 철학과 정치적 가치를 실현하기 위해 활용한다. 통폐합되거나 신설되는 부처의 명칭에 국정기조나 국정과제의 성격을 반영하기도 하며, 정책우선순위가 높은 부처에 부총리 제도를 활용할 수도 있다. 시장의 역할을 강화하기 위하여 관련 부처를 폐지하기도 하고 정부기업을 민영화시킬 수도 있다. 한편 부처조직 개편을 정치적 위기를 돌파하고 관료 통제의 수단으로 활용하기도 한다. 미국에서 2001년 9·11 테러 사태가 발생한 이후 국토안보부(Department of Homeland Security)를 신설한 사례나 세월호 참사 이후 국민안전처를 신설한 사례가 여기에 해당한다.

표 7-4 정부조직개편의 목적: 정치적 측면과 행정적 측면

정치적 정당성 측면	행정적 합리성 측면
· 국정철학의 상징성 확보 · 정책우선순위의 재조정 · 정부와 시장의 역할분담 · 정치적 위기 돌파수단으로 활용 · 행정수반의 관료 통제력 강화	· 변화된 환경과 조직간 정합성 제고 · 행정 조직의 효과성 및 효율성 제고 · 정부의 자율성과 책임성 확보 · 정부의 투명성 제고

출처: 박천오, 2011; 문명재, 2009; 한국행정연구원, 2017에서 재구성.

행정적 합리성의 관점에서 정부조직 개편은 행정환경의 변화에 따라 국민이 정부에 기대하는 기능과 역할을 보다 합리적으로 수행하고 관리하고자 실시한다. 이러한 관점에서는 행정수요로 작용하는 행정환경의 변화를 분석하는 한편, 기존 부처편성 하에서 수행되는 기능과 역할의 적정성에 대하여 분석한 다음, 정부조직 기능수행상 한계와 행정수요 변화에의 적절한 대응 차원에서 이루어진다(한국행정연구원, 2017: 56). 행정조직의 효과성 및 효율성을 제고하고, 정부의 자율성과 책임성을 확보하며, 투명성 제고와 같은 가치를 조직구조 개편을 통하여 실현하고자 하는 것이다.

실제 정부조직 개편은 각자 상이한 목적을 추구하는 정치세력들, 부처의 이해관계집단들, 자신의 이익을 추구하는 관료집단들이 상호작용하는 가운데 상당히 복잡한 절차를 거쳐서 진행되므로 개편의 결과가 당초 의도했던 결과와 달라지는 경우가 많다. 우리나라는 조직법정주의를 채택하고 있으므로, 법안심의 과정에서 여

당과 야당 사이에 절충과 타협이 이루어지는 경우가 많았다.

② 인사혁신: 공무원의 모집, 선발 및 채용, 유지 관리 및 활용, 그리고 평가 및 보상에 관련된 주요 혁신을 살펴본다.

③ 재정혁신: 예산과정, 재정지출 및 세제 관련 주요 개혁을 고찰한다.

④ 전자정부 혁신: 다양한 정부기능 수행과 그 변화를 위하여 정보기술을 활용한 혁신을 고찰한다.

⑤ 규제혁신: 새로운 규제의 도입 및 규제완화에 관한 정부 정책의 혁신을 살펴본다.

⑥ 반부패혁신: 부패방지를 위한 제도와 정책 혁신을 살펴본다.

⑦ 공공기관 혁신: 정부기업의 공기업화 및 공기업 민영화, 공기업 및 공공기관 평가의 혁신을 소개한다.

5) 정부혁신의 성과

역대정부에서 추진한 정부혁신의 주요 성과에 대하여 살펴보기로 하겠다. 정부혁신의 성과는 단기적인 성과와 중·장기적인 성과로 구분하여 살펴볼 수 있다.

① 단기적 성과: IMF 위기 상황이나 코로나19와 같은 대형재난에 긴급하게 대처하여야 하는 경우, 정부혁신의 성과는 얼마나 빨리 위기와 재난에서 벗어났는지, 즉 단기적 성과가 매우 중요하다. 그러나 단기적 성과가 중·장기적 성과와 연계되지 않았던 경우도 있다. 단기적 성과를 거둔 경우에도 일단 정상으로 복귀한 이후에는 그러한 조치가 오히려 부작용을 초래할 수도 있다.

② 중·장기적 성과: 문제해결을 위하여 도입한 혁신적인 제도와 절차가 정권이 교체된 이후에 계속 작동하면서 정상적으로 운영될 때 중·장기적 성과를 거둔 개혁방안이라고 할 수 있다. 특히 보수정권과 진보정권의 교체에도 불구하고 혁신조치가 제도화되어 정상적으로 운영될 때 중장기적 성과가 있는 것으로 볼 수 있을 것이다. 여기에서 제도화(institutionalization)란 새로운 정책이 도입된 이후 국정운영의 제도로 편입되어 오랜 기간에 걸쳐 작동하는 것을 말한다.

③ 학계의 평가: 역대정부별로 학자들이 정부혁신의 성과를 종합적으로 평가한 문헌이 있을 경우 이를 소개하겠다.

Ⅱ. 김영삼 정부의 정부혁신

1. 정부혁신의 배경과 시대적 맥락

1) 김영삼 정부의 출범

3당 합당(1990년)을 토대로 출범한 김영삼 정부는 과거 군부 권위주의 지배 청산을 위한 정치·사회·경제적 개혁을 광범위하게 추진하였다. 김영삼 대통령은 군사정권 청산에 대한 의지가 강하였고, 오랜 군부통치 과정에서 야기된 잘못된 관행, 의식, 제도를 개혁하고 사회기강을 바로잡아야 한다고 생각하였다.

2) 국제화와 개방화의 세계 상황

1991년말 소련의 해체로 인한 사회주의 정부의 붕괴에 따라 세계경제가 본격적으로 통합되고, 교통과 통신의 발달 등으로 인하여 1990년대 초 세계화를 통한 경제성장이 정책과제로 부각되었다(최진욱, 2014: 13). 해외수출 의존도가 높은 한국경제의 속성상 국제화와 개방화에 전략적으로 대응하는 것이 중요한 과제로 여겨졌다.

3) 한국병 치유와 신한국 건설

정부의 개혁 목표는 '한국병 치유와 신한국 건설'로 설정하였는데, 한국병은 '경제개발과정에서 형성된 군사문화의 속성과 그 부산물'로서 관주도의 행정관행과 공급중심의 행정의 한계를 지적하는 것이다(안문석, 1995: 17－18). 정부관료제라는 측면에서 보면 신한국 건설의 출발은 반부패운동이었다. 대통령 스스로 체제적 부패의 제거는 사회정의 구현을 위해서 뿐만 아니라 경제의 재도약을 위해서도 불가피하다는 인식을 확고하게 표명하고 반부패운동을 진두지휘했다(심익섭, 2014: 226).

2. 정부혁신의 주도적 패러다임과 목표

1) 신공공관리 관점의 도입

1993년 출범한 김영삼 정부는 WTO체제의 출범과 OECD가입에 따른 무한 경쟁시대가 도래하는 등 대외적 개혁과 개방 압력, 관료조직의 관행과 제도에 대한 혁신적인 변화를 위해 당시 세계적으로 확산되고 있었던 '신공공관리'를 핵심적 개혁 이념으로 채택하였다(김정렬 외, 2007). 과거 군부시절의 권위주의적 발전주의로부터 벗어나 탈관료주의적인 개혁이념을 중시하였고, 부처이기주의와 공직자의 복지부동을 강력하게 비판하였다.

2) 정부혁신의 목표: 작고 효율적 정부

취임 초기 김영삼 정부는 '작고 효율적인 정부' 구현을 목표로 삼았고, 이를 실현하기 위해 행정조직의 효율성과 민주성이라는 2대 원칙을 제시하였다(안문석, 1995: 17). 김영삼 정부는 1990년대 세계적으로 확산되고 있었던 신공공관리(new public management)의 영향으로 과거 경제성장 시대에 비대화된 정부 조직의 축소, 효율성과 생산성 향상을 추구하였다. 신공공관리의 이념적 토대를 근거로 초기 김영삼 정부는 민영화, 규제개혁, 지방자치를 강력하게 추진하였다.

3. 정부혁신의 추진체계

1) 대통령 상설자문기구로 행정쇄신위원회 설치

대통령 직속 자문기구인 행정쇄신위원회(1993.4.20 출범) 주관의 상시개혁을 추진하였다(이하 심익섭, 2014a: 235－240). 행정쇄신위원회는 학계, 정부산하 연구기관, 민간기업, 노동계, 언론계, 사회단체 등 각계에서 위촉한 민간위원으로 구성(위원장: 박동서 교수)하였고, 행정쇄신위원회를 실무적으로 보좌하기 위하여 국무총리 소속으로 고위공무원과 민간위원이 참여하는 행정쇄신실무위원회가 설치되었다(박동서, 2001). 행정쇄신위원회는 출범 후 1년간만 활동할 예정이었으나 정권 내내 존재하며 개혁안을 마련하였고, 대부분 받아들여졌다(이창원, 2014: 245). 행정쇄신위원회는 정부혁신의 추진주체로서 대통령 직속 자문기구를 구성하고 이를 정부혁신을 총제적으로 추진하기 위한 상시기구로 활용한 첫 번째 사례이다. 이는 김영삼 정부 이후 김대중 정부와 노무현 정부에서 다양한 대통령위원회가 설치되어, 정부혁신 관련 업무를 추진하는 계기가 되었다.

2) 행정쇄신위원회의 운영방식

행정쇄신위원회는 상향식 과제제안 방식으로 운영하였다. 국민 제안 등 외부에서 접수한 안건은 행정실 소속 연구위원이나 전문위원의 자문을 얻어서 현황 및 문제점 분석, 대안 마련 그리고 대안별 장단점 분석 등을 거쳐 실무위원회에 회부되었다. 실무위원회에서는 이해당사자와 관련기관의 관계관을 참석시킨 가운데 토론이 이루어졌다. 이러한 과정을 거쳐 본회의에 상정된 안건을 본회의에서 다시 토론을 통하여 결정하였고, 결정된 개혁안의 집행을 해당 부처에 위임하여 결정사항의 이행이 원활하게 이루어질 수 있도록 하였다.

4. 정부혁신의 주요내용

1) 정부조직 및 운영체계 혁신

(1) 조직개편의 주요내용

정부조직 개편에 관한 김영삼 정부의 일차적인 목표는 '작고 효율적인 정부'의 구현에 있었으며, 이를 적절히 뒷받침하기 위하여 조직개편의 원칙으로 행정조직의 효율성과 민주성이라는 두 가지 원칙을 적용하고자 하였다. 김영삼 정부의 정부조직 개편안은 행정쇄신위원회가 준비하였지만(이창원, 2014: 246-247), 실제 결정은 대통령의 결단으로 이루어진 것으로 알려졌다. 김영삼 정부 시절 4차례의 정부조직 개편의 내용은 다음 <표 7-5>와 같다.

표 7-5 김영삼 정부의 정부조직 개편내용

시행일	주요내용	비고
제1차 개편 (1993.3.6)	- 문화체육부 신설(문화부+체육청소년부) - 상공자원부 신설(상공부+동력자원부)	2부 축소 공무원 139명 감축
제2차 개편 (1994.12.23)	- 재정경제원 신설(경제기획원+재무부) - 건설교통부 신설(건설부+교통부) - 상공자원부를 통상산업부로 개편 - 경제기획원 기획조정 및 심사평가기능을 국무총리 행정조정실로 이관 - 교통부의 관광기능을 문화체육부로 이관 - 체신부를 정보통신부로 개편 - 환경처를 환경부로 개편 - 보건사회부를 보건복지부로 개편 - 공정거래위원회를 경제기획원 소속에서 국무총리 소속기관으로 개편	2부 축소 1부 승격(환경부) 212명 공무원 정원 축소
제3차 개편 (1996.2.9)	- 중소기업청 신설(공업진흥청 폐지)	
제4차 개편 (1996.8.8)	- 해양수산부 신설(해운항만청, 수산청, 수로국 폐지) - 해양경찰청 신설(해양수산부 소속) - 농림수산부 명칭을 농림부로 변경	1부, 1청 신설 2청 1부, 1외국 축소

그림 7-1 김영삼 정부 정부기구도(4차 개편 이후)

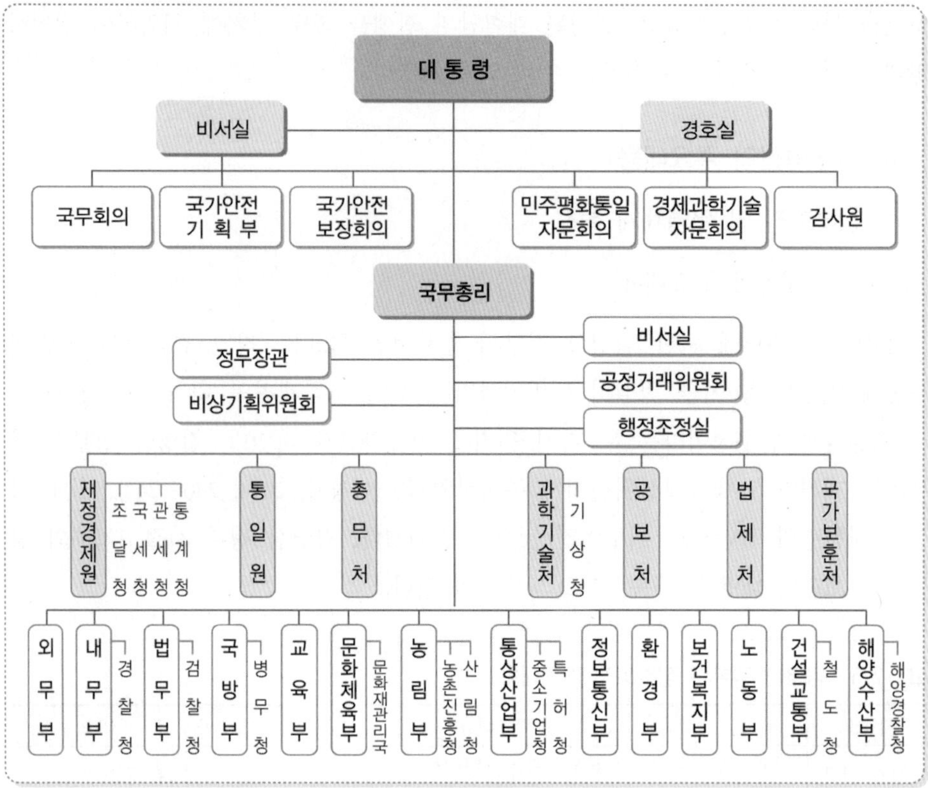

※ 2원(재정경제원, 통일원) 14부 5처 14청 1외국 1위원회(공정거래위원회), 1996.8.8 공포, 법률 제5153호
출처: 행정안전부, 2012, 대한민국정부조직변천사, 9.

제1차 정부조직 개편(1993.3.6)에서는 문화부와 체육청소년부를 통합하여 문화체육부로 개편하고, 상공부와 동력자원부를 통합하여 상공자원부를 신설하였다. 1차 조직개편으로 인해 2개의 부(部)가 폐지되었고, 공무원 정원은 139명이 감축되었다.

제2차 정부조직 개편(1994.12.23)에서는 경제기획원과 재무부를 재정경제원으로 통합하여 재정정책과 예산기능을 연계시키고자 하였다. 또한 건설부와 교통부를 건설교통부로 통합하였다. 제1차 개편 때 신설된 상공자원부를 통상산업부로 개편, 체신부를 정보통신부로 개편하고, 환경처를 환경부로 승격시켰다. 부처 통폐합 이외에도 경제기획원 기획조정 및 심사평가기능을 국무총리를 보좌하는 행정조정실로 이관하고, 교통부의 관광기능을 문화체육부로 이관하는 부처간 기능조정, 그리고 공정거래위원회를 국무총리 소속으로 변경하였다.

제3차 정부조직 개편(1996.2.9)에서는 중소기업에 대한 체계적인 지원과 경쟁력 향상을 위해 공업진흥청을 폐지하고 중소기업청을 신설하였다.

제4차 정부조직 개편(1996.8.8)에서는 해운항만청, 수산청, 수로국이 폐지되는 대신 해양수산부를 신설하였다. 신설된 해양수산부가 수산 업무를 담당하게 됨에 따라 농림수산부는 농림부로 명칭을 변경하였다. 경찰청 소속의 해양경찰청을 해양수산부 소속의 중앙행정기관으로 격상시켰다.

김영삼 정부의 제4차 조직개편 이후 정부기구도는 [그림 7-1]과 같으며, 2원(재정경제원, 통일원) 14부 5처 14청 1외국 1위원회(공정거래위원회)로 구성되었다.

(2) 조직개편의 성찰

정부조직 개편의 주된 목표로 지속적인 경제성장과 국가경쟁력 강화를 설정한 점, 과감한 부처 통폐합으로 공직사회의 경쟁 분위기를 확산시킨 점은 신공공관리의 이상에 부합하는 조치로 볼 수 있다. 해방 이후 지속적으로 이루어진 정부조직의 확대와는 달리 '작은 정부의 구현'이라는 기치 아래 이루어진 최초의 정부조직 축소 개편이었다(한국행정연구원, 2017: 197-201).

1차 개편에서 상공부와 동력자원부를 통합하여 상공자원부(후에 통상산업부로 명칭 변경)를 신설하고, 2차 개편에서 경제기획원과 재무부를 재정경제원으로 통합하고 건설부와 교통부를 건설교통부로 통합하는 등 핵심적인 경제부처에 대한 전면 개혁이며, 해방 이후 변함없이 막강한 권력을 행사해 온 경제부처에 대한 대대적인 개편으로 충격적인 효과를 가져왔다(엄석진, 2020: 94). 경제 관료들의 반발에도 불구하고 강력한 리더십을 통하여 개혁 작업이 이루어진 점은 높이 평가된다. 반면 안전기획부, 검찰, 경찰, 감사원, 내무부, 총무처, 병무청 등 실질적인 권력기관이나 국가보훈처, 공보처 등 일부 비효율적인 편제부처에 대한 개편은 실행하지 못하였다.

그러나 역사적 시대상황과 국가여건이 선진외국과 다름에도 불구하고 행정의 효율성을 강조하는 신자유주의적 사고가 지배적인 가치로 작용한 것은 문제점으로 지적된다. 공무원의 절대적인 규모는 다른 나라와 비교하여 크지 않은 것으로 파악되었으나 실제 조직과 인력의 감축을 중심으로 하는 개편에 집중하였다. 김영삼 정부의 핵심관계자들은 정부조직에 관한 가치관 측면에서 공통적으로 신자유주의적 사고 즉, '작은 정부 큰 시장'과 같은 시각을 정부조직 개편에서 실현하고자 노력한 것으로 보인다(이창원 · 임영제, 2009).

(3) 행정절차법과 정보공개법 제정

김영삼 정부에서 정부운영체계 혁신과 관련된 「행정절차법」과 「정보공개법」이 제정되었다. 「행정절차법」은 절차적 민주주의를 확보하고 국민의 권리 보호를 위해, 특정 정책의 수립 및 규칙 제정 시 공청회 개최 등을 통한 공개심리, 당사자·관계인의 변론 청취, 증거조사 등 준사법적 절차를 채택하도록 하는 법률이다. 우리나라에서는 1996년에 「행정절차법」을 제정(1996.12.31, 법률 제5241호)하여 국민의 일상생활과 밀접한 관련이 있는 법령을 제정 및 폐지하거나 정책·제도·계획을 수립할 때 이를 예고하고 관계인의 의견을 청취하도록 하였다. 또한 같은 시기에 「정보공개법」을 제정(「공공기관의 정보공개에 관한 법률」, 1996.12.31, 법률 제5242호)하여 공공기관이 보유·관리하는 정보에 대한 국민의 공개청구와 공공기관의 공개의무에 관해 규정함으로써 국민의 알 권리를 보장하고 국정에 대한 국민참여와 국정운영의 투명성을 확보하도록 하였다. 「행정절차법」과 「정보공개법」은 오늘날까지 정책결정의 민주화와 국민의 권리구제에 크게 기여해 왔다.

2) 인사혁신

행정쇄신위원회를 중심으로 개방형 전문직위제도 도입, 여성공무원 채용목표제 등을 추진하였다(행정쇄신위원회, 1994: 135－148; 이창원, 2014: 253－254). 그 밖에도 지방화시대에 대비하여 지방고등고시를 도입하고 공무원 공개채용시험의 종류를 다원화하고 시험과목 수를 축소하였다. 인사혁신을 포함한 행정개혁 분야의 개혁과제들은 1995년 WTO 출범 이후 세계화 추세에 대응하여 대통령 직속 세계화위원회가 발족된 후 행정분야의 세계화 과제에 포함되어 추진되었다. 세계화 시대의 행정개혁과제 가운데 인사개혁과제는 세계화를 위한 공무원 교육훈련 개선방안과 고급공무원 임용 및 육성의 세계화 방안인데 이에 대해 살펴보겠다(세계화추진위원회, 1998: 46－52).

(1) 개방형 전문직위제도 도입

총무처 직무분석기획단에서 중앙행정기관 5급 이상 13,460개 직위를 대상으로 직무분석을 실시하고, 이를 토대로 국제, 법률, 정보통신, 환경, 교통, 도시계획, 과학기술 등 7개 중점검토 분야에서 개방형 전문직위제도를 도입하였다. 그러나 직무분석이 특정 직위에만 한정되었고, 임용조건, 직무수행 요건이 까다로워 개방형 전문직위제도가 공직 경쟁력 확보 목적을 달성하기에는 역부족이었다는 평가를 받았다.

(2) 여성채용목표제 도입

1995년 공무원임용시험령 개정으로 여성공무원 채용목표제를 시행하여 여성공무원 공직임용확대에 분수령이 되었다. 김영삼 정부는 공공부문의 여성채용을 확대하기 위하여 여성채용목표제를 행정, 외무고시 및 7급 행정, 공안, 외무행정직을 대상으로 도입하였다(이수영, 2020: 126). 이 제도는 모집인원이 10명 이상인 채용단위를 대상으로 여성합격자의 비율이 10%에 이를 때까지 일정한 가점을 부여하는 제도이다(오석홍, 2006: 298).

(3) 세계화를 위한 공무원 교육훈련제도 개선

공무원의 교육훈련제도가 세계화, 전문화에 필요한 전문인력양성체제로 개편될 필요가 있다고 보아, 수요자 중심의 교육훈련, 임용전 교육 강화 및 교육요원 확대, 국제업무 능력의 제고를 추진하였다.

(4) 고급공무원 임용 및 육성의 세계화 추진

과거 산업화 시대에 유효하였던 일반행정가 중심의 임용·육성체계가 정보화, 다양화, 민주화의 새로운 행정환경에 효과적으로 대처하기에는 한계가 있다고 인식하여 고급공무원의 임용 및 육성체계의 개선이 추진되었다. 우선 공무원의 전문성을 강화하기 위하여 특별채용 등 개방형 임용방식을 활성화함으로써 공직사회에 경쟁성을 제고할 필요가 있다고 보았다. 민간부문의 유능한 전문인력들이 중간 혹은 고위직에 폭넓게 채용될 수 있도록 하고, 공공부문과 민간부문 간 인적교류를 활성화함으로써 국내외 민간 전문인력이 공직에 원활하게 진입할 수 있도록 하여야 한다고 본 것이다. 또한 전문인력수가 많은 국제관계·법률·과학기술 분야에 전문가 충원을 확대하여야 하며, 전문분야별 보직관리제도로 개편하는 방향으로 개혁이 추진되었다. 이를 위하여 공직에 민간전문가 특별채용 등을 통한 경쟁체제 도입 및 전문인력의 확충, 국제관계 특별고시제도 도입 등 고시제도 개편, 직무분석 등이 추진되었다.

3) 재정혁신

신자유주의적 세계화 흐름에 조응하기 위하여 운영비 절감을 통한 경영효율화, 수익자부담 원칙 확대, 재정건정성 확보에 초점을 맞춘 개혁을 시도하였다. 재무부와 경제기획원을 통합하여 재정경제원을 설치한 것은 자유주의적 경향이 강한 경제기획원으로 하여금 재무부를 통제하기 위한 목적도 담겨 있었다. 그러나 재정규모는 지속적으로 증가하였고, GNP 대비 중앙 재정규모 및 조세규모도 지속적으로 증가하였다.

4) 전자정부혁신

1990년대 중반부터 WTO 출범 등 경제의 세계화가 급속하게 진행되었으며 정보기술과 인터넷의 발전으로 '디지털 경제', '지식기반경제'가 강조되기 시작하였다. 한편 국내적으로 김영삼 정부가 추진한 대표적 개혁 프로그램인 금융실명제 등은 전산화를 전제로 하는 것이기 때문에 정보화는 정책집행의 중요한 수단으로 인식되기 시작하였다.

(1) 전자정부 추진체계

김영삼 정부는 정보화를 위한 국가전략사업으로 초고속정보통신기반 구축사업을 추진하기로 결정하고, 1994년 12월 제2차 조직개편으로 체신부를 정보통신부로 확대 개편하면서 정보통신산업육성, 통신·방송기술 개발업무 등을 정보통신부로 일원화하였다. 또한 1995년 8월 「정보화촉진기본법」을 제정하고, 정보화추진위원회를 설치하여 행정, 입법, 사법 등 국가의 모든 영역에 대한 정보화업무를 관장하는 추진체계를 마련하였다. 정보통신부는 정보화추진위원회의 간사 역할을 담당하면서 정보화촉진계획의 수립과 정보화촉진기금의 배분을 통한 정책조정을 담당하였다(엄석진, 2020a: 68).

(2) 전자정부 추진사업

정보통신부는 1996년 6월 '제1차 정보화촉진기본계획'을 수립하였다. 이 계획은 2010년까지 정보화를 추진하기 위한 단계별 목표와 전략을 설정하고, 제1단계 기간인 1996년부터 2000년까지 정부가 집중적으로 추진해야 할 과제를 제시하고 있으며, 정보화촉진을 위한 10대 과제를 선정하였다. 10대 중점과제는 정부, 교육,

학술연구, 산업, 교통물류, 지역정보화, 의료, 환경, 안전관리 및 국방에 이르기까지 망라하고 있으며, 여기에 처음으로 전자정부라는 용어가 사용되었다.

당시 전자정부 구현을 위한 추진사업은 다음과 같다(정충식, 2021: 89- 90).

첫째, 2000년까지 대국민 민원서비스를 획기적으로 개선하고자 일회 민원처리 서비스를 확대하고 PC통신을 통한 '안방 민원' 서비스를 확대한다. 둘째, 정부정보의 공동활용 및 공개를 촉진하기 위하여 정보를 공동활용해야 할 필요성이 높은 부문부터 정보공동활용체제를 구축한다. 2000년까지 국회와 법원을 중심으로 각각 입법 및 사법과 관련된 종합정보시스템을 구축하는 한편 정보공조체제가 절실히 요구되는 법원이나 검찰, 경찰 등 사법기관 간 범죄수사정보 공동활용체계를 구축한다. 셋째, 행정정보의 활용 확대를 위한 기반조성을 위하여 2000년까지 공무원 1인당 1PC 보급을 추진하며 정부청사 및 입법부, 사법부를 연결하는 고속통신망을 구축하여 정보공동활용과 전자적 업무처리의 기반을 확보한다.

당시 10대 중점과제의 하나인 전자정부 구현을 위해 2,000년까지 5년간 1조 5,000억원을 투입하기로 하였지만 이후 경제위기 및 정권교체 등으로 구체적으로 추진되지는 못하였다. 그렇지만 정보화촉진계획을 바탕으로 김대중 정부가 집권 후반기에 전자정부 정책을 추진하게 되었다(정충식, 2021: 90).

5) 규제혁신

규제개혁은 권위주의, 정격유착, 부정부패를 근절하기 위한 수단적 차원의 성격을 지니고 있었으며, '세계화'의 가치와 밀접하게 연계되었다. 「기업활동규제 완화에 관한 특별조치법」(1993), 「행정규제 및 민원사무기본법」(1994), 「행정규제기본법」(1997)의 법제화를 통하여 규제개혁 추진체계를 정비하였다. 규제개혁을 효과적으로 추진하기 위한 전담기구인 '규제개혁위원회' 설치 근거를 「행정규제기본법」에 규정하여 후임 김대중 정부가 동 위원회를 설치할 수 있도록 하였다.

규제개혁 추진체계와 법률적 기반을 통하여 임기동안 6,000여 건에 달하는 규제개혁을 추진하였다. 양적인 규제완화 노력에도 불구하고 규제총량은 소폭 증가하였으며, 규제에 대한 총체적 접근보다 단편적 접근에 치우쳤고, 일선 공무원들의 개혁의지 부족으로 국민이 체감하는 규제개혁에는 한계가 나타난 것으로 평가되었다.

6) 반부패혁신

신한국창조운동의 출발점은 반부패운동이었다. 김영삼 대통령은 부정부패 척결을 국정과제의 하나로 내세우며 출범하였다. 대통령 스스로 체제적 부패의 제거는 사회정의 구현을 위해서 뿐만 아니라 경제의 재도약을 위해서 불가결하다는 인식을 확고하게 표명하고 반부패 운동을 진두지휘한 것으로 알려졌다(심익섭, 2014: 226). 김영삼 정부의 주요 반부패 시책들을 요약하면 다음과 같다.

(1) 윗물 맑기 운동

대통령 스스로 부정부패 척결을 위한 실천 모습을 보여주겠다는 취지에서 정치자금 안받기, 청와대의 근검절약, 청와대 개방, 안가 철거, 대통령 골프 안치기, 대통령의 자발적 재산공개 등을 실행하였다. 대통령의 자발적 재산공개에 뒤이어 장・차관급 공직자들이 자진하여 재산을 공개하였다(이창원, 2014: 262).

윗물 맑기 운동은 대통령을 비롯한 고위공직자들의 솔선수범이 하위직 공무원들과 공직사회 전체에 확산되기를 기대하고 나온 정책이었다. 또한 국무위원들이 선물, 화환 보내기를 자제하고 구내식당을 활용한 회의를 자주 이용하기도 하였다. 그러나 대통령의 강력한 반부패 의지에도 불구하고 대통령 아들과 측근 정치인들이 부정부패로 법의 심판을 받는 역설적 상황이 계속되었다.

(2) 공직자 재산등록제도 도입

공직자 재산등록제도는 공직자들의 부정부패를 방지하기 위해 일정 직위 이상 공무원들의 재산을 등록하도록 하는 제도이다. 김영삼 정부는 1993년 형식적으로 운영되어 왔던 「공직자윤리법」을 개정하여 공직자 및 공직 후보자에 대하여 보유재산을 등록하고 공개하도록 하였다.

(3) 금융실명제의 제도화

1993년 금융실명제를 전격적으로 실시하여 금융 및 자산형성과 거래의 투명성을 제고하여 공직자의 부정한 재산축적행위를 감시하도록 하였다(고길곤, 2020: 495). 금융실명제란 금융기관의 예금이나 증권 매입 등 모든 금융거래에서 가명이나 차명을 금지하고 의무적으로 금융거래자의 실제 명의를 사용하도록 하는 제도 또는 금융관행을 말한다. 따라서 금융실명제가 시행되어 비실명에 의한 변칙적 금융거래가 차단됨으로써 금융기관을 통한 자금 흐름의 투명성을 제고할 수 있으며 음성 불로소득 및 불건전 자금거래의 소지를 제거할 수 있게 되어 경제정의가 실현되고, 부정부패의 감소와 깨끗한 정치풍토를 조성하는데 크게 기여하였다.

(4) 국민고충처리위원회 신설과 감사원 역할강화

「행정규제 및 민원사무기본법」(1994)에 근거하여 옴부즈만 제도를 국민고충처리위원회라는 이름으로 발족하여 국민의 권리구제에 기여하였다. 감사원장의 자문기구로 부정방지대책위원회를 설치하고 감사권한을 확대하여 감사원의 반부패정책에 대한 역할을 강화하였다.

(5) 반부패정책의 성과

부정부패 척결을 국정과제의 하나로 내세우며 출범한 김영삼 정부는 반부패정책의 범위뿐 아니라 제도화의 정도, 사정활동 등 모든 측면에서 적극적으로 진행되었으며 일정한 성과도 거둔 것으로 평가되었다(윤태범, 1998).

1995년부터 국제투명성기구(Transparency International)가 주요 국가의 부패인식지수(Corruption Perception Index: CPI)를 조사하여 발표하기 시작하였는데 김영삼 정부 시기인 1995년부터 1997년까지 한국의 부패인식지수의 추이는 [그림 7-2]와

그림 7-2 김영삼 정부 시기 부패인식지수(CPI) 변동 추이

단위: 점(10점 만점)

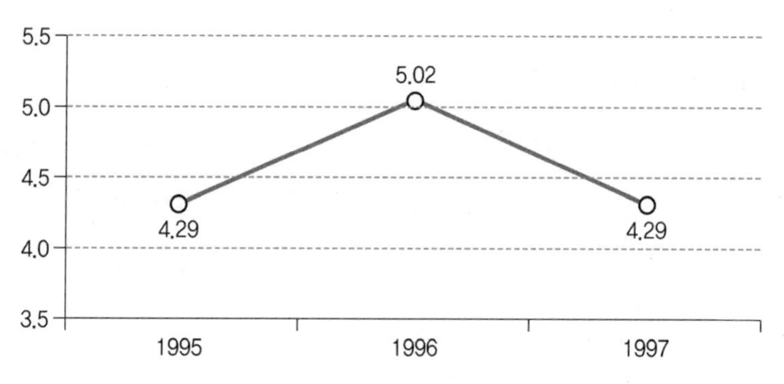

※ 1995년 조사 시작.
출처: 국제투명성기구.

같다.[6] 국제투명성기구 조사 첫해인 1995년에는 10점 만점에 4.29점이며, 1996년에는 5.02점으로 대폭 상승하였으나 임기 말인 1997년에 4.29점으로 하락하였다.

<표 7-6>에 제시된 바와 같이 국가간 비교에서 한국의 부패인식지수 순위는 1995년 조사에서 조사대상국 41개국 가운데 27위를 기록하였으나, 1997년도에는 52개국 가운데 34위로 하락하였다.

표 7-6 김영삼 정부 시기 부패인식지수(CPI) 순위 연도별 변동 추이

단위: 점(10점 만점), 순위

연도	1995	1996	1997
점수	4.29	5.02	4.29
순위/대상국가	27/41	27/54	34/52

※ 국제투명성기구가 1995년부터 조사를 시작함.
출처: 국제투명성기구(TI).

요약하면 김영삼 정부는 윗물 맑기 운동, 공직자 재산등록제도 도입, 금융실명제 제도화와 같은 강력한 반부패 정책을 펼쳐 1996년에는 전년도와 비교하여 부패인식지수(CPI)가 대폭 상승하였으나 임기말인 1997년에는 부패인식지수와 국가간 비교순위가 모두 하락하였다. 이는 임기말 대통령 차남과 관련된 한보사태 및 측근 정치인들의 정경유착과 관련된 권력형 비리사건이 발생하여 공공부문 전반에 걸쳐 정착되기 시작한 부패방지정책의 성과가 상쇄되었기 때문이다.

7) 공공기관 혁신

(1) 공기업 민영화 추진

재정경제원을 중심으로 공기업의 독점적 지위에 따른 미진한 경영효율화 노력을 부각시키며 공기업 민영화 추진계획을 수립하였다. '민영화 및 기능조정 세부추진계획'에 따르면 임기 내 전체 133개 공기업 중 46%인 61개 공기업에 대한 정부

6 부패인식지수(Corruption Perception Index: CPI)는 정부를 포함한 공공부문 부패수준에 대한 인식지수이다. 국제투명성기구(Transparency International, TI)가 1995년부터 세계은행(World Bank) 등 13개 국제기관의 국가분석 전문가들을 대상으로 각국의 공공부문 부패수준에 대해 어떻게 인식하는지를 조사하여 매년 작성하여 발표한다. CPI는 공공 부문에서의 부패에 초점을 맞추고 있으며, 부패를 "사적 이익을 위한 공적 직위의 남용"으로 정의한다. 국제투명성기구는 최소한 3개의 개별지수 자료가 있는 국가를 대상으로 CPI 산출점수가 낮을수록 부패함을 의미하고 높을수록 청렴함을 의미한다.

지분을 완전 매각하여 민영화를 추진하기로 하였다. 주된 검토대상은 한국통신, 담배인삼공사, 포항제철, 한국중공업 등 상업성이 강한 공기업이었다.

(2) 공기업 민영화 성과

데이콤 민영화(1993), SK텔레콤 민영화(1994) 등 일정 부분 성과가 있었다. 1980년대 이후 철도청의 적자가 급증하면서 철도청의 공사화 추진을 준비하여 왔다. 1995년 「국유철도 운영에 관한 특례법」을 제정하여 2000년대 초반까지 인원감축, 시설현대화, 개량사업 등의 내용을 골자로 하는 '국유철도경영개선 기본계획' 수립하여, 노무현 정부에서 철도사업의 공사화 기반을 구축하는 계기가 되었다. 전반적으로는 김영삼 정부의 야심찬 계획에도 불구하고 공기업 민영화의 성과는 다소 부진하였다. 당초 133개 공기업 중 61개를 민영화하기로 계획하였지만, 실제 임기 중 민영화를 완료한 기업은 16개(매각 수업 1조 6,566억원)에 그쳤다.

5. 김영삼 정부 정부혁신의 평가

1) 국민의 시각에서 정부혁신 접근

김영삼 정부 정부혁신은 관료의 관점이 아니라 국민의 시각에서 접근하였다. 행정쇄신위원회의 제도화 과정에서 민간전문가들이 주도적인 역할을 담당할 수 있도록 개혁체계를 조직화하고, 운영규칙을 설계하였다. 국민제안을 토대로 쇄신방안을 마련하여 국민의 생활편의 향상 및 행정발전에 기여한 것으로 평가된다.

2) 정부혁신의 성과

(1) 단기적 성과

작은 정부 실현을 목표로 하였으나, 실제로 행정부 소속 공무원수는 소폭 증가하였다. <표 7-7>에서 보듯이 김영삼 정부 취임 이전인 1992년도 말 행정부 소속 공무원 수는 871,410명이었으나, 임기 말 1997년에는 919,154명으로 5.48% 증가하였다. 그러나 증가폭이 크지 않았다는 점에서 작은 정부 구현에 어느 정도까지는 성공한 것으로 평가할 수 있다.

한편 앞의 [그림 7-2]에서 확인하였듯이 반부패개혁을 강력하게 추진하였으나

표 7-7 김영삼 정부 시기 행정부 소속 공무원수 변화 추이(1992–1997)

(12.31. 기준)

연도	1992	1993	1994	1995	1996	1997	증가율(92-97)
공무원수	871;410	884,828	892,463	889,762	909,802	919,154	47,744(5.48%)

출처: 행정안전부, 2012a, 「2012행정안전통계연보」.

임기 마지막 해인 1997년 국제투명성기구의 부패인식지수(CPI)가 1996년도에 비하여 상당히 하락하였다.

(2) 중·장기적 성과

대통령 직속 행정쇄신위원회를 설치하고 이를 상시 운영하여 정부혁신 추진체계의 모델을 제공하였다. 1996년 「행정절차법」과 「정보공개법」을 제정하여 오늘날까지 정책결정의 민주화와 국민의 권리구제에 크게 기여해 왔다. 규제개혁위원회의 법적 근거가 되는 「행정규제기본법」을 제정하여 향후 지속적인 규제개혁 추진에 기여하였다. 「공직자윤리법」을 개정하여 고위공직자의 재산등록 및 대국민 공개를 의무화하였고, 1993년 금융실명제, 1995년 부동산실명제를 실시하여 공직자의 부정한 재산축적행위를 감시하도록 하였다. 또한 「민원사무기본법」(1994)에 근거하여 옴부즈만제도를 국민고충처리위원회라는 이름으로 발족하여 국민 고충을 지속적으로 처리할 수 있도록 하였다.

3) 학계의 평가

중장기적 성과에서 살펴본 바와 같이 정부혁신의 제도화에 기여한 긍정적인 평가도 있는 반면, 개혁을 추진하는 과정에서 다음과 같은 한계도 지적되었다.

(1) 집단지도력의 결함

김영삼 정부는 출범과 함께 변화와 개혁이라는 슬로건을 내걸고 정국을 주도하는 대통령의 정치적 스타일을 극명하게 보여주면서 '1인 독주의 고독한 개혁'을 추진하였다(강신택, 1995). 국정 최고결정권자로서 자신의 정치적 판단과 의지에 따라 하나회 해체 등을 통하여 과거의 군부 정치개입을 차단하고, 공직자 재산공개와 금융실명제를 통하여 부정과 부패의 근본적인 구조를 청산하는 개편을 단행하였다. 이는 다양한 의견수렴과정을 거친 아래로부터 개혁보다는 대통령을 중심으로 하는 위로부터의 개혁으로 인식되었고, 민주적인 정부임에도 권위주의 시대와 유사하게 급진적인 개혁을 비밀리에 결정하고 추진하여 신권위주의 등장이라고 비판을 받기도 하였다(오석홍, 2006: 304).

(2) 직업공무원 동기부여 실패

직업공무원에 대한 질책 위주 관리, '복지부동' 비판으로 직업공무원들을 피동화하고 개혁의 대상으로 설정하여 직업공무원들에게 개혁의 집행동기를 부여하는 데 실패하였다(강신택, 1995).

Ⅲ. 김대중 정부의 정부혁신

1. 정부혁신의 역사적 배경과 시대적 맥락

역대정부에서의 정부개혁은 주로 정치변동적 요인이 작용하여 추진되었다. 즉 정권변동 자체가 개혁의 동인으로 작용하여, 정부조직 개편을 중심으로 정치적 성격을 지닌 개혁이 추진되었던 것이다. 김대중 정부에서는 과거 정부와 같은 정치변동적 요인보다는 경제적 · 사회적 요인이 정부혁신의 배경으로 더욱 강하게 작용하였다. 즉 정부 내적 요인과 더불어 외적 요인 등 개혁추진의 동인이 다음과 같이 다원화되었다고 볼 수 있다.

1) 수평적 정권교체

김대중 정부 정부혁신의 첫 번째 추진배경은 과거 정부와 마찬가지로 새 정부의 출범 그 자체에 있다고 할 수 있다. 즉 우리나라 최초로 수평적 정권교체를 이룩한 새로운 정부의 출범으로 국정운영에 있어서 새로운 이념과 비전의 필요성이 대두되었고, 이를 체계적으로 추진하기 위한 방법의 하나로 정부부문에 대한 개혁이 단행되었다. 수평적 정권교체로 집권한 김대중 정부는 당면과제를 비민주적인 적폐를 청산하고 민주주의 인권국가, 정의로운 사회 구축으로 인식하였다.

2) IMF 구제금융 경제위기상황에 대응

김대중 정부에서 추진된 정부혁신의 동인이 과거 정부와 크게 다른 것은 바로 경제적 조건에 있어서의 차이이다. 즉 집권 전후의 급격한 국가 경제적 위기의 고조가 정부혁신의 가장 직접적인 동인이 되었다고 평가할 수 있다. 그러므로 정부혁신의 주된 가치는 경제위기의 극복과 관련된 가치 중심으로 구성될 수밖에 없었다. 즉 효율성, 경쟁, 성과주의와 같은 경제적 가치가 최우선적으로 강조되었으며 이러한 가치의 실현을 위한 시장주의적 개혁과제들이 추진되었다. 이와 같은 경제적 가치의 추구는 바로 공공부문의 전반적인 영역을 축소하는 정책으로 귀결되었다.

3) 공공부문의 비대화에 대한 반성

김대중 정부 출범 초기에 경험하였던 경제위기에 대한 책임은 공공부문에만 있는 것이 아니다. 그러나 그동안 민간부문에 대한 정부의 영향력이 강력하였기 때문에, 공공부문이 민간부문과 비교하여 상대적으로 더 많은 책임을 부담할 수밖에 없었다. 그러므로 공공부문에 내재하고 있었던 만성적이고 누적된 비효율성과 낭비요인을 제거하는 것이 공공부문 개혁의 중요한 동인으로 작용하였으며, 이러한 개혁은 정부의 조직과 인력만이 아니라, 수많은 공기업 등에 대해서도 폭넓게 적용되었다. 특히 김대중 정부가 공기업을 공공부문 개혁의 주된 대상의 하나로서 설정한 것은 그 이전 정부의 개혁에서는 발견하기 어려운 특징이라고 할 수 있다 (윤태범 외, 2002). 즉 공공부문에서 공기업 등이 차지하는 비중이 매우 높기 때문에 공기업을 공공부문 개혁의 주요 대상의 하나로서 설정한 것은 매우 바람직한 판단이라고 할 수 있다.

4) 전 세계적 공공부문 개혁 흐름

공공부문의 개혁은 우리나라만의 현상은 아니며, 전 세계적으로 이루어지고 있었던 공통된 현상의 하나라고 할 수 있다. 즉 주요 선진국들은 길게는 20여년 전부터 지속적으로 공공부문 개혁을 추진하여 왔는데, 이것이 김대중 정부가 공공부문 개혁을 추진하게 된 외적 요인의 하나로 작용하였다. 특히 우리의 공공부문 개혁에 많은 영향을 준 국가는 영국, 미국, 뉴질랜드 등 영미계 국가들인데, 이 국가들은 과거에 사회복지분야 지출의 과다에 따른 국가적인 경제위기를 겪고 나서, 이를 극복하기 위한 방안의 하나로서 공공부문 개혁을 지속적으로 추진하였다(윤태범 외, 2002). 따라서 과감한 공공부문 개혁을 추진하고자 하였던 김대중 정부에게 영미권 국가들의 경험은 크게 영향을 미칠 수밖에 없었다. 특히 이들 국가는 공통적으로 소위 '신공공관리론'(new public management)적 개혁을 추진하였는데, 김대중 정부도 그 영향을 받아서 유사한 방식의 개혁을 추진하게 되었다.

2. 정부혁신의 주도적 패러다임과 목표

이러한 시대상황은 정부 내부의 효율적 관리문제로 제한되었던 과거 행정개혁 패턴에서 벗어나, 공공부문 전반의 개혁을 추진하도록 하였다. 공공부문 개혁은 (1) 금융개혁, (2) 기업(재벌)개혁, (3) 노동개혁과 함께 4대 부문 개혁에 포함되었다.

1) 신공공관리와 뉴거버넌스의 혼합형 패러다임

IMF 경제위기 극복을 위하여 신공공관리 패러다임에 기반을 둔 본격적 정부혁신을 추진하였다. 한편 전통적인 정부혁신의 요소가 포함되어 있어 김대중 정부 정부혁신은 전통적 행정학과 신공공관리 패러다임의 혼합형으로 보는 견해(임주형・박형준, 2015)도 있다. 그러나 집권 후반기에는 노사정위원회 활성화, 시민단체 지원 등 신거버넌스 관점의 협력적 거버넌스도 추구하였으므로 김대중 정부의 혁신은 신공공관리와 뉴거버넌스의 혼합형 패러다임 하에서 추진되었다고 볼 수 있다.[7]

2) 정부혁신의 목표

김대중 정부가 제시한 공공부문 개혁의 모토(motto)는 '작지만 국민에게 봉사하는 효율적인 정부'이었다(기획예산처, 2002: 6-7; 송하중, 2014a: 218-220). 이 짧은 구호 속에는 작은 정부, 효율적인 정부, 봉사하는 정부라는 공공개혁의 핵심적인 목표가 모두 포함되어 있다.

---

7 저자의 판단으로는 정책부문까지를 포함할 경우 김대중 정부 공공개혁의 기본방향을 신공공관리론만의 관점으로 명명하기는 어렵다고 보며, 그 이유는 다음과 같다. 서구국가들의 신공공관리론은 비대한 복지분야(보건・복지・교육부문 포함)의 예산과 인력을 삭감하는 차원에서 진행되었지만 김대중 정부는 생산적 복지와 복지부분 개혁을 통하여 결과적으로 집권 5년간 보건・복지・교육부분의 인력과 예산은 획기적으로 증가하였다. 둘째, 공공부문과 민간부분과의 관계에서 김대중 정부는 개혁추진과정에서 시민사회, 특히 NGO와의 협력관계를 강조하였다. 이러한 측면은 신공공관리론적이라기보다는 뉴거버넌스(New Governance) 관점에서의 개혁으로 평가되어야 한다는 것이다(남궁근, 2002b).

그림 7-3 김대중 정부 정부혁신의 목표

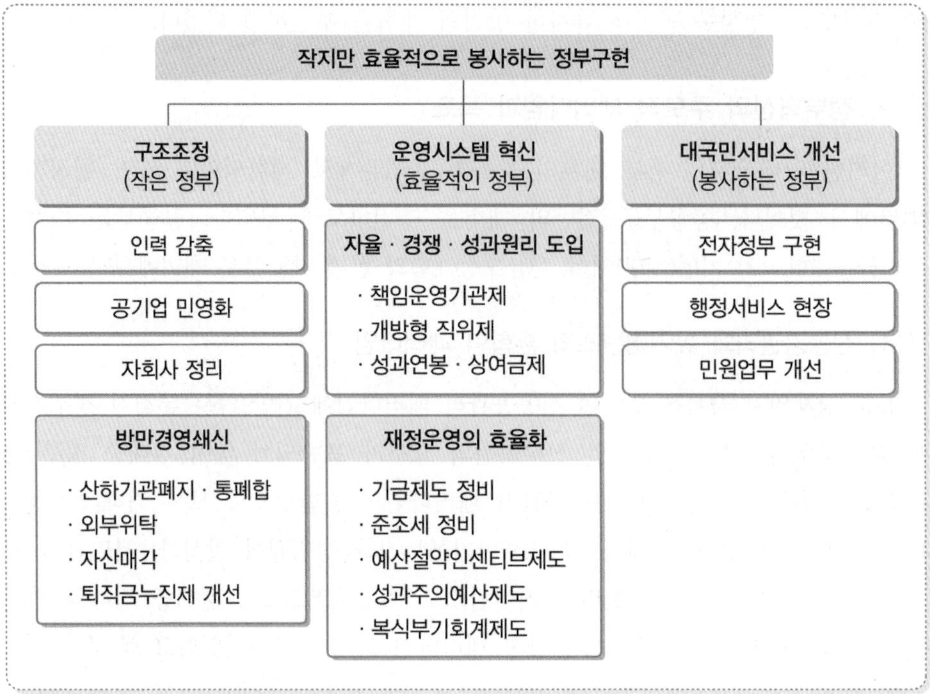

출처: 기획예산처, 2002, 7, [그림 1-1].

(1) 작은 정부

'작은 정부'의 개념은 행정환경의 변화에 따라 정부의 기능과 역할을 재조정하려는 노력을 가리킨다. 작은 정부의 구현은 공공영역의 확대에서 오는 민간경제의 위축, 사회전반의 효율성 저하라는 정부실패(government failure)를 치유하고자 한 것이다. [그림 7-3]에 제시된 바와 같이 김대중 정부는 공공부문의 인력감축, 공기업의 민영화, 자회사 정리, 방만경영쇄신 등 구조조정을 통한 공공부문의 규모를 축소하여 작은 정부를 구현하고자 하였다.

(2) 효율적 정부

효율적인 정부란 공공부문에 경쟁과 성과원리를 도입하여 공공부문의 조직이 효율적으로 작동하도록 운영시스템을 정비하자는 것이다. [그림 7-3]에 제시된 바와 같이 김대중 정부는 책임운영기관제, 개방형직위제, 성과연봉 · 상여금제도와 같은 자율 · 경쟁 · 성과원리를 도입하고, 기금제도 정비, 준조세정비 등 재정운영의 효율화를 통하여 효율적인 정부를 구축하고자 하였다.

(3) 봉사하는 정부

김대중 정부가 추진한 봉사하는 정부란 국정운영에서 행정기관이나 공무원 중심으로 이끌지 않고, 국민(주권자, 납세자, 고객, 수요자)의 입장을 배려하고 존중하자는 것이다. 공공개혁의 궁극적인 목적은 공공서비스의 수혜자인 국민의 만족도를 높이고 신뢰를 회복하는데 있다고 본 것이다. [그림 7-3]에 제시된 바와 같이 김대중 정부는 전자정부 구현, 행정서비스 헌장, 민원업무 개선 등 대국민서비스 개선으로 봉사하는 정부를 만들고자 하였다.

3. 정부혁신의 추진체계

김대중 정부는 공공부문의 개혁을 포괄적이고 효과적으로 추진하기 위하여 기획예산위원회(후에 기획예산처로 개편), 행정개혁위원회, 정부혁신추진위원회, 정부기능조정위원회, 규제개혁위원회, 그리고 지방이양추진위원회와 중앙인사위원회 등에서 개혁과제를 추진하였다.

1) 개혁추진조직의 정부부처 정규조직화

공공개혁의 추진조직이 처음부터 정부부처의 정규조직으로 자리잡았다. 예산과 연계하여 공공개혁을 총괄하는 기획예산위원회(기획예산처로 개편) 정부개혁실의 행정개혁단, 재정개혁단, 공공관리단이 각각 행정·재정·공기업 등 공공부문의 개혁을 담당하였다. IMF 경제위기를 겪은 직후이므로 정부개혁의 추진을 총무처를 계승한 행정자치부가 아니라 이례적으로 경제부처에 해당하는 기획예산위원회가 담당하도록 하였다. 그 밖에도 행정자치부(지방자치단체 관리), 국무조정실(규제개혁과 정책평가), 중앙인사위원회(공무원 인사관리) 등이 개혁과정를 주도적으로 이끌었다.

2) 개혁 관련 위원회의 다원화

과거 정부는 김영삼 정부의 행정쇄신위원회와 같이 1-2개의 정부개혁 자문기구를 운영하였으나, 김대중 정부에서는 개혁대상 분야별로 정부혁신추진위원회, 규제개혁위원회, 지방이양추진위원회 등으로 다양화·전문화하였다.

- 행정개혁위원회(1998년 4월-1999년 말까지 활동): 기획예산위원회의 자문기구

로서 정부개혁에 민간전문가의 아이디어와 의견을 수렴하는 조직으로 안건은 행정개혁위원회 심의를 거쳐 기획예산위원회 위원장이 실천하는 형식을 취하였다.

- 정부혁신추진위원회(2000년 8월 발족): 기획예산위원회가 기획예산처로 개편되면서 개혁을 추진함에 있어 관련부처의 협조 및 민간의견수렴 기능을 보다 원활하게 할 수 있는 개혁추진체계의 보완 필요성이 제기되었다. 이에 2000년 8월 대통령 직속 자문기구로 민간위원장 포함 민간위원 10인과 장관급 정부위원 7인으로 구성된 정부혁신추진위원회를 발족하여 개혁의제 선정 및 추진과정에서 범부처적인 합의도출 및 민간의견수렴·반영 창구로 활동하였다.
- 전자정부특별위원회: 범정부적 전자정부사업 추진에 있어 부처간 이견의 조정 및 정부혁신과의 연계를 위해 2001년 1월 정부혁신추진위원회 산하에 전자정부특별위원회를 설치하였다. 위원회는 민간전문가 7명과 관계부처 차관급 정부위원 10명으로 구성하였다.
- 경영진단조정위원회: 정부부처 경영진단을 거쳐 1999년 제2차 정부 조직개편을 추진하기 위하여 경영진단활동을 지도하고 조정하는 역할을 담당하였다.
- 규제개혁위원회: 효율적이고 일관성 있는 규제개혁을 추진하기 위하여 「행정규제기본법」을 바탕으로 1998년 4월 설치하여 오늘날까지 존속하고 있다. 규제개혁위원회는 대통령 직속위원회이며 국무총리와 민간인 공동위원장을 중심으로 민간위원 12인과 재경부 장관 등 정부위원 6명으로 구성되었다.
- 지방이양추진위원회: 중앙행정 권한의 지방이양 및 지방자치단체 간의 사무배분 등에 관한 기본계획 수립 등에 관한 사항을 관장하는 민관 공동위원회로 1999년 1월 「중앙행정권한의 지방이양 촉진 등에 관한 법률」에 근거하여 설치하였다.

3) 시민단체와 민간의 개혁과정 참여

각종 개혁과정에 시민단체가 참여하고, 정부기능 경영진단에 경영컨설팅 회사 등 국내외 민간기업들이 참여한 결과, 조직개편이 공개적인 작업과정을 거침으로서 민주적인 개혁절차를 갖추게 되었다.

4. 정부혁신의 주요내용

1) 정부조직 및 운영체계 혁신

(1) 정부조직 개편의 주요내용

김대중 정부에서는 3차에 걸쳐 정부조직 개편이 이루어졌는데, 그 주요내용이 <표 7-8>에 제시되었다.

표 7-8 김대중 정부의 정부조직 개편 주요내용

시행일	주요내용	비고
제1차 개편 1998.2.28	기획예산위원회(대통령 소속)와 예산청(재정경제부 소속) 신설	취임 전 대통령직인수위원회와는 별도로 정부조직개편심의위 운영결과 반영
	재정경제부, 금융감독위원회 신설	
	총무처와 내무부를 행정자치부로 통합	
	여성특별위원회와 중소기업특별위원회 신설	
	국무총리 행정조정실(차관급)을 국무조정실(장관급)로 개편	
	외무부를 외교통상부로 개편하고 통상교섭담당본부 설치	
	문화체육부와 통상산업부 명칭을 문화관광부와 산업자원부로 변경	
	과학기술처를 과학기술부로 개편	
	장관급인 법제처와 국가보훈처 차관급으로 축소개편	
	식품의약품안전청 신설(보건복지부 소속)	
	부총리(경제부총리, 통일부총리) 폐지	
	공보처 폐지, 공보실 설치	
	정무장관(제1, 2), 민주평통사무처 폐지	
제2차 개편 1999.5.24	기획예산위원회와 예산청을 통합하여 기획예산처 설치	경영진단조정위원회 진단결과 반영
	중앙인사위원회 신설	
	국정홍보처 설치(공보실 폐지)	
	금융감독기능을 재정경제부에서 금융감독위원회로 이관	
	민주평통사무처 부활	
제3차 개편 2001.1.29	부총리 2인 부활(경제부총리, 교육인적자원 부총리)	부총리 부활 및 여성부 신설
	교육부를 교육인적자원부로 명칭변경	
	여성부 신설(여성특별위원회 확대 개편)	
	마사회 소관을 문화관광부에서 농림부로 이관	

그림 7-4 김대중 정부의 정부조직도

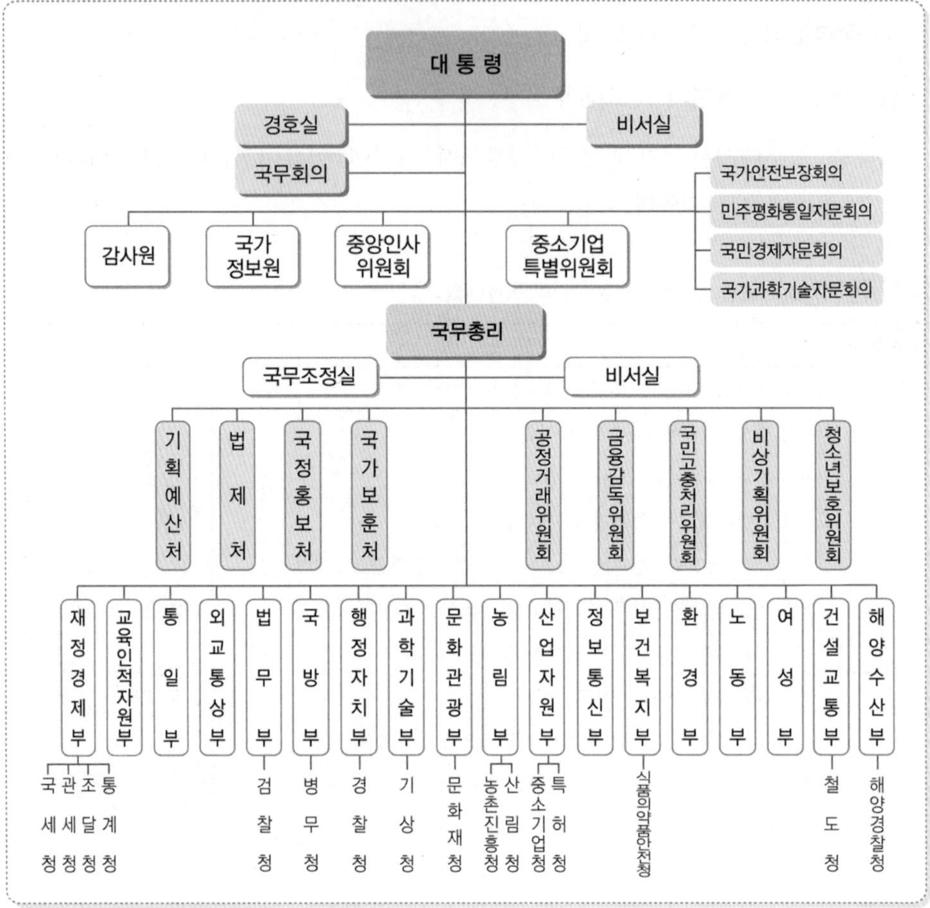

2001.1.29, 법률 제6400호.
출처: 행정안전부, 2012, 대한민국 정부조직변천사, 10.

제1차 정부조직 개편(1998)은 취임 전 정부조직개편심의위 운영(1998년 1−2월) 결과를 반영하여 취임과 동시에 조직개편을 단행하였다. 재정경제원은 기획예산위원회, 금융감독위원회, 재정경제부, 예산청으로 분할되었다. 예산편성권이 예산청으로 독립하여 재정경제부의 외청이 되었다. 내무부와 총무처가 행정자치부로 통합되었다. 여성의 지위 향상을 위한 여성특별위원회와 중소기업 육성을 위한 중소기업특별위원회를 신설하였다. 국무총리의 정책조정 및 심사평가기능을 강화하기 위하여 국무총리 행정조정실(차관급)을 국무조정실(장관급)로 격상시켰다. 외교부에 통상교섭본부를 설치하여, 산업자원부와 재정경제부의 관련 기능이 이관되었다. 통상산업부는 산업자원부로 개편되었고 과학기술처를 과학기술부로 개편하였다. 부총리제(경제, 통일), 정무장관(제1, 2), 민주평통사무처를 폐지하였다. 공보처를 폐지하는 대신 국무총리를 보좌하는 공보실을 신설하였다.

제2차 정부조직 개편(1999)은 기획예산위원회가 주도하여 민간컨설팅 회사가 주도한 경영진단조정위원회를 거친 개편으로서 소프트웨어 개혁에 초점을 두었다. 대통령 직속 중앙인사위원회를 신설하고, 기획예산위원회와 예산청을 통합하여 국무총리 소속 기획예산처를 출범시켰으며, 제1차 개편에서 폐지된 공보처를 대신하여 국정홍보처를 신설하였다.

제3차 정부조직 개편(2001)에서는 부처간 이견조정기능을 강화하기 위하여 부총리제를 도입하였는데, 재정경제부 장관은 경제부총리로, 교육부는 교육인적자원부로 명칭을 변경하고 교육부총리로 격상하여 기존의 학교교육기능 외에 인적자원개발정책의 총괄·조정기능을 부여하였다. 한편 여성특별위원회가 여성부로 확대 개편되었다.

이같이 제3차 개편이 완료된 후 김대중 정부의 정부조직은 18부 4처 16청 1위원회(공정거래위원회)로 구성되었다([그림 7-4] 참조).

(2) 조직개편의 경과와 성찰

① 조직개편의 경과

김대중 정부의 세 차례에 걸친 조직개편은 각각 그 목적과 방향은 물론 추진 주체와 절차도 모두 상이하였다. 김대중 대통령은 제1차 정부조직 개편을 준비하기 위하여 대통령직인수위원회와는 별도로 정부조직개편심의위원회(정개위)를 구성하였다. 정개위는 학자, 정치인, 공직자, 언론인 등으로 구성하였으며 실행위원회를 두어 사전에 충분한 논의가 이루어지도록 하였다. 당시 개편원칙은 정부의 역할 축소, 시장의 역할 확대인데 이는 1997년의 경제위기가 개발시대의 과도한 국가개입주의 때문에 초래된 결과라고 보았기 때문이다. 특히 재정경제원이 장관의 과도한 통솔범위로 인해 경제위기를 감지하지 못했다는 비난이 제기되면서 네 부처(재정경제부, 기획예산위원회, 예산청, 금융감독위원회)로 분할되었다. 또한 부총리(경제부총리, 통일부총리)를 폐지하여 상징적으로 정부 역할을 축소한다는 의미가 부여되었다. 그러나 제1차 개편내용을 후속되는 제2차 개편과 제3차 개편에서 번복하는 상황이 발생하였다. 제2차 개편으로 기획예산위원회와 예산청을 통합한 기획예산처를 발족시켜 재정경제원을 해체한 의미가 약화되었다. 폐지된 공보처를 국정홍보처로 부활시켰으며, 민주평통사무처도 부활시켰다. 제3차 조직개편에서 부총리(경제부총리와 교육인적자원부총리)를 복원시켜 제1차 개편시 부총리를 폐지한 것이 잘못이라고 자인한 결과가 되었다. 제1차 조직개편은 정개위 구성에서부터 국회 통과까지 약 한 달 반이 소요되어, 기간이 짧았던만큼 이해당사자 중심의 비공개 절차로 진행되었다.

제2차 조직개편은 제1차 조직개편에서 미흡한 점을 보완한다는 것이 가장 중요한 방향성이었다. 제2차 조직개편의 주체는 기획예산위원회와 행정자치부였다. 기획예산위원회를 중심으로 정부조직진단이 이루어졌고, 이에 따라 큰 방향성이 결정되었다(한국행정연구원, 2017: 235). 그러나 정부조직법의 주관부서인 행정자치부가 각 부처별 내부직제 개편안을 관장하였다. 한편 부처별 조직개편의 쟁점을 다루기 위한 조직으로 민간전문가들로 구성된 경영진단조정위원회가 구성되었다. 정부조직진단에 10개팀 130여 명의 컨설턴트가 참여하였다. 논의가 시작된 1998년 9월부터 8개월 이상의 기간이 소요되었지만 결과적으로는 중앙인사위원회 신설이 가장 확실한 개편이며, 기획예산처 개편(기획예산위원회+예산청), 국정홍보처(구 공보처)와 민주평통 사무처 복원은 큰 변화로 보기는 어렵다.

제3차 조직개편은 2000년 1월 대통령의 신년사에서 재정경제부와 교육부 장관을 부총리로 승격하고 여성특위를 여성부로 개편하겠다는 방침을 밝힌 후, 행정자치부가 정부기능조정위원회를 설치하고 연구용역과 공청회를 거쳐 개편안을 정부에 건의하는 형식을 빌었다. 「정부조직법」 개정안은 7월에 국회에 상정되었으나 12월에야 통과되었다. 여성부 신설에는 협조적이었으나 부총리제 부활에는 부정적이어서 논의가 길어졌다. 제1차 개편에서 부총리제를 폐지한 이후 2년만에 부활을 시도한 것인데 제1차 개편이 성급한 결정이었다고 생각된다.

② 조직개편 성찰

김대중 정부의 정부조직 개편은 전반적으로 조직과 제도를 도입하는 데에 초점이 있었고 부처 통폐합에 과도하게 초점을 맞추면서 정부의 부처 내부 조직에 대한 검토가 부족한 것으로 평가되었다. 자민련과 공동정부를 운영하는 과정에서 자민련이 맡고 있던 국무총리 및 담당부처를 배려해야 하는 등 정부조직 개편에서 정치적으로 고려하여야 할 사항이 추가되었다. 정부조직 개편과 함께 정부 운영시스템의 개혁을 추구한다는 관점에서 단기간에 책임운영기관제도를 도입하였지만 여전히 상당한 문제점을 가진 채 운영되고 있다.

김대중 정부의 조직개편에서 몇 가지 시사점을 찾을 수 있다(한국행정연구원, 2017: 242－244).

첫째, 정부조직의 개편보다는 정부의 역할을 먼저 설정하여야 한다. 김대중 정부에서는 정부의 역할 축소, 시장확대를 원칙으로 내걸었지만 부처의 숫자를 축소하려 했을 뿐 실제 정부역할을 줄이지는 못했다. 김대중 정부의 조직개편은 정부가 수행하는 역할을 기정사실화하고 그것을 어떤 부처에서 담당하게 할지에 관심을 두었다는 것이다.

둘째, 개편대상과 분야를 적절하게 설정하여야 한다. 개편대상과 분야가 너무 넓으면 곤란하다. 정부조직 개편은 많은 정보와 추진력이 필요한데, 추진주체의 힘이 분산되면 어느 하나도 이루지 못할 수 있다. 예를 들면, 제2차 개편에서 전 부처의 본부와 소속기관을 대상으로 부처간 기능조정, 내부조직, 운영시스템을 전면적으로 진단하였지만 실제 개편 폭은 아주 좁았다.

셋째, 평소 정부조직 개편에 관한 연구가 진행되어 있어야 한다. 정부조직 개편은 정부 출범 직전에 단기간에 마련되는 경우가 많기 때문에 사전에 다양한 경로를 통하여 다양한 대안을 모아 검토할 수 있어야 한다. 김대중 정부의 제1차 개편 시에는 김영삼 정부에서 총무처 직무분석단의 연구, 2차 조직개편에서는 정부조직 경영진단 작업이 큰 역할을 하였다.

(3) 책임운영기관 도입

정부운영시스템 개편에 해당하는 책임운영기관제도를 도입하였다. 1999년 「책임운영기관의 설치와 운영에 관한 법률」에 따라 정부기관 중 집행적 성격의 기관을 책임운영기관(executive agency)화하여, 기관에 자율성을 부여하고 독립성을 보장함으로써 정부의 경쟁력과 생산성 제고를 추구하였다. 책임운영기관제도는 영국에서 1988년 최초로 도입하여 운영된 이후 다른 국가로 확산되었다. 책임운영기관은 특별회계로 운영되며, 예산편성과 집행에 재량권을 부여하였다. 2000년에 국립의료원, 운전면허시험관리단 등 10개의 책임운영기관이 시범 운영되었다. 2001년에는 국립식물검역소, 임업연구원, 국립지리원 등 13개 기관이 추가적으로 책임운영기관으로 지정되어 운영되었다. 영국에서 최초로 도입된 Agency는 조직운영의 독립성과 자율성 강화에 초점을 두었으나, 우리나라에서는 자율성보다는 책임성을 지나치게 강조하여 소속부처와 행정자치부의 이중규제를 받고 있는 상태로 운영되고 있다.

2) 인사혁신

(1) 중앙인사위원회 설치

과거 중앙인사관장기관은 총리 소속하에 부처형태를 가진 총무처가 담당하였다. 총무처는 단독형 중앙인사기구이면서도 인사업무 이외에도 조직과 정원관리, 정부의전, 행정전산화, 정부청사관리 등 복합적인 기능을 수행하여 인사행정기능에 전념하기 어려운 상황이었다.

김대중 정부 제1차 조직개편으로 총무처와 내무부가 통합된 행정자치부 역시 중앙부처의 인사업무를 종합·조정하는데 한계가 있었다. 이에 인사행정의 공정성·전문성을 제고하고 정부 인사개혁을 일관성 있게 추진하기 위하여 1999년 제2차 조직개편에서 중앙인사위원회가 설치되었다.

신설된 중앙인사위원회는 인사정책 및 인사운영의 기본방침 수립, 1－3급 공무원의 채용 및 승진심사, 개방형직위제도 운영 등 우리나라 공무원 인사제도 전반을 담당하는 합의제 중앙행정기관으로서 우리나라 인사행정발전에 큰 전환점이 되었다. 여기에서는 중앙인사위원회가 추진한 대표적인 개혁조치인 개방형직위제도와 성과중심보수제도 도입을 살펴보겠다.

(2) 개방형직위제도 도입

공무원 임용제도는 폐쇄형과 개방형으로 구분할 수 있다. 폐쇄형 임용제도는 공직임용시 하위계급에서 출발하여 내부승진으로 중간계급 및 고위계급으로 임용되는 것을 원칙으로 한다. 중간계급으로 외부임용을 허용하지 않으며 계급제를 채택하는 나라(예: 프랑스, 일본, 독일 등)에서 채택하고 있다. 한편 개방형 임용제도는 직책을 중심으로 공직을 분류하는 직위분류제도를 채택하고 있는 국가(예: 네덜란드, 스웨덴, 노르웨이 등 북유럽 국가와 미국, 호주 등)에서는 원칙적으로 모든 직위에서 외부임용을 허용한다.

우리나라 인사제도는 계급제에 입각한 폐쇄형 임용체계를 기초로 하고 있었는데, 1999년 11월에 개방형직위제도를 도입하여 우리나라 인사제도에서 파격적 개혁으로 평가되었다. 개방형직위제도는 공직사회의 경쟁력 제고를 위해 전문성이 특히 요구되거나 효율적 정책 수립을 위해 필요하다고 판단되는 직위에, 공직 내외에서 공개모집에 의한 선발시험을 거쳐 최적격자를 선발·임용하는 제도이다. 이 제도는 개방형직위로 지정된 특정 직위에 결원이 발생할 경우 종전처럼 전보나 내부승진을 통해 내부 공무원을 해당 직위에 임용하는 것이 아니라 공직 내외에 걸친 공개모집과 공개경쟁시험을 통해 해당 직위에 가장 적합한 인물을 임용한다.

중앙인사위원회가 발족되기 이전에 기획예산위원회가 실시한 정부경영진단에서 고위직인 국장급 이상의 개방가능한 직위를 발표한 바 있었다. 이를 기초로 중앙인사위원회는 관계부처 협의와 학계·언론계·시민단체·관계 공무원 등 전문가 의견수렴을 거쳐 1999년 11월 15일에 38개 부처의 국장급 이상 129개 직위를 개방형직위로 지정하였다(남궁근, 2000). 김대중 정부 임기말인 2002년 개방형 지정 직위수는 139개, 충원수는 11개이며, 이 가운데 외부 임용(민간인 또는 타부처 공무원)은 23명으로 19.5%였다(다음 장 [그림 8-2] 및 <표 8-2> 참조). 개방형 직위에 민간인 임용은 공직 전문성 강화에 기여하고, 타부처 공무원 임용은 부처간 협력 및 정책조정에 도움이 된다. 이같이 개방형직위제도가 도입되어 공직사회의 경쟁의식 제고와 전문성 제고 등 다방면에서 획기적인 변화를 가져왔으며, 현재까지 안정적으로 운영되고 있다.

(3) 성과중심의 보수제도 도입

그동안 계급과 연공에 기초한 연공급 보수제도는 열심히 일하고 업무성과가 뛰어난 사람과 그렇지 못한 사람 사이에 보수상 차이가 없어 개인의 동기부족에 따른 생산성 저해요인으로 지적되어 왔다. 이에 김대중 정부는 공무원의 보수 체계를 '연공' 중심에서 성과 중심으로 전환하고, 개인의 능력과 실적 및 공헌도를 평가하여 보수를 차등지급함으로써 공직사회의 경쟁력과 생산성을 제고하고자 과장급 이하 성과상여금제와 국장급 이상의 성과연봉제 도입 등 보수체계를 개선하였다.

① 성과상여금제

성과상여금제는 공직사회에 경쟁원리를 도입하기 위하여 근무성적우수자에게 일정금액의 상여금을 차등하여 지급하는 제도이다. 2001년 2월 3급 과장급 이하를 대상으로 2000년도 근무실적 상위 10%에게 기준금액의 150%, 상위 20%에게 100%, 상위 40%에게는 50%를 지급하는 한편 하위 30%에는 지급하지 않았다. 그런데 첫 시행결과 하위 30%의 공무원이 성과급을 지급받지 못하여 이들의 사기저하와 조직내의 위화감 문제가 발생하였고, 교직단체에서는 업무특성상 교원에 대한 평가가 불가능하고 교육차원의 부작용이 심하다는 이유를 들어 성과상여금 제도도입을 반대하고 반납운동을 벌이기도 하였다. 즉 성과급제도에 대한 광범위한 정책불응(non-compliance)이 발생한 것이다(하상근, 2005 참조). 이에 따라 정부는 교원에 대하여는 교직의 특수성을 인정하여 전체 교원에 대하여 기준금액의 30-90%를 지급하도록 하고, 일반공무원에 대하여는 근무실적 상위 90%에게 기준금액의 40-110%를 지급하는 등 지급 격차를 완화하였다. 성과상여금제는 비록 제도의 일부 변경이 있었지만 성과급제가 본격적으로 시행되었다는 점에서 긍정적으로 평가할 수 있다. 그러나 교원성과급 반납운동에서 보았듯이 이 제도에 대한 저항감을 줄이면서 정착될 수 있도록 하는 것이 중요하다는 소중한 교훈을 얻었다.

② 성과연봉제

국장급 이상 및 계약직 공무원에 대하여는 연봉제를 도입하였다. 1999년부터 국장급 이상의 공무원을 대상으로 호봉에 기초한 봉급 대신에 연봉을 책정하여 지급하기 시작하였다. 2000년부터 전년도의 성과를 평가하여 연봉을 조정함에 따라 실질적인 연봉격차가 발생하기 시작하였다. 성과급적 연봉제는 국장이상 및 계약직 공무원을 대상으로 성과에 따라 각 계급별 연봉 상하한액 범위 내에서 연봉액을 정한다. 성과급 연봉제는 매년 성과를 평가하여 성과연봉을 지급하는데, 이 성과연봉은 연봉에 누적되며, 12월간에 걸쳐 균분하여 지급된다. 과장급 이하에 지급되는 성과상여금과는 달리 성과연봉 지급에는 공직사회 내 동요나 반발없이 정착되었다. 이는 지급대상이 고위직이므로 숫자가 적을 뿐 아니라, 연초에 업무목표를 설정하고, 달성여부를 평가하는 목표관리제가 도입되어 성과를 평가하는 제도가 어느 정도 정착되었기 때문으로 보인다.

3) 재정혁신

재정분야의 혁신으로 기금제도 정비, 예비타당성조사제도, 준조세정비, 예산절약 인센티브 제도, 성과주의 예산제도, 복식부기제도 등이 도입되었으나 여기에서는 기금제도 개선과 예비타당성조사제도 도입을 대표적으로 살펴보겠다.

(1) 기금제도 개선

기금제도는 예산의 경직성을 보완하고 신축적이며 탄력적인 운영을 통하여 주택공급 확충, 농어촌 지원 확대, 문화·체육 및 복지·노동 등 특정분야의 발전에 긍정적으로 기여하여 왔다. 그러나 기금의 종류가 지속적으로 늘어나고 그 운용규모가 예산의 2배에 달하는 수준으로 확대됨에 따라 부정적인 측면이 부각되었다. 기금은 일반예산과는 달리 국회의 심의·의결을 받지 않으므로 각 부처에서 사업을 쉽게 결정하고 집행하는 사례가 나타났다.

기금제도가 국가재정의 투명성을 저하시키고 재원의 효율적 배분을 저해한다는 문제점이 지적됨에 따라 1999년도와 2001년도의 2차에 걸쳐 「기금관리기본법」을 개정하여 기금 운용의 투명성과 효율성을 확보하고자 하였다(<표 7-9> 참조). 그 주요내용을 살펴보면 기금도 예산과 마찬가지로 국회의 심사를 받도록 제도화하였다. 또한 목적달성 등으로 존치필요성이 낮거나 사업이 중복되는 기금을 정비하고, 기금운용에 대한 점검·평가체제를 강화하기 위하여 기금정책심의회와 기금운용평가단 신설하여 운영하도록 하였다.

표 7-9 김대중 정부 기금관리기본법 주요 개정내용

1999년말 개정내용		2001년말 개정내용	
① 기금 대폭정비	75개('99년) → 61개('00년)	① 국회심사	기금운용계획 및 결산 국회심사 제도화
② 기타기금 공공기금화	공무원연금기금 등 10개	② 부처자율변경 범위축소	주요항목 지출금액 1/2 → 3/10
③ 평가체계 강화	기금정책심의회 기금운용평가단 신설	③ 기금일원화	공공기금과 기타기금을 기금으로 일원화, 동일한 관리
		④ 기금정비	7개 기금 폐지 6개 기금 3개로 통·폐합

출처: 기획예산처, 2002, 216, <표 2-55>.

(2) 예비타당성조사제도 도입

효율적인 재원배분과 대형투자사업의 차질없는 추진을 위해서는 경제적·기술적 타당성에 대한 면밀한 검토가 필요하다. 그러나 김대중 정부가 예비타당성조사제도를 도입하기 이전까지는 타당성조사를 각 주무부처 주관하에 실시하도록 한 결과 1994년-98년중 완료된 타당성조사 33건 중 32건(울릉공항 1건만 타당성이 없는 것으로 결론)이 타당성이 있는 것으로 조사되는 등 객관성에 의문이 제기되어 왔다. 이에 따라 김대중 정부는 대규모 공공투자사업에 대한 신규투자를 투명하고 공정하게 결정하기 위하여, 「예산회계법시행령」을 개정하여 1999년부터 예비타당

성조사제도를 도입하였다. 사업추진단계를 예비타당성조사→타당성조사→설계→보상→착공의 순으로 진행하고 원칙적으로 예산도 단계별로 반영되도록 하였다. 즉, 본격적인 타당성조사 및 기본설계 이전에 B/C 분석, 다른 사업과의 투자우선순위, 적정투자 시기, 재원조달방안 등 경제적·정책적 타당성을 중립적 입장에서 집중 검토하도록 하여 타당성이 입증된 경우에 한하여 사업을 추진하도록 하였다.

한편 예비타당성조사는 해당 사업과 구체적인 이해관계가 없는 제3의 기관이 객관적이고 중립적인 조사를 할 수 있도록 KDI 내의 공공투자관리센터에서 조사하도록 하였다. 총사업비 500억원 이상이고 국고지원이 300억원 이상인 경우에는 예비타당성조사를 거치도록 하였다. 이 제도는 오늘날까지 존속되면서 대형투자사업에 투입되는 재원의 효율적인 배분에 기여하여 왔다.

4) 전자정부 혁신

김대중 정부 이전의 우리나라 전자정부 추진은 정보통신망 구축 등 정보인프라 구축에 초점을 두어 정보인프라는 세계적 수준인데 비하여, 정보기술을 활용한 대국민 서비스 제공은 미흡한 수준이었다. 김대중 정부는 고객인 국민과 기업의 편의를 최우선으로 하여 최적의 공공서비스를 제공하고 행정 투명성을 획기적으로 제고하고자 하였다.

(1) 전자정부 추진체계

김대중 정부 5년간 정보화 및 전자정부 추진체계는 주무부처인 정보통신부와 행정자치부, 기획예산처의 정부개혁실, 청와대 정보화전략회의 및 전자정부특별위원회로 구분할 수 있다(정충식, 2021: 134－142). 김대중 정부 시기에 정보통신부는 정보화 전담부처이면서 동시에 새롭게 추진되는 전자정부 역시 적극적으로 추진하였다. 전자정부의 추진부처가 확정되지 않았기 때문에 정보통신부와 행정자치부가 전자정보를 둘러싸고 경쟁관계를 이어 가게 되었다. 한편 청와대 정보화전략회의는 1998년 김대중 정부 출범 직후 신설되었다. 1998년 경제위기 상황에서 집권한 김대중 정부는 정보화 추진방향을 단기적으로는 당시의 경제위기 상황을 조기에 극복하고, 장기적으로는 21세기 지식정보화사회의 기틀을 조성하는 것으로 설정하였다. 이러한 목표를 달성하기 위하여 정보화촉진과 정보통신산업육성을 정책적으로 추진하였다. 1998년 5월 21일 김대중 대통령 주재로 청와대에서 열린 제1차 정보화전략회의에서는 4대 사회보험 통합, 전자상거래 및 전자문서시스템 도입 등 구체적 실천방안이 제시됐다. 정보화전략회의는 1998년부터 2002년 6월 20일까지 8차례 개최되었다.

2001년 1월 30일에는 대통령 자문기구인 '정부혁신추진위원회'에 '전자정부특별위원회'를 설치하게 되었다. 전자정부특별위원회는 형식상으로는 정부혁신위원회의 특별위원회이지만 운영에서는 독립성과 자율성을 확보하였다. 전자정부특별위원회의 설치로 전자정부사업은 김대중 대통령이 직접 관심을 가지는 대통령 의제의 성격을 가지게 되었다. 전자정부특별위원회는 2001년 5월 17일 김대중 정부의 전자정부 비전과 전략을 수립하고, 2002년 10월말까지 대민서비스 혁신(G2C, G2B), 행정생산성 향성(G2G), 전자정부 기반구축 등의 분야에서 조기달성 필요가 있는 전자정부 중점사업 11개 선정하여 주관기관별로 추진하도록 하였다(기획예산처, 2002: 258－276 참조).

(2) 대민서비스 혁신 사업

정부대표인터넷 민원창구(www.egov.go.kr)을 통하여 주민등록 등·초본 등 393종 민원신청 및 안내가 가능하도록 하였고, 4대 사회보험의 정보시스템 연계, 국가종합전자조달(G2B) 구축, 인터넷 종합국세서비스(Home Tax Service: HTX) 구축 등이 이루어졌다.

(3) 행정생산성 향상 사업

국가 재정정보시스템 구축, 시·군·구 행정종합정보화사업 추진, 전국단위 교육행정정보시스템(NEIS) 구축, 표준인사관리시스템(PPSS) 구축 및 정부부처간 전자결재 및 전자문서 유통이 정착되었다.

(4) 전자정부 추진사업의 성과

1998년과 1999년에 걸쳐 김대중 정부는 외환위기라는 엄청난 경제적 위기를 극복하기 위해 공공부문 개혁, 금융개혁, 기업(재벌)개혁, 노동개혁 등 4대 부문 개혁을 추진하였다. 그런데 2000년대 접어들면서 이러한 개혁들이 이해관계 집단의 반발과 개혁 피로감이 겹쳐 더 이상 진행하기 힘든 국면으로 접어들었다. 이러한 상황에서 김대중 정부는 그동안의 하드웨어적인 개혁에서 벗어나 소프트웨어적 개혁으로 방향을 전환하였고, 이 과정에서 전자정부를 행정개혁의 수단으로 채택하였다(정충식, 2021: 154). 전자정부특별위원회가 주도한 전자정부 사업이 성공을 거둘 수 있었던 가장 중요한 요인은 전자정부 구현에 대한 대통령의 확고한 의지였다고 평가된다(정충식, 2021: 151). 김대중 대통령의 강력한 리더십 덕분에 전자정부 11대 사업들이 예산의 적절한 지원을 받았고 부처들의 적극적인 협력을 이끌어 낼 수 있었다는 것이다.

5) 규제혁신

(1) 규제개혁의 추진체계

김대중 정부는 출범 이후 효율적이고 일관성 있는 규제개혁을 추진하기 위해 그동안 다원화되어 있던 규제개혁추진기구를 일원화하여 1998년 4월 대통령 직속 규제개혁위원회를 설치하였다(기획예산처, 2002: 19). 김영삼 정부에서도 행정쇄신위원회를 중심으로 규제개혁을 추진한 바 있으나, 단편적 개선에 그쳐 체계적이고 일원화된 규제개혁시스템을 도입하고자 「행정규제기본법」을 바탕으로 규제개혁위원회를 설치하게 되었다.

규제개혁위원회는 국무총리와 민간인 공동위원장을 중심으로 학계, 법조계, 언론계, 시민단체 등 각계에서 선정된 민간위원과 재정경제부 장관, 행정자치부 장관, 산업자원부 장관 등 정부위원 6명으로 구성되었다. 규제개혁위원회는 규제정책의 기본방향과 규제제도의 연구 및 발전, 규제의 신설·강화 등에 관한 심사, 규제정비 종합계획의 수립 및 시행 등의 기능을 수행하고 있다. 또한 위원회의 업무를 효율적으로 수행하기 위해 분야별로 분과위원회를 설치하여 위원회에 상정할 안건의 사전 검토·조정, 전문적인 조사연구, 기타 위원회가 위임한 사항을 처리하고 있다.

김대중 정부에서 1998년 4월 설립된 규제개혁위원회는 오늘날까지 존속되어 규제개혁의 핵심 추진체계로 자리잡았다.

(2) 기존규제 정비

규제개혁위원회는 1998년 중앙행정기관 소관 모든 규제를 전수조사하여 총 11,125건의 규제를 확인하였다. 이러한 규제의 타당성과 국제 기준 부합여부를 중점적으로 심사하여, 이중 48.8%인 5,430건을 폐지하고, 2,411건(21.7%)을 개선하였다. 1999년도에는 1998년 정비 후 남은 6,811건(1998년 신설규제 511건 포함)의 잔여규제를 집중 심사·조정하여 503건(7.4%) 폐지, 570건(8.4%)을 개선하였다. 2년간 정비된 규제들은 시장진입을 제한하고, 시장경제 활성화를 방해하거나 국민생활과 밀접한 금융서비스 업종 자본금 대폭인하, 건설업 면허제의 등록제로의 전환, 의료보험 진료권 이용제한 폐지 등이다(기획예산처, 2002: 278).

(3) 규제영향분석제도 도입

「행정규제기본법」에 따라 1998년 6월부터 규제의 신설 또는 강화에 앞서 중앙행정기관장은 해당 규제의 영향분석과 이해관계인의 의견수렴 등 타당성을 사전에 심사하게 한 후에, 규제개혁위원회가 다시 심사하여 불필요한 규제의 신설을 최대한 억제하는 제도적 장치를 마련하였다(기획예산처, 2002: 279). 이러한 사전분석을 통하여 행정기관들이 규제 신설과 강화에 보다 신중하게 대처하도록 하는 효과를 가져왔으며 현재까지 유효하게 작동하고 있다.

6) 반부패혁신

(1) 부패방지법 제정과 부패방지위원회 설립

김대중 정부는 1997년 외환위기 초래 원인 가운데 하나가 부패라고 인식하여 1998년 '부패와의 전쟁'을 선언하고, 부패방지 종합대책을 발표하였다. 김대중 정부 초기에는 대통령의 부패정책 자문기구인 '반부패특별위원회'가 반부패정책을 수행하였다. 이 위원회는 대통령의 부패정책 자문기구로서 1999년 9월 대통령령 제16547호로 설치됐으며, 부패와의 전쟁선언, 부패방지종합대책 마련, 세계은행 등 국제기구와 부패문제 논의, OECD뇌물방지협약의 이행평가 등 다양한 기능을 수행하였다(서원석, 2014: 260). 그러나 대통령 자문기구라는 한계로 인해, 불분명하고 제한된 기능만을 수행해야 하는 제약이 있었다.

2001년 「부패방지법」 제정으로 종합적인 반부패정책추진기구인 '부패방지위원회'가 대통령 소속 행정위원회로 출범하여 반부패정책을 총괄하게 되었다. 부패방지위원회는 대통령 소속기구로서 부패신고를 접수하여 처리하고 관련제도의 개선을 권고할 수 있으며, 반부패정책 수립과 평가, 교육과 홍보기능을 수행했다. 그러나 조사권을 부여받지 못했기 때문에 여전히 한계와 취약점을 가진 기구였다. 「부패방지법」 제정은 1996년부터 경실련, 참여연대, YMCA, 함께하는 시민행동, 행개련 등 38개 시민단체들이 결성한 부패방지입법시민연대의 입법청원 등 장기간에 걸친 입법캠페인 노력의 결실이기도 하였다(남궁근, 2002; 부패방지입법시민연대, 2001).

(2) 자금세탁방지법 제정

「부패방지법」과 더불어 우리나라 최초의 자금세탁방지법인 「범죄수익 은닉의 규제 및 처벌에 관한 법률」과 「특정금융거래정보의 보고 및 이용 등에 관한 법률」이 2001년 9월 3일 국회를 통과하였고, 2001년 11월 28일부터 시행되었다. 두 법의 시행으로 조직범죄와 해외 도피재산 등 범죄수익을 합법적 수익으로 가장한 경우에 은닉행위의 처벌과 범죄수익 몰수 추징이 가능해졌고, 금융거래를 통한 자금세탁을 규제하기 위해 금융거래 정보에 대한 보고가 가능하도록 하였으며, 자금세탁 관련 정보수집 분석기구로 재경부 소속의 금융정보 분석기구 설치를 명시하였다. 이 법에 따라 2001년 11월 28일 '금융정보분석원'이 설립되었는데 2021년 12월 현재 금융위원회 소속기구로서 '자금세탁방지를 통한 범죄행위예방', '테러자금조달차단을 통한 국내외 사회안전기여', '건전하고 투명한 금융거래질서 확립'을 미션으로 운영되고 있다.[8]

(3) 반부패정책의 성과

역대정부의 반부패대책이 일회성으로 주먹구구식으로 진행된 데 비하여, 김대중 정부는 '반부패정책'을 국가의 정책의제로 자리매김하도록 하였다. 부패방지법을 제정하고 반부패정책의 전담조직인 '부패방지위원회'를 설립함으로써, 반부패정책이 체계적이고 조직적으로 추진될 수 있는 토대를 구축하였다.

그림 7-5 김대중 정부 시기 부패인식지수(CPI) 변동 추이

단위: 점(10점 만점)

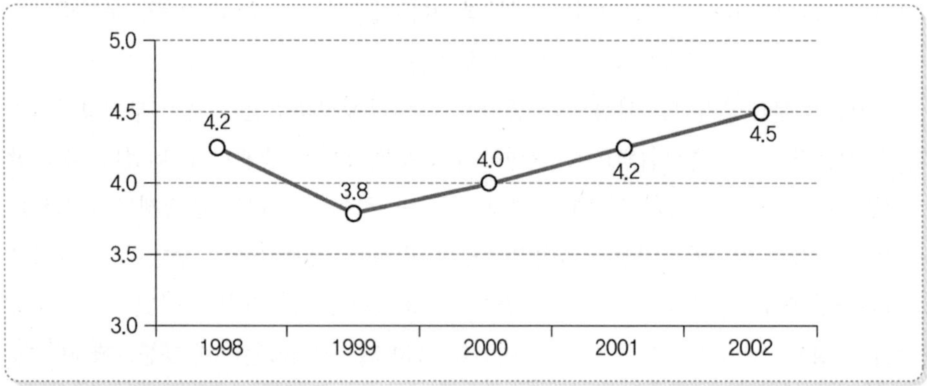

출처: 국제투명성 기구.

8 https://www.kofiu.go.kr/kor/main.do, 2021년 12월 3일 접근.

김대중 정부 시기에 국제투명성기구가 조사하여 발표한 우리나라 부패인식지수(CPI) 추이가 [그림 7-5]에 제시되었다. 부패인식지수는 1998년 4.2에서 1999년 3.8로 최저치를 기록한 후 매년 완만하게 상승하여 2002년에는 4.5를 기록하였다.

<표 7-10>에 부패인식지수 조사대상국가 가운데 우리나라의 순위가 제시되었다. 1999년도에는 전체 조사대상 99개 국가 가운데 중간 순위인 50위였으나 2002년도에는 전체 102개 국가 가운데 40위를 차지하였다. 한편 OECD 30개 국가 가운데 2000년에는 27위였으나, 2002년에는 24위로 소폭 상승하였다.

표 7-10 김대중 정부 시기 부패인식지수(CPI) 및 순위 연도별 변동 추이

단위: 점(10점 만점), 순위

연도		1998	1999	2000	2001	2002
점수		4.2	3.8	4.0	4.2	4.5
순위	전체 순위/대상국가수	43/85	50/99	48/101	42/91	40/102
	OECD 순위/회원국가수	–	–	27/30	24/30	24/30

출처: 국제투명성기구.

요약하면 김대중 정부는 「부패방지법」 제정에 따라 반부패정책추진기구인 부패방지위원회 설치, 「자금세탁방지법」에 따른 금융정보분석원 설치 등 반부패정책추진 조직을 체계적으로 정비하여 반부패정책을 추진하였다. 1999년 부패인식지수(CPI)가 3.8로 최저치를 기록한 이후 매년 꾸준히 상승하여 임기말인 2002년에 4.5로 상승하였고, 국가간 비교순위도 매년 상승하여 상당한 성과를 거둔 것으로 나타났다.

7) 공공기관 혁신

김대중 정부는 IMF위기 탈출에 필요한 재정수입을 확보하고 국가재정 건전화를 통한 국가신인도를 높이기 위해 강력하고 폭넓은 공기업 민영화계획을 수립하여 추진하였다. 여기에는 공기업민영화, 자회사 정리, 인력감축을 물론 방만경영을 쇄신하기 위한 산하기관 폐지 및 통폐합, 외부위탁, 자산매각, 퇴직금 누진제 개선 등이 포함되었다. 여기에서는 오늘날까지도 영향을 미치고 있는 공기업 민영화와 산하기관 개혁에 관하여 살펴보겠다.

(1) 공기업 개혁 추진

① 공기업 민영화 및 자회사 정리계획

1998년 7월 민영화 계획 수립 당시 자회사를 포함하여 공기업의 수는 총 108개였는데, 모기업(금융공기업 제외)은 26개이며 정부투자기관(13개)과 정부출자기관(13개)으로 구분되었다. 투자기관의 자회사는 30개, 출자기관의 자회사는 52개였다. 총 고용인원은 약 21만 4천명으로 26개 모기업 17만명, 그 자회사는 4만 4천명으로 구성되었다. 26개 공기업 모기업 가운데 포항종합제철, 한국중공업, 한국종합화학, 한국종합기술금융, 국정교과서 등 5개 공기업은 즉각 민영화 대상으로 선정하는 한편, 한국전기통신공사, 한국담배인삼공사, 한국전력공사, 한국가스공사, 대한송유관공사, 한국지역난방공사 등 6개 공기업은 단계적으로 민영화하는 것으로 실행계획이 수립되었다. 또한 1998년 7월 민영화 계획에는 공기업 자회사 정리계획도 포함되어 3차례에 걸쳐서 77개의 자회사를 정리하기로 발표하였다. 2001년 2월 자회사 정리계획에서는 41개 자회사 중 5개는 존치하고 36개 자회사는 정리하겠다는 종합계획을 발표하였다.

② 공기업 민영화 및 자회사 정리실적

2002년까지 민영화 대상이었던 포항제철 등 5개 공기업(포항종합제철, 한국중공업, 한국종합화학, 한국종합기술금융, 국정교과서)은 모두 민영화되었고, 단계적 민영화 대상 6개 중 3개의 공기업(한국전기통신공사, 담배인삼공사, 대한송유관공사)이 민영화되었다. 한편 민영화가 유보된 3개 공기업은 한국전력, 가스공사, 지역난방공사 등 3개 에너지 공기업으로 노무현 정부에서 민영화 추진이 중단된 이후 현재까지 공기업으로 존속하고 있다. 공기업 민영화와 자회사 정리가 이루어진 이후 공기업은 자회사 포함 98개에서 35개로 감소하여 수적으로 78% 감축되었고, 공기업 및 자회사 인력은 62% 감축되었으며, 정부는 24.3조원의 매각수익을 확보하였다(기획예산처, 2002: 82－140).

③ 공기업 운영시스템 개혁

공기업 민영화뿐 아니라 공기업 운영시스템의 개선에도 역점을 두었다(윤태범 외, 2002). 김대중 정부는 1999년부터 정부투자기관의 자율성 제고와 책임경영체제의 확보를 지향한 「정부투자관리기본법」의 개정을 통하여 공기업 운영시스템의 개혁을 위한 일련의 조치를 추진하였다. 정부이사제를 폐지하고 민간전문가를 이사로 위촉하는 사외이사제를 도입하여 이사회의 기능을 대폭 강화하고, 책임경영체제의 구축을 위하여 공기업과 사장이 경영계획에 대하여 계약을 체결하도록 하는 사장경영계약제를 도입하였다. 2급 이상 또는 전사원에 대한 성과연봉제 도입, 전자조달을 통한 구매제도 개선, 고객헌장제도의 도입, 경영투명성 제고를 위하여 결산서, 재무제표, 경영실적평가결과, 외부위탁 등에 대하여 공개하도록 하는 경영공시제를 도입하였다.

(2) 산하기관 개혁추진

① 산하기관 현황 파악 및 경영혁신계획 수립

정부산하기관은 정부기관 못지 않게 공공성이 강하고 국민생활에 밀접한 영향을 미치는 서비스를 제공하고 있지만, 그동안 국민의 관심이나 의회의 통제로부터 상대적으로 자유로워 개혁의 사각지대로 남아 있었다. 김대중 정부는 산하기관 현황을 파악하는 한편, 유형별로 산하기관 경영혁신계획을 수립하였다(기획예산처, 2002: 141-168). 1998년 5월 48개 '출연연구기관 경영혁신계획'을 발표하였고, 1998년 8월에는 131개 출연·위탁기관을 대상으로 기관 통폐합, 민간위탁, 자산매각, 인력감축 등의 내용을 담은 '정부출연·위탁기관에 대한 경영혁신계획'을 확정하였다. 또한 1999년 12월에는 1998년 경영혁신 대상에 포함되지 않은 49개 신설기관 및 보조기관을 대상으로 하는 '정부보조기관 등 경영혁신 계획'을 수립하여 추진하였다. 이같이 사실상 중앙부처 외곽기관으로 기능했고, 이들과 이해관계를 같이하여 불필요하게 조직을 확대하는 등 정부의 보호막 안에 머물러 있었던 산하기관을 개혁대상에 포함시킨 것은 긍정적으로 평가할 수 있다(남궁근, 2002a).

② 산하기관 구조조정 및 운영체계 개선

출연위탁기관 및 출연연구기관을 포함한 산하기관의 운영체계개선을 위해 산하기관의 조직, 인력, 자산매각과 같은 구조조정과 연봉제, 성과급, 퇴직금 누진제, 주택자금 무상지원, 대학 생활자금 무상지원 등 기존의 방만한 제도운영의 개선을 위해 노력하였다. 한편 산하기관을 대상으로 경영혁신 이행실적을 종합적으로 평가하기 시작하였다.

③ 정부출연연구기관 연합이사회 설립

1998년 3월 김대중 정부가 정부출연연구기관에 대한 경영혁신작업에 착수할 당시 18개 부처가 총 48개 출연연구기관(인문사회계 23, 과학기술계 25)을 운영하였다.

김대중 정부는 출연연구기관과 주부무처와의 소속관계를 해소하고자 기존 연구원별 이사회를 폐지하고, 경제사회연구회, 인문사회연구회, 기초기술연구회, 산업기술연구회, 공공기술연구회 등 5개의 연합이사회를 설립하도록 하고, 연구회별로 사무국을 구성하여 이사회를 지원하도록 하였다. 연합이사회가 출범한 후 99년부터 국무총리실과 5개 연구회는 연구회 소속 43개 연구기관의 경영추진실적을 평가하고 우수기관에 대한 인센티브를 제공하기 시작하였다.

5. 김대중 정부 정부혁신의 평가

1) 김대중 정부 정부혁신의 특징

김대중 정부의 정부혁신은 다른 정부와 비교하여 다음과 같은 특징을 가진다.

(1) 개혁추진체계 정비와 상시개혁 추진

기획예산처 정부개혁실 등 정부부처 내 개혁기구와 정부혁신추진위원회, 규제개혁위원회 등 민관합동위원회를 구성하여 개혁추진체계를 정비하고 상시 개혁을 추진하였다.

(2) 공공부문 전반에 걸친 개혁추진

과거 중앙정부와 지방정부만을 대상으로 개혁을 추진한 것과 달리 공기업·산하기관을 포함한 공공부문 전반에 걸쳐 개혁을 추진하였다.

(3) 운영시스템 개혁 추진

개혁 내용에서도 조직 및 인력감축 등 하드웨어 뿐만 아니라 경쟁과 성과 원리 도입 등 운영시스템 개혁을 추진하였다. 그간 공공부문에서 제대로 인식되지 못했던 효율성, 경쟁, 성과 등의 가치들이 중요하게 인식되기 시작하였다. 글로벌 스탠다드가 강조되던 당시에 신공공관리 개혁의 시대적 조류에 대응한 것으로 볼 수 있다. 개방형 임용제, 책임운영기관제도 등은 당시로서는 매우 파격적인 수준으로 이같은 제도를 도입하여 변화의 물꼬를 튼 것은 높이 평가된다. 그러나 제도의 도입이 바로 정착과 성과로 이어지는 것은 아니며, 예컨대 책임운영기관 제도는 아직도 당시의 도입 취지를 달성하지 못하고 있다고 판단되므로, 제도 도입을 넘어서 운영이 중요하다는 시사점을 주고 있다.

2) 김대중 정부 정부혁신의 성과

(1) 단기적 성과

김대중 정부는 정부와 공기업 및 산하기관에 이르기까지 공공부문 전반에 걸쳐 구조조정, 통폐합, 민영화, 민간위탁 등 강력한 개혁으로 단기간에 경제위기를 탈출하는 성과를 거두었다(김정열 · 한인섭, 2008). <표 7-11>에서 보듯이 행정부 소속 공무원 정원은 김대중 정부 5년 집권기간에 김영삼 정부 마지막 해와 비교하여 48,088명, 즉 5.23% 감축하여 작은 정부를 실현하였다. 2001년까지는 정원 감축규모가 더 컸으나 2002년도에 2만명 이상 증원하여 감축규모가 축소된 수치이다. 이와 더불어 공기업 및 산하기관에서도 상당히 많은 수의 감축이 이루어져 IMF위기 탈출에 큰 도움이 되었다. 그러나 후임 노무현 정부에서 복지수요 증가 등으로 공무원 정원을 상당히 증가시켜 이러한 단기적인 감축 성과가 장기적으로 지속되지 못하였다.

표 7-11 김대중 정부시기 행정부 소속 공무원 정원 변화

연도	97	98	99	00	01	02	증감(97-02)
공무원수	919,154	870,887	857,616	851,684	850,032	871,066	−48,088(−5.23%)

출처: 행정안전통계연보, 각년도.

(2) 중 · 장기적 성과

이 책에서 중 · 장기적 성과로 간주하는 핵심은 '개혁조치가 제도화되어 장기간에 걸쳐 안정적으로 유지되고 있는가'라는 것이다. 이러한 관점에서 본다면 김대중 정부가 추진한 개혁조치 가운데 상당수가 중 · 장기적 성과를 보이고 있다. 예를 들면, 정부운영시스템의 하나로 책임운영기관제도 도입, 인사혁신 분야의 개방형직위제도 도입과 성과중심 보수제도, 재정분야의 기금제도 개혁과 기금평가, 예비타당성조사제도, 규제혁신 분야에 규제개혁위원회 설치와 규제영향평가제도 도입, 부패방지분야에 반부패정책의 총괄기관으로서 부패방지위원회 설치와 자금세탁방지법 제정, 공공기관 개혁분야의 공기업 및 산하기관 평가제도, 출연연구기관 연합이사회 제도는 오늘날까지 정착되어 공공부문 운영시스템에서 중요한 역할을 계속하고 있다. 전자정부 분야에서는 대통령이 리더십을 발휘하여 우리나라 전자정부 수

준을 세계 최상위 단계로 끌어 올림으로서 오늘날까지 우리나라가 전자정부와 디지털 정부의 선도국가로 자리매김하고 있다. 이러한 개혁은 IMF 경제위기라는 엄청난 위기를 극복하는 과정에서 이루어졌지만 대통령을 포함한 국정운영 핵심부가 시의적절하게 대응했기 때문에 가능한 성과라고 볼 수 있을 것이다.

3) 당시 행정학자 및 시민단체와 공무원의 주관적 평가

(1) 조사개요

시민단체인 행정개혁시민연합(이하 행개련)에서는 한국행정학회 회원 및 시민단체 활동가를 대상으로 김대중 정부의 행정개혁 성과를 평가하는 설문조사를 매년 2월 중에 실시한 바 있다.[9] 여기에서는 16개 구체적 개혁과제, 즉 중앙정부 조직개편, 공기업 민영화, 공무원 인력감축, 규제개혁, 성과주의 예산제도 도입, 감사방식 혁신, 연봉제 도입, 복식부기제도 도입, 정부출연기관 통폐합, 부정부패방지, 인사편중 시정, 지방자치제도 개혁, 전자정부 구현, 민원행정서비스 개선, 책임운영기관 도입, 개방형 임용제도 적용에 대하여 개혁실적을 평가하도록 한 응답결과를 살펴보기로 한다. 행정학자 및 시민단체 활동가에 대하여는 2년, 3년, 4년 평가에서 동일한 질문을 하였다. 한편 2002년 4년 평가에서는 공무원도 조사대상에 포함시켰다.[10] 여기에서는 행정학자 및 시민단체 활동가에 대한 조사결과를 먼저 살펴본 후, 4년 평가에서 공무원집단과 행정학자 및 시민단체 활동가의 평가결과를 비교하도록 하겠다.

이 조사의 응답자수는 많지 않지만 행정현상의 연구를 주전공으로 하는 행정학자들과 행정에 관심을 가진 시민단체 종사자들, 그리고 중앙부처의 공무원들이므로 일반 국민들을 대상으로 하는 조사결과보다 타당성이 높다. 또한 정부부처 내부에서 행정개혁을 계획하고 추진하는 중앙부처 공무원들의 견해를 외부에서 평가하는 학자들 및 시민단체 활동가들의 견해를 비교하는 것도 의미가 있다.

---

9 행정학회 회원과 시민단체 활동가에 대한 조사는 한국행정학회 회원 600명과 시민단체 관계자 200명을 대상으로 조사하였다. 4년차 조사는 2002년 2월 14일부터 2월 23일에 이르는 10일간이며 설문지는 우편, 팩스, e-mail을 통하여 배포하고 회수하였다. 조사대상으로 선정된 800명 중 143명이 응답하여 회수율은 17.9%였다.

10 중앙부처 공무원은 국무조정실, 행정자치부, 중앙인사위원회, 기획예산처, 산업자원보, 재정경제원에 근무하는 공무원들을 대상으로 설문지를 배포하고 회수하는 방법을 채택하였으며, 응답자는 195명이다.

(2) 행정학자와 시민단체 활동가 평가의 시계열 비교

16개 구체적 개혁과제에 대하여 행정학자와 시민단체 활동가를 대상으로 조사한 2년, 3년 및 4년차 조사결과가 [그림 7-6]에 결과가 제시되었다.

그림 7-6 행정학자 및 시민단체 활동가의 개혁과제 평가결과 시계열 비교

(단위: 3점 척도상의 평균값)

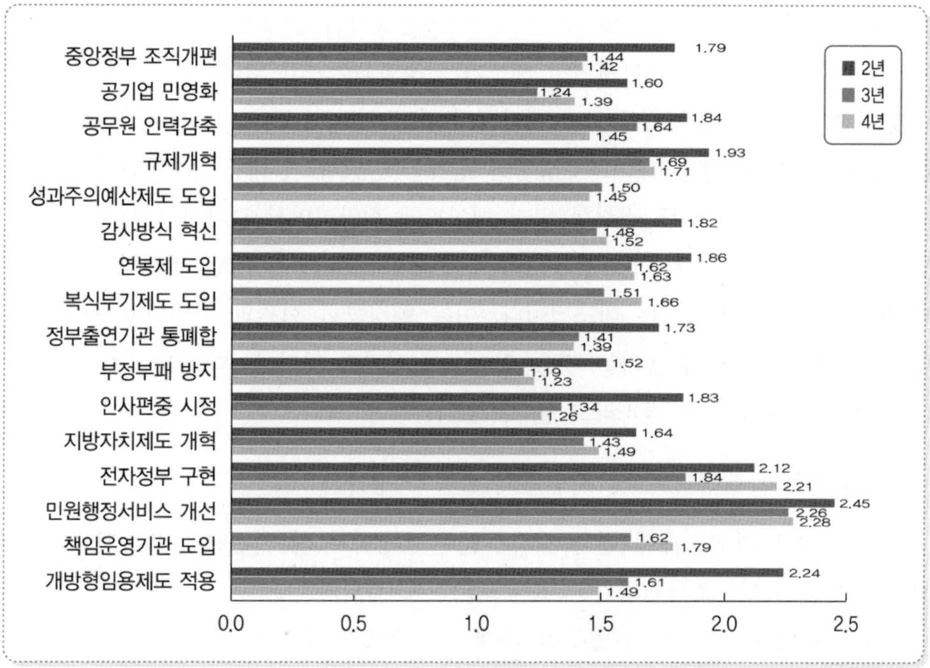

※ 구체적 개혁과제에 대하여 응답 범주를 미흡(1), 보통(2), 잘 되었음(3), 모르겠음으로 구성하였다. 수치는 모르겠음을 제외한 평균값이다. 3점 척도상에 2점이면 보통, 2점 이상은 긍정적으로, 2점 이하는 부정적 평가로 해석할 수 있다.

출처: 남궁근 · 황성돈, 2002, 34, [그림 3].

2년, 3년, 4년 평가 결과를 비교하면 2년 평가에서 가장 긍정적이었으며, 3년, 4년차로 가면서 주관적인 평가가 나빠졌다. 3년 평가는 부총리제도를 부활시킨 제3차 조직개편 직후에 이루어져 부정적인 평가가 증가한 것으로 보이며, 정부출범 3년 차에 접어들면서 개혁 피로감도 반영된 것으로 보인다.

2년 평가를 기준으로 2점 이상의 긍정적 평가를 받은 과제는 민원서비스 개선(2.45), 개방형 임용제도(2.24), 전자정부 구현(2.12) 등이었다. 민원서비스 개선과 전자정부 구현은 3년, 4년 평가에서도 계속 긍정적인 평가를 받았지만 개방형 임

용제도는 3년, 4년 평가에서 가장 급격하게 평가가 나빠진 개혁 분야였다. 2년 평가에서는 평가시점인 2월 21일에 국무회의를 통과한 개방형 임용제도가 '잘 되었다'는 응답이 41%로 미흡하다는 응답 18%보다 훨씬 높았다. 그런데 개방형 임용제도 시행과정에서 외부임용률이 20%에도 미치지 못하고, 거의 대부분의 직위를 공직 내부에서 충당하는 등(남궁근, 2000), 당초의 기대와는 달리 운영되면서 각각 평균 1.61과 1.49로 부정적인 평가로 돌아섰다. 앞에서도 지적한 바와 같이 개방형직위제도는 초기의 부정적인 평가와는 달리 개방형직위 숫자가 꾸준히 증가하였고 최근에는 외부임용률이 높아지면서 제도가 안정화되어가고 있다.

한편 부정부패방지는 2, 3, 4년 평가에서 각각 1.52, 1.19, 1.23으로 일관되게 다른 과제들에 비해 상대적으로 부정적인 평가를 받았다. 김대중 정부 임기 말에는 대통령의 세 아들이 모두 권력형 비리 게이트에 휘말리면서 평가가 나빠지기도 하였다. 이러한 결과는 국제투명성기구의 부패인식지수(CPI)가 매년 조금씩 개선되는 추세([그림 7-5] 참조)와는 대조적이다. 이는 행정학회 회원과 시민단체 활동가들이 기대 수준이 그만큼 높다는 것을 의미하며 성과가 나타나는데 장기간이 소요된다는 점을 일깨워 주는 결과라고 볼 수 있다.

(3) 공무원과 행정학자 및 시민단체 활동가 평가의 비교

16개 구체적 개혁과제에 대하여 공무원과 행정학자 및 시민단체 활동가를 대상으로 조사한 4년차 조사결과가 <표 7-12>에 제시되었다.

<표 7-12>에서 알 수 있듯이 16개 개혁과제의 개혁실적에 대하여 중앙부처 공무원의 평가는 행정학자 및 시민단체 활동가의 평가보다 긍정적으로 나타났다. 이는 개혁을 추진하는 공무원들이 개혁추진의 어려움을 외부인사들보다 잘 알고 있을 뿐 아니라 개혁성과를 보다 직접적으로 체감하기 때문인 것으로 보인다. 4년차 평가에서 공무원과 행정학자 및 시민단체 활동가들이 공통으로 비교적 잘된 것으로 평가한 과제는 전자정부 구현과 민원행정서비스 개선이었다. 그 밖에도 공무원들이 긍정적으로 평가한 과제(평균 2.0 이상)는 규제개혁(2.11), 책임운영기관 도입(2.07), 그리고 공무원 인력감축(2.06)으로 나타났다. 공무원들의 관점에서 볼 때, 이러한 과제들이 쉽지 않은 과제임에도 불구하고 개혁실적이 나타난 것으로 본 것이다. 한편 부정부패 방지는 중앙부처 공무원들의 평가에서도 행정학자 및 시민단체 활동가의 평가와 유사하게 16개 과제 가운데 최하위인 1.45점으로 나타나 김대

표 7-12 공무원과 행정학자 및 시민단체 활동가의 개혁과제 4년 평가 결과 비교

(단위: 3점 척도상 평균값)

과제	중앙부처 공무원	행정학자 및 시민단체	차이
중앙정부 조직개편	1.82	1.42	.40
공기업 민영화	1.80	1.39	.41
공무원 인력감축	2.06	1.45	.61
규제개혁	2.11	1.71	.40
성과주의 예산제도 도입	1.61	1.45	.16
감사방식 혁신	1.56	1.52	.04
연봉제 도입	1.88	1.63	.25
복식부기제도 도입	1.71	1.66	.05
정부출연 연구기관 통폐합	1.66	1.39	.27
부정부패 방지	1.45	1.23	.22
인사편중 시정	1.61	1.26	.35
지방자치제도 개혁	1.50	1.49	.01
전자정부 구현	2.30	2.21	.09
민원행정서비스 개선	2.42	2.28	.14
책임운영기관 도입	2.07	1.79	.28
개방형임용제도 적용	1.85	1.49	.36

출처: 남궁근 · 황성돈, 2002, 32, <표 3>에서 재구성.

중 정부의 반부패개혁이 기대했던 성과와 비교하여 미흡하였다는 점에 공감한 것으로 나타났다.

Ⅳ. 노무현 정부의 정부혁신

1. 정부혁신의 역사적 배경과 시대적 맥락

1) 정치적 여건

노무현 정부는 국민참여 대선후보 경선과 네티즌의 정치참여 확대로 탄생한 정부로, 수평적 사회민주화에 대한 기대와 참여 민주주의의 새로운 정치질서에 대한 사회의 요구가 형성되었다(류석진, 2014: 12-13).

노무현 정부는 과거 권위주의 체제 하에서 공고화된 낡고 부패한 국가운영 시스템을 개혁하는 것이 역사적 임무라고 보았다(정부혁신지방분권위원회, 2008: 21). 노무현 정부는 과거 지나치게 집권화된 구조로 인한 폐해를 큰 문제점으로 인식하고

민주적이고 분권적인 시스템 확립을 강조하였다. 중앙집권적인 국가 시스템을 극복하지 못하여 지역의 경쟁력이 약화되고 획일적인 중앙정부 정책으로 인해 지역실정에 맞는 행정서비스가 제공되지 못하는 등 국민들의 삶이 저하됨을 깨닫고 중앙과 지방이 상생할 수 있는 지방분권을 통하여 각 지역의 경쟁력을 제고하고자 하였다.

2) 경제적 여건

노무현 정부가 출범한 시기는 컴퓨터와 정보통신의 발달로 시작된 정보혁명으로 21세기 산업구조가 지식기반경제로 이행되던 시기였다. 이와 더불어 FTA 확산 등으로 세계화가 심화됨에 따라 국경없는 무한경쟁시대로 돌입하게 되었다. 전세계가 단일시장으로 통합되어, 자본・노동의 이전이 용이하고 활발해짐에 따라 이를 유치하기 위한 각국 정부의 서비스 경쟁도 심화되고 있었다. 이에 따라 외환위기 이후 진행된 양극화의 문제를 해결하는 동시에 국가경쟁력을 제고하고, 급격한 경제환경 변화에 발맞춰 국가전반의 혁신을 추진할 필요가 있다고 보았다.

3) 사회적 여건

2002년 대통령 선거과정에서 주요 이슈의 하나는 부정부패 문제였다. 김대중 정부 후반기에 대통령 아들 등 측근이 개입된 권력형 비리가 전국적인 이슈가 되었고, 정치권력과 기업 간의 정경유착이 우리 사회 부패구조의 근원이며, 공정한 시장경제와 국가경쟁력 강화에도 큰 짐이 되는 상태였다. 따라서 전방위적이고 상시적인 부정부패 감시・통제・수사시스템을 확립하여 국민의 신뢰를 회복하고 투명사회를 구축하는 것이 필수적으로 요구되었다.

2. 정부혁신의 주도적 패러다임과 목표

1) 뉴거버넌스와 신공공관리의 혼합형 패러다임

노무현 정부는 김영삼 정부에 이어 김대중 정부가 지속적으로 추진해 왔던 신공공관리 개혁의 속도를 조절하고, 뉴거버넌스 관점에서 개혁하고자 노력하였다(임주형・박형준, 2015). 노무현 정부가 처한 개혁환경은 김대중 정부 출범 초기와는 크게 달랐다. 김대중 정부는 IMF 위기로 드러난 문제의 해결과 단기적 대응에 초점을 맞추어 개혁가치와 개혁방식, 개혁과제 등을 선택하였지만, 노무현 정부에서는 보다 근본적인 가치와 영역에 대한 개혁이 요구되었다. 가장 근원적인 개혁환경은 바로 '정부-시민관계'와 '지방-중앙관계'의 근본적인 변화에 의하여 형성되었다(남궁근, 2003a). 그러므로 노무현 정부는 과거와는 다른 새로운 형태의 뉴거버넌스 관점에서 국정운영 시스템의 개혁을 추구하고자 하였다(김정열, 2007).

2) 정부혁신의 비전과 목표

(1) 정부혁신의 비전과 목표 체계

노무현 정부는 과거 정부와는 달리 정부혁신과 지방분권을 하나의 패키지로 보아 혁신을 추진하고자 하였다. 노무현 정부 초기 정부혁신의 비전은 '투명하고 일 잘하는 정부'로 제시하였다(국정홍보처, 2008b: 50-51). 정부혁신을 통하여 정부가 지향하는 모습은 대외적으로는 국가경쟁력이 세계 10위권 내에 진입하는 것이고, 대내적으로는 모든 국민에게 다양한 행정서비스를 제공하여 국민을 만족시키는 것이다. 노무현 정부 중반부터 정부혁신 비전에 '국민에게 책임을 다하는 정부'를 추가하였는데, 이는 국민을 위해 제대로 일하는 정부를 추구하고 있다는 점을 강조하기 위한 것이다. [그림 7-7]에 노무현 정부 집권 후반부의 정부혁신 비전과 목표가 제시되었다.

그림 7-7 노무현 정부 정부혁신의 비전과 목표

국가혁신의 비전	선진 혁신국가 건설	• 세계 10위권의 경쟁력 있는 국가 • 국민이 편안하고 행복한 나라
정부혁신의 비전	투명하고 일 잘하는 정부, 국민에게 책임을 다하는 정부	
정부혁신의 목표	• 효율적인 정부 • 봉사하는 정부 • 투명한 정부 • 분권화된 정부 • 함께 하는 정부	

출처: 정부혁신지방분권위원회, 2008, 31, [그림 1-1]에서 재구성.

이러한 비전을 달성하기 위한 하위목표로 '효율적인 정부', '봉사하는 정부', '투명한 정부', '분권화된 정부', '함께 하는 정부'를 제시하였는데, 그 의미를 살펴보기로 하겠다(이하 정부혁신지방분권위원회, 2007a: 22-29; 2008: 31-34; 국정홍보처,

2008b: 53－57).

(2) 정부혁신의 5대 목표

① 효율적 정부

가장 적은 비용으로 가장 좋은 서비스를 창출해야 한다는 효율적인 행정은 모든 정부가 갖추어야 할 기본적인 덕목이라고 보았다. 노무현 정부는 단순히 투입 대비 산출의 효율성 개념이 아니라 국민들이 만족할 수 있도록 행정서비스의 질을 제고하고 책임있는 정부 구현 등 결과 중심의 효율성을 강조하였다.

② 봉사하는 정부

정부가 국민이 원하는 서비스를 제공하는 것이 기본적인 임무이므로 국민이 원하는 서비스를 발굴하여 제공하여야 한다는 것이다. 행정서비스는 기본적으로 '보편적 서비스'이며 국민 누구나 동등한 서비스를 받을 수 있어야 한다고 보았다. 그러므로 정부는 모든 국민들이 빠짐없이 최고의 행정서비스를 받을 수 있도록 한다는 목표를 설정하였다.

③ 투명한 정부

투명성은 정부의 정책결정과정의 공개와 정책문제 및 대안에 관한 정보 등 정책결정의 실체적 내용의 공개를 의미한다. 정부는 투명한 정부와 모든 국민들과 공유하는 열린 정부를 지향한다는 목표를 설정하였다.

④ 분권화된 정부

분권화된 정부는 중앙정부 조직 내에서 분권, 중앙과 지방 사이의 분권으로 나누어 볼 수 있다. 중앙정부에서 각 부처의 인사 및 조직관리의 자율성, 예산운영상의 자율성을 확대하는 등 분권화된 관리체제를 만들어 줌으로써 자율과 책임을 다하도록 하고, 분권화를 통해 개별기관과 개인이 혁신의 주체가 되어 국민에 대한 서비스 제공 역량 강화를 추구하였다. 또한 중앙과 지방의 관계에서 집중된 중앙권한을 지방으로 분산함으로써 지방자치에 걸맞는 행정의 분권화와 자율화를 실현하고자 하였다.

⑤ 함께 하는 정부

함께 하는 정부란 국민을 포함한 기업, 시민단체 등 정부 바깥에 존재하는 수많은 주체들이 실질적으로 국정운영에 참여하는 정부를 의미한다. 함께 하는 정부를 구현하기 위하여는 정치과정에서 시민의 활발한 참여, 시민단체 등을 통한 비판적 여론 형성을 통한 참여, 구체적인 행정에 대한 통제자로서 시민참여 등이 고려되어야 한다고 보았다.

3. 정부혁신의 추진체계와 추진과정

1) 정부혁신의 추진주체

(1) 다층화된 네트워크 구조

노무현 정부에서 정부혁신 관련업무는 정부혁신지방분권위원회, 청와대 혁신비서관실(후에 혁신수석실로 격상), 행정자치부 정부혁신본부, 각 중앙부처 혁신담당관, 지방자치단체의 혁신분권담당관 등이 계층적으로 분담하였다. 이들 정부혁신 담당조직들이 유기적으로 연계되어 혁신업무를 분담하였고, 각종 실무협의회 등을 통해 혁신네트워크 구성하였는데, 정부혁신 민간전문가들과도 연계된 거대한 네트워크 구조를 형성하였다. 정부혁신 추진 주체들의 역할은 시기별로 달라지게 되었다.

(2) 시기별 추진체계의 변동

<표 7-13>에 제시된 바와 같이 노무현 정부 출범초 기반조성기(2003)에는 정부혁신지방분권위원회와 업무관리비서관실 중심으로 기획기능(로드맵 작성)과 선도기능이 중시되었다. 본격적인 혁신추진기(2004-2005)에는 청와대 혁신수석실, 정부혁신본부와 혁신평가위원회 중심으로 점검·평가기능이 중시되었다. 혁신확신기(2006년 이후)에는 혁신지원장관회의 및 산하기관 혁신추진조직이 강화되어 공공부문 전체로 혁신의 확산이 추진되었다.

표 7-13 노무현 정부 혁신 추진조직의 시기별 특징

구분	정부혁신 기반조성기 (2003)	정부혁신 추진기 (2004-2005)	정부혁신 확산기 (2006 이후)
주요조직변화	· 정부혁신지방분권위원회 · 업무혁신비서관실	· 정부혁신본부, 각기관 혁신담당조직화 · 혁신관리실 → 혁신수석 · 혁신평가위원회 조직	· 혁신지원장관회의 · 각 부처 산하기관 혁신추진조직 강화 · 공공부문 혁신담당조직
역할 및 특징	· 로드맵을 통한 전 정부 차원 기획기능강조 · 비서실 혁신 선도 · 혁신추진전략수립	· 실무적 차원의 혁신추진조직 강화 · 지방 및 공공부문으로 혁신확산 시작	· 혁신관련정책의 조정 · 혁신추진체제 구축 · 지방, 교육, 공공부문으로 본격적인 혁신확산

출처: 국정홍보처, 2008b, 73.

2) 정부혁신 관련기관과 역할

노무현 정부의 정부혁신 추진과정에서 주요 기관의 역할은 다음과 같다(<표 7-14> 참조).

(1) 대통령 소속 정부혁신지방분권위원회(2003년 4월)

김대중 정부의 정부혁신추진위원회를 해체하고 설립된 대통령소속 민관합동위원회이며, 2003년 4월 출범하였다. 정부혁신지방분권위원회에는 행정개혁, 인사개혁, 지방분권, 재정세제, 전자정부 분야에 각각 전문위원회가 설치되어 정부혁신 5대 로드맵을 수립하고 그 과제를 추진하였다. 또한 2004년 5월에는 혁신관리 기획 등에 관한 자문강화를 위해 혁신관리전문위원회를 신설한 후 이를 행정자치부로 이관하고, 각 부처의 혁신관리 점검 및 컨설팅 기능을 담당하도록 하였다. 2004년 10월에는 기록관리 혁신의 체계적 추진을 위해 기록관리전문위원회가 설치되었다.

(2) 청와대 혁신관리수석실

정부혁신을 포괄적으로 관리하는 조직은 혁신수석실이다. 노무현 정부 초기 대통령비서실에 내부혁신을 전담하는 업무관리비서관실을 2003년 12월 혁신기획비서관실과 혁신관리비서관실로 확대 개편하였다. 2005년 5월 혁신관리수석실로 확대하여 정부혁신 총괄조정기능을 수행하도록 하였다.

(3) 행정자치부 정부혁신본부와 정부혁신관리위원회

2004년 2월 행정자치부 행정관리국을 조직혁신국으로 개편하고, 2004년 4월 제1차 조직개편으로 기획예산처에 있던 정부개혁기능을 행정자치부로 이관하여 행정개혁본부를 발족하였다. 동년 11월 이를 정부혁신본부로 재편하여 정부혁신 관리기능을 강화하였다. 행정자치부 산하에 정부혁신관리평가단을 두어 부처의 혁신성과와 혁신수준을 평가하였다. 2005년 2월에 정부혁신위 소속 혁신관리전문위원회를 행정자치부로 이관하여 혁신 관리와 함께 컨설팅 기능을 담당하도록 하였다.

(4) 중앙부처와 지방자치단체의 혁신조직

각 부처의 혁신업무 담당이 TF 중심의 임시조직으로 운영되어 혁신에 역량을 집중하지 못하는 문제점이 제기됨에 따라 2004년 3월 49개 중앙부처 행정관리담당

표 7-14 노무현 정부 혁신추진 관련기관 기능과 상호 관계

기관	기능	기관간 관계
대통령비서실 (혁신수석실)	대통령의 혁신철학 전파 혁신활동의 종합 조정	정부혁신본부가 실무지원 정부혁신지방분권위원회와 업무협조
정부혁신지방분권위원회	주요 혁신활동사항 심의 동력창출, 혁신기법 전파	정부혁신본부와 업무협조 대통령비서실과 협조
행정자치부 정부혁신본부 (혁신관리위원회)	중장기 혁신전략 수립 각 기관 혁신추진 지원 및 확산 혁신활동 진단 · 평가, 성과관리	혁신관리비서실 업무지원 정부혁신지방분권위원회와 업무협조 민간전문기관, 시민단체, 외국과 협력
중앙부처, 자치단체 및 공공기관	자체 혁신계획 수립 · 시행 자체혁신과제의 수행	정부혁신본부, 공공혁신본부 등과 업무협조 전문 교육 · 연구 기관과 협력
중앙공무원교육원 자치인력개발원	혁신역량 교육 프로그램 지방공무원 혁신역량 개발	혁신본부의 혁신교육 지원 민간 · 국제기구 등과 협력
전문 연구기관	정부혁신의 실천전략 연구 현장중심의 체계적 혁신연구	혁신본부의 혁신연구 지원
혁신 지원기구 (컨설팅센터 등)	각 기관의 혁신기능 지원 및 강화 열위기관의 혁신역량 측면지원	정부혁신본부, 공공혁신본부 등과 업무협조 민간 혁신전문가의 지원 확보

출처: 국정홍보처, 2008b, 79.

관을 혁신담당관(혁신기획관)으로 전환하고, 2004년 4월 지방자치단체에 혁신분권담당관을 설치하였다.

(5) 정부혁신추진회의와 혁신지원장관협의회

2004년 9월 대통령과 혁신 관련 주요기관이 참여하는 정부혁신 추진회의를 신설 · 운영하여 정부혁신을 체계적으로 추진 · 관리하고 정부혁신의 기본방향, 전략 등을 결정하였다.

- 참석자: 대통령, 정부혁신지방분권위원장, 중앙인사위원장, 국무조정실장, 기획예산처 장관, 국정홍보처장, 행정자치부 장관, 교육인적자원부 장관, 중앙공무원교육원장
- 회의개최: 2004.9.11 제1차 회의 이후 2007년까지 7회 개최

한편 '혁신지원장관협의회'를 2005년부터 운영하였는데 협의회는 행정자치부 장관, 교육인적자원부 장관, 기획예산처 장관, 국무조정실장, 중앙인사위원장, 정부혁신지방분권위원장, 대통령비서실 혁신관리수석으로 구성되었다. 협의회에서는 혁신친화적 환경 조성방안, 혁신 장애요인 해소방안, 장 · 차관 혁신학습 프로그램 등을 다루어 현장 적응을 지원하였다.

(6) 교육 및 연구기관 참여

중앙공무원교육원, 자치인력개발원 등 교육훈련기관이 혁신교육 프로그램을 개발하는 한편, 한국행정연구원 등 각급 연구기관에서 혁신의 실천전략을 연구하도록 하였다.

3) 정부혁신 로드맵 수립

(1) 정부혁신 로드맵 수립과정

노무현 정부는 정부혁신의 구체적 방향과 세부내용을 체계적으로 정리한 정부혁신 로드맵을 수립하여 혁신의 일관성과 지속성을 확보할 수 있도록 하였다. 행정개혁, 인사개혁, 지방분권, 재정·세제개혁, 전자정부, 기록관리 등 6개 분야 로드맵은 분야별로 혁신의 비전과 목표, 주요과제와 실행계획을 담고 있다.

분야별 로드맵의 수립절차는 [그림 7-8]에 제시되었다. 분야별 전문위원회에서 학계, 시민사회, 지방자치단체 등 각계의 주장 및 제안 내용을 검토·반영했으며, 각 전문위원회별로 로드맵 작성을 위한 수 개의 TF를 별도로 운영하고, 전체회의 검토 및 토론과정을 거쳐 로드맵 시안을 마련했다.

그림 7-8 분야별 로드맵 수립 절차

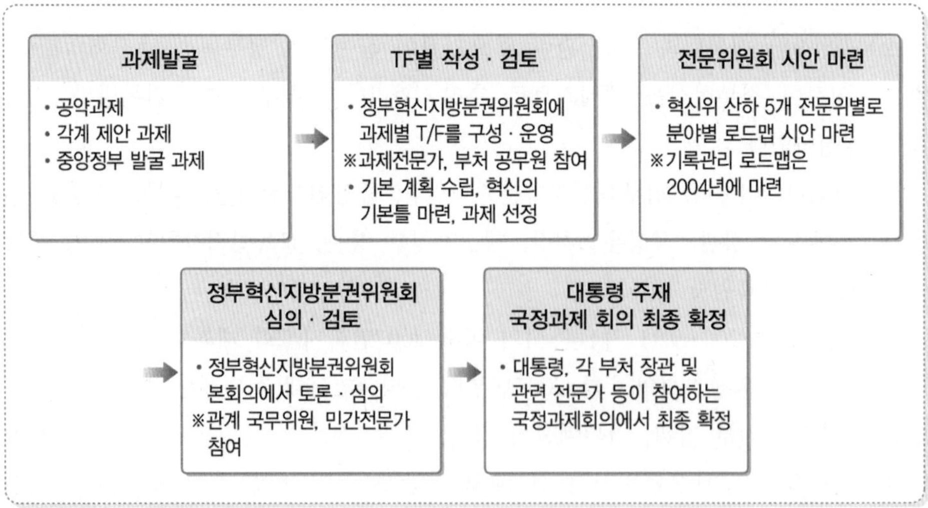

출처: 국정홍보처, 2008b, 59.

각 전문위원회별로 마련한 시안은 정부혁신지방분권위원회 본회의 토론, 대통령 주재 국정과제회의 보고를 거쳐 최종 확정되었다. 인사개혁(2013년 4월), 행정개혁(2003년 7월), 지방분권(2003년 7월), 재정세제(2003년 7월), 전자정부(2003년 8월), 기록관리(2005년 10월) 로드맵이 확정되어 6개 분야에서 149개 로드맵과제가 선정되었다.

(2) 분야별 로드맵과제의 비전과 목표

6개 전문분야별 로드맵의 비전과 목표, 그리고 과제수가 <표 7-15>에 제시되었다. 앞의 [그림 7-7]에 제시된 정부혁신 전반에 관련된 비전과 목표를 토대로 전문분야별 비전과 목표는 각 분야의 특징을 반영하면서 다른 분과와의 연계도 고려하여 설정되었다.

표 7-15 분야별 로드맵의 비전과 목표

분야	비전	목표		과제
행정개혁	국민과 함께 일 잘하는 정부	- 효율적 행정 - 투명한 행정 - 깨끗한 행정	- 봉사하는 행정 - 함께 하는 행정	28
인사개혁	공정성과 전문성에 기초한 참여형 인사 시스템	- 자율과 책임에 기초한 인사시스템 - 투명하고 공정한 인사운영	- 전문성과 역량을 강화하는 인사제도 - 공무원과 함께 하는 인사관리	20
지방분권	주민과 함께 하는 가까운 정부, 분권형 선진국가	- 중앙-지방간 권한 재배분 - 지방정부의 자치행정역량 강화 - 지방정부 책임성 강화 - 협력적 정부간 관계 정립	- 획기적 재정분권 추진 - 지방의정 활성화 및 선거제도 개선 - 시민사회 활성화	33
재정세제	성장·분배의 상승효과를 창출하는 분권형 국가재정	- 재정분권 추진 - 지출 효율성 제고 - 재정 건정성 견지	- 세제·세정 합리화 - 재정 투명성 제고	23
전자정부	세계 최고수준의 열린 전자정부 구현	- 정부의 일하는 방식 혁신 - 정보자원관리 혁신	- 대국민 서비스 혁신 - 법제도 정비	31
기록관리	참여민주주의 시대 기록문화 정착	- 프로세스 혁신을 통한 효율과 책임의 동시구현 - 국가기록관리를 위한 혁신동력 확보	- 시스템 혁신을 통한 지식정보화 달성 - 국제표준에 부합하는 법제도 정비	14
합계				149

(3) 5대 목표 달성을 위한 주요과제

분야별 로드맵과제 149개 가운데 정부혁신 5대 목표를 달성하기 위하여 추진된 대표적인 혁신과제가 <표 7-16>에 제시되었다.

표 7-16 5대 목표달성을 위한 주요과제

5대 목표	대표적 과제
효율적 정부	– 평가인프라 구축, 통합성과관리체계 구축 등과 같은 과제를 통하여 효율성 지향적 시스템 구축(행정개혁) – 민·관 인사교류 활성화, 개방형 임용 확대, 고위공무원단제도 도입 등 개혁과제를 통하여 역량을 갖춘 공무원이 일할 수 있는 여건 조성(인사개혁) – 성과 중심 재정시스템 구축, 재정지출구조 개혁, 공기업 경영혁신 등 성과지향적이고 효율적인 재정 시스템 구축·운용(재정세제개혁) – 하드웨어, 소프트웨어, 서비스 통합개발과 운영, 정보화 인력 역량 집중 등을 통한 정부 내 중복 업무 제거와 신속하고 효율적 업무처리 시스템 구축과 실현(전자정부 개혁)
봉사하는 정부	– 서비스 스탠다드 추진 및 강화, 사회적 약자에 대한 서비스 형평성 제고, 일선기관 서비스 공급역량 제고 등을 통하여 국민들이 원하는 다양한 서비스 발굴 및 제공(행정개혁) – 조세 형평성 제고 및 편안하고 부드러운 납세환경의 조성 등을 위하여 조세체계의 합리적 개편(재정세제 개혁) – 보험, 의료, 복지 등 연계된 종합복지체계의 시스템화와 민원정보시스템 구축 등 전자적 지원체계 마련(전자정부 개혁)
투명한 정부	– 행정정보공개 확대 및 접근성 제고, 정책실명제 및 주요사안 기록의무화 등으로 행정의 개방성을 확대하고, 부조리 유발제도, 규제개선, 공직자 윤리제도 개선을 통하여 공직윤리 확보(행정개혁) – 투명하고 공정한 선발시스템 구축, 차별없는 균형적 인재 채용, 다양한 평가시스템 개발과 활용을 통하여 인사관리 투명성 확보(인사개혁) – 재정회계 인프라 구축과 재정정보 공개를 통한 재정운용 투명성 확보(재정세제 개혁) – 정부업무 수행의 전자적 시스템화를 통해 투명성 보장(전자정부 개혁)
분권화된 정부	– 한 조직에 집중된 권한의 분산과 수평적 행정문화 조성 등 분권형 조직설계(행정개혁) – 인사권 위임 확대, 부처별 자율적 채용권한 확대, 내부규제 폐지 및 완화를 통한 인사관리의 자율분권화(인사개혁) – 중앙권한의 지방이양, 교육자치제도 개선, 사무구분체계 개선, 분권형 도시계획체제 구축, 자치입법권 및 자치조직권 확대(지방분권 개혁) – 지방재정력 확충 및 불균형 완화, 지방재정의 자율성 강화, 재정분권 추진, 지방세정제도 개선(재정세제개혁)
함께 하는 정부	– 정책공동체 활성화를 통한 행정과정에의 적극적, 실질적 시민 참여확보(행정개혁) – 민간인 공직진출 확대, 소수집단의 공직임용 확대, 상생적 노사관계 구축 등 공직사회의 개방성과 민간인사 참여를 촉진(인사개혁) – 주민투표제, 주민소송제, 주민소환제 도입 등 직접 민주주의 가치 강화(지방분권 개혁) – 재정정보 공개를 통하여 국민이 재정결정 시스템에 실질적으로 참여할 수 있는 기반 마련(재정세제 개혁) – 행정정보화, 전자투표제, 온라인 국민참여제도 도입·확대로 국민의 국정참여 기반 구축(전자정부개혁)

출처: 분야별 로드맵에서 저자가 정리.

4. 정부혁신의 주요내용

1) 정부조직 및 운영체계 혁신

(1) 정부조직 개편의 주요내용

노무현 정부의 정부조직 개편은 모두 정부 출범 후에 정부혁신지방분권위원회의 논의를 거쳐 이루어졌다. 제1차 조직개편은 정부 출범 1년이 지난 후인 2004년 3월에 이루어졌는데, 다른 정부에서 인수위원회 시기에 조직개편을 준비하여 정부 출범과 동시에 대대적인 개편을 단행하였던 것과는 사뭇 다른 접근방법을 채택하였다. 2004년 이후로 모두 6차례에 걸쳐 「정부조직법」의 개정이 이루어졌는데, 시기별로 개정내용을 살펴보면 다음 <표 7-17>과 같다.

표 7-17 노무현 정부의 정부조직 개편 주요내용

시행일	주요내용	비고
제1차 개편 2004.3.11	소방방재청 행정자치부 소속으로 신설	소방방재청 신설 및 부처간 기능 조정
	법제처와 국가보훈처의 장관급 격상	
	문화재청 차관급 격상	
	행정자치부 소관사무에 전자정부 추가	
	행정자치부 인사관리 기능 중앙인사위에 이관	
	기획예산처 행정개혁업무 행정자치부 이관	
	보건복지부 영유아 관련 업무 여성부 이관	
제2차 개편 2004.9.23	과학기술부총리 신설	과학기술부총리 신설
	과학기술부에 과학기술혁신본부(차관급) 설치	
제3차 개편 2005.1.1	철도청 폐지, 철도공사(공기업) 신설	철도청 공사화
	건설교통부 사무에 철도에 관한 사무 추가	
제4차 개편 2006.1.1	행정중심복합도시건설청 신설(「신행정수도 후속대책을 위한 연기·공주지역 행정중심복합도시 건설을 위한 특별법」 제38조에 근거)	행복청 신설
제5차 개편 2005.3.24	여성부를 여성가족부로 개편	청소년위 신설
	청소년위원회 신설	
	국무조정실 차장제 도입(수석조정관을 차장으로 변경)	
제6차 개편 2005.7.22	재정경제부, 외교통상부, 행정자치부, 산업자원부 복수차관제의 도입	복수차관제 도입
	방위사업청 신설	
	통계청과 기상청 차관급 격상	

① 제1차 조직개편

2004년 3월 11일 「정부조직법」 개정으로 단행된 제1차 조직개편에서 소방방재청이 행정자치부 소속으로 신설되고, 법제처와 국가보훈처의 장관급 격상, 문화재청의 차관급 격상이 이루어졌다. 행정자치부의 인사집행기능이 중앙인사위원회로 이관되는 대신, 행정자치부에 전자정부 업무가 추가되었다. 한편 김대중 정부에서 기획예산처가 담당하였던 행정개혁업무를 행정자치부로 이관하였다. 또한 보건복지부의 영유아 관련 업무를 여성부로 이관하였다.

② 제2차 조직개편

2004년 9월 23일 「정부조직법」을 개정하여 과학기술부총리를 신설하여 과학기술 혁신정책을 효율적으로 총괄·조정하도록 하였고, 과학기술부에 과학기술혁신본부(차관급)를 설치하여 과학기술혁신정책의 기획·조정·평가 업무의 공정성 및 독립성을 확보하도록 하였다.

③ 제3차 조직개편

2004년 12월 30일 「정부조직법」을 개정하여 철도청을 폐지하고 철도공사(공기업)를 신설하여 철도서비스 및 철도의 건설, 운영기능 제고를 추진하도록 하였다.

④ 제4차 조직개편

행정중심복합도시건설청을 신설(「신행정수도 후속대책을 위한 연기·공주지역 행정중심복합도시 건설을 위한 특별법」 제38조에 근거)하였다(2005년 3월 「정부조직법」 개정, 2006년 1월 1일 시행).

⑤ 제5차 조직개편

여성부에 보건복지부의 가족정책기능을 이관하여 여성가족부로 개편하고, 청소년정책기능을 강화하기 위하여 청소년위원회를 신설하였다(2005년 3월 「정부조직법」, 법률 제7413호 개정).

⑥ 제6차 조직개편

재정경제부, 외교통상부, 행정자치부, 산업자원부에 복수차관제를 도입하고, 방위산업청을 신설하며, 통계청과 기상청을 차관급으로 격상하였다(2005.7.22).

제6차 개편이 완료된 후 노무현 정부의 정부조직도는 [그림 7-9]와 같이 18부 4처 17청 1위원회이다.

그림 7-9 노무현 정부 정부조직도

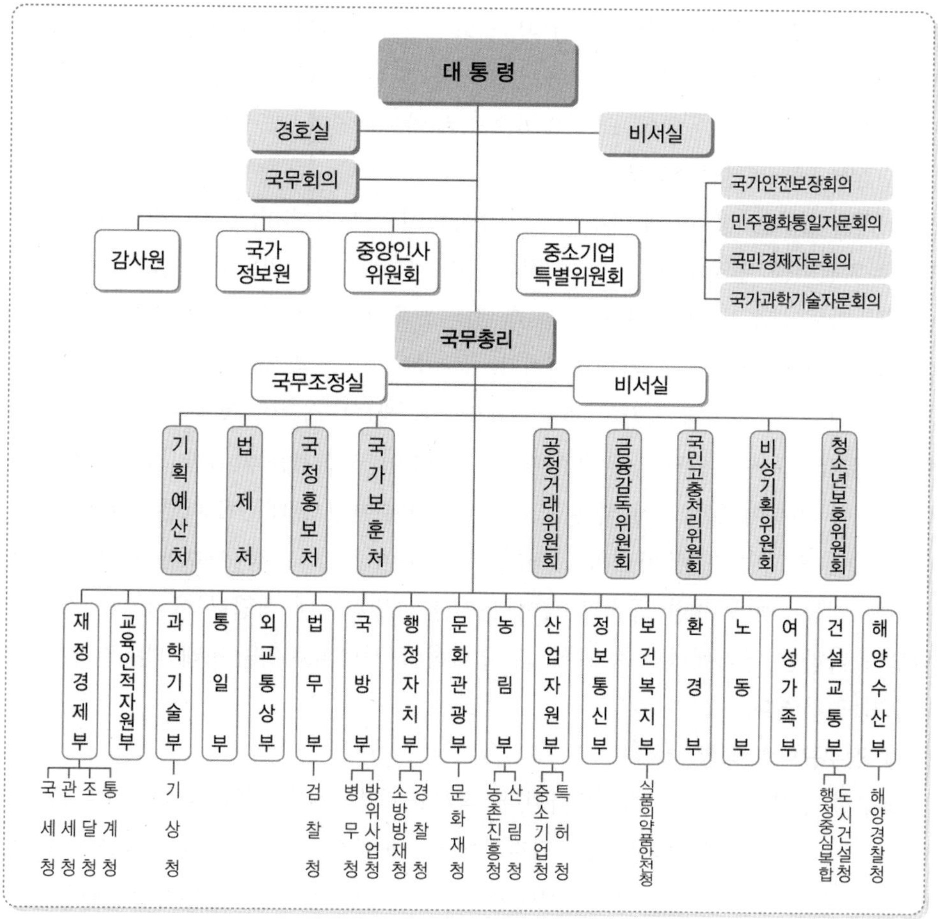

18부 4처 17청 1위원회.
2005.3.18 법률 제7391호(2006.1.1. 시행).
출처: 행정안전부, 2012, 대한민국 정부조직변천사, 11.

(2) 조직개편 성찰

① 점증주의적 접근방법

노무현 정부는 정부조직 개편에 있어 점증적인 입장을 취하고 있으며, 대규모 조직개편을 최소화하고 기능조정을 활용하여 외형적 조직개편보다 실제적 기능조정과 업무과정 개선을 통하여 정부조직의 효율성을 도모하고자 하였다. 조직개편, 인원감축, 기능조정 등에 집중한 과거의 정부들과 달리 소프트웨어나 휴먼웨어에 집중하여 개편을 추구하였다. 이러한 접근방법은 정부가 대규모 부처조직개편을 하지 않겠다는 확고한 결정을 내린 다음에야 가능한 방법으로 생각된다. 일단 정부가 출범하면 정무직 기관장이 임명되므로 부처통폐합이나 축소는 거의 불가능하기 때문이다. 노무현 정부는 진보적인 김대중 정부로부터 정부를 인수하였기 때문에 부처 조직개편의 동인이 크지 않았으므로 가능하였던 접근방법으로 보인다.

② 정부조직 개편의 추진체계

노무현 정부는 정부조직 개편의 추진주체로서 정부혁신지방분권위원회의 행정개혁전문위원회를 활용하였다. 다른 정부에서 대통령직인수위원회를 활용하여 정부출범과 더불어 조직개편을 단행한 이후 정부조직 개편수요가 발생할 경우 TF 형태의 임시조직을 활용한 것과 대조적이다. 정부혁신위 출범 자체가 정부출범 이후이고 쟁점에 관한 논의에 시간이 소요되었으므로 제1차 개편이 정부출범 1년 후에야 이루어졌다. 그 이후에도 집권기간 동안 끊임없이 쟁점기능에 관한 기능조정에 관한 논의가 이루어졌고 그에 따른 조직개편도 이루어졌기 때문에 다른 정부와 비교하여 많은 숫자인 여섯 차례의 조직개편이 이루어졌다. 쟁점 이슈와 관련된 부처에서는 기능조정에 관한 공격과 방어 논리를 개발하는데 상당한 에너지를 소모하였으며 다양한 영역에서의 혁신추진과 결합하여 개혁피로감을 초래하는 결과를 가져오기도 하였다.

③ 정부규모의 팽창

노무현 정부는 '작은 정부'가 아니라 '적정규모의 정부'와 '일 잘하는 정부'를 지향하였으므로 공무원 감축은 시도되지 않았다. 노무현 정부 임기말 부처조직의 숫자는 18부 4처 18청 1위원회로 김대중 정부 임기말 18부 4처 16청 1위원회보다 청이 2개 증가였으므로 부처 숫자가 크게 늘어난 것으로 보기 어렵다(철도청 공사화로 1개 축소, 소방방재청, 행정중심복합도시건설청과 방위사업청 신설). 그러나 정무직 공무원수는 2002년 106명에서 2007년 136명으로 30명이 증가하였고, 행정기관 하부조직의 경우, 같은 기간 차관보는 5개 감소(10→5)하였으나 실은 22개 증가(36→58), 국은 33개(174→207)가 증가하였다. 한편 행정부 소속 공무원수는 2002년 871,066명에서 82,024명 또는 9.41% 증가하여 953,090명이 되었다(<표 7-18> 참조).

표 7-18 노무현 정부 시기 행정부 소속 공무원 정원 변화

연도	2002	2003	2004	2005	2006	2007	증감(2002-2007)
공무원수	871,066	896,579	916,265	910,186	935,896	953,090	+82,024(+9.41%)

출처: 행정안전통계연도, 각년도.

이같이 노무현 정부는 집권초기부터 정부규모 축소보다는 적정규모를 주장하였으며, 실제 정무직 공무원, 행정기관 하부조직(실, 국), 그리고 행정부 소속 공무원의 정원이 상당히 증가하였다. 이는 우리나라가 서구 국가들과는 달리 복지사회로 진입하면서 행정수요가 증가하였음에도 불구하고 김영삼 정부와 김대중 정부에서 '작은 정부'를 지향하면서 억제하여 왔던 정부규모를 확대하였기 때문이라고 생각된다.

④ 민간참여 위원회의 증가

노무현 정부 시기에 특징적인 현상의 하나가 정부규모의 확대와 더불어 민간이 참여하는 위원회가 크게 증가하였다는 것이다. 노무현 정부에서 시민사회와의 협치라는 이념을 강조하면서 국정운영에 민간이 참여하는 민관합동위원회가 큰 비중을 차지하게 되었다(김근세 · 박현신, 2009: 140). 대표적으로 정부혁신지방분권위원회를 포함한 대통령 소속 13개 국정과제위원회를 들 수 있다(제9장 대통령소속위원회 참조). 앞에서 살펴보았듯이 국정과제위원회에는 본위원회뿐만 아니라 산하에 여러 개의 전문위원회를 두고 있어 여기에 참여하는 학자, 연구원, 시민단체 활동가들이 상당히 많아졌다. 국정운영과정에서 대통령위원회와 계선부처 사이에 상당한 긴장관계가 조성되기도 하였다.

(3) 분권형 조직설계

노무현 정부에서는 정부조직 개편을 최소화하는 한편 운영체계 개편에 해당하는 부처 내부조직의 분권화와 분산화를 추진하였는데, 그 주요내용은 다음과 같다(정부혁신지방분권위원회, 2008b: 96-101; 한국행정연구원, 2007: 277-278).

① 하부조직 조직관리 자율권 확대

실 · 국장에게 '과' 단위 인사권을 부여하고, 개방형직위 결정권을 각 부처로 이관하였다. 조직의 부처와 정원을 행정수요에 따라 신축적으로 대응할 수 있는 제도적 기반을 마련하였다.

② 팀제 도입

분권형 조직의 한 형태인 팀제 도입을 위해 '과'를 '대통령이 정하는 보조기관'으로 변경하고, 팀 설치를 자유롭게 할 수 있도록 '국'에 설치되는 보조기관 설치에 있어 부처자율성을 확대하였다.

③ 책임운영기관제도 확대

자율적 조직의 한 형태인 책임운영기관의 자율성을 확대하기 위해 기관 정원의 통합운영 허용, 책임운영기관장에게 예산전용권 부여 등을 내용으로 하는 「책임운영기관법」을 개정하고, '청' 단위 중앙행정기관을 책임운영기관으로 지정할 수 있도록 하면서 책임운영기관의 수가 급격하게 증가하였다. 청단위기관으로는 특허청이 2006년 5월 책임운영기관으로 지정되었다(정부혁신지방분권위원회, 2008b: 98).

④ 총액인건비제도 도입

중앙부처 조직·인사자율권을 극대화하기 위한 노력으로 기준범위 내에서 각 부처의 장에게 인원조정 권한을 부여하였다. 총액인건비 제도는 2005년에 8개 부처와 23개 책임운영기관을 대상으로 시범단계를 거쳐 2007년 중앙행정기관 및 책임운영기관으로 전면 확대되었다.

2) 인사혁신

인사개혁은 노무현 정부가 중점을 두고 추진한 정부혁신의 핵심분야 중의 하나이다. 여기에서는 추진이 완료된 인사개혁 로드맵 20개 과제 중 오늘날까지 인사제도에 영향을 미친 과제를 중심으로 살펴보기로 한다.

(1) 중앙인사기관 통합과 인사자율권 확대

노무현 정부 출범 초기 우리나라의 공무원 인사기능은 중앙인사위원회와 행정자치부 인사국으로 이원화되어 있을 뿐 아니라, 이들 두 기관에서 각 부처의 공무원 인사권 행사를 지나치게 통제하는 경향이 있었다. 인사개혁 로드맵에 따라 따라 행자부 인사국(인사과, 교육훈련과, 고시과), 중앙공무원교육원, 소청심사위원회가 중앙인사위로 이관되어 통합 중앙인사위원회가 발족(2004.6.12)되었다. 중앙인사기관을 일원화하여 각 부처의 1－3급 고위공무원에 관한 인사에만 관여하게 하고, 기타 공무원 인사기능은 각 부처로 대폭 이관하였다. 공무원 인사관리권한의 분권화 여부를 가름하는 가장 좋은 척도는 앞에서 살펴본 총액인건비제도의 도입이다.

노무현 정부에서는 각 부처의 조직(기구와 정원), 인사(채용과 보수), 인건비 운영에 관한 자율권 확대하기 위한 총액인건비제도 도입을 1년여 논의를 거쳐 확정하였다(2005.2.22 국정과제회의에서 확정).

(2) 고위공무원단 도입

고위공무원단제도가 2006년 7월 1일부터 전면적으로 도입되었다. 이 제도를 통하여 1−3급 고위공무원을 전정부적 관점에서 통합적으로 관리하고 이들에 대하여 엄정한 성과관리를 적용하게 되었다. 노무현 정부는 실·국장급 공무원을 개방과 경쟁을 통해 역량을 강화하고 능력을 발전시켜 범정부적 시야와 글로벌 스탠더드를 갖춘 국가 핵심인력으로 양성함으로써 정부의 정책관리능력을 획기적으로 제고시키려는 취지에서, 고위공무원단제도 도입을 인사개혁 중심과제로 선정하여 추진해 왔다.

기존의 실·국장급 재직자는 일괄하여 고위공무원단으로 편입한다. 신규충원의 경우 개방형직위를 통한 민간과의 경쟁뿐만 아니라 공모직위제도를 도입하여 부처간 경쟁을 통해 적격자를 충원한다. 고위공무원단으로 신규 진입하는 경우 후보자교육을 이수하고 역량평가를 거쳐야 한다. 고위공무원단 직위 신규충원시 범주별로 개방형 직위[11] 20%, 공모직위[12] 30%, 부처 자율인사 50%로 범위가 설정되었다.

11 「국가공무원법」 제28조의4(개방형 직위) ① 임용권자나 임용제청권자는 해당 기관의 직위 중 전문성이 특히 요구되거나 효율적인 정책 수립을 위하여 필요하다고 판단되어 공직 내부나 외부에서 적격자를 임용할 필요가 있는 직위에 대하여는 개방형 직위로 지정하여 운영할 수 있다. 이 경우 「정부조직법」 등 조직 관계 법령에 따라 1급부터 3급까지의 공무원 또는 이에 상당하는 공무원으로 보할 수 있는 직위(고위공무원단 직위를 포함하며, 실장·국장 밑에 두는 보조기관 또는 이에 상당하는 직위는 제외한다) 중 임기제공무원으로도 보할 수 있는 직위(대통령령으로 정하는 직위는 제외한다)는 개방형 직위로 지정된 것으로 본다. <개정 2012.12.11> ② 임용권자나 임용제청권자는 제1항에 따른 개방형 직위에 대하여는 직위별로 직무의 내용·특성 등을 고려하여 직무수행요건을 설정하고 그 요건을 갖춘 자를 임용하거나 임용제청하여야 한다. 2022년 12월 12일 검색.

12 「국가공무원법」 제28조의5(공모 직위) ① 임용권자나 임용제청권자는 해당 기관의 직위 중 효율적인 정책 수립 또는 관리를 위하여 해당 기관 내부 또는 외부의 공무원 중에서 적격자를 임용할 필요가 있는 직위에 대하여는 공모 직위(公募 職位)로 지정하여 운영할 수 있다. ② 임용권자나 임용제청권자는 제1항에 따른 공모 직위에 대하여는 직위별로 직무의 내용·특성 등을 고려하여 직무수행요건을 설정하고 그 요건을 갖춘 자를 임용하거나 임용제청하여야 한다. ③ 삭제 <2008.12.31.>. ④ 중앙인사관장기관의 장은 공모 직위를 운영할 때 각 기관간 인력의 이동과 배치가 적절한 균형을 유지할 수 있도록 관계 기관의 장과 협의하여 이를 조정할 수 있다. 2022년 12월 12일 검색.

(3) 개방형 임용 확대

노무현 정부가 도입한 고위공무원단 제도에 김대중 정부가 도입한 국장급 이상 개방형 직위제도가 포함되었다. 노무현 정부는 개방형 직위에 과장급 직위도 포함할 수 있도록 하였고(국장급 이상 개방형 직위 하나를 과장급 개방형 직위 2개로 대체할 수 있도록 허용함), 개방형 직위에 외부임용을 장려하였다. 이같은 개방형 임용 확대 정책에 따라 개방형 지정 직위수와 외부 임용률이 증가하였다. 노무현 정부 임기말 2007년 개방형 지정 직위수(과장급 직위 일부 포함)는 220명으로 김대중 정부 임기말 139명과 비교하여 크게 증가하였다. 이 가운데 196명이 충원되었는데 외부임용(민간인 또는 타부처 공무원)은 110명, 56.1%로 김대중 정부 임기말 2002년의 19.5%보다 대폭 증가하였다(다음 장 [그림 8-2] 및 <표 8-2> 참조).

(4) 전보제한제도와 보직경로제도 도입

우리나라 공무원 인사제도는 계급제와 직업공무원제를 기본으로 하고 있어, 전문가의 공직 중간유입이 어렵고 따라서 우수 전문가 충원에 한계를 가지고 있다. 노무현 정부에서는 국가경쟁력을 높이기 위해서는 전략적인 인사관리를 통하여 정부 인적자원의 경쟁력과 전문성 제고가 필요하다는 인식하에 종합적인 전문성제고 방안을 도입하였는데(남궁근, 2003), 그 중요한 요소 중 하나가 전보제한 및 경력개발프로그램(보직경로제도)이다(남궁근·류임철, 2004).

공무원이 전문성을 갖추려면 업무를 수행하는데 필요한 전문지식과 기법은 물론 재직경험에 따른 지식도 축적되어야 한다. 그런데 우리나라 모든 중앙부처 고위공직자들의 재임기간은 놀랄만큼 짧다. 1997년부터 2001년까지 4년간 중앙부처 실·국장급의 평균재직기간은 1년 정도, 과장급은 1년 2개월에 불과하였다. 부처 전체의 조직을 업무의 유사성, 전문화의 수준 및 필요성, 조직규모 및 기관체계 등을 기준으로 몇 개의 전문분야와 하나의 공통분야로 구분하여 경력개발프로그램 전문분야를 설정하고, 가능한 한 분야별 공무원 수의 상대적 균형을 도모함으로써 인사운영상의 장애요인을 사전에 제거하도록 하였다. 공무원의 전문성을 강화하고 경력발전을 지원하기 위해 경력개발프로그램 요소의 도입과 더불어 당시 1년인 전보제한기간을 직위별로 확대하였다. 과장급은 1년 6개월, 5급 이하는 2년으로 확대하였다. 3급 국장급 이상은 고위공무원단에 포함되므로 대상에 포함시키지 않았다.

과도한 전보 사전승인을 방지하기 위하여 전보 사전승인 요건을 강화하고 그 사유를 제한하였다.

(5) 사회형평적 인재등용

공무원의 구성이 전체 국민을 골고루 대표하여야 한다는 관료의 대표성, 또는 대표관료제(representative bureaucracy) 이론은 실적주의 원칙(merit principle)을 보완하는 것으로 세계 각국에서 보편적으로 적용되고 있다. 당시 우리나라 공무원의 출신배경을 살펴보면, 여성과 장애인의 진출이 미미한 형편이었고, 그 밖에도 한국의 특수한 요인인 인재의 서울집중 현상으로 지방대학 출신의 고위공무원 진입이 점점 어려워지고 있었다. 이러한 문제를 해소하고 관료제의 대표성을 강화하기 위하여 여성, 장애인, 지방출신 등 '사회형평적 인재등용방안'이 국정과제회의(2004. 2.5)에서 확정되었다. 또한 과학기술인력의 공직임용 확대방안도 추진하였다(이하 정부혁신지방분권위원회, 2008c: 138-162).

여성공무원에 대한 인사정책 개선대책은 공무원 채용 시 양성평등채용목표제 확대시행(목표비율 30%), 여성관리자 임용확대 5개년 계획, 출산·육아여건 개선, 여성공무원 보직관리 강화 등이다. 장애인 공직임용확대 방안으로는 장애인 의무고용분야 대폭 확대, 장애인 공무원 채용시험 응시연령 상향 및 수험편의 제공 방안이 실행되었다. 지방출신 공직임용확대 방안으로는 지역인재추천채용제(견습 3년 후 6급 공무원 특채), 지방인재 채용목표제(5급 공채 목표비율 20%), 지역별 구분모집제(지역별 선발예정인원의 일부를 당해지역 출원자 중 선발)를 도입하였다. 한편 과학기술인력의 공직임용 확대방안으로 기술직의 정책결정직위 임용확대 기회 마련, 기술직 신규채용인원 확대 및 채용제도 개선 등의 대책을 도입하였다. 사회형평적 인재등용방안은 각 분야에서 상당한 성과를 거두었다(국정홍보처, 2008b: 156).

3) 재정혁신

재정분야에서는 재정·세제전문위원회에서 23개 로드맵과제를 추진하였는데, 여기에서는 4대 재정혁신으로 불리는 국가재정운용계획, 총액배분자율편성제도, 재정성과관리제도, 디지털예산회계시스템에 관하여 살펴보겠다(정부혁신지방분권위원회, 2008d: 126-155, 231-236; 서원석, 2014: 246-248).

(1) 국가재정운용계획 수립

국가재정운용계획은 단년도 위주의 재정운용방식을 보완하고 중장기적 시각에서 재정운용이 이루어지도록 하는 것으로서 향후 5년 동안 국가재정의 기본운용 방향과 주요분야별 재원배분 및 투자계획 등을 제시하는 국가재정운용의 청사진에 해당된다. 5개년 국가재정운용계획은 2004년도에 최초로 수립되어 동년 10월에 국회에 예산안·기금운용계획안과 함께 제출하였다. 이 계획은 재정 규모와 구조를 정확하게 파악하고, 재원배분과 재정수지관리 등 전략적 재정운용이 가능하도록 일반회계, 특별회계, 기금을 포괄하는 통합재정 기준으로 작성된다. 국가재정운용계획은 5개년을 단위로 작성되며 연동계획으로 매년 수정된다.

(2) 총액배분자율편성예산제도 도입

총액배분자율편성예산제도(top－down 예산제도)는 2003년도에 시범실시를 거쳐 2005년부터 전면 도입되었다. 이 제도에서는 중앙예산기구(예: 기획재정부)에서 총지출규모 및 부처별·분야별 지출한도를 설정한 후 각 부처가 지출한도 내에서 사업별로 예산을 요구하면, 중앙예산기구에서 각 부처가 제출한 예산요구안에 대해 재정원칙과 기준을 준수했는지 여부에 따라 검토하고 협의·보완하는 과정을 거쳐 예산을 편성한다(김상헌, 2020: 157). 이는 단년도 예산편성 방식으로는 중기적 시각의 재정운영이 곤란하고, 개별사업 검토 중심의 예산편성과 예산 투입에 치중한 재정운영으로는 국가적 우선순위에 입각한 거시적 재원 분석과 재정지출의 사후적 성과관리가 어렵다는 지적이 제시됨에 따라 재정운영의 틀을 근본적으로 혁신하기 위해 추진되었다. 주요내용은 정책과 우선순위에 입각한 전략적 재원배분 방식을 목표로 재정당국이 5개년 재원배분계획(국가재정운용계획)에 근거해 연도별 재정규모, 분야별·중앙관서별·부문별 지출한도를 제시해 정책과 우선순위에 입각한 전략적 재원배분을 도모했다.

총액배분 자율편성제도의 효과는 다음과 같다. 첫째, 과다 요구·대폭 삭감의 관행이 감소했다. 둘째, 부처의 효율성이 증대됐다. 각 부처는 지출한도 범위 내에서 필수 재정소요를 반영하기 위해 불요불급한 사업에 대한 자율적인 구조조정을 추진할 수 있게 되었다. 셋째, 예산편성과정에서 각 부처의 자율성과 전문성이 발휘되었다. 그러나 중앙예산기구와 일선 부처의 신뢰관계가 확보되지 못하면 정착되기 어렵다.

(3) 재정사업 성과관리제도 도입

재정사업 성과관리제도는 재정사업의 목표와 성과지표를 설정하고, 지표에 의한 평가결과를 재정운영에 반영하는 제도이다. 기본구조는 [그림 7-10]에 제시된 것과 같이 성과계획 수립 · 예산운영 · 성과측정 및 평가로 구성된다. 즉, 일정 재정사업(또는 사업군)을 통해 달성하고자 하는 성과목표를 사전에 설정하고, 성과목표의 달성 여부를 측정할 수 있는 계량화된 성과지표를 개발해 성과목표와 사업시행결과를 지표에 의해 비교 평가하여 그 결과를 재정운영에 환류하는 제도이다.

그림 7-10 재정사업 성과관리제도 기본구조

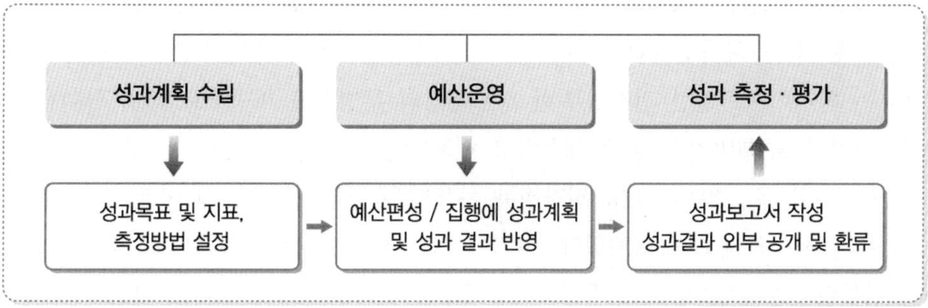

출처: 정부혁신지방분권위원회, 2008d, 152.

2003년도부터 시범사업을 시작하여 2005년에 전체 주요 재정사업의 1/3에 해당하는 총 40개 부처, 555개의 재정사업(약 35조원)에 대해 자율평가를 실시하기 시작하였다. 이 제도는 현재까지 운영되면서 성과중심의 재정운영, 투명한 재정운영의 제도적 기반이 되었다(이 책 제4부 제9장 참조).

(4) 디지털예산회계시스템(dBrain)

디지털예산회계시스템은 중앙 · 지방정부 · 공기업 등 전 공공부문을 대상으로 세입 징수부터 예산편성, 집행 · 결산 · 평가 등 일련의 재정 활동의 모든 정보를 실시간으로 분석하여 제공할 수 있는 통합재정정보시스템이다. 2004년 3월 4일 국정과제 회의에서 디지털예산회계시스템을 구축하기로 결정한 이후 시스템을 구축하기 시작하여 2007년 1월 1일부터 가동하기 시작하였다. 디지털예산회계시스템은 국제기준에 의한 재정정보의 비교는 물론 재정통계에 의한 합리적 정책결정을 가능케 한다. 일반국민도 예산사업을 쉽게 알 수 있게 되고, 기금·회계 간 유사·중복 사업의 파악이 가능해져 예산낭비를 제거할 수 있다. 또한 회계처리의 투명성 및 정확성이 제고되고 향후 재정소요 파악이 가능해져 재정건전성을 확보할 수 있으며, 일반 국민부터 정책결정자까지 필요한 재정정보를 실시간으로 제공받을 수 있다. 현재에는 공공기관인 한국재정정보원이 시스템의 운영을 담당한다.

4) 전자정부혁신

(1) 추진체계

노무현 정부의 전자정부 혁신은 정부혁신위의 전자정부전문위원회를 중심으로 로드맵을 수립하고 행정자치부와 정보통신부 및 과제 관련 부처에서 실행하였다. 전자정부의 비전은 '세계최고의 열린 전자정부 구현'으로 설정되었다. '세계 최고 수준'이란 최근 국가정보화를 바탕으로 전자정부를 세계 최고 수준으로 이끌어 가겠다는 의지이며, '열린 전자정부'란 정부운영의 투명성을 바탕으로 국민 참여를 활성화시키며, 부패방지를 통해 깨끗하고 신뢰받는 행정을 구현한다는 것이다(정부혁신지방분권위원회, 2008e: 44). 전자정부 로드맵은 4대 목표, 10개 아젠다, 31개 과제, 45개 세부과제로 구성되었다. 여기에서는 오늘날까지 지속적으로 활용되고 있는 정부업무관리시스템과 행정정보공유시스템을 특별히 소개하고 추진성과를 고찰하겠다.

(2) 정부업무관리시스템(On-Nara BPS system)

온나라시스템으로 불리는 정부업무관리시스템은 정부기능과 부처 업무활동을 연계하여 정부업무 및 실적을 체계적·상시적으로 관리할 수 있는 시스템이다. 이 시스템은 대통령비서실에 2004년 11월 구축된 'e-지원 시스템'을 기반으로 구축하여 2007년 1월부터 전부처로 확산시켰다. 이 시스템은 과제계획 수립단계부터 생산된 자료의 전 업무처리 과정을 체계적으로 시스템화하였는데 문서관리와 과제관리를 근간으로 하였다. 잦은 순환보직으로 담당자가 교체될 때마다 지식이 축적되지 못하였으나 이 시스템 도입으로 업무혼란과 공백이 대폭 감소되었다.

(3) 행정정보공유시스템

행정기관과 공공기관을 중심으로 일부 금융기관에 이르기까지 주민등록, 호적정보 등 42종의 행정정보를 공동으로 활용하여 민원처리시에 필요한 구비서류를 대폭 감축하였다. 행정정보공유시스템을 구축하는 과정에서 데이터베이스 보유부처의 저항을 극복하기 위하여 행정정보공유추진위원회(위원장: 국무총리와 민간 공동위원장)를 구성하여 관련 부처를 설득하였다. 예를 들면, 여권신청 시 과거에는 신청서와 병적증명서, 주민등록등본 등 7종의 구비서류가 필요하였으나 2007년부터 민원인은 신청서와 사진만 제출하도록 하고, 필요한 정보는 내부의 행정정보망으로 확인하도록 개선하였다(행정정보공유추진위원회, 2008). 노무현 정부에서 이 시스템을 도입한 이후 역대정부에서 공유정보의 종수를 계속 확대하여 왔다.

(4) 전자정부 추진성과

전자정부 로드맵 31개 과제의 진척율은 2007년 8월 기준 약 91%로서 관계기관의 이견 및 국회 법률심의상의 사정으로 다소 지연된 일부 사업을 제외하고 거의 완료되었다(정부혁신지방분권위원회, 2008e: 377－378). 노무현 정부의 전자정부 과제의 추진 결과 공무원의 일하는 방식에서 전자적 실시간 처리로 효율성 및 투명성이 크게 향상되었으며, 정부의 정보자원을 보다 전문적이고 안전하게 관리할 수 있는 시스템을 갖추었다. 한편 일반 국민과 기업들이 방문을 통해 처리해야 했던 다양한 종류의 민원들을 온라인 위주로 전자화함으로써 국민과 기업에게 실질적으로 도움이 되는 행정서비스를 제공하게 되었다. 한국의 전자정부 수준도 세계 최상위수준에 접근하게 되었다. UN 전자정부평가의 전자정부발전지수에서는 2003년 13위에서 2005년 5위로, 온라인참여지수에서는 2003년 13위에서 2005년 4위로 도약하였다.[13] UN 전자정부발전지수 평가에서 5위권에 진입하여, 차후 정부에서 세계

13 UN 전자정부평가는 2002년도에 시작되었다. 2년 주기로 짝수 해에 전자정부발전지수(E－Government Development Index)와 온라인참여지수(E－Participation Index)를 조사하여 발표한다. 전자정부발전지수는 UN 가입국인 세계 190여개국에 대하여 전자정부지수를 3개의 하위지수로 나누어 종합적으로 평가한다. 즉, ① 온라인서비스지수(Online Service Index): 국민들에게 서비스를 제공하는 정부의 일반적인 능력 측정; 국가대표포털사이트 또는 정부공식홈페이지를 중심으로 평가하되 특정 서비스의 존재·부존재에 따른 계량적인 평가; 국가포털사이트, 보건, 교육, 사회복지, 노동, 재정 등과 관련된 각국 정부의 대표 홈페이지를 대상으로 전자정부 발전단계가 요구하는 서비스의 제공여부 조사, ② 정보통신인프라 지수(Telecommunication Infrastructure Index): 전자정부의 선행조건인 기본 정보통신관련 인프라 수준 측정; 5개의 지표항목(인구 100명당 기준 인터넷이용자수, 전화회선수, 이동전화가입건수, 무선초고속인터넷가입자수, 유선초고속인터넷가입자수)별로 각각의 가중치를 부여하여 조사(*2012년 평가 시 PC 보급대수 삭제, 유선인터넷가입자수 지표 신설, *2014년 유선인터넷가입자수 삭제, 무선초고속인터넷가입자수 지표 신설), ③ 인적자본 지수(Human Capital Index): 전자정부를 이용할 수 있는 국민

1위 도약의 기초가 되었다. 조달청의 전자조달시스템 '나라장터'는 2003년 UN 공공서비스상(Public Serivce Award: PSA)을 수상하였고, 2005년 UN으로부터 국제입찰 표준안으로 지정되었다. 행정자치부가 개발한 정부혁신지수(Government Innovation Index: GII)는 2006년 UN 공공서비스상(PSA)을 수상하였고, 법무부 출입국심사서비스 KISS도 2007년 UN 공공서비스상(PSA)을 수상하였다. 또한 노무현 정부에서 도입운영된 민원서비스 '민원 24'는 2011년, 기획재정부 통합재정정보시스템 dBrain은 2013년 UN 공공서비스상(PSA)을 수상하였다. 정충식(2021: 204)은 다양한 정보시스템의 구축을 바탕으로 시스템적 접근을 시도한 정부혁신이 성공하는데 노무현 대통령의 리더십이 가장 중요하게 작용하였다고 평가하였다.

5) 규제혁신

(1) 규제개혁기획단 신설과 규제개혁 추진체제 이원화

노무현 정부의 규제개혁은 대통령과제가 아니라(정부혁신 로드맵 149개 과제에 포함되지 않았음), 국무총리 과제로 추진되었다는 점이 특이하다. 그럼에도 불구하고 분권형 대통령제를 추구하여 상당한 권한을 위임받는 국무총리가 규제개혁을 강력하게 추진하였다.

기존의 규제개혁위원회가 신설·강화 규제의 정비를 전담하고 2004년 8월 국무총리실 산하에 한시조직으로 설치된 규제개혁기획단이 기존 규제 중 핵심 덩어리 규제의 정비를 전담하는 이원화된 체계를 구축하였다(규제개혁위원회, 2007: 26). 규제개혁기획단은 인력의 50%를 기업체, 연구원 등 민간인력으로 충원하고 TF제로 탄력적으로 운영하였다. 규제개혁기획단은 출범초부터 2007년까지 60개의 전략과

의 일반적 지적능력 측정을 통해 국민의 전자정부서비스에 대한 수용도 반영; 4개 지표항목(성인문해율, 취학률, 학교교육 예상연수, 평균 학교교육 연수)에 각각 가중치를 부여하여 합산(*2014년 학교 교육예상연수, 평균 학교교육 연수 지표 신설).

한편 온라인 참여지수(E-Participation Index)는 전자정부 웹사이트를 통해 시민들이 공공정책 형성 등에 참여할 수 있도록 관련 서비스 및 정보를 전자정부 웹사이트에 얼마나 제공해주고 있는지를 정량적으로 평가한다. 온라인 참여지수는 전자정보, 전자컨설팅, 전자의사결정과 관련된 서비스 제공 정도를 5점 척도로 평가하여 표준점수화한 후 합계하여 산출한다. 즉, ① 온라인 정보제공(E-Information): 정부기관 웹사이트를 통해 국민들이 원하는 정보에 쉽게 접근할 수 있도록 하는 정부의 정보제공 수준 측정, ② 온라인 정책참여(E-Consultation): 정부기관 웹사이트를 통해 정부가 국민들과 직접 의사소통할 수 있는 창구 및 기능 평가, ③ 온라인 정책결정(E-Decision Making): 정부가 정책결정 과정에서 국민들의 의견을 수렴·반영하는 수준 및 노력 측정결과를 합산한다.

제의 개선방안을 마련하여 추진하였다(규제개혁위원회, 2007: 978－980). 그러나 전략과제에는 '출자총액제한제도'와 '수도권 공장설립 제한 규제'가 정책성 규제라는 이유로 제외돼 개선효과는 크지 않은 것으로 평가되었다(서원석, 2014: 258).

(2) 규제영향분석제도 개선

「행정규제기본법」을 개정하여 2006년 6월 말부터 해당법령 입법예고 시 규제영향분석 결과를 국민에게 공개하도록 의무화하였다. 규제가 신설 또는 강화될 경우 부처협의 단계에서부터 규제영향분석서를 작성하여 입법예고 시 발표하게 함으로써 사후적 · 형식적으로 이루어지던 규제영향분석이 실질적인 영향력을 갖도록 하였다.

6) 반부패혁신

(1) 반부패기관협의회 구성

노무현 정부는 행정위원회인 부패방지위원회의 명칭을 2005년 국가청렴위원회로 변경하였다. 노무현 정부는 부패방지대책을 종합 · 체계적으로 추진하기 위하여 대통령훈령으로 반부패관련기관협의회를 설치하고, 국가적 차원의 반부패정책 기본방향 설정, 주요 반부패정책 결정 및 기관별 추진상황 점검 등 부패방지를 위한 구심체 역할을 수행하였다(정부혁신지방분권위원회, 2008b: 297).[14] 협의체는 의장인 대통령이 필요하다고 인정하는 때 소집되며, 협의회 상정안건 검토 및 사전협의 등을 위하여 관계기관 국장급으로 실무협의회(의장: 청렴위 사무처장)을 운영하였다. 협의회는 공통과제, 5대 중점과제, 개별과제를 선정하였는데, 5대 중점과제는 세무, 공사 · 계약, 단속 · 점검, 공기업, 대외신인도 등 구조적이고 고질적인 취약분야였다.

(2) 부패방지통합정보센터 구축

각 부처의 부패관련정보 상호공유 및 부패통제기능간 연계성 강화를 위하여 부패방지 통합정보시스템 구축을 추진하였다. 부패방지통합정보시스템은 부패적발 현황자료, 부패방지정책 점검 · 평가자료, 교육 및 홍보자료, 제도개선 자료, 기타

---

14 협의회 의장은 대통령이며 위원은 국가청렴위원장, 중앙인사위원장, 정부혁신지방분권위원장, 국무조정실장, 금융감독위원장, 법무부 장관, 국방부 장관, 행자부 장관, 검찰총장, 국세청장, 관세청장, 경찰청장, 대통령비서실 민정수석비서관 등으로 구성되었고, 감사원장 및 안건관련 관계기관장이 참석하였다.

시민사회, 국제사회 동향 관련 정보를 통합적으로 제공하도록 하였다.

(3) 부패방지평가 및 부패영향평가

매년 공공기관의 청렴도를 측정하고 측정결과 나타난 부패취약기관 및 취약분야에 대해서는 해당기관이 구체적 제도개선을 추진하도록 하고, 그 실적을 평가하였다. 부패방지평가 및 환류시스템은 청렴도 측정, 부패방지 시책 평가 및 부패영향평가로 구성된다. 부패영향평가는 법률·대통령령 등 모든 법령을 대상으로 부패유발요인을 사전에 평가하는 제도이다.

(4) 반부패정책의 성과

노무현 정부의 부패방지정책의 성과는 국제투명성기구의 부패인식지수의 변동에서 어느 정도 확인되었다. [그림 7－11]에 나타난 바와 같이 한국의 부패인식지수는 노무현 정부 출범 첫해인 2003년 10점 만점에 4.3점에서 2006년과 2007년에 5.1점으로 상승하였다.

그림 7-11 노무현 정부 시기 부패인식지수(CPI) 및 순위 변동 추이

단위: 점(10점 만점)

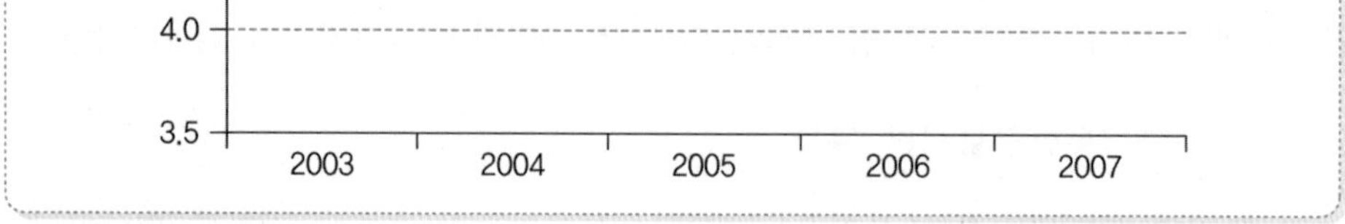

출처: 국제투명성 기구.

<표 7－19>에 제시된 바와 같이 국가별 순위의 경우에도 2003년 전체조사대상국가 133개 국가 가운데 50위에서 2007년에는 180개 국가 가운데 43위로 순위가 상승하였다.

표 7-19 노무현 정부시기 부패인식지수(CPI) 및 순위 연도별 변동 추이

단위: 점(10점 만점), 순위

연도		2003	2004	2005	2006	2007
점수		4.3	4.5	5.0	5.1	5.1
순위	전체 순위/대상국가수	50/133	47/146	40/159	42/163	43/180
	OECD 순위/회원국가수	24/30	24/30	22/30	23/30	25/30

출처: 국제투명성기구.

요약하면 노무현 정부는 부패방지정책의 구심체로 대통령이 의장인 반부패기관협의회를 설치하여 반부패정책을 총괄하였고, 기관별 청렴도 측정과 부패영향평가를 제도화하여 운영하였다. 그 결과 부패인식지수(CPI)는 2003년 4.3에서 임기말인 2007년에는 5.1로 대폭 상승하였고 국가간 비교순위 또한 소폭 상승하는 성과를 거두었다.

7) 공공기관혁신

(1) 「공공기관 운영에 관한 법률」 제정

노무현 정부의 공공기관 혁신은 정부혁신지방분권위원회 재정·세제전문위원회 로드맵의 17번 과제인 '공기업경영혁신' 과제로 다루어졌다. 김대중 정부에서 공기업 및 산하기관의 현황에 관한 파악이 시작되었으나, 공공기관 전체에 대한 관리수단이 마련되지 못한 상황이었다. 노무현 정부는 출범 초인 2003년 「정부산하기관관리법」(이하 정산법)을 제정하여 산하기관에 대한 관리체제 구축을 시도하였다. 이 법의 제정으로 산하기관에 대한 경영평가가 최초로 실시되었고, 기관장 공개모집·경영공시·고객만족도 조사 등의 관리 기틀이 처음으로 마련되었다(정부혁신지방분권위원회, 2008d: 315). 그러나 정부산하기관에 대한 관리체계가 여전히 미흡하고, 방만경영과 도덕적 해이 문제가 제기되어 보다 근본적인 혁신방안을 모색하게 되었다.

이러한 문제를 개선하기 위해 2007년 4월 「공공기관의 운영에 관한 법률」을 제정하여 기존에 분산되어 관리되었던 공기업과 정부산하기관을 하나의 법률로 묶음으로서 공공기관 전체에 대한 관리체계를 구축하였다(정부혁신지방분권위원회, 2008d: 317-341). 「공공기관 운영에 관한 법률」의 주요내용은 다음과 같다.

첫째, 공공기관운영위원회를 구성·운영하여 공공기관 운영 전반에 대해 심의·

의결하는 기능을 수행하도록 하였다. 공공기관운영위원회는 위원장(당시 기획예산처 장관) 등 정부위원 8인, 민간위원 7인 등 총 17인이다. 둘째, 공공기관의 설립 근거, 재정지원, 출자 등 공공성 여부에 따라 198개 공공기관을 지정하고, 공공기관의 유형을 공기업(24개), 준정부기관(77개), 기타공공기관(97개)으로 분류하고 유형별로 차별화된 관리감독 체계를 구축했다. 셋째, 공공기관이 공통으로 지켜야 할 지침을 마련하여 시행하고 이행상황을 감독하도록 하였다.

(2) 경영정보공개시스템 구축 및 윤리경영시스템 강화

2005년 12월 공공기관 경영정보공개시스템인 알리오(ALIO)를 개통하였는데, 이 시스템에서 전체 공공기관의 운영현황을 파악하는데 필수적인 경영정보를 제공하도록 하였다. 또한 윤리경영시스템을 강화하기 위하여 예산편성·집행기준 강화, 임원 직무청렴계약제 확대, 감사의 역할을 강화하도록 하였다(국정홍보처, 2008, 253－255; 서원석, 2014: 263－264).

(3) 경영평가체제 구축 및 대상 확대

2003년 12월 「정부산하기관관리기본법」을 제정하여 88개 정부산하기관에 대한 경영평가를 실시하였다. 2007년 「공공기관의 운영에 관한 법률」을 시행한 후에는 공기업 24개와 준정부기관 77개 등 총 101개의 공기업에 대한 경영평가를 실시하기 시작하였다. 공공기관 경영평가체제가 구축되고 대상기관이 확대되면서 성과중심의 경영체제(연봉제, 팀제, 성과급 등)가 정착되기 시작하였다.

(4) 공기업 민영화 중단

노무현 정부에서는 김대중 정부에서 논의해왔던 한국전력공사, 한국가스공사의 민영화를 중단하였다. 한국전력공사의 경우 전력의 생산(발전), 수송(송변전), 판매(배전과 영업)의 기능을 분리하고자 하였다. 그러나 2003년 6월 17일 노사정위원회 공공부문 구조조정 특별위원회는 한전의 배전 부문 분할 중단을 권고하였고 산업자원부가 이를 받아들여 민영화가 무산되었다. 철도청의 경우 단계적 민영화 대신 철도 업무를 한국철도공사와 한국철도시설공단으로 분리하여 공사로 전환하였다.

5. 노무현 정부 정부혁신의 평가

1) 노무현 정부 정부혁신의 특징

(1) 대통령소속 정부혁신지방분권위원회와 로드맵 작성

노무현 정부의 정부혁신 과제는 정부혁신지방분권위원회 및 6개 전문위원회에서 수립한 로드맵과제를 중심으로 이루어졌다. 노무현 정부의 13개 국정과제위원회 가운데 정부혁신지방분권위원회가 가장 규모가 크고 과제 수가 많았고, 균형발전위원회와 동북아위원회가 그 뒤를 이었다는 점에서 정부혁신은 노무현 대통령의 최우선과제였다고 할 수 있다.

(2) 다층적 혁신추진체계 구축

대통령의 최우선과제로 추진된 정부혁신 로드맵과제를 실현하기 위하여 청와대 혁신비서관실, 정부혁신지방분권위원회, 행정자치부 정부혁신본부, 각 중앙부처 혁신담당관, 지방자치단체의 혁신분권담당관 등이 정부혁신관련 업무를 계층적으로 분담하여 임기말까지 추동력을 확보하여 추진하였다는 점도 특기할 만하다.

(3) 김대중 정부와 노무현 정부 정부혁신의 특징 비교

황혜신(2005)은 김대중 정부와 노무현 정부의 정부혁신의 특징을 <표 7-20>과 같이 대비하고 있다. 김대중 정부의 혁신수단은 구조개편 및 인력감축을 위주로 한 신공공관리적 수단인데 비하여 노무현 정부는 기능과 과정의 혁신을 중시하고 신공공관리 수단이 상대적으로 약화되었다고 보았다. 공무원에 대한 관점도 김대중 정부에서는 개혁의 대상으로 보았는데 비하여 노무현 정부는 개혁의 주체로 보아 동기부여를 중시하였다.

표 7-20 김대중 정부와 노무현 정부의 정부혁신 특징 비교

구 분	김대중 정부	노무현 정부
혁신수단	- 신공공관리적 수단의 강화 - 구조개편/인력감축	- 신공공관리수단의 상대적 약화 - 기능과 과정의 혁신
공무원에 대한 관점	- 개혁의 대상	- 개혁의 주체, 관료동기부여
추진방법	- 일회적 공공부문 경진대회	- 로드맵구성, 장기적 상시적 혁신 실천과 사례 중심 - 학습중심, 포럼과 매뉴얼 작성

출처: 황혜신, 2005.

김대중 정부의 개혁은 일회성 성격이 큰 반면 노무현 정부의 혁신은 정부혁신 포럼, 학습동아리, 워크숍 등을 통하여 학습과 실천을 꾸준하게 실천하고자 하였다는 것이다.

2) 노무현 정부 정부혁신의 성과

(1) 단기적 성과

노무현 정부 정부혁신의 초점은 단기적 성과를 추구한 것이 아니라 중·장기적으로 성과가 나타날 수 있는 제도개혁 또는 제도 도입이었다. 그럼에도 불구하고 전자정부분야에서는 UN 전자정부발전지수에서 2003년 13위에서 2005년 5위로 상승하였고, 국제투명성기구 부패인식지수에서도 순위가 소폭 상승하는 성과를 거두었다. 행정정보공유시스템 구축 등으로 민원서비스 분야에서도 성과를 거두었다.

(2) 중·장기적 성과

"제도화되어 장기간에 걸쳐 안정적으로 유지되는 개혁조치"도 상당히 많았다. 인사개혁 분야의 고위공무원단 제도, 재정분야의 4대 혁신이라고 일컬어지는 국가재정운용계획, 총액배분자율편성제도, 재정성과관리제도, 디지털예산회계시스템, 전자정부 분야의 정부업무관리시스템과 행정정보공유시스템, 부패방지분야의 부패영향평가, 공공기관 경영평가와 정보공시시스템(ALIO)을 포함한 공공기관 관리제도는 오늘날까지 공공부문 운영시스템의 핵심으로 자리잡고 있다.

3) 학계의 평가

노무현 정부가 다양한 과제를 추진하였다는 점에서 학계의 관심도 역대 어느 정부보다 가많았다.

(1) 로드맵과제의 특징분석

염재호 외(2008)는 149개 로드맵과제의 혁신 유형을, 기존정책 계승 여부, 즉 DJ정부 정책을 계승하는 것인지, 새로운 주체의 추진 여부, 즉 정부가 시민사회, 시장과 함께 과제를 추진하는 지 여부에 따라 다음 <표 7-21>과 같은 4개 유형으로 범주화하였다.

– 점진적 혁신: 기존의 정책을 정부단독으로 개선 추진

- 아키텍처 혁신: 기존의 정책을 새로운 주체가 참여하여 개선 추진
- 모듈러 혁신: 새로운 정책을 정부단독으로 추진
- 급진적 혁신: 새로운 정책을 새로운 주체가 참여하여 추진

표 7-21 노무현 정부 로드맵과제의 혁신 유형

	점진적 혁신	모듈러 혁신	아키텍처 혁신	급진적 혁신	합계
행정개혁	21(75%)	4(14%)	3(11%)	0(0%)	28
인사개혁	14(70%)	3(15%)	2(10%)	1(5%)	20
지방분권	18(55%)	6(18%)	6(18%)	3(9%)	33
재정세제	16(70%)	6(26%)	0(0%)	1(4%)	23
전자정부	21(68%)	9(29%)	1(3%)	0(0%)	31
기록관리	8(57%)	6(43%)	0(0%)	0(0%)	14
합계	98(66%)	34(23%)	12(8%)	5(3%)	149

출처: 염재호 외, 2008, 92, <표 10>.

이러한 분류에 따르면 새로운 정책에 해당하는 과제는 39개 과제, 26%를 차지하였고(모듈러 혁신과제 34개, 급진적 혁신과제 5개, 합계 39개 과제), 새로운 주체가 참여하는 과제는 18개 과제, 11%에 불과(아키텍처 혁신과제 12개, 급진적 혁신과제 5개, 합계 18개 과제)하기 때문에 참여정부의 '참여'라는 정책지향은 상징적인 것에 머무른 것으로 보았다.

(2) 주요 혁신과제의 혁신 경향성 분석

김보경 · 서정욱(2014)은 노무현 정부 38개 부처 59개 혁신우수사례와 97개 로드맵과제의 경향성을 다음 <표 7-22>와 같은 혁신경향성 분석틀의 범주를 설정하여 분류하였다.

- 자율적 관리: 관리자에게 관리적 재량권 부여 및 확대
- 성과중심관리: 결과 또는 성과중심 관리 목적의 제도 도입 및 시행
- 경쟁, 선택, 인센티브 관리: 아웃소싱, 민관협력 등 시장중심적 접근방법
- 수요중심관리: 국민, 고객, 수요자의 요구에 대응하는 제도와 시스템
- 시민관여: 시민의 의사결정 및 정책결정에 참여
- 네트워크 및 파트너십 활용: 타 기관 등 다양한 주체들과 파트너십 형성

<표 7-22>와 같이 혁신로드맵과제에는 자율적 관리 경향성을 나타내는 과제가 68.0%(99개 과제 가운데 66개)로 대부분을 차지하여 내부혁신에 치중하였다고 보았다. 중앙부처 혁신사례 중 수요중심관리가 40.7%(59개 과제 가운데 23개)로 가장 많은 비중을 차지하는 것은 외부고객, 고객만족의 개념이 실질적으로 정착된 것을 의미한다고 보았다. 한편 '참여'를 지향하는 시민관여 또는 파트너십 활용의 혁신범주의 과제는 혁신로드맵과제와 중앙부처 혁신사례에서 모두 상대적으로 낮은 것으로 나타나 앞의 염재호 외(2008)의 연구와 유사한 결론을 내리고 있었다.

표 7-22 노무현 정부 혁신 경향성 분석결과

	중앙부처 혁신 사례		혁신로드맵과제	
	개	%	개	%
자율적 관리	16	27.1	66	68.0
성과 중심 관리	2	3.4	4	4.1
경쟁, 선택, 인센티브 관리	1	1.7	4	4.1
수요중심 관리	23	40.7	21	21.6
시민관여	4	6.8	2	2.1
네트워트 및 파트너십 활용	12	20.3	0	0.0
계	59	100.0	97	100.0

출처: 김보경 · 서정욱, 2014, 157, <표 4>.

(3) 학계의 일반적 평가

학계의 평가는 긍정평가와 부정평가가 혼재하고 있다. 예를 들면, 강신택(2008)은 거시적 정치 · 경제 · 사회 구조적 모순의 해결이나 이를 위한 큰 틀의 변화에 집중하기보다는 행정분야에서 미시적인 제도 · 프로그램의 도입 · 운영에 관심을 두었다고 보았다. 사회갈등 해소를 위한 범사회적 수준의 거시적 계획과 프로그램 위주의 미시적 계획을 구분하고, 거시적 계획의 경우에는 비판이론적 관점 활용했어야 한다는 것이다. 백완기(2008)는 작은 정부의 개념은 문화적, 정치적 차원, 행정수요 차원에서 부적합하며, 개방형직위제도, 성과관리제도, 팀 제도, 고위공무원제도 등은 성과주의 문화를 전제로 하는데, 성과주의는 외래문화이므로 성과주의 문화를 확산시키는 데 시간이 소요되지만 지속적으로 추진하여 우리 문화로 정착시켜야 한다고 보았다. 박수경(2007)은 신자유주의적 성격이 완화되고 참여적 성격이 강화되었으며, 구조개혁보다는 운영시스템 변화에 초점을 두었다고 보았다. 은재호(2006)는 신공공관리모델 측면에서의 연속성과 정책네트워크 측면에서 비연속성이 동시에 존재한다고 평가하였다. 오영균(2007)은 전문가와 공직사회 내부인지도와 평가는 긍정적인 반면, 국민의 인지도와 체감도는 낮은 편이라고 분석하였다. 김판석 · 홍길표(2011)는 노무현 정부의 혁신과제는 인프라 구축 등 10년 정도 이후 성과가 나타날 수 있는 과제가 대부분임에도 이념을 달리하는 이명박 정부에서 단절되어 성과파악이 어렵다고 보았다.

Ⅴ. 이명박 정부의 정부혁신

1. 정부혁신의 배경과 시대적 맥락

1) 보수정부의 집권

이명박 정부가 집권하면서 진보적인 김대중 정부와 노무현 정부 이후 10년만에 보수 정부로 정권이 교체되었다(박천오, 2014: 14－15). 이명박 정부는 신자유주의적 성향을 띤 '친기업 실용정부'였다. 신자유주의(neo－liberalism)는 경제적 효율성을 위해서는 자유로운 자본의 흐름이나 교환 관계에 대한 국가나 정부의 간섭을 최소화해야 한다고 본다. 이명박 정부는 초기에 작은 정부, 민영화, 규제완화, 시장원리에 의한 경쟁, 감세, 노동시장의 유연성, 사회복지의 축소, 시장화 등 신자유주의적 경제철학을 강조하였다.

2) 선진화를 통한 세계 일류 국가의 국가비전

이명박 정부는 해방 이후 건국－산업화－민주화라는 국가 목표 내지 국가비전을 성공적으로 실현하였다고 보고, 21세기에 접어들어 다음 단계의 국가비전을 '선진화' 정부로 제시하였다. 선진 일류국가의 건설이라는 비전은 당시의 사회 · 경제적 문제들을 극복하고 발전과 통합의 시대정신을 구현하려는 의지의 표현이었다(김성배, 2014: 42). 대한민국이 선진국 문턱에서 주저앉거나 양적으로만 선진국 수준에 올라가는 것이 아니라 명실상부한 선진국의 면모와 내실을 갖춘 나라가 되겠다는 비전을 설정한 것이다.

2. 정부혁신의 주도적 패러다임과 목표

1) 작은 정부와 신공공관리 패러다임으로 복귀

이명박 정부는 시장과 지방정부의 활력을 키우고 중앙정부의 간섭과 개입을 최소화하고 국가 재정을 알뜰하게 운영하는 작은 정부를 혁신기조로 제시하였다. 즉, 적정규모의 정부를 주장한 노무현 정부와는 달리 전반적으로는 작은 정부와 기업가적 정부를 지향하면서 정부 구성과 운영에서의 효율성을 극대화하는 신공공관리론(NPM)의 기조로 되돌아간 것이다.

2) 정부혁신의 목표

이명박 정부가 구현하고자 하는 정부는 국민을 섬기는 실용정부로 구체적인 정부혁신의 목표를 '유능한 정부', '작은 정부', '국민을 섬기는 정부', '실용정부'로 규정하였다(김관보, 2014a: 263－264).

(1) 유능한 정부

중장기적 관점에서 급변하는 여건과 미래 수요에 선제적으로 대응하는 전략기획 기능을 강화하고, 인재양성, 연구개발, 자원 확보, 지구 온난화 등 전략적 기획 및 미래 대비 기능을 내실화하는 능력있는 정부를 구현하는 것이 목표였다.

(2) 작은 정부

민간과 지방의 활력을 북돋우고 정부와 시장, 국가와 지방자치단체가 할 일을 명확하게 구분하고, 민간과 지방의 창의와 다양성을 존중하며, 중앙정부의 간섭과 개입을 최소화하는 작지만 강한 정부를 구현하고자 하였다.

(3) 국민을 섬기는 정부

반드시 해야 할 일은 확실히 하고, 성과에 상응한 보상을 받으며, 자신의 행동에 책임지는 신상필벌 원칙을 확립하고, 국민의 부담을 줄이고 나라 살림을 알뜰하게 운영함으로써 국민에게 봉사하는 정부를 구현한다는 의미에서 국민을 섬기는 정부를 목표로 설정하였다.

(4) 실용정부

칸막이 없이 유연하게 창의적으로 일하는 정부이다. 정부가 꼭 해야 할 기능 위주로 정부조직을 정예화하고 중앙정부는 정책개발 및 조정에 집중하며, 지방자치단체와 민간이 더 잘할 수 있는 업무를 과감하게 이양·이관하는 실용정부를 구현하자는 의미이다.

3. 정부혁신의 추진체계와 추진방향

1) 부처중심의 혁신추진

이명박 정부에서 정부혁신을 추진하게 될 총괄조직은 명시적으로 규정되지 않았으며, 국무총리실, 행정안전부, 국세청, 감사원, 국민권익위원회 등 개별 정부부처가 주관하여 운영하였다(김관보, 2014a: 267-268). 한편 대통령 소속 국가경쟁력강화위원회를 신설해 임기 말까지 규제개혁과 공공부문 경영혁신 분야에 자문하는 역할을 담당하였다.

2) 정부혁신의 추진방향

[그림 7-12]에 이명박 정부의 공공개혁 기본 틀이 제시되었다. 이명박 정부가 추진하고자 하는 공공개혁의 핵심은 정부조직 개편과 공공기관 선진화로 요약된다. 이명박 정부는 섬기는 정부를 구현하기 위하여 정부의 역할을 재설정하여 민간의 자율성을 증대하고 시장경쟁을 촉진하기 위하여 정부기능의 통폐합과 공기업민영화 정책을 추진하였다. 즉 공공부문의 비효율 제거와 대국민 서비스의 획기적 개선이 한 차원 높은 국가경쟁력을 확보할 수 있는 원동력이라고 보고, 우선적

그림 7-12 이명박 정부 공공개혁의 기본 틀

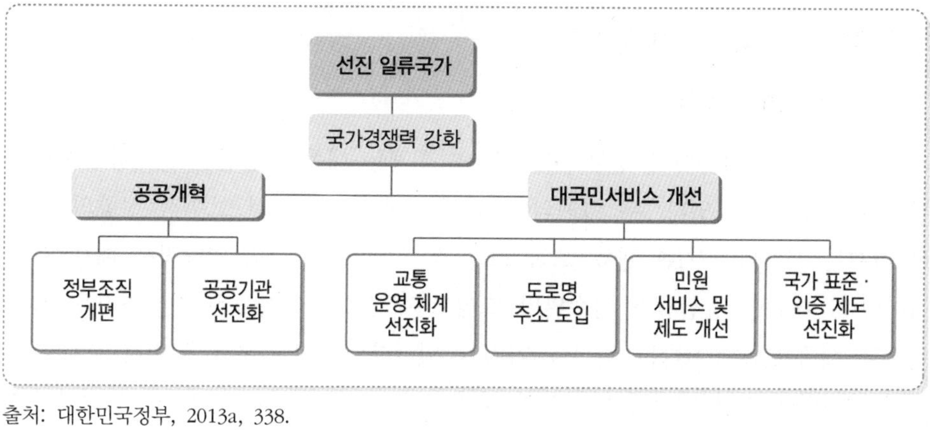

출처: 대한민국정부, 2013a, 338.

으로 정부조직을 유능하고 작은 정부로 개편하는 한편 공공기관의 선진화 작업을 내실있게 추진함으로써 선진일류국가로 도약하는 발판을 마련하고자 했다(대한민국 정부, 2013a: 336).

정부조직은 '유능하고 작은 정부, 국민을 섬기는 실용정부'로의 개편을 목표로 정부역할을 원점에서 검토하여 민간이나 지방이 잘하거나 잘할 수 있는 일을 과감하게 이양하는 한편, 정부가 반드시 해야 할 일에 집중하도록 하기 위하여 기능과 조직이 광역화된 대부처주의(大部處主義)를 도입한다. 아울러 부처간 할거주의를 제거하여 행정기관 간 상호관련성이 있는 업무를 효율적으로 추진하기 위하여 '다수부처 간 융합행정체제' 강화라는 새로운 방식을 도입하고자 하였다.

한편 시장경제가 활발해지고 민간기업의 역량이 성장하였음에도 불구하고 공공기관은 여전히 비대하고 비효율적이라는 인식을 전제로 공공기관 선진화를 추진하였다. 공공기관 선진화는 '작은 정부, 큰 시장', '국민 편익 증대', '사회적 비용 최소화' 및 '투명성'의 원칙 하에 하드웨어와 소프트웨어 개편을 병행하여 추진하였다. 하드웨어적으로는 민영화와 지분매각을 통한 구조개편, 유사기관 통폐합을 통한 기능중복 해소 등이며, 소프트웨어적으로는 노사관계 선진화정책과 보수체계 합리적 개편정책을 추진하였다.

아울러 대표적인 대국민 서비스 개선방안으로 교통운영체계 선진화, 도로명 주소도입, 민원 서비스 및 제도개선, 국가표준 · 인증제도 선진화를 추진하였다. 여기에서 대국민 서비스 개선방안은 대표적인 개선방안을 예시적으로 나열한 것이다.

4. 정부혁신의 주요내용

1) 정부조직 및 운영체계 개편

(1) 조직개편의 주체

이명박 정부에서 제1차 정부조직 개편의 주체는 대통령 당선인과 대통령직인수위원회 주요 참가자였다. 두 차례의 진보적 성향의 정부에서 보수적 성향의 정부로 바뀌는 시점이라 기존 관료 조직 또는 장 · 차관급 인사의 영향력은 매우 제한적이었다. 대통령 당선인과 인수위원 그리고 핵심보좌 인사들은 정부조직을 전면적으로 새롭게 설계한다는 의식을 가지고 있었다. 작은 정부를 표방하여 대규모 조직 통폐합에 대한 대통령 당선인의 강한 요구는 13부 장관과 2인의 특임장관으로 표출되었다. 헌법에 명시된 국무위원의 수 15인 이상이라는 조항을 위반하지 않는 범위 내에서 최대한의 통폐합 방안이 제시되었다. 조직개편의 큰 그림은 대통령 당선인과 경제관료 출신 최측근 인사들의 의견을 바탕으로 그려진 것으로 알려졌다.

(2) 조직개편의 내용

<표 7-23>에서 보듯이 이명박 정부 출범과 동시에 진행된 제1차 정부조직 개편에서 대대적인 조직 통폐합이 이루어졌다(박천오, 2014: 박정수, 2014). 최종 국회법률로 확정된 개편안은 '2원 15부 2처 3실 18청 5위원회'로 인수위원회의 안과 비교하면 여·야 합의과정에서 통일부와 여성가족부가 존치되었다. 노무현 정부 말 '2원 18부 4처 4실 18청 5위원회'와 비교하면 중앙행정기관은 11개 감축되고

표 7-23 이명박 정부의 정부조직 개편내용

시행일	주요내용	비고
제1차 개편 (2008.2.29)	대통령비서실과 대통령경호실을 통합하여 대통령실 신설	인수위원회 시안을 토대로 개편
	부총리제도(경제부총리, 교육부총리, 과학기술부총리) 폐지	
	특임장관 신설	
	국무총리비서실과 국무조정실을 통합하여 국무총리실 신설	
	법제처장과 국가보훈처장 차관급으로 조정	
	기획재정부 신설(기획예산처+재정경제부)	
	교육과학기술부 신설(교육부+과학기술부)	
	행정안전부 신설(행정자치부+중앙인사위원회)	
	문화체육관광부 신설(문화부+국정홍보처)	
	농림수산식품부 신설(농림부+해양수산부 수산사무 통합)	
	지식경제부 신설(산업자원부+과학기술부 산업기술 연구개발 사무 통합)	
	기상청을 환경부 소속으로 이관	
	국토해양부 신설(건설교통부+해양수산부 해양, 항만, 해운물류 사무 통합)	
	국민권익위원회 신설(국민고충처리위원회+국가청렴위원회+행정심판위원회)	
제2차 개편 (2010.3.9)	보건복지가족부의 청소년·가족 기능을 여성부로 이관. 여성가족부로 개편	
	보건복지가족부를 보건복지부로 명칭 변경	
제3차 개편 (2010.7.5)	노동부 명칭을 고용노동부로 변경	
	고용노동부에 고용정책 총괄기능 및 산업안전보건 기능 명기	

그림 7-13 이명박 정부의 정부조직기구도

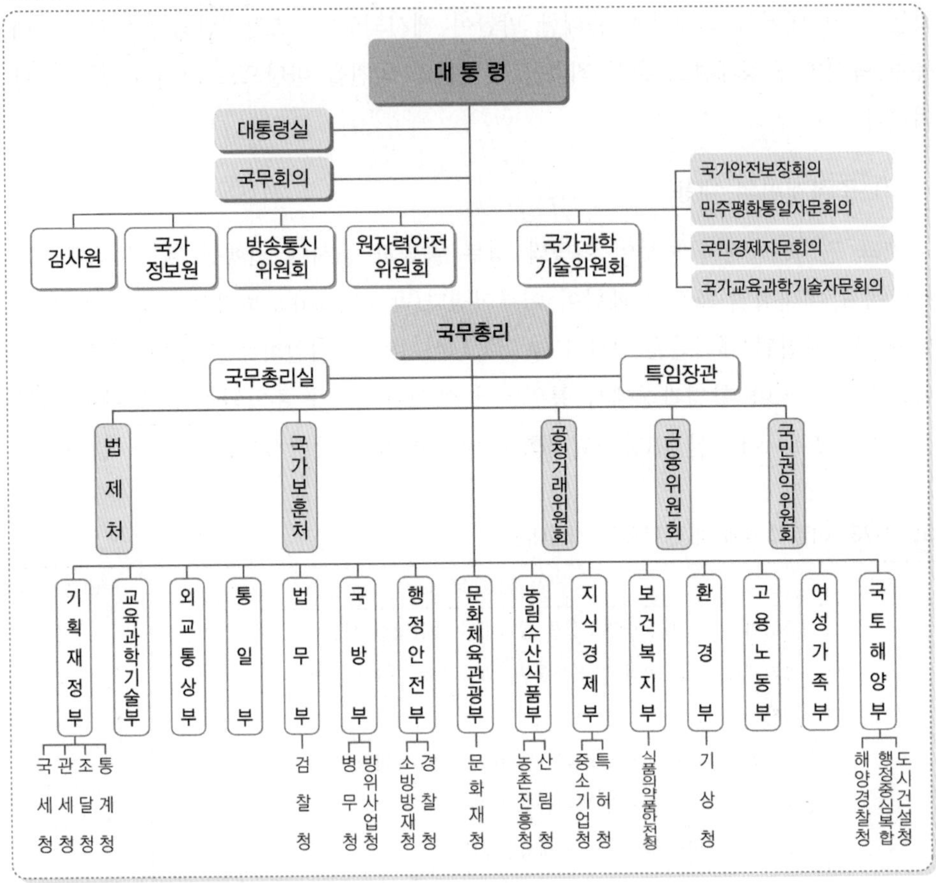

2011.7.25. 법률 제10912호, 15부 2처 17청 4위원회.
출처: 행정안전부, 2012, 대한민국조직변천사, 55.

정무직은 16명 감축되었다(한국행정연구원, 2017: 305).

제1차 개편 확정으로 기획재정부(재정경제부+기획예산처), 지식경제부(산업자원부+정보통신부 산업진흥 부서), 농림수산식품부(농림부+해양수산부 수산 부서), 국토해양부(건설교통부+해양수산부 해운, 해양 부서), 교육과학기술부(교육인적자원부+과학기술부), 국민권익위원회(국민고충처리위원회+국가청렴위원회+행정심판위원회) 등 거대부처가 탄생하였다. 이같이 대부처주의에 따라 부처기능이 통합·광역화되었고 부처개편에 따른 대국·대과주의로 중앙행정기관의 하부기구는 148(실·국 55, 과 93)개 감축되었고, 공무원 정원도 총 3,427명 감축되었다(행정안전부, 2008: 25). 한편 대통령비서실과 경호실 통합, 국무총리비서실과 국무조정실 통합, 부총리(경제부총리, 교육부총리, 과학기술부총리) 폐지, 특임장관 신설 등 수직적 조정기구에도 큰 폭의 변화가 있었다(제2부 제4장 참조).

제2차 개편(2010.3.19)에서는 보건복지가족부의 청소년·가족 기능을 여성부로 이관하여 여성가족부로 개편하고 보건복지가족부를 보건복지부로 명칭을 변경하였는데, 이는 노무현 정부 시기로 되돌아간 것이다.

제3차 개편(2010.7.5)에서는 노동부 명칭을 고용노동부로 변경하였는데, 노사관계업무와 함께 취업지원 및 직업능력개발 등 종합적인 고용서비스를 제공하는 노동부의 기능을 명확하게 나타내고, 일자리 문제 등 고용정책의 중요성에 대한 국가적 의지를 천명하기 위한 것이었다.

[그림 7-13]에 제3차 개편이 완료된 이후 이명박 정부의 정부조직기구도(15부 2처 17청 4위원회)가 제시되었다.

(3) 조직개편 성찰

이명박 정부에서는 역대 최대규모의 조직개편안을 대통령직인수위원회에서 짧은 시일내 마련하였고, 여야 협상을 거쳐 정부출범과 동시에 대규모 정부조직 개편을 단행하였다. 조직통폐합에 따라 정무직과 고위직 정원은 크게 감축되었고 정부인력규모의 증가 추세가 크게 완화되었다.

그러나 조직개편이 성공적이라는 평가를 받으려면 조직개편 못지않게 조직개편 이후의 체계적인 관리가 필요하다. 조직 통·폐합 등 대규모 정부조직 개편은 막대한 자원 소모, 조직구성원들의 인간관계를 붕괴시키는 등 현실적인 희생을 초래한다(정진우, 2008). 조직개편 실패에 따른 문제점이 정책실패로 이어질 경우 국가경제 및 국민생활에 미치는 파장이 매우 크고, 오래 지속된다.[15] 조직통합 이후 융합관리의 성공여부는 한 차례 이벤트성 행사로는 부족하며, 조직융합의 진척 정도에 대한 모니터링과 평가 및 필요한 보완조치에 대한 노력을 계속하여야 한다(조소연·황석준, 2008). 정진우(2008)의 이명박 정부 조직개편 이후 설문조사결과에 따르면 통합이 이루어진 12개 부처에서 '조직융합'과 관련이 깊은 '조직결속', '갈등관리', '비전 인지·공감·실행', '의사소통' 등 4개 항목에 관하여 과거와 현재 상태

15 과거, 문화융합이 제대로 되지 않은 재정경제원은 경제기획원과 재정경제부 출신 사이에 갈등이 잦았고, 특히, 1997년 말 IMF 외환위기 시에도 정책수단 선택과 관련하여 양 부처 출신간 갈등을 빚어 적절한 정책대응 시기를 놓쳤다는 평가도 있었다(정진우, 2008).

에 대한 t-test 결과 일부 부처의 경우 과거보다 현재가 나아진 것으로 나타났으나, 과반수의 부처가 조직개편 이후 조직융합 관련 주요 항목 점수가 오히려 악화된 것으로 나타났다는 것이다. 물론 통합 이후 시간이 지나면서 개선되겠지만 체계적이며 지속적인 조직융합관리가 필요함을 보여준다. 그러므로 대대적인 조직개편에 따른 부정적인 측면을 반드시 고려하여야 한다. 대규모 부처를 관리해야 하는 장관의 경우 자신의 전문성이 부족한 부서의 업무를 경시하는 경향이 나타날 수밖에 없다. 예를 들어, 지식경제부의 경우에 산업, 에너지, 수출입, 정보통신 등 광범위한 업무를 처리하게 되면서 급속하게 발전하는 정보기술분야에서 장관의 전문성 부족으로 제대로 된 정책이 적기에 나오지 않은 경우도 있었다(한국행정연구원, 2017: 312). 국민고충처리위원회, 국가청렴위원회(구 부패방지위원회) 및 법제처의 행정심판위원회를 통합하여 설치한 국민권익위원회는 국민의 권리구제 및 권익보호 기능을 일원화한다는 취지와는 달리 국민의 권익보호가 상대적으로 낮은 비중을 차지하게 되고, 반부패정책의 우선순위가 뒤로 밀리면서 국제투명성기구의 반부패지수의 순위가 하락하게 되었다(박정수, 2014: 277).

한편 일상적으로 처리해야 할 업무가 많은 부처와 중·장기적 전략을 수립해야 할 부처가 통합된 경우 장관의 관심이 일상적 업무처리에 집중되어 중·장기전략 수립에 소홀할 수밖에 없다. 중견 공무원들이 그동안 업무수행과정에서 축적한 조직 경험과 지식이 분실되고 조직융합을 도모한다는 명분으로 대규모 전보인사가 단행되면서 공직 전체의 전문성이 약화되는 결과가 나타날 수 있다. 특히 여러 부처가 통합된 부처의 경우 국·과장이 출신 부처 업무가 아닌 통합 전 타 부처 업무를 맡게 되면서 전문성이 결여된 채로 의사결정하거나 집행이 제대로 이루어지지 못하는 경우가 발생하기도 하였다. 교육과학기술부의 경우 과학기술부 출신 국·과장과 교육인적자원부 출신 국·과장이 교차 보임되면서 과학기술과 교육분야의 정책혼선이 나타나기도 하였다. 노무현 정부에서 이명박 정부로 교체되면서 단행되었던 대규모 정부조직 개편은 박근혜 정부가 출범하면서 대부처주의가 정면으로 도전을 받아 정부조직이 원점으로 회귀하거나 제3의 형태의 조직으로 개편되어 결과적으로는 의욕적인 통합의 목적은 달성되지 못하였다. 그러므로 정책환경의 변화에 적극적으로 대응하려면 정부 기능과 권한의 통합 또는 부처간 이동보다는 부처간 협력과 융합행정의 틀을 적극적으로 활용하여야 한다. 제3부에서 살펴볼 수직적 정책조정 및 수평적 정책조정 메커니즘을 적절하게 구축하여 운영하는 것이 바람직하다.

(4) 운영체계 개편

이명박 정부의 운영체계 개편은 이명박 정부가 '2단계 조직개편'이라고 부르는 것으로 특별행정기관과 정부 부속기관 효율화, 지방자치단체와의 협력체계 마련 및 정부기관의 법인화와 정부위원회 정비를 중심으로 이루어졌다(대한민국정부, 2013a: 347−352). 특별행정기관 정비로 국도·하천, 해양·항만, 식·의약품의 3대 분야 집행업무와 관련 인력 및 예산을 지방자치단체로 이관했지만 여전히 지방국토관리청, 지방해양항만청, 지방식품의약품안전청 등 특별행정기관은 건재한 모습이다(박정수, 2014: 278).

정부기관의 법인화가 추진되었는데, 주요 사례는 서울대학교, 운전면허시험관리공단, 국립의료원 등 6개 기관이었다. 정부위원회의 정비도 이루어졌는데, 정부위원회 관리 및 운영의 효율화를 위해 설치 요건을 엄격히 규정하고 필요성이 감소한 위원회는 정비하는 방침을 채택하였다(제2부 제5장 위원회에 의한 정책조정 참조).

2) 인사개혁

(1) 중앙인사위원회 폐지 및 인사기능 행정안전부 이관

이명박 정부는 중앙인사위원회를 폐지하고 그 기능을 신설된 행정안전부에서 통합 수행하도록 하는 조직개편을 단행한 것을 제외하고는 인사 체제와 관련하여 획기적인 제도개혁을 추진하지는 않았다(박천오, 2011: 7−10). 이명박 정부의 인사제도 및 운영에서 도입된 몇 가지 변화의 내용은 다음과 같다.

(2) 고위공무원단제도 유지 및 개편

이명박 정부는 고위공무원단제도 폐지방안을 검토하기도 하였으나, 이를 유지하기로 결정하였다. 고위공무원단 직무등급을 기존 5개 등급(가−마)에서 2개 등급(가−나)으로 축소 조정하였다. 이와 함께 그간 절대평가방식으로 운영되던 성과평가에 상대평가 요소를 도입해 평가의 관대화 경향을 줄이고자 하였다. 또한 대부처 중심의 정부조직 개편으로 부처 간 정책통합성이 높아진 데 따른 조치로 타부처 공직자들이 지원가능한 공모직위의 비중을 기존 30%에서 15%로 감축했다.

(3) 개방형 직위제도 운영

이명박 정부의 출범 초기에는 개방형 임용제도 활용에 소극적인 태도를 보여

2008년 개방형 지정 직위수가 188명으로 2007년 220개에서 32개(부처당 평균 1개 내외) 감소하였고, 외부 임용률도 56.1%에서 52.9%로 감소하였다. 이명박 정부 후반기부터 개방형 지정 직위수의 증가추세로 돌아서 임기말인 2012년 개방형 지정 직위수(과장급 직위 포함)는 311개로 크게 증가하였으나 외부임용률은 37.4%로 대폭 감소하였다(다음 장 [그림 8-2] 및 <표 8-2> 참조).

(4) 사회형평적 인재채용 강화

기존의 장애인 공직채용을 확대했고, 기술·기능분야 특성화고 전문대 출신 성적우수자를 기능 10등급으로 임용하는 '기능인재 추천채용제도'를 2010년부터 도입 운영하였다. 또한 9급·기능직 선발 인원의 1%를 2년 이상 기초생활보장 수급자로 선발하는 '저소득층 채용할당제'를 2009년부터 도입 실시하였다(박천오, 2011: 8).

(5) 지역인재추천채용제 개편

견습 3년후 6급으로 임용하던 것을 견습 1년후 7급 임용으로 변경하고 선발인원을 2005-2009년 50명에서 2011년에는 70명으로 늘렸다.

3) 재정개혁

이명박 정부의 재정개혁은 기획재정부가 주도적으로 담당하면서 국가재정전략회의 과제를 중심으로 행정안전부, 국가경쟁력강화위원회 등을 중심으로 추진하였다(김관보, 2014a: 268). 이명박 정부의 재정개혁은 시기에 따라 실용적으로 변모해 왔다. 국가재정전략회의에서 제시된 과제들은 '선진일류국가 건설'(2008), '경제재도약과 미래 대비'(2009), '지속가능한 재정건전성'(2010), '지속가능한 재정'(2011) 등으로 강조점이 달라져 왔다(박정수, 2014: 279). 집권 후반부로 접어들면서 재정건정성 문제가 핵심 국정과제로 대두되었다. 이는 747이라는 구호 아래 경제성장률 7% 달성을 목표로 설정하였으나, 세계적인 경제위기를 맞아 역부족을 절감한 정부로서는 임기 초반 4대강 사업 등 경제진작을 위한 투자사업을 대대적으로 벌이게 되어 임기 후반 재정수지 악화와 국가부채 증가를 우려하게 되었다는 것이다(박정수, 2014: 279). 재정건전성 제고를 위해 2011 회계연도부터 발생주의 회계 적용을 포함한 재정통계를 개편하는 한편, 집권초기의 재정지출 확대와 감세정책에서 집권후기에는 세입 확보를 위한 세제개편으로 전환하였다(박정수, 2014: 282).

4) 전자정부 개혁

(1) 추진체계

이명박 정부는 출범과 함께 대규모 정부조직 개편을 단행하면서 정보통신부를 해체하고 국가정보화 기능을 행정안전부로 이관하여 전자정부와 국가정보화 기능을 통합하였다. 1995년 이후 ICT정책의 주무부처였던 정보통신부의 기능은 지식경제부(IT산업정책), 행정안전부(전자정부, 정보보호, 정보화정책), 방송통신위원회(전파 및 통신, 방송통신융합, 이용자 및 네트워크 보호 등) 및 문화체육관광부(디지털콘텐츠) 등으로 각각 이관되었다(정충식, 2021: 219).

전자정부와 국가정보화 정책을 총괄하게 된 행정안전부는 기존의 전자정부본부를 정보화전략실로 개편하였다. 집권 1년 6개월 후인 2009년 9월 1일 청와대에 IT 특보가 신설되었고, 11월에 국가정보화전략위원회가 출범하였다. 국가정보화전략위원회는 기존 국무총리 소속 정부위원 중심의 '정보화추진위원회'를 대통령 소속 민관 합동위원회로 개편한 것으로 이명박 정부의 국가정보화정책의 컨트롤 타워 역할을 하게 되었다.

(2) 전자정부 사업 추진

이명박 정부의 전자정부 추진사업은 '선진화를 통한 세계 일류국가 건설'이라는 국가비전과 '창의와 신뢰의 선진 지식정보사회 구현'이라는 국가정보화 기본계획의 비전을 실현하기 위해 국민편익 증진, 경제활성화, 행정효율성 제고, 사회안전강화, 정보화기반 강화 및 정보보호체계 강화 등 6개 분야과제를 2012년까지 지속적으로 추진하였다(이하 정충식, 2015: 160－166). 이명박 정부의 전자정부사업 추진사업은 다음과 같이 요약된다.

① 국민편익 증진사업

정부기관이 보유하고 있는 행정정보에 대한 기관 간 공동이용을 확대함으로써 민원인의 제출 서류를 대폭 감축하며 민원서비스를 획기적으로 개선하는 한편, 부처별로 운영 중인 복지정보를 연계하여 민원인 제출서류 경감 및 대상자 선정을 위한 행정처리 간소화 등 복지행정의 효율성을 대폭 제고시킨다. 국민편익 증진사업 분야에서는 수요자맞춤형 행정정보공동이용체계 구축, 주민생활 통합정보시스템, 국가대표포털, 온라인 완결 민원서비스, 다부처 복지정부 연계시스템 구축의 5개 사업이 추진되었다.

② 경제활성화 사업

기업의 창업·폐업 등 다부처 복합민원을 단일창구에서 일괄 처리하고 기업 애로사항을 기관 간 협업하여 처리할 수 있는 체계를 고도화하며, 물류 무역 통관의 각종 서비스를 연계한 국가 통합물류 무역정보망을 확대한다. 경제활성화 사업 분야에서는 기업경쟁력 지원체계 구축, 글로벌 물류무역정보망 구축 등 2개 사업을 추진하였다.

③ 행정효율성 제고

각 기관에 산재한 공간정보를 표준화하여 통합 구축함으로써 각 기관에서 공동으로 활용하도록 하고, 이를 행정업무에 연계함으로써 인·허가 등 지방자치단체의 행정업무를 획기적으로 개선하며, 범정부 국민소통 단일창구인 국민신문고에 접수하는 민원 국민제안 등을 체계적으로 분석하여 정책에 환류시킨다. 행정효율성 제고 분야에서는 국가공간정보체계 구축, 온라인 국민소통시스템 구축 사업 등 2개 사업을 추진하였다.

④ 사회안전 강화

정부와 민간에서 보유하고 있는 미아·여성 등을 위한 지원정보를 연계하여 공동활용하고, 사회적 약자에 대한 신속한 지원체제를 확립하여 이를 통한 대국민 체감서비스를 실현하고, 축산관계자에 대한 방역조치 강화 및 각종 가축질병에 대한 효율적인 예방·방역체계 구축으로 가축전염병의 발생 및 전파를 최소화한다. 사회안전 강화 분야에서는 비상대비 자원통합관리체제 구축, 재난영상정보통합·연계, 국가기상관측자료 표준화 및 공동활용체계 구축 등 5개 사업을 추진하였다.

⑤ 정보화 기반 강화

전자정부 표준 프레임워크와 공통컴포넌트의 개발 확산을 통해 정보화예산 절감, 중소기업의 사업 진입장벽 해소 및 사업자 간 공정경쟁 여건을 조성하고, 공공과 민간에서 활용수요가 높은 국가 정보자원을 개방하여 공공정보를 민간에서 활용하고, 신규 서비스를 통해 부가가치 창출을 활성화시킨다. 정보화 기반 강화 분야에서는 국가자원개방 및 공동활용 체계 구축, 스마트워크센터 구축 등 5개 사업을 추진하였다.

⑥ 정보보호체계 강화

정보보호체계 강화 분야에서는 인터넷과 망분리, 보안관제센터 구축 등 5개 사업을 추진하였다.

(3) 전자정부 추진사업의 성과

전자정부사업 추진으로 행정정보의 공동이용 및 온라인민원 서비스 이용이 증대되었다(박정수, 2014: 290). 정부는 '스마트 전자정부계획'의 추진의 일환으로 주민등록등(초)본, 건축물 대장, 납세증명서, 사업자등록증명 등 발급빈도가 높은 92종의 행정정보에 대해 구비서류를 제출할 필요없이 관련기관이 공유해 업무를 처리하도록 하여 대민행정의 편의성을 제고하는 한편 예산절약의 성과를 거두었다. 이러한 성과는 노무현 정부에서 시작한 행정정보공유추진사업(주관: 행정정보공유추진위원회)의 토대 위에서 거둔 성과라고 볼 수 있다.

이명박 정부의 국가정보화 사업 추진의 성과로 2010년과 2012년에 UN 전자정부 평가에서 '전자정부발전지수'와 '온라인참여지수' 모두 1위로 평가되는 성과를 거두었다. 정충식(2021: 231－232)은 정책과 제도의 시차적 접근방법을 적용한다면 2010년 전자정부 평가는 2008년 후반의 자료를 대상으로 한 것이므로 세계 1위를 달성한 것은 노무현 정부에서 구축된 31대 전자정부 시스템들의 성공적인 집행의 연장선상에서 보아야 한다고 주장하였다. 그러나 2012년에도 1위를 유지한 것은 이명박 정부의 성과로 볼 수 있다.

5) 규제개혁

(1) 규제혁신 추진체계

'활기찬 시장경제'의 정부혁신 목표를 달성하기 위한 규제개혁 분야에서는 기존의 규제개혁위원회 이외에 대통령 소속 국가경쟁력강화위원회를 신설해 임기 말까지 규제개혁 및 기타 개혁들을 강력하게 추진하였다. 국가경쟁력강화위원회는 대통령 자문위원회로 국가경쟁력 강화를 위한 국가 주요정책에 관한 의견수렴 및 반영, 국가경쟁력 제고를 위한 국가적 사업, 규제개혁 및 공공부문 경영혁신, 전략적 투자유치 및 지역경제 활성화, 대통령이 요청하는 주요 정책 등에 자문하는 역할을 담당하였다. 이명박 대통령 취임 직후 2018년 3월 13일 첫 번째 회의에서 산업단지 인·허가 간소화 방안을 논의하는 등 규제혁신 분야에 집중하였다.[16] 기존 규

16 초대 위원장은 대통령 특별보좌관 사공일이며, 위원은 기획재정부 장관, 국정기획수석(간사), 경제수석, 대통령이 위촉하는 35인 이내 전문가이며, 분과위원회 및 산하 실무위원회를 설치하였다. 출처: 국가경쟁력강화위원회 제1차회의 보도자료, 2008.3.13.일자.

제개혁위원회는 신설 강화 규제심사, 각 부처 추진 규제개혁 과제의 관리 및 평가, 규제등록 등 각종 규제관리제도의 운영을 담당하였다.

(2) 규제개혁의 핵심내용

이명박 정부가 내세운 최고의 국정과제는 단연 규제개혁이었다. 규제개혁위원회와 별도로 이명박 대통령 취임 즉시 국가경쟁력위원회가 출범하면서 경제성장의 걸림돌이 되는 핵심 규제개혁이 대대로 이루어졌는데 규제개혁의 구체적 내용은 다음 <표 7-24>와 같다(이하 이규선, 2011: 353-357; 박정수, 2014: 291-294).

표 7-24 이명박 정부의 규제완화 주요내용

구분	규제내용	개혁내용
경제력 집중 억제규제	출자총액제한	폐지
	상호출자제한 기업집단 규모제한	규모 상향조정: 2조원 → 5조원
	지주회사 전환요건 규제	부채비율 제한 폐지 증손회사 보유요건 완화: 100% → (20%, 40%)
금산분리 규제완화	산업자본의 은행주식 보유한도 제한	한도제한 완화: 4% → 9%
	금융회사와 일반지주회사의 비금융·금융자회사 소유 금지	보험지주회사와 비금융자회사 소유 및 중간지주회사(일반지주회사)의 금융자회사 소유 허용
수도권 규제완화	산업단지내 입지 규제	모든 공장입지규제 폐지
	과밀억제권역 공장입지 규제	기존공장 증설범위 대폭확대
	자연보전권역 환경규제	규제방식 전환: 입지규제 → 총량제 및 배출규제
	공장건축면적 규제	창고·사무실 면적의 면적제한 규제대상 제외
군사보호구역 규제완화	주한미군기지 주변 군사시설보호구역	반환된 기지 주변구역 해제
	8개 지자체 소재 군사시설 보호구역	지자체 개발요청지역 내 보호구역 해제 및 개발 제한 완화
방송·통신·미디어 규제완화	방송산업 진입규제	신규사업자 진입 및 소유규제 완화
	신문·방송, 신문·뉴스통신 겸영금지	폐지
	복수 신문 소유 금지	폐지
	신문산업 시장지배적 사업자 규제	폐지
	지상파방송 디지털 전환 관련 규제	신설
	인터넷 등 뉴미디어 규제	강화

출처: 이규선, 2011, 354, <표 1>.

① 경제력 집중억제 완화

경제력 집중억제 및 경제민주화를 명분으로 한 규제를 대폭 완화하였다. 대표적으로 공정거래법상 출자총액제한 규제[17]가 완전히 폐지되었고, 상호출자제한규제가 완화되었다. 또한 지주회사 부채 비율 규제와 다른 계열회사에 대한 5% 투자한도 규제가 폐지되었고 지주회사의 증손회사 지분을 보유요건을 완화시켰다. 이 부문은 박근혜 정부 공약에 경제민주화라는 화두가 들어가게 되는 빌미를 제공하였다(박정수, 2014: 291).

② 금산분리 규제완화

금융과 산업의 상호 소유와 겸업을 금지해 온 금산분리 규제가 완화되었다. 산업자본에 의한 은행주식 보유한도가 4%에서 9%로 완화돼 대규모 기업집단의 은행 소유 허용이 완화되었다.

③ 수도권 규제완화

과밀억제권역의 산업단지 내 모든 공장의 신・증설 관련 규제들이 완전히 폐지되었고 자연보전권역에서의 환경규제가 입지 제한에서 총량과 배출 규제로 전환되었다. 또한 수도권에 위치한 인천경제자유구역을 과밀억제권역에서 성장관리권역으로 전환하여 해외 직접 투자에 유리한 여건을 조성하고자 하였다.

④ 군사시설 보호구역 규제완화

김포시, 남양주시, 안성시, 용인시, 춘천시, 포항시, 의정부시 등 8개 지방자치단체 개발요청 지역 내 군사시설보호규역의 행위제한이 완화되었다.

⑤ 방송·통신·미디어 규제완화

방송・통신・미디어 관련 규제들이 개혁의 대상이 되었다. 방송산업 신규사업자의 진입 및 소유규제의 완화, 신문 방송, 신문 뉴스통신 겸영 금지 및 복수신문 소유금지 폐지, 신문산업 시장지배적 사업자 규제 폐지, 지상파 방송 디지털 전환 관련 규제 및 인터넷 언론 등 뉴 미디어 관련 규제 신설, 피해자 규제 규정이 강화 등이 주요내용이다. 위와 같은 다섯 가지 분야의 규제완화 이외에도 한시적 규제유예제도 창설, 규제일몰제 확대적용을 통하여 규제완화를 시도하였다.

⑥ 한시적 규제유예제도 활용

이명박 정부가 추진한 규제개혁 방식의 큰 특징 가운데 하나가 한시적 규제유

17 자산규모 10조원 이상 기업집단에 속한 자산 2조원 이상의 회사가 다른 회사에 출자할 수 있는 한도를 그 회사 순자산의 40%로 제한하는 규제이다.

예제도 활용이다. 규제개혁위원회는 금융위기 극복과 일자리 창출을 위한 창업 및 투자 애로해소와 영업활동 부담 완화를 목적으로 280개 과제를 선정하여 한시적으로 규제를 유예하였다(박정수, 2014: 292).

⑦ 규제일몰제 확대 적용 등

이명박 정부는 이전까지 추진이 미미하였던 규제일몰제를 확대(2009)하여 적용하였다. 경제적 규제 2,184건 중 558건(25.5%)에 대해 3년 내지 5년 기한의 일몰을 설정하였고, 사회적 및 행정적 규제와 미등록 상태에서 추가로 등록된 규제 총 4,692개 가운데 1,044개 규제(22.3%)에 일몰을 적용하였다.

(3) 평가

이명박 정부는 초기에 국가경쟁력강화위원회 주도로 강력한 규제개혁을 추진하였다. 이명박 정부 규제개혁의 긍정적 성과로는 규제개혁 만족도 증가, 대기업 규제 등 정책적 규제개선, 세계은행 등 국제기구의 긍정적 평가, 규제일몰제, 한시적 규제유예 등 새로운 규제개혁 방식 도입에 의한 규제체감도 및 효과성 제고, 미등록 규제정비 규제관리시스템 정비 등이다(이규선, 2011: 361−368; 이혁우, 2012: 8; 김관보, 2014b: 328−329 재인용). 그러나 집권 초기 활기찬 시장경제 창달을 위한 규제개혁에서 집권 중반 이후 친서민 중소기업 보호로 규제개혁 방향이 전환되어 일관성이 결여되었다는 지적도 제기되었다. 또한 규제개혁위원회와 국가경쟁력위원회의 이원화된 추진체계를 유지하였으나 집권 후반기에 국가경쟁력강화위원회의 정치적 위상 저하로 규제개혁의 추진력이 감소되었다는 지적도 제시되었다(이규선, 2011: 371; 김관보, 2014b: 335).

6) 반부패혁신

(1) 국가청렴위원회 폐지와 국민권익위원회 신설

이명박 대통령은 정부조직 개편으로 부패방지기능을 담당하는 국가청렴위원회를 국민권익위원회에 통합시킴으로써 부패방지를 위한 독립전담기구가 사라졌고, 부패방지정책의 우선순위가 다소 낮아지게 되었다(박정수, 2014: 301−302). 이명박 정부에서 공익신고자에 대한 보호와 보상 등이 주요내용으로 규정된 「공익신고자 보호법」이 2011년 3월 29일 공포되어 2011년 9월 30일에 시행되었으며, 소관 부처는 국민권익위원회이다.

(2) 반부패혁신의 성과

[그림 7－14]에 이명박 정부 시기에 국제투명성기구가 발표하는 반부패지수 추이가 제시되었다. 2008년 5.6에서 시작하여 다소 하락하다가 임기말인 2012년에 임기초의 수치인 5.6으로 회복하여 정체상태인 것으로 평가되었다.

그림 7-14 이명박 정부 시기 부패인식지수(CPI) 및 순위 변동 추이

단위: 점(10점 만점)

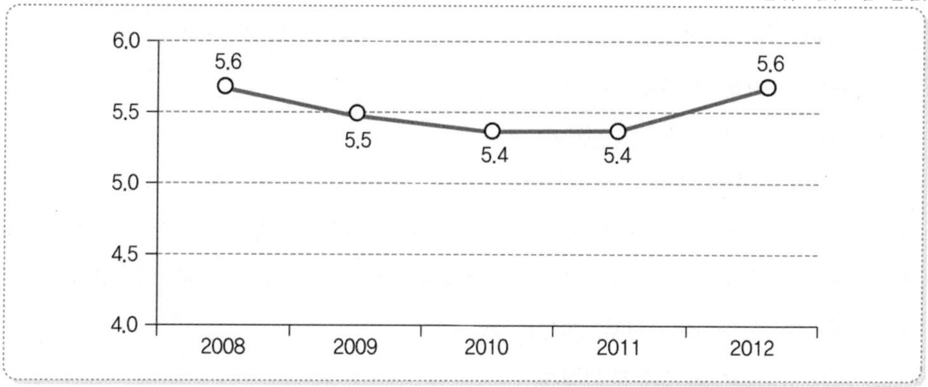

출처: 국제투명성 기구, 2012년부터 100점 만점으로 발표, 10점 만점으로 환산.

<표 7－25>에 제시된 대상국가 내 순위는 2008년도 180개 국가 가운데 40위에서 2012년에는 176개 국가 가운데 45위로 하락하였다. OECD 회원국가 내에서도 2008년 30개 국가 중 22위에서 2012년 34개 국가 중 27위로 하락하였다.

표 7-25 이명박 정부 시기 부패인식지수(CPI) 및 순위 연도별 변동 추이

단위: 점(10점 만점), 순위

연도		2008	2009	2010	2011	2012
점수		5.6	5.5	5.4	5.4	5.6
순위	전체 순위/대상국가수	40/180	39/180	39/178	43/183	45/176
	OECD 순위/회원국가수	22/30	22/30	22/30	27/34	27/34

출처: 국제투명성기구, 2012년부터 100점 만점으로 CPI 발표, 10점 만점으로 환산 기재.

요약하면 이명박 정부는 부패방지정책의 독립전담기구인 국가청렴위원회를 국민권익위원회에 통합시켜 부패방지정책의 우선순위가 다소 낮아졌다. 부패인식지수(CPI)는 임기 초인 2008년 5.6에서 시작하여 하락을 거듭하다가 임기말인 2012년

에 임기초의 수치인 5.6으로 회복하여 정체상태에 머물렀으며, 국가간 비교순위는 다소 하락하는 결과를 초래하였다.

7) 공공기관 혁신

(1) 공공기관 혁신의 추진체계와 추진원칙

이명박 정부는 공공기관 규모가 비대화되고 비효율적 운영, 즉 방만경영으로 국민부담을 증가시키고 정부에 대한 신뢰를 저하시킨다고 보았다. 이에 출범 직후인 2008년 3월부터 '공공기관 선진화'를 통하여 공공기관의 문제점을 해소하고 위축된 시장경제에 활력을 불어넣겠다고 발표하였다.

① 공공기관 선진화 상위추진체계

대통령실, 기획재정부, 국가경쟁력강화위원회가 유기적인 협조체제를 구축하여 대통령실은 대립하는 관계 부처 간 이견조율을, 기획재정부는 공공기관 총괄부처로서 구체적 계획수립을, 국가경쟁력강화위원회는 전문가와 이해집단 의견수렴을 담당하였다(이하 대한민국정부, 2013a: 364－366).

② 공공기관 선진화 실무추진체계

[그림 7－15]와 같이 공공기관을 직접 관리·감독하는 각 부처에는 차관을 단장으로 하는 '공기업선진화추진단'을 구성하였다. 선진화 추진과정에 필요한 전문지식과 다양한 의견을 반영하기 위하여 '공기업선진화추진자문단'을 구성하였다. 각 부처는 자문단을 통하여 분야별 전문가 의견을 수렴하여 추진계획을 마련하였다.

그림 7-15 공공기관 선진화 실무 추진체계

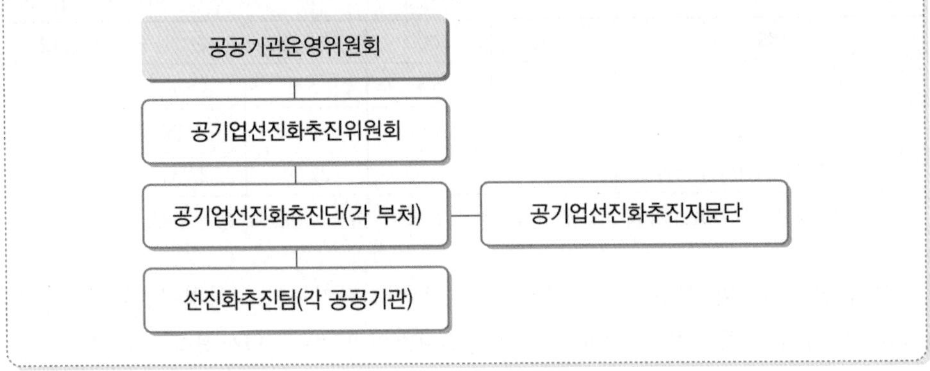

출처: 대한민국정부, 2013a, 366.

공공기관운영위원회 산하에 공기업선진화추진위원회를 설치하여 선진화추진과정에서 발생할 수 있는 이해관계자 간 갈등을 해소하는 등 사회적 비용을 완화하는 노력을 병행하였다(대한민국정부, 2013a: 365－366). 선진화계획 수립절차를 구체적으로 살펴보면 각 부처에서 추진 방향, 토론회 개최계획 등이 반영된 기관별 계획 초안 마련, '선진화추진위원회'에서 심의, 주무부처 주관하 공개토론회 등 의견수렴 순서로 진행되었다. 의견수렴 등을 거친 기관별 선진화계획은 '선진화추진위원회'에서 종합 조정되고, '공공기관운영위원회' 의결로 최종 확정되었다.

③ 공공기관 선진화 추진원칙

<표 7－26>에 제시된 바와 같이 공공기관 선진화 정책은 '작은 정부, 큰 시장', '국민편익 증대', '사회적 비용 최소화' 및 '기관별 특성에 맞는 방안 수립 및 투명한 추진' 등의 원칙아래 추진되었다.

표 7-26 이명박 정부 공공기관 선진화 추진원칙

추진원칙	주요내용
① 작은 정부, 큰 시장	· 공공부문 비중을 지속적으로 축소 · 민간과 경합되는 분야는 공공역할 조정
② 국민편의 증대	· 질 좋은 서비스 제공 · 정부지원 절감으로 국민의 부담 경감
③ 사회적 비용 최소화	· 전기, 가스, 수도, 의료보험은 민영화 대상에서 제외 · 고용안정을 최대한 보장 · 혁신도시는 지속적으로 추진
④ 기관별 특성에 맞는 방안을 수립하여 투명하게 추진	· 공개토론회 등 각계각층의 의견을 수렴 · 공공성, 경쟁성 등 공공기관별 특성을 감안하여 가장 적합한 방안을 수립

출처: 대한민국정부, 2013a, 365.

'작은 정부, 큰 시장'이란 공공부문 비중을 지속적으로 축소하고, 민간과 경합되는 분야는 공공의 역할을 조정한다는 것이다. '국민편익 증대'란 질 좋은 서비스 제공, 정부지원 절감으로 국민의 부담을 경감한다는 것이다. '사회적 비용 최소화'를 위해서 전기, 가스, 수도, 의료보험은 민영화대상에서 제외하며, 고용안정을 최대한 보장하고, 혁신도시는 지속적으로 추진하기로 하였다. '기관별 특성에 맞는 방안 수립 및 투명한 추진'에서는 공개토론회 등 각계 각층의 의견을 수렴하고, 공공성, 경쟁성 등 공공기관별 특성을 감안하여 가장 적합한 방안을 수립한다는 것이다.

(2) 공공기관 선진화 계획과 주요내용

이렇게 마련된 공공기관 선진화 계획은 <표 7-27>과 같이 총 6차에 걸쳐 발표되었다. 선진화계획은 집권 1년 차인 2008년에 4차례, 2년 차인 2009년 3월 이전에 2차례 발표되어 집권 이후 1년 정도 지난 시점에서 주요내용이 확정되었다. 제1차-제3차 선진화 추진계획은 민영화와 통폐합에 주력하였고, 제4차 선진화 계획은 경영효율화 계획, 제5차 선진화 계획은 출자회사 정리, 제6차 선진화 계획은 60개 기관의 정원 감축 및 재무건전성 개선에 초점을 맞추었다.

표 7-27 공공기관 선진화 계획과 주요내용

구분	주요내용
1차(2008.08.11)	41개 공공기관 민영화, 통합, 기능조정
2차(2008.08.26)	중복 설치된 공공기관 통폐합 등 40개 기관 기능조정
3차(2008.10.10)	민영화, 경쟁도입, 기능조정 등 30개 기관 구조개편
4차(2008.12.19)	공공기관 경쟁력 향상을 위한 경영효율화 계획 (정원 약 1만 9,000명 축소, 예산 1조 7,000억원 절감, 자산 8조 5,000억원 매각)
5차(2009.01.15)	공공기관 출자회사(273개) 지분정리 및 관리개선
6차(2009.03.31)	60개 기관 정원의 11.6% 감축(2만 5,768명 → 2만 2,787명), 인건비 절감 및 자산매각을 통하여 1,800억원 이상 재무건전성 개선

출처: 대한민국정부, 2013a, 367.

(3) 공공기관 하드웨어 개혁의 추진실적

이명박 정부의 공기업개혁에서 하드웨어 측면은 민영화, 통・폐합, 경쟁도입, 기능조정, 경영효율화, 출자회사 정리를 의미한다(이하 대한민국정부, 2013: 367-385).

① 민영화 및 지분매각

2008년도에 공기업 자회사 10개, 금융공기업 7개, 대한주택보증 등의 민영화와 인천국제공항공사, 한국공항공사 등의 지분매각을 수립하였으나, 2012년 12월말 현재 민영화 대상 19개 중 7개 기관의 민영화를 완료하였고, 2개 기관은 자산관리공사에 매각을 위탁하였다. 인천국제공항공사의 경우 민영화 대신 정부가 경영권을 유지하는 지분 일부 매각을 추진하였다.

② 통폐합

선진화 1-3차 계획에 R&D 관리기관, 정보통신, 정보통신 콘텐츠 기관, 환경분야 기관・근로 산재 분야기관, 저작권 보호 기관, 청소년 지원분야 기관, 철도공사 자회사 등 7가지 유형의 36개 기관이 통합대상으로 지정되었다. 대표적인 통합사례는 한국토지공사와 대한주택공사가 통합한 토지주택공사(LH)이다. 통폐합이 진행된 결과 36개 공공기관이 16개로 통합되었고, 한국노동교육원 등 5개 기관은 폐지되었다.

③ 경쟁도입

가스산업과 방송광고산업에 경쟁체제 도입이 추진되었다. 가스산업의 경우 한국가스공사가 천연가스 도입 도매부문을 독점함으로써 계약시 도입가격을 낮출 유인이 없다는 지적이 계속됨에 따라 경쟁도입방안을 추진하였으나 반대 여론에 밀려 폐기되었다. 방송광고 대행산업의 경우 2012년 5월 23일 방송광고 판매 대행 등에 관한 법률이 시행되면서 한국방송광고공사의 지상파 방송광고 판매시장 독점이 해소되었다.

④ 기능조정

공공기관의 기능조정은 기관의 고유 핵심기능을 강화하고, 비핵심기능을 축소 중단하여 공공기관의 역량을 강화함은 물론, 해외진출 신성장동력 마련 등 새로운 부가가치를 창출하도록 하는데 목적이 있었다. 제1－3차 공공기관 선진화계획에서 20개 공공기관에 대한 기능조정계획을 수립하여 추진하였는데, 2012년 12월말 기준 14개 기관이 기능조정을 완료하였고, 6개 기관이 진행 중이었다.

⑤ 경영효율화

제4차 및 6차 계획에서 통·폐합되거나 민영화되는 기관을 제외한 모든 공공기관을 대상으로 10% 이상 정원 감축을 추진하였는데, 2009년도에 총 129개 기관의 정원 17만 5천명 가운데 총 2만 2천명이 감축되었다. 경영효율화 계획에 따라 정원을 일괄 조정하면서 정원을 초과하는 인원은 자연감소나 명예희망퇴직 등을 활용하여 2012년까지 단계적으로 흡수하도록 조치하였다.

⑥ 출자회사 정리

2012년 12월말 현재 정리대상 131개 출자회사 중 85개가 정리되었고, 22개는 자산관리공사에 매각을 위탁하였다. 세부 정리방식별로 살펴보면 74개 기관의 지분은 매각을 완료하였고, 8개 기관은 폐지 청산되었으며 3개 기관은 통폐합되었다.

(4) 공공기관 소프트웨어 개혁의 추진실적

이명박 정부가 추진한 공공기관 소프트웨어 개혁의 측면은 노사관계 선진화, 보수체계 개편 등을 의미한다(이하 대한민국정부, 2013a: 386－390).

① 노사관계 선진화

노사관계 선진화를 위하여 (1) 경영공시 투명성 강화, (2) 경영평가에 노사관계 지수 포함, (3) 선진 노사관계 인식확산 등 세 가지 정책방안을 추진하였다. 첫째, 노사관계 주요항목을 통합공시시스템(www.alio.go.kr)에 공개하여 경영공시 투명성을 강화하고자 하였다. 둘째, 공공기관 경영평가 항목에 노사관계 지수를 포함하였는데, 2008년도 공공기관 기관장 평가부터 '노사관계 선진화'를 평가지표에 포함하였다. 2009년도 경영실적 평가 시에는 평가비중을 15%에서 20%로 확대하여 노사가 자율적으로 건강한 노사문화를 가꾸어 가는 기관에 인센티브가 부여될 수 있도록 하였다. 셋째, 노사관계 인식확산을 위해 기관장 등 임직원과 노사관계 담당자들을 대상으로 선진화 워크숍, 기관별 맞춤형 컨설팅 서비스 제공, 노동행정연수원에 공공기관 노사관계 교육과정 개설 등을 통하여 공감대 형성을 위해 노력하였다.

② 보수체계 개편

<표 7-28>과 같이 기관장·감사 보수체계 개편(2008.6), 공공기관 대졸초임

표 7-28 이명박 정부의 공공기관 보수체계 개편내용

구분	내용
기관장·감사 보수체계 개편(2008.6)	· 공공기관의 보수체계를 기본연봉과 성과급 구조로 단순화 · 기본연봉은 공공성, 성과급은 시장성 반영 체계로 개편 · 기관장의 기본연봉은 상대적 수준이 높은 기관들의 경우 정무직 공무원(차관급)의 연봉수준으로 하향 조정 (단, 금융기관장 및 대형 공기업은 민간 동종업계의 보수수준 등을 감안하여 합리적 조정) · 기관장 성과도 지급률 상한을 경쟁 정도와 경영리스크 등을 감안하여 차등 적용 · 매년 기관업무의 난이도와 경쟁 정도 등을 보아가며 기준을 조정 · 공기업, 준정부기관, 공기업 준정부기관 성격을 가진 기타공공기관의 상임감사의 경우, 기관장과의 보수차이인 80% 수준 유지 · 감사의 직무수행실적 성과금도 평가결과에 따라 차등적용 (단, 기관 유형별로도 상한을 달리 책정)
공공기관 대졸초임 조정(2009.2)	· 대졸 초임(2008년 기준) 2,000만 원 이상인 공공기관대상 · 평균 대졸 초임의 민간기업과 유사한 수준 유지
금융공공기관 기존직원 임금 5% 삭감(2009.12)	· 한은, 금감원, 금융공공기관(10개)의 기존직원 임금을 5% 이상 삭감하도록 노사간 합의(2009년 10월~12월) · 연차휴가 25%를 의무적으로 사용하게 하여 추가적인 임금축소도 유도
공공기관 성과연봉제 시행(2010.6)	· 기본연봉이 근속연수와 연동하여 자동 인상되는 것을 방지하고 평가를 통하여 차등 인상 · 근무실적, 업무수행능력, 태도 등에 대한 객관적이고 합리적인 평가를 통하여 등급에 따라 기본연봉의 인상률을 차등적으로 적용

출처: 대한민국정부, 2013a, 388.

조정(2009.2), 금융공공기관 기존 직원 임금 5% 삭감(2009.12), 공공기관 성과연봉제 시행(2010.6) 등으로 공공기관의 보수체계를 개편하였다.

(5) 평가

이명박 정부의 공공기관 선진화 개혁(공기업 개혁 및 민영화)의 실적을 평가하면 다음과 같다. 공공기관의 통폐합, 경쟁체제 도입, 경영효율화, 보수체계 합리화 등은 소기의 목적을 달성한 것으로 보인다. 공공기관 통폐합이 다소 무리하게 추진된 측면도 있지만 정권이 교체된 후에도 원상으로 복귀하지 않고 대부분 유지된 것은 이명박 정부가 통폐합하여 대부처화한 정부조직이 박근혜 정부에서 대부분 원상으로 복귀한 것과는 대조된다. 노사합의를 통하여 공공기관의 보수를 하향 조정한 점도 과거 정부가 오랫동안 해결하지 못한 숙원과제를 해결한 것으로 볼 수 있다(김관보, 2014b: 334). 그러나 공기업 민영화의 경우 국민들의 공감대가 상대적으로 낮은 것으로 나타났다(김관보, 2014b: 334; 박정수, 2014: 300). 공기업과 공공기관은 효율성과 동시에 공공성이 중요한 가치인데, 공공성을 지나치게 약화시켰다는 비판을 받았다. 민영화 이후에도 지속적으로 확보해야 할 공공성의 실체가 무엇인지, 이를 시장규율과 정부규제를 통하여 어떻게 확보할 수 있을지 체계적인 검토가 필요하다는 것이다.

5. 이명박 정부 정부혁신의 평가

1) 이명박 정부 정부혁신의 특징

이명박 정부는 출범 초 구성한 국가경쟁력강화위원회를 예외로 한다면 부처중심의 혁신을 추진했다는 점에서 대규모의 대통령직속 정부혁신지방분권위원회을 중심으로 정부혁신을 추진한 노무현 정부와는 대조된다. 이명박 정부는 신공공관리(NPM)의 기조 하에서 실용주의(pragmatism)를 기반으로 정부혁신을 추진하였다.

2) 정부혁신의 성과

(1) 단기적 성과

작은 정부의 기조하에 대통령실(대통령비서실+경호실)과 국무총리실(국무총리비서실+국무조정실)을 통폐합하여 각각 단일기구화하였고, 3부총리제 폐지, 부처 통폐합으로 노무현 정부 말과 비교하면 중앙행정기관 11개 감축, 정무직 16명 감축,

하부기구 148(실·국 55, 과 93)개가 감축되었다. 이명박 정부 시기에 행정부 소속 공무원 수는 13,035명, 1.37% 증가에 그쳤다(<표 7-29> 참조).

표 7-29 이명박 정부 시기 행정부 소속 공무원 정원 변화

연도	2007	2008	2009	2010	2011	2012	증감(2007-2012)
공무원수	953,090	946,063	947,967	955,890	957,721	966,125	13,035(1.37%)

출처: 행정안전통계연보, 각 년도.

이명박 정부는 정부 기구를 대대적으로 통·폐합하였으나 차기 정부인 박근혜 정부에서 대통령실과 국무총리실을 통합 이전 상태인 대통령비서실과 경호실, 국무총리비서실과 국무조정실로 복원하였고, 경제부총리를 부활시키는 한편, 통폐합된 부처들도 대부분 분리시킴으로써 단명에 그치게 되었다. 그 과정에서 하부조직과 공무원의 이합집산에 따른 값비싼 대가를 치르게 되었다. 정부 규모를 축소하는 한편, 민간 부문을 활성화시켜 7%의 경제성장을 이루겠다는 야심찬 계획도 2008년 글로벌 금융위기 등으로 큰 성과를 이루지는 못하였다. 부패방지 분야의 성과는 정체상태에서 지지부진하였으나, 전자정부 부문에서는 2010년과 2012년 연속으로 UN 전자정부발전지수와 온라인참여지수에서 세계 1위를 차지하였다.

(2) 중·장기적 성과

국가경쟁력 강화를 위해 강력한 규제개혁 의지를 가지고 출범한 이명박 정부는 규제개혁 분야에서 오랫동안 금기시되어 왔던 경제력 집중억제 규제완화, 금산분리 규제완화, 수도권 규제완화 등의 조치가 이루어졌다. 경제력 집중억제 규제완화는 차기 박근혜 정부에서 경제민주화 정책을 공약하는 계기가 되기도 하였지만 되돌리기는 어려운 조치라고 보여진다. 반부패분야의 「공익신고자보호법」 제정(2011년)도 중요한 진전으로 평가된다.

공공기관 선진화 개혁으로 추진된 공공기관의 민영화, 통폐합, 경쟁체제 도입, 경영효율화, 보수체계 합리화 등이 정권이 교체된 후에도 원상으로 복귀하지 않고 대부분 유지된 것은 이명박 정부가 통폐합한 정부조직이 박근혜 정부에서 대부분 원상으로 복귀한 것과는 대조되며, 중·장기적 성과가 나타난 것으로 볼 수 있다.

Ⅵ. 박근혜 정부의 정부혁신

1. 정부혁신의 배경과 시대적 맥락

박근혜 정부는 보수적인 이명박 정부를 계승하였지만 시대상황에 관한 인식은 상당히 달랐다. 건국 이래 산업화, 민주화를 거치면서 선진국 문턱에 진입하였지만 각 분야에서 다음과 같은 도전에 직면하고 있는 것으로 보았다(이하 제18대 대통령 직인수위원회, 2013: 34).

1) 경제분야

성장동력이 약화되고 해외시장에서 경쟁압력이 날로 심화되고 있는 가운데 대기업 수출산업·제조업은 생산성을 빠르게 향상시키고 있지만 중소기업, 내수산업, 서비스업은 생산성이 정체되고 있었다. 고용률은 정체되고 양질의 일자리는 부족하여 청년들이 노동시장이 진입하지 못하고 있으며, 더욱이 소득분배가 악화되어 사회계층별로 불신과 반목이 나타나고 있다고 보았다.

2) 사회분야

사회적 자본은 취약한 상태에 머물러 있으며, 정부는 국민들의 안전을 제대로 보장하지 못하고 있다고 보았다. 국가라는 거대 담론 하에서 개개인의 삶의 질은 경시되어 '국민행복'은 낮은 수준이라고 평가하였다.

3) 대외적 여건

북한이 핵실험을 자행하는 등 대남도발을 지속하면서 안보불안이 증가하고 있었다. 또한 역내 국가들간에 갈등이 고조되고 있으며, 동북아 정세의 불안정성이 커지고 있었다. 전세계적으로 기후변화는 가속화되고 자원경쟁이 심화되고 있으며, 환율전쟁과 보호무역의 우려도 나타나고 있다고 보았다.

4) 정부운영의 방향

정부 분야에서는 부처간 칸막이 현상이 만연하고, 정책의 성과를 평가하는 문화가 정착되어 있지 않으며 국민과의 소통이 부족하다는 것이다. 그러므로 정부운영 방식에서 국민과 소통을 중시하는 성과중시 행정문화를 정착시켜야 한다고 보았다.

정부가 주도하고 민간은 순응하는 것을 당연하게 여기는 풍토를 불식하고, 민·관 협치와 소통을 강화하여야 한다는 것이다. 또 정책을 집행하는 것보다 정책을 평가하여 개선하는데 더 많은 노력을 기울여야 하며 부처간 칸막이를 털어내고 협력을 강화하여야 한다고 보았다(제18대 대통령직인수위원회, 2013: 36).

2. 정부혁신의 주도적 패러다임과 목표

1) 신공공관리와 전통적 관점의 혼합형 패러다임

박근혜 정부는 보수정부인 이명박 정부와 유사하게 신공공관리 관점의 정부혁신을 추진하여 노무현 정부가 뉴거버넌스 관점의 정부혁신을 추구한 것과는 대조적이다. 그러나 박근혜 정부는 민간방식의 도입을 통해 정부 관리역량의 향상을 도모하는 시장지향형 개혁을 추구함과 동시에 이명박 정부와는 달리 정부조직의 효율성과 생산성 향상을 위하여 전통적인 조직구조 개혁 전략이 동시에 수반되어야 한다고 인식하여,[18] 신공공관리와 전통적 관점의 혼합형 패러다임을 추구하였다. 이는 대통령을 포함한 핵심 측근인사들의 권위주의 시대의 국정운영 경험이 반영된 것으로 보인다.[19]

2) 정부3.0의 추진경과

정부3.0 구상은 2012년 7월 12일 당시 박근혜 새누리당 대통령 경선후보의 대전 정부통합전산센터 방문시 향후 정부운영에 대한 구상과 실천과제를 밝히면서 대두되었다. 향후 정부운영의 핵심가치는 "공개·공유·소통·협력"이 되어야 하며, 정부의 미래 패러다임은 개인별 맞춤 행복을 지향하는 정부3.0을 지향하는 것이라고 선언하였다(대한민국정부, 2017d: 47).

박근혜 정부는 출범과 더불어 4대 국정기조, 14대 추진전략, 140개 국정과제를 확정하였는데, 여기에서 정부3.0은 개방·공유 및 협업·소통을 통해 투명하고 유능한 정부를 구현하고, 국민 중심의 맞춤형 서비스를 실현하는 내용과 더불어 신뢰받는 정부를 구현하기 위한 국정과제에 포함되었다.

---

18 국정과제의 행정관련 단어군을 분석한 연구(임주영·박형준, 2015)에 따른 것이다.

19 박근혜 대통령 부친인 박정희 대통령, 핵심 측근인 김기춘 비서실장 등이 영향을 미친 것으로 추정된다.

3) 정부3.0의 비전과 목표

정부3.0이 국정과제로 확정되면서, 정부는 행정자치부 주도하에 관계부처 합동으로 '정부3.0 추진기본계획을 수립'하여 2013년 6월 19일 정부3.0 비전선포식을 개최하였다. 정부3.0의 비전은 '국민 모두가 행복한 대한민국'이며, '수요자 맞춤형 서비스 제공'과 '일자리 · 신성장 동력 창출'이라는 목표 달성을 위해 '일 잘하는 유능한 정부', '소통하는 투명한 정부', '국민중심의 서비스 정부'를 제시하였다(제18대 대통령직인수위원회, 2013: 204; 대한민국정부, 2017d: 48). 박근혜 정부가 제시한 목표의 의미는 학자들이 학술적 관점에서 정의하는 개념과 일치하지는 않는다. 그러므로 여기에서는 당시의 시대 상황에서 박근혜 정부가 제시한 개념을 살펴보기로 하겠다.

(1) 유능한 정부

박근혜 정부가 제시한 '일 잘하는 유능한 정부'는 부처 간 칸막이를 제거하여 협업체계를 정착시킴으로써 성과를 창출하고, 부처 간 공공정보를 서로 공유하여 보다 합리적이고 효율적인 정책결정이 이루어질 수 있도록 하며, 데이터에 기반을 둔 과학행정을 구현한다는 의미로 사용하였다(대한민국정부, 2017d: 46). 학자들은 유능한 정부를 "행정서비스를 제공하는 정부가 복잡한 문제를 시의적절하게 해결할 수 있는 정부의 역량"(임성근 · 이건, 2017: 58), 또는 "사회적 난제를 적극적으로 해결할 수 있는 능력을 갖춘 정부"(김윤권, 2016)라고 정의하였다.

(2) 투명한 정부

정부3.0의 핵심 목표의 하나인 투명한 정부는 정부가 보유하고 있는 공공데이터를 국민들에게 적극적으로 개방함으로써 국민의 알 권리를 충족시켜 주고 정부와 국민 간 정보의 비대칭성을 해소함으로써 양자의 권력관계를 좁히는 탈권위적 행정을 지향하는 정부를 말한다. 공공데이터의 민간 활용은 민간의 집단지성을 이용하여 사회경제적 가치를 창출하는 민 · 관 협치의 의미도 내포되어 있다(김윤권, 2016). 투명한 정부는 공공데이터의 정부 독점을 해소함으로써 정부에 대한 신뢰 및 책임성을 확보하고 민 · 관 협치의 강화를 기반으로 하는 좋은 정부를 의미한다.

(3) 서비스 정부

국민중심의 서비스 정부란 정부에서 진행하는 정책, 사업, 서비스 등을 수요자인 국민 맞춤형으로 설계하여 선제적으로 제공한다는 것이다. 서비스 통합제공, 창업 및 기업 활동 원스톱 지원 강화, 정보 취약계층의 서비스 접근성 제고, 새로운 정보기술을 활용한 맞춤형 서비스 창출 등이 서비스 정부의 핵심과제이다.

3. 정부혁신의 추진체계

이명박 정부와 마찬가지로 박근혜 정부에서도 정부혁신 추진 총괄조직은 명시적으로 규정되지 않았다. 공무원연금개혁(인사처), 유사중복사업 통폐합 및 국고보조금 개혁(기재부), 공공기관 기능조정(기재부)과 같은 25개 핵심 개혁과제의 추진은 기본적으로 소관 부처가 책임지고 추진하고, 국무조정실이 추진상황을 종합 점검(대한민국정부, 2017: 336)하며, 대통령 주재 핵심개혁과제 점검회의, 국무총리 주재 국가정책조정회의, 총리·부총리 협의체 등 다양한 수준의 주요 국정협의체를 통하여 추진상황을 점검하였다. 규제개혁의 경우 규제개혁위원회와는 별도로 규제개혁장관회의를 운영하였고, 정부3.0의 경우 국무총리 소속 민간위원회인 정부3.0 추진위원회가 주관하였다.

4. 정부혁신의 주요내용

1) 정부조직 및 운영체계 개편

(1) 조직개편의 주체

박근혜 정부 출범과 동시에 진행된 제1차 정부조직 개편은 인수위원회의 국정기획조정분과를 중심으로 진행되었다(이하 제18대 대통령직인수위원회, 2013: 383-392). 대통령후보 시기인 2012년 9월 16일 정책공약 수립을 위하여 구성된 국민행복추진위원회(위원장: 김종인) 내부 정부개혁추진단(단장: 옥동석)이 본격적으로 정부3.0과 정부조직 혁신구상에 착수하였다. 이러한 준비과정을 거쳐 2013년 1월 6일 가동된 인수위의 국정기획조정분과에서 정부조직 개편안을 마련하여 당선인 보고와 논의과정을 거치면서 구체화되었다. 세월호 참사 직후 전격적으로 단행된 제2차 조직개편안 도출과정은 비밀리에 진행되어 알려지지 않았다.

(2) 조직개편의 주요내용

① 제1차 정부조직 개편

제1차 개편에서는 이명박 정부의 대대적 정부조직 개편의 문제점 해소와 창조경제와 국민행복이라는 박근혜 정부의 대통령 의제를 고려하였다(엄석진, 2020a: 101). 조직개편의 방향은 경제부흥을 뒷받침할 수 있는 조직체계(과학기술 중심, ICT 기반 창조경제 실현), 국민안전을 최우선으로 하는 정부 구현(재난관리 국민생활 안전 컨트롤 타워 구축), 행정기관별 고유기능의 전문성 제고, 대통령 및 국무총리 보좌기구 합리적 개편 등이다(대통령직인수위원회, 2013: 385). <표 7-30>에 제시된 제1차 정부조직 개편의 주요내용은 다음과 같다.

- 미래창조과학부와 해양수산부 신설

  이명박 정부에서 정보통신부 폐지로 해체된 ICT(정보통신기술) 총괄 컨트롤 타워를 복원한 것이다. 미래창조과학부 신설로 국가 성장동력의 양대 핵심축인 과학기술과 정보통신 기술을 창조경제의 원천으로 활용하여 경제부흥을 뒷받침할 수 있도록 한다는 것이다. 한편 이명박 정부에서 폐지된 해양수산부를 복원하여 창조경제의 해양영역을 확대하고자 하였다.

- 경제부총리 도입: 경제정책 조정기능 강화

  이명박 정부에서 폐지한 경제부총리를 부활하여 기획재정부 장관을 경제부총리로 임명함으로써 경제분야의 정책조정기능을 수행하도록 하였다.

- 부처명칭 변경 및 기능조정

  지식경제부는 외교통상부의 통상·교섭 기능을 넘겨받아 산업통상자원부로 개편, 행정안전부는 안전행정부로 명칭 변경, 교육과학기술부는 교육부로, 외교통상부는 외교부로, 농림수산식품부는 농림축산식품부로, 국토해양부는 국토교통부로 각각 개편하였다.

- 식품의약품안전처 격상

  식품안전관리의 컨트롤 타워로 보건복지부 소속 외청인 식품의약품안전청을 국무총리 소속의 식품의약품안전처로 개편하였다.

- 중소기업청 업무영역 확대

  대기업 중심 경제운용에 대한 국민적 우려가 '경제민주화'라는 요구로 분출하여 이에 대응하여 중소기업 정책 및 집행기능을 강화하기 위하여 지식경제부의 중견기업 정책기능과 지역특화발전특구 기획 기능을 중소기업청으로 이관하였다.

- 국가안보실, 대통령경호실, 대통령비서실: 대통령 보좌기구 체계화
  이명박 정부에서 통합한 대통령실을 대통령비서실과 대통령경호실로 분리하고, 국가안보실을 신설하여 노무현 정부 후반기의 안보정책실장과 유사한 체제를 구축하였다.
- 국무조정실, 국무총리비서실: 국무총리 보좌기구의 체계화
  이명박 정부에서 통합한 국무총리실을 국무조정실과 국무총리비서실로 분리하여 복원하였다. 국무조정실에서 국무총리의 강화된 정책조정 및 정책주도 기능을 보좌하도록 하였다.

표 7-30 박근혜 정부의 정부조직 개편내용

시행일	주요내용	비고
제1차 개편 (2013.3.23)	미래창조과학부 신설(과학기술+정보통신기술)	인수위원회의 개편안 반영
	해양수산부 신설	
	경제부총리제도 도입	
	교육과학기술부를 교육부로 개편	
	외교통상부 통상교섭기능을 지식경제부로 이관하여 산업통상자원부로 개편	
	행정안전부를 안전행정부로 개편	
	농림수산식품부와 국토해양부를 각각 농림축산식품부 및 국토교통부로 개편	
	식품의약품안전처 승격	
	중소기업청 업무영역 확대	
	대통령 밑에 국가안보실 신설	
	대통령실을 대통령비서실과 대통령경호실로 분리	
	국무총리실을 국무총리 비서실과 국무조정실로 분리	
	특임장관 폐지	
제2차 개편 (2014.11.19)	사회부총리 신설, 교육부 장관 겸임	세월호 참사 후속조치
	국민안전처 설치, 소방방재청 및 해양경찰청 폐지	
	인사혁신처 신설	
	안전행정부를 행정자치부로 명칭변경	
제3차 개편 (2016.1.1)	보건복지부 장관 소속으로 질병관리본부를 둠	메르스 사태 후속조치
	질병관리본부장은 정무직(차관급)으로 보함	

– 특임장관 폐지

이명박 정부에서 신설한 특임장관을 폐지하였다.

② 제2차 정부조직 개편

2014년 4월 16일 세월호 참사 이후 가을에 제2차 조직개편 단행하였다(2014.11, 「정부조직법」 개정안 국회통과). 제2차 조직개편안의 주요내용은 다음과 같다.

– 사회부총리 신설

교육부 장관이 겸임하는 교육·사회·문화 부총리를 신설하였다(이 책 제2부 제5장 수평적 정책조정 참조).

– 국민안전처(장관급) 설치

국민안전처는 안전행정부(기존)의 재난안전 총괄 조정, 소방방재청의 소방·방재, 해양경찰청의 해양경비·안전·오염방제 및 해상에서 발생한 사건의 수사 기능 등을 통합하여 국무총리 소속으로 설치하였다.

– 인사혁신처(차관급) 설치

인사혁신처는 안전행정부(기존)의 공무원 인사·윤리·복무 및 연금 기능을 이관하여 국무총리 소속으로 신설하였다.

– 안전행정부의 행정자치부로의 개편

행정자치부는 안전행정부(기존)의 정부 의전·서무, 정부조직관리, 정부혁신, 전자정부, 지방자치제도 및 재정 세제 등의 기능 중심으로 개편되어 명칭이 행정자치부로 변경되었다.

– 소방방재청 및 해양경찰청 폐지

소방방재청 및 해양경찰청이 폐지되어 신설된 국민안전처로 편입되었다.

③ 제3차 조직개편

2015년 메르스(중동호흡기증후군) 사태를 계기로 감염병 대응역량을 강화하기 위하여 2006년 1월 1일부터 보건복지부 소속기관인 질병관리본부를 차관급 기관으로 격상하고 그 설치 근거를 법률에 명시하였다.

[그림 7–16]에 제3차 개편이 완료된 이후 박근혜 정부의 정부조직기구도(17부 5처 16청 4위원회)가 제시되었다.

(3) 조직개편 성찰

박근혜 정부의 제1차 정부조직 개편은 인수위원회의 국정기획조정분과에서 준비하여 출범과 동시에 단행하였다. 이명박 정부에서 대대적으로 통폐합한 정부조직의 문제점을 해소하는 차원에서 대통령 및 국무총리 보좌기구의 복원, 해양수산부와 교육부 부활, 경제부총리 복원, 특임장관 폐지가 이루어졌다. 창조경제라는 대통령 의제를 고려하여 구 정보통신부와 과학기술부를 결합한 형태의 미래창조과학부(과학기술 중심, ICT기반 창조경제 실현)를 정부의 핵심부처로 신설하였다. 박근혜 정부의 제1차 정부조직 개편에서 상당히 큰 폭의 개편이 이루어졌지만 대부분 이명박 정부 이전의 상태로 되돌렸다는 점에서 이명박 정부가 단행한 대대적인 부

그림 7-16 박근혜 정부의 정부조직기구도

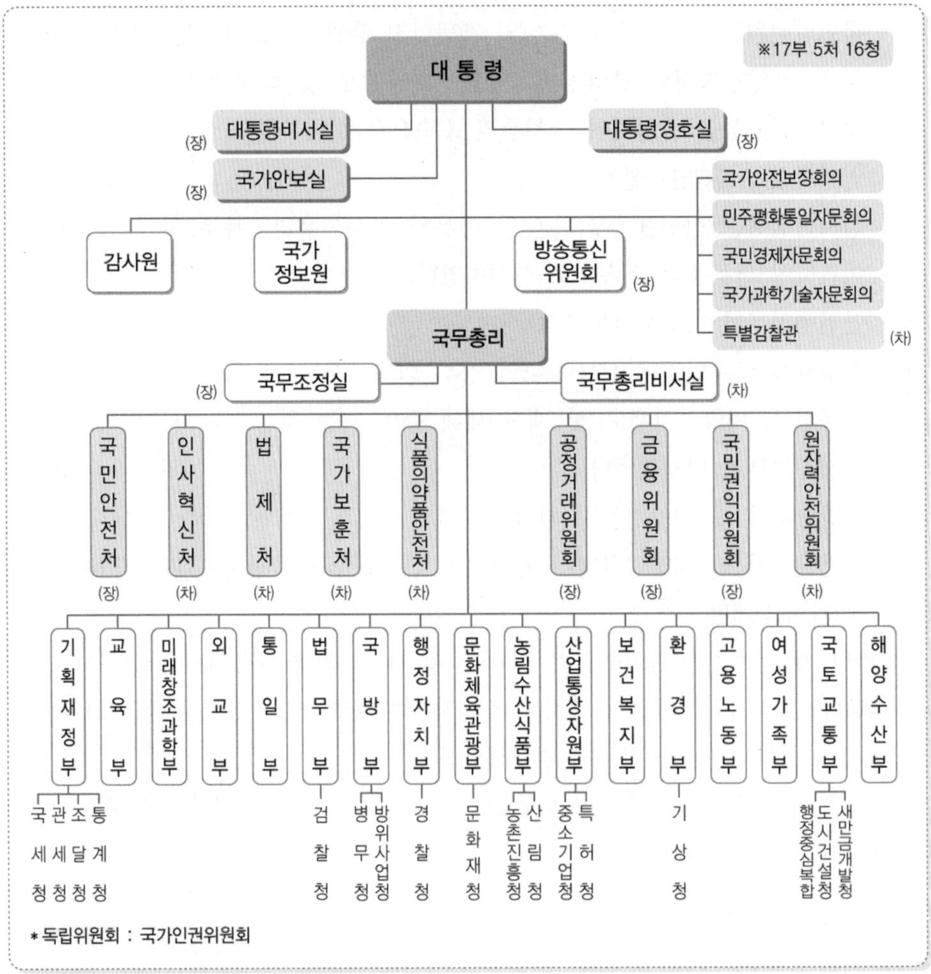

출처: 행정자치부, 2016, 정부기구도표, 2016.1.

처 통·폐합은 득보다는 실이 많았다고 판단된다.

박근혜 정부의 제2차 조직개편은 2014년 4·16세월호 참사 이후 재난안전부처를 재구성하는 차원에서 조직개편 작업이 비밀리에 진행되어 2014년 11월 19일 전격적으로 단행되었다. 재난안전 총괄부처로 국무총리 소속 국민안전처를 신설하고 해양경찰청과 소방방재청은 폐지하여 국민안전처 내의 차관급 본부로 설치하였다. 그러나 세월호 참사 대응에 실패한 해양경찰청 문책의 성격을 반영한 국민안전처 신설은 이질적 단위들의 연합체일 뿐 집행기능을 담당하는 대규모조직인 해양경찰조직과 소방방재조직을 참모조직 성격의 국무총리소속의 국민안전처에 무리하게 통합함으로써, 제 기능을 발휘하지 못하다가 문재인 정부 출범 후에 원상으로 복귀되었다. 한편 교육·사회·문화 부총리를 신설하여 교육부 장관이 부총리를 겸임토록 하여 경제부총리와 함께 부총리가 2인으로 증가하였다. 한편 공직개혁 추진을 위해 인사혁신처를 국무총리 소속으로 설치하였는데, 이명박 정부에서 폐지한 인사행정 전담기구를 복원하였다는 점에서 상당한 의미를 가진다. 안전행정부는 재난·안전 및 인사 기능이 분리됨에 따라 행정자치부로 개편되었다.

제3차 조직개편은 2015년 메르스(중동호흡기증후군) 사태를 계기로 감염병 대응 역량을 강화하기 위하여 2006년 1월 1일부터 보건복지부 소속기관인 질병관리본부를 차관급 기관으로 격상한 것으로 조직의 변화는 없었다. 2019년 코로나19 팬데믹이 발생하였을 때, 메르스 사태를 경험한 이후 차관급으로 격상된 질병관리본부의 역할이 지대하였다는 점에서 선견지명이 있었던 조치로 판단된다.

(4) 정부3.0

박근혜 정부가 야심차게 추진한 정부3.0은 정부운영체계 개편과 관련하여 논란의 여지가 있다. 정부3.0 구상은 2012년 7월 12일 당시 박근혜 새누리당 대통령 경선후보가 대전 정부통합전산센터 방문시 향후 정부운영의 핵심가치는 "공개·공유·소통·협력"이 되어야 하며, 정부의 미래 패러다임은 개인별 맞춤 행복을 지향하는 정부3.0을 지향하는 것이라고 선언하여, 국정운영 전반을 포괄하는 운영체계 개혁을 지향하였다. 대통령직인수위원회의 논의를 거쳐 확정된 국정기조와 국정과제에서도 정부3.0은 개방·공유 및 협업·소통을 통해 투명하고 유능한 정부를 구현하고, 국민 중심의 맞춤형 서비스를 실현하는 내용과 더불어 신뢰받는 정부를 구현하기 위한 국정과제에 포함되었다.

그러나 국무총리 소속 정부3.0추진위원회를 중심으로 추진된 정부3.0과제 추진 과정에서 정책수단 또는 정책도구로 전자정부 시스템을 구축하고 이를 활용하는데 집중하면서 정부운영 전반을 아우르는 운영체계 개편보다는 전자정부 추진으로 그 범위가 좁혀진 것으로 볼 수 있다.

2) 인사개혁

(1) 인사혁신처 설치와 공직인사혁신 3개년 계획 수립

2014년 11월 제2차 정부조직 개편 시 이명박 정부에서 안전행정부로 통합된 인사기능, 즉 공무원 인사·윤리·복무 및 연금 기능을 이관하여 국무총리 소속으로 인사혁신처(차관급)를 신설하여 인사개혁 업무를 담당하도록 하였다.

인사혁신처 출범을 계기로 2014년 12월 '공직 인사혁신 3개년 계획'을 수립하였다(이하 대한민국정부, 2017d: 245-265). 이를 통해 '대한민국 공직자 가치상 재정립', '전문성과 생산성 제고를 위한 인사관리체계 혁신', '민관 인적자원 쌍방 개방 교류 확대' 등 3대 분야 7대 과제를 선정하였고, 2015년은 '인사혁신의 기틀 마련', 2016년은 '인사혁신의 실천과 확산', 2017년은 '인사혁신의 정착'의 해로 설정하였다. 또한 국무총리 소속으로 민관합동의 '인사혁신추진위원회'를 구성하여 범정부적인 인사혁신의 확산을 추구하였다. 그러나 3개년 계획이 집권 3년차인 2015년부터 집행되기 시작하여 추동력을 확보하기 어려웠고, 2016년 중반부터 최순실 국정농단 사태로 사실상 추진이 어려운 상태로 빠지게 되었다. 여기에서는 개방형 임용 확대, 그리고 4대 공공개혁과제의 하나로 설정하여 추진한 공무원연금개혁, 인사혁신처가 추진한 공직전문성 제고방안과 성과중심 보수체계를 살펴보겠다.

(2) 개방형 직위 민간인 임용 확대

박근혜 정부는 출범 초부터 개방형 임용을 적극적으로 확대하였다. 2013년 개방형 지정 직위수는 421개로 2012년 311개보다 110개 직위가 추가되었고, 외부임용률은 36.1%였다. 개방형 추가 직위는 주로 과장급에서 크게 늘어났는데, 2014년의 경우 전체 개방형 직위 430개 가운데 고위공무원단 직위는 166개, 과장급 직위는 264개였다(다음 장 [그림 8-2] 및 <표 8-2> 참조). 2014년에는 개방형 직위 선발을 전담하는 별도의 '중앙선발시험위원회'를 설치하여 운영하였고, 2015년부터 민간인만을 모집·선발하는 경력개방형 직위 도입으로 민간 임용률은 지속적으로 증가하였다. 박근혜 정부 임기말인 2016년도 개방형 직위 지정수는 442개이며, 이 가운데 341개 직위가 충원되었는데 외부임용(민간인 또는 타부처 공무원)은 203명, 외부임용률은 59.5%로 크게 증가하였다(다음 장 [그림 8-2] 및 <표 8-2> 참조). 그런데 외부 임용 203명 가운데 민간인 176명, 타부처 공무원 27명으로 민간인 출신이 압도적으로 많았다(다음 장 <표 8-2> 참조). 이는 박근혜 정부가 개방형 직위에 민간인 임용 확대를 위하여 적극적으로 노력한 결과이다.

(3) 공무원 연금개혁

박근혜 정부는 공무원연금개혁을 4대 공공개혁과제의 하나로 설정하여 연금개혁을 추진하였다(이하 대한민국정부, 2017: 324-335, 345-357). '공무원연금대타협기구'(2014.12.29 구성)에 국회 공무원연금개혁특별위원회, 국회의원, 전문가, 시민단체, 공무원단체, 정부 관계자가 참여하여 4개월간 90여 차례의 공식·비공식 논의와 협상을 거쳐 2015년 5월 29일 국회 본회의에서 공무원연금개혁 합의안이 의결되었다. 공무원 연금개혁을 통하여 연금재정의 안정화 기반이 마련되었다. 공무원 개인 차원에서는 기여금 인상, 퇴직 후 받는 총연금액 지급률 인하 및 지급개시연령 연장, 유족연금 지급률 인하 등의 조치가 이루어져 공무원연금과 국민연금 간의 실질적 차이가 없어지게 되었다.

(4) 일반직위와 전문직위의 투트랙 보직관리

2005년 노무현 정부에서 '보직 및 경력개발제도'를 도입하였으나 공무원의 전문성 부족 문제는 해결하기 어려운 과제였다. 공무원이 한 자리에 머무는 재직기간이 2013년 기준 실국장급은 1년 1개월, 과장급은 1년 2개월에 불과할 정도로 순환보직이 빈번하여 2005년 도입한 제도에도 불구하고 개선이 이루어지지 않았다(이하 대한민국정부, 2017d: 247-250).

<표 7-31>에 제시된 바와 같이 박근혜 정부는 2014년 7월 '직위유형별 보직관리지침'을 제정하여 장기근무형과 순환근무형의 투트랙 보직관리를 추진하였다(대한민국정부, 2017d: 248-250). '장기근무형'은 각 부처에서 전문성이 중요하여 장기근무가 필요한 분야에 대해서는 전문직위를 지정하고 업무내용이 유사한 직위를 모아 전문직위군(群)을 구성하며, 동일 직위군 내에서 8년(실·국장급 4년, 과장급 6년)간 근무하도록 하였고, 해당 분야의 전문성을 확장·심화할 수 있도록 하였다. 또, 업무의 특수성이 요구되는 경우에는 '전문경력관'으로 임용하여 전보없이 동일

표 7-31 박근혜 정부의 직위유형별 업무분야

구분	직위유형	업무 분야	예시
장기 근무형	유형 ① (전략적 전문성)	특정 분야에 대한 고도의 전문지식·정보 또는 정책적 판단력이 요구되고, 동일 직위 또는 업무분야에서 장기 재직이 필요한 분야 유형	전문 직위
	유형 ②	해당 업무에 대한 실무 차원의 전문성 또는 기능적 숙련성이 요구되며, 동일 직위 또는 업무분야에서 장기 재직이 필요한 분야	전문 경력관
순환 근무형	유형 ③ (기술적 전문성)	특정 분야에 대한 고도의 기술적 전문성 등이 요구되나, 동일 직위에서 장기 재직 필요성은 낮은 업무 분야	임기제 개방형직위
	유형 ④	다양한 업무경험 등을 통한 융·복합적 전문성 또는 관리적 전문성이 요구되어, 순환보직을 통한 인사관리가 필요한 분야	일반 직위

출처: 대한민국정부, 2017d, 248.

직위에 근무할 수 있도록 하였다.

반면 '순환근무형'은 종합적 시각 정립이 필요한 분야, 업무 특성상 민간과 유착될 우려가 있는 분야에 대해 현행과 같이 순환전보를 원칙으로 하되, 필수보직기간을 엄격히 준수하고, 기관간 인사교류를 확대하는 방향으로 인사관리를 하도록 하였다.

박근혜 정부의 전문직위제도 활성화 노력에 따라 전문직위수는 2014년 2,605개. 2015년 3,448개, 2016년 3,910개로 증가하였다. 정부 정책결정의 핵심이 되는 부처 본부 직위 중 전문직위 비율은 2014년 12%, 2015년 15.2%, 2016년 16.3%로 꾸준히 증가하였다. 계층별로도 중간관리자층인 4-5급의 전문직위의 비중이 전체 전문직위의 약 49%에 이르러 성과가 나타나고 있다. 전문직위제도 활성화와 함께 잦은 순환보직 문제를 개선하기 위해 2015년 9월 '필수보직기간제도'를 대폭 개선하였다. 필수보직기간(기존 전보제한기간)을 2년에서 3년으로 연장하고, 고위공무원의 필수보직기간을 1년에서 2년으로, 과장급은 1년 6개월에서 2년으로 연장하였다.

(5) 전문직공무원 제도 도입

박근혜 정부는 2016년 2월 인사혁신처 주관으로 '전문직공무원 TF'를 구성하고 전문직공무원 제도를 설계하여 2017년 1월부터 일부 부처에 시범 적용하였다(이하 대한민국정부, 2017d: 250-254). [그림 7-17]에 예시되었듯이 전문직공무원제도는 각 부처에서 전문분야를 설정해, 해당 전문 분야 내에서만 자리이동이 가능하도록 하여 공직내 분야별 전문가를 양성하고자 하는 제도이다. 전문직공무원은 계층상

그림 7-17 일반공무원 트랙과 전문직공무원 트랙 예시

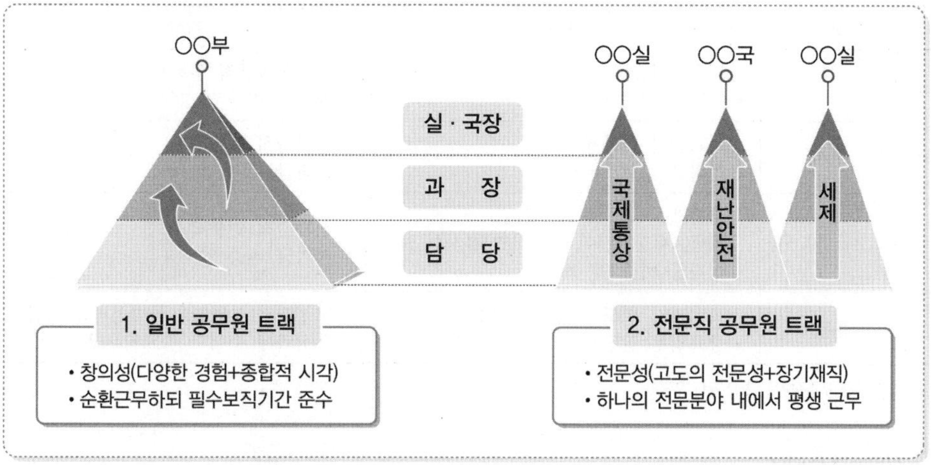

출처: 대한민국정부, 2017d, 251.

으로 5급 사무관부터 3급 과장급까지 정부정책의 핵심 실무계층이 해당된다. 중간 관리자 계층에서 해당 분야의 전문가로서 역할을 하다가 고위공무원단에 편입되면 종합적 시야와 관리능력을 배양하게 한다는 것이다.

(6) 능력과 성과중심의 보수체계 개편

한국 정부의 성과급제도는 1997년 IMF 경제위기 이후 1999년 김대중 정부에서 국장급 이상 성과연봉제, 과장급 이하에는 성과상여금제도가 도입되었다. 노무현 정부에서 2005년 연봉제 적용대상을 과장급으로 확대하였고, 2006년 고위공무원단이 도입되면서 직무성과급적 연봉제가 시행되었다. 박근혜 정부는 연봉액 중 성과급이 차지하는 비중을 확대하였다. 2016년 이후 성과평가등급에 따른 성과연봉지급을 상향 조정하여, S, A, B 등급의 지급액을 고위공무원단의 경우 각각 15%, 10%, 6%에서 18%, 12%, 8%로, 과장급 이상 및 임기제 공무원의 경우 각각 7%, 5%, 3%에서 8%, 6%, 4%로 상향 조정하였다(이하 대한민국정부, 2017d: 254−258). 연봉제 적용대상범위를 관리직 전체로 확대하여 일반직 4급 복수직과 5급 공무원까지 성과중심 연봉제가 적용되도록 하였다. 경찰직, 소방직 등 특정직에도 연봉제로 전환하였다. 그 결과 연봉제 적용대상은 일반직 국가공무원을 기준으로 2015년 4.5%에서 2017년도 16%까지 확대되었다. 이같은 능력과 성과중심의 보수체계 개편이 <표 7−32>에 요약되었다.

표 7-32 박근혜 정부의 능력과 성과중심 보수체계 개편 주요내용

구분	종전	개선
고공단	– 직무성과급적 연봉제 – 성과급 비중 약 7%	– 직무성과급적 연봉제 – 성과급 비중 약 15%
과장급	– 성과급적 연봉제 – 성과급 비중 약 5%	– 성과급적 연봉제 – 성과급 비중 약 10%
복수직 4급 및 5급	– 호봉제 계급, 재직기간이 동일하면 유사한 보수 – 성과급 비중 약 4%	– 성과급적 연봉제 – 성과급 비중 약 8%
전 직급 공통	– 고성과자 별도인센티브 미비 – 중요업무 담당자 인센티브 미비	– 고성과자(상위2%) 특별성과급 지급 – 핵심과제 수행자 중요직무급 지급

출처: 대한민국정부, 2017d, 256.

3) 재정개혁

박근혜 정부는 출범 3년차인 2015년 2월 6대 분야 24개 핵심개혁과제를 확정하였는데 여기에 공공개혁분야의 공무원 연금개혁(주관 인사처), 유사 중복사업 통폐합 및 국고보조금 개혁(주관 기재부), 공공기관 기능조정(주관 기재부), 지방교부세 등 지방재정 개혁이 포함되었다(이하 대한민국정부, 2017: 324–335). 공무원 연금개혁에 관하여는 인사개혁 부분에서 살펴보았고, 여기에서는 유사·중복사업 통폐합 및 국고보조금 개혁을 살펴보겠다.

(1) 유사중복사업 통폐합

재정개혁 추진은 낭비성 예산지출요인을 제거하고, 비효율적 재정사업을 구조조정하는 등 국민부담 증가는 억제하되 필요재원은 확보하는 노력의 일환이다. 박근혜 정부는 재정개혁을 강력하게 추진하여 2014–2015년간 689개 유사·중복사업 통폐합, 2016년 다문화가족지원, 대학 R&D, 중소기업지원, 일자리 지원 등 4대 중점분야에서 205개 사업을 정비하였다. 유사중복사업 통폐합을 통한 사업구조 및 전달체계의 단순화로 사업관리 운영의 효율이 제고되고 국민의 입장에서도 사업이해 및 지원신청 관련 편의가 높아질 것으로 기대하였다.

(2) 국고보조금 개혁

2015년 기준 국고보조금 규모는 약 58조원에 이르고 2014년 12월 검경(檢警)은 보조금 부정수급규모가 3,119억원에 이른다고 발표하기도 하였다. 2014년 12월 보

조금 부정수급 종합대책을 발표하였고, 2016년 보조금 관리에 관한 법률 및 시행령 개정 등 관련 제도 정비를 순차적으로 완료하였다. 보조금 사업 평가제도를 강화하여 2015-2016년에 170여개 사업을 폐지하고 약 1조원의 예산절감 효과를 거두었다. 2017년 보조금 교부, 집행기능을 위주로 국고보조금통합관리시스템을 개통하여 운영하기 시작하였다.

4) 전자정부 개혁

(1) 전자정부의 추진체계로서의 정부3.0추진위원회

박근혜 정부혁신의 대표적 브랜드인 정부3.0을 좁은 의미의 전자정부 개혁으로 볼 것인가 아니면 넓은 의미에서 정부혁신 전반을 포괄하는 개혁으로 볼 것인지는 논란의 여지가 있다. 또한 박근혜 정부는 정부3.0 추진과 더불어 2016년에는 전자정부 2020기본계획을 수립하여 추진하는 등 별도의 전자정부 혁신을 추진하였다. 여기에서는 논란이 있지만 정부3.0을 중심으로 박근혜 정부의 전자정부 개혁을 살펴보기로 한다.

정부3.0이 박근혜 대통령의 후보 시기부터 추진되었고, 인수위원회에서도 국정과제로 채택된 것과는 달리 추진체계 구축은 우여곡절을 겪게 되었다. 박근혜 정부는 2013년 행정안전부 주관의 정부3.0추진협의체를 구성하여 운영하였다. 그러나 정부의 국정현안 대처능력에 대한 국민 불신, 행정 서비스의 사각·중복지대 상존, 국정의제의 부처 내부화 및 범부처적 추진동력 미약, 국민 인지·체감도 및 참여 부족 등 문제를 근본적으로 해결하고 정부3.0의 진정한 가치를 구현하는 범정부 추진체계가 필요하다는 공감대가 형성되면서 정부3.0추진위원회가 2014년 7월 출범하였다(송희준, 2016). 정부3.0추진위원회는 박근혜 정부의 핵심 국정철학인 '정부3.0'의 추진전략을 세우고 정책과제를 제시하는 역할을 담당할 민·관합동위원회로서 민간위원장을 포함한 민간위원 8명과 차관급 정부위원 6명으로 구성되었다(정부3.0추진위원회, 2017: 55). 정부3.0추진위원회는 대통령의제를 추진하는 위원회이지만 국무총리소속 위원회이며 정부위원이 차관급이라는 점에서 박근혜 정부의 대통령위원회인 문화융성위원회나 청년위원회, 그리고 통일준비위원회와 비교하면 위상이 낮게 설정되었다(제2부 제5장 위원회 참조).

(2) 정부3.0 과제의 추진

2013년 박근혜 정부 출범초기 정부3.0은 안전행정부 중심으로 공공데이터 개방에 초점을 두고 추진되었다. 2014년 7월 국무총리 소속 정부3.0추진위원회가 구성된 이후 정부3.0추진위원회는 2015년에 3대 목표, 8대 핵심과제, 25개 단위과제로 구성된 정부3.0발전계획을 발표하였다. '서비스 정부' 목표 분야의 핵심과제는 (1) 찾아가는 서비스 및 사각지대 해소, (2) 개인 맞춤형 통합서비스 제공, (3) '민간참여'로 서비스 전달체계 혁신이다. '유능한 정부' 목표 분야의 핵심과제는 (4) 클라우드 기반의 지능정부 구현, (5) 협업과 소통을 통한 정부 정책역량 제고, (6) 빅데이터를 활용한 과학적 행정 구현 등이다. 마지막으로 '투명한 정부' 목표 분야의 핵심과제는 (7) 정보공개제도 전면 재정비와 (8) 공공데이터의 민간활용 기반 혁신이었다. 정부3.0추진 3년 차인 2015년에는 그간의 정부3.0 네트워크와 발굴된 과제를 바탕으로 국민이 체감하는 성과 창출을 확대하고 가시화된 우수사례의 확산을 가속화하는데 역량을 집중하였고, 2016년도에는 국민이 실생활에서 정부3.0 혜택을 느낄 수 있도록 하는 '정부3.0 생활화'를 기본방향을 추진하였고, 2017년도에는 정부3.0 발전을 위한 제도화를 추진하였다(정부3.0추진위원회, 2017: 55-61).

(3) 정부3.0 과제의 주요추진실적

여기에서는 정부3.0 백서를 중심으로 주요추진실적을 소개하겠다(이하 정부3.0추진위원회, 2017a).

① 서비스 정부 목표 분야

찾아가는 서비스의 대표적 성과로 국세청의 '찾아가는 연말정산 서비스', 보건복지부의 '복지사각지대 발굴관리 시스템'을 통한 단전, 단수 등 정보를 활용한 고위험 예측가구 선별 및 복지급여서비스 지원, 국민 개개인 맞춤형 서비스 정보제공, 일자리 정보 포털을 예시하고 있다.

② 유능한 정부 목표 분야

유능한 정부 분야의 주요 성과로는 클라우드 정부를 위한 기본계획 수립, 행정정보 공유 확대, 정부내 협업지도 작성, 온나라 지식관리 통합시스템 구축·운영, 빅데이터 활용 촉진, (가칭) 데이터활용법 추진 등을 제시하였다.

③ 투명한 정부 목표 분야

투명한 정부 목표 분야의 사업추진이 가져온 가장 큰 성과를 공공데이터에 대한 인식변화로 보았다. 정부3.0 추진결과 공공데이터를 활용한 각종 민간서비스들이 1,000건 이상 만들어졌다는 것이다. 공공데이터 개방을 위하여 2013년 「공공데이터의 제공 및 이용 활성화에 관한 법률」을 제정하고 공공데이터 개방의 법적 근거와 범정부적 추진체계를 만들었고, 공공데이터 전략위원회를 설립하여 민간이 공공데이터 개방을 선도할 수 있는 여건을 조성한 것도 성과라고 보았다.

(4) 정부3.0 추진의 성과 평가

박근혜 정부의 정부3.0 사업 추진의 성과를 평가할 수 있는 지표로 UN 전자정부 평가에서 '전자정부발전지수'와 '온라인참여지수' 평가 결과를 살펴보기로 한다. 2014년 평가에서는 '전자정부발전지수'와 '온라인참여지수' 모두 세계 1위로 평가되는 성과를 거두었다. 그러나 2016년 평가에서는 '전자정부발전지수'는 3위, '온라인참여지수'는 4위로 하락하였다. 물론 3위와 4위도 최상위권이지만 1위를 지키지 못하였다는 점에서 아쉬운 결과이다. 정충식(2021: 278–279)은 정부3.0이 출범시에는 정부운영방식의 혁신이라는 새로운 행정패러다임의 담론으로 출발하면서 전자정부와는 거리를 두고 출발했지만 결국은 역대정부에서 구축한 전자정부에 의존하게 되었다고 보았다. 또한 2015년 메르스(중동호흡기증후군)사태가 발생했을 때 환자발생 관련 병원에 관한 정보공개를 거부함으로써 정부3.0에 대한 국민신뢰가 상실되는 단초를 제공한 것으로 보았다(정충식, 2021: 308).

5) 규제개혁

박근혜 정부의 140개 국정과제 가운데 '부적절한 규제혁신'이 포함되어 박근혜 정부 출범 초부터 강력하게 추진하였다. 규제개혁은 곧 일자리 창출과 직결된다는 인식하에 2014년 2월 발표된 경제혁신 3개년 계획에서도 규제개혁이 3대 분야 59개 세부과제를 관통하는 가장 중요한 과제로 부각되었다(이하 대한민국정부, 2017: 294–295, 445–469).

(1) 규제개혁의 추진체계로서의 규제개혁장관회의

① 기능

규제개혁의 컨트롤 타워로 김대중 정부가 도입하여 운영하고 있는 규제개혁위원회 이외에도 2014년 3월 대통령훈령으로 규제개혁장관회의를 신설하였다. 규제개혁장관회의는 규제정책의 기본방향 및 전략, 서비스산업 등 주요분야 사항, 규제개혁 관련 법제도 및 규제정책의 원활한 집행을 위해 관계부처 또는 지방자치단체 간 협의가 필요한 사항을 심의 조정하는 기능을 수행하였다.

② 구성 및 운영

규제개혁장관회의의 의장은 대통령이며, 부의장은 국무총리이다. 기획재정부, 미래창조과학부, 행정자치부, 산업통상자원부, 보건복지부, 환경부, 국토교통부 장관과 국무조정실장, 공정거래위원장, 법제처장, 중소기업청장 및 대통령비서실의 국정기획담당 수석비서관(2015년 1월부터 정책조정수석비서관)으로 회의를 구성하였다. 의장이 필요한 경우 중앙행정기관의 장, 지방자치단체의 장 또는 구성원이 아닌 사람을 참석하게 할 수 있었다.

규제개혁장관회의는 분기별로 1회 개최하는 정기회의와 필요한 경우 개최하는 임시회의로 구분하였으며, 간사(국무조정실 국무1차장)를 두었다. 또한 국무조정실장이 의장인 규제조정회의를 두었다. 규제개혁조정회의는 2014년 3월부터 대통령 주재로 5번, 2016년 12월 28일 대통령권한대행 주재로 1번 개최되었다.

(2) 규제비용관리제 도입

규제비용관리제(Cost－in, Cost－out)은 규제의 신설·강화로 발생하는 직접비용과 직접편익을 분석하여, 편익을 초과하는 비용이 발생하면 개선이 필요한 기존규제를 찾아내 폐지·완화하는 제도로 신규로 도입되는 규제의 품질은 높이고 기존 규제는 개선하는 것이 목적이었다. 대통령 주재 제1차 규제개혁장관회의에서 규제비용관리제 도입계획이 구체화되었고, 2014년 7월부터 2년간 시범사업을 거친 후 27개 부처를 대상으로 전면시행하였다. 2014년 6월 한국개발연구원과 한국행정연구원 산하에 규제연구센터를 설치하여 KDI는 2실 21명으로 경제부처 규제비용 검증을, 한국행정연구원은 2팀 15명으로 행정·사회부처 규제비용분석 검증을 수행하고 있다.

(3) 규제일몰제 확대 도입

규제일몰제(sunset legislation)은 법령상 행정규제에 존속기한 또는 재검토기한을 설정하고 기한 도래시 폐지·개선하는 제도이다. 1997년 김대중 정부에서 제정된 행정규제기본법에 규제일몰제 도입근거를 마련하였으나, 각 부처가 적용에 소극적으로 대응하여 실적이 미미하였다. 박근혜 정부는 2013년과 2014년에 일몰규제의 근거법령 정비와 일몰규제 설정 확대 조치를 통해 규제일몰제를 대폭 정비하였으며, 2015년부터 일몰기한이 도래한 규제를 대상으로 규제개혁위원회에서 체계적으로 검토해 왔다. 대규모 일몰 재검토가 이루어진 2016년에는 31개 부처소관 총 4,240건의 재검토형 일몰규제에 대해 심사한 결과 201건의 규제를 폐지하고, 1,339건의 규제를 개선하여 전체적으로 40%의 규제를 개선하는 성과를 거두었다.

(4) 규제개혁신문고

규제개혁신문고는 2014년 3월 제1차 규제개혁장관회의에서 대통령의 지시로 개설된 온라인 중심의 원스톱 규제건의 처리창구이다. 국민 누구나 규제개혁신문고(www.better.go.kr)를 통해 규제개선 건의를 할수 있으며, 처리상황을 실시간 확인할 수 있다. 3심제 제도를 도입하여 규제개혁신문고로 접수된 건의처리시스템은 합리적 건의가 사장되지 않도록 '부처 답변→소명→개선권고'의 3단계 검토과정을 거치도록 하였다.

2014년 3월 규제개혁신문고 개설 이후 2016년말 기준 총 9,691건의 규제개선 건의를 접수, 그 중 3,850건을 수용하여 누적수용률이 40%에 이르렀다. 대표 개선사례는 고속도로 통행료 카드납부 허용, 전업농 연령제한 완화, 행복주택 입주자격 완화, 메이크업 자격 신설, 복합매장(shop-in-shop) 허용, 4대 보험료 카드납부 허용 등이다.

(5) 신산업 규제개혁

인공지능, 빅데이터, 사물인터넷 등 4차산업혁명 기반기술을 중심으로 하는 신산업분야의 규제는 기존 규제개혁 추진방식에서 탈피하여 '관'이 아닌 '민' 주도 규제시스템 확립, '원칙 개선, 예외 소명'의 네거티브 심사방식 도입, 국제수준에서 규제 최소성 달성이라는 '규제개혁 패러다임 3대 원칙'하에서 원점에서 재검토되었다. 신산업분야 네거티브 심사방식을 최초 적용한 신산업투자위원회는 2016년 2월 제9차 무역투자진흥회의에서 처음 설립하였으며, 이 제도의 효과적인 운영을 위해 2016년 3월 국무조정실로 이관, 확대 개편하게 되었다.

신산업 규제개선에 대한 검토방식은 4단계로 진행되었다. 1단계에서는 민간 건의

과제에 대해 관련전문가와 관계부처가 참여하여 심층 토론하고, 2단계는 신산업투자위원회 총괄위원회에서 1단계의 각 분과위원회가 제시한 검토의견을 종합적인 관점에서 검토 조정하였다. 규제 소관부처에서 신산업투자위원회 의견을 불수용하는 경우 3단계에서 규제조정회의(의장: 국무조정실장)에서 논의하여 과제를 처리하도록 하였다. 규제조정회의의 규제개혁처리 결과에 대해서는 4단계에서 규제개혁장관회의 또는 무역투자진흥회의에 보고하도록 하고, 규제정보포털(www.better.go.kr)에 결과를 공개하도록 하였다. 그러나 신산업규제 시스템은 혁신적인 제도임에도 불구하고 박근혜 정부 임기 후반기인 2016년 3월 도입되어 일년 남짓 운영되는데 그쳤다.

(6) 규제개혁 국제비교

OECD는 2015년부터 규제개혁의 핵심요소인 이해관계자 참여(stakeholder engagement), 규제영향분석(regulatory impact assessment), 사후평가(ex-post evaluation) 등 3개 영역에서 3년 단위로 회원국 정부의 규제관리시스템을 분석하여 회원국의 규제정책을 평가하기 시작하였다(OECD, 2015).[20] 이해관계자 참여 평가는 국민에게 규제에 관한 정보를 투명하게 제공하는지, 규제 형성, 집행, 점검에 이해관계자의 적극적 참여를 보장하는지 평가하는 항목으로 구성된다. 규제영향분석은 비용편익분석을 포함한 규제영향의 사전분석을 통하여 증거기반정책을 수립하는지 평가하는 항목으로 구성된다. 사후평가 분야는 기존 규제의 적합성 및 영향과 효과성을 사후에 측정하는 지표로 구성된다. 각 영역별로 법률과 하위법령을 구분하여 회원국가들에 순위를 부여한다. 2015년 최초 평가에서 한국은 이해관계자 참여 영역에서 법률 9위, 하위법령 15위, 규제영향분석 영역에서 법률 13위, 하위법령 12위로 평가되었고, 사후평가 영역에서는 법률 13위, 하위법령 14위를 기록하여 전반적으로 중위권에 해당하였다(다음 장 <표 8-4> 참조).

6) 반부패혁신

(1) 특별감찰관제 도입

대통령 친인척 등 특수관계인의 부정부패를 근절하기 위해 국회가 추천하는 특

---

20 2015년 평가는 2014년에 실시된 OECD 34개 회원국가에 대한 규제지표서베이(regulatory indicator survey) 결과를 토대로 하였다(OECD, 2015: 19).

별감찰관제를 신설하고 고위공직자 비리 수사를 위해 상설특별검사제도를 도입하였다(2014년 3월 「특별검사의 임명 등에 관한 법률」 및 「특별감찰관법」 제정, 대한민국 정부, 2017: 295−296). 이에 따라 2015년 3월 27일 검사 출신의 이석수 변호사가 첫 특별감찰관으로 임명되었으나 2016년 9월에 사직한 후 후임이 임명되지 않아 유명무실하게 되었다.[21]

(2) 청탁금지법 제정

공직자가 부정청탁과 금품을 거절할 수 있는 시스템을 만들어 청탁 접대의 관행이 부정부패로 이어지는 악순환의 연결고리를 차단하고자 「청탁금지법」(소위 김영란법)을 제정하여 2016년 9월 28일부터 시행하였다. 정식 명칭은 「부정청탁 및 금품 등 수수의 금지에 관한 법」이다. 법안의 기초는 공직자의 부정부패를 방지하고 공직사회의 기강을 확립하자는 취지로 국민권익위원회 위원장인 김영란이 처음 발의했고 이후 공직자뿐만 아니라 언론인 임원과 교직원까지 확대되었다. 주요 법안 내용은 적용 대상자가 1회 100만원(연 300만원) 이상의 금품을 수수할 경우에 형사처벌을 받는다. 그리고 원활한 직무수행, 사교·의례·부조 등의 목적으로 공직자에게 제공되는 금품에 상한액을 설정하였다.[22]

(3) 반부패정책의 성과

이같은 반부패혁신에도 불구하고 최순실의 국정농단에 따른 대통령 탄핵, 공공기관 채용비리 등 고위정치인의 부패범죄가 발생하여 부패인식수준은 크게 악화되었다. 박근혜 정부시기의 국제투명성기구의 부패인식지수 변동추이가 [그림 7−18]에 제시되었다. 부패인식지수는 2013년 5.5에서 2016년 5.3으로 하락하였다.

<표 7−33>에 제시된 대상국가 내 순위에서는 2013년도 177개 국가 가운데 46위에서 2016년에는 176개 국가 가운데 52위로 하락하였고 OECD 회원국가 내에

21 이석수 변호사가 첫 특별감찰관으로 임명되었으며, 당시 우병우 청와대 수석 스캔들이 불거지면서 그에 대한 감찰을 개시하였고, 결국 2016년 8월 18일 직권남용(의경 복무 중인 장남의 보직 특혜 의혹), 탈세 및 배임 혐의(회사를 설립한 후 회사에 생활비를 떠넘긴 등의 의혹)로 우 수석에 대한 수사를 검찰에 의뢰한 것으로 알려졌다. 이에 관한 논란이 이어지면서 이석수 특감은 2016년 8월 29일 사직서를 제출하였고, 박근혜 대통령은 9월 23일 사직서를 수리하였다. 그 이후 박근혜 정부에서 후임 특별감찰관이 임명되지 않았고 문재인 정부에서는 공수처 도입과 관련하여 특별감찰관이 임명되지 않아 공석 중인 상황이다.

22 [네이버 지식백과] 청탁금지법(시사경제용어사전, 2017. 11., 기획재정부). 2021년 12월 10일 접근.

서도 2013년 34개 국가 중 27위에서 2016년 35개 국가 중 29위로 하락하였다.

그림 7-18 박근혜 정부 시기 부패인식지수(CPI) 및 순위 변동 추이

단위: 점(10점 만점)

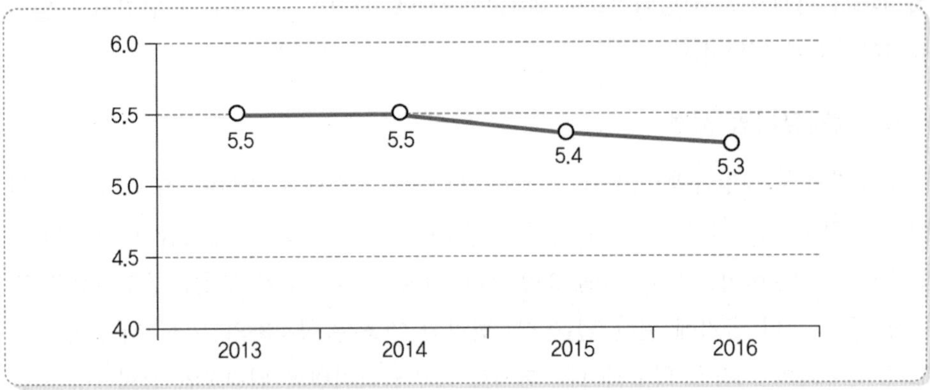

※ 100점 만점 발표를 10점 만점으로 환산.
출처: 국제투명성 기구.

표 7-33 박근혜 정부 시기 부패인식지수(CPI) 및 순위 연도별 변동 추이

단위: 점(100점 만점), 순위

연도		2013	2014	2015	2016
점수		55.0	55.0	54.0	53.0
순위	전체 순위/대상국가수	46/177	44/175	43/168	52/176
	OECD 순위/회원국가수	27/34	27/34	28/34	29/35

출처: 국제투명성기구.

요약하면 박근혜 정부는 특별감찰관제를 신설하였으나 초대 특별감찰관 사임 이후 후임을 임명하지 않아 유명무실하게 되었다. 또한 공직자 부정부패방지를 위한 「청탁금지법」을 제정하였다. 그러나 임기말 고위정치인의 부패범죄가 발생하였고, 최순실의 국정농단으로 대통령이 탄핵에 이르게 된 결과 부패인식지수(CPI)는 취임 초 2013년 5.5점에서 하락하여 임기말인 2016년에는 5.3으로 마감하였고, 국가간 비교순위도 하락하여 성과가 낮은 편이다.

7) 공공기관 혁신

박근혜 정부의 공공기관 개혁은 공공기관의 누적된 비효을 개선하기 위한 '공공

기관 정상화 개혁방안'이라는 관점에서 이루어졌다(대한민국정부, 2017: 293－294), 공공기관 개혁 성과의 주요내용은 다음과 같다(이하 대한민국정부, 2017: 351－354).

(1) 방만경영개선

2013년 12월 발표한 '공공기관 정상화 1단계 대책'에서는 부채감축, 방만 경영 개선, 투명성 제고 등에 초점을 맞추었는데, 공공기관 부채비율이 2012년 220%에서 2015년 183%로 감소하였고, 방만경영 해소대책을 추진하여 연간 약 2,000억원의 복리후생비를 감축하였다.

(2) 공공기관 기능조정

2015년 1월 발표한 '공공기관 정상화 1단계 대책'의 핵심은 공공기관 기능조정이었다. 기능조정이란 공공기관이 수행할 필요가 약화된 기능은 폐지 또는 축소하거나 주된 기능을 수행하는 기관으로 이관하여 일원화하도록 하고, 핵심역량 중심으로 인력 · 예산을 배치하여 경영 효율화를 도모한다는 것이다. 2015년에는 SOC, 농림 · 수산, 문화 · 예술 분야 공공기관에 대한 기능조정방안, 2016년에는 에너지, 환경, 교육분야 공공기관을 대상으로 업무조정 방안을 발표하여 추진하였다.

(3) 성과중심 임금체계 개편

2015년에 60세로 정년이 연장됨에 따라 임금피크제를 전 공공기관에 도입하도록 하였다. 또한 호봉제 등 연공서열식 급여체계에서 벗어나 공공부문에 일하는 분위기를 조성하기 위해 2016년 1월에 그동안 간부직에 국한하여 적용하던 공공기관 성과연봉제 적용대상을 기준 간부급(통상 1－2급)에서 최하위 직급이나 기능직 등을 제외한 비간부직(4급 이상)까지 확대하고, 기본연봉의 인상율의 차등 폭이 평균 3% 이상이 되도록 하되 총연봉 대비 성과연봉의 비중은 공기업 30% 이상, 준정부기관은 20% 이상이 되도록 권고하였다. 한국전력공사, 한국철도공사 등 47개 기관을 성과연봉제 확대 선도 기관으로 지정하고 2016년 6월까지 120개 공기업 준정부기관에 성과연봉제 확대 도입을 완료하였다.

5. 박근혜 정부 정부혁신의 평가

1) 박근혜 정부 정부혁신의 특징

박근혜 정부는 이명박 정부와 유사하게 별도의 정부혁신추진위원회를 두지 않은 채 출범하였으며, 1년 후인 1994년 7월 국무총리 소속 정부3.0추진위원회가 출범하여 정부의 대표적 정부혁신 브랜드인 정부3.0의 체계적 추진의 타이밍이 늦어지게 되었다.

2) 정부혁신의 성과

(1) 단기적 성과

박근혜 정부는 출범 초에 이명박 정부가 대대적으로 통·폐합한 조직을 원상회복시켰다. 그러나 세월호 참사 이후 소방방재청과 해양경찰청을 해체하고 신설한 국민안전처는 문재인 정부에서 폐지하여 단명에 그치고 말았다. 부패방지 분야의 성과는 오히려 후퇴하였다. 정부3.0으로 야심차게 추진한 전자정부 부문에서는 2014년에는 UN 전자정부발전지수와 온라인참여지수에서 세계 1위를 차지하였으나 2016년 평가에서는 각각 3위와 4위로 하락하였다.

박근혜 정부에서도 작은 정부를 추진하였지만, <표 7-34>에서와 같이 행정부 소속 공무원 수는 4년간 37,521명, 3.88%로 소폭 증가하였다.

표 7-34 박근혜 정부 시기 행정부 소속 공무원 정원 변화

연도	2012	2013	2014	2015	2016	증감(2012–2016)
공무원수	966,125	974,518	985,506	996,080	1,003,646	37,521(3.88%)

출처: 행정안전통계연보, 각 년도.

(2) 중·장기적 성과

인사개혁 분야에서 공무원 연금개혁을 마무리하였으며, 전문직 공무원제도를 마련하여 문재인 정부에서 활용할 수 있도록 하였다. 인사혁신의 경우 2014년 인사혁신처 출범 후 박근혜 정부 3년 차인 2015년부터 인사혁신을 추진하여 실질적인 추진이 어려웠지만, 인사전문기관이 부재할 경우에 인사분야 혁신이 어려웠다는 점에서 인사혁신처 설치 자체를 중·장기적 성과로 볼 수 있다. 규제개혁 분야에서의 규제비용관리제 도입, 규제일몰제 확대 도입, 그리고 반부패혁신 분야의 청탁금지법 제정이 중·장기적인 성과라고 평가된다.

3) 정부3.0의 추진성과에 대한 공무원, 전문가 및 일반 국민의 주관적 평가

박근혜 정부 정부혁신의 대표 브랜드인 정부3.0의 추진성과에 대한 공무원, 전문가 및 일반 국민의 주관적 평가를 살펴보겠다. 임성근 · 이건(2017)은 공무원(중앙행정기관 소속 494명), 전문가(행정학자 및 행정자치부 지정 정부3.0 강사단 101명), 일반국민(513명)을 대상으로 정부3.0의 8개 핵심과제의 추진성과에 관한 인식을 조사하였다.[23] 그 결과는 [그림 7-19]와 같다.

그림 7-19 정부3.0 핵심과제 추진성과에 대한 평가 인식(5점 척도)

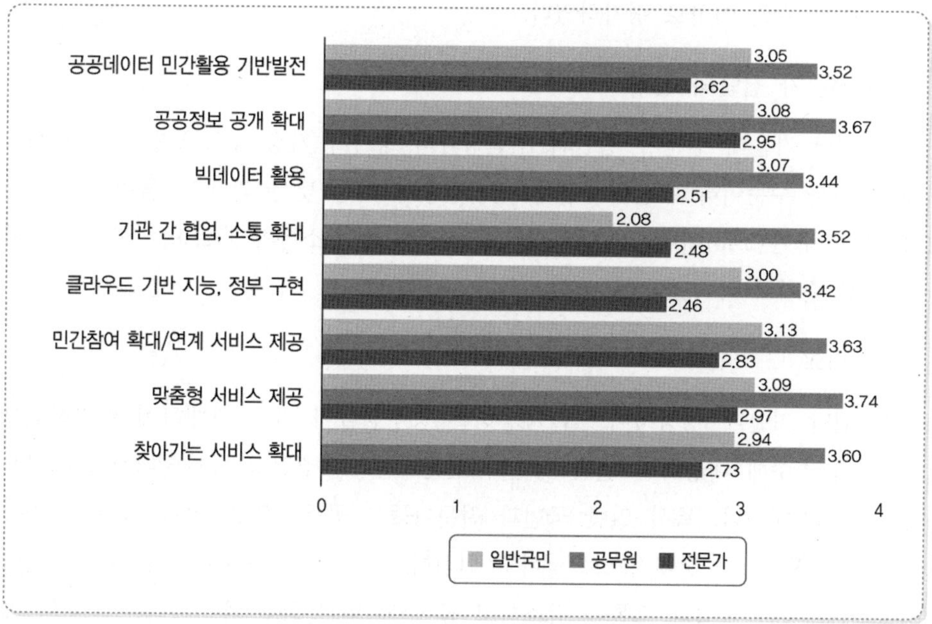

출처: 임성근 · 이건, 2017, 정부운영방식으로서의 정부3.0 재조명, 69, [그림 7].

23 임성근 · 이건(2017)의 연구에서 조사대상은 공무원, 전문가, 일반 국민이었다. 공무원은 중앙행정기관 및 시 · 도 광역지방자치단체 공무원까지를 대상으로 하였다. 전문가는 '한국행정학회 회원주소록'에 등록된 회원과 '2016년 행정자치부 지정 정부3.0 강사단'에서 무작위로 추출하였으며, 일반국민은 서울, 부산, 대구 광주, 대전에 거주하는 만 19세 이상의 국민을 대상으로 설문조사를 실시하였다. 설문조사 결과 유효표본은 총 1,409명이었는데, 이중 공무원이 795명, 전문가가 101명, 일반 국민이 513명으로 집계되었다. 조사방법은 온라인조사를 기본으로 하였고, 전화조사를 병행하였다. 설문조사 기간은 2016년 6월 10일(금)에서 6월 27일(월)까지 약 2주간이었다.

(1) 공무원의 인식

공무원들은 모든 핵심과제의 추진성과를 '보통'(평균값 3.0) 이상의 수준으로 인식하였으며 가장 높게 평가한 과제는 '맞춤형 서비스 제공'(3.74), '공공정보공개 확대'(3.67), '민간참여 확대/연계 서비스 제공'(3.60)의 순서로 나타났다.

(2) 일반 국민의 인식

일반 국민은 6개 과제의 추진성과를 '보통' 이상의 수준으로 인식하고 있는 반면, 2개 과제, 즉 '기관 간 협업/소통 확대'(2.08), '찾아가는 서비스 확대'(2.94) 과제를 '보통' 수준 이하로 평가하였다.

(3) 전문가 집단의 인식

세 집단 가운데 전문가 집단의 추진성과의 평가가 가장 낮았으며 모든 과제를 '보통' 이하 수준이라고 인식하였다. 평가점수가 가장 낮은 과제는 '클라우드 기반 지능정부 구현'(2.46)이며, 그 다음으로 '기관 간 협업/소통확대'(2.48), '빅데이터 활용'(2.51) 순서로 나타났다.

(4) 비교

세 집단 가운데 행정서비스를 제공하는 공무원들이 가장 관대하게 평가하였으며, 서비스 수혜 대상자인 일반 국민과 전문가는 그 추진성과를 상대적으로 낮은 것으로 인식하였다. 특히 일반 국민과 전문가들은 공통적으로 '기관 간 협업/소통 확대'의 추진성과가 상대적으로 낮다고 인식하였다. 박근혜 정부 내내 부처간 칸막이 제거를 통한 협업과 소통을 강조하고 공직사회의 문화를 개조하려는 노력이 계속되었음에도 불구하고 미흡한 수준이라고 평가한 것이다. 결국 박근혜 정부가 출범 초부터 정부운영의 핵심가치로 제시한 '공개 · 공유 · 소통 · 협력이 개선되지 않았다고 인식한 것이다.

Ⅶ. 문재인 정부의 정부혁신

1. 정부혁신의 배경과 시대적 맥락

1) 국민의 삶의 질을 개선하는 정부운영으로 전환

문재인 정부는 그동안 효율과 성장 중심의 국정운영으로 국민경제 전체의 크기는 커졌지만 양극화와 불평등으로 국민이 체감하는 삶의 질을 개선되지 못하였다고 인식하였다.[24] 예를 들면, 2017년 더 나은 삶의 질 지수(BLI) 평가에서 OECD 38개국 가운데 29위에 그쳤으며,[25] 일과 삶의 균형 지수에서는 35위에 그쳤다. 또한 2017년 OECD 유리천장 지수 조사에서는 OECD 29개국 조사에서 5년 연속 꼴찌를 기록하였다.[26] 이에 문재인 정부는 공공의 이익과 공동체의 발전에 기여하는 사회적 가치 중심의 국정운영으로 전환하여 국민 모두가 잘사는 나라를 구현한 필요가 있다고 보았다.

2) 참여민주주의의 완성

정책에 직접 참여하고자 하는 국민의 요구를 반영하고, 급격히 증가하고 있는 시민사회 역량을 흡수하는 제도적 기반의 구축이 필요하다고 인식하였다. 이제 정책의 모든 과정에 국민의 참여를 확대하고, 국민의 뜻이 정책으로 실현되는 '참여민주주의'를 완성할 때라고 본 것이다. 정부혁신 종합계획에서는 OECD 정부혁신 트렌드 보고서(2017년 2월)를 인용하면서 혁신에 영향을 미치는 4가지 요소가 관료적 장벽 극복, 투명·개방적 신뢰에 기반한 시민과의 관계 구축, 시민들의 아이디어 활용, 혁신 촉진문화 형성이라고 보았다.

---

24 이하 정부혁신의 배경과 시대적 맥락은 관계부처 합동, 2018.3, '국민의 주인인 정부'를 실현하는 정부혁신 종합추진계획, 7에서 인용.

25 OECD Better Life Index(BLI, 더 나은 삶 지수), 2017년 38개국 대상 조사. OECD는 사회적 가치와 관련된 지표 개발을 위해 2003년부터 글로벌 프로젝트를 추진하였고, 창립 50주년인 2011년 10월 12일 포괄적인 '삶의 질 측정 지표'인 BLI(Better Life Index)를 발표하였다. BLI는 주거(housing), 소득(income), 일자리(jobs), 공동체(community), 교육(education), 환경(environment), 시민참여(civic engagement), 건강(health), 삶의 만족(life satisfaction), 안전(safety), 일과 삶의 균형(work–life balance) 등 11개 영역 24개 지표를 통하여 측정되는데 이는 물질적 생활조건과 함께 삶의 질과 지속가능성을 포함하는 사회적 가치의 영역을 포괄하는 것이다.

26 OECD The glass–ceiling index: environment for working women, 2017년 29개국 대상.

3) 자발적 혁신을 통한 신뢰받는 정부 구현

그동안의 노력에도 불구하고, 공직사회의 일하는 방식이나 조직문화는 크게 개선되지 못하고, 정부신뢰도와 청렴도가 제자리 걸음에 그쳤다고 보았다. 이에 문재인 정부는 개혁의 구경꾼이 아니라 '개혁을 이끄는 주체'로서 '국민의 삶을 실질적으로 바꾸어 주는 혁신'을 위해 끊임없이 노력하는 정부를 구현해야 한다고 보았다.

2. 정부혁신의 주도적 패러다임과 목표

1) 사회적 가치 거버넌스 패러다임

문재인 정부는 이명박 정부와 박근혜 정부가 정부혁신의 패러다임으로 여긴 작은 정부와 시장 중심의 신공공관리 패러다임을 포기하고 사회적 가치 실현을 최우선 가치로 선언하여 사회적 가치 거버넌스를 정부혁신의 주도이념으로 설정하였다.

문재인 정부가 강조하는 사회적 가치 거버넌스(social value governance)는 행정학 분야의 학술적 논의에서의 공공가치 거버넌스와 유사한 개념으로 볼 수 있다. 그런데 무엇이 사회적 가치 또는 공공가치를 구성하는지에 대한 합의된 개념 정의가 없는 가운데, 공공가치가 어떠한 속성을 가져야 하는지에 대한 다양한 논의가 이루어져 왔다. 이 장의 정부혁신 개념 정의에서 살펴본 바와 같이 공공가치 거버넌스 또는 사회적 가치 거버넌스에서 강조하는 정부혁신의 방식은 정부와 다양한 이해관계자가 참여하는 네트워크 거버넌스 구조를 형성하고, 필요한 공공서비스를 정부와 민간부문이 결합된 다양한 조합의 수단을 활용하여 제공한다는 것이다. 여기에서 강조점은 국민들이 필요로 하는 서비스를 제공하겠다는 것이다.

2) 정부혁신의 비전과 목표

(1) 정부혁신의 비전과 목표체계

문재인 정부의 정부혁신 종합계획은 2017년 5월 정부 출범 이후 10개월이 지난 2018년 3월 19일 발표되었다.[27] 문재인 정부의 정부혁신 비전체계도가 [그림 7-

---

27 정부혁신계획 수립의 추진경과는 다음과 같다. 행정안전부 정부혁신 전략수립 TF(국무조정실, 기획재정부, 행정안전부, 인사혁신처 등 참여)에서 추진방향(안)을 수립하였고, 대통령 신년기자회견(2018.1.10)에서 정부혁신 종합계획 수립을 지시하였으며, 중앙부처 · 지방자치 정부혁신 책임관(기조실장급) 회의(2018.1.17.-19), 장 · 차관워크숍(2018.1.30)을 개최하여 정부혁신 추진방향을 논의하였다. 공무원의 자발적 참여를 통하여 신규과제 발굴 등 상향식(bottom-up)

20]에 제시되었다. 문재인 정부의 정부혁신에서 최상위에 자리잡은 비전은 '국민이 주인인 정부' 실현이며, 목표는 '참여와 신뢰를 통한 공공성 회복'으로 설정되었다. 구체적으로 달성하여야 할 목표로 OECD '더 나은 삶의 질 지수' 10위권, OECD 정부신뢰도 10위권, 부패인식지수 20위권 진입이라는 목표를 설정하였다. 한편 3대 전략 또는 하위목표로는 '사회적 가치 중심 정부', '참여와 협력', '신뢰받는 정부'를 설정하였다.

그림 7-20 문재인 정부 정부혁신 비전체계도

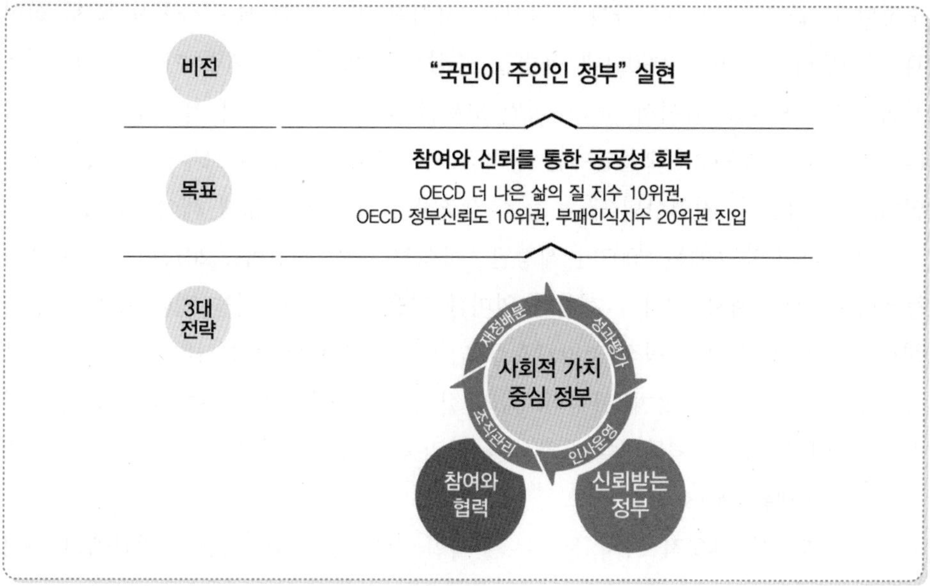

출처: 관계부처 합동, 2018.3, 정부혁신 종합추진계획, 10.

[그림 7-20]의 체계도에서 정부혁신의 목표인 '참여와 신뢰를 통한 공공성 회복'과 3대 전략인 '사회적 가치 중심의 정부', '참여와 협력', '신뢰받는 정부'의 개념적 계층구조가 분명하지 않아 실행단계에서 재구성되기도 하였다.

으로 추진계획을 수립하였다. 한편 국민과 함께하는 정부혁신을 추진하여 정부혁신국민포럼 홈페이지(innogov.kr)를 통해 수렴된 국민의 의견을 반영(2018.2.2 – 3.5)하였다.

(2) 정부혁신의 3대 전략(목표)

① 사회적 가치 구현

사회적 가치에 대한 논의는 1960년대 이후 '삶의 질' 논의를 시작으로, 1987년 이후 '지속가능한 발전' 개념 논의를 거쳐, 1997년 유럽 지식인 일천여 명이 발표한 '사회의 질 선언'의 흐름 속에서 이해할 수 있다(이재열, 2018). 사회적 가치는 특정 시점과 상황에서 사회문제를 어떠한 관점에서 인식하고 해결할 것인지에 관하여 사회적 합의를 반영한 것(윤태범 외, 2017)이므로 시대와 상황을 반영하여 재구성된다. 좁은 의미에서 사회적 가치는 '사회적 약자보호'라는 '사회적 목적' 실현과 관련된다. 그러나 1990년대 유럽을 중심으로 발전한 사회적 가치 논의에서는 사회적 약자보호를 넘어서 사회구성원 모두를 포괄하는 포용적 가치가 강조되었다(김정인, 2018: 61–62). 오늘날에는 사회적 가치를 사회구성원 모두의 성장, 사회적 연대, 공동체주의, 지역사회 구축 등을 강조하는 개념으로 넓게 해석하고 있다.

우리나라의 경우에는 2007년 제정된 「사회적 기업 육성법」, 2012년 제정된 「협동조합 기본법」에서 사회적 가치의 의미를 찾을 수 있다. 이들 법률 규정에서 사회적 가치는 단순히 사회적 약자보호를 넘어서 사회통합, 사회서비스의 일자리 제공, 지역사회와 지역공동체 활성화, 삶의 질 향상, 균형있는 경제발전, 국민 권익향상, 공동이익추구, 지역주민들의 권익과 복리증진 등의 의미도 포함하고 있다(김정인, 2018; 최태룡, 2018).

우리나라에서 사회적 가치 논의는 문재인 정부가 100대 핵심 국정과제의 하나(국정과제 #12)로 "사회적 가치실현을 선도하는 공공기관"을 포함시키면서 촉발된 이후, 2018년 대통령 신년사에서 정부운영을 사회적 가치 중심으로 바꾸고, 국민의 참여와 협력을 토대로 할 일을 하는 정부, 신뢰받는 정부로 거듭나겠다고 발표한 이후 본격화되었다. 문재인 정부는 사회적 가치의 개념을 폭넓게 정의하여, "사회·경제·환경·문화 등 모든 영역에서 공공의 이익과 공동체의 발전에 기여할 수 있는 가치"라고 정의하고, 그 체계에 "헌법이 지향하는 가치 중 사회의 재생과 건전한 발전을 위한 가치로서 인권, 노동권, 안전, 사회적 약자 배려, 민주적 의사결정과 참여의 실현 등 공동체와 사회전체에 편익을 제공하는 가치"가 포함된다고 보았다(관계부처 합동, 2018: 14).

② 참여와 협력

국민이 공감하는 정책을 국민과 함께 만들어 가면서, 정부정보를 낱낱이 공개하고, 자원을 공유하는 열린 정부를 구축하며, 기관간 장벽을 허물어 협력하는 정부를 구현한다는 것이다. 참여 · 협력이라는 목표는 박근혜 정부가 정부3.0에서 강조한 개방 · 공유 및 협업 · 소통을 통하여 투명한 정부를 구축한다는 목표와 유사한 것으로 볼 수 있다.

③ 신뢰받는 정부

국민이 원하는 공정하고 깨끗한 공직사회를 만들고, 국민 중심 4대 행정혁신(데이터 · 창의 · 규제개혁 · 낭비제로)을 실현하여 신뢰받는 정부를 구현한다는 것이다. 신뢰받는 정부라는 전략은 상위목표인 '참여와 신뢰를 통한 공공성 회복'에 연결된다. 이는 또한 박근혜 정부가 국정과제 14개 추진전략의 하나이자 정부 운영의 기반으로 제시한 '신뢰받는 정부'와 동일하지만, 과제 내용 구성에서는 달랐다.

3. 정부혁신의 추진체계와 주요추진과제

1) 부처중심의 분권화된 추진체계

문재인 정부에서는 출범 초부터 정부혁신을 추진하게 될 총괄적인 추진체계를 명시하지는 않았다. 이러한 측면에서 행정개혁 또는 정부혁신을 총괄하는 대통령 소속위원회를 두었던 김영삼 정부, 김대중 정부, 그리고 노무현 정부와는 대조적이며, 이러한 총괄조직을 두지 않았던 이명박 정부와 박근혜 정부와 유사한 체제를 갖추었다. 문재인 정부 출범 후 10개월이 지난 2018년 3월 정부혁신 관계 부처합동으로 정부혁신종합계획을 대통령 주재 '정부혁신전략회의'를 거쳐 발표하였고 이 회의를 연2회 개최할 계획을 세웠지만 실현되지는 못하였다(이하 관계부처합동, 2018: 48). 대통령 주재 정부혁신전략회의 하부의 추진체계로 정부혁신 관계기관협의회(행안부 장관 주재, 관계부처차관, 지자체 등)와 정부혁신국민포럼이 맡는 것으로 제시되었다.

그러나 실제 정부혁신의 추진주체는 혁신분야별 소관부처가 담당한 것으로 보아야 할 것이다. 정부혁신종합계획 발표 이전에 문재인 정부 출범 직후 확정된 100대 국정과제에 분야별 정부혁신 계획이 포함되었고 이를 담당할 부처가 이미 배정되었기 때문이다. 즉, 정부혁신 일반 및 전자정부개혁은 국정과제 #8: 열린혁신

정부, 서비스하는 행정(행안부), 인사혁신은 국정과제 #9: 적재적소, 공정한 인사로 신뢰받는 공직사회 구현(인사혁신처), 재정혁신 분야는 국정과제 #15: 과세형평 제고 등(기획재정부), 규제혁신은 국정과제 #30: 민생과 혁신을 위한 규제 재설계(국조실), 반부패혁신은 국정과제 #2: 반부패혁신으로 청렴한국 실현(권익위, 법무부), 공공기관혁신은 국정과제 #12: 사회적 가치실현을 선도하는 공공기관(기획재정부) 등이다.

그런데 제4부 제9장에서 살펴보겠지만 국정과제 평가는 특정평가의 핵심 영역으로 국무조정실과 정부업무평가위원회에서 담당하였으므로, 분야별 정부혁신 추진의 추동력을 국정과제 평가에서 확보하는 형태로 정부혁신이 추진된 것으로 볼 수 있다. 또한 각 부처의 정부혁신 추진실적과 규제개혁 추진실적 평가는 국무조정실과 정부업무평가위원회의 특정평가에서 각각 10%의 배점이 부여되어 있으므로 각 부처에 대한 정부업무평가 과정에서 그 집행상황을 확실하게 점검하고 효과를 평가할 수 있도록 설계되었다.

2) 전략목표별 주요 추진과제

2018년 3월 정부혁신종합추진계획에 발표한 정부혁신 10대 중점사업을 3대 전략목표별로 구분하면 다음 <표 7-35>와 같다.

<표 7-35>에 제시되었듯이 사회적 가치 구현 분야의 중점사업으로 (1) 재정사업 분야에서 예비타당성 평가, 예산편성, 재정사업평가 등 재정운용과정 혁신, 그리고 안전, 환경, 교육, 보건 · 복지, 고용분야 예산 대폭 확대, (2) 공공부문의 여성임용목표제도에서 2022년까지 목표치가 10-20-40, 즉 고위공무원단 10%, 공공기관 임원 20%. 정부위원회 40% 여성비율을 달성하는 것으로 설정되었다.

참여협력 분야의 중점사업으로 (3) 국민 토론 광장, '광화문 1번가'를 '공공숙의의 장'으로 개편하여 온-오프라인 상설 운영, (4) 예산 · 법령 등 핵심정책과정에 국민참여 강화, (5) 주차장 등 공공자원 개방확대, (6) 범정부 협업 촉진을 위한 인사 · 조직 · 평가 · 시스템 개편을 제시하였다.

신뢰받는 정부 분야의 중점사업으로는 (7) 채용비리 · 금품수수 · 부정청탁 관용없이 '원스트라이크 아웃', (8) 성희롱 · 성폭력 걱정없고, 보복에 대한 두려움 없는 근무환경, (9) 데이터 기반 디지털 행정 서비스 혁신, (10) 낡은 관행과 선례를 깨는 창의행정이 선정되었다.

표 7-35 문재인 정부 3대 전략목표 달성을 위한 10대 중점사업

3대 전략목표	10대 중점사업
사회적 가치	1. 인권, 안전 등 사회적 가치실현 사업 재정투자 확대(2018) – 예비타당성평가, 예산편성, 재정사업평가 등 재정운용과정 혁신 – 안전, 환경, 교육, 보건·복지, 고용 분야 예산 대폭 확대
	2. 공공부문 여성임용 목표제 '10·20·40'도입(~2022) – 고위공무원단 10%, 공공기관 임원 20%, 정부위원회 40% 여성비율 달성 – 고위: (17)6.1%→(22)10%, 공공기관임원: (17)10.9%→(22)20%, 위원회: (17)38%→(22)40%
참여 협력	3. 국민 토론 광장, '광화문 1번가' 상설 운영(2018) – 국민의 아이디어 제출공간이던 광화문 1번가를 정부–국민간 토론을 통해 실질적 결과로 도출하는 '공공숙의의 장'으로 개편하여 온–오프라인 상설 운영 – 기관별로 운영하는 다양한 참여방식 중 국민에게 맞는 방법을 찾아 참여할 수 있는 대표 창구로 운영
	4. 예산·법령 등 핵심정책과정에 국민참여 강화(2018) – 국민참여예산제 본격 도입, 주민참여예산사업 비중 확대 – 국민참여법령심사 및 국민참여형평가 확산, 공청회·청원 제도 개선
	5. 주차장 등 공공자원 개방확대(2018) – 주차장, 회의실 등 편의시설 주민 개방 확대, 단일포털을 통한 예약·결제 가능 – 노후청사를 「공공청사+수익시설+공공임대주택」으로 복합개발 – 안전, 환경, 자율주행차, 스마트시티 등 국가중점·신산업 데이터 대폭 개방
	6. 범정부 협업 촉진을 위한 인사·조직·평가·시스템 개편(2018) – 고위공무원단 및 전문직 공무원 인사교류 확대 협업정원제·협업조정평가 도입 – 기관 간 문서 공동기안·결재 가능한 '클라우드 온–나라' 구현
신뢰받는 정부	7. 채용비리·금품수수·부정청탁 관용없이 '원스트라이크 아웃'(2018) – 채용비리 발각시 수사의뢰 등 엄정조치, 부정합격자는 퇴출 – 금품수수 공직자 과감히 퇴출, 부정청탁에 따른 직무수행 시 형사처벌 – 기업 자금출연 요구 등 갑질 행위 징계
	8. 성희롱 성폭력 걱정없고, 보복에 대한 두려움없는 근무환경(2018) – 모든 성폭력 범죄 공무원 일정 벌금형 이상 선고 시 당연퇴직, 성희롱 등으로 징계 시 실·국장 보직제한 검토 – 성폭력관련 부당 인사행정을 제보하는 '인사불이익 종합신고센터' 운영
	9. 데이터 기반 디지털 행정 서비스 혁신(2018) – 안전·복지 등 생활 밀접분야 공공빅데이터 분석을 통한 서비스 품질 제고 – 국민과 정부가 함께 사회문제를 해결하는 데이터 기반 국민참여지도(커뮤니티맵핑) 제작 – 인공지능, 사물인터넷, 빅데이터기반 생활 밀착형 서비스
	10. 낡은 관행과 선례를 깨는 창의행정(2018) – 혁신적 아이디어를 정책으로 구현하는 '벤처형 조직' 시범운영 – 적극적 업무추진 시 발생한 과실에 대해 일정 요건 충족할 경우 감면

출처: 관계부처합동, 2018.3, 정부혁신종합추진계획, 11.

행정안전부가 정부혁신을 추진하는 과정에서 사업들의 범주를 재구성하고 세부사업들을 추가하였는데, 이에 관하여는 운영시스템 개편 부분에서 살펴보겠다.

4. 정부혁신의 주요내용

1) 정부조직 및 운영체계 혁신

(1) 정부조직 개편의 주요내용

문재인 정부는 대통령직인수위원회 구성·운영 없이 출범하여 조직개편 작업을 위한 별도의 공식조직을 설치하지 않았다. 대통령 선거기간 동안 정부조직 개편의 아이디어와 밑그림을 구상하고, 대통령 선거공약으로 제시된 내용을 중심으로 당정협의를 거쳐 정부조직 개편 방안을 최종 확정하였다. 한편 정부조직 개편안의 입법화 및 후속조치 작업을 일정에 따라 마무리하여 새 정부의 조기 안정에 기여하기 위해 행정자치부에서 실무업무를 지원하였다(행정안전부, 2017: 23). 제1차 정부조직 개편안은 고위 당·정 협의를 거쳐 2017년 6월 5일에 발표되었는데, 입법과정을 거쳐 2017년 7월 26일 시행되었다. 주요내용은 중소기업 지원 추진체계를 강화하기 위하여 중소벤처기업부를 신설하고, 재난안전관리 조직을 재정비하기 위하여 국민안전처를 해체하여 재난안전관리기능은 행정자치부와 통합하여 행정안전

표 7-36 문재인 정부의 정부조직개편 주요내용

시행일	주요내용	비고
제1차 개편 2017.7.26	중소기업벤처부 신설(중소기업청 격상)	중소기업벤처부 신설, 재난안전조직 재정비
	국가보훈처 장관급 격상	
	과학기술정보통신부로 미래창조과학부 명칭변경	
	– 과학기술혁신본부 설치	
	산업통상자원부에 통상교섭본부 설치	
	행정안전부(국민안전처와 행정자치부 통합) 설치	
	– 재난안전관리본부 신설	
	소방청 신설(행정안전부 소속)	
	해양경찰청 신설(해양수산부 소속)	
	대통령경호실(장관급)을 대통령경호처(차관급)로 개편	
제2차 개편 2018.6.8	국토교통부 수자원 보전·이용 및 개발 기능을 환경부로 이관	물관리 일원화
제3차 개편 2020.8.11	개인정보보호위원회 장관급 승격	코로나19 대응
	보건복지부 복수차관제 도입하여 보건담당 차관 신설	
	질병관리본부를 질병관리청으로 승격(보건복지부 소속)	

부를 설치하고, 소방청과 해양경찰청을 분리하여 각각 신설하는 것이다. 그 밖에도 산업통상자원부에 통상교섭본부 설치, 미래창조과학부를 정보통신과학기술부로 명칭을 변경하고 그 밑에 차관급 과학기술혁신본부를 설치하며, 국가보훈처를 장관급으로 높이고 대통령경호실을 차관급으로 조정하며 명칭을 대통령경호처로 바꾸었다.

제2차 개편(2018.6.8)에서는 물관리를 환경부로 일원화하였다. 당초 2017년 6월 정부조직 개편안 발표 시에는 수자원 및 하천 관련 기능을 모두 환경부로 이관하기로 하였으나, 여야 합의에 따라 하천 관련 기능은 국토교통부에 존치하는 것으로 변경되었다.

제3차 개편(2020.8.11)에서는 중앙행정기관으로 승격되는 개인정보보호위원회를 중앙행정기관의 범위에 추가하는 한편, 보건복지부의 보건업무 전문성 강화를 위하여 복수차관제도를 도입하여 보건을 담당하는 차관을 별도로 두도록 하고, 감염병 관리체계를 강화하기 위하여 질병관리본부를 보건복지부 장관 소속 중앙행정기관인 질병관리청으로 승격시켰다. 2020년초부터 전세계를 휩쓸고 있었던 코로나19 팬데믹에 대응하기 위한 정부조직 개편이었다.

[그림 7-21]에 제3차 개편이 완료된 이후 문재인 정부의 18부 4처 18청 6위원회의 정부기구도가 제시되었다. 특기할 사항을 독립기구로 신설된 고위공직자범죄수사처(약칭 공수처)이다. 공수처는 고위공직자 및 그 가족의 비리를 중점적으로 수사·기소하는 독립기관이다. 2019년 12월 30일 「고위공직자범죄수사처 설치 및 운영에 관한 법률안」(공수처법)이 국회 본회의를 통과하고, 2020년 1월 7일 국무회의를 통해 공포됐다. 2월 10일에는 공수처 출범을 위해 제반 사항을 지원하는 국무총리 소속 '고위공직자범죄수사처 설립준비단'이 발족하고, 법 시행(7월 15일)과 함께 출범 예정이었으나 출범이 지연됐다. 이후 12월 10일 법 개정안이 국회를 통과해 해당 개정안이 12월 15일 공포·시행에 들어갔으며, 2021년 1월 21일 김진욱 초대 공수처장 취임과 함께 공식 출범했다.

그림 7-21 문재인 정부의 정부조직기구도

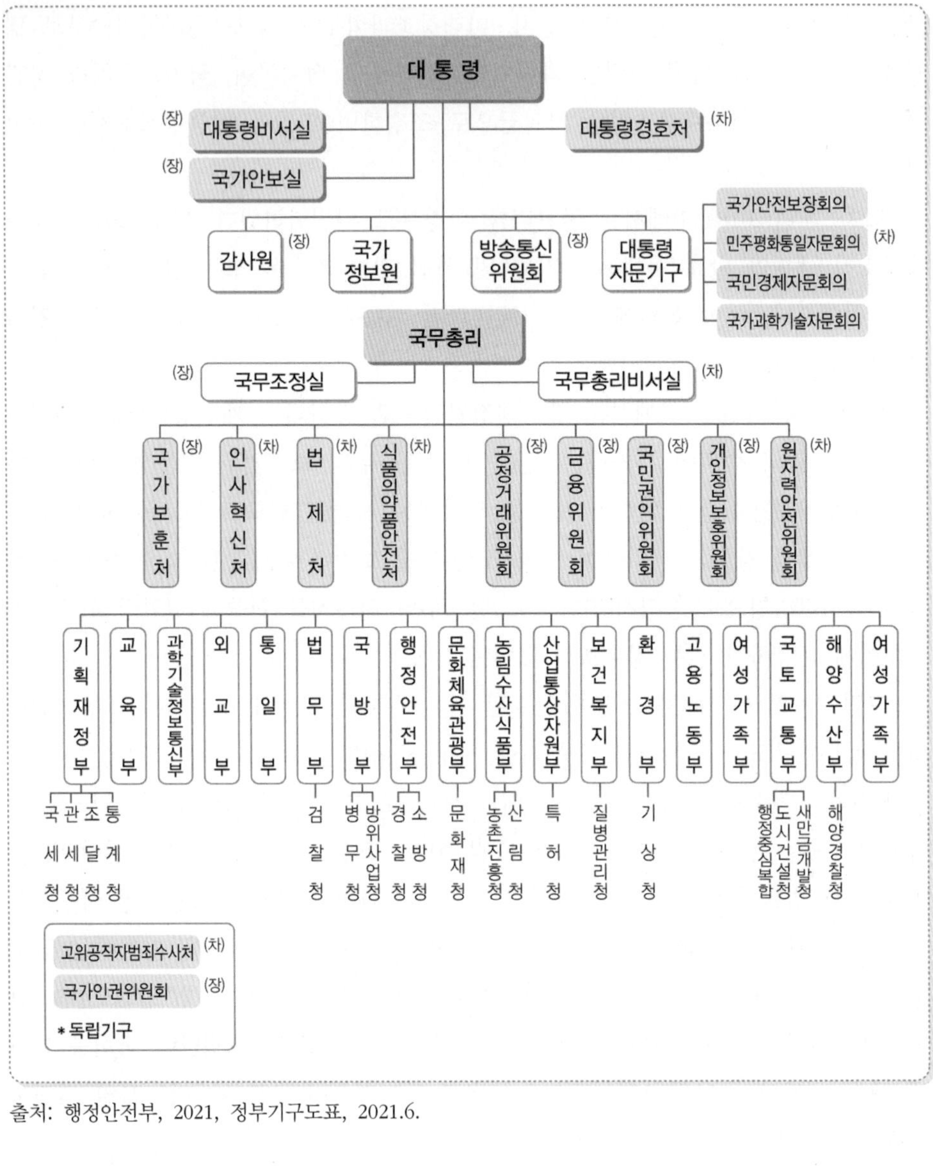

출처: 행정안전부, 2021, 정부기구도표, 2021.6.

(2) 조직개편 성찰

문재인 정부의 제1차 정부조직 개편은 정부출범 이후 2개월 정도 지난 후 단행되었다. 박근혜 정부에서 신설된 국민안전처의 해체와 소방청, 해양경찰청 복원, 중소기업벤처부 신설이 가장 큰 변화이다. 정부출범 초에 대대적인 조직개편을 시도했던 역대정부와는 달리 최소한의 개편에 그친 것으로 평가된다. 제2차 개편은 제1차 개편에서 처리하지 못한 물관리 일원화를 위한 국토교통부와 환경부 사이의 기능 조정이었다. 제3차 개편은 개인정보위원회의 장관급 격상과 더불어 코로나19 팬데믹 대응차원의 보건담당 차관 신설과 질병관리청 승격이 이루어졌다. 전체적으로 문재인 정부의 정부조직 개편은 최소한에 그쳤다.

(3) 운영시스템 혁신

문재인 정부가 추진한 운영시스템 혁신의 방향은 중앙부처를 대상으로 추진한 정부혁신의 내용에서 찾아볼 수 있다. 문재인 정부는 국무총리실의 중앙부처에 대한 특정평가에서 2018년도부터 정부혁신 추진실적을 10% 배정하였고, 이를 행정안전부가 주관하여 평가하도록 하였다(제4부 제9장 참조). 행정안전부가 중앙부처 정부혁신 추진실적을 평가하는 과정에서 매년 평가영역과 평가지표를 일부 변경하였는데, 이를 통하여 중앙부처 운영의 방향을 이끌어가려고 노력하였다.[28]

2018년도에는 사회적 가치 구현 기반 구축, 사회적 가치관점으로의 정책전환, 정책의 모든 과정에 국민 참여 확대, 국민이 체감하는 공공자원 개방, 협업 · 조정 · 갈등관리, 그리고 공정하고 청렴한 공직사회 구현 등이 평가지표에 포함되었다. 2019년도에는 평가지표의 범주를 포용적 행정, 참여와 협력, 신뢰받는 정부로 구분하여, 사회적 가치라는 개념 대신에 포용적 행정이라는 용어를 사용하였다. 2020년에도 2019년과 유사하게 평가지표의 범주를 혁신적 포용 행정, 참여와 협력, 신뢰받는 정부로 구분한 후에 적극행정을 추가하였으며, 구체적 지표에는 일부 변화가 있었다. 2021년도에는 평가지표의 범주를 개편하여 참여와 협력, 국민체감 서비스, 일하는 방식 혁신으로 범주화하였다.

이같이 문재인 정부는 정부업무평가 시스템을 활용하여 각 부처의 일하는 방식의 혁신을 이끌어가고자 하였다.

2) 인사혁신

문재인 정부의 인사혁신은 박근혜 정부의 제2차 조직개편에서 신설한 인사혁신처에서 추진하였다. 인사혁신의 핵심은 국정과제 #9: '적재적소 공정한 인사로 신뢰

---

28 이하 국무조정실, 정부업무평가시행계획, 2018, 2019, 2020, 2021에서 정부혁신에 관한 주요내용을 요약하였다.

받는 공직사회 구현'이라는 주제로 추진되었는데, 세부과제는 ① 공정하고 투명한 정부인사시스템 구축, ② 공직윤리 강화하여 깨끗한 공직사회 구현, ③ 차별없는 균형인사 통한 사회적 가치의 실현, ④ 공직 개방성과 전문성, 책임성 등 혁신적 공직문화 정립, ⑤ 공직사회 근무여건의 개선과 사기 제고 등 다섯 가지로 구성되었다. 여기에서는 이들 가운데 공직윤리 강화, 균형인사, 공직 개방성과 전문성 제고의 주요성과를 요약하여 살펴보겠다. 한편 코로나19에 대응하는 과정에서 인사혁신과제로 적극행정을 추진하였는데 여기에 관하여는 별도로 살펴보기로 하겠다.

(1) 공직윤리 강화

「공직자윤리법」을 개정(2019년 12월 공포, 2020년 6월 시행)하여 공직자에 대한 재산심사를 강화하고, 재산공개대상자는 부동산·비상장주식 등에 대해서는 재산형성과정에 대한 신고를 의무화하고, 비상장주식은 실질가치를 반영하여 신고하도록 제도화하였다. 2021년도에는 공직자의 직무상 정보를 이용한 재산 부정증식 방지 및 주식백지신탁제도를 정비(2021년 6월 23일 시행)하였다. 2021년 초에 한국토지주택공사(LH)의 일부 직원들이 2018년부터 문재인 정부의 3기 신도시 중 최대 규모인 광명·시흥 신도시 사업지역에 100억원대의 토지를 투기성으로 집중 매입했다는 의혹이 제기되었다. 즉, 신도시 사업을 집행하는 기관인 LH의 일부 직원들이 내부 정보를 이용하여 공직자윤리법상 이해충돌방지의무와 부패방지법상 업무상 비밀이용 금지의무를 위반했다는 의혹이 불거진 것이다. LH사태 발생에 따라 재발방지를 위하여 대통령 주재 반부패정책협의회를 통하여 재산등록의무자 대폭 확대 및 부동산 신규취득 제한제도를 신설(「공직자윤리법」 개정, 2021년 10월 2일 시행)하고 인사처 내에 공직자 재산 집중심사단을 구성하여 직무상 비밀을 이용한 부정한 재산 증식 여부를 중점적으로 심사하도록 하였다. 이와같이 세 차례의 공직자윤리법 개정을 통하여 공직윤리가 한층 강화되었다.

(2) 균형인사

중장기적 관점에서 균형인사의 비전을 제시하기 위해 2018년에 균형인사기본계획을 수립하고, 중앙부처 여성고위공무원 임용 확대 및 중증장애인 공직진출 확대 계획을 수립하였다. 고위공무원단 여성비율은 다음 <표 7-37>과 같이 증가하였다. 고위공무원단 여성비율의 경우 2018년에는 6.8% 목표에 6.7% 실적을 달성하여 목표에 미치지 못하였으나, 2019년부터 목표치를 초과하기 시작하였고, 2021년에는 10.0%를 기록하여 2022년도 목표를 조기 달성하였다. 본부 과장급의 경우에도 2021년 목표 23.0%를 초과 달성하여 24.4%에 이른다.

표 7-37 문재인 정부 시기 고위공무원 여성비율

(단위: %)

구분		2018	2019	2020	2021 *	2022
고위공무원	목표	6.8	7.2	8.2	9.6	10.0
	실적	6.7	7.9	8.5	10.0	–
본부과장급	목표	15.7	18.4	31.0	23.0	25.0
	실적	17.5	20.8	22.8	24.4	–

출처: 2022공공부문 균형인사 연차보고서, p. 38.

장애인 채용의 경우 7·9급 구분모집 채용, 중증장애인 경력채용을 통하여 의무고용률을 달성(2021년 3.68%)하였고, 장애친화적 근무환경 조성, 공직내 장애감수성 확산 과제를 수행하였다.

지역인재채용 부문에서는 지역인재 7급 채용인원을 2017년 120명에서 연차적으로 확대하여 2021년에는 160명을 채용하였고, 지역인재 9급 채용인원은 2017년 170명에서 확대하여 2021년에는 316명을 채용하였다.

이같이 문재인 정부에서는 여성관리자 임용, 장애인 채용, 지역인재 채용 확대를 통하여 사회형평적 인재등용을 위하여 노력하였다.

(3) 공직 개방성과 전문성 확대

박근혜 정부에서 인사혁신처를 신설할 당시 인사개혁과제로서 일반직위와 전문직위 투트랙 보직관리와 전문직 공무원제도를 도입하였는데, 이를 문재인 정부에서 본격적으로 운영하게 되었다. 문재인 정부는 2017년 공직 개방성·전문성 제고를 위한 민간인재 확대방안을 마련하였는데, 이를 개방형 임용, 전문직 공무원 확대, 전문직위 운영으로 구분하여 살펴보기로 하겠다.

① 개방형 직위 및 민간임용률 확대

우수한 민간인재의 공직유입 확대를 유도하기 위하여 민간개방 적합직위로 직위를 조정하고, 처우개선 대책을 마련하는 등 여건을 개선하는 한편 맞춤형·전략

형 홍보를 강화하여 평균경쟁률과 민간인 응시율이 제고되었고, 결과적으로 개방형직위에 민간인 임용비율이 크게 증가하였다. 예를 들어, 산업부 미래자동차산업과장과 같이 신기술·신산업 등 민간전문성이 필요한 분야를 개방형직위로 신설하고 해당분야 우수민간인재 영입을 확대하였다. 개방형직위수는 박근혜 정부 임기말인 2016년 442개 직위에서 2020년에는 469개 직위로 증가하였으며, 외부임용률(민간인 또는 타부처 공무원)은 60.2%, 민간인 임용률은 44.3%로 증가하였다(다음 장 <표 8-2> 및 <표 8-3> 참조). 문재인 정부 임기말인 2021년 개방형 지정 직위수는 473개이며, 이 가운데 432개 직위가 충원되었다. 외부 임용은 262명으로 외부임용률은 60.6%가 되었다. 김대중 정부에서 1999년 129개 직위를 개방하는 개방형직위제도를 도입한 이후 민간인 임용률이 대체로 높지 않은 편이었는데, 2014년 인사혁신처가 인사행정전문기관으로 독립된 이후 외부임용, 특히 민간인 임용이 증가하기 시작하였고, 문재인 정부에서 증가추세가 가속화되었다.

② 전문직공무원 확대

인사혁신처는 2017년 5월 도입된 전문직공무원 제도에 대한 확산 및 정착기반을 마련(2018-2020)한 다음, 2021년부터 제도 내실화 및 성과 창출을 기하고자 하였다. 제도 도입 당시에는 이미 재직 중인 공무원의 전직을 통해서만 전문직공무원을 선발하였으나, 2021년 제도개선을 통해 관련 경력과 자격증을 보유한 사람을 전문직공무원으로 신규채용할 수 있도록 하였다. 2017년 제도 도입 당시에는 6개 분야(국제통상, 재난관리, 남북회담, 환경보건· 대기환경, 인재채용, 금융업감독)에만 적용되었는데, 2019년 3개 분야(식품안전, 기상예보, 방위사업관리) 추가, 2020년 2개 분야(어업관리, 법의)를 추가하였고, 2021년에도 1개 분야(노동분쟁 예방·조정) 추가를 추진 중이다. 그 결과 2021년 12월말 기준 10개 부처, 11개 분야에서 217명의 전문직 공무원이 근무하고 있다. 각 전문분야별로 전문직과 일반직 3-5급의 재직기간을 비교하면 11개 전 분야에서 전문직공무원의 평균 재직기간은 6년 3개월로 해당 분야 일반직 3-5급 평균 재직기간 3년 9개월보다 2년 5개월 이상 장기 재직하고 있다.

③ 전문직위 내실화

전문직위란 일반직위 가운데 전문성과 장기재직이 필요한 직위를 별도로 지정하여 관리하는 직위이다. 일반직위보다 강화된 필수보직기간을 적용하여 4-5급 이하는 4년, 과장급 3년, 실·국장급은 2년을 적용한다. 문재인 정부는 2014년부터 운영해온 전문직위를 체계적으로 정비하고, 중점분야를 별도 관리하여 내실을 갖춘 제도 운영을 도모하였다. 즉, 각 부처와 협의를 통해 전문직위를 신설·해제하여 행정수요 및 환경 변화를 적시에 반영(2018－2021년 연 1회 전문직위 일제정비 실시)할 수 있도록 하였다. 2021년 12월말 기준 43개 부처 4,312개의 직위(본부정원의 15%)가 전문직위로 지정되어 있다.

전문직위에서의 전문관 평균 재직기간은 2018년 3년 1개월, 2019년 3년 4개월, 2020년 3년 6개월로 지난 3년간 지속적으로 증가추세를 보이고 있다. 한편 2020년 기준 전문관 직급별 재직기간은 고위공무원 1년 2월, 3－4급 2년 3월, 5급 3년 4월, 6급 3년 10월, 7급 3년 5월, 8급 3년 11월로 나타나 직급이 낮을수록 재직기간이 길었다.

이같이 전문직위제도는 급격한 환경변화에 시의적절하게 대응할 수 있는 공직내 전문가(specialist)를 양성하고 이들의 장기재직 여건을 조성하여 공무원이 전문성 및 노하우를 축적할 수 있는 기회를 제공한다. 그러므로 제도의 운영기간이 길어질수록 전문직위 재직 공무원의 전문성이 지속적으로 증가하게 되어 행정서비스의 질이 제고될 것으로 기대된다.

(4) 적극행정 강화

적극행정은 공무원이 공공의 이익을 위해 창의성과 전문성을 바탕으로 적극적으로 업무를 처리하는 행위를 말한다.[29] 반대로 소극행정은 공무원의 부작위 또는 직무태만 등으로 국민의 권익을 침해하거나 국가 재정상 손실을 발생하게 하는 행위이다.

인사혁신처는 2019년 8월, 적극행정을 장려하고 소극행정을 근절하는 공직문화 조성을 위해 적극행정을 제도화한 「적극행정 운영규정」(대통령령)을 제정하였다. 이 규정에 따라 중앙부처는 기관별로 적극행정 전담부서를 마련하고, 기관장 책임하에 매년 적극행정 실행계획을 수립·시행하고 있다. 여기에 기관별로 적극행정 우수공무원을 선발하고 인사상 우대 조치를 하도록 규정하고 있다.

적극행정의 추진내용을 적극적 의사결정 지원, 적극행정 면책 확대, 적극행정 공

29 이에 대한 근거 규정은 헌법 제7조(공무원은 국민 전체에 대한 봉사자이며, 국민에 대하여 책임을 진다), 국가공무원법 제56조(모든 공무원은 법령을 준수하며 성실히 직무를 수행하여야 한다)에 명시돼 있다.

무원 보호, 적극행정 공무원 우대, 국민참여 및 소통강화로 구분하여 살펴보겠다.

① 적극적 의사결정 지원

법령이 불명확하거나 선례가 없어 의사결정이 어려울 경우, 각 부처가 설치한 '적극행정위원회'의 의견제시 또는 감사기구(자체감사기구, 감사원)의 '사전 컨설팅' 제도(2019년 8월 도입)를 활용하여 적극적인 의사결정이 가능하도록 하였다. 각 기관이 적극행정위원회를 적극행정 의사결정의 플랫폼으로 활발하게 활용할 수 있도록 「국가공무원법」을 개정(2021년 6월)하여 적극행정위원회 설치·운영에 관한 법률적 근거를 마련하였고, 「적극행정위원회 표준훈령」(안)을 배포하였다.

<표 7-38>에 나타난 바와 같이 적극행정위원회를 활용한 실적은 2019년 42건(18개 기관)에서 2020년 486건(38개 기관)으로 10배 이상 증가하였다. 2020년의 경우 코로나19 관련 안건은 334건(69%)이며 코로나19 외 안건은 152건(31%)이다. 2021년에는 활용실적이 382건으로 감소하였으나 활용기관은 증가하였다. 코로나19 관련 안건이 감소한 반면 일반 안건의 비중이 증가하였다.

표 7-38 적극행정지원제도 활용실적(2019-2021)

구 분		2019년	2020년	2021년
적극행정위원회	활용실적 합계	42건(18개 기관)	486건(38개 기관)	382건(41개 기관)
	코로나19 관련 안건	-	334건	145건
	코로나19 외 안건	42건	152건(31%)	237건(62%)
사전컨설팅	활용실적 합계	174건(32개 기관)	299건(36개 기관)	259건(42개 기관)
	코로나19 관련	-	148건	40건
	코로나19 외 안건	174건	151건(51%)	219건(85%)

출처: 인사혁신처 내부자료.

한편 사전컨설팅제도 활용건수는 2019년 174건(32개 기관)에서 2020년 299건(36개 기관)으로 증가하였다. 2020년의 경우 코로나19 안건 148건, 코로나19 이외 안건이 151건으로 비중이 거의 유사하였다. 2021년에는 코로나19 안건 40건, 일반 안건 219건으로 일반 안건 비중이 크게 증가하였다. 이같이 적극행정위원회와 사전컨설팅 제도를 활용하여 업무담당 공무원들이 과거와 비교하여 더욱 적극적인 의사결정을 할 수 있게 되었다.

② 적극행정 면책 확대

적극행정 면책이란 공무원이 적극행정위원회 또는 사전컨설팅 의견대로 업무를 처리한 경우 감사 또는 징계단계에서 책임을 면제하는 것이다. 즉, 적극행정위원회 또는 사전컨설팅 의견대로 업무를 처리하면 감사원 감사나 자체감사시에 적극행정 면책요건을 충족한 것으로 추정한다. 단, 공무원과 대상 업무 사이에 사적인 이해관계가 있거나, 적극행정위원회나 감사기구에 필요한 정보를 충분히 제공하지 않았을 경우 면책에서 제외된다. 2021년 6월 「국가공무원법」 개정으로 적극행정 공무원에 대한 징계면책의 법률적 근거를 마련하였다.

③ 적극행정 공무원 보호

적극행정 공무원이 징계의결 요구를 받거나, 민사소송 또는 고소·고발에 따른 기소 이전 수사과정에 있는 경우, 법률전문가의 도움을 받을 수 있도록 선임비용을 지원받는다(2019년 8월 도입). 한편 공무원 책임보험을 도입·시행(2020.1)하여 공무수행으로 민·형사상 소송을 당할 경우 변호사 선임비용, 소송비용, 손해배상금 등을 지원하도록 하였다. 2021년 기준 51개 기관에서 30.5만명이 보험에 가입하였다.

④ 적극행정 공무원 우대

적극행정 우수공무원 선발·우대를 의무화하여 기관별로 우수공무원을 반기별로 선발하고, 우수공무원에게 인사상 인센티브를 의무적으로 부여하도록 하였다(2019년 8월 도입). 2020년부터는 적극행정 우수공무원의 50% 이상에 대해 파격적 인센티브 4종 부여, 즉 특별승진, 특별승급, 성과급 최고등급, 국외훈련 우선 선발권을 주도록 하였다. 적극행정 우수공무원으로 선발된 인원은 2019년 294명, 2020년 934명이었다. 2021년에는 제1회 '적극행정 유공포상'을 통해 중앙부처·지자체 공무원, 공공기관·지방 공사 직원 등 30명을 선정하여 포상하였다.[30]

⑤ 국민 참여 및 소통강화

'적극행정 국민신청제'를 도입하여 국민이 민원·제안을 신청했지만 불명확한 법령 등으로 문제가 해결되지 못한 경우, 국민이 적극행정을 신청하면 의사결정 지원

30 유공포상자는 적극적인 의견수렴 및 소통으로 관련 규제를 개선해 전화 비대면 진료로 국민과 의료진의 건강을 보호한 보건복지부 공무원, 코로나19로 인한 초중고 온라인 개학 상황에서 절차 간소화를 통해 EBS 실시간 강의 송출을 신속히 추진한 과학기술정보통신부 공무원, 대형폐기물 배출 시 번거로운 신고절차를 개선하기 위해 휴대폰으로 간편히 신고할 수 있도록 '지능형 배출관리체계'를 구축한 서울시 동대문구청 공무원 등이다.

제도 등을 통해 문제해결을 추진하였다. 국민신문고 홈페이지(www.epeople.go.kr)에 '소극행정 신고센터'를 신설해 소극행정 사례를 상시 접수하고, 신고사항은 기관별 감사부서에서 즉시 조사·처리한다. 이 밖에 개인·단체 등이 직접 적극행정 공무원(정책)을 추천할 수 있는 창구(인사혁신처 '적극행정 울림' 또는 각 부처 홈페이지 '적극행정코너' 등)를 통해 국민과의 소통을 강화하고 있다.

3) 재정혁신

문재인 정부가 추진한 재정혁신의 핵심 내용으로 2019년 예비타당성조사제도 개편과 재정을 통한 사회적 가치실현에 관하여 살펴보겠다.

(1) 예비타당성조사제도 개편

김대중 정부에서 1999년 예비타당성조사제도를 도입한 이후 20년이 경과한 시점에서 경제·사회여건 변화를 반영한 제도개편 필요성이 대두되었다.[31] 즉, 지역균형발전과 다양한 사회적 가치에 대한 실현 요구가 증대하고 있으나 경제성이 예비타당성조사 통과의 결정적 요소로 작용하였다는 비판이 제기되었고, 당초 예비

그림 7-22 2019년 평가체계 개편 이후 종합평가의 구성요소와 비중

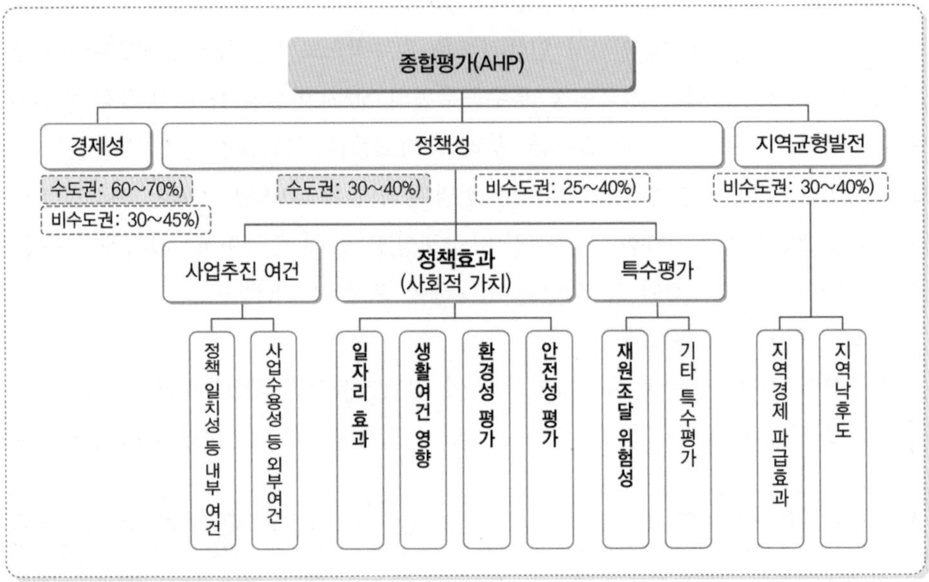

31 관계부처 합동, 2019a, 「예비타당성조사 제도 개편방안」 참조.

타당성조사 대상이었던 SOC 외에 복지사업 등에도 '적부(시행 · 미시행)' 평가방식을 적용하는 것은 적절하지 않다는 것이다. 이에 따라 정부는 2019년부터 경제 · 사회적 변화를 반영해 경제성과 지역균형, 다양한 사회적 가치를 균형있게 평가하고 사업특성에 부합하도록 평가체계를 다음과 같이 개편하였다([그림 7-22] 참조).

첫째, 종합평가 비중을 조정하였다. 현재까지 모든 지역을 동일한 기준으로 평가하였으나, 지역균형발전 필요성을 반영하여 종합평가(AHP)에서 수도권과 비수도권의 평가비중을 달리 적용하고 평가가중치를 조정하였다. 즉, 수도권은 경제성(60-70%)과 정책성(30-40%)만으로 평가하고, 비수도권은 균형발전평가를 강화(+5% 포인트)하고, 경제성을 축소(-5% 포인트)하였다. 또한 비수도권 지역의 균형발전 평가시 지역낙후도를 '가감점'에서 '가점제'로 운영하도록 하였다. 이에 따라 종합평가에서 지역간 형평성이 제고될 것으로 기대된다.

둘째, 정책성 평가의 주요 항목으로 다양한 사회적 가치를 분석할 수 있도록 '정책효과' 항목을 신설하였다. 여기에서 주민 '삶의 질'에 기여하는 ① 일자리 창출효과, ② 주민생활여건 영향, ③ 환경성, ④ 안전성을 평가하도록 하였다.

셋째, 복지 · 소득이전 사업 평가방식을 개편하였다. 즉, '적부(시행 · 미시행)'의 평가방식이 적절하지 않다는 지적에 따라 수혜계층 · 전달체계 개선 등 적극적인 대안 제시에 중점을 두도록 하였다.

2019년도 개편을 반영한 종합평가의 구성요소와 비중은 [그림 7-22]와 같다.

(2) 재정의 사회적 가치실현

문재인 정부는 재정을 통한 사회적 가치실현을 위하여 다음과 같은 시책을 추진하였다.[32]

① 사회적 가치 핵심재정사업 선정: 매년 사회적 약자 보호, 기회균등, 공동체 등 핵심적인 사회적 가치와 관련성이 높은 사업을 위주로 100개 내외의 사업을 선정하여 적극 지원하도록 하였다. 예를 들면, 공공어린이재활병원 건립(2019년 35억 → 2020년 165억), 다함께 돌봄(106억 → 262억), 장애인 직업능력개발(616억 → 863억), 사회적기업 육성(903억 → 1,013억원) 등이다.

② 재정운용기준에 사회적 가치 원리 강화: 예산 · 기금 등 재정운용의 전과정

32 이 부분은 기획재정부가 주관하는 혁신성장전략회의에서 2020년 1월 15일 관계부처합동으로 발표한 「사회적 가치실현을 위한 공공부문 추진전략」에 포함된 내용이다.

(편성–집행–평가)에서 사회적 가치를 실현할 수 있도록 예산안 편성지침 등에 관련 내용을 포함하였다. 예를 들면, 각 기금관리 주체는 기금별 특성을 감안하여 사회적 가치 실현방안을 마련하도록 하였다.

③ 재정사업 추진과정에서 참여·협업 촉진: 참여예산 내실화를 위해 집행 모니터링단 운영을 정례화하고, 집중토론 등을 통해 주요이슈에 대한 해결방안을 모색하도록 하였고, 재정사업 추진과정에서 사회적경제기업의 참여를 활성화하도록 하였다.

④ 사회적 가치 공공조달제도 강화: 공공조달 계약과정(신인도 평가 등)에서 사회적 가치가 적극 고려될 수 있도록 평가체계 등 조달제도를 개선하였다(2020년 상반기). 중대재해 유발업체에 대한 입찰참가자격 제한을 강화하고, 사회적 가치 고려를 포함하는 '공공조달 혁신방안'을 추진하였다. 여기에는 민관협력 공공수요발굴 협의체 운영 및 시제품 시범구매제도 도입 등이 포함된다.

4) 디지털 정부혁신

(1) 디지털 정부혁신 추진경과

문재인 정부의 디지털 정부혁신은 100대 국정과제의 하나인 "국정과제 #8: 열린 혁신 정부, 서비스하는 행정"의 일부로 추진되었다. 이 과제의 디지털 정부혁신 관련 내용은 국민공감 서비스 혁신(2017년 '정부24' 개통, 국민 개인별 맞춤형 서비스 제공 등)과 스마트행정 구현(2019년부터 공공빅데이터센터 운영, 범정부 데이터 관리체계 구축 등)이다. 이후 2019년 10월 디지털 정부혁신 추진계획이 발표되었다(관계부처합동, 2019.10.29).[33]

디지털 정부혁신 추진계획은 우리나라가 세계 최고수준의 전자정부를 구축·운영하고 있으나 인공지능·클라우드 중심의 디지털 전환(digital transformation) 시대가 도래함에 따라 기존 전자정부의 한계가 표출되었다는 인식에 따라 공공분야 디지털 전환을 위하여 마련하게 되었다. 디지털 정부혁신 추진계획은 우선추진과제와 중장기 범정부 디지털 전환 로드맵 수립으로 구성되었다. 우선추진과제는 선제적·통합적 대국민 서비스 혁신, 공공부문 마이데이터 활성화, 시민참여를 위한 플랫폼 고도화, 스마트 업무환경 구현, 클라우드와 디지털서비스 이용활성화, 개방형

---

33 관계부처합동, 2019b, 디지털정부혁신 추진계획.

데이터·서비스 생태계 구축이다. 6대 우선 추진과제의 조속한 추진을 통해 낡은 체제를 극복할 계기를 마련하고, 중장기 관점의 디지털 전환을 위한 로드맵을 2020년도에 추진하겠다는 것이다.

이듬해인 2020년 6월에는 포스트 코로나 시대의 디지털 정부혁신 발전계획이 발표되었다(관계부처 합동, 2020.6.23). 2020년 코로나19 팬데믹으로 행정·교육·산업 등 사회 전반에 비대면 문화가 새로운 흐름으로 대두하여 디지털 전환을 가속화하는 요구가 증가하였다. 코로나19가 촉발한 위기 극복을 위하여 디지털 전환을 핵심으로 하는 디지털 뉴딜이 추진되었다. 우리나라는 탄탄한 전자정부 기반 덕분에 마스크 구매 앱 활용, 재난지원금을 카드사와 협업하여 신속하게 지원하는 등 코로나19 위기에 효과적으로 대응할 수 있었다. 정부는 코로나19 위기를 디지털 정부혁신 가속화의 계기로 삼아 우리나라가 세계선도국가로 도약하기 위해 보다 진전된 디지털 정부혁신 발전계획을 수립하였다.

(2) 디지털 정부혁신 중점과제

<표 7−39>에 제시된 바와 같이 2020년 발표된 디지털 정부혁신 발전계획의 중점과제는 비대면서비스 확대, 맞춤형 서비스 혁신, 데이터 활용과 민·관 협력, 디지털 인프라 확충이 포함되었다.

표 7-39 문재인 정부 디지털 정부혁신 주요과제

영역	중점과제	
비대면서비스 확대	1. 모바일 신분증 도입·활용	2. 공공부문 마이데이터 확산
	3. 전자증명서 발급과 디지털 거래 활성화	4. 온·오프라인 융합교육으로 전환
맞춤형 서비스 혁신	1. 국민비서·민원상담365 도입	2. 맞춤형 수혜서비스 제공
	3. 생애주기별 패키지 서비스 제공	4. 범정부 통합콜센터 구축
데이터 활용과 민·관협력	1. 공공데이터 개방·활용	2. 데이터기반 행정 활성화
	3. 공공서비스 민간개방·협력	4. 공공부문 클라우드 전면전환
	5. 위기대응 민·관 협력체제 구축	
디지털 인프라 확충	1. IoT 재난안전체계 구축	2. 5G기반 스마트업무환경 구현
	3. AI기반 사이버보안 강화	4. 포용적 디지털환경 조성
	5. 공무원 디지털역량 제고	

출처: 관계부처합동, 2020a, 포스트 코로나 시대의 디지털 정부혁신 발전계획.

2020년 4월 행정안전부는 기존의 '전자정부국'을 수요자 · 서비스 중심의 '디지털 정보국'으로 개편하였다(정충식, 2021: 345). 행정안전부는 개편된 디지털정보국을 중심으로 디지털 정부혁신을 추진하여, 챗봇으로 민원을 상담하는 국민비서 '구삐' 서비스 개시(2021.3.29), 공공마이데이터 11종 시범서비스 시행(2021.2−10월, 1,637만 건 활용), 「데이터기반행정법」 제정(2020년 6월), '범정부 공공데이터 중장기(2019−2021) 개방계획'에 따른 데이터 개방 등을 추진하였다.

(3) 디지털 정부혁신의 성과

우리나라가 코로나19 팬데믹에 대응하는 과정에서 모바일신분증(공적마스크 구매시, 백신접종 확인시 본인확인), 마이데이터(소상공인 대출신청 구비서류 감축), 맞춤형 수혜서비스(각종 지원금 확인 · 신청) 등 디지털 정부혁신 계획에 따라 추진한 사업이 큰 위력을 발휘하였다. UN 전자정부 평가에서 '전자정부발전지수'는 2018년 평가에서 3위, 2020년에는 2위로 상승하였다. 한편 '온라인참여지수'에서는 2018년과 2020년 모두 1위를 지켰다. 이러한 성과는 역대정부에서 탄탄하게 구축한 전자정부 시스템의 기반 위에서 달성한 것이지만 2016년 평가에서의 순위 하락을 딛고 상승하였다는 의미가 있다. 한편 2020년 OECD 디지털 정부평가 종합 1위, 공공데이터 평가지수 종합 1위(2019년 11월)를 달성하였다.

5) 규제혁신

(1) 규제혁신 추진경과

문재인 정부의 규제혁신은 100대 국정과제의 하나인 "국정과제 #30: 민생과 혁신을 위한 규제 재설계" 과제로 추진되었다. 이 과제의 규제혁신 주요내용은 민생안전 및 국민불편해소, 생명 · 안전 · 환경보호를 위한 규제혁신, 일자리 창출과 신기술 · 신산업육성을 위한 규제재설계로 구성되었다.

규제혁신은 국무총리실의 중앙부처에 대한 특정평가에서 2017년도부터 10% 배정되었고, 이를 매년 국무조정실이 주관하여 평가하였다(제4부 제9장 참조). 국무조정실이 중앙부처 규제혁신 추진실적을 평가하는 과정에서 평가영역과 평가지표를 매년 일부 변경하였는데, 이를 통하여 중앙부처 규제혁신을 이끌어갔다(제4부 제9장 참조).[34]

---

34 이하 국무조정실, 정부업무평가시행계획, 2017, 2018, 2019, 2020, 2021에서 규제개혁에 관한

(2) 규제혁신의 주요성과

국무조정실은 2021년 9월 제132회 국정현안점검조정회의에서 문재인 정부의 '규제혁신 추진성과' 점검 결과를 발표하였다.[35] 여기에서 규제혁신의 주요 성과를 규제혁신 플랫폼 구축, 핵심규제 개선, 범정부 적극행정 확산의 세 범주로 구분하였는데, 이를 간략하게 소개하겠다.

① 규제혁신 플랫폼 구축: 규제샌드박스와 네거티브 규제 도입

첫째, 규제샌드박스 제도를 도입하여 신산업·신기술에 대한 규제를 일정 조건에서 유예하였다(2019.1 이후). 안전성·유효성 등을 고려하여 실증특례와 임시허가를 부여하고, 규제 신속확인을 통해 규제가 없는 경우 빠르게 시장출시를 지원하였는데, 제도시행 2년 반 만에 총 509건을 승인하였으며, 투자 1.9조원 유치, 매출 839억원 증가, 3,800여명 고용 창출 성과를 거두었다. 규제샌드박스는 기업에게 혁신의 기회를 제공할 뿐 아니라 그동안 해결하지 못한 갈등 해결의 돌파구로도 활용되고 있으며, 국민의 생활편의를 증진하는 역할을 담당하고 있다.

둘째, 선제적 규제혁신 로드맵을 마련하여 주요 신산업 분야의 규제이슈를 미리 발굴하여 정비하였다. 즉, 자율주행차('18.11), 드론('19.10), 수소차·전기차('20.4), VR·AR('20.8), 로봇('20.10), AI('20.12) 등 6개 분야를 대상으로 신산업·신기술의 전개 양상을 예측하여 203개 과제를 선제적으로 정비하였다.

셋째, 법령 등을 네거티브 규제 시스템으로 전환하여 매번 개정하지 않아도 신산업·신기술을 허용할 수 있도록 하였다.

② 핵심규제 개선: 기업활동·국민생활 규제 집중정비

첫째, 신산업 출시를 막거나 기업활동에 부담을 주는 불합리한 규제를 3,089건 개선하였다. 신산업 규제정비 기본계획(2020.12)을 바탕으로 DNA(Data, Network, AI), 비대면산업, 바이오의료, 기반산업, 그린산업 등 5대 분야 핵심규제를 개선하였으며, 신산업 현장에서 제기되는 각종 규제애로도 해소하였다.

둘째, 일상생활과 지역현안 규제 4,239건을 개선하였다. 행정·복지·의료·주거·문화 등 일상생활 전반의 불편을 해소하고, 민원행정절차를 간소화하였다. 예

주요내용을 요약하였다.

35 국무조정실, 2021년 9월 2일 제132회 국정현안점검조정회의 「규제혁신 추진성과」 보도자료 참조.

를 들면, 온라인출생신고를 허용하여 2018년 3,807건에서 2020년 14,677건으로 온라인 출생신고 활용이 증가하였다.

③ **범정부 적극행정 확산: 면책·인센티브 등 제도구축 및 핵심정책 성과 지원**

첫째, 공무원이 행정환경의 변화와 현장 상황에 맞게 규정을 해석·적용하고 징계·감사 등의 우려 없이 적극적으로 일하는 공직문화를 정착하기 위해 적극행정을 추진하였다.

둘째, 적극행정을 통해 승차진료, 코로나19 진단키트 긴급승인, 학생 가정 농산물꾸러미 지원 등 코로나19 등 현안에 대응하고 민생을 지원하는 등 우수사례를 다수 창출하였다.

(3) 규제개혁 국제비교

OECD는 2015년에 이어 2018년(OECD, 2018)과 2021년(OECD, 2021)에 각각 규제개혁의 핵심요소인 이해관계자 참여, 규제영향분석, 사후평가 등 3개 영역에서 회원국의 규제정책을 평가하였다(다음 장 <표 8-4> 참조). 2018년 평가에서 한국은 이해관계자 참여 영역에서 법률 4위, 하위법령 6위, 규제영향분석 영역에서 법률 3위, 하위법령 4위로 평가되었고, 사후평가 영역에서는 법률 3위, 하위법령 3위를 기록하여 중위권에 해당했던 2015년 평가보다 상당히 개선되었다.[36] 한편 2021년 평가에서는 38개 회원국가 가운데 한국은 이해관계자 참여 영역에서 법률 3위, 하위법령 4위, 규제영향분석 영역에서 법률 2위, 하위법령 2위로 평가되어 순위가 상승하였지만, 사후평가 영역에서는 법률 5위, 하위법령 7위를 기록하여 순위가 하락하였다. OECD는 2021년 평가[37]에서 3개 영역 이외에도 코로나19 위기상황에 대응해 새로운 접근방식으로 위기에 대처한 국가로 영국, 프랑스와 한국의 사례를 들었고, 우리나라의 검사·추적·치료(testing, tracing, treatment)에 기반을 둔 코로나19 억제전략과 드라이브스루 검사시설, 경증환자를 위한 생활치료센터 운영 등을 소개했다(OECD, 2021: 26). 문재인 정부 시기의 2018년과 2021년 규제개혁 평가결과는 OECD 38개 회원국가 가운데 상위권에 해당하였다.

---

36 2018년 평가는 2014년에 실시된 34개 회원국가에 대한 규제지표서베이 결과와 2017년 실시된 38개 회원국가에 대한 규제지표서베이 결과를 토대로 하였다(OECD, 2018). 그러므로 박근혜 정부의 규제개혁 결과가 상당부분 반영된 것으로 볼 수 있다.

37 2021년 평가는 2014년 34개 회원국가 서베이, 2017년 38개 회원국가 서베이, 2021년 회원국가 서베이 결과를 토대로 하였다(OECD, 2021: 296).

6) 반부패혁신

(1) 반부패혁신 추진경과

문재인 정부의 반부패혁신은 100대 국정과제의 하나인 “국정과제 #2: 반부패혁신으로 청렴한국실현” 과제로 추진되었다. 이 과제의 주요내용은 부패방지시스템 구축, 공익신고자 보호, 중대 부패범죄처벌 강화, 민관협력형 부패방제체계 확립, 시민공익위원회 설치 등으로 구성되었다. 2016년 52위인 국제투명성기구의 부패인식지수(CPI)에서 20위권으로 도약하겠다는 목표를 세웠다.

문재인 정부 출범 초 반부패혁신의 추진주체는 이명박 정부에서 통합된 국민권익위원회이다. 2017년 9월 대통령 주재 ‘공정사회 반부패정책협의회’(의장: 대통령, 간사: 권익위원장)를 구축하여 채용비리 · 생활적폐 등 주요 반부패 현안에 대한 범정부 차원의 대응체계를 제도화하였다. 협의회는 2021년 9월까지 총 7회에 걸쳐 개최되었다.

2018년 4월에는 각 부처와 국민 의견수렴 등을 거쳐 관계기관 합동의 ‘5개년 반부패 종합계획’이 발표되었는데,[38] 이 계획은 ‘함께 하는 청렴’, ‘깨끗한 공직사회’, ‘투명한 경영환경’, ‘실천하는 청렴’이라는 4대 전략 아래 ‘채용비리 관리강화’, ‘부패사범 적발 · 처벌 강화’ 등 50개 반부패 과제로 구성되었다.

(2) 반부패혁신 추진의 주요내용

문재인 정부에서 추진한 반부패정책 관련 주요 법령 제 · 개정 내용 및 추진실적은 다음과 같다.[39]

① 「공직자의 이해충돌방지법」 제정

LH 사태를 계기로 공직자들의 지위 · 권한을 이용한 사익추구 행위를 근원적으로 예방할 수 있는 「공직자의 이해충돌방지법」이 2021년 5월 18일 제정 · 공포되었고, 2022년 5월 19일 시행될 예정이다. 이 법안은 2013년 국회에 처음 제출되었는데 8년 동안 법령제정을 위한 다양한 노력을 통해 국회를 통과(2021.4.29)하였다. 이 법의 적용대상은 중앙부처, 지자체(지방의회), 공직유관단체 등 약 14,500개 기관 200만 명의 공직자이다. 특히 법 제정을 통해 국회의원 등 고위직과 공직자 행동강령

---

38 관계기관합동, 2018.4, 5개년 반부패종합계획.

39 이하 국민권익위원회 내부자료.

미적용 대상자가 적용대상에 포함된다. 이 법의 제정으로 가족채용, 퇴직공직자 전관예우 등 연고에 따른 사익추구 관행에 대한 실효적 통제가 가능하게 되었다.

② 공익신고자 보호 확대

「공익신고자보호법」을 개정하여 공익신고를 활성화하고, 공익신고자를 두텁게 보호할 수 있도록 공익 침해행위대상 법률을 추가(공익신고 대상법률 수 279개→467개, 2020년 11월)하고, 비실명 대리신고 제도를 도입(2018년 10월)하는 등 공익신고자의 보호와 보상을 강화하도록 하였다. 「공익신고자보호법」이 제정된 2011년 9월 30일 이후 공익신고 접수건수는 2013년 49만 3천건에서 2017년에는 168만 3천건으로 증가하였으며, 2020년에는 331만 8천건으로 크게 증가하였다. 2020년에는 처리된 320만 9천건 가운데 65.2%인 205만건이 행정처분을 받았다.

③ 중대 부패범죄에 대한 처벌강화 및 국민 권익 보호

구속기준 중 뇌물범죄 구속 사유를 추가하는 등 5대 중대 부패범죄(뇌물, 알선수재, 알선수뢰, 배임, 횡령) 관련 '검찰 사건처리기준'을 개정(2018년 6월)하여, 5대 중대 부패범죄에 대한 처벌을 강화하도록 하였다.

④ 시민과 정부가 함께하는 민관협력형 부패방지체계 확립

청렴사회민관협의회 출범(2018년 3월) 이후, 다양한 반부패정책을 심의·의결하고 이를 정책으로 반영하였다.[40] 협의회 출범 이후 공익법인 등 외부감사인 지정제 도입방안, 특수활동비 편성 및 집행관리 개선방안, 법조계 전관예우 근절방안, 지방의회의원 겸직 정보 투명성 강화 제안, 「공직자의 이해충돌방지법」 제정 촉구 등 18건의 정책을 제안하였다.

(3) 반부패혁신의 성과

문재인 정부시기의 국제투명성기구의 부패인식지수 변동추이가 [그림 7-23]에 제시되었다. 부패인식지수는 2017년 5.4에서 2021년 6.2로 매년 지속적으로 상승하였다.

<표 7-40>에 제시된 대상국가 내 순위에서는 2017년도 180개 국가 가운데 51위에서 2021년에는 180개 국가 가운데 32위로 상승하였고 OECD 회원국가 내에

40 청렴사회민관협의회는 공공(국민권익위 등)분야와 시민사회(경실련, 한국투명성기구 등)·경제계(대한상의, 경총 등)·직능(대한변호사협회, 한국감사협회 등)·언론(한국방송협회, 한국신문협회 등)·학계(한국부패학회, 한국행정연구원 등)를 포함한 총 37개 기관·단체의 대표들이 참여하여 주요 반부패 과제를 선정하고 발전방향을 제시하는 민·관 협의기구이다.

서도 2017년 35개 국가 중 29위에서 2020년 38개 국가 중 22위로 상승하였다.

그림 7-23 문재인 정부 시기 부패인식지수(CPI) 및 순위 변동추이

단위: 점(10점 만점)

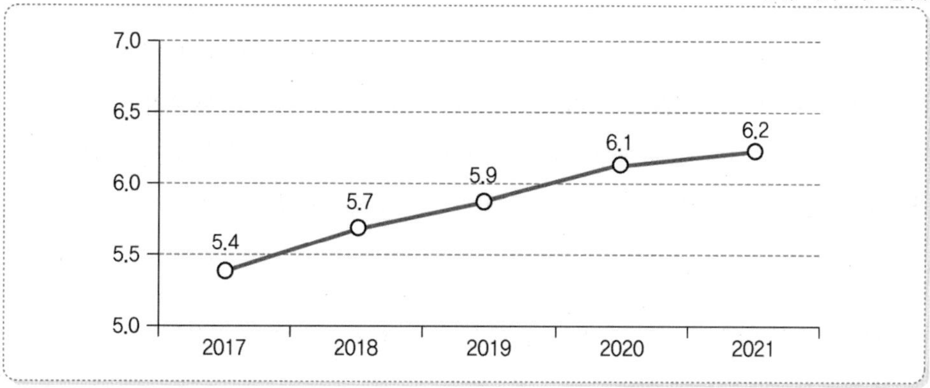

※ 100점 만점 발표를 10점 만점으로 환산.
출처: 국제투명성 기구.

표 7-40 문재인 정부 시기 부패인식지수 및 순위 변동추이

단위: 점(100점 만점), 순위

연도		2017	2018	2019	2020	2021
점수		54	57	59	61	62
순위	전체 순위/대상국가수	51/180	45/180	39/180	33/180	32/180
	OECD 순위/회원국가수	29/35	30/36	27/36	23/37	22/38

출처: 국제투명성 기구.

요약하면 문재인 정부는 집권 직후 대통령 주재 '공정사회 반부패정책협의회'를 구축하여 범정부 차원의 대응체계를 제도화하고, 부패인식지수(CPI) 순위를 2016년 52위에서 임기말 20위권으로 도약하겠다는 목표를 설정하였다. 「공직자의 이해충돌방지법」 제정, 공익신고자 보호 확대, 5대 중대 부패범죄 처벌 강화 등 반부패정책 추진을 강화하였다. 그 결과 부패인식지수는 2017년 5.4에서 2021년 6.2로 상승하였고, 국가간 비교순위에서 32위로 상승하여 최초 목표인 20위권에는 도달하지 못하였지만 역대정부를 통틀어 가장 높은 성과를 거두었다.

7) 공공기관혁신

(1) 공공기관 혁신 추진경과

문재인 정부의 공공기관 혁신은 100대 국정과제의 하나인 "국정과제 #12: 사회적 가치 실현을 선도하는 공공기관" 과제로 추진되었다. 이 과제의 주요내용은 공공기관의 사회적 가치실현, 열린 공공기관·찾아가는 서비스, 공공기관 보수체계 개선, 공공기관 지배구조 개선으로 구성되었다. 공공기관 혁신의 추진주체는 기획재정부이며, 지방공공기관의 혁신은 행정안전부가 담당하였다.

(2) 공공기관 혁신의 주요내용

문재인 정부에서 추진한 공공기관 혁신의 주요 추진실적은 다음과 같다.

① 공공기관의 일자리 창출

공공기관의 사회적 가치실현 범주에는 양질의 일자리 창출, 공무직 처우개선, 공정채용, 안전관리 강화 등의 세부과제가 포함되었다. 여기에서는 일자리 창출에 관하여 살펴보겠다. 공공기관의 일자리 창출에서는 코로나19 대응, 한국판 뉴딜 추진, 안전관리 강화, 고용·복지 사각지대 해소 등 필수분야를 중심으로 인력증원을 증원하였다. <표 7-41>에서 보듯이 공공기관 정원은 2016년 328,479명에서 2021년 4분기 기준 442,776명으로 총 11만 4천명, 34.80% 증가하였다. 유형별로 살펴보면 기타공공기관, 준정부기관, 공기업의 순서로 증가 폭이 큰 것으로 나타났다.

표 7-41 문재인 정부 시기 공공기관 정원 증원(2016-2021)

	2016년	2017년	2018년	2019년	2020년	2021년	증가율(2016-2021)
전체	328,479	345,923	383,373	420,336	435,734	442,776	114,297(34.80%)
공기업	126,972	132,715	139,988	147,046	150,080	150,794	23,822(18.76%)
시장형	59,888	62,123	64,152	65,804	66,785	66,993	7,105(11.86%)
준시장형	67,084	70,592	75,836	81,242	83,295	83,801	16,717(24.92%)
준정부기관	93,783	100,786	114,326	121,039	123,988	126,981	33,198(35.40%)
기금관리형	22,524	24,497	28,288	29,367	29,795	30,675	8,151(36.19%)
위탁집행형	71,295	76,289	86,038	91,672	94,193	96,306	25,001(35.08%)
기타공공기관	107,742	112,423	129,058	152,252	161,667	165,001	57,259(53.14%)

※ 공공기관의 임원, 정규직의 정원.
출처: 공공기관 경영정보공개시스템(www.alio.go.kr), 2022년 12월 11일 접근.

문재인 정부의 공공기관을 통한 일자리 창출 정책은 이명박 정부가 공공기관 선진화계획에 따라 추진한 민명화와 지분매각, 통폐합, 기능조정 추진, 그리고 박근혜 정부가 추진한 방만경영개선 및 공공기관 기능조정과는 방향성이 크게 다르다.

② 공공기관 평가지표에 사회적 가치 반영

2017년 12월에 공공기관 평가에서 사회적 가치, 경영혁신 등 공공성을 대폭 강화하는 방향으로 공공기관 경영평가 제도를 개선하였다. 경영관리 범주에 '사회적 가치 구현' 평가지표(일자리 창출, 균등한 기회와 사회통합, 안전 및 환경, 상생·협력 및 지역발전, 윤리경영)를 신설하고 그 배점을 2017년 11점, 2018년 22점, 2019년 이후 24점으로 확대하여 사회적 가치 평가를 강화하였다.

③ 직무급제 보수체계 도입

문재인 정부는 공공기관에 직무급제 도입을 추진하였다.[41] 정부는 새만금공사 등 신설 공공기관·자회사에 직무급 도입을 의무화하고, 기존 기관은 2019년 2월 이후 내부 공감대가 형성되어 있는 기관부터 우선 협의를 진행하였다. 노동계는 직무급 도입에 부정적이었으나, 경제사회노동위원회 논의를 거쳐 직무중심 보수체계의 단계적 도입에 공감대를 형성하고 3대 추진원칙, 즉 기관특성 반영, 노사합의·자율, 단계적 도입에 동의하였다. 이에 공공기관의 직무급 도입을 촉진하고 기관특성 및 노사합의를 고려하여 추진할 수 있도록 공공기관 경영평가지표에 직무급 도입 준비와 도입수준 평가(2점)를 반영하였다. 이같이 이명박 정부와 박근혜 정부가 성과연봉제 확대를 추진한 데 비하여 문재인 정부는 직무급 도입의 기초를 마련하였다.

④ 공공기관 혁신 포털 확대 개편

열린 공공기관·찾아가는 서비스에는 공공기관 보유시설 개발, 공공기관혁신 포탈 개편, 경영공시 확대, 혁신·협업 지원이 포함된다. 공공기관 혁신 포털인 알리오플러스(http://www.alioplus.go.kr)를 확대 개편하고, 공공기관 채용정보시스템인 잡알리오앱(https://job.alio.go.kr)을 개발하여 국민들이 공공기관의 사업, 채용정보 등을 쉽고 빠르게 찾도록 시스템을 전면 개편(2021.11월)하였다. 이를 토대로 공공기관 보유 시설 정보 및 경영공시 항목을 추가하여 국민의 알 권리를 제고하였다.

41 직무급제는 업무 성격과 난이도, 직무 책임성 등에 비례해 급여를 결정하는 임금체계이며, 연공서열식 호봉제 및 성과에 따라 임금을 차등하는 성과연봉제와 구분된다.

⑤ 공공기관 지배구조 개선

공공기관 이사회에 노동이사제를 도입하기 위한 공공기관운영에 관한 법(공운법) 개정안의 입법 논의가 이루어졌고, 경제사회노동위원회 공공기관위원회를 통한 사회적 합의 도출을 시도하였다. 공운법 개정 이전에 근로자의 경영참여 취지 반영이 가능한 '근로자대표 이사회 참관제'를 노사협의 자율 원칙하에 우선 추진하였다. 이사회 참관제 도입 기관은 2018년 9개 기관에서 2021년 9월 118개 기관으로 증가하였다. 한편 감사의 전문성 및 독립성 강화를 위하여 공운법 및 시행령 개정(2021.1월)을 통해 감사 자격요건을 변호사·회계사, 3년 이상의 감사업무 경력자로 강화하여 적격자를 선임할 수 있도록 하였다.

5. 문재인 정부 정부혁신의 평가

1) 문재인 정부 정부혁신의 특징

문재인 정부는 대통령 궐위에 따른 2017년 5월 9일 대통령 선거에서 문재인 후보가 당선되어 2017년 5월 10일 출범하였다. 통상의 준비·전환의 기간 없이 긴급하게 출범한 문재인 정부는 이전 정부의 국정 공백을 신속하게 해소하고 대·내외의 복잡한 여건에 효과적으로 대응하기 위해 새 정부의 국정운영 기틀을 한시 바삐 가다듬어야 했다.

문재인 정부 출범 이후 2018년 3월 정부혁신종합계획이 발표되었는데, 그 이전에 확정된 100대 국정과제에 분야별 정부혁신 계획이 포함되었고 이를 담당할 부처가 배정되었다. 국정과제 평가는 특정평가의 핵심 영역으로 국무조정실과 정부업무평가위원회에서 담당하였으므로, 분야별 정부혁신 추진의 동력을 국정과제 평가에서 확보하는 형태로 정부혁신이 추진되었다. 또한 각 부처의 정부혁신 추진실적과 규제개혁 추진실적 평가는 국무조정실과 정부업무평가위원회의 특정평가에서 각각 10%의 배점이 부여되어 각 부처에 대한 정부업무평가 과정에서 그 집행상황을 확실하게 점검하고 효과를 평가할 수 있도록 설계되었다.

2) 정부혁신의 성과

(1) 단기적 성과

문재인 정부의 정부조직 개편은 필요한 최소한에 그쳤다. 문재인 정부의 공공일

표 7-42 문재인 정부 시기 행정부 소속 공무원 정원변화

연도	2016	2017	2018	2019	2020	2021	변동(16–21)
공무원수	1,003,646	1,022,815	1,048,214	1,079,516	1,106,552	1,131,643	127,997(11.86%)

출처: 행정안전통계연보, 각 년도.

자리 확충계획에 따라 현장 민생공무원 일자리를 증원하여 국가직의 경찰, 군부사관, 교원, 생활안전 요원 10만명, 지방직의 소방, 사회복지, 생활안전 등의 분야에서 7만 4천명 등 17만 4천명이 증가하였다.[42] <표 7−42>에 제시된 행정안전부의 행정부 소속 공무원 정원변화 자료에 따르면 2021년 공무원정원은 2016년 대비 127,997명, 11.86%가 증가하여, 이명박 정부시기에 1.37% 증가, 박근혜 정부시기에 3.38% 증가와 대조된다. 앞의 <표 7−41>에 제시된 공공기관 정원 11만 4천명 증원과 합산하면 공공부문에서 행정부 소속 공무원과 공공기관 정원은 24만 2천명이 증가한 것이다.

디지털 정부혁신 분야에서는 2020년 UN '전자정부발전지수' 2위, '온라인참여지수' 1위, 2020년 OECD 디지털 정부평가 종합 1위, 공공데이터 평가지수 종합 1위(2019.11)라는 가시적 성과를 거두었다. 반부패혁신의 성과로는 국제투명성기구의 부패인식지수에서 2021년 6.2로 상승하였고, 180개 국가 가운데 32위, OECD 회원국가 내에서는 38개 국가 중 22위로 상승하였다.

(2) 중 · 장기적 성과

반부패분야에서 「공직자의 이해충돌방지법」 제정, 인사혁신 분야에서 적극행정 추진, 재정혁신 분야에서 20년 만의 예비타당성조사제도 개편, 규제혁신 분야의 규제샌드박스제도가 중장기적으로 안착할 수 있을지 지켜보아야 할 것이다.

42 기획재정부 내부자료.

정부혁신의 비교고찰

Historical Comparison of Administrative Reforms

이 장에서는 앞장에서 살펴본 역대정부의 정부혁신에 관한 내용을 토대로 정부혁신의 주도적 패러다임과 목표, 정부혁신의 추진체계의 특징을 비교한 다음, 분야별 정부혁신을 정부조직개편, 인사혁신, 재정혁신, 전자정부혁신, 규제혁신, 반부패혁신, 공공기관혁신으로 구분하여 비교하겠다. 마지막으로 역대정부 정부혁신의 중장기적 성과를 살펴보겠다.

Ⅰ. 역대정부 정부혁신의 주도적 패러다임과 목표

1. 정부혁신의 주도적 패러다임과 목표 비교

<표 8-1>에 역대정부 정부혁신의 주도적 패러다임과 목표가 요약되었다.

1) 김영삼 정부

1993년 출범한 김영삼 정부는 WTO체제의 출범과 OECD가입에 따른 무한 경쟁시대가 도래하는 등 대외적 개혁과 개방 압력, 관료조직의 관행과 제도에 대한 혁신적인 변화를 위해 당시 세계적으로 확산되고 있었던 '신공공관리'를 핵심적 개혁이념으로 채택하였다.

김영삼 정부는 '작고 효율적인 정부' 구현을 목표로 삼았다. 김영삼 정부는 1990년대 세계적으로 확산되고 있었던 신공공관리(new public management)의 영향으로 과거 경제성장 시대에 비대화된 정부 조직의 축소, 효율성과 생산성 향상을 추구

표 8-1 역대정부 정부혁신의 주도적 패러다임과 목표

구분	패러다임	정부혁신의 목표	
김영삼 정부	신공공관리 관점	작은 정부	효율적인 정부
김대중 정부	신공공관리와 뉴거버넌스 혼합형	작은 정부 봉사하는 정부	효율적인 정부
노무현 정부	뉴거버넌스와 신공공관리 혼합형	효율적 정부 투명한 정부 함께 하는 정부	봉사하는 정부 분권화된 정부
이명박 정부	신공공관리 관점	유능한 정부 국민을 섬기는 정부	작은 정부 실용정부
박근혜 정부	신공공관리와 전통적 관점 혼합형	유능한 정부 서비스 정부	투명한 정부
문재인 정부	사회적 가치 거버넌스	사회적 가치 중심의 정부 신뢰받는 정부	참여와 협력

하였다.

2) 김대중 정부

IMF 경제위기 극복을 위하여 신공공관리 패러다임에 기반을 둔 본격적 정부혁신을 추진하였다. 그러나 집권 후반기에는 노사정위원회 활성화, 시민단체 지원 등 신거버넌스 관점의 협력적 거버넌스도 추구하였으므로 김대중 정부의 혁신은 신공공관리와 뉴거버넌스의 혼합형 패러다임 하에서 추진되었다.

김대중 정부가 제시한 공공부문 개혁의 목표는 '작지만 국민에게 봉사하는 효율적인 정부'이다. 여기에는 작은 정부, 효율적인 정부, 봉사하는 정부라는 공공개혁의 핵심적인 목표가 모두 포함되어 있다.

3) 노무현 정부

노무현 정부는 김영삼 정부에 이어 김대중 정부가 지속적으로 추진해 왔던 신공공관리 개혁의 속도를 조절하고, 뉴거버넌스 관점에서 개혁하고자 노력하였다. 노무현 정부는 '정부-시민관계'와 '지방-중앙관계'의 근본적인 변화를 추구하는 새로운 형태의 뉴거버넌스 관점에서 국정운영 시스템의 개혁을 추구하였다.

노무현 정부가 추구한 정부혁신의 5대 목표는 효율적 정부, 봉사하는 정부, 투명한 정부, 분권화된 정부, 함께 하는 정부이다. 김영삼 정부와 김대중 정부가 추구한 작은 정부를 포기하고 일 잘하는 정부, 적정규모의 정부를 추구하였다.

4) 이명박 정부

이명박 정부는 시장과 지방정부의 활력을 키우고 중앙정부의 간섭과 개입을 최소화하고 국가 재정을 알뜰하게 운영하는 '작은 정부'를 혁신기조로 제시하였다. 일 잘하는 적정규모의 정부를 주장한 노무현 정부와는 달리 작은 정부와 기업가적 정부를 지향하면서 정부 구성과 운영에서의 효율성을 극대화하는 신공공관리론(NPM)의 기조로 되돌아갔다. 이명박 정부가 구현하고자 하는 정부는 국민을 섬기는 실용정부로, 구체적인 정부혁신의 목표를 유능한 정부, 작은 정부, 국민을 섬기는 정부, 실용정부로 규정하였다.

5) 박근혜 정부

박근혜 정부는 민간방식의 도입을 통해 정부 관리역량의 향상을 도모하는 시장지향형 개혁을 추구함과 동시에 정부조직의 효율성과 생산성 향상을 위하여 전통적인 조직구조 개혁 전략이 동시에 수반되어야 한다고 인식하여, 신공공관리와 전통적 관점의 혼합형 패러다임을 추구하였다.

박근혜 정부는 정부혁신의 대표적인 브랜드인 정부3.0을 추진하여 달성하고자 한 목표를 유능한 정부, 투명한 정부, 서비스 정부로 규정하였다.

6) 문재인 정부

문재인 정부는 이명박 정부와 박근혜 정부가 정부혁신의 패러다임으로 여긴 작은 정부와 시장 중심의 신공공관리 패러다임을 포기하고 사회적 가치 실현을 최우선 가치로 선언하여 사회적 가치 거버넌스를 정부혁신의 주도이념으로 설정하였다.

문재인 정부의 정부혁신에서 최상위 비전은 '국민이 주인인 정부' 실현이며, 목표는 '참여와 신뢰를 통한 공공성 회복'으로 설정되었다. 3대 전략 또는 하위목표로는 사회적 가치 중심 정부, 참여와 협력, 신뢰받는 정부를 설정하였다.

7) 역대정부의 혁신 패러다임 및 목표 비교와 시사점

(1) 정부혁신 패러다임 비교

김영삼 정부가 당시 세계적으로 확산되고 있었던 '신공공관리'를 핵심적 개혁이념으로 채택한 이후, 신공공관리 관점은 박근혜 정부에 이르기까지 주도적 또는 부차적인 패러다임의 위치를 차지하였다. 김대중 정부에서 뉴거버넌스 관점을 일부 혼합하였으나, IMF 경제위기에서 탈출하기 위한 정부와 공공부문 구조조정 과정에서 신공공관리론이 주장하는 자율 · 경쟁 · 성과 원리를 가장 강력하게 적용하였다. 노무현 정부는 뉴거버넌스 관점을 도입하여 개혁과정에 전문가와 시민사회의 참여를 대폭 확대하였으나, 국정운영에서 신공공관리 관점의 경쟁과 성과원리를 보완적으로 활용하였다.

이명박 정부는 작은 정부와 기업가적인 정부를 지향하면서 신공공관리론의 기조로 되돌아 갔다. 박근혜 정부는 민간방식의 도입을 통하여 정부관리역량을 도모하는 시장지향적 개혁을 추구함과 동시에 전통적인 조직구조를 중시하는 혼합형 패러다임을 추구하였다. 대통령을 포함한 핵심 측근인사들의 권위주의 시대의 국정운영 경험이 반영된 것으로 보인다.

문재인 정부는 신공공관리 관점에서 완전하게 벗어나, 사회적 가치 실현을 최우선으로 하는 사회적 가치 거버넌스를 정부혁신의 주도이념으로 설정하였다. 무엇이 사회적 가치 또는 공공가치를 구성하는지에 대한 합의된 개념 정의는 없지만 사회적 가치 거버넌스에서 강조하는 정부혁신의 방식은 정부와 다양한 이해관계자가 참여하는 네트워크 거버넌스 구조를 형성하고, 필요한 공공서비스를 정부와 민간부문이 결합된 다양한 조합의 수단을 활용하여 제공한다는 것이다. 여기에서 강조점은 국민들이 필요로 하는 서비스를 제공하겠다는 것이다.

(2) 정부혁신의 목표 비교

역대정부에서는 2−5개의 정부혁신의 목표를 제시하였다. 김영삼 정부는 작은 정부와 효율적인 정부라는 2개의 목표를 제시한 반면, 노무현 정부는 효율적 정부, 봉사하는 정부, 투명한 정부, 분권화된 정부, 함께 하는 정부라는 5개 목표를 제시하였다.

민주화 이후 여섯 정부가 제시한 목표 가운데 가장 공통적인 목표는 '효율적인 정부', 또는 '유능한 정부'이다. 국정운영의 맥락에서 '효율적인 정부'와 '유능한 정부'는 동의어라고 볼 수 있다. 이는 국민의 세금으로 운영되는 정부가 최소의 비용으로 정부가 해야할 일을 해야 한다는 당위성을 표현한 것으로 볼 수 있다.

'작은 정부'를 명시적으로 정부혁신 또는 국정운영의 목표로 제시했는지가 역대정부의 특징을 가장 명확하게 나타낼 수 있는 지표이다. 김영삼 정부, 김대중 정부, 이명박 정부는 '작은 정부'를 명시적으로 표기하였으며, 노무현 정부, 박근혜 정부, 그리고 문재인 정부는 이를 내세우지 않았다는 점에서 차별화된다. 국정운영의 목표로서 '작은 정부' 추구 결과에 관하여는 역대정부의 정부규모 변동에서 따로 살펴보기로 하겠다.

(3) 공식적 목표와 실질적 목표의 일치 여부 확인

<표 8-1>에 제시된 목표는 역대정부에서 공식적으로 제시한 정부혁신 또는 국정운영의 목표이다. 그러나 이는 국정운영과정에서 이러한 목표를 실제로 추구하면서 달성하고자 했는지와는 다를 수 있다. 실질적 목표는 국정운영과정에 투입되는 자원 분배의 우선순위, 산출, 실제 과제 추진에서 추정할 수 있다(오석홍, 2003: 117). 그러므로 역대정부의 국정운영과정에서 공식적 목표와 실질적 목표가 일치하였는지, 공식적 목표를 어느 정도 달성하였는지 확인할 필요가 있다. 예를 들어, 박근혜 정부는 투명한 정부를 정부3.0의 3대 목표로 설정하였고, 정보의 개방·공유를 강조하였지만 2015년 5월 국내에 메르스(중동호흡기증후군) 감염자가 발생하였을 때 발생지역과 감염자가 방문한 병원정보를 투명하게 공개하지 않았기 때문에 감염 피해가 확산되었다고 비판받았다.

2. 역대정부에서의 정부규모 변동과 시사점

1) 작은 정부 대 일하는 정부 논쟁

이상에서 살펴본 바와 같이 역대정부가 추구한 정부혁신 패러다임과 정부혁신의 목표에 상당한 변동이 있었다. 특히 역대정부에서 공식적으로 작은 정부를 추구하였는지 아니면 일하는 적정 정부를 추구하였는지 뚜렷한 차이를 확인할 수 있었다. 역대정부에서 공식적인 목표를 실제로 실현하였는지 여부를 행정부 소속 공무원수의 증감으로 확인해 보기로 한다. 김영삼 정부 출범 직전인 1992년도 행정부 소속 공무원 총수는 871,410명이었는데 2021년 12월 말 행정부 소속 공무원 총수는 1,131,643명으로 지난 19년 동안 260,233명, 29.86% 증가하였다. 이를 역대

대통령 집권시기별로 구분하여 살펴보겠다.[1]

[그림 8−1]에 제시된 바와 같이 행정부 소속 공무원 수의 증가가 많은 순서로 살펴보면 문재인 정부시기에 12.75% 증가, 노무현 정부시기에 9.42% 증가하였다. 그러므로 노무현 정부와 문재인 정부는 작은 정부에 집착하지 않고 일하는 정부를 추구하는 과정에서 공무원 수가 상당히 증가한 것을 확인할 수 있다. 이와 대조적으로 김대중 정부에서는 행정부 소속 공무원 수가 −5.23%로 감소하였다. 김대중 정부는 IMF 위기를 탈출하는 과정에서 가장 혹독한 구조조정을 통하여 공무원 수를 감축하였다. 한편 행정부 소속 공무원 수는 이명박 정부시기에 1.37%, 박근혜 정부시기에 3.38%, 김영삼 정부시기에 5.48% 증가하였다. 이같이 김대중 정부, 이명박 정부, 그리고 박근혜 정부는 실제로 작은 정부를 추구한 것으로 볼 수 있다. 그러나 김영삼 정부 시기에는 경제부처 통폐합 등을 통하여 작은 정부를 지향한다는 점을 상징적으로 보여 주었을 뿐 실제로는 공무원 수가 5.48%나 증가하여 결과적으로 작은 정부를 추구하였다고 보기는 어렵다.

그림 8-1 역대정부에서의 행정부 소속 공무원수 증가율

(단위: %)

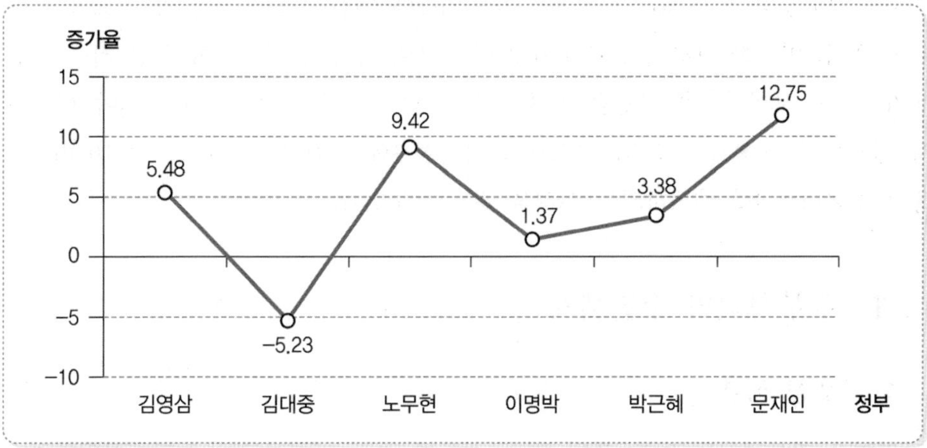

1 김영삼 정부의 경우 1992년(871,410명)부터 1997년(919,154명)까지, 김대중 정부는 1997년부터 2002년(871,066명)까지, 노무현 정부는 2002년부터 2007년(953,050명)까지, 이명박 정부는 2007년부터 2012년(966,125명)까지, 박근혜 정부는 2012년부터 2016년(1,003,646명)까지, 문재인 정부는 2016년부터 2021년(1,131,643명)까지 증가율이다. ( )안은 행정부소속 공무원수(국가공무원과 지방공무원 포함). 출처: 2005행정자치통계연보, 2014안전행정통계연도, 2022행정안전통계연보.

2) 작은 정부 논쟁과 차기 정부에 대한 시사점

[그림 8-1]에서 보듯이 행정부 소속 공무원 규모는 하나의 사이클을 그리며 변동하였다. 김대중 정부가 IMF 위기에서 탈출하는 과정에서 5.23% 감축한 행정부 소속 공무원 수는 후임 노무현 정부에서 9.42% 증가하여 원래 상태로 회복되었다. IMF 경제위기를 성공적으로 탈출하고 국민경제가 정상궤도에 접어든 이후 증가하는 사회복지 수요를 충족하기 위하여 노무현 정부가 공무원 수를 상당히 증원한 것이다. 또한 문재인 정부에서 공무원 정원이 대폭 증가한 것은 문재인 정부가 지향한 공공부문을 통한 사회적 가치실현이라는 관점을 반영한 것이기도 하지만, 다른 한편으로는 이명박 정부와 박근혜 정부에서 작은 정부를 지향하며 억제하여 왔던 행정수요가 반영된 것이라고 볼 수 있다.

그렇다면 차기 정부에서는 공무원 정원을 어떻게 관리해야 할 것인가? 이 질문에 대한 답변은 쉽지 않을 것이다. 역대정부에서의 공무원 증가의 사이클이라는 관점에서 본다면 차기 정부에서는 증가율을 억제하여야 할 것이다. 그러나 한국 정부가 코로나19 팬데믹에 대처하는 과정에서 드러났듯이 공공의료 및 보건 부문, 인구구조의 급격한 고령화 과정에서 노인계층에 대한 사회적 돌봄의 수요가 폭증하고 있다. 이러한 상황에서 1980년대 이후 작은 정부를 지향하여 왔던 서구 선진국가에서도 사회적 취약계층을 보호하기 위하여 정부 역할이 확대되어야 한다는 데 공감대가 형성되고 있다. 그러므로 차기정부에서 작은 정부라는 수사(rethoric) 또는 신화(myth)를 채택하기는 어려울 것으로 보인다.

Ⅱ. 정부혁신의 추진체계

1. 김영삼 정부

김영삼 정부에서는 정부 출범 직후 대통령 직속 자문기구인 행정쇄신위원회가 구성(1993.4.20)되어 임기 말까지 정부혁신의 추진체계로서 상시개혁을 추진하였다. 행정쇄신위원회는 학계, 정부산하 연구기관, 민간기업, 노동계, 언론계, 사회단체 등 각계에서 위촉한 민간위원으로 구성(위원장: 박동서 교수)하였고, 행정쇄신위원회를 실무적으로 보좌하기 위하여 국무총리 소속으로 고위공무원과 민간위원이 참여하는 행정쇄신실무위원회가 설치되었다. 행정쇄신위원회는 정부혁신의 추진주체로서 대통령 직속 자문기구를 구성하고 이를 정부혁신을 총제적으로 추진하기 위한 상시기구로 활용한 첫 번째 사례이다. 이는 김영삼 정부 이후 김대중 정부와 노무현 정부에서 다양한 대통령위원회가 설치되어, 정부혁신 관련 업무를 추진하는 계기가 되었다.

2. 김대중 정부

김대중 정부에서는 공공개혁의 추진조직이 처음부터 정부부처의 정규조직으로 자리 잡았다. 예산과 연계하여 공공개혁을 총괄하는 기획예산위원회(기획예산처로 개편) 정부개혁실의 행정개혁단, 재정개혁단, 공공관리단이 각각 행정·재정·공기업 등 공공부문의 개혁을 담당하였다. IMF 경제위기를 겪은 직후이므로 정부개혁의 추진을 총무처를 계승한 행정자치부가 아니라 이례적으로 경제부처에 해당하는 기획예산위원회가 담당하도록 하였다. 그 밖에도 행정자치부(지방자치단체 관리), 국무조정실(규제개혁과 정책평가), 중앙인사위원회(공무원 인사관리) 등이 개혁과정을 주도적으로 이끌었다.

과거 정부는 김영삼 정부의 행정쇄신위원회와 같이 1－2개의 정부개혁 자문기구를 운영하였으나, 김대중 정부에서는 개혁대상 분야별로 정부혁신추진위원회, 규제개혁위원회, 지방이양추진위원회 등으로 다양화·전문화하였다. 각종 개혁과정에 시민단체가 참여하고, 정부기능 경영진단에 경영컨설팅 회사 등 국내외 민간기업들이 참여한 결과, 조직개편이 공개적인 작업과정을 거침으로서 민주적인 개혁절차를 갖추게 되었다.

3. 노무현 정부

노무현 정부의 정부혁신 추진체계는 정부혁신지방분권위원회, 청와대 혁신비서관실(후에 혁신수석실로 격상), 행정자치부 정부혁신본부, 각 중앙부처 혁신담당관, 지방자치단체의 혁신분권담당관 등이 정부혁신 관련 업무를 계층적으로 분담하였다. 이들 정부혁신 담당조직들이 유기적으로 연계되어 혁신업무를 분담하였고, 각종 실무협의회 등을 통해 혁신네트워크 구성하였는데, 정부혁신 민간전문가들과도 연계된 거대한 네트워크 구조를 형성하였다. 정부혁신 추진 주체들의 역할은 시기별로 달라지게 되었다.

4. 이명박 정부

이명박 정부에서는 김영삼, 김대중, 노무현 정부와는 달리 정부혁신을 추진하게 될 총괄조직이 명시적으로 규정되지 않았다. 그 대신 국무총리실, 행정안전부, 국세청, 감사원, 국민권익위원회 등 개별 정부부처별로 정부혁신의 추진을 담당하도록 하였다. 한편 대통령 소속 국가경쟁력강화위원회를 신설해 임기 말까지 규제개혁과 공공부문 경영혁신 분야에 자문하는 역할을 담당하였다.

5. 박근혜 정부

박근혜 정부에서는 이명박 정부와 마찬가지로 정부혁신 추진 총괄조직은 명시적으로 규정되지 않았다. 공무원연금개혁(인사처), 유사중복사업 통폐합 및 국고보조금 개혁(기재부), 공공기관 기능조정(기재부)과 같은 25개 핵심 개혁과제의 추진은 기본적으로 소관 부처가 책임지고 추진하고, 국무조정실이 추진상황을 종합 점검하며, 대통령 주재 핵심 개혁과제 점검회의, 국무총리 주재 국가정책조정회의, 총리·부총리 협의체 등 다양한 수준의 주요 국정협의체를 통하여 추진상황을 점검하였다. 규제개혁의 경우 규제개혁위원회와는 별도로 규제개혁장관회의를 운영하였고, 정부3.0의 경우 국무총리 소속 민간위원회인 정부3.0추진위원회가 주관하였다.

6. 문재인 정부

문재인 정부에서는 출범 초 정부혁신을 추진하게 될 총괄적인 추진체계를 명시하지는 않았다. 문재인 정부 출범 후 10개월이 지난 2018년 3월 정부혁신 관계 부처합동으로 정부혁신종합계획을 대통령 주재 '정부혁신전략회의'를 거쳐 발표하였고 정부혁신전략회의를 연 2회 개최할 계획을 세웠지만 실현되지는 못하였다. 실제 정부혁신의 추진주체는 혁신분야별 소관부처가 담당하였다. 정부혁신종합계획 발표 이전에 문재인 정부 출범 직후 확정된 100대 국정과제에 분야별 정부혁신 계획이 포함되었고 이를 담당할 부처가 이미 배정되었기 때문이다. 즉, 정부혁신 일반 및 전자정부개혁은 행정안전부, 인사혁신은 인사혁신처, 재정혁신 분야는 기획재정부, 규제혁신은 국무조정실, 반부패혁신은 국가권익위원회, 공공기관혁신은 기획재정부 등이다.

7. 정부혁신 추진체계 비교와 시사점

1) 역대정부 추진체계 비교

이상에서 살펴본 바와 같이 김영삼 정부, 김대중 정부, 그리고 노무현 정부에서는 행정개혁 또는 정부혁신을 총괄하는 대통령 소속의 민관합동위원회를 두었다. 대통령 소속의 정부혁신총괄위원회에 학자들과 민간전문가를 대거 포함시킨 이유는 학계 전문가들의 식견과 민간부문의 경험에서 나온 창의적 아이디어를 채택하여 국정운영에 활용하자는 취지이다. 관료 조직 내에서만 경력을 쌓아온 공무원들이 혁신적인 아이디어를 창출하는데는 한계가 있기 때문이다.

이러한 관점에서 노무현 정부는 역대정부 최대 규모의 민관합동위원회인 대통령 소속 정부혁신지방분권위원회를 구성하여 운영하였다. 정부혁신지방분권위원회에는 행정개혁, 인사개혁, 지방분권, 재정세제, 전자정부 분야에 각각 전문위원회가 설치되어 정부혁신 5대 로드맵을 수립하고 그 과제를 추진하였다. 또한 2004년 5월에는 혁신관리 기획 등에 관한 자문을 강화하기 위해 혁신관리전문위원회를 신설한 후 이를 행정자치부로 이관하고, 각 부처의 혁신관리 점검 및 컨설팅 기능을 담당하도록 하였다. 2004년 10월에는 기록관리 혁신의 체계적 추진을 위해 기록관리전문위원회가 설치되었다.

반면에 이명박 정부에서는 정부혁신 총괄조직을 두지 않았고 분권화된 추진체계를 채택하여, 소관 부처가 분야별로 정부혁신 추진을 담당하도록 하였다. 이명박 정부는 대통령직인수위원회에서 정부조직 개편안을 완성하였고, 공공기관 선진화 과제도 미리 선정하여 총괄조직의 필요성을 인식하지 못한 것으로 판단된다. 이명박 정부가 강조한 정부혁신 영역인 규제개혁과 공공기관 경영혁신 분야에서의 자문역할을 담당하는 대통령 소속 국가경쟁력강화위원회를 신설해 임기 말까지 운영하였다. 박근혜 정부에서도 정부혁신 총괄조직을 두지 않고 소관 부처가 책임지고 혁신을 추진하도록 하였다. 규제개혁의 경우 규제개혁위원회와는 별도로 규제개혁장관회의를 운영하였고, 정부3.0의 경우 국무총리 소속 민간위원회인 정부3.0 위원회가 주관하였다. 문재인 정부에서는 정부출범 이후 국정기획자문위원회가 선정한 100대 국정과제에 분야별 정부혁신 계획이 포함되었고 이를 담당할 부처가 이미 배정되었기 때문에, 별도의 정부혁신 총괄조직은 두지 않았다. 한편 분야별 정부혁신 추진의 추동력을 국정과제 평가에서 확보하는 형태로 정부혁신이 추진되었다.

2) 차기정부 추진체계 시사점

(1) 전문가와 시민사회 참여

정부혁신 과제 선정 및 추진과정에서 관련 전문가들과 시민사회가 참여할 수 있는 추진체계가 필요하다. 관료조직과 공무원들에게만 혁신을 맡길 경우, 새로운 아이디어와 실행방안을 설계하기 어렵기 때문이다. 4차 산업혁명이 가속화되는 급변하는 상황에서 관계 전문가는 물론 청년세대를 포함한 다양한 집단의 요구를 국정운영에 반영할 수 있는 참여구조가 필요하다. 그러므로 모든 분야의 혁신을 총괄하는 대규모 정부혁신 추진조직을 구성할 것인지, 분야별로 분권화된 체제에서 참여구조를 갖추어야 할지, 그리고 대통령 취임 이전에 참여시킬 것인지, 집권 기간 내내 참여구조를 유지할지 면밀한 검토가 필요하다.

(2) 추진단계에서 실행력 확보 방안

박근혜 정부에서 시작하여 문재인 정부에서도 정부업무평가제도를 활용한 정부혁신 추진의 동력 확보가 이루어졌다. 이같이 정책평가를 통하여 추동력을 확보할 경우에도 자체평가와 특정평가가 중복되는 등 해결해야 할 쟁점이 있으므로 보다 정교한 설계가 필요하다. 상세한 내용은 제4부 제10장을 참고하기 바란다.

Ⅲ. 역대정부의 분야별 정부혁신 비교분석

1. 정부조직 개편과 교훈

정부조직 개편은 정부혁신의 분야 가운데 파급효과가 가장 큰 분야이다. 정부조직 개편은 정부가 수행하는 기능의 기관간 재편성 및 배분을 중심으로 정부 부처의 분리, 신설, 폐지, 통합 등이 주된 내용이다. 그 밖에도 부처에 소속된 산하기관의 변경, 기관명칭의 변경, 특정 부처에서 수행하는 하위기능과 역할의 부처간 재편성 형태로 나타나기도 한다. 정부조직 개편은 부처가 수행하는 기능 및 역할과 그 수행방식의 변화는 물론 부처의 인력과 예산 등에 있어서도 조정과 재편이 이루어지므로, 범정부적으로는 물론 사회적으로도 매우 광범위한 파급효과를 미치게 된다. 정치적 관점에서 정부조직 개편은 집권세력을 중심으로 정치인들이 정치체제나 행정운영에 개혁과 변화를 구현할 수 있는 강력한 수단으로 활용하여 왔다. 행정적 합리성의 관점에서 본다면 정부조직 개편은 행정환경의 변화에 따라 국민이 정부에 기대하는 기능과 역할을 보다 합리적으로 수행하고 관리하고자 실시한다.

1) 김영삼 정부의 정부조직 개편

(1) 조직개편의 주요내용

정부조직 개편에 관한 김영삼 정부의 일차적인 목표는 '작고 효율적인 정부'의 구현에 있었으며, 4차례의 정부조직 개편이 이루어졌다.

제1차 정부조직 개편(1993.3.6)에서는 문화부와 체육청소년부를 통합하여 문화체육부로 개편하고, 상공부와 동력자원부를 통합하여 상공자원부를 신설하였다. 1차 조직개편으로 인해 2개의 부(部)가 폐지되었고, 공무원 정원은 139명이 감축되었다.

제2차 정부조직 개편(1994.12.23)에서는 경제기획원과 재무부를 재정경제원으로 통합하여 재정정책과 예산기능을 연계시키고자 하였다. 또한 건설부와 교통부를 건설교통부로 통합하였다. 제1차 개편 때 신설된 상공자원부를 통상산업부로, 체신부를 정보통신부로 개편하고, 환경처를 환경부로 승격시켰다. 부처 통폐합 이외에도 경제기획원 기획조정 및 심사평가기능을 국무총리를 보좌하는 행정조정실로 이관하고, 교통부의 관광기능을 문화체육부로 이관하는 부처간 기능조정, 그리고 공정거래위원회를 국무총리 소속으로 변경하였다.

제3차 정부조직 개편(1996.2.9)에서는 공업진흥청을 폐지하고 중소기업청을 신설하였다. 제4차 정부조직 개편(1996.8.8)에서는 해운항만청, 수산청, 수로국이 폐지되는 대신 해양수산부를 신설하였고, 농림수산부는 농림부로 명칭을 변경하였다. 경찰청 소속의 해양경찰청을 해양수산부 소속의 중앙행정기관으로 격상시켰다.

김영삼 정부의 제4차 조직개편 이후 정부기구는 2원(재정경제원, 통일원) 14부 5처 14청 1외국 1위원회(공정거래위원회)로 구성되었다.

(2) 조직개편의 특징

정부조직 개편의 주된 목표로 지속적인 경제성장과 국가경쟁력 강화를 설정한 점, 과감한 부처 통폐합으로 공직사회의 경쟁 분위기를 확산시킨 점은 신공공관리의 이상에 부합하는 조치로 볼 수 있다. 해방 이후 지속적으로 이루어진 정부조직의 확대와는 달리 '작은 정부의 구현'이라는 기치 아래 이루어진 최초의 정부조직 축소 개편이었다.

제1차와 제2차 개편은 핵심적인 경제부처에 대한 전면 개혁이며 해방 이후 변함없이 막강한 권력을 행사해 온 경제부처에 대한 대대적인 개편으로 충격적인 효과를 가져왔다. 경제관료들의 반발에도 불구하고 강력한 리더십을 통하여 개혁 작업이 이루어진 점은 높이 평가된다. 반면 안전기획부, 검찰, 경찰, 감사원, 내무부, 총무처, 병무청 등 실질적인 권력기관이나 국가보훈처, 공보처 등 일부 비효율적인 편제부처에 대한 개편은 실행하지 못하였다.

2) 김대중 정부의 정부조직 개편

(1) 정부조직 개편의 주요내용

김대중 정부에서는 3차에 걸쳐 정부조직 개편이 이루어졌다.

제1차 정부조직 개편(1998)에서 재정경제원은 기획예산위원회, 금융감독위원회, 재정경제부, 예산청으로 분할되었다. 여성특별위원회와 중소기업특별위원회를 신설하였다. 국무총리 행정조정실(차관급)을 국무조정실(장관급)로 격상시켰다. 외교부에 통상교섭본부를 설치하여, 산업자원부와 재정경제부의 관련 기능이 이관되었다. 통상산업부는 산업자원부로 개편되었고 과학기술처를 과학기술부로 개편하였다. 부총리제(경제, 통일), 정무장관(제1, 2), 민주평통사무처를 폐지하였다. 공보처를 폐지하는 대신 국무총리를 보좌하는 공보실을 신설하였다.

제2차 정부조직 개편(1999)에서는 대통령 직속 중앙인사위원회를 신설하고, 기획예산위원회와 예산청을 통합하여 국무총리 소속 기획예산처를 출범시켰으며, 제1차 개편에서 폐지된 공보처를 대신하여 국정홍보처를 신설하였다.

제3차 정부조직 개편(2001)에서는 부총리제를 부활하였는데, 재정경제부 장관은 경제부총리로, 교육부는 교육인적자원부로 명칭을 변경하고 교육부총리로 격상하였다. 한편 여성특별위원회가 여성부로 확대 개편되었다.

이같이 제3차 개편이 완료된 후 김대중 정부의 정부조직은 18부 4처 16청 1위원회(공정거래위원회)로 구성되었다.

(2) 조직개편의 특징

김대중 정부의 세 차례에 걸친 조직개편은 각각 그 목적과 방향은 물론 추진주체와 절차도 모두 상이하였다. 김대중 대통령은 제1차 정부조직 개편을 준비하기 위하여 대통령직인수위원회와는 별도로 정부조직개편심의위원회(정개위)를 구성하였다. 정개위는 학자, 정치인, 공직자, 언론인 등으로 구성하였으며 실행위원회를 두어 사전에 충분한 논의가 이루어지도록 하였다. 당시 개편원칙은 정부의 역할 축소, 시장의 역할 확대인데 이는 1997년의 경제위기를 개발시대의 과도한 국가개입주의가 초래한 결과라고 보았기 때문이다. 특히 재정경제원이 장관의 과도한 통솔범위로 인해 경제위기를 감지하지 못했다는 비난이 제기되면서 네 부처(재정경제부, 기획예산위원회, 예산청, 금융감독위원회)로 분할되었다. 또한 부총리(경제부총리, 통일부총리)를 폐지하여 상징적으로 정부 역할을 축소한다는 의미가 부여되었다. 그러나 제1차 개편 내용을 후속되는 제2차 개편과 제3차 개편에서 번복하는 상황이 발생하였다. 제2차 개편으로 기획예산위원회와 예산청을 통합한 기획예산처를 발족시켜 재정경제원을 해체한 의미가 약화되었다. 폐지된 공보처를 국정홍보처로 부활시켰으며, 민주평통사무처도 부활시켰다. 제3차 조직개편에서 부총리(경제부총리와 교육인적자원부총리)를 복원시켜 제1차 개편시 부총리를 폐지한 것이 잘못이라고 자인한 결과가 되었다. 제1차 조직개편은 정개위 구성에서부터 국회 통과까지 약 한 달 반이 소요되어, 기간이 짧았던만큼 이해당사자 중심의 비공개 절차로 진행되었다.

제2차 조직개편의 주체는 기획예산위원회와 행정자치부였다. 부처별 조직개편의 쟁점을 다루기 위한 조직으로 민간전문가들로 구성된 경영진단조정위원회가 구성되어 10개팀 130여 명의 컨설턴트가 참여하였다. 논의가 시작된 1998년 9월부터 8개월 이상의 시간 소요되었지만 결과적으로는 중앙인사위원회 신설이 가장 확실한 개편이며, 기획예산처 개편(기획예산위원회+예산청), 국정홍보처(구 공보처)와 민주평통사무처 복원은 큰 변화로 보기는 어렵다.

제3차 조직개편은 2000년 1월 대통령의 신년사에서 재정경제부와 교육부장관을 부총리로 승격하고 여성특위를 여성부로 개편하겠다는 방침을 밝힌 후, 정부조직법 개정안은 7월에 국회에 상정되었으나 12월에야 통과되었다. 여성부 신설에는 협조적이었으나 부총리제 부활에는 부정적이어서 논의가 길어졌다. 제1차 개편에서 부총리제를 폐지한 이후 2년만에 부활을 시도한 것인데 제1차 개편이 성급한 결정이었다고 생각된다.

3) 노무현 정부의 정부조직 개편

(1) 정부조직 개편의 주요내용

노무현 정부의 정부조직 개편은 모두 정부 출범 후에 정부혁신지방분권위원회의 논의를 거쳐 이루어졌다. 다른 정부에서 인수위원회 시기에 조직개편을 준비하여 정부 출범과 동시에 대대적인 개편을 단행하였던 것과는 사뭇 다른 접근방법을 채택하였다.

제1차 조직개편(2004.3.11)에서 소방방재청이 행정자치부 소속으로 신설되고, 법제처와 국가보훈처의 장관급 격상, 문화재청의 차관급 격상이 이루어졌다. 행정자치부의 인사집행기능이 중앙인사위원회로 이관되는 대신, 행정자치부에 전자정부업무가 추가되었다. 한편 김대중 정부에서 기획예산처가 담당하였던 행정개혁업무를 행정자치부로 이관하였다. 또한 보건복지부의 영유아 관련 업무를 여성부로 이관하였다.

제2차 조직개편(2004.9.23)에서는 과학기술부총리를 신설하여 과학기술 혁신정책을 효율적으로 총괄·조정하도록 하였고, 과학기술부에 과학기술혁신본부(차관급)를 설치하였다.

제3차 개편(2004.12.30)에서 철도청을 폐지하고 철도공사(공기업)를 신설하여 철도서비스 및 철도의 건설, 운영기능 제고를 추진하도록 하였다.

제4차 개편에서는 행정중심복합도시건설청을 신설(「신행정수도 후속대책을 위한 연기·공주지역 행정중심복합도시 건설을 위한 특별법」 제38조에 근거)하였다(2006.1.1 시행).

제5차 개편(2005.3)에서는 여성부에 보건복지부의 가족정책기능을 이관하여 여성가족부로 개편하고, 청소년정책기능을 강화하기 위하여 청소년위원회를 신설하였다.

제6차 조직개편(2005.7.22)에서는 재정경제부, 외교통상부, 행정자치부, 산업자원부에 복수차관제를 도입하고, 방위산업청을 신설하며, 통계청과 기상청을 차관급으로 격상하였다.

제6차 조직개편이 완료된 후 노무현 정부의 정부조직은 18부 4처 17청 1위원회이다.

(2) 정부조직 개편의 특징

첫째, 노무현 정부는 정부조직 개편에 있어 점증적인 입장을 취하고 있으며, 대규모 조직개편을 최소화하고 기능조정을 활용하여 외형적 조직개편보다 실제적 기능조정과 업무과정 개선을 통하여 정부조직의 효율성을 도모하고자 하였다. 노무현 정부는 진보적인 김대중 정부로부터 정부를 인수하였기 때문에 부처 조직개편의 동인이 크지 않았기 때문에 가능하였던 접근방법으로 보인다.

둘째, 노무현 정부는 정부조직 개편의 추진주체로서 정부혁신지방분권위원회의 행정개혁전문위원회를 활용하였다. 다른 정부에서 대통령직인수위원회를 활용하여 정부출범과 더불어 조직개편을 단행한 이후 정부조직 개편수요가 발생할 경우 TF 형태의 임시조직을 활용한 것과 대조적이다. 여섯 차례의 정부조직 개편에서 쟁점이슈와 관련된 부처에서는 기능조정에 관한 공격과 방어 논리를 개발하는데 상당한 에너지를 소모하였으며 다양한 영역에서의 혁신추진과 결합하여 개혁피로감을 초래하는 결과를 가져오기도 하였다.

셋째, 노무현 정부 임기말 부처조직의 숫자는 18부 4처 18청 1위원회로 김대중 정부 임기말 18부 4처 16청 1위원회에서 청이 2개 증가였으므로 부처 숫자가 크게 늘어난 것으로 보기 어렵다(철도청 공사화로 1개 축소, 소방방재청, 행정중심복합도시건설청과 방위사업청 신설). 그러나 정무직 공무원수는 2002년 106명에서 2007년 136명으로 30명이 증가하였고, 행정기관 하부조직의 경우, 같은 기간 차관보는 5개 감소(10→5)하였으나 실은 22개 증가(36→58), 국은 33개(174→207)가 증가하였다.

넷째, 노무현 정부 시기에 정부규모의 확대와 더불어 민간이 참여하는 위원회가 크게 증가하였다. 대표적으로 정부혁신지방분권위원회를 포함한 대통령 소속 13개 국정과제위원회를 들 수 있다. 국정과제위원회에는 본위원회뿐만 아니라 산하에 여러 개의 전문위원회를 두고 있어 여기에 참여하는 학자, 연구원, 시민단체 활동가들이 상당히 많아졌다. 국정운영과정에서 대통령위원회와 계선부처 사이에 상당한 긴장관계가 조성되기도 하였다.

4) 이명박 정부의 정부조직 개편

(1) 정부조직 개편의 주요내용

이명박 정부 출범과 동시에 진행된 제1차 정부조직 개편에서 대대적인 조직 통폐합이 이루어졌다. 노무현 정부 말과 비교하면 중앙행정기관은 11개 감축되고 정무직은 16명 감축되었다. 제1차 개편 확정으로 기획재정부(재정경제부+기획예산처). 지식경제부(산업자원부+정보통신부 산업진흥 부서), 농림수산식품부(농림부+해양수산부 수산 부서), 국토해양부(건설교통부+해양수산부 해운, 해양 부서), 교육과학기술부(교육인적자원부+과학기술부), 국민권익위원회(국민고충처리위원회+국가청렴위원회+행정심판위원회) 등 거대부처가 탄생하였다. 이같이 대부처주의에 따라 부처기능이 통합·광역화되었고 부처 개편에 따른 대국·대과주의로 중앙행정기관의 하부기구는 148(실·국 55, 과 93)개 감축되었고, 공무원 정원도 총 3,427명 감축되었다. 한편 대통령비서실과 경호실 통합, 국무총리비서실과 국무조정실 통합, 부총리(경제부총리, 교육부총리, 과학기술부총리) 폐지, 특임장관 신설 등 수직적 조정기구에도 큰 폭의 변화가 있었다(제2부 제4장 참조).

제2차 개편(2010.3.19)에서는 보건복지가족부의 청소년·가족 기능을 여성부로 이관하여 여성가족부로 개편하고 보건복지가족부를 보건복지부로 명칭을 변경하였는데, 이는 노무현 정부 시기로 되돌아간 것이다.

제3차 개편(2010.7.5)에서는 노동부 명칭을 고용노동부로 변경하였는데, 노사관계업무와 함께 취업지원 및 직업능력개발 등 종합적인 고용서비스를 제공하는 노동부의 기능을 명확하게 나타내고, 일자리 문제 등 고용정책의 중요성에 대한 국가적 의지를 천명하기 위한 것이었다.

제3차 개편이 완료된 이후 이명박 정부의 정부조직기구는 15부 2처 17청 4위원회가 되었다.

(2) 정부조직 개편의 특징

이명박 정부에서는 역대 최대규모의 조직개편안을 대통령직인수위원회에서 짧은 시일내 마련하였고, 여야 협상을 거쳐 정부출범과 동시에 대규모 정부조직 개편을 단행하였다. 조직통폐합에 따라 정무직과 고위직 정원은 크게 감축되었고 정부인력규모의 증가 추세가 크게 완화되었다.

노무현 정부에서 이명박 정부로 교체되면서 단행되었던 대규모 정부조직 개편은 박근혜 정부가 출범하면서 정면으로 도전을 받아 정부조직이 원점으로 회귀하거나 제3의 형태의 조직으로 개편되어 결과적으로는 의욕적인 통합의 목적은 달성되지 못하였다.

5) 박근혜 정부의 정부조직 개편

(1) 조직개편의 주요내용

제1차 정부조직 개편에서는 이명박 정부의 대대적 정부조직 개편의 문제점 해소와 창조경제와 국민행복이라는 박근혜 정부의 대통령 의제를 고려하였다. 제1차 정부조직 개편의 주요내용으로는 미래창조과학부와 해양수산부 신설, 경제부총리 도입으로 경제정책 조정기능 강화, 부처명칭 변경 및 기능조정(지식경제부는 외교통상부의 통상·교섭 기능을 넘겨받아 산업통상자원부로 개편, 행정안전부는 안전행정부로 명칭 변경, 교육과학기술부는 교육부로, 외교통상부는 외교부로, 농림수산식품부는 농림축산식품부로, 국토해양부는 국토교통부로 각각 개편), 식품의약품안전처 격상, 중소기업청 업무영역 확대, 대통령 보좌기구 체계화(국가안보실, 대통령경호실, 대통령비서실 분리), 국무총리 보좌기구의 체계화(국무조정실, 국무총리비서실 분리), 특임장관 폐지 등이다.

제2차 정부조직 개편은 2014년 4월 16일 세월호 참사 이후 가을에 단행하였는데, 주요내용은 사회부총리 신설(교육부 장관 겸임), 국민안전처(장관급) 설치, 인사혁신처(차관급) 설치, 안전행정부의 행정자치부로의 개편, 소방방재청 및 해양경찰청 폐지이다.

제3차 조직개편은 2015년 메르스(중동호흡기증후군) 사태를 계기로 감염병 대응역량을 강화하기 위하여 2006년 1월 1일부터 보건복지부 소속기관인 질병관리본부를 차관급 기관으로 격상하고 그 설치 근거를 법률에 명시하였다.

제3차 개편이 완료된 이후 박근혜 정부의 정부조직은 17부 5처 16청 4위원회가 되었다.

(2) 정부조직 개편의 특징

박근혜 정부의 제1차 정부조직 개편은 인수위원회의 국정기획조정분과에서 준비하여 출범과 동시에 단행하였다. 제1차 정부조직 개편에서 상당히 큰 폭의 개편이 이루어졌지만 대부분 이명박 정부 이전의 상태로 되돌렸다는 점에서 이명박 정부가 단행한 대대적인 부처 통·폐합은 득보다는 실이 많았다고 판단된다.

박근혜 정부의 제2차 조직개편은 2014년 4·16 세월호 참사 이후 재난안전부처를 재구성하는 차원에서 조직개편 작업이 비밀리에 진행되어 2014년 11월 19일 전격적으로 단행되었다. 재난안전 총괄부처로 국무총리 소속 국민안전처를 신설하고 해양경찰청과 소방방재청은 폐지하여 국민안전처의 차관급 본부로 설치하였다. 그러나 세월호 참사 대응에 실패한 해양경찰청 문책의 성격을 반영한 국민안전처 신설은 이질적 단위들의 연합체일 뿐 집행기능을 담당하는 대규모 조직인 해양경찰 조직과 소방방재 조직을 참모조직 성격의 국무총리 소속의 국민안전처에 무리하게 통합함으로써, 제 기능을 발휘하지 못하다가 문재인 정부 출범 후에 원상으로 복귀되었다. 한편 교육 · 사회 · 문화 부총리를 신설하여 교육부 장관이 부총리를 겸임토록 하여 경제부총리와 함께 부총리가 2인으로 증가하였다. 한편 인사혁신처를 국무총리 소속으로 설치하였는데, 이명박 정부에서 폐지한 인사행정 전담기구를 복원하였다는 점에서 상당한 의미를 가진다.

제3차 조직개편은 보건복지부 소속기관인 질병관리본부를 차관급 기관으로 격상한 것으로 조직의 변화는 없었다. 2019년 코로나19 팬데믹이 발생하였을 때, 메르스 사태를 경험한 이후 차관급으로 격상된 질병관리본부의 역할이 지대하였다는 점에서 선견지명이 있었던 조치로 판단된다.

6) 문재인 정부조직의 정부조직 개편

(1) 정부조직 개편의 주요내용

문재인 정부 제1차 정부조직 개편안은 2017년 7월 26일 시행되었다. 주요내용은 중소벤처기업부를 신설하고, 재난안전관리 조직을 재정비하기 위하여 국민안전처를 해체하여 재난안전관리기능은 행정자치부와 통합하여 행정안전부를 설치하고, 소방청과 해양경찰청을 분리하여 각각 신설하는 것이다. 그 밖에도 산업통상자원부에 통상교섭본부 설치, 미래창조과학부를 과학기술정보통신부로 명칭변경하고 그 밑에 차관급 과학기술혁신본부를 설치하며, 국가보훈처를 장관급으로 높이고 대통령경호실을 차관급으로 조정하며 명칭을 대통령경호처로 바꾸었다.

제2차 개편(2018.6.8)에서는 물 관리를 환경부로 일원화하였다. 당초 2017년 6월 정부조직 개편안 발표 시에는 수자원 및 하천 관련 기능을 모두 환경부로 이관하기로 하였으나, 여야 합의에 따라 하천 관련 기능은 국토교통부에 존치하는 것으로 변경되었다.

제3차 개편(2020.8.11)에서는 중앙행정기관으로 승격되는 개인정보보호위원회를 중앙행정기관의 범위에 추가하는 한편, 보건복지부의 보건업무 전문성 강화를 위하여 복수차관제도를 도입하여 보건을 담당하는 차관을 별도로 두도록 하고, 감염병 관리체계를 강화하기 위하여 질병관리본부를 보건복지부장관 소속 중앙행정기관인 질병관리청으로 승격시켰다.

제3차 개편이 완료된 이후 문재인 정부의 정부조직은 18부 4처 18청 6위원회가 되었다. 특기할 사항은 독립기구로 신설된 고위공직자범죄수사처(약칭 공수처)이다. 공수처는 고위공직자 및 그 가족의 비리를 중점적으로 수사·기소하는 독립기관이다. 2019년 12월 30일 「고위공직자범죄수사처 설치 및 운영에 관한 법률안(공수처법)」이 국회 본회의를 통과하고, 2021년 1월 21일 김진욱 초대 공수처장 취임과 함께 공식 출범했다.

(2) 정부조직 개편의 특징

문재인 정부의 제1차 정부조직 개편은 정부출범 이후 2개월 정도 지난 후 단행되었다. 박근혜 정부에서 신설된 국민안전처의 해체와 소방청, 해양경찰청 복원, 중소기업벤처부 신설이 가장 큰 변화이다. 정부출범 초에 대대적인 조직개편을 시도했던 역대정부와는 달리 최소한의 개편에 그친 것으로 평가된다. 제2차 개편은 제1차 개편에서 처리하지 못한 물관리 일원화를 위한 국토교통부와 환경부 사이의 기능 조정이었다. 제3차 개편은 개인정보위원회의 장관급 격상과 더불어 코로나19 팬데믹 대응차원의 보건담당차관 신설과 질병관리청 승격이 이루어졌다. 전체적으로 문재인 정부의 정부조직 개편은 최소한에 그쳤다.

7) 역대정부 정부조직 개편의 교훈

(1) 대대적 조직개편의 문제점

대통령 선거에서 승리한 집권세력은 대대적인 조직개편이라는 유혹에 빠지기 쉽다. 그러나 정치적 목적에 따른 개편은 실패할 가능성이 높다.

조직 통·폐합 등 대규모 정부조직 개편은 막대한 자원 소모, 조직구성원들의 인간관계를 붕괴시키는 등 현실적인 희생을 초래한다. 조직개편이 성공하려면 조직개편 못지않게 조직개편 이후의 체계적인 융합관리가 필요하다. 조직통합 이후 융합관리가 성공하려면 한 차례 이벤트성 행사로는 부족하며, 조직융합의 진척 정도에 대한 모니터링과 평가 및 필요한 보완조치에 대한 노력을 계속하여야 한다.

대규모 부처를 관리해야 하는 장관의 경우 자신의 전문성이 부족한 부서의 업무를 경시하는 경향이 나타날 수밖에 없다. 예를 들어, 지식경제부의 경우에 산업, 에너지, 수출입, 정보통신 등 광범위한 업무를 처리하게 되면서 급속하게 발전하는 정보기술 분야에서 장관의 전문성 부족으로 제대로 된 정책이 적기에 나오지 않은 경우도 있었다. 국민고충처리위원회, 국가청렴위원회(구 부패방지위원회) 및 법제처의 행정심판위원회를 통합하여 설치한 국민권익위원회는 국민의 권리구제 및 권익보호 기능을 일원화한다는 취지와는 달리 국민의 권익보호가 상대적으로 낮은 비중을 차지하게 되고, 반부패정책의 우선순위가 뒤로 밀리게 되었다. 일상적으로 처리해야 할 업무가 많은 부처와 중·장기적 전략을 수립해야 할 부처가 통합된 경우 장관의 관심이 일상적 업무처리에 집중되어 중·장기전략 수립에 소홀할 수밖에 없다. 중견 공무원들이 그동안 업무수행과정에서 축적한 조직 경험과 지식이 분실되고 조직융합을 도모한다는 명분으로 대규모 전보인사가 단행되면서 공직 전체의 전문성이 약화되는 결과가 나타날 수 있다. 특히 여러 부처가 통합된 부처의 경우 국·과장이 출신 부처 업무가 아닌 통합 전 타 부처 업무를 맡게 되면서 전문성이 결여된 채로 의사결정하거나 집행이 제대로 이루어지지 못하는 경우가 발생하기도 하였다. 교육과학기술부의 경우 과학기술부 출신 국·과장과 교육인적자원부 출신 국·과장이 교차 보임되면서 과학기술과 교육분야의 정책혼선이 나타나기도 하였다.

(2) 정치적 명분에 치우친 정부조직 개편 자제

집권세력이 빠지기 쉬운 유혹 가운데 하나가 정권의 브랜드 부처 신설이다. 예를 들어, 이명박 정부는 지식경제부라는 부처를 신설하였으며, 박근혜 정부는 미래창조과학부라는 부처를 탄생시켰다. 이러한 부처는 5년 단임의 정권과 더불어 명칭이 변경되어 단명에 그쳤다. 정치적 위기의 타개 수단으로 정부조직 개편을 선택하는 경우에도 단명에 그칠 수 있다. 예를 들면, 2014년 4월 세월호 참사의 후속조치로 하반기에 소방청과 해양경찰청을 폐지하고 신설된 국민안전처는 문재인 정부 출범 직후 해체되어 원상회복되었다. 국민안전처가 존속한 3년 동안 상당한 비용이 투입된 것은 물론이다. 그러므로 정부조직 개편에서는 정치적 목적과 더불어 행정적 합리성을 반드시 고려하여야 한다.

(3) 부처조직의 전문성 확보

전문성이 필요한 부처는 소규모일지라도 통폐합의 유혹에 빠지지 않고 유지하는 것이 바람직하다. 대표적인 부처가 인사혁신처, 금융감독위원회, 공정거래위원회, 개인정보보호위원회 등이다. 이러한 부처가 대규모 부처로 통·폐합될 경우 교차 인사 등으로 그간 쌓아온 전문성이 쉽게 와해될 수 있으므로 신중하게 접근하여야 한다.

(4) 정부조직 개편의 대안적 방안과 비교검토

정책환경의 급격한 변화에 따라서 정부조직 개편 수요가 발생할 경우 부처 신설 또는 통폐합 방안과 더불어 다른 대안도 고려하여야 한다. 예를 들어, 융·복합 행정수요에 대처하려면 정부 기능과 권한의 통합 또는 부처간 기능조정과 더불어 제2부에서 이미 살펴본 수직적 정책조정 및 수평적 정책조정 메커니즘을 적절하게 활용하는 방안도 고려할 필요가 있다.

2. 인사혁신 비교

1) 김영삼 정부의 인사혁신

김영삼 정부는 행정쇄신위원회를 중심으로 여성공무원 채용목표제 등을 추진하였다. 1995년 공무원임용시험령 개정으로 여성채용목표제를 행정, 외무고시 및 7급 행정, 공안, 외무행정직을 대상으로 도입하여 여성공무원 공직임용확대에 분수령이 되었다. 그 밖에도 지방화시대에 대비하여 지방고등고시를 도입하고 공무원 공개채용시험의 종류를 다원화하고 시험과목 수를 축소하였다. 1995년 WTO 출범 이후 세계화 추세에 대응하여 대통령 직속 세계화위원회가 발족된 후 행정분야의 세계화 과제에 공무원 교육훈련 개선방안과 고급공무원 임용 및 육성의 세계화 방안이 추진되었다.

산업화 시대에 유효하였던 일반행정가 중심의 임용 육성체계는 정보화, 다양화, 민주화의 새로운 행정환경에 효과적으로 대처하기에는 한계가 있다고 인식하여 고급공무원의 임용 및 육성체계의 개선이 추진되었다. 민간전문가 특별채용 등을 통한 경쟁체제 도입 및 전문인력의 확충, 국제관계 특별고시제도 도입 등 고시제도 개편, 직무분석 등이 추진되었다. 김영삼 정부에서 이러한 다양한 방안들이 본격적으로 실행되지는 못하였으나, 이후 정부에서 개혁을 추진하는데 방향을 제시하였다.

2) 김대중 정부의 인사혁신

김대중 정부의 1999년 제2차 조직개편에서 중앙인사위원회가 설치되었다. 중앙인사위원회는 인사정책 및 인사운영의 기본방침 수립, 1－3급 공무원의 채용 및 승진심사, 개방형 직위제도 운영 등 우리나라 공무원 인사제도 전반을 담당하는 합의제 중앙행정기관으로서 우리나라 인사행정발전에 큰 전환점이 되었다. 중앙인사위원회가 추진한 대표적인 개혁조치는 개방형직위제도와 성과중심보수제도 도입이다.

1999년 11월에 도입된 개방형직위제도는 우리나라 인사제도에서 파격적 개혁으로 평가되었다. 중앙인사위원회는 1999년 11월 15일 38개 부처 129개 직위를 개방형직위로 지정하였다. 개방형직위제도가 도입되어 공직사회의 경쟁의식 제고와 전문성 제고 등 다방면에서 획기적인 변화를 가져왔으며, 현재까지 안정적으로 운영되고 있다.

김대중 정부는 공무원의 보수체계를 '연공' 중심에서 성과 중심으로 전환하고, 개인의 능력과 실적 및 공헌도를 평가하여 보수를 차등지급하고, 공직사회의 경쟁력과 생산성을 제고하고자 과장급 이하 성과상여금제와 국장급 이상의 성과연봉제 도입 등 보수체계를 개선하였다.

3) 노무현 정부의 인사혁신

인사개혁은 노무현 정부가 중점을 두고 추진한 정부혁신의 핵심분야 중의 하나이다. 추진이 완료된 인사개혁 로드맵 20개 과제 중 오늘날까지 인사제도에 영향을 미친 과제를 살펴보기로 한다.

첫째, 고위공무원단제도가 2006년 7월 1일부터 전면적으로 도입되었다. 기존의 실·국장급 재직자는 일괄하여 고위공무원단으로 편입하였다. 신규충원의 경우 개방형직위를 통한 민간과의 경쟁뿐만 아니라 공모직위제도를 도입하여 부처간 경쟁을 통해 적격자를 충원한다. 개방형 20%, 직위공모 30%, 부처 자율인사 50%로 범위가 설정되었다.

둘째, 김대중 정부가 도입한 개방형 임용제도를 활성화하여, 과장급을 개방형 직위에 포함시키므로서 개방형 지정 직위수를 확대하였고, 외부임용률(전문가 또는 타부처 공무원 임용)이 대폭 증가할 수 있도록 관리하였다.

셋째, 전보제한제도와 보직경로제도를 도입하였다. 부처 전체의 조직을 업무의 유사성, 전문화의 수준 및 필요성, 조직규모 및 기관체계 등을 기준으로 몇 개의 전문분야와 하나의 공통분야로 구분하여 경력개발프로그램 전문분야를 설정하고, 인사운영상의 장애요인을 사전에 제거하였다. 경력개발프로그램 요소의 도입과 더불어 당시 1년인 전보제한기간을 직위별로 확대하였다.

넷째, 사회형평적 인재등용을 추진하였다. 여성공무원에 대한 인사정책 개선대책, 장애인 공직임용확대 방안, 지방출신 공직임용확대 방안, 과학기술인력의 공직임용 확대방안을 수립하여 추진하였다. 사회형평적 인재등용방안은 각 분야에서 상당한 성과를 거두었다.

4) 이명박 정부의 인사혁신

이명박 정부는 중앙인사위원회를 폐지하고 그 기능을 신설된 행정안전부에서 통합 수행하도록 하는 조직개편을 단행한 것을 제외하고는, 인사 체제와 관련하여 획기적인 제도개혁을 추진하지는 않았다.

이명박 정부는 고위공무원단제도 폐지방안을 검토하기도 하였으나, 이를 유지하기로 결정하였다. 고위공무원단 직무등급을 기존 5개 등급(가–마)에서 2개 등급(가–나)으로 축소 조정하였고, 대부처 중심의 정부조직 개편으로 부처 간 정책통합성이 높아진데 따른 조치로 타부처 공직자들이 지원가능한 공모직위의 비중을 기존 30%에서 15%로 감축했다.

이명박 정부의 출범 초기에는 개방형 임용제도 활용에 소극적인 태도를 보여 개방형 지정 직위수가 감소하였다가 후반기부터 개방형 지정 직위수의 증가추세로 변화되었으나, 외부임용률은 대폭 감소하였다.

기존의 장애인 공직채용을 확대했고, 기술·기능분야 특성화고 전문대 출신 성적우수자를 기능 10등급으로 임용하는 '기능인재 추천채용제도'를 2010년부터 도입 운영하였다. 또한 9급·기능직 선발 인원의 1%를 2년 이상 기초생활보장 수급자로 선발하는 '저소득층 채용할당제'를 2009년부터 도입 실시하였다.

지역인재추천채용제를 개편하여 견습 3년후 6급으로 임용하던 것을 견습 1년후 7급 임용으로 변경하고 선발인원을 2005–2009년 50명에서 2011년에는 70명으로 늘렸다.

5) 박근혜 정부의 인사혁신

2014년 11월 제2차 정부조직 개편 시 국무총리 소속으로 인사혁신처(차관급)를 신설하여 인사개혁 업무를 담당하도록 하였다.

박근혜 정부는 출범 초부터 개방형 임용을 적극적으로 확대하였다. 개방형 추가 직위는 주로 과장급에서 크게 늘어났으며, 2014년에는 개방형 직위 선발을 전담하는 별도의 '중앙선발시험위원회'를 설치하여 운영하였고, 2015년부터 민간인만을 모집·선발하는 경력개방형 직위 도입으로 민간 임용률은 지속적으로 증가하였다.

박근혜 정부는 공무원연금개혁을 4대 공공개혁과제의 하나로 설정하여 연금개혁을 추진하였다. 2015년 5월 29일 국회 본회의에서 공무원연금개혁 합의안이 의결되어, 연금재정의 안정화 기반이 마련되었다. 이에 따라 공무원연금과 국민연금 간의 실질적 차이가 없어지게 되었다.

박근혜 정부는 2014년 7월 '직위유형별 보직관리지침'을 제정하여 장기근무형과 순환근무형의 투트랙 보직관리를 추진하였다. 즉, 각 부처에서 전문성이 중요하여 장기근무가 필요한 분야에 대해서는 전문직위를 지정하고 업무내용이 유사한 직위를 모아 전문직위군(群)을 구성하며, 동일 직위군 내에서 장기근무하도록 하였다. 박근혜 정부는 전문직공무원 제도를 설계하여 2017년 1월부터 일부 부처에 시범 적용하였다. 전문직공무원 제도는 각 부처에서 전문분야를 설정해, 해당 전문 분야 내에서만 자리이동이 가능하도록 하여 공직내 분야별 전문가를 양성하고자 하는 제도이다.

박근혜 정부는 연봉액 중 성과급이 차지하는 비중을 확대하였고, 연봉제 적용대상범위를 관리직 전체로 확대하여 일반직 4급 복수직과 5급 공무원까지 성과중심 연봉제가 적용되도록 하였다.

6) 문재인 정부의 인사혁신

문재인 정부의 인사혁신 가운데 공직윤리 강화, 균형인사, 공직 개방성과 전문성 제고, 그리고 적극행정 추진에 관하여 살펴보기로 하겠다.

첫째, 「공직자윤리법」을 개정하여 공직자에 대한 재산심사를 강화하고, 부동산·비상장주식 등에 대해서는 재산형성과정에 대한 신고를 의무화하고, 비상장주식은 실질가치를 반영하여 신고하도록 제도화하였다. 또한 LH사태 발생에 따라 재발방지 및 공직윤리 개선을 위하여 재산등록의무자 대폭 확대 및 부동산 신규취득 제한제도를 신설(「공직자윤리법」 개정, 2021년 10월 2일 시행)하였다.

둘째, 사회형평적 인재채용노력을 강화하여 중앙부처 여성관리자 비율 확대, 중증장애인 경력채용 선발인원 확대, 지역인재채용을 확대하였다.

셋째, 공직 개방성과 전문성 확대를 위하여, 개방형직위 숫자 및 민간임용률을 확대하고, 박근혜 정부가 도입한 전문직공무원 확대, 전문직위 내실화를 추진하였다.

넷째, 인사혁신처는 2019년 8월 적극행정을 제도화한 「적극행정 운영규정」(대통령령)을 제정하였다. 이 규정에 따라 중앙부처는 기관별로 적극행정 전담부서를 마련하고, 기관장 책임 하에 매년 적극행정 실행계획을 수립 · 시행하고 있다. 적극행정의 추진내용은 적극적 의사결정 지원, 적극행정 면책 확대, 적극행정 공무원 보호, 적극행정 공무원 우대, 국민참여 및 소통강화로 구분된다.

7) 인사혁신기구 변천과 주요 혁신성과

(1) 중앙인사기구의 변천

김영삼 정부시기에 인사기능은 제3공화국에서 설치하여 존속하여온 총무처(조직 및 인사관리기능 등 담당)가 관장하였다. 김대중 정부 출범시 인사기능은 총무처와 내무부가 통합된 행정자치부에서 담당하다가 1999년 제2차 조직개편에서 신설된 장관급 기관인 중앙인사위원회와 행정자치부 인사국이 분담하였다. 노무현 정부에서는 김대중 정부 시기에 행정자치부와 분담하였던 인사기능을 중앙인사위원회로 통합하였다. 이명박 정부에서 인사기능 전담부처인 중앙인사위원회를 폐지하고 이를 행정자치부와 통합한 행정안전부에서 인사기능을 담당하였다. 박근혜 정부는 2014년 하반기 인사혁신처를 설치하여 인사기능 전담부서를 복원하였고, 문재인 정부는 인사혁신처를 그대로 유지하였다.

이러한 변천과정에서 인사기능을 전담하는 부처가 있었던 시기와 그렇지 않은 시기를 구분할 수 있다. 중앙인사위원회(김대중 정부 후반기와 노무현 정부)와 인사혁신처(박근혜 정부 중기 이후와 문재인 정부)는 작지만 독립적인 부처로 전담부처가 존재한 경우이다. 인사전담부처가 존재했던 시기에는 전문성을 발휘하여 인사개혁을 강력하게 추진하였다. 그러므로 행정수반이 인사관리를 조정과 개혁의 도구로 확실하게 활용하려면 규모가 작더라도 독립된 부서로 존속시키는 것이 바람직하다.

인사혁신의 주요 성과로 관료제 대표성 확보와 전문성 강화, 그리고 개방형 임용 확대를 살펴보겠다.

(2) 관료제 대표성 확보

김영삼 정부 이래 인사개혁의 주요 목표 가운데 하나는 여성, 지방출신, 장애인 임용을 확대하여 관료제의 대표성을 강화하는 것이다[2]. 여성의 공무원 채용 확대를 위하여 김영삼 정부에서 1995년 최초로 여성채용목표제(모집인원 10명 이상 채용단위에서 여성합격자 10% 채용목표)를 도입하였다. 2003년 김대중 정부에서 이를 양성채용목표제로 변경한 이후 역대정부에서는 이 제도를 계속하여 적용하였다[3]. 한편 문재인 정부에서는 고위공무원단과 본부과장급의 고위직 여성임용 목표치를 설정하였고 임기말에 이를 초과 달성하였다. 신규 채용된 여성공무원들이 승진하게 되면 앞으로 여성 고위직의 비중은 확대되겠지만, 그 시기를 앞당기려는 노력이 계속 필요하다.

지방출신 채용과 관련하여 김영삼 정부에서 최초로 지방고시제도를 도입하였다. 노무현 정부에서는 국정과제 회의에서 확정한 사회형평적 인재등용방안에 지역인재추천채용제, 지방인재채용목표제, 지역별구분모집제를 도입하였다. 이명박 정부에서는 지역인재추천채용 인원을 확대하였고, 문재인 정부에서도 지역인재 채용 선발인원을 확대하고 공공기관 지역인재 신규채용제도를 도입하였다(대한민국정부, 2022: 64). 역대정부에서는 이같이 한국관료제의 지역대표성을 강화하기 위하여 지방대학출신 우대정책과 병행하여 지방출신 공직자 채용 확대를 위하여 노력하였다.

장애인 임용 확대를 위하여 노무현 정부에서 사회형평적 인재등용방안에 장애

---

2 대표관료제(representative bureaucracy)란 성별, 지역, 인종 등 일반사회의 인적 특성과 공직의 인적 특성을 유사하게 구성하면 이들이 공직에서 자신이 속한 집단을 대표하는 역할을 수행함으로써 행정의 대표성 향상에 기여할 것이라는 믿음을 바탕으로 탄생한 제도이다(Kingsley, 1944; 김선아 · 박성민, 2019). 미국에서 대표관료제에 관한 논의는 인종, 성, 출신 지역을 중심으로 논의되어 왔으나 한국에서는 사회형평적 인재등용(노무현 정부) 또는 균형인사(문재인 정부)라는 명칭으로 여성, 지방출신 또는 장애인 출신 등 사회적 약자 계층의 임용 확대에 초점을 두었다.

3 양성채용목표제는 선발인원 5인 이상 공무원 시험에서 성별 어느 한쪽이 합격자의 70%를 넘지 않게 하는 제도이며, 특정 성별이 합격자의 30% 미만일 때 합격선 범위 내에서 해당 성의 응시자를 추가로 합격시키는 제도이다. 인사혁신처가 발간한 '2022 공공부문 균형인사 연차보고서'에 따르면 국가직의 경우 2003~2011년까지는 이 제도에 따른 추가합격자가 여성 161명, 남성 18명으로 여성이 압도적으로 많았으나, 2012~2021년은 여성 236명, 남성 275명으로 남성 추가합격자가 더 많다. 총 숫자로만 비교하면 남성이 많지만 국가직 5급과 국가직 7급의 경우 여성 추가 합격자가 남성보다 더 많았다. 출처: 2022 공공부문 균형인사 연차보고서, p. 31, 대한민국 정부.

인 공직임용 확대방안을 추진한 이래, 문재인 정부가 7·9급 구분모집 채용, 중증 장애인 경력채용을 통하여 의무고용률을 달성(2021년 3.68%)하였다.

이같이 역대정부에서 강조점의 차이는 있었지만 여성, 지역출신, 장애인 등 사회적 약자 계층의 임용을 확대하여 관료제 대표성을 강화하기 위한 개혁조치를 꾸준히 전개하여 상당한 성과를 거두었다. 앞으로 여성, 지역인재, 장애인 등 사회적 약자의 임용 확대를 추진하면서 할당제에 근거한 양적 대표성 확보뿐 아니라 그 질적인 성과를 고려하여야 하며(조태준·김상우, 2021), 사회적 약자 계층의 공직 내 소극적 대표성(구성론적 대표성)과 더불어 적극적 대표성(역할론적 대표성)을 강화하도록 하여야 할 것이다(김선아·박성민, 2019).

(3) 공무원의 전문성 강화

한국의 공무원 분류체계는 직위분류제가 아닌 계급제에 기초하고 있으며, 부처 내부의 잦은 순환보직 관행 때문에 전통적으로 전문가보다는 일반행정가가 우대받는 분위기가 지배적이었다. 김영삼 정부에서 행정쇄신위원회의 건의를 바탕으로 개방형 전문직위제도를 도입하였으나 그 효과는 미미하였다. 김대중 정부에서 고위직 개방형 임용제도를 도입하여 전문성이 요구되는 직위에 공직 내외부의 경쟁을 거쳐 적격자를 임용하도록 하였다. 노무현 정부는 고위공무원단 제도에 개방형 임용제도를 결합시키고, 전보제한제도와 보직경로제도를 도입하여 전문성을 강화하고자 하였다. 이명박 정부에서는 공직전문성 강화를 위한 특별한 노력은 없었다. 박근혜 정부에서는 일반직위와 전문직위의 투 트랙 보직관리, 전문직 공무원제도 등 새로운 인사제도를 전문성을 강화시키고자 하였다. 문재인 정부에서는 전임정부에서 도입한 전문직위의 내실화를 꾀하고 전문직공무원을 대폭 확대하여 전문성 강화를 추진하였다. 이같은 역대정부의 노력에도 불구하고, 한국의 공무원 제도는 여전히 일반행정가들이 우대받고 있는 것이 현실이므로 전문가들이 우대받을 수 있도록 앞으로 제도를 더욱 보강하고 그 운영상황을 철저하게 점검하여야 한다.

김대중 정부가 1999년 공직사회의 전문성과 경쟁의식 제고를 위해 도입한 개방형 임용제도가 역대정부에서 어떻게 발전하였는지 별도로 상세하게 살펴보겠다.

8) 개방형직위제도와 민간인 임용추이 분석

(1) 개방형직위 임용추이

1999년 김대중 정부가 도입한 개방형 임용제도에서 개방형직위는 원래 각 중앙부처의 실·국장급 직위 가운데 20% 이내에서 지정하였으나, 점차 과장급 직위로 확대되었다. 최초로 개방형직위에 부처내외 공모를 통하여 임용이 시작된 2000년도의 개방형직위지정수는 130개였고, 이중 65개 직위에 충원이 완료되었는데 외부임용(민간인 및 타부처 출신 공무원)은 11명, 16.9%에 불과하였다([그림 8-2] 및 <표 8-2> 참조). 김대중 정부 임기 말인 2002년에도 직위 지정수는 139개, 충원직위 수는 118개, 외부임용률은 19.5%에 그쳤다. 제3장에서 살펴본 바와 같이 당초

그림 8-2 공무원 개방형직위수와 외부임용률 변동 추이(2000-2021)

(단위: 직위수, %)

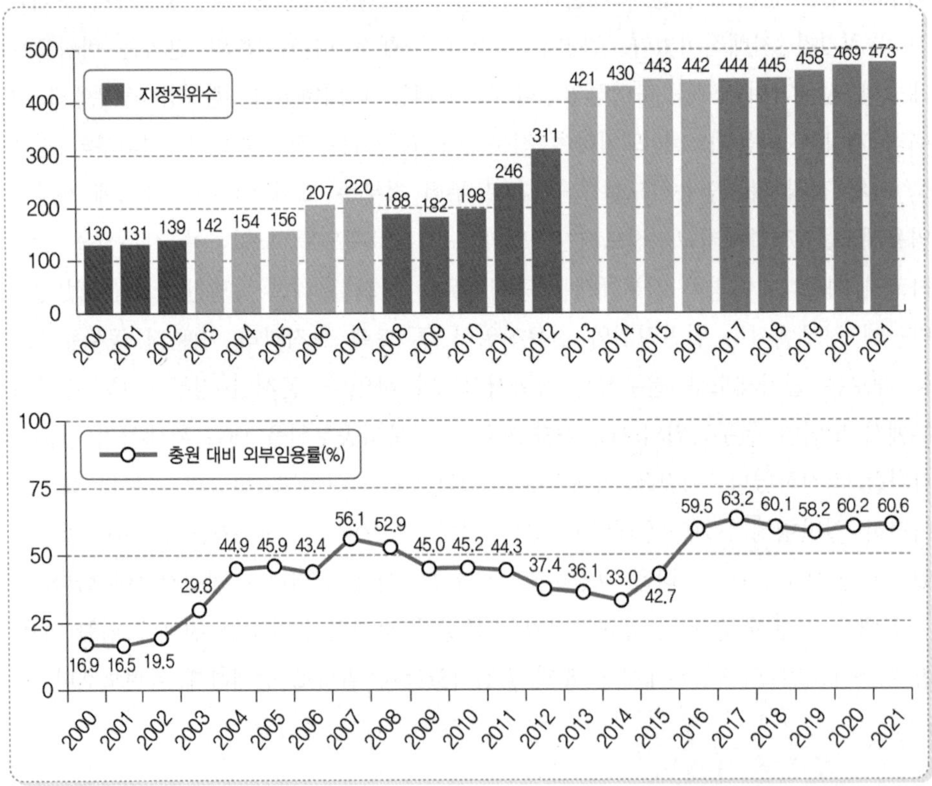

※ 외부임용률은 개방형직위 임용자 중 민간인 또는 타부처 공무원 임용자 비율임.
출처: 인사혁신처, 국가공무원 인사통계.

의 기대와는 달리 외부임용률이 저조하였기 때문에 당시 학자와 시민단체 활동가들은 개방형직위제도를 상당히 부정적으로 평가하였다. 그런데 시간이 흐르면서 개방형직위 수와 외부임용률은 모두 꾸준히 증가하였다. 노무현 정부 임기 말인 2007년에 개방형직위 수는 220개 직위로 증가하였고, 외부임용률은 56.1%로 크게 늘어났다.

표 8-2 공무원 개방형직위 임용추이(2000-2021)

구분	연도별	지정 직위수	충원수	외부임용	
				외부임용	충원 대비 비율(%)
김대중 정부	2000	130	65	11	16.9
	2001	131	115	19	16.5
	2002	139	118	23	19.5
노무현 정부	2003	142	124	37	29.8
	2004	154	136	61	44.9
	2005	156	146	67	45.9
	2006	207	166	72	43.4
	2007	220	196	110	56.1
이명박 정부	2008	188	136	72	52.9
	2009	182	149	67	45.0
	2010	198	157	71	45.2
	2011	246	194	86	44.3
	2012	311	235	88	37.4
박근혜 정부	2013	421	227	82	36.1
	2014	430	288	95	33.0
	2015	443	300	128	42.7
	2016	442	341	203	59.5
문재인 정부	2017	444	334	211	63.2
	2018	445	366	220	60.1
	2019	458	390	227	58.2
	2020	469	405	244	60.2
	2021	473	432	262	60.6

※ 외부임용률은 개방형직위 임용자 중 민간인 또는 타부처 공무원 임용자 비율임.
출처: 인사혁신처, 국가공무원 인사통계.

이명박 정부 임기말인 2012년에 개방형직위 수는 311개로 증가하였으나, 외부임용률은 37.4%로 감소하였다. 당시 인사행정전문기관이 부재한 상태에서 외부임용률이 감소한 것으로 보인다.

한편 박근혜 정부에서 개방형직위 수는 꾸준히 증가하였고, 인사혁신처가 신설된 이후 2015년부터 외부임용률이 증가하여 2016년에 개방형직위 수는 442개로 증가하였고, 외부임용률은 59.5%로 증가하였다. 개방형 추가 직위는 주로 과장급에서 크게 늘어났으며, 2014년에는 별도의 '중앙선발시험위원회'를 설치 · 운영, 2015년부터 민간인만을 모집 · 선발하는 경력개방형 직위 도입으로 외부임용률이 지속적으로 증가한 것이다.

문재인 정부에서 개방형직위 수 증가추세가 계속되어 임기말인 2021년 473개 직위로 증가하였고, 외부임용률도 60.6%에 이르고 있다. 이같이 개방형직위제도는 직위 수와 외부임용률이 높아지면서 당초의 도입취지를 살리는 제도로 안정화되었다.

(2) 개방형직위 민간인 임용현황

<표 8-3>에 인사혁신처가 신설된 2014년 이후 2021년까지 개방형직위 민간인 임용현황이 고위공무원단과 과장급 직위로 구분하여 제시되었다. 인사혁신처가 출범한 2014년 이후 2021년까지 개방형직위는 총 43개 증가하여 473개가 되었다. 고위공무원단 8개, 과장급 31개가 증가하였다.

표 8-3 개방형직위 민간인 임용현황(2014–2021)

연도	전체			고위공무원단			과장급		
	직위	민간인	비율(%)	직위	민간인	비율(%)	직위	민간인	비율(%)
2014	430	64	14.9	166	33	23.1	264	31	21.4
2015	443	100	22.6	174	44	25.3	269	56	20.8
2016	442	176	39.8	174	72	41.4	268	104	38.8
2017	444	184	41.4	178	71	39.9	266	113	42.5
2018	445	193	43.4	177	67	37.9	268	126	47.0
2019	458	198	43.2	177	69	39.0	281	129	45.9
2020	469	208	44.3	174	68	39.1	295	140	47.5
2021	473	214	45.2	174	69	39.7	299	145	48.5

출처: 인사혁신처 내부자료.

개방형직위에 임용된 민간전문가는 최소 3년의 임기가 보장되며, 총 5년 범위 내에서 연장할 수 있다. 총 5년의 근무기간을 초과하더라도 성과에 따라 재연장할 수 있다. 또한 총 임기가 3년에 도달하고 성과가 탁월한 경우 일반직공무원으로 전환 기회를 부여한다.

<표 8-3>에 제시된 바와 같이 2021년말 기준 개방형직위 민간인 임용자는 총 214명이며, 고위공무원단 69명, 과장급 145명이다.

3. 재정혁신 비교

1) 김영삼 정부의 재정혁신

김영삼 정부는 신자유주의적 세계화 흐름에 조응하기 위하여 운영비 절감을 통한 경영효율화, 수익자부담원칙 확대, 재정건정성 확보에 초점을 맞춘 개혁을 시도하였다. 재무부와 경제기획원을 통합하여 재정경제원을 설치한 것은 자유주의적 경향이 강한 경제기획원으로 하여금 재무부를 통제하기 위한 목적도 담겨 있었다. 그러나 재정규모는 지속적으로 증가하였고, GNP 대비 중앙 재정규모 및 조세 규모도 지속적으로 증가하였다.

2) 김대중 정부의 재정혁신

재정분야의 혁신으로 기금제도 정비, 예비타당성조사제도, 준조세정비, 예산절약 인센티브 제도, 성과주의 예산제도, 복식부기제도 등이 도입되었다.

1999년도와 2001년도의 2차에 걸쳐 「기금관리기본법」을 개정하여 기금 운용의 투명성과 효율성을 확보하고자 하였다. 기금도 예산과 마찬가지로 국회의 심사를 받도록 제도화하였고, 목적달성 등으로 존치필요성이 낮거나 사업이 중복되는 기금을 정비하고, 기금운용에 대한 점검・평가체제를 강화하기 위하여 기금정책심의회와 기금운용평가단을 신설하여 운영하도록 하였다.

김대중 정부는 대규모 공공투자사업에 대한 신규투자를 투명하고 공정하게 결정하기 위하여 「예산회계법시행령」을 개정하여 1999년부터 예비타당성조사제도를 도입하였다. 이 제도는 오늘날까지 존속되면서 대형투자사업에 투입되는 재원의 효율적인 배분에 기여하여 왔다.

3) 노무현 정부의 재정혁신

재정분야에서는 재정・세제전문위원회에서 23개 로드맵과제를 추진하였는데, 4대 재정혁신으로 불리는 국가재정운용계획, 총액배분자율편성제도, 재정성과관리제도, 디지털예산회계시스템을 도입하였다.

첫째, 국가재정운용계획은 단년도 위주의 재정운용방식을 보완하고 중장기적 시각에서 재정운용이 이루어지도록 하는 것으로서 향후 5년 동안 국가재정의 기본운용 방향과 주요분야별 재원배분 및 투자계획 등을 제시하는 국가재정운용의 청사진에 해당된다. 국가재정운용계획은 5개년을 단위로 작성되며 연동계획으로 매년 수정된다.

둘째, 총액배분자율편성예산제도는 정책과 우선순위에 입각한 전략적 재원배분 방식을 목표로 재정당국이 5개년 재원배분계획(국가재정운용계획)에 근거해 연도별 재정규모, 분야별・중앙관서별・부문별 지출한도를 제시해 정책과 우선순위에 입각한 전략적 재원배분을 도모했다.

셋째, 재정사업 성과관리제도는 재정사업의 목표와 성과지표를 설정하고, 지표에 의한 평가결과를 재정운영에 반영하는 제도이다. 이 제도는 현재까지 운영되면서 성과중심의 재정운영, 투명한 재정운영의 제도적 기반이 되었다.

넷째, 디지털예산회계시스템(dBrain)은 중앙・지방정부・공기업 등 전 공공부문을 대상으로 세입 징수부터 예산편성, 집행, 결산, 평가 등 일련의 재정 활동의 모든 정보를 실시간으로 분석하여 제공할 수 있는 통합재정정보시스템이다. 현재에는 공공기관인 한국재정정보원이 시스템의 운영을 담당한다.

4) 이명박 정부의 재정혁신

이명박 정부의 재정개혁은 기획재정부가 주도적으로 담당하면서 국가재정전략회의 과제를 중심으로 행정안전부, 국가경쟁력강화위원회 등을 중심으로 추진하였다. 이명박 정부의 재정개혁은 시기에 따라 실용적으로 변모해 왔다. 국가재정전략회의에서 제시된 과제들은 '선진일류국가 건설'(2008), '경제재도약과 미래 대비'(2009), '지속가능한 재정건전성'(2010), '지속가능한 재정'(2011) 등으로 강조점이 달라져 왔다. 집권 후반부로 접어들면서 재정건정성 문제가 핵심 국정과제로 대두되었다. 재정건전성 제고를 위해 2011 회계연도부터 발생주의 회계 적용을 포함한 재정통계를 개편하는 한편, 집권초기의 재정지출 확대와 감세정책에서 집권후기에는 세입 확보를 위한 세제개편으로 전환하였다.

5) 박근혜 정부의 재정혁신

박근혜 정부는 재정분야의 개혁으로 유사·중복사업 통폐합 및 국고보조금 개혁을 추진하였다. 박근혜 정부는 재정개혁을 강력하게 추진하여 2014–2015년간 689개 유사·중복사업 통폐합, 2016년 다문화가족지원, 대학 R&D, 중소기업지원, 일자리 지원 등 4대 중점분야에서 205개 사업을 정비하였다. 2016년에는 보조금 관리에 관한 법률 및 시행령 개정 등 관련 제도 정비를 순차적으로 완료하였다. 보조금사업 평가제도를 강화하여 2015–2016년에 170여개 사업을 폐지하고 약 1조원의 예산절감 효과를 거두었다. 2017년 보조금 교부, 집행기능을 위주로 국고보조금통합관리시스템을 개통하여 운영하기 시작하였다.

6) 문재인 정부의 재정혁신

문재인 정부는 재정혁신과제로 2019년 예비타당성조사제도 개편과 재정을 통한 사회적 가치실현을 추진하였다.

김대중 정부에서 1999년 예비타당성조사제도를 도입한 이후 20년이 경과한 시점에서 경제·사회여건 변화를 반영한 제도개편 필요성이 대두되었다. 문재인 정부는 2019년부터 경제·사회적 변화를 반영해 경제성과 지역균형, 다양한 사회적 가치를 균형있게 평가하고 사업특성에 부합하도록 평가체계를 개편하였다.

문재인 정부는 재정을 통한 사회적 가치실현을 위하여 사회적 가치 핵심 재정사업 선정, 재정운용기준에 사회적 가치 원리 강화, 재정사업 추진과정에서 참여·협업 촉진, 사회적 가치 공공조달제도 강화를 추진하였다.

7) 재정혁신기구 변천과 주요 혁신성과

(1) 재정혁신 담당기구의 변천

김영삼 정부의 재정기능은 경제기획원과 재무부를 통합한 재정경제원이 담당하였다. 김대중 정부는 재정경제원을 분할하여 예산담당기구인 기획예산위원회(기획예산처로 변경)와 세입담당부처인 재정경제부가 분리되었다. 노무현 정부는 김대중 정부의 재정담당부처를 계승하여 유지하였다. 이명박 정부는 기획예산처와 재정경제부를 통합하여 신설한 거대부처인 기획재정부가 재정기능을 담당하였다. 박근혜 정부와 문재인 정부에서도 기획재정부가 재정기능을 수행하였다. 기획재정부 장관은 경제부총리를 겸임하면서 예산배분기능을 기반으로 경제정책 총괄조정기능을 담당하고 있다. 여기에서는 주요 혁신성과로 예비타당성조사제도와 재정사업성과관리제도를 살펴보겠다.

(2) 예비타당성조사제도의 도입과 개편

김대중 정부는 1999년부터 예비타당성조사제도(이하 예타제도)를 도입하여 대규모 공공투자사업에 대한 신규투자를 투명하고 공정하게 결정하도록 하였다. 이 제도는 본격적인 타당성조사 및 기본설계 이전에 B/C분석을 포함한 경제적·정책적 타당성을 중립적 입장에서 검토하도록 하여 재원의 효율적 배분에 기여하여 왔다. 문재인 정부는 제도 도입 이후 20년이 경과한 시점에서 2019년 예타제도를 개편하여 비수도권의 경우 균형발전평가를 강화하고 경제성을 축소하여 지역간 형평성 제고를 도모하고자 하였다.

(3) 재정사업 성과관리제도

노무현 정부는 4대 재정혁신의 하나로 재정사업 성과관리제도를 도입하였는데, 2005년에 전체 주요재정사업의 1/3에 해당하는 555개의 재정사업에 대해 자율평가를 실시하기 시작하였다. 현재까지 이 제도는 제도의 골격을 유지하면서 성과중심의 재정운영, 투명한 재정운영의 제도적 기반이 되었다(제4부 제9장 참조).

4. 전자정부혁신 비교

1) 김영삼 정부의 전자정부혁신

김영삼 정부는 1995년 8월 「정보화촉진기본법」을 제정하고, 정보화추진위원회를 설치하여 행정, 입법, 사법 등 국가의 모든 영역에 대한 정보화업무를 관장하는 추진체계를 마련하였다. 정보통신부는 정보화추진위원회의 간사 역할을 담당하면서 정보화촉진계획의 수립과 정보화촉진기금의 배분을 통한 정책조정을 담당하였다.

정보통신부는 1996년 6월 '제1차 정보화촉진기본계획'을 수립하였다. 이 계획은 2010년까지 정보화를 추진하기 위한 단계별 목표와 전략을 설정하고, 제1단계 기간인 1996년부터 2000년까지 정부가 집중적으로 추진해야 할 과제를 제시하고 있으며, 정보화 촉진을 위한 10대 과제를 선정하였다. 10대 중점과제는 정부, 교육, 학술연구, 산업, 교통물류, 지역정보화, 의료, 환경, 안전관리 및 국방에 이르기까지 망라하고 있으며, 여기에 처음으로 전자정부라는 용어가 사용되었다.

당시 10대 중점과제의 하나인 전자정부 구현을 위해 2000년까지 5년간 1조 5,000억원을 투입하기로 하였지만 이후 경제위기 및 정권교체 등으로 구체적으로 추진되지는 못하였다. 그렇지만 정보화촉진계획을 바탕으로 김대중 정부가 집권 후반기에 전자정부 정책을 추진하게 되었다.

2) 김대중 정부의 전자정부혁신

1998년 경제위기 상황에서 집권한 김대중 정부는 정보화 추진방향을 단기적으로는 당시의 경제위기 상황을 조기에 극복하고, 장기적으로는 21세기 지식정보화 사회의 기틀을 조성하기 위하여 정보화촉진과 정보통신산업육성을 정책적으로 추진하였다. 1998년 5월 21일 김대중 대통령 주재로 청와대에서 열린 제1차 정보화 전략회의에서는 4대 사회보험 통합, 전자상거래 및 전자문서시스템 도입 등 구체적 실천방안이 제시됐다. 정보화전략회의는 1998년부터 2002년 6월 20일까지 8차례 개최되었다.

2001년 1월 30일에는 대통령 자문기구인 '정부혁신추진위원회'에 '전자정부특별위원회'를 설치하게 되었다. 전자정부특별위원회는 5월 17일 김대중 정부 전자정부 비전과 전략을 수립하고, 2002년 10월말까지 대민서비스 혁신(G2C, G2B), 행정생산성 향성(G2G), 전자정부 기반구축 등의 분야에서 조기달성 필요가 있는 전자정부 중점사업 11개 선정하여, 주관기관별로 추진하도록 하였다. 김대중 대통령의 강력한 리더십 덕분에 전자정부 11대 사업들이 예산의 적절한 지원을 받았고 부처들의 적극적인 협력을 이끌어 낼 수 있었다.

3) 노무현 정부의 전자정부혁신

노무현 정부의 전자정부혁신은 정부혁신위의 전자정부전문위원회를 중심으로 로드맵을 수립하고 행정자치부와 정보통신부 및 과제 관련 부처에서 실행하였다. 전자정부 로드맵은 4대 목표, 10개 아젠다, 31개 과제, 45개 세부과제로 구성되었다. 여기에서는 오늘날까지 지속적으로 활용되고 있는 정부업무관리시스템과 행정정보공유시스템이 포함되었다.

온나라 시스템으로 불리는 정부업무관리시스템은 정부기능과 부처 업무활동을 연계하여 정부 업무 및 실적을 체계적·상시적으로 관리할 수 있는 시스템이다. 이 시스템은 대통령비서실에 2004년 11월에 구축된 'e－지원 시스템'을 기반으로 구축하여 2007년 1월부터 전부처로 확산시켰다.

행정정보공유시스템을 구축하여 행정기관과 공공기관을 중심으로 일부 금융기관에 이르기까지 주민등록, 호적정보 등 행정정보를 공동으로 활용하여 민원처리시에 필요한 구비서류를 대폭 감축하였다. 노무현 정부에서 이 시스템을 도입한 이후 오늘날에 이르기까지 공유정보의 종수를 계속 확대하여 왔다.

다양한 정보시스템의 구축을 바탕으로 시스템적 접근을 시도한 정부혁신이 성공하는데에는 노무현 대통령의 리더십이 가장 중요하게 작용하였다.

4) 이명박 정부의 전자정부혁신

이명박 정부의 전자정부 추진사업은 '선진화를 통한 세계 일류국가 건설'이라는 국가비전과 '창의와 신뢰의 선진 지식정보사회 구현'이라는 국가정보화 기본계획의 비전을 실현하기 위해 국민편익 증진, 경제활성화, 행정효율성 제고, 사회안전강화, 정보화기반 강화 및 정보보호체계 강화 등 6개 분야과제를 2012년까지 지속적으로 추진하였다.

5) 박근혜 정부의 전자정부혁신

박근혜 정부의 대표적 브랜드인 정부3.0을 좁은 의미의 전자정부 개혁으로 볼 것인가 아니면 넓은 의미에서 정부혁신 전반을 포괄하는 개혁으로 볼 것인지는 논란의 여지가 있지만 정부3.0을 중심으로 박근혜 정부의 전자정부 개혁의 성과를 살펴보면 다음과 같다.

첫째, 찾아가는 서비스의 대표적 성과로 국세청의 '찾아가는 연말정산 서비스', 보건복지부의 '복지사각지대 발굴관리 시스템'을 통해 단전, 단수 등 정보를 활용하여 고위험 예측가구 선별 및 복지급여서비스 지원, 국민 개개인 맞춤형 서비스 정보제공, 일자리 정보 포털을 예시하고 있다.

둘째, 유능한 정부 목표 분야의 주요 성과로는 클라우드 정부를 위한 기본계획 수립, 행정정보 공유 확대, 정부 내 협업지도 작성, 온나라 지식관리 통합시스템 구축·운영, 빅데이터 활용 촉진, (가칭) 데이터활용법 추진 등을 제시하였다.

셋째, 투명한 정부 목표 분야에서 정부3.0 추진이 가져온 가장 큰 성과를 공공데이터에 대한 인식변화로 보았다. 공공데이터 개방을 위하여 2013년 「공공데이터의 제공 및 이용 활성화에 관한 법률」을 제정하고 공공데이터 개방의 법적 근거와 범정부적 추진체계를 만들었고, 공공데이터 전략위원회를 설립하여 민간이 공공데이터 개방을 선도할 수 있는 여건을 조성한 것도 성과이다.

6) 문재인 정부의 디지털 정부혁신

문재인 정부의 디지털 정부혁신 추진계획은 우리나라가 세계 최고수준의 전자정부를 구축・운영하고 있으나 인공지능・클라우드 중심의 디지털 전환(digital transformation) 시대가 도래함에 따라 기존 전자정부의 한계가 표출되었다는 인식에 따라 공공분야 디지털 전환을 위하여 마련하게 되었다. 2020년 6월에는 포스트 코로나 시대의 디지털 정부혁신 발전계획이 발표되었다.

디지털 정부혁신 발전계획의 중점과제는 비대면서비스 확대, 맞춤형 서비스 혁신, 데이터 활용과 민・관 협력, 디지털 인프라 확충이 포함되었다.

2020년 4월 행정안전부는 기존의 '전자정부국'을 수요자・서비스 중심의 '디지털정보국'으로 개편하였다. 행정안전부는 개편된 디지털정보국을 중심으로 디지털 정부혁신을 추진하여, 챗봇으로 민원을 상담하는 국민비서 '구삐' 서비스 개시(2021.3.29), 공공마이데이터 11종 시범서비스 시행(2021.2–10월, 1,637만건 활용), 「데이터기반행정법」 제정(2020.6), '범정부 공공데이터 중장기(2019–2021) 개방계획'에 따른 데이터 개방 등을 추진하였다.

우리나라가 코로나19 팬데믹에 대응하는 과정에서 모바일신분증(공적마스크 구매시, 백신접종 확인시 본인확인), 마이데이터(소상공인 대출신청 구비서류 감축), 맞춤형 수혜서비스(각종 지원금 확인・신청) 등 디지털 정부혁신 계획에 따라 추진한 사업이 큰 위력을 발휘하였다.

7) 추진체계 변천과 혁신성과 국제비교

(1) 전자정부혁신의 추진체계 변천

한국에서 전자정부혁신은 군사정부 시기인 전두환 정부의 행정정보화 사업에서 대통령의제로 추진된 이래 역대정부에서 대통령이 관심을 갖는 중요한 정책의제로 등장하였다. 김영삼 정부는 1995년 「정보화촉진법」을 제정하고, 정보화추진위원회를 설치하여 정보화 업무를 관장하는 추진체계를 마련하였다. 체신부를 확대 개편한 정보통신부가 간사 역할을 담당하였다. 김대중 정부의 정보화 및 전자정부 추진체계는 주무부처인 정보통신부와 행정자치부, 기획예산처 정부개혁실, 청와대 정보화전략회의로 분산되었는데, 2001년 1월 전자정부특별위원회의 설치로 대통령이 직접 관심을 가지는 대통령의제가 되었다. 노무현 정부의 전자정부혁신은 정부혁신위의 전자정부전문위원회를 중심으로 로드맵을 수립하고 행정자치부와 정보통신부 및 과제 관련부처에서 실행하였다. 이명박 정부는 정보통신부를 해체하여 전자정부와 국가정보화기능을 행정안전부로 이관하였고, 집권 1년 6개월 후에 대통령 IT특보를 신설하고 대통령소속 국가정보화전략회의를 출범시켜 국가정보화정책의 컨트롤타워 역할을 수행하도록 하였다. 박근혜 정부는 전자정부 개혁을 추진하기 위하여 정부3.0위원회(국무총리소속)를 신설하고, 행정자치부가 실행을 담당하도록 하였다. 문재인 정부는 전자정부 분야의 혁신에 디지털 정부혁신이라는 명칭을 부여하고 100대 국정과제의 하나로 행정안전부에서 실행을 담당하도록 하였다.

이상에서 살펴본 바와 같이 전자정부혁신의 추진체계는 변천을 거듭하였지만, 김영삼 정부에서 문재인 정부에 이르기까지 대통령이 직접 관심을 가지고 점검하는 대통령의제로 추진하였다. 이같이 역대 대통령이 전자정부혁신 또는 디지털 정부혁신에 관심을 가지고 사업을 추진한 것은 이 사업을 둘러싼 정치적 논란이 거의 없으며, 재정투입에 따른 성과가 비교적 확실하게 나타나는 사업이기 때문이다.

역대정부의 전자정부혁신 또는 디지털 정부혁신의 성과를 파악하기 위하여 2002년부터 UN에서 발표하기 시작한 전자정부 발전지수의 순위를 별도로 살펴보겠다.

(2) 혁신성과의 국제비교

UN은 2002년부터 세계 190여개 UN 가입국가에 대하여 전자정부지수를 3개의 하위지수로 나누어 종합적으로 평가하여 전자정부발전지수(E-Government Development Index)를 발표하여 왔다. 또한 2003년부터 온라인참여지수의 순위도 발표하였다. [그림 8-3]에 2002년부터 2020년까지 우리나라 전자정부발전지수와 온라인참여지수의 순위가 제시되었다.

그림 8-3 한국의 UN 전자정부발전지수와 온라인참여지수 순위 변동추이(2002-2020)

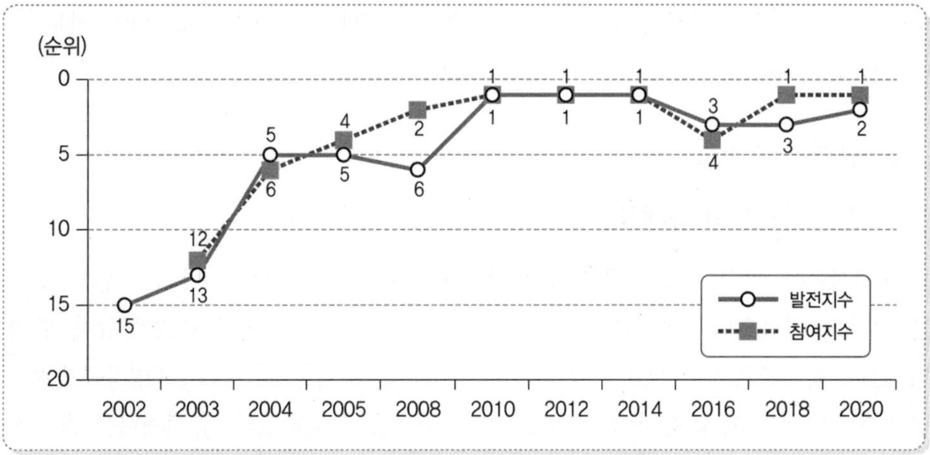

※ 2002년부터 지수평가 발표(2002년 세부지표 미발표), 2006년 UN에서 전자정부 지수 미평가.
※ UN 가입국 중 한국의 순위, 2002~2005(191개국), 2008~2010(192개국), 2012~2018(193개국)
출처: UNPAN(United Nations Public Administration Network, http://www.unpan.org/)
통계청, E-나라지표에서 재인용

[그림 8-3]에 제시된 바와 같이 한국의 전자정부발전 순위는 김대중 정부 임기 말인 2002년 15위에서 시작하여 노무현 정부 시기인 2003년 13위를 기록한 이후, 2005년에는 5위로 상승하였다. 이명박 정부의 국가정보화사업 추진의 성과로 2010년과 2012년에 UN 전자정부 평가에서 '전자정부발전지수'와 '온라인참여지수' 모두 1위로 평가되는 성과를 거두었다. 정책과 제도의 시차적 접근방법을 적용한다면 2010년 전자정부 평가는 2008년 후반의 자료를 대상으로 한 것이므로 세계 1위를 달성한 것은 노무현 정부에서 구축된 31대 전자정부 시스템들의 성공적인 집행의 연장선상에서 보아야 한다는 주장도 제기되었다. 그러나 2012년에도 1위를 유지한 것은 이명박 정부의 성과로 볼 수 있다.

박근혜 정부시기에 UN 전자정부 평가에서 2014년 '전자정부발전지수'와 '온라인참여지수' 모두 세계 1위로 평가되는 성과를 거두었다. 그러나 2016년 평가에서는 '전자정부발전지수'는 3위, '온라인참여지수'는 4위로 하락하였다. 문재인 정부 시기의 UN 전자정부평가에서 '전자정부발전지수'는 2018년 평가에서 3위, 2020년에는 2위로 상승하였다. 한편 '온라인참여지수'에서는 2018년과 2020년 모두 1위를 지켰다. 한편 2020년 OECD 디지털 정부평가 종합 1위, 공공데이터 평가지수 종합 1위(2019.11)를 달성하였다.

전자정부 분야에서 한국이 거둔 뛰어난 성과는 김영삼 정부에서 출발하여 역대 정부가 전자정부와 디지털 정부혁신을 꾸준히 추진해 온 노력이 축적되어 거둔 것이라고 판단된다.

5. 규제혁신 비교

1) 김영삼 정부의 규제혁신

규제개혁은 권위주의, 정격유착, 부정부패를 근절하기 위한 수단적 차원의 성격을 지니고 있었으며, '세계화'의 가치와 밀접하게 연계되었다. 「기업활동규제 완화에 관한 특별조치법」(1993), 「행정규제 및 민원사무기본법」(1994), 「행정규제기본법」(1997)의 법제화를 통하여 규제개혁 추진체계를 정비하였다. 규제개혁을 효과적으로 추진하기 위한 전담기구인 '규제개혁위원회' 설치 근거를 「행정규제기본법」에 규정하여 후임 김대중 정부가 동 위원회를 설치할 수 있도록 하였다.

규제개혁 추진체계와 법률적 기반을 통하여 임기동안 6,000여 건에 달하는 규제개혁을 추진하였다. 양적인 규제완화 노력에도 불구하고 규제총량은 소폭 증가하였으며, 규제에 대한 총체적 접근보다 단편적 접근에 치우쳤고, 일선 공무원들의 개혁의지 부족으로 국민이 체감하는 규제개혁에는 한계가 나타난 것으로 평가되었다.

2) 김대중 정부의 규제혁신

김대중 정부는 출범 이후 다원화되어 있던 규제개혁추진기구를 일원화하여 1998년 4월 대통령 직속 규제개혁위원회를 설치하였다. 김대중 정부에서 1998년 4월 설립된 규제개혁위원회는 오늘날까지 존속되어 규제개혁의 핵심 추진체계로 자리잡았다.

규제개혁위원회는 1998년 중앙행정기관 소관 모든 규제를 전수조사하여 총 11,125건의 규제를 확인하여 정비하였다. 정비된 규제들은 시장진입을 제한하고, 시장경제 활성화를 방해하거나 국민생활과 밀접한 금융서비스 업종 자본금 대폭인하, 건설업 면허제의 등록제로의 전환, 의료보험 진료권 이용제한 폐지 등이다.

「행정규제기본법」에 따라 1998년 6월부터 규제의 신설 또는 강화에 앞서 중앙행정기관장은 해당 규제의 영향분석과 이해관계인의 의견수렴 등 타당성을 사전에 심사하게 하는 규제영향분석제도를 도입하였다. 규제영향분석은 행정기관들이 규제 신설과 강화에 신중하게 대처하도록 하는 효과를 가져왔으며 현재까지 유효하게 작동하고 있다.

3) 노무현 정부의 규제혁신

노무현 정부의 규제개혁은 기존의 규제개혁위원회가 신설·강화 규제의 정비를 전담하고 2004년 8월 국무총리실 산하에 한시조직으로 설치된 규제개혁기획단이 기존 규제 중 핵심 덩어리 규제의 정비를 전담하는 이원화된 체계를 구축하였다. 그러나 '출자총액제한제도'와 '수도권 공장설립 제한 규제'가 정책성 규제라는 이유로 제외돼 개선효과는 크지 않은 것으로 평가되었다(서원석, 2014: 258).

「행정규제기본법」을 개정하여 2006년 6월 말부터 해당법령 입법예고 시 규제영향분석 결과를 국민에게 공개하도록 의무화하였다. 규제가 신설 또는 강화될 경우 부처협의 단계에서부터 규제영향분석서를 작성하여 입법예고 시 발표하게 함으로써 사후적·형식적으로 이루어지던 규제영향분석이 실질적인 영향력을 갖도록 하였다.

4) 이명박 정부의 규제혁신

이명박 정부가 내세운 최고의 국정과제는 단연 규제개혁이었다. 규제개혁위원회와 별도로 이명박 대통령 취임 즉시 국가경쟁력위원회가 출범하면서 경제성장의 걸림돌이 되는 핵심 규제개혁이 대대로 이루어졌는데 규제개혁의 구체적 내용은 경제력 집중억제 완화, 금산분리 규제완화, 수도권 규제완화, 군사시설 보호구역 규제완화, 방송·통신·미디어 규제완화, 한시적 규제유예제도 활용, 규제일몰제 확대적용 등이다.

이명박 정부 규제개혁의 긍정적 성과로는 규제개혁 만족도 증가, 대기업 규제 등 정책적 규제개선, 세계은행 등 국제기구의 긍정적 평가, 규제일몰제, 한시적 규제유예 등 새로운 규제개혁 방식 도입에 의한 규제체감도 및 효과성 제고, 미등록 규제정비, 규제관리시스템 정비 등이다. 그러나 집권 초기 활기찬 시장경제 창달을 위한 규제개혁에서 집권 중반 이후 친서민 중소기업 보호로 규제개혁 방향이 전환되어 일관성이 결여되었다는 지적도 제기되었다.

5) 박근혜 정부의 규제혁신

박근혜 정부는 규제개혁의 컨트롤 타워로 김대중 정부가 도입하여 운영하고 있는 규제개혁위원회 이외에도 2014년 3월 대통령훈령으로 규제개혁장관회의를 신설하였다. 규제개혁장관회의는 규제정책의 기본방향 및 전략, 서비스산업 등 주요분야 사항, 규제개혁 관련 법제도 및 규제정책의 원활한 집행을 위해 관계부처 또는 지방자치단체간 협의가 필요한 사항을 심의 조정하는 기능을 수행하였다.

박근혜 정부는 규제비용관리제(Cost-in, Cost-out)를 도입하여 규제의 신설·강화로 발생하는 직접비용과 직접편익을 분석하여, 편익을 초과하는 비용이 발생하면 개선이 필요한 기존규제를 찾아내 폐지·완화하도록 하였다.

박근혜 정부는 2013년과 2014년에 일몰규제의 근거법령 정비와 일몰규제 설정 확대 조치를 통해 규제일몰제를 대폭 정비하였다. 또한 온라인 중심의 원스톱 규제건의 처리창구인 규제개혁신문고(www.better.go.kr)를 통해 국민 누구나 규제개선 건의를 할수 있으며, 처리상황을 실시간 확인할 수 있도록 하였다.

박근혜 정부는 인공지능, 빅데이터, 사물인터넷 등 4차산업혁명 기반기술을 중심으로 하는 신산업분야의 규제를 획기적으로 개선하였다. 그러나 신산업규제 시스템은 혁신적인 제도임에도 불구하고 박근혜 정부 임기 후반기인 2016년 3월 도입되어 일년 남짓 운영되는데 그쳤다.

6) 문재인 정부의 규제혁신

문재인 정부 규제혁신은 규제혁신 플랫폼 구축, 핵심규제 개선, 범정부 적극행정 확산의 세 범주로 구분된다.

첫째, 규제혁신 플랫폼으로 규제샌드박스와 네거티브 규제를 도입하였다. 규제샌드박스 제도는 신산업·신기술에 대한 규제를 일정 조건에서 유예하는 제도이다. 법령 등을 네거티브 규제 시스템으로 전환하여 매번 개정하지 않아도 신산업·신기술을 허용할 수 있도록 하였다.

둘째, 신산업 규제정비 기본계획(2020.12)을 바탕으로 DNA(Data, Network, AI), 비대면산업, 바이오의료, 기반산업, 그린산업 등 5대 분야 핵심규제를 개선하여 신산업 현장에서 제기되는 각종 규제애로를 해소하였다. 또한 온라인출생신고 등 행정·복지·의료·주거·문화 등 일상생활 전반의 불편에 관한 민원행정절차를 간소화하였다.

셋째, 공무원이 징계·감사 등의 우려 없이 적극적으로 일하는 공직문화를 정착하기 위해 적극행정 면책 등 규제를 완화하여 승차진료와 코로나19 진단키트 긴급승인 등 현안에 대응하고 민생을 지원하는 등 우수사례를 창출하였다.

7) 규제혁신 추진체계 변동과 규제혁신 국제비교

(1) 규제혁신 추진체계 변동

김영삼 정부는 행정쇄신위원회 등을 중심으로 규제개혁을 추진하였는데, 임기말에 「행정규제기본법」(1997)의 법제화를 통하여 규제개혁 전담기구인 '규제개혁위원회'의 설치 근거를 마련하고 규제개혁 추진체계를 정비하였다. 동법에 따라 김대중 정부에서 1998년 4월 설립한 규제개혁위원회는 오늘날까지 존속되어 규제개혁의 핵심 추진체계로 자리 잡았으며, 사무국 기능은 국무조정실에서 담당하고 있다. 노무현 정부는 규제개혁위원회가 신설·강화 규제정비를 담당하도록 하고, 국무총리 산하에 한시적으로 규제개혁기획단을 설치하여 핵심 덩어리 규제의 정비를 담당하는 이원화 체제를 구축하였다. 이명박 정부는 규제개혁위원회와 더불어 대통령소속 국가경쟁력강화위원회를 신설하여 규제개혁을 강력하게 추진하였다. 박근혜 정부는 대통령이 의장인 규제개혁장관회의를 설치하여 대통령의제로 규제개혁을 추진하였다. 문재인 정부는 100대 국정과제의 하나로 "민생과 혁신을 위한 규제 재설계" 과제를 추진하였고 담당부처는 국무조정실이다. 이같이 역대정부에서는 규제혁신을 우선순위가 높은 과제로 설정하고 국무조정실에 뒷받침하는 규제개혁위원회에서 신설규제와 기존 규제강화를 담당하도록 하였고, 대통령 소속 위원회 또는 규제개혁 장관회의를 추가로 설치하여 규제개혁을 추진하였다.

(2) 규제혁신 국제비교

OECD는 2015년부터 3년 단위로 규제개혁의 핵심요소인 이해관계자 참여, 규제영향분석, 사후평가 등 3개 영역에서 회원국의 규제정책을 평가하였다.

표 8-4 OECD 규제개혁 국제비교에서 한국의 순위(2015, 2018, 2021)

영역		2015	2018	2021
이해관계자 참여	법률	9	4	3
	하위법령	15	6	4
규제영향분석	법률	13	3	2
	하위법령	12	4	2
사후평가	법률	13	3	5
	하위법령	14	3	7

출처: OECD Regulatory Policy Outlook 2015, 2018, 2021.

<표 8-4>에 2015, 2018, 2021년 평가에서 회원국가들 가운데 한국의 순위가 영역별로 제시되었다. 각 영역별로 법률과 하위법령을 구분하여 회원국가의 순위를 매겼는데, 2015년 최초 평가에서 한국은 이해관계자 참여 영역에서 법률 9위, 하위법령 15위, 규제영향분석 영역에서 법률 13위, 하위법령 12위로 평가되었고, 사후평가 영역에서는 법률 13위, 하위법령 14위를 기록하여 전반적으로 중위권에 해당하였다. 2018년 평가에서 한국은 38개 회원국가 가운데 이해관계자 참여 영역에서 법률 4위, 하위법령 6위, 규제영향분석 영역에서 법률 3위, 하위법령 4위로 평가되었고, 사후평가 영역에서는 법률 3위, 하위법령 3위를 기록하여 중위권에 해당했던 2015년 평가보다 상당히 개선되었다. 한편 2021년 평가에서는 이해관계자 참여 영역에서 법률 3위, 하위법령 4위, 규제영향분석 영역에서 법률 2위, 하위법령 2위로 평가되어 순위가 상승하였지만, 사후평가 영역에서는 법률 5위, 하위법령 7위를 기록하여 순위가 하락하였다.

이같이 2021년 규제개혁 평가에서 OECD 38개 회원국가 가운데 상위권으로 평가받은 것은 멀리 1998년 규제영향분석제도 도입 및 2006년 이의 공개의무화 조치에서부터 최근 박근혜 정부에서 도입한 규제비용관리제, 규제일몰제 확대, 규제정보포털(www.better.go.kr), 규제개혁신문고 제도 등과 더불어 문재인 정부에서 도입한 규제샌드박스 제도를 포함하여 코로나19 위기상황에 드라이브스루 검사시설과 생활치료센터 운영 등 새로운 규제접근방식으로 대응한 점이 누적되어 높이 평가된 것이다.

그런데 우리나라에서 의원입법은 정부입법과는 달리 체계화된 규제영향분석 제도를 갖추고 있지 못하다. 의원입법으로 성립되는 규제 법안에 관하여는 사회적 영향에 대한 체계적이고 깊이 있는 분석이 이루어지지 못하고 있어 규제법령 관리에 허점이 존재한다. 그러므로 의원입법에 대해서도 국회 차원의 규제영향평가제도 도입이 필요하다.

6. 반부패혁신 비교

1) 김영삼 정부의 반부패혁신

김영삼 정부 신한국창조운동의 출발점은 반부패운동이었다. 대통령 스스로 체제적 부패의 제거는 사회정의 구현을 위해서 뿐만 아니라 경제의 재도약을 위해서

불가결하다는 인식을 확고하게 표명하고 반부패 운동을 진두지휘하였는데, 주요 반부패 시책들을 요약하면 다음과 같다.

첫째, 윗물 맑기 운동으로 대통령 스스로 부정부패 척결을 위한 실천 모습을 보여주겠다는 취지에서 정치자금 안받기, 청와대의 근검절약, 청와대 개방, 안가 철거, 대통령 골프 안치기, 대통령의 자발적 재산공개 등을 실행하였다. 그러나 대통령의 강력한 반부패 의지에도 불구하고 대통령 아들과 측근 정치인들이 부정부패로 법의 심판을 받은 역설적 상황이 계속되었다.

둘째, 김영삼 정부는 1993년 형식적으로 운영되어 왔던 「공직자윤리법」을 개정하여 공직자 및 공직 후보자에 대하여 보유재산을 등록하고 공개하도록 하였다.

셋째, 1993년 금융실명제를 전격적으로 실시하여 금융 및 자산형성과 거래의 투명성을 제고하여 공직자의 부정한 재산축적행위를 감시하도록 하였다.

넷째, 「행정규제 및 민원사무기본법」(1994)에 근거하여 옴부즈만 제도를 국민고충처리위원회라는 이름으로 발족하여 국민의 권리구제에 기여하였다. 감사원장의 자문기구로 부정방지대책위원회를 설치하고 감사 권한을 확대하여 감사원의 반부패정책에 대한 역할을 강화하였다.

부정부패 척결을 국정과제의 하나로 내세우며 출범한 김영삼 정부는 반부패정책의 범위뿐 아니라 제도화의 정도, 사정활동 등 모든 측면에서 적극적으로 진행되었으며 일정한 성과도 거둔 것으로 평가되었다.

2) 김대중 정부의 반부패혁신

김대중 정부는 1997년 외환위기 초래 원인 가운데 하나가 부패라고 인식하여 1998년 '부패와의 전쟁'을 선언하고, 부패방지 정책을 추진하였는데, 그 주요내용은 다음과 같다.

첫째, 2001년 「부패방지법」 제정으로 종합적인 반부패정책추진기구인 '부패방지위원회'가 대통령 소속 행정위원회로 출범하여 반부패정책을 총괄하게 되었다. 부패방지위원회는 대통령 소속기구로서 부패신고를 접수하여 처리하고 관련 제도의 개선을 권고할 수 있으며, 반부패정책 수립과 평가, 교육과 홍보기능을 수행했다. 그러나 조사권을 부여받지 못했기 때문에 여전히 한계와 취약점을 가진 기구였다.

둘째, 부패방지법과 더불어 우리나라 최초의 자금세탁방지법인 「범죄수익 은닉의 규제 및 처벌에 관한 법률」과 「특정금융거래정보의 보고 및 이용 등에 관한 법률」이 2001년 9월 3일 국회를 통과하였고, 2001년 11월 28일부터 시행되었다.

역대정부의 반부패대책이 일회성으로 주먹구구식으로 진행된 데 비하여, 김대중 정부는 '반부패정책'을 국가의 정책의제로 자리매김하도록 하였다. 부패방지법을 제정하고 반부패정책의 전담조직인 '부패방지위원회'를 설립함으로써, 반부패정책이 체계적이고 조직적으로 추진될 수 있는 토대를 구축하였다.

3) 노무현 정부의 반부패혁신

첫째, 노무현 정부는 부패방지대책을 종합・체계적으로 추진하기 위하여 대통령이 의장인 반부패관련기관 협의회를 설치하고, 국가적 차원의 반부패정책 기본방향 설정, 주요 반부패정책 결정 및 기관별 추진상황 점검 등 부패방지를 위한 구심체 역할을 수행하였다.

둘째, 각 부처의 부패 관련정보 상호공유 및 부패통제 기능간 연계성 강화를 위하여 부패방지 통합정보시스템을 구축하여, 부패적발 현황자료, 부패방지정책 점검・평가자료, 교육 및 홍보자료, 제도개선 자료, 기타 시민사회, 국제사회 동향 관련 정보를 통합적으로 제공하도록 하였다.

셋째, 매년 공공기관의 청렴도를 측정하고 측정결과 나타난 부패취약기관 및 취약분야에 대해서는 해당기관이 구체적 제도개선을 추진하도록 하고, 그 실적을 평가하였다. 부패방지평가 및 환류시스템은 청렴도 측정, 부패방지 시책 평가 및 부패영향평가로 구성되었는데, 부패영향평가는 법률・대통령령 등 모든 법령을 대상으로 부패유발요인을 사전에 평가하는 제도이다.

4) 이명박 정부의 반부패혁신

이명박 정부에서 정부조직 개편으로 부패방지기능을 담당하는 국가청렴위원회를 국민권익위원회에 통합시킴으로서 부패방지를 위한 독립전담기구가 사라졌고, 부패방지정책의 우선순위가 다소 낮아지게 되었다. 이명박 정부에서 공익신고자에 대한 보호와 보상 등이 주요내용으로 규정된 「공익신고자 보호법」이 2011년 3월 29일 공포되어 2011년 9월 30일에 시행되었으며, 소관 부처는 국민권익위원회이다.

5) 박근혜 정부의 반부패혁신

박근혜 정부에서 대통령 친인척 등 특수관계인의 부정부패를 근절하기 위해 국회가 추천하는 특별감찰관제를 신설하고 고위공직자 비리 수사를 위해 상설특별검사제도를 도입하였다. 초대 특별감찰관이 2016년 9월에 사직한 후 후임이 임명되지 않아 유명무실하게 되었다.

박근혜 정부에서 「청탁금지법」(소위 김영란법)이 제정되어 2016년 9월 28일부터 시행하였다. 정식 명칭은 「부정청탁 및 금품 등 수수의 금지에 관한 법」이다.

이같은 반부패개혁에도 불구하고 최순실의 국정농단에 따른 대통령 탄핵, 공공기관 채용비리 등 고위정치인의 부패범죄가 발생하여 부패인식수준은 크게 악화되었다.

6) 문재인 정부의 반부패혁신

문재인 정부에서 추진한 반부패정책 관련 주요 법령 제·개정 내용 및 추진실적은 다음과 같다.

첫째, LH 사태를 계기로 공직자들의 지위·권한을 이용한 사익추구 행위를 근원적으로 예방할 수 있는 「공직자의 이해충돌방지법」이 2021년 5월 18일 제정·공포되었고, 2022년 5월 19일 시행될 예정이다. 이 법의 제정으로 중앙부처, 지자체(지방의회), 공직유관단체 등 약 14,500개 기관 200만 명의 공직자의 가족채용, 퇴직공직자 전관예우 등 연고에 따른 사익추구 관행에 대한 실효적 통제가 가능하게 되었다.

둘째, 「공익신고자 보호법」을 개정하여 공익신고를 활성화하고, 공익신고자를 두텁게 보호할 수 있도록 공익 침해행위대상 법률을 추가하고, 비실명 대리신고 제도를 도입(2018.10)하는 등 공익신고자의 보호와 보상을 강화하도록 하였다.

셋째, 구속기준 중 뇌물범죄 구속 사유를 추가하는 등 5대 중대 부패범죄(뇌물, 알선수재, 알선수뢰, 배임, 횡령) 관련 '검찰 사건처리기준'을 개정(2018.6)하여, 5대 중대 부패범죄에 대한 처벌을 강화하도록 하였다.

넷째, 청렴사회민관협의회가 출범(2018.3)하여 다양한 반부패정책을 심의·의결하고 이를 정책으로 반영하였다.

7) 반부패혁신의 추진체계 변동과 혁신성과의 국제비교

(1) 추진체계 변동

김영삼 정부는 부정부패척결을 국정과제의 하나로 내세우며 출범하였지만 부패방지정책을 전담하는 부처는 없었다. 김대중 정부는 2001년 부패방지법을 제정하고 대통령소속 행정위원회인 부패방지위원회를 반부패정책 총괄기구로 신설하였다. 노무현 정부는 부패방지위원회 명칭을 국가청렴위원회로 변경하고 대통령이 의장인 반부패관련기관협의회를 설치하였다. 이명박 정부는 부패방지정책의 독립전담기구인 국가청렴위원회를 폐지하고 국민고충처리위원회와 통합된 국민권익위원회가 그 기능을 담당하게 하였다. 박근혜 정부와 문재인 정부에서도 국민권익위원회가 부패방지정책의 담당부처이다. 문재인 정부에서는 대통령이 의장인 '공정사회 반부패정책협의회'를 구축하여 범정부차원의 대응체계를 제도화하였다.

(2) 혁신성과의 국제비교

1995년부터 국제투명성기구(Transparency International)가 주요 국가의 부패인식지수(Corruption Perception Index: CPI)를 조사하여 발표하기 시작하였는데 역대정부별로 구분하여 살펴본 한국의 부패인식지수의 추이는 [그림 8-4]와 같다.

김영삼 정부에서는 국제투명성기구 조사 첫해인 1995년에 10점 만점에 4.29점이며, 1996년에는 5.02점으로 대폭 상승하였으나 임기말인 1997년에 4.29점으로 하락하였다. 김대중 정부 시기의 부패인식지수는 1998년 4.2에서 1999년 3.8로 최저치를 기록한 후 매년 완만하게 상승하여 2002년에는 4.5를 기록하였다. 노무현 정부 시기에 한국의 부패인식지수는 출범 첫해인 2003년 4.3점에서 2006년과 2007년에 5.1점으로 상승하였다. 이명박 정부 시기에 반부패지수 추이는 2008년 5.6에서 시작하여 다소 하락하다가 임기말인 2012년에 임기초의 수치인 5.6으로 회복하여 정체상태인 것으로 나타났다. 박근혜 정부시기의 부패인식지수는 2013년 5.5에서 2016년 5.3으로 하락하였다. 문재인 정부시기의 부패인식지수는 2017년 5.4에서 2021년 6.2로 매년 지속적으로 상승하였다.

요약하면 국제투명성기구에서 부패인식지수를 최초로 조사하기 시작한 1995년 한국의 부패인식지수는 4.29에서 출발하였다. 역대정부를 거치면서 어느 정도 기복이 있었지만 26년이 지난 2021년에는 부패인식지수가 6.1로 대폭 상승하였다. 이는 민주화 이후 역대정부를 거치면서 김영삼 정부의 공직자 재산등록제도 도입 및 금융실명제 제도화, 김대중 정부의 「부패방지법」 및 「자금세탁방지법」 제정, 노무현 정부의 기관별 청렴도 측정 및 부패영향평가 제도화, 이명박 정부의 「공익신고자보호법」 제정, 박근혜 정부의 「청탁금지법」 제정, 문재인 정부의 「공직자의 이해충돌방지법」 제정 등 부패방지 관련 법 및 제도의 구축·운영이 누적되어 성취된

그림 8-4 역대정부의 부패인식지수 추이

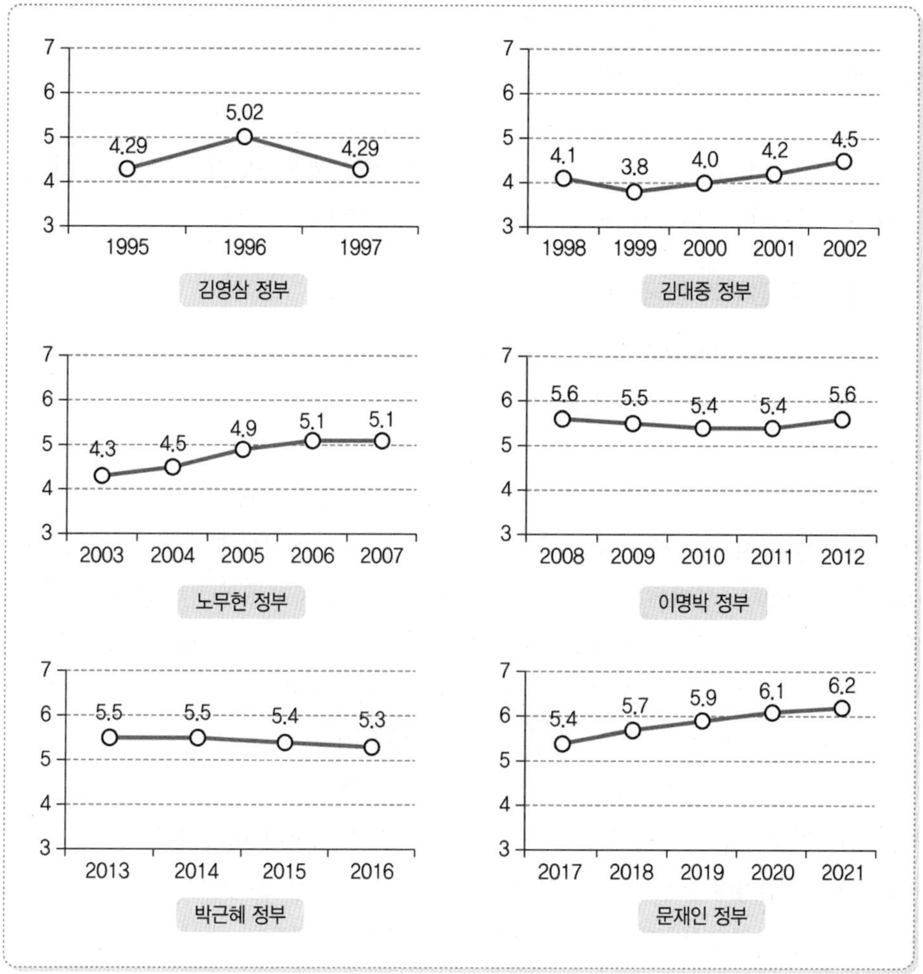

결과라고 볼 수 있다.

7. 공공기관혁신 비교

1) 김영삼 정부의 공공기관혁신

김영삼 정부는 재정경제원을 중심으로 공기업의 독점적 지위에 따른 미진한 경영효율화 노력을 부각시키며 공기업 민영화추진 계획을 수립하였다. 임기 내 전체 133개 공기업 중 46%인 61개 공기업에 대한 정부지분을 완전 매각하여 민영화를 추진하기로 하였다. 데이콤 민영화(1993), SK텔레콤 민영화(1994) 등 일정 부분 성과가 있었다. 1995년 「국유철도 운영에 관한 특례법」을 제정하여 2000년대 초반까지 인원감축, 시설현대화, 개량사업 등의 내용을 골자로 하는 '국유철도경영개선기본계획' 수립하여, 노무현 정부에서 철도사업의 공사화 기반을 구축하는 계기가 되었다. 당초 133개 공기업 중 61개를 민영화하기로 계획하였지만, 실제 임기 중 민영화를 완료한 기업은 16개(매각 수업 1조 6,566억원)에 그쳤다.

2) 김대중 정부의 공공기관혁신

김대중 정부는 IMF위기 탈출에 필요한 재정수입을 확보하고 국가재정 건전화를 통한 국가신인도를 높이기 위해 강력하고 폭넓은 공기업 민영화계획을 수립하여 추진하였다.

첫째, 공기업 민영화와 운영시스템 개혁을 추진하였다. 1998년 7월 공기업 민영화 계획수립 당시 자회사를 포함 공기업의 수는 총 108개였는데 모기업(금융공기업 제외)은 26개이다. 여기에는 정부투자기관(모기업 13개, 자회사 30개) 및 정부출자기관(모기업 13개, 자회사 52개)이 포함되었다. 공기업 민영화와 자회사 정리가 이루어진 이후 공기업은 자회사 포함 98개에서 35개로 감소하여 수적으로 78% 감축되었고, 인력은 62% 감축되었으며, 정부는 24.3조원의 매각수익을 확보하였다(기획예산처, 2002: 82−140). 공기업 운영시스템의 개선에도 역점을 두어 정부이사제를 폐지하고 민간전문가를 이사로 위촉하는 사외이사제를 도입하여 이사회의 기능을 대폭 강화하고, 책임경영체제 구축을 위하여 사장경영계약제를 도입하였다. 경영투명성 제고를 위하여 결산서, 재무제표, 경영실적평가결과, 외부위탁 등에 대하여 공개하도록 하는 경영공시제를 도입하였다.

둘째, 산하기관 개혁을 추진하였다. 김대중 정부는 산하기관 현황을 파악하는 한편, 유형별로 산하기관 경영혁신 계획을 수립하였다(기획예산처, 2002: 141−168). 출연위탁기관 및 출연연구기관을 포함한 산하기관을 대상으로 경영혁신 이행실적을 종합적으로 평가하기 시작하였다.

한편 18개 부처의 총 48개 출연연구기관(인문사회계 23, 과학기술계 25)에 대하여 기존 연구원별 이사회를 폐지하고, 경제사회연구회, 인문사회연구회, 기초기술연구회, 산업기술연구회, 공공기술연구회 등 5개의 연합이사회를 설립하도록 하고, 연구회별로 사무국을 구성하여 지원하도록 하였다.

3) 노무현 정부의 공공기관혁신

노무현 정부는 2007년 4월 「공공기관의 운영에 관한 법률」을 제정하여 기존에 분산되어 관리되었던 공기업과 정부산하기관을 하나의 법률로 묶음으로서 공공기관 전체에 대한 관리체계를 구축하였다. 2005년 12월 공공기관 경영정보공개시스템인 알리오(ALIO)를 개통하여 전체 공공기관의 운영 현황을 파악하는데 필수적인 경영정보를 제공하도록 하였다. 또한 윤리경영시스템을 강화하기 위하여 예산편성 집행기준 강화 및 임원 직무청렴계약제 확대와 함께 감사의 역할을 강화하였다. 2007년 「공공기관의 운영에 관한 법률」 시행 이후 공기업 24개와 준정부기관 77개 등 총 101개의 공공공기관에 대한 경영평가를 시작하였다. 공공기관 경영평가 체제가 구축되고 대상기관이 확대되면서 성과중심의 경영체제(연봉제, 팀제, 성과급 등)가 정착되기 시작하였다.

노무현 정부에서는 김대중 정부에서 논의해왔던 한국전력공사, 한국가스공사의 민영화를 중단하였고, 철도청의 경우 단계적 민영화 대신 철도 업무를 한국철도공사와 한국철도시설공단으로 분리하여 공사로 전환하였다.

4) 이명박 정부의 공공기관혁신

이명박 정부는 공공기관 규모가 비대화되었고 비효율적 운영, 즉 방만경영으로 국민부담을 증가시키고 정부에 대한 신뢰를 저하시킨다고 보았다. 이에 출범 직후인 2008년 3월부터 '공공기관 선진화'를 통하여 공공기관의 문제점을 해소하고 위축된 시장경제에 활력을 불어넣겠다고 발표하였다.

공공기관 선진화 정책은 '작은 정부, 큰 시장', '국민편익 증대', '사회적 비용 최소화' 및 '기관별 특성에 맞는 방안 수립 및 투명한 추진' 등 원칙에 따라 추진되었다.

이명박 정부의 공기업 개혁에서 하드웨어 측면은 민영화, 통・폐합, 경쟁도입, 기능조정, 경영효율화, 출자회사 정리를 의미하며, 공공기관 소프트웨어 개혁의 측면은 노사관계 선진화, 보수체계 개편 등을 의미한다.

이명박 정부의 공공기관 통폐합이 다소 무리하게 추진된 측면도 있지만, 정권이 교체된 후에도 원상으로 복귀하지 않고 대부분 유지된 것은 이명박 정부가 통폐합하여 대부처화한 정부조직이 박근혜 정부에서 대부분 원상으로 복귀한 것과는 대조된다. 노사합의를 통하여 공공기관의 보수를 하향 조정한 점도 과거 정부가 오랫동안 해결하지 못한 숙원과제를 해결한 것으로 볼 수 있다. 그러나 공기업 민영화의 경우 국민들의 공감대가 상대적으로 낮은 것으로 나타났다. 공기업과 공공기관은 효율성과 동시에 공공성이 중요한 가치인데, 공공성을 지나치게 약화시켰다는 비판을 받았다.

5) 박근혜 정부의 공공기관혁신

박근혜 정부의 공공기관 개혁은 공공기관의 누적된 비효율을 개선하기 위한 '공공기관 정상화 개혁방안'이라는 관점에서 이루어졌다.

첫째, 2013년 12월 발표한 '공공기관 정상화 1단계 대책'에서는 부채감축, 방만경영개선, 투명성 제고 등에 초점을 맞추었는데, 공공기관 부채비율 2012년 220%에서 2015년 183%로 감소하였고, 방만경영 해소대책을 추진하여 연간 약 2,000억원의 복리후생비를 감축하였다.

둘째, 2015년 1월 발표한 '공공기관 정상화 1단계 대책'의 핵심은 공공기관 기능조정이었다. 2015년에는 SOC, 농림·수산, 문화·예술 분야 공공기관에 대한 기능조정방안, 2016년에는 에너지, 환경, 교육분야 공공기관을 대상으로 업무조정 방안을 추진하였다.

셋째, 공공기관의 임금체계를 성과중심으로 개편하였다. 2015년에 60세로 정년이 연장됨에 따라 임금피크제를 전 공공기관에 도입하도록 하였다. 또한 2016년 1월에 그동안 간부직에 국한하여 적용하던 공공기관 성과연봉제 적용대상을 기준간부급(통상 1−2급)에서 최하위 직급이나 기능직 등을 제외한 비간부직(4급 이상)까지 확대하고, 기본연봉의 인상율의 차등폭이 평균 3% 이상이 되도록 하되 총연봉 대비 성과연봉의 비중은 공기업 30% 이상, 준정부기관은 20% 이상이 되도록 권고하였다.

6) 문재인 정부의 공공기관혁신

문재인 정부에서 추진한 공공기관 혁신의 주요 추진실적은 다음과 같다.

첫째, 공공기관을 통한 일자리 창출을 추진하였다. 코로나19 대응, 한국판 뉴딜추진, 안전관리 강화, 고용·복지 사각지대 해소 등 필수분야를 중심으로 인력을 증원하여, 공공기관 정원은 2016년 32만 8천 명에서 2021년 44만 3천명으로 11만

4천명, 34.96% 증가하였다.

둘째, 공공기관 평가에서 사회적 가치, 경영혁신 등 공공성을 대폭 강화하는 방향으로 공공기관 경영평가 제도를 개선하였다. 경영관리 범주에 '사회적 가치 구현' 평가지표(일자리 창출, 균등한 기회와 사회통합, 안전 및 환경, 상생 · 협력 및 지역발전, 윤리경영)를 신설하고 그 배점을 매년 확대하였다.

셋째, 문재인 정부는 공공기관에 직무급제 도입을 추진하였다. 공공기관의 직무급 도입을 촉진하고, 기관특성 및 노사합의를 고려하여 추진할 수 있도록 공공기관 경영평가지표에 직무급 도입 준비와 도입수준 평가(2점)를 반영하였다.

넷째, 공공기관 혁신 포털인 알리오플러스(http://www.alioplus.go.kr)를 확대 개편하고, 공공기관 채용정보시스템인 잡알리오앱(https://job.alio.go.kr)을 개발하여 공공기관 보유시설 정보 및 경영공시 항목을 추가하여 국민의 알 권리를 제고하였다.

다섯째, 공공기관 이사회에 노동이사제를 도입하기 위하여 「공공기관운영에 관한 법」(공운법) 개정 이전에 근로자의 경영참여 취지 반영이 가능한 '근로자대표 이사회 참관제'를 노사협의 자율 원칙에 따라 우선 추진하였다.

7) 역대정부 공공기관혁신의 특징

공공기관 분야는 역대정부가 추구한 정부혁신 패러다임의 특징이 가장 분명하게 반영되어온 영역이었다.

김영삼 정부는 신공공관리의 관점에서 정부를 개혁하고자 하여 공기업 민영화를 추진하여 16개 공기업을 매각(매각수입 1조 6,556억원)하는 등 일정한 정도 성과를 거두었다.

김대중 정부는 IMF경제위기 탈출을 위해 신공공관리의 관점에서 강력하고 폭넓은 공기업 민영화와 산하기관 개혁을 추진하였다. 김대중 정부에서 공기업은 자회사 포함 98개에서 35개로 감소하여 숫적으로 78% 감축되었고, 공기업 및 자회사 인력은 62% 감축되었으며, 정부는 24.3조원의 매각수익을 확보하였다. 한편 김대중 정부는 산하기관 현황을 파악하고, 산하기관 경영혁신 실적을 평가하기 시작하였고, 출연연구기관 연합이사회 제도를 도입하였다.

노무현 정부는 「공공기관 운영에 관한 법률」을 제정하여 공기업과 정부산하기관을 포함한 공공기관 전체에 대한 관리체계를 구축하였다. 공기업과 공공기관에 대한 경영평가체제가 도입되어 성과중심의 경영체제가 정착되기 시작하였다. 한편 김대중 정부에서 논의해 왔던 한국전력과 한국가스공사의 민영화 추진을 중단하는 등 신공공관리 개혁의 속도를 조절하였다.

이명박 정부는 노무현 정부와는 달리 신공공관리 개혁의 관점으로 되돌아가 민영화, 통·폐합, 경쟁도입, 기능조정, 경영효율화, 출자회사 정리를 강력하게 추진하였으며, 소프트웨어 개혁의 측면에서 노사관계 선진화, 보수체계 개편 등을 추진하였다.

박근혜 정부는 이명박 정부의 신공공관리의 관점을 계승하여 공공기관의 누적된 비효율을 개선한다는 취지에서 방만경영개선, 공공기관 기능조정, 성과중심 임금체계 개편 등 '공공기관 정상화 개혁방안'을 추진하였다.

문재인 정부는 사회적 가치 거버넌스의 관점에서 공공기관을 통한 일자리 창출, 공공기관 평가지표에 사회적 가치 반영, 직무급 보수체계 도입, 공공기관 혁신 포털 확대, 공공기관 노동이사제 도입을 위한 공공기관 지배구조 개선을 추진하였다. 이같이 문재인 정부는 이명박 정부의 '공공기관 선진화계획' 및 박근혜 정부의 '공공기관 정상화 개혁방안'으로 대표되는 신공공관리의 관점과는 차별화된 사회적 가치 거버넌스의 관점에서 공공기관 혁신을 추진하였다.

요약하면 공공기관 혁신의 방향으로 김영삼 정부, 김대중 정부, 이명박 정부, 박근혜 정부는 신공공관리의 관점에서 공기업 민영화와 통·폐합을 추진한 반면, 노무현 정부와 문재인 정부는 민영화 추진을 중단하였고, 문재인 정부는 사회적 가치 거버넌스 관점에서 공공기관을 통한 일자리 창출을 추구하였다는 점에서 방향이 전혀 달랐다.

IMF 이후 김대중 정부에서 공기업과 산하기관에 대한 현황을 체계적으로 파악하기 시작하였고, 산하기관 경영평가를 시작하였다. 노무현 정부에서 「공공기관 운영에 관한 법률」(이하 공운법)을 제정하여 공기업과 공공기관(산하기관이라는 명칭에서 변경) 전체에 대한 관리체제와 경영평가체제를 일원화하였다. 그 이후 이명박 정부와 박근혜 정부는 공운법에 따른 경영평가를 통하여 신공공관리 관점에서 공기업 및 공공기관 개혁을 추진한 반면, 문재인 정부는 사회적 가치 관점으로 방향을 전환하였지만 경영평가제도를 그 수단으로 활용했다는 점에서는 동일하다.

Ⅳ. 역대정부 정부혁신의 중장기적 성과

여기에서는 정부혁신의 중장기적 성과를 중심으로 역대정부의 성과를 살펴보겠다. 중장기적 성과란 문제해결을 위하여 도입한 혁신적인 제도와 절차가 정권이 교체된 이후에 계속 작동하면서 정상적으로 운영될 때 거둔 개혁방안이다. 특히 보수정권과 진보정권의 교체에도 불구하고 혁신조치가 제도화되어 정상적으로 운영될 때 중장기적 성과가 있는 것으로 볼 수 있다.

1. 김영삼 정부

김영삼 정부 정부혁신은 관료의 관점이 아니라 국민의 시각에서 접근하였다. 행정쇄신위원회의 제도화 과정에서 민간전문가들이 주도적인 역할을 담당할 수 있도록 개혁체계를 조직화하고, 운영규칙을 설계하였다. 국민제안을 토대로 쇄신방안을 마련하여 국민 생활 편의 향상 및 행정발전에 기여한 것으로 평가된다.

김영삼 정부는 대통령 직속 행정쇄신위원회를 설치하여 상시 운영하여 정부혁신 추진체계의 모델을 제공하였다. 1996년 「행정절차법」과 「정보공개법」을 제정하여 오늘날까지 정책결정의 민주화와 국민의 권리구제에 크게 기여해 왔다. 규제개혁위원회의 법적 근거가 되는 「행정규제기본법」을 제정하여 향후 지속적인 규제개혁 추진에 기여하였다. 「공직자윤리법」을 개정하여 고위공직자의 재산등록 및 대국민 공개를 의무화하였고, 1993년 '금융실명제', 1995년 '부동산실명제'를 실시하여 공직자의 부정한 재산 축적 행위를 감시하도록 하였다. 또한 「민원사무기본법」(1994)에 근거하여 옴부즈만제도를 국민고충처리위원회라는 이름으로 발족하여 국민 고충을 지속적으로 처리할 수 있도록 하였다.

2. 김대중 정부

김대중 정부는 개혁추진체계를 정비하여 상시개혁을 추진하였고, IMF 경제위기 탈출을 위하여 중앙정부와 지방정부는 물론 공기업·산하기관을 포함한 공공부문 전반에 걸쳐 개혁을 추진하였다. 또한 개혁 내용에서도 조직 및 인력감축 등 하드웨어뿐만 아니라 경쟁과 성과 원리 도입 등 운영시스템 개혁을 추진한 것이 특징이다.

김대중 정부가 추진한 개혁조치 가운데 상당수가 제도화되어 오늘날까지 운영되고 있다. 예를 들면, 정부운영시스템의 하나로 책임운영기관제도, 인사혁신 분야의 개방형직위제도와 성과중심 보수제도, 재정분야의 기금제도 개혁과 기금평가, 예비타당성조사제도, 규제혁신 분야에 규제개혁위원회 설치와 규제영향평가제도, 부패방지 분야에 반부패정책의 총괄기관으로서 부패방지위원회 설치와 자금세탁방지법 제정, 공공기관 개혁분야의 공기업 및 산하기관 평가제도, 출연연구기관 연합이사회 제도는 오늘날까지 정착되어 공공부문 운영시스템에서 중요한 역할을 계속하고 있다. 전자정부 분야에서는 대통령이 리더십을 발휘하여 우리나라 전자정부 수준을 세계 최상위 단계로 끌어 올림으로서 오늘날까지 우리나라가 전자정부와 디지털 정부의 선도국가로 자리매김하고 있다. 이러한 개혁은 IMF 경제위기라는 엄청난 위기를 극복하는 과정에서 이루어졌지만 대통령을 포함한 국정운영 핵심부가 시의적절하게 대응했기 때문에 가능한 성과라고 볼 수 있을 것이다.

개방형직위제도는 도입 초기에 학자들과 시민단체 활동가들의 평가가 부정적이었으나 오늘날까지 장기적으로 존속하면서 안정화되었다.

3. 노무현 정부

노무현 정부의 정부혁신은 대통령 소속 정부혁신지방분권위원회 및 6개 전문위원회에서 수립한 로드맵과제를 중심으로 이루어졌다. 노무현 정부의 13개 국정과제위원회 가운데 정부혁신지방분권위원회가 가장 규모가 크고 과제 수가 많았고, 균형발전위원회와 동북아위원회가 그 뒤를 이었다는 점에서 정부혁신은 노무현 대통령의 최우선과제였다.

노무현 정부에서 제도화되어 장기간에 걸쳐 안정적으로 유지되는 개혁조치로는 인사개혁 분야의 고위공무원단제도, 재정분야의 4대 혁신이라고 일컬어지는 국가재정운용계획, 총액배분자율편성제도, 재정성과관리제도, 디지털예산회계시스템, 전자정부 분야의 정부업무관리시스템과 행정정보공유시스템, 부패방지분야의 부패영향평가, 공공기관 경영평가와 정보공시시스템(ALIO)를 포함한 공공기관 관리제도는 오늘날까지 공공부문 운영시스템의 핵심으로 자리잡고 있다.

4. 이명박 정부

이명박 정부는 출범초 구성한 국가경쟁력강화위원회를 예외로 한다면 부처중심의 혁신을 추진했다는 점에서 대통령 소속 정부혁신지방분권위원회를 중심으로 정부혁신을 추진한 노무현 정부와는 대조된다. 국가경쟁력 강화를 위해 강력한 규제개혁 의지를 가지고 출범한 이명박 정부는 규제개혁 분야에서 오랫동안 금기시되어왔던 경제력 집중억제 규제완화, 금산분리 규제완화, 수도권 규제완화 등의 조치가 이루어졌다. 경제력 집중억제 규제완화는 차기 박근혜 정부에서 경제민주화 정책을 공약하는 계기가 되기도 하였지만 되돌리기는 어려운 조치라고 보여진다. 반부패분야의 「공익신고자보호법」 제정(2011년)도 중요한 진전으로 평가된다.

공공기관 선진화 개혁으로 추진된 공공기관의 민영화, 통폐합, 경쟁체제 도입, 경영효율화, 보수체계 합리화 등이 정권이 교체된 후에도 원상으로 복귀하지 않고 대부분 유지된 것은 이명박 정부가 통폐합한 정부조직이 박근혜 정부에서 대부분 원상으로 복귀한 것과는 대조되며, 중·장기적 성과가 나타난 것으로 볼 수 있다.

5. 박근혜 정부

박근혜 정부는 이명박 정부와 유사하게 별도의 정부혁신추진위원회를 두지 않은 채 출범하였으며, 1년 후인 1994년 7월 국무총리 소속 정부3.0추진위원회가 출범하여 정부의 대표적 정부혁신 브랜드인 정부3.0의 체계적 추진의 타이밍이 늦어지게 되었다.

박근혜 정부는 인사개혁 분야에서 공무원 연금개혁을 마무리하였으며, 전문직공무원제도를 마련하여 문재인 정부에서 활용할 수 있도록 하였다. 인사혁신의 경우 2014년 인사혁신처 출범 후 3년 차인 2015년부터 인사혁신을 추진하여 실질적인 추진이 어려웠지만, 인사전문기관이 부재할 경우에 인사분야혁신이 어려웠다는 점에서 인사혁신처 설치 자체를 중·장기적 성과로 볼 수 있다. 규제개혁 분야에서의 규제비용관리제 도입, 규제일몰제 확대 도입, 그리고 반부패개혁 분야의 「청탁금지법」 제정이 중·장기적인 성과라고 평가된다.

6. 문재인 정부

문재인 정부는 대통령 궐위에 따른 대통령 선거에서 문재인 후보가 당선되어 2017년 5월 10일 출범하였다. 문재인 정부 출범 이후 2018년 3월 정부혁신종합계획이 발표되었는데, 그 이전에 확정된 100대 국정과제에 분야별 정부혁신 계획이 포함되었고 이를 담당할 부처가 배정되어 분야별 정부혁신 추진의 동력을 국정과제 평가에서 확보하는 형태로 정부혁신이 추진되었다.

문재인 정부에서는 반부패 분야에서 「공직자의 이해충돌방지법」 제정, 인사혁신 분야에서 적극행정 추진, 재정혁신 분야에서 20년 만의 예비타당성조사제도 개편, 규제혁신 분야에서 규제샌드박스 제도를 도입하였는데, 이러한 제도가 중장기적으로 안착할 수 있을지 지켜보아야 할 것이다.

제4부

정부핵심부의 성과관리

Performance Management

역대정부의 정부업무와 국정과제 성과관리

Performance Management and Evaluation

이 장에서는 김영삼 정부 이후 문재인 정부에 이르기까지 역대정부의 정부업무와 국정과제의 성과관리에 관하여 살펴보기로 한다. 정부업무와 성과관리의 개념을 살펴보고, 우리나라의 정부업무와 국정과제 성과관리제도의 제도화 과정을 고찰한 다음, 역대정부 정부업무와 국정과제 성과관리의 분석범주를 설정하겠다. 분석범주는 1) 추진체계, 2) 근거법령과 성과관리제도, 3) 평가유형과 평가대상, 4) 평가방법 및 기준, 5) 평가결과 및 활용으로 구분하여 살펴본다. 이러한 분석범주를 적용하여 김영삼 정부 이후 문재인 정부에 이르기까지 역대정부가 활용한 정부업무와 국정과제 성과관리를 분석하겠다. 제4부 제10장에서는 역대정부의 정부업무와 국정과제 성과관리의 특징을 비교한 후 검토한 결과에서 나타난 시사점을 살펴보기로 하겠다.

Ⅰ. 정부업무와 국정과제 성과관리 분석기준

1. 정부업무와 국정과제 성과관리 개관

1) 정부업무 관리과제와 계층구조

넓은 의미에서 정부업무란 중앙정부와 지방정부, 그리고 준정부부문의 기관들이 수행하는 업무를 말한다. 정부를 구성하는 각급 기관들이 수행하는 정부업무를 관리가능한 단위로 구분할 수 있다. 노무현 정부가 2006년 제정한 「정부업무평가기본법」에 따르면 2007년부터 중앙행정기관은 5년 단위의 '성과관리 전략계획'을 수립하여 기관의 임무와 비전, 전략목표와 5년 단위 성과목표를 제시하고, 실행계획인 '성과관리 시행계획'을 수립하여 당해연도의 성과목표와 이의 달성을 위한 정책(사업)과 성과지표를 제시하여야 한다(<표 9-1> 참조).

표 9-1 2006년 정부업무평가기본법의 성과관리 전략계획과 성과관리 시행계획의 주요내용

성과관리 전략계획	– 중앙행정기관의 장이 소속기관을 포함한 당해 기관의 전략목표 달성을 위해 수립하는 5년 단위의 중·장기계획 – 기관의 임무·비전·전략목표와 5년단위 성과목표를 설정하며 '국가재정법'에 의한 중·장기 재정운용계획과 다른 법령에 의한 중·장기계획을 포함
성과관리 시행계획	– 중앙행정기관의 장이 '성과관리 전략계획'에 기초하여 당해 연도의 성과목표를 달성하기 위해 수립하는 연도별 실행계획 – 당해연도의 성과목표·성과지표를 제시하며, 재정부문의 과거 3년간 성과결과 등을 포함

<표 9-1>의 성과관리 전략계획과 시행계획에 따르면 각 중앙행정기관은 기관의 임무-비전-전략목표-성과목표-관리과제-관리과제 성과지표에 이르는 계층구조를 형성하는 전략계획 및 시행계획을 수립하여야 한다. 여기에서는 중앙행정기관의 관리과제가 정부업무의 최하위단위를 구성하는 것으로 본다. 이에 따라 중앙행정기관은 2007년부터 전략목표-성과목표-관리과제를 선정하여 왔다. <표 9-2>에 2016년, 그리고 2021년의 성과관리 대상 중앙행정기관의 숫자, 전략목표 및 그 성과지표, 성과목표 및 그 성과지표, 그리고 관리과제 및 그 성과지표의 전체 숫자가 제시되었다. 중앙부처의 전략목표 단위의 성과지표는 2019년 이후에 설정하도록 하였다. <표 9-2>에서 보듯이 2016년 그리고 2021년에 걸쳐 중앙부처의 전략목표의 전체 숫자는 200개 내외, 성과목표의 전체 숫자는 600개 내외, 그리고 관리과제의 숫자는 2,000개 내외로 안정적인 것을 알 수 있다.

표 9-2 중앙부처 전략목표, 성과목표, 관리과제 및 성과지표(2016, 2021)

연도	부처수	전략목표		성과목표		관리과제	
		목표	성과지표	목표	성과지표	과제	성과지표
2016	43	193	–	590	821	2,036	4,134
2021	46	203	207	598	778	1,935	4,382

※ 전략목표의 성과지표는 2019년부터 설정하도록 함.
출처: 국무조정실 내부자료.

2) 정부업무 관리과제와 국정과제의 관계

(1) 관리과제와 국정과제

국정과제는 정부업무 가운데 대통령이 임기 중에 달성하고자 하는 과제를 의미한다. 그러므로 국정과제는 전체 정부업무의 부분집합, 즉 정부업무 가운데 일부라고 볼 수 있다. 문재인 정부의 국정과제와 부처별 성과관리 과제의 관계를 나타내는 사례로 고용노동부 소관 국정과제의 하나인 '성별 · 연령별 일자리 지원강화' 과제를 살펴보겠다. [그림 9-1]에 고용노동부 소관 6개 국정과제의 하나인 '성별 · 연령별 일자리 지원강화' 과제는 고용노동부의 5개 전략목표의 하나인 '성별 · 연령별 일자리 지원강화'와 일치한다. 그러므로 국정과제는 부처 성과관리 목표체계에서 전략목표 수준의 과제와 유사한 수준의 과제이다. 한편 국정과제의 실천과제의 하나인 '청년의 좋은 일자리 확대'는 부처 전략목표의 성과목표 및 관리과제와 연계되는 것을 알 수 있다.

그림 9-1 고용노동부 소관 국정과제와 부처 성과관리과제의 관계 사례

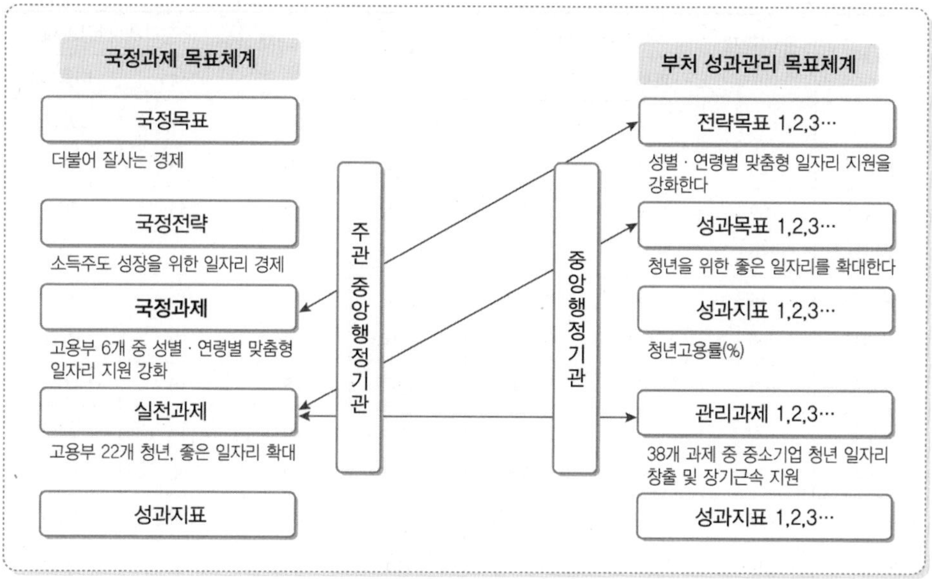

출처: 강정석 외, 2019. 사회적 가치실현을 위한 성과관리 제도개편방안 연구: 국정과제 관리체계 개선을 중심으로, 경제인문사회연구회, 86, [그림 4-2]에서 수정.

(2) 관리과제 중 국정과제의 비중

<표 9-2>에서 살펴보았듯이 중앙부처의 성과관리 체계에서 관리과제의 총 숫자는 대략 2,000개 내외이다. 중앙부처는 정책업무를 주로 다루는 장관급 기관과 정책집행업무를 주로 다루는 차관급 처·청단위기관으로 구분된다. 2021년도 중앙부처의 1,935개 관리과제 가운데 장관급 부처에서 68.3%인 1,322개 과제를 담당하고 나머지는 차관급 처·청단위 기관에서 담당한다.

문재인 정부 100대 국정과제의 실천과제는 500개 내외이다. 제5장에서 살펴본 바와 같이, 김영삼 정부 이래 역대정부의 정책에 관한 국정과제의 숫자는 대체로 100~140개 정도이며, 실천과제는 500~1,000개 정도였다. 그런데 국정과제는 정책업무이므로 대부분 장관급 기관에서 담당하고 차관급 기관에서 담당하는 경우는 극히 예외적이다(문재인 정부 국정과제의 경우에는 인사혁신처, 경찰청 및 원자력안전위에서만 담당).

표 9-3 장관급 부처 관리과제 중 국정과제 관련과제 비중(2021.5 기준)

부처	관리과제 수	국정과제 관련과제		부처	관리과제 수	국정과제 관련과제	
		과제수	비율(%)			과제수	비율(%)
개보위	25	9	36.0	고용부	58	54	93.1
공정위	25	11	44.0	과기정통부	79	76	96.2
교육부	69	48	69.6	국조실	42	33	78.6
국방부	59	25	42.4	국토부	39	31	79.5
권익위	14	6	42.9	금융위	38	16	42.1
기재부	89	56	62.9	농식품부	52	52	100.0
문체부	67	50	74.6	방통위	25	15	60.0
법무부	59	26	44.1	보훈처	26	14	53.8
복지부	74	64	86.5	산업부	80	66	82.5
여가부	22	19	86.4	외교부	64	48	75.0
중기부	46	46	100.0	통일부	27	23	88.5
해수부	62	42	67.7	행안부	118	70	59.3
환경부	63	48	76.1				
총계	1,322	948	71.7				

출처: 각 부처에서 자체 작성하여 국무조정실로 보고한 자료 종합.

<표 9-3>에 2021년 5월 기준 장관급 부처별로 소관 관리과제 숫자와 국정과제 관련과제의 숫자의 비율이 제시되었다.[1] 장관급 부처 전체 관리과제 1,322개 가운데 국정과제 관련과제로 부처에서 자체적으로 파악한 과제는 948개로 71.7%에 달한다. 국정과제 관련과제로 파악된 948개 과제는 정부전체의 관리과제인 1,935개 과제의 49.0%에 이른다. 이같은 비율은 박근혜 정부 출범 초인 2013년 전 부처의 성과관리 시행계획에서의 2,074개 관리과제 가운데 국정과제 추진 관련과제가 차지하는 비율인 46.2%(국무조정실, 2017)보다 증가한 것이다. 그런데 각 부처에서는 관리과제 가운데 일부만 국정과제와 관련될 경우에도 국정과제 관련과제에 포함시켰을 가능성이 크므로 정부전체 관리과제의 49.0%, 장관급 부처가 수행하는 업무의 71.5%가 국정과제 자체에 해당하는 업무라고 보기는 어렵다.[2] 예를 들면, 개인정보보호위원회(개보위)는 2020년 신설기관이며 소관 국정과제가 하나도 없음에도 불구하고 25개 관리과제 가운데 9개 과제가 국정과제에 관련된 것으로 자체적으로 파악하였다.

<표 9-3>에서 보듯이 부처 소관 관리과제 가운데 국정과제 관련과제의 비율은 부처별로 상당한 차이를 보였다. 농식품부와 중기부는 소관 관리과제가 모두 국정과제 관련과제인 것으로 파악하였다. 고용부와 과기부도 국정과제 관련과제의 비중이 각각 93.1%와 96.2%로 높은 편이다. 한편 국정과제 관련과제의 비율이 50% 미만인 부처는 공정위(44.0%), 국방부(42.4%), 권익위(42.9%), 금융위(42.1%), 법무부(44.1%)였으며, 개보위가 36.0%로 가장 낮았다.

(3) 관리과제와 국정과제의 성과관리

부처별로 차이가 있으나 국정과제는 부처가 수행하는 정부업무 가운데 일부이다. 그러므로 국정과제만을 대상으로 하는 별도의 성과관리제도가 없더라도 정부업무 전반에 대한 성과관리를 통하여 국정과제에 대한 성과관리가 이루어질 수 있다. 앞으로 살펴보겠지만 김영삼 정부와 김대중 정부에서는 정부업무 전반에 관한 성과관리제도를 토대로 국정과제의 성과관리가 이루어졌다. 노무현 정부에서 「정부업무평가기본법」을 제정한 이후 중앙부처의 모든 관리과제를 대상으로 자체평가

---

1 각 부처에서 보고한 자료를 정리해 준 국무조정실 이승훈 사무관에게 고마움을 표한다.

2 각 부처의 자체평가에서 국정과제 관련과제에 가점이 부여되므로, 부처에서는 국정과제 관련과제를 추가하려는 유인이 존재한다.

를 통한 성과관리를 제도화하였다. 한편 박근혜 정부는 최초로 국정과제 전체를 「정부업무평가기본법」 상의 특정과제평가에 포함하여 성과를 관리하도록 하였고, 문재인 정부에서도 국정과제 전체의 성과관리를 특정과제평가에 포함하였다.

2. 성과관리와 성과거버넌스

1) 성과관리의 개념

성과(成果)를 사전적 의미로 살펴보면 '이루어 낸 결실'을 말하며 결과, 실적, 성적 등과 유사한 의미로 쓰인다.[3] 이처럼 성과는 추상적인 개념이므로 민간부문인지 공공부문인지 또는 관점에 따라 다양하게 정의될 수 있다. 예를 들면, 민간부문의 성과는 매출액, 영업이익률, 서비스 품질 등과 같은 기업의 경영성과로 파악할 수 있으며, 공공부문의 성과는 공공서비스 제공 정도에 따라 파악될 수 있다(박순애, 2020: 441).

성과관리는 조직구성원들이 주어진 성과목표를 달성하도록 체계적으로 관리하는 것을 말한다. 먼저 조직의 성과목표가 결정되면, 목표 달성 과정에서 조직구성원들이 자율성을 가지고 목표를 추구하며, 사후에 성과목표의 달성 여부를 측정해 차기 사업 및 보상 체계에 반영하는 방식으로 추진된다.[4]

공공부문에서 성과관리는 행정기관이 기관의 미션과 관련하여 추구하는 목표를 포함한 전략계획을 수립하고, 이러한 전략계획 하에서 연도별 운영목표를 설정하고, 목표의 실현에 입각한 성과 수준을 측정하기 위하여 성과지표를 마련하여 이들 지표를 통하여 성과를 측정하고 성과정보를 보고하고 공개하는 체제로 구성된다(홍길표, 2019: 107). 우리나라의 「정부업무평가기본법」은 '성과관리'를 "정부 업무를 추진함에 있어서 기관의 임무, 중·장기 목표, 연도별 목표 및 성과지표를 수립하고, 그 집행 과정 및 결과를 경제성·능률성·효과성 등의 관점에서 관리하는 일련의 활동"으로 규정하고 있다. 성과관리의 이러한 개념은 개별 행정부처 또는 공공기관에 적용되어 정책 집행과 공공서비스 전달에서 성과를 창출하는 강력한 수단이 되었다.

---

3 표준국어대사전, 네이버 사전 2021년 8월 5일 검색.

4 [네이버 지식백과] 성과관리 [成果管理, performance management] (행정학사전, 2009. 1. 15., 이종수)

2) 성과관리의 과정

성과관리과정을 학자에 따라 3단계, 즉 계획－실시－평가(plan－do－see)로 나누기도 하고 4단계, 계획－집행－평가－환류(plan－implementation－evaluation－feedback)로 구분하기도 한다(공동성, 2013; 박순애, 2020; Hatry, 1999; Poister, Aristiguesta & Hall, 2015). 계획수립단계에서는 이해관계자들이 적극적으로 참여하는 가운데 조직과 사업의 미션, 비전과 전략을 분명하게 제시하고, 목표 및 하위목표와 목표달성을 측정하기 위한 성과지표를 설정하며, 서비스 전달체계에 관한 계획을 수립하여야 한다. 집행단계에서는 사업에 투입되는 인적, 물적 자원의 배분과 관리, 협력을 통한 사업성과의 제고, 그리고 구성원들 사이에 성과관리 문화가 확산될 수 있도록 하여야 한다. 점검 및 평가단계에서는 성과지표에 따른 주기적인 점검을 통해 성과정보를 모니터링하고, 축적된 성과정보를 토대로 목표 달성정도를 분석하여야 한다. 환류(feedback)란 일정 시점(t)에서의 성과관리 각 단계의 활동 결과 얻게 되는 정보가 다음 시점(t+1)에서 이전 단계의 활동이 투입되는 것을 의미한다. 환류단계에서는 성과정보를 활용하여 향후에 개선하여야 할 사항을 파악하여 차기의 계획, 집행 및 점검·평가단계에서 개선할 수 있도록 조치한다(Poister et al., 2015: 윤수재·이광희, 2017: 13－14).

3) 성과거버넌스의 개념

오늘날 행정부처 및 공공기관을 포함한 공공부문의 성과가 사회 전체에 미치는 영향이 막대하므로 학자들은 물론 국정 운영 담당자들도 정부 전체의 성과관리에 관심을 가지게 되었다. 이러한 측면을 포착하기 위하여 성과거버넌스(performance governance)라는 용어가 대두되었다(예를 들면, Bouckaert & Halligan, 2008: 181－195). 성과거버넌스란 성과 창출에 개입하는 제도적 행위자들과 이들이 실제로 권한을 행사하는 방식의 조합으로 정의된다. Talbot(2010: 91－96)은 성과거버넌스 또는 성과 레짐(performance regimes)을 공공부문의 기관(정부부처와 공공기관 포함)들이 업무를 수행하는 제도적 맥락(institutional context), 공공부문 기관들의 성과를 조종(steer)하는 제도적 행위자들과 이들이 실제로 권한을 행사하는 방식의 조합으로 정의하였다. 이러한 정의는 제도적 행위자들 사이의 상호작용을 중시하는 역사적 제도주의의 전통을 따른 것이다. 성과거버넌스에서는 성과의 지평을 하나의 기관에서 둘 이상의 기관, 공공부문과 같은 섹터, 그리고 사회 전체로 확장시킨다.[5] 정부 전체에 걸친 성과거버넌스의 궁극적인 목적은 공공가치를 증진하고 이를 실현하고자 하는 것이다.

4) 성과거버넌스의 제도적 행위자

앞에서 살펴본 바와 같이 정부업무는 중앙부처, 지방자치단체, 공공기관들이 나누어 집행을 담당한다. 정부업무를 담당하는 기관들이 성과를 창출할 수 있도록 협력하는 한편, 그 성과를 점검 · 평가하고 조종하는 데에는 다수의 제도적 행위자가 참여한다. 성과거버넌스의 제도적 행위자에는 정부핵심부, 집행기관, 국회, 감사기관, 사법 및 준사법기관, 정책수요자 및 수요자 단체, 전문가 집단, 민간협력기관 등이 포함된다(Talbot, 2010).

첫째, 정부핵심부란 제1장에서 살펴보았듯이 중앙정부의 정책을 통합하고 정부기구들 간의 갈등에 대한 행정부 내 최종 조정자(final arbiter)로서의 역할을 수행하는 조직과 구조들을 말한다(Rhodes & Dunleavy, 1995; 이종수, 2009). 즉 중앙행정부의 정점 및 심장부에서 국가 정책 결정을 관장하는 일련의 제도, 망, 행위자들을 뜻한다. 성과거버넌스의 정부핵심부는 영국의 경우 내각사무처와 재무성이 중심이며, 미국의 경우에는 대통령실의 관리예산처와 의회(회계감사원)라고 볼 수 있다. 우리나라의 경우에는 여기에 대통령과 비서실, 국무총리와 국무조정실, 그리고 평가총괄기관으로서 핵심행정부처에 해당하는 기재부, 행정안전부, 인사혁신처 등이 포함된다.

둘째, 집행기관이란 구체적인 정책과 전달영역을 직접 담당하는 기관을 말한다. 전정부적인 성과거버넌스의 틀에서 본다면 집행기관은 성과관리의 대상기관이다. 그러나 집행기관이 자체적으로 소관 분야의 정책 또는 규제개혁, 정부혁신, 정책소통 활동을 평가할 수 있으며, 이 경우에는 스스로 성과를 점검 · 평가하는 자체평가 기능을 수행한다.

셋째, 국민이 선출한 의원들로 구성되는 국회도 성과거버넌스에 관여한다. 성과

---

5 이같이 지평이 확산된 성과거버넌스에서 거버넌스의 요소는 성과메커니즘이 작동하는 공공부문 내부 및 외부 조직들 사이의 협력적인 관계, 즉 네트워크, 파트너십, 협동메커니즘을 통한 협력; 공동체의 성과 피드백을 포함하는 시민참여; 여러 수준에서 창출된 성과의 통합; 그리고 성과에 의하여 관리되고 조정되는 정책 집행과 서비스 전달이 전체 사회에 미치는 영향을 포함한다(Bouchaert & Halligan, 2008: 181－182, 184－185).

관리와 관련된 법을 제정이나 개정하려면 국회를 통과하여야 하므로 국회가 결정적인 역할을 담당한다. 일단 통과된 법의 전면개정은 쉽지 않으므로 국회를 통과한 법령의 제도적 틀 내에서 일상적인 성과관리 운영이 이루어진다. 법률 제·개정 이외의 일상적인 성과거버넌스에서 국회의 역할은 나라에 따라 상당히 다르다. 미국의 경우에는 정부업무의 평가과정에서 대통령실의 관리예산처(OMB)와 더불어 의회에 소속된 회계감사원(GAO)이 매우 적극적인 역할을 수행하지만 한국의 경우에는 그 역할이 상당히 제한적이다.

넷째, 민간 분야의 전문가들과 독립적인 평가기관은 제한적이기는 하지만 성과거버넌스의 행위자의 하나로 볼 수 있다.

다섯째, 정책의 혜택을 향유하는 정책수요자와 일반국민들도 성과거버넌스에 참여한다.

한국의 경우에도 감사기관, 그리고 사법 및 준사법기관도 성과거버넌스에 일정한 영향을 미치는 것으로 볼 수 있지만 그 역할은 크지 않다.

성과거버넌스에 참여하는 주도적 행위자들은 정책집행기관이 성과를 창출할 것으로 기대하지만 정책집행기관의 입장에서는 이에 불응할 수도 있다. 정부핵심부와 정책집행기관 사이에 예산과 정책 이슈를 둘러싼 갈등의 역사는 뿌리가 깊다. 영국의 경우에 성과거버넌스와 관련하여 성과목표의 설정, 평가권한의 배분(핵심행정부가 평가해야 하는지 또는 부처 자체에서 평가해야 하는지)을 둘러싸고 정부핵심부와 집행기관 사이에 심각한 갈등이 발생한 바 있었다(Talbot, 2010: 92-93). 1998년 노동당 정부가 도입하여 정부핵심부인 재무부가 주도적인 역할을 담당하도록 한 공공서비스협약(Public Service Agreements: PSA)이 중앙집권적인 통제를 강화시키고 부처 자율성을 약화시킨다는 비판에 따라 2011년 집권한 보수당 정부는 PSA를 폐지하고 각 부처가 주도적인 역할을 수행하는 비즈니스 플랜으로 성과거버넌스의 틀을 변경시켰다(황혜신 외, 2013). 그러므로 성과 창출의 정도는 주도적 행위자들이 행사하는 성과관리도구의 실효성과 평가대상기관의 대응에 따라 달라질 수 있다.

5) 성과관리의 도구

성과관리의 도구란 성과거버넌스의 제도적 행위자들이 평가대상 기관의 성과를 창출하기 위하여 활용할 수 있는 수단을 말한다. 여기에서는 제도적 행위자가 활용할 수 있는 통치도구 또는 지렛대를 정보(nodality), 권위(authority), 자금(treasure), 그리고 조직(organization) 등 네 가지로 구분하겠다.

첫째, 성과관리도구로서의 정보(nodality)란 제도적 행위자가 성과관리대상인 개인 또는 조직으로부터 정보 취득을 강제하고 그 정보의 분석과 분배의 구심점이 될 수 있는 능력을 말한다. 성과관리의 관점에서는 평가주체가 관리대상기관들로부터 다양한 형태의 성과정보를 수집하여 분석한다. 성과관련 정보는 과제담당부처뿐만 아니라 중앙통계기관인 통계청의 데이터베이스나 국책연구기관의 조사자료로 축적된 자료를 활용할 수 있다. 성과관리의 도구로서 정보활용에는 개별 정책 또는 기관별로 평가결과의 순위를 공개하는 것도 포함된다. 우리나라에서는 기관평가의 순위를 공개하는 것이 일반화되어 있다. 성과가 탁월한 기관 또는 개인에게 훈·포장 또는 표창장을 수여하는 것도 이 범주에 포함될 수 있다.

둘째, 권위(authority)란 제도적 행위자가 성과관리대상인 개인 또는 조직에게 다양한 법률, 규제와 규정을 준수하도록 강제할 수 있는 능력을 말한다. 성과관리도구로 사용할 경우에 공공기관에게 성과정보의 보고 의무를 부과하거나, 성과의 법적 기준을 설정하는 것이 포함된다. 그러므로 성과관리 관련 법률인 「정부업무성과평가기본법」의 규정은 피평가기관에게 성과관리 절차를 강제할 수 있는 근거가 되며 또한 성과관리 주체인 국무조정실과 청와대에서도 지켜야 할 기준으로 작용한다.

셋째, 성과제고의 도구로서 자금을 활용하는 전형적인 방법은 성과에 기초하여 자원을 제공하거나 하지 않은 것이다. 가장 많이 활용하는 방법으로는 우수한 성과를 창출한 기관의 기관장과 직원들에게 성과에 상응하는 인센티브를 성과급 또는 성과상여금, 또는 포상금으로 제공하는 것이다.

넷째, 성과관리도구로서의 조직이란 성과목표 달성을 위한 재화, 서비스, 그리고 활동을 담당할 조직을 지정하거나 신설하는 것을 말한다. 과거 신공공관리개혁의 수단으로 다수의 독립기관(arm's length organization)을 신설한 것도 통치도구로서 조직을 활용하는 전형적인 사례이다. 성과관리도구로서는 성과관리 담당조직의 위상과 규모, 성과관리를 지원하는 정책평가위원회 또는 정부업무평가위원회와 자체평가위원회를 포함한 관련 위원회, 평가지원단의 규모와 역할, 그리고 평가 관련 연구기관의 설립 등이 해당된다.

3. 정부업무 및 국정과제 성과관리의 제도화 과정

여기에서는 정부업무평가제도 및 추진체계의 변화과정과 국정과제의 성과관리 및 평가의 제도화 과정을 간략하게 고찰하겠다. 역대정부가 활용한 성과관리제도와 그 운영의 특징에 관하여는 Ⅲ절부터 Ⅷ절까지 역대정부별 정부업무 및 국정과제 성과관리에서 살펴보기로 하겠다.

1) 정부업무평가제도 및 추진체계의 변화

우리나라 정부부문에서 정책평가 관련업무는 1961년 국무총리 기획조정실 심사분석제도까지 거슬러 올라간다(국무조정실, 2007: 5).[6] 정부업무평가제도의 역사는 도입 단계('61.9－'81.10), 과도기 단계('81.11－'94.12), 재정비 단계('94.12－'98.2), 기관평가 단계('98.2－'06.2), 통합 정부업무평가단계('06.4－현재) 등 다섯 단계로 구분할 수 있다(이하 국무조정실, 2007: 8 참조).

(1) 도입단계

도입 단계('61.9－'81.10)는 우리 정부에 정부업무에 대한 평가라는 개념이 처음 도입된 시기로 1961년 당시 내각수반 기획조정실의 심사분석 업무로 추진되었다. 이 시기에 정부는 매년 업무 전반에 관한 「기본운영계획」을 수립한 후, 그 집행결과에 대한 분석 및 평가를 실시하였다. 여기에서는 예산사업을 중심으로 하는 사업추진 관련 진도분석을 토대로, 추진상 문제점 및 대책을 파악하는 '과정평가'에 중점을 두었다. 1971년부터 평가교수단을 구성·운영하여 전문가의 의견을 반영하는 한편 각 부처에 대한 부분적인 통제기능도 수행하였다.

(2) 과도기 단계

과도기 단계('81.11－'94.12)에서는 1981년 제5공화국 출범 이후 경제기획원으로 심사분석기능이 이관되었다. 그런데 이 제도가 전 정부 차원의 국정운영을 진단하기에는 한계가 있다고 판단되어 1990년 4월 국무총리 행정조정실(현 국무조정실)에 정책평가기능이 신설되어 심사분석기능과 정책평가기능이 이원화되었다. 심사분석의 대상은 개별 단위사업 및 예산사업이며 그 목적은 사업진도와 부진원인 파악을

6 이 부분은 남궁근, 2021a. 문재인 정부 국정과제의 성과평가 과정과 결과, 5－8쪽에 게재된 내용이다.

토대로 사업추진의 합리화를 도모한 것인데 비해 정책평가의 대상은 국정전반에 걸친 주요정책이며, 그 목적은 정책추진상황 점검 및 문제점 파악을 토대로 정책의 실효성 제고를 도모하고자 한 것이다. 당시 행정조정실의 정책평가는 종합평가 형태를 취하였는데, 각 부처의 자체평가 자료를 토대로 상위평가를 실시한 것이다. 상위평가는 부처별로 1~2개 특정정책의 추진상황에 초점을 둔 실적평가 중심으로 시행되었다(국무조정실, 2007: 10).

(3) 재정비 단계

재정비 단계('94.12–'98.2)에서는 경제기획원의 심사분석업무를 총리실로 이관하여 국무총리 행정조정실의 정책평가업무에 통합하였다.[7] 심사분석과 정책평가업무를 통합한 행정조정실의 심사평가제도는 각 부처의 정부업무 추진현황 및 집행성과를 분석·평가한 후 그 결과를 집행과정 및 향후 사업계획 수립에 반영토록 하였다(국무조정실: 2007: 14). 여기에서 정부투자기관에 대한 평가는 경제기획원(현 기획재정부)에서 계속 수행하도록 하였다.

(4) 기관평가 단계

기관평가 단계('98.3–'06.3)에서는 1998년 김대중 정부 출범과 더불어 정부업무의 심사평가 및 조정에 관한 규정을 개정하여 이른바 '기관평가제도'를 도입하는 한편, 행정조정실(실장: 차관급)을 국무조정실(실장: 장관급)로 격상하였다. 한편 2000년 12월에는 「정부업무등의평가에관한기본법」을 제정하여 처음으로 정부업무평가의 법적 근거를 마련하였다. 이 법에 따라 평가의 전문성과 객관성을 확보하고자 '정책평가위원회' 및 '평가전문위원'을 운영하고, 평가환류 기능도 대폭 강화하였다. 기관평가제도를 도입한 기본취지는 공공부문에 경쟁체제를 도입하는 한편 유인체계를 구축하여 행정의 효율성과 책임성을 제고하자는 것이다. 기관평가제에서 평가단위는 각 부처이며, 부처별 주요정책과제 추진성과, 정책추진역량, 그리고 국민의 만족도 등을 종합적으로 평가하였다.

(5) 통합 정부업무평가 단계

마지막으로 통합 정부업무평가 단계('06.4–현재)이다. 2003년 7월 노무현 정부

---

7 1994.12.3 행정조직개편이 행정쇄신위원회의 건의를 토대로 이루어졌는데, 당시 박동서 위원장이 경제기획원의 심사분석기능을 총리실로 통합하는 데 결정적인 역할을 하였다(양홍석, 2015).

는 '국가평가인프라 구축'을 행정개혁 로드맵과제로 선정하고 '국정평가인프라구축기획단'을 중심으로 정부업무평가제도에 대한 전면 개편을 추진하였다. 이에 2006년 4월 종전의 법을 대체한 「정부업무평가기본법」이 제정·시행되었다. 「정부업무평가기본법」은 그간 개별적·중복적으로 실시되던 각종 평가를 통합하여 실시하도록 규정하여 피평가기관의 부담을 경감하고자 하였다. 정부업무평가의 대상기관은 중앙행정기관, 지방자치단체, 그리고 공공기관 등으로 구분된다. 중앙부처 대상의 평가는 부처의 자체평가와 국무총리가 주관하는 특정평가로 구분하였으며, 부처가 추진하는 정책에 대한 평가는 자체평가를 원칙으로 하였다.

이상에서 살펴본 바와 같이 정부업무평가제도의 변동에서 가장 큰 변화는 첫째, 김영삼 정부에서의 심사분석기능의 총리실 통합(1994), 둘째, 김대중 정부의 기관평가제도 도입(1998)과 「평가기본법」 제정(2001), 셋째, 노무현 정부의 「정부업무평가기본법」 제정(2006)이다. 이명박 정부와 박근혜 정부에서도 「정부업무평가기본법」 개정을 시도하였으나, 성공하지는 못하였다(양홍석, 2015: 213).

2) 국정과제 성과관리 및 평가의 제도화 과정

국정과제의 개념을 최초로 도입한 김대중 정부에서는 국정과제의 주관부서를 지정하였지만, 이를 기관평가제도의 틀 안에서 그 성과를 평가하지는 않았으며, 별도의 절차를 거쳐 국정과제 점검이 이루어졌다. 노무현 정부의 대통령과제인 100대 로드맵과제는 민관 합동으로 구성된 개별 국정과제위원회에서 나누어 점검을 담당하게 하였다. 한편 노무현 정부가 통합 정부업무평가제도를 도입한 이후 국무총리에 의한 국정과제 평가의 기원은 특정평가 가운데 특정시책에 대한 평가라고 볼 수 있다(남궁근, 2019: 48; 국무조정실, 2007: 87－88).

이명박 정부의 국정과제 추진과 관리는 기본적으로 각 부처가 소관 국정과제를 책임지는 방식으로 이루어졌다(김성배, 2014: 65－69). 각 부처는 소관 국정과제를 추진하고 월별로 추진상황을 자체 점검하며 국무총리실은 부처 추진상황을 분기별로 확인하고 점검하도록 하였다. 한편 이명박 정부에서는 특정평가의 정책과제 범주에 핵심과제, 녹색성장과제, 일자리과제를 포함하여, 이를 토대로 국정운영기조와 국정과제 달성을 뒷받침하고자 하였다(국무총리실, 2012: 52－53).

박근혜 정부는 역대정부 최초로 전체 국정과제를 특정평가의 핵심이 되도록 하고, 이를 국무총리실이 평가하도록 하였다(남궁근, 2019: 48; 국무조정실, 2017: 44－49).

즉, 국정과제 전체를 대상으로 부처별 국정과제 이행노력과 성과를 국무총리실이 평가하고, 환류를 통해 정책 추동력을 확보하는 한편 국정성과 창출을 유도하고자 하였다. 박근혜 정부의 국정과제가 선정된 첫 해인 2013년에는 특정평가에서 국정과제 평가 비중이 60%였다. 그 비중이 이후 50%로 소폭 감소하였지만 가장 큰 비중을 차지해 왔다.

문재인 정부 출범 이후 중앙행정기관에 대한 특정평가 영역에서 국정과제평가(일자리 포함)의 비중이 65%를 차지하여 피평가기관인 각 부처의 입장에서는 특정과제평가에서 국정과제에 더 큰 관심을 가지게 되었다(남궁근, 2019: 48). 이와 대조적으로 노무현 정부의 특정평가에서 큰 비중을 차지하였던 규제개혁, 정부혁신, 정책소통 등 정책지원기능 분야는 그 비중이 크게 약화되었다.

요약하면, 현행 정부업무평가제도가 도입된 이후 국무총리의 특정평가에서 노무현 정부의 특정시책평가, 이명박 정부의 정책과제평가를 거쳐 박근혜 정부에서 국정과제 평가가 제도화되었고, 문재인 정부에서 특정평가의 핵심영역으로 확고하게 자리잡았다. 더 거슬러 올라가면 국무총리에 의한 국정과제 평가는 1990년 국무총리의 부처 주요정책평가와 김대중 정부가 도입한 기관평가제도 하에서의 주요정책평가라는 역사적 유산을 반영한 것으로 볼 수 있다. 오늘날에도 국정과제 평가는 기관평가가 아닌 정책평가의 형태로 진행되고 있지만, 규제개혁(10%), 정부혁신(10%), 소통평가(15%)는 기관평가의 형태로 취하고 있다. 따라서 이들을 합산한 기관종합평가는 불가피하게 기관평가의 형태를 취할 수밖에 없으므로 특정평가는 김대중 정부가 도입한 기관평가의 성격을 상당한 정도 계승하고 있다.

4. 역대정부 정부업무 및 국정과제의 성과관리 분석범주

Ⅲ절부터 Ⅷ절에서는 김영삼 정부 이후 문재인 정부에 이르기까지 역대정부의 정부업무 및 국정과제의 성과관리에 관련된 제도와 그 운영실태를 고찰하고자 한다. 분석범주는 다음 <표 9-4>와 같이 추진체계, 근거법령과 성과관리제도, 평가유형과 평가대상, 평가방법 및 평가기준, 평가결과 및 활용으로 구분하기로 하겠다.

표 9-4 역대정부 중앙행정기관 성과관리의 분석범주와 주요내용

분석 범주	주요내용
추진체계	– 성과관리업무 담당 부서 – 관련 위원회
근거법령과 성과관리 제도	성과관리 제도 근거법령과 제도의 특징 – 임기 중 변동내용
평가유형과 평가대상	– 자체평가와 국무총리 주관평가 – 정책 부문(주요정책, 국정과제 등)과 관리 부문(조직 · 인사, 정보화, 규제, 혁신 등)
평가방법 및 기준	부처 자체평가의 기준과 방법 국무총리에 의한 평가의 기준과 방법
평가결과 및 활용	평가결과의 등급부여 및 공개 정도 평가결과의 처리절차 – 유공자 및 우수기관 포상

1) 추진체계

정부업무 성과관리의 추진체계를 국무총리 주관 성과관리 추진체계(담당부서 및 관련 위원회)와 부처 자체평가 추진체계로 구분하여 살펴보겠다.

2) 근거법령과 성과관리제도

역대 대통령 재임기간 중에 활용하였던 정부업무 성과관리제도의 근거법령과 주요 특징을 살펴보겠다. 대통령 재임기간 중에 성과관리제도에 변화가 있었을 경우 그 내용과 특징적 요소를 고찰하겠다.

3) 평가유형과 평가대상

정부업무 성과관리제도가 적용되는 부처에 대한 자체평가와 국무총리에 의한 부처 평가의 유형을 살펴본 후, 평가대상 업무를 정책 부문(주요정책, 국정과제 등)과 관리 부문(조직 · 인사, 정보화, 규제, 혁신 등)으로 구분하여 살펴보겠다.

4) 평가결과와 활용

평가결과의 과제별, 기관별 등급부여 및 공개 정도, 평가결과를 처리하는 과정에서 대통령, 국무총리 등 핵심행정부의 관여 정도 등을 살펴 본 후, 평가결과에 따른 유공자 및 우수기관 포상에 관하여 살펴보기로 한다.

Ⅱ. 김영삼 정부 정부업무 및 국정과제의 성과관리

1. 정부업무 성과관리 추진체계

김영삼 정부 출범 초기에는 국무총리 행정조정실(차관급) 제2행정조정관실에서 정책평가업무를 담당하여 왔다. 1995년 조직개편으로 경제기획원 심사분석국과의 조직 통·폐합이 이루어져 심사평가업무는 제4행정조정관실의 2개국(심사평가1심의관, 심사평가2심의관) 7개 과 총 23명(타부처 파견 과장 2명, 사무관 4명 포함)의 공무원이 업무를 수행하였다(국무조정실·정책평가위원회, 2002: 50, 양홍석, 2015: 102-103). 한편 평가의 전문성 및 객관성 제고를 위해 관계전문가로 '심사평가작업반'을 구성·운영하여 지원체계를 마련하였다. 1996년부터는 15명으로 구성된 분야별 '평가자문위원회'를 도입하였고, 5대 분야(정책평가, 경제, 외교·통일안보, 사회·문화, 행정)별로 소위를 구성하여 운영하였다. 1995년 이후 실시된 행정조정실의 심사평가 업무 주체는 행정조정실 공무원이었으며, 자문위원회의 기능은 심사평가제도 운영 전반에 대한 자문, 심사평가보고서 내용의 적정성 등에 대한 자문, 중요한 정책사항, 심사평가 지침 등 공통사항에 대한 자문이었다.

1993년도와 1994년도에는 경제기획원의 심사분석제도와 국무총리 행정조정실의 정책평가제도로 이원화되어 운영되었다. 1994년 12월 행정조직개편으로 이원화된 제도가 국무총리실의 심사평가제도로 일원화되어 김영삼 정부 임기말까지 운영되었다. 그러므로 두 시기를 분리하여 살펴보겠다.

2. 정책평가제도와 심사분석의 이원화 시기(1993-1994)

1) 정책평가제도와 심사분석제도의 특징

심사분석은 1961년 도입되어 국무총리 기획조정실이 중앙정부가 시행하는 주요 시책과 사업들을 심사·분석하는 기능을 수행하여 왔다. 그런데 1981년 전두환 정부의 정부조직 개편과정에서 국무총리 기획조정실이 폐지됨에 따라 심사분석기능이 경제기획원으로 이관되었다. 경제기획원의 심사분석은 각 부처의 특정 단위사업이나 예산사업이 대상이므로 범정부 차원의 국정 흐름을 진단하는 데는 한계가 있다는 지적이 계속됨에 따라, 국무총리의 내각 통할기능을 강화하고 급변하는 국제정세와 국내여건 변화 속에서 정부 주요정책을 일관성 있고, 강력하게 추진하기 위해 1990년 국무총리 행정조정실의 정책평가제도가 출발하게 되었다(박순애, 2020: 450). 이에 정부의 성과관리제도는 경제기획원의 심사분석과 국무총리 행정조정실의 정책평가의 이원적 체제로 운영되어 왔다.

<표 9-5>에 제시된 바와 같이 1994년 기준으로 살펴본 경제기획원의 심사분석과 국무총리실의 정책평가는 대상과제와 주요목적 등에서 차이가 있었다.

경제기획원의 심사분석 대상과제는 각 부처에서 연초에 수립한 주요업무계획 중에서 심사분석이 필요한 사업으로 1993년 222개 사업, 1994년 274개 사업이 대상과제였다. 한편 중점사업 집중분석과제는 경제적으로 중요성이 크거나 제도개선이 필요하다고 인정된 사업인데 1994년에는 5개 사업이 선정되었다. 또한 경제기획원의 심사분석부서에서 정부투자기관 평가를 담당하였다. 이와 대조적으로 국무총리실 정책평가 대상과제는 주요 국정방향 중심과제로서, 국가경쟁력 강화와 관련된 과제와 사회적 파급효과가 크고 국민적 관심도가 높은 과제를 선정하였다.

표 9-5 심사분석과 정책평가의 기능 비교(1994년 6월 30일 기준)

구분	심사분석(경제기획원)	정책평가(행정조정실)
근거법령	– 대통령령(1982): 정부의 기획 및 심사분석에 관한 규정	– 총리령(1990): 정부 주요정책과제 및 조정에 관한 규정
대상과제	① 주요사업 심사분석(각 부처에서 실시) · 각 부처에서 연초 수립한 주요업무 계획 중 심사분석이 필요한 사업 · 1994년 274개 사업(1993: 222개 사업) ② 중점사업 집중분석 · 경제·사회적으로 중요성이 크거나 제도개선이 필요하다고 인정되어 선정된 사업 · 1994년: 5개 사업 ③ 정부투자기관 평가	– 주요 국정방향 중심과제 선정 · 국가경쟁력 강화관련 과제 · 사회적 파급효과가 크고 국민적 관심도가 높은 과제 · 1994년: 44개 과제(1993년: 20개 과제)
주요목적	– 개별적인 특정단위사업이나, 예산사업을 대상으로 추진진도를 점검하여 각 사업의 부진원인을 사후적으로 분석하여 당해 사업의 합리적 추진 도모	– 정부 주요시책들이 정부가 국민에게 약속한 대로 차질없이 실천되도록 하여 국민의 신뢰 제고 – 정책집행 과정분석에 중점
실사주기 및 보고	· 상반기: 국무회의 보고(8~9월) · 하반기: 국무회의 보고(익년도 2~3월) · 1/4분기, 3/4분기는 부진사업만 보고	· 상반기: 국무회의 보고(7~8월) · 하반기: 연도말 국무회의 보고 및 대통령 보고(국정평가에 포함)
평가체제	① 각부처 심사분석 결과보고(매 분기별) ② 경제기획원의 심사분석결과 종합 검토 · 관계부처 심사분석 회의 개최(차관 주재)	① 각 부처 자체평가(연 2회) 보고 ② 총리실의 종합조정평가 · 자문회의 활용

출처: 국무조정실·정책평가위원회, 2002, 41.

1993년에는 20개 과제, 1994년에는 44과제가 그 대상이었다.

양 제도의 주요목적을 비교하면, 심사분석의 목적은 개별적인 특정 단위사업이나, 예산사업을 대상으로 추진 진도를 점검하여 각 사업의 부진원인을 사후적으로 분석하여 당해 사업의 합리적 추진을 도모하는 것이다. 한편 정책평가의 목적은 정부 주요시책들이 정부가 국민에게 약속한 대로 차질없이 실천되도록 하여 국민의 신뢰를 제고하는 것이며, 정책집행 과정분석에 중점을 두었다. 그러므로 국무총리실의 정책평가제도가 국정과제의 성과관리 취지에 더 부합된다고 볼 수 있다.

심사분석 결과는 상반기와 하반기에 국무회의에 보고하는 데 그치는 반면, 정책평가 결과는 상반기에 국무회의에 보고하고, 하반기에는 연도말 국정평가에 포함되어 국무회의를 거쳐 대통령에게 보고되었다.

2) 정책평가제도의 운영과 정부업무 성과관리

(1) 평가대상과제와 국정과제 관련성

김영삼 정부 출범 첫해인 1993년도에는 3월에 4대 국정목표, 10대 과제 및 77개 세부실천계획이 발표되었다(제2장 <표 2-2> 참조). 1993년도 국무총리실 정책평가제도에서의 주요정책과제(정기심사평가)는 국민의 관심대상인 현안 정책과제, 정부가 제시한 국정운영 주요과제, 「신경제 100일 계획」 및 「신경제 5개년 계획」을 중심으로 3개 분야 20대 주요정책과제를 선정하여 평가하였다(국무조정실 · 정책평가위원회, 2002: 121). 평가대상 20대 과제는 부정부패 척결과 사회기강 확립 분야 2개 과제, 경제활성화 분야 13개 과제, 국민 삶의 질적 향상 분야 5개 과제이다. 평가대상 20대 주요정책과제들은 대부분 김영삼 정부 10대 과제 77개 세부실천계획에 포함된 과제들이지만 그 관련성에 관한 명시적 논의는 없었다. 그러므로 김영삼 정부가 연초에 발표한 10대 과제 77개 세부실천계획을 대상으로 총리실의 정책평가제도를 활용하여 체계적으로 성과관리를 시도하겠다는 생각은 없었던 것으로 추론된다.

한편 김영삼 정부 출범 첫해인 1993년에는 국정평가를 별도로 실시하여 신정부 출범 후 국정전반의 추진상황을 점검하고 분석하여 향후 추진할 주요 정책과제를 도출하고 국정운영에 반영하고자 하였다(국무조정실 · 정책평가위원회, 2002: 126-128). 1993년도 국정평가는 경제활성화 노력과 경제개혁 추진, 국가기강 확립과 건강한 사회구현, 능동적 통일 · 외교 추진, 행정쇄신 추진 등 네 개 분야에서 실시하였다.

김영삼 정부 출범 2년차인 1994년도에는 각 부처에 대한 종합평가를 위해 각 부처별로 주요정책과제 2개 과제를 선정하되, 1994년 주요 국정방향인 국가경쟁력 강화관련 과제(40개)를 위주로 44개 과제를 선정하였다(국무조정실 · 정책평가위원회, 2002: 134－136).

(2) 평가방법 및 기준

주요정책과제의 평가방법을 살펴보면, 주관부처에서 제출한 추진실적(6월 및 11월)을 토대로 국무총리실에서 목표대비 추진실적을 분석하고, 현지 합동점검을 실시하여 개선 · 보완 필요사항을 각각 제시하였다. 1993년도의 경우 문제사업 또는 부진사업 13개 과제는 각 과제별로 1～2명의 자문위원을 선정하여 총 22명의 전문가 자문을 받아 평가를 실시하였다. 평가방법에서 진전된 내용은 다음과 같다. 진도분석 위주의 주관적 평가방법에서 벗어나, 평가시 역점을 두어야 할 주요 '평가사항'을 각 부처에 공통적으로 해당되는 '일반사항'과 각 부처의 고유 성격을 갖는 '특수사항'으로 구분하여 제시하고, 부처의 자체평가와 총리실의 종합 평가과정을 거치도록 한 것이다(국무조정실 · 정책평가위원회, 2002: 137). 일반사항은 업무추진의 능률성 분석(시책추진을 위한 사전준비는 충분하였는지 여부, 계획된 일정대로의 진척여부, 정책과제의 세부사업 단위별 추진현황 분석, 대 · 내외 여건변화에 대한 계획수집과 추진여부, 시책추진과정에서의 전문성 반영 정도), 정책집행의 과정분석(정책추진 과정에서의 의견수렴과 공개 · 홍보 정도, 대 · 내외적 협조과정, 적법한 절차에 의한 정책수행 여부), 정책추진의 효과분석(정책추진의 효과가 주민, 기업 등 수혜자에게 어느 정도 만족을 주고 있는지 여부, 정책추진에 투입된 경제적 · 사회적 비용과 정책추진 결과 나타난 경제적 · 사회적 이익의 비교분석) 등이다.

(3) 평가결과 및 활용

1993년도 주요정책과제를 국정평가에 포함시킴에 따라 과제별 평가결과는 별도로 발표하지 않고, 국정평가의 종합보고 부문에 포함시켰다. 국정평가 결과는 연말 대통령 주재로 국무총리, 국무위원 등이 참석한 가운데 추진실적을 보고하였다. 그러나 이러한 국정평가는 일회성으로 1993년 단년도에 그쳤고 제도화되지는 않았다. 1994년도 하반기 평가결과를 국무회의에 보고하였으나 대통령이 주재하지는 않았으며, 1993년도와 같은 별도의 국정평가는 실시하지 않았다.

3. 심사평가제도 일원화 시기(1994.12-1998.2)

1) 심사평가제도의 특징

김영삼 정부는 1994년 정부조직개편을 통해 경제기획원의 심사분석과 국무총리 행정조정실의 정책평가를 행정조정실의 심사평가로 통합하였다. 심사평가는 정부업무의 추진상황 및 집행성과를 점검하여 분석·평가하고 관계행정기관의 의견을 조정하여 그 결과를 정부업무의 추진과정에 반영하는 것이다(이하 국무조정실·정책평가위원회, 2002: 49-54).

평가의 종류는 정기심사평가(주요정책과제 평가)와 수시심사평가로 구분되었다. 정기심사평가는 중앙행정기관의 주요 시책 및 사업 가운데 심사평가대상으로 선정된 사업에 대하여 해당 중앙행정기관의 장과 국무총리가 정기적으로 실시하는 것으로 통상 주요정책과제 평가라고 부른다. 주요정책과제 평가(정기심사평가)는 다시 중앙행정기관의 '자체심사평가'와 총리실의 '종합심사평가'로 구분된다. 총리실의 종합심사평가는 각 중앙행정기관의 자체평가보고서와 여론조사, 언론보도내용, 현지실태조사 등을 통하여 자체적으로 수집한 자료를 토대로 실시하였다(박순애, 2020: 452). 한편 수시심사평가는 중앙행정기관의 업무 중 국무총리가 국정운영과 관련하여 필요하다고 인정하는 과제에 대하여 수시로 실시한다. 수시심사평가의 대상과제는 공직 부조리나 민원소지 예방을 위한 현안과제를 중심으로 선정하여 평가하는데, 구체적이고 현실적인 대안 제시로 행정행태 및 제도개선을 유도하고자 하였다. 심사평가에서의 각 부처 주요정책과제평가(정기평가)와 국무총리가 필요하다고 인정하여 실시하는 수시평가의 구분은 기존 정책평가제도에서의 구분을 유지한 것이다.

2) 심사평가제도 운영과 정부업무 성과관리

(1) 평가대상과제의 확대

1995년에는 심사분석기능과 정책평가기능이 행정조정실로 통합된 첫해의 평가가 이루어졌다. 1995년 주요정책평가의 과제는 대통령 시정연설, 국정목표, 부처 업무보고 등을 토대로 1995년 국정목표로 추가된 '세계화'에 대한 기반조성에 주력할 수 있도록 국가경쟁력 제고와 관련된 사업, 국제환경변화에 따른 제도개선 사업, 국민생활치안과 삶의 질 향상을 위한 사업, 기타 경제·사회적 파급효과가 큰

표 9-6 1995년 선정 주요정책과제 부처별 총괄

구분	중점관리 대상과제	기타 정책과제	계	구분	중점관리 대상과제	기타 정책과제	계
〈경제〉	**26**	**68**	**94**	**〈통일외교안보〉**	**5**	**13**	**18**
공정거래위	–	2	2	통일원	2	3	5
재정경제원	5	8	13	국방부	2	3	5
통계청	–	3	3	병무청	–	3	3
관세청	1	2	3	외무부	1	4	5
국세청	1	2	3	**〈행정〉**	**7**	**7**	**24**
조달청	1	2	3	총무처	2	3	5
건설교통부	2	6	8	공보처	1	2	3
철도청	1	3	4	내무부	2	5	7
항만청	1	3	4	경찰청	1	–	1
농림수산부	2	5	7	국가보훈처	–	1	1
농진청	–	2	2	법무부(검찰청)	1	3	4
수산청	1	2	3	법제처	–	2	2
산림청	1	2	3	정무1	–	1	1
통상산업부	2	6	8	**〈사회문화〉**	**12**	**20**	**32**
공진청	1	2	3	교육부	3	5	8
특허청	1	2	3	문화체육부	3	3	6
정보통신부	2	5	7	환경부	2	6	8
과학기술처	1	4	5	보건복지부	3	6	9
기상청	–	4	4	정무2	1	–	1
노동부	3	3	6	**계**	**50**	**118**	**168**

※ 168개 주요정책과제 가운데 118개 기타정책과제는 부처 자체평가로 평가가 완료되고, 중점관리 대상과제인 50개 과제는 행정조정실에서 집중적 종합심사를 실시함.

출처: 국무조정실 · 정책평가위원회, 2002, 148, <표 2–8>.

사업 등 4개 기준에 의해 각 부처 주요사업 168개 과제가 선정되었다. 그 가운데 중요도가 높은 50개 과제를 중점관리 대상과제로 선정하였다(국무조정실 · 정책평가위원회, 2002: 148–149).

<표 9–6>에 1995년 선정된 168개 주요정책과제의 분야별, 소관부처별 과제수가 제시되었다. 분야별로는 경제분야의 주요정책 과제가 94개로 압도적으로 많

으며, 사회문화분야 32개, 행정분야 24개, 그리고 통일외교안보분야에서 18개 과제가 선정되었다. 소관부서별로는 재정경제원 소관의 정책과제가 13개이며 중점관리대상과제도 5개로 가장 많았다. 재경원의 중점관리대상과제는 세정개혁의 지속적 추진, 경제행정 규제완화 추진, 금융·외환개혁의 가속화, 세계화를 위한 경제여건 조성, 공공부문의 생산성 향상 촉진 과제였다. 이어서 보건복지부 소관과제가 9개로 많았고, 중점관리 대상과제도 3개가 선정되었다. 보건복지부의 중점관리 대상과제는 국민적 욕구에 부응하는 한국형 복지시책 구현, 보건의료 수준의 선진화, 식품·의약품안전관리체계의 선진화 과제이다.

심사평가제도로 일원화하기 이전의 정책평가제도와 비교하면 평가대상 주요정책과제가 1994년 44개 과제에서 1995년 168개 과제로 크게 증가하였다. 1995년도에는 국정목표로 추가된 '세계화' 과제들을 평가과제에 포함시켰다는 점도 특기할 만하다.

1996년도에는 각 중앙행정기관이 127개 과제를 자체심사평가 과제로 선정하였는데, 이중 부처 자체평가과제는 77개이며, 국무총리실이 50개의 중점관리과제를 선정하여 집중평가를 실시하였다(국무조정실·정책평가위원회, 2002: 169). 1997년도는 문민정부 주요 개혁과제의 성공적인 마무리와 1997년도 국정운영목표 달성을 위한 정부시책의 효율적 집행지원, 국민생활의 실질적 기여도를 중심으로 주요업무에 대한 추진과정의 효율성과 사업성과 분석에 역점을 두고 평가하였다(국무조정실·정책평가위원회, 2002: 181). 1997년도에는 각 중앙행정기관이 173개 과제를 자체심사평가 과제로 선정하고 국무총리실은 이 가운데 24개 과제를 중점심사평가 과제로 선정하여 집중평가를 실시하였다.

1995년도 수시평가과제는 공직부조리 및 민원소지 예방, 시대변화에 따라 정비·개혁이 필요한 시책 및 사업 등 현안과제를 중심으로 총 23개 과제를 선정하여 평가를 실시하였다(국무조정실·정책평가위원회, 2002: 165). 수시평가과제는 수도권 소규모 가내공장 일반폐기물 처리방안(환경부), 건설신기술제도 운영실태 및 개선방안(건설교통부), 유흥업소 단속의 실효성 제고방안(보건복지부) 등이다. 수시평가의 평가결과는 차관회의 등에 보고하였다. 1996년도와 1997년도 수시평가과제는 각각 15개와 14개였다.

<표 9-7>에 김영삼 정부의 연도별 심사평가 과제 수(1995-97)를 주요정책과제(정기심사)와 수시평가과제로 구분하여 제시하였다.

표 9-7 김영삼 정부 행정조정실 심사평가 과제수(1995-1997)

구 분		1995	1996	1997	합계(평균)
주요정책과제(정기)	자체평가과제(부처)	118	117	173	368(124)
	중점관리과제(총리실)	50	50	24	124(41)
	소계	168	127	197	492(165)
수시평가과제(총리실)		23	15	14	52(17)

출처: 양홍석, 2015, 106, <표 4-13>.

(2) 평가방법 및 기준

각 부처는 자체평가결과를 분기별로 국무총리실에 보고하고, 국무총리실은 중점관리대상과제에 대하여는 각 부처 자체심사평가 결과를 토대로 종합심사평가를 하는 방법을 취하였다.

성과관리제도가 심사평가제도로 통합되면서 가장 괄목할 만한 변화는 심사평가의 기준에 관한 것이다. 심사평가를 위한 성과평가 항목들이 과거의 진도분석 위주에서 벗어나 계획수립 부문, 사업추진과정, 사업성과 부문을 포함하는 포괄적 내용을 반영하고 있으며 다양한 가치를 포함하고 있다는 점에서 긍정적 평가를 받았다(김명수 외, 1996: 50, 박순애, 2020: 454에서 재인용). 구체적 평가기준은 ① 예산 및 인력투입의 적정성, ② 행정규제완화 · 지방화 등 상위정책과의 일관성, ③ 관련 시책 및 사업과의 연계성, ④ 정책목적과 관련한 사업내용의 적합성, ⑤ 대내 · 외 여건변화에 따른 적응성, ⑥ 정책추진과정에서의 의견수렴 및 공개정도, ⑦ 기타 정책추진의 효과성과 능률성 등 7개 기준이다. 전문적 · 기술적 분야에서는 관련 전문연구기관의 조사 · 연구 및 여론조사를 병행하여 평가의 신뢰도를 높이도록 하였다(양홍석, 2015: 106). 그러나 부처의 역량부족과 성과지침의 불명확성 때문에 심사평가지침에서 정한 평가내용이 실질적으로 제대로 지켜졌다고 보기 어렵고, 당초 의도했던 수준에는 크게 미치지 못하였다는 지적도 있다(김명수 외, 1996: 52-53; 박순애, 2020: 454에서 재인용).

각 부처에서 과제에 대한 자체적인 종합평가는 5등급 즉, 탁월-우수-보통-부진-미흡으로 평가하도록 하였으며, 평가등급에 대하여 근거를 구체적이고 명확하게 제시하도록 하였다(양홍석, 2015: 107).

4. 평가결과 및 활용

김영삼 정부 전반기에 운영된 정책평가의 결과처리와 관련하여 총리령 제4조 1항에서는 “정책평가 결과를 대통령에게 보고한다.”라고 규정되었다. 한편 1995년도부터 시행된 심사평가의 결과는 국무회의 보고 및 대통령에 보고하도록 관련 규정(정부업무의 심사평가 및 조정에 관한 규정)에서 정하고 있다. <표 9-8>에 제시된 바와 같이 1993년도와 1994년도에는 대통령 보고대회(1993년 하반기), 국무총리 보고대회(1993년 상반기), 국무회의 보고회(1994년 상·하반기)가 개최되었다. 그러나 1993년도와 1994년도의 보고는 형태의 일관성이 없었고, 특히 국정평가 형태로 진행된 경우 평가보고가 상징적이고 포괄적인 언급에 그쳐 구체적인 평가결과가 보고되지 못하는 문제가 있었다(양홍석, 2015: 88).

1995년도부터 1997년까지 심사평가의 결과는 매년 상반기와 하반기에 대통령 주재 또는 국무회의에서 심의·확정하였고, 그 결과를 각 부처에 시달하도록 조치하였다. 그러나 실제 보고회는 개최되지 않았다.

심사평가 결과의 활용에 관하여 관련 규정(정부업무의 심사평가 및 조정에 관한 규정)에서는 국무총리의 시정요구 권한 및 재경원에 통보하여 예산조치를 취할 수 있다고 규정되어 있으나, 임의 규정으로 완화되어 실제로는 제대로 작동하지 않았

표 9-8 김영삼 정부 정책평가(1993-94) 및 정기 심사평가 결과처리(1995-97)

구분		회의체	주재	비고	비고
1993	상	국정평가	국무총리	93.9.11 전 국무위원	보고회
	하	국정평가	대통령	93.12.27 국무총리, 국무위원·청정, 시도지사 등 90여 명	보고회
1994	상	국무회의	국무회의	94.8.29 국무위원	보고회
	하	국무회의	국무회의	94.12.26 국무위원	보고회
1995	상	국무회의	국무총리	1/4분기 평가결과 행조실장 내부보고	보고회 미개최
	하	국무회의	대통령	3/4분기 평가결과 국무회의 보고	보고회 미개최
1996	상	국무회의	대통령	96.8.1 국무회의 보고	보고회 미개최
	하	국무회의	대통령	97.1.4 국무회의 보고	보고회 미개최
1997	상	국무회의	대통령	97.7.29 국무회의 보고	보고회 미개최
	하	국무회의	대통령	98.2.10 국무회의 보고	보고회 미개최

출처: 국무조정실, 2002, 정부업무평가백서, 양홍석, 2015, 87, <표 4-7> 및 108, <표 4-15>에서 재인용.

다(양홍석, 2015: 108).

5. 요 약

김영삼 정부에서 정부업무 성과관리의 주체는 국무총리 행정조정실(차관급 기관) 소속 공무원이었으며, '평가자문위원회'가 운영되었는데 그 기능은 심사평가제도 운영 전반에 대한 자문, 심사평가보고서 내용의 적정성 등에 대한 자문, 중요한 정책사항, 심사평가 지침 등 공통사항에 대한 자문이었다.

김영삼 정부는 경제기획원의 심사분석제도와 국무총리실의 정책평가제도로 이원화되어 운영되어온 정부업무 성과관리제도를 1994년말 국무총리실 심사평가제도로 일원화하였다. 김영삼 정부 출범 초기 정책평가제도 하에서 국무총리실은 1993년도 20개 과제, 1994년도 44개 주요과제를 선정하여 평가하였는데, 1993년에는 별도로 국정평가를 실시하였지만 김영삼 정부 출범 초 발표한 10대 과제 77개 세부실천계획을 대상으로 체계적으로 성과관리를 시도하지는 않았다. 심사평가제도로 일원화된 1995년부터 평가대상 과제수가 연평균 165개 과제로 상당히 증가하였으며, 이 가운데 총리실 중점평가과제로 연평균 41개 과제를 선정하여 집중적으로 관리하였다. 1995년에는 국정과제로 추가된 세계화 과제를 위주로 주요정책과제를 선정하였으나, 다년도 계속 과제는 아니었으며 매년 중점평가과제를 다르게 선정하였다. 그러므로 국정과제가 정부업무 성과관리 과정에 포함되었지만 이들을 별도로 관리하는 체계는 갖추지 않았다.

평가방법의 측면에서 본다면 단순한 진도분석에서 벗어난 평가기준을 적용하고, 자문위원들을 활용하여 부진과제 원인을 분석하고 대책을 제안했다는 점에서 진일보한 것으로 볼 수 있다. 각 부처에서 주요정책과제에 대한 자체적인 평가는 5등급 즉, 탁월－우수－보통－부진－미흡으로 평가하도록 하였다.

주요정책과제의 평가결과는 대통령 또는 국무총리 주재 국무회의에서 심의·확정하는 절차를 거침으로써 각 부처가 주요정책평가에 관심을 가지도록 하였다. 심사평가 결과를 토대로 국무총리의 시정요구 권한과 재경원에 통보하여 예산조치를 취할 수 있는 권한이 규정되어 있으나 실제로는 제대로 작동하지 않았다.

정부업무와 국정과제 성과관리의 관점에서 본다면 김영삼 정부의 관련 제도는 체계화되지 못한 채 과도기 단계에서 운영된 것으로 볼 수 있다.

Ⅲ. 김대중 정부의 정부업무 및 국정과제 성과관리

1. 정부업무 성과관리의 추진체계

김대중 정부는 집권과 더불어 IMF 외환위기를 극복하기 위하여 경쟁력을 갖춘 정부를 구성하고 정책조정 및 평가기능을 강화하고자 기존 성과관리제도의 대대적인 개편을 시도하였다. 이에 차관급인 행정조정실을 장관급인 국무조정실로 격상시키는 한편 기관평가제도를 도입하였다. 김대중 정부에서 기관평가의 총괄적 주관은 국무조정실이 담당하며 국무조정실 심사평가조정관 밑에 심사평가1심의관실과 심사평가2심의관실을 두었다. 심사평가조정관실의 담당인력은 2국 8과 총 38명(총리실 23, 파견 15, 2002년 기준)이었다(양홍석, 2015: 126). 김영삼 정부 시기와 비교하면 1개 과가 증가하였고, 인력은 23명에서 15명이 추가되었다.

1998년 4월 15일 전문개정된 「정부업무의 심사평가 및 조정에 관한 규정」(대통령령) 제8조에 의거하여 정부업무평가의 객관성·전문성 제고를 위해 학계, 시민단체 등 각계 민간전문가로 구성된 국무총리 자문기구인 정책평가위원회를 구성하여 운영하기 시작하였다(국무조정실·정책평가위원회, 2003: 203). 정책평가위원회는 민간위원 26명과 당연직인 국무조정실장 등으로 구성되었으며, 임기는 2년이다. 정책평가위원 전원으로 구성된 본 위원회, 평가제도 등 분야별로 이루어진 6개 소위원회, 구체적인 평가업무를 수행하기 위하여 평가위원별로 구성되는 평가작업반으로 운영체계를 구성하였다. 2001년에는 「정부업무 등의 평가에 관한 기본법」이 시행(2001.5.1)됨에 따라 평가기본법에 근거한 심의기구로 격상된 제3기 정책평가위원회가 구성되었다. 위원회는 대학교수 14명, 연구기관 5명, 시민단체 6명, 기업인 2명, 언론인 2명(여성위원 7명)으로 구성되었다. 뒤에서 살펴보겠지만, 정책평가위원회의 주관으로 매년 국민의 정부 100대 국정과제의 점검이 이루어졌다.

2001년 5월 평가기본법 시행에 따라 중앙부처에 자체평가위원회 구성을 의무화하였으며, 과반수 이상을 민간위원으로 위촉하도록 하였다. 2001년 기관평가에서 40개 중앙행정기관에 대한 자체평가 수행노력 평가의 평가기준의 하나인 평가의 전문성·객관성 확보 항목의 평가 착안사항에 자체평가위원회 구성·운영에 민간전문가 참여수준, 민간위원 구성의 중립성 확보, 위원회 운영의 내실화 정도를 포함시켜 자체평가위원회를 활성화시키고자 하였다(국무조정실·정책평가위원회, 2002: 366).

2. 성과관리제도의 개편: 평가기본법 제정

1) 평가기본법 제정 배경

1998년 국민의 정부 출범과 함께 종래 평가제도를 보완한 기관평가제도를 도입하고, 정책평가위원회를 구성·운영하는 등 제도적 측면에서 많은 변화가 있었다. 외국에서는 1990년대를 전후하여 OECD 가입국가들이 공공부문의 효율성을 제고하기 위하여 정부업무에 관련된 평가관련 법률을 정비하는 상황이었다. 예를 들면, 미국의 경우 엘 고어 부통령이 주도한 미국 연방정부 개혁방안을 실천하기 위한 조치로 1993년 정부성과및결과법(GPRA)이 제정되었다(제6장 10절 참조). 이에 김대중 정부는 기존의 「정부업무의 심사평가 및 조정에 관한 규정」을 전문개정하여 기관평가제도를 도입하였다[8](심오택, 2001). 기관평가제도는 부처간 경쟁을 통한 행정의 효율성 제고와 책임성 확보를 위하여 그간 단편적인 정책과제 위주의 평가에서 벗어나 기관의 포괄적 역량까지도 평가하고자 하였다(국무조정실·정책평가위원회, 2002: 202). 기관평가제도는 이후 2001년 「정부업무 등의 평가에 관한 기본법」(이하 평가기본법)이 제정되면서 보다 안정적으로 자리잡았고, 이 법을 통해 우리나라 정부업무평가에 관한 기본체제가 구축되었다고 볼 수 있다(박순애, 2020: 455).

평가기본법의 내용은 대부분 기존의 대통령령인 「정부업무 등의 심사평가 및 조정에 관한 규정」에 의거하고 있으므로, 이미 시행되고 있는 평가제도들을 법률로 규정한 것이다. 동법의 시행에 따라 평가제도는 다음과 같이 확대·심화되었다(박순애, 2020: 455). 첫째, 기존 국무총리 소속 자문기구였던 정책평가위원회는 심의기구로 격상되어 정부업무에 대한 평가기본방향 및 평가지침 등을 심의하게 되었다. 둘째, 기존에는 지방자치단체에 대한 평가의 법적 근거가 없었으나 지방자치단체에 대한 평가의 법적 근거가 마련되었다. 이에 따라 2001년 최초로 우수자치단체를 선정하여 특별교부세를 통하여 재정인센티브를 부여하였다. 셋째, 기존에는 중앙부처만 자체평가를 실시하였으나 광역 및 기초자치단체까지도 평가위원회를 구성하여 자체평가를 실시하도록 제도화하였다. 또한 각 부처의 자체평가 기능을 강화하였고, 각 부처는 전문성이 입증된 자체평가위원회를 구성하여 평가를 실시하였다.

8 정부업무평가제도는 1997년도말부터 세계화추진위원회의 대정부건의를 이어받아 '국민의 정부' 출범을 위한 '대통령직인수위원회'에서 종래의 정책평가제도 개선에 관한 논의가 활발하게 이루어지면서, 이를 수용하여 도입되었다(2002년도 정부업무평가백서, 55).

2) 기관평가제도의 구성요소

1998년 기관평가제도 도입 당시 국무조정실에 제시한 기관평가 개념도는 [그림 9-2]와 같다(국무조정실 · 정책평가위원회, 2002: 202). [그림 9-2]에 제시된 바와 같이 기관평가는 중앙행정기관의 주요업무 추진상황 및 집행성과와 이를 수행하는 행정기관의 추진역량 등을 종합적으로 점검 · 분석 · 평가하는 것이다. 평가영역은 크게 '추진되는 일'에 대한 평가인 「주요정책과제 평가」, '추진주체'에 대한 평가인 「정책추진역량 평가」, '일'과 '주체'에 대한 종합평가인 「국민만족도 평가」로 구분되었다. 아울러 정기적인 평가 이외에 시급하거나 국민의 관심이 높은 현안에 대하여 수시로 과제를 선정 · 평가하는 특정과제평가도 도입되었는데 이는 기존 심사평가제도에서의 수시평가과제에 해당한다.

(1) 주요정책과제 평가

주요정책과제 평가는 각 부처가 추진하는 정책이 얼마나 성과를 실현하였느냐에 주안을 두고 평가대상기관별로 업무의 중요도가 높으면서 각 부처를 대표하는 핵심과제를 선정하여 평가하고자 하였다.

그림 9-2 1998년 도입 당시 기관평가 개념도

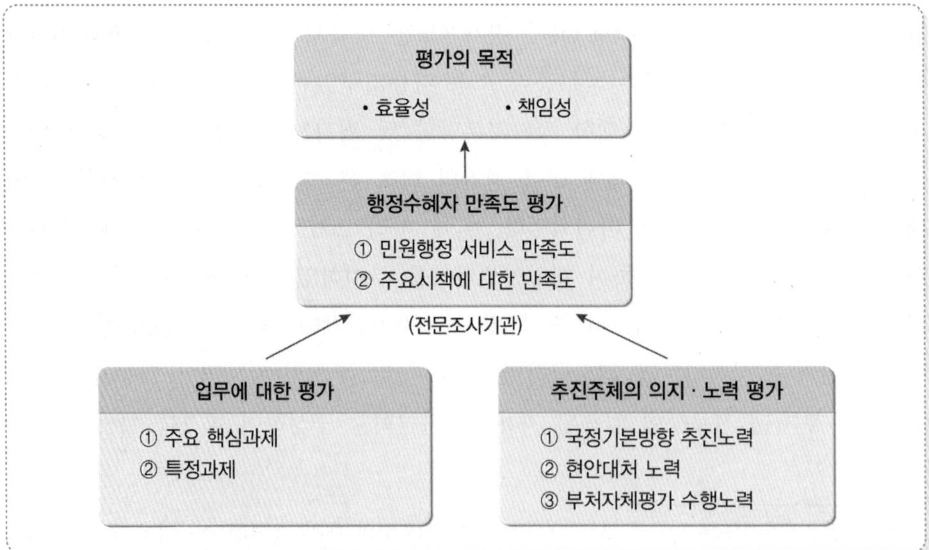

출처: 국무조정실 · 정책평가위원회, 2002: 202, [그림 2-4].

(2) 기관역량평가

기관역량평가는 각 부처에서 수행하고 있는 시책·사업 등을 보다 효율적으로 추진하기 위해 기관장이나 조직구성원의 추진의지와 노력의 정도를 평가하는 것으로, 정책추진 역량을 강화하기 위해 각 기관의 운영시스템 혁신노력 등을 객관적으로 비교·평가하고자 하였다. 구체적인 역량평가 항목 및 지표는 국정운영의 강조점을 반영하여 연도별로 달리 구성하였다.

(3) 국민만족도 조사

국민만족도 조사는 공공 서비스의 최종 수혜자인 국민의 만족도를 조사하는 것으로 주요정책과제에 대한 만족도와 민원행정서비스에 대한 고객 만족도 조사로 측정한다. 국민만족도 조사는 전문조사기관에 의뢰하여 실시하는데 조사대상기관과 조사내용은 조사시점에 따라 달라졌다.

(4) 특정평가

「정부업무평가 등의 심사평가 및 조정에 관한 규정」 제2조 및 제6조에서 특정과제평가를 실시할 수 있도록 하였는데, 이는 국민의 관심도가 높거나 국가적·사회적 현안으로 대두되는 사안, 현행 제도상 개선 필요성이 제기되는 사안으로서 국무총리가 필요하다고 인정하여 선정하는 과제이다. 이는 기존의 심사평가제도에서 수시심사평가과제에 해당한다.

3) 기관평가제도의 특징

김대중 정부가 도입한 기관평가제도의 구성요소를 기존 심사평가제도와 비교하면, 부처의 주요 업무에 대한 평가인 주요정책과제 평가(정기심사평가)는 기존 제도를 유지하였고, 총리실이 선정하여 평가하는 수시심사평가는 특정평가로 명칭을 변경하였다. 신규로 포함된 부분은 '추진주체'에 대한 평가인 「정책추진역량 평가」와 「국민만족도 평가」이다. 정책추진역량 평가의 평가항목과 평가내용은 연도별로 변화가 있었다. 한편 정책의 수혜자인 국민의 만족도를 평가하기 시작한 것은 획기적인 변화라고 할 수 있다.

3. 기관평가제도의 운영과 정부업무 성과관리

김대중 정부 기관평가제도의 운영실태를 (1) 업무에 대한 평가(주요정책과제 평가), (2) 기관역량 평가, (3) 국민만족도 평가, (4) 특정평가의 순서로 살펴보기로 하겠다. 100대 국정과제는 각 소관부처별로 분담하여 추진되므로 대부분 해당 부처의 주요정책과제에 해당되지만 김대중 정부의 주요정책과제 평가에서 100대 국정과제를 직접 다루지는 않았다. 출범 첫 해인 1998년도에는 국정과제평가를 기관역량평가의 일부로 다루었다. 국무조정실과 정책평가위원회는 1999년 이후에도 매년 100대 국정과제의 추진실적을 점검하였는데 별도로 점검하는 형식을 취하였으므로, 여기에 관하여는 별도로 살펴보기로 하겠다.

1) 주요정책과제 평가

(1) 평가대상과제

주요정책과제 평가는 각 부처가 추진하는 정책이 얼마나 성과를 실현하였느냐에 주안을 두고 과제를 선정하였다. <표 9-9>에서와 같이 1998년에는 장관급부 단위 17개 기관만을 대상으로 기관별로 1~3개 과제를 선정하여 총 38개 과제를 평가하였다. 각 부처를 대표하는 주요 핵심과제를 시책성 과제(정책목표 또는 정책 방향을 제시하는 내용 등이 함축된 과제)와 단위사업과제(예산집행적 성격이 강한 과제)로 구분하여 선정하였다.

김대중 정부 출범 2년차인 1999년도에는 가급적 정책형성단계가 아닌 집행단계의 주요정책를 선정하도록 하였고, 40개 기관의 총 66개 과제를 선정하여 평가하였다. 2000년도에는 국가경쟁력의 원천인 정보화와 지식사회 관련 과제를 중심으로 63개 과제를 선정하여 평가하였다. 2001년도 주요정책 평가에서는 연초에 국무총리가 발표한 '20대 주요 국정과제'를 포함한 63개 과제를 선정하여 평가하도록 하였는데, 국정과제의 일부가 공식적으로 주요정책과제 평가대상에 포함되었다는 점에서 의미가 있다(국무조정실 · 정책평가위원회, 2002: 324). 김대중 정부 임기를 마무리하는 2002년도의 주요정책과제 평가는 경제분야 34개, 통일 · 외교 · 안보분야 7개, 사회 · 문화분야 14개, 일반행정분야 9개 과제를 포함하여 64개 과제가 평가대상이었다.

표 9-9 김대중 정부 연도별 주요정책과제 평가대상기관 및 과제수

연도	1998	1999	2000	2001	2002
평가대상기관	17	40	40	40	43
평가대상과제 수	38	66	63	63	64
조치사항 수	203	258	290	572	–

※ 조치사항 수는 평가결과 및 활용에 해당됨.
출처: 국무조정실 · 정책평가위원회, 2002; 2003a. 양홍석, 2015, 131, <표 4－26>.

(2) 평가방법 및 평가기준

주요정책과제로 선정된 정책 · 사업 등을 정책형성, 정책집행, 정책성과의 3단계로 구분하여 평가기준과 착안사항을 적용하여 평가하도록 하였다. 공통 평가기준은 김대중 정부 출범 첫해인 1998년과 1999년 평가의 시행착오를 거쳐 2000년부터 <표 9－10>과 같이 정착되었다.[9] <표 9－10>에 나타난 바와 같이 정책형

표 9-10 김대중 정부 주요정책과제 평가기준(2000년)

구분	평가기준	평가착안사항
정책형성	① 정책목표의 타당성	– 정책목표(전체목표 및 당해연도목표)가 명확히 제시되었는가 – 정책목표가 상위 국정지표에 부합하며, 환경변화에 대응하고 있는가
	② 계획내용의 충실성	– 정책목표 달성을 위하여 하위 정책수단(세부사업 등)이 충실하게 구비되었는가 – 계획수립을 위한 여론수렴, 관련절차는 충분히 이행되었는가
정책집행	③ 시행과정의 효율성	– 일정계획에 맞추어 사업이 추진되고 있는가 – 투입된 자원을 목표달성(결과)를 위해 효율적으로 집행하고 있는가(※)
	④ 시행과정의 적절성	– 행정여건 · 상황변화를 적절히 포착하여 대응하고 있는가 – 시행과정에서 국민 및 이해당사자에게 제대로 알리고 있는가
정책성과	⑤ 목표의 달성도	– 사업추진결과 당초 설정한 계획목표는 달성되었는가
	⑥ 정책효과	– 국민의 입장에서 해당 정책의 효과가 실질적으로 나타나고 있는가

※ 착안사항은 시범평가 착안사항으로 평가시 가점 부여항목으로 사용.
출처: 국무조정실 · 정책평가위원회, 2002, 203.

9 1998년 주요정책과제 평가지표는 정책형성(정책목표의 체계, 정책기획 체계), 정책집행(집행의 계획적 관리, 상황변화의 관리, 집행의 민주적 관리), 정책성과(효과성, 능률성)이며, 1999년 주요정책과제 공통평가기준은 정책형성(정책의 체계적합성, 정책내용의 충실성), 정책집행(집행관리의 책임성, 정책상황의 대응성, 추진과정의 효율성), 정책성과(계획목표의 달성도, 민본효과성, 환류관리의 효율성)이었다.

성 단계의 평가기준은 정책목표의 타당성과 계획내용의 충실성, 정책집행 단계는 시행과정의 효율성과 시행과정의 적절성, 그리고 정책성과의 평가기준은 목표의 달성도와 정책효과가 포함된다.

2000년도와 2001년도 평가에서는 과제별로 평가주관위원(정책평가위원)을 선정하여 주관위원 책임하에 평가를 추진하였고, 이와는 별도로 30명의 각 분야 전문가를 전문위원으로 위촉하여 현지점검, 평가보고서 작성 등 평가과정 전반에 참여하였다.

(3) 평가결과 및 등급부여

2001년도에는 과제별로 4개 평가등급(우수, 적절, 보통, 미흡)을 부여하여 객관화되고 비교가능한 평가결과를 도출하고자 노력하였다. 한편 2001년도에는 주요정책과제 영역의 기관별 평정을 토대로 우수기관을 선정하여 발표하였다. 2001년 기관별 배점기준은 정책평가위원 평정 70%(정책형성 20%, 정책집행 30%, 정책성과 50%)이며, 다음에 살펴볼 국민만족도가 30% 반영되었다. 2001년도에는 Ⅰ그룹(장관급) 5개 기관, Ⅱ그룹(차관급) 5개 기관이 우수기관으로 선정되었다.

2) 정책추진역량평가

(1) 평가대상

정책추진역량평가는 정책을 추진하는 주체의 의지 또는 추진노력을 주된 평가대상으로 하였다. 이는 그 기관이 추진한 시책·사업의 추진성과는 물론 그러한 결과가 나오게 된 추진과정에서의 추진주체의 의지와 노력정도, 현안에 대한 대처노력 등을 추진주체의 역량의 관점에서 평가한다는 것이다.

<표 9-11>에 제시된 바와 같이 1998년도 추진역량의 평가대상을 국정기본방향 추진노력, 현안대처노력, 부처 자체평가 수행노력을 대상으로 하였다. 1998년도 기관별 정책추진역량평가에 100대 국정과제를 포함한 국정기본방향 추진노력 및 현안대처 노력이 포함된 것이 특이한 사항이다. 100대 국정과제 추진노력 평가에 관하여는 항목을 달리하여 별도로 살펴보겠다. 이들은 사실상 부처의 정책추진역량의 차원이라기보다는 주요정책과제의 차원이라고 볼 수 있는 평가대상이므로 1999년도 이후에는 제외되었다.

표 9-11 김대중 정부 연도별 정책추진역량평가 대상분야(1998–2002)

1998	1999	2000	2001	2002
국정기본방향 추진 노력 – 100대 국정과제 추진노력 – 규제개혁 추진실적	–	–	–	
– 현안대처 노력	–	–	–	–
자체평가 수행노력	자체평가 수행노력	자체평가 수행노력	자체평가 수행노력	자체평가 수행노력
	정부혁신 추진노력 – 목표관리제 운영 – 행정서비스헌장 운영 – 행정정보 공개확대 – 부패척결 노력 – 기타 경영혁신노력	기관운영 혁신노력 – 지식기반정부구현 노력 – 정책추진의 법제화 – 부패방지노력 – 국정홍보 강화노력 등 4개 분야	– 전자정부 구현노력 – 조직 및 정책관리 역량강화 – 깨끗한 정부구현 노력 등 3대 분야	– 정보자원관리역량 – 조직 · 인력관리 역량 – 정책관리 역량

출처: 국무조정실 · 정책평가위원회, 2002, 2002 정부업무평가백서.
국무조정실, 2003a, 2002년도 정부업무평가종합보고서.

김대중 정부 출범 2년차인 1999년도에는 각 기관의 정책추진역량과 추진의지를 (1) 주요 업무에 대한 자체평가 수행노력, (2) 정부혁신에 대한 각 부처의 추진노력(목표관리제 운영, 행정서비스 헌장 운영, 행정정보 공개 확대, 부패척결 노력, 기타 경영혁신 노력)을 주요 평가대상으로 설정하였다. 첫해인 1998년도의 세 가지 정책추진역량 영역 가운데 '자체평가 수행노력'만 존치시키고 새롭게 정부혁신 추진노력을 포함시킨 것이다. 1999년에 포함된 정부혁신 추진노력의 주요항목인 목표관리제와 행정서비스 헌장 운영 등은 신공공관리론의 핵심을 이루는 과제이므로 김대중 정부가 신공공관리론에 입각한 정부혁신의 추동력을 얻기 위하여 정책추진역량 평가를 활용했다고 판단된다.

2000년에는 정책추진역량 평가대상을 '기관운영 혁신노력'과 '자체평가 수행노력'으로 설정하였다. 기관운영 혁신노력에서는 지식기반정부 구현노력(DB 구축 및 인터넷 홈페이지 운영, 정보화 마인드 확산, 정보화 활용 등), 정책추진의 법제화, 부패방지노력, 국정홍보 강화 노력 등 4개 분야를 설정 · 평가하였다.

2001년도에 기관역량 평가의 대상은 '기관운영 혁신노력'과 '자체평가 수행노력'을 평가하도록 했는데, 기관운영 혁신노력에서는 전자정부 구현노력(전자민원 등 온라인 대민서비스 제공 · 정보화를 통한 행정의 투명성 강화 · 조직 내부 정보화 및 지식기반 업무체계 구축), 조직 및 정책관리역량강화(인사행정의 효율성·국정홍보 강화노력), 깨끗한 정부 구현 노력(공직기강 확립대책 추진·부패방지대책 추진) 등 3대 분야로 구성하였다.

2002년 기관역량 평가는 자체평가 수행노력과 함께 정보자원 관리역량(정보화 등 전자정부 구현노력), 조직·인력관리역량(인사행정의 효율성, 조직운영의 효율성, 공직기강확립 추진노력), 정책관리역량(국정홍보 노력, 자체평가 수행노력) 등 3개 분야 6개 항목을 중점적으로 점검하였다.

이같이 1999년부터 정책추진역량평가는 매년 평가분야를 달리 구성하였으나 자체평가 수행노력의 경우 매년 중단없이 평가되었고 그 비중도 높았다. 정책추진역량평가는 대체로 자체평가 수행노력과 더불어 정부혁신 노력 또는 기관운영 혁신노력의 두 분야로 정착되었는데 혁신노력의 경우에는 매년 주안점이 달라진 것이 특징이다.

(2) 평가방법 및 평가기준

정책추진역량평가는 각 기관이 자체적으로 1차 평가한 결과를 토대로 국무조정실과 정책평가위원회에서 서면평가 및 현지점검을 통하여 상위평가를 실시하였다. 예를 들어, 매년 정책추진역량평가에 포함된 자체평가 수행노력에 관한 평가에서 국무조정실은 부처별 자체평가 실시기준을 제시하고, 각 부처가 스스로 평가하도록 하였다. 이러한 부처별 자체 실시 결과를 상·하반기로 제출받아 자체평가 실시기준에 적합하게 평가하였는지 그 수행노력을 상위평가하였다. 부처 자체평가 결과에 대한 상위평가는 '내실있는 평가'가 이루어졌느냐 여부와 '평가결과의 활용'의 적정성 정도에 초점을 두고 평가하였다(국무조정실·정책평가위원회, 2003).

3) 만족도 조사

(1) 조사대상

1998년부터 시작된 국민만족도 조사에서는 정부정책의 추진 및 행정서비스에 대하여 그 고객인 국민이 어느 정도 만족하고 있는가를 두 가지 측면에서 조사·평가하고자 하였다. 행정의 실질적 내용을 대상으로 하는 각 부처의 주요 시책에 대한 고객만족도 조사와 아울러, 각 부·처·청 등의 민원행정서비스에 대한 고객만족도를 조사한 것이다. 1998년 주요정책과제에 대한 국민만족도 조사는 기관평가제 도입 첫 해임을 감안하여 17개 행정 각부를 대상으로 각 부처별로 대표성이 높은 1개 과제만을 평가대상과제로 선정하였다.

1999년도 주요정책에 대한 국민만족도 조사 대상기관은 1998년 17개에서 40개로 증가하였고 66개 주요정책과제를 대상으로 확대하였다. 민원서비스 만족도 조사는 38개 기관을 대상으로 조사하였으며, 1998년도 조사와 비교하여 조사항목을 6개 차원 26개 항목으로 단순화하였다. 그러므로 1999년부터 전 부처를 대상으로 주요정책에 대한 국민만족도와 민원행정서비스에 대한 고객만족도 조사가 제도화되어 문재인 정부에 이르기까지 변함없이 계속되고 있다.

(2) **평가방법 및 기준**

주요정책에 대한 만족도 조사는 일반국민을 대상으로 외부 전문조사기관에 의뢰하여 면접원의 직접 방문에 의한 개별 면접조사를 실시하였는데, 조사항목은 정책의 효과 여부, 정책의 수용 정도, 정책추진 의지 및 대응노력 정도, 해당과제에 대하여 가장 먼저 해결해야 할 부분 등을 조사하였다.

한편 민원행정서비스에 대한 고객만족도 조사는 각 부처 민원행정업무의 처리방식 및 절차, 공무원의 태도, 처리결과 등에 대하여 민원인이 느끼는 만족도를 조사하였다. 조사대상은 중앙행정기관에서 제공하는 민원행정 서비스로 국한하고, 김대중 정부 출범 이후 평가대상기관인 행정기관을 이용한 경험이 있는 민원접수대장에 기록된 민원인을 모집단으로 표본을 추출하였다. 민원행정서비스에 대한 조사는 접근성, 편리성, 신속/정확성, 쾌적성, 대응성, 형평성, 환류성 등의 차원별로 세부질문항목을 구성하였고, 광역자치단체, 민간기업, 다른 중앙행정기관의 서비스와 상대비교 및 투자한 노력과 비용을 대비한 상대적 비교항목도 포함하였다.

(3) **조사결과 및 등급부여**

주요정책과제에 대한 국민만족도 조사결과는 개별과제의 정책성과에 대한 평가에 반영하였다. 민원행정서비스 만족도는 연도별로 종합만족도 추이를 살펴볼 수 있도록 하였다. [그림 9-3]에 제시된 바와 같이 민원행정서비스 종합만족도는 1998년 54.9점(100점 만점)이었으며, 1999년 61.0점, 2000년 62.3점, 2001년 65.5점으로 증가추세를 보이다가 2002년에는 63.7점으로 2001년에 비해 다소 하락하였다.

그림 9-3 국민의 정부 연도별 민원행정서비스 종합만족도 추이(1998-2002)

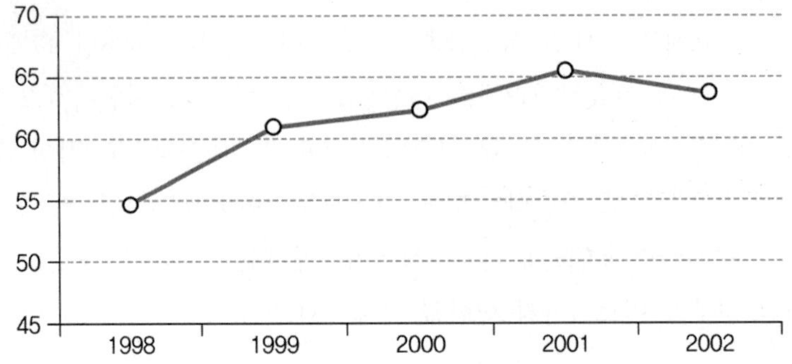

출처: 국무조정실 · 정책평가위원회, 2002; 2003a.

2002년에는 각 기관별 민원행정만족도 수준을 비교하여 3등급으로 구분하여 발표하였는데, 2002년도에는 민원행정서비스 만족도(85%)와 2001년도 대비 만족도 향상지수(15%)를 종합하여 3등급(상 · 중 · 하)으로 비교 평정하였다(국무조정실 · 정책평가위원회, 2003a). 이에 관하여는 기관평가 항목에서 구체적으로 살펴보기로 하겠다.

4) 특정과제평가

특정과제는 국무총리가 필요하다고 인정하여 선정하는 과제이다. 1998년에는 실업대책 추진실태 평가, 중소기업 지원시책의 실효성 평가 등 7개 과제를 특정평가 과제로 선정하여 평가를 실시하였으며, 총 120개의 개선조치사항을 제시하였다. 1999년에는 사회취약계층 복지시책 평가, 중앙정부와 지방자치단체간 협력체계 평가 등 6개 과제를 특정과제로 선정하여 평가하였으며, 총 72개의 개선조치사항을 제시하였다. 2000년에는 어업구조 개선사업의 효율성 평가, 과학기술인력 양성 및 활용실태 평가 등 5개 과제를 특정평가과제로 선정하였으며 총 80개의 개선조치사항을 제시하였다. 2001년도 신기술 활용 증진방안, 고령화사회에 대비한 노인보건 · 복지정책 평가 등 6개 과제를 특정과제로 선정하여 평가하였다. 2002년도에는 3개 과제를 특정과제로 선정하였다. <표 9-12>에 김대중 정부에서 실시한 특정과제평가가 요약되었다.

표 9-12 김대중 정부 연도별 특정과제평가 실시 현황

연도	1998	1999	2000	2001	2002	합계
특정과제 수	7	6	4	6	3	26
조치사항 수	120	72	80	127	–	399

출처: 국무조정실 · 정책평가위원회, 2002; 양홍석, 2015, 133, <표 4-28>.

4. 기관평가종합 결과의 공개 및 활용

1) 평가결과의 기관별 비교와 공개

기관평가의 핵심은 기관간 경쟁을 통하여 성과를 제고하고자 하는 것이므로 기관간 성과 비교가 중요한 과제이다. 기관평가 도입 첫해인 1998년도에는 국민만족도조사 가운데 민원만족도를 대상으로 부처 전체와 분야별로 2개의 우수기관을 공개하였다(<표 9-13> 참조). 그러나 주요정책과제, 기관역량, 그리고 국민만족도를 종합한 종합평정은 시행하지 않았다. 1999년 하반기 기관역량평가 분야에서 자체평가 수행노력과 정부운영 혁신노력을 종합하여 평정한 결과 장관급 우수기관 3개, 차관급 우수기관 3개를 선정하여 발표하였다. 민원만족도의 경우 만족도가 높은 기관으로 장관급 3개, 차관급 3개, 만족도 향상기관 3개를 발표하였다. 2000년도에는 기관역량평가 가운데 부처 자체평가 수행노력 우수기관과 민원만족도 우

표 9-13 김대중 정부 기관평가의 분야별 기관간 등급비교

분야	1998	1999	2000	2001	2002
주요정책과제	–	–	–	우수기관 공개 장관급 4, 차관급 4	우수기관 공개 장관급 5, 차관급 5
기관역량평가	–	장관급 우수기관 (3) 차관급 우수기관 (3)	부처자체평가 수행노력 우수기관 부처: 5, 청: 5	우수기관 공개 장관급 3, 차관급 4	우수기관 공개 장관급 5, 차관급 5
국민만족도	민원만족도 우수기관 장관급, 차관급(1, 2위) 발표	민원만족도 우수기관 장관급, 차관급 3개 발표 향상기관 3개	민원만족도 우수기관 장관급, 차관급 3개 발표 향상기관 5개	전기관 3등급 공개	전기관 3등급 공개
종합평정	–	–	–	우수기관 공개 장관급 2, 차관급 2	–

출처: 국무조정실 · 정책평가위원회, 2002; 2003a.

수기관 및 향상기관을 발표하였다.

1998년부터 2000년까지는 각 부처의 주요정책과제, 정책추진역량, 국민만족도 등 세 분야별 평가결과를 합산한 종합등급을 부여하지는 않았다. 그런데 2001년도 말에 처음으로 기관평가의 결과를 계량점수화하여 기관간 우열을 상호비교하는 종합평정을 실시하였다(국무조정실 · 정책평가위원회, 2002: 350). 2001년도 평가대상인 40개 중앙행정기관을 규모, 성격 등을 고려하여 2개 그룹으로 구분하여 비교 평정을 실시하였는데, Ⅰ그룹에 포함된 21개 기관은 18부, 1처(기획예산처), 2위원회(공정거래위, 금융감독위) 등 장관급 기관이며, Ⅱ그룹에 속한 19개 기관은 16청과 3처(국가보훈처, 법제처, 국정홍보처) 등 차관급 기관이다.

<표 9-14>에 제시된 바와 같이 종합평정은 기관평가 결과를 종합적으로 계량 평정하여 기관간 비교평가하는 방식으로 40개 중앙행정기관을 정책부서(장관급 기관)와 집행부서(차관급 단위)로 나누어 실시하였다.

표 9-14 2001년 김대중 정부 기관평가 종합평정 기준

평정분야		배점	분야별 평정요소 및 가중치
주요정책과제 (50점)	전문가 평가	35	정책형성(20%), 정책집행(30%), 정책성과(50%)
	국민만족도	15	만족도 종합점수(100%)
기관역량 (30점)	자체평가 수행노력	15	계획 · 과제선정(25), 평가내용(45), 결과환류(30)
	기관운영 혁신노력	15	전자정부(40), 조직 · 정책(20), 깨끗한 정부(20)
민원행정 고객만족도(20점)		20	'01 만족도 점수(80%), '00 대비 향상지수(20%)
합 계		100	

출처: 국무조정실, 2001, 2001정부업무 평가지침, 양홍석, 2015, 136, <표 4-30>에서 재인용.

평정을 실시한 이후 대상영역별 특성과 평정방법의 문제 등을 고려하여 공개범위를 결정하였는데, 주요정책과제평가와 기관역량 평정결과는 우수기관으로 선정된 기관만 공개하고, 민원행정서비스 조사결과는 3등급으로 전 기관의 순위를 공개하였다. 종합평정에서는 그룹별로 2개 우수기관을 선정하여 공개하였다.

이같이 2001년부터 기관평가제에서 기관간 경쟁을 본격화시키게 된 기관등급 부여가 시작되었지만 평가종합, 주요정책과제평가와 기관역량평가에서는 우수기관으로 선정된 기관만 공개하고, 보통 또는 미흡기관은 공개하지 않았다. 한편 김대중 정부 임기 마지막 해인 2002년도에는 주요정책과제, 기관역량평가, 국민만족도

평가결과는 공개하였으나, 종합평정은 실시하지 않았다(국무조정실 · 정책평가위원회, 2003a).

2) 평가결과의 활용

평가기본법에 따르면 평가결과는 공개하여야 하며(법 제19조), 평가결과 보고서는 매년 국회에 제출하여야 한다(법 제18조). 또한 중앙행정기관평가, 지방자치단체평가 및 특정과제 평가결과에 대해서는 정기적으로 평가보고회를 개최하도록 규정하고 있다(법 제17조). <표 9-15>에 제시된 바와 같이 기관평가결과에 대하여는 상반기의 경우 국무총리가 주재하는 보고대회 형식으로 보고되었으며, 하반기에는 대통령 주재 보고대회 형식으로 중앙행정기관 평가결과를 종합하여 보고하였다(양홍석, 2015: 138). 대통령 주재 보고대회는 중앙행정기관장, 정책평가위원회 위원, 광역자치단체장이 참석한 가운데 청와대 영빈관에서 이루어졌다.

표 9-15 김대중 정부 정부업무평가 결과 보고대회

연도		형식	주재	비고	장소
1998	상	정부업무평가보고회	국무총리	98.8.5. 국무위원, 평가위원 등 58명 참석	중앙청사
	하	정부업무평가보고회	대통령	98.12.12. 각부장관, 광역단체장, 평가위원 등 95명 참석	영빈관
1999	상	정부업무평가보고회	국무총리	99.7.28. 국무위원, 평가위원 등 74명 참석	중앙청사
	하	대통령 서면보고	–	99.12.23 보고	
2000	상	정부업무평가보고회	국무총리	00.7.26 국무위원, 평가위원 등 참석	중앙청사
	하	정부업무평가보고회	대통령	01.1.23. 각부장관, 광역단체장, 평가위원 등 참석	영빈관
2001	상	정부업무평가보고회	국무총리	01.7.23 국무위원, 평가위원 등 참석	중앙청사
	하	정부업무평가보고회	대통령	02.1.23. 각부장관, 광역단체장, 평가위원 등 참석	영빈관
2002	상	정부업무평가보고회	대통령	01.8.9 국무위원, 평가위원, 감사원장 등 참석	영빈관
	하	정부업무평가보고회	대통령	02.1.23. 각부장관, 광역단체장, 평가위원 등 참석	영빈관

출처: 양홍석, 2015, 138, <표 4-32>.

보고대회를 마친 후에 정부업무평가결과는 상 · 하반기에 각 기관에 송부하여 개선조치가 필요한 사항에 대해서는 조치계획을 수립 · 개선하도록 하고 국무조정실에서 정기 점검하였다. 「평가기본법」에는 "평가결과 우수기관 및 공무원에 대하여 예산지원 · 포상 및 인사 상 우대 등 필요한 조치를 할 수 있다(법 제20조 제2항)"

표 9-16 김대중 정부 정부업무평가 유공자 포상현황(2001-2002)

구분		계	훈장	포장	표창	
					대통령	국무총리
2001	계	35	9	2	11	13
	공무원	25	1	2	9	13
	민간인	10	8	0	2	0
2002	계	29	1	2	13	13
	공무원	25	1	2	9	13
	민간인	4	0	0	4	0
01-02	합계	64	10	4	24	26
	연평균	32	5	2	12	13

출처: 양홍석, 2015, 140, <표 4-34>.

고 규정되어 우수기관 및 공무원에 대한 훈장, 포장, 표창 등 정부포상이 실시되었다. <표 9-16>에 제시된 바와 같이 2001년부터 2년 동안 모두 64명의 유공자가 정부업무평가 유공자로 포상받았다(양홍석, 2015: 140).

5. 100대 국정과제 점검 및 관리

1) 개관

김대중 정부 출범 첫 해인 6월에 확정한 국정과제는 부·처·청·위원회 등 37개 기관이 담당하는 경제·사회·정부·미래부문 등 4대 부문별로 100개 대과제, 297개 중과제, 910개 실천과제로 구성되어 있었다. 추진시기별로는 1998년까지 356개, 1999년까지 109개, 2000~2002년까지 93개 과제를 조치 완료하고, 353개 과제는 계속 추진할 과제로 구분되었다.

김대중 정부의 100대 국정과제 점검 및 성과관리는 기본적으로 국무조정실이 담당하였다.[10] 1998년에는 기관평가의 3대 부문 가운데 하나인 정책추진역량평가의 일부로 진행되었다. 1999년에도 주요정책과제의 평가에서 국정과제의 일부를 포함하여 평가가 이루어졌으나, 매년 100대 국정과제 전체를 대상으로 하는 별도

10 국무총리실의 100대 국정과제 점검의 주무부서는 심사평가를 담당하는 부서가 아니라 기획총괄부서에서 담당하였다. 그러나 김대중 정부 출범 첫해, 그리고 마무리 단계에서 정책평가위원회가 100대 국정과제 점검에 관여하였다.

의 점검이 이루어졌으며, 임기 말인 2002년에는 '국민의 정부 5년 정책평가'가 이루어졌다. 그런데 주요정책과제 평가에서는 정책형성과 집행뿐 아니라 정책의 성과(목표달성도와 효과)까지 평가되는 반면 앞의 <표 9-10> 국정과제 점검에서는 집행단계까지의 이행점검에 치우치고 있다는 점에서 기본적으로 차이가 있다.

2) 1998년 기관역량평가에서의 100대 국정과제 평가

김대중 정부 출범 첫해인 1998년도에는 기관평가제도의 구성요소의 하나인 정책추진역량의 일부인 국정기본방향 추진노력평가에서 100대 국정과제 평가를 다루었다. 즉, 국정기본방향 추진노력평가에서는 김대중 정부가 제시한 「100대 국정과제」와 경제난 극복을 위한 「규제개혁 추진실적」을 평가대상으로 설정하였다. 1998년 하반기에 전체 37개 추진기관(부 · 처 · 청 · 위원회 포함)을 대상으로 총 910개 실천과제 전체(일부과제 기관 중복으로 총 1,097개)에 대한 평가를 추진하였다. 국무조정실은 각 부처가 제출한 계획과 추진실적을 근거로 평가를 실시하였다. 1998년 국정과제 추진노력의 평가기준은 <표 9-17>과 같았다. 100대 국정과제 추진노력 평가기준은 <표 9-10>의 주요정책과제 평가기준과 대비하면 알 수 있듯이 실천계획 추진을 위한 예산 및 인력의 배분, 과제의 추진일정 준수 등과 같이 이행점검 위주로 구성되어 있다.

표 9-17 1998년 100대 국정과제 추진노력 평가기준

평가항목	평가요소	주요 고려사항
정책의제 관리	개혁성	– 국정과제의 추진계획 내용이 개혁사항을 포괄하고 있는가 – 과제의 세부실천계획 간의 우선순위는 적정한가
	관련부처협조	– 과제추진을 위해 사전 관계부처와의 협의 조정과정을 거쳤는가
	국민설득	– 과제 수립시 국민의견수렴은 이루어졌는가
추진체계와 집행관리	준비성	– 과제추진을 위한 예산, 인력 등의 추진체계는 갖추어져 있는가
	계획의 진척도	– 과제의 추진내용이 일정대로 추진되고 있는가
국정전반의 목표관리	추진방향의 타당성	– 100대 과제의 추진과 관련하여 종합적으로 국정지표 달성에 얼마나 부합하는가 – 100대 과제간 우선순위는 적정한가

출처: 국무조정실 · 정책평가위원회, 2002, 215, <표 2-35>.

1998년 하반기 점검결과에 따르면 어려운 여건 하에서도 대부분의 과제가 정상 추진 중이며, 이에 따라 경제 · 사회 · 정부 · 미래부문 등 4대 부문에서의 당초 전

략목표가 차질없이 구체화되고 있는 것으로 평가되었다. 다만 57개(9.3%)과제는 추진상황이 다소 부진한 것으로 파악되었다(국무조정실 · 정책평가위원회, 2002: 222). 그러므로 국정과제 이행상황 점검결과는 정상추진 또는 부진으로 판단되어 진척도 중심의 평가가 이루어졌다.

3) 연도별 국정과제 점검

1999년도와 2000년도에는 정책평가위원회가 주관하여 관계부처 합동으로 910개 국정과제 전체를 대상으로 중앙부처 및 지방자치단체 등에 대한 점검을 실시하였다. 1999년도에는 상반기인 2~4월까지 점검 결과 910개 실천과제 가운데 334개 과제는 완료되었으며, 494개 과제는 정상추진 중으로서 91.0%에 달하는 과제가 차질없이 추진되고 있는 것으로 나타나 국정전반에 걸친 각종 개혁정책이 본격적인 궤도에 진입한 것으로 평가하고 있었다(국무조정실 · 정책평가위원회, 1999: 5). 그러나 82개 과제(9.0%)는 추진상황이 다소 부진하여 보완이 필요한 것으로 판단하였다.

이어서 2000년도 국정과제 부문별 점검결과를 살펴보겠다(국무조정실 · 정책평가위원회, 2000: 5-6). 1998년 6월 확정된 100개 대과제와 910개 실천과제 가운데 1999년 9월 이를 보완하여 800개 실천과제를 추진하여 왔다.[11] <표 9-18>에 제시된 바와 같이 2000년 3~4월에 국정과제 전체 800개 실천과제의 추진실태를 점검한 결과, 총 150개 과제가 완료되었으며, 581개 과제는 정상추진 중으로서 91.4%의 과제가 차질없이 추진되고 있는 것으로 파악되었다. 그러나 69개 과제(8.6%)는 추진상황이 다소 부진한 것으로 파악되었다. 부진과제의 원인으로는 관계기관 등과의 협의지연 및 재원부족 · 경제여건 변화에 기인하는 경우가 각 18개, 추진계획 불충분 7개, 상위방침 변경 6개, 부처 자체대처 미흡 5개, 입법지연 3개, 기타사유로 인한 부진이 12개 등으로 나타난 것으로 파악되었다. 이같이 김대중 정부는 실질적으로 각 부처별로 담당하는 국정과제의 실천상황을 점검하여 환류하였음을 알 수 있다. <표 9-18>에서 알 수 있듯이, 국정과제의 추진상황 점검결과는 실천과제별로 완료, 정상추진, 부진의 범주로 판단되어 정책성과평가와는 거리가 먼 이행점검 위주로 진행되었다.

---

11 국정과제 선정 · 보완 등은 기획예산처 국정과제 기획관리단을 통하여 추진하고, 국무조정실이 추진상황을 점검하였다(국무조정실 · 정책평가위원회, 2000: 1).

표 9-18 국민의 정부 국정과제 추진상황 점검결과(2000)

부문별	합계(A)	완료(B)	B/A	정상추진(C)	C/A	부진(D)	D/A
합계	800	150	18.8	581	72.6	69	8.6
경제부문	267	59	22.1	187	70.2	21	7.9
정부부문	177	34	19.2	119	67.2	24	13.6
사회부분	222	36	16.2	174	78.4	12	5.4
미래부문	134	21	15.7	101	75.4	12	9.0

※ 경제부문: 구조조정 · 재도약 기반구축 · 산업경쟁력 제고 관련.
※ 정부부문: 공공부문 개혁 · 법질서 · 외교 · 국방 관련.
※ 사회부문: 복지 · 청소년 · 의료 · 안전 · 환경 · 문화 관련.
※ 미래부문: 과학기술 · 해양 · 정보화 · 교육 · 통일 관련.
출처: 국무조정실 · 정책평가위원회, 2000, 6.

4) 국민의 정부 5년 정책평가

국민의 정부를 마무리하는 시점에서 정책평가위원회는 정부가 중점을 두고 추진해 온 주요정책의 성과를 종합적으로 평가하고 향후 개선 · 보완과제를 제시하고자 '국민의 정부 5년 정책평가'를 기관평가와는 별도로 실시하였다(국무조정실 · 정책평가위원회, 2003).[12] 5년 평가실시계획은 2002년 7월 8일에 확정하였고, 단위과제별 평가계획은 동년 9월 27일에 수립하였다. 평가대상과제는 국민의 정부 출범시 선정한 100대 국정개혁과제, 지난 5년간 각 부처 주요정책과제, 사회적 쟁점으로 제기되었거나 국민적 관심이 높았던 과제 등을 중심으로 선정하였다. 경제, 통일 · 외교 · 안보, 사회 · 복지, 교육 · 문화, 일반행정의 5대 분야로 구분하여 20대 대과제, 58개 단위과제로 분류하여 평가하였다. 국민의 정부 주요정책과제평가에 따르면, IMF 외환위기 속에서 출범한 국민의 정부는 민주주의와 시장경제의 병행 발전과 생산적 복지 이념을 바탕으로 지난 30여 년간 이룩한 고도성장 이면에 누적된 경제 · 사회 · 정부 등 각 부문의 구조적 문제해결에 총력을 경주하였다고 판단하였다.

---

12 평가는 정책평가위원회 내에 구성된 '5년 평가특별위원회'가 중심이 되어, 평가의 전문성과 객관성을 높이기 위해 선임된 각 분야 민간전문위원(37명)과 국무조정실 운영지원팀의 도움을 받아 실시하였다.

6. 요 약

김대중 정부는 정부업무 성과관리를 담당해온 행정조정실을 장관급인 국무조정실로 격상시키고 국무조정실의 심사평가조정관 소속 공무원들이 성과관리업무를 총괄하도록 하였다. 새로운 성과평가제도인 기관평가제도를 도입하고, 학계, 시민단체 등 각계 민간전문가로 구성된 국무총리 자문기구인 정책평가위원회를 구성하여 운영하기 시작하였다. 2001년 「평가기본법」이 제정되어 정책평가위원회가 심의기구화하였다. 한편 「평가기본법」 시행에 따라 부처별 자체평가위원회 구성을 의무화하였으며, 과반수 이상을 민간위원으로 위촉하도록 하였다.

김대중 정부는 기관평가제도로 대변되는 새로운 성과평가제도를 도입하여 부처간 경쟁을 통하여 IMF 위기에서 벗어나는데 도움이 되고자 하였다. 기관평가제도는 주요정책과제평가, 기관역량평가, 국민만족도평가로 이루어졌는데, 기관역량평가와 국민만족도평가는 새롭게 도입한 것이다. 기관역량평가의 세부요소는 1998년 시행착오를 거쳐 1999년부터 부처자체평가 수행노력과 정부혁신 노력의 두 분야로 정착되었는데, 정부혁신 노력의 중점분야는 연도별로 달랐다. 국민만족도 조사는 주요정책과제 만족도와 민원행정서비스 만족도로 이원화되었다. 기관평가의 핵심이라고 할 수 있는 기관간 성과비교는 1998년 민원서비스 만족도에서 시작하여 1999년에는 기관역량평가 분야로 확대되었다. 세 분야의 평가결과를 합산한 종합평정은 2001년도부터 시작하였다. 2001년도 평가결과는 주요정책과제, 기관추진역량, 그리고 종합평정 분야에서는 우수기관만 발표하였고, 기관별 민원 만족도 평가결과는 3등급으로 구분하여 평정결과를 발표하였다. 그러므로 김대중 정부에서 도입한 기관평가제도는 임기 후반기에 정착되기 시작하였다. 매년 상반기 평가결과는 국무총리 주재 보고대회, 하반기 평가결과는 대통령 주재 보고대회를 통하여 공표하였다. 「평가기본법」 제정 이후 2001년도와 2002년도에는 평가결과에 따라 우수기관 및 공무원에 대한 훈장, 포장, 표창 등 총 64명에 대한 정부포상이 실시되었다.

100대 국정과제 점검 및 성과관리는 기본적으로 국무조정실이 담당하였지만, 기관평가제도의 틀 안에서 정착되지는 않았고, 정책평가위원회에서 별도의 절차를 거쳐 점검이 이루어졌다. 김대중 정부의 임기말인 2002년에는 '국민의 정부 5년 정책평가'를 통하여 100대 국정과제뿐 아니라, 5년간 각 부처 주요정책과제와 사회적 쟁점으로 부상한 과제들을 포함한 과제를 정책평가위원회가 58개의 단위과제로 재분류하여 마무리 평가를 진행하였다. 그런데 김대중 정부의 국정과제 점검결과는 과제별로 정책의 정책성과 평가와는 거리가 먼 이행점검 위주로 진행되었다.

Ⅳ. 노무현 정부의 정부업무와 국정과제 성과관리

1. 정부업무 성과관리의 추진체계

노무현 정부는 출범 초부터 책임총리제를 지향하면서 국무총리실의 조직규모를 확대하고 국정운영에서 국무총리의 통합과 조정기능을 강화하였다(양홍석, 2015: 147). 이에 따라 노무현 정부 출범 초기에 국무조정실에 차관급 직제로 기획수석조정관과 사회수석조정관 2자리가 신설되었다. 노무현 정부 임기말인 2007년도의 경우 성과관리 업무는 심사평가조정관실(1급) 밑의 평가정책심의관, 자체평가심의관, 특정평가심의관 등 3국 11과 52명(총리실 41, 파견 11)의 공무원이 담당하였다.

2006년 3월 「정부업무평가기본법」 제정 이전에는 기존 정책평가위원회 체제로 운영되었다. 「정부업무평가법」 통과 이후 국무총리 소속하에 심의기능을 담당하는 정부업무평가위원회를 설치하였다. 정부업무평가위원회는 국무총리와 민간위원장의 공동위원장 체제로 운영되며 위원은 관계부처 장관 3명(행정안전부, 기획재정부, 국무조정실)과 10명의 민간위원으로 구성된다. 정부업무평가위원회는 종전의 정책평가위원회를 확대한 것으로 실무위원회와 심사평가조정관실의 지원을 받도록 하였다. 실무위원회는 위원장 2인(국무조정실 국무차장, 민간위원장)을 포함하여 25인 이내로 구성되며 정부업무평가위원회에 상정되는 자체평가와 특정평가 안건을 사전에 검토・조정하고 위원회로부터 위임받은 사항을 처리하였다.

「정부업무평가기본법」에 따른 통합적 정부업무평가는 자체평가 중심의 평가를 추구하였으므로, 부처 자체평가는 해당 중앙행정기관장과 함께 자체평가위원회가 실질적으로 평가를 담당하는 주체이다. 「정부업무평가기본법」에서는 부처별 자체평가위원회 구성에서 2/3 이상 민간전문가로 구성하도록 하였다. 2007년도의 경우 자체평가위원 1,083명 가운데 공무원 위원 85명(7.85%), 민간 위원 998명(92.15%)으로 민간위원이 압도적으로 많았다(양홍석, 2015: 161). 998명의 민간위원 가운데 정책관련 524명(48.3%), 재정관련 130명(12%), 인사조직 전문가 198명(18.3%), 정보화평가전문가 130명(12.0%), 기타 16명이었다.

2. 통합 성과관리제도 구축

1) 정부업무평가기본법 도입 배경

노무현 정부 출범 초에 발족한 대통령 자문 정부혁신지방분권위원회에서는 기존 정부업무평가제도가 심각한 문제를 가지고 있는 것으로 보고, '평가인프라 구축'과 '통합적 성과관리 체제구축'을 중요한 행정개혁과제로 선정하였다. 구체적인 문제점으로 지적된 것은 각종 평가제도의 중복으로 인한 평가업무 효율성 저하, 정부부처들의 개별적인 평가실시로 피평가기관의 평가업무부담 과중, 국정목표에 부합하는 평가비전 및 중·장기 평가방향 제시 부족, 부처 자체평가의 형식화, 통합적 성과관리 부재에 따른 평가결과 활용 미흡 등 다섯 가지였다(정부혁신지방분권위원회, 2005: 31−32). 이러한 문제점들을 해결하기 위하여 정부혁신지방분권위에 국가평가인프라 구축 TF와 국무조정실에 국가평가인프라구축추진단이 설치되어 획기적 개편을 추진하였다. 이에 기존 「정부업무 등의 평가에 관한 기본법」을 대체하는 '국정평가기본법(안)'을 2005년 5월 국회에 제출하였다. 입법과정에서 2006년 3월 법안 명칭이 「정부업무평가기본법」으로 변경되어 국회를 통과함에 따라 2006년 4월부터 통합 정부업무평가제도를 도입·시행하게 되었다.

2) 통합 정부업무평가제도의 기본개념

「정부업무평가기본법」에서 '정부업무평가'란 국정운영의 능률성·효과성 및 책임성을 확보하기 위하여 중앙행정기관, 지방자치단체, 공공기관 등이 시행하는 정책·사업·업무 등에 관하여 그 계획의 수립과 집행과정 및 결과 등을 점검·분석·평정하는 것을 말한다(정부업무평가기본법 제2조). 평가대상이 되는 과제의 추진기간 및 구체성 여부에 따라 정책·사업·업무 등으로 표현하고 있다.

통합적 정부업무평가제도 도입의 목적은 중앙행정기관·지방자치단체·공공기관 등의 통합적인 성과관리체계의 구축과 자율적인 평가역량의 강화를 통해 국정운영의 능률성·효과성 및 책임성을 향상시키는 것이다(정부업무평가기본법 제1조). 통합적 정부업무평가제도는 각 중앙행정기관이 시행하는 각종 평가에 대해 법률 또는 대통령령에 근거하여 평가를 실시토록 함으로써 평가의 남설 및 중복평가를 지양하고 있다(정부업무평가기본법 제3조). 또한 중앙행정기관이 시행하는 평가를 통합하여 실시함으로써 개별적인 평가로 인한 평가대상기관의 부담 및 중복평가로 인한 비효율성 제거를 원칙으로 천명하고 있다. 통합적 평가의 실시를 위해서는 평가시기를 가급적 일원화하고, 평가대상을 조정하는 한편, 평가지표 체계의 일관성을 유지하도록 하였다.

「정부업무평가기본법」에서 성과관리는 정부업무를 추진함에 있어서 기관의 임무, 중·장기 목표, 연도별 목표 및 이들 목표의 달성여부를 측정할 수 있는 성과지표를 수립하고 목표실현을 위한 과제의 집행과정 및 결과를 경제성·능률성·효과성 등의 관점에서 관리하는 일련의 활동으로 정의하였다(정부업무평가기본법 제2조 6).

정부업무평가는 중앙행정기관평가, 지방자치단체평가, 공공기관 평가의 세 가지 큰 축으로 구성된다([그림 9-4] 참조).

그림 9-4 정부업무평가기본법의 정부업무평가 유형

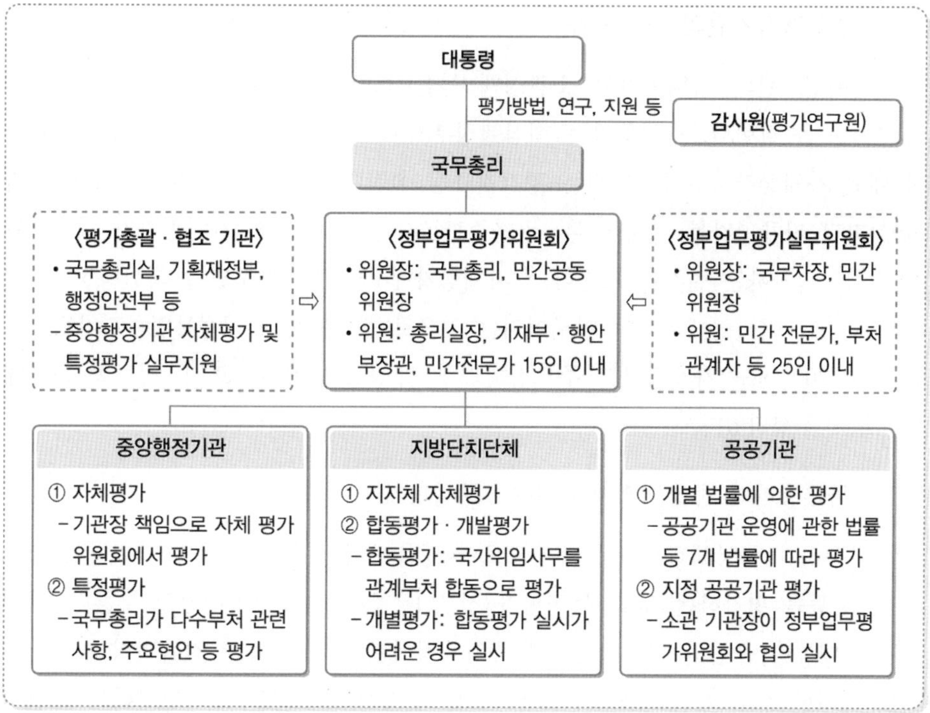

출처: 양홍석, 2015, 157, [그림 4-4].

[그림 9-4]의 정부업무평가 유형에서 알 수 있듯이, 평가대상별로 여러 가지 유형의 평가제도가 운영되고 있다.

첫째, 중앙행정기관평가는 특정평가와 자체평가로 구성된다. 특정평가는 국무총리가 중앙행정기관을 대상으로 국정을 통합적으로 관리하기 위하여 필요한 정책 등을 평가하는 것(정부업무평가법 제2조의 4)이며, 자체평가는 중앙행정기관 또는 지방자치단체가 소관정책 등을 스스로 평가하는 것(정부업무평가법 제2조의 4)을 말한다.

둘째, 지방자치단체 평가는 부처평가와 자체평가로 구성되는데, 부처평가는 다시 합동평가와 개별평가로 구분된다. 합동평가는 행정안전부 장관이 관계 중앙행정기관장과 합동으로 국가위임사무를 평가하는 것이다. 그밖에도 중앙행정기관장은 정부업무평가위원회와 협의하여 개별평가를 실시할 수 있다.

셋째, 공공기관평가는 개별법률에 의한 평가와 「정부업무평가기본법」에 따른 소관 중앙행정기관에 의한 평가로 구분할 수 있다.

3) 중앙행정기관에 대한 평가의 종류

(1) 중앙행정기관의 자체평가

중앙행정기관의 자체평가는 소관정책 등을 스스로 평가하는 것(정부업무평가법 제2조의 4)을 말한다. 자체평가는 핵심행정부처(core ministries)인 평가총괄관련기관이 매년 자체평가의 기준이 되는 평가지표를 설정한 후 계선부처(line ministries)가 이에 따라 자체평가를 실시한 후, 평가주관부서는 각 부처의 자체평가가 적절했는지 점검 · 평가하는 절차를 거친다.[13] 자체평가에서도 평가부문별로 핵심행정부처의 계선부처에 대한 정책조정이 이루어지는 것으로 볼 수 있다. 「정부업무평가법」 도입 당시 2006년도 자체평가는 주요정책과제, 재정성과, 인사, 조직, 정보화 등 5대 부문으로 구성되었다.

(2) 국무총리의 중앙행정기관 평가: 특정평가

국무총리가 중앙행정기관을 대상으로 국정을 통합적으로 관리하기 위하여 필요한 정책 등을 평가하는 것을 '특정평가'(정부업무평가법 제2조의 4)라고 부른다. 특정평가는 대통령 중심의 정부핵심부가 중앙행정기관이 따라야 할 전략방향과 정책과제를 제시한 후 국무총리가 그 집행과정을 주기적으로 점검하고 평가하는 포괄적 정책조정수단으로 볼 수 있다. 국무총리는 2개 부처 이상의 중앙행정기관 관련 시

---

13 당시 평가총괄관련기관은 다음과 같다. 주요정책과제부문－국무조정실, 재정성과부문－기획예산처, 인사부문－중앙인사위원회, 조직부문－행정자치부, 정보화부문－정보통신부 및 행정자치부

책, 주요 현안시책 및 대통령령이 정하는 대상부문에 대하여 직접 평가를 실시한다. 정부업무평가제도 도입 당시 2006년도 특정평가는 관리대상업무, 특정시책, 고객 만족도 등 3개 부문으로 이루어졌다.

4) 정부업무평가 결과의 공개 및 활용 규정

(1) 평가결과의 공개 및 보고 등

「정부업무평가기본법」에 따른 각종 평가결과는 전자통합평가시스템 및 인터넷 홈페이지 등을 통하여 일반에 공개하도록 하고 있다. 평가결과를 공개하는 주체는 자체평가의 경우 해당 중앙행정기관의 장, 특정평가의 경우 국무총리 등 평가 실시주체가 직접 공개하여야 한다.

평가결과 보고를 위해 국무총리는 각종의 평가결과를 종합한 평가결과보고서를 국무회의에 보고하거나, 별도의 평가보고회를 개최하여 보고하도록 하고 있다. 또한, 각 중앙행정기관의 장은 전년도 정책 및 사업 등에 대한 최종적인 자체평가결과를 국회의 소관 상임위원회에 보고함으로써 정책 책임성 제고를 도모하고 있다.

(2) 평가결과와 예산 · 인사 등의 연계

정부업무평가결과의 환류를 통해 정책개선 및 성과관리 도모를 위해 각 중앙행정기관의 장은 평가결과를 조직 · 예산 · 인사 및 보수체계 등에 반영하여야 한다. 특히 평가결과를 다음 연도의 예산요구 시 반영함으로써 재원을 효율적으로 배분하고자 하였다. 그리고 정부의 재정운용을 총괄하는 기획예산처 장관이 평가결과를 예산편성 시 활용하도록 함으로써 평가결과 활용의 실행력을 담보하고자 하였다.

(3) 평가결과에 따른 시정조치 및 보상 등

중앙행정기관은 평가결과, 문제점이 발견된 경우에는 이에 대한 조치계획을 수립하여 당해 정책의 중단, 축소 등 시정조치를 하거나 자체적인 감사를 실시하고, 그 결과를 정부업무평가위원회에 제출하여야 한다. 반면, 평가결과에 따라 우수사례로 인정되는 소속부서 · 기관 및 조직 구성원에 대해서는 포상, 성과급 등 경제적 인센티브 및 인사상의 우대조치를 취할 수 있다. 또한, 우수기관에 대해서도 정부차원에서 표창 수여 및 포상금 지급을 통해 정책의 성과제고 노력을 유도할 수 있도록 하였다.

3. 정부업무의 성과관리 및 평가의 제도화

2006년 노무현 정부가 「정부업무평가법」에서 도입한 성과관리제도는 현재에 이르기까지 중앙행정기관, 지방자치단체 및 공공기관 성과관리의 기본 틀로 작동하고 있으므로 「정부업무평가법」에서 규정하고 있는 성과관리제도에 관하여 간략하게 살펴보기로 하겠다(이하 국무조정실, 2008).

1) 정부업무 성과관리의 의의

(1) 정부업무 성과관리의 개념

정부부문의 '성과관리'는 기관의 임무와 비전, 중·장기 목표, 연도별 목표 및 성과지표를 미리 제시하고, 집행과정 및 결과를 경제성·능률성·효과성 등의 관점에서 관리하는 일련의 활동을 의미한다(정부업무평가기본법 제2조의 6). 즉 성과관리란 각 기관이 그 임무 달성을 위해 전략적 관점에서 계획을 수립하고, 한정된 자원을 효율적으로 활용하여 업무를 추진한 후, 조직의 역량과 성과를 정확히 측정하여 그 결과를 정책의 개선이나 자원배분, 개인의 성과보상에 반영함으로써 조직의 전반적인 효율성을 높이고자 하는 과정이다. 성과관리의 궁극적인 목적은 일 잘하고 책임있는 정부를 만들어 국민에게 질 높은 행정서비스를 제공하고자 하는 것이다.

[그림 9-5]는 이러한 성과관리 과정을 도식화한 것이다.

그림 9-5 정부업무평가기본법의 성과관리 과정

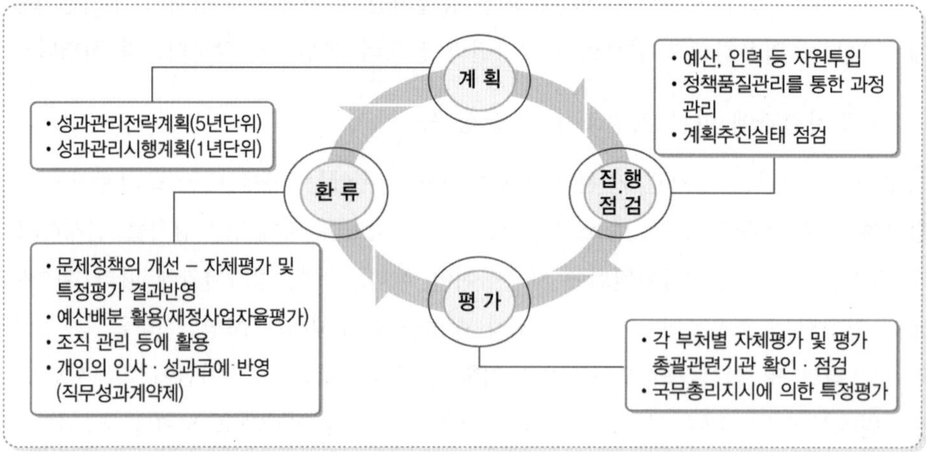

출처: 국무조정실, 2008.

(2) 정부업무 성과관리의 도입배경

성과관리제도는 주로 외국의 민간기업에서 시작되었으나 정부의 효율성 제고를 위해 1990년대부터 공공부문에도 활발하게 도입되기 시작하였다. 우리나라는 1990년대 중반까지 정책의 결과보다는 예산이 제대로 투입되었는지, 주어진 업무를 절차에 맞게 수행하였는지 등의 투입과 집행 측면에 중점을 두고 정책을 관리하여 왔다. 그런데 국가경쟁력 강화와 정부 효율성 제고 요구가 증가함에 따라 1990년대 후반부터 정부업무평가, 재정사업평가, 정보화 평가 등 정부기관을 대상으로 하는 결과지향적 성과관리제도가 부분적으로 채택되었다. 한편 2003년에는 중앙행정기관 4급 이상 공무원들 대상으로 목표관리제를 도입하고, 2004년 10월부터는 이를 직무성과계약제도로 발전시켜 공무원 개인에게까지 성과관리제도를 확대·적용하기 시작하였다. 이러한 상황에서 피평가기관의 평가로 인한 업무부담 감소 등 성

그림 9-6 정부업무 성과관리 추진체계

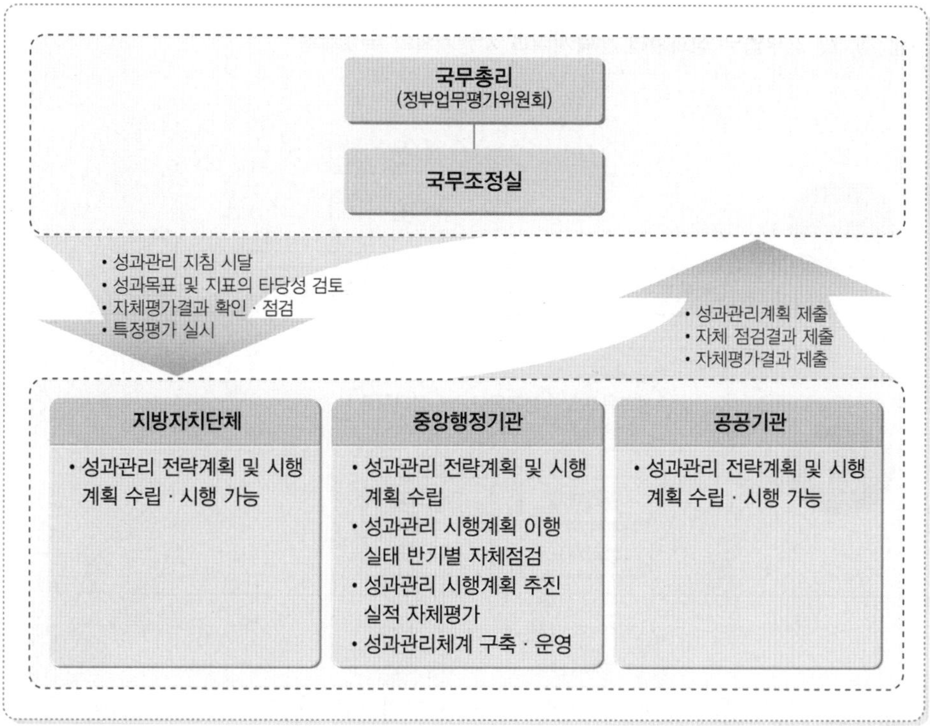

출처: 국무조정실, 2008.

과관리제도 개선을 위해 2006년 「정부업무평가법」을 제정하여 본격적으로 정부업무 성과관리를 추진한 것이다. [그림 9-6]은 성과관리 추진체계를 도식화한 것이다.

2) 정부업무 성과관리의 주요내용

(1) 계획수립

2007년부터 중앙행정기관은 5년 단위의 '성과관리 전략계획'을 수립하여 기관의 임무와 비전, 전략목표와 5년 단위 성과목표를 제시하고, 실행계획인 '성과관리 시행계획'을 수립하여 당해연도의 성과목표와 이의 달성을 위한 정책(사업)과 성과지표를 제시하여야 한다(앞의 <표 9-1> 참조). 국무총리 소속 정부업무평가위원회는 중앙행정기관의 목표체계와 성과지표의 적절성을 검토·조정하는 등 계획수립을 지원한다. 또한 성과관리계획 수립 시기와 예산편성 주기를 일치시켜 성과관리계획과 예산의 연계를 강화할 수 있도록 하였다. [그림 9-7]은 성과관리계획의 목표체계를 도식화한 것이다.

그림 9-7 정부업무 성과관리 전략계획과 시행계획의 목표체계

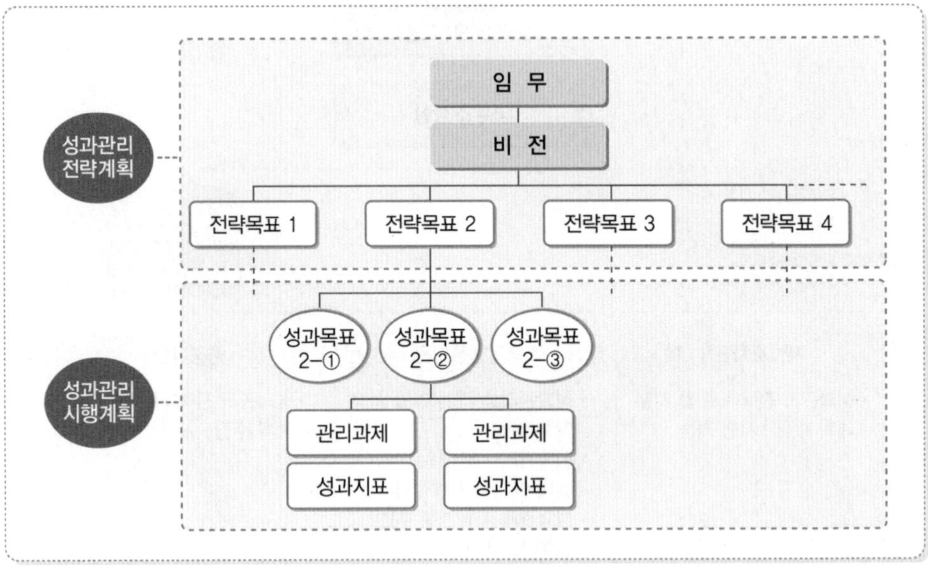

[그림 9-7]의 목표체계에 나타난 주요 용어의 의미가 다음 <표 9-19>에 제시되었다.

표 9-19 성과관리 계획의 주요 용어의 의미

용어	의미
임무(mission)	해당기관의 존재이유(목적)와 주요기능
비전(vision)	장기적인 목표와 바람직한 미래상으로서 조직의 정책추진 방향 설정과 구성원에 대한 동기부여기능 수행
전략목표 (strategic objective)	국정목표, 기관의 임무와 비전 등을 감안하여 해당 기관이 최대 중점을 두고 시행하거나 추진해야 할 내용
성과목표 (performance target)	전략목표를 구체화하는 하위목표로서 전략목표 실현을 위해 계획기간 내에 달성하고자 하는 내용
관리과제(task)	성과목표 달성을 위해 추진하는 개별 정책 또는 사업
성과지표 (performance indicator)	성과목표와 관리과제의 정책추진 달성도를 양적·질적으로 제시하는 지수

(2) 집행·점검

중앙행정기관은 주어진 자원을 효율적으로 배분하여 정책을 추진하고 과제의 추진과정과 실적 등 이행상황을 점검하여 목표달성에 차질이 없도록 관리하여야 한다. 특히, 2005년부터 정책품질관리제도를 도입하여 사회적 파급효과가 큰 주요 정책에 대해서는 계획–집행–산출·결과–활용의 정책단계별로 정책품질관리 매뉴얼에 따른 점검사항을 확인·관리하여 정책실패를 예방하고 정책의 품질제고를 도모하였다.

(3) 평가

중앙행정기관은 매년 4월 평가계획을 수립하고, 연말실적을 기준으로 다음해 1~3월 간 자체평가를 실시한다. 국무총리는 정부내에서 지속적인 관리가 필요한 시책, 다수부처 관련시책, 현안 시책 등에 대해서는 다음해 1~3월간 특정평가를 실시한다.

(4) 평가결과의 활용 규정

평가결과의 활용 규정은 기관차원과 개인차원으로 구분하여 살펴보겠다.

기관차원에서는 평가결과를 토대로 필요시 정책의 지속적 개선을 추진하고, 차기 예산편성시에 반영하는데 재정사업 성과가 미흡한 사업을 원칙적으로 10% 이상 예산을 삭감하고, 성과가 객관적으로 입증되지 않은 사업은 증액을 허용하지 않기로 하였다. 한편 평가결과에 따라 인력증원, 직급별 정원조정 등 부처의 조직관리에 대한 자율권을 차등적으로 부여하도록 하였다.

개인차원에서는 개인성과 및 인사와 연계하도록 하였다. 즉, 과제의 평가결과를 이를 추진한 개인의 성과와 연계하여 인사에 반영하도록 한 것이다. 4급 이상 공무원은 직무성과계약제를 통해, 5급 이하 공무원은 근무성적평정을 통해 평가결과를 개인의 인사에 반영하도록 하였다. 한편 평가결과를 성과연봉 결정시 반영하도록 하였는데, 고위공무원은 성과연봉 지급시, 4급 이하 공무원은 성과상여급 지급시 정부업무평가결과를 반영하여야 한다.

4. 기관평가제도 운영시기(2003-2005)

「정부업무평가기본법」이 시행되기 이전까지 중앙행정기관에 관한 성과관리는 김대중 정부에서 제도화한 기관평가제도에 따라 운영되었으므로, 2003년부터 2005년까지 기관평가제도에 따른 운영실태를 살펴본 후, 「정부업무평가법」 적용이 이루어진 2006년도와 2007년도의 「정부업무평가법」에 따른 성과관리를 살펴보기로 하겠다. 한편 국정과제의 성과관리는 별도로 이루어졌으므로 이에 관하여 따로 살펴보기로 하겠다.

1) 기관평가제도의 평가분야

<표 9-20>에 2003년부터 2005년까지 3년간 중앙행정기관 평가의 평가분야와 분야별 배점 변동내용이 제시되었다. 노무현 정부 출범 첫해인 2003년도에는 중앙행정기관평가에서 김대중 정부의 기관평가제도의 3대 평가분야인 주요정책과제평가(35%), 기관관리역량평가(35%), 국민만족도(30%)의 세 범주로 구분하여 평가하였다(국무조정실 · 정책평가위원회, 2004a). 주요정책과제는 각 기관의 고유업무 가운데 129개 주요정책과제를 선정하여 평가하였다. 관리역량 분야는 자체평가 수행노력, 정보화, 인사 · 조직관리의 효율성, 홍보 및 공직기강 확립 노력 등 6개 분야로 이루어졌다. 국민만족도는 부단위에서는 주요정책만족도, 16개 청단위는 기관행정서비스 만족도를 조사하였고, 민원만족도는 전 기관을 대상으로 조사하였다.

2004년도에는 혁신관리 지원에 초점을 두고 기관평가체계를 개편하여, '기관관리역량'을 '혁신추진역량'으로 대체하고, 부처간 협력 및 법제업무 평가, 정책홍보관리 평가를 추가하여 5개 분야에서 평가가 이루어졌다. 혁신추진역량 분야에서

표 9-20 노무현 정부 기관평가 분야 및 배점(2003–2005)

평가분야	2003년		2004년		2005년	
	비율	평가내용	비율	평가내용	비율	평가내용
주요정책 과제	35	기관의 고유업무 중 주요정책과제 성과	35	주요정책 추진과정 및 성과	30	연두업무보고 과제의 추진과정 및 성과
관리역량※ (혁신관리역량)	35	자체평가 수행노력, 정보화 인사조직관리, 홍보 및 공직기강 확립 노력	35	기관장 혁신역량, 혁신관리역량, 정부혁신과제	30	혁신리더십, 학습과 역량, 혁신과제
고객만족도	30	· 주요정책만족도 (부단위) · 기관행정서비스 만족도(16개 청) · 민원만족도(전기관)	20	· 주요정책만족도 · 민원서비스 만족도 · 기관행정서비스 만족도	15	· 주요정책만족도 · 민원서비스 만족도 · 기관행정서비스 만족도
부처간 협력 및 법제업무	–	–	10	· 협의 및 조정 협력 · 법적의무 · 권장사항 이행 협력 · 법제업무	10	법제업무, 법적 의무 · 권장사항 이행도
정책홍보관리	–	–	±10 (가감점)	· 건전비판 수용, 문제보도 대응 등	15	홍보준비단계, 디지털 홍보, 언론홍보 등
청렴도	–	–	–	–	+1~–4 (가감점)	체감청렴도 및 잠재청렴도 등
위기관리	–	–	–	–	+2.5~–2.5 (가감점)	위기관리체계 및 위기관리활동
규제개혁	–	–	–	–	+2.5~–2.5 (가감점	규제개혁 추진노력 및 실적
합계	100		100 ±10		100 +6~–9	

※ 2003년 기관관리역량을 2004년도에 혁신관리역량으로 대체
출처: 국무조정실 · 정책평가위원회, 정부업무평가 결과 종합보고서, 2003년도, 2004년도 및 2005년도.

2004년도에 김대중 정부 시기의 기관역량평가의 한 축을 담당하였던 자체평가 수행노력은 제외되었다. 분야별 배점은 주요정책과제(35%)와 혁신관리역량(35%)은 기존 배점을 유지하였고, 고객만족도 배점을 20%로 하향조정하는 대신 부처간 협력 및 법제업무에 10%를 추가하였다. 정책홍보관리는 –10~+10까지 가감점으로 운영하였다.

한편 2005년도에는 국정운영현황 전반에 대한 지속적인 관리·감독을 강화하고자, 주요정책, 혁신관리 등 기존 5개 평가분야 이외에 청렴도, 위기관리, 규제개혁 등 새로운 평가분야를 추가하여, 정부업무 전반에 대한 종합적 관리를 강화하고자 하였다. 평가분야별 배점은 주요정책 과제 30%, 혁신관리역량 30%, 고객만족도 15%, 부처간 협력 및 법제업무 10%, 정책홍보관리 15%이며, 청렴도, 규제개혁, 위기관리는 가감점으로 운영하였다.

2) 평가방법 및 평가기준

2003년 평가에서는 주요정책 평가와 관리역량 평가의 경우 정책평가위원의 정성·정량평가, 국민만족도의 경우에는 전문조사기관의 만족도 조사를 활용하였다(국무조정실·정책평가위원회, 2004a).

2004년 평가에서는 공정성·신뢰성 확보를 위한 노력을 강화하였는데, 기존 평가인력(정책평가위원 29명, 전문위원 42명 등 71명)외에 관련분야 전문가(기관별 2~3명)와 평가전문가를 대폭 보강(관련분야 전문가 67명, 평가전문가 6명 등 73명)하였고, 최대한 상세한 평가기준, 항목, 척도 등을 개발하여 보다 객관적이고 공정한 평가가 되도록 노력하였다(국무조정실·정책평가위원회, 2004). 특히 주요정책평가에 6개 평가기준(<표 9-10> 참조)별로 구체적인 등급 판정기준과 배점부여 방식을 마련하여 적용하였다. 고객만족도 평가에는 금년도 평점과 함께 전년대비 향상도를 반영하도록 하였다. 또한 법적 의무·권장사항에 대한 각 기관의 이행실태 평가를 위해 11개 평가사항별로 계량적 기준을 새롭게 마련하였다.

2005년도 평가에서는 혁신관리, 고객만족도, 정책홍보관리 등 평가분야별로 별도의 평가기준·방법을 마련, 평가를 실시하였고, 평가계획·기준에 대한 피평가기관과의 공유를 통하여 평가 수용성을 제고하고자 하였다.

3) 기관평가의 결과

(1) 기관평가 결과의 총평

노무현 정부 출범 3년차이며 「정부업무평가기본법」에 따른 통합성과관리제도가 시행되기 직전인 2005년 정부업무평가보고서의 총평 내용은 다음과 같았다.

① **주요정책 평가 분야**: 전 중앙행정기관이 참여정부의 국정원리·국정과제를 구체화하기 위해 적극 노력함으로써 연초 설정한 성과지표를 88.9%(1,415개/1,591개)

달성하는 성과를 거두었다. 43개 중앙행정기관의 218개 정책목표, 840개 이행과제의 1,591개 성과지표를 평가하였는데, 이 가운데 1,415개(88.9%) 성과지표가 당초 설정한 목표를 달성하였다고 판단하였다(국무조정실 · 정책평가위원회, 2006). 당초 설정한 정책목표를 달성하지 못한 32개 부처, 176개(11.1%) 성과지표는 목표치 과다설정 등 정책의 형성 · 추진 미흡, 정책환경변화 등 사유로 목표에 미달했다. 민간전문가 구성 확대(92.6%)를 통한 자체평가위원회 객관성 제고, 자체평가결과 성과관리 반영, 적기 공개 등 자체평가 역량이 전반적으로 크게 향상된 것으로 보았다.

② **혁신관리 분야**: 범정부적으로 혁신수준이 크게 향상되었으며, 5단계 가운데 상위단계인 4단계 이상에 도달한 기관이 전체의 81%(39개 기관) 수준에 도달하였고, 특히 5단계에 도달한 14개 기관 가운데 특허청, 행자부 등 기관은 혁신문화의 정착이 가속화되었다.

③ **고객만족도 분야**: 정책홍보 강화 및 정책품질관리제도 시행 등으로 정책에 대한 고객만족도가 대폭 향상되었는데, 2005년도 주요정책만족도 조사결과 전년 대비 5.8점(11.3%) 향상(2004년 51.3점 ⇒ 2005년 57.1점)되었다.

④ **정책홍보관리 분야**: 홍보조직 개편, 팀장급 전문인력 보강 등으로 중앙행정기관의 홍보이해도 및 관심이 크게 증가하여 정부의 홍보활동이 2004년도에 비해 전반적으로 크게 향상되었다.

⑤ **법제업무 및 의무권장사항 이행 분야**: 연초 수립된 입법계획의 잦은 수정으로 입법계획 준수실적이 매우 저조하며 개혁입법 추진실적 역시 저조한 것으로 평가하였다. 의무권장사항 이행평가결과, 장애인 물품 우선구매 등은 점차 제도로서 정착하는 단계에 도달하고 있으나, 의무고용 등 채용우대 분야의 이행상황은 저조한 것으로 나타났다.

⑥ **청렴도 분야**: 참여정부의 강력한 반부패대책 추진 및 각 부처의 자율적 개선노력이 강화됨에 따라 중앙행정기관의 종합청렴도가 향상된 것으로 보았다.

⑦ **위기관리 분야**: 위기관리 분야에 대한 매뉴얼 개발 · 적용 등 체계적인 관리가 강화됨에 따라 위기관리시스템 구성 등에 있어 전반적으로 높은 성과를 거두었다.

⑧ **규제개혁 분야**: 규제개혁 추진노력 및 실적, 수요자 만족도 등 평가결과, 전반적으로 우수한 성적을 나타내고 있으나, 기관장의 규제개혁 추진의지에 따라 부처간 격차가 크게 나타났다.

(2) 평가결과의 기관별 비교

노무현 정부 출범 첫해인 2003년도에는 전임 김대중 정부 마지막 해인 2002년도와 동일하게 평가분야를 주요정책과제, 관리역량, 국민만족도 평가의 3개 분야에 한정했을 뿐 아니라 평가분야별 기관 비교 공개에서도 주요정책과제, 관리역량평가, 정책만족도 조사결과는 우수기관만 공개하였고, 예외적으로 민원만족도만 3등급 전기관 순위를 공개하였다. 분야별 평정결과를 종합한 종합평정에서도 장관급과 차관급 기관 가운데 각각 우수기관 5개를 선정하여 발표하였다. <표 9-21>에

표 9-21 노무현 정부 기관평가의 분야별 기관 등급공개(2003-2005)

분야	2003	2004	2005
주요정책과제	우수기관 공개 장관급 5, 차관급 5	Ⅰ그룹(24) 3등급 공개 Ⅱ그룹(17) 3등급 공개	Ⅰ그룹(24) 3등급 공개 Ⅱ그룹(19) 3등급 공개
관리역량평가 ※(혁신관리역량)	우수기관 공개 장관급 5, 차관급 5	장·차관급 무관 5단계 등급 부여 – 선도그룹(10%), 추격그룹(30%) 미흡그룹(50%), 열위그룹(10%), 1단계그룹(0%)	Ⅰ군(부단위 및 300명 이상 정책기관 22) 3등급 공개 Ⅱ군(청단위 16) 3등급 공개 Ⅲ군(정원 300명 미만 10개 기관) 3등급 공개
국민만족도	정책만족도 – 장관급 우수기관 5 민원만족도 – 전기관 3등급 공개	주요정책+민원만족도 Ⅰ그룹(24) 3등급 공개 Ⅱ그룹(17) 3등급 공개	장관급 24 정책만족도+기관행정이용자 만족도 – 3등급 공개 차관급 19 정책만족도+민원행정이용자 만족도 – 3등급 공개
부처간 협력 및 법제업무	–	Ⅰ그룹(24) 3등급 공개 Ⅱ그룹(17) 3등급 공개	Ⅰ그룹(24) 3등급 공개 Ⅱ그룹(19) 3등급 공개
정책홍보관리 평가	–	Ⅰ그룹(24) 가점 11개 기관 Ⅱ그룹(17) 가점 9개 기관	Ⅰ그룹(24) 3등급 공개 Ⅱ그룹(19) 3등급 공개
청렴도	–	–	부·처 단위(21) 3등급 공개 청단위(12) 3등급 공개
위기관리	–	–	부·처 단위(18) 3등급 공개 청단위(9) 3등급 공개
규제개혁	–	–	부·처 단위(21) 3등급 공개 청단위(15) 3등급 공개
종합평정	우수기관 공개 장관급 5, 차관급 5	Ⅰ그룹(24) 3등급 공개 Ⅱ그룹(17) 3등급 공개	Ⅰ그룹(24) 3등급 공개 Ⅱ그룹(19) 3등급 공개

※ Ⅰ그룹은 장관급, Ⅱ그룹은 차관급 기관.
출처: 국무조정실·정책평가위원회, 정부업무평가 결과 종합보고서, 2003년도, 2004년도 및 2005년도.

제시된 바와 같이 2004년도부터 평가분야별로 부처등급과 분야별 평가결과를 종합한 종합평가 등급을 우수, 보통, 미흡 등 3개 등급으로 구분하여 그 결과를 공개하였다. 최초 도입된 정책홍보관리평가에서는 장관급과 차관급에서 가점대상기관을 선정하였다.

2005년도 평가에서는 기존 평가분야뿐만 아니라 새롭게 평가분야로 추가된 청렴도, 위기관리, 규제개혁에서도 기관별 3등급 평가를 적용하였고, 종합평정에서도 3등급 평정을 실시하여 공개하였다. 그러므로 김대중 정부에서 도입한 기관평가를 노무현 정부에서 확실하게 정착시킨 것으로 볼 수 있다.

5. 정부업무평가제도 운영시기(2006-2007)

2006년도는 「정부업무평가기본법」에 따른 통합 정부업무평가제도가 시행된 첫 해의 평가이므로 정부업무평가제도에 상당한 변화가 있었다. 2007년도 정부업무평가는 정권교체기의 특성 때문에 제대로 마무리되지 못하였으므로, 2006년 평가는 실질적으로 노무현 정부의 마지막 정부업무평가라고 볼 수 있다. 여기에서는 2006년 평가를 중심으로 통합 정부업무평가제도를 살펴보겠다.

1) 자체평가와 특정평가의 구분

평가대상 기관은 48개 중앙행정기관으로 종전 43개 기관에서 5개 기관(국가청렴위원회, 국무조정실, 비상기획위원회, 방위사업청, 행정중심복합도시건설청)이 추가되었다. <표 9-22>에 제시된 바와 같이 평가유형은 자체평가와 특정평가로 구분된다.

자체평가와 특정평가의 배점은 각각 50점이며, 다시 세부범주별로 배점이 부여되었다. <표 9-22>에 제시된 2006년 중앙행정기관 평가 분야를 2003-2005년 기관평가제도 평가 분야와 비교하면 다음과 같은 특징이 나타난다.

첫째, 자체평가 분야와 특정평가 분야를 분명하게 구분하였으며, 그 배점은 각각 50%씩 나누어 부여하였다. 둘째, 기존 기관평가제도에서는 자체평가 분야에 주요정책과제만 포함되었지만 2006년 평가에서는 재정성과(8점), 인사(5점), 조직(5점), 정보화(7점)가 추가되었다. 셋째, 기존 기관평가제도에서의 혁신관리와 고객만족도 및 특정과제평가(수시평가과제에 해당) 등 국무총리가 중앙행정기관을 직접 평가하는 분야를 모두 묶어 특정평가로 범주화하였다. 특정평가의 하위범주는 관리대상 업무, 고객만족도, 특정시책(과거의 수시평가과제인 특정과제평가에 해당)으로

표 9-22 2006년 중앙행정기관 평가개요

구분	평가부문			평가주체	협조 부처
자체평가(50)	주요정책과제		25점	중앙행정기관의 장(자체평가위원회)	국무조정실
	재 정 성 과		8점		기획예산처
	인 사		5점		중앙인사위원회
	조 직		5점		행정자치부
	정 보 화		7점		정보통신부 · 행정자치부
특정평가(50)	관리대상 업무(40)	혁신관리	15점	국 무 총 리(정부업무평가위원회)	행정자치부
		정책홍보관리	15점		국정홍보처
		법적 의무 · 권장사항 및 법제업무	5점		노동부 등 5개 부처, 법제처
		정보공개	5점		행정자치부
		대통령지시사항 관리	±2점		국무조정실
		규제개혁	±1점		국무조정실
		청렴도	±1점		국가청렴위원회
		위기관리	±1점		NSC
	고객만족도		10점		국무조정실
	특정시책		±3점		국무조정실
총점: 100점 ±8점					

※ 재정성과, 정보화는 3월까지 자체평가 실시.
출처: 정부업무평가위원회, 2007, 2.

구분하였다.

2) 자체평가의 부문과 평가방법

(1) 자체평가의 부문

자체평가는 각 부처가 소관정책을 스스로 평가하는데 주요정책과제, 재정성과, 인사, 조직, 정보화 등 다섯 개 부문에서 평가가 이루어지며, 부문별 평가총괄부처가 협조부처로서의 역할을 수행한다. 「정부업무평가기본법」에 따른 주요정책 분야의 자체평가는 2006년도부터 본격적으로 시행되었는데, 각 부처별로 성과관리 시행계획을 수립 · 시행함에 따라 47개 중앙행정기관(25개 부단위기관, 22개 청단위기관)의 2,638개의 관리과제를 평가대상으로 하였다. 재정성과 평가는 「국가재정법」에 따른 재정사업에 관한 평가(이하 '일반재정사업')와 「국가연구개발사업 등의 성과

평가 및 성과관리에 관한 법률」에 따른 국가연구개발사업(이하 'R&D사업')에 관한 평가로 나눠진다. 인사 · 조직 · 정보화 평가는 중앙인사위원회, 행정자치부, 정보통신부 등 평가총괄기관이 제시한 평가기준에 따라 자체평가를 실시하고, 그 결과를 정부업무평가위원회에 보고한다. 자체평가의 부문은 다음과 같다.

① **주요정책과제**: 성과관리 시행계획상의 주요 정책과제 부문의 관리과제를 평가대상과제로 선정하여 평가하되, 단순지원업무는 평가에서 제외할 수 있도록 하였다.

② **재정성과**: 일반재정사업 및 R&D 사업 등의 추진성과 및 재원 배분의 합리성, 재정집행의 효율성 등 재정운용 실적 등에 대해 평가한다.

③ **인사**: 인력관리계획, 인사관리 인프라 강화, 성과관리제도 등 인사관리 전반에 대해 평가한다.

④ **조직**: 조직관리계획, 조직관리 업무의 적절성, 조직관리기반 구축 등 조직관리 전반에 대해 평가한다.

⑤ **정보화**: 성과관리 시행계획상의 정보화 부문의 관리과제를 대상으로 하며, 단순 유지 · 보수 등 평가실익이 없는 과제는 평가대상에서 제외할 수 있다.

(2) 자체평가의 방법

각 부처는 민간전문가 등 30인 이내로 자체평가위원회를 구성하여 반기별 1회 이상 자체평가를 실시하여야 한다. 자체평가위원회는 부처당 평균 24명으로 구성되었으며, 민간위원을 91% 위촉하였다. 자체평가는 정부업무평가위원회에서 제시한 5개 분야, 86개 평가지표 및 세부지침에 따라 이루어졌다. 평가지표를 새로운 평가제도에 맞추어 구체적으로 계량화하여 설계 · 적용함으로써, 자체평가의 객관성 및 공정성을 확보하고자 하였다.

2007년도 주요정책과제 평가지표는 <표 9-23>과 같다. 2007년도 평가지표는 공통지표와 특성지표로 구성되며, 공통지표는 계획-집행-산출 · 결과-활용 등 4개 정책단계에서 8개 평가지표, 특성지표는 법제업무 효율적 추진 분야의 2개 지표를 포함하여 10개 지표이다. 배점은 정책의 성과 측면을 고려하여 산출 · 결과 단계 배점을 30점으로 가장 높게 배점하였고, 기타 정책단계별 배점은 적절하게 배분하였다. 법제업무평가는 종전 특정평가에서 별도 평가분야로 실시하였으나 2007년에는 주요정책과제 평가의 일부로 통폐합하여 특성지표로 평가하도록 하였다.

표 9-23 2007년도 주요정책과제 평가지표

구분	단계	평가항목	평가지표	배점
공통지표	계획	계획수립의 적절성	1－1) 계획수립시 사전조사, 의견수렴의 충실성	9
			1－2) 정책분석의 적절성	9
			1－3) 성과지표의 적정성	10
	집행	2. 시행과정의 적절성	2－1) 추진일정의 충실성	8
			2－2) 행정여건 · 상황 변화에 대한 대응성	9
			2－3) 관련기관 · 정책과의 협조노력	7
	산출 · 결과	3. 목표달성도	3－1) 목표의 달성도	30
	활용	4. 평가결과의 활용	4－1) 평가결과를 차기 계획에 반영	10
특성지표		5. 법제업무의 효율적 추진	5－1) 법령제정 및 개정의 적시성	5
			5－2) 정비대상법령 정비율	5

출처: 국무조정실, 2007, 2007 정부업무평가백서, 39, <표－3>.

재정사업, 인사 · 조직 · 정보화 분야에서도 표준화된 평가지표와 평가지침을 각 부처에 제시하여 각 부처가 자체평가에 활용하도록 하였다.

부처가 실시한 자체평가결과는 정부업무평가위원회에서 정부업무평가실무위원, 민간전문가, 관계부처 공무원 등으로 평가부문별로 T/F를 구성하여 확인 · 점검하였다. 정부업무평가위원회가 제시한 평가지표 및 소관 세부지침에 따른 평가실시 여부, 평가 근거자료에 의한 평정여부 등을 점검한 것이다.

3) 특정평가의 부문과 평가방법

(1) 특정평가의 부문

특정평가는 국무총리가 다수부처 관련 시책 등을 평가하는 데, 관리대상업무, 고객만족도, 특정시책의 세 가지 분야로 구분되며, 주요내용은 다음과 같다.

① **관리대상 업무**: 각 중앙행정기관이 공통적으로 추진하여야 하는 시책으로서 지속적인 관리가 필요한 부문에 대한 평가를 실시한다. 관리대상 업무는 다시 혁신관리, 정책홍보관리, 법적의무 · 권장사항 및 법제업무, 정보공개, 대통령 지시사항 관리, 규제개혁, 청렴도, 위기관리 등 8개 부문으로 이루어졌다.

② **특정시책**: 다수 부처 관련시책, 현안사항, 국민적 관심도가 높은 시책 등을 선정 · 분석한 후 개선사항을 도출하여 부처의 개선조치계획 이행실적 등을 점검 · 평가

한다.

③ **고객만족도**: 주요정책에 대한 만족도 및 행정기관이 제공한 민원서비스에 대한 만족도 조사를 외부전문조사기관에 위탁하여 실시한다.

(2) 특정평가의 방법

① **관리대상 업무**: 혁신관리 · 정책홍보관리 등 관리대상업무는 행정자치부 · 국정홍보처 등 <표 9-22>에 제시된 평가협조부처에서 평가실무를 담당하였다. 특정평가는 정부업무평가위원회에서 제시한 분야별 평가지표 및 세부지침에 따라 이루어졌다. 평가협조부처의 평가결과에 대하여 정부업무평가위원회에서 정부업무평가 실무위원, 민간전문가 등과 합동으로 평가부문별로 T/F를 구성하여 평가주체, 평가방법, 평가결과의 타당성 등을 검토하였다.

② **특정시책**: 특정시책평가는 2005년까지 '특정과제평가'라는 명칭으로 실시되어 왔으며, 국무조정실이 선정한 특정과제에 대해 현황 및 문제점 등을 평가하고 개선방안을 제시, 그 이행을 사후관리하는 방식으로 평가가 이루어졌다. 2006년도부터는 기존 특정과제평가에 갈등해결 우수사례 평가를 신설하여 특정시책평가로 명칭을 변경하고, 평가결과를 점수화하여 부처별 평가에 반영하였다. 2006년도에는 신 · 재생에너지 기술개발 및 보급정책평가 등 12개를 특정과제로 분석하였고, 기존 특정과제에 대한 부처 개선조치사항의 충실한 이행여부 점검, 부처가 제출한 갈등해결 우수사례 평가를 실시하였다(국무조정실, 2007: 88). 2007년도에는 지방대학 혁신역량 강화 등 6개 과제를 분석하여 개선방향을 제시하고 20개 과제(2005~07 분석과제) 156개 개선조치사항의 이행상황 평가, 갈등해결 우수사례 평가가 이루어졌다(정부업무평가위원회 · 국무총리실, 2008).

③ **고객만족도**: 고객만족도 평가방법에 관하여는 다음의 주요정책 종합만족도 추이에서 살펴보기로 하겠다.

4) 주요정책 종합만족도의 추이

고객만족도 평가는 특정평가의 한 부문으로 노무현 정부의 중앙행정기관 평가에서 10%의 비중을 차지하고 있다. 노무현 정부에서도 주요정책 만족도와 민원행정 만족도(일반민원 및 인터넷민원)를 구분하여 매년 조사하여 왔다(국무조정실, 2007: 83-87). 정책만족도 조사에서는 각 중앙행정기관별로 핵심정책(부단위 기관 3

개, 청단위 기관 2개)을 선정하여 총 115개 내외의 정책목표에 관한 정책만족도를 조사하였다. 2007년도 주요만족도 부문의 조사대상자는 일반국민(4,940명), 전문가(2,250명), 내부고객(1,350명)이다. 평가의 공정성, 객관성 및 전문성 제고를 위해 민간 조사전문기관을 선정하여 설문조사 실시하였다. 설문항목은 정책과정별 주요요인(의견수렴도, 적절성, 투명성, 일관성, 효과성, 환류성)에 대한 항목만족도(70% 반영)와 전체적 체감만족도(30%)로 구성되었으며, 7점 리커트 척도를 사용하였다.

[그림 9-8]에 노무현 정부시기(2003-2007) 5년간 주요정책과제 종합만족도 추이가 제시되었다. 5년간의 주요정책 만족도 추이를 보면 단기적으로 증감을 반복하나, 시계열로 볼 때 전반적인 상승 추세임을 알 수 있다. 2003년 4.19에서 2014년 4.07로 약간 하락하였으나, 2015년 4.43으로 높아졌다. 2016년 4.34로 하락하였으나, 노무현 정부 마지막 해인 2017년에는 4.56으로 가장 높았다.[14]

그림 9-8 노무현 정부 주요정책과제 종합만족도 추이(2003–2007)

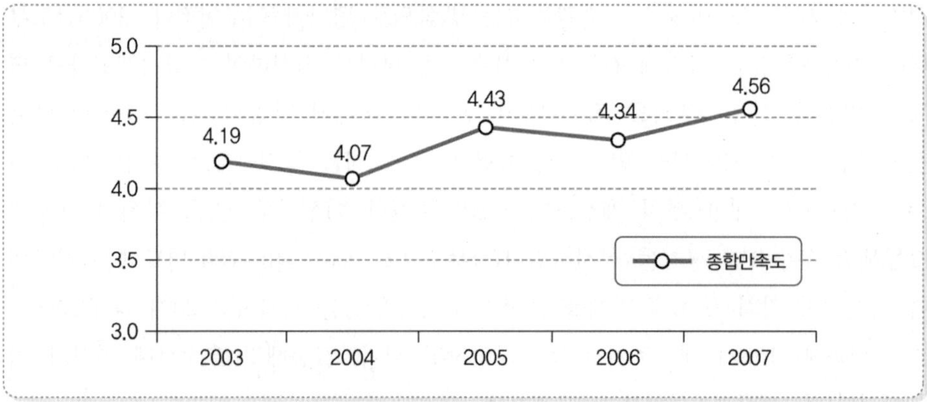

출처: 정부업무평가위원회, 2007, 2006년도 정부업무 평가결과(종합보고서).
국무총리실 · 정부업무평가위원회, 2008a. 2007년도 정부업무 평가결과(특정평가분야)에서 정리.

5) 정부업무평가의 결과

(1) 평가결과의 총평

「정부업무평가기본법」을 제정하여 평가를 통합실시하고, 2006년도에 최초로 자

14 2007년도의 경우에 설문조사 대상별로는 일반국민 4.19점, 전문가 5.15점, 내부고객 5.20점으로 나타났으며, 세 집단간의 만족수준의 순위는 예년과 동일하게 일반국민 < 전문가 < 내부고객의 순이다.

체평가 중심의 정부업무평가를 실시하였는데, 2006년도 평가결과 주요정책과제의 성과목표치는 상당부분 달성되고, 인사 및 조직관리 등 기관의 역량도 전년 대비 향상된 것으로 평가되었다(이하 정부업무평가위원회, 2007). 부처 공통으로 추진하는 혁신관리, 정책홍보관리, 법적 의무 · 권장사항 및 법제업무 등은 전년 대비 개선되었지만, 규제개혁, 고객만족도 등은 다소 미흡한 것으로 나타났다.

부처 자체평가 수행노력에 대한 점검결과, 각 부처의 자체평가 역량 및 평가결과 신뢰도는 전반적으로 향상되었는데, 일부 부처는 성과지표 적정성 제고 및 평가 관대화 개선 노력이 필요하고, 평가시기 집중에 따른 평가부담 증가 문제가 제기되었다.

새로운 평가제도 정착을 위해 자체평가를 내실화하는 등 평가제도 개선방안을 마련하고, 금번 평가결과 미흡사항에 대해서는 관계부처간 협의를 통하여 조치계획을 마련 · 시행하였다고 밝혔다.

(2) 기관별 평가순위 공개

<표 9-24>에는 기관별 평가종합은 물론 자체평가의 주요정책과제, 인사, 조직 분야의 부처별 등급을 발표하였고, 특정평가 분야에서도 혁신관리, 정책홍보관리, 법적의무 · 권장사항 및 법제업무, 정보공개, 대통령 지시사항 관리, 규제개혁, 청렴도, 위기관리, 고객만족도 등 9개 부문별로 우수, 보통, 미흡 부처를 공개한 것을 알 수 있다. 혁신관리 부문은 다른 부문과는 달리 중앙부처를 3개 군으로 구분하였으며, 평가등급도 부처별로 1단계부터 5단계까지 5등급으로 구분하였다.

정부업무평가제도가 도입된 이후 최초의 평가인 2006년 기관별 종합평가등급과 기존 기관평가제도를 적용한 2005년 기관별 종합평가등급을 비교하면 우수부처에는 큰 변동이 없었다. 장관급 부처에서는 2005년 우수등급을 받은 6개 부처 가운데 4개 부처, 즉 정보통신부, 중앙인사위원회, 행정자치부, 환경부가 2006년에도 우수 등급을 받았다. 청단위기관의 경우에는 2005년에 우수등급을 받은 5개 기관, 즉 관세청, 국세청, 병무청, 특허청, 해양경찰청이 2006년에도 모두 우수등급을 받았다. 반면에 2005년에 미흡 등급을 받은 7개 기관 가운데 2006년도에 2년 연속하여 미흡 등급을 받은 부서는 외교통상부가 유일하다. 이는 미흡 등급을 받은 중앙부처들이 미흡 등급에서 벗어나기 위하여 엄청나게 노력한 결과라고 볼 수 있다.

표 9-24 2006년 중앙행정기관 평가의 등급부여

구분	평가부문			등급비교
자체평가(50)	주요정책과제		25점	부단위(26) 3단계, 청단위(21) 전기관 3단계 등급
	재 정 성 과		8점	※ 3월까지 자체평가실시
	인 사		5점	부단위(27) 3단계, 청단위(20) 전기관 3단계 등급
	조 직		5점	부단위(27) 3단계, 청단위(20) 전기관 3단계 등급
	정 보 화		7점	※ 3월까지 자체평가실시
특정평가(50)	관리대상업무(40)	혁신관리	15점	1군 부단위 또는 300명 이상(22) 전기관 5단계 등급 2군 청단위(17) 전기관 5단계 등급 3군 300명 미만(9) 전기관 5단계 등급
		정책홍보관리	15점	부단위(25) 3단계, 청단위(20) 전기관 3단계 등급
		법적 의무·권장사항 및 법제업무	5점	부단위(25) 3단계, 청단위(21) 전기관 3단계 등급
		정보공개	5점	부단위(26) 3단계, 청단위(21) 전기관 3단계 등급
		대통령지시사항 관리	±2점	부·처·위원회(28) 전기관 3단계 등급
		규제개혁	±1점	부단위(21) 3단계, 청단위(13) 전기관 3단계 등급
		청렴도	±1점	부단위(19) 3단계, 청단위(15) 전기관 3단계 등급
		위기관리	±1점	부단위(18) 3단계, 청단위(10) 전기관 3단계 등급
	고객만족도		10점	부단위(25) 3단계, 청단위(21) 전기관 3단계 등급
	특정시책		±3점	
기관별 평가종합 : 100점 ±8점				부단위(25) 3단계, 청단위(21) 전기관 3단계 등급

※ 3단계는 우수－보통－미흡으로 구분.
※ 재정성과, 정보화는 3월까지 자체평가 실시.
출처: 정부업무평가위원회, 2007, 2.

6. 평가결과의 공개와 활용

노무현 정부에서도 김대중 정부 시기와 마찬가지로 평가결과는 상반기와 하반기에 각각 정부업무평가 보고회를 개최하여 처리하였고, 대체로 상반기에는 국무총리, 하반기에는 대통령이 주재하였다(<표 9－25> 참조). 보고회에는 국무위원과 중앙행정기관장뿐만 아니라 평가위원들도 참석하였다.

2006년 발효된 「정부업무평가기본법」에 따르면 평가결과는 정책개선(평가결과에 따른 자체 시정조치 및 감사), 예산조치, 조직·인사·보수 반영, 우수기관 등에 대한 포상이 규정되어 있어 활용되어 왔다. 「정부업무평가기본법」이 발효되기 이전

표 9-25 노무현 정부 정부업무평가 결과 보고대회

연도		형식	주재	비고	장소
2003	하	정부업무평가보고회	국무총리	04.4.16. 각부장관, 평가위원 등	중앙청사
2004	상	정부업무평가보고회	국무총리	04.7.23 국무위원, 평가위원 등	중앙청사
	하	정부업무평가보고회	대통령	04.12.24 중앙행정기관장, 평가위원 등	영빈관
2005	상	정부업무평가보고회	국무총리	05.7.29 국무위원, 평가위원 등 참석	중앙청사
	하	정부업무평가보고회	대통령	06.1.26. 각부장관, 평가위원 등 170명 참석	영빈관
2006	상	정부업무평가보고회	국무총리	06.8.1 국무위원, 평가위원 등 참석	중앙청사
	하	정부업무평가보고회	대통령	07.2.28. 각부장관, 평가위원 등 참석	영빈관
2007	상	평가정부혁신토론회	대통령	07.8.	청사별관3층
	하	주례보고	대통령	08.2.14. 국무총리, 국무조정실장이 대통령 보고	

출처: 양홍석, 2015, 173, <표 4-54>.

에도 노무현 정부에서는 개인 차원과 기관 차원에서 평가결과를 적극적으로 활용하도록 하였다. 예를 들면, 2005년 평가결과의 환류계획에서도 평가결과를 다음과 같이 인사 · 성과보수, 정책 · 예산, 우수기관 및 공무원 포상 등 3가지 분야에서 활용하도록 하였다(국무조정실 · 정책평가위원회, 2006).

첫째, 평가결과를 인사 · 성과보수에 반영한다. 성과평가 결과를 4급 이상에 대한 '직무성과계약' 및 5급 이하에 대한 '근무성적평정'에 반영하여 승진, 인사에 직접 연계한다. 3급 이상 인사심사기준에 '혁신역량'과 '실적'을 추가 반영하고, 5급 이하 일반승진심사 기준으로 '업무성과 개선실적' 등 성과평가결과를 반영하도록 한다. 특별승진 및 특별승급시 정부업무평가 결과 등을 반영함으로써 평가결과에 대한 환류를 강화하고자 하였다. 정부업무평가결과를 반영하여 평가결과 우수자에 대한 성과연봉 및 성과상여금을 지급하도록 한다. 한편 공직사회의 경쟁촉진 및 성과향상 유도를 위해 성과급 비중을 2005년 1.5%에서 2010년까지 총보수의 6% 수준까지 확대한다.

둘째, 평가결과를 정책 · 예산에 반영한다. 정책과 관련하여 국무조정실은 평가결과 개선조치 필요사항에 대해 각 부처에서 조치계획을 수립 · 제출토록 하고, 해당 조치계획 추진상황 등에 대해서는 정기적으로 확인 · 점검한다. 평가결과의 예산 반영과 관련하여 재정사업 자율평가 결과 등을 활용, 세출예산 구조조정을 실시하는데, 2006년도 예산 편성시 평가결과 '미흡' 등급인 사업(87개 사업)에 대해서

는 총액의 11.4% 삭감(3.4조원→3조원)하고, 평가결과 활용도가 우수한 부처에 대해서는 기본사업비 차등배분 등 인센티브 부여한다.

셋째, 우수기관 및 공무원에 대한 포상을 실시한다. 정부업무평가결과 유공자 및 우수기관에 대한 포상을 실시한다. 분야별 평가결과 우수기관·유공공무원에 대한 포상 확대 실시하였다. <표 9-26>에 제시된 바와 같이 노무현 정부 5년간 정부업무평가 유공자는 모두 250명이며 연평균 50명으로 김대중 정부 시기의 평가기본법에 따른 연평균 유공자 수 32명보다 크게 증가한 수치이다.

<표 9-27>에 나타난 바와 같이 노무현 정부는 평가결과에 따른 인센티브 강화를 위해 평가결과 종합우수기관과 분야별 우수기관에 포상금을 지급하였다. 연평균 포상대상기관은 25개 기관이었다. 연도별 포상금 규모는 2004년 평가결과에

표 9-26 노무현 정부 정부업무평가 유공 포상 현황(2004-2008)

구분		계	훈장	포장	표창	
					대통령	국무총리
2004	계	30	2	4	10	14
	공무원	20	2	4	6	8
	민간인	10	0	0	4	6
2005	계	40	4	4	16	16
	공무원	32	4	4	9	15
	민간인	8	0	0	7	1
2006	계	76	8	13	31	24
	공무원	45	7	10	15	13
	민간인	13	0	0	7	6
2007	계	65	7	12	19	15
	공무원	52	7	12	19	15
	민간인	13	0	0	7	8
2008	계	39	3	2	18	16
	공무원	35	0	1	18	16
	민간인	4	3	1	0	0
09－13	합계	250	24	34	101	91
	연평균	50	4.8	6.8	20.2	18.2

출처: 양홍석, 2015, 175, <표 4－55>.

표 9-29 노무현 정부 정부업무포상금 집행현황(2005–07)

(단위: 억원)

연도	포상대상	포상분야	포상기관	계	예산액	집행액	계
2005	04 실적	종합우수기관	7개	22개	30.5	14.0	30.5
		5개 분야별 우수기관	15개			16.5	
2006	05 실적	종합우수기관	11개	25개	36	11.0	36
		8개 분야별 우수기관	14개			25.0	
2007	06 실적	종합우수기관	12개	28개	28	9.6	28
		자체평가, 특정평가결과	16개			18.4	
2005–07 평균				25개	31.5		31.5

출처: 양홍석, 2015, 176, <표 4–56>.

대한 2005년 집행액수 30.5억원, 2005년 평가결과에 대한 2006년 집행액수 36억원, 2007년도 집행액수는 28억원으로 3개년 동안 평균 31.5억원을 집행하였다(양홍석, 2015: 176).

7. 국정과제의 점검 및 관리

노무현 정부의 국정과제에 해당되는 내용은 핵심공약과제로 선정되어 각 정부부처가 추진하여야 할 정부과제와 대통령 소속 국정과제위원회에서 작성한 로드맵에 따라 추진하는 로드맵과제로 이원화되었다. 핵심 공약과제는 인수위원회에서 대통령 선거공약 가운데 핵심공약으로 선정하여 각 부처에서 추진하는 것으로 지정한 과제이다. 한편 국정과제위원회의 로드맵과제는 정부출범 이후 국정과제위원회가 별도의 논의를 거쳐 수립한 로드맵을 기초로 한다는 점에서 구분된다.

1) 핵심공약과제 점검 및 관리

(1) 핵심공약과제의 내용

제16대 대통령직인수위원회는 대선공약을 핵심공약 181개, 중점공약 553개, 일반공약 602개 등 총 1,336개로 재분류하였다(이하 국정홍보처, 2008: 28–38). 앞의 제2장 <표 2–6>에 제시된 바와 같이 181개 핵심공약은 대통령비서실과 국무조정실에서, 중점 및 일반공약 1,170개는 소관부처별로 정책과제화하여 관리하도록 하였다.

(2) 핵심공약과제 추진상황 점검결과

2008년 참여정부의 임기말 점검결과(국정홍보처, 2008: 28-38)에 따르면(<표 9-28> 참조), 177개 핵심공약과제 가운데 완료되거나 정상추진된 과제가 각각 78건과 83건으로 91%의 공약이 대부분 차질없이 진행된 것으로 자평하였다. 다만 입법지연(10건), 이해관계자간 이견(3건), 추진실적 미흡(2건), 대외여건 미성숙(1건) 등 16건을 부진하거나 보완이 필요한 상황으로 보았다. 예를 들어, 입법지연 부진과제는 ① 교사회, 학부모회 법제화, ② 한시적 특별검사제 상설화, ③ 고위공직자 비리조사처 설치, ④ 「식품안전기본법」 제정, ⑤ 「의료분쟁조정법」 제정 등 5건이다. 이해관계자간 이견이 있는 과제는 ① 식품안전 거점신고체계 도입, ② 경인운하사업 재검토, ③ 의료수가·약가의 공정한 설정 등으로 의료비용절감 등 3개 과제이다.

표 9-28 노무현 정부 분야별 정책목표별 국정과제 추진결과

분야	국정과제	계	추진상황			
			완료	정상	보완	부진
경제	과학기술중심사회 구축	17	8	9	0	0
	동북아경제중심국가 건설	13	3	10	0	0
	미래를 열어가는 농어촌	4	4	0	0	0
	자유롭고 공정한 시장질서 확립	14	7	7	0	0
	소계	48	22	26	0	0
사회 문화 여성	교육개혁과 지식문화강국 실현	16	8	4	3	1
	국민통합과 양성평등의 구현	14	10	3	1	0
	사회통합적 노사관계 구축	5	4	1	0	0
	참여복지와 삶의 질 향상	31	13	13	3	2
	소계	66	35	21	7	3
정치 행정	부패없는 사회 · 봉사하는 행정	25	10	10	2	3
	지방분권과 국가균형발전	21	11	10	0	0
	소계	46	21	20	2	3
외교통일 국방	한반도 평화체제 구축	17	0	16	0	1
	소계	17	0	16	0	1
총계		177	78	83	9	7

출처: 국정홍보처, 2008, 31.

<표 9-28>에서 알 수 있듯이, 노무현 정부 국정과제의 추진상황 점검결과는 실천과제별로 완료, 정상추진, 보완, 부진의 범주로 판단되어 정책의 정책성과 평가와는 거리가 먼 이행점검 위주로 진행되었다. 이는 김대중 정부 100대 국정과제 점검 체계와 유사한 것이다.

2) 국정과제위원회와 100대 로드맵과제

(1) 국정과제위원회 설치와 역할

참여정부 출범과 함께 도입된 국정과제위원회는 정책결정과 운영에 있어서 참여와 분권화를 추구하기 위한 국정운영 시스템이다(이하 국정홍보처, 2008: 63-64). 참여정부의 국정과제위원회는 민간전문가를 정책형성과정에 참여시켜서 국정운영의 효율화를 도모한 기구이다. 특히 정책결정에 대한 접근이 제한되었던 여성, 시민단체, 지역인사에게도 그 참여가 확대되었다. 한 부처에서 감당하기 어려운 국정과제를 범부처 차원에서 직접 기획하고 제도화한다는 취지는 이전 정부와는 다른 참여정부 국정과제위원회의 특징이다. 국정과제위원회의 설치로 참여정부의 국정운영 시스템은 '대통령・국정과제위원회・부처'의 삼각구도를 이룰 수 있었다. 대통령이 국정방향을 제시하면 국정과제위원회에서 중장기 계획을 수립하고, 각 관련부처가 단기과제와 정책현안을 검토하고, 집행하는 시스템을 구축하였다.

제5장에서 살펴본 바와 같이 노무현 정부의 12개 대통령과제 수행을 위한 대통령 자문기구로서 국정과제위원회가 순차적으로 설치되었다(이하 국정홍보처, 2008: 66-67; 김병준, 2016: 20). 정부출범 직후 2003년 4월 정부혁신지방분권위원회, 국가균형발전위원회, 동북아경제중심추진위원회(2004년 6월 동북아시대위원회로 변경)를 설치하였다. 이어 농어업농어촌특별위원회, 신행정수도추진위원회(2005년 행정중심복합도시건설추진위원회로 개편), 고령화 및 미래사회위원회, 지속가능발전위원회, 빈부격차・차별시정위원회, 교육혁신위원회, 사람입국신경쟁력특별위원회, 과학기술중심사회추진단, 문화중심도시조성위원회를 설치하였다. 아울러 이미 설치되어 있던 정책기획위원회를 강화하고, 국정과제위원회 위원장들과 위원 상당수를 그 위원으로 위촉하였다. 정책기획위원회를 중심으로 모든 국정과제위원회가 대통령과제 수행을 위한 '로드맵'을 작성하고, 평가하는 일종의 거대한 정책네트워크를 이루었다. 특히 로드맵을 작성하는 집권 초기에는 대통령이 국정과제위원회와 로드맵 작성에 각별한 관심을 가졌다.

(2) 100대 로드맵과제와 점검결과

참여정부 출범 이후 국정과제위원회를 중심으로 소관위원회의 주요 과제에 관한 중장기실행계획인 로드맵을 작성하도록 하였다. 정부 출범 초기에 로드맵과제 수는 253개로 상당히 많았으나, 2004년 3월에 이들을 재정리하여 100대 로드맵과제로 압축・조정하였다(제2장 부록 3: 노무현 정부 100대 국정로드맵 현황 참조). 국정과제위원회가 순차적으로 신설 또는 통폐합되면서 국정과제위원회별 과제수에 변동이 있었으나, 과제 수는 100대 로드맵과제로 유지되었다. <표 9-29>에 제시된 바와 같이 2007년 상반기 100대 로드맵 국정과제 추진상황 점검에 따르면(국정홍보처, 2008: 52-53), 96개가 정상 추진되고 있었으며, 부처간 이견이나 국회 입법 지연 등으로 4개 과제는 부진한 것으로 파악되었다(중앙・지방의 사무구분체계 개선, 자치경찰제도 개선, 특별지방행정기관의 기능조정, 지방정부 책임성 확보).

표 9-29 참여정부 로드맵 국정과제 추진현황 점검결과(2007 상반기 기준)

위원회	과제수	정책추진단계			점검결과			
					진행상황		효과	
		정책화	제도개선	실행	정상	부진	기대수준	미흡
합계	100	8	4	88	96	4	88	-
동북아시대위원회	8	-	-	8	8	-	8	-
정부혁신지방분권위	23	5	-	18	19	4	18	-
국가균형발전위	16	-	1	15	16	-	15	-
행정중심복합도시조성위	5	-	1	4	5	-	4	-
저출산고령화사회위	6	1	1	5	6	-	5	-
지속가능발전위	6	1	-	5	6	-	6	-
양극화민생대책위※	15	1	1	13	15	-	13	-
교육혁신위	4	-	-	4	4	-	4	-
농어업농어촌특별위	5	-	-	5	5	-	5	-
과학기술중심사회추진단	3	-	-	3	3	-	3	-
국민경제자문회의	7	-	-	7	7	-	7	-
문화중심도시조성위	2	1	-	1	2	-	1	-

※ 양극화민생대책위원회는 2007년 6월 빈부격차차별시정위원회와 일자리사람입국위원위가 통합된 위원회이다.

출처: 국정홍보처, 2008, 53.

8. 요 약

노무현 정부의 정부업무 성과관리는 국무조정실 심사평가조정관실이 담당하였다. 정부 출범 초에는 기존 정책평가위원회 체제로 운영되다가 2006년 「정부업무평가법」이 통과된 이후 정부업무평가위원회가 설치되었다. 정부업무평가위원회는 국무총리와 민간위원장의 공동위원장 체제로 운영되며 위원은 관계부처 장관 3명(행정안전부, 기획재정부, 국무조정실)과 10명의 민간위원으로 구성되었고, 실무위원회와 심사평가조정관실의 지원을 받았다. 「정부업무평가기본법」에서는 부처별 자체평가위원회 구성에서 2/3 이상 민간전문가로 구성하도록 하였는데, 해당 중앙행정기관장과 함께 자체평가위원회가 실질적으로 평가를 담당하는 주체가 되었다.

노무현 정부는 2006년 4월 「정부업무평가기본법」을 제정하여 현재에 이르기까지 정부업무평가의 골격을 형성하고 있는 통합 성과관리제도를 도입하였다. 이 제도에 의하면 정부업무평가는 중앙행정기관 평가, 지방자치단체 평가 및 공공기관 평가의 세 가지 큰 축으로 구성된다. 중앙행정기관에 대한 평가는 자체평가와 국무총리에 의한 특정평가로 구분된다. 한편 정부업무를 수행하는 각 기관은 5년 단위 성과관리 기본계획과 1년 단위 성과관리 시행계획을 수립하고 이를 통하여 집행·점검 및 자체평가를 실시하여야 한다.

「정부업무평가기본법」 시행 이전 2003년부터 2005년까지 중앙행정기관에 대한 성과관리는 김대중 정부에서 제도화한 기관평가제도에 따라 운영되었다. 2003년도에는 기관평가제도의 3대 평가분야인 주요정책과제평가, 기관관리역량평가, 국민만족도의 세 가지 범주로 구분하여 평가가 이루어졌다. 2004년과 2005년에 평가분야가 계속 추가되어, 2005년도 종합평가의 비중은 주요정책과제 30%, 혁신관리역량 30%, 고객만족도 15%, 부처간 협력 및 법제업무 10%, 정책홍보관리 15%이며, 청렴도, 규제개혁, 위기관리는 가감점으로 운영하였다. 2005년도 평가에서는 평가분야별로 평가대상기관을 우수-보통-미흡의 3등급으로 구분하였고, 종합평정에서도 모든 기관을 3등급으로 구분하여 공개하였다. 그러므로 김대중 정부에서 도입한 기관평가를 노무현 정부에서 확실하게 정착시킨 것으로 볼 수 있다.

2006년도부터 「정부업무평가기본법」에 따른 통합 정부업무평가제도가 시행되어 상당한 변화가 있었다. 평가유형은 자체평가와 특정평가로 구분되었다. 자체평가는 각 부처가 소관정책을 스스로 평가하는데 주요정책과제, 재정성과, 인사, 조직, 정보화 등 다섯 개 부문에서 평가가 이루어지며, 부문별 평가총괄부처가 협조부처로서의 역할을 수행한다. 특정평가는 국무총리가 다수부처 관련 시책 등을 평가하는데, 관리대상업무, 고객만족도, 특정시책의 세 가지 분야로 구분되며, 관리대상업무는 다시 혁신관리, 정책홍보관리, 법적의무 · 권장사항 및 법제업무, 정보공개, 대통령 지시사항 관리, 규제개혁, 청렴도, 위기관리 등 8개 부문으로 이루어졌다. 분야별 배점은 자체평가 50점, 특정평가 50점이며, 다시 세부범주별로 배점이 부여되었다. 통합성과관리제도에서도 평가영역별은 물론 평가종합에서도 기관별 3등급 순위 평가를 계속하여 기관평가의 형태가 유지되었다. 평가결과를 토대로 개인과 기관에 적용되는 유공자 포상인원과 우수기관에 대한 포상금 규모도 김대중 정부와 비교하여 대폭 증가하였다.

노무현 정부의 국정과제는 통합 정부업무평가제도와는 별도로 관리되었는데, 핵심 공약과제로 선정되어 각 정부부처가 추진하여야 할 정부과제와 대통령 소속 국정과제위원회에서 작성한 로드맵에 따라 추진하는 로드맵과제로 이원화되었다. 핵심 공약과제는 청와대와 국무조정실이 점검을 담당하였고, 로드맵과제는 정책기획위원회와 관할 국정과제위원회가 담당하여 임기말까지 과제 추진을 점검하였다. 노무현 정부 국정과제 및 로드맵과제 추진상황 점검결과는 과제별로 정책의 정책성과평가와는 거리가 먼 이행점검 위주로 진행되었다.

V. 이명박 정부 정부업무 및 국정과제의 성과관리

1. 정부업무 성과관리의 추진체계

이명박 정부 출범과 함께 단행된 정부조직 개편에서 국무총리 보좌기관에 대한 대대적인 감축이 이루어짐에 따라 국무조정실과 국무총리비서실을 통합하여 국무총리실을 설치하였다. 정부업무의 성과관리는 국무총리실 정책분석평가실에서 담당하였는데 3국 9과로 노무현 정부(3국 11과)와 비교하면 2개과가 축소되었고, 평가담당 인력도 2007년 52명에서 2008년 34명으로 대폭 감축되었다가 2012년 40명(총리실 29, 파견 11)이 되었다.

정부업무평가위원회는 2008년 7월 3일 「정부업무평가법 시행령」 개정으로 실무위원회가 폐지되었다. 실무위원회 폐지 이후 전문평가단 구성 · 운영으로 분야별 전문가를 활용하였는데, 2009년부터 시작된 핵심과제, 국정관리역량, 규제개혁 분야 전문가평가단의 경우 2009년 116명에서 2012년 244명으로 크게 증가하였다(국무조정실, 2012; 양홍석, 2015: 195).

이명박 정부에서 부처 자체평가위원회 위원을 살펴보면 노무현 정부 임기말(2007년)에 비하여 전체 민간위원 수가 1,083년에서 955명으로 감소하였는데, 이는 이명박 정부 출범 초기에 부처 통・폐합으로 중앙행정기관의 숫자가 줄어든 것에 기인한 것으로 보인다(양홍석, 2015: 196).

2. 정부업무평가의 기본방향

노무현 정부 시기에 제정된 「정부업무평가기본법」에 따라 2006년 4월부터 도입・시행되고 있는 통합적 정부업무평가제도 및 성과관리제도의 기본적인 틀은 이명박 정부에 이어 오늘날까지 유지되고 있다. 이명박 정부에서는 자체평가와 특정평가로 구분되는 정부업무평가제도의 기본 틀을 유지하면서 제도운영의 기반과 운영방식에 상당한 변화를 가져왔다.

표 9-30 이명박 정부 출범초 정부업무평가제도 문제점 인식과 개편내용

분야	문제점 인식	개편내용
평가기본 방향	○ 전 부처에 공통지표 적용 – 기관 및 업무특성 반영 곤란	○ 부처 자율・맞춤형 평가 – 부처 자율 평가지표・배점 설정
	○ 기관서열화 실시 – 자체평가 관대화 경향 초래	○ 기관서열화 원칙적 폐지 – 우수 성과관리 사례 발굴・확산
평가부문과 평가절차	○ 평가부문 과다 – 12개 부문	○ 평가부문 축소 – 6개로 대폭 축소
	○ 평가지표 과대 – 자체평가(74개)/ 특정평가(81개)	○ 평가지표 축소 – 현행지표의 1/2 수준으로 축소
	○ 평가절차 복잡・비효율 – 평가결과 확인・점검 – 분기/반기별 이행상황 점검	○ 평가절차 간소화・합리화 – 평가결과 확인・점검 폐지 – 분기/반기별 이행상황 점검 부처자율
	○ 위원회 운영의 비효율성 – 본위원회와 실무위원회간 역할 중복	○ 위원회 운영의 효율성 확보 – 실무위원회 폐지, 분과위 설치 추진
평가활용	○ 1년 단위 평가에 치중 – 현안에 시의적절한 정보제공 미흡	○ 특정과제 분석 강화 – 국정과제, 현안정책 수시평가 강화
	○ 평가시기와 성과반영 시기 불일치 – 평가결과를 업무계획・개인성과 반영곤란 (6월 말 종료)	○ 평가결과 환류 강화 – 1월중 자체평가 완료 업무계획・개인성과 반영 실질화
	○ 정량평가 중심, 정성평가 배제 – 점수 위주 결과, 정책제언 부족	○ 정성평가 요소 보완 – 정책성과 종합평가, 대안제시 강화

출처: 양홍석, 2015, 188, [그림 4-6]에서 재구성.

2008년도 정부업무평가 시행계획에 따르면 노무현 정부 마지막 해인 2007년도와 비교할 때, (1) 평가부문 · 평가지표의 축소조정, (2) 평가완료 시기 단축, (3) 부처 자체평가 시행의 자율성 확대, (4) 특정과제에 대한 분석적 평가 강화, (5) 종합 기관서열화의 원칙적 폐지 등 상당한 변화가 있었다.[15] 또한 2007년까지는 정부업무평가위원회로부터 위임받은 사항을 처리하기 위하여 실무위원회를 두었으나, 2008년부터는 이를 폐지하고, 정부업무평가위원회에 분과위원회를 구성하는 방식으로 조정하였다(국무총리실 · 정부업무평가위원회, 2008). 이명박 정부 출범초기의 정부업무평가제도의 문제점에 대한 인식과 이를 반영한 개편내용을 종합하면 다음 <표 9-30>과 같다.

한편 2010년 수립된 3개년 정부업무평가 기본계획(2010-2012)에 따르면 이명박 정부 중반기의 정부업무평가 기본방향은 다음과 같다.

첫째, 자체평가의 부처 자율성 및 특정평가의 전문성과 객관성을 제고한다. 자체평가는 부처 자율성 확대를 통해 부처 내부경쟁을 유도하고, 평가부담 경감을 위해 평가항목 · 지표를 합리화하며, 특정평가는 부처 핵심과제, 녹색성장, 규제개혁, 국민만족도 등 다양한 분야를 전문적이고 객관적으로 평가한다는 것이다.

둘째, 주요 현안과제 분석을 강화한다. 다수부처 관련 사회적 파급효과가 큰 과제 등 과제선정을 위한 사전분석을 철저히 하고, 현장점검을 통한 문제점을 발굴하며, 분야별 전문가의 엄밀한 분석적 평가를 바탕으로 유용한 정책정보 생산 및 제도개선을 도모한다는 것이다.

셋째, 통합적 평가 및 성과관리체계를 구축한다. 국정의 통합적 관리를 지원하는 평가체계의 안정적 발전 및 내실화를 추진하고, 결과지향적 성과관리 정착을 위해 노력하며, 평가결과를 체계적으로 환류하고, 성과관리 우수사례 활용 체계를 구축한다는 것이다.

---

15 첫째, 기존 평가부문 중 중요성이 적은 부문은 평가에서 제외하고 서로 유사한 부문은 통합하여 실시하도록 하였다. 둘째, 평가완료 시기를 익년도 6월말에서 1월말로 단축하여 평가결과를 다음연도 업무계획 및 성과급 결정 시기와 일치하도록 개선하였다. 셋째, 부처 자체평가시행의 자율성을 확대하여, 평가지표, 배점 결정시 기관업무 특성 반영이 가능하도록 조치하였다. 넷째, 특정과제에 대한 분석적 평가를 강화하였는데, 특정과제 분석결과에 따른 이행실적을 점수화하던 기존의 평가방식은 지양하고, 정책 개선과 향후 유사정책에 대한 정책적 시사점 도출을 중심으로 하는 분석적 · 기술적 평가 방식으로 전환한다. 다섯째, 기관별 업무특성이 다르고 지표도 자율적으로 구성하므로 평가결과를 종합한 기관서열화는 폐지한다. 다만 국민만족도 평가 등 평가목적 달성을 위해 기관서열화가 유용하고 평가방법상 타당한 경우 등급제 등을 제한적으로 실시한다.

넷째, 평가관련 기반에 대하여 지원한다. 평가관련 연구용역과 기법개발을 강화하고, 관련 학회와 연구기관과의 협력을 통해 긍정적 효과를 확산하며, 전자통합평가시스템의 운용 개선과 평가관련 인력·예산 등에 대한 지원을 강화한다는 것이다.

그런데 2008년 이명박 정부 출범 초의 개편방향에도 불구하고 2009년 이후 2012년까지 평가부문 추가 확대, 부문별 서열화 부활 및 등급 확대 등 연도별로 상당한 변화가 있었다. 이를 성과관리·자체평가와 특정평가로 구분하여 살펴보기로 하겠다.

3. 정부업무 성과관리와 자체평가 부문의 운영

중앙행정기관의 자체평가 부문은 「정부업무평가기본법」상의 성과관리에 해당되며, 자체평가는 성과관리 시행계획의 성과를 관리하기 위한 도구이다. 2008년은 「정부업무평가기본법」에 따른 자체평가 제도의 운영이 본격화되는 중요한 해였다. 주요정책 부문, 재정사업 부문, 행정관리역량 부문별로 자체평가의 운영상황을 살펴보겠다.

1) 성과관리와 자체평가 부문의 제도변화

노무현 정부의 2006년~2007년 중앙행정기관 자체평가 분야는 주요정책과제, 재정성과, 인사, 조직, 정보화로 구분되었다. 이명박 정부의 2008년 자체평가는 주요정책, 재정사업, 행정관리역량 등 크게 3개 부문으로 이루어졌다(국무총리실·정부업무평가위원회, 2008). 기존의 인사, 조직, 정보화를 행정관리역량으로 묶은 것이다. 주요정책 부문은 각 부처가 추진하는 주요사업을 대상으로 실시하는 평가이다. 재정사업 부문은 다시 「국가재정법」에 따른 재정사업에 관한 평가(이하 일반재정사업)와 「국가연구개발사업등의 성과평가 및 성과관리에 관한 법률」에 따른 국가연구개발사업(이하 R&D사업)에 관한 평가로 나뉜다. 행정관리역량 부문은 기관의 전반적인 관리업무와 생산성을 높이기 위해 인사, 조직, 정보화관리 등에 대한 노력 정도를 평가하는 것이다.

<표 9-31>에 나타난 바와 같이 자체평가는 2008년부터 2010년까지 3개 부문으로 평가되다가 2011년에 행정관리역량은 특정평가로 이관되고 주요정책으로 평가부문이 일원화되었다. 그러나 2012년에 행정관리역량을 자체평가로 이관하고, 「국가재정법」 상의 재정사업 평가를 자체평가 부문으로 다시 환원하였다.

표 9-31 이명박 정부 자체평가 부문 변동현황(2008-2012)

연도	2007년	2008-2010년	2011년	2012년	평가시행기관	평가총괄 관련기관
부문	주요정책	주요정책	주요정책	주요정책	중앙행정기관장 (자체평가위원회)	국무총리실
	재정성과	재정사업		재정사업		기획재정부
	인사 · 조직 · 정보화	행정관리역량	*특정평가로 이관	행정관리역량		행정안전부

출처: 국무총리실 · 정부업무평가위원회, 2012, 2012정부업무평가백서, 37, <표 2-1-1>.

2) 부문별 자체평가 운영상황

(1) 주요정책 부문

주요정책 부문의 과제는 「정부업무평가기본법」에 따른 각 부처의 '성과관리 시행계획 상의 주요정책과제'가 평가대상이다. 2008년도에는 40개 중앙행정기관의 2,090개 주요정책과제가 평가대상이었다. 2007년에는 자체평가 시 적용해야 하는 평가지표를 국무총리실에서 확정하여 알려주었으나, <표 9-32>에서 알수 있듯이 2008년부터는 각 부처에서 반드시 설정해야 하는 공통평가지표의 배점을 절반으로 줄이고, 각 부처가 기관특성과 업무특성을 고려하여 자유롭게 설정할 수 있는 자율평가지표를 50% 범위 내에서 설정할 수 있도록 했다(국무총리실 · 정부업무평가위원회, 2012).

이러한 '자율평가지표' 도입은 성과관리가 필요한 주요 정책과제를 직접 개발한 평가지표로 평정할 수 있도록 하여 각 부처의 평가역량과 책임감을 높이는 중요한 계기가 되었다. 자체 개발한 평가지표를 실제로 활용한 부처는 2008년도 10개 부처(26%), 2009년도 20개 부처(51%), 2010년도 28개 부처(72%), 2011년도 29개 부처(73%)에서 이명박 정부 마지막 해인 2012년도에는 33개 부처(80%)로 증가하였다(국무총리실, 2013).

<표 9-33>에 이명박 정부의 주요정책 부문 자체평가의 운영(2008-2012)이 소개되었다. 노무현 정부에서는 2006년 부처별 종합평가를 실시할 때, 각 부처의 자체평가결과(50%)와 특정평가결과(50%)를 합산한 종합점수를 활용했다(앞의 <표 9-24> 참조). 그러나 이명박 정부에서는 2008년부터 각 기관에서 자율적으로 평가지표를 구성하도록 하고 자체평가 결과에 대한 확인 · 점검을 폐지하고 운영실태 위주로 점검했다. 또한, 각 기관에서 자체평가 결과를 조직 · 인사 등에 유용하게

표 9-32 2008년 주요정책과제 평가지표

구분	평가항목	평가지표	측정방법
공통 평가 지표 (50점)	성과 달성도	성과지표의 목표달성도	– 성과관리 시행계획에 제시된 성과지표의 목표달성도
		성과지표의 적절성	– 성과지표의 대표성 확보 및 목표치의 적극적 설정
자율 평가 지표 pool (50점)	계획 수립의 적절성	계획수립시 사전조사, 의견수렴의 충실성	– 관련 통계현황, 사례 조사 및 이해관계자(정책수요자)·전문가 의견수렴 여부
		정책분석의 적절성	– 정책효과 또는 장단점 분석과 분석결과 도출된 개선·보완 필요사항에 대한 대비책 수립 여부
	시행과정의 적절성	추진일정의 충실성	– 과제별 추진계획 준수 여부
		행정여건·상황 변화에 대한 대응성	– 모니터링 등을 통해 파악된 여건·상황변화에 적시에 적절히 대응하였는지 여부
		관련기관·정책과의 연계성	– 관련기관·정책과의 연계 및 협조체제를 구축하고 이를 운영하였는지 여부
	정책효과성	정책영향이 발생한 정도	– 계획수립시 예상한 정책효과 발생 여부 – 해당과제가 상위목표(성과목표) 달성에 기여한 정도
	평가결과 활용도	평가결과를 차기 계획에 반영한 정도	– 점검 및 평가결과 지적사항 등에 대해 조치계획을 수립하여 이행한 실적

※ 공통평가지표인 「성과지표의 목표달성도」와 「성과지표의 적절성」의 항목별 배점은 부처 자율 결정.
※ 자율평가지표는 pool 외에 부처에서 자유롭게 선정 가능, 공통 평가지표의 사용도 가능.
출처: 국무총리실·정부업무평가위원회, 2008, 2008년도 정부업무평가시행계획.

표 9-33 이명박 정부의 주요정책 부문 자체평가의 운영 및 실태점검(2008-2011)

	2008년도	2009년도	2010년도	2011년도	2012년도
대상기관	40개 기관	40개 기관	39개 기관	40개 기관	41개 기관
대상과제	2,090	1,945	2,122	2,168	2,097
평가등급	5등급	5등급	5등급	7등급	7등급
우수기관 포상	11개 부처	11개 부처	등급화 미실시	10개 부처	8개 부처

※ 2012년도는 국무총리실, 2013, 2012년도 중앙행정기관 성과관리 및 자체평가 운영실태 점검 결과(주요정책부문).
출처: 국무총리실·정부업무평가위원회, 2012, 2012정부업무평가백서에서 정리.

활용할 수 있도록 과제별 자체평가에서 우수, 다소 우수, 보통, 다소 미흡, 미흡 등 5개의 상대등급을 적용하도록 했다. 2008년도에는 각 부처가 주요 정책과제(2,090개)에 대해 5개 상대등급을 적용해 평가한 결과, 317개(15.2%) 과제는 우수, 538개(25.7%) 과제는 다소 우수, 817개(39.1%) 과제는 보통, 300개(14.4%) 과제는 다소 미흡, 118개(5.6%) 과제는 미흡한 것으로 나타났다.

이명박 정부의 2008년도 정부업무평가 시행계획에 따르면 평가결과의 성과급 연계와 관련하여, "성과급 지급 시 주요정책과제 평가의 실질적 반영비율을 현행보다 대폭 상향조정(예: 실·국장 성과급 책정시 40% 이상 반영 또는 연도별 단계적 상향조정 목표치 제시)하고, 자체평가결과의 성과급 반영정도를 자체평가 실태점검 시 주요 점검항목으로 포함토록 한다."고 하였으나 실제 운영은 노무현 정부 시기와 유사하게 운영되었다고 할 수 있다(양홍석, 2015: 203). 정부업무평가위원회는 자체평가의 객관성과 적정성을 검증하기 위해 전 부처의 자체평가 운영실태를 점검하고 자체평가 운영이 우수한 11개 부처를 포상했다.

2009년 이후에도 주요정책 부문 자체평가를 2008년과 유사한 절차에 따라 진행하였다. 그런데 2010년에는 자체평가 운영실태 점검을 컨설팅과 개선방안 도출에 중점을 두어 실시하였으며, 실태점검 결과를 토대로 부처를 등급화하여 우수기관을 포상하지는 않았다. 2011년에는 정책과제 평가의 변별력을 강화할 수 있도록 등급기준을 기존 5등급에서 7등급으로 세분화하였다. 정부업무평가위원회는 자체평가 운영실태에 대한 점검을 실시하여 자체평가 운영이 우수한 10개 부처를 선정하여 포상하여, 우수기관 포상을 부활시켰다. 2012년에 평가대상 기관은 42개 중앙행정기관이고, 2011년과 마찬가지로 성과관리 시행계획의 관리과제 단위로 자체평가를 실시하는 것을 기본으로 하였으나, 필요시 성과목표 단위로도 자체평가를 할 수 있도록 하여, 성과목표 단위의 정책 평가결과는 상위단위의 전략 수립에 활용할 수 있도록 했다(국무총리실, 2012). 2012년도 중앙행정기관 성과관리 및 자체평가 운영실태 점검 결과(주요정책부문), 우수기관에는 부 단위 4개 기관, 청 단위 4개 기관 등 8개 기관을 선정하였다. 8개 우수기관의 성과급 반영비율은 평균 30.1%인 반면, 8개 미흡기관의 성과급 반영비율은 16.1%로 대조되었다.

(2) 재정사업 부문

<표 9-34>에 이명박 정부의 재정사업 부문 자체평가 운영(2008-2012)이 소개되었다. 2008년 재정사업평가는 정부조직 개편 및 2008년 정부업무평가 시행계획에 따라 2007년 R&D 사업 평가에 이어 정보화사업 평가기능이 기획재정부로 이관되었다. 평가부문 간 형평성 제고를 위해 전체 사업을 매년 1/3씩 평가하는 일반

표 9-34 이명박 정부의 재정사업 부문 자체평가 운영(2008-2012)

		2008년도	2009년도	2010년도	2011년도	2012년도
일반 재정	기관수	33개 부처	33개 부처	36개 부처	–	37개 부처
	사업수	346개 사업	477개 사업	389개 사업	–	505개 사업
	예산규모	21조원	53조원	50.4조원	–	62.6조원
R&D 사업	기관수	15개 부처	16개 부처	15개 부처	–	–
	사업수	70개 사업	70개 사업	87개 사업	–	–
	예산규모	2조 2,108억원	2조 9,667억원	4조 8,296억원	–	–
정보화 사업	기관수	29개 부처	26개 부처	28개 부처	–	28개 부처
	사업수	108개 사업	79개 사업	93개 사업	–	92개 사업
	예산규모	9,447억원	5,532억원	8,493억원	–	5,486억원
비고		사업별 4~5 단계 등급화	사업별 4~5 단계 등급화	상대평가제도 도입	자율평가형식으로 별도 실시	2013년 1-3월 실시

※ 2011년도 자율평가형식으로 별도 실시, 2012년도 재정사업 및 R&D사업에 대하여 자체평가 실시.
출처: 국무총리실 · 정부업무평가위원회, 2012, 2012정부업무평가백서에서 정리.

재정사업 평가방식으로 통일하고 재정 · R&D · 정보화 사업별로 상이하게 적용되는 평가항목의 명칭, 구성 등을 동일한 기준으로 정비하였다. 평가지표별로 점수를 종합하여 사업별로 4~5단계 등급화하였다. 평가결과에 따라 '우수' 이상 등급사업은 원칙적으로 예산을 증액하고 '미흡' 이하 등급 사업은 10% 이상 삭감 또는 사업폐지를 검토하도록 하였다.

2009년 평가에서는 '미흡' 등급 사업에 대해 평가시행 차년도 예산편성시에만 10% 삭감하던 것을 차기 평가주기 도래시까지 매년 10% 삭감 원칙을 적용하여 평가결과의 재정운용과의 연계를 강화하였다. 2010년 평가에서는 부처의 관대화 평가 관행을 개선하고, 성과관리의 실효성 제고를 위해 전 분야에 걸쳐 상대평가제도('우수' 이상 20% 이내, '미흡' 이하 10% 이상)를 도입하였다(단, 평가 사업수가 5개 이하인 부처는 적용 제외). 2011년도에는 재정사업 부문 자체평가를 자율평가형식으로 별도 실시하였다. 2012년도에는 각 부처에서는 재정사업 및 R&D사업에 대하여 자체평가를 실시(2013년 1~3월)하고, 기획재정부 및 국가과학기술위원회에서 상위평가를 실시하도록 하였다(2013년 4~6월).

(3) 행정관리역량 부문

<표 9－35>에 이명박 정부의 행정관리역량 부문 자체평가의 운영(2008－2012)이 소개되었다. 2008년 기관역량 평가는 40개 중앙행정기관을 대상으로 인사관리·조직관리·재정운용·정보화수준·정보공개·변화관리 등 6개 분야, 26개 평가지표, 63개 세부평가지표에 대해 평가를 실시했다. 각 부처에서 우선 자체평가를 실시하고, 이를 행정안전부에서 확인·점검하는 방식으로 진행했다. 2008년 평가결과, 전반적으로 정보화수준(88.58점), 정보공개(88.03점), 조직관리(86.62점) 분야의 운영실적은 높았으나 변화관리(84.97점), 인사관리(82.06점), 재정운용(73.68) 분야는 상대적으로 낮은 수준이었다. 이는 변화관리 추진방식이 'Top－Down'에서 'Bottom－Up'으로 전환됨에 따라 변화관리 프로그램의 구성과 실행이 다소 지연되고, 정부조직개편에 따른 초과현원 해소 등 현안문제로 체계적인 인사관리가 어려웠기 때문이라고 보았다(국무총리실, 2012: 42).

2009년에는 자체평가 '기관역량'을 '행정관리역량'으로 명칭을 변경하고 이에 맞추어 평가분야도 변경했다. 업무연계성과 상호유사성 기준에 의하여 기존 평가분야를 6개(인사관리, 조직관리, 정보공개, 변화관리, 정보화수준, 재정운용)에서 4개(인사관리, 조직관리, 정보화관리, 재정운용)로 전환했다. 2009년 40개 중앙행정기관의 행정관리역량에 대한 자체평가운영 수준은 전반적으로 양호한 것으로 진단(전체 평균점수 77.9점)되었다.

표 9-35 이명박 정부의 행정관리역량 부문 자체평가의 운영(2008-2012)

	2008년도	2009년도*	2010년도	2011년도	2012년도
대상기관	40개 기관	40개 기관	40개 기관	40개 기관	42개 기관
세부 분야	인사관리 조직관리 재정운용 정보화수준 정보공개 변화관리 등 6개 분야	인사관리 조직관리 정보화관리 재정운용 등 4개 분야	조직 인사 정보화 부문	특정평가로 이관 미실시	조직 인사 정보화 부문

※ 2008년도 기관역량을 2009년부터 행정관리역량으로 명칭 변경.
※ 2011년도는 특정평가로 이관하여 미실시, 2012년 자체평가결과는 확인 곤란.
출처: 국무총리실·정부업무평가위원회, 2012, 2012정부업무평가백서에서 정리.

2010년 행정관리역량 부문 평가는 40개 중앙행정기관을 대상으로 조직・인사・정보화 부문에 대해 평가를 실시했다. 인사관리는 효율적인 기관 인사시스템 구현과 성과지향적 인재육성・관리를, 조직관리는 정부 기능・인력의 효율적 활용과 고객 대응성 향상을, 정보화관리는 국가정보화 추진방향과의 부합성, 정보보호체계의 적절성을 평가했다. 실태점검은 자체평가의 충실성 등을 5단계 척도로 점검하여 잘된 점, 미흡한 점을 도출하고 부처 자율적으로 제도개선을 할 수 있도록 지원했다. 실태점검 방식은 전자통합평가시스템을 통해 서면점검 위주로 실시하고 현장점검도 병행했다. 자체평가결과는 그대로 인정하고 점검반은 자체평가의 적합성 정도만 우수・보통・미흡으로 등급화했다. 2010년 평가결과 대부분의 부처에서 평정근거 제시 노력과 평가결과 충실성 정도가 높게 나타나는 등 자체평가 운영수준은 전반적으로 양호했다. 그러나 미흡사유와 문제점에 대한 구체적인 개선방안을 제시하려는 노력은 다소 미흡한 것으로 나타났다.

2011년에는 행정관리역량평가를 특정평가로 이관하여 실시하지 않았다. 2012년에는 2011년 특정평가로 운영되던 행정관리역량을 2012년에 다시 자체평가로 전환하여 조직・인사・정보화 등 관리능력을 평가하였다.

4. 특정평가 부문의 운영과 정부업무 성과관리

1) 특정평가 부문의 제도변화

이명박 정부 출범 첫해인 2008년에는 특정평가의 평가부문을 규제개혁과 국민만족도 2개 분야, 그리고 정책현안과제 분석으로 대폭 축소하였다(<표 9-35> 참조). 이는 2007년 노무현 정부가 실시한 관리대상업무인 혁신관리, 정책홍보관리, 법적의무・권장사항 및 법제업무, 정보공개, 대통령 지시사항 관리, 규제개혁, 청렴도, 위기관리 등 8개 부문 가운데 규제개혁을 제외하고는 모두 폐지한 것이다. 그런데 <표 9-36>에 나타난 바와 같이 2009년 이후 상당히 많은 특정평가 부문을 추가함으로써 2008년 폐지한 부문들을 명칭을 변경하여 사실상 부활시켰다. 2009년에는 이명박 정부의 국정철학을 구현하기 위한 핵심과제 및 녹색성장, 정책소통・홍보, 국정관리역량 등 3개 부문을 추가하였다. 2010년에는 핵심과제와 녹색성장을 분리시키고, 일자리 창출과제를 추가하여 모두 7개 부문으로 증가하였다. 2011년에는 다시 서민생활 안정과제 범주를 추가하여 8개 부문이 되었으나, 2012

표 9-36 이명박 정부 특정평가 부문 연도별 변동(2008-2012)

<table>
<tr><th>연도</th><th colspan="2">2007년</th><th>2008년</th><th>2009년</th><th>2010년</th><th>2011년</th><th>2012년</th></tr>
<tr><td rowspan="10">평가부문</td><td rowspan="7">관리대상업무</td><td rowspan="2">혁신관리</td><td rowspan="6"></td><td rowspan="4">핵심과제 및 녹색성장</td><td rowspan="2">핵심과제</td><td>핵심과제</td><td rowspan="2">핵심과제</td></tr>
<tr><td>서민생활 안정과제</td></tr>
<tr><td>정책홍보관리</td><td>녹색성장</td><td>녹색성장</td><td>녹색성장</td></tr>
<tr><td>법적의무 · 권장사항</td><td>일자리창출과제</td><td>일자리창출과제</td><td>일자리과제</td></tr>
<tr><td>정보공개</td><td>정책소통 · 홍보</td><td>정책소통 · 홍보</td><td>정책홍보</td><td>정책홍보</td></tr>
<tr><td>위기관리</td><td>국정관리역량 (정책관리역량)</td><td>정책관리역량</td><td>정책관리역량</td><td>정책관리역량</td></tr>
<tr><td>규제개혁</td><td>규제개혁</td><td>규제개혁</td><td>규제개혁</td><td>규제개혁</td><td>규제개혁</td></tr>
<tr><td rowspan="2">특정시책</td><td>특정과제평가</td><td rowspan="2">특정과제분석</td><td rowspan="2">현안과제분석</td><td rowspan="2">현안과제분석</td><td rowspan="2">현안과제분석</td><td rowspan="2">현안과제분석</td></tr>
<tr><td>갈등해결사례</td></tr>
<tr><td colspan="2">고객만족도</td><td>국민만족도</td><td>국민만족도</td><td>국민만족도</td><td>국민만족도</td><td>국민만족도</td></tr>
</table>

출처: 국무총리실 · 정부업무평가위원회, 2012, 정부업무평가백서, 53, <표 2-1-7> 및 양홍석, 2015, 198, <표 4-70>.

표 9-37 이명박 정부 특정평가 부문별 개념

부문	개념
핵심과제	기관별 대표적 정책과제의 추진노력 및 성과를 점검 · 평가
서민생활안정과제	친서민 정책과제에 대한 추진노력, 성과 및 효과 등을 종합 평가
녹색성장	녹색성장 국가전략 및 중앙부처 추진계획의 추진성과 등을 평가
일자리과제	일자리대책의 추진노력 및 성과를 평가
정책홍보	각 중앙행정기관의 정책홍보 추진노력과 성과를 평가
정책관리역량	기관의 주요업무 추진관련 필수적인 정책활동의 관리노력 및 성과를 평가
규제개혁	각 중앙행정기관의 규제개혁 추진노력 및 성과에 대해 중점평가
국민만족도	부처의 주요정책 및 민원행정서비스 만족도를 각각 평가
정책현안과제분석	국가 주요사업 등에 대하여 연중 수시로 필요한 정책을 평가

출처: 국무총리실 · 정부업무평가위원회, 2012, 2012정부업무평가백서, 54, <표 2-1-8>에 정책현안과제 분석 추가함.

년에 이를 다시 핵심과제와 통합하여 7개 부분이 되었다.

이명박 정부 특정과제를 구성하는 부문별 개념의 정의가 <표 9-37>에 소개되었다.

이상에서 살펴본 바와 같이 이명박 정부 집권기간 동안 자체평가와 특정평가 부문에 상당한 변화가 있었다. 집권초기인 2008년에는 특정평가 부문을 대폭 폐지하였다가 2009년 이후 명칭을 변경하면서 사실상 부활시켰다.

2) 특정평가 부문의 운영

앞에서 살펴본 바와 같이 이명박 정부 출범 첫해인 2008년에는 특정평가의 평가부문을 규제개혁과 국민만족도 2개 분야, 그리고 정책현안과제분석으로 대폭 축소하였으나, 2009년 이후 연차적으로 평가부문을 확대하였으므로, 부문별로 운영상황을 살펴보기로 하겠다.

(1) 핵심과제 평가부문

<표 9-38>에 이명박 정부의 핵심과제 부문 특정평가의 운영(2009-2012)이 요약되었다. '핵심과제 평가' 부문은 2009년부터 새롭게 추가되었다. 핵심과제 평가의 목적은 기관간 경쟁을 통해 정책 추동력을 확보하고 국정운영방향에 부합하는 국정성과 창출을 유도하는 한편, 국정통할 수단으로서 평가제도를 활용하고자 하는데 있었다. 2009년도 상반기 평가대상기관은 국무총리실을 포함하여 총 39개 기관이었으나, 평가주체로서 평가의 공정성과 객관성을 저해할 우려가 있다는 이유로 하반기 평가에서는 국무총리실을 제외한 38개 기관에 대하여 평가를 실시하였다. 평가대상과제는 당면한 경제위기 극복, 서민생활 안정, 선진화 등 2009년 국정운영 기조와 부처 업무보고 과제 등 부처 핵심 기능과 밀접한 연관이 있는 과제를 중심으로 장관급 기관은 3개, 차관급 기관은 2개를 선정하여, 상반기에는 총 98개,

표 9-38 이명박 정부의 핵심과제 부문 특정평가의 운영(2009-2012)

	2008년도	2009년도	2010년도	2011년도	2012년도
대상기관	미실시	38개 기관	38개 기관	38개 기관	40개 기관
대상과제		상반기 98개 하반기 95개 (장관급 3개 차관급 2개)	95개 (장관급 3개 차관급 2개)	114개 (장관급 4개 차관급 2개)	98개 (장관급 3개 차관급 2개)
평가등급		과제별 3등급 우수-보통-미흡	기관별 4등급 최우수-우수 -보통-미흡	기관별 4등급 최우수-우수 -보통-미흡	과제별 3등급 기관별 4등급 병행

출처: 국무총리실 · 정부업무평가위원회, 2012, 2012정부업무평가백서에서 정리.

하반기에는 총 95개의 과제를 평가하였다. 하반기 평가의 배점은 정책형성(15), 정책집행(25), 정책성과(60)로 구분하였다.

2009년 평가결과는 기관별이 아닌 과제별로 '우수-보통-미흡' 3단계로 등급화하여 발표하였는데, 2009년 평가의 두드러진 특징 중 하나이다. 상반기 평가에서는 총 98개 과제 중 25개가 우수로, 22개가 상대적 미흡으로 평가되었고, 하반기에는 총 95개 과제 중 17개가 우수로, 15개가 미흡으로 평가되었다.

2010년도에는 기관별로 등급화하여, 장관급과 차관급으로 나누어 최우수-우수-보통-미흡으로 등급화하였다. 기관별 평가결과는 최우수 3개, 우수 9개, 보통 23개, 미흡 3개 기관으로 나타났다. 2011년 평가대상과제 선정은 이명박 정부의 국정성과를 가시화하고 2011년 국정운영을 뒷받침할 수 있도록 정책적 우선순위를 고려했다. 특히, 100대 국정과제와 관련된 과제, 부처별 연두업무보고 중 핵심과제, 국민관심도 및 파급효과가 높은 과제를 우선 선정하도록 하였다. 평가대상과제 수는 장관급 기관은 4개, 차관급 기관은 2개씩 선정하여 총 114개를 대상으로 평가를 진행하였다. 하반기 종합평가는 장관급과 차관급 기관으로 나누어 최우수, 우수, 보통, 미흡 등 4단계로 등급화하였는데, 최우수는 2개, 우수는 10개, 보통은 20개, 미흡은 6개 기관으로 평가되었다.

2012년 평가대상과제 선정기준에 있어서는 이명박 정부의 주요국정과제를 성공적으로 마무리하면서 각 부처의 정책성과를 가시화할 수 있는 핵심정책과제를 선정하되, 특히 100대 국정과제, 대통령 신년국정연설 및 부처별 업무보고 핵심실천과제를 우선 선정하도록 하였다. 98개 과제에 대해 3등급(우수, 정상 추진, 보완필요)으로 구분하여 평가한 결과, 장관급 기관은 60개 과제 중 우수과제 18개(30%), 정상추진과제 32개(53.3%), 보완필요과제가 10개(16.4%)로 평가되었고, 차관급 기관은 38개 과제 중 우수과제 11개(29%), 정상추진과제 23개(60.5%), 보완필요과제가 4개(10.5%)로 평가되었다. 하반기 종합평가의 경우에도 장관급과 차관급 기관으로 나누어 최우수·우수·보통·미흡의 4단계로 등급화하였는데, 전체적으로 최우수 2개·우수 9개·보통 24개·미흡 5개 기관으로 평가되었다.

(2) 서민생활안정 과제

2011년 정부업무평가 특정평가 부문으로 신설된 서민생활안정과제 평가는 정부의 핵심 국정운영기조인 서민생활안정 구현을 위해 중앙행정기관의 주요 친서민정책에 대한 효과 등을 측정하기 위한 것이다. 39개 중앙행정기관 중에서 연두업무계획, 성과관리 시행계획 등에서 핵심적인 서민생활 안정 정책을 추진하고 있다고 판단한 14개 중앙행정기관(부단위 13, 청단위 1)을 평가대상 기관으로 하였다. 평가대상 과제는 국가적 역점사업이나 서민생활과 직접 관련성이 큰 분야 등을 중심으로 서민층이 공감하는 정책으로써, 서민경제・보건복지・주거・교육문화 등 4개 분야 28개 과제를 선정하여 평가하였다. 평가결과는 부처별로 우수 2개, 보통 9개, 미흡 3개 부처였다. 2012년에는 핵심과제로 통합되면서 폐지되었다.

(3) 녹색성장 부문

<표 9-39>에 이명박 정부의 녹색성장 부문 특정평가의 운영(2009-2012)이 소개되었다. 녹색성장 부문은 2009년 특정평가의 부문으로 신설되어, 저탄소 녹색성장의 효율적이고 체계적인 달성을 위하여 관련 부처의 추진노력 및 성과를 평가함으로써 정책의 추동력을 확보하고자 하였다. 평가대상은 '녹색성장 국가전략 및 5개년 계획(2009.7)' 상 중점 추진과제인 22과제(18개 기관)를 평가대상으로 하였다. 구체적으로, 1기관당 1과제를 원칙으로 하되 지식경제부 등 4개 부처는 2개 과제를 평가대상으로 하였다. 과제 성격에 따라 녹색생활, 기후변화・에너지, 신성장동력의 3개 분야로 나누어 평가하였다. 2009년의 경우 과제별 우수-보통-미흡으로 평가하였다.

표 9-39 이명박 정부의 녹색성장 부문 특정평가의 운영(2009-2012)

	2008년도	2009년도	2010년도	2011년도	2012년도
대상기관	미실시	18개 기관 (부13, 청 5)	26개 기관 (부16, 청 10)	24개 기관 (부 15, 청 9)	24개 기관 (부 15, 청 9)
대상과제		22개 과제 기관별 1개 4개 부처 2개	30개 대과제 기관별 1개 선도부처 2개	28개 대과제 기관별 1개 4개 부처 2개	-
평가등급		과제별 3등급	과제중심평가	사례별 3등급	사례별 3등급 기관별 4등급

출처: 국무총리실・정부업무평가위원회, 2012, 2012정부업무평가백서에서 정리.

2010년도와 2011년도에도 2009년과 유사한 절차를 거쳐 평가하였다. 이명박 정부 마지막 해인 2012년에는 기관별 종합점수를 과제 최종점수와 합산하여 과제수로 나눈 평균점수로 계산하였다. 기관별 평가결과를 발표하였는데, 최우수 1개, 우수 6개, 보통 14개, 미흡 3개 기관으로 평가되었다(국무총리실, 2012: 129).

(4) 일자리 창출과제 부문

<표 9－40>에 이명박 정부의 일자리 부문 특정평가의 운영(2010－2012)이 소개되었다. 2010년부터 특정평가에 일자리 창출과제 부문을 신설하였는데, 그 취지는 범정부적으로 추진 중인 일자리 대책의 추진 노력 및 성과를 평가함으로써, 개선·보완책을 마련하는 등 정책의 효율성을 제고하기 위한 것이다.

표 9-40 이명박 정부의 일자리 부문 특정평가의 운영(2010–2012)

	2008년도	2009년도	2010년도	2011년도	2012년도
대상기관	미실시	미실시	10개 기관 (부 9, 청 1)	11개 기관 (부 9, 청 2)	11개 기관 (부 9, 청 2)
대상과제			15개 과제 62개 세부과제	45개 과제	32개 과제
평가등급			기관 4등급	기관 3등급	과제별 3등급 기관별 4등급

출처: 국무총리실·정부업무평가위원회, 2012, 2012정부업무평가백서.

2010년 평가는 주요 일자리 대책을 실시하고 있는 10개 기관(부 9, 청 1)의 15개 과제 62개 세부과제를 대상으로 하였다. 기관별 평가결과는 최우수 1, 우수 1, 보통 6, 미흡 2개 기관이었다. 2011년에는 11개 기관 45개 과제가 평가대상이었는데 기관별 평가결과는 우수 3, 보통 6, 미흡 2개 기관이었다. 2012년에는 성과관리 시행계획상 관리과제 중 예산규모가 일정 수준 이상인 일자리 관련 과제를 추출하여 11개 기관의 32개 과제를 평가대상으로 선정하였다. 상반기 평가결과는 과제별로 우수(11), 정상추진(16), 보완필요(5)로 등급을 부여하였고, 하반기에는 기관별로 최우수 1, 우수 1, 보통 9개 기관으로 평가하였다.

(5) 정책소통·홍보 부문

정책소통·홍보 부문은 2004년부터 2007년까지 '정책홍보관리 평가'로 시행되었다가 2008년에는 폐지되었고 2009년부터 다시 '정책소통·홍보평가'로 신설되어 특정평가부문에 포함되었다. <표 9－41>에 이명박 정부의 정책소통·홍보 부문 특정평가의 운영(2009－2012)이 소개되었다. 2009년 정책소통·홍보평가의 목적은 국정운영의 기본방향을 반영한 중앙행정기관의 대내외 소통·홍보성과 측정과 정책홍보를 통한 추진력을 높이기 위함이었으며, 집행적이고 관리적인 홍보활동 위주의 기계적 · 정량적 평가를 지양하고 정책소통의 실질적인 효과를 중시하는 산출 · 결과 위주의 정성적 평가에 중점을 두어 평가하였다. 평가대상은 39개 중앙행정기관으로 하되, 업무성격과 조직특성에 따라 분류하여 평가하였다. 업무성격에 따라 19개 장관급 기관인 정책기관과 20개 차관급 기관인 집행기관으로 나누고, 이를 다시 기관의 정원과 홍보담당 인원을 고려하여 그룹핑하였다. 2009년 기관별 평가결과는 우수 8, 보통 23, 미흡 8개 기관으로 나타났다.

표 9-41 이명박 정부의 정책소통 · 홍보 부문 특정평가의 운영(2009–2012)

	2008년도	2009년도	2010년도	2011년도	2012년도
대상기관	미실시	39개 기관 (장관급 19, 차관급 20)	39개 기관 (장관급 19, 차관급 20)	39개 기관 (장관급 19, 차관급 20)	41개 기관 (장관급 21, 차관급 20)
평가등급		기관별 3등급 우수–보통–미흡	기관별 4등급 최우수–우수–보통–미흡	기관별 4등급 최우수–우수–보통–미흡	기관별 4등급 최우수–우수–보통–미흡

출처: 국무총리실 · 정부업무평가위원회, 2012, 2012정부업무평가백서에서 정리.

2010년 평가결과는 최우수 2, 우수 6, 보통 23, 미흡 8개 기관으로 나타났다. 2009년 우수–보통–미흡 3단계에서 최우수 등급을 추가하여 4등급으로 구분한 것이 특기할 만하다. 2011년 평가에서도 4등급으로 평가하여 최우수 2, 우수 6, 보통 25, 미흡 6개 기관으로 나타났다. 이명박 정부의 마지막 해인 2012년에는 국가과학기술위원회, 원자력안전위원회 등 2개 기관이 증가한 41개 중앙행정기관을 대상으로 평가하였는데, 4등급으로 평가하여 최우수 2, 우수 12, 보통 23, 미흡 4개 기관으로 나타났다.

(6) 정책관리역량 부문

<표 9–42>에 이명박 정부의 정책관리역량 부문 특정평가의 운영(2009–2012)이 소개되었다. 정책관리역량 부문은 2009년 국정관리역량 평가(정책관리역량, 정책소통 · 홍보, 규제개혁)의 일환으로 신설되었다. 2009년 정책관리역량 평가는 2009년 부처업무보고 및 국정과제, 2008년 중점관리법안 및 2009년 입법계획 등의 차질없는 추진을 위해 부처가 기울인 노력과 성과를 관계역량 · 개혁역량 · 입법추진역량의 나누어 평가함으로써 국정성과 창출을 유도하고자 하였다.

정책관리역량 평가는 장관급 기관(19개) 및 차관급 기관(19개), 총 38개 기관을 대상으로 대내외적 지지확보 노력(대국회·시민단체 지지확보 및 부처간 협력도) 등을 평가하는 '관계역량', 속도감 있는 정책추진·현장점검·새로운 현안문제 적극 대응 등 적극적 정책추진 여부를 평가하는 '개혁역량', 2009년 입법추진계획 대비 국회제출법안 비율·하위법령 적기 마련 비율 등을 평가하는 '입법추진역량'을 평가대상으로 하였다. 2009년 국정관리역량 부문의 기관별 평가결과는 우수 8, 보통 26, 미흡 4개 기관으로 평가되었다.

표 9-42 이명박 정부의 정책관리 역량 부문 특정평가의 운영(2009–2012)

	2008년도	2009년도	2010년도	2011년도	2012년도
대상기관	미실시	38개 기관 (장관급 19, 차관급 19)	39개 기관 (장관급 19, 차관급 20)	39개 기관 (장관급 19, 차관급 20)	40개 기관 (장관급 21, 차관급 19)
평가분야		관계역량 개혁역량 입법추진역량	정책문제 관리 정책과정 관리 정책성과 관리	이슈대응 조정·통합 집행관리·자원 공직기강확립	정책이슈관리 정책조정·통합관리 특정시책 이행관리 주요정책 집행관리
평가등급		기관별 3등급 우수–보통–미흡	기관별 4등급 최우수–우수 –보통–미흡	기관별 4등급 최우수–우수 –보통–미흡	기관별 4등급 최우수–우수 –보통–미흡

출처: 국무총리실·정부업무평가위원회, 2012, 2012정부업무평가백서에서 정리.

2010년 정책관리역량 평가는 장관급(19) 및 차관급(19) 기관, 총 38개 기관을 대상으로 정책이슈 선제적 발굴·대응, 갈등관리와 위기관리 노력 및 성과 등 '정책문제 관리', 이해관계자 지지 확보, 부처 간 협력도, 업무계획 이행관리, 통계 선진화 기반조성 노력 등 '정책과정 관리', 대 국회 지지 확보 및 대응 노력, 법령 준비의 신속성 등 '정책성과 관리'를 평가대상으로 하였다. 2010년 정책관리역량 평가는 기관별로 4등급으로 구분하였으며 최우수 1, 우수 9, 보통 25, 미흡 3개 기관으로 나타났다.

2011년도에는 38개 중앙행정기관을 평가 대상기관으로 하여 각 기관의 정책이슈 선제적 발굴·대응 정도 등의 '이슈 대응', 정책 이해관계자 지지 확보 활동의 적극성, 부처 간 협력도, 대 국회 지지 확보 및 대응 노력의 '조정·통합', 통계 선진화 기반조성 노력, 업무계획 이행·관리 노력, 행정관리 효율화 노력의 '집행관리·지원', 자체감사·감찰활동 강화 노력, 불합리한 제도·관행 개선 노력, 반부패 분위기 및 의식제고 노력의 '공직기강 확립 노력'을 평가대상으로 하였다. 2011

년도에도 정책관리역량 평가는 기관별로 4등급으로 구분하였으며 최우수 2, 우수 8, 보통 18, 미흡 8개 기관으로 나타났다.

2012년 정책관리역량 평가는 40개 중앙행정기관(장관급 21개, 차관급 19개)을 대상으로 평가를 실시했다. 평가내용은 다음과 같다. 정책이슈 대응 노력 등의 '정책이슈관리', 부처 간 협력도 · 대 국회 지지 확보 및 대응 노력 · 이해관계자 지지 확보 및 대응 노력의 '정책 조정 · 통합관리', 나눔과 배려 관련 정책수행 노력(장애인 고용 · 중증장애인 생산품 우선구매 · 공공구매 활성화를 통한 중소기업제품 구매실적) · 공직기강 확립 노력 · 통계 기반 정책관리 노력의 '특정시책 이행관리', 업무계획 이행관리 노력의 '주요정책 집행관리' 등이다. 2012년도 정책관리역량 평가결과는 최우수 2, 우수 10, 보통 22, 미흡 6개 기관으로 나타났다.

<표 9-42>에서 알 수 있듯이 평가 세부분야의 내용과 명칭을 매년 변경하였다는 점이 특이하다.

(7) 규제개혁 부문

규제개혁 부문은 2005년도에 정부업무평가에 처음 도입되었고, 2006년부터 정부업무평가 특정평가 부문에 포함하여 실시된 바 있다. 이명박 정부 출범 첫해인 2008년에는 노무현 정부의 특정평가 영역 가운데 폐지되지 않고 유일하게 실시한 특정평가 부문이다.[16] <표 9-43>에 이명박 정부의 규제개혁 부문 특정평가의 운영(2008－2012)이 소개되었다. 2008년도에는 새 정부 1년간 국정 최우선 과제의 하나인 규제개혁의 성과를 평가하여 우수사례를 발굴 · 확산하고 미비점은 향후 규제

표 9-43 이명박 정부의 규제개혁 부문 특정평가의 운영(2008－2012)

	2008년도	2009년도	2010년도	2011년도	2012년도
대상기관	32개 (부 18, 청 14)	30개 기관 (부 18, 청 12)	31개 기관 (부 18, 청 13)	31개 기관 (부 18, 청 13)	28개 기관 (부 17, 청 11)
평가등급	기관별 3등급 우수－보통 －미흡	기관별 3등급 우수－보통－ 미흡	기관별 4등급 최우수－우수 －보통－미흡	기관별 4등급 최우수－우수 －보통－미흡	기관별 4등급 최우수－우수 －보통－미흡

출처: 국무총리실 · 정부업무평가위원회, 2012, 2012정부업무평가백서에서 정리.

16 제7장에서 살펴본 바와 같이 규제개혁은 이명박 정부가 가장 강력하게 추진한 정부혁신 분야이며, 출범 초에 대통령 소속 국가경쟁력강화위원회를 신설하여 규제개혁을 추진하였다(제5장 대통령 소속 위원회 참조).

개혁 추진에 반영·보완하기 위해 실시하였다. 2007년과는 달리 평가항목 중 규제개혁 성과의 비중을 강화하였고 '규제개혁과제 발굴, 규제개혁과제 이행실적, 행정조사 정비실적과 규제개혁 효과' 지표를 신설하는 등 평가지표를 대폭 개편하였다.

2008년 평가대상기관은 40개 중앙행정기관 중 등록규제, 규제개혁과제나 신설·강화규제가 없는 8개 기관을 제외한 32개 중앙행정기관(부단위 18, 청단위 14)을 대상으로 하였다. 2008년 규제개혁 기관별 평가결과 우수 7, 보통 18, 미흡 7개 기관이었다.

2009년에는 등록규제가 6개 이상인 30개 중앙행정기관의 규제개혁 실적과 성과를 부 단위(18개)와 청 단위(12개)로 구분하여 평가하였고, 등록규제가 5개 이하인 10개 기관은 평가에서 제외하였다. 2009년 규제개혁 기관별 평가결과 우수 7, 보통 16, 미흡 7개 기관이었다.

2010년에는 등록규제가 5개 이하인 9개 기관을 제외한 31개 중앙행정기관을 대상(2009년보다 1개 기관 증가)으로 하였다. 2010년에는 평가결과를 기관별 4등급으로 구분하여 최우수 2, 우수 5, 보통 17, 미흡 7개 기관으로 평가하였다.

2011년 평가대상기관은 2010년도와 동일하였으며, 평가결과도 최우수 2, 우수 5, 보통 17, 미흡 7개 기관으로 기관은 달라졌지만 등급별 기관의 수는 동일하였다. 2012년에는 등록규제가 5개 이하인 9개 기관과 규제개혁 평가가 곤란하다고 인정된 4개 부처를 제외한 28개 중앙행정기관을 대상으로 평가하였다. 기관별 평가결과는 최우수 2, 우수 5, 보통 16, 미흡 5개 기관으로 나타났다.

(8) 국민만족도 부문

이명박 정부에서는 기존 '고객만족도'를 '국민만족도'로 명칭을 변경하였다. 김대중 정부 및 노무현 정부에 이어 국민만족도 평가는 각 중앙행정기관의 주요정책에 관한 만족도와 민원행정 서비스에 만족도 평가로 구분된다. <표 9-44>에 이명박 정부의 국민만족도 부문 특정평가의 운영(2008-2012)이 소개되었다.

2008년도의 경우 정책만족도 평가 대상과제는 39개 중앙행정기관의 성과관리 시행계획에서 선정한 총 95개 전략목표(부단위 3개, 청단위 2개)를 대상으로 하였다. 정책만족도 조사에서는 항목만족도(수립·집행과정의 민주성, 정책내용의 적정성, 추진과정의 대응성, 정책효과성)와 체감만족도를 조사하여, 각 설문항목에 대하여 응답자의 만족도를 11점 리커트 척도에 따라 응답하게 하고, 그 결과를 100점 만점 기

표 9-44 이명박 정부의 국민만족도 부문 특정평가의 운영(2008-2012)

	2008년도	2009년도	2010년도	2011년도	2012년도
대상기관	39개 (부 19, 청 20)	좌동	좌동	좌동	41개 기관 (부 21, 청 20)
정책만족도 평가대상	성과관리계획의 95개 핵심과제 (부 3, 청 2)	좌동	좌동	기관별 핵심과제 114개 (부 4, 청 2)	기관별 핵심과제 98개 (부 3, 청 2)
평가등급	정책, 민원 구분 기관별 3등급 상위-중위-하위	정책: 과제별 3등급 우수-보통-미흡 민원: 기관별 3등급 우수-보통-미흡	정책, 민원 구분 기관별 3등급 상위-보통-하위	정책, 민원 구분 기관별 3등급 상위-보통-하위	정책, 민원 구분 기관별 2등급 상위-중·하위

출처: 국무총리실·정부업무평가위원회, 2012, 2012정부업무평가백서에서 정리.

준으로 환산하였다(2012년도 정부업무평가결과, 111-115). [그림 9-9]에 이명박 정부 주요정책 만족도 추이(2008-2012)가 제시되었다. 2008년 60.67(100점 만점)에서 출발하여 2009년 60.97, 2010년 59.52, 2011년 63.22에 이어 2012년에는 64.23으로 완만하게 상승한 것을 알 수 있다. 이명박 정부 출범 초 쇠고기 수입반대와 한반도 대운하 반대 등으로 만족도가 낮은 수준에서 출발하여 점차 회복한 것으로 보인다.

그림 9-9 이명박 정부 주요정책 만족도 추이(2008-2012)

100점 만점
(11점 척도에서 환산)

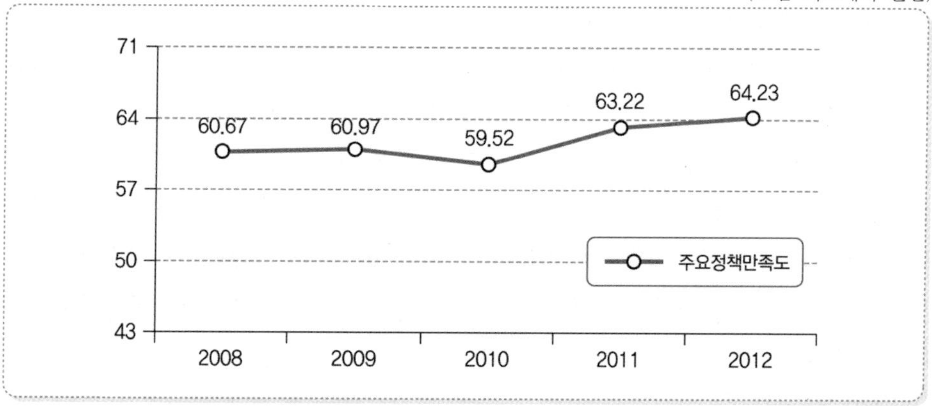

출처: 국무총리실·정부업무평가위원회, 2012, 585; 2012a, 115.

이명박 정부에서 부처별 정책만족도와 민원만족도 평가결과를 등급화하는 방식은 매년 변동되었다. 2008년도에는 정책만족도와 민원만족도 별로 장관급 기관과 청 단위기관을 분리하여 상・중・하 그룹으로 구분하였다. 부 단위는 상위 5, 중위 11, 하위 3개 기관이며, 청 단위는 상위 5, 중위 12, 하위 3개 기관이었다. 2009년도에 정책만족도는 분야별(경제, 사회・문화, 외교안보・일반행정), 과제별로 우수, 보통, 미흡으로 평가하였고, 민원만족도는 기관단위로 평가하였다. 2010년과 2011년에는 정책만족도의 과제별・업무유형별 평가에서 기관별로 평가하는 방식으로 회귀하였다. 2012년 국민(정책・민원)만족도 평가에서는 등급 구분을 기존 3등급에서 2등급(상위, 중・하위)으로 축소한 것이 특기할 만하다.

(9) **특정평가 부문 평가결과 및 공개**

이상에서 살펴본 바와 같이 특정평가 부문에서 2008년도에는 평가 부문을 대폭 축소하겠다는 방침하에 유지된 규제개혁과 국민만족도만을 평가하였다. 그러나 2009년도부터 특정평가 부문을 계속 확대하였다. 신설된 부문은 정책과제에 해당하는 부문과 관리에 해당하는 부문으로 구분된다. 정책과제에 해당하는 부문은 핵심과제, 서민생활안정과제, 녹색성장과제, 그리고 일자리과제와 같이 100대 국정과제 추진을 위하여 도입한 것으로 볼 수 있다. 한편 정책홍보와 정책관리역량은 관리과제에 해당된다. 그러므로 이명박 정부 출범초에 평가부문을 계속 축소하겠다는 방침은 지켜지지 못하였다. 한편 2008년도에 기관서열화의 원칙적 폐지를 방침으로 정하였는데 2009년도 이후 부문별로 기관서열화를 부활하고, 등급을 오히려 확대하였다.

<표 9－45>의 이명박 정부 특정평가 부문 기관 등급부여(2008－2012)에서 보듯이 2009년도에는 과제별 또는 기관별 3등급제를 부활하였다. 2010년부터는 핵심과제, 일자리과제, 정책소통・홍보 부문, 규제개혁 등 핵심이 되는 영역에서 3등급제(우수－보통－미흡)를 4등급제(최우수－우수－보통－미흡)로 확대하여 부처간 경쟁을 유도하고자 하였다. 그러므로 이명박 정부 출범초에 주장한 기관서열화 폐기 방침 자체도 지켜지지 않았고, 오히려 3등급을 4등급으로 확대하여 기관서열화가 한층 강화되었다. 예외적으로 2012년 국민만족도 부문은 정책과 민원을 구분하되 2등급(상위, 중・하위)으로 부처를 등급화하였다.

다만 노무현 정부시기와는 달리 부문별 평가결과를 합산한 부처별 종합등급제는 실시하지 않았다.

표 9-45 이명박 정부 특정평가 부문 기관등급부여(2008-2012)

부문	2008	2009	2010	2011	2012
핵심과제	미실시	과제별 3등급 우수-보통-미흡	기관별 4등급 최우수-우수 -보통-미흡	기관별 4등급 최우수-우수 -보통-미흡	과제별 3등급 기관별 4등급 병행
녹색성장	미실시	과제별 3등급	과제중심평가	사례별 3등급	사례별 3등급 기관별 4등급
일자리과제	미실시	미실시	기관 4등급	기관 3등급	과제별 3등급 기관별 4등급
정책홍보	미실시	기관별 3등급	기관별 4등급	기관별 4등급	기관별 4등급
정책관리역량	미실시	기관별 3등급	기관별 4등급	기관별 4등급	기관별 4등급
규제개혁	미실시	기관별 3등급	기관별 4등급	기관별 4등급	기관별 4등급
국민만족도	정책, 민원구분 기관별 3등급	정책: 과제별 3등급 민원: 기관별 3등급	정책, 민원 구분 기관별 3등급	정책, 민원 구분 기관별 3등급	정책, 민원 구분 기관별 2등급
종합평정	종합평정 미실시				

5. 정책현안과제 분석 운영상황

1) 정책현안과제 분석의 개념

정책현안과제 분석이란 다수부처 관련시책, 국민적 관심도가 높은 시책, 사회적 파급효과가 큰 국가 주요사업 등에 대한 분석적 평가를 통해 유용한 정책정보를 생산하고 정책·제도개선을 도모하는 평가과정을 말한다. 정책현안과제 분석은 「정부업무평가기본법」 제2조 및 제20조에 근거한 특정평가의 한 유형이다(국무총리실, 2012: 139). 평가주체 면에서 국무총리의 주관하에 실시되므로, 중앙행정기관이 스스로 소관 정책을 평가하는 '자체평가'와 구분되며, 평가시기 면에서 연중 수시로 필요한 정책을 평가하게 되므로, 연중 계획된 절차에 따라 부문별로 실시되는 (협의의) '특정평가'와도 구분된다.

정책현안과제 분석은 '특정과제 평가'라는 명칭으로 1998년부터 실시되었다. 이후 '특정시책 평가', '수시현안 평가' 등의 명칭으로 실시되어 오다가 2011년부터는 현재와 같이 '정책현안과제 분석' 또는 '정책현안 평가'로 지칭되고 있다. 명칭은 다양하게 변화되어 왔지만, 종래 기관평가의 틀을 벗어나 다수부처가 관련된 주요시책을 분석하여 그 개선방안을 제시한다는 기본 목적은 같다. 다만, 2008년 이후 정책현안과제 분석·평가의 중요성이 더욱 강화되었는데, 그 이유는 최근 행정이 복잡·다기화되면서 다수 부처가 관련되는 이른바 융합행정의 사례가 증가하고 있고, 기존의 정규적 평가로는 정책의 신속한 개선에 한계가 있기 때문이다.

2) 이명박 정부 정책현안과제 분석운영 상황

<표 9−46>에 2008년부터 2012년까지 연도별 정책현안과제 분석 과제수와 과제명이 제시되었다. 2008년에는 총 9개의 과제를 평가했다. 주로 사회적 소수자에 대한 정책을 다룬 과제가 많았다. '방과후 학교', '영어마을' 등 사회적 이슈로 부각되던 정부 정책이 주된 대상이 되었다. 2009년에는 19건으로 가장 활발하게 정

표 9-46 이명박 정부의 정책현안과제 분석 운영현황(2008–2012)

연도	대상과제	과제명	
2008	9개	(1) 해양오염 사고관리체계 (2) 장애인 생활시설 관리·운영 정책 (3) 재외동포 교류·협력사업 실태 (4) '방과후 학교' 운영실태 (5) 지자체 영어마을 조성 및 운영실태	(6) 케이블방송산업 실태 (7) 친환경농식품 생산 및 유통 활성화 시책 (8) 다문화가정 교육지원 정책 (9) 국제행사 유치 및 사후관리 현황
2009	19개	(1) 중소기업 R&D 지원실태 (2) 항만현대화 기금 실태 (3) 북한이탈주민 교육·취업지원 대책 (4) 의료기관평가제도 및 운영실태 (5) 위기청소년 보호·관리실태 (6) 여수세계박람회 추진실태 (7) 수질오염총량관리제 운영실태 (8) 공공부문 인턴십 운영 개선방안 (9) 대학생 창업지원 실태 (10) 학교 엘리트체육 운영실태	(11) 사회서비스 일자리 및 사회적 기업 정책 개선방안 (12) 취약계층 직업훈련제도 개선방안 (13) 공익근무요원 복무관리 개선방안 (14) 일선학교 검정교과서 선정제도 개선방안 (15) 재외공관 주재관 직위공모제 개선방안 (16) 서민생활 지원대책 추진상황 점검·평가 (17) 경제자유구역 분석·평가 (18) 희망근로프로젝트 운영실태 (19) 농어촌 체험마을 조성 및 운영실태
2010	7개	(1) 서민생활 지원대책 종합 점검·평가 (2) 한약재 생산·유통 관리실태 (3) 노인장기요양제도 개선방안 (4) 출산장려사업 실태	(5) 농(축)수산물 원산지 표시제 운영실태 (6) 가축분뇨 처리 및 지원실태 (7) 전통시장 활성화 정책
2011	7개	(1) 지자체 경전철 조성사업 추진실태 (2) 농공단지 조성 및 운영체계 개선 (3) 장사제도 운영실태 (4) 기부식품 제공사업 운영실태	(5) 스포츠산업 육성·지원정책 (6) 기부금품 투명성 제고방안 (7) 물류시설 조성·운영실태 및 개선방안
2012	9개	(1) 이륜자동차 관련제도 점검·분석 (2) 신고포상금 제도 운영실태 (3) 연근해 수산자원 관리실태 (4) 건강기능식품 관리실태 (5) 민간 응급이송체계	(6) 어린이 기호식품 관리실태 점검·평가 (7) 음식물쓰레기 재활용 실태 분석·평가 (8) 부담금 운용실태 분석·평가 (9) 귀농귀촌 지원 실태 분석·평가

출처: 국무총리실·정부업무평가위원회, 2012, 2012정부업무평가백서에서 정리.

책현안과제 평가가 실시되었으며, 청년인턴, 대학생 창업지원, 사회서비스 일자리, 희망근로 프로젝트 등 정부 일자리 창출 사업에 대한 평가가 다수를 이루었다. 2010년에는 총 7개의 과제를 평가했다. 주로 사회적 취약계층을 대상으로 하는 과제가 많았다. '한약재 관리', '가축분뇨 처리' 등 관리 사각지대에 있는 정책을 발굴하여 개선방안을 제시하기도 했다. 2011년에는 총 7개의 과제를 분석 · 평가하였는데, 지자체 경전철 조성사업, 농공단지, 장사제도, 물류시설 등 정책 사각지대에 있거나 잠재적 문제점이 있는 사업을 적극 발굴하여 개선을 도모한 점이 특징적이다. 2012년에는 총 9개의 과제를 분석 · 평가하였다. '이륜자동차 제도', '민간 응급이송체계', '건강기능식품 관리실태' 등 국민의 안전이나 건강 확보를 위한 과제가 많았다.

3) 정책현안과제 평가결과 활용

정책현안과제 분석결과 보고서에는 평가 대상이 되는 정책 및 사업의 문제점과 개선방안이 제시되며, 개선방안은 일반적으로 관계부처와의 실무 협의를 거쳐 국가정책조정회의, 국무회의 등에서 확정되었다. 확정된 개선방안은 소관 부처별로 세부 이행계획을 수립하여 추진하게 되며, 추진상황은 국무총리실에서 매년 주기적으로 사후 점검을 실시하였다. 과거에는 평가결과를 소관 부처에 통보하거나 정부업무평가위원회에 보고하는 것으로 과제를 마무리하기도 하였으나, 평가결과의 적극적 활용과 개선방안의 이행력 담보를 위해 2009년 이후 국가정책조정회의를 적극 활용하였다. 이명박 정부에서 가장 강화된 평가부문이 특정평가 중에서 수시현안과제 분석이라고 볼 수 있으며, 52건의 분석과제 가운데 28건이 국가정책조정회의에 상정되는 등 매우 활성화되었고, 실질적인 제도개선으로 파급효과도 매우 큰 것으로 알려졌다(양홍석, 2015: 199).

4) 정책현안과제 분석 추진성과

국정운영을 효율적으로 지원하기 위해 다수부처 관련 정책, 국민적 관심도가 높은 정책, 사회적 파급효과가 큰 국가주요사업 등을 분석과제로 선정하였다. 지나치게 광범위하거나 지엽적인 과제는 지양하여 구체적으로 분석범위를 특정하고, 정책수요자 · 일반국민의 입장에서 개선이 필요한 과제를 선정하여 분석의 효과성을 제고하였다.

전문가 평가단 운영과 정책 현장점검을 통해 시의성 있는 문제분석 및 대안을 이끌어냈다. 현장점검을 위한 기초자료 조사, 관련자료 확보, 현장점검단의 효율적 운영, 점검 대상의 적절한 선정 등을 통해 질 높은 현장점검을 확대함으로써 현장감 있는 보고서를 다수 산출하였다. 또한 주기적인 전문가 평가단 회의를 개최하여 문제점 인식과 개선방안 마련을 위한 의사소통을 강화하고, 선정과제의 추진상황 파악과 중복방지 등을 위해 국무총리실 내 관련 부서 및 부처와의 협조체계도 강화하였다.

이를 통해 다양한 분야에서 시의성 있는 분석 정보를 제공하고, 정책개선방안을 제시하였다. 정책현안과제 분석 결과는 국가정책조정회의, 국무회의 등을 통해 확정함으로써 신속하고 실효성 있는 개선으로 이어지도록 조치하였다.

6. 이명박 정부의 국정과제 관리와 점검

이명박 정부는 100대 국정과제를 확정할 시점에서 각 부처가 매월 소관과제를 점검하며, 국무총리실이 분기별로 추진상황을 점검하여 '국정과제점검협의회'에 상정하며, 최소 1년에 1회 이상 대통령이 주재하는 '국정과제보고회'를 열어 국정과제 추진을 독려하고 국민들에게 그 성과를 알리겠다고 밝혔다(국무총리실, 2008). 국정과제점검협의회는 대통령실 국정기획수석이 주재하고 각 비서관과 총리실 및 각 부처의 기획조정실장이 참석하는 합동점검협의체이다. 그러므로 국정과제 점검의 주체는 대통령실의 국정기획수석이며 국무총리실이 실무적으로 뒷받침했다고 볼 수 있다.

이명박 정부에서 100대 국정과제를 모두 특정평가의 대상에 포함하여 관리하지는 않았지만, 2009년부터 매년 100개 내외의 과제를 선정하여 관리하는 핵심과제 부문, 22~30개 대과제를 선정하여 관리하는 녹생성장 과제 부문, 그리고 2010년부터 매년 15~45개 과제를 선정하여 관리하는 일자리 부문 과제에 국정과제가 대폭 반영되어 있으므로 이를 통하여 국정과제의 성과관리를 추진한 것으로 볼 수 있다. 한편 2011년 1월 18일 100대 국정과제 점검관리개선방안을 국무회의에 보고한 후, 상시 점검의 경우 소관부처가 확인하는 형태를 유지하되 주요 핵심사업에 대하여는 총리실이 심층 현장점검을 실시하는 체계로 전환하였다(대한민국정부, 2013: 270).

＜표 9-47＞에 나타난 바와 같이 이명박 정부 임기만료 직전인 2012년 12월

표 9-47 이명박 정부 100대 국정과제 세부실천과제 추진현황(2012. 12월말)

국정지표	과제수	완료 및 정상추진		지연	
		과제수	비율(%)	과제수	비율(%)
섬기는 정부	172	166	96.6	6	3.4
활기찬 시장경제	276	265	96.1	11	3.9
능동적 복지	149	142	95.3	7	4.7
인재대국	84	81	96.5	3	3.5
성숙한 세계국가	149	137	92.0	12	8.0
계	※830	791	95.4	39	4.6

※ 2011년말 총 세부실천과제는 808개였으나, 2012년 신년 경축사에서 18개, 부처별 업무보고에 제시된 4개 등 총 22개 과제가 추가되어 2012년말 총 세부실천과제수는 830개임.
출처: 대한민국정부, 2013, 282.

말 기준으로 총리실과 각 부처가 현장점검과 함께 100대 국정과제의 830개 세부실천과제의 추진현황을 전반적으로 점검한 결과, 실천과제의 95.4%인 791개 과제를 완료하여 성과관리를 하거나 정상적으로 이행한 것으로 파악되었다(대한민국정부, 2013: 282－290). 이중 398개는 추진을 완료하여 성과관리단계로 전환하였으며, 2012년 말이 추진시한인 393개 과제는 당초 일정대로 정상추진하고 있었던 것으로 파악되었다. 다만, 4.6%인 39개 과제는 당초 일정에 비해 지연되고 있었는데, 그 사유는 입법지연, 입지선정 지연, 사업승인 지연, 환경문제 등으로 관계기관과 협의가 늦어진 것이다. 마지막으로 남북한 산림녹화사업, 이산가족상봉 활성화 등 북한관련 6개 세부실천과제는 남북관계 긴장으로 이행이 어려운 상황인 것으로 파악되었다.

그러므로 이명박 정부의 국정과제 추진상황 점검은 국정과제별로 정책성과를 평가한 것이 아니라 세부실천과제별 결과를 완료, 정상추진, 지연 등으로 분류하여 이행점검 위주로 진행되었다. 국정과제 가운에 특정평가의 일부로 포함된 핵심과제 평가에서는 정책의 성과까지도 평가되었지만 매년 핵심과제에 일부 과제만 포함되었고, 매년 과제가 달라졌으므로 국정과제 전체를 다룬 것은 아니다. 한편 핵심과제로 다룬 과제들은 중복평가를 받은 것으로 통합하여 평가할 필요가 있다(윤수재, 2013).

7. 평가결과의 활용

2006년 정부업무평가기본법에 따라 평가결과의 처리는 국무회의 보고 또는 평가보고회를 개최하도록 규정(법 제27조 1항)되어 있으나, <표 9-48>에 제시된 바와 같이 1년 차인 2008년도에는 국무총리 서면보고로 대신하였다. 2년차인 2009년도에는 상반기 국무총리 주재 국무회의와 하반기 대통령 주재 국무회의에서 특정평가결과를 처리하였다. 2011년과 2012년에는 하반기에 국무총리 주재 정부업무평가보고회를 개최하였고, 임기 마지막 해인 2012년에는 국무회의 또는 보고회가 한 차례도 개최되지 않았다(양홍석, 2015: 202).

표 9-48 이명박 정부의 특정과제 평가결과 처리

연도		형식	주재	비고	장소
2008	상			- 미개최	
	하	서면보고	국무총리	서면보고	
2009	상	국무회의	국무총리	09.7.2. 국무회의	국무회의장
	하	국무회의	대통령	09.12.8. 국무회의	국무회의장
2010	상			- 미개최	
	하	정부업무평가보고회	국무총리	10.12.10. 평가우수기관, 평가위원 참석	중앙청사
2011	상			- 미개최	
	하	정부업무평가보고회	국무총리	11.12.6. 36개 부·처·청, 평가위원 등 참석	중앙청사
2012	상			- 미개최	
	하			- 미개최	

출처: 양홍석, 2015, 202, <표 4-75>.

평가결과를 토대로 정책개선, 조직·인사·보수 반영, 우수기관에 대한 포상, 정부업무평가 포상금 지급이 이루어졌으나, 노무현 정부와 비교할 때 그 규모가 훨씬 약화되었다(양홍석, 2015: 203-204).

첫째, 정책개선의 측면에서 재정사업 자율평가 결과에 따른 차년도 예산 반영 수준은 2006년 통합평가 실시이후 지속적으로 감소하였다.

둘째, 평가결과의 조직·인사에의 반영과 관련하여 성과연봉(4급 이상) 또는 성과상여금(5급 이하) 지급시 정부업무평가결과 반영의 실제 운영은 노무현 정부와 유사하게 운영되었다.

표 9-49 이명박 정부 정부업무평가 유공자 포상 현황(2009-2013)

구분		계	훈장	포장	표창	
					대통령	국무총리
2010	계	45	2	3	20	20
	공무원	37	2	3	16	16
	민간인	8	0	0	4	4
2012	계	50	3	5	21	21
	공무원	44	1	1	21	21
	민간인	6	2	4	0	0
2013	계	50	3	5	21	21
	공무원	39	1	3	19	16
	민간인	11	2	2	2	5
09－13	합계	145	8	13	62	62
	평균	29	1.6	2.6	12.4	12.4

출처: 양홍석, 2015, 204, <표 4－76>.

표 9-50 이명박 정부 정부업무포상금 집행현황(2008-2012)

(단위: 억원)

연도	포상대상	포상분야	포상기관	예산액	전용액	집행액	잔액
2008	08 실적	규제개혁 점검결과 성과관리 수준진단	24개	28	13	13.1	1.9
2009	08 실적	자체평가, 특정평가	32개	24	8	16	－
	09 실적	상반기 특정평가, 성과관리					
2010	09 실적	자체평가, 하반기 특정평가	9개	24	－	24	－
	10 실적	하반기 특정평가					
2011	11 실적	하반기 특정평가	22개	20	－	20	－
2012	11 실적	자체평가	30개	20	－	20	－
	12 실적	특정평가(6개 부문)					
2008－12 평균			23.4	23.2		18.62	

출처: 양홍석, 2015, 204, <표 4－77>.

셋째, 우수기관 등에 대한 정부포상의 규모와 훈격이 노무현 정부와 비교하여 대폭 축소되었다. <표 9－49> 이명박 정부 정부업무평가 유공자 포상 현황(2009－2013)에서 알 수 있듯이 노무현 정부에서는 총 250명이 포상을 받았으나 이명박 정부에서는 145명으로 축소되었고, 2009년도와 2011년도에는 평가 유공자 포상이 실시되지 않았다.

넷째, 이명박 정부 시기의 정부업무 포상기관은 연평균 23.4개 기관이며, 연평균 포상금 규모는 노무현 정부에 비하여 연평균 31.5억원에서 23.2억원으로 줄었고, 실제 집행액은 연평균 18.62억원 수준으로 지급 규모 등에서 포상금 규모가 약화되었다(<표 9－50> 참조).

8. 요　　약

이명박 정부에서 정부업무의 성과관리는 국무총리실 정책분석평가실에서 담당하였는데 3국 9과로 노무현 정부와 비교하면 기구와 인력이 축소되었다. 정부업무평가위원회의 실무위원회를 폐지하고, 전문평가단 구성·운영으로 분야별 전문가를 활용하였다. 부처 통·폐합으로 중앙행정기관의 숫자가 줄어듬에 따라 자체평가위원회 위원의 숫자도 감소하였다.

이명박 정부에서는 자체평가와 특정평가로 구분되는 정부업무평가제도의 기본 틀을 유지하면서 제도운영의 기반과 운영방식에 상당한 변화를 가져왔다. 이명박 정부 출범 초 2008년도 정부업무평가 시행계획에서는 평가부문·평가지표의 축소 조정, 부처 자체평가시행의 자율성 확대, 특정과제에 대한 분석적 평가 강화, 종합기관서열화의 원칙적 폐지 등을 제시하였고, 정부업무평가위원회의 실무위원회를 폐지하였다. 이명박 정부에서 부처 자체평가와 특정평가를 분리하여 실시하였고 부처 자체평가시행의 자율성은 확대된 것으로 볼 수 있다. 그러나 이명박 정부 임기 만료시점에서 보면 특정과제평가 부문은 대폭 확대되었고, 부문별 기관서열화는 기존의 3등급화에서 4등급화로 오히려 강화되었다. 다만 노무현 정부시기와는 달리 부문별 평가결과를 합산한 부처별 종합 등급제는 실시하지 않았다.

이명박 정부에서 가장 강화된 평가부문이 특정평가 중에서 수시현안과제 분석이라고 볼 수 있으며, 52건의 분석과제 가운데 28건이 국가정책조정회의에 상정되는 등 매우 활성화되었고, 실질적인 제도 개선으로 파급효과도 매우 큰 것으로 알려졌다.

이명박 정부에서 100대 국정과제를 모두 특정평가의 대상에 포함하여 관리하지는 않았지만, 2009년부터 매년 100개 내외의 과제를 선정하여 관리하는 핵심과제 부문, 22~30개 대과제를 선정하여 관리하는 녹생성장 과제 부문, 그리고 2010년부터 매년 15~45개 과제를 선정하여 관리하는 일자리 부문 과제에 국정과제가 대폭 반영되어 있으므로 이를 통하여 국정과제의 성과관리를 추진한 것으로 볼 수 있다. 이명박 정부 임기만료 직전인 2012년 12월말 기준으로 총리실과 각 부처가 현장점검과 함께 100대 국정과제의 830개 세부 실천과제의 추진현황을 전반적으로 점검한 결과, 실천과제의 95.4%인 791개 과제를 완료하여 성과관리를 하거나 정상적으로 이행한 것으로 파악되었다. 그러나 세부실천과제별로 완료, 정상추진, 지연 등으로 결과를 분류하는 이행점검 위주로 진행되어 정책의 성과까지도 평가한 핵심과제 평가와는 달랐다.

평가결과를 토대로 정책개선, 조직 · 인사 · 보수 반영, 우수기관에 대한 포상, 정부업무평가 포상금 지급이 이루어졌으나, 노무현 정부와 비교할 때 포상인원과 포상금 규모가 상당히 축소되었다.

Ⅵ. 박근혜 정부 정부업무 및 국정과제의 성과관리

1. 정부업무 성과관리 추진체계

박근혜 정부 출범과 함께 단행된 정부조직 개편에서는 이명박 정부에서 국무총리실로 통합된 국무총리 보좌기관을 국무조정실과 국무총리비서실로 분리하였다. 정부업무의 성과관리는 국무조정실 정부업무평가실에서 담당하였는데 3국 9과로 이명박 정부시기와 동일하였고, 평가담당 인력은 2016년 45명(총리실 29, 파견 16)으로 2012년 40명(총리실 29, 파견 11)과 비교하여 파견인원이 5명 증가하였다.

정부업무평가위원회는 「정부업무평가법」의 규정에 따라 운영되었다. 평가부문별로 평가주관기관(국조실 등)이 평가지원단(정부업무평가위원, 민간전문가, 정책수요자 등 참여)을 구성하여 운영하였다. 최초로 특정평가에 포함시킨 국정과제 평가의 '국정과제평가단'에는 민간전문가뿐 아니라 정책수요자인 일반국민이 평가에 직접 참여하는 500－580명 규모의 국정과제 평가지원단을 구성하여 운영하였다.

박근혜 정부에서도 부처 자체평가위원회에 대규모 민간위원을 활용하였다. 2015년 자체평가위원 총 1,053명 가운데 민간위원은 943명(89.6%)이었다.

2. 박근혜 정부 정부업무평가 기본방향

박근혜 정부의 정부업무평가 기본방향은 정부출범 첫 해인 2013년 5월 정부업

무평가위원회에서 의결된 정부업무평가 기본계획(2013~2015)에 분명하게 제시되었다.[17]

<표 9-51>에 제시된 바와 같이 박근혜 정부 정부업무평가의 기본방향의 주요내용은 다음 세 가지이다.

표 9-51 박근혜 정부 정부업무평가의 목표체계

비전	희망의 새 시대		
목표	정부업무평가의 실효성 강화로 국정운영의 능률성·효과성과 책임성 확보		
기본방향	국정성과 제고의 핵심수단화	지자체·공공기관의 국정성과 노력 강화	평가 인프라 강화
역점추진과제	·국정성과 창출중심의 평가시스템 구축·운영 ·국민과 현장중심의 평가 내실화 ·성과관리체계 정비 및 책임성 강화	·국정과제와의 연계 및 성과중심의 평가 강화 ·평가체계 및 평가방식개선 등 평가 효율성 제고 ·공공서비스 국민체감도 평가 강화	·정부업무평가 시스템 체계화 ·전자통합평가체계 운영 개선 ·평가 관련 인력·예산·조직 등 지원

출처: 국무조정실, 2013, 정부업무평가 기본계획(2013-2015).

첫째, 정부업무평가를 국정성과 제고의 핵심수단으로 활용한다. 구체적으로는 정부업무평가체계를 국정과제의 성과 창출 중심으로 개편하고 평가부문을 합리적으로 조정·간소화하며, 국민과 현장중심의 평가를 강화하고, 국민만족도의 주기적 조사 및 환류를 통해 정책체감도를 제고하며, 국정과제와 기관별 성과목표 및 추진전략이 체계적으로 연계되도록 성과관리 운영계획을 보완하고 책임성을 강화한다는 것이다.

둘째, 지방자치단체 및 공공기관에서의 국정성과를 제고한다. 구체적으로는 새 정부 국정기조를 지방자치단체 평가체계에 반영, 지방차원에서의 국정 주요시책 이행성과를 제고하고, 국정기조와 공공기관 경영목표와의 연계 강화를 통해 공공기관의 대국민 서비스의 질 향상 및 경영성과를 제고하며, 개별평가 관리체계 구축 등 평가체계를 정비하고, 피평가기관의 평가역량 강화를 통해 평가의 효율성·효과성을 제고한다는 것이다.

---

17 「정부업무평가기본법」은 최소 3년마다 정부업무평가 기본계획의 타당성을 검토하여 수정·보완토록 규정(법 제8조)하고 있으며, '정부업무평가 기본계획'에 기초하여 정부업무평가에 관한 연도별 시행계획을 수립하여야 한다. 박근혜 정부는 출범 첫해인 2013년에 기존 '정부업무평가 기본계획(2010~2012)'을 평가여건 변화 등에 따라 수정·보완하여 기본계획(2013-2015)을 수립하였다.

셋째, 평가 인프라를 강화한다. 구체적으로는 평가전문연구기관 지정·운영, 평가유관기관과의 협력체계 구축 등을 통해 평가의 전문성 제고 노력을 지속하고, 효율적인 정책평가 및 성과관리 지원을 위해 전자통합평가체계를 개선하고 평가관련 인력·예산 등의 지원을 강화한다는 것이다.

그러므로 박근혜 정부는 출범 초에 중앙행정기관은 물론 지방자치단체와 공공기관의 성과관리를 국정과제 업무성과를 제고하는 핵심수단으로 활용할 것이라고 선언하고, 이를 뒷받침할 수 있도록 평가인프라를 강화한다는 매우 의욕적인 계획을 밝힌 것이다.

박근혜 정부의 정부업무평가제도 운영을 성과관리·자체평가와 특정평가로 구분하여 살펴보기로 하겠다.

3. 정부업무 성과관리와 자체평가 부문의 제도와 운영

1) 정부업무 성과관리와 자체평가 부문의 제도변화

박근혜 정부의 성과관리·자체평가 부문은 이명박 정부가 마지막 해인 2012년에 범주화한 주요정책, 통합재정사업, 행정관리역량 등 크게 3개 부문으로 나뉜다.

<표 9-52>에 나타난 바와 같이 자체평가는 2013년부터 2014년까지 4개 부문(주요정책, 재정사업, R&D사업, 행정관리역량)으로 평가되다가 2015년에 재정사업과 R&D사업이 통합재정사업으로 일원화되면서 3개 부문으로 운영되었다. 행정관리역량 부문의 평가총괄관련기관은 2013년에는 안전행정부가 담당하다가, 2014년 인사혁신처가 신설된 이후 행정자치부와 인사혁신처가 분담하게 되었다.

표 9-52 박근혜 정부 자체평가 부문 변동현황(2013-2016)

2012년		2013년		2014년		2015년-2016년	
부문	평가총괄 관련기관	부문	평가총괄 관련기관	부문	평가총괄 관련기관	부문	평가총괄 관련기관
주요정책	국무총리실	주요정책	국무조정실	주요정책	국무조정실	주요정책	국무조정실
재정사업	기획재정부	재정사업	기획재정부	재정사업	기획재정부	통합재정 사업	기획재정부
		R&D사업	미래창조과학부	R&D사업	미래창조과학부		
행정관리 역량	행정안전부	행정관리 역량	안전행정부	행정관리 역량	행정자치부 인사혁신처	행정관리 역량	행정자치부 인사혁신처

출처: 국무조정실, 2017, 정부업무평가백서(2013-2016), 27. <표 2-1-1>.

2) 정부업무 성과관리 운영

박근혜 정부 출범 첫해인 2013년도에는 신설된 미래창조과학부, 해양수산부 등이 포함되어 성과관리·자체평가 대상기관이 42개 기관으로 늘어났다. 국무조정실은 성과관리 운영을 위한 종합 지침에서 신정부 국정기조, 국정과제, 핵심 공약사항, 각 부처 중장기계획 등을 반영하여 성과관리 전략계획을 수립하도록 하였다. <표 9-53>에 제시된 바와 같이 2013년도에는 42개 기관에서 197개의 전략목표, 614개의 성과목표, 2,074개의 관리과제, 4,623개의 성과지표를 확정하였고, 기관 평균 전략목표 4.7개, 성과목표 14.6개, 관리과제 49.4개, 성과지표 110.1개를 설정하였다. 성과관리계획의 2,074개 관리과제 가운데 국정과제 추진 관련과제가 46.2%를 차지했다(국무조정실, 2017).

2014년에는 정부조직개편에 따라 신설된 새만금개발청을 성과관리 및 자체평가 대상기관에 포함시켰다. 2015년과 2016년에는 정부조직개편에 따라 신설된 국민안전처, 인사혁신처를 성과관리 및 자체평가 대상기관에 포함시키고 안전행정부는 행정자치부로 명칭을 변경하였다. 폐지된 해양경찰청, 소방방재청은 대상기관에서 제외하였다.

표 9-53 연도별 성과관리계획 전략목표, 성과목표, 관리과제 및 성과지표(2013–2016)

연도	부처 수	전략목표		성과목표		관리과제		성과지표	
		전체	기관평균	전체	기관평균	전체	기관평균	전체	기관평균
2012	41	200	4.8	630	15.4	2,106	51.4	4,631	113
2013	42	197	4.7	614	14.6	2,074	49.4	4,623	110
2014	43	196	4.6	610	14.1	2,105	48.9	4,752	123
2015	43	194	4.5	590	13.7	2,088	48.6	4,020	93.5
2016	43	193	4.5	590	13.7	2,036	47.3	4,134	96.1

출처: 국무조정실, 2017, 정부업무평가백서(2013–2016), 183, <표 3-2-5> 및 190, <표 3-2-11>.

<표 9-53>에 2013년부터 2016년까지 성과관리 대상 중앙행정기관의 숫자, 전략목표, 성과목표, 관리과제 및 성과지표의 전체 숫자와 기관별 평균이 제시되었다. 정부조직 개편에 따라 기관 수는 변동되었지만 전략목표, 성과목표, 관리과제

및 성과지표의 전체 숫자에는 큰 차이가 없는 것을 알 수 있다.

3) 부문별 자체평가 운영상황 및 실태점검

자체평가 운영상황 및 실태점검 결과를 주요정책, 재정, 행정관리역량의 순서로 살펴보겠다.

(1) 주요정책 부문

<표 9-54>에 박근혜 정부 주요정책 부문 자체평가 운영현황(2013-2016)이 제시되었다. 박근혜 정부 출범 첫해인 2013년에는 정부조직개편에 따라 미래창조과학부, 해양수산부 등을 자체평가 대상기관에 포함하여 42개 중앙행정기관이 자체평가를 실시하였으며, 평가대상은 '성과관리 시행계획 상의 관리과제'이다. 앞에서 살펴본 바와 같이 박근혜 정부의 국정기조·국정과제의 핵심내용을 성과관리 시행계획에 반영하고 자체평가 대상에 포함하여 국정과제와의 연계를 강화하였다. 또한 각 부처가 기관 특성을 고려하여 모든 평가지표를 자체적으로 선정할 수 있도록 하였고, 자체평가위원 및 외부 컨설팅을 적극 활용하여 평가지표를 개선·개발할 수 있도록 하였다. 이명박 정부가 과제별 상대평가 등급을 5개 등급에서 2011년부터 7개 등급으로 세분화하였는데, 박근혜 정부에서도 7등급 구분을 유지하였다.

중앙부처 자체평가위원은 총 1,053명(43개 기관당 약 24.5명)이며 이중 민간위원 비율은 전체위원의 89.6%(943명, 43개 기관당 평균 21.9명)이었다(2015년 기준, 국무조정실·정부업무평가실, 2016: 17). 부처별로 자체평가결과 조치계획의 이행여부를 차년도 자체평가 지표에 반영하여 정책환류 체계를 제도화하였는데, 일부 부처에서는 그 노력이 미흡한 것으로 평가되었다(국무조정실·정부업무평가실, 2016: 10). 부처에서는 자체평가결과를 개인성과급에 반영하도록 하였는데, 대다수 기관이 평가결과를 바탕으로 성과급을 차등 지급하였다. 성과급 반영비율은 2014년 평균 28.6%(고공단 33.6%, 과장급 32.2%, 과장급 미만 20.0%)에서 2015년 평균 29.0%(고공단 33.6%, 과장급 32.6%, 과장급 미만 20.8%), 2016년 평균 31.4%로 나타났다(국무조정실·정부업무평가실, 2016: 11; 2017: 9). 이같이 자체평가결과 성과급 반영비율이 지속적으로 상승추세에 있으나 일부 기관은 반영비율이 낮거나, 일부 직급의 성과급에만 적용하였다.

2013년 자체평가 운영실태 점검부터는 점검결과 환류 및 기관별 컨설팅 강화에 중점을 두어 서면점검뿐만 아니라 민간전문가를 동행한 현장점검 및 의견수렴을 병행하였고 점검 결과 자체평가 운영수준이 낮은 기관은 자체 개선방안을 제출토록 하였다. 정부업무평가위원회는 전 부처의 자체평가 운영실태를 점검하고 자체평가 운영이 우수한 4개 부처를 포상했다.

표 9-54 박근혜 정부의 주요정책 부문 자체평가의 운영 및 실태점검(2013–2016)

	2013년도	2014년도	2015년도	2016년도
대상기관	42개 기관	43개 기관	43개 기관	40개 기관
대상과제	2,050	2,110	2,065	2,168
평가등급	7등급	7등급	7등급	7등급
우수기관포상	4개 부처	4개 부처	우수기관 8개 향상기관 2개	우수기관 8개 향상기관 2개

출처: 국무조정실, 2017, 정부업무평가백서(2013－2016)에서 정리함.

2014년에는 정부조직개편에 따라 43개 중앙행정기관이 자체평가를 실시하였다. 평가대상과 방법도 2013년과 동일하게 운영하였고, 7개 등급으로 각 부처에서 상대평가를 실시하였다. 정부업무평가위원회는 운영실태를 점검하여 자체평가 운영이 우수한 4개 부처를 선정하여 포상했다. 2015년에는 자체평가 운영이 우수한 8개 부처를 선정하여 포상하였고, 자체평가 운영수준이 전년대비 현격히 향상된 기관에 대한 포상을 신설하여 2개 부처를 포상하였다. 2016년에도 우수기관 8개와 향상기관 2개를 선정하여 포상하였다.

(2) 통합재정사업과 행정관리역량 부문

통합재정사업부문의 평가는 2013년부터 2014년까지는 재정사업과 R&D 사업을 분리하여 운영하다가 2015년에 재정사업과 R&D 사업이 통합재정사업으로 일원화되었다.

행정관리역량 부문은 각 중앙행정기관이 조직 · 인사 · 정보화 분야 평가지표에 따라 자체평가를 실시하고, 안전행정부는 평가지표의 시행계획 수립단계부터 자체평가 및 평가결과의 환류에 이르기까지의 운영실태 점검을 실시하여 평가의 내실화를 도모하였다. 2013년도에는 정보화 분야에 새 정부의 국정기조를 반영하여 정부3.0 평가지표들이 추가되었다. 2014년에는 정부3.0 평가가 특정평가의 가점 항목에 포함됨에 따라 정부3.0 평가지표들은 제외되었다. 또한 사이버 안전수준을 측정하기 위한 평가지표들이 다수 추가되었다. 2015년에도 전년도와 마찬가지로 각 중앙행정기관의 역량을 강화할 수 있는 조직 · 인사 · 정보화 분야 평가지표들로 구성하여 자체평가를 실시하였으며, 행정자치부와 인사혁신처가 운영실태 점검을 실시하였다. 2016년에도 평가체계를 기본적으로 유지하였다.

4. 특정평가 부문의 운영과 국정과제 성과관리

1) 특정평가 부문의 제도변화

박근혜 정부에서는 이명박 정부가 활용한 특정과제 부문을 대폭 개편하였다. 박근혜 정부에서 특정평가 부문의 연도별 변동내용이 <표 9-55>에 제시되었다. 2013년도 특정과제평가 부문의 가장 변화는 국정과제 부문을 신설하여 국정과제 전체를 특정평가의 대상으로 포함시킨 것이다. 이명박 정부에서 특정평가의 중심이었던 핵심과제 부문(녹색성장 과제 포함)은 사실상 이명박 정부의 국정과제를 중심으로 평가가 이루어진 것이므로, 핵심과제(녹색성장 과제 포함) 부문을 폐지하고, 그 연장선상에서 박근혜 정부가 국정과제 부문을 신설한 것으로 볼 수 있다. 한편 김대중 정부에서 최초로 도입하여 이명박 정부까지 유지되었던 국민만족도는 국정과제 평가의 하위영역으로 설정하였다. 일자리 과제, 규제개혁, 그리고 정책홍보 부문은 계속 존치하도록 하였다. 협업평가 부문을 신규로 포함시켰으며 현안과제 분석은 특정시책으로 명칭을 변경하여 존치시켰다. 이명박 정부가 활용한 정책관리역량 부문은 폐지하였다.

2013년도 특정평가 부문의 또 다른 큰 변화는 특정평가의 각 부문에 가중치를 부여하여 이들을 기관별로 합산한 기관종합평가를 시작한 것이다. 기관종합평가는 노무현 정부 후반기에 실시하다가 이명박 정부에서 폐지하였는데, 박근혜 정부에서 부활시켰다.

2013년도 특정과제 부문별 비중은 국정과제가 60%였으며, 국정과제 지원기능인 규제 10%, 일자리 10%, 협업 8%, 정책홍보 8%, 특정시책 4%로 이루어졌다. 2014년부터 매년 평가부문과 그 비중을 일부 조정하였다. 2014년에는 고질적이고 불합리한 관행 해소를 위한 '비정상의 정상화' 과제가 25% 비중을 가지고 특정평가 부문으로 신규 편입되었으며, 규제개혁 부문의 비중도 25%로 늘어났다. 2015년도에는 정책홍보(±5), 정부3.0(±3), 협업(±3), 대국민업무태도(±2), 그리고 특정시책(±2)을 기관공통사항으로 묶어 가감점 과제로 변경하였다. 2015년과 2016년에는 정부 주요정책에 대한 국민의 이해도와 체감도를 확산하기 위해 정책홍보 평가비중을 20%로 대폭 확대하는 등 일부 부문과 배점을 조정하였다.

표 9-55 박근혜 정부 특정평가 부문 연도별 변동(괄호안은 비중), 2013-2016

연도	2012년	2013년	2014년	2015년	2016년
평가부문	핵심과제 녹색성장과제 일자리과제 정책홍보 정책관리역량 규제개혁 국민만족도 현안과제분석	1. 국정과제(60) 2. 국정과제지원평가(40) · 규제(10) · 일자리(10) · 협업(8) · 정책홍보(8) · 특정시책(4)	1. 국정과제(50) 2. 규제개혁(25) 3. 정상화과제(25) 4. 기관공통사항(±15) · 정책홍보(±5) · 정부3.0(±3) · 협업(±3) · 대국민업무태도(±2) · 특정시책(±2)	1. 국정과제(50) ※핵심(과제당 ±1) 2. 규제개혁(20) 3. 정책홍보(20) 3. 정상화과제(10) 4. 기관공통사항(±10) · 정부3.0(±5) · 협업(±3) · 특정시책(±2)	1. 국정과제(50) ※핵심(과제당 ±2) ※협업(기관당 ±1) 2. 규제개혁(20) 3. 정책홍보(20) 3. 정상화과제(10) 4. 기관공통사항(±10) · 정부3.0(±5) · 성과관리(±3) · 특정시책(±2)

출처: 국무조정실, 2017, 정부업무평가백서(2013-2016), 44.

2) 국정과제 평가

박근혜 정부는 특정평가에 국정과제 부문을 신설하여 역대정부 최초로 대통령 선거 당시 공약을 기초로 선정한 국정과제 전체에 대해 평가를 실시하였다. 제4장에서 살펴본 바와 같이 2013년 5월 발표한 박근혜 정부의 국정과제는 '희망의 새 시대' 국정비전과 경제부흥, 국민행복, 문화융성, 평화통일 기반구축의 4대 국정기조, 그리고 이를 달성하기 위한 14대 추진전략과 140개 국정과제로 구성되었다. 박근혜 정부는 특정평가를 통하여 부처별 국정과제 이행노력과 성과를 평가하고, 환류를 통해 정책 추동력을 확보하고 국정성과 창출을 유도하고자 하였다.

(1) 국정과제 평가항목과 비중

<표 9-56>에 나타난 바와 같이 국정과제별 평가항목은 집행이행도, 성과지표달성도, 성과목표달성도(2014년에 정책효과로 명칭변경)이며 그 비중은 각각 40%, 35%, 25%로 설정하였다. 한편 국정과제별로 부처간 협업 정도와 예산절감 또는

표 9-56 박근혜 정부 국정과제 평가항목 및 비중(2013–2016)

평가항목	내용	비중			
		2013	2014	2015	2016
집행이행도	당초 계획한 내용에 대한 집행 정도	40%	20%	20%	20%
성과지표달성도	미리 제시한 성과지표의 목표치 달성 정도	35%	50%	40%	40%
정책효과*	성과지표로 측정할 수 없는 정책성과의 종합적 판단	25%	30%	40%	40%
협업 · 정책개선	부처간 협업 정도, 예산절감 또는 국민불편 해소사례	±10			

※ 2013년도의 경우 정책효과는 정책목표달성도라고 표기.
※ 2014년에는 정책효과 부분에 국민만족도 조사결과 7% 반영, 2015년에는 국민만족도 조사결과 10%, 인지도 2% 반영, 2016년에는 인지도 제외 국민만족도 조사결과 10% 반영.
출처: 국무조정실, 2017, 정부업무평가백서(2013–2016)에서 정리.

국민불편 해소사례를 평가하기 위한 협업 · 정책개선의 적정성이라는 범주를 두고 ±10점 범위 내에서 가감점을 줄 수 있도록 하였다. 2014년도에는 집행이행도의 비중을 20%로 하향조정하고, 성과지표 달성도를 50%, 정책효과를 30%로 조정하였다. 한편 협업 · 정책개선의 적정성 범주는 폐지하였다. 2015년과 2016년에는 집행이행도, 성과지표달성도, 정책효과의 비중을 각각 20%, 40%, 40%로 설정하였다.

(2) 성과지표 선정

과제별 성과지표의 달성도를 측정하려면 미리 성과지표를 선정하여야 한다. 국정과제 평가의 첫해인 2013년에는 5월부터 각 부처에서 국정과제 성과지표 선정안을 제출하여, 민간전문가와 공동으로 지표의 대표성, 결과지향성, 통제가능성 등에 대해 검토하여 성과지표를 확정하였다(국무조정실, 2017: 50). 2014년 성과지표 선정에서는 결과지표 비중을 2013년 44.7%에서 79.5%로 대폭 높여 성과의 객관적 평가기반을 마련하였다. 또한 140개 국정과제별로 과제성과를 대표할 수 있는 176개 대표지표를 설정하여 국민의 입장에서 5년 국정과제 성과를 쉽게 이해할 수 있도록 하였다. 성과지표의 목표치 적극성도 2013년의 '높음–낮음' 2단계에서 '높음–보통–낮음'의 3단계로 세분화하여 평가에 반영하였다. 2015년 성과지표 보완은 2014년 성과지표를 소폭 개선하는 방향으로 진행되었는데, 투입지표를 억제하고 계량화된 수치로 측정가능한 결과지표를 84%까지 확대하였다. 2016년 성과지표는 박근혜 정부 국정과제 추진 4년차를 맞아 국민체감 성과창출 지원 및 국정과제별 최종 목표 달성도 평가를 위해 대표지표 · 결과지표 중심으로 보완하였다. 700여개 국정과제 성과지표 전체를 원점에서 재검토하고, 국정과제 관련 주요정책과제의 성과지표도 전면 검토하였다. 성과지표 전면검토 결과 국민생활의 변화나 사회 · 경제적 효과를 측정할 수 있는 결과지표가 92% 이상으로 확대되었고, 단순 투입지표나 부처 내부 성과관리를 위한 지표는 축소되었다.

(3) 평가단 구성과 평가실시

2013년도에는 정부업무평가위원을 중심으로 '국정과제평가단'을 구성하고, 평가의 객관성과 전문성, 공정성 확보 및 국민 시각에서의 평가를 위해 국정과제별로 해당분야 민간전문가를 전문위원으로 위촉하였다. 평가 분과별로 각 부처에서 제출한 실적자료를 토대로 평가기준에 따라 정량 · 정성평가를 병행하였다. 2014년에는 580명 규모의 '국정과제 평가지원단'을 구성하여 평가 분과별로 평가지표에 따라 정량 · 정성평가를 병행 실시하였다. 특히 2014년부터는 정부 정책의 성과에 대한 국민체감도를 대폭 반영하기 위해 민간전문가뿐만 아니라 정책수요자인 일반 국민이 평가에 직접 참여하였고, 국민만족도 조사 결과를 직접 평가점수에 반영하였다(정책효과 항목에 7% 반영). 2015년에는 500명 규모의 '국정과제 평가지원단'을 구성하여 평가를 실시하였으며, 분야별 민간전문가와 함께 정책수요자가 평가지원단에 참여하였다. 2016년에는 분야별 민간전문가와 정책수요자 583명 규모의 '국정과제 평가지원단'을 구성하여 평가를 실시하였다. 이같이 국정과제 평가에 민간전문가 및 정책수요자의 참여를 허용하여 고객의 눈높이에 맞춘 평가가 가능하도록 설계한 것은 박근혜 정부의 정부업무 성과관리의 특징적인 점이다(박순애, 2020: 467).

(4) 국민만족도 조사결과

140개 국정과제에 대하여 2013년에는 상 · 하반기에 각 1회 만족도 조사를 실시하였다. 하반기 조사는 11,200명(일반국민 7,00명, 정책수요자 3,500명, 전문가 700명)을 대상으로 이루어졌다. 2016년에도 일반국민, 정책수혜자(11개 그룹), 전문가를 포함한 13,500명을 대상으로 만족도 조사를 실시하였다.

[그림 9-10]에 박근혜 정부 시기의 국정과제에 대한 전반적 만족도 추이가 제시되었다. 2013년도 하반기 조사에서 140개 국정과제에 대한 전반적인 만족도는 4.52점(7점 만점)으로 보통과 약간 만족 사이로 나타났다.[18] 2014년 하반기 조사에

---

18 국민만족도 조사의 과제별 평가항목은 민주성(국정과제를 수립하고 추진하는 과정에서 국민의

그림 9-10 박근혜 정부 국정과제 전반적 만족도 추이(2013-2016)

(만점: 7점)

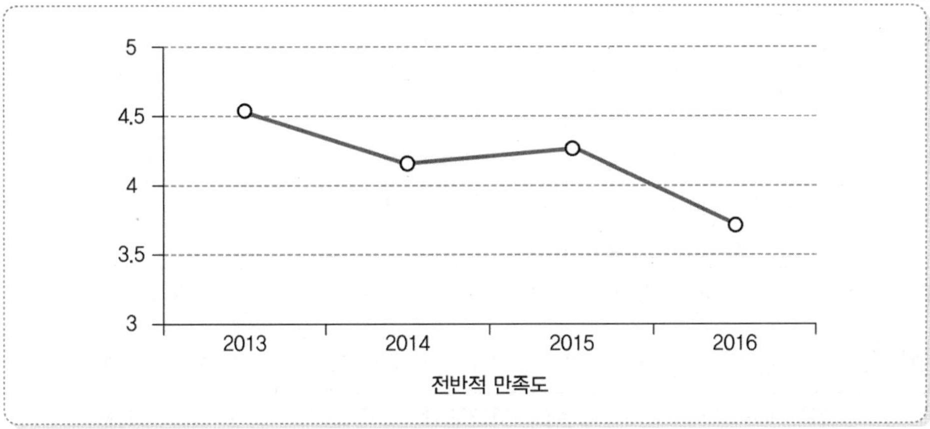

출처: 한국행정연구원, 국정과제 국민만족도 조사결과, 2013년~2016년도 하반기 자료를 기초로 구성.

서는 4.18점으로 2013년에 비하여 약간 하락하였다. 세월호 사고, 방산비리 등 국민적 우려를 야기한 사건·사고들이 영향을 미친 것으로 보인다. 2015년에는 국정과제에 관한 전반적 만족도가 4.28점으로 전년 대비 상승하였다. 2016년도 국정과제 전반적 만족도는 3.72점으로 대폭 하락하였는데, 국정농단 사건이 영향을 미친 것으로 보인다. [그림 9-10]에서 보듯이 박근혜 정부 국정과제에 대한 전반적 만족도는 출범 첫해에 가장 높았고(4.52), 2년차에 하락하였으며(4.18), 3년차에 약간 상승(4.28)하였으나 4년차에 대폭 하락(3.72)하였다.

(5) 국정과제 평가결과 공개

2013년에는 140개 국정과제별로 우수-보통-미흡의 3등급으로 구분하여 결과를 공개하였다. <표 9-57>에 제시된 바와 같이 평가결과는 우수 29개, 보통 84개, 미흡 27개로 대략 20%, 60%, 20% 비중으로 등급을 구분하였다. 4대 국정기

의견을 수렴하는 부분에 대해 얼마나 만족하십니까?), 적극성(국정과제의 목표달성을 위한 정부의 노력에 대해 어느 정도 만족하십니까?), 대응성(국정과제를 추진하면서 나타난 상황변화와 문제점에 대한 대응에 대해 어느 정도 만족하십니까?), 성과도(국정과제를 추진함으로써 어느 정도 성과를 거두고 있다고 생각하십니까?), 체감만족도(위 국정과제에 대해 종합적으로 고려할 때 어느 정도 만족하십니까?)이다. 과제별 종합만족도는 항목만족도(민주성, 적극성, 대응성, 성과도)와 체감만족도에 각각 50%의 가중치를 두어 산출하였다. 국민만족도 조사대상은 일반국민, 정책수요자, 전문가의 세 집단이며 종합만족도는 세 집단의 평가결과를 산술평균한 것이다. 2013년 하반기 조사의 경우 140개 국정과제에 대한 일반국민의 만족도 평균은 4.44점, 전문가 4.69점, 정책수요자 4.43점이며, 이를 산술평균하면 4.52점이었다.

표 9-57 2013년 국정기조별 국정과제 평가결과

구분	경제부흥		국민행복		문화융성		평화통일 기반구축		신뢰받는 정부		계	
	개수	%	개수	%	개수	%	개수	%	개수	%	개수	%
과제	42	100.0	64	100.0	10	100.0	17	100.0	7	100.0	140	100.0
우수	6	14.3	14	21.9	2	20.0	7	41.2	0	0.0	29	20.7
보통	30	71.4	34	51.1	7	70.0	9	52.9	4	57.1	84	60.0
미흡	6	14.3	16	25.0	1	10.0	1	5.9	3	42.9	17	12.1

출처: 국무조정실, 2017, 정부업무평가백서(2013－2016), 52, <표 2－1－11> 및 <표 2－1－12>.

표 9-58 2013년도 14대 추진전략별 국정과제 평가결과 및 국민만족도 조사결과 순위

국정과제 추진전략	추진전략평가순위(A)	국민만족도 순위(B)	차이(A-B)
튼튼한 안보	1	1	0
신뢰외교	2	3	－1
문화와 산업의 융합	3	4	－1
문화참여확대	4	2	＋2
창의교육	5	6	－1
경제민주화	6	7	－1
국민안전	7	8	－1
한반도 신뢰프로세스	8	5	＋3
민생경제	9	11	－2
맞춤형 고용복지	10	12	－2
창조경제	11	10	＋1
신뢰받는 정부	12	9	＋3
문화예술 진흥	13	14	－1
사회통합	14	13	＋1

출처: 국무조정실, 2017, 정부업무평가백서(2013－2016), 53, <표 2－1－13>에서 재구성.

조별로는 평화통일 기반구축 기조가 우수과제 비율이 가장 높았으며, 국민행복 기조가 미흡과제 비율이 가장 높았다.

<표 9－58>에 14대 추진전략별로 평가결과 순위와 국민만족도 조사결과 순위가 제시되었다. 2013년도 평가에서는 튼튼한 안보, 신뢰외교, 문화와 산업의 융합, 문화참여 확대가 평가결과와 만족도 조사의 순위에서 4위내에 포함되었다. 한편 문

화예술 진흥과 사회통합전략 분야는 순위가 가장 낮은 편이다. <표 9-58>에서 알 수 있듯이 전략별 평가결과와 국민만족도 조사(13.12, 현대리서치) 결과의 순위에 커다란 차이는 없었으며 대체로 일치하였다.

2014년부터는 개별과제보다는 이를 종합한 기관성과가 대표성·책임성 측면에서 중요하다는 점을 고려하여, 기관별로 우수-보통-미흡의 3등급으로 결과를 발표하였다. 우수기관과 보통, 미흡기관 비중은 각각 30%, 50%, 20%로 설정하였다. 2014년 평가 내용을 분석한 결과 맞춤형 복지서비스, 경제활성화 기반 강화 등 국민체감형 정책을 수행한 부처가 대체로 우수한 평가를 받았다. 기초연금 및 기초생활 개별급여방식 도입, FTA 추진, 투자 활성화, 규제개혁 등 역점 국정과제의 성과가 반영된 것으로 분석되었다. 또한 부처의 역량을 집중하고, 현장·수요자 중심으로 정책을 추진하거나, 부처간 협업을 통한 과감한 개혁을 추진한 점 등이 성과 창출의 주요인으로 작용하였다. 이에 반해 방산비리, 세월호 사고 등 국민적 우려를 야기한 사건·사고 관련 부처들이 낮은 평가를 받았다. 또한 노동시장 구조개선과 관련한 노사간 이견 등 사회적 갈등에 소극적인 대처, 국정과제 주요 입법 지연 등이 부진요인으로 작용하였다. 평가결과 장관급, 차관급 상위 6개 기관을 우수기관으로 선정하였다.

2015년도와 2016년도에도 우수기관과 보통, 미흡기관 비중은 각각 30%, 50%, 20%로 설정하였다. 장관급 기관 가운데 2014년부터 3년 연속 우수기관으로 선정된 기관은 기획재정부, 미래창조과학부, 산업통상자원부 등 3개 부처이다. 반면에 3년 연속 미흡기관으로 선정된 기관은 없었는데, 이는 각 부처들이 미흡기관에서 벗어나기 위해 노력한 때문인 것으로 볼 수 있다.

3) 규제개혁 부문 평가

규제개혁 평가는 2005년도에 정부업무평가에 처음 도입된 이래 항상 포함되어 실시되었다. 2013년도에는 특정평가의 국정과제 지원평가 부문으로 포함되었는데, 33개 기관이 평가대상이며 특정평가 중 10%의 비중을 차지하였다(<표 9-59> 참조). 2012년도 지표와 비교할 때 '규제개혁 이행도'의 비중을 강화하였으며 '규제개혁 노력도, 규제개혁 효과성'으로 지표를 개편하였다. 평가결과는 기관별 4등급으로 구분하여 최우수 2, 우수 6, 보통 17, 미흡 8개 기관을 선정하였다.

2014년도에는 평가대상기관이 35개로 증가하였고, 특정평가 내의 비중을 25%로

표 9-59 박근혜 정부의 규제개혁 부문 특정평가의 운영(2013-2016)

	2013년도	2014년도	2015년도	2016년도
대상기관	33개 (부 19, 청 14)	35개 기관 (부 20, 청 15)	27개 기관 (부 18, 청 9)	27개 기관 (부 18, 청 9)
특정평가 내 비중	10%	25%	20%	20%
평가등급	기관별 4등급 최우수(2) - 우수(6) - 보통(17) - 미흡(8)	기관별 3등급 우수(9) - 보통(19) - 미흡(6)	기관별 3등급 우수(8) - 보통(14) - 미흡(5)	기관별 3등급 우수(8) - 보통(14) - 미흡(5)

출처: 국무조정실, 2017, 정부업무평가백서(2013 - 2016)에서 재구성.

대폭 상향 조정하였다. 평가항목은 핵심규제 개선, 기존규제 감축, 규제신문고 등 2014년에 중점적으로 추진한 규제시스템 개혁 과제들을 대상으로 하였다. 2014년 평가결과 등급은 우수 9, 보통 19, 미흡 6개 기관이었다.

2015년에는 정부업무평가 대상기관 중 등록규제가 30개 미만인 기관을 제외한 27개 중앙행정기관을 대상으로 평가하였다. 2015년과 2016년에는 특정평가 내 비중이 20%로 낮아졌다. 2015년 평가결과 등급은 우수 8, 보통 14, 미흡 5개 기관이었다. 2016년도에는 4차 산업혁명을 대비한 신산업 분야 규제혁신과 더불어 선제적 규제정비를 통한 중소상공인 규제의 획기적 개선들을 통하여 경제활력을 제고하기 위해 노력한 결과를 중심으로 평가하였다. 또한 현장·수요자 중심의 규제애로 개선을 통한 현장에서의 성과 체감도 역시 평가의 주요점이었다. 2016년 평가결과 등급도 우수 8, 보통 14, 미흡 5개 기관이었다.

4) 정책홍보 부문 평가

<표 9-60>에 박근혜 정부의 정책홍보 부문 특정평가의 운영(2013-2016)이 요약되었다. 2013년 정책홍보평가에서는 정책소통활동 및 성과평가를 통해 국정과제 성과 창출을 촉진하고, 상시평가를 통해 정책소통에 대한 관심과 참여를 활성화하고자 하였다. 평가지표를 정책소통활동 및 국정과제 성과홍보로 간소화하였으며, 대국민 체감도 평가를 위해 만족도 조사 배점을 강화하였다. 평가점수는 특정평가 100점 중 8점 배점으로 반영되었다. 평가결과는 기관별로 4등급화하여 최우수 2, 우수 10, 보통 21, 미흡 8개 기관이었다.

2014년에는 경제혁신 3개년 계획, 비정상의 정상화, 규제개혁 등 정부 주요정책과 국민생활과 밀접한 관련이 있는 생활공감정책 등의 체감확산을 우선 목표로 두

표 9-60 박근혜 정부의 정책홍보 부문 특정평가의 운영(2013–2016)

	2013년도	2014년도	2015년도	2016년도
대상기관	41개 (부 21, 청 20)	40개 기관 (부 21, 청 19)	42개 기관 (부 22, 청 10)	42개 기관 (부 22, 청 10)
특정평가 내 비중	8%	±5%	20%	20%
평가등급	기관별 4등급 최우수(2) – 우수(10) – 보통(21) – 미흡(8)	기관별 3등급 우수(10) – 보통(20) – 미흡(10)	기관별 3등급 우수(12) – 보통(22) – 미흡(8)	기관별 3등급 우수(12) – 보통(22) – 미흡(8)

출처: 국무조정실, 2017, 정부업무평가백서(2013 – 2016)에서 재구성.

고 평가를 실시하였다. 2014년 평가점수는 특정평가에 ±5점 가 · 감점으로 반영되었다. 평가등급은 2013년 4등급에서 3등급으로 축소하였고, 그 분포는 우수 25%(10개 기관), 보통 50%(20개 기관), 미흡 25%(10개 기관)으로 조정하였다.

2015년과 2016년에는 정책홍보 부문의 평가점수를 20점으로 대폭 상향조정하였다. 평가등급은 2013년도와 같이 3등급을 유지하였으나, 그 분포는 우수 30%(12개 기관), 보통 50%(22개 기관), 미흡 20%(8개 기관)으로 조정하였다.

5) 정상화과제 부문 평가

2014년 '비정상의 정상화'를 국정의 주요 아젠다로 추진하기 위해 2013년 12월 '비정상의 정상화 추진계획'을 마련하고 2014년 4월 각 부처, 공공기관, 민간전문가 등 광범위한 의견수렴을 통해 정상화과제 95개를 선정하였다. 동년 8월에는 '세월호 사고' 이후 국가 안전관리시스템에 대한 국민 불신이 가중되면서 국민안전을 강화할 수 있는 제도개선 필요성과 국민이 체감할 수 있는 실생활 현장의 비정상 문제를 개선하기 위하여 국민안전 · 생활밀착형 정상화과제 150개를 추가하였다. 정상화과제 평가는 2014년도 정부업무평가에 처음 도입하였으며, 각 부처의 정상화과제에 대한 추진성과 및 노력을 평가하기 위하여 특정평가 부문에 포함하였다. 2014년 특정평가에서 배점이 25%를 차지하여 박근혜 정부 출범 초기에 매우 중시하였던 부문임을 알 수 있다(<표 9–61> 참조).

2014년 정상화과제 평가는 장관급 기관 21개 및 차관급 기관 21개, 총 42개 중앙행정기관의 정상화과제 245개를 평가대상으로 하였고 기관별로 소관 정상화과제를 통합하여 평가하였다. 평가결과는 3등급으로 구분하고 그 분포는 우수 30%(12개 기관), 보통 50%(22개 기관), 미흡 20%(8개 기관)으로 조정하였다.

표 9-61 박근혜 정부의 정상화 부문 특정평가의 운영(2013-2016)

	2013년도	2014년도	2015년도	2016년도
대상기관	미실시	42개 기관 (부 21, 청 21)	42개 기관 (부 22, 청 20)	39개 기관 (부 22, 청 17)
특정평가 내 비중		25%	10%	10%
평가등급		기관별 3등급 우수(12) - 보통(22) - 미흡(8)	기관별 3등급 우수(12) - 보통(22) - 미흡(8)	기관별 3등급 우수(11) - 보통(21) - 미흡(7)

출처: 국무조정실, 2017, 정부업무평가백서(2013-2016)에서 재구성.

2015년에는 245개 정상화과제를 '정부핵심과제'와 '부처관리과제'로 개편하여 이원적 관리체계를 도입하였다. 정부핵심과제(100개)는 정상화의 사회적 파급력이 크면서 현장문화 미정착 등으로 지속적인 추진이 필요한 과제로서 국무조정실을 중심으로 집중 관리하고, 단기과제 및 주요 제도개선이 완료된 과제는 부처관리과제로서 소관부처로 이관하여 지속적으로 관리하도록 하였다. 평가결과는 3등급으로 구분하고 그 분포는 우수 30%(12개 기관), 보통 50%(22개 기관), 미흡 20%(8개 기관)으로 조정하였다.

2016년 정상화과제 평가 역시 100대 정부 핵심과제 중심으로 평가를 실시하였다. 39개 중앙행정기관의 100개 정부핵심과제 중심으로 평가하였고, 정부핵심과제가 없는 3개 기관(행복청, 새만금청, 원안위)은 평가대상에서 제외하였다. 평가는 장관급과 차관급 기관으로 나누어 '우수(11) - 보통(21) - 미흡(7)'으로 등급화하였다.

6) 정부3.0 부문 평가

정부3.0 부문은 2014년도부터 정부업무평가 특정평가에 새롭게 반영되었다. 2013년에 중앙행정기관의 자체평가 내 행정관리역량 부문에 정부3.0을 반영한 바 있으나, 자체평가는 부처 스스로 해당 실적을 점검·평가하는 것이어서 추진력 확보에 한계가 존재하였다고 보았다(국무조정실, 2017: 72). 또한 자체평가위원이 부처마다 상이하여 부처간 객관적 수준 비교가 힘들고, 분야별 강점과 약점에 대한 판단도 어려웠다고 본 것이다. 따라서 2014년도 평가는 부처 외부의 단일 평가단이 각 부처의 추진실적을 동일 기준에 따라 진행할 필요성이 제기되어, 정부3.0이 기관공통사항 부문에 ±3점 반영되었다(<표 9-62> 참조).

평가대상은 정부업무평가 대상기관인 40개 기관이었다. 행자부 주관하에 학계·

표 9-62 박근혜 정부의 정부3.0 부문 특정평가의 운영(2013-2016)

	2013년도	2014년도	2015년도	2016년도
대상기관	미실시	40개 기관 (부 22, 청 18)	42개 기관 (부 22, 청 20)	39개 기관 (부 22, 청 17)
특정평가 내 비중		±3%	±5%	±5%
평가등급		기관별 3등급 우수(12) – 보통(22) – 미흡(8)	기관별 3등급 우수(12) – 보통(22) – 미흡(8)	기관별 3등급 우수(11) – 보통(21) – 미흡(7)

출처: 국무조정실, 2017, 정부업무평가백서(2013 – 2016)에서 재구성.

컨설턴트 등 100% 민간전문가로 구성된 정부3.0 평가단을 통해 서면평가를 진행하였다. 기관별 평가결과, 우수 25%(10개 기관), 보통 50%(20개 기관), 미흡 25%(10개 기관)로 나타났다.

2015년도 정부3.0 부문 평가는 국민이 체감할 수 있는 정부3.0 성과 가시화 정도를 평가하고, 평가결과를 차년도 전략수립에 반영할 목적으로 실시하였다. 2015년도에는 특정평가 배점이 기존 ±3점에서 ±5점으로 확대 반영되었다. 추진체계 기반 위주였던 기존의 평가에서 성과위주 평가로 무게중심을 이동하고, 평가지표를 간소화하고 정성평가 비율을 높여 핵심사례 중심 평가를 진행하였다. 평가대상은 42개 기관이었다. 기관별 평가결과는 우수 30%(12개 기관), 보통 50%(22개 기관), 미흡 20%(8개 기관)의 분포이다. 행자부는 평가결과를 언론에 공개하고, 우수기관 및 직원에 표창을 수여하고 포상금을 배부하였다. 2016년 평가에서 정부3.0 부문에 대한 특정평가 배점은 ±5점으로 전년과 동일하게 반영되었다. 국민생활 속 체감할 수 있는 가시적 성과를 종합적으로 평가한다는 방향을 세우고, 국민참여 및 부처 협업 확산에 기반한 핵심사례 평가를 강화하였다. 기관별 평가결과는 우수 30%(12개 기관), 보통 50%(22개 기관), 미흡 20%(8개 기관)의 분포이다.

7) 협업 부문 평가

협업 부문의 취지는 부처 간 칸막이 제거를 통하여 다부처 관련 국정과제 등의 성과를 제고하려는 것이다. 협업 부문 평가는 박근혜 정부에서 2013년부터 2015년까지 지속적으로 이루어졌다. 배점은 2013년에는 8점이었는데, 2014년과 2015년에는 ±3 범위내에서 가·감점을 부여하였다. 2016년에는 협업 부문이 폐지되었다. 2013년 평가대상은 41개 중앙행정기관이며, 21개 장관급 정책기관과 20개 차관급 집행기관으로 구분하여 평가하였다. 2013년에는 각 부처별로 국정과제 협업부처로 참여하여 받은 세부과제의 평가결과(60%)와 부처간 설문을 통해 조사한 협업노력도 평가결과(40%)를 반영하였다. 2014년과 2015년에는 가감점 과제로 전환되었으며, 국정과제 협업부처로 참여하여 받은 세부과제의 평가결과(±2점)와 국정운영실 관리대상 협업과제 중 우수·미흡사례(±1점)를 반영하였다. 2013년부터 2015년까지 협업 부문 평가결과를 토대로 부처별 등급화를 시도하지는 않았다.

협업 부문 평가결과, 2013년도에는 통합식품안전정보망 구축 등과 같이 공동목표를 위해 소관 자원을 상호유기적으로 활용한 분야에서 협업 성과가 높은 것으로 분석되었고, 2014년도에는 고용복지+센터, NCS 협의체(공동위원장: 고용부·교육부 차관) 운영을 통한 성과 창출, 대국민 통합지원서비스 구축(상속재산 원스톱서비스, 기업의 해외진출 지원체계)을 통하여 높은 체감성과를 창출하는 등 우수사례도 확인되었으나, 부처 간 정책목표 차이 등으로 갈등을 빚는 분야(육상풍력 입지규제 개선 등)에서 협업성과가 부진하고, 부처 공무원들 간의 소통 부족, 소극적 업무태도 또한 협업을 저해하는 요소로 지적되기도 하였다.

8) 특정시책 부문 평가

특정시책 부문은 2013년부터 2016년까지 유지되었다. 배점은 2013년 4점이었는데, 2014년부터 2016년까지는 ±2 범위의 가감점 지표로 전환되었다. 이 부문에서는 정부의 사회·경제적 배려 시책에 대한 공공부문의 선도적 이행을 도모하기 위해 장애인 고용, 중소기업제품 구매 등 특정시책에 대한 평가를 실시하였다. 평가대상기관은 정부업무평가 대상기관이 모두 포함되었다. 법정 의무 장애인 고용비율(3%), 중증장애인 생산품 법정 의무구매비율(1%), 중소기업제품 의무구매비율(50%), 기술개발제품 법정 권장구매비율(10%) 달성 정도에 따라 정량평가하였다.

9) 성과관리 부문

성과관리 부문은 2016년에 신설된 특정평가 부문으로 ±3 범위 내에서 가·감점을 부여하였다. <표 9-63>에 나타난 바와 같이 국정성과 창출을 지원하기 위해 성과관리·자체평가, 심층분석, 개별평가 등에 대한 실태점검 및 평가를 실시하였다. 평가대상기관은 2016년도 정부업무평가 대상기관인 42개 중앙행정기관(장관급 22개, 차관급 20개)이다. 평가방법으로는 외부 전문가 참여 TF에서 이행실적 자료 확인 · 점검을 통해 성과관리 및 자체평가 결과에 대해 정량평가와 정성평가를 실시하였다. 또한 2015년 이후 심층 분석한 6개 과제의 144개 개선조치사항에 대한 이행상황을 확인 · 점검하였으며, 지자체가 제출한 216개의 개별평가 사례를 확인 · 점검하였다.

표 9-63 2016년도 성과관리 부문 평가항목

평가항목	측정방법
성과관리 자체평가	성과관리 · 자체평가 실태점검 결과
심층분석	현안 심층분석 결과 이행실적
개별평가	지자체 개별평가 사전협의 여부 등 이행실태

출처: 국무조정실, 2017, 정부업무평가백서(2013－2016), 109, <표 2－1－71>.

2016년에 성과관리 및 자체평가 점검결과를 기관종합평가에 반영함에 따라 성과관리 수준이 전년보다 전반적으로 향상되었고, 부처 간 차이도 감소한 것으로 분석되었다(국무조정실, 2017: 109). 또한 자체평가 결과환류(정책개선 · 성과급 반영 등) 및 제도운영 우수사례를 강조함으로써 미흡사항 후속조치에 대한 이행력을 확보하였고, 업무효율과 성과제고에 기여한 것으로 보았다. 개별평가 점검을 통해 지자체에 대한 불필요한 개별평가는 감축되었고 지방자치단체의 평가 부담이 완화되는 성과도 거두었다고 평가하였다.

2016년도 성과관리 부문 평가결과를 토대로 장관급 기관(22)과 차관급 기관(20)을 구분하여 부처를 우수 12, 보통 22, 미흡 8개 기관으로 구분하였다.

10) 부문별 및 종합평가 결과 및 특징

박근혜 정부에서는 이명박 정부와는 달리 특정평가 부문별 평가결과를 합산한 종합평가를 도입하였다. 2013년도에는 우수부서만 선정하여 발표하였고, 미흡기관은 공개하지 않았다. 그러나 2014년부터 2016년까지는 국정과제, 규제개혁, 정책홍보, 정상화, 정부3.0 부문별 그리고 이들을 합산한 종합평가 결과를 우수－보통－미흡 기관으로 등급화하여 공개하였다(<표 9－64> 참조).

2013년도에는 국정과제 평가 및 5개 국정과제 지원평가(부처 간 협업, 규제 개선, 일자리 창출, 정책홍보, 특정시책 이행관리) 결과를 기관별로 합산하여 기관 차원의 국정과제 성과를 제고하고 독려하고자 하였다. 140개 국정과제별 평가와 국정과제

표 9-64 박근혜 정부 장관급 부처별 특정평가 결과(2014-2016)

부처	2014 평가						2015 평가						2016 평가					
	국정과제	규제개혁	정책홍보	정상화	정부3.0	종합	국정과제	규제개혁	정책홍보	정상화	정부3.0	종합	국정과제	규제개혁	정책홍보	정상화	정부3.0	종합
배점	50	25	±5	25	±3	100	50	20	20	10	±5	100	50	20	20	10	±5	100
기획재정부	우	보	보	우	보	우	우	보	우	보	미	우	우	보	보	보	보	보
교육부	보	보	미	미	미	보	보	미	우	미	우	보	보	미	보	미	우	미
미래창조부*	우	우	우	보	우	우	우	우	우	우	보	우	우	우	우	보	보	우
외교부	보	미	보	미	미	미	우	na	보	미	미	보	보	na	보	미	보	보
통일부	우	na	미	보	보	보	미	na	보	미	미	미	미	na	미	보	미	미
법무부	보	미	보	우	보	보	보	미	미	우	보	보	미	보	보	보	보	미
국방부	미	보	미	보	보	미	미	na	보	보	보	미	보	na	미	미	미	보
행정자치부	미	보	미	보	우	보	보	우	우	보	우	보	보	우	보	보	우	보
문화체육부	보	보	우	보	미	보	보	보	우	보	우	보	미	미	보	미	보	미
농식품부	미	우	우	보	우	보	보	보	보	우	우	우	미	우	보	보	우	보
산업통상부*	우	우	보	우	우	우	우	우	보	우	보	우	우	보	우	보	보	우
보건복지부*	우	보	보	우	보	우	미	보	보	보	보	보	우	보	우	우	우	우
환경부	우	우	보	우	우	우	보	우	보	보	보	우	보	우	우	보	우	우
고용노동부	보	미	우	보	미	보	우	보	보	보	우	우	보	보	보	보	보	보
여성가족부	보	보	우	보	보	보	보	보	보	미	보	보	보	보	보	보	보	보
국토부	보	우	보	보	보	우	보	우	우	우	보	보	보	우	우	우	보	우
해양수산부	미	보	보	미	보	미	보	보	미	보	우	보	우	보	우	보	보	보
방송통신위	보	보	미	미	보	미	보	보	보	보	보	보	보	미	미	우	우	보
공정거래위	보	보	보	우	미	보	보	미	보	우	미	미	보	보	보	우	보	보
금융위	보	보	보	보	보	보	우	보	보	보	보	보	우	보	미	우	미	보
국민권익위	보	na	보	보	보	보	미	na	미	보	보	미	보	na	보	보	미	보
국민안전처							보	na	na	보	보	보	보	보	보	우	보	보

* 3년우수

※ 우=우수, 보=보통, 미=미흡.

※ 2013년도에는 우수기관만 발표하였으므로 이 표에 제시하지 않았음.

※ na는 규제개혁 평가대상에서 제외된 부처.

※ 종합평가에는 위 평가부문 이외에도 2014년에는 협업(±3점), 대국민 업무태도(±2점), 특정 시책(±2점) 가감점이 포함되었고, 2015년에는 협업(±3점), 특정 시책(±2점) 가감점, 2016년에는 성과관리(±3점), 특정 시책(±2점) 가감점이 포함되었음.

※ 2015년 행정자치부는 안전행정부에서 개편되었고, 국민안전처가 신설됨.

출처: 국무조정실, 2017, 정부업무평가백서(2013－2016)에서 정리.

지원평가를 각각 60%, 40% 비중으로 합산하여 기관종합평가를 하였다. 평가결과 장관급, 차관급 상위 3개 기관을 우수기관으로 선정하였다. 그러나 미흡기관에 대해서는 별도로 발표하지 않았다. 평가결과 우수기관에 대해 포상금이 지급되었으며, 기관종합 우수기관 이외에도 국정과제 지원평가에서 우수한 평가를 받은 부처와 개별 국정과제 부문에서 우수한 성과를 창출한 기관에도 국정과제 포상금이 지급되었다.

2014년부터는 국정과제, 규제개혁, 비정상의 정상화과제 등에 대한 평가결과를 기관별로 합산하여 발표함으로써 기관 차원의 국정성과를 제고 독려하고자 하였다. 기관종합평가는 국정과제 평가(50점), 규제개혁 평가(25점) 및 정상화과제 평가(25점)를 합산하였으며, 홍보(±5점), 정부3.0(±3점), 협업(±3점), 대국민 업무태도(±2점), 특정시책(±2점)은 가·감점으로 반영하였다. 평가결과 장관급, 차관급 상위 6개 기관을 우수기관으로 선정하였다. 우수-보통-미흡 기관 비중은 국정과제와 마찬가지로 각각 30%, 50%, 20%로 설정하였다. 주로 국정과제에서 우수한 성과를 창출한 기관이 기관종합평가에서도 우수기관으로 선정되었으며, 경제적 파급효과가 큰 핵심규제 등 규제개혁 실적이 우수한 국토교통부 등도 기관종합 우수기관으로 선정되었다.

2015년에도 전년과 마찬가지로 국정과제, 규제개혁, 비정상의 정상화과제 등에 대한 평가결과를 기관별로 합산하여 발표하였다. 국정과제(50점), 규제개혁(20점), 정책홍보(20점), 정상화과제(10점)를 합산하였으며, 정부3.0(±5점), 협업(±3점), 특정시책(±2점)은 가·감점으로 반영하였다. 평가결과 역시 전년과 동일하게 우수-보통-미흡 기관 비중은 각각 30%, 50%, 20%로 설정하였다. 주로 핵심개혁과제와 국정과제를 적극적으로 추진하여 경제혁신, 4대 구조개혁 등에서 구체적인 성과를 창출한 기관이 기관종합평가에서도 우수기관으로 선정되었으며, 핵심분야 규제개혁 성과가 우수하거나 대국민 소통노력이 기관도 우수기관으로 선정되었다.

2016년에는 국정과제(50점), 규제개혁(20점), 정책홍보(20점), 정상화과제(10점)를 합산하였으며, 정부3.0(±5점), 성과관리(±3점), 특정시책(±2점)은 가·감점으로 반영하였다. 평가결과 역시 전년과 동일하게 우수-보통-미흡 기관 비중은 각각 30%, 50%, 20%로 설정하였다.

<표 9-64>에 제시된 바와 같이 미래창조과학부와 산업통상부는 2014년부터 2016년까지 3년간 연속하여 국정과제와 종합평가의 두 개 부문에서 우수등급을 받

았다. 한편 환경부는 3년 연속으로 종합평가에서 우수기관으로 선정되었다. 비선실세의 인사개입 등으로 물의를 빚은 문화체육관광부는 2016년 평가에서 국정과제 부문과 종합평가 부문에서 모두 미흡 평가를 받았다. 이같이 부문별, 또는 과제별 등급이 아니라 부처 기관평가등급을 발표하게 되어 국정과제의 어느 분야에서 성과가 나타났고, 어느 분야에서 미흡하였는지는 파악하기 어렵다.

5. 심층분석 · 평가 운영상황

박근혜 정부의 심층분석 · 평가는 이명박 정부의 정책현안분석을 심층분석 · 평가로 명칭을 바꾸어 진행한 수시현안 평가이다. 박근혜 정부가 실시한 심층분석 · 평가과제명이 다음 <표 9-65>에 제시되었다. <표 9-65>에 제시된 바와 같이 심층분석 · 평가 과제는 2014년 3개, 2015년 2개, 2016년 5개, 2017년 1개로 총 11개 과제를 분석하였으며, 이는 이명박 정부 시기의 52개 과제보다 대폭 축소되었다.

표 9-65 박근혜 정부의 심층분석 · 평가 운영현황(2013–2017)

연도	대상과제	과제명
2014	3개	(1) 학교폭력 대책 (2) 복지전달체계 개선 (3) 농축산물 유통구조 개선 평가 및 보완대책
2015	2개	(1) 자유학기제 운영실태 개선 (2) 공중케이블 정비 개선방안
2016	5개	(1) 협업을 통한 기술금융 활성화 방안 (2) 국가 행정사무의 민간위탁 실태평가 및 개선방안 마련 (3) TV홈쇼핑 불합리한 관행 개선 (4) 화학사고 예방 · 대응체계 개선방안 (5) 창의인재 육성을 위한 영재교육 내실화 방안
2017	1개	(1) 외국인 전문인력 및 유학생 정책 개선방안

출처: 국무조정실, 2017, 정부업무평가백서(2013–2016)에서 정리.

6. 평가결과의 활용

<표 9-66>에 제시된 바와 같이 박근혜 정부에서는 2013년부터 2016년까지 매년 특정평가의 결과를 다음 해 초에 국무총리가 주재하는 국무회의에서 처리하였다. 매년 1회 국무회의에서 처리함으로써 이명박 정부에서와 같이 임기 초에 서면

표 9-66 박근혜 정부의 특정과제 평가결과 처리

연도		형식	주재	비고	장소
2013	상			– 미개최	
	하	국무회의	국무총리	2014.3.11, 국무회의	국무회의장
2014	상			– 미개최	
	하	국무회의	국무총리	2015.3.3, 국무회의	국무회의장
2015	상			– 미개최	
	하	국무회의	국무총리	2016.2.23, 국무회의	국무회의장
2016	상			– 미개최	
	하	국무회의	국무총리	2017.1.17, 국무회의	국무회의장

출처: 국무조정실 내부자료.

표 9-67 박근혜 정부 정부업무평가 유공 포상 현황(2014–2017)

구분		계	훈장	포장	표창	
					대통령	국무총리
2014	계	30	2	5	11	12
	공무원	27	1	4	11	11
	민간인	3	1	1	0	1
2015	계	30	2	4	11	13
	공무원	28	1	4	10	13
	민간인	2	1	0	1	0
2016	계	30	2	5	11	12
	공무원	28	1	5	10	12
	민간인	2	1	0	1	0
2017	계	30	2	5	11	12
	공무원	28	1	5	10	12
	민간인	2	1	0	1	0
13–17	합계	120	8	19	44	49
	평균	30	2	4.75	11	12.25

출처: 행안부 상훈포털시스템(www.sanghun.go.kr) 조회결과.

보고로 대체하거나 마지막 해에 한 차례도 개최하지 않았던 것보다는 개선되었다.

박근혜 정부에서 자체평가결과를 바탕으로 하는 성과급 반영비율은 2014년 평

균 28.6%(고공단 33.6%, 과장급 32.2%, 과장급 미만 20.0%)에서 2015년 평균 29.0%(고공단 33.6%, 과장급 32.6%, 과장급 미만 20.8%), 2016년 평균 31.4%로 증가하였다.

한편 정부업무평가위원회는 매년 전 부처의 자체평가 운영실태를 점검하고, 2013년도와 2014년도에는 각각 4개 우수기관을 선정하여 포상하였고, 2015년과 2016년도에는 각각 8개 우수기관과 2개 향상기관을 선정하여 포상하였다.

<표 9−67>의 박근혜 정부 정부업무평가 유공자 포상 현황(2014−2017)을 살펴보면, 훈장, 포장, 표창 인원은 매년 30명으로 4년간 안정적으로 유지되었다.

<표 9−68>의 박근혜 정부 정부업무포상금 집행현황(14−17)에 나타난 바와 같이 박근혜 정부의 정부업무 유공 포상기관은 연평균 19.24개 기관이다. 2013년도와 2014년도에는 부처 자체평가 분야의 우수기관 4개씩만 선정하여 포상하였으나, 2015년도와 2016년도에는 각각 8개 우수기관과 2개 향상기관을 포상하여 숫자가 증가하였다. 반면 특정평가 분야에서는 매년 12~13개로 변동이 없었다. 한편 포상금 예산은 매년 15억원으로 그 규모에 변동이 없었다.

표 9-68 박근혜 정부 정부업무포상금 집행현황(2014–17)

(단위: 억원)

연도	포상대상	포상분야	포상기관		예산액	집행액		잔액
2014	13 실적	특정평가	13개	17개	15	10.045	11.245	3.755
	13 실적	자체평가	4개			1.2		
2015	14 실적	특정평가	12개	16개	15	13.8	15	–
	14 실적	자체평가	4개			1.2		
2016	15 실적	특정평가	12개	22개	15	13.2	15	–
	15 실적	자체평가	10개			1.8		
2017	16 실적	특정평가	12개	22개	15	13.2	15	–
	16 실적	자체평가	10개			1.8		
2014−17 평균				19.25	15		14.062	

출처: 국무조정실 예산서 및 결산서 참조 작성.

요약하면 평가결과를 토대로 정책개선, 조직·인사·보수 반영, 우수기관에 대한 포상, 정부업무평가 포상금 지급이 이루어졌는데, 이명박 정부와 비교할 때 포상인원과 포상금 규모는 유사하였으나, 매년 포상인원 및 포상기관의 숫자와 포상금 규모에 큰 변동이 없이 안정적으로 운영되었다.

7. 요 약

박근혜 정부에서 정부업무의 성과관리는 국무조정실 정부업무평가실에서 담당하였는데 규모는 3국 9과로 이명박 정부시기와 동일하였고, 평가담당 인력은 파견인원만 5명 증가하였다. 박근혜 정부에서 2013년부터 최초로 국정과제 전체를 특정평가의 주요 부문으로 포함시켰다. 특정평가 부문별로 평가지원단을 구성하여 운영하였는데, '국정과제 평가지원단'에는 2014년도부터 민간전문가뿐 아니라 정책수요자인 일반국민을 포함하여 500－580명 규모로 평가지원단을 구성하여 평가에 직접 참여하도록 하였다. 노무현 정부와 이명박 정부와 마찬가지로 부처 자체평가위원회에 대규모 민간위원을 활용하였다.

박근혜 정부의 정부업무평가 기본방향은 정부업무평가를 중앙부처는 물론이고 지방자치단체와 공공기관에서도 국정과제의 국정성과 제고의 핵심수단으로 활용한다는 것이다. 중앙부처에서는 정부업무평가체계를 국정과제의 성과 창출 중심으로 개편하고 국민과 현장중심의 평가를 강화하고, 국민만족도의 주기적 조사 및 환류를 통해 정책체감도를 제고하며, 국정과제와 기관별 성과목표 및 추진전략이 체계적으로 연계되도록 성과관리 운영계획을 보완하고 책임성 강화한다는 것이다.

성과관리 · 자체평가 부문은 주요정책, 통합재정사업, 행정관리역량 등 크게 3개 부문으로 나뉜다. 주요정책 부문에서는 각 부처에서 7등급으로 과제별 상대평가를 실시하도록 하였다. 자체평가 결과의 성과급 반영비율은 약간 증가하였다. 2013년부터 자체평가 운영실태 점검에서 현장점검 및 의견수렴을 진행하였고, 자체평가 우수기관 4개 부처를 포상하였다. 2015년과 2016년의 경우에는 우수기관 수를 8개로 늘리고 향상기관 2개를 추가로 선정하여 포상하였다.

특정평가에서 가장 획기적인 변화는 국정과제 부문을 신설하여 역대정부 최초로 대통령선거 당시 공약을 기초로 선정한 국정과제 전체에 대해 평가를 실시한 것이다. 부처별 국정과제 이행노력과 성과를 평가하고, 환류를 통해 정책 추동력을 확보하고 국정성과 창출을 유도하고자 하였다. 140개 국정과제를 대상으로 집행이행도, 성과지표달성도, 정책효과를 평가하였고, 정책효과 평가항목에 국민만족도를 포함시켰다. 2013년도에는 과제별로 우수(20%)－보통(60%)－미흡(20%)의 3등급으로 구분하여 결과를 공개하였다. 2014년부터 개별과제보다는 이를 종합한 기관성과가 대표성 · 책임성 측면에서 중요하다고 판단하여 기관별 우수(30%)－보통(50%)－미흡(20%)의 3등급으로 결과를 발표하였다.

특정평가 부문의 또 다른 변화는 각 부문에 가중치를 부여하여 이들을 기관별로 합산한 기관종합평가를 부활시킨 것이다. 기관종합평가는 노무현 정부 후반기에 실시되다가 이명박 정부에서 폐지하였는데 이를 다시 부활시켰다. 박근혜 정부 출범 첫해인 2013년에는 국정과제의 비중이 60%를 차지하였으나 2014년부터 50%로 줄였다. 2016년도의 경우 여타 부문은 규제개혁 20%, 정책홍보 20%, 정상화과제 10%, 정부 3.0 ±3 등이다. 2013년도에는 국정과제를 제외한 여타 부문을 이명박 정부에서와 같이 4등급화하였다. 2014년부터 특정평가의 각 부문과 더불어 종합평가에서도 부처를 3등급화하여 우수－보통－미흡 기관으로 분류하였으며, 그 비중은 각각 30%, 50%, 20%로 배분하였다. 박근혜 정부 국정과제에 대한 전반적 만족도는 출범 첫해에 가장 높았고(4.44), 2년차에 하락하였으며(4.16), 3년차에 약간 상승(4.30)하였으나 4년차에 대폭 하락(3.72)하였다. 한편 박근혜 정부의 심층분석 · 평가는 이명박 정부 시기의 정책현안분석에 해당되는데, 대상과제의 숫자와 중요성 모두 축소되었다.

평가결과를 토대로 정책개선, 조직 · 인사 · 보수 반영, 우수기관에 대한 포상, 정부업무평가 포상금 지급이 이루어졌는데, 이명박 정부와 비교할 때 포상인원과 포상금 규모는 유사하였으나, 매년 포상인원 및 포상기관의 숫자와 포상금 규모에 큰 변동이 없이 안정적으로 운영되었다.

Ⅶ. 문재인 정부 정부업무 및 국정과제의 성과관리

1. 정부업무 성과관리 추진체계

문재인 정부에서도 국무조정실 정부업무평가실이 정부업무 성과관리를 담당하였는데 3국 10과로 지난 정부에 비하여 1개 과가 증가하였다. 평가담당인력도 50명(총리실 27, 파견 23, 2020)으로 5명 증가하였으나 총리실 직원은 오히려 2명 감소하였고, 파견인원은 7명 증가하였다. 정부업무평가위원회는 규정대로 운영되었다. 2021년 4월 평가제도 분석 · 연구를 담당하는 평가 전문기관으로서 한국행정연구원에 정부업무평가지원센터가 개소하여, 정부업무평가업무에 관한 지원이 이루어지기 시작하였다.

특정평가의 평가부문별 평가지원단을 운영하였다. 국정과제 평가지원단의 경우 정부출범 초부터 2019년까지는 총 450명 내외의 평가지원단을 운영하였으나, 2020년에 평가지원단의 구성과 운영방식을 대폭 개편하고 그 명칭을 전문가 평가단으로 변경하였다. 즉, 규모를 100명으로 축소한 「전문가 평가단」을 구성하여 국정과제와 주요정책과제를 10개 분과로 분류하고 분과별로 10명의 전문가들이 분과내 모든 과제를 평정하도록 하였다. 분과별 전문가 평가단은 각각 6명의 분야별 전문가, 4명의 평가전문가로 구성하여, 분야별 전문가와 평가전문가가 골고루 참여하도록 하였다.

부처 자체평가위원회도 활발하게 운영하였다. 2020년 자체평가위원은 총 1,097명(기관당 평균 25명)이며 외부위원은 998명(평균 22.7명), 내부위원은 99명(평균 2.3명)으로 구성되었다. 998명 민간위원 가운데 주요정책부문 808명(73.7%), 재정사업 82명(7.5%), 행정관리역량 91명(8.3%)로 주요정책부분이 74%를 차지하였다(국무조정실, 2021).

2. 문재인 정부 정부업무평가 기본방향

문재인 정부는 전임 대통령의 탄핵으로 궐위된 대통령선거 결과에 따라 다음날인 2017년 5월 10일 임기를 시작하였다. 1년 단위로 시행되는 정부업무평가의 관점에서 볼 경우 2017년 상반기가 거의 지나는 시점에서 임기가 개시된 것이다. 문재인 정부 출범시 정부업무평가 기본방향은 2017년 7월 정부업무평가위원회에서 의결된 정부업무평가 기본계획(2017~2019)에 제시되었다[19](<표 9-69> 참조).

표 9-69 문재인 정부 출범시 정부업무평가의 목표체계(2017-2019)

비전	국민의 나라 정의로운 대한민국			
목표	정부업무평가의 실효성 강화로 국정운영의 능률성·효과성과 책임성 확보			
기본방향	국정성과 창출견인 (중앙행정기관)	주요시책 지자체 확산 (지방자치단체)	공공기관 운영 내실화 (공공기관)	평가인프라 강화 (평가기반 구축)
중점추진과제	· 국정과제 중심 집중적 점검·평가 · 평가결과 환류체계 내실화 · 심층분석 평가 강화 · 성과관리 및 자체평가 제도개선	· 주요시책 중심 합동평가 실시 · 합동평가 결과활용 제고 · 개별평가정비·관리 강화 · 지자체 자체평가 운영 내실화	· 공공기관 책임경영 및 사회적 책임 강화 · 출연(연) 연구성과 질적 향상 · 지방공기업 경영혁신	· 평가의 과학성·체계성 제고 · 평가의 독립성·전문성 강화 · 평가결과 공개 확대 · 전자통합평가시스템 고도화

출처: 국무조정실, 2017, 정부업무평가 기본계획(2017－2019).

19 정부업무평가 기본계획은 매 3년마다 수립하게 되어 있으므로, 박근혜 정부에서 2016－2018 기본계획을 수립한 바 있으나, 문재인 정부로 정권이 교체되면서 2017－2019 3개년 계획을 수립하였다.

정부업무평가의 영역별 기본방향의 주요내용은 다음과 같다.

첫째, 정부업무평가를 통하여 국정성과 창출을 견인한다. 일자리 창출 등 국정운영 중점분야에 대한 집중적인 점검·평가로 국정성과 창출을 견인하고, 평가대상 과제에 대한 현장 의견수렴 등 과정관리 및 평가결과 환류 강화로 국민의 정책 체감도를 제고하며, 국정기조와 기관별 추진전략 및 성과목표를 체계적으로 연계하고 자체평가의 내실화를 통해 성과 향상을 지원하겠다는 것이다.

둘째, 지방자치단체의 국정성과를 제고한다. 국가 주요시책을 지방자치단체 평가체계에 반영하여 국정 운영성과를 일선현장까지 확산하며, 지방자치단체에 대한 개별평가 정비 관리를 강화하고, 지방자치단체의 자체평가역량 강화를 통해 평가의 효율성을 제고하고자 한다.

셋째, 공공기관의 공공성 및 책임경영 강화를 지원한다. 국민이 참여하는 공공기관 평가를 통해 경영성과 제고 및 공공 서비스 질 향상 등 사회적 책임을 강화하고, 출연연구기관의 특성을 고려한 평가지표 개선 등 맞춤형 평가를 실시한다는 것이다.

넷째, 효과적인 정부업무평가를 위한 인프라를 강화한다. 평가의 전문성·객관성을 확보하고 국민체감 중심의 평가지표 선정 등 평가의 과학성 제고를 위하여 지속적으로 개선하고, 평가의 실효성 제고를 위한 제도·법령의 개선을 추진하겠다는 것이다.

그러므로 문재인 정부에서는 박근혜 정부에 이어 정부업무평가를 국정과제의 성과를 창출하는데 핵심적인 수단으로 활용하겠다는 기본방향을 정부 출범 초에 확고하게 설정하였다.

정부업무평가 기본계획은 매 3년마다 수립하여 정부업무평가 및 성과관리에 관한 중기목표와 기본정책 방향을 설정하여야 한다(정부업무평가기본법 제8조). 이에 따라 문재인 정부는 임기 후반기에 해당하는 2020－2022년 정부업무평가 기본계획을 수립하였다. 문재인 정부 후반기 정부업무평가의 기본방향은 다음 <표 9－70>에 제시되었다.

<표 9－70>에서 알 수 있듯이 중앙행정기관 평가에서는 국정과제 및 국정철학 중심 평가라는 기본방향을 더욱 확고하게 표현하였고, 지방자치단체 평가에서도 국정성과와 연계 강화방침을 밝혔다. 공공기관 평가에서는 사회적 가치 및 혁신성장 중점평가 방침을 명확하게 제시하였다.

표 9-70 문재인 정부 후반기 정부업무평가의 목표체계(2020-2022)

목표	정부업무평가를 통한 국정의 효과성, 책임성 확보		
기본방향	국정과제 및 국정철학 중심 평가 국민 체감 성과 중심 평가 기관장 노력 및 협업 평가 강화		
부문	중앙행정기관 평가	지방자치단체 평가	공공기관 평가
	· 국정과제 및 국정철학 중심 평가 · 국민 체감효과 중심 평가 · 기관장 노력 및 협업평가 강화 · 평가결과 대국민 공개 강화	· 국정 성과와 연계성 강화 · 중앙·지역 협업 및 주민 참여 확대 · 평가지표 간소화 및 품질개선 · 지자체 자체평가 운영 내실화	· 사회적 가치 및 혁신성장 중점 평가 · 국정과제 및 소관부처 정책과 연계 강화 · 서비스 수요자 및 일반국민 참여 확대 · 출연연의 국정기여도 평가 강화
평가제도·인프라 개선			
	· 全정부적 평가시스템 고도화 · 평가 및 인센티브 제도 개선	· 개별평가 정비 및 관리 강화 · 평가 전문기관 설치·운영	

출처: 국무조정실, 2019b, 정부업무평가 기본계획(2020-2022).

평가제도·인프라 개선 분야에서는 전정부적 평가시스템 고도화, 개별평가 정비 및 관리강화, 평가 및 인센티브 제도 개선, 평가 전문기관 설치·운영을 기본방향으로 제시하였다. 이 계획에 의거하여 평가제도 분석·연구를 담당하는 평가전문기관으로서 한국행정연구원에 정부업무평가지원센터가 2021년 4월 개소하였고, 이 센터를 중심으로 정부의 평가시스템인 전자통합평가시스템(e-IPSES)의 고도화 작업과 개별평가 정비 작업이 본격적으로 이루어지기 시작하였다.

3. 정부업무 성과관리·자체평가 부분의 제도운영

문재인 정부 성과관리·자체평가 부문은 박근혜 정부가 2015~2016년에 범주화한 주요 정책, 통합재정사업, 행정관리역량 등 3개 부문으로 출발하였다. 주요정책 부문의 총괄관리기관은 국무조정실이며, 행정관리역량 부문은 행정안전부와 인사혁신처이다. 재정사업 부문은 2017년까지는 기재부가 통합하여 관리하였으나, 2018년부터는 기재부가 일반재정사업만 총괄관리하고, R&D 부문은 과기정통부, 재난부문은 행정안전부, 균형발전 분야는 균형발전위원회 등 소관기관이 담당하도록 변경되었다(<표 9-71> 참조).

표 9-71 문재인 정부 자체평가 부문 변동현황(2017-2021)

연도	2016년	2017	2018	2019	2020	2021	평가총괄 관련기관
부문	주요정책	주요정책	주요정책	주요정책	주요정책	주요정책	국무조정실
	통합재정사업	통합재정사업	일반재정사업	일반재정사업	일반재정사업	일반재정사업	기재부
			R&D 분야	R&D 분야	R&D 분야	R&D 분야	과기정통부
			재난안전분야	재난안전분야	재난안전분야	재난안전분야	행정안전부
			균형발전분야	균형발전분야	균형발전분야	균형발전분야	균형발전위
	행정관리역량	행정관리역량	행정관리역량	행정관리역량	행정관리역량	행정관리역량	행정안전부 인사혁신처

출처: 국무조정실, 내부자료.

1) 정부업무 성과관리 운영(2017-2020)

문재인 정부 출범 첫해인 2017년도 성과관리·자체평가 대상기관은 장관급 24개와 차관급 20개를 포함한 44개 기관이다. 국무조정실은 2017년 문재인 정부 출범에 따라 각 부처에 성과관리 전략계획(2017~2021) 및 2017년 성과관리 시행계획 수정을 요청하였다(국무조정실 정부업무평가실, 2017). 각 부처는 새 정부 국정기조, 국정과제(국정운영 5개년 계획), 부처 업무보고 내용 및 조직개편 사항 등을 반영하여, 5년 단위의 성과관리 전략계획(2017~2021)을 수립하고 이를 토대로 2017년도 성과관리 시행계획 수정·보완하도록 하였다.

2019년도 성과관리 운영지침(국무조정실, 2019)에서 주요 변동사항은 예년과 달리 전략목표별로 성과를 측정할 수 있는 지표를 선정·관리토록 하여, 상위목표에 대한 성과관리를 강화하고자 한 것이다. 기관별 전략목표는 평균 4.4개 수준(장관급 5.0개, 차관급 3.8개)인데, 전략목표 성과지표별 성과분석 보고서를 작성하도록 하여 기관의 전략목표별 정책성과를 관리할 수 있도록 하였다. 이에 따라 각 기관별로 전략목표-성과목표-관리과제로 이어지는 계층적인 목표관리 체계의 각 단계별로 성과지표들을 점검하여 하위단위의 활동들이 상위단위의 목표달성에 얼마나 기여하였는지 파악할 수 있게 되었다. 각 부처에서 실시하는 자체평가의 과정에서 전략목표 성과지표의 적절성 및 성과달성도 등을 점검할 수 있도록 하는 등 성과지표의 관리를 추진하도록 하였다. 한편 국무조정실은 성과관리·자체평가 운영실태 점검 시 전략목표 성과지표의 적절성 등을 점검하기로 하였다.

<표 9-72>에 2017년부터 2021년까지 성과관리 대상 중앙행정기관의 숫자, 전략목표 및 그 성과지표, 성과목표 및 그 성과지표, 그리고 관리과제 및 그 성과지표의 전체 숫자가 제시되었다. 전략목표 단위의 성과지표는 2019년 이후에 설정하도록 하였다. 2021년에는 장관급 기관인 개인정보보호위원회와 차관급 기관인 질병관리청이 신설되어 성과관리 대상기관 수가 46개로 증가하였다.

표 9-72 연도별 성과관리계획 전략목표, 성과목표, 관리과제 및 성과지표(2017-2021)

연도	부처수	전략목표		성과목표		관리과제	
		목표	성과지표	목표	성과지표	과제	성과지표
2016	43	193	–	590	821	2,036	4,134
2017	44	195	–	591	810	1,997	4,241
2018	44	195	–	589	791	1,946	4,220
2019	44	195	196	579	753	1,860	4,013
2020	44	195	196	595	776	2,091	4,180
2021	46	203	207	598	778	1,935	4,382

※ 2021년도에는 개인정보보호위원회와 질병관리청이 신설되어 46개 기관으로 증가함.
출처: 국무조정실, 2020b, 2020년도 중앙행정기관 성과관리 · 자체평가계획 수립결과.
국무조정실, 2021c, 2021년도 중앙행정기관 성과관리 · 자체평가계획 수립결과.

2) 부문별 자체평가 및 운영실태점검

주요정책, 재정, 행정관리역량의 순서로 자체평가 운영상황과 실태점검 결과를 간략하게 살펴보겠다.

(1) 주요정책 부문

문재인 정부의 부처별 주요정책과제 자체평가는 성과관리 시행계획상의 관리과제를 대상으로 실시하였다(<표 9-72> 참조). 각 부처 업무특성에 따라 계획수립 · 집행 · 성과 등 정책단계별로 평가지표, 측정기준, 배점 등을 자율적으로 설정하도록 하였다. 자체평가의 객관성 · 공정성을 위해 민간전문가로 구성된 자체평가위원회를 구성 · 운영하는데, 국무조정실에서는 내부위원을 1인 이상 위촉하도록 권고하였다. 한편 정부업무평가위원회는 2018년도 6월 15일 서울정부청사 별관에서 중앙행정기관 자체평가위원장과의 합동 워크숍을 개최하고, 국정과제와 각 부처 자체평가와의 연계성 제고, 자체평가제도의 실효성 확대를 위한 제도개선 사항 등에 대하여 논의한 바 있다.

2020년 자체평가위원은 총 1,097명(기관당 평균 25명)이며 외부위원은 998명(평균 22.7명), 내부위원은 99명(평균 2.3명)으로 구성되었는데, 998명 민간위원 가운데 주요정책부문 808명(73.7%)으로 74%를 차지하였다(국무조정실, 2021). 자체평가위원들이 평가지표별로 정량·정성평가를 병행하고, 관리과제별로 평가결과를 개인성과 등에 활용할 수 있도록 상대평가 7개 등급기준을 적용하되, 등급명은 자율적으로 설정가능하도록 하였다.

자체평가 결과의 개인성과급 반영은 전반적으로 우수하였으며, 그 비율도 박근혜 정부 시기인 2015년 평균 29.0%, 2016년 평균 31.4%에서 2019년 평균 33.2%, 2020년 평균 33.7%로 상승추세를 보였으며, 권고기준인 30%를 상회하였다. 성과급 반영 비율이 높은 기관일수록 성과관리 운영수준도 높은 것으로 나타나 관련성이 존재하였으므로, 미흡기관의 반영비율 제고 노력이 필요한 것으로 파악되었다. 성과관리 운영실태 점검결과 우수기관의 자체평가 결과의 성과급 반영률은 39.6%이며, 보통인 기관은 33.0%, 미흡 기관은 25.2%로 상당한 차이가 나타났다(국무조정실, 2021).

<표 9-73>에 문재인 정부 주요정책 부문 자체평가 운영실태 점검결과(2017-2020)가 제시되었다. 2017년도 국무조정실이 전 부처의 자체평가 운영실태를 점검한 결과, 장관급에서는 6개 부처, 차관급에서는 6개 기관이 우수기관으로 선정되었다. 병무청은 최근 5년 연속 우수기관, 행안부, 환경부, 농진청, 특허청은 최근 5년 내 4회 우수기관으로 선정되었다. 한편 미흡 기관은 각각 4개 부처이다.

표 9-73 문재인 정부의 주요정책 부문 자체평가의 운영실태 점검결과(2017-2020)

		2017년도	2018년도	2019년도	2020년도
대상기관		44개 기관 장관급 24, 차관급 20	44개 기관 장관급 24, 차관급 20	44개 기관 장관급 24, 차관급 20	44개 기관 장관급 24, 차관급 20
점검결과등급	장관급	우수 6, 미흡 4 기관	우수 6 기관 선정	우수(6)–보통(14)–미흡(4)	우수(6)–보통(14)–미흡(4)
	차관급	우수 6, 미흡 4 기관	우수 6 기관 선정	우수(6)–보통(10)–미흡(4)	우수(6)–보통(10)–미흡(4)

출처: 국무조정실, 중앙행정기관 성과관리 및 자체평가 운영실태 점검결과, 2017, 2018, 2019년도, 2020년도.

2018년도 국무조정실의 성과관리 · 자체평가 운영실태 점검 결과, 장관급 6개 기관, 차관급 6개 기관이 우수기관으로 선정되었다. 별도로 미흡기관은 발표하지 않았다. 점검결과에 따르면 기관의 성과관리 운영수준을 결정하는 핵심요소(key factor)는 '기관장 관심도'와 '평가의 성과급 반영' 등 환류체계인 것으로 나타나, 기관장 관심도에 대한 점검 비중 강화 등 기관장 관심 환기방안, 자체평가에 따른 개인 및 부서 성과보상 등 인센티브 강화 방안을 강구하기로 하였다(국무조정실, 2019a).

2019년도 국무조정실의 성과관리 · 자체평가 운영실태 점검에서 장관급과 차관급 기관별로 우수기관 30%, 보통 50%, 미흡기관 20%를 선정하였다(국무조정실, 2020a). 한편 2019년 최초로 도입한 전략목표 성과보고서를 한국행정연구원이 분석한 결과, 기관별로 성과분석 역량 및 노력도에서 큰 차이가 있는 것으로 나타났다(이환성 외, 2020: 35－50). 한편 한국행정연구원이 각 부처 자체평가위원 501명을 대상으로 실시한 설문조사에 따르면 응답자의 85.2%가 전략목표 성과지표 설정 및 관리가 부처 업무성과제고에 기여할 것이라고 응답하였다(이환성 외, 2020: 89). 전략목표 성과분석 보고서의 경우 2019년 신규로 도입된 점을 감안하여 부처의 성과분석 노하우 및 역량 제고가 필요한 것으로 보았다. 우수보고서를 전기관에 전파하고, 특히 성과지표 미흡 원인분석 방법론 개발 및 부처공유를 추진하기로 하였다. 2020년도 국무조정실의 성과관리 · 자체평가 운영실태 점검에서도 장관급과 차관급 기관별로 우수기관 30%, 보통 50%, 미흡기관 20%를 선정하였다(국무조정실, 2021).

(2) 재정사업 부문

재정사업 부문의 자체평가는 중앙행정기관에서 수행한 재정사업을 평가하고, 평가결과를 재정운용에 활용하기 위하여 실시한다(법적 근거, 「국가재정법」 제8조, 「연구성과평가법」 제7조, 「국가균형발전법」 제9조, 「재난안전법」 제10조의3). 평가방식으로는 소관 평가기관의 지침에 따라 분야별(일반재정, R&D, 균형발전, 재난안전)로 부처에서 자체평가를 실시하고 평가기관의 확인 · 점검이 이루어진다(일반재정: 기재부, R&D: 과기정통부, 균형발전: 균발위, 재난안전: 행안부).

일반재정사업은 원칙적으로 예산 · 기금이 투입되는 모든 재정사업을 대상으로 부처 자체평가(상대평가)로 실시하고, 사업 수행 부처의 자율성과 책임성 제고를 위해 메타평가는 2018년부터 폐지하였다. 일반재정 자율사업평가에서 평가지표는 사업부처에서 자율적으로 설정하여 왔으나, 2021년부터는 평가지표를 표준화하여 사업내용 적정성(10), 집행률(30), 성과목표달성도(40), 성과우수성(10), 환류(10), 가감점(항목별 5)를 부여하도록 하였다(관계부처 합동, 2021: 17). R&D 분야는 전체 국가연구개발사업 중 3년 평가주기가 도래한 사업을 대상으로 부처에서 자체평가(절대평가)를 실시하고 과기정통부가 상위평가를 실시하였다. 균형발전 분야는 부처 자체평가를 실시하고 균형위가 상위평가를 실시하였다. 재난안전 분야는 부처 자체평가(사업별)와 행안부 평가단 평가(재난사고유형별)를 동시에 실시(재난사고유형 내 사업간 상대평가)하였다.

(3) 행정관리역량 부문

행정관리역량 부분은 각 중앙행정기관이 행안부와 인사처가 수립한 조직, 인사, 정보화 분야 평가지표에 따라 자체평가를 실시하고, 행안부와 인사처는 그 평가가 적절하고 객관적으로 이루어졌는지를 평가하였다. 문재인 정부 출범 이후 2017년부터 2019년까지 3년 연속 종합우수기관은 농림축산식품부와 병무청이었다. 2020년 평가결과에서는 장관급과 차관급 기관에서 우수－보통－미흡 기관을 선정하여 발표하였다. 장관급에서는 우수, 보통, 미흡기관이 각각 4, 17, 3개 기관이었고, 차관급에서는 각각 4, 13, 3개 기관이었다.

4. 특정평가 부문의 제도운영과 국정과제 성과관리

1) 특정평가 부문의 제도변화

문재인 정부에서의 특정과제 평가부문의 연도별 변동내역이 ＜표 9－74＞에 제시되었다. 문재인 정부 출범 첫 해인 2017년 특정평가 부문의 구성은 과도기에 해당된다. 박근혜 정부의 특정과제의 부문 가운데 배점이 가장 큰 국정과제 부문은 50점 배점을 유지하기로 하여 문재인 정부에서도 특정평가를 통하여 국정과제 성과 창출을 유도하겠다는 의지를 분명하게 표명하였다. 규제개혁과 정책소통(명칭을 정책홍보에서 변경) 부문은 배점을 각각 20점에서 10점으로 축소하였으며 기관공통사항 가운데 특정시책(±2)은 배점을 유지하였다. 정상화 과제(10)는 폐지하였고, 기관공통사항 가운데 정부3.0(±5)과 성과관리(±3)도 폐지하였다. 한편 신설된 부문은 일자리 창출(20), 국민만족도(10), 현안관리(±3), 갈등관리(±3), 인권개선(±2) 등이다.

2018년도부터 문재인 정부가 역점을 두고 추진하고자 한 특정평가 부문의 내용이 정비되었다. 2017년도의 국정과제(50)와 일자리 과제(20)를 일자리·국정과제(60)로 통합하였다. 2017년도의 국민만족도(10)는 일자리·국정과제에 대한 정책만족도(5)로 일자리·국정과제 부문과 연계시켰다. 2018년도부터 정부혁신(10) 부문이 신규로 특정과제에 포함되었다. 또한 정책소통(10) 이외에 소통만족도(5) 부문을 신설하였다. 현안관리(±3), 갈등관리(±3), 인권개선(±2), 특정시책(±2)으로 구성된 기관공통사항은 모두 폐지하고, 그 대신 지시사항 가감(±3)을 포함시켰다. 2019년에는 2018년도의 특정평가 부문을 더욱 간소화시켰다. 일자리·국정과제(60)과 정책만족도(5)를 일자리·국정과제(65)로 통합시켰다. 또한 정책소통(10)과 소통만족도(5)를 정책소통(15)으로 통합하였다. 정부혁신(10)은 2018년도와 동일한 배점으로 유지하였다. 한편 대통령 지시사항 가감(±3)도 동일하게 유지되었다.

2020년도의 경우에는 대통령 지시사항 가감(±3)을 폐지하고, 일자리·국정과제(65), 규제혁신(10), 정부혁신(10), 정책소통(15)로 단순화하였다. 그런데 2020년 일자리·국정과제 평가에서 당초 계획을 변경하여 부처별 코로나19 대응 및 포스트코로나 대비노력을 포함하여 평가하였다. 코로나 팬데믹의 확산으로 2020년 5월 중에 당초 계획을 수정한 것이다.

표 9-74 문재인 정부 특정평가 부문 연도별 변동(괄호안은 비중), 2017-2021

연도	2016년	2017년	2018년	2019년	2020년	2021년
평가 부문	1. 국정과제(50) ※핵심(과제당 ±2) ※협업(기관당 ±1) 2. 규제개혁(20) 3. 정책홍보(20) 3. 정상화과제(10) 4. 기관공통사항(±10) ·정부3.0(±5) ·성과관리(±3) ·특정시책(±2)	국정과제(50) ·혁신관리 및 협업(최대 ±2) 일자리 창출(20) 규제개혁(10) 정책소통(10) 국민만족도(10) 기관공통사항(±10) 현안관리(±3) 갈등관리(±3) 인권개선(±2) 특정시책(±2)	일자리국정과제(60) 정책만족도(5) 규제혁신(10) 정부혁신(10) 정책소통(10) 소통만족도(5) 지시사항 가감(±3)	일자리국정과제(65) 규제혁신(10) 정부혁신(10) 정책소통(15) 소통만족도 포함 지시사항 가감(±3)	일자리국정과제(65)* 규제혁신(10) 정부혁신(10) 정책소통(15)	일자리국정과제(65) 규제혁신(10) 정부혁신(10) 정책소통(15)

※ 2020년 일자리·국정과제에 당초계획을 변경, 코로나19 대응 및 포스트코로나 대비노력 등 포함.
※ 2021년은 계획임.
출처: 국무조정실, 내부자료에서 정리.

2) 일자리 · 국정과제 부문 평가

(1) 일자리 · 국정과제의 분담구조와 특징

각 부처별로 담당하고 있는 국정과제는 담당영역이 다르다.[20] 첫째, 국정목표가 '국민이 주인인 정부'에 포함된 국정전략과 국정과제를 담당하는 부처는 법무부, 권익위, 행정안전부, 방통위, 인권위, 국조실, 인사혁신처, 외교부, 보훈처, 경찰청, 감사원, 국가정보원 등 대체로 일반행정과 질서유지를 담당하는 부처이다. 둘째, 국정목표가 '더불어 잘 사는 경제'에 포함된 국정과제 담당부처는 기재부, 고용부, 금융위, 공정위, 국토부, 중기부, 과기정통부, 산업부 등 경제부처이다. 셋째, '내 삶을 책임지는 국가'의 경우 국정과제 담당부처는 고용부, 복지부, 국토부, 교육부, 여가부, 환경부, 식약처, 원안위 등 사회부처가 중심이다. 넷째, 국정목표가 '고르게 발전하는 지역'에 포함된 국정과제 담당부처는 행정안전부, 기재부, 국토부, 산업부, 교육부, 해수부, 농식품부 등 전국을 모두 포괄하는 부처이다. 다섯째, 국정목표가 '평화와 번영의 한반도'에 포함된 국정과제를 담당부처는 외교부, 국방부, 통일부 등 주로 외교 · 안보 담당부처이다.

<표 9-75>에 제시된 것과 같이 부처별 국정과제의 수가 상당히 다르다. 공동과제를 포함하여 국정과제가 6개 이상인 부처는 행정안전부, 외교부, 복지부, 국토부, 산업부, 교육부 등 6개 부처에 달한다. 반면에 장관급 부처에서도 권익위, 보훈처와 같이 국정과제가 1개인 부처가 있으며, 방통위와 국조실은 2개이다. 국정과제 숫자가 부처별로 차이가 크다는 것이 국정과제 평가에서는 큰 문제가 되지 않지만, 개별 국정과제의 평가결과를 합산한 부처간 비교과정에서 어려움을 초래할 수 있다. 이러한 문제를 해결하기 위하여 국정과제가 2개 이하인 부처의 경우, 주요정책과제를 추가로 선정하여 평가한다. 장관급 기관 가운데 권익위와 보훈처는 2개, 방통위는 1개 주요정책과제가 추가되었다.

한편 별도의 범주로 평가를 받는 차관급 기관의 경우 대부분 국정과제가 없으므로 부처별로 3개 이내의 주요정책과제를 선정하여 평가한다. 2021년도의 경우 국정과제 100개와 더불어 주요정책과제 64개 과제가 선정되어 총 164개 과제가 국무총리실의 특정평가 대상과제이다.

---

20 이하 일자리 · 국정과제 평가 부문은 남궁근, 2021a, 문재인 정부 국정과제의 성과평가 과정과 결과, 정책분석평가학회보, 31:2에 게재된 논문을 중심으로 보완한 것이다.

표 9-75 부처별 국정과제수 현황

부처	국정과제수	부처	국정과제수	부처	국정과제수
법무부	3(공주 2, 공부 1)	고용부	5	환경부	4(공주 1)
권익위	1(공주 1), 주요 2	복지부	6(공부 1)	식약처	1(공부 1), 주요 2
행안부	7(공주 1)	금융위	3	원안위	1(공부 1), 주요 2
방통위	2, 주요 1	공정위	3	해수부	3
국조실	2	중기부	5	문체부	5
인사처	1, 주요 2	국토부	7(공주 2, 공부 1)	농식품부	3
외교부	6	과기정통부	5(공부 2)	국방부	5
보훈처	1, 주요 2	산업부	6(공주 2, 공부 1)	통일부	5
기재부	5(공부 1)	교육부	6		
경찰청	2(공부 1)	여가부	3		

※ 과제수는 공동과제 포함, ( ) 안 표기, 공주: 공동과제 주관부처, 공부: 공동과제 협력부처.
단독 91과제, 공동 9과제 (2개 부처 5개 과제; 3개 부처 2개 과제; 4개 부처: 2개 과제).
※ 주요과제는 국정과제 숫자가 2개 이하인 부처의 주요정책과제 숫자를 의미.
※ 국조실은 국정과제 평가에서 제외됨.

100대 국정과제 가운데 단일부처가 담당하는 과제는 91개이며, 다부처가 협력하는 공동과제는 9개이다.[21] 복수부처가 담당하는 공동과제의 경우 부처간 협력을 유도하기 위한 장치도 필요하며, 성과평가의 결과를 각 부처에 어떻게 배분할지 문제도 제기된다. 또한, 앞의 <표 9-3>에서 살펴본 바와 같이 부처업무 가운데 국정과제가 차지하는 비중이 부처별로 다르다.

(2) 문재인 정부의 국정과제 성과평가의 과정

① 문재인 정부 국정과제의 평가지표

문재인 정부의 국정과제 평가지표는 박근혜 정부가 도입한 평가지표를 계승한 것이다. 문재인 정부의 국정과제 평가지표는 정책추진노력, 목표(성과지표)달성도, 정책효과, 국민만족도의 네 가지 범주로 구성된다(<표 9-76> 참조). 이는 박근혜

21 9개 다부처 국정과제는 다음과 같다. "반부패개혁으로 청렴한국실현"(권익위 · 법무부), "국민인권을 우선하는 민주주의의 회복 · 강화"(법무부 · 행안부 · 인권위), "국민의 국민을 위한 권력기관 개혁"(법무부 · 경찰청 · 감사원 · 국정원), "교통통신비 경감으로 국민생활비 경감"(국토부 · 과기정통부), "고부가가치창출 미래형 신산업 발굴 · 육성"(산업부 · 과기정통부 · 국토부 · 복지부), "국민안전을 지키는 생활안전강화"(환경부 · 식약처), "탈원전정책으로 안전하고 깨끗한 에너지로 전환"(산업부 · 원안위).

정부에서 도입한 범주를 유지하면서 '집행이행도'를 '정책추진노력'으로 명칭을 변경하고, 국민만족도를 별도 범주화한 것이다.

표 9-76 문재인 정부 국정과제 평가항목, 평가지표 및 비중(2017–2021)

평가 항목	평가지표	평정	비중					
			2017	2018	2019	2020 최초	2020 최종+	2021
정책추진 노력	· 과제 이행계획을 충실히 수립하고, 차질없이 추진했는지 여부	정성/정량	40%	30%	10%	10%	30%	25%
성과지표 목표달성	· 사전에 설정된 성과지표 목표치 달성 여부	정성/정량	30%	40%	60%	50%		25%
정책효과	· 이행계획 / 성과지표에 나타나지 않은 정책성과	정성	30%	30%	30%	40%	60%	35%
국민만족도*	· 일반국민 · 정책수요자 대상 체감만족도 조사	정성	5	5	5	5	10%	15%

※ 2020 최종 시행시에는 이행노력 30%, 정책성과(지표달성도 및 비계량정책성과 포함) 60%, 일반국민 국민만족도 10% 반영함. 이행노력과 정책성과는 모두 전문가 평가단이 평가.
※ 2017~2019년 국민만족도는 정책추진노력, 목표달성도 및 정책효과를 합산한 수치를 60점으로 환산한 후, 5점을 부여하여 총 65점으로 평가.
출처: 국무조정실, 2017~2021 연도별 정부업무평가 시행계획.

가. 정책추진노력

여기에서는 과제 이행계획을 충실하게 수립하고, 이를 차질없이 추진했는지 평가한다. 이행해야 할 사항을 적기에 완수했는지 점검하여 완수한 비율로 측정하므로 1960년대 도입된 심사분석의 연장선으로 볼 수 있다. 문재인 정부 출범 첫해인 2017년에는 배점이 40%였으나, 2018년에는 30%로 축소되었고, 2019년도에는 10%로 대폭 축소되었다. 2020년 최초 계획에서는 10%였으나, 코로나19로 변경된 최종 평가(2020년 6월 변경)에서는 목표(지표)달성도와 통합하여 30%가 되었다.[22] 2021년에는 25%로 조정하였다.

나. 성과지표와 목표 달성도

성과지표 목표달성도 평가에서는 사전에 설정한 성과지표의 성과목표 달성도를 측정하므로, 정책과제를 대표하는 성과지표의 선정, 그 목표값 설정의 두 가지 요

22 2019년부터 정책추진노력 평가에서 기관장의 역할이 중요하다는 점을 인식하고 기관장 노력 배점을 포함하였다.

소로 구성된다. 여기에서 사전에 설정한 성과지표와 그 목표치가 매우 중요한 기준이 된다.

성과지표 선정 및 목표설정 과정은 다음과 같다. 매년초 해당 부처가 제출한 성과지표와 그 목표값을 토대로 분야별 성과지표 점검 TF(정평위원 및 해당 분야 전문가 참여) · 해당 부처 담당자 · 국무조정실 담당자들의 다면 검토를 통하여 대표성을 보완하고, 복합지표는 개선하며, 목표치 상향 조정을 유도한다(남궁근, 2019: 52). 2019년 98개 국정과제의 성과지표는 668개이며, 2020년에는 635개로 줄였다. 2021년도의 경우 성과지표 TF(정평위 · 민간전문가 · 국조실 등)를 총괄분과와 5개 분야별 분과(경제, 과학기술 · 농림 · 해수, 보건 · 복지 · 교육 · 문화, 외교 · 국방 · 행정, 국토 · 안전 · 환경)로 구성하고 국정과제와 주요정책과제 성과지표 약 2,000개(과제당 10~15개)를 검토하였다. 국정과제의 경우 91개의 국정과제에만 성과지표를 설정하였고, 그 숫자도 419개(과제당 평균 4.51개)로 대폭 줄였다.[23]

2021년도 목표치 설정에서 문재인 정부 출범시 수립된 국정과제 상세본에 당해연도 실적목표가 명시되었을 경우 원칙적으로 이를 목표치로 설정하였다. 한편 최근 3년간 실적치, 코로나19로 인한 충격 등을 감안하여 목표치를 조정하였다. 또한 양적 실적지표와 법률 제 · 개정 추진율과 같은 지표 유형간 난이도 차이를 고려하여 목표치 평정 등급을 5단계(달성, 거의 달성, 상당 달성, 일부 달성, 미달성)로 설정하였다.[24]

이와 같이 설정된 성과지표는 몇 가지 유형으로 분류할 수 있다.

첫째, 투입 · 과정 지표와 산출 · 결과지표를 구분할 수 있다. 투입-과정 지표는 부처 내부의 활동을 나타내며, 산출-결과지표는 재화 및 서비스가 대상집단에게 전달된 이후의 상황을 측정한다. 과제별 투입과 과정의 활동은 '정책추진노력' 평가

---

23 100개의 국정과제 가운데 국조실 소관 2개 과제(7. 국민주권적 개헌 및 국민참여 정치개혁, 30. 민생과 혁신을 위한 규제재설계)는 평가에서 제외되므로 2019년, 2020년 평가에서는 98개 과제의 성과지표가 설정되었다. 2021년에는 여러 가지 이유로 성과지표 측정이 불가능하다고 판단된 5개 과제(1. 적폐의 철저하고 완전한 청산, 5. 365일 국민과 소통하는 광화문 대통령, 85. 북핵 등 비대칭위협 대응능력 강화, 86. 굳건한 한미동맹 기반위에 전작권 조기전환, 91. 남북기본협정 체결 및 남북관계 재정립)는 성과지표 선정에서 제외하였다. 국조실 2개 과제는 평가에서 아예 제외되는 반면, 성과지표 선정에서 제외된 5개 과제의 경우, 결측치로 처리되어 해당부처 타과제의 성과지표 목표달성도 등을 반영하여 점수가 부여되며, 정책추진노력과 정책효과 평가(국민대상 정책만족도 포함)는 정상적으로 추진된다.

24 국무조정실, 2021a. 2021년도 일자리 · 국정과제 및 주요정책과제 성과지표. 제207차 정부업무평가위원회 보고안건(2021년 4월 2일).

에서 반영되므로 중복평가를 피하기 위하여 투입－과정지표는 불가피할 경우에만 인정하였다. 산출·결과지표 가운데 산출지표 선정을 원칙으로 하되 예외적으로 체감도 또는 만족도와 같은 결과지표를 사용하였다. 체감도 및 만족도는 뒤에서 살펴볼 '정책효과' 평가와 '일반국민·정책수요자 만족도' 조사와 중복될 우려가 있기 때문이다. 2019년 국정과제 668개 성과지표 가운데 투입·과정지표는 93개(13.9%), 산출·결과지표는 575개(86.1%)였다(남궁근, 2019: 52). 한편 2021년의 경우, 419개 지표 가운데 투입·과정지표는 58개(13.8%), 산출·결과지표는 361개(86.2%)였다.[25]

둘째, 성과지표는 내용별로 달성건수(예: 이용자 수, 취업자수, 사업장 수 등), 달성비율(예: 소비자피해 구제율, 보험납부자 비율 등), 법률 제·개정 지표로 구분할 수 있다. 법령지표는 도달한 입법단계에 따라 평정점수를 부여한다. 2021년 419개 국정과제 성과지표를 내용별로 구분하면 달성건수 지표 296개(70.64%), 달성비율 지표 109개(28.28%), 법령지표 18개(2.78%)로 구성되었다. 성과지표의 대다수가 달성건수와 달성비율로 측정되므로 논리모형(McLaughlin & Jordan, 2004; Royse, Thyer & Padgett, 2016)에서의 산출에 해당하는 지표가 압도적으로 많다고 볼수 있다.

성과지표 목표달성도의 비중은 2017년도 30%, 2018년도 40%, 2019년 60%로 증가하였다. 2020년에는 최초 계획에서 50%였으나, 최종평가에서는 성과이행 노력과 합산하여 30%를 차지하였다. 2021년에는 25%로 축소하였다.

다. 정책효과

정책추진 과정에서 발생하는 문제점 개선을 포함하여 평가지표만으로는 측정하기 어려운 정책효과를 평가한다. 이는 논리모형에서의 정책의 결과(영향)을 측정하는 것으로 볼 수 있다. 앞의 두 범주가 실천과제별로 평정되는 것과는 달리 정책효과는 평정단위가 국정과제이다. 2017～19년의 경우 배점 30%가 부여되었다. 2020년도에는 코로나19 상황의 어려움 때문에 불가피하게 배점이 60%로 늘어났다.

2021년에는 그 비율이 35%이다. 정책효과 35점은 '당초 의도한 효과' 30점과 '장기적 효과' 5점으로 구분한다. 당초 의도한 효과(30점)에서는 국정과제에서 제시한 일자리 창출 등 과제별 정책목표 및 기대효과 달성 여부 등을 계량적·비계량적 측면에서 종합적으로 정성평가한다. 2021년도에는 금년도 성과와 함께 그간 추

25 이하 앞의 자료 참조.

진해온 5년간 성과도 고려하여 종합 평가하도록 하였다. 한편 장기적 효과(5점)는 정책효과의 지속가능성, 향후 기대효과 등 정책의 장기적 효과의 크기 및 중요성 등을 고려하여 정성평가하도록 하였다.

라. 정책만족도

국정과제 및 주요정책과제별로 국민이 체감하는 결과를 반영하고자 일반국민과 정책수요자들이 체감하는 정책효과와 정책만족도를 조사한다(한국행정연구원, 2020). 체감 정책효과와 만족도 조사는 논리모형에서의 중기적 성과를 측정하는 것으로 볼 수 있다. 2017년부터 2019년까지 국민체감 만족도의 배점은 5점이었는데, 해당 기관의 개별과제 평가결과(배점 60점)와 합산되었다(남궁근, 2019: 52). 2020년에는 정책만족도의 배점을 10%로 늘렸다. 문재인 정부의 마지막 해인 2021년에는 그 배점을 15%로 늘렸다. '정책효과'와 체감 '정책만족도' 항목은 논리모형에서의 정책결과에 해당된다고 볼 수 있다. 2021년도에는 '정책효과' 35%, '정책만족도' 15%를 합산할 경우 정책결과에 대한 평가가 차지하는 비중이 50%로 늘어난 것이다.

② 국내외 환경변화에 따른 배점 조정

2020년에는 정부업무평가 계획을 수립한 이후 코로나19 발생에 따른 행정환경의 급격한 변화가 발생하였다. 이에 기존 정책의 추진방향, 우선순위 등이 수정되었고, 이에 연동한 정부업무평가 계획도 수정이 필요하게 되었다. 특히 각 부처의 코로나19 위기극복 노력과 성과를 적절하게 평가할 수 있는 체계 전환이 필요하며, 아울러 각 부처의 평가부담을 완화시켜 코로나19 방역과 경제 살리기에 역량을 집중하여 투입하도록 유도할 필요도 발생하였다. 이에 기관별 코로나19 대응 및 포스트 코로나 대비 노력에 대하여 가점 10점의 별도평가를 신설하였다.[26] 신설된 코로나19 대응노력 평가는 각 부처의 노력과 그로 인해 발생한 국민체감 성과 등 우수사례를 종합하여, 정부업무평가실의 실무작업을 토대로 정무업무평가위원회에서 최종적으로 확정하였다.

한편 코로나19 대응 노력은 정책과제별로 평가할 수 없으므로 불가피하게 기관에 점수를 부여하게 되어 기관평가의 요소가 강화되었다. 2021년에는 45개의 중앙행정기관(개인정보보호위원회, 질병관리청 추가)별 국정현안 대응노력을 평가하여 5점

26 2020년 정부업무평가 시행계획은 2019년 12월 24일 확정한 바 있다. 코로나19 발생으로 2020년 6월 제195차 정부업무평가위원회에서 중앙행정기관 대상 정부업무평가 시행계획을 수정하여 의결하였다(국무조정실, 2020, 2020 특정평가 세부지침, 2020.7 참조).

이내의 기관별 가점을 부여하기로 하였다.

(3) 문재인 정부 국정과제 성과평가의 주체와 평가절차

① 성과평가 주체

정부업무평가위원회가 국정과제 성과평가를 총괄하며, 국무조정실 정부업무평가실이 지원기능을 담당한다. 개별 국정과제의 실제 평가는 평가지표별로 정부업무평가실, 전문가 평가단, 일반국민·정책수요자가 각각 담당한다.

가. 정부업무평가실의 평가

정책추진노력과 성과지표 목표달성도의 평가는 국무조정실 정부업무평가실에서 담당한다. 그 이유는 두 가지 항목의 평가가 사전에 설정된 기준을 토대로 그 이행실적을 계량적으로 확인하는 절차이기 때문이다. 그런데 2020년에는 코로나19 때문에 부처의 업무부담을 줄여준다는 차원에서 정책추진노력과 목표달성도 평가를 별도로 실시하지 않고, 전문가 평가단에서 통합하여 평가하도록 하였다. 2021년도에는 예년과 같이 정부업무평가실에서 추진노력과 목표달성도 평가를 담당하도록 하였다.

나. 전문가 평가단의 평가

박근혜 정부 시기인 2015년부터 정부업무평가위원 및 민간전문가·정책수요자 등으로 구성된 「국정과제 평가지원단」에서 정책효과 부문의 평가를 담당하여 왔다.[27] 그 취지는 평가의 객관성과 전문성을 담보하는 한편 정책수요자의 시각을 반영하자는 것이다. 문재인 정부에서 2018년과 2019년 평가지원단의 규모는 총 450명 내외이며, 분야별 전문가와 정책수요자로 구성되었다. 평가대상 과제별로 정평위원 외에 민간전문가 3명, 정책수요자 3명이 평가에 참여하였다(남궁근, 2019: 51).

2020년에 평가지원단의 구성과 운영방식을 대폭 개편하고 그 명칭을 전문가 평가단으로 변경하였다. 상당기간 동안 대규모 평가지원단을 운영해본 결과, 전문가 집단과 정책수요자 집단의 평정 준거기준이 다를 뿐 아니라 개별 평가자 사이에 준거기준의 편차도 지나치게 큰 것으로 나타났다. 또한 평가자별 담당과제 수가

---

27 박근혜 정부는 집권 3년 차인 2015년 정부업무평가위원을 중심으로 500명 규모의 '국정과제 평가지원단'을 구성하여 평가를 실시하였으며, 분야별 민간전문가와 함께 정책수요자가 평가지원단에 참여하였다(국무조정실, 2017: 77−78). 2016년에는 국정과제평가지원단 규모를 538명으로 확대하였다(국무조정실, 2017: 94).

평균 3개에 불과하여 국정과제 간 평정결과의 일관성을 확보하기도 어려웠다. 이에 정책수요자는 제외하고 100명 규모의 「전문가 평가단」을 구성하여 운영하게 되었다. 국정과제와 주요정책과제를 10개 분과로 분류하고 분과별로 10명의 전문가로 하여금 분과내 모든 과제를 평정하도록 하였다. 분과별 전문가 평가단은 각각 6명의 전문가, 4명의 평가전문가로 구성하여, 분야별 전문가와 평가전문가가 골고루 참여하도록 하였다. 100대 국정과제 및 62개 주요정책과제를 합산하면 그 숫자가 162개이므로 분과별로 평균 16개 과제를 평가하였다.

한편 2020년 당초 국정과제 평가계획(2019년 12월 24일 확정)에서는 전문가 평가단이 정책효과 부문 40%(이행노력 10%, 목표달성도 50% 별도)에 관한 평가를 담당할 예정이었다. 그러나 코로나19 팬데믹의 확산에 따라 피평가기관의 평가부담 경감 차원에서 2020년 6월 평가방식을 대폭 변경하여 이행노력과 목표달성도를 별도로 평가하지 않고, 전문가 평가단이 이를 대신하도록 개편하였다.[28] 그러므로 2020년의 경우에는 평가지원단의 구성·운영방식의 대폭 개편뿐만 아니라 이행노력 및 목표달성도까지 모두 평가하게 되어, 전문가 평가단의 역할이 크게 강화되었다. 2021년에는 전문가 평가단이 '정책효과'(35%) 평가를 담당하도록 하였다.

② 평가시기 및 절차

매년 연말에 부처별로 업무추진실적을 전자통합평가시스템(e-IPSES)에 등록하는 한편 서면보고서를 제출한다(이하 남궁근, 2019). 한편 각 부처에서는 정부업무평가실과 전문가 평가단을 대상으로 평가설명회를 개최한다. 정책추진노력과 정책지표달성도는 정부업무평가실에서, 정책효과 항목에 관하여는 전문가 평가단이 사전에 설정된 기준에 따라 정량평가와 정성평가를 실시한다. 한편 정책만족도는 11월 중 설문조사를 실시하여 파악한다. 평가의 전문성과 객관성을 확보하기 위하여 한국행정연구원 주관으로 실시하는데, 실제 설문조사는 민간 전문조사기관에 의뢰한다.

(4) 국정과제 만족도 조사와 결과

① 일반국민과 정책수요자의 종합만족도 평가 개요

국정과제에 대한 만족도 조사는 일반 국민과 정책수요자가 국정과제별로 체감하는 정책효과 및 정책전반에 관한 만족도를 조사한다. 2021년의 경우 100개 국정

---

28 국무조정실, 2020.7, 2020 특정평가 세부지침 참조.

과제 전체에 대하여 일반국민을 대상으로 조사하고, 34개 과제는 추가로 정책수요자를 조사하였다(한국행정연구원, 2021).[29] 이 조사에서 국정과제 및 주요정책과제별로 각 부처가 작성한 정책의 방향성, 내용, 추진성과 등에 관한 설명자료를 제시한 다음, 정책의 필요성, 정책내용의 적절성, 정책효과 달성도, 정책전반 만족도에 관하여 질문한다. 네 가지 질문에 대한 응답을 각각 20%, 20%, 30%, 30%씩 가중합산하는 방식으로 종합만족도를 산출한다.

② 국정과제의 만족도 조사결과

한국행정연구원의 2021 국정과제 정책만족도 조사결과를 종합만족도 중심으로 살펴보기로 하겠다.[30] 앞의 <표 10－58>에서 박근혜 정부의 14대 추진전략별로 평가결과 순위와 국민만족도 조사결과 순위를 비교한 결과 순위가 대체로 일치하였음을 알 수 있었다. 문재인 정부에서 국정과제 또는 국정전략별 평가결과 순위는 공개하지 않으므로, 정책만족도 조사결과를 그 대용지표로 활용할 수 있을 것이다.

가. 종합만족도 추이

[그림 9－11]에 나타난 바와 같이 문재인 정부 국정운영 5년차인 2021년도의 100대 국정과제 종합만족도는 7점 만점에 4.66점으로, 전년 대비 0.05점 소폭 상승하였으며 임기 초반인 2017년도의 만족도인 4.60보다 높은 수준이었다.[31] 2018년도에 4.74로 증가한 후에 2019년, 2020년에 각각 4.64, 4.61로 하락하였다. 하락의 주된 원인은 평화와 번영의 한반도 전략목표에 포함된 16개 과제의 국민만족도가 대폭 하락한 것이다. 2021년에는 코로나19가 2년째 지속되는 상황임에도 불구하고 4.66으로 상승하였다.

---

29 일반 국민은 과제당 650명이 조사에 참여한다. 한편 34개 국정과제에 대한 정책수요자 조사는 중소기업인, 농어민, 노인, 청년, 여성, 과학기술인, 저소득층, 학부모, 문화예술인, 근로자, 장애인 등 11개 유형의 정책수요자가 조사대상인데 유형별로 과제당 650명이 조사에 참여하였다. 정책수요자 평가가 없는 과제의 경우에는 일반국민 점수를 과제의 종합만족도로 하며, 정책수요자까지 조사한 34개 국정과제의 경우에는 전문가델파이에 의하여 산출된 가중치 비율을 토대로 일반국민과 정책수요자 조사결과를 47.1 : 52.9의 비율로 반영하였다. 2021년도에는 총 17,550명을 대상으로 조사하였다.

30 이 부분은 한국행정연구원이 전문조사기관에 의뢰하여 조사한 결과를 수록한 「2021년도 국정과제 만족도조사 결과보고서」의 종합분석을 정리한 것이다.

31 전체 만족도는 100개 과제별 만족도 평균값이다.

그림 9-11 문재인 정부 국정과제 전체 만족도 추이(2017–2021)

(단위: 7점 척도)

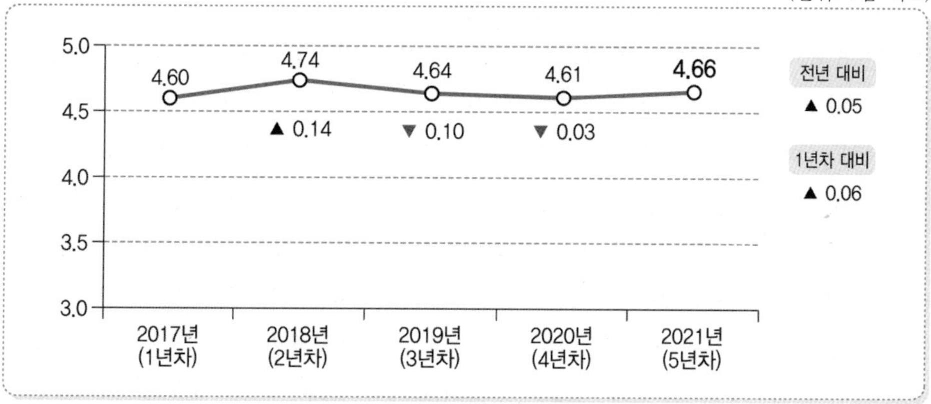

출처: 한국행정연구원, 2021, 2021년도 국정과제 만족도조사 결과보고서.

나. 국정목표별 만족수준

[그림 9－12]에 나타난 바와 같이 2021년 조사에서 국정목표별로는 ‘내 삶을 책임지는 국가’ 목표 범주의 과제(32개 과제) 평균이 4.76점으로 가장 높았다. ‘국민이 주인인 정부’ 목표 범주의 과제(15개)는 평균 4.68, ‘더불어 사는 경제’ 목표 범주의 과제(26개 과제) 평균이 4.67점, ‘고르게 발전하는 지역’ 범주의 과제(11개 과제) 평균은 4.68점으로 전체 평균보다 약간 높았다. ‘평화와 번영의 한반도’ 목표 범주의 과제(16개 과제) 평균이 4.41점으로 가장 낮았다.

그림 9-12 2021년 국정목표별 과제 만족수준

(단위: 7점 척도)

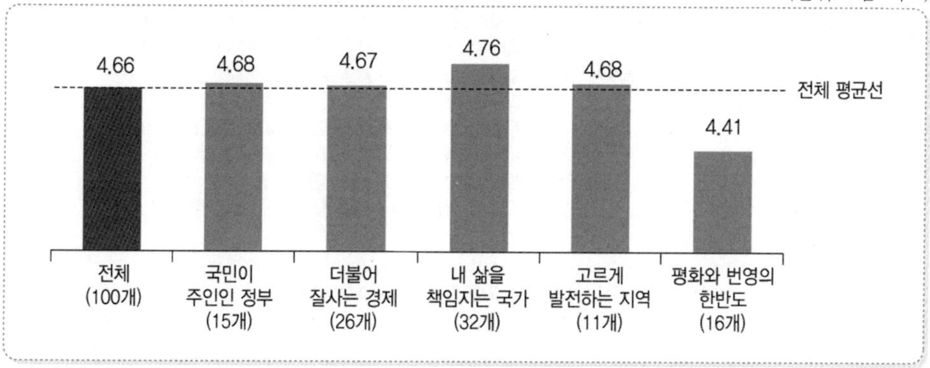

※ ( ) 안은 국정과제 수.

출처: 한국행정연구원, 2021, 2021년도 국정과제 만족도조사 결과보고서.

다. 20대 추진전략별 만족수준

[그림 9－13]에 2020년도의 20대 추진전략별 만족도 수준이 제시되었다. 20대 추진전략 중에서 '사람이 돌아오는 농산어촌' 전략 범주의 과제 평균이 4.97점으로 가장 높았고, 뒤이어 '모두가 누리는 포용적 복지국가', '과학기술이 선도하는 4차 산업혁명', '투명하고 유능한 정부' 전략 범주의 과제들의 평균이 각각 4.88점, 4.84점, 4.81점으로 높은 편이었다. 한편 '남북 간 화해협력과 한반도 비핵화' 전략 범주의 과제 평균은 4.05점으로 20대 전략 가운데 가장 낮았다. 그 밖에도 만족도가 낮은 전략들은 '소통으로 통합하는 광화문 대통령' 4.56, '소득 주도 성장을 위한 일자리 경제' 4.53, '풀뿌리 민주주의를 실현하는 자치분권' 4.49, '골고루 잘사는 균형발전' 4.56, '강한 안보와 책임국방' 4.61점 등이었다.

그림 9-13 20대 추진전략별 만족수준, 2021년도

(단위: 7점 척도)

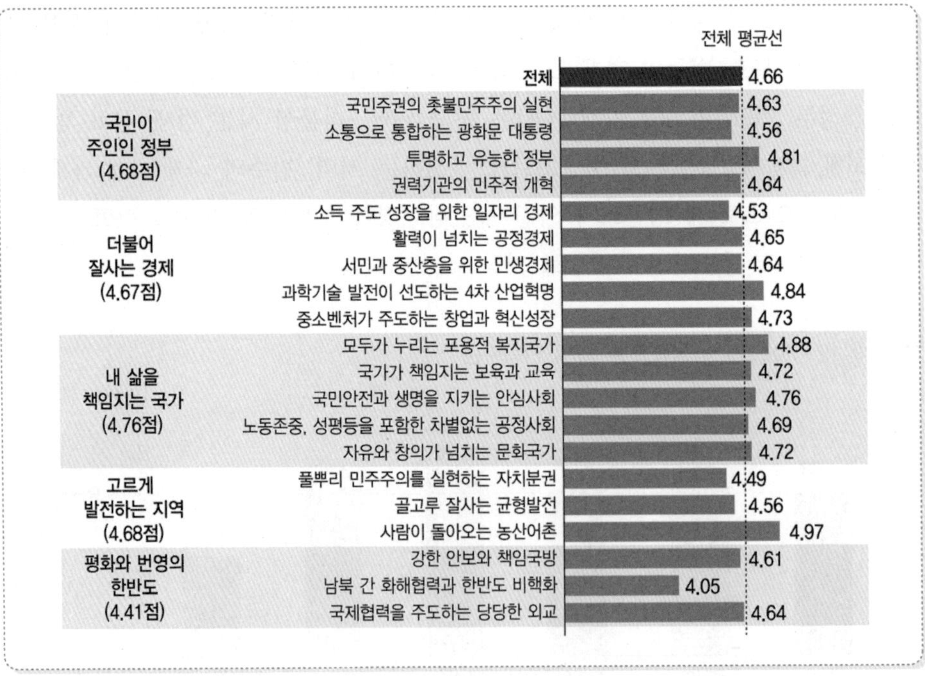

출처: 한국행정연구원, 2021, 2021년도 국정과제 만족도조사 결과보고서.

<표 9－77>에 2017년부터 2021년까지 추진전략별 만족도의 변화 추이가 제시되었다. '모두가 누리는 포용적 복지국가' 전략 범주는 2017년부터 2020년까지 4년

연속 만족도 1위를 유지하였으나, 2021년에는 2위를 기록하였다. ‘사람이 돌아오는 농산어촌’ 전략 범주는 4년 연속 만족도 2위를 기록하였는데, 2021년 1위가 되었다. ‘과학기술이 선도하는 4차 산업혁명’ 전략 범주는 2017년과 2018년 각각 16위와 17위에서 2020년과 2021년에 3위로 상승폭이 가장 큰 전략 범주이다. 상승폭으로 판단할 경우 ‘국가가 책임지는 보육과 교육’ 전략 범주의 과제들도 2017년 19위에서 12계단 상승하여 2021년도에 7위로 올라섰다. ‘투명하고 유능한 정부’ 전략 범주의 과제 평균은 2017년 6위의 상위권에서 2020년도 4위로 상승하였다. ‘국민안전과 생명을 책임지는 안심사회’ 전략 범주의 과제는 2017년 5위에서 꾸준하게 상위권을 유지하면서 2020년 조사에서도 5위를 유지하였다. ‘노동존중, 성평등을 포함한 차별없는 공정사회’ 전략 분야는 2017년 17위에서 2021년 6위로 상승하였다.

반면에 ‘남북 간 화해협력과 한반도 비핵화’ 전략 범주의 만족도는 2017년도 14위에서 2019년부터 2021년까지 최하위인 20위로 크게 하락하였다. 이 범주의 과제들은 2018년도 평창 동계올림픽을 계기로 남북대화가 재개되고, 세 차례 남북정상회담을 통하여 남북대결의 역사를 평화・협력시대로 전환하면서 두 차례의 남북공동선언(판문점 선언・평양공동선언)으로 2018년도 만족도 조사에서 8위까지 순위가 높아졌으나, 2019년부터 남북관계가 악화되면서 만족도 순위가 최하위로 하락하게 되었다. ‘국민주권의 촛불민주주의 실현’ 범주의 과제들은 2017년 4위에서 2021년 14위로 10계단 하락하였고, ‘소통으로 통합하는 광화문 대통령’ 전략 범주의 과제 만족도는 2017년도 8위에서 2021년도 17위로 9계단 하락하였다. ‘서민층과 중산층을 위한 민생경제’ 전략 분야에서도 2017년도 2위에서 11계단 하락하여 2020년도에 13위가 되었고, ‘풀뿌리 민주주의를 실현하는 자치분권’ 전략 분야도 2017년도 10위에서 2020년도에는 최하위권인 19위로 하락하였다.

표 9-77 20대 추진전략별 만족도 변화 추이(2017-2020)

(단위: 7점 척도)

구분	2017		2018		2019		2020		2021		변동 (17-21)	
	점수	순위	점수	순위	점수	순위	점수	순위	점수	순위	점수	순위
전체	**4.60**	–	**4.74**	–	**4.64**	–	**4.61**	–	**4.66**		**+0.05**	–
국민이 주인인 정부(15)	**4.70**	–	**4.80**	–	**4.64**	–	**4.62**	–	**4.68**		**−0.02**	–
국민주권의 촛불민주주의 실현(4)	4.72	4	4.77	9	4.64	9	4.64	9	4.63	14	−0.09	▼10
소통으로 통합하는 광화문 대통령(3)	4.67	8	4.80	7	4.58	14	4.46	18	4.56	17	−0.11	▼9
투명하고 유능한 정부(5)	4.69	6	4.82	3	4.63	11	4.75	4	4.81	4	+0.12	▲4
권력기관의 민주적 개혁(3)	4.69	6	4.82	3	4.71	3	4.56	14	4.64	13	−0.05	▼7
더불어 잘사는 경제(26)	**4.53**	–	**4.66**	–	**4.65**	–	**4.64**	–	**4.67**		**+0.14**	–
소득 주도 성장을 위한 일자리 경제(7)	4.54	13	4.66	16	4.63	11	4.53	15	4.53	18	−0.01	▼5
활력이 넘치는 공정경제(4)	4.51	15	4.69	12	4.64	9	4.61	12	4.65	10	+0.14	▲5
서민과 중산층을 위한 민생경제(5)	4.74	2	4.77	9	4.67	7	4.60	13	4.64	13	−0.10	▼11
과학기술 발전이 선도하는 4차 산업혁명(6)	4.49	16	4.63	17	4.70	5	4.84	3	4.84	3	+0.35	▲13
중소벤처가 주도하는 창업과 혁신성장(3)	4.30	20	4.50	20	4.55	16	4.63	10	4.73	6	+0.43	▲14
내 삶을 책임지는 국가(32)	**4.62**	–	**4.78**	–	**4.74**	–	**4.72**	–	**4.76**		**+0.14**	–
모두가 누리는 포용적 복지국가(6)	4.99	1	5.04	1	4.98	1	4.87	1	4.88	2	−0.11	–
국가가 책임지는 보육과 교육(7)	4.42	19	4.68	13	4.66	8	4.69	6	4.72	7	+0.30	▲12
국민안전과 생명을 지키는 안심사회(8)	4.70	5	4.81	5	4.71	3	4.71	5	4.76	5	+0.05	–
노동존중, 성평등을 포함한 차별없는 공정사회(4)	4.48	17	4.67	15	4.63	11	4.69	6	4.69	9	+0.21	▲8
자유와 창의가 넘치는 문화국가(7)	4.48	17	4.68	13	4.69	6	4.66	8	4.72	7	+0.24	▲10
고르게 발전하는 지역(11)	**4.65**	–	**4.71**	–	**4.61**	–	**4.59**	–	**4.68**		**+0.03**	–
풀뿌리 민주주의를 실현하는 자치분권(4)	4.60	10	4.63	17	4.44	19	4.42	19	4.49	19	−0.11	▼9
골고루 잘사는 균형발전(3)	4.59	11	4.63	17	4.58	14	4.47	16	4.56	17	−0.03	▼6
사람이 돌아오는 농산어촌(4)	4.74	2	4.85	2	4.80	2	4.85	2	4.97	1	+0.23	▲1
평화와 번영의 한반도(16)	**4.58**	–	**4.77**	–	**4.46**	–	**4.32**	–	**4.41**		**−0.17**	–
강한 안보와 책임국방(5)	4.66	9	4.81	5	4.55	16	4.47	16	4.61	15	−0.03	▼6
남북 간 화해협력과 한반도 비핵화(6)	4.52	14	4.78	8	4.34	20	3.96	20	4.05	20	−0.47	▼6
국제협력을 주도하는 당당한 외교(5)	4.57	12	4.72	11	4.52	18	4.62	11	4.64	13	+0.07	▲1

※ ( )안은 국정과제 숫자임.

출처: 한국행정연구원, 2021, 2021년도 국정과제 만족도조사 결과보고서.

라. 조사대상별 만족수준 차이

[그림 9-14]에 일반국민과 정책수요자별 만족도 추이(2017-2021년)가 제시되었다. 문재인 정부 출범 초인 2017년도에는 일반국민의 만족도(4.66)가 정책수요자의 만족수준(4.34점)보다 높은 것으로 나타났다. 그런데 일반 국민의 만족수준은 2년차인 2018년도에 4.78로 상승한 이후 정체상태인 반면, 정책수요자 만족 수준은 매년 꾸준히 상승하면서 2019년에 일반국민 대비 상대적 만족수준이 역전되었다. 2021년에는 일반국민이 4.63점인데 비하여 정책수요자는 4.85점이었다.

그림 9-14 일반국민과 정책수요자의 만족도 추이(2017-2021)

(단위: 7점 척도)

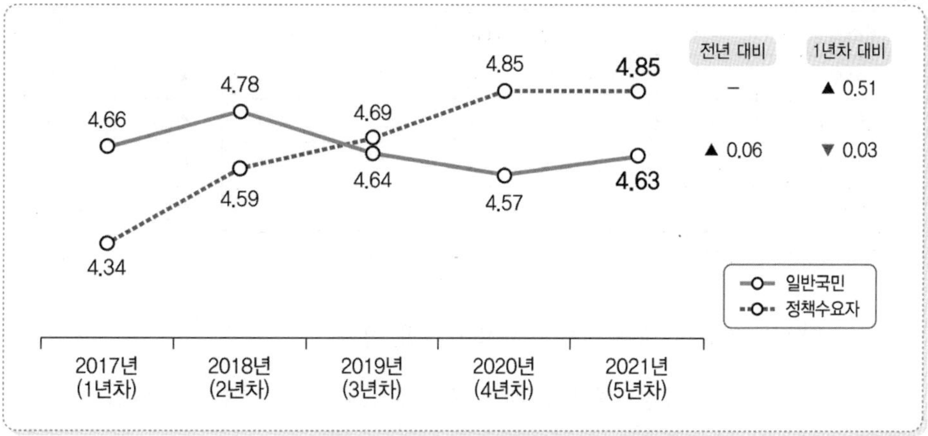

※ 일반국민은 100개 전 과제 평가, 정책수요자는 34개 과제 평가.
출처: 한국행정연구원, 2021, 2021년도 국정과제 만족도조사 결과보고서.

<표 9-78>에 정책수요자 유형별 만족도 추이가 제시되었다. 2017년부터 2021년까지 4년간 장애인과 노인의 만족수준이 높은 편이며 2021년에는 각각 5.28점, 5.21점이었다. 반면 청년은 5년간 만족도 수준이 가장 낮은 그룹이었으며 2021년에도 4.51점으로 가장 낮았다. 임기 초인 2017년과 대비하면 문화예술인, 중소기업인, 과학기술인의 만족수준 개선도가 가장 높았다. 한편 저소득층의 만족수준은 2021년에 상당히 하락하여 그 원인 분석과 대책 마련이 필요한 것으로 보인다.

표 9-78 정책수요자 유형별 만족도 추이

(단위: 7점 척도)

구분	'17	'18	'19	'20	'21	차이	
						전년대비	1년차대비
정책수요자 전체	4.34	4.59	4.69	4.85	4.85	–	▲0.51
중소기업인	4.14	4.33	4.56	4.81	4.85	▲0.04	▲0.71
농어민	4.76	4.87	4.88	4.92	5.09	▲0.17	▲0.33
노인	5.31	5.07	5.24	4.85	5.21	▲0.36	▼0.10
청년	4.13	4.34	4.57	4.64	4.51	▼0.13	▲0.38
여성	4.14	4.56	4.49	4.79	4.76	▼0.03	▲0.62
과학기술인	4.33	4.60	4.77	5.06	4.98	▼0.08	▲0.65
저소득층	4.98	4.96	5.00	4.77	4.58	▼0.19	▼0.40
부모	4.13	4.55	4.58	4.75	4.78	▲0.03	▲0.65
문화예술인	3.65	4.38	4.66	4.77	4.74	▼0.36	▲1.09
근로자	4.17	4.48	4.51	4.79	4.81	▲0.02	▲0.64
장애인	5.24	5.09	5.05	5.42	5.28	▼0.14	▲0.04

출처: 한국행정연구원, 2021, 2021년도 국정과제 만족도조사 결과보고서.

(5) 기관평가 형태의 국정과제 성과평가결과 공개

국정과제의 성과는 국정과제별로 매년 평가해 왔다. 2019년부터 정부업무평가위원회 홈페이지에 국정과제별로 정부출범(2017.5~) 이후 달성한 핵심 성과를 포함한 주요성과를 공개하고 있다.[32] 그러나 과제별 평가점수 또는 등급은 공개하지 않으며, 부처 소관 과제별 평가점수 평균을 기초로 산출한 기관평가 등급을 장관급과 차관급 부처로 구분하여 공개하고 있다.

이같이 국정과제 평가결과를 부처 등급으로 공개하게 된 경과를 살펴보겠다. 박근혜 정부 첫 해인 2013년에는 140개 국정과제를 대상으로 각각 우수, 보통, 미흡의 세 등급을 부여하여 평가결과를 발표하였다. 우수 29개, 보통 84개, 미흡 27개로 대략 20%, 60%, 20% 비중으로 등급을 구분하였다(국무조정실, 2017: 52). 그런

32 https://www.evaluation.go.kr/psec/np/np_2_1_2.jsp 참조. 2020년 보고서에서는 국정과제별로 과제목표, 총평, '20 주요성과(정부출범(2017.5~) 이후 핵심성과 포함), 개선·보완 필요사항을 기술하였다. 정부업무평가위원회·국무조정실, 2021, 2020년도 일자리·국정과제평가: 국정과제 과제별 보고서 참조.

데 2014년부터 개별과제보다는 이를 종합한 기관성과가 대표성 · 책임성 측면에서 중요하다고 판단하여, 기관별로 우수－보통－미흡의 3등급으로 결과를 발표하기 시작하였다(국무조정실, 2017: 65).

문재인 정부 출범 이후에도 박근혜 정부가 도입한 국정과제 평가결과의 기관등급화 및 기관종합평가 결과를 계속 공개하고 있다. 문재인 정부에서는 2019년부터 S와 D등급을 추가하여 5등급까지 부여할 수 있도록 하였다. 다만 S와 D등급은 극히 예외적인 경우에만 부여한다. 이같이 국정과제의 기관평가 및 기관종합평가, 그리고 부처등급 확대는 정부전체 차원에서 기관간 경쟁을 통한 성과창출을 촉진하기 위한 조치라고 여겨지지만 피평가기관에서는 개별 국정과제보다는 기관등급에 더욱 관심을 가지기 때문에 개별 국정과제의 중요성이 약화될 수 있다.

국정과제 성과평가 결과에서 부처별 등급만 공개하므로 20대 전략별 성과는 물론 5대 국정목표의 상대적 추진성과는 파악하기 어렵다. 그런데 국정목표별 주관부처의 등급과 국조실 발표자료, 그리고 만족도 조사결과를 종합하면 상대적 성과를 추정할 수 있다. 5대 국정목표 가운데 '내 삶을 책임지는 국가'의 추진성과가 상대적으로 가장 우수한 반면, '평화와 번영의 한반도'라는 목표의 추진성과는 상대적으로 가장 저조하다. '더불어 잘 사는 경제', '국민이 주인 정부'와 '고르게 발전하는 지역'이라는 목표가 그 중간에 위치한 것으로 판단된다.[33]

3) 규제혁신 부문

<표 9－79>에 문재인 정부의 규제혁신 부문의 변동 내용이 요약되었다. 규제혁신 부문은 2005년부터 계속하여 평가되었으며 2016년도 박근혜 정부의 규제개혁 부문은 특정평가에서 20% 비중을 차지하였는데, 문재인 정부에서는 2017년도에 그 비중을 10%로 축소하였다. 2018년부터는 비중 10%를 유지하면서 명칭을 규

33 2020년 평가결과를 발표하면서 국무총리실은 일자리 · 국정과제 부문의 주요 성과를 다음과 같이 보도하였다. 첫째, 범국가적 역량을 결집하여 코로나19에 성공적으로 대응하였다. 둘째, 기초연금 확대(월 30만원 대상 소득하위 20% → 40%), 산재 · 고용보험 가입 확대 등 취약계층 사회안전망을 강화하고, 국공립 어린이집 · 유치원 확충 등 보육 · 교육의 포용성을 제고하였다. 셋째, 신산업 육성, 벤처투자 활성화 등 혁신성장 기반을 강화하였으며, 주력산업 경쟁력을 제고하였다. 넷째, 공수처 제도 완비, 검 · 경 수사권 조정 · 시행 등 권력기관 개혁을 완수하고, 과거사 · 개인정보보호 등 국민 권익 보호를 강화하였다. 다섯째, 자치분권 기반 마련, 지역활성화 등 국가균형발전을 촉진하고, 남북대화 촉구, 국방력 강화 등 평화와 번영의 한반도를 구현하기 위한 노력을 지속하였다. 다만, 코로나19로 인한 경제적 충격 완화, 부동산 · 가계부채 안정화, 권력기관 개혁의 성공적 안착 등 지속적인 노력이 요구되고 있다고 보았다. 국무조정실, 2021년 1월 21일자 보도자료.

표 9-79 문재인 정부 규제혁신 부문 변동(2017-2021)

연도	2017년	2018년	2019년	2020년	2021년 계획
대상 기관	29개 기관 장관급 19, 차관급 10	29개 기관 장관급 19, 차관급 10	26개 기관 장관급 17, 차관급 9	33개 기관 장관급 20, 차관급 13	35개 기관 장관급 21, 차관급 14
비중	10	10	10	10	10
평가 지표	규제개선(60) -규제개선과제 정비성과 -신산업관련 과제 정비 -일자리창출 규제개선 성과	규제정비 (60) -기존규제 정비 25 -신산업관련 과제정비 20 -일자리 창출 규제정비 15	규제정비 (60) -신산업관련 과제정비 20 -기존규제 정비 40	규제혁신성과 60 -신산업혁신 20 -민생혁신 20 -공직혁신 20	핵심분야 규제혁신 노력 · 성과(70) -신산업분야 -민생분야 -신산업민생분야 체감도
	규제심사(25) -규제심사절차 준수 -일몰규제정비 및 규제등록실적	규제심사(20) -규제심사절차 준수 15 -일몰규제정비 5	규제심사(20) -규제심사절차 준수 15 -일몰규제정비 5	규제품질관리 20 -신규규제 16 -기존규제 4	
	체감도(15) -규제개혁 만족도 -규제개혁 국민소통 실적	규제혁신 체감도 (20) -규제혁신 만족도 10 -규제혁신 국민소통 실적 10	규제혁신 체감도 (20) -규제혁신 만족도 10 -규제혁신 소통실적 10	규제혁신 소통체감도(20) -규제혁신 소통 10 -규제혁신 만족도 10	규제혁신 플랫폼구축(30) -국민소통 및 규제 챌린지 -규제 전주기 관리 체제
	기타(+3) -규제개혁 교육 참여도 및 활성화 노력	기타 (+5) -규제개혁 교육 +3 -적극행정 노력도 +2	기타(가감점) -적극행정 활성화노력 ±2 -규제혁신 교육 ±1	코로나 대응(가점) +5	
평가 등급	장관급 우수 5 보통 11 미흡 3 차관급 우수 3 보통 5 미흡 2	장관급 우수 5 보통 11 미흡 3 차관급 우수 3 보통 5 미흡 2	장관급 S 1 A 3 B 9 C 2 D 1 차관급 S 1 A 3 B 4 C 2	장관급 A 6 B 10 C 3 차관급 A 4 B 7 C 2	* 5등급 구분 예정 (S · A · B · C · D) ※ 우수기관과 함께 점수가 크게 상승한 '도약기관'에도 포상 실시 예정

출처: 국무조정실 내부자료에서 정리.

제혁신으로 변경하였다. 2017년도 규제개혁 부문의 평가목적은 중앙행정기관의 규제개혁 노력과 성과를 점검 · 평가하여 4차 산업 혁명의 기반을 마련하고, 민생안정을 강화하며, 국민체감도를 제고하는 것이다.

2017년도에는 신산업분야의 규제혁파를 통하여 4차 산업혁명의 촉진에 기여하는 등 성과를 거두었다. 평가결과는 장관급 기관과 차관급 기관으로 구분하여 각각 우수, 보통, 미흡기관을 선정하였다. 2018년도에는 규제혁신 체감도의 비중을 20%로 설정하고 정책수요자의 규제혁신 만족도와 규제혁신 소통실적을 평가에 반영하였다. 또한 부처별 적극행정노력도에 +2점 범위내의 가점을 부여하였다. 평가결과는 2017년과 마찬가지로 장관급 기관과 차관급 기관을 구분하여 각각 우수, 보통, 미흡기관을 선정하였다. 2019년에는 규제 샌드박스 제도 운영성과를 지표화하는 등 신산업혁신 분야를 강화하였다. 문재인 정부는 2019년부터 특정평가의 모든 부문에서 평가결과를 S, A, B, C, D의 5단계로 분류하기로 하고 S와 D등급은 예외적인 경우에 부여하기로 하였다. 규제개혁의 경우, 2019년 평가에서 S등급을 장관급 부처 1개 기관(과기정통부)과 차관급 1개 기관(식약처)에 부여하고, 장관급 부처인 교육부에 특정평가의 전 부문에서 유일하게 D등급을 부여하였다. 2020년도에는 예년과는 달리 부처별 코로나 대응에 +5점의 가점을 부여하였다. 2019년 D등급을 받았던 교육부는 B등급으로 2단계 등급이 상승하였다. 2021년도에는 부처평가에 규제챌린지 제도를 도입하여 민간이 과도한 규제의 개선을 제안할 경우 민간과 정부가 함께 3단계에 걸쳐 검토하여 해당 규제를 혁신하기로 하였다.

4) 정부혁신 부문

<표 9-80>에 문재인 정부의 정부혁신 부문의 변동 내용이 요약되었다. 정부혁신 부문은 노무현 정부 시기에 혁신관리 부문으로 평가가 이루어지다가 이명박 정부와 박근혜 정부에서는 폐지되었는데, 문재인 정부에서 2018년도 특정평가에 신규로 편성되었다. 문재인 정부는 2018년 3월에 정부혁신 종합추진계획을 발표하고, 사회적 가치를 중심으로 하는 정부운영, 참여와 협력, 그리고 신뢰받는 정부 등 3대 전략을 본격적으로 추진하기 시작하였다. 이에 2018년 정부혁신 부문의 사회적 가치 분야에서는 균형인사, 인권개선 및 구매 등에서 사회적 가치구현, 사회적 가치를 강화하는 정책조정 노력이 평가지표에 포함되었다. 참여와 협력 분야에서는 정책의 모든 과정에 국민참여 확대, 국민이 체감하는 공공자원 개방, 협업·조정·갈등관리가 평가지표에 포함되었다. 한편 신뢰받는 정부에서는 공정하고 청렴한 공직사회 구현, 국민중심 행정혁신 추진이 평가지표였다. 2018년 평가결과는 타 부문과 동일하게 장관급과 차관급 기관별로 우수, 보통, 미흡기관을 구분하였다.

표 9-80 문재인 정부 정부혁신 부문 평가지표의 변동(2018–2021)

연도	2017년	2018년	2019년	2020년	2021년 계획
대상 기관	미실시	43개 기관 장관급 23, 차관급 20	43개 기관 장관급 23, 차관급 20	43개 기관 장관급 23, 차관급 20	45개 기관 장관급 24, 차관급 21
비중		10	10	10	10
평가 지표		혁신준비(15)	혁신역량 · 실행 10	기관의 혁신역량 7	기관의 혁신역량 10
		혁신실행 및 성과(75) –사회적 가치 중심 정부운영 29 –참여와 협력 29 –낡은관행을 깨는 신뢰받는 정부 17	혁신성과 75 –핵심사업 13 –포용적 행정 21 –참여와 협력 24 –신뢰받는 정부 17	혁신성과 78 –참여와 협력 25 –신뢰받는 유능한 정부 28 –적극행정 6 –혁신적 포용행정 19	혁신성과 75 –대표혁신성과 –참여와 협력 –국민체감 공공서비스 –일하는 방식 혁신
			혁신성과 홍보 5		
		기관대표 혁신사례 10	국민체감도 10	국민체감도 15	국민체감도 15
			적극행정 추진성과 +5		
평가 등급	–	장관급 우수 6 보통 13 미흡 4 차관급 우수 6 보통 10 미흡 4	장관급 A 6 B 13 C 4 차관급 A 6 B 10 C 4	장관급 A 6 B 13 C 4 차관급 A 6 B 10 C 4	* 5등급 구분 예정 (S · A · B · C · D) ※ 우수기관과 함께 점수가 크게 상승한 '도약기관'에도 포상 실시 예정

출처: 국무조정실 내부자료에서 정리.

2019년에는 2018년과 대비하여 평가지표의 일부를 개편하였다. 사회적 가치 중심의 정부운영 부문의 명칭을 포용적 행정으로 변경하였다. 여기에서 공공서비스 사각지대 해소 및 사회적 가치 강화 정책조정 노력, 공공구매 조달(기술개발제품 구매실적 및 혁신지향 공공조달 우수성과, 중증장애인 생산품 구매), 그리고 균형인사(여성의 의사결정권한, 장애인 고용의무인원 충족도)를 평가하였다. 참여와 협력, 그리고 신뢰받는 정부 분야는 평가지표에 큰 변동이 없었다. 한편 국민평가단 및 일반국민을 대상으로 조사한 혁신성과 체감도를 10% 반영하였다. 행정안전부에서는 2019년부터 정부혁신을 본격 추진하여 국민이 생활 속에서 체감하는 혁신성과가 창출되기 시작했고, 이에 따라 OECD 정부신뢰도가 2년 동안 10단계 상승[('17년) 32위 → ('18년) 25위 → ('19년) 22위]하였고, 국제투명성기구의 부패인식지수는 6단계 상승[('17년) 51위 → ('18년) 45위]한 것으로 보았다. 이러한 성과를 거둔 데에는 특정 평가부문의 정부혁신 추진실적도 어느 정도 기여한 것으로 볼 수 있을 것이다. 2020년도에는 전례 없는 코로나19 위기 대처 과정에서 그간의 정부혁신 축적을 기반으로 국민이 체감할 수 있는 가시적 성과를 도출한 것으로 보았다. 예를 들면, 마스크 중복구매 확인시스템, 드라이브 스루 선별진료소 등 혁신적인 행정으로 코로나19에 신속·효과적 대응(K－방역)하였다는 것이다. 이러한 정부혁신 추진노력은 OECD 디지털정부평가 종합 1위('20.10월), 국제투명성기구의 부패인식지수 상승[('18년) 45위 → ('19년) 39위]에도 기여하였다.

5) 정책소통 부문

<표 9－81>에 문재인 정부의 정책소통 부문의 변동 내용이 요약되었다. 정책소통 부문의 평가목적은 국정과제 및 주요정책에 대한 각 부처의 정책소통 추진노력과 성과를 평가함으로써 새 정부 정책에 대한 국민의 이해를 높이고 정책 성과에 대한 체감도를 확산하는 것이다. 정책소통 부문은 노무현 정부에서 특정평가 부문으로 포함된 이후 이명박 정부와 박근혜 정부에서도 계속 유지되었다. 2016년도 박근혜 정부에서는 정책홍보 부문으로 20% 비중을 차지하였는데, 문재인 정부는 이를 정책소통으로 명칭을 변경하고 비중을 10%로 줄였다. 2018년도에는 5점 배점의 소통만족도가 별도 편성되었으나, 2019년부터 정책소통 15점으로 통합되었다. 2020년에는 정책소통활동의 비중을 30%에서 16%로 줄이는 반면, 정책소통성과를 50%에서 59%로 늘리고, 정책체감도를 20%에서 25%로 늘렸다.

정책소통 부문의 부처 평가결과는 타 부문의 평가와 동일하게 2017년과 2018년도에는 장관급과 차관급 기관별로 각각 우수, 보통, 미흡기관으로 구분하였으나, 2019년부터는 A, B, C 그룹으로 구분하였다. 정책홍보 또는 정책소통은 노무현 정부 이래 역대정부에서 대통령을 중심으로 한 정부핵심부가 계속 중시하는 부문이었다. 그런데 전통적인 매체인 텔레비전, 종이신문, 라디오 등의 영향력이 약화되고 휴대가 간편한 모바일 기기를 활용한 인터넷 포털 뉴스 이용이 증가하면서 온라인 정책소통의 평가비중도 높아지고 있으며, 체감도에서도 온라인 체감도의 비중이 높아지고 있다.

표 9-81 문재인 정부 정책소통 부문 평가지표의 변동(2017–2021)

연도	2017년	2018년	2019년	2020년	2021년 계획
대상 기관	43개 기관 장관급 23, 차관급 20	43개 기관 장관급 23, 차관급 20	43개 기관 장관급 23, 차관급 20	43개 기관 장관급 23, 차관급 20	45개 기관 장관급 24, 차관급 21
비중	10	10*	15	15	15
평가 지표	정책소통활동(31) – 정책소통기획실적 7 – 기관간 소통협업 실적 16 – 정례브리핑 및 언론반영 실적 8	정책소통활동(30) – 정책소통기획실적 6 – 기관간 소통협업 실적 14 – 정례브리핑 및 언론반영 실적 10	정책소통활동(30) – 정책소통기획 – 언론소통활동 – 온라인소통활동	정책소통활동(16) – 주요정책 협의 – 언론 소통활동	정책소통활동(14) – 주요정책 협의 – 언론 소통활동
	정책소통성과(69) – 방송 · 신문보도 성과 13 – 기관 정책소통 활동성과 16 – 온라인 정책소통 활동성과 40	정책소통성과(70) – 방송 · 신문보도 성과 10 – 기관 정책소통 활동성과 15 – 온라인 정책소통 활동성과 45	정책소통성과(50) – 기관장 정책소통 성과 – 언론소통 성과 – 온라인 정책소통 성과 – 부처 협업 성과 – 정책소통기획 성과	정책소통성과(59) – 언론소통 성과 – 온라인 정책소통 성과 – 기관장 정책소통 성과 – 보유매체 등 활용 성과	정책소통성과(63) – 언론소통 성과 – 온라인 정책소통 성과 – 기관장 정책소통 성과 – 보유매체 등 활용 성과
	보도자료 사례평가 ±2		정책체감도(20)	체감도(25) – 소통 만족도 – 온라인 체감도	체감도(23) – 소통 만족도 – 온라인 체감도
평가 등급	장관급 우수 6 보통 13 미흡 4 차관급 우수 6 보통 10 미흡 4	장관급 우수 6 보통 13 미흡 4 차관급 우수 6 보통 10 미흡 4	장관급 A 6 B 13 C 4 차관급 A 6 B 10 C 4	장관급 A 6 B 13 C 4 차관급 A 6 B 10 C 4	* 5등급 구분 예정 (S · A · B · C · D) ※ 우수기관과 함께 점수가 크게 상승한 '도약기관' 포상 실시 예정

※ 2018년도에는 소통만족도 5점이 별도 편성되어 있었으나 2019년부터 정책소통에 포함하여 배점을 15점으로 변경.
출처: 국무조정실 내부자료에서 정리.

6) 평가부문별 및 기관종합평가 결과(2017–2020)와 특징

<표 9–82>에 2017년부터 2020년까지 장관급 부처의 국정과제, 정부혁신, 규제혁신, 정책소통 및 기관종합평가 결과가 제시되었다. 국정과제 평가결과는 연초에 기관평가 형태로 공개되므로 관계기관(청와대, 국회 등)과 언론은 물론 일반국민들도 개별 국정과제의 성과보다는 기관의 등급에 관심이 집중되는 경향이 있다.

<표 9–82>에 제시된 평가결과의 몇 가지 특징을 살펴보겠다.

표 9-82 장관급 부처별 특정평가 결과(2017–2020)

부처	2017평가				2018평가							2019평가						2020평가					종합 변화 17–20
	국정 과제	규제 개혁	정책 소통	종합	국정 과제	정부 혁신	정책 소통	소통 만족	규제 혁신	지시 사항	종합	국정 과제	정부 혁신	※ 정책 소통	규제 혁신	지시 사항	종합	국정 과제	정부 혁신	정책 소통	규제 혁신	종합	
배점	50	10	10	100	65	10	10	5	10	±3	100	65	10	15	10	±3	100	65	10	15	10	100	
기재부	A	B	B	A	B	B	B	B	B	B	B	B	B	C	B	B	B	A	B	B	B	A	–
교육부	B	C	B	B	C	B	C	B	C	B	C	B	B	B	D	C	B	B	A	B	B	B	–
과기정통부	A	A	A	A	B	B	A	B	A	A	A	A	A	B	S	A	A	A	A	B	A	A	–
외교부	A	na	B	B	B	A	B	B	na	A	B	C	B	B	na	C	C	B	B	C	na	B	–
통일부	C	na	C	C	A	C	B	C	na	B	A	C	C	B	na	C	C	C	C	C	na	C	–
법무부	B	na	C	B	C	B	B	C	B	B	C	C	B	C	B	B	C	C	B	C	C	C	▼
국방부	B	na	B	B	B	B	A	B	na	C	B	B	B	B	na	A	B	A	B	B	C	B	–
행정안전부	B	A	B	B	B	A	A	A	A	B	B	B	A	A	B	B	B	B	A	A	B	A	▲
문체부	B	B	A	B	B	C	B	B	B	A	B	B	B	A	B	B	B	B	B	A	B	B	–
농식품부	B	A	B	B	A	A	A	C	A	A	A	A	A	A	A	B	S	A	A	B	A	A	▲
산업부	A	B	B	A	B	C	A	C	B	A	B	A	B	B	B	A	A	B	B	A	A	A	–
보건복지부	A	B	B	A	A	B	B	A	B	B	A	B	A	A	B	B	A	A	A	A	A	A	–
환경부	B	B	B	B	C	B	B	A	A	C	C	B	A	A	A	B	B	B	A	A	B	B	–
고용노동부	B	A	A	A	C	A	B	A	B	C	C	B	A	A	B	A	B	B	B	B	B	B	▼
여성가족부	C	C	A	C	B	B	B	B	B	A	B	B	C	B	C	B	B	C	C	B	B	C	–
국토교통부	A	A	A	A	A	B	S	B	A	B	A	B	B	B	B	A	B	B	B	B	B	B	▼
해양수산부	B	B	B	B	B	A	B	A	B	B	A	A	B	B	A	C	B	A	B	B	B	B	–
중소기업부	C	B	B	C	B	B	C	B	B	A	B	A	B	C	B	C	A	B	B	A	A	B	▲
국가보훈처	B	B	C	B	A	B	C	B	B	B	B	B	B	B	na	B	B	B	B	B	na	B	–
방송통신위	B	B	C	B	B	B	B	A	na	B	B	C	B	C	C	B	C	B	C	B	B	B	–
공정거래위	B	B	A	B	A	C	B	B	C	B	B	B	C	B	na	B	B	C	C	C	C	C	▼
금융위	B	C	B	B	B	B	B	B	C	B	B	A	C	B	A	B	A	B	B	B	A	B	–
권익위	C	na	B	C	B	A	C	B	na	C	B	B	B	B	na	A	B	B	B	B	na	B	▲

※ 2017년도와 2018년도 평가등급은 우수–보통–미흡, 2019년도와 2020년도 평가등급은 S, A, B, C, D였는데 편의상 A, B, C로 표기하였음.

※ 2017년도 평가에서의 일자리 창출(20), 국민만족도(10), 가감점으로 반영된 현안관리(±3점), 갈등관리(±3점), 인권개선(±2점), 특정시책(±2점)은 단년도 평가에 그쳤으므로 이 표에서는 제외함.

※ 국무조정실은 2개 국정과제 주관기관이나 평가주무기관으로 평가에서는 제외됨.

※ na: 규제혁신과제 수가 적어 평가대상에서 제외된 부처.

※ 2019년부터 2018년 정책소통(10)과 소통만족(5)를 합산하여 15점 부여.

출처: 국무조정실 내부자료에서 정리.

(1) 기관종합평가에서 국정과제 평가결과의 영향

국정과제가 기관종합평가에서 차지하는 비중은 65%로 압도적으로 크므로 국정과제 등급이 기관종합평가 등급에 가장 큰 영향을 미친다. <표 9-82>에서 국정과제에서 우수한 성과를 창출한 기관이 기관종합평가에서도 우수기관으로 선정되는 경향이 있지만 반드시 일치하지는 않는다. 그런데 매년초 국정과제 평가결과와 더불어 지원기능에 해당하는 규제혁신, 정부혁신, 정책소통 평가결과, 그리고 이를 합산한 기관종합평가 결과가 동시에 공개되므로 국정과제 평가결과에 대한 관심도는 분산된다.

(2) 부처별 평가등급의 연도별 변동

연도별로 부처별 국정과제 평가와 기관종합평가 등급은 상당한 변화를 보인다. 국정과제 평가에서 3년 연속 A등급 이상을 받은 부처로는 농식품부가 유일하다. 농식품부는 2019년 종합평가에서 유일하게 S등급을 받았다. 한편 종합등급에서 3년 연속 A등급을 받은 부처는 농식품부, 과기정통부, 보건복지부이다. 이와는 대조적으로 법무부는 3년 연속 국정과제와 종합평가에서 C등급을 받았다. 통일부는 2018년 국정과제평가와 기관종합에서 A등급을 받았지만 2019년과 2020년 두 해 모두 C등급으로 하락하였다.

(3) 부처 규모의 영향

국정과제별 평가점수를 합산하여 부처별 등급이 결정되므로 부처별 국정과제 수가 평가결과에 영향을 미칠 수 있다고 보기도 한다. 즉, 과제수가 6개 이상으로 많을 경우 불리하고, 3개인 경우가 유리하다는 것이다. 또한 정부출범 초 주어지는 국정과제 수가 부족하여 부처 스스로 선택하는 주요정책과제가 추가된 부처가 상대적으로 유리할 수 있다. 실제 과제규모가 중간정도인 농식품부, 해수부, 과기정통부가 우수한 기관 등급을 받았지만, 과제수가 영향을 미친 것인지는 불확실하다. 한편 국정과제 지원기능인 규제혁신, 정부혁신, 정책소통 평가에서는 인력과 예산 규모가 작은 소규모 부처가 불리하며, 이에 따라 이들 부처의 종합등급이 낮아지는 경우가 발생한다. 이에 정부업무평가위원회에서는 2021년도 평가에서 소규모 부처가 불리하지 않도록 지표별 평가방식 개선에 각별한 노력을 기울였다(국무조정실, 2021b).

(4) 국내외 환경변화의 영향

국정과제 담당부처가 통제하기 어려운 국내외 환경변화가 국정과제 목표달성 및 성과에 영향을 미친다는 불만도 제기되어 왔다. 예를 들어, 통일부의 경우 남북관계가 진전된 2018년도에는 A등급을 받았으나, 남북관계가 악화된 2019년, 2020년에는 연속 C 등급을 받았다. 2020년에는 코로나19 가점 때문에 방역을 담당한 부처(예: 보건복지부)와 민생을 담당한 경제부처(예: 기재부)가 높은 등급을 받은 반면, 이와 무관한 부처는 가점을 받기 어려웠다. 한편 권력기관 개편과 같이 입법과제가 많은 부처(예: 법무부)의 경우에는 소관부처의 노력도 중요하지만, 여야 관계도 중요한 요인으로 작용하였다.

5. 정책분석과제

정책분석과제 평가는 국무조정실에서 사회적 파급효과가 큰 현안 정책을 수시로 선정하여 사전에 심층 분석·평가하고 개선방안을 마련하는 제도이다.[34] 이는

표 9-83 문재인 정부의 정책분석과제 운영현황(2017–2020)

연도	대상과제	과제명
2017	4개	(1) 소비자 친화적 리콜제도 개선방안 (2) 디지털성범죄(몰래카메라 등) 피해방지 종합대책 (3) 어린이집, 학교내 소아당뇨 어린이 보호대책 (4) 사행산업 건전화 대책
2018	2개	(1) 소비자 보호를 위한 민간자격제도 관리체계 개선방안 (2) 직장 등에서의 괴롭힘 근절 종합대책
2019	–	없음
2020	4개	(1) 해외유입 야생동물 관리체계 개선방안 (2) 영업정지 대체과징금 제도 효율화 방안 (3) 미성년연예인 등에 대한 권익보호방안 (4) 해외 직구물품 유통 및 안전관리체계 개선방안
2021※	4개	(1) 유기 반려동물 관리체계 개선방안 (2) 해외 우리 국민 환자 보호체계 개선방안 (3) 생활폐기물 분리배출후 처리실태 분석 (4) 공공조형물 설치 및 관리실태 분석

※ 2021년 8월말까지 분석과제임.
출처: 정부업무평가위원회 홈페이지(https://www.evaluation.go.kr/psec/intro/intro_1_3_2.jsp) 2021년 9월 28일 접근.
2021년은 국무조정실 내부자료.

34 정부업무평가위원회 홈페이지(https://www.evaluation.go.kr/psec/intro/intro_1_3_2.jsp) 2021년 9월 28일 접근.

수시심사평가(김영삼 정부), 특정과제 평가(김대중 정부), 특정시책・갈등해결사례(노무현 정부), 현안과제분석(이명박 정부), 심층분석・평가(박근혜 정부)라는 명칭으로 실시되어 오다가 2017년부터 '정책분석과제 평가'로 지칭되고 있다. 문재인 정부가 실시한 정책분석과제명이 <표 9-83>에 제시되었다. <표 9-83>에 제시된 바와 같이 2017년 4개 과제, 2018년 2개 과제가 분석되었으며, 2019년도에는 분석과제가 없었으나 2020년에는 4개 과제가 분석되었다. 2021년에는 8월말 현재 4개 과제가 분석되었다.

6. 평가결과의 활용

<표 9-84>에 제시된 바와 같이 문재인 정부에서는 2017년부터 2020년까지 매년 특정평가의 결과를 다음 해 초에 국무총리가 주재하는 국무회의에서 처리하였다. 매년 1회 국무회의에서 처리하는 것은 박근혜 정부에서 제도화된 선례를 따른 것으로 보인다. 그러나 다음 해 3월 또는 2월 국무회의에서 처리하기도 했던 박근혜 정부와는 달리 1월에 평가결과를 처리함으로써 신속하게 차년도 평가에 대비할 수 있도록 했다는 점에서 긴장감을 유지하였던 것으로 판단된다.

표 9-84 문재인 정부의 특정과제 평가결과 처리

연도		형식	주재	비고	장소
2017	상			– 미개최	
	하	국무회의	국무총리	2018.1.30, 국무회의	국무회의장
2018	상			– 미개최	
	하	국무회의	대통령	2019.1.22, 국무회의	국무회의장
2019	상			– 미개최	
	하	국무회의	국무총리	2020.1.15, 국무회의	국무회의장
2020	상			– 미개최	
	하	국무회의	국무총리	2021.1.26, 국무회의	국무회의장

출처: 국무조정실 내부자료.

<표 9-85>의 문재인 정부 정부업무평가 유공자 포상 현황(2018-2021)에서 문재인 정부 4년 동안 총 119명, 연평균 29.75명이 포상을 받았으며, 훈장, 포장, 표창의 비율은 매년 거의 유사하였음을 알 수 있다.

표 9-85 문재인 정부 정부업무평가 유공 포상 현황(2018-2021)

구분		계	훈장	포장	표창	
					대통령	국무총리
2018	계	30	2	5	11	12
	공무원	28	1	5	10	12
	민간인	2	1	0	1	0
2019	계	30	2	5	11	12
	공무원	28	1	5	11	11
	민간인	2	1	0	0	1
2020	계	29	2	5	10	12
	공무원	26	1	5	9	10(기관2)
	민간인	3	1	0	1	2
2021	계	30	2	5	11	12
	공무원	28	1	5	10	12(기관2)
	민간인	2	1	0	1	0
18−21	합계	119	8	20	43	48
	평균	29.75	2	5	10.75	12

출처: 행안부 상훈포털시스템(www.sanghun.go.kr) 조회결과.

<표 9−86>에 나타난 바와 같이 문재인 정부의 연평균 정부업무 포상기관은 23.75개 기관이었다. 2017년과 2018년에는 특정평가 부문의 기관종합평가 우수기관 및 자체평가 우수기관을 포상하였다. 2019년에는 특정평가 부문의 기관종합평가 우수기관에게만 포상금을 지급하였고, 자체평가 우수기관에는 지급하지 않았다. 2020년에는 특정평가 부문에서 기관종합평가 우수기관뿐만 아니라 4대 부문(국정과제, 규제혁신, 정부혁신, 정책소통) 우수기관에게도 포상금을 지급하여 포상기관 수가 35개 기관으로 증가하였다. 포상금 집행액 규모는 평균 14.37억원으로, 박근혜 정부와 비교하여 거의 유사하였다. 2020년도의 경우 2017−2018년도와 비교하여 포상금 총액은 1억원이 감소하였으나 포상기관은 크게 증가하였다. 포상금 규모가 상징적인 액수에 불과한 기관도 있었지만 포상대상기관은 우수기관으로 포상받았다는 사실만으로 성과를 인정받은 것으로 인식하였다.

표 9-86 문재인 정부 정부업무포상금 집행현황(2017-2020)

(단위: 억원)

연도	포상분야	포상대상기관			예산액	집행액	계	잔액
		부 단위	청 단위	계				
2017	특정평가	6개 기관	6개 기관	24개 기관	15	13.2	15	0
	자체평가	6개 기관	6개 기관			1.8		
2018	특정평가	6개 기관	6개 기관	24개 기관	15	13.2	15	0
	자체평가	6개 기관	6개 기관			1.8		
2019	특정평가	6개 기관	6개 기관	12개 기관	15	13.5	13.5	1.5
2020	특정평가	13개 기관	10개 기관	35개 기관	14	13.6	13.96	0.04
	자체평가	6개 기관	6개 기관			0.36		
2017-20 평균				23.75	14.75		14.37	

출처: 국무조정실 예산서 및 결산서 참조 작성.

7. 요 약

문재인 정부에서도 국무조정실 정부업무평가실이 정부업무성과관리를 담당하였으며, 3국 10과로 박근혜 정부에 비하여 1개 과가 증가하였고 평가담당인력도 50명(총리실 27, 파견 23, 2020)으로 총 5명 증가하였으나, 파견인력이 지나치게 많아졌다. 특정평가의 평가부문별 평가지원단을 운영하였다. 국정과제 평가지원단의 경우 정부출범 초부터 2019년까지는 총 450명 내외의 평가지원단을 운영하였으나, 2020년에 평가지원단의 구성과 운영방식을 대폭 개편하고 그 명칭을 전문가 평가단으로 변경하였다. 즉, 규모를 100명으로 축소한 '전문가 평가단'을 구성하여 국정과제와 주요정책과제를 10개 분과로 분류하고 분과별로 10명의 전문가들이 분과내 모든 과제를 평정하도록 하였다. 부처 자체평가위원회도 지속적으로 운영하였다.

문재인 정부는 출범초 정부업무평가 기본계획(2017-2019)에서 정부업무평가를 국정과제의 성과를 창출하는데 핵심적인 수단으로 활용하겠다는 기본방향을 확고하게 설정하였다. 후반기의 기본계획(2020-2022)에서도 중앙행정기관 평가에서 국정과제 및 국정철학 중심 평가라는 기본방향을 확고하게 표현하였다. 평가제도 분석·연구를 담당하는 평가 전문기관으로서 한국행정연구원에 정부업무평가지원센터가 2021년 4월 개소하였고, 이 센터를 중심으로 전자통합평가시스템(e-IPSES)의 고도화 작업과 개별평가 정비 작업이 본격적으로 이루어지기 시작하였다.

국무조정실의 성과관리 · 자체평가 운영실태 점검결과에 따르면 기관의 성과관리 운영수준을 결정하는 핵심요소는 '기관장 관심도'와 '평가의 성과급 반영' 등 환류체계인 것으로 나타나, 기관장 관심도에 대한 점검 비중 강화, 자체평가에 따른 개인 및 부서 성과보상 등 인센티브 강화 방안을 강구하였다. 이에 따라 자체평가 결과의 성과급 반영률을 30% 이상으로 높이도록 하였다. 2019년 최초로 도입한 전략목표 성과보고서를 분석한 결과 기관별로 성과분석 역량 및 노력도에서 큰 차이가 있는 것으로 나타났다. 일반재정 자율사업 평가에서 평가지표는 이명박 정부 시기 이후 사업부처에서 자율적으로 설정하였으나, 2021년부터는 평가지표를 표준화하도록 하였다.

특정평가 부분에서는 2018년도부터 문재인 정부가 역점을 두고 추진하고자 한 특정평가 부문의 내용이 정비되었다. 일자리 · 국정과제(정책만족도 포함) 65%, 규제혁신 10%, 정부혁신 10%, 정책소통(소통만족도 포함) 15% 배점의 골격이 2021년 임기말까지 유지되었다. 국정과제 평가지표는 정책추진노력, 목표(성과지표)달성도, 정책효과, 국민만족도의 네 가지 범주로 구성되었다. 2020년도에는 코로나19 발생에 따른 행정환경의 급격한 변화가 발생하여, 기관별로 코로나19 대응 및 포스트 코로나 대비 노력에 대하여 가점 10점의 별도평가를 신설하였다. 2020년에 평가지원단의 구성과 운영방식을 대폭 개편하여 국정과제와 주요정책과제를 10개 분과로 분류하고 분과별로 10명의 전문가로 하여금 분과내 모든 과제를 평정하도록 하였다.

국정목표별 만족도의 시계열 추이를 살펴보면 2년차인 2018년도에 가장 큰 상승폭을 보였던 '평화와 번영의 한반도' 목표 범주의 만족도가 2019년에 이어 2020년에도 크게 하락하여 전체 평균 하락을 주도하였다. 이와 대조적으로 1년차인 2017년도와 비교하면, '내 삶을 책임지는 국가', '더불어 잘사는 경제', 그리고 '고르게 발전하는 지역' 목표 범주의 과제들에 대한 만족도 수준은 상승하였다.

문재인 정부 출범 이후에도 국정과제 평가결과의 기관등급화 및 기관종합평가 결과를 계속 공개하고 있다. 국정과제의 기관평가 및 기관종합평가, 그리고 부처등급 확대는 정부전체 차원에서 기관간 경쟁을 통한 성과창출을 촉진하기 위한 조치이지만 피평가기관에서는 개별 국정과제보다는 기관등급에 더욱 관심을 가지기 때문에 개별 국정과제의 중요성이 약화될 수 있다.

국정과제에서 우수한 성과를 창출한 기관이 기관종합평가에서도 우수기관으로 선정되는 경향이 있지만 반드시 일치하지는 않는다. 국정과제 평가결과와 더불어 규제혁신, 정부혁신, 정책소통 평가결과, 그리고 이를 합산한 기관종합평가 결과가 동시에 공개되므로 국정과제 평가결과에 대한 관심도는 분산된다. 연도별로 부처별 국정과제 평가와 기관종합평가 등급은 상당한 변화를 보였다. 국정과제 평가에서 3년 연속 A등급 이상을 받은 부처로는 농식품부가 유일하다. 농식품부는 2019년 종합평가에서 유일하게 S등급을 받았다. 한편 종합등급에서 3년 연속 A등급을 받은 부처는 농식품부, 과기정통부, 보건복지부이다. 이와는 대조적으로 법무부는 3년 연속 국정과제와 종합평가에서 C등급을 받았다. 통일부는 2018년 국정과제평가와 기관종합에서 A등급을 받았지만 2019년과 2020년 두 해 모두 C등급으로 하락하였다.

특정평가 결과 활용의 관점에서 본다면 표창이나 포상금보다는 오히려 평가등급 공개가 더 관심도를 이끌어내는데 유효한 것으로 판단된다. 공무원의 입장에서 본다면 자신의 성과연봉 또는 성과상여금에 영향을 미치는 자체평가 결과에 더 관심이 큰 것으로 보인다.

10 성과관리 비교고찰

Historical Comparison of Performance Management and Evaluation

Ⅰ절에서는 제4부 제9장에서 살펴본 역대정부의 정부업무와 국정과제 성과관리의 특징을 비교하겠다. Ⅱ절에서는 역대정부의 정부업무와 국정과제 성과관리를 검토한 결과에서 나타난 시사점을 살펴보기로 하겠다.

Ⅰ. 역대정부의 정부업무 및 국정과제 성과관리 비교

1. 근거법령과 정부업무 성과관리제도의 변천

<표 10－1>에 역대정부의 중앙행정기관 성과관리의 근거법령과 성과관리제도가 요약되었다. 김영삼 정부가 출범한 1993년도부터 1994년도까지 정부업무 성과관리제도는 「정부의 기획 및 심사분석에 관한 규정」(대통령령, 1982)에 근거한 경제기획원의 심사분석제도와 「정부 주요정책과제 및 조정에 관한 규정」(총리령, 1990)에 따른 국무총리 행정조정실의 정책평가제도로 이원화되어 운영되었다. 1994년 12월 행정조직개편 이후 「정부업무의 심사평가 및 조정에 관한 규정」(대통령령, 1995)에 따라 국무총리실의 심사평가제도로 일원화되어 김영삼 정부 임기말까지 운영되었다.

1998년 김대중 정부 출범과 함께 기존의 「정부업무의 심사평가 및 조정에 관한 규정」(전문개정, 대통령령, 1998)을 전문 개정하여 기관평가제도를 도입하였다. 기관평가제도는 이후 2001년 「정부업무 등의 평가에 관한 기본법」(이하 평가기본법)을 제정하여 안정적으로 자리잡게 되었고, 이 법을 통해 우리나라 정부업무평가에 관

표 10-1 역대정부의 중앙행정기관 성과관리 근거법령과 성과관리제도

	근거법령	성과관리제도
김영삼 정부	· 정부의 기획 및 심사분석에 관한 규정(대통령령, 1982) · 정부 주요정책과제 및 조정에 관한 규정(총리령, 1990)	심사분석제도 정책평가제도
	· 정부업무의 심사평가 및 조정에 관한 규정(대통령령, 1995)	심사평가제도
김대중 정부	· 정부업무의 심사평가 및 조정에 관한 규정(전문개정, 대통령령, 1998) · 정부업무 등의 평가에 관한 기본법(2001.5)	기관평가제도
노무현 정부	· 정부업무 등의 평가에 관한 기본법(2001.5) · 정부업무평가기본법(2006.3)	기관평가제도 통합 정부업무평가제도
이명박 정부	· 정부업무평가기본법(2006.3)	통합 정부업무평가제도
박근혜 정부	· 정부업무평가기본법(2006.3)	통합 정부업무평가제도
문재인 정부	· 정부업무평가기본법(2006.3)	통합 정부업무평가제도

한 기본체제가 구축되었다.

2003년 출범한 노무현 정부는 전임 정부의 기관평가제도를 운영하면서 2006년 3월 「정부업무평가기본법」을 제정하여 2006년 4월부터 통합 정부업무평가제도를 시행하게 되었다. 통합 정부업무평가제도에서 중앙행정기관 및 그 소속기관에 대한 평가는 이 법의 규정에 의하여 통합하여 실시되어야 한다(「정부업무평가기본법」 제3조 ②)고 규정하였다.

중앙행정기관평가는 특정평가와 자체평가로 구성된다. 특정평가는 국무총리가 중앙행정기관을 대상으로 국정을 통합적으로 관리하기 위하여 필요한 정책 등을 평가하는 것(「정부업무평가법」 제2조의4)이며, 자체평가는 중앙행정기관이 소관정책 등을 스스로 평가하는 것(「정부업무평가법」 제2조의4)을 말한다. 자체평가는 「정부업무평가기본법」의 성과관리에서 규정하고 있는 5년 단위 성과관리 전략계획 및 1년 단위의 시행계획에 따라 이루어지게 된다(「정부업무평가기본법」 제4조~6조). 이같이 「정부업무평가기본법」에 따른 통합 정부업무평가제도와 성과관리제도의 기본적인 틀은 후속되는 이명박 정부, 박근혜 정부, 그리고 문재인 정부에 이르기까지 유지되고 있다.

2. 정부업무 성과관리 추진체계의 변천

<표 10-2>에 역대정부의 정부업무 성과관리 추진체계의 변천과정이 국무총

리 주관 성과관리 추진체계(담당부서 및 관련 위원회)와 부처 자체평가 추진체계로 구분하여 제시되었다.

표 10-2 역대정부 정부업무 성과관리 추진체계의 변천

	국무총리 주관 성과관리 추진체계		부처 자체평가 추진체계
	담당부서	관련위원회	
김영삼 정부	심사평가제도: 행정조정실(차관급)의 제4행정조정관 소속 2개 심의관(2개국)실: 23명	관계전문가 심사평가작업반 운영 평가자문위원회(15명, 1996년)	–
김대중 정부	기관평가제도: 국무조정실(장관급) 심사평가조정관실(1급) 소속 2국 8과: 38명(총리실 23, 파견 15, 2002)	정책평가위원회(민간위원 29–30명) 자문기구 --→ 평가기본법 이후 심의기 구화	2001 평가기본법 시행에 따라 자체평가위원회 구성 의무화, 과반수 이상 민간위원 위촉
노무현 정부	통합 정부업무평가제도: 국무조정실 심사평가조정관실(1급) 소속 3국 11과: 52명(총리실 41, 파견 11, 2007)	정책평가위원회 (민간위원 29명, 2004) 정부업무평가위원회 (공동위원장 2, 정부 3, 민간 10) 실무위원회(민간 18)	주관: 해당 중앙행정기관장 및 자체평가위원회 2007년 자체평가위원 1,083명, 공무원 85, 민간 998(정책 524, 재정 130, 인사조직 198, 정보화 130, 기타 16)
이명박 정부	통합 정부업무평가제도: 국무총리실 정책분석평가실(1급) 소속 3국 9과: 40명(총리실 29, 파견 11, 2012)	정부업무평가위원회 (공동위원장 2, 정부 3, 민간 10) 실무위원회 폐지 전문평가단 운영	주관: 해당 중앙행정기관장 및 자체 평가위원회 2010년 자체평가위원 총 955 명, 공무원 57, 민간 898(정 책 528, 재정 156, 기관역량 204, 기타 10)
박근혜 정부	통합 정부업무평가제도: 국무조정실 정부업무평가실 소속 3국 9과: 45명(총리실 29, 파견 16, 2016)	정부업무평가위원회 (공동위원장 2, 정부 3, 민간 10) 평가부문별 평가지원단 운영	주관: 해당 중앙행정기관장 및 자체평가위원회 2015년 자체평가위원 총 1,053명 민간위원 943명(89.6%)
문재인 정부	통합 정부업무평가제도: 국무조정실 정부업무평가실 소속 3국 10과: 50명(총리실 27, 파견 23, 2020)	정부업무평가위원회 (공동위원장 2, 정부 3, 민간 10) 평가부문별 평가지원단 운영	주관: 해당 중앙행정기관장 및 자체평가위원회 2020년 자체평가위원 총 1,097명 민간위원 998명(주요정책 808, 재정사업 82, 행정관리역량 91), 내부위원 99명

1) 국무총리 주관 정부업무 성과관리 추진체계

김영삼 정부에서 심사평가업무는 국무총리 행정조정실(차관급) 제4행정조정관실의 2개국(심사평가1심의관, 심사평가2심의관) 7개 과 총 23명(타부처 파견 과장 2명, 사무관 4명 포함)의 공무원이 담당하였다. 평가의 전문성 · 객관성 제고를 위해 관계 전문가로 '심사평가작업반'을 구성 · 운영하여 지원체계를 마련하였다. 1996년부터는 15명으로 구성된 분야별 '평가자문위원회'를 도입하였고, 5대 분야(정책평가, 경제, 외교 · 통일안보, 사회 · 문화, 행정)별로 소위를 구성하여 운영하였다.

김대중 정부에서 기관평가는 장관급으로 격상된 국무조정실 심사평가조정관실 산하 2국 8과 총 38명(총리실 23, 파견 15, 2002년 기준)이 담당하였다. 1998년에는 학계, 시민단체 등 각계 민간전문가로 구성된 국무총리 자문기구인 정책평가위원회를 구성하여 운영하기 시작하였다. 정책평가위원회는 민간위원 26명과 당연직인 국무조정실장 등으로 구성되었다. 2001년 「평가기본법」이 제정되면서 정책평가위원회가 심의기구로 격상되었다. 한편 평가전문위원을 위촉하여 자문을 구하였다.

노무현 정부에서 성과관리 업무는 국무조정실 심사평가조정관실(1급)의 평가정책심의관, 자체평가심의관, 특정평가심의관 등 3국 11과 52명(총리실 41, 파견 11)의 공무원이 담당하였다(2007년 기준). 2006년 3월 「정부업무평가법」 제정 이전에는 기존 정책평가위원회 체제로 운영되었는데, 「정부업무평가법」 통과 이후에는 국무총리 소속하에 정부업무평가위원회를 설치하였다. 정부업무평가위원회는 종전의 정책평가위원회를 확대한 심의기구로서 실무위원회와 심사평가조정관실의 지원을 받도록 하였다.

이명박 정부 출범과 함께 단행된 정부조직 개편에서 국무총리 보좌기관에 대한 대대적인 감축이 이루어졌다. 정부업무의 성과관리는 기존 국무조정실과 총리비서실이 통합된 국무총리실 정책분석평가실에서 담당하였는데 3국 9과로 노무현 정부(3국 11과)와 비교하면 2개 과가 축소되었다. 평가담당 인력도 2007년 52명에서 2008년 34명으로 대폭 감축되었다가 2012년 40명(총리실 29, 파견 11)이 되었다. 정부업무평가위원회의 실무위원회는 2008년 7월 3일 「정부업무평가법시행령」 개정으로 폐지되었다. 실무위원회 폐지 이후 전문평가단을 구성하여 분야별 전문가를 활용하였는데, 2009년부터 시작된 핵심과제, 국정관리역량, 규제개혁 분야를 합산한 전문가 평가단의 규모는 2009년 116명에서 2012년 244명으로 크게 증가하였다.

박근혜 정부 출범과 함께 국무총리 보좌기관을 국무조정실과 국무총리비서실로 분리하였다. 정부업무의 성과관리는 국무조정실 정부업무평가실에서 담당하였는데 3국 9과로 이명박 정부시기와 동일하였다. 평가담당 인력은 2016년 45명(총리실 29, 파견 16)으로 2012년 40명(총리실 29, 파견 11)과 비교하여 파견인원만 5명 증가하였다. 정부업무평가위원회는 「정부업무평가법」의 규정에 따라 운영되었다. 평가부문별로 평가주관기관(국조실 등)이 평가지원단(정부업무평가위원, 민간전문가, 정책수요자 등 참여)을 구성하여 운영하였다. 최초로 특정평가에 포함시킨 국정과제 평가의 '국정과제평가단'에는 민간전문가뿐 아니라 정책수요자인 일반국민도 포함되었다. 매년 500~580명 규모의 국정과제 평가지원단을 구성하여 운영하였다.

문재인 정부에서도 국무조정실 정부업무평가실이 정부업무 성과관리를 담당하였는데 3국 10과로 1개 과가 증가하였다. 평가담당인력도 50명(총리실 27, 파견 23, 2020)으로 증가하였으나 총리실 직원은 오히려 2명 감소하였고, 파견인원이 크게 증가하였다. 정부업무평가위원회는 규정대로 운영되었다. 2021년 4월 평가제도 분석 · 연구를 담당하는 평가 전문기관으로서 한국행정연구원에 정부업무평가지원센터가 개소하여, 정부업무 평가업무에 관한 지원이 이루어지기 시작하였다. 국정과제 평가지원단은 출범초부터 2019년까지는 총 450명 규모로 운영하였으나, 2020년에 평가지원단의 구성과 운영방식을 대폭 개편하고 그 명칭을 전문가 평가단으로 변경하였다. 100명 규모의 「전문가 평가단」을 구성하여 국정과제와 주요정책과제를 10개 분과로 분류하고 분과별로 10명의 전문가로 하여금 분과 내 모든 과제를 평정하도록 하였다. 분과별 전문가 평가단은 각각 6명의 전문가, 4명의 평가 전문가로 구성하여, 분야별 전문가와 평가 전문가가 골고루 참여하도록 하였다.

2) 자체평가 추진체계

김대중 정부에서 2001년 5월 「평가기본법」 시행에 따라 중앙부처에 자체평가위원회 구성을 의무화하였으며, 과반수 이상을 민간위원으로 위촉하도록 하였다. 2001년 기관평가에서 40개 중앙행정기관에 대한 자체평가 수행노력 평가의 평가기준의 하나로 평가과정의 전문성 · 객관성 확보 항목에 자체평가위원회 구성 · 운영에 민간전문가 참여수준, 민간위원 구성의 중립성 확보, 위원회 운영의 내실화 정도를 포함시켜 자체평가위원회를 활성화시키고자 하였다.

노무현 정부에서 「정부업무평가기본법」에 따른 통합적 정부업무평가는 자체평가 중심의 평가를 추구하였으므로, 해당 행정기관장과 함께 자체평가위원회가 실질적으로 평가를 담당하는 주체이다. 「정부업무평가기본법」에서는 부처별 자체평가위원회 구성에서 2/3 이상 민간전문가로 구성하도록 하였다. 2007년 부처 자체평가위원 총수는 1,083명이며, 이 가운데 공무원은 85명, 민간위원은 998명(정책 524명, 재정 130명, 인사조직 198명, 정보화 130명, 기타 16명)이었다.

이명박 정부에서 부처 자체평가위원회 위원은 노무현 정부말(2007년)에 비하여 전체 위원 수가 1,083년에서 955명으로 감소하였는데, 이는 부처 통·폐합으로 중앙행정기관의 숫자가 줄어든 것에 기인한 것으로 보인다.

박근혜 정부에서도 부처 자체평가위원회에 대규모 민간위원을 활용하였다. 2015년 자체평가위원 총 1,053명 가운데 민간위원은 943명(89.6%)이었다.

문재인 정부에서는 부처 자체평가위원회를 정비하여 내부위원을 1인 이상 위촉하도록 권고하였고, 국정과제와 주요정책과제를 연계하여 평가하도록 하였다. 2020년 자체평가위원은 총 1,097명(기관당 평균 25명)이며 외부위원은 998명(평균 22.7명), 내부위원은 99명(평균 2.3명)으로 구성되었다. 998명 민간위원 가운데 주요정책부문 808명(73.7%), 재정사업 82명(7.5%), 행정관리역량 91명(8.3%)으로 주요정책부분이 74%를 차지하였다.

3. 역대정부 중앙행정기관의 자체평가와 국무총리 평가유형 변천

<표 10-3>에 역대정부의 중앙행정기관 성과관리제도를 부처 자체평가와 총리주관 평가의 유형으로 구분하여 제시하였다.

1) 부처 자체평가제도의 변천

부처 자체의 주요정책과제 평가는 각 부처의 주요정책에 대한 점검, 조정 및 관리를 강화하기 위해 1990년부터 매년 실시하여 왔다. 김영삼 정부에서 1995년 심사평가제도로 평가제도를 일원화시킨 이후 168개 주요정책과제를 선정하여 부처별로 평가하도록 하였다. 이 가운데 부처 자체평가과제로 마무리한 과제는 118개이며, 50개 과제는 국무총리실이 중점관리과제로 선정하여 집중평가를 실시하였다(제9장 <표 9-6> 참조). 1996년도와 1997년도에는 각각 127개, 173개 과제를 중앙행정기관의 자체심사평가 과제로 선정하여 평가하였고, 이 가운데 50개, 23개 과제를 국무총리실이 중점관리과제로 선정하였다.

표 10-3 역대정부의 중앙행정기관 자체평가와 국무총리 주관 평가유형의 변화

	부처자체평가	총리주관평가 (정기)	총리주관평가 (수시)
김영삼 정부	· 주요정책과제 자체평가	· 주요정책과제 종합평가 · 국정평가 (1993년 한시)	
	주요정책평가(정기심사평가) · 주요정책과제 자체심사평가	· 중점관리대상과제 종합심사평가	· 수시심사평가
김대중 정부	· 자체평가수행 (부처 자체평가 수행결과를 국조실에서 상위평가)	· 기관평가 – 주요정책과제 – 기관역량평가 – 국민만족도 · 국정과제 추진상황점검	· 특정과제평가 – 국정현안과제
노무현 정부	· 성과관리 · 자체평가 – 주요정책과제 – 재정성과 – 인사 · 조직 · 정보화	· 특정평가 – 관리대상업무 (혁신관리, 정책홍보관리, 법적의무 · 권장사항, 정보공개, 위기관리, 규제개혁) – 고객만족도 · 핵심공약과제 추진상황점검	· 특정평가 – 특정시책 – 갈등해결사례
이명박 정부	· 성과관리 · 자체평가 – 주요정책과제 – 재정사업 – 행정관리역량	· 특정평가 – 핵심과제 – 녹색성장 – 일자리과제 – 정책홍보 – 정책관리역량 – 규제개혁 – 국민만족도	· 특정평가 – 현안과제분석 · 국정과제 추진상황점검
박근혜 정부	· 성과관리 · 자체평가 – 주요정책과제 – 재정사업 – 행정관리역량	· 특정평가 – 국정과제 – 규제개혁 – 정책홍보 – 정상화과제 – 기관공통사항: 정부3.0 성과관리	· 특정평가 – 심층분석 · 평가
문재인 정부	· 성과관리 · 자체평가 – 주요정책 – 재정사업 (일반, R&D, 재난안전, 균형발전) – 행정관리역량	· 특정평가 – 일자리 · 국정과제 – 규제혁신 – 정부혁신 – 정책소통	· 특정평가 – 정책분석과제

※ 역대정부의 부처자체평가 및 총리주관평가 유형은 연도별로 변동이 있으므로 임기말을 기준으로 정리함.

김대중 정부의 기관평가제도의 3대 분야 가운데 하나인 기관역량평가의 주요요소가 '부처자체평가 수행노력'이다. 부처자체평가 수행노력의 평가목적은 매년 각 부처의 주요시책을 대상으로 부처가 자체적으로 과제를 선정하여 평가한 노력에 대하여 평가를 실시하는 것이다. 평가기준과 착안사항으로는 각 부처별로 수립한 자체평가계획과 자체평가 추진노력에 대하여 과제선정 및 계획수립, 평가과정, 평가내용, 결과환류 등 4개 분야로 구분하여 평가하였다. 그러므로 각 부처는 이에 대응하여 자체평가를 실시하고 그 결과를 국무조정실에 제출하고 상위평가를 받았다.

노무현 정부에서 도입된 통합적 정부업무 성과관리제도에 따라 각 부처는 성과관리 전략계획(5년 단위)과 성과관리 시행계획(1년 단위)을 수립하고 계획대비 추진실적을 점검하는 자체평가를 실시하여야 한다. 노무현 정부의 자체평가 분야는 주요정책과제, 재정성과, 인사·조직·정보화 부문이다. 「정부업무평가기본법」에 따른 주요정책 분야의 자체평가는 2007년부터 본격적으로 시행되었는데, 각 부처별로 2007년도 성과관리 시행계획을 수립·시행함에 따라 47개 중앙행정기관(25개 부단위기관, 22개 청단위기관)의 2,638개의 관리과제를 대상으로 하였다. 재정성과평가는 「국가재정법」에 따른 재정사업에 관한 평가(이하 '일반재정사업')와 「국가연구개발사업 등의 성과평가 및 성과관리에 관한 법률」에 따른 국가연구개발사업(이하 'R&D사업')에 관한 평가로 나눠진다. 인사·조직·정보화평가는 중앙인사위원회, 행정자치부, 정보통신부 등 평가관련기관이 제시한 평가기준에 따라 자체평가를 실시하고, 그 결과를 정부업무평가위원회에 보고하였다.

이명박 정부에서의 부처 자체평가 부문은 주요정책, 재정사업, 행정관리역량의 세 부문으로 구성되었다. 주요정책의 분야에서는 40개 중앙행정기관의 2,000개 내외의 관리과제가 평가대상과제이다. 재정사업 부문의 자체평가에서는 부처 소관 일반재정사업, R&D 사업, 정보화사업에 대하여 자체평가를 실시하도록 하고, 평가방식을 일반재정사업 평가방식으로 통일하였다. 이명박 정부의 행정관리역량 평가부문은 매년 변동이 있었으나, 2012년에는 조직·인사·정보화 분야로 되돌아 왔다.

박근혜 정부에서의 부처 자체평가부문도 주요정책, 재정사업, 그리고 행정관리역량의 세 부문으로 이루어졌다. 주요정책분야에서는 43개 중앙행정기관(2014－2016)의 2,000여개의 관리과제가 평가대상이며 성과지표는 4,000여개이다. 통합 재정사업(일반재정사업 및 R&D 사업)에 관한 자체평가도 계속되었다. 행정관리역량 분야에는 2013년도에 정부3.0이 추가되기도 하였으나 2014년에 특정평가의 가점항목으로 이동하면서 조직 · 인사 · 정보화 분야로 정착되었다.

문재인 정부에서의 부처 자체평가 부문에서도 주요정책, 재정사업, 행정관리역량의 세 부문으로 이루어진 틀을 유지하였다. 자체평가 부문에서는 44개 중앙행정기관(2017–2020)의 2,000여개의 관리과제가 평가대상이었다. 2019년부터 전략목표 단위에서 성과지표를 설정하도록 하였고, 전략목표 성과보고서를 작성하도록 하였다. 재정사업부문은 일반재정사업, R&D사업, 재난안전분야, 균형발전분야의 평가 총괄관련기관을 각각 기재부, 과기정통부, 행정안전부, 균형발전위원회가 담당하도록 하였다. 행정관리역량 분야는 계속하여 조직 · 인사 · 정보화 분야에서 자체평가를 실시하도록 하였다.

이상에서 살펴본 바와 같이 노무현 정부가 2006년 「정부업무평가법」에서 도입한 통합적 성과관리 · 자체평가 제도가 중앙행정기관에서는 주요정책과제, 재정사업, 행정관리역량(조직 · 인사 · 정보화 부문)으로 정착되었다.

2) 국무총리 주관 부처평가제도의 변천

(1) 총리주관 성과평가제도

김영삼 정부 출범 첫해인 1993년도 국무총리실 정책평가제도에서의 주요정책과제(정기심사평가)는 국민의 관심 대상인 현안 정책과제, 정부가 제시한 국정운영 주요과제, 「신경제 100일 계획」 및 「신경제 5개년 계획」을 중심으로 3개 분야 20대 주요정책과제를 선정하여 평가하였다. 또한 1993년도에 총리실 주관으로 국정평가를 별도로 실시하였다. 1994년도에는 각 부처에 대한 종합평가를 위해 각 부처별로 주요정책과제 2개 과제를 선정하되, 1994년 주요 국정방향인 국가경쟁력 강화 관련 과제(40개)를 위주로 44개 과제를 선정하였다(국무조정실 · 정책평가위원회, 2002: 134–136). 1995년 심사평가제도로 평가제도를 일원화시킨 이후 1995년 50개, 1996년 50개, 1997년 23개 과제를 국무총리실이 중점관리과제로 선정하여 평가하였다. 또한 국민의 관심이 높은 현안사안에 대하여 수시로 과제를 선정 · 평가하는 수시평가제도를 운영하였다.

김대중 정부에서 도입한 기관평가제도에서 국무조정실의 중앙행정기관에 대한 평가영역은 '추진되는 일'에 대한 평가인 「주요정책과제 평가」, '추진주체'에 대한 평가인 「정책추진역량 평가」, '일'과 '주체'에 대한 종합평가인 「국민만족도 평가」로 구분되었다. 아울러 국민의 관심이 높은 현안사안에 대하여 수시로 과제를 선정 · 평가하는 특정과제평가도 도입되었다.

노무현 정부에서 제정한 「정부업무평가기본법」에서는 국무총리의 중앙행정기관 대상 평가를 '특정평가'로 명명하였다. 한편 국무조정실은 각 부처가 자체적으로 실시하는 자체평가 결과를 보고받아 정부업무평가위원회 주관하에 확인 · 점검하는 역할을 수행한다. 특정평가의 부문은 정권별로 다르게 설정하였다. 노무현 정부에서는 임기 마지막해인 2007년 특정평가의 영역을 관리대상업무(혁신관리, 정책홍보관리, 법적의무 · 권장사항, 정보공개, 위기관리, 규제개혁)와 고객만족도로 구분하였고, 부문별 점수를 합산한 종합평정을 실시하였다. 수시평가에 해당하는 특정평가로는 특정시책평가와 갈등해결사례 평가가 있었다.

이명박 정부에서의 특정평가는 연도별 변동이 많았는데, 출범 초인 2008년에는 규제개혁과 국민만족도만 정기 평가영역으로 남기고 다른 영역은 모두 폐지하였으나, 그 후 2009년부터 평가부문을 추가하여 임기말인 2012년도 특정평가 부문은 핵심과제, 녹색성장, 일자리과제, 정책홍보, 정책관리역량, 규제개혁, 국민만족도로 구성되었다. 부문별 평가결과를 합산한 종합평정은 실시하지 않았다. 수시평가에 해당하는 정책현안과제(2008년 특정과제) 분석을 임기 초부터 적극적으로 활용하여 임기중 52건의 과제를 분석하였으며, 이 가운데 28건이 국가정책조정회의에 상정되는 등 매우 활성화되었다.

박근혜 정부에서는 특정과제 부문을 대폭 개편하였다. 특정과제 평가부문의 가장 큰 변화는 국정과제 부문을 신설하여 국정과제 전체를 특정평가의 대상으로 포함시킨 것이다. 임기말인 2016년 특정평가 부문은 국정과제, 규제개혁, 정책홍보, 정상화과제, 기관공통사항(정부3.0, 성과관리)이다. 한편 김대중 정부에서 최초로 도입하여 이명박 정부까지 유지되었던 국민만족도는 국정과제 평가의 하위영역으로 설정하였다. 특정평가 부문의 또 다른 큰 변화는 특정평가의 각 부문에 가중치를 부여하여 이들을 기관별로 합산한 기관종합평가를 부활한 것이다. 기관종합평가는 노무현 정부 후반기에 실시하다가 이명박 정부에서 폐지한 바 있었다. 수시평가인 현안과제분석은 특정시책으로 명칭을 변경하여 존치시켰다.

문재인 정부가 역점을 두고 추진하고자 한 특정평가 부문의 내용은 2018년도부터 정비되었다. 2020년도에는 일자리 · 국정과제(65%), 규제혁신(10%), 정부혁신(10%), 정책소통(15%)으로 단순화되었다. 2020년 일자리 · 국정과제 평가에서 당초 계획을 변경하여 부처별 코로나19 대응 및 포스트 코로나 대비노력을 포함하여 평가하였다. 코로나 팬데믹의 확산으로 2020년 5월 중에 당초 계획을 수정한 것이다. 특정평가의 각 부문에 가중치를 부여하여 이들을 기관별로 합산한 기관종합평가도 계속하였다. 김대중 정부에서 도입한 기관평가제도는 노무현 정부에 이어, 이명박 정부(기관종합평가는 미실시), 박근혜 정부와 문재인 정부에서도 계속되고 있다.

한편 국정현안에 관한 총리실의 수시평가는 수시심사평가(김영삼 정부), 특정과제평가(김대중 정부), 특정시책 평가(노무현 정부), 현안과제분석(이명박 정부), 특정시책 평가(박근혜 정부), 정책분석과제(문재인 정부) 등 명칭을 달리하면서 존속하였다. 다만 수시평가의 활성화 정도는 정권별로 달랐으며, 이명박 정부에서 가장 활발하게 활용하였다.

(2) 총리주관 국정과제 점검 및 평가

김영삼 정부에서는 일부 국정과제를 총리주관 주요정책과제 평가로 다루었으나, 국정과제 전체를 매년 점검 또는 평가대상으로 하지는 않았다.

김대중 정부에서는 국무조정실에서 국정과제 추진상황을 기관평가제도와는 별도로 매년 점검하였다. 국정과제 실천과제별 이행상황 점검 결과는 '정상추진' 또는 '부진'으로 판단하여 진척도 중심의 평가가 이루어졌다. 기관평가제도의 주요정책과제 평가에서는 정책형성과 집행뿐 아니라 정책의 성과(목표달성도와 효과)까지 평가한 것과 비교하면, 국정과제 점검은 이행점검에 머무르고 있다는 점에서 양 제도는 기본적으로 차이가 있다.

노무현 정부의 국정과제는 통합 정부업무평가제도와는 별도로 관리되었는데, 국정과제에 해당하는 핵심 공약과제는 청와대와 국무조정실이 점검을 담당하였고, 대통령의제인 로드맵과제는 정책기획위원회와 관할 국정과제위원회가 과제 추진상황을 점검하였다. 그러므로 노무현 정부의 국정과제 및 로드맵과제 추진상황은 이행점검 위주로 진행되어 정책효과까지 평가하는 통합 정부업무평가제도의 주요정책과제 평가와는 차별화되었다.

이명박 정부에서도 국정과제 추진상황 점검결과는 세부실천과제별로 완료, 정상추진, 지연 등으로 분류되어 이행점검 위주로 진행되었다. 한편 국정과제 가운데 일부는 특정평가의 핵심과제 평가에 포함되어 정책의 성과까지 평가되었지만 매년 핵심과제에 국정과제 일부만 포함되었고, 핵심과제 또한 매년 달라졌다. 그러므로 핵심과제로 다룬 과제들은 국정과제 점검과 중복하여 관리되었으므로 이들을 통합할 필요가 있다고 지적되었다(윤수재, 2013).

박근혜 정부에서는 국정과제 전체를 국무총리의 특정과제평가로 편입하여 매년 국정과제 전체에 대하여 이행상황 점검뿐만 아니라 그 성과까지 평가하는 제도로 전환되었으며, 문재인 정부에서도 이를 계승하여 국정과제 전체에 관한 성과관리가 이루어지고 있다.

4. 주요정책과제 자체평가 평가기준 및 기관등급 변천

<표 10-4>에 역대정부의 주요정책과제에 대한 자체평가의 과제별 평가기준, 등급부여(과제 및 부처), 그리고 인센티브(개인, 부처)의 변천 내용이 요약되었다.

1) 주요정책과제 과제별 평가기준

김영삼 정부의 주요정책과제 심사평가 기준은 7개이며, ① 예산 및 인력투입의 적정성, ② 행정규제완화 · 지방화 등 상위정책과 일관성, ③ 관련시책 및 사업과의 연계성, ④ 정책목적과 관련한 사업내용의 적합성, ⑤ 대내 · 외 여건변화에 따른 적응성, ⑥ 정책추진과정에서의 의견수렴 및 공개정도, ⑦ 기타 정책추진의 효과성과 능률성 등이다. 진도분석 위주의 주관적 평가방법에서 벗어나, 평가 시 역점을 두어야 할 주요 평가기준을 제시하였다.

김대중 정부에서는 주요정책과제로 선정된 정책 · 사업 등을 정책형성, 정책집행, 정책성과의 3단계로 구분하여 평가기준과 착안사항을 적용하여 평가하도록 하였다. 주요정책과제 평가기준(2000)은 정책형성 단계에서 정책목표의 타당성과 계획내용의 충실성, 정책집행 단계는 시행과정의 효율성과 시행과정의 적절성, 그리고 정책성과의 평가기준은 목표의 달성도와 정책효과가 포함된다.

노무현 정부에서 주요정책과제 평가기준(2007)은 계획수립의 적절성, 시행과정의 적절성, 목표달성도, 평가결과의 활용, 법제업무의 효율적 추진이며, 배점은 정책의 성과 측면을 고려하여 산출 · 결과 단계 배점을 30점으로 가장 높게 배점하였고, 기타 정책단계별 배점은 적절하게 배분하였다. 법제업무평가는 종전 특정평가에서 별도 평가분야로 실시하였으나 2007년에 주요정책과제 평가의 일부로 통폐합하여 특성지표로 평가하도록 하였다.

이명박 정부에서는 주요정책과제 평가기준(2008)으로 각 부처에서 반드시 설정해야 하는 공통평가지표의 배점을 50%로 줄이고, 각 부처가 기관특성과 업무특성

표 10-4 역대정부 부처 자체평가 정책과제 평가기준, 등급부여 및 인센티브 변천

	과제별 평가기준	등급부여(과제 및 기관)	인센티브(개인 및 기관)
김영삼 정부	심사평가 7개 기준: ① 예산 및 인력투입의 적정성 ② 상위정책과 일관성 ③ 관련시책 및 사업과 연계성 ④ 정책목적관련 사업 적합성 ⑤ 대내・외 여건변화 적응성 ⑥ 의견수렴 및 공개정도 ⑦ 정책추진의 효과성과 능률성	과제종합평가 5등급: 탁월－우수－보통－부진－미흡	
김대중 정부	주요정책과제 평가기준(2000): 정책형성: ① 정책목표 타당성 ② 계획내용 충실성 정책집행: ③ 시행과정 효율성 ④ 시행과정 적절성 정책성과: ⑤ 목표 달성도 ⑥ 정책효과	－과제별 4등급 부여 (우수, 적절, 보통, 미흡)	
		－기관별 배점기준(2001): 정책평가위원 평정 70% (형성 20%, 집행 30%, 성과 50%) 국민만족도 30% 반영	－우수기관 선정 Ⅰ 그룹(장관급) 5개 Ⅱ그룹(차관급) 4개
노무현 정부	주요정책과제 평가기준(2007): －계획수립의 적절성 －시행과정의 적절성 －목표달성도 －평가결과의 활용 －법제업무의 효율적 추진	과제별 5등급 상대평가	－평가결과 우수자 성과연봉 및 성과상여금 지급 －성과급 비중 2005년 1.5% 연차별 확대
		자체평가결과 확인・점검	2003 장・차관급 각각 5개 우수기관 공개 2004 이후 전 기관 우수－보통－미흡 공개
이명박 정부	주요정책과제 평가기준(2008): －공통지표(50): 성과지표의 목표달성도 성과지표의 적절성 －자율평가지표(50): 계획수립의 적절성 시행과정의 적절성 정책효과성 평가결과 활용도	부처별 과제평가 5등급 상대평가(2008－2011) 7등급 상대평가(2012)로 변경	－성과연봉 및 성과상여금 노무현 정부와 유사한 수준
		자체평가결과 확인・점검	10－11개 우수기관 포상 (2010 예외, 등급화 미실시)
박근혜 정부	주요정책과제 평가기준(2013): －부처가 기관 특성 고려 평가지표 자체 선정 －자체평가 위원 및 외부 컨설팅 적극 활용 평가지표 개선・개발	부처별 과제평가 7등급 상대평가(2013－2016)	자체평가결과 개인성과급 평균 반영률 －2014년 28.6%, 15년 29.0%, 16년 31.4%로 상승추세 －우수기관과 미흡기관 격차
		자체평가결과 확인・점검	2013－2014: 4개 우수기관 포상 2015－2016: 8개 우수기관 2개 향상기관 포상
문재인 정부	주요정책과제 평가기준(2019) －부처업무 특성에 따라 계획 수립・집행・성과 등 정책단계별 평가지표, 측정기준, 배점 등 자율적 설정	관리과제별 7등급 상대평가	자체평가결과 개인성과급 평균 반영률 －2019년 33.2%, 2020년 33.6% 상승추세 －우수기관과 미흡기관 격차
		자체평가결과 확인・점검	2017: 장・차관급 우수 6, 미흡 4 2018: 장・차관급 우수 6 기관 2019－20: 우수－보통－미흡기관

을 고려하여 자유롭게 설정할 수 있는 자율평가지표를 50% 범위 내에서 자유롭게 설정할 수 있도록 했다.

박근혜 정부에서는 주요정책과제 평가기준(2013)을 부처가 기관 특성을 고려하여 모든 평가지표를 자체적으로 선정하도록 하고, 자체평가 위원 및 외부 컨설팅을 적극 활용하여 평가지표를 개선·개발하도록 하였다.

문재인 정부에서도 주요정책과제 평가기준(2019)을 부처업무 특성에 따라 계획수립·집행·성과 등 정책단계별 평가지표, 측정기준, 배점 등 자율적으로 설정하도록 하였다.

2) 부처내 과제간 등급부여 및 인센티브 반영

김영삼 정부는 각 부처별로 과제별 자체 종합평가 결과에 탁월–우수–보통–부진–미흡의 5등급을 부여하도록 하였다.

김대중 정부는 과제별로 4개 평가등급(우수, 적절, 보통, 미흡)을 부여하여 객관화되고 비교가능한 평가결과를 도출하고자 하였다.

노무현 정부는 과제별로 상대등급화는 시도하지 않았지만, 주요정책과제를 포함한 자체평가 결과를 개인별 인사·성과보수에 반영하도록 하였다. 정부업무평가결과를 반영하여 평가결과 우수자에 대한 성과연봉 및 성과상여금을 지급하도록 하였다. 공직사회의 경쟁촉진 및 성과향상 유도를 위해 성과급 비중을 2005년 1.5%에서 2010년까지 총보수의 6% 수준까지 확대하도록 하였다.

이명박 정부는 2008년–2010년도에는 각 부처가 주요 정책과제에 대해 5개 상대등급, 즉 우수–다소 우수–보통–다소 미흡–미흡과제로 평가하도록 하였다. 2011년도에는 과제별로 7등급(매우 우수–우수–다소 우수–보통–다소 미흡–미흡–부진)으로 구분하여 평가하도록 지침을 개정하였다. 이명박 정부의 2008년도 정부업무평가시행계획에 따르면 평가결과의 성과급 연계를 대폭 강화한다고 하였으나 실제 운영은 노무현 정부 시기와 유사하게 운영되었다.

박근혜 정부에서는 이명박 정부 마지막 해에 이어 부처별 과제평가에 7등급 상대평가(2013–2016)를 적용하도록 하였다. 자체평가결과의 개인 성과급 평균 반영비율은 2014년 28.6%, 2015년 29.0%, 2016년 평균 31.4%로 지속적으로 상승추세에 있으나 일부 기관은 반영비율이 낮거나, 일부 직급의 성과급에만 적용하였다.

문재인 정부는 부처별 과제평가는 관리과제별로 평가결과를 개인성과 등에 활용할 수 있도록 상대평가 7개 등급기준을 적용하되, 등급명은 자율적으로 설정 가능하도록 하였다. 자체평가 결과의 개인성과급 반영비율은 2019년 평균 33.2%, 2020년 평균 33.7%로 상승추세를 보였으며, 권고기준인 30%를 상회하였다. 2020년 성과관리 운영실태 점검결과 우수기관의 자체평가 결과의 성과급 반영률은 39.6%이며, 보통인 기관은 33.0%, 미흡기관은 25.2%로 상당한 차이가 나타났다.

3) 부처간 등급부여 및 인센티브 부여

김영삼 정부는 부처의 과제별 평가결과를 토대로 부처 등급화를 시도하지 않았다.

김대중 정부는 2001년도에 주요정책과제 영역의 기관별 평정을 토대로 우수기관을 선정하여 발표하였는데, 기관별 배점기준은 정책평가위원 평정 70%(정책형성 20%, 정책집행 30%, 정책성과 50%)이며, 국민만족도가 30% 반영되었다. Ⅰ그룹(장관급) 5개 기관, Ⅱ그룹(차관급) 4개 기관이 우수기관으로 선정되었다.

노무현 정부는 부처별 자체평가결과 확인·점검을 토대로 부단위기관(26) 및 청단위기관(21) 별로 우수-보통-미흡의 3등급을 전 기관에 부여하였다.

이명박 정부에서 정부업무평가위원회는 자체평가의 객관성과 적정성을 검증하기 위해 전 부처의 자체평가 운영실태를 점검하고 자체평가 운영이 우수한 10-11개 부처를 포상했다(2010년도 예외적으로 등급화 미실시).

박근혜 정부는 자체평가결과 확인·점검을 통하여 2013-2014년도에는 4개 우수기관을 포상하였고, 2015-2016년도에는 8개 우수기관과 함께 2개 향상기관을 포상하였다.

문재인 정부는 자체평가결과 확인·점검을 통하여 2017년도에는 장관급 및 차관급 우수 6, 미흡 4기관을 선정하였고, 2018년도에는 장관급 및 차관급 우수기관 6개를 선정하였다. 2019-2020년에는 장관급 및 차관급별로 전체 기관을 우수-보통-미흡으로 구분하여 공개하는 한편, 우수부처에 대하여 포상하였다.

요약하면 부처 자체평가 우수기관에 대한 포상은 김대중 정부에서 시작하였으며, 이명박 정부와 박근혜 정부에서도 우수기관을 포상하였다. 노무현 정부와 문재인 정부는 자체평가 운영실태 점검을 토대로 우수-보통-미흡기관을 구분하는 한편 우수기관에 대하여 포상하였다.

5. 국무총리의 중앙행정기관 평가의 방법 및 결과 활용

1) 평가방법

<표 10-5>에서 알 수 있듯이 김영삼 정부의 중점관리대상 과제에 대하여는 각 부처 자체심사평가 결과를 토대로 국무총리 행정조정실에서 종합심사평가를 하는 방법을 취하였다.

김대중 정부가 도입한 기관평가제도의 평가영역은 「주요정책과제 평가」, 「정책추진역량 평가」, 그리고 「국민만족도 평가」로 구분되었다. 주요정책과제와 정책추진역량 평가를 위하여 국무조정실과 정책평가위원회 위원들과 평가작업반이 운영되었다. 한편 국민만족도 평가는 전문조사기관에 의뢰하여 평가하였다. 김대중 정부에서 국정과제 점검은 기관평가와는 별도로 국무조정실에서 담당하였다.

노무현 정부에서 도입한 통합 정부업무평가제도에서 국무총리가 중앙행정기관을 평가하는 특정평가 영역의 평가에는 국무조정실과 정부업무평가위원회 및 실무위원회가 주도적으로 평가에 참여하였고, 관련분야 전문가도 평가에 참여하였다. 국민만족도 조사는 전문조사기관을 활용하였다. 노무현 정부에서 국정과제에 해당하는 핵심공약과제 점검은 국무조정실, 대통령의제인 로드맵과제는 정책기획위원회와 국정과제위원회가 담당하였다.

이명박 정부에서 국무총리실과 정부업무평가위원회가 평가를 담당하였으나 실무위원회를 폐지하는 대신, 전문가 평가단을 활용하였다. 국민만족도 조사는 전문조사기관을 활용하였다. 국정과제 점검은 국무총리실이 담당하였다.

박근혜 정부와 문재인 정부에서 특정평가는 국무조정실과 정책평가위원회가 담당하였으며, 국정과제는 특정평가에 포함되어 평가되었다.

2) 부처 등급부여

김영삼 정부에서는 주요정책과제 평가에 따른 부처 등급을 부여하지 않았다.

김대중 정부에서 도입한 기관평가의 핵심은 기관간 경쟁을 통하여 성과를 제고하고자 하는 것이므로 기관간 성과 비교가 중요한 과제이다. 기관평가 도입 첫해인 1998년도에는 국민만족도 조사 가운데 민원만족도를 대상으로 전체와 분야별로 2개의 우수기관을 공개하였다. 김대중 정부 출범 이후 공개범위를 확대하였다. 주요정책과제 분야에서는 장·차관급 각각 4개의 우수기관을 공개(2001-2002)하였고, 기

표 10-5 역대정부 국무총리의 중앙행정기관 평가의 방법 및 결과 활용

	평가방법	부처 등급부여	평가결과 공개 및 활용
김영삼 정부	-주요정책과제의 부처자체평가 결과를 종합평가 -전문가 및 자문위원회 활용	부처 등급화 없음	대통령 주재 국무회의 확정 국무총리 시정요구 미작동
김대중 정부	· 부처 기관평가 (주요정책과제, 기관역량)에 정책평가위원회와 평가작업반 운영 -국민만족도 전문조사기관 활용 · 국정과제 점검(국무조정실)	-주요정책과제: 장·차관급 각 4개 우수기관 공개 (2001-2002) -기관역량: 장·차관급 3-5개 우수기관 공개(1999-2002) -민원만족도: 우수기관 공개(1998) 우수, 향상기관 공개 (1999-2000) 3등급 전기관 등급공개 (2001-2002) -종합평정: 우수기관 공개(2001)	-매년 대통령 주재 보고대회 개회 상·하반기 2회 보고대회 -훈장, 포장 및 표창 등 유공자 포상인원 평균 32명
노무현 정부	· 특정평가 정부업무평가위원회와 실무위원회 -관련분야 전문가 참여 -국민만족도 전문조사기관 활용 · 핵심공약과제 과제점검 (국무조정실) · 로드맵과제 점검 (정책기획위, 국정과제위원회)	2006년 기준 -주요정책과제, 인사, 조직 등: 부처 3단계 등급부여 -관리대상업무(정책홍보, 법적의무 등, 정보공개, 대통령지시사항, 규제개혁, 청렴도, 위기관리, 고객만족도): 부처 3단계 등급부여 -혁신관리: 부처 5단계 등급부여 -평가종합: 부처 3단계 등급부여	-매년 대통령 주재 보고대회 개회 상·하반기 2회 보고대회 -훈장, 포장 및 표창 등 유공자 포상인원 연평균 50명 -포상 우수기관 연평균 25개 포상금 집행액 연평균 31.5억원
이명박 정부	· 특정평가 -정부업무평가위원회 -전문가 평가단 활용 -국민만족도 전문조사기관 활용 · 국정과제 점검 (국무총리실)	2012년 기준 -핵심과제: 과제별 3등급화 기관별 4등급화 병행 -녹색성장: 사례별 3등급화 기관별 4등급 -일자리과제: 과제별 3등급화 기관별 4등급 -정책홍보, 정책관리역량, 규제개혁: 기관별 4등급화 -국민만족도: 기관별 2등급화 종합평가 미실시	-국무총리 주재 보고대회(2회) 대통령주재 국무회의(1회) 국무총리주재 국무회의(2회) 2008년, 2012년 미실시 -훈장, 포장 및 표창 등 유공자 포상인원 연평균 29명 -포상 우수기관 연평균 23.4개 포상금 집행액 연평균 18.62억원
박근혜 정부	· 특정평가 -특정평가에 국정과제 포함 -정부업무평가위원회 -평가부문별 평가지원단 운영 -국민만족도 전문조사기관 활용	2016년 기준 -국정과제, 규제개혁, 정책홍보, 정상화과제 기관별 등급 우수(30%)-보통(50%)-미흡(20%) -종합평가 기관별 등급 우수(30%)-보통(50%)-미흡(20%)	-국무총리 주재 국무회의(4회) -훈장, 포장 및 표창 등 유공자 포상인원 연평균 30명 -포상 우수기관 연평균 19.25개 포상금 집행액 연평균 14.06억원
문재인 정부	· 특정평가 -특정평가에 국정과제 포함 -정부업무평가위원회 -평가부문별 평가지원단 운영 -국민만족도 전문조사기관 활용	2020년 기준 -국정과제, 규제혁신, 정부혁신, 정책소통 S·A(30%)-B(50%)-C·D(20%) -종합평가 기관별 등급 S·A(30%)-B(50%)-C·D(20%)	-국무총리 주재 국무회의(4회) -훈장, 포장 및 표창 등 유공자 포상인원 연평균 29.75명 -포상 우수기관 연평균 23.75개 포상금 집행액 연평균 14.37억원

관역량 분야에서는 장·차관급에서 각각 3－5개의 우수기관을 공개(1999－2002)하였다. 민원만족도의 경우, 우수기관 공개(1998), 우수 및 향상기관 공개(1999－2000)에 이어 전 기관 3등급 등급공개(2001－2002)를 실시하였다. 한편 종합평정의 경우 우수기관만 공개(2001)하였다.

노무현 정부의 평가결과 부처 등급부여 현황을 2006년 기준으로 살펴보면 자체평가의 영역인 주요정책과제, 인사, 조직 등 모든 분야의 실태점검을 토대로 전 부처 3단계(우수－보통－미흡) 등급을 부여하였다. 혁신관리를 제외한 관리대상업무(정책홍보, 법적의무 등, 정보공개, 대통령지시사항, 규제개혁, 청렴도, 위기관리, 고객만족도)에서도 전 부처에 3단계로 등급을 부여하였다. 혁신관리 분야는 전 부처에 5단계로 등급을 부여하였다. 분야별 평가결과를 합산한 평가종합에서도 전 부처에 3단계로 등급을 부여하였다.

이명박 정부에서는 출범 초인 2008년도에 기관서열화의 원칙적 폐지를 방침으로 정하였는데 2009년도 이후 부문별로 기관서열화를 부활하고, 등급을 오히려 확대하였다. 2009년도에는 과제별 또는 기관별 3등급제를 부활하였다. 2010년부터는 핵심과제, 일자리과제, 정책소통·홍보 부문, 규제개혁 등 핵심이 되는 영역에서 3등급제(우수－보통－미흡)를 4등급제(최우수－우수－보통－미흡)로 확대하여 부처간 경쟁을 유도하고자 하였다. 그러므로 이명박 정부 출범초에 주장한 기관서열화 폐기 방침 자체도 지켜지지 않았고, 오히려 3등급을 4등급으로 확대하여 기관서열화가 한층 강화되었다. 예외적으로 2012년 국민만족도 부문은 정책과 민원을 구분하되 2등급(상위, 중·하위)으로 부처를 등급화하였다. 다만, 종합평가는 실시하지 않았다.

박근혜 정부에서는 이명박 정부와는 달리 특정평가 부문별 평가결과를 합산한 종합평가를 도입하였다. 2013년도에는 우수부서만 선정하여 발표하였고, 미흡기관은 공개하지 않았다. 그러나 2014년부터 2016년까지는 국정과제, 규제개혁, 정책홍보, 정상화, 정부3.0 부문별 그리고 이들을 합산한 종합평가 결과를 우수－보통－미흡 기관으로 등급화하여 공개하였다.

문재인 정부에서는 박근혜 정부에 이어 특정평가 부문별 평가결과를 합산한 종합평가를 계속하였다. 2017년도와 2018년도에는 부문별 평가와 종합평가결과를 우수(30%)－보통(50%)－미흡(20%)로 구분하여 발표하였으나, 2019년부터 국정과제, 규제혁신, 정부혁신, 정책소통 부문 및 종합평가에서 S, A, B, C, D의 5단계로 구분하기로 하였다. 실제 S와 D는 지극히 예외적인 경우에만 부여하였다(2019년 종합평가 농림수산식품부 S등급, 규제혁신 분야 교육부 D등급). 그러므로 실제 등급부여는 A(30%)－B(50%)－C(20%)로 운영되었다.

3) 평가결과 공개 및 활용

김영삼 정부 시기에 심사평가 결과는 국무회의 보고 및 대통령에 보고하도록 관련 규정(「정부업무의 심사평가 및 조정에 관한 규정」)에서 정하고 있다. 평가결과는 매년 상반기와 하반기에 대통령 주재 또는 국무회의에서 심의·확정하였고, 그 결과를 각 부처에 시달하도록 조치하였다. 그러나 실제 보고회는 개최되지 않았다. 심사평가 결과의 활용에 관하여 관련 규정(「정부업무의 심사평가 및 조정에 관한 규정」)에서는 국무총리의 시정요구 권한 및 재경원에 통보하여 예산조치를 취할 수 있다고 규정되어 있으나, 임의 규정으로 완화되어 실제로는 제대로 작동하지 않았다.

김대중 정부에서는 기관평가결과에 대하여 상반기의 경우 국무총리가 주재하는 보고대회 형식으로 보고되었으며, 하반기에는 대통령 주재 보고대회 형식으로 중앙행정기관 결과를 종합하여 보고하였다. 공무원 훈장, 포장 및 표창 등 정부포상 인원은 연평균 32명이었다.

노무현 정부에서는 매년 상·하반기 2회에 걸쳐 대통령 또는 국무총리 주재 보고회를 개최하였다. 훈장, 포장 및 표창 등 정부포상 인원은 연평균 50명으로 가장 많았다. 또한 우수기관 포상금 수혜 대상기관은 연평균 25개 기관, 집행액은 연평균 31.5억원이었다.

이명박 정부에서는 출범 첫해(2008년도)와 마지막 해(2012년도)에는 국무회의의 의결을 거치지 않았다. 대통령 주재 국무회의 1회(2009 하반기), 국무총리 주재 국무회의 1회(2009 상반기), 국무총리 주재 보고회가 2회(2010 하반기, 2011 하반기) 개최되었다. 평가결과를 토대로 정책개선, 조직·인사·보수 반영, 우수기관에 대한 포상, 정부업무평가 포상금 지급이 이루어졌으나, 노무현 정부와 비교할 때 그 규모가 훨씬 약화되었다. 유공자 포상인원은 연평균 29명, 포상대상 우수기관은 연평균 23.4개 기관, 포상금 집행액은 연평균 18.62억원이었다.

박근혜 정부에서는 정부업무평가결과를 매년 1회 국무총리 주재 국무회의에서 심의·의결하는 것으로 정례화하였다. 유공자 포상인원은 연평균 30명, 정부업무포상금 대상기관은 연평균 19.25개 기관, 포상금 집행액은 연평균 14억원이었다.

문재인 정부에서도 정부업무평가결과를 매년 1회 국무총리 주재 국무회의에서 심의·의결하였는데, 그 시기를 1월 중으로 앞당겨 차년도 평가에 대비하도록 하였다. 유공자 포상인원은 연평균 29.75명으로 박근혜 정부와 비슷하였으며, 정부업무포상금 수혜기관은 연평균 23.75개, 집행액수는 연평균 14.37억원으로 유사하였다. 특이한 사항은 2020년도 포상금 수혜 대상기관에 특정과제 종합평가 우수기관뿐만 아니라 부문별 평가 우수기관을 포함시켜 총 기관수를 35개로 대폭 확대한 것이다.

6. 역대정부의 주요정책 만족도 변화추이

1) 정책만족도 조사의 의미

김대중 정부에서 1998년부터 전 부처를 대상으로 주요정책에 대한 국민만족도와 민원행정서비스에 대한 고객만족도 조사가 제도화되었다. 주요정책에 대한 만족도 조사의 공정성과 객관성을 확보하기 위하여 외부 전문조사기관에 의뢰하여 일반국민을 대상으로 조사하였다. 정책만족도 조사가 시작된 김대중 정부에서 정책만족도 조사는 각 부처별로 대표성이 높은 과제만을 평가대상과제로 선정하여 조사하였다. 김대중 정부에서의 조사항목으로는 정책의 효과 여부, 정책의 수용 정도, 정책추진 의지 및 대응노력 정도, 해당과제에 대하여 가장 먼저 해결해야 할 부분 등이었다. 주요정책 만족도 조사결과의 추이는 역대정부가 추진한 주요정책에 대하여 국민이 체감하는 정책성과를 파악할 수 있는 대용지표로 볼 수 있을 것이다.

2) 역대정부의 정책만족도 조사 비교

최초로 정책만족도 조사를 시작한 김대중 정부의 경우에는 민원만족도 조사결과는 확인할 수 있으나(제9장 [그림 9-3] 참조), 정책만족도에 관한 자료는 찾을 수 없었다. 여기에서는 노무현 정부, 이명박 정부, 박근혜 정부, 그리고 문재인 정부의 주요정책 종합만족도 변화추이를 살펴보겠다.

노무현 정부에서는 각 중앙행정기관의 핵심정책(부단위 기관 3개, 청단위 기관 2개)을 기관별로 선정하여 총 115개 내외의 정책목표에 관한 정책 만족도를 조사하였다. 2007년도 주요만족도 부문의 조사대상자는 일반국민(4,940명), 전문가(2,250명), 내부고객(1,350명)이다. 평가의 공정성, 객관성 및 전문성 제고를 위해 민간 조사전문기관을 선정하여 설문조사 실시하였다. 설문항목은 정책과정별 주요 요인(의견수렴도, 적절성, 투명성, 일관성, 효과성, 환류성)에 대한 항목만족도(70% 반영)와 전체적 체감만족도(30%)를 조사하였는데, 각 설문항목에 대하여 응답자의 만족도를 7점 리커트 척도에 따라 응답하게 하였다.

이명박 정부에서는 기존 '고객만족도'를 '국민만족도'로 명칭을 변경하였다. 정책만족도 평가 대상과제는 중앙행정기관의 성과관리 시행계획에서 선정한 전략목표(부단위 3개, 청단위 2개, 95개 내외)를 대상으로 하였다. 정책만족도 조사에서는 항목만족도(수립 · 집행과정의 민주성, 정책내용의 적정성, 추진과정의 대응성, 정책효과성)와 체감만족도를 조사하여, 각 설문항목에 대하여 응답자의 만족도를 11점 리커트 척도에 따라 응답하게 하고, 그 결과를 100점 만점 기준으로 환산하였다.

박근혜 정부에서는 140개 국정과제 전체를 대상으로 주요정책 만족도를 조사하였다. 박근혜 정부에서는 이전 정부와 달리 2014년부터 국정과제 만족도 조사결과를 개별 국정과제 평가에 반영한 것이다(제9장 <표 9-56> 참조). 2013년과 2014년에는 상반기와 하반기에 연 2회 조사를 실시하였고, 2015년과 2016년에는 한 차례 조사하였다. 국정과제별로 항목만족도(민주성, 적극성, 대응성, 성과도, 50% 반영)와 체감만족도(50% 반영)를 7점 척도를 사용하여 조사하였다.

문재인 정부에서도 국정과제에 대한 만족도 조사 결과를 국정과제 평가에 반영하였다. 국정과제별로 정책의 필요성, 정책내용의 적절성, 정책효과 달성도, 정책전반 만족도를 가중합산하는 방식으로 종합만족도를 산출하였다. 설문조사에는 7점 척도를 사용하였다.

3) 역대정부의 주요정책 만족도 변화추이

[그림 10-1]의 역대정부 주요정책 만족도 변화추이를 살펴보면 노무현 정부에서 주요정책 만족도 추이는 단기적으로 증감을 반복하나, 시계열로 볼 때 전반적인 상승 추세임을 알 수 있다. 2003년 4.19에서 2004년 4.07로 약간 하락하였으나, 2005년 4.43으로 높아졌다. 2006년 4.34로 하락하였으나, 노무현 정부 마지막 해인 2007년에는 4.56으로 가장 높았다.

이명박 정부의 주요정책 만족도 추이(2008-2012)를 살펴보면 2008년 60.67(100점 만점)에서 출발하여 2009년 60.97, 2010년 59.52, 2011년 63.22에 이어, 2012년에는 64.23으로 완만하게 상승하였다. 이명박 정부 출범 초 쇠고기 수입반대와 한반도 대운하 반대 등으로 만족도가 낮은 수준에서 출발하여 점차 회복한 것으로 보인다.

그림 10-1 역대정부의 주요정책 및 국정과제 만족도 변화추이

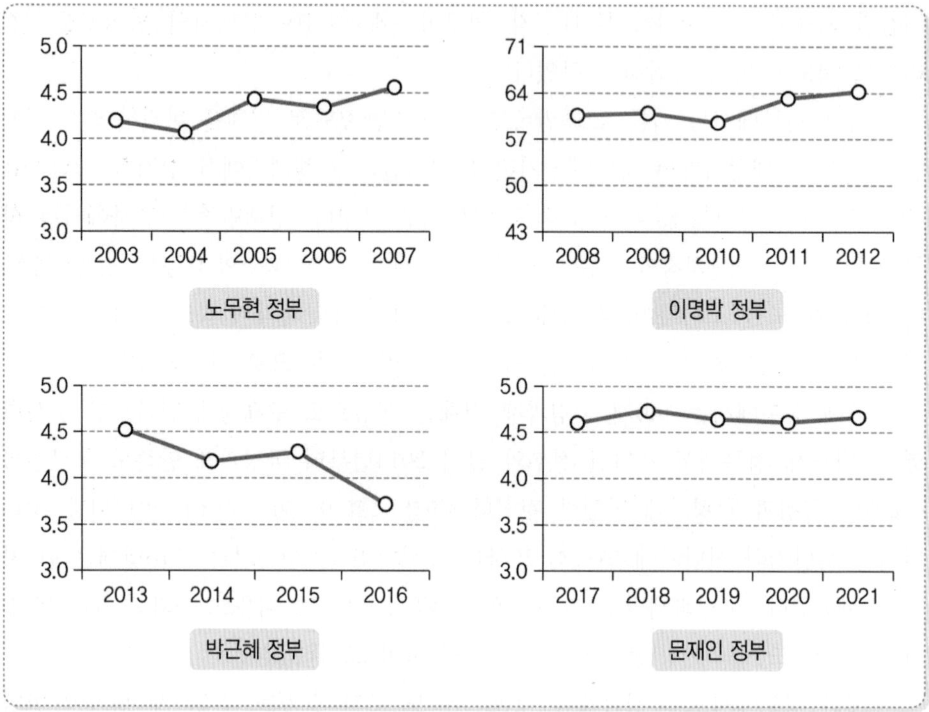

※ 노무현, 이명박 정부는 주요정책 만족도, 박근혜 문재인 정부는 국정과제 만족도 추이.
※ 노무현, 박근혜, 문재인 정부는 7점 척도, 이명박 정부는 11점 척도 조사 후 100점 만점으로 환산.

박근혜 정부 시기의 국정과제에 대한 전반적 만족도는 출범 첫해에 가장 높았고(4.52), 2년차에 하락하였으며(4.18), 3년차에 약간 상승(4.28)하였으나 4년차에 대폭 하락(3.72)하였다. 2년차에는 세월호 사고, 방산비리 등 국민적 우려를 야기한 사건·사고들이 영향을 미친 것으로 보이고, 4년 차에는 국정농단 사건이 영향을 미친 것으로 보인다.

문재인 정부 국정과제 만족도는 임기 초반인 2017년도의 만족도인 4.60에서 시작하여 2018년도에 4.74로 증가한 후에 2019년, 2020년에 각각 4.64, 4.61로 하락하였다. 하락의 주된 원인은 평화와 번영의 한반도 전략목표에 포함된 16개 과제의 국민만족도가 대폭 하락한 것이다. 2021년에는 코로나19가 2년째 지속되는 상황임에도 불구하고 4.66으로 상승하였다.

Ⅱ. 역대정부 정부업무와 국정과제 성과관리의 시사점

1. 정부업무와 국정과제 성과관리 추진체계의 시사점

1) 추진체계 변화 개관

정부업무 성과관리의 과도기(1981－1994)에는 성과관리기능이 국무총리실(정책평가)과 경제기획원(심사분석)으로 이원화되었으나, 김영삼 정부에서 이를 심사평가로 통합(1994.12)한 이후 국무총리 행정조정실(차관급)에서 중앙부처 성과관리 기능을 담당하였다. 김대중 정부가 도입한 기관평가제도(1998－2006)하에서 성과관리는 장관급으로 격상된 국무조정실에서 담당하였으며, 「평가기본법」을 제정(2001)하여 정책평가위원회를 심의기구화하였다. 노무현 정부는 국무조정실에 차관급 직위를 두 자리 신설하였고, 성과관리 담당 부서를 늘리고 인원을 대폭 확대하였다. 또한 「정부업무평가기본법」을 제정하여 통합 정부업무평가제도를 도입하고, 정부업무평가위원회와 실무위원회를 구성하여 운영하였다. 이명박 정부는 국무총리 보좌기능을 축소하고 이에 따라 성과관리 담당부서 규모와 인원도 축소하는 한편 실무위원회를 폐지시켰다. 박근혜 정부와 문재인 정부에서는 국무조정실 담당부서를 점진적으로 복원하였다. 문재인 정부에서는 2021년 4월 한국행정연구원에 정부업무평가지원센터를 신설하여 국무조정실과 정부업무평가위원회의 지원기능을 담당하도록 하였다.

2) 각종 정부업무평가 추진체계 연계 필요성

통합 정부업무평가제도에서 국무조정실과 정부업무평가위원회는 「정부업무평가법」에 따라 정부업무평가의 최상위 기관으로서, 중앙행정기관평가는 물론 공공기관 평가, 지방자치단체 평가 등 공공부문의 수많은 평가제도들을 관할하여야 한다. 또한 박근혜 정부 이래 국무총리가 각 중앙행정기관을 평가하는 특정평가 가운데 국정과제 평가를 직접 담당하여 왔다.

공공부문에서 국민이 체감하는 국정운영의 성과를 창출하려면, 중앙정부와 지방정부의 공무원 및 중앙 및 지방 공공기관 임직원들이 국정성과창출에 실질적으로 기여할 수 있도록 각종 평가제도와 평가결과 생산된 정보를 연계하는 것이 필요하다. 현재 중앙행정기관, 지방자치단체, 공공기관, 출연연구원을 대상으로 여러가지 유형의 기관평가와 사업평가를 시행하고 있지만 평가유형별 평가대상 및 주관기관의 분화로 개별 평가 간 통합 및 연계성은 부족한 실정이다.

그러므로 국정과제 및 주요정책과제와 지방자치단체·공공기관의 성과과제의 연계를 강화하고, 주기적인 성과점검 및 체계적인 정책평가와 환류를 통하여 국정의 실질적인 변화와 성과를 창출하는 한편, 창출된 성과에 관한 정보를 통합적으로 관리할 수 있어야 한다.

3) 정부업무평가지원 전문연구기능 연계 및 강화방안

<표 10-6>에 정부업무평가위원회가 관할하는 여러 가지 평가유형이 소개되었다. 국무조정실과 정부업무평가위원회는 정부업무평가의 최상위기관으로서 중앙행정기관을 대상으로 한 일자리·국정과제평가 등 특정평가, 주요정책, 재정사업평가 및 행정관리역량 등 자체평가, 지방자치단체를 대상으로 하는 부처 합동평가와 개별평가, 공공기관을 대상으로 하는 공기업, 준정부기관, 과학기술분야 연구기관, 경제·인문사회분야 연구기관, 지방공기업평가 등 주요 평가의 기본계획 수립과 시행계획에 관한 안건의 실질적인 사전검토 등 필요한 지원을 받을 수 있어야 한다.

<표 10-7>의 평가관련 연구기관 현황 자료에서 알 수 있듯이, 공기업·준정부기관 평가와 일반재정사업평가는 각각 한국조세재정연구원의 공공기관연구센터와 재정성과평가센터의 지원을 받으며, 지방공기업평가는 지방공기업평가원의 지원을 받는 등 주요 평가제도는 전문연구기관의 지원을 받으며 운영되고 있다. 정부업무평가 최상위기관인 정부업무평가위원회는 이명박 정부에서 실무위원회를 폐지한 이후 안건 사전검토 등 지원기능이 충실하게 진행되기 어려운 구조로 운영되어 왔다. 그러므로 각종 평가의 평가지표간의 연계성 강화와 통합, 성과정보의 활용을 위한 통합적·체계적 평가관리와 심층 연구분석을 위한 평가 관련 산재된 기관의 기능을 연계하고, 정부업무평가위원회를 지원할 독립적인 평가전문연구기관 설립의 필요성이 꾸준히 제기되어 왔다. 문재인 정부 후반기의 정부업무평가 기본계획(2020-2022, 2019.12 국무회의 심의)에서는 각종 평가제도 통계관리, 중복사항 분석, 성과지표간 연계방안 등을 지원하는 정부업무평가 전문연구기관 설치·운영을 검토하도록 하였는데, 이에 따라 2021년 4월 한국행정연구원의 정부업무평가지원센터가 발족하여 그 기능을 일부 담당할 수 있게 되었다. 그러나 15명 정도의

표 10-6 정부업무평가 체계도

(2021년 9월 현재)

평가대상	평가유형	평가부문		근거법률	평가주관
중앙행정기관	특정평가 (45개)	일자리·국정과제		정부업무평가기본법	국조실 등
		규제혁신			
		정부혁신			
		정책소통			
	자체평가 (46개) ※ 45+국조실	주요정책(성과관리)		정부업무평가기본법	국조실
		재정사업	일반재정사업	국가재정법	기재부
			R&D평가	연구성과평가법	과기정통부
			재난안전	재난안전법	행안부
			균형발전	국가균형발전법	지역위
		행정관리 역량	조직	정부업무평가기본법	행안부
			인사		인사처
			정보화		행안부
	개별평가			개별근거법률	주관부처
지방자치단체	부처평가	합동평가(25개 기관, 116개 지표)		정부업무평가기본법	행안부 등
	자체평가	중앙행정기관과 동일		정부업무평가기본법	지자체장
	개별평가			개별근거법률	주관부처
공공기관	공기업(36개)			공공기관운영법	기재부
	준정부기관(96개)				
	기금(존치평가 24개, 자산운용평가 45개)			국가재정법	기재부
	과학기술분야 연구기관 (47개)	과기연 소관(25개)		과학기술기본법 과기출연기관법	과기연
		과기정통부 산하(16개)			과기정통부
		해수부 산하(3개)			해수부
		원안위 산하(2개)			원안위
		방사청 산하(1개)			방사청
	경제·인문사회분야 연구기관(26개)			정부출연기관법	경인사연
	지방공기업(241개)			지방공기업법	행안부

※ 46개 자체평가 대상기관에는 특정평가 대상기관 45개에 국무조정실이 추가됨.

출처: 정부업무평가위원회 홈페이지(https://www.evaluation.go.kr/psec/intro/intro_1_1_2.jsp) 2021.9.24 접근.

표 10-7 평가 관련 연구기관 현황

평가기관	유형	부서	근거법령	기능	조직규모
한국행정연구원	출연연	정부업무평가지원센터	–	개별평가 관리 및 특정평가 지원	박사 4명, 연구원 8명 등 15명
		국정평가연구실	–	정부업무평가연구 및 국민만족도 조사	박사 7명, 연구원 2명, 행정연 1명 총 10명
한국조세재정연구원	출연연	재정성과평가센터	국가재정법 전문연구기관 지정	재정사업심층평가 및 핵심사업평가	박사 5명, 연구원 31명, 총 36명
		국가회계재정통계센터	–	국가회계결산 및 교육	30명(회계사 22명)
		공공기관연구센터	–	공공기관 정책연구 및 평가지원 고객만족도 기본설계	박사 3명, 연구원(회계사포함) 48명, 행정원 1명, 총 52명
한국조세재정연구원	출연연	정부투자분석센터	–	정부사업예비타당성조사	4명
KDI	출연연	공공투자관리센터	국가재정법	예비타당성조사, 총사업비관리	공공투자관리센터 110명
지방공기업평가원	지방공기업		지방공기업법 설립근거	지방공기업평가 및 교육, 컨설팅	전체 정원 58명
한국과학기술기획평가원	기타공공기관	R&D평가센터, 혁신정보분석센터, 제도혁신센터, 성과확산센터	과학기술기본법	과학기술기획, 예측, 수준조사, 분석, 평가, 예산조정	전체 정원 231명
한국산업기술기획평가원	준정부기관	사업기획단, 성과확산단	산업기술촉진법	산업기술기획, 평가, 관리	전체 정원 283명
농림식품기술기획평가원	준정부기관	성과확산실, 사업운영실	농림식품과학기술육성법	연구개발사업 기획, 관리, 평가	전체 정원 84명
정보통신기획평가원	연구재단 부설기관	기술개발평가단	정보통신진흥융합활성화법	ICT R&D 기술개발사업협력평가	전체 정원 222명

인원으로 소규모로 출발하여 그 기능을 제대로 수행하기 어렵다.[1]

그러므로 한국행정연구원의 정부업무평가지원센터의 인원과 기능을 대폭 확충하고, <표 10−7>에 제시된 각종 평가관련기관과 연계를 강화하거나 이들을 통합하여 독립적인 평가전문연구기관을 설립하여 지원을 받을 수 있어야 한다.[2]

1 국정과제평가에서 전문연구기관의 역할에 관한 외국사례는 조유선 · 우하린 · 이환성(2021), 이광훈(2017) 등 문헌 참조.

2 평가전문연구기관에 관한 아이디어와 자료를 제공한 국무조정실 라영재 국장에게 감사드린다.

2. 중앙행정기관 자체평가의 개선방안

통합 정부업무제도 도입의 기본취지는 부처 자체평가를 활성화하여 스스로 학습하고 개선하도록 한다는 것이다. 국정과제 등 핵심 정책내용의 대부분은 자체평가를 위한 전략목표에 어떤 형태로든지 포함되기 때문에, 자체평가가 정확하고 공정하게 이루어지는 것이 국정과제 평가의 출발점이기도 하다. 자체평가의 결과는 부처 구성원들의 성과급 및 성과상여금에도 직접 반영되기 때문에 자체평가가 공정하고 객관적으로 이루어지는 것이 더욱 중요해지고 있다.

2006년 통합 정부업무평가제도의 도입 이후 부처 성과관리 · 자체평가의 역사가 비교적 길고 익숙하기 때문에 최근 행정연구원의 연구(이환성 외, 2020: 183)에 따르면 정부부처와 공무원들의 자체평가에 대한 인식이나 접근 등이 많이 상향 평준화된 것이라고 보았다. 앞으로 자체평가의 활성화 및 활용도 제고를 위해 몇 가지 개선방안을 제시하고자 한다.

1) 기관장 관심도 제고

박근혜 정부 시기와 문재인 정부 시기의 국무조정실의 부처별 자체평가 운영실태 점검결과에 따르면 기관의 성과관리 운영수준을 결정하는 핵심요소는 '기관장 관심도'와 '평가의 성과급 반영' 등 환류체계인 것으로 나타났다. 그러므로 자체평가에 관한 기관장 관심도에 대한 점검 비중 강화 등 기관장의 관심을 환기할 수 있는 방안을 찾아야 한다.

2) 성과급 및 성과상여금 반영비율 확대

자체평가 결과의 개인성과급 반영 비율은 2015년 평균 29.0%, 2016년 평균 31.4%에서 2019년 평균 33.2%, 2020년 평균 33.7%로 상승추세를 보였으며, 권고기준인 30%를 상회하였다. 평가의 성과급 반영은 기관장 관심도와 함께 기관의 성과관리 운영수준을 결정하는 핵심요소이므로 자체평가에 따른 개인 및 부서 성과보상 등 인센티브 강화 방안을 강구하여야 한다.

3) 전략목표 성과지표 관리 강화

자체평가위원들의 대다수가 2019년 최초로 도입한 전략목표 지표 설정 및 관리가 부처 업무성과제고에 기여할 것이라고 응답하였다(이환성 외, 2020: 89). 앞의 제

9장 [그림 9−1] 고용노동부 소관 국정과제와 부처 성과관리과제의 관계 사례에서 살펴본 바와 같이 각 부처의 전략목표는 국정과제 체계에서 개별 국정과제 수준에 해당된다. 그러므로 각 부처별로 전략목표 수준의 성과지표를 제대로 관리할 경우에 국정과제 성과창출에 크게 기여할 수 있다. 그런데 각 부처의 2019년 전략목표 성과보고서를 한국행정연구원이 분석한 결과 기관별로 성과분석 역량 및 노력도에서 큰 차이가 있었다. 따라서 전략목표 성과지표 관리 및 분석 보고서 작성이 본 궤도에 달성할 수 있도록 부처의 성과분석 노하우 및 역량 제고가 필요하다. 전략목표 성과지표 성과관리에서 가능하면 통계청 e−나라지표 등과 연계시켜 국내자료의 시계열분석과 OECD국가들과의 횡단적 비교가 가능하도록 관리할 필요가 있다.

4) 자체평가위원회 독립성과 자율성 제고

각 부처별로 구성된 자체평가위원회가 전문성 · 독립성 · 자율성을 갖춘 실질적 평가주체로서 내실있게 운영되어야 한다. 한국행정연구원의 연구팀이 자체평가위원들의 설문응답을 바탕으로 자체평가위원회의 독립성과 자율성에 긍정적인 영향을 미치는 요인을 회귀분석을 통하여 도출한 결과 (1) 해당 부처 기관장의 충분한 지원, (2) 절차의 공정성, (3) 해당 부처의 역량, (4) 성과관리 시행계획 내용에 대한 해당 부처의 업무 반영, (5) 전략목표 성과지표의 부처업무 성과제고 기여 정도 등 5가지 요인이 통계적으로 유의미한 요인으로 나타났다(이환성 외, 2020: 179). 결국 자체평가위원회가 부처로부터 독립적이고 자율적으로 평가를 시행하려면 해당 부처 기관장의 충분한 지원, 평가의 절차적 공정성 제고, 해당 부처의 평가역량과 성과관리 시행계획의 해당 부처 업무반영 강화, 전략목표 성과지표의 부처업무 성과 제고기여 정도와 부처 성과관리 평가기준을 높여야 한다는 것이다.

5) 자체평가의 행정관리역량과 특정평가의 국정과제 지원기능의 연계

중앙행정기관을 대상으로 하는 자체평가 부문의 주요정책과제 평가와 특정평가 부문의 일자리 · 국정평가의 연계가 강화되어야 한다는 점은 이미 지적한 바와 같다. 또한 자체평가 부문의 행정관리역량(조직 · 인사 · 정보화 부문) 평가와 특정평가 부문의 국정과제 지원기능, 특히 정부혁신분야 평가는 평가지표를 재구성하여 통합적으로 평가가 이루어질 수 있도록 하여야 한다.

3. 국정과제 평가의 개선방안

1) 국정과제 평가결과 공개의 쟁점

국정과제는 대통령을 중심으로 한 정부핵심부가 임기 중에 성과를 거두고자 하는 과제들이다. 김영삼 정부에서는 출범 초 설정한 국정과제를 임기동안 체계적으로 관리하지는 않았다. 김대중 정부는 정부업무성과관리제도인 기관평가제도와는 별도로 국정과제의 이행점검체계를 운영하였다. 노무현 정부에서도 통합 정부업무평가제도의 틀이 아닌 별도의 체계에서 핵심 공약과제와 로드맵과제를 관리하였다. 이명박 정부에서는 국정과제의 일부를 특정평가 영역의 핵심과제, 녹색성장과제, 일자리과제에 포함하여 성과를 평가하는 한편, 전체 국정과제에 대하여 점검체계를 별도로 운영하였다. 그러나 이들 정부가 운영하여 온 점검체계는 정상추진 또는 부진 등과 같이 이행점검에 그치고, 국정과제 추진으로 달성한 정책성과는 파악할 수 없는 단점이 있었다. 박근혜 정부는 국정과제의 집행상황 점검뿐 아니라 그 성과 및 국민만족도까지 파악할 수 있는 평가의 도구로 통합 정부업무평가제도의 특정평가를 활용하여 왔다. 2013년 첫 해에는 국정과제별로 성과평가의 등급을 우수－보통－미흡으로 구분하여 공개하였으나, 2년차인 2014년 이후에는 과제별 등급이 아니라 부처 소관 국정과제들의 평가 점수의 평균으로 환산하여 우수－보통－미흡으로 구분한 부처별 등급을 공개하였다. 문재인 정부에서는 2019년에 국정과제를 포함한 특정평가 영역별 부처 등급을 기존의 3단계(A, B, C)에서 5단계(S, A, B, C, D)로 확대하였다.

그렇다면 왜 국정과제별로 이루어진 성과평가의 결과를 종합하여 부처별 등급으로 공개하여 왔을까? 국정과제 체계는 집권초에 대통령을 포함한 정부핵심부가 설정하고, 부처의 관료조직이 집행을 담당하며, 국무조정실과 정부업무평가위원회가 그 이행상황을 점검하고 성과를 평가한다. 5년 단임의 정부핵심부의 관점에서는 국정과제별로 그 성과를 관리하는 것보다는 부처간 경쟁체제를 활용한 관리가 임기말까지 국정과제 추진의 동력을 유지하고 책임성을 확보하는데 유리하다고 판단할 수 있다. 국정과제별로 성과를 관리할 경우 그 책임소재가 분산될 수 있으므로, 신분이 보장되는 관료조직을 통제하기 어렵다는 것이다. 김대중 정부가 도입한 기관평가제도의 기본취지는 부처간 경쟁체제와 유인체계를 구축함으로써 행정의 효율성과 책임성을 제고한다는 것이었다. 박근혜 정부에서도 개별 국정과제보다는 이를 종합한 기관성과가 대표성과 책임성 측면에서 중요하다고 판단하여, 이를 통하여 기관차원의 국정성과를 독려하고자 하였다. 문재인 정부에서 국정과제의 기관평가 방식을 유지하면서, 부처 등급을 확대한 것은 부처간 경쟁체제를 통하여 기관장의 지휘하에 관료조직의 성과창출을 촉진하기 위한 정치집행부 차원의 조치라고 여겨진다.

피평가기관인 각 부처는 국정과제 평가를 포함한 특정평가에서 좋은 등급을 받기 위해 경쟁하는데, 그 이유를 두 가지로 볼 수 있다(Namkoong, 2020; 남궁근, 2021: 332－333). 첫째, 정부업무평가결과는 일반국민에게 공개되고 국무회의의 안건으로 제출되어 대통령이 관심을 가지게 된다. 부처의 평가등급 공개는 대학, 프로야구 또는 프로축구단 순위의 공개와 유사하게 부처와 소속공무원들에게 커다란 영향을 미친다. 대통령과 국민은 각 부처의 평가등급이 장관과 소속공무원들의 성과를 판단하는 지표로 받아들인다. 그러므로 각 부처에 평가등급을 부여하는 목적은 부처순위를 평정하는 것은 물론 각 부처가 하위순위를 받기보다는 상위순위에 들어갈 수 있도록 노력하라는 취지이다(Talbot, 2010: 115). 둘째, 성과가 탁월한 부처와 공무원들에게 재정적 인센티브가 제공된다. A 또는 S등급을 받은 부처에는 포상금이 주어지고 공로가 있는 공무원들에게는 포상이 이루어진다. 그러므로 정책조정수단으로서 정부업무평가제도는 계층적 형태와 시장적 형태의 조정 메커니즘이 혼재된 것으로 볼 수 있다. 즉, 대통령을 포함한 정부핵심부의 강력한 계층적 조정 메커니즘 내에서 재정적 인센티브가 작동된다.

위와 같은 기관평가의 장점에도 불구하고 기관평가만을 지나치게 강조하게 되면 과제별로 평가가 이루어지는 국정과제 평가의 취지가 퇴색될 수 있으므로 다음과 같은 개선방안이 보완되어야 한다.

2) 과제평가 결과의 공개

기관평가의 등급만 발표하면 복수의 평가주체가 참여하여 확보한 개별 국정과제의 추진성과에 관한 다양한 정보가 제대로 활용되지 못할 수 있다. 실제로 기관평가 등급이 우수한 부처도 일부 국정과제의 추진성과는 좋지 않을 수 있다. 예를 들어, 2021년에 산업자원부는 국정과제 평가에서 우수등급을 받았지만, 산자부와 원안위의 공동과제인 “탈원전 정책으로 안전하고 깨끗한 에너지로 전환”(국정과제 #60)은 좋은 평가를 받지 못하였다. 이와 대조적으로 2021년 국정과제 평가에서 미흡 등급을 받은 공정위 소관과제 가운데 "재벌총수 일가 전횡방지 및 소유 · 지배구조 개선"(국정과제 #24)은 비교적 좋은 평가를 받았다.[3] 그러므로 기관평가 등급의 공개와 더불어 그 기초가 되는 개별 국정과제의 성과에 관한 정보를 비교적 상세하게 종합하여 이를 공개하는 것이 바람직하다고 본다. 매년 개별 국정과제 성과평가의 과정에서 다양한 자료와 정보가 생산된다. 즉, 담당부처의 해당 과제의 추진노력과 애로사항, 성과지표의 목표달성도, 전문가 평가단의 정성평가, 그리고 일반 국민과 정책수요자의 체감만족도 등 다양한 양적 · 질적 자료가 생산되는 것이다. 국정과제별로 이러한 자료를 심층 분석한 과제별 보고서를 작성하여 공개할 필요가 있다. 차기 정부에게는 기관평가에 관한 정보보다는 개별 국정과제별 추진과정과 그 성과에 관하여 축적된 자료가 인계되어야 이를 검토하여 적절하게 활용할 수 있을 것이다. 국정과제의 하위수준인 세부실천과제의 대부분은 정권이 교체될 경우에도 새 정부의 국정과제 체계에 포함될 수 있으므로, 축적된 시계열 자료가 활용될 수 있도록 대비하여야 한다.

3) 주요정책과제 자체평가와 연계 강화

국정과제 평가와 자체평가 부문의 주요정책과제 평가 정보의 연계를 강화하여야 한다. 2019년도 성과관리 운영지침(국무조정실, 2019)에서 예년과 달리 전략목표별로 성과를 측정할 수 있는 지표를 선정 · 관리토록 하여, 상위목표에 대한 성과관리를 강화하고자 하였다. 이에 따라 각 기관별로 전략목표－성과목표－관리과제로 이어지는 계층적인 목표관리 체계의 각 단계별로 성과지표들을 점검하여 하위단위의 활동들이 상위단위의 목표달성에 얼마나 기여하였는지 파악할 수 있게 되었다. 자체평가의 개선방안에서 논의한 바와 같이 부처 전략목표 수준의 과제와 국정과제는 일치도가 높으므로 국무조정실의 성과관리 · 자체평가 운영실태 점검에서도 국정과제와 관련하여 전략목표 성과지표의 적절성을 검토하여야 한다.

4) 피평가기관과의 협의 및 평가의 공정성 확보

피평가기관의 평가결과 수용성을 확보하는데 중요한 요소는 피평가기관과의 협

---

3 그 이유는 소위 "공정경제 3법 제 · 개정"(상법개정, 공정거래법 개정, 금융복합기업집단의 감독에 관한 법률 제정)이 완료되어 앞으로 기업경영의 투명성 · 건전성이 제고될 수 있다고 보았기 때문이다. 정부업무평가위원회 · 국무조정실, 2021, 2020년도 일자리 · 국정과제평가: 국정과제 과제별 보고서. 45－46.

의와 평가의 공정성에 관한 믿음이다. 그러므로 평가주체인 국무조정실과 정책평가위원회가 피평가기관인 해당 부처와 국정과제의 이행노력도와 성과목표 달성도 설정 과정에서 협의절차를 거쳐 해당 부처가 수용할 수 있도록 하여야 한다. 또한 평가과정에서 공정한 평가가 이루어질 수 있도록 평가단 구성과 평가절차에서도 공정성과 객관성을 보장할 수 있는 장치가 마련되어야 한다.

5) 국내외 환경변화에 따른 부처별 가점의 별도 처리

2020년 일자리 · 국정과제 평가에서 당초 계획을 변경하여 부처별 코로나19 대응 및 포스트 코로나 대비노력을 포함하여 평가하였다. 코로나 팬데믹의 확산으로 2020년 5월 중에 당초 계획을 수정한 것이다. 한편 2021년에는 45개의 중앙행정기관(개인정보보호위원회, 질병관리청 추가)별 국정현안 대응노력을 평가하여 5점 이내의 기관별 가점을 부여하기로 하였는데, 이는 기관평가에 해당하므로, 앞으로 이러한 상황이 발생할 경우 기관별로 가점으로 처리하여 이를 기관종합평가에 반영하도록 하고 국정과제 평가에서는 정책평가에 해당하는 부문만 평가할 수 있도록 하여야 한다.

4. 기관평가결과 활용강화방안

1) 정부핵심부의 관심 제고

부처 내부의 자체평가를 활성화하는 데 기관장의 관심이 중요한 것과 마찬가지로 중앙행정기관을 대상으로 하는 기관평가에는 정부핵심부가 얼마나 관심을 가지는지가 중요한 요소이다. 김대중 정부의 「평가기본법」 제정, 노무현 정부의 「정부업무평가법」 제정, 그리고 기관평가제도 및 통합 정부업무평가제도의 운영과정에서 대통령 또는 국무총리 주재 보고회를 매년 2회 개최하는 등 정부핵심부가 큰 관심을 보였기 때문에 제도가 안정적으로 정착하였다.

이명박 정부에서는 출범 첫 해와 마지막 해에 보고회 또는 국무회의 심의가 이루어지지 않았고, 국무총리실의 담당기구가 대폭 축소되었지만, 통합 정부업무평가제도가 법률로 규정되었기 때문에 유지될 수 있었다. 박근혜 정부와 문재인 정부에서 정부업무평가결과를 매년 국무회의에서 심의 · 의결하는 것으로 정례화되었다. 대통령과 국무총리를 포함한 정부핵심부가 꾸준히 관심을 가질 때 통합 정부업무평가제도가 국정운영의 중요한 도구로 활용될 수 있다.

2) 정부업무평가 우수 포상기관 수 및 포상금 규모 확대

부처 내부의 자체평가를 활성화하는데 평가결과의 성과급 반영이 중요한 것과 유사하게 부처 평가에서도 우수 포상기관의 수와 포상금 규모가 중요한 역할을 담당한다. 그러나 포상금 규모의 확대에는 한계가 있으므로 포상기관을 합리적으로 선정하여야 한다. 자체평가 이행점검 결과 우수기관 포상, 그리고 특정평가 우수기관 포상에서 우수기관뿐 아니라 전년 대비 성과 향상기관에도 포상하는 것이 바람직하다. 또한 특정평가의 경우 부문별 평가결과를 종합한 종합평가 우수기관뿐만 아니라, 국정과제, 규제혁신, 정부혁신, 정책소통 등 분야별 평가에서 우수등급을 받은 기관도 함께 포상하는 것이 이들 기관의 담당자들이 보람을 느낄 수 있고, 동기부여에도 도움이 될 것이다.

참고문헌

I. 국내문헌

1. 저서

공동성 엮음, 2013, 「성과관리: 외국제도 편」, 서울: 대영문화사.
김미도, 2021, 「문화예술계 블랙리스트, 실행과 작동의 기록」, 서울: 연극과 인간.
김정렬 · 한인섭, 2008, 「행정개혁론: 국제비교와 실증분석」, 박영사.
김충남, 1998, 「성공한 대통령 실패한 대통령」, 둥지.
남궁근, 2021, 「정책학」, 제4판, 파주: 법문사.
______, 2018a, 「정책연구와 실천: 나의 학문과 삶」, 파주: 법문사.
______, 2017, 「행정조사방법론」, 제4판, 파주: 법문사.
남궁근 · 박천오 · 황성돈 · 강제상 · 김상묵, 2000, 「고위공무원 개방형임용제도」, 나남출판.
박동서 편저, 2001, 「새정부혁신의 전략과 과제」, 법문사.
______, 1997, 「한국행정론」, 제4판, 법문사.
박정택, 2018, 「정책기조의 탐구: 정책아이디어로서의 정책패러다임」, 박영사.
박천오, 2020, 「한국관료제」, 제2판, 파주: 법문사.
서필언, 2005, 「영국행정개혁론」, 서울: 대영문화사.
안병영 · 정무권 · 한상일, 2007, 「한국의 공공부문: 이론, 규모와 성격, 개혁방향」, 춘천: 한림대학교 출판부.
오석홍, 2006, 「행정개혁론」, 제5판, 박영사.
______, 2003, 「조직이론」, 제4판, 서울: 박영사.
오시영 편저, 2008, 「프랑스의 행정과 공공정책」, 파주: 법문사.
윤수재 · 이광희 (편저), 2017, 「주요국 정부업무평가 및 성과관리제도 연구」, 파주: 법문사.
이송호, 2019, 「정책조정론」, 박영사.
______, 2008, 「관계장관회의」, 대영문화사.
______, 2002, 「대통령과 보좌관」, 박영사.
이종수, 2009, 「행정학사전」, 대영문화사.
임도빈, 2002, 「프랑스의 정치행정체제」, 파주: 법문사.
정정길 · 최종원 · 이시원 · 정준금 · 정광호, 2010, 「정책학원론」, 서울: 대명출판사.
정충식, 2021, 「성공한 대통령 vs 실패한 대통령: 디지털 정부혁신의 관점에서」, 서울: 서울경제경영.
최창현, 2017, 「정부혁신론: 국가혁신의 길」, 대영문화사.
한국행정연구원 편저, 2017, 「대한민국 역대정부 조직개편 성찰」, 서울: 대영문화사.
함성득, 2002, 「대통령비서실장론」, 나남출판.
______, 1999, 「대통령학」, 서울: 나남출판사.

2. 논문

강신택, 2008, 참여정부의 정부혁신의 논리: 하나의 해석, 「대한민국학술원 논문집」(인문·사회과학편), 47(1): 281-325.

______, 1995, 문민정부 행정개혁의 특성: 하나의 해석, 「행정논총」, 33(2): 39-57.

강정석, 2019a, 국정과제 성과관리제도 개선방안 연구, 2019년 한국정책분석학회 춘계학술대회 발제문.

고길곤, 2020, 한국의 반부패 정책의 역사적 변화(1985-2019), 서울대학교 행정대학원(편), 「한국행정의 역사적 분석(1985-2018)」 상권, 과천: 진인진.

권기헌, 2007, 정부개혁의 방향과 과제: 정부혁신, 행정개혁, 그리고 거버넌스, 「국정관리연구」, 2(1): 5-39.

권용수, 2010, 특임장관의 역할에 관한 소고, 「입법과 정책」, 2(1): 119-146.

권용식, 2016, 중앙부처의 정책조정에 관한 연구-정책조정 결과에 대한 '조정 주체요인'의 영향력을 중심으로, 「한국정책학회보」, 25(1): 89-127.

금창호, 2014, 세계화정책, 한국행정연구원(편), 「김영삼정부: 대한민국 역대정부 주요정책과 국정운영 제5권」, 서울: 대영문화사.

김관보, 2014a, 정부개혁의 배경 및 방향, 한국행정연구원(편), 「이명박정부: 대한민국 역대정부 주요 정책과 국정운영 8권」, 대영문화사.

______, 2014b, 정부개혁에 대한 성과 및 평가, 한국행정연구원(편), 「이명박정부: 대한민국 역대정부 주요 정책과 국정운영 8권」, 대영문화사.

김근세·박현신, 2009, 노무현 행정부의 국가기능과 규모 분석: 민주행정론의 관점에서, 「정책분석평가학회보」, 19(3): 125-160.

______·최도림, 1996, 우리나라 정부조직의 신설, 폐지, 승계, 「한국행정학보」, 30(3): 35-51.

김병문, 2014, 금융실명제, 한국행정연구원(편), 「김영삼정부: 대한민국 역대정부 주요정책과 국정운영 제5권」, 서울: 대영문화사.

김병섭·이수영·이하영, 2017, 우리나라 대통령직인수위원회에 관한 연구: 정부별 인수위 운영방식을 중심으로, 「행정논총」, 55(3): 1-38.

김병준, 2016, 정부전환기의 정책변동과 행정변화, 참여정부 대통령직 인수위원회를 중심으로, 「한국행정연구」, 25(4): 1-29.

김보경·서정욱, 2014, 공공부문 성과제고를 위한 정부혁신에 대한 연구: 참여정부 혁신의 제도적 편향성을 중심으로, 「한국공공관리학보」, 28(1): 137-166.

김상묵, 2017, '정부 신뢰 회복'을 위한 차기정부의 수직적 권한 배분: 대통령, 국무총리, 장관과의 관계, 서울행정학회 2017동계학술대회 행정개혁시민연합 특별세션 발제문, 2017.2.10 국민대학교 본관 401호.

김상헌, 2020, 재무행정의 60주년, 서울대학교 행정대학원(편), 「한국행정의 역사적 분석(1985-2018)」, 상권, 과천: 진인진.

김선아·박성민, 2019, 균형인사정책을 통한 대표성 강화가 사회적 가치 확산에 미치는 영향에 관한 연구, 「한국행정논집」, 32(2): 179-202.

김선혁, 2003, 시민사회론과 행정학: 행정학적 시민사회론의 모색, 「한국행정학보」, 37(4): 39-56.

김성재, 2014, 김대중 정부의 출범 및 정부 소개, 한국행정연구원(편), 「김대중정부: 대한민국 역대정부 주요 정책과 국정운영 6권」, 대영문화사.
김윤권, 2016, 정부3.0의 이론적 연구, 「행정논총」, 54(3): 53-87.
김정렬, 2007, 우리나라 정권별 정부혁신, 정부혁신지방분권위원회(편), 「참여정부의 정부혁신: 이론적 접근」.
김정인, 2018, 사회적 가치 실현을 위한 공직가치에 관한 시론적 연구: 포용적 성장을 중심으로, 「한국인사행정학회보」, 17(1): 57-83.
김정해, 2003, 대통령비서실의 제도화 성격분석, 「한국행정학보」, 37(1): 225-247.
김판석 · 홍길표, 2011, 정부혁신을 둘러싼 쟁점과 새로운 발전방향 모색, 「한국인사행정학회보」, 10(3): 23-52.
김현준, 2014, 정부개혁의 배경 및 방향, 한국행정연구원(엮음), 「전두환 정부: 대한민국 역대정부 주요정책과 국정운영, 3편」, 서울: 대영문화사.
남궁근, 2021a, 문재인 정부 국정과제의 성과평가 과정과 결과, 「정책분석평가학회보」, 31(2): 1-33.
______, 2019, 사회적 가치 실현을 위한 성과 거버넌스: 문재인 정부 국정과제의 성과평가를 중심으로, 「한국행정연구」, 28(3): 35-71.
______, 2018, 역대정부의 정부혁신 비교분석, 45-92, 강정석 외, 「사회적 가치실현을 위한 정부혁신 방안연구」, 경제인문사회연구회 협동연구총서 18-07-01.
______, 2007, 행정학자의 시민단체 참여활동 성과와 한계: 경실련, 참여연대, 함께 하는 시민행동, 행개련을 중심으로, 「한국행정학보」, 41(4): 45-66.
______, 2003, 참여정부 공직사회 전문성 제고방안, 「인사행정학회보」 2(2): 89-104.
______, 2003a, 참여정부 정부혁신의 이념과 목표: 국민참여를 통한 정부혁신의 길, 한국행정학회 세미나 발표논문.
______, 2002, NGO의 반부패활동과 성과, 「한국부패학회보」, 6: 105-124.
______, 2002a, 국민의 정부 개혁성과에 대한 평가, 한국행정학회 기획세미나 발표논문.
______, 2002b, 국민의 정부 행정개혁 성과에 대한 교수, 시민단체활동가, 공무원의 인식, 한국행정학회 하계학술대회 발표논문.
______, 2000, 개방형 직위제도 시행의 중간평가, 「행정논총」, 38(2): 253-272.
______ · 우하린, 2023, 역대정부의 정책조정 비교분석: 조직전문화, 정책조정메커니즘, 조정역량의 변동패턴을 중심으로, 「한국행정연구」, 32(1), 게재 예정.
______ · 류임철, 2004, 공직전문성 제고를 위한 보직관리시스템 개선방안, 「인사행정학회보」, 3(2): 93-120.
______ · 황성돈, 2002, 김대중 정부 행정개혁 4년 평가: 교수 · 시민 · 공무원 설문조사 결과를 중심으로, 박동서 · 조석준 · 인명진 · 남궁근(편), 「정부개혁평가와 공약모니터링」, 한울아카데미.
도명록, 2017, 캐나다의 정부업무 성과관리 및 평가제도, 209-261, 윤수재 · 이광희(편), 「주요국 정부업무평가 및 성과관리제도 연구」, 파주: 법문사.
류석진, 2014, 노무현 정부의 출범 및 정부 소개, 한국행정연구원(편), 「노무현정부: 대한민국 역대정부 주요 정책과 국정운영 7권」, 대영문화사.
문명재, 2009, 정부조직개편의 정치주기적 반복성과 실제, 「한국공공관리학회보」, 23(4): 23-41.
박기묵, 2015, 언론의 공공의제 설정 및 정책결정 과정과 사례적용에 관한 연구, 「한국정책학회보」, 24(3): 29-60.

박수경, 2007, 노무현 정부 행정개혁의 특징, 「정부학연구」, 13(2): 213-249.

박순애, 2020, 성과평가(performance evaluation)제도의 역사적 분석, 440-473, 서울대학교 행정대학원 (편), 「한국행정의 역사적 분석(1985-2008)」 상권, 과천: 진인진.

박재완, 2016, 정부전환기 국정기조의 형성과정: 제17대 대통령직인수위원회를 중심으로, 「한국행정연구」, 25(4): 31-63.

박정수, 2014, 정부개혁의 내용, 한국행정연구원(편), 「이명박정부: 대한민국 역대정부 주요 정책과 국정운영 8권」, 대영문화사.

박정택, 2007, 대통령직 인수와 정책기조의 형성: 문민정부 이후 대통령직 인수사례를 중심으로, 「한국정책학회보」, 16:4, 1-28.

박정훈 · 정용운, 2010, 학자금 대출 제도의 사회적 형평성과 재정건전성, 「행정논총」, 48(4): 325-355.

박천오, 2014, 이명박 정부의 출범 및 정부 소개, 한국행정연구원(편), 「이명박정부: 대한민국 역대정부 주요 정책과 국정운영 8권」, 대영문화사.

______, 2011, 한국 정부조직개편에 대한 비판적 고찰, 「한국조직학회보」, 8(1): 1-20.

______, 2011a, 인사개혁의 변화(2005년과 2011년의 비교연구): 중앙부처 공무원들의 인식을 중심으로, 「한국인사행정학회보」, 10(3): 1-22.

박치성, 2014, 사회악 정화정책, 한국행정연구원(엮음), 「전두환 정부: 대한민국 역대정부 주요정책과 국정운영, 3편」, 서울: 대영문화사.

배정훈, 2009, 대통령실 개편 연구, 「비서 · 사무경영연구」, 18(2): 47-67.

______, 2008, 대통령비서실 개편 및 관리원칙 연구, 「비서 · 사무경영연구」, 17(1): 115-139.

방민석, 2017, 정권교체기 국정과제의 변동과 관리에 대한 연구: '4차 산업혁명' 과제의 채택과정을 중심으로, 「한국정책과학학회보」, 21(4): 43-70.

______, 2016, 국정과제의 설정, 변화와 관리에 대한 탐색적 연구: 박근혜 정부의 국정과제는 어떻게 될 것인가?, 「한국정책과학학회보」, 20(4): 27-57.

백완기, 2008, 한국의 행정문화와 외래이론에 의존한 정부혁신의 정합성, 「정부학연구」, 14(1): 5-35.

서재호, 2017, 호주의 정부업무 성과관리 및 평가제도, 265-318, 윤수재 · 이광희(편), 「주요국 정부업무평가 및 성과관리제도 연구」, 파주: 법문사.

서성원 · 변해옥, 2018, 프랑스의 행정과 관료제, 박천오 외 공저, 「비교행정론」, 파주: 법문사.

서정욱, 2015, 「효과적 거버넌스 운영을 위한 우리사회 신뢰수준에 관한 연구」, 한국행정연구원 연구보고서 2015-16.

성지은, 2010, 새로운 행정개혁기조로서 통합형 정부(joined-up government)의 등장과 과제, 「정부와 정책」, 2:2, 1-19.

손영우, 2016, 프랑스의 정부업무성과관리제도, 이광희 외, 「주요국 업무평가제도 동향 연구: 캐나다, 프랑스, 스웨덴, 일본 사례를 중심으로」, 서울: 한국행정연구원.

송하중, 2014a, 정부개혁의 배경 및 방향, 한국행정연구원(편), 「김대중정부: 대한민국 역대정부 주요 정책과 국정운영 6권」, 대영문화사.

______, 2014b, 정부개혁에 대한성과 및 평가, 한국행정연구원(편), 「김대중정부: 대한민국 역대정부 주요 정책과 국정운영 6권」, 대영문화사.

송희준, 2016, 정부3.0 혁신의 성과와 향후 과제, 「한국행정포럼」 153호(2016 여름).
심오택, 2001, '정부업무 등의 평가에 관한 기본법' 제정 필요성 및 기대효과, 「한국행정연구」, 10(1): 5-18.
심익섭, 2014a, 정부개혁의 배경 및 방향, 한국행정연구원(편), 「김영삼정부: 대한민국 역대정부 주요 정책과 국정운영 5권」, 대영문화사.
______, 2014b, 정부개혁에 대한성과 및 평가, 한국행정연구원(편), 「김영삼정부: 대한민국 역대정부 주요 정책과 국정운영 5권」, 대영문화사.
안문석, 1995, 문민정부의 행정개혁, 「한국정책학회보」, 4(1): 30-57.
안영훈, 2008, 프랑스의 정부간 관계와 지방행정, 오시영 편저, 「프랑스의 행정과 공공정책」, 서울: 법문사.
양홍석, 2015, 「한국의 정책평가제도 변동에 관한 정부별 비교연구: 정부성향(paradigm idea)와 국무총리 위상을 중심으로」, 연세대학교 대학원 박사학위 논문.
엄석진, 2020, 행정기구 및 행정기능, 서울대학교 행정대학원(편), 「한국행정의 역사적 분석(1985-2018)」 상권, 과천: 진인진.
______, 2020a, 행정정보화와 전자정부 추진, 서울대학교 행정대학원(편), 「한국행정의 역사적 분석(1985-2018)」 하권, 과천: 진인진.
염재호 · 하민철 · 길종백, 2008, 노무현 정부의 정부혁신 재평가: 개념적 분석을 중심으로, 「정부학연구」, 14(3): 67-96.
오석홍, 2008, '국민의 정부' 경영진단위원회의 활동, 오석홍(편), 「행정개혁실천론」, 파주: 법문사.
오철호, 2012, 정부업무평가체계 연계방안에 대한 탐색: 행정부, 입법부, 감사원 간 기능 전문화와 연계, 한국정책학회 동계학술대회 발표논문.
유종상 · 하민철, 2010, 국무총리실의 정책조정 성과 연구: 「정책조정백서」의 조정과제와 조정전략을 중심으로, 「한국정책학회보」, 19(3): 345-380.
유현종 · 이윤호, 2010, 제도적 대통령 부서의 발전에 관한 역사적 분석, 「한국행정학보」, 44(2), 111-136.
윤수재, 2013, 중앙정부 국정과제점검에 대한 평가 및 개선방안 모색: 연두업무계획점검 및 핵심과제평가와의 연계 및 차별화를 중심으로, 「한국정책과학학회보」, 17(3): 55-84.
윤태범, 1998, 역대정부의 반부패정책의 평가에 관한 연구, 「지방정부연구」, 2(1): 213-231.
______ · 이재원 · 양기용 · 하혜수, 2002, 김대중 정부 공공부문 개혁정책의 평가와 바람직한 개혁의 방향과 과제, 한국행정학회 2002 하계학술대회 발표논문.
은재호, 2006, 참여정부 정부혁신의 평가와 과제: 연속성과 비연속성을 중심으로, 「행정논총」, 44(3): 207-246.
이광훈, 2017, 미국의 정부업무 성과관리 및 평가제도, 33-98, 윤수재 · 이광희(편), 「주요국 정부업무평가 및 성과관리제도 연구」, 파주: 법문사.
이남국, 2014, 김영삼 정부 국정운영의 목표 및 방향, 한국행정연구원(편), 「김영삼정부: 대한민국 역대정부 주요정책과 국정운영 제5권」, 서울: 대영문화사.
이수영, 2020, 한국행정의 역사적 분석: 인사행정, 서울대학교 행정대학원(편), 「한국행정의 역사적 분석(1985-2018)」 상권, 과천: 진인진.
이송호, 2003, 국민의 정부 분야별 관계장관회의에 대한 분석과 평가, 「한국행정학보」, 37(3):

1-22.
이주선, 2011, 규제개혁정책, 한국경제연구원(편), 「이명박 정부 정책평가 및 선진화과제」(상).
이진수, 2021, 정무직 공무원의 책무성에 관한 공법적 고찰, 「한국행정연구」, 30(1): 25-46.
이창길, 2017, 영국의 정부업무 성과관리 및 평가제도, 99-145, 윤수재 · 이광희(편), 「주요국 정부업무평가 및 성과관리제도 연구」, 파주: 법문사.
이창원, 2017, '정부 신뢰 회복'을 위한 차기 정부조직 개편의 원칙과 방향, 서울행정학회 2017동계학술대회 행정개혁시민연합 특별세션 발제문, 2017.2.10., 국민대학교 본관 401호.
_____, 2014, 정부개혁의 내용, 한국행정연구원(편), 「김영삼정부: 대한민국 역대정부 주요 정책과 국정운영 5권」, 대영문화사.
_____ · 임영제, 2009, 우리나라 민주화 이후의 정부조직 개편의 특성에 관한 고찰: '작은 정부론'적 시각을 중심으로, 「한국정책과학회보」, 13(4): 1-17.
이혁우, 2012, 이명박 정부의 규제개혁 평가, 「규제연구」, 21(2): 3-37.
임성근 · 이건, 2017, 정부운영방식으로서의 정부 3.0 재조명, 「국가정책연구」, 31(3): 49-75.
임주영 · 박형준, 2015, 정권별 한국 행정개혁 가치규범의 정합성: 행정개혁의 핵심가치 언어네트워크 분석을 중심으로, 「한국행정학보」, 49(2): 149-179.
임태성, 2014, 1986년 서울아시아경기대회와 1988년 서울올림픽대회 유치, 한국행정연구원(엮음), 「전두환 정부: 대한민국 역대정부 주요정책과 국정운영, 3편」, 서울: 대영문화사.
임혁백, 2014, 전두환정부의 출범 및 정부소개, 한국행정연구원(엮음), 「전두환 정부: 대한민국 역대정부 주요정책과 국정운영, 3편」, 서울: 대영문화사
장지호, 2014, 정부개혁의 내용, 한국행정연구원(편), 「노무현정부: 대한민국 역대정부 주요 정책과 국정운영 7권」, 대영문화사.
전봉근, 2013, 국가안보 총괄조정체제 변천과 국가안보실 구상, 「주요국제문제분석」, 국립외교원 외교안보연구소.
전영한, 2020, 정책조정의 역사적 분석: 1985-2017, 서울대학교 행정대학원(편), 「한국행정의 역사적 분석(1985-2018)」 하권, 과천: 진인진.
정진우, 2008, 조직개편 후 조직융합관리 고도화, 한국행정학회 동계학술발표논문.
조소연 · 황석준, 2008, 한국정부의 조직융합관리 프로그램에 대한 평가와 향후과제, 한국행정학회 추계학술발표논문.
조유선 · 우하린 · 이환성, 2021, "주요국 국정과제 평가제도 비교연구," 2021 한국행정학회 하계공동학술대회 발표논문, 2021년 6월 24일, 부산 파라다이스 호텔.
조태준 · 김상우, 2021, 균형인사정책의 추진성과와 발전방향에 관한 연구, 「한국정책과학학회보」, 25(1), 173-197.
최영출, 2007, 정부규모: 중앙과 지방의 분권수준과 측정방법, 서울대 한국정책지식센터 제322회 [정책&지식]포럼 발표논문.
최영출 · 김상묵, 2018, 영국의 행정과 관료제, 박천오 외 공저, 「비교행정론」, 법문사.
최자은 · 박정수, 2014, 박근혜정부의 공공기관 개혁정책 방향과 과제: 언론보도 내용분석을 중심으로, 「행정논총」, 52(4): 1-26.
최진욱, 2014, 김영삼 정부의 출범 및 정부소개, 한국행정연구원(편), 「김영삼정부: 대한민국 역대정부 주요 정책과 국정운영 5권」, 대영문화사.
하민철, 2013, 국무총리실의 정책조정 성과와 함의, 「디지털융복합연구」, 11(3): 73-83.

하상근, 2005, 정책집행의 불응요인에 관한 연구: 공공기관에서 성과급 제도를 중심으로, 「한국정책학회보」, 14(4): 1-27.
하태권 · 문명재, 2018, 미국의 행정과 관료제, 박천오 외 공저, 「비교행정론」, 법문사.
한종희, 2015, 행정개혁과 거버넌스의 전략적 선택, 「한국행정논집」, 27(4): 925-949.
한표환, 2014, 지방자치제 전면실시, 한국행정연구원(편), 「김영삼정부: 대한민국 역대정부 주요정책과 국정운영 제5권」, 서울: 대영문화사.
함성득, 1997, 선거운동과정에서 국정운영과정으로의 전환, 「행정과 정책」, 3: 7-31.
홍길표, 2019, 전략적 성과관리 관점에서의 공공기관 관리체계 및 경영평가제도 개선방안 모색, 107-131, 박순애(편), 「공공부문의 성과측정과 관리」, 문우사.
홍성걸, 2014, 정부개혁의 내용, 한국행정연구원(엮음), 「전두환 정부: 대한민국 역대정부 주요정책과 국정운영, 3편」, 서울: 대영문화사.
홍형득, 2018, 문재인 정부 국정과제 진단 및 평가를 위한 접근방법 탐색, 한국정책학회 하계학술대회 발표논문.
홍희정, 2016, 스웨덴의 정부업무성과관리제도, 이광희 외, 「주요국 업무평가제도 동향 연구: 캐나다, 프랑스, 스웨덴, 일본 사례를 중심으로」, 서울: 한국행정연구원.
황혜신, 2014a, 정부개혁의 배경 및 방향, 한국행정연구원(편), 「노무현정부: 대한민국 역대정부 주요 정책과 국정운영 7권」, 대영문화사.
______, 2014b, 정부개혁에 대한 성과 및 평가, 한국행정연구원(편), 「노무현정부: 대한민국 역대정부 주요 정책과 국정운영 7권」, 대영문화사.
______, 2005, 역대정부와 참여정부의 정부혁신 비교, 한국행정학회 2005년 하계학술대회논문집.

3. 연구보고서

강정석 외, 2019, 「사회적 가치 실현을 위한 성과관리 개편방안 연구: 국정과제 관리체계 개선을 중심으로」, 경제인문사회연구회 협동연구총서 19-02-01, 경제인문사회연구회.
김명수 · 박경호 외, 1996, 「정부업무 심사분석 기능의 활성화 방안」, 서울: 한국정책학회.
김선혁 외, 2013, 「주요국의 국정과제시스템 비교연구」, 국무조정실.
박재완, 2002, 「대통령직 인수 · 인계의 제도화에 관한 연구」, 한국행정연구원.
부패방지입법시민연대, 2001, 「부패방지입법시민연대 백서」.
양현모, 2004, 「대통령과 총리의 업무분장에 관한 연구」, 한국행정연구원 보고서.
이광희 외, 2014, 「국정과제의 상호연관성 분석」, 한국행정연구원 보고서 KIPA-2014.
이환성 · 강정석 · 황혜신 · 이도석 · 이은종 · 유미현, 2020, 「중앙행정기관 성과관리 · 자체평가 운영실태 및 개선방안」, 한국행정연구원 수시과제 2020-1.
한국행정연구원, 2021, 「2021국정과제 정책만족도조사 결과보고서」.
______, 2020, 「2020국정과제 정책만족도조사 결과보고서」.

4. 정부간행물

공보처, 1997, 「문민정부 5년 개혁백서」, 서울: 공보처.
______, 1997a, 「신한국 4년: 변화와 개혁」, 서울: 공보처.
______, 1997b, 「변화와 개혁: 김영삼정부 국정5년 자료집 1-4」, 서울: 공보처.

______, 1994, 「신한국으로 가는 청사진」, 정부간행물 제작소
관계기관합동, 2018.4, 「5개년 반부패종합계획」.
관계부처합동, 2021, 「2021 재정사업평가 통합안내서」.
______, 2020, 「사회적 가치실현을 위한 공공부문 추진전략」.
______, 2020a, 「포스트 코로나 시대의 디지털 정부혁신 발전계획」.
______, 2019, 「2019년 정부혁신 종합 추진계획」.
______, 2019a, 「예비타당성조사 제도 개편방안」.
______, 2019b, 「디지털정부혁신 추진계획」.
______, 2018.3, 「'국민의 주인인 정부'를 실현하는 정부혁신 종합추진계획」.
______, 2013, 「박근혜정부 국정과제(2013.5.28)」.
국무조정실, 2021, 「2020년도 중앙행정기관 주요정책부문 성과관리 · 자체평가 운영실태 점검결과」.
______, 2021a, 「2021년도 일자리 · 국정과제 및 주요정책과제 성과지표, 제207차 정부업무평가위원회 보고안건(2021.4.2)」.
______, 2021b, 「2021년도 특정평가 세부지침, 제205차 정부업무평가위원회 보고안건(2021.3)」.
______, 2021c, 「21년도 중앙행정기관 성과관리 · 자체평가계획 수립결과」.
______, 2020, 「2020 특정평가 세부지침(2020.7)」.
______, 2020a, 「2019년도 중앙행정기관 주요정책부문 성과관리 · 자체평가 운영실태 점검결과」.
______, 2020b, 「2020년도 중앙행정기관 성과관리 · 자체평가계획 수립결과」.
______, 2019, 「2019년도 성과관리 운영지침」.
______, 2019a, 「2018년도 중앙행정기관 주요정책부문 성과관리 · 자체평가 운영실태 점검결과」.
______, 2019b, 「정부업무평가기본계획(2020-2022)」.
______, 2017, 「정부업무평가백서(2013-2016)」.
______, 2013, 「정부업무평가기본계획(2013-2015)」.
______, 2008, 「정부업무 성과관리 및 평가」.
______, 2007, 「2007 정부업무평가백서」.
______, 2004a, 「2004년도 정부업무 평가대상 주요정책과제 선정결과」, 국무조정실 정책평가위원회.
______, 2004b, 「2004년도 기관평가추진계획」, 국무조정실 · 정책평가위원회.
______, 2001, 「2001정부업무 평가지침」.
국무조정실 정부업무평가실, 2017, 「2017년도 정부업무 성과관리운영 추가지침」.
______, 2016, 「2015년도 중앙행정기관 성과관리 및 자체평가 운영실태 점검결과(주요정책부문)」.
국무조정실 · 법제처, 2017, 「국정과제관리계획(2017.7.20)」, 국정현안점검조정회의 보고자료.
국무조정실 · 정책평가위원회, 2006, 「2005년도 정부업무평가결과 종합보고서」.
______, 2004, 「2004기관평가 추진계획」.
______, 2004a, 「2003년도 정부업무평가결과 종합보고서」.
______, 2003, 「국민의 정부 5년평가 보고서」.
______, 2003a, 「2002년도 정부업무평결과 종합보고서」.
______, 2002, 「2002년도 정부업무평가백서」.

______, 2000, 「국민의정부 국정과제 추진상황점검결과, 2000」.
______, 1999, 「국민의 정부 국정과제 추진상황 점검결과, 1999」.
국무총리실, 2013, 「12년도 중앙행정기관 성과관리 및 자체평가 운영실태 점검 결과(주요정책부문)」.
______, 2013, 「국무총리실 5년의 기록, 조화로운 선진 대한민국정책자료집」.
______, 2012, 「2012 중앙행정기관 자체평가세부시행계획」.
______, 2010, 「정부업무평가 기본계획(2010~2012) 및 2010년도 정부업무평가 시행계획」.
______, 2008, 「이명박 정부의 100대 국정과제 확정」, 2008 10.7 보도자료.
국무총리실 · 정부업무평가위원회, 2012, 「2012 정부업무평가백서」.
______, 2008, 「2008년도 정부업무평가 시행계획」.
______, 2008a, 「2007년도 정부업무 평가결과(특정평가분야)」.
국정기획자문위원회, 2017, 「국정기획자문위원회 백서: 국민의 나라 정의로운 대한민국」.
국정홍보처, 2008, 「참여정부 국정운영백서 1: 총론/대통령 발언록」.
______, 2008a, 「참여정부 국정운영백서 6: 균형발전」.
______, 2008b, 「참여정부 국정운영백서 7: 정부혁신」.
국회입법조사처, 2010, 「지표로 보는 오늘의 한국」.
규제개혁위원회, 2007, 「규제개혁백서」.
기획예산위원회, 1998, 「국민의 정부 국정과제」, 정부간행물제작소.
______ · 정부간행물 제작소, 1998, 「국민의 정부 국정과제」.
기획예산처, 2007, 「참여정부 공공기관혁신성과」, 서울: 기획예산처.
______, 2002, 「국민의 정부 공공개혁백서」.
기획예산처 · 국무조정실 · 관계부처합동, 2000, 「국민의 정부 국정과제 2000-2002: 희망과 번영의 새 천년을 뒷받침하는 실천계획」.
기획재정부, 2016, 「중기재정운용계획(2016-2020)」.
대한민국정부, 2022, 「공공부문 균형인사 연차보고서」, 대한민국 정부.
대한민국정부, 2017, 「박근혜정부 정책백서 1권: 총론」.
______, 2017a, 「박근혜정부 정책백서 2권: 경제부흥 1」.
______, 2017b, 「박근혜정부 정책백서 3권: 경제부흥 2」.
______, 2017c, 「박근혜정부 정책백서 4권: 국민행복 1」.
______, 2017d, 「박근혜정부 정책백서 5권: 국민행복 2」.
______, 2017e, 「100대 국정과제」.
______, 2013, 「이명박정부 국정백서 01: 국민과 함께 만든 더 큰 대한민국」.
______, 2013a, 「선진화 개혁: 이명박 정부 국정백서 11권(2008.2-2013.2)」.
______, 2008, 「이명박정부 100대 국정과제」.
세계화추진위원회, 1998, 「세계화백서」.
______, 1996, 「세계화추진종합보고서-1996」.
______, 1995, 「세계화추진종합보고서-1995」.
정부3.0추진위원회, 2017, 「정부3.0백서」 1권.
______, 2017a, 「정부3.0백서」 2권.
정부업무평가위원회, 2007, 「2006년도 정부업무평가결과 종합보고서」.

______·국무조정실, 2021, 「2020년도 일자리·국정과제평가: 국정과제 과제별 보고서」.
______·국무총리실, 2012a, 「2012년도 정부업무평가결과」.
______, 2008, 「2007년 정부업무평가결과 종합보고서(특정평가 부문)」.
정부혁신지방분권위원회, 2008a, 「참여정부의 혁신과 분권(2003-2008): 정부혁신지방분권종합백서 1권」.
______, 2008b, 「참여정부의 행정개혁(2003-2008): 정부혁신지방분권종합백서 2권」.
______, 2008c, 「참여정부의 인사개혁(2003-2008): 정부혁신지방분권종합백서 3권」.
______, 2008d, 「참여정부의 재정세제개혁(2003-2008): 정부혁신지방분권종합백서 5권」.
______, 2008e, 「참여정부의 전자정부(2003-2008): 정부혁신지방분권종합백서 6권」.
______, 2007, 「제도변화로 본 한국의 정부혁신」.
______, 2007a, 「2007 참여정부의 혁신과 분권」.
______, 2005, 「참여정부의 행정개혁: 정부혁신지방분권위원회 백서 2권」.
정책기획위원회, 2004, 「참여정부 국정과제 추진현황」, 2004.12.17.
제15대 대통령직인수위원회, 1998, 「제15대 대통령직인수위원회백서」, 서울: 정부간행물제작소.
제16대 대통령직인수위원회, 2003, 「대화: 제16대 대통령직인수위원회백서」, 서울: 국정홍보처 국립영상간행물제작소.
제17대 대통령직인수위원회, 2008a, 「성공, 그리고 나눔: 제17대 대통령직인수위원회백서 1」.
______, 2008b, 「성공, 그리고 나눔: 제17대 대통령직인수위원회백서 2」.
제18대 대통령직인수위원회, 2013, 「제18대 대통령직인수위원회 백서: 박근혜 정부 희망의 새 시대를 위한 실천과제」.
제2의건국범국민추진위원회, 1998, 「제2의건국운동백서(1998.10-1999.12) 제1집」.
총무처, 1982, 「행정개혁사: 10·15 개혁을 중심으로」.
행정안전부, 2021, 「2021행정기관위원회 현황」.
______, 2020, 「2020정부기구도표」.
______, 2017, 「2017정부조직개편백서」.
______, 2017a, 「2017정부기구도표」.
______, 2012, 「대한민국 정부조직변천사」.
______, 2011, 「2011정부기구도표」.
______, 2008, 「2008 정부조직개편백서」.
______, 2008a, 「2008정부기구도표」.
______, 「행정안전통계연보」, 각 년도.
행정정보공유추진위원회, 2007, 「행정정보공동이용백서」.

Ⅱ. 외국문헌

1. Books

Ainsworth, S.H., 2002, *Analyzing Interest Groups: Group Influence on People and Policies,* NY: W.W. Norton & Company.
Alexander, E.R., 1995, *How Organizations Act Together: Interorganizational Coordination in Theory*

and Practice, Amsterdam: OSA.

Barzelay, M., 2001, *The New Public Management: Improving Research and Policy Dialogue*, Berkeley: University of California Press.

Béland, D. & R.H. Cox, 2011, *Ideas and Politics in Social Science Research*, Oxford: Oxford University press.

Benington, J. & M.H. Moore, 2011, *Public Value: Theory and Practices*, Basingstoke, England: Palgrave Macmillan.

Bouchaert, G. & J. Halligan, 2008, *Managing Performance: International Comparison*, NY: Routledge.

Bouckaert, G., B.G. Peters & K. Verhoest, 2010, *Coordination of Public Sector Organizations*, Basingstoke, UK: Palgrave Macmillan.

Bozeman, B., 2007, *Public Values and Public Interest: Counterbalancing Economic Interest*, Washington, DC: Georgetown University Press.

Dahl, R.A., 1989, *Democracy and Its Critics*, New Haven: Yale University Press.

Denhardt, J.V. & R.B. Denhardt, 2003, *The New Public Service: Serving, Not Steering*, NY: M.E. Sharp.

Foley, M., 2000, *The British Presidency: Tony Blair and the Politics of British Leadership*, Manchester: Manchester University Press.

______, 1993, *The Rise of the British Presidency*, Manchester: Manchester University Press.

Hatry, H.P., 1999, *Performance Measurement: Getting Results*, Washington, DC: The Urban Institute Press.

Hayward, J. & V. Wright, 2002, *Governing from the Centre: Core Executive Coordination in France*, Oxford: Oxford University Press.

Heclo, H. & A. Wildavsky, 1981. *The Private Government of Public Money*, 2nd ed., Berkeley: University of California Press.

Kingdon, J.W., 1995, *Agendas, Alternatives, and Public Policies*, 2nd ed.(1st ed. 1984), NY: Addison Wesley Longman, Inc.

Kjær, A.M., 2004, *Governance*, Cambridge: Polity.

Kooiman, J., 2003, *Governing as Governance*, Thousand Oaks: Sage.

Lane, J., 2000, *The Public Sector: Concepts, Models and Approaches*, 3rd ed., London: Sage Publications.

Lindblom, C.E., 1965, *The Intelligence of Democracy: Decision-Making Through Mutual Adaptation*, NY: Free Press.

Moore, M.H., 1995, *Creating Public Value: Strategic Management in Government*, Cambridge, MA: Harvard University Press.

MPB, 2002, *How Korea Reformed the Public Sector(1998-2002).*

Niskanen, W.A., 1971, *Bureaucracy and Representative Government*, Chicago: Aldine-Atherton.

OECD, 2018, *Centre Stage 2: The Organization and Functions of the Centre of Government in OECD Countries.*

Peters, B.G., 2015, *Pursuing Horizontal Management: The Politics of Public Sector Coordination*, University Press of Kansas.

______, 2001, *The Future of Governing: Four Emerging Models*, 2nd ed., Lawrence: University Press of Kansas.

Pierre, J. & B.G. Peters, 2000, *Governance, Politics, and the State*, NY: St. Martins.

Poister, T.H., M.P. Aristiguesta & J.L. Hall, 2015, *Managing and Measuring Performance in Public and Nonprofit Organizations: An Integrated Approach*, San Francisco, CA: Jossey-Bass.

Pollitt, C., 1993, *Managerialism and the Public Services*, 2nd ed., Cambridge: Basil Blackwell.

Rhodes, R.A.W., 1997, *Understanding Governance: Policy Networks, Governance, Reflexivity and Accountability*, Maidenhead: Open University Press.

Royse, D., B.A. Thyer & D.K. Padgett, 2016, *Program Evaluation: An Introduction to an Evidence-Based Approach,* 6th ed., Boston, MA: Cengage Learning.

Savoie, D.J., 1999, *Governing from the Centre: The Concentration of Power in Canadian Politics*, Toronto: University of Toronto Press.

Scharpf, F.W., 1997, *Games Real Actors Play: Actor-Centered Institutionalism in Policy Research*, Boulder, CO: Westview.

Talbot, C., 2010, *Theories of Performance: Organizational and Service Improvement in the Public Domain*, Oxford: Oxford University Press.

Vaughn, J.S. & J.D. Villalobos, 2015, *Czars in the White House: The Rise of Policy Czars as Presidential management Tools*, MI: University of Michigan Press.

2. Articles

Andeweg, R.B., R. Elgie, L. Helms, J. Kaarbo & F. Müller-Rommel, 2020, The Political Executive Returns: Re-Empowerment and Rediscovery, Ch. 1 in Andeweg, R.B., R. Elgie, L. Helms, J. Kaarbo & F. Müller-Rommel(eds.), *The Oxford Handbook of Political Executives*, Oxford: Oxford University Press.

Bardach, E., 1996, Turf Barriers to Interagency Collaboration, 168-190, in Kettl, D.F. & H.B. Milward(eds.), *The State of Public Management*, Baltimore, MD: Johns Hopkins University Press.

Bozeman, B. & J. Johnson, 2014, The Political Economy of Public Values: A Case for the Public Sphere and Progressive Opportunity, *American Review of Public Administration*, 45(1): 61-85.

Bryson, J.M., B.C. Crosby & L. Bloomberg, 2015, Discerning and Assessing Public Values: Major Issues and New Directions, 1-24, in Bryson, J.M., B.C. Crosby & L. Bloomberg(eds.), *Public Value and Public Administration*, Washington, DC: Georgetown University Press.

Bryson, J., Crosby, B., & M. Stone, 2006, The Design and Implementation of Cross-Sector Collaborations: Propositions from the Literature, *Public Administration Review*, 66: 44-55.

Candel, J. J., & R. Biesbroek, 2016, Toward a Processual Understanding of Policy Integration, *Policy Sciences*, 49(3): 211-231.

Cejudo, G.M., & C.L. Michel, 2017, Addressing Fragmented Government Action: Coordination, Coherence, and Integration, *Policy Sciences*, 50: 745-767.

Comfort, L.K., 2007, Crisis Management in Hindsight: Cognition, Communication, Coordination, and Control, *Public Administration Review*, 67: 189-197.

Christensen, T. & P. Lægreid, 2008, The Challenge of Coordination in Central Government Organization: The Norwegian Case, *Public Organization Review*, 8: 97-116.

______, 2007, The Whole-of-Government Approach to Public Sector Reform, *Public Administration Review*, 67(6): 1059-1066.

Christensen, T., 2012, Post-NPM and Changing Public Governance, *Meiji Journal of Political Science and Economics*, 1(1): 1-26.

Cox, R.H. & D. Béland, 2013, Valence, Policy Ideas, and the Rise of Sustainability, *Governance*, 26(2): 307-328.

Craft, J. 2015. Revisiting the Gospel: Appointed Political Staffs and Core Executive Policy Coordination, *International Journal of Public Administration*, 38:1, 56-65.

Dahlström, C. & J. Pierre, 2011, Steering the Swedish State: Politicization as a Coordination Strategies, 193-211, in Dahlström, C., B.G. Peters & J. Pierre, *Steering from the Center: Strengthening Political Control in Western Democracies*, Toronto: University of Toronto Press.

Dahlström, C., B.G. Peters & J. Pierre, 2011, Steering Strategies in Western Democracies, 263-275, in Dahlström, C., B. G. Peters & J. Pierre, *Steering from the Center: Strengthening Political Control in Western Democracies*, Toronto: University of Toronto Press.

Denhardt, R.B. & J.V. Denhardt, 2000, The New Public Service: Serving, Rather than Steering, *Public Administration Review*, 60(6): 549-69.

Dickinson, M.J., 2006, The Executive Office of the President: The Paradox of Politicization, in J.D. Aberbach and M.E. Peterson(eds.), *The Executive Branch*, New York: Oxford University Press.

Dowding, K., 2013, The Prime Ministerialisation of the British Prime Minister, *Parliamentary Affairs*, 66, 617-635.

Dunleavy, P. & R.A.W. Rhodes, 1990, Core Executive Studies in Britain, *Public Administration*, 68(1): 3-28.

Elgie, R., 2011, Core Executive Studies Two Decades On, *Public Administration*, 89: 64-77.

______, 1997, Models of Executive Politics: A Framework for the Study of Executive Power Relations in Parliamentary and Semi-Presidential Regimes, *Political Studies*, 45: 217-231.

Hall, R.A., J.C. Clark, P.V. Giordano & M.V. Roekel, 1977, Patterns of Interorganizational Relationships, *Administrative Science Quarterly*, 22(3): 457-74.

Halligan, J., 2011, Central Steering in Australia, 99-112, in Dahlström, C., B.G. Peters & J. Pierre(eds.), *Steering from the Center: Strengthening Political Control in Western Democracies*, Toronto: University of Toronto Press.

James, O., & A. Nakamura, 2015, Shared Performance Targets for the Horizontal Coordination of Public Organizations: Control Theory and Departmentalism in the United Kingdom's Public Service Agreement System, *International Review of Administrative Sciences*, 81(2): 392-411.

Jørgensen, T.B. & B. Bozeman, 2007, Public Values: An Inventory, *Administration and Society*, 39(3): 354-381.

King, A., 1975., Overload: Problems of Governing in the 1970s, *Political Studies*, 23(2&3): 284-296.

Klijn, E.H. & J.F.M. Koppenjan, 2000, Public Management and Policy Networks: Foundations of a Network Approach to Governance, *Public Management*, 2(2): 135-58.

Lim, H., 2019, Policy Coordination in South Korea, *The Korean Journal of Policy Studies*, 34(1): 73-97.

Mayntz, R., 1993, Governing Failures and the Problem of Governability: Some Comments on a Theoretical Paradigm, 9-20 in J. Kooiman(ed.), *Modern Governance: New Government-Society Interactions*, Thousand Oaks: Sage.

McLaughlin, J.A. & G.B. Jordan, 2004, Using Logic Models, 7-32 in Wholey, J., H.P. Hatry & K.E. Newcomer(eds.), *Handbook of Practical Program Evaluation*, 2nd ed., San Francisco: Jossey-Bass.

Miller, T.D., 1994, Post-Progressive Public Administration: Lessons from Policy Network, *Public Administration Review*, 54(4): 378-386.

Minogue, M., 1998, Changing the State: Concepts and Practices in the Reform of the Public Sector, in M. Minogue, C. Polidano & D. Hulme(eds.), *Beyond the New Public Management*, Cheltenham: Edward Elgar Publishing Limited.

Namkoong, K., 2020, Coordination of Public Sector Organizations in South Korea, a paper presented at the KAPA 2020 Summer Conference, June 25-26, 2020.

National Commission on Terrorist Attacks on the United States(9/11 Commission), 2004, *Final Report*, New York: Norton.

Nye, Jr. J., 2002, Information Technology and Democratic Governance, 1-17 in E.C. Kamarck & J. Nye, Jr.(eds.), *Governance.com: Democracy in the Information Age*, Washington DC: Brookings Institution Press.

OECD, 2021, *OECD Regulatory Policy Outlook 2021*, OECD Publishing, Paris.

______, 2018, *OECD Regulatory Policy Outlook 2018*, OECD Publishing, Paris.

______, 2015, *OECD Regulatory Policy Outlook 2015*, OECD Publishing, Paris.

Painter, M., 1981, Central Agencies and the Coordination Principle, *Australian Journal of Public Administration*, 40: 265-280.

Peters, B.G., 2018, 'The Challenge of Policy Coordination,' *Policy Design and Practice*, 1(1): 1-11.

______, 2013, Toward Policy Coordination: Alternatives to Hierarchy, *Policy & Politics*, 41(4): 569-84.

______, 2011, Governing from the Centre(s): Governance Challenges in the United States, 123-146, in Dahlström, C., B.G. Peters & J. Pierre, *Steering from the Center: Strengthening Political Control in Western Democracies*, Toronto: University of Toronto Press.

______, 2008, Governing from the Centre: Presidents and Prime Ministers, Connaughton, B., G. Sootla & B.G. Peters(eds.), Politico-Administrative Relations at the Centre-Actors, Structures and Processes supporting the Core Executive, Bratislava: Slovak Republic, NISPAcee Press.

______, 2005, The Search for Coordination and Coherence in Public Policy: Return to the Center? unpublished paper, Department of Political Science, University of Pittsburgh.

______, 2004, Back to the Centre?: Rebuilding the State, *The Political Quarterly*, Special issue on "Restating the State", 75: 130-40.

______, 1998, Managing Horizontal Government: The Politics of Co-ordination, *Public Administration*, 76: 295-311.

Peters, B.G. & J. Pierre, 2004, Politicization of the Civil Service: Concepts, Causes, Consequences, in *The Politicization of the Civil Service in Comparative Perspective*, London: Routledge.

______, 1998, Governance without government? Rethinking public administration, *Journal of Public Administration Research and Theory*, 8(2): 223-243.

Peters, B.G., R.A.W. Rhodes & V. Wright, 2000, *Administering the Summit: Administration of the Core Executive in Developed Countries*, Oxford: Oxford University Press.

Perri 6, 2004, Joined-Up Government in the Western World in Comparative Perspective: A Preleminary Literature Review and Exploration, *Journal of Public Administration Research and Theory*, 14: 103-39.

Pollitt, C., 2003, Joined-Up Government: A Survey, *Political Studies Review*, 1: 34-49.

Posner, P., 2007, The Politics of Coercive Federalism in the Bush Era, *Publius*, 37: 390-412.

Reschenthaler, G.B. & F. Thompson, 1996, The Information Revolution and the New Public Management, *Journal of Public Administration Research and Theory*, 6(1): 125-143.

Rhodes, R.A.W., 1996, The New Governance: Governing without Government, *Political Studies*, 44(4): 652-667.

______, 1995, From Prime Ministerial Power to Core Executive, in R.A.W. Rhodes & P. Dunleavy(eds)., *Prime Minister, Cabinet and Core Executive*, Basingstoke: Macmillan.

______ & A. Tiernan, 2015, Executive Governance and its Puzzles, 81-103 in Massey, A. & K. Jonston(eds.), *The International Handbook of Public Administration and Governance*, Northampton, MA: Edward Elgar.

Ross, K., 2017, Government in Transition, *People & Strategy*, 40(1): 54-58.

Savoie, D.J. 2008, *Court Government and the Collapse of Accountability in Canada and the United Kingdom*, Toronto: University of Toronto Press.

Smith, M., 2011, The Paradox of Britain's Strong Centre: Delegating Decisions and Reclaiming Control, 166-190, in Dahlström, C., B.G. Peters & J. Pierre(eds.), *Steering from the Center: Strengthening Political Control in Western Democracies*, Toronto: University of Toronto Press.

Thomson, A.M. & J.L. Perry, 2006, Collaboration Processes: Inside the Black Box, *Public Administration Review*, 66, special issue: 20-32.

사항색인

ㄴ

기타

인명색인

영문

저자약력

학력: 서울대학교에서 정치학사(1976)와 행정학석사(1978), 미국 Pittsburgh대학교에서 행정학박사(1989) 학위를 받았다.

경력: 제19회 행정고시에 합격(1977)한 후 경제기획원 사무관(1981-1982)으로 근무하였고, 경상대학교 행정학과 교수(1982-2001)를 거쳐 서울과학기술대학교에서 행정학과와 IT정책전문대학원 교수(2001-2019), 초대 IT정책대학원장(2003-2005)과 제10대 총장(2011-2015)을 역임한 후 2019년 정년퇴직하였고, 현재 명예석좌교수이다. 미국 UC Berkeley LG연암재단 연구교수(1996), 벨기에 KU Leuven 방문교수(2010), 서울대학교 행정대학원 객원교수(2016), 한국지방행정연구원 석좌연구위원(2020-2021)을 지냈다.

학회활동: 한국행정학회의 43대 회장(2008)과 연구위원장(2002), 「한국행정학보」 편집위원장(2000), 한국행정연구원 발간 「한국행정연구」 편집위원장(2016-2019), 한국정책분석평가학회의 「정책분석평가학회보」 편집위원장(1999)으로 봉사하였다.

저서: 「정책학」(2021), 「행정조사방법론」(2021), Public Administration and Policy in Korea(co-ed., 2018), Korean Public Administration and KAPA(ed., 2009), 「정책분석론」(공역, 2018), 「비교정책연구」(1999), 「스칸디나비아 국가의 거버넌스와 개혁」(공저, 2006), 「전자정부를 통한 부패통제: 이론과 사례」(공저, 2003), 「시민과 정부개혁」(공편, 2002), 「고위공무원 개방형 임용제도」(공저, 2000) 등이 있다.

주요정부자문활동: 대통령 위촉 정부자문활동으로는 정부업무평가위원회 민간위원장(2018.4-2022.5), 행정정보공유추진위원회 민간위원장(2007.2-2009.2), 정책기획위원회 위원(2004.11-2008.2), 규제개혁위원회 위원(2002.12-2004.12), 정부혁신지방분권위원회 인사개혁간사위원(2003.4-2005.4) 등이 있다.

시민단체활동: 행정개혁시민연합의 정책위원장(2000-2002)과 공동대표(2016-2022)를 역임하였다.

수상·상훈: 미국행정대학원연합회(NASPAA) '우수박사논문상'(honorable mention, 1989), 한국행정학회 '학술상-저술부문'(1999)을 수상하였다. 대한민국정부의 청조근정훈장(2019.2)과 홍조근정훈장(2005.10), 미국 피츠버그대 GSPIA '올해의 동문상'(2014)을 받았다.

민주화 이후 국정운영 [제2판]

2022년 2월 10일 초 판 발생
2023년 4월 5일 제2판 발행

저 자 남 궁 근

발행인 배 효 선

발행처 도서출판 法 文 社

주 소 10881 경기도 파주시 회동길 37-29
등 록 1957년 12월 12일 / 제2-76호 (윤)
전 화 (031)955-6500~6 FAX (031)955-6525
E-mail (영업) bms@bobmunsa.co.kr
(편집) edit66@bobmunsa.co.kr
홈페이지 http://www.bobmunsa.co.kr
조판 법 문 사 전 산 실

정가 36,000원 ISBN 978-89-18-91403-9